Moderne Preußische Geschichte

1648—1947

Veröffentlichungen der
Historischen Kommission zu Berlin

Band 52/2

Forschungen zur
Preußischen Geschichte

Walter de Gruyter · Berlin · New York

1981

Moderne Preußische Geschichte 1648—1947

Eine Anthologie

Bearbeitet und herausgegeben
von
Otto Büsch und Wolfgang Neugebauer

Band 2

Walter de Gruyter · Berlin · New York
1981

Die Herausgabe der vorliegenden Anthologie erfolgte
mit einer Druckbeihilfe der Stiftung Deutsche Klassenlotterie Berlin.
Die Schriftenreihe der Historischen Kommission zu Berlin erscheint
mit Unterstützung des Senators für Wissenschaft und Forschung, Berlin.

Lektorat der Schriftenreihe

Christian Schädlich

CIP-Kurztitelaufnahme der Deutschen Bibliothek

Moderne preussische Geschichte: 1648—1947;
e. Anthologie / bearb. u. hrsg. von Otto Büsch;
Wolfgang Neugebauer. — Berlin; New York:
de Gruyter
(Veröffentlichungen der Historischen Kommission
zu Berlin; Bd. 52)
ISBN 3-11-008324-8 brosch. in Kassette
ISBN 3-11-008714-6 Gewebe

NE: Büsch, Otto [Hrsg.]; Historische Kommission
‹Berlin, West›: Veröffentlichungen der Historischen

Satz: Werksatz Marschall, Berlin 46
Umbruch: Fotosatz-Montage Schmidt, Berlin 44
Druck: Werner Hildebrand, Berlin 65
Einband: Lüderitz & Bauer, Berlin 61

INHALT

(Der erste Band umfaßt die Teile 1 und 2, der zweite Band die Teile 3—5, der dritte Band die Teile 6 und 7 sowie den bibliographischen Anhang)

VIERTER TEIL

Militärsystem und Gesellschaftsordnung

FÜNFTER TEIL

Wirtschaftsentwicklung und Wirtschaftspolitik

SECHSTER TEIL

Religiöse und wissenschaftliche Richtungen

SIEBENTER TEIL

Einzelfragen preußischer Geschichte

ANHANG

DRITTER TEIL

Staat, Verwaltung und Rechtssystem

XVIII

Zur Geschichte der kurmärkischen Stände im 17. und 18. Jahrhundert*

PETER BAUMGART

Wie vielleicht nirgendwo sonst im Reich, wie in keinem anderen deutschen Territorialstaat[1] mußten sich die Stände in Brandenburg-Preußen,[2] und zwar in allen seinen Teilen, während des 18. Jahrhunderts mit einer Stellung im Schatten der monarchischen Gewalt begnügen, jedenfalls was ihren Anteil an den großen politischen Entscheidungen des Landes, an der von den politischen, wirtschaftlichen und militärischen Aufgaben ihrer Zeit diktierten Machtpolitik der absolutistischen Herrscher betrifft. Dies schließt indes nicht aus, daß sie innerhalb des ihnen verbliebenen schmalen Spielraums durchaus eine politische Funktion behalten haben, daß sie in einem bescheideneren Sinne und in einem engeren Rahmen politische

* Zuerst erschienen in dem Sammelband von Dietrich Gerhard (Hrsg.), *Ständische Vertretungen in Europa im 17. und 18. Jahrhundert* (= Veröffentlichungen des Max-Planck-Instituts für Geschichte, Bd. 27), Göttingen 1969, 2., unveränderte Aufl., Göttingen 1974, S. 131—161.

[1] Eine zusammenfassende Darstellung des vielfältig differierenden Ständewesens in Deutschland gibt es, abgesehen von Georg von Belows Versuch einer Systematik in vergleichender Analyse: *System und Bedeutung der landständischen Verfassung*, in: Ders., *Territorium und Stadt. Aufsätze zur deutschen Verfassungs-, Verwaltungs- und Wirtschaftsgeschichte* (= Historische Bibliothek, Bd. 11), 2., veränderte Aufl., München-Berlin 1923, S. 53 ff., bisher nicht. Die einzige ausführliche neue überregionale Untersuchung: Francis L. Carsten, *Princes and Parliaments in Germany. From the Fifteenth to the Eighteenth Century*, Oxford 1959. Vgl. dazu aber die treffende Kritik von Peter Herde, *Deutsche Landstände und englisches Parlament. Bemerkungen zu dem Buch von Carsten*, in: *Historisches Jahrbuch*, Bd. 80 (1961), S. 286 ff. — Einen Überblick über das Ständewesen in den westlichen Territorien vermittelt neuerdings, jedenfalls für die frühe Neuzeit Herbert Helbig, *Fürsten und Landstände im Westen des Reiches im Übergang vom Mittelalter zur Neuzeit*, in: *Rheinische Vierteljahresblätter*, Bd. 29 (1964), S. 32 ff. Für die Spätzeit sind jetzt außerdem die gerade auch für Brandenburg-Preußen

Leistungen für die Justiz, Gesetzgebung und Verwaltung aufzuweisen hatten,[3] wie im einzelnen zu zeigen sein wird.

Die Geschichte der brandenburgisch-preußischen Stände seit der Regierung des Kurfürsten Friedrich Wilhelm (1640—1688), der diese Entwicklung bekanntermaßen, wenn nicht eingeleitet, so doch entscheidend vorangetrieben hat,[4] ist die Geschichte einer fortschreitenden Aushöhlung ihres Einflusses auf die politischen Geschäfte des Landes. Sie steht so in einem denkbar scharfen Kontrast zu dem Bild von der ständischen Machtstellung in Kurbrandenburg während des ganzen 16. und noch in der ersten Hälfte des 17. Jahrhunderts, wie es zuletzt F. L. Carsten in

aufschlußreichen vergleichenden Betrachtungen von Rudolf Vierhaus, *Ständewesen und Staatsverwaltung in Deutschland im späteren 18. Jahrhundert*, in: Ders. u. Manfred Botzenhart (Hrsg.), *Dauer und Wandel der Geschichte. Aspekte europäischer Vergangenheit. Festgabe für Kurt von Raumer zum 15. Dezember 1965* (= Neue Münstersche Beiträge zur Geschichtsforschung, Bd. 9), Münster 1966, S. 337—360, heranzuziehen. Neue Gesichtspunkte für eine genauere räumliche und zeitliche Differenzierung und damit zugleich für eine gegenüber der älteren Forschung gerechtere Würdigung des deutschen Ständewesens bietet schließlich Gerhard Oestreich, *Ständetum und Staatsbildung in Deutschland*, in: *Der Staat*, Bd. 6 (1967), S. 61 ff. Vorliegende Abhandlung, die dem Herausgeber seit 1966 vorlag und daher Oestreichs Ansatz nicht mehr einbeziehen konnte, behandelt die von ihm als „Militär-, Wirtschafts- und Verwaltungsstaat" bezeichnete Entwicklungsphase des Ständewesens in der Kurmark.

[2] Auch für Brandenburg-Preußen gibt es keine zeitlich und sachlich umfassende Untersuchung zur Geschichte des Ständewesens. Aus der umfangreichen Spezialliteratur, die im folgenden von Fall zu Fall anzuführen sein wird, sei hier für den zu behandelnden Zeitraum nur verwiesen auf den Überblick von Otto Hintze, *Die Hohenzollern und der Adel*, in: *Historische Zeitschrift*, Bd. 112 (1914), S. 495—524, wieder in: Ders., *Regierung und Verwaltung. Gesammelte Abhandlungen zur Staats-, Rechts- und Sozialgeschichte Preußes*, hrsg. und eingeleitet von Gerhard Oestreich (= Gesammelte Abhandlungen, Bd. 3), 2., durchges. Aufl., Göttingen 1967, S. 30—55.

[3] Vgl. die Ausführungen von Dietrich Gerhard über *Probleme ständischer Vertretungen im früheren achtzehnten Jahrhundert und ihre Behandlung in der internationalen Forschung*, in: Ders. (Hrsg.), *Ständische Vertretungen in Europa im 17. und 18. Jahrhundert* (= Veröffentlichungen des Max-Planck-Instituts für Geschichte, Bd. 27), Göttingen 1969, S. 9 ff.; außerdem die Bemerkungen von G. Oestreich, *Ständetum . . .*, S. 72 f.

[4] Das hauptsächlichste Quellenmaterial für die wesentlichen Territorien in den *Urkunden und Actenstücken zur Geschichte des Kurfürsten Friedrich Wilhelm von Brandenburg. Ständische Verhandlungen*, und zwar Bd. 5 (Cleve-Mark), hrsg. von August v. Haeften, Berlin 1869, Bd. 10 (Mark Brandenburg), hrsg. von Siegfried Isaacsohn, Berlin 1880, Bde. 15 und 16, 2 Teile (Preußen), hrsg. von Kurt Breysig, Bd. 16, Teil 2, hrsg. von Martin Spahn, Berlin 1898 und 1899. Letzte Darstellung vgl. die folgende Anmerkung, außerdem für Ostpreußen: Hugo Rachel, *Der Große Kurfürst und die ostpreußischen Stände 1640–1688* (=Staats- und sozialwissenschaftliche Forschungen, Bd. 24, 1), Leipzig 1905, für Cleve-Mark: Otto Hötzsch, *Stände und Verwaltung von Cleve und Mark in der Zeit von 1666 bis 1697* (=Urkunden und Aktenstücke zur Geschichte der inneren Politik des Kurfürsten Friedrich Wilhelm von Brandenburg, T. 2), Leipzig 1908.

seinem Buch „The Origins of Prussia"[5] gezeichnet hat. Wenn wir Carsten folgen wollten, so würde sich die Situation in Kurbrandenburg bis zum Regierungsantritt des Großen Kurfürsten in die des ganzen nordostdeutschen und nordosteuropäischen Raumes einpassen und wie folgt darstellen:[6] „Throughout northeastern Germany and the non-German countries farther east, the nobility was the ruling class. At the beginning of the seventeenth century the ruler himself was nothing more than a primus inter pares, the largest landowner in a society dominated by the landowners' interests, a society in which the production and the sale of corn was the most important enterprise. There was nothing to indicate that Brandenburg or Prussia would ever play a major part in German or in European affairs."

Gegen eine Überbewertung der Mitherrschaft der Stände, d. h. des Adels, in Kurbrandenburg, zumal seit der Regierung Joachims II. (1535—1571), hat man jedoch neuerdings im Einklang mit der älteren Forschung[7] und mit durchaus erwägenswerten Gründen Einspruch erhoben.[8] Danach hat es selbst dieser aufs schwerste verschuldete Fürst verstanden, seinem im Gefolge der Säkularisationen nach Einführung der Reformation wirtschaftlich gestärkten Adel entschieden entgegenzutreten und ein Machtübergewicht zu behaupten, so daß der Begriff des Ständestaates auf diese Periode sinnvoll nicht angewendet werden kann. Die Stände konnten auch in dieser für sie günstigen Situation ein Selbstversammlungsrecht für die Landtage nicht durchsetzen; zwischen 1565 und 1602 etwa hat überhaupt nur ein Landtag 1572 stattgefunden;[8*] die Vertretung der ständischen Interessen lag in den Händen eines beschränkten Kreises sozusagen berufsmäßiger Ständepolitiker; Ausschußtagungen, auf deren Zusammensetzung der Kurfürst Einfluß nahm, wur-

[5] Oxford 1954; dazu die Rezension von Gerd Heinrich in seinem Sammelbericht: *Forschungen zur Geschichte der Mark Brandenburg. Ein Literaturbericht über die Jahre 1941-1956*, in: *Jahrbuch für die Geschichte Mittel- und Ostdeutschlands*, Bd. 9/10 (1961), S. 346 ff.

[6] F.L. Carsten, *The Origins . . .*, S. 174. Ähnlich wie Carsten argumentiert unter Berufung auf Schmoller neuerdings auch Georg Droege, *Die finanziellen Grundlagen des Territorialstaates in West- und Ostdeutschland an der Wende vom Mittelalter zur Neuzeit*, in: *Vierteljahrschrift für Sozial- und Wirtschaftsgeschichte*, Bd. 53 (1966), S. 157 ff. Seine offenbar ohne Kenntnis der neueren Spezialliteratur für Kurbrandenburg aufgestellte These von einer „Art Mitregierung" der Stände in der Zeit Joachims II. entbehrt der Begründung.

[7] Vgl. vor allem die Untersuchung von Martin Hass, *Die kurmärkischen Stände im letzten Drittel des sechzehnten Jahrhunderts* (=Veröffentlichungen des Vereins für Geschichte der Mark Brandenburg), München-Leipzig 1913, besonders S. 86 ff.

[8] Gerd Heinrich, *Der Adel in Brandenburg-Preußen*, in: Helmuth Rössler (Hrsg.), *Deutscher Adel 1555-1740. Büdinger Vorträge 1964* (=Schriften zur Problematik der deutschen Führungsschichten in der Neuzeit, Bd. 2), Darmstadt 1965, bes. S. 263 ff., S. 269 ff. und S. 277 ff.

[8*] Selbstversammlungsrecht und Periodizität sind dabei allerdings gerade in Deutschland nicht als allgemeine Kriterien für ein funktionierendes Ständewesen anzusehen, wohl aber können sie als Maßstab für die Existenz eines „Ständestaates" dienen.

den bevorzugt; das gehütete Indigenatsrecht wurde vom Landesherrn ständig verletzt. Es fehlte der Ritterschaft *in corpore*, nicht dem einzelnen Angehörigen dieses Standes, an politischem Machtwillen und an einem klaren Programm. Lediglich auf dem Gebiet der Steuerbewilligung und der Schuldenverwaltung konnten die Stände eine relativ starke Position erringen, so daß vielleicht von einem partiellen Dualismus gesprochen werden kann, aber auch in diesem Bereich gab es eine fürstliche Mitwirkung und Beaufsichtigung. Was unter dem verschuldeten Joachim II. den Ständen versagt blieb, das konnte ihnen vollends unter seinen sparsameren Nachfolgern nicht gelingen.

Dazu kommt noch ein weiteres, in der Regel nicht beachtetes Moment: Indem die Stände die Schulden des Fürsten übernahmen und zu ihrer Abtragung eine eigene Steuerverwaltung neben der landesherrlichen einrichteten, gewannen sie zwar einen großen Einfluß auf die brandenburgischen Finanzen, begaben sich aber gerade dadurch in gewissem Sinne bereits ihrer entscheidenden Waffe, des Steuerbewilligungsrechts. Denn diese Waffe konnte nur wirksam sein, wenn sie jederzeit auch voll einsatzbereit blieb, nicht jedoch wenn hohe Schuldensummen, deren Tilgung und Verzinsung kaum absehbar waren, die bewilligten Steuern praktisch zu einer dauernden Last für die Stände bzw. für die Untertanen werden ließen. Mit anderen Worten: Aus den außerordentlichen, scheinbar nur für den Einzelfall gewährten, als großes ständisches Zugeständnis an den Fürsten geltenden Abgaben war *in effectu* bereits eine Vorform einer permanenten Steuer geworden, die die Stände zahlen *mußten*, nur daß der Fürst kein direktes Verfügungsrecht darüber besaß.[9]

Wenn dies zusammengenommen berücksichtigt wird, dann kann man kaum versucht sein, die Stellung der kurmärkischen Stände in der Zeit vor dem Großen Kurfürsten überzubewerten; und gleichzeitig dürfte die Wendung, die unter seiner Herrschaft eingetreten ist, nicht so abrupt erscheinen, wie vor dem Hintergrund eines postulierten Ständestaates. Im übrigen gilt natürlich auch im Falle Kurbrandenburgs, daß ein schwacher Landesherr, der, wie etwa Georg Wilhelm (1619—1640), noch dazu unter außergewöhnlichen und übermächtigen Verhältnissen regierte,[10] den Ständen ein stärkeres Mitspracherecht einräumen mußte als kraftvollere Regenten, denen neue Steuern ohne einschneidende Konzessionen bewilligt wurden.[11]

[9] Dazu M. Hass, *Die kurmärkischen Stände . . .*, S. 173 f.

[10] Für das Ständewesen in der Zeit des Kurfürsten Georg Wilhelm fehlt bezeichnenderweise eine befriedigende Spezialdarstellung. Vgl. zuletzt den Überblick über die allgemeinen Verhältnisse bei Johannes Schultze, *Die Mark Brandenburg*, Bd. 4: *Von der Reformation bis zum Westfälischen Frieden*, Berlin 1964, S. 202 ff., auch S. 294 ff.

[11] Siehe auch G. Heinrich, *Der Adel . . .*, S. 285.

Die endgültige Verdrängung aus dem inneren Bereich der politischen Willensbildung im absoluten Staat seit der Regierung des Großen Kurfürsten hat jedoch in Brandenburg-Preußen keineswegs etwa zu einem Verfall des Ständetums geführt. Nicht nur, daß die überkommenen ständischen Institutionen samt den damit verbundenen Rechten, wenn auch in veränderter und reduzierter Form fortbestanden, — der vorher weitgehend auf das Land und die Gutswirtschaft beschränkte Adel fand nunmehr zunehmend neue Funktionen in der Hof- und Staatsverwaltung und in dem zu bildenden Offizierkorps. Die Indienstnahme durch das Herrscherhaus mußte dem ersten Stand im Staat weiterhin eine Vorzugsstellung sichern, wenn diese auch weniger der Korporation als dem einzelnen Standesgenossen zugute kam. Der enge Bund, den die Monarchie nunmehr mit dem Adel einging, wurde geradezu zu einem Eckpfeiler des absolutistischen Systems im 18. Jahrhundert und noch lange darüber hinaus. Die weitreichenden sozialen und wirtschaftlichen Zugeständnisse, die damit für den Adel zu Lasten der übrigen Bevölkerung verbunden waren, bezeugen vollends, daß von einer konsequenten Ständefeindschaft der Hohenzollern nicht gesprochen werden kann. Sie waren es zufrieden, einen relativ stabilen Kompromiß mit der stärksten sozialen Kraft im Lande, dem Adel, zu schließen, um darauf ihre Herrschaft desto fester zu begründen.[12]

Dies führt jedoch in die allgemeinere Problematik des Ständetums und insbesondere des Adels im hochabsolutistischen Preußen, die für unsere bescheidenere und zugleich speziellere Aufgabe lediglich das Bezugssystem abgibt, innerhalb dessen nunmehr gemäß der Themenstellung über Zusammensetzung, Arbeitsweise, Kompetenz und Selbstverständnis der kurmärkischen Stände im späteren 17. und im 18. Jahrhundert zu handeln ist.

Was für die Stände des werdenden brandenburgisch-preußischen Gesamtstaates mit regionalen Modifikationen insgesamt zutrifft, das gilt erst recht für die Stände der Kurmark. Ihre unmittelbare Nähe zur landesherrlichen Gewalt hat dazu geführt, daß sie in der Regel ihre vordem erlangten Positionen, ihren Einfluß auf die kurfürstliche Politik frühzeitiger und vollständiger aufgeben mußten als die der weit abgelegenen und daher sehr viel eigenständigeren Außenlande eines Staatswesens, das bestenfalls seit der Mitte des 18. Jahrhunderts als ein Einheitsstaat an-

[12] Neue, von den Methoden der amerikanischen Sozialwissenschaft befruchtete Wege zur Untersuchung dieses Verhältnisses zwischen Krone und Adel weist vor allem die scharfsinnige und geistvolle, freilich auch einseitige, in Deutschland bisher wohl zu wenig beachtete Analyse von Hans Rosenberg, *Bureaucracy, Aristocracy and Autocracy. The Prussian Experience 1660–1815* (=Harvard Historical Monographs, Bd. 34), Cambridge/Mass. 1958. Vgl. die eingehende Besprechung von Hans Herzfeld/Wilhelm Berges, *Bürokratie, Aristokratie und Autokratie in Preußen*, in: *Jahrbuch für die Geschichte Mittel- und Ostdeutschlands*, Bd. 11 (1962), S. 282 ff. Vgl. auch die eindringliche Kritik von Gerhard Oestreich, in: *Vierteljahrschrift für Sozial- und Wirtschaftsgeschichte*, Bd. 52 (1965), S. 276 ff.

gesprochen werden darf.[13] Diese Tatsache ist auch für die Entwicklung des Ständewesens von Bedeutung gewesen. Von einer ständischen Solidarität der einzelnen, lange Zeit nur durch die Dynastie zusammengehaltenen Landesteile in den Auseinandersetzungen mit eben dieser Dynastie verlautet nichts,[14] geschweige denn, daß nach westeuropäischem oder schwedischem Muster von Versuchen zur Schaffung einer einheitlichen Ständevertretung für den Gesamtstaat irgendwo die Rede gewesen wäre. Erst am Ausgang des 18. Jahrhunderts tauchte ein derartiger Plan bezeichnenderweise nicht bei den Ständen, sondern in der Berliner Zentrale auf, um freilich alsbald abgelehnt zu werden.[15] So mußten die Stände jedes einzelnen Territoriums ihren Kampf gegen die Landesherrschaft, allein auf sich gestellt, ausfechten und darin unterliegen. In Kurbrandenburg ebenso wie in anderen deutschen Territorialstaaten waren die Stände nicht weitsichtig genug, um den Vorteil zu erkennen, der sich aus einem Zusammenschluß für sie ergeben konnte. Ihre Politik richtete sich nicht auf das Gesamtinteresse des größeren Staatswesens, sondern stets nur auf den überschaubaren Bereich ihrer engeren Heimat.

Allerdings ging es dabei von Anfang an nie um einen Kampf auf Biegen oder Brechen, um eine prinzipielle Auseinandersetzung ohne Kompromißbereitschaft, die mit der vollständigen Unterdrückung des einen Teilnehmers enden mußte; vielmehr verfolgte gerade der Große Kurfürst in der ersten entscheidenden Phase des Konflikts lediglich beschränkte, auf die konkrete politische Lage bezogene Ziele.[16] Er ging durchaus pragmatisch vor, und es ist sehr fraglich, ob seinen Handlungen von Anfang an eine einheitliche und klare Gesamtkonzeption zugrunde gelegen hat.[17] Dies und vor allem der Umstand, daß die Position der Stände nicht etwa durch einen Umsturz der bestehenden Landesverfassung, sondern durch eine ganz allmähliche Veränderung der inneren Verwaltung ausgehöhlt worden ist, macht auch verständlich, warum es niemals, selbst während der Regierung König Friedrich Wilhelms I. nicht, zur förmlichen Beseitigung der ständischen Einrich-

[13] Die Rolle des Ständetums bei der Ausbildung des brandenburgisch-preußischen Einheitsstaates erörtert auch Ludwig Tümpel, *Die Entstehung des brandenburgisch-preußischen Einheitsstaates im Zeitalter des Absolutismus (1609–1806)* (=Untersuchungen zur deutschen Staats- und Rechtsgeschichte, Bd. 124), Breslau 1915, Neudruck: Aalen 1965, S. 37 ff.

[14] Dazu Georg Küntzel, *Über Ständetum und Fürstentum, vornehmlich Preußens, im 17. Jahrhundert*, in: *Beiträge zur brandenburgischen und preußischen Geschichte. Festschrift zu G. Schmollers 70. Geburtstag*, Leipzig 1908, S. 101 ff., bes. S. 147.

[15] Max Lehmann, *Freiherr vom Stein*, Bd. 2, Leipzig 1903, S. 49. — Allerdings sind auch in England und Schweden die Bemühungen um eine einheitliche Vertretung für den Gesamtstaat nicht allein von den Ständen, sondern ebenso von der Krone ausgegangen (Hinweis von D. Gerhard).

[16] Dies betont G. Küntzel, *Über Ständetum . . .*, S. 145.

[17] Darüber, speziell für die Frage nach der bewußten Schaffung eines Einheitsstaates L. Tümpel, *Die Entstehung . . .*, S. 47 ff.

tungen in der Kurmark gekommen ist. So entstand im 18. Jahrhundert eine tiefe Kluft zwischen den rechtlichen Formen und dem tatsächlichen Zustand des Ständewesens.

Der große Friedensrezeß des Kurfürsten Friedrich Wilhelm mit den kurmärkischen Ständen aus dem Jahre 1653[18] blieb, ähnlich wie die Rezesse von 1660 mit den clevischen und 1663 mit den ostpreußischen Ständen, auch für die Folgezeit die verfassungsmäßige Grundlage ihrer wechselseitigen Beziehungen. Zwar trat bei Friedrich Wilhelm wie bei seinen Nachfolgern der Respekt vor den Privilegien hinter den Bedürfnissen des Staates und des Augenblicks zurück,[19] aber formell aufgehoben wurden sie nicht. Die kurmärkische Landschaft berief sich auf den Rezeß von 1653 als eine Art Grundgesetz, eine immerwährende vertragliche Bindung zwischen dem „Land" und dem Fürsten, sie ersuchte bei jeder Erbhuldigung, ob 1688, 1701, 1713 oder 1740, immer aufs neue um die herrscherliche Bestätigung der alten Landesordnungen und Rezesse. Noch in den Gravamina, die sie Friedrich II. alsbald nach seinem Regierungsantritt im Juli 1740 überreichte, spielte der Rezeß des letzten Plenarlandtages in der Kurmark von 1653 eine gewichtige Rolle.

Die Haltung, die sie diesem Verlangen gegenüber einnahmen, ist in gewissem Sinne symptomatisch für die grundsätzliche Einstellung der Hohenzollern zum Ständetum. Während Friedrich III. (I.) die alten Verfassungsurkunden bestätigte und somit auch bei dieser Gelegenheit die auf Abbau der Spannungen und auf Schaffung eines für beide Seiten annehmbaren Modus vivendi gerichtete Grundtendenz seiner Ständepolitik dokumentierte,[20] erhob König Friedrich Wilhelm I. Einwände: ***Was aber die allegirte Recesse und in specie den in anno 1653 anbelanget,*** heißt es in der königlichen Resolution vom 22. April 1713 auf die kurmärkischen Gravamina vom 31. März des Jahres,[21] ***da können Se. Königliche Majestät,***

[18] Vollständig abgedruckt bei Christian Otto Mylius (Hrsg.), *Corpus Constitutionum Marchicarum . . .*, Bd. 6, 1. Abteilung, Berlin-Halle 1751, Nr. CXVIII, Sp. 425 ff.

[19] Den clevischen Ständen gegenüber hat der kurfürstliche Statthalter dies 1660 mit Bezug auf die vorangehenden Landtagsrezesse von 1649 und 1653 sogar offen ausgesprochen: *Sie* (d.h. der Kurfürst) *können . . . dieselben nicht halten, weil darin verschiedene Punkte begriffen, welche I.K.D. landesfürstlichen Hoheit und Respekt zumal nachteilig und abbrüchig sind, wodurch zwischen Deroselben als Landesherren und den Ständen gleichsam consortium regiminis oder condominium eingeführt und eine stets währende Diffidenz, schädliches Mißtrauen und Uneinigkeit erweckt werde . . .*, in: A. v. Haeften (Hrsg.), *Urkunden und Aktenstücke . . .*, Bd. 5 (vgl. oben Anm. 4), S. 962; vgl. auch G. Küntzel, *Über Ständetum . . .*, S. 140 ff.

[20] Vgl. Otto Hintze, *Staat und Gesellschaft unter dem ersten König*, in: *Hohenzollern-Jahrbuch*, Bd. 4 (1900), S. 269—335, wieder in: Ders., *Regierung und Verwaltung . . .*, S. 313 ff., speziell S. 316 f.; Georg Adalbert von Mülverstedt, *Die ältere Verfassung der Landstände in der Mark Brandenburg vornehmlich im 17. und 18. Jahrhundert*, Berlin 1858, S. 13.

[21] *Acta Borussica. Denkmäler der Preußischen Staatsverwaltung im 18. Jahrhundert*, hrsg. von der Preußischen Königlichen Akademie der Wissenschaften, *Die Behördenorganisation und die allgemeine Staatsverwaltung*, Bd. 1, Berlin 1894, S. 378 ff.

welche nichts, was Sie nicht königlich und unverbrüchlich zu halten gedenken, jemalen versprechen wollen, zu Confirmation solcher Recesse sich nicht so schlechterdings erklären, Sie seien dann zuförderst genau und gründlich informiret, ob und wie weit solche Recesse auf die jetzige Zeiten annoch applicable, und ob nicht ein und anderes, so zu des Landes mehrerm Flor und Anwachs dienen könnte, darin zu verbessern sei. Der König stellte weiterhin eine gründliche Untersuchung über diese Frage in Aussicht; indessen ist es bei dieser Ankündigung geblieben. Ähnlich erging es den kurmärkischen Ständen 1740 mit Friedrich dem Großen, er würdigte sie nicht einmal einer Antwort.[22] Seine Begründung, mit der er ihre Beschwerden an den Etatsminister von Arnim zur Anfertigung eines Extrakts weitergab, lautete: ***Wie nun diese Vorstellungen sehr weitläuftig und darinnen vermuthlich viel unnütze und nach denen jetzigen Einrichtungen impracticable und bedenkliche Gravamina enthalten, also leidet Meine Zeit nicht, diese Originalpiècen einzusehen...*** Obschon die Stände in den folgenden Jahren bis 1746 beharrlich auf ihre Desiderien zurückkamen, konnten sie eine Entscheidung des Königs nicht herbeiführen; dieser ließ sie, wahrscheinlich bewußt, in Ungewißheit über seine Haltung.

Wenn man sich die von Otto Hintze in die Forschung eingeführte,[23] von ihm selbst lediglich idealtypisch verstandene und daher in den konkreten historischen Erscheinungsformen kaum jemals in voller Reinheit auftretende Unterscheidung zwischen einem Zweikammersystem und einem Dreikuriensystem unter den ständischen Verfassungen zu eigen macht, dann gehört das kurmärkische Ständewesen zur letzteren Kategorie. *Die Zusammensetzung der „kurmärkischen Landschaft"*,[24] wie die Gesamtheit der Stände in der Kurmark auch genannt wurde, entsprach dem geläufigen Typus ständischer Repräsentationen in anderen deutschen, speziell ostdeutschen Territorien. Gewöhnlich war weniger von der Einheit und Gemeinsamkeit der Landschaft als von ihrer Gespaltenheit die Rede. Schon in der Terminologie kam die Aufteilung in verschiedene Kurien dadurch zum Ausdruck, daß häufig nicht von der ***gemeinen Landschaft,*** sondern, etwa in dem Landtagsrezeß von 1653,[25] von den ***Landstaenden, von Praelaten, Herren, Ritterschafft und***

[22] Gravamina der kurmärkischen Stände vom 28. Juli und 1. August nebst der Entscheidung des Königs vom 9. August 1740, in: *A.a.O.*, Bd. 6, Teil 2, Berlin 1901, S. 66 ff. und S. 75 f.

[23] In seiner Studie *Typologie der ständischen Verfassungen des Abendlandes*, in: *Historische Zeitschrift*, Bd. 141 (1930), S. 229—248, wieder in: Ders., *Staat und Verfassung. Gesammelte Abhandlungen zur allgemeinen Verfassungsgeschichte*, hrsg. von Gerhard Oestreich, mit einer Einleitung von Fritz Hartung (=Gesammelte Abhandlungen, Bd. 1), 2. Aufl., Göttingen 1962, S. 120 ff.

[24] Zum Folgenden M. Hass, *Die kurmärkischen Stände...*, S. 5 ff.; G.A. von Mülverstedt, *Die ältere Verfassung...*, S. 20 ff.; Helmut Croon, *Die kurmärkischen Landstände 1571-1616* (=Brandenburgische Ständeakten, Bd. 1. Veröffentlichungen der Historischen Kommission für die Provinz Brandenburg und die Reichshauptstadt Berlin, Bd. 9, Teil 1), Berlin 1938, S. 1 ff.

Staedten Unserer Chur- undt Marck Brandenburg, und zwar mit dem Zusatz ***diesseits der Oder und jenseits der Elbe*** zur Abgrenzung von den neumärkischen Ständen *jenseits der Oder,* gesprochen wurde. Diese umständliche Umschreibung konnte auch durch die kürzere Formel *Landschaft von Ritterschaft und Städten* ersetzt werden und damit genau den Verfassungszustand bezeichnen, wie er sich tatsächlich seit der Mitte des 16. Jahrhunderts ausgebildet hatte, ohne sich in der Folgezeit noch entscheidend zu verändern.

Im Zuge der Einführung der Reformation[26] und der damit verbundenen Säkularisation der Kirchengüter büßte der vornehmste Stand, die Prälatenkurie, seine Eigenständigkeit ein; die Reste schlossen sich der Ritterschaft an. Die „Grafen und Herren", die in unserem Zeitraum namentlich noch durch die Familie Gans zu Putlitz repräsentiert wurden, hatten wahrscheinlich früher ohnehin keine selbständige Kurie gebildet, sondern sich an die Prälaten bzw. an die Ritterschaft angelehnt. Seit dem frühen 17. Jahrhundert traten Prälaten, Herren und Ritterschaft gemeinsam als die *Oberstände* den Städten gegenüber. Aus den ursprünglich drei Kurien waren also zwei Corpora geworden.

Ohne Zweifel war die *Ritterschaft* zahlen- und bedeutungsmäßig die wichtigste Kurie. Bezeichnend ist, daß sie allein zuweilen in den Quellen als die Landschaft bezeichnet wurde. Wiewohl es keine völlig eindeutigen Zeugnisse über die Zugehörigkeit zur märkischen Ritterschaft und damit über die Landtagsfähigkeit für den *ganzen* Zeitraum seit dem Ausgang des 16. Jahrhunderts gibt,[27] vornehmlich weil die Standschaft kein verliehenes, kraft irgendeines Mandats wie bei den modernen Volksvertretungen bestehendes Recht war, wird man doch sagen dürfen, daß der Lehnsnexus, das Vasallenverhältnis zum Landesherrn, das wichtigste Kriterium dafür war.[28] Sämtliche auf dem Lande ansässigen Adligen waren landtagsfähig. Die Unterscheidung zwischen dem sogenannten *beschlossenen,* d. h. im Besitz von Schlössern oder »Burgen« befindlichen Adel, und dem unbeschlossenen Adel, der nur einen schlichten Rittersitz innehatte,[29] an die man anderswo die Standschaft hat knüpfen wollen,[30] spielte dafür keine Rolle. Ersterer genoß lediglich den Vor-

[25] Siehe oben Anm. 18.

[26] Darüber zuletzt Johannes Schultze, *Die Mark Brandenburg,* Bd. 4, Berlin 1964, S. 18 ff.; über die Stellung des Adels G. Heinrich, *Der Adel . . .,* S. 272 ff.

[27] Über die schwierige Lage der Quellen und das Problem ihrer Interpretation am ausführlichsten M. Hass, *Die kurmärkischen Stände . . .,* S. 21 ff.

[28] So übereinstimmend M. Hass, *Die kurmärkischen Stände . . .,* S. 29, und H. Croon, *Die kurmärkischen Landstände . . .,* S. 2.

[29] Vgl. etwa Adolph Friedrich Riedel, *Von dem Unterschiede zwischen den beschlossenen und unbeschlossenen Geschlechtern der brandenburgischen Ritterschaft,* in: *Märkische Forschungen,* Bd. 1 (1841), S. 266 ff.

[30] So G. von Below, *System und Bedeutung . . .,* S. 88 f., auf die Verhältnisse in Jülich und Berg bezogen.

zug, zu den Landtagen direkt durch ein verschlossenes Ausschreiben geladen zu werden, während die übrige Ritterschaft kollektiv durch offene Patente dazu beschieden wurde. Außerdem erhielt jener bei der Stimmabgabe den Vortritt.

Weiterhin war aber, wenngleich nicht ausschließlich, in der Regel die dingliche, nicht die persönliche Seite der Lehnsbindung ausschlaggebend. Denn wenn es zweifelhaft bleiben muß, ob Adlige, die ihren Wohnsitz statt auf dem Lande in der Stadt hatten, zu den Landtagen hinzugezogen wurden, so besaßen andererseits Witwen und Unmündige wegen des ihnen gehörenden Grundbesitzes die Standschaft,[31] die sie schwerlich persönlich ausgeübt haben dürften. Dies konnte nur jeder erwachsene männliche Adlige tun.

Auch die Landtagsfähigkeit der *Prälaten,* die nur noch einen wenngleich formal herausgehobenen Annex der Ritterschaft bildeten, haftete nicht etwa an ihren geistlichen Würden, sondern ausschließlich an ihrem durch Grundbesitz begründeten Lehnsverhältnis. Wer unter den Angehörigen der alten Prälatenkurie seinen ländlichen Besitz verloren hatte, wie die Bischöfe von Havelberg und Brandenburg, deren Tafelgüter an die Landesherrschaft übergingen, der wurde auch nicht länger zu den Landtagen berufen. Wer ihn hingegen behielt, wie die Domkapitel von Havelberg und Brandenburg ihre Stiftsgüter, blieb auch weiterhin landtagsberechtigt. In besonders großem Maße verfielen die Klöster des Landes den Säkularisationen des Kurfürsten und des Adels. Während für den Grundbesitz der Klöster, der in adlige Hände geriet, die Standschaft nicht erlosch, sondern nur an den neuen Inhaber in der Ritterschaftskurie überging, schied der in landesherrliche Ämter umgewandelte gänzlich aus dem ständischen Verband aus. Gegen die Säkularisation und damit im Prälatenstande vermochten sich neben dem Stift Heiligengrabe einige Komtureien des Johanniterordens zu behaupten. Einen Platz unter den Prälaten durfte nach dem Vorbild anderer Universitäten auch die märkische Landesuniversität zu Frankfurt an der Oder beanspruchen, denn ihr wurden Güter des Domstifts zu Stendal übertragen.[32]

Welche Bedeutung die dingliche Seite des Lehnsnexus, der Besitz eines Rittergutes, für die Standschaft in der Ritterschaftskurie besaß, erhellt vollends aus der Zulassung von Bürgerlichen zu den bis 1653 gehaltenen Landtagen. Weder im 16. noch im 17. Jahrhundert war die Übertragung von Rittergütern an Bürgerliche verboten, und auch im 18. Jahrhundert setzte die strikte Reglementierung — kein gänzliches Verbot — erst unter Friedrich II. ein, der sie als ein Instrument seiner

[31] Vgl. die Beispiele bei M. Hass, *Die kurmärkischen Stände . . .*, S. 25 f.

[32] G.A. von Mülverstedt, *Die ältere Verfassung . . .*, S. 27, S. 33; die Kreislandschaft der Universität Frankfurt für das 18. Jahrhundert bezeugt außerdem [Magnus Friedrich von Bassewitz,] *Die Kurmark Brandenburg, ihr Zustand und ihre Verwaltung unmittelbar vor dem Ausbruche des französischen Krieges im Oktober 1806*, Leipzig 1847, S. 162; Zweifel äußert dagegen M. Hass, *Die kurmärkischen Stände . . .*, S. 15.

Adelspolitik handhabte.[33] Gewöhnlich waren es die bürgerlichen Räte des Kurfürsten, die für ihre Verdienste um die Landesherrschaft mit erledigten Lehngütern belohnt und außerdem meist nobilitiert wurden. Auch die Besetzung von Stiftspräbenden bei den Domkapiteln und die mit diesen verbundene Landstandschaft in der Ritterkurie war keineswegs ein adliges Monopol. Im Abschied von 1653 anerkannte Kurfürst Friedrich Wilhelm zwar den Vorrang des Adels bei der Vergabe heimgefallener Lehen, aber er hat sich ausdrücklich ausbedungen, auch Bürgerliche damit auszustatten. Es heißt im Abschnitt 31:[34] *Wir seind aber jederzeit, jedoch mit vorbehalt Unsers Rechtens in Gnaden geneigt, die devoluta feuda Adelichen und fuer andern den Einheimischen Geschlechtern zuzuwenden, wie wohl wir dennoch auch Unsere Bediente von der Buergerschafft, so Uns und Unsern Churfl. Hauße nuezliche und getrewe servitia geleistet, nicht gaentzlich außschliessen koennen* ... Und ganz ähnlich lautet der Passus über die Verleihung von Präbenden in Abschnitt 11:[35] *Gleichwie wir bißhero in conferirung der Praelaturen und geistl. Canonicaten die Einheimischen, insonderheit die von Adel andern praeferiret, also soll es auch hinfuero dabey verbleiben. Jedoch sollen auch die auß Buergerstande nicht außgeschloßen sein, sondern bey den iedes Orthes hergebrachten consuetudinibus et statutis geschuetzet werden.*

Beispiele dafür gibt es schon im 16. und frühen 17. Jahrhundert. Nicht nur zum Kanzler aufgestiegene bürgerliche Hofjuristen und ihre Kinder, wie Lampert Distelmeier, sein Sohn Christian Distelmeier, der Sohn Weinlebens und der ältere Köppen besaßen damals Sitz und Stimme in der Ritterschaft, sondern auch sehr viel weniger herausragende kurfürstliche Beamte und sogar Amtshauptleute.[36] In gewissem Sinne typisch für das Verhalten aufsteigender, durch Grundbesitz und Konnubium mit dem alteingesessenen Adel allmählich verwachsender Bürgerlicher scheint auch, um ein Beispiel aus dem 18. Jahrhundert zu geben, die den Ständen keineswegs abgeneigte Politik des Großkanzlers Samuel von Cocceji während der großen Justizreformen gewesen zu sein.[37] Sein Vater, Professor der Rechte an der Universität Frankfurt, war 1702 nobilitiert worden.

[33] Genaueres darüber unten S. 527.

[34] C.O. Mylius (Hrsg.), *Corpus Constitutionum Marchicarum* . . ., Bd. 6, Teil 1, Nr. CXVIII, Sp. 441.

[35] *A.a.O.*, Sp. 432.

[36] Für Lampert Distelmeier vgl. Friedrich Holtze, *Lampert Distelmeier, kurbrandenburgischer Kanzler* (=Schriften des Vereins für die Geschichte Berlins, Bd. 32), Berlin 1895, S. 39 f., S. 47, S. 77, S. 79 f.; M. Hass, *Die kurmärkischen Stände* . . ., S. 27 f., S. 30, dort auch das Beispiel des langjährigen Havelberger Stiftsdechanten aus schlicht bürgerlicher Familie, *a.a.O.*, S. 17.

[37] Darüber außer den Angaben in der älteren Literatur, etwa bei Adolf Stölzel, *Brandenburg-Preußens Rechtsverwaltung und Rechtsverfassung, dargestellt im Wirken seiner Landesfürsten und obersten Justizbeamten*, Bd. 2, Berlin 1888, S. 50 ff., vor allem die Ausführungen

Von starkem Widerstand gegen dieses Eindringen der Rotüre in ihren ureigensten Bereich ist, soweit wir sehen, bei den alteingesessenen Geschlechtern nichts zu spüren. Dies hing offenbar mit der lange Zeit sehr zurückhaltenden Nobilitierungspraxis der Hohenzollern zusammen, die seit der Erlangung der Souveränität in Ostpreußen im Frieden zu Oliva 1660 das Recht der Adelsverleihung ohne kaiserliche Beschränkung ausübten.[38] Erst als in der zweiten Hälfte des 18. Jahrhunderts die Zahl der Neuadligen immer größer wurde — Friedrich II. nobilitierte in seiner Regierungszeit etwa doppelt so viel wie sein Vater, namentlich bürgerliche Offiziere; unter Friedrich Wilhelm II. setzte dann vollends eine von fiskalischen Erwägungen bestimmte Adelsinflation ein[39] — wurde auch die Opposition der alten Geschlechter, die selbst unterdes quantitativ stark abgenommen hatten,[40] gegen die Neulinge heftiger. Dies wiederum veranlaßte den König zu restriktiven Maßnahmen, sowohl was die Zulassung Bürgerlicher zum Erwerb von Rittergütern als auch was die Ausübung der damit verbundenen ständischen Ehrenrechte betrifft.[41] Welche Umschichtungen sich auf dem Lande bis zum Ausgang des 18. Jahrhunderts vollzogen hatten, geht schon daraus hervor, daß von insgesamt 608 im Jahre 1800 gezählten Rittergutsbesitzern 79, also 13 % bürgerlichen Standes waren.[42]

Für die Standschaft in der Ritterkurie gilt also, daß in ihr seit dem 16. Jahrhundert keineswegs nur auf dem Lande ansässige Adlige, sondern auch bürgerliche Gutsbesitzer, namentlich hohe Amtsträger der Dynastie, Sitz und Stimme besaßen.

von H. Rosenberg, *Bureaucracy* . . ., S. 123 ff. Siehe jetzt auch Günter Birtsch, *Gesetzgebung und Repräsentation im späten Absolutismus. Die Mitwirkung der preußischen Provinzialstände bei der Entstehung des Allgemeinen Landrechts*, in: *Historische Zeitschrift*, Bd. 208 (1969), S. 265—294.

[38] Als Quellengrundlage für die Nobilitierungen seit 1600 ist heranzuziehen Maximilian Ferdinand Gritzner, *Chronologische Matrikel der brandenburgisch-preußischen Standeserhöhungen und Gnadenacte*, Berlin 1874. Zum Problem der hohenzollernschen Nobilitierungspraxis auf dieser Basis vgl. Fritz Martiny, *Die Adelsfrage in Preußen vor 1806 als politisches und soziales Problem* (*Vierteljahrschrift für Sozial- und Wirtschaftsgeschichte*, Beiheft 35), Stuttgart-Berlin 1938, S. 76 ff.

[39] *Ebda.*

[40] Siehe die Angaben bei G. Heinrich, *Der Adel* . . ., S. 305 f.

[41] Darauf wird bei der Erörterung des kreisständischen Lebens im 18. Jahrhundert noch genauer einzugehen sein, unten S. 527 f.

[42] Tabelle bei F. Martiny, *Die Adelsfrage* . . ., S. 114. — Der Anteil von 13% bürgerlicher Rittergutsbesitzer verringert sich auf 9,1%, wenn man die Altmark, die eine beträchtliche Zahl von bäuerlichen Freigutsbesitzern aufzuweisen hatte, unberücksichtigt läßt. Von den insgesamt 608 Gütern befanden sich außerdem 26 im korporativen Besitz, so daß 503 in adliger Hand waren. — Nach M.F. v. Bassewitz, *Die Kurmark* . . ., S. 17 f., wies die Vasallentabelle von 1804 insgesamt 510 adlige und 86 bürgerliche Rittergutsbesitzer auf. Nicht berücksichtigt sind dabei die Güter, die sich im Besitz der Domkapitel, Damenstifter, städtischer Magistrate, der Universität Frankfurt, der Schul-, Kirchen- und sonstigen Stiftungen befanden.

Wie die Kurmark selbst in ihrem für das 16., 17. und 18. Jahrhundert maßgeblichen territorialen Bestand keine ursprüngliche Einheit darstellte, sondern erst allmählich aus ehemals selbständigen geschichtlichen Einheiten zu einem größeren Ganzen zusammengewachsen war, so spiegelten sich die älteren Verfassungszustände des Landes auch in der Zusammensetzung der Landschaft wider,[43] sie traten mit der Zurückdrängung des Ständetums durch die Landesherrschaft seit dem späteren 17. Jahrhundert im Rahmen der Kreisverfassung[44] sogar erneut stärker hervor. Entsprechend bildete auch die kurmärkische Ritterschaft nur sekundär eine Einheit, sie gliederte sich primär in regionale ritterschaftliche Verbände, die jene früheren Gegebenheiten deutlich sichtbar werden lassen: in die Ritterschaft der Altmark, der Prignitz, der Mittelmark mit dem Lande Ruppin und schließlich der Uckermark samt dem Lande Stolp. In sich am geschlossensten und nach außen am selbstbewußtesten trat die altmärkische Ritterschaft auf, zu der sich gewöhnlich die der Prignitz gesellte, während andererseits die Mittelmärker und Uckermärker häufig zusammengingen. Gänzlich getrennt hatten sich seit der vorübergehenden Landesteilung zwischen Joachim II. und seinem Bruder Johann (beide 1535—1571) die neumärkischen Stände *jenseits der Oder* von denen der Kurmark. An ein gemeinsames Vorgehen der beiden Ständevertretungen war seitdem nicht mehr zu denken.[45]

Diese Einteilung des Landes in die sogenannten Hauptkreise war gleichermaßen für die *Städte*[46] maßgebend, die den vereinigten Oberständen als zweite, sowohl numerisch als auch einflußmäßig in unserem Zeitraum weitaus schwächere Kurie gegenübertrat. Seit 1565 tagten sie in der Regel nicht mehr als einheitliches Städtecorpus, sondern getrennt als altmärkisch-prignitzsche und als mittelmärkisch-uckermärkische Städtecorpora. Von den Städten besaßen wiederum nicht alle, sondern nur die etwa 40 *Immediatstädte,*[47] d. h. nur diejenigen, die der Landesherrschaft unmittelbar unterstanden, Landstandschaft. Den einer intermediären Gewalt, sei es einem Adligen, einem Stift oder einer anderen Stadt unterworfenen Mediatstädten hingegen, zu denen außerdem die kurfürstlichen Amtsstädte zählten, blieb sie versagt. Auch die Immediatstädte waren nicht alle völlig

[43] Vgl. etwa Otto Hintze, *Der Ursprung des preußischen Landratsamts in der Mark Brandenburg,* in: *Forschungen zur Brandenburgischen und Preußischen Geschichte,* Bd. 28 (1915), S. 357—422, wieder in: Ders., *Regierung und Verwaltung . . .,* S. 166 f.

[44] Dazu unten S. 525.

[45] Von geringfügigen Resten eines Zusammenwirkens, wie bei der fortdauernden gemeinsamen Verwaltung der Hufen- und Giebelschoßkasse, des ständischen Kreditwerks durch die kurmärkische und die neumärkische Ritterschaft, darf hier abgesehen werden.

[46] Für die Organisation der Städtekurie vgl. die oben in Anm. 24 genannte Literatur.

[47] Siehe die Tabellen mit den Immediat- und Mediatstädten bei M. Hass, *Die kurmärkischen Stände . . .,* S. 337 ff.

gleichgestellt, vielmehr behaupteten die sogenannten Hauptstädte einen Vorrang, der sich besonders bei der städtischen Vertretung in den landschaftlichen Ausschüssen auswirkte. Hauptstädte,[48] die jeweils einem kleineren regionalen Städteverbande, den *Städtesprachen,* vorstanden, waren in der Altmark Stendal, Salzwedel (Alt- und Neustadt) und Gardelegen, in der Prignitz Perleberg, im mittel- und uckermärkischen Bereich außer Brandenburg (Alt- und Neustadt), Berlin-Cölln und Prenzlau, auch Neuruppin und Frankfurt.

Anders als die Ritterschaft, deren Angehörige theoretisch *viritim* bei den Landtagen erscheinen durften, wenngleich die einzelnen Geschlechter sich oft mit der Entsendung von Deputierten begnügten, konnten die städtischen Korporationen stets nur durch Abgesandte vertreten sein. Es versteht sich, daß diese nicht von der Bürgerschaft oder gar von den Einwohnern gewählt und delegiert wurden, sondern ausschließlich von den Ratskollegien.[49] Diese erteilten ihnen auch die häufig unzureichenden Instruktionen, so daß die ständischen Verhandlungen durch das *Hintersichbringen* nicht selten verschleppt, wenn nicht gar unterbrochen wurden.

Ritterkurie und Städtekurie haben seit 1653 in der Kurmark außer bei den rein zeremoniellen Huldigungslandtagen[50] keine Gelegenheit mehr erhalten, gemeinsam ihre Stellung als eine politische Kraft im Lande neben dem Landesherrn auf *Plenarlandtagen* zu demonstrieren. Sicher ist dies ein Indiz und zugleich ein Symbol für ihren Machtschwund. Man kann wohl auch annehmen, daß der Große Kurfürst gerade dies damit bezweckte, hat er doch in seinem Politischen Testament von 1667 den Nachfolger ausdrücklich ermahnt: ... *Iemehr Landtage Ihr haltet, iemehr Autoritet Euch benommen wirdt, weil Die Stende alzeitt was suchen, so der Herschaft ahn Ihrer hocheitt nachteillig ist.*[51]

Indessen darf das Aufhören der Plenarlandtage nicht überbewertet werden. Schon vorher waren diese nämlich, wie bereits angedeutet, äußerst selten: Zwischen 1572 und 1602 tagten die gemeinen Stände überhaupt nicht, und abermals vergingen mehrere Jahrzehnte,[52] ehe sie erneut insgesamt durch den Landesherrn

[48] Aufzählung bei H. Croon, *Die kurmärkischen Landstände . . .*, S. 3, Anm. 8.

[49] G.A. von Mülverstedt, *Die ältere Verfassung . . .*, S. 54, läßt auch die Gilden und Zünfte an der Wahl beteiligt sein, freilich ohne klaren Beleg.

[50] Über den Charakter einer derartigen Huldigung durch die Stände vgl. den Immediatbericht des Etatsministers und Lehnsdirektors von Arnim vom 26. Juni 1740 an Friedrich II., *Acta Borussica, Behördenorganisation . . .*, Bd. 6, Teil 2, Berlin 1901, S. 21 ff.

[51] Georg Küntzel/Martin Hass (Hrsg.), *Die politischen Testamente der Hohenzollern nebst ergänzenden Aktenstücken,* Bd. 1, Leipzig-Berlin 1911, S. 62.

[52] H. Croon, *Die kurmärkischen Landstände . . .*, S. 4, bezeichnet den Landtag von 1643 als den nächsten Vollandtag; aus dem Teilabdruck des Rezesses vom 18. April 1643 bei C.O. Mylius (Hrsg.), *Corpus Constitutionum Marchicarum . . .*, Bd. 6, Teil 1, geht jedoch hervor, daß dieser ebenso wie die „Landtage“ von 1615, 1620 und 1646 nur ein Deputationstag

einberufen wurden. Denn ein Selbstberufungsrecht hatten sie nicht durchsetzen können, und von Periodizität war vollends keine Rede. An die Stelle der umständlichen und teuren Versammlungen waren jedoch schon seit der Mitte des 16. Jahrhunderts immer häufiger Teillandtage, sei es in der Form von Deputationstagen, von Regionaltagen oder auch von Tagen einzelner Landtagskurien[53] getreten; daneben bedienten Landesherr und Stände sich in zunehmendem Maße der Ausschüsse, von denen der *Große Ausschuß,* der im Zusammenhang mit dem ständischen Kreditwerk eingerichtet wurde, seine Bedeutung auch über die Zeit des Großen Kurfürsten hinaus bewahren sollte.[54]

Das Ständetum wurde also durch die Ausschaltung der Plenarlandtage und die parallel einsetzende Drosselung der Teillandtage allein in seinem Bestand keineswegs direkt bedroht, verblieben ihm doch auch weiterhin die regionalen und lokalen Bastionen. Allerdings mußte es gleichzeitig, was viel schwerer wog, eine erhebliche Beschneidung seiner *Kompetenzen* hinnehmen. Die entscheidende Schwächung vollzog sich innerhalb eines verhältnismäßig kurzen Zeitraums von drei Jahrzehnten, etwa zwischen 1650 und 1680.[55] Bereits auf dem Landtag von 1652/53 kündigte sich die Wende an. Wichtiger freilich als die damals dem Großen Kurfürsten gegen bedeutsame Konzessionen an den Adel, namentlich im Bereich der ländlichen Sozialverfassung, von den Ständen — unter denen die Ritterschaft sehr viel finanzkräftiger war als die wirtschaftlich stark geschwächten Städte — auf sechs Jahre bewilligten Steuern erwiesen sich für die weitere Entwicklung andere Faktoren: Einerseits die Rückwirkung der außenpolitischen Konstellation auf die inneren Verhältnisse Brandenburg-Preußens, veranlaßt durch die Teilnahme am ersten Nordischen Krieg zwischen Polen und Schweden von 1655 bis 1660, die Friedrich Wilhelm eine wohl nicht unerwünschte Gelegenheit gab, gegen ständische Widersetzlichkeit mit Zwangsexekutionen vorzugehen, und andererseits, aufs engste damit verbunden, die schrittweise Einführung einer neuen Organisation der Heeres- und Steuerverwaltung im Zusammenhang mit der Etablierung des *miles perpetuus.*

Die neuen landesherrlichen Kommissariatsbehörden, die nunmehr neben den älteren, der territorialstaatlichen Epoche des brandenburgisch-preußischen Staatswesens entstammenden Verwaltungseinrichtungen immer stärker an Bedeutung

gewesen ist. Demnach wäre der Landtag von 1652/53 der einzige und zugleich letzte Plenarlandtag seit 1602 gewesen.

[53] Vgl. *a.a.O.*, Nr. LXXIX, Sp. 257—264, Nr. XC, Sp. 297—304, Nr. XCVIII, Sp. 329—336, Nr. CVI, Sp. 373—378, Nr. CVII, Sp. 377—386, Nr. CIX, Sp. 387—390 und Nr. CXIII, Sp. 395—400.

[54] Dazu unten S. 533 ff.

[55] Über die Auseinandersetzungen des Großen Kurfürsten mit den Ständen zuletzt zusammenhängend F.L. Carsten, *The Origins . . .*, S. 179 ff.; vgl. auch oben Anm. 4.

gewannen, um diese schließlich beinahe ganz auf Justiz, Hoheitssachen, Kultus und Schulangelegenheiten zu beschränken, waren, wie Otto Hintze betont hat,[56] die Repräsentanten „des neuen militärisch-absolutistischen Großstaates". Sie haben „keine Wurzeln in den alten Landesverfassungen und dem alten Landesrecht; sie stehen dieser alten Ordnung des öffentlichen Lebens ohne Verständnis, ja mit entschiedener Feindseligkeit gegenüber: sie sind die Hauptinstrumente zur Zertrümmerung des alten ständischen Staates und zum Aufbau des neuen absolutistischen Militärstaates geworden".

Mit ihrer Hilfe wurde zunächst die *Steuerverfassung* des Landes grundlegend zu Ungunsten der Stände umgestaltet. Die Einführung der *Akzise*[57] als einer spezifisch städtischen Steuer seit 1667, nachdem eine generelle Übernahme am Widerstand des Adels gescheitert war, vollends die Einziehung dieser seit 1680 obligatorischen Steuer durch rein staatliche Organe, die Steuerräte und ihre Helfer, war ausschlaggebend dafür, daß der ohnehin durch widerstreitende Wirtschaftsinteressen stets gefährdete Zusammenhalt zwischen den beiden ständischen Corpora, der Ritterschaft und den Städten, gänzlich gesprengt wurde. Es befestigte sich nunmehr jener Antagonismus von Stadt und Land, der die brandenburgisch-preußische Verfassungs- und Wirtschaftsgeschichte bis ins 19. Jahrhundert hinein bestimmte. Der permanente Charakter der Akzise sowie ihre Unterstellung unter eine ausschließlich staatliche Aufsicht mußte die Städte im Ständekollegium zur Bedeutungslosigkeit verurteilen.

Aber auch die Ritterschaft konnte ihren maßgeblichen Einfluß auf die nach Einführung der Akzise zu einer Steuer des platten Landes gewordene Kontribution[58] nicht behaupten. Ihr streng gehütetes Bewilligungsrecht für diese nicht von ihr, sondern von den Bauern zu tragende wichtigste direkte Steuerart wurde nach dem Nordischen Krieg, in dem der Landesherr die Abgaben eigenmächtig und gewaltsam erhoben hatte, allmählich zu einer bloßen Formalität. Während das Kontributionsaufkommen unter der Regierung des Kurfürsten Friedrich Wilhelm noch stärkeren Schwankungen, hauptsächlich gemäß den Bedürfnissen der Armee, unterlag, verwandelte es sich in den ersten Jahren Friedrichs III. in eine feste Summe,

[56] Otto Hintze, *Der Commissarius und seine Bedeutung in der allgemeinen Verwaltungsgeschichte*, in: *Historische Aufsätze. K. Zeumer zum 60. Geburtstag dargebracht*, Weimar 1910, S. 493—528; wieder in: Ders., *Staat und Verfassung* . . ., S. 245. Siehe ferner Kurt Breysig, *Die Organisation der brandenburgischen Kommissariate in der Zeit von 1660–1697*, in: *Forschungen zur Brandenburgischen und Preußischen Geschichte*, Bd. 5 (1892), S. 132 ff.

[57] Vgl. etwa L. Tümpel, *Die Entstehung* . . ., S. 124 ff.

[58] Dazu wie über die ständischen Steuerbewilligungen allgemein Kurt Breysig, *Der brandenburgische Staatshaushalt in der zweiten Hälfte des 17. Jahrhunderts*, in: *Jahrbuch für Gesetzgebung, Verwaltung und Volkswirtschaft im deutschen Reich*, Bd. 16 (1892), besonders S. 124 ff., S. 449 ff.

die nun immer wieder erhoben wurde. Damit wurden auch die nur noch vom Adel besuchten Teillandtage überflüssig, sie schliefen ein. Da außerdem schon seit der Mitte des 17. Jahrhunderts feste Matrikeln für die Repartition der Kontribution auf Kreisbasis aufgestellt wurden, verlagerte sich das Schwergewicht der ständischen Verwaltung von den allgemeinen Ausschüssen der Provinz auf die untere Ebene der Kreisstände. Kein Zweifel, indem ihnen das Bewilligungsrecht und die Verfügungsgewalt über die beiden neuen Steuern entglitt, die den überwiegenden Anteil des gesamten staatlichen Finanzaufkommens ausmachten[59] und für die sie nur noch eine Art Auftragsverwaltung unter der Aufsicht der neuen Kommissariatsbehörden ausübten, verloren die Stände der Kurmark ihr wichtigstes Machtinstrument.

Von einer sehr charakteristischen, gleich noch näher zu schildernden Ausnahme, dem ständischen Kreditwerk, abgesehen, verlagerte sich die Aktivität der kurmärkischen Stände infolgedessen allmählich mehr und mehr von der Gesamtprovinz in ihre einzelnen Landschaften und zumal ihre *Kreise*. Die mit der Entstehung der Kreisverfassung, ihrer Abgrenzung von der Amtsverfassung sowie die mit dem Ursprung des Landratsamtes verbundenen Probleme hat Otto Hintze in zwei noch immer grundlegenden Abhandlungen[60] aufgehellt; es genügt daher, wenn wir im folgenden die komplizierte Genese dieser Institutionen außer acht lassen und uns, ausgehend von den Zuständen des 18. Jahrhunderts, lediglich darauf beschränken, die Funktion der Kreise als Rückzugsbastionen des landständischen Lebens in der Kurmark zu beschreiben.

Während die Altmark, Prignitz und Uckermark in ihrer kreisständischen Organisation[61] an die alten historisch zusammengehörigen Landschaften anknüpften und so ihre Einheit als sogenannte „Hauptkreise" bewahrten, gliederte sich die Mittelmark, die eines derartigen ursprünglichen Zusammenhangs entbehrte, in eine Anzahl kleinerer, weitgehend selbständiger „Unterkreise".

An die Hauptkreise schloß sich die ständische Verfassung der Kurmark vielfach an, vor allem die ritterschaftliche Selbstverwaltung, die in erster Linie eine Finanzverwaltung war. Die Führung der Geschäfte der „altmärkischen Landschaft", die als Beispiel für diesen Typ gelten mag, lag in den Händen eines gewählten „Kreis-

[59] Siehe die vergleichenden Zahlenangaben über das Steueraufkommen aus Kontribution und Akzise und die den Ständen verbliebenen Steuerquellen unten S. 533.

[60] Otto Hintze, *Die Wurzeln der Kreisverfassung in den Ländern des nordöstlichen Deutschland*, in: Ders., *Staat und Verfassung . . .*, S. 186 ff. Ders., *Der Ursprung . . .*, S. 164 ff.

[61] Bester Überblick über das Folgende bei Otto Hintze, *Einleitende Darstellung der Behördenorganisation und allgemeinen Verwaltung in Preußen beim Regierungsantritt Friedrichs II.* (=Acta Borussica. Denkmäler der preußischen Staatsverwaltung im 18. Jahrhundert. Die Behördenorganisation und die allgemeine Staatsverwaltung Preußens im 18. Jahrhundert, Bd. 6, 1. Hälfte), Berlin 1901, S. 354 ff., der auf M.F. v. Bassewitz, *Die Kurmark . . .*, S. 131 ff., fußt.

direktoriums", in dem der „Kreisdirektor", der frühere „Landeshauptmann" der Altmark, präsidierte, in der Regel ein Angehöriger weniger großer eingesessener Familien des Landes. Ihm zur Seite standen die „Landräte", denen jedoch erst am Ausgang des 18. Jahrhunderts[62] besondere Verwaltungsbezirke, kleinere Unterkreise nach mittelmärkischem Vorbild, zugeordnet worden sind. Vorher besorgten sie ihre Aufgaben, wozu auch die Aufsicht über die ständische Kreiskasse mit ihrem gesonderten Personal zählte, gemeinsam. Sie fungierten gewissermaßen als ein Ausschuß der altmärkischen Kreisstände, deren Organ die Kreisversammlung war.

Diese Grundzüge der Kreisverfassung galten mit einzelnen Modifikationen auch für die Prignitz und die Uckermark. Anders hingegen war die Situation in der Mittelmark. Dort existierten keine gemeinsamen Einrichtungen, sondern jeder der Unterkreise hatte einen eigenen Landrat, eine gesonderte Kreiskasse und eine eigene Kreisversammlung der Kreisstände. Die Zahl der mittelmärkischen Kreise ist während des 17. und 18. Jahrhunderts nicht immer konstant geblieben.[63] In der Hauptsache waren es die folgenden acht: Havelland, Glien-Löwenberg, Ober- und Niederbarnim, Teltow, Lebus, Zauche und dazu die Grafschaft Ruppin. Die Herrschaften Beeskow und Storkow, die sich teils an die Kurmark, teils an die Neumark anlehnten, bildeten einen eigenen Kreis.

Im Mittelpunkt des kreisständischen Lebens stand der Kreistag, die Versammlung der zur Kreisstandschaft Berechtigten. Dazu gehörten in erster Linie die eingesessenen Rittergutsbesitzer. Es fragt sich, ob nur die adligen oder auch die bürgerlichen Besitzer Sitz und Stimme besaßen. Ohne daß eine generelle Antwort bei dem Mangel an Quellenzeugnissen gegeben werden kann, scheint es doch, als sei die bürgerliche Standschaft lange Zeit, wenn nicht ausdrücklich anerkannt, so doch stillschweigend geduldet worden, jedenfalls bis weit in die Regierungszeit Friedrichs II. hinein. Erst als die Verschuldung des adligen Grundbesitzes stark anstieg und infolgedessen, zumal nach dem Siebenjährigen Krieg, der Güterverkauf an Bürgerliche zunahm,[64] regte sich die Opposition. Sie fand beim König, der weniger im Standes- als im Staatsinteresse einen unaufhaltsamen wirtschaftlichen und sozialen Umschichtungsprozeß aufzuhalten trachtete,[65] ein williges Ohr. So wie Friedrich 1750 und 1762 mit Hilfe von Verordnungen den Kauf und Weiterverkauf

[62] Seit 1793.

[63] So wurde etwa der 1730 mit dem havelländischen Kreis fusionierte Glien-Löwenbergsche Kreis 1770 wieder von diesem separiert (vgl. den Schriftwechsel deswegen in: *Acta Borussica, Behördenorganisation* . . ., Bd. 14, Berlin 1934, S. 585 ff.). 1772 kamen Teile der Zauche als Kreis Ziesar zu Magdeburg.

[64] Dazu F. Martiny, *Die Adelsfrage* . . ., S. 30 ff.

[65] Vgl. Otto Hintze, *Preußische Reformbestrebungen vor 1806*, in: *Historische Zeitschrift*, Bd. 76 (1896), S. 413—443, wieder in: Ders., *Regierung und Verwaltung* . . ., S. 506 ff., hier S. 511 f.

adliger Güter durch Bürgerliche einzudämmen versuchte und 1775 sogar deswegen das bürgerliche Erbrecht beschränkte,[66] so beseitigte er auch die bisher bestehenden kreisständischen Rechte der bürgerlichen Rittergutsbesitzer.

Konkret faßbar[67] wird dies für uns an dem Konflikt, der sich 1769 in dem zur Neumark gehörigen Crossenschen Kreis wegen der Wahlberechtigung für das Landratsamt entzündete. Dort fochten die Kreisstände die von der Neumärkischen Kriegs- und Domänenkammer verfügte Wahlbeteiligung der bürgerlichen Rittergutsbesitzer, der Stadt Crossen und eines königlichen Beamten (d. h. eines Domänenpächters) mit der Begründung an, daß die Kreistage *in diesem Kreise seit Jahrhunderten her nur lediglich von dem Adel des Kreises ohngestört gehalten worden* und *die Besitzer bürgerlichen Standes ... niemals zu denen Landrathswahlen noch Kreisversammlungen adhibiret worden* seien. Friedrich forderte auf diese Supplik hin einen Bericht des Generaldirektoriums an. Er erhielt die Antwort, daß es in *allen Kreisen der Kur- und Neumark* von jeher üblich gewesen sei, bei den Landratswahlen und Kreisversammlungen alle Besitzer adliger Güter, gleichgültig ob adligen oder bürgerlichen Standes, ebenso die Ämter und städtischen Magistrate, *wenn sie adelige Dörfer im Kreise haben,* hinzuzuziehen. Auch die Stände des Kreises Crossen müßten sich deshalb gefallen lassen, *was in andern Kreisen üblich ist, maßen die adlige Qualität denen Gütern nicht genommen werden kann, wenngleich solche von einem Bürgerlichen besessen werden* ... Friedrich indessen entschied, im Einklang mit der Generallinie seiner auf die Konservierung der adligen Privilegien gerichteten Politik,[68] anders: *Nein die adligen Sollen in Keinem Stük in ihren privilegia gekrenket werden, Sie Sollen allein wehlen.*

Das Edikt vom 18. Februar 1775[69] hat schließlich generell den bürgerlichen Rittergutsbesitzern *Sitz und Stimme auf Kreis- und Landtagen* entzogen, allerdings

[66] F. Martiny, *Die Adelsfrage* . . ., S. 34.

[67] Die einschlägigen Aktenstücke für das Folgende in: *Acta Borussica, Behördenorganisation* . . ., Bd. 15, Berlin 1936, S. 18 ff.

[68] Vgl. über Friedrichs Adelspolitik die Berliner Dissertation von Elisabeth Schwencke, *Friedrich der Große und der Adel,* Phil. Diss., Berlin 1911, besonders S. 7 ff.; ferner O. Hintze, *Die Hohenzollern und der Adel* . . ., S. 45 ff. Es muß infolgedessen fraglich erscheinen, ob die „adelsfreundliche" Konservierungspolitik des Königs die richtige Therapie für die durch die friderizianischen Kriege verschärfte, von sozialökonomischen Wandlungen unaufhaltsam vorangetriebene Standeskrise gewesen ist. Neue Gesichtspunkte zur Beurteilung der Adelspolitik Friedrichs bei G. Heinrich, *Der Adel* . . ., S. 308 ff.

[69] Abgedruckt im *Novum Corpus Constitutionum prussico-brandenburgensium praecipue Marchicarum* . . ., Bd. 5, Abt. 3, Berlin 1776, Nr. 7, Sp. 47 f. — Tatsächlich wurde das Problem der bürgerlichen Kreisstandschaft in der Folgezeit nach den Vorschriften des Edikts von 1775 entschieden, wie sich aus einem Reskript des Generaldirektoriums vom 5. November 1777 auf eine Anfrage des altmärkischen Kreisdirektors von Werdeck ergibt, *Acta Borussica, Behördenorganisation* . . ., Bd. 16, Teil 1, bearbeitet von Ernst Posner/Stephan Skalweit/Peter

sollte dies nur für die Zukunft gelten. Für die Zeit davor jedenfalls werden wir uns im allgemeinen an die Auskunft des Generaldirektoriums halten dürfen, wonach neben den adligen auch die bürgerlichen Rittergutsbesitzer an den Kreisversammlungen mitwirkten. Ferner waren dort noch die im Kreis mit Grundbesitz ausgestatteten Stifter, im Kreise Lebus auch die Universität Frankfurt, die städtischen Magistrate, die kontributionspflichtige Bauerndörfer oder Rittergüter besaßen, schließlich Stiftungen wie der Dom zu Berlin oder das Joachimsthalsche Gymnasium vertreten. Die Rechte der Mediatstädte, die kontributionspflichtig waren, nahm seit 1724 der Steuerrat, die der königlichen Ämter seit 1726 ein Angehöriger der Kriegs- und Domänenkammer wahr,[70] so daß der rein ständische Charakter des Kreistages nicht voll gewahrt blieb. Unabhängig von der Größe und der Anzahl seiner Besitztümer besaß jeder Kreisstand nur eine Stimme. Das Verfahren regelte sich wie folgt: Mit Zustimmung der Kammer berief in den Hauptkreisen der Kreisdirektor, in den mittelmärkischen Kreisen der Landrat die Versammlung ein, normalerweise zweimal jährlich zur Regulierung des Etats und zur Abnahme der Rechnungen der ständischen Kreiskasse. Er leitete sie auch und fertigte bzw. prüfte die Kreistagsprotokolle.

In die Kompetenz der Kreisstände fielen vor allem die Wahl der ständischen Beamten und Deputierten, die Steuer- und Kreiskassenangelegenheiten, endlich auch allgemeine Probleme des Kreises und Landes.[71] Am wichtigsten war im 18. Jahrhundert die Wahl des *Landrats*. Auf dieses seiner Wurzel nach zugleich ständische und landesherrliche Amt[72] mußten sich in besonderem Maße die Bemühungen der Stände konzentrieren, wenn sie auf die Dauer wenigstens in der unteren Instanz ihre Interessen wirksam zur Geltung bringen wollten. Denn der eingesessene Adlige, ein „Amtsträger zwischen Krone und Ständen",[73] war in seiner eigentümlichen Doppelfunktion als Repräsentant der adligen Selbstverwaltung und als Beauftragter des Landesherrn zugleich wie kein anderer geeignet, einer vollständigen Verstaatlichung des platten Landes entgegenzuwirken. Wenngleich man schwerlich behaupten kann, daß die Stände sich der Tragweite der dabei auf dem Spiele stehenden Entscheidungen bewußt gewesen sind,[74] schon gar nicht auf überregio-

Baumgart/Gerd Heinrich (=Einzelveröffentlichungen der Historischen Kommission zu Berlin beim Friedrich-Meinecke-Institut der Freien Universität Berlin, Bd. 5, Quellenwerke, Bd. 5), Hamburg-Berlin 1970, Nr. 367, S. 445.

[70] M.F. von Bassewitz, *Die Kurmark . . .*, S. 162.

[71] *A.a.O.*, S. 165.

[72] Dazu O. Hintze, *Der Ursprung . . .*, S. 191.

[73] Dietrich Gerhard, *Amtsträger zwischen Krongewalt und Ständen – ein europäisches Problem*, in: *Alteuropa und die moderne Gesellschaft. Festschrift für Otto Brunner*, hrsg. vom Historischen Seminar der Universität Hamburg, Göttingen 1963, S. 230—247.

[74] Mit dieser Prämisse von G. Heinrich, *Der Adel . . .*, S. 298 f., stimme ich überein, ohne mich jedoch mit seinen darauf aufgebauten Schlüssen voll identifizieren zu können.

naler Ebene, so bleibt doch die Tatsache, daß das Landratsamt die Grenze war, über die der monarchische Einfluß nicht wesentlich hinausgelangt ist.

Eben deshalb hat König Friedrich Wilhelm I. sich auch über das Wahlrecht der Kreisstände häufig hinweggesetzt, ihnen bisweilen nicht einmal ein Präsentationsrecht zugestanden.[75] Allerdings hat auch er weder Nichteingesessene noch Bürgerliche oktroyiert.[76] Zu den Forderungen der ständischen Gravamina von 1740 gehörte daher folgerichtig die Wiederherstellung des kreisständischen Wahlrechts.[77] Friedrich konzedierte es den Ständen in Form des Präsentationsrechtes, d. h. sie durften zwei oder drei Kandidaten vorschlagen, von denen einer dann bestätigt wurde.[78] Die altmärkische Ritterschaft hat sich jedoch mit dem *ius praesentandi* nicht begnügen wollen, sondern für sich das *ius eligendi* beansprucht und jedenfalls in Einzelfällen durchgesetzt.[79] Andererseits hat der König, ausgelöst durch ein Gutachten des Ministers vom Hagen, in dem von *unwissenden Leuten* unter den im Amt befindlichen Landräten die Rede war, seit 1770 auch die Landratskandidaten zusammen mit den Anwärtern auf den Posten des Steuer- oder Kammerrats einer Eignungsprüfung durch eine eigens hierfür eingesetzte Kommission in Berlin unterziehen lassen.[80]

Zu den Funktionen, die der Landrat, seit 1753 überall von den ebenfalls durch die Kreisversammlung gewählten ständischen Kreisdeputierten unterstützt,[81] zu erfüllen hatte, gehörte in erster Linie die Sorge für das Kontributions- sowie für das Einquartierungswesen. Es handelte sich dabei freilich nicht mehr um die Ausübung eines originären Rechtes, sondern um eine den Ständen übertragene Auftragsver-

[75] Beispiele für die Praxis des Königs: *Acta Borussica, Behördenorganisation . . .*, Bd. 1, S. 710 (Altmark 1714); *a.a.O.*, Bd. 2, Berlin 1898, S. 317 (Niederbarnim 1716); *a.a.O.*, Bd. 3, Berlin 1901, S. 9 (Prignitz 1718); *a.a.O.*, S. 331 (Havelland 1721).

[76] Nichteingesessene als Landräte finden sich erst um die Jahrhundertwende (1800: Lebus, Beeskow-Storkow), bürgerliche Landräte nach der Jahrhundertwende (1806 Oberbarnim, 1811 Lebus und Beeskow-Storkow). Verzicht auf Grundbesitz und Machtpreisgabe des Adels hängen offenbar zusammen. Vgl. F. Martiny, *Die Adelsfrage . . .*, S. 61.

[77] *Weil denn auch denen Kreisern das von je her ihnen zugestandene Wahlrecht der Landräthe, Deichhauptleute und anderer Kreis-Bedienten fast gänzlich entzogen worden, so bitten E.K.M. wir allerunterthänigst, Dero Lande so bei sothanem Wahlrechte wider alle darin zu thuende Eingriffe allergnädigst schützen . . . zu wollen* (siehe *Acta Borussica, Behördenorganisation . . .*, Bd. 6, Teil 2, S. 72).

[78] Vgl. das Reskript für die Stände der Prignitz vom 18. März 1756, *a.a.O.*, Bd. 10, Berlin 1910, S. 444 f.

[79] Dazu den Schriftwechsel des Generaldirektoriums mit der kurmärkischen Kammer und dem altmärkischen Kreisdirektorium 1767/68, *a.a.O.*, Bd. 14, S. 399 f.

[80] Die königliche Verordnung, *a.a.O.*, Bd. 15, S. 250 ff. Das Gutachten vom Hagens zur Verbesserung des Kameral- und Finanzwesens, *a.a.O.*, S. 240, mit dem Plan, *brauchbare Land- und Steuerräthe zu ziehen*, *a.a.O.*, S. 244.

[81] M.F. von Bassewitz, *Die Kurmark Brandenburg . . .*, S. 166.

waltung.[82] Der Landrat war verantwortlich für die Ausschreibung der Steuer, für ihre Repartition im Kreise, für ihre pünktliche Beitreibung, für die korrekte Ablieferung des festgesetzten Kontributionsquantums an die provinziale Obersteuerkasse, ebenso für die Revision der Kreiskasse und die Kontrolle der Kreiseinnahmen, außerdem aber für die *Konservation* der bäuerlichen Untertanen, denen die Kontributionslast aufgebürdet war. Der eigene Spielraum, der ihm dabei verblieb, war indes gering, da das Steuerkontingent der ritterschaftlichen Kreise durch Quotisationen untereinander seit langem festgelegt, zudem durch spezielle Kataster und besonderen Veranlagungsmodus im Kreise fixiert war.[83] Der Landrat hing außerdem in dieser Hinsicht von der Zustimmung der Kreisstände ab und unterstand ihrer Kontrolle, ebenso natürlich der Aufsicht der Kriegs- und Domänenkammer.

Das zweite wichtige Aufgabengebiet, das dem Landrat übertragen war und das er im Einverständnis mit den Kreisständen ebenso wie mit der Kammer zu bewältigen hatte, war die Regulierung und Überwachung des militärischen Einquartierungs- und Marschwesens in seinem Kreis. Da diese Dinge sich ausschließlich auf Kreisebene nicht regeln ließen und eine ungleiche Belastung einzelner Kreise vermieden werden sollte, wurde 1719 die *Marsch- und Molestienkasse*[84] als ständisches Institut für die gesamte Kurmark ins Leben gerufen. Sie nahm 1721 ihre Tätigkeit auf. Bei einer alljährlich anberaumten Zusammenkunft aller Landräte zum Ende des Rechnungsjahres (1. Juni) im Hause der Landschaft zu Berlin wurden die finanziellen Leistungen der einzelnen Kreise an Hand der Quittungen für die Kreiskassen festgestellt und nach dem Quotisationssatz, der für die Kontribution galt, auf die Kreise umgelegt, so daß ein Lastenausgleich herbeigeführt wurde.

Ohne ausreichende Quellenzeugnisse muß es ungewiß bleiben, ob und in welchem Umfang Landrat und Kreisstände tatsächlich[85] außer dem Kontributions-, Einquartierungs- und Marschwesen samt verwandten Angelegenheiten allgemeine Kreis- oder Landesprobleme von Belang behandelt haben. Dauernd jedenfalls blieb ihre Tätigkeit während des 18. Jahrhunderts der Aufsicht und Reglementierung der kurmärkischen Kriegs- und Domänenkammer als dem Organ der monarchischen Gewalt in der Provinz unterworfen. Während dies unter dem harten

[82] Dies geht schon daraus hervor, daß ihm seine Aufgaben durch königliche Instruktion bzw. Bestallung vorgeschrieben wurden. Vgl. die Bestallung für den Landrat v. Grävenitz in der Prignitz, Berlin 31. Januar 1718, *Acta Borussica, Behördenorganisation* . . ., Bd. 3, S. 9 f. Siehe auch den aufschlußreichen Vergleich der Funktionen der kurmärkischen mit den ostpreußischen Landräten, *a.a.O.*, Bd. 6, Teil 2, S. 58 ff., besonders S. 64. Im übrigen ist für das Folgende zu vergleichen O. Hintze, *Einleitende Darstellung* . . ., S. 260 ff.

[83] *A.a.O.*, S. 358 f., Anm. 7.

[84] Darüber M.F. von Bassewitz, *Die Kurmark Brandenburg* . . ., S. 170 ff.

[85] Wie M.F. von Bassewitz, *a.a.O.*, S. 165 und 168 annimmt.

Regiment Friedrich Wilhelms I. besonders zu spüren war, hat sein Nachfolger den monarchischen Autoritätsanspruch zwar keineswegs aufgegeben, aber dennoch den Kreisständen in der Kurmark wieder größere Entfaltungsmöglichkeiten gewährt, die diese im allgemeinen auch genutzt haben

Man darf nicht etwa annehmen, daß die ständische Entmachtung, wie sie sich vor allem unter dem Großen Kurfürsten angebahnt hatte und unter Friedrich III. (I.), wenngleich ohne dramatische Zuspitzung, fortgesetzt wurde,[86] um unter Friedrich Wilhelm I. ihren Höhepunkt zu erreichen, von den kurmärkischen Ständen widerstandslos hingenommen worden ist, daß sie sich ohne jede Abwehr aus ihrer früheren Stellung im Zentrum der Landesverwaltung hätten verdrängen lassen. Es finden sich vielmehr mancherlei Spuren ihres Bestrebens, nicht nur etwa noch vorhandene Positionen zu behaupten, sondern auch verlorene ganz oder wenigstens teilweise wiederzugewinnen, zumal ihren Einfluß auf die Direktion des Steuerwesens.

Nur in einem schmalen, für die Finanzen des Staates nicht länger ausschlaggebenden Bereich ist ihnen dies wirklich geglückt: Sie konnten die ihnen schon beinahe entwundene Verwaltung des alten territorialen Steuer- und Schuldenwesens zurückerlangen, das im kurmärkischen *Kreditwerk*[87] zusammengefaßt war. Dies wiederum hatte zur Folge, daß sie auch weiterhin in der Form von Landständen für das *ganze* Land, nicht nur als Kreisstände auftreten konnten. Sehr bezeichnend für die Stellung der kurmärkischen Stände ist ihre Identifizierung mit dieser Institution, die im Begriff „Kurmärkische Landschaft" für das Kreditwerk zum Ausdruck kommt.

Das Kreditwerk verdankte seine Entstehung[88] den finanzpolitischen Erfordernissen des 16. Jahrhunderts. Die Stände hatten sich bereit gefunden, die Schulden des Landesherrn zur Tilgung und Verzinsung zu übernehmen. Dafür waren ihnen die *damaligen* Landessteuern, nämlich der Hufen- und Giebelschoß des platten Landes, der städtische Schoß und das 1549 eingeführte, Stadt und Land gemeinsame sogenannte neue Biergeld, zur selbständigen Verwaltung, allerdings unter

[86] O. Hintze, *Staat und Gesellschaft . . .*, S. 355 ff.

[87] Eine zureichende Geschichte des kurmärkischen Kreditwerks gibt es bisher nicht, den besten Überblick über die Verhältnisse im 17. und 18. Jahrhundert bieten die älteren Werke von M.F. von Bassewitz, *Die Kurmark Brandenburg . . .*, S. 133 ff., und G.A. von Mülverstedt, *Die ältere Verfassung . . .*, S. 233 ff., auf denen die jüngeren Überblicke zu fußen scheinen; vgl. etwa O. Hintze, *Einleitende Darstellung . . .*, S. 348 ff.

[88] Über die Anfänge des Kreditwerks vgl. Bernhard Landmesser, *Die Stände der Kurmark Brandenburg unter Joachim II. (1535–1571)*, Jur.Diss., Kiel 1929, S. 238, ferner Otto Krieg, *Das Biergeld in der Kurmark Brandenburg*, in: *Forschungen zur Brandenburgischen und Preußischen Geschichte*, Bd. 28 (1915), S. 221 ff., und vor allem wieder M. Hass, *Die kurmärkischen Stände . . .*, S. 227 ff.

kurfürstlicher Aufsicht,[89] überlassen worden. Da das reguläre Steueraufkommen allein nicht hinreichte, um die unter Kurfürst Joachim II. bedrohlich angewachsene landesherrliche Schuldenlast abzutragen und zu verzinsen, mußten die Stände zum Mittel der Anleihen greifen. Sie verbanden deshalb mit der Steuer- und Schuldenverwaltung ein besonderes Landeskreditinstitut, das durch von ihnen garantierte und verzinste Termineinlagen finanziert wurde, also als eine Art Landesbank diente. Während nun seit dem Ausgang des 17. Jahrhunderts in anderen Teilen Brandenburg-Preußens,[90] beispielsweise in Magdeburg, die alten Landessteuern von den jüngeren für den Unterhalt des stehenden Heeres bestimmten Steuern, von der Akzise und Kontribution, nicht länger klar getrennt wurden, so daß König Friedrich Wilhelm I. schon bald nach seinem Regierungsantritt die dort bestehenden landschaftlichen Kreditinstitute rücksichtslos beseitigte,[91] blieben in der Kurmark die ältere und die jüngere Steuerschicht deutlich geschieden.

Allerdings bestand auch dort während der Spätzeit des Großen Kurfürsten vorübergehend die Möglichkeit, daß sämtliche Landessteuern verschmolzen. Dies hätte auch das Ende des im Dreißigjährigen Kriege zahlungsunfähig gewordenen Kreditwerks bedeutet. Zur Abwicklung des Konkurses, der sich lange Jahre hinzog, wurde es der ständischen Direktion entzogen und einer kurfürstlichen Kommission unterstellt. Die Absicht des Kurfürsten ging 1687 dahin, die Stände nach Abtragung aller Schulden gänzlich von der Verwaltung auszuschließen. Dazu ist es jedoch nicht gekommen, weil der Große Kurfürst schon im nächsten Jahr starb und sein geldbedürftiger Nachfolger bereitwillig auf das Anerbieten der Stände einging, ihm aus Mitteln des Instituts bedeutende Anleihen zu gewähren, falls dieses unter ständischer Leitung, wenngleich unter landesherrlicher Oberaufsicht, reorganisiert würde.

Sowohl Friedrich III. (I.) wie die beiden folgenden Könige haben sich der Einrichtung des Kreditwerks bedient, um außerordentliche staatliche Finanzbedürfnisse decken zu können. Genaue Statistiken darüber scheint es nicht zu geben.[92] Zu-

[89] Dies muß betont werden, um der verbreiteten Tendenz, eine völlige Autonomie der ständischen Finanzverwaltung in dieser Zeit zu postulieren, entgegenzutreten. Siehe dazu *a.a.O.*, S. 229, S. 223 u.ö.

[90] Dazu O. Hintze, *Staat und Gesellschaft* . . ., S. 358 f.

[91] Aktenstücke zur Aufhebung der Landeskreditkasse des Herzogtums Magdeburg 1716 in: *Acta Borussica, Behördenorganisation* . . ., Bd. 2, S. 401 ff. Der König schrieb dem mit der Auflösung beauftragten Minister Ilgen u.a.: . . . *Wen(n) die leutte klagen werden wo sie Ihr geldt laßen wollen so können sie das geldt bey der kurMerckischen Landtschaft Plassieren auf die huben und gibellschoß weill das continuiren soll* . . . (siehe *a.a.O.*, S. 402).

[92] Die folgenden Angaben beanspruchen daher keinerlei Vollständigkeit; vgl. außer den vereinzelten Hinweisen in der in Anm. 87 genannten Literatur für Friedrich Wilhelm I. Carl Hinrichs, *Die Wollindustrie in Preußen unter Friedrich Wilhelm I. Darstellung mit Aktenbeilagen* (= Acta Borussica. Denkmäler der Preußischen Staatsverwaltung im 18. Jahrhundert.

erst 1690 gewährte die Kurmärkische Landschaft dem damaligen Kurfürsten Friedrich III. eine Anleihe von 100 000 Talern; mit dem gleichen Betrag mußte sie sich 1717 an dem merkantilistischen Paradeobjekt Friedrich Wilhelms I., dem Berliner Lagerhaus, beteiligen; einen weit größeren Umfang als unter seinen Vorgängern hat die Kreditgewährung bei Friedrich II. angenommen, vor allem während der Kriegszeit. Der König hat deshalb auch ein besonderes Interesse an der Kurmärkischen Landschaft gezeigt und die Bevormundung des Instituts durch staatliche Gewalt gemildert.[93] Entsprechend stieg die Belastung des Kreditwerkes um 1,72 bzw. 1,83 und 6,71 Millionen Taler, zu denen unter Friedrich Wilhelm II. noch rund 961 000 Taler hinzukamen, so daß die Gesamtverschuldung 11,34 Millionen Taler erreichte, von denen es bis 1806 rund 8 Millionen abtragen konnte. Den verbleibenden Passiva von etwa 3,3 Millionen standen jedoch Forderungen an die königliche Kasse von über 1,7 Millionen gegenüber; verzinst werden mußte also nur ein Kapital von 1,59 Millionen Talern.[94]

Gemessen an dem Steueraufkommen aus Kontribution und Akzise, das im Jahre 1740 insgesamt etwa 4 Millionen Taler ausmachte,[95] verwalteten die im Kreditwerk zusammengefaßten Kassen nur verhältnismäßig unbedeutende Beträge. Noch sehr viel später erzielte die ständische Biergeldkasse nur etwa 70 000 Taler, die Hufenschoßkassen nahmen 46 000 Taler und die Städtekassen 80 000 Taler im Jahr ein.[96] Ein Vergleich dieser Zahlen zeigt nur zu deutlich, daß die den Ständen verbliebene Steuerverwaltung als politisches Machtinstrument praktisch ausschied, wohingegen das mit ihr verbundene Kreditinstitut seine Stellung festigen konnte und daher auch, zumal unter Friedrich II., eine ansehnliche, wenngleich keineswegs ausschlaggebende Rolle für den staatlichen und privaten Kapitalmarkt in Brandenburg-Preußen zu spielen vermochte.

Wichtiger ist indessen wohl die Feststellung, daß in der Verfassung und Verwaltung der „Kurmärkischen Landschaft" als Kreditwerk die älteren ständischen Einrichtungen auch im hochabsolutistischen Staat des 18. Jahrhunderts fortlebten, daß an diese Einrichtung die sonst bedeutungslos gewordenen Deputationstage und das ständische Ausschußwesen anknüpfen konnten.

Die Geschäfte[97] der Kurmärkischen Landschaft und der in ihr zusammengefaß-

Herausgegeben von der Preußischen Akademie der Wissenschaften. Reihe Wollindustrie), Berlin 1933, S. 36 f. Für Friedrich II. die wohl unvollständige Aufstellung bei J(ohann) D(avid) E(rdmann) Preuß, *Friedrich der Große. Eine Lebensgeschichte*, Bd. 1, Berlin 1832, S. 447 f.

[93] M.F. von Bassewitz, *Die Kurmark Brandenburg* . . ., S. 151.

[94] *A.a.O.*, S. 153.

[95] O. Hintze, *Einleitende Darstellung* . . ., S. 182.

[96] Nach M.F. von Bassewitz, *Die Kurmark Brandenburg* . . ., S. 155 ff., danach O. Hintze, *Einleitende Darstellung* . . ., S. 353.

[97] Für das Folgende wieder die in Anm. 87 zitierte Literatur. Über die personelle Zusammensetzung der verschiedenen Verordnetenkollegien vgl. die Angaben bei Melle Klinken-

ten gesonderten Kassen führten aus den Landständen hervorgegangene *Verordnete,* die „engeren Ausschüsse". Ihnen gehörten für die Biergeldkasse, die als einzige Stadt und Land erfaßte, zunächst sechs Ständevertreter an, und zwar einer aus dem Prälaten-, zwei aus dem Ritterstand und drei Delegierte der Städte; dazu kam seit 1710 für die königlichen Ämter ein vom Landesherrn ernannter Ämterkommissar. Die ebenfalls sechs ständischen Sitze im Verordnetenkollegium der Hufen- und Giebelschoßkasse teilten sich unter Berücksichtigung der vier Hauptkreise und auch der Neumark die Prälaten und die Ritterschaft im Verhältnis 1 : 5; auch ihnen wurde bereits seit 1704 ein königlicher Ämterkommissar beigegeben. Unter den sechs Verordneten für die abgetrennten beiden Städtekassen im Berliner Rathaus und in Stendal gab es sogar zwei landesherrliche Repräsentanten; die restlichen Stellen besetzten ausschließlich die „Hauptstädte" Berlin, Brandenburg, Stendal, Perleberg.

Die Tätigkeit dieser jedenfalls für die Vertreter der Ritterschaft aus Wahlen der Kreisstände hervorgegangenen Verordnetenkollegien — wobei das Wahlrecht jedoch in friderizianischer Zeit ein Präsentationsrecht gegenüber dem König war, der sich persönlich unter den Bewerbern einen genehmen Kandidaten aussuchte[98] — unterlag der Kontrolle eines anderen ständischen Gremiums, der Deputierten der kurmärkischen Landschaft, die den *„Großen Ausschuß"* bildeten. Zweimal jährlich versammelten sich die Deputierten zu diesem Zweck in Berlin. Die früher offensichtlich hohe Mitgliederzahl des Großen Ausschusses wurde in der Spätzeit des Großen Kurfürsten stark eingeschränkt; dieser begrenzte auch die Dauer der Ausschußtagungen. Im Zusammenhang mit der Einführung der Akzise verloren die Städte 1674 gänzlich das Recht, derartige Deputiertenversammlungen zur Rechnungsabnahme bei ihren Kassen abzuhalten. Auch daran wird deutlich, daß ihre Bedeutung im Rahmen der kurmärkischen Landschaft ständig zurückgegangen war, wie denn auch die Verstaatlichung in den Städten — Überwachung durch den Steuerrat, Abschaffung der alten Ratsverfassung und Einsetzung von Magistratskollegien, ferner eine Reform der Zunftverfassung unter Friedrich Wilhelm I. — viel vollständiger und wirkungsvoller gewesen ist als auf dem platten Lande, wo der Adel nicht nur volle Verfügungsfreiheit über seine Güter, sondern auch die Polizei- und Gerichtshoheit über die Bauern behauptete.

borg, *Das Archiv der brandenburgischen Provinzialverwaltung,* Bd. 1: *Das kurmärkische Ständearchiv,* Strausberg 1920, S. 289 ff., wo sich auch eine knappe Skizze der ständischen Behördenorganisation findet.

[98] Zu einem Gesuch des v.d. Schulenburg auf Blumberg, ihm die vakante Stelle als Verordneter beim Hufen- und Giebelschoß und beim neuen Biergeld zu übertragen, bemerkte der König: *Sie sollen Mir einige tüchtige capable Subjecta vorschlagen, davon will Ich choisiren* (28. September 1773). Friedrich entschied sich nach einem Gutachten des Generaldirektoriums über den v.d. Schulenburg und einen Mitbewerber für den ersteren (4. Oktober 1773); *Acta Borussica, Behördenorganisation . . .,* Bd. 16, Teil 1, S. 85 ff.

Der Große Ausschuß trat demnach im 18. Jahrhundert nur noch für die Hufenschoßkasse und für die Biergeldkasse zusammen. Erstere zählte zwölf, letztere siebzehn Deputierte. Der Verteilerschlüssel war hier: zwei Prälaten, acht auf den Kreistagen gewählte Vertreter der ritterschaftlichen Verbände und sieben Städtedelegierte aus den Hauptstädten, dort nach dem gleichen Modus zwei Prälaten, sieben Angehörige der kurmärkischen, zwei der neumärkischen Ritterschaft und ein Repräsentant der Herrschaften Beeskow und Storkow. Die Überprüfung der Städtekassen lag in den Händen des Landschaftsdirektors. Dieses Amt war vom Großen Kurfürsten 1686 während der langwierigen Krise des Kreditinstituts geschaffen und in der Folgezeit nicht wieder beseitigt worden. Der *Landschaftsdirektor* war jedoch kein ausschließlich der Landesherrschaft verpflichtetes Organ, sondern übte eine Art Mittlerfunktion zwischen dem Monarchen und den Ständen aus. Die Bestallung des Ministers Ilgen aus dem Jahre 1707[99] verpflichtete diesen ausdrücklich auf das Interesse sowohl des Königs wie der Landschaft. Unter Friedrich II. wurde diese Zwischenstellung auch noch dadurch sinnfällig gemacht, daß der König den Ständen das Wahlrecht für dieses Amt einräumte. Nach dem Tode des Ministers von Marschall gelangte so 1749 der von den ständischen Deputierten dem König als einer von drei Kandidaten aus der Mitte der Ritterschaft präsentierte Minister von Arnim auf den Stuhl des Landschaftsdirektors.

Unter seiner Oberaufsicht bzw. unter der des vom König ernannten Vizelandschaftsdirektors stand die Gesamtheit der zum kurmärkischen Kreditwerk gehörigen Kassen, Verordneten, Deputierten und schließlich noch ein zahlreiches ständisches Beamtenpersonal: die dem Direktor beigegebenen beiden *Deputati perpetui*, ein Landschaftssyndikus und ein Landrentmeister,[100] Büropersonal beim Landhaus in der Spandauer Straße zu Berlin, schließlich die Einnehmer und Untereinnehmer der Kassen, namentlich die Ziesemeister und Mühlenbereiter bei der Biergeldkasse, während die Rezeptur des Hufenschosses Aufgabe der Landräte und der von ihnen dazu bestimmten Organe war.

Dies ist, in den Grundzügen, die Verfassung der „Kurmärkischen Landschaft", wie sie ohne wesentliche Veränderungen und ungeachtet heftiger Anfeindungen,

[99] Nach M.F. von Bassewitz, *Die Kurmark Brandenburg . . .*, S. 147 f.

[100] Die im Namen der kurmärkischen Stände eingebrachte Beschwerde „einiger Mittelmärkischer Kreiseingesessener" aus dem Jahre 1772 gegen die „verfassungswidrige" Besetzung der Landrentmeisterstelle lediglich durch die in Berlin anwesenden Verordneten unter Umgehung des Großen Ausschusses beweist, daß die kurmärkischen Stände auf ihre Rechte bei der Kurmärkischen Landschaft nicht verzichten wollten. Der König bestätigte ihnen in einer Kabinettsordre an den mit der Untersuchung beauftragten Minister von Derschau ausdrücklich, nicht dulden zu wollen, *daß gedachte Landstände in ihrem hergebrachten Wahlrechte auf irgend eine Weise turbirt* würden, in: *Acta Borussica, Behördenorganisation . . .*, Bd. 15, S. 582, dort auch Auszüge eines Gutachtens des Ministers v.d. Schulenburg über die Rechte der Verordneten und des Großen Ausschusses.

zu deren Sprachrohr sich auch Johann Christoph Woellner, der mächtige Günstling und Minister Friedrich Wilhelms II., 1786 machte,[101] bis 1820 Bestand hatte. In dieser hat sich nicht nur ein Stück ständisch-territorialer Steuerverwaltung konserviert, deren sich der absolutistische Staat für seine Zwecke bediente,[102] sie blieb darüber hinaus der vornehmste Kristallisationspunkt des landständischen Lebens in der Kurmark überhaupt, nachdem die Landtage verschwunden waren und die Aktivität der Stände sich weitgehend auf die Kreise verlagert hatte.[103]

Indessen war das Steuer- und Kreditwesen nicht der einzige Bereich, in dem die Stände der Kurmark ihre alten Privilegien und Rechte gegen das beharrliche Vordringen des absoluten Staates nach Kräften zu verteidigen suchten. Zu den Gebieten, auf denen die Landschaft von jeher ein Mitspracherecht beanspruchte, gehörte vor allem das *Justizwesen.* Namentlich suchten die Stände dort ihren Einfluß auf die Gerichtsverfassung, auf die Stellenbesetzung an den Obergerichten und auf die Gesetzgebung zu wahren. Die Oberstände hatten ein wesentliches Interesse daran, daß der privilegierte Gerichtsstand des Adels erhalten blieb. Tatsächlich ist ihnen dieses Vorrecht während der großen Justizreformen des 18. Jahrhunderts ebensowenig bestritten worden wie vorher. Das Kammergericht zu Berlin bzw. in der Altmark, das als Deputation des ersteren geltende Obergericht zu Stendal und in der Uckermark das Obergericht zu Prenzlau blieben durchgehend erste Instanz für den Adel.

Auch auf die Stellenbesetzung konnten die Stände in starkem Maße einwirken. Der Kurfürst hatte sich im Landtagsrezeß von 1653 für das Kammergericht zwar selbst das Recht dazu vorbehalten, gleichzeitig aber dem einheimischen Adel wie dem Bürgertum der Kurmark den Vorzug vor Nichteingesessenen zu geben versprochen.[104] Jedenfalls in formaler Hinsicht scheint die Parität zwischen der adligen und der gelehrten Bank dabei durchgehend erhalten geblieben zu sein,[105] frei-

[101] Seine Denkschrift: „Abhandlung von der Landschafft, und ihrer bessern Einrichtung zum größeren Nutzen des Staats" ist abgedruckt in: *Märkische Forschungen*, Bd. 20 (1887), S. 252 ff.; sein Vorschlag, die Landschaft zugunsten der Staatskasse aufzuheben, hat offensichtlich keine Resonanz bei Friedrich Wilhelm II. gefunden.

[102] Wie O. Hintze, *Staat und Gesellschaft . . .*, urteilt.

[103] F. Martiny, *Die Adelsfrage . . .*, S. 53, der die Bedeutung der Stände stärker als die bisherige „vorwiegend auf staatlichen Akten fußende Geschichtsschreibung" würdigt, sieht in dem „Großen Ausschuß" geradezu das „Sprachrohr" für die Wünsche der Stände, zumal des Adels, gegenüber der monarchischen Gewalt. Eine Auswertung der mir nicht zugänglichen Ausschußprotokolle dürfte näheren Aufschluß darüber geben, in welchem Umfang dies zutrifft.

[104] C.O. Mylius (Hrsg.), *Corpus Constitutionum Marchicarum . . .*, Bd. 6, 1. Abtl., Nr. CXVIII, Sp. 434 (Abschn. 16). Siehe auch Friedrich Holtze, *500 Jahre Geschichte des Kammergerichts* (= Schriften des Vereins für die Geschichte Berlins, Heft 47), Berlin 1913, S. 68.

[105] Vgl. die Materialsammlung von Hans Saring, *Die Mitglieder des Kammergerichts zu*

lich leisteten die Arbeit in erster Linie die bürgerlichen Kammergerichtsräte. Intensiver und anhaltender als am Berliner Gerichtshof in der landesherrlichen Residenz war die Einflußnahme auf die beiden Obergerichte in der Altmark und Uckermark.[106] Dort erwarteten und behaupteten sie nicht nur die Parität der beiden Bänke sowie den Vorsitz für den altmärkischen Landeshauptmann bzw. für den uckermärkischen Landvogt, sondern nahmen auch ein direktes Präsentationsrecht dieser Stellen für sich in Anspruch. Wenigstens in der Uckermark scheint man mit einem derartigen von den Ständen beherrschten und teilweise auch finanzierten Gericht nicht schlecht gefahren zu sein. Der visitierende Kammergerichtspräsident von Rebeur berichtete im Jahre 1767, daß Beschwerden bei ihm überhaupt nicht eingegangen seien und die Provinz mit dem Kollegium durchaus zufrieden sei.[107] Weniger günstig, besonders in personeller Hinsicht, lautete allerdings der Visitationsbericht über das altmärkische Obergericht in Stendal aus dem folgenden Jahre.[108]

Die Zusicherung des Großen Kurfürsten im Landtagsrezeß von 1653,[109] *in wichtigen Sachen, dorann des Landes gedeyen oder Verderb gelegen, ohne Unser getrewen Landes Staende Vorwißen und Rath nichts schließen noch vornehmen* zu wollen, sollte ihre Bedeutung gerade für den Sektor der Justizgesetzgebung auch im 18. Jahrhundert behalten. Zwar hatte es Friedrich Wilhelm I. gleich zu Beginn seiner Regierung 1713 im ersten Anlauf zur Reform des Justizwesens ausdrücklich abgelehnt,[110] den Entwurf auch den Ständen zur Kenntnis zu geben, um zu hören, *ob sie annoch zu des Landes Bestem etwas beizufügen haben,* aber schon 1724 beriet ein ständischer Ausschuß die von Cocceji vorgeschlagene Prozeßreform.[111] Auch bei den Veränderungen des Justizwesens, die Cocceji 1737 durchzusetzen suchte und von denen das Kammergericht ebenso wie die Provinzialgerichte berührt wurden, zog er die Deputierten der Stände hinzu.[112] Allerdings waren diese der Meinung, daß ihre Belange gar nicht oder unzureichend berücksichtigt worden waren. Denn sie verlangten in ihren Gravamina[113] aus dem Jahre 1740, Friedrich möge nicht länger dulden, *daß, denen Landesrecessen und Sanctionibus Dero in Gott ruhenden*

Berlin unter dem Großen Kurfürsten, in: *Forschungen zur Brandenburgischen und Preußischen Geschichte*, Bd. 54 (1943), S. 69 ff., S. 217 ff.

[106] Dazu O. Hintze, *Einleitende Darstellung* . . ., S. 337 ff.

[107] Der Visitationsbericht ist abgedruckt in: *Acta Borussica, Behördenorganisation* . . ., Bd. 14, S. 346 ff., die aufgrund dieses Berichts entworfene neue Ordnung vom Januar 1768, *a.a.O.*, S. 439 ff.

[108] *A.a.O.*, S. 591 ff.

[109] C.O. Mylius (Hrsg.), *Corpus Constitutionum Marchicarum* . . ., Bd. 6, 1. Abt., Sp. 434.

[110] *Acta Borussica, Behördenorganisation* . . ., Bd. 1, S. 525.

[111] F. Holtze, *500 Jahre* . . ., S. 107.

[112] O. Hintze, *Einleitende Darstellung* . . ., S. 100.

[113] *Acta Borussica, Behördenorganisation* . . ., Bd. 6, Teil 2, S. 70 f.

glorwürdigsten Ahnherrn zuwider, in Justizsachen so große Veränderungen als zeithero geschehen, ohne Zuziehung der Stände vorgenommen werden dürfen. Die Justizrevisionskommission möge sich deshalb mit ihnen in Verbindung setzen, um künftig gemeinsam zu beraten.

Auf dem Höhepunkt seines neuen Anlaufs zur Revision der Gerichtsverfassung, speziell des Kammergerichts, in den Jahren 1747/48 hat Cocceji, geschickt taktierend, die Stände nicht nur konsultiert, sondern eng mit ihren Repräsentanten zusammengearbeitet.[114] Freilich verfolgte er dabei das Ziel, diese die Kosten der notwendigen Besoldungserhöhungen tragen zu lassen, ohne die jede Verbesserung des Gerichtswesens illusorisch bleiben mußte. Die Stände haben ihre Hilfe zum Vorteil des Landes, wie man wohl sagen darf, nicht verweigert. Der Großkanzler seinerseits hat auch weiterhin die Verbindung zu den Ständen aufrechterhalten und sie geradezu aufgefordert, ihm von sich aus Vorschläge für die Besetzung hoher Posten in der Justiz zu unterbreiten.[115]

Auch an der großen preußischen Gesetzeskodifikation des „Allgemeinen Landrechts für die Preußischen Staaten", das 1794 verkündet wurde und in Kraft trat, hatten die Stände einen Anteil, wenngleich eher einen retardierenden, auf Wahrung ihrer Privilegien bedachten.[116] Alsbald nach seinem Regierungsantritt forderte König Friedrich Wilhelm II. den Großkanzler von Carmer auf, die Stände hinzuzuziehen. In seiner Kabinettsordre vom 27. August 1786 heißt es: *Das neue Gesetz Buch, mit dessen Entwerfung Ihr bescheftigt seyd, hat einen wesentlichen Einfluß auf die besonderen, in dieser oder jener Provinz vorhandenen Statuten und, auf das Herkommen gegründeten, Einrichtungen und Verfaßungen. Es ist also auch nötig, daß aus jeder Provintz einige, mit gehöriger Sach Kenntniß versehene Leute von denen Ständen bey Anfertigung und Beurteilung dieses Gesetzbuches zu Rathe gezogen und gebraucht werden ...* Svarez, der eigentliche Schöpfer des Landrechts, hat denn auch nicht versäumt, im Vorwort zum vierten Bande des Entwurfs auf diese ständische Mitwirkung hinzuweisen: *So werden sich Preußens Unterthanen rühmen dürfen, daß sie unter Gesetzen leben, die von ihnen selbst geprüft und genehmigt worden ... Der bürgerliche Vertrag, dieser von den Weltweisen mit menschenfreundlichem Witz erfundene Grund des Gehorsams gegen die*

[114] Vgl. den unterschiedlichen Akzent der Interpretation des Vorgehens von Cocceji bei H. Rosenberg, *Bureaucracy* . . ., S. 130 f., und bei F. Holtze, *500 Jahre* . . ., S. 135 ff.

[115] *Acta Borussica, Behördenorganisation* . . ., Bd. 8, Berlin 1906, S. 47; siehe auch H. Rosenberg, *Bureaucracy* . . ., S. 130 f.

[116] Dazu Adolf Stölzel, *Carl Gottlieb Svarez*, Berlin 1885, S. 242 ff.; dort auch die folgenden Zitate. Für die Interpretation des ALR vgl. neuerdings Günter Birtsch, *Zum konstitutionellen Charakter des preußischen Allgemeinen Landrechts von 1794*, in: *Politische Ideologien und nationalstaatliche Ordnung. Festschrift für Theodor Schieder*, München-Wien, 1968, S. 97 ff., der vor einer Überschätzung des Verfassungscharakters warnt.

Gesetze, wird alsdann mehr sein als eine schöne Hypothese. Dies leitet bereits in eine neue Phase des Verhältnisses zwischen Landesherrn und Ständen über.

Für eine *zusammenfassende Charakteristik* des kurmärkischen Ständetums unter dem preußischen Hochabsolutismus wird wohl auch weiterhin das Urteil gültig bleiben, daß es, jedenfalls als Korporation, in dieser Epoche zu den politisch entscheidenden Faktoren im Lande nicht mehr gehörte.[117] Allerdings muß dem hinzugefügt werden, daß die Stände dennoch ein wichtiges Fundament auch für den absoluten Staat bildeten, zumal auf dem Lande, wo es ohne ihre Mitarbeit keine monarchische Herrschaft geben konnte. Eine zeitweilig eher latente, dann wieder offener hervortretende ständische Strömung, deren Rückgrat der Adel war, hat es in der Kurmark wie überall in Brandenburg-Preußen während des ganzen 18. Jahrhunderts gegeben.

Selbst die scharfen Maßnahmen zur Disziplinierung und Domestizierung seiner Vasallen, wie sie Friedrich Wilhelm I. auf dem abschließenden Höhepunkt der Auseinandersetzung zwischen Krone und adligen Ständen anzuwenden beliebte, etwa in dem Konflikt um die Allodifikation der Lehen,[118] in dem neben den magdeburgischen die ihnen benachbarten altmärkischen Stände am längsten Widerstand leisteten, während die Mittel- und Uckermärker sich als erste fügten, konnten das ständische Selbstbewußtsein nicht brechen. Vor diesem Hintergrund ist die bekannte Charakteristik des Adels seiner Lande in der Instruktion Friedrich Wilhelms I. für seinen Nachfolger[119] zu verstehen: *Wahs die Mittell und Ucker Marck betrift sein die wassallen die getreueste von allen und wahs Ihr werdet befehlen willigst und gerne eueren befehl Pahriren ... Die Altmerckische Vasallen sein schlimme ungehorsame leutte die dar nichts mit guhten tuhn sondern Reweche sein und rechte leichtfertige leutte gegen Ihren Landesherren sein. Mein lieber Successor mus sie den Daum(en) auf die augen halten und mit Ihnen nicht guht umbgehen ... Wen(n) Ihr was befehlet von Importantz oder Bagattelle an die Landtrehte und die landtrehte Pariren nicht und Ressonniren dagegen ... so müßet Ihr die Altmerckische Landtrehte ... geleich cassiren und selber neue aus der Prowince machen sondern das die Ritterschaft welche wehlet. Dieses wird Ihnen weißen das Ihr her(r) sein wollen und sie wasallen sein müßen und nicht condohminaht haben müssen.*

Beim Regierungswechsel von 1740 haben die kurmärkischen Stände offenbar

[117] Dies der Tenor auch der neuesten Untersuchung von G. Heinrich, *Der Adel...* (siehe Anm. 8).

[118] Die Akten dazu in: *Acta Borussica, Behördenorganisation...*, Bd. 2, S. 466 ff.; Literatur: Victor Loewe, *Die Allodifikation der Lehen unter Friedrich Wilhelm I.*, in: *Forschungen zur Brandenburgischen und Preußischen Geschichte,* Bd. 11 (1898), S. 341 ff.

[119] *Acta Borussica, Behördenorganisation...*, Bd. 3, S. 452 (Punkte am Satzende vom Verf. eingefügt).

übertriebene Hoffnungen auf einen grundsätzlichen Wandel der königlichen Einstellung ihnen gegenüber gehegt, wie ihre Gravamina bezeugen. Aber, wenn auch ***kein** Systemwechsel*[120] im Sinne einer Lockerung des monarchischen Selbstherrschaftsanspruchs eintrat, so hat doch Friedrich ihnen gegenüber die Politik des Vaters nicht einfach fortgeführt, sondern dahingehend modifiziert, daß er den brutalen Zwang zur Unterwerfung durch das Bemühen ersetzte, die adligen Stände zum freiwilligen Anschluß an die Krone zu bewegen. Dies ist ihm in weitem Umfang tatsächlich gelungen.

Die Folge aber war, daß auch das kurmärkische Ständetum von den ihm verbliebenen Rechten und Institutionen wieder selbstbewußter als unter der vorangegangenen Regierung Gebrauch machte, sie teilweise reaktivierte. Anzeichen dafür sind uns in dieser Untersuchung immer wieder begegnet. Schließlich gab es gerade in friderizianischer Zeit auch Ansätze zur Schaffung *neuer* ständischer Einrichtungen; die Stände dehnten ihre Tätigkeit auf bisher von ihnen nicht beachtete Bereiche aus. Zu denken ist dabei etwa an das von Schlesien her 1777 übernommene Selbsthilfeorgan der ritterschaftlichen Pfandbriefinstitute,[121] ferner an die „Landesarmen- und Invaliden-Verpflegungsanstalten",[122] mit denen sich die Stände an den karitativ-sozialen Aufgaben des Staates beteiligten. Freilich sind um die Jahrhundertwende und schon vorher auch Ermüdungserscheinungen nicht ausgeblieben, der Adel gab Machtpositionen ohne Not preis.[123] Dennoch hat das ständische Element im Staate die hochabsolutistische Epoche überlebt, es war in der Reformepoche Steins und Hardenbergs zumindest unterschwellig gegenwärtig; die neuständische Bewegung der zwanziger Jahre des 19. Jahrhunderts konnte an die ältere Tradition anknüpfen.

[120] So O. Hintze, *Einleitende Darstellung . . .*, S. 9.

[121] Die Initiative ging allerdings von königlicher Seite aus; eine wesentliche Rolle hat dabei Carl Gottlieb Svarez, damals (1769) Mitarbeiter Carmers in Schlesien (vgl. A. Stölzel, *Svarez . . .*, S. 84 ff.) gespielt. Literatur: Wilhelm von Brünneck, *Die Pfandbriefsysteme der preußischen Landschaften*, Berlin 1910. Hermann Mauer, *Das landschaftliche Kreditwesen Preußens, agrargeschichtlich und volkswirtschaftlich betrachtet* (=Abhandlungen aus dem Staatswissenschaftlichen Seminar zu Straßburg, Heft 22), Straßburg 1907.

[122] M.F. von Bassewitz, *Die Kurmark Brandenburg . . .*, S. 176 ff.

[123] Hinweise bei F. Martiny, *Die Adelsfrage . . .*, S. 61 ff.

XIX

Zur neueren Deutung der preußischen Verwaltung im 17. und 18. Jahrhundert in vergleichender Sicht*

WOLFGANG NEUGEBAUER

I

Der Absolutismus in Brandenburg-Preußen ist trotz intensiver Forschungen mehr als eines Jahrhunderts ein Thema, das sich anhaltender Aufmerksamkeit der Geschichtswissenschaft erfreut. Dies gilt um so mehr, als den Arbeiten Gustav von Schmollers, Otto Hintzes, Fritz Hartungs und Carl Hinrichs — deren Namen hier stellvertretend für andere der älteren Schule genannt seien — heute eine sozialgeschichtlich orientierte Forschungsrichtung zur Seite tritt, die die preußische Entwicklung mehr oder minder ausgeprägt kritisch wertet.[1]

Bekannt ist, daß es der Mißbrauch der preußischen Geschichte durch die Nationalsozialisten war, der Preußen verstärkt in die Schußlinie scharfer Kritik

* Überarbeitete und erweiterte Fassung der vom Autor zuerst im *Jahrbuch für die Geschichte Mittel- und Ostdeutschlands*, Bd. 26 (1977), S. 86—128, veröffentlichten Studie.

[1] Siehe z.B. Hans Rosenberg, *Bureaucracy, Aristocracy and Autocracy. The Prussian Experience 1660-1815*, 2. Aufl., Boston 1966; dazu Hans Herzfeld/Wilhelm Berges, *Bürokratie, Aristokratie und Autokratie in Preußen. Das Werk von Hans Rosenberg*, in: *Jahrbuch für die Geschichte Mittel- und Ostdeutschlands*, Bd. 11 (1962), S. 282—296; Francis L. Carsten, *Die Entstehung Preußens*, Köln-Berlin 1968; Herbert von Borch, *Obrigkeit und Widerstand. Zur politischen Soziologie des Beamtentums*, Tübingen 1954; Eckart Kehr, *Zur Genesis der preußischen Bürokratie und des Rechtsstaates. Ein Beitrag zum Diktaturproblem*, in: Hans-Ulrich Wehler (Hrsg.), *Moderne deutsche Sozialgeschichte* (=Neue Wissenschaftliche Bibliothek, Bd. 10), 4. Aufl., Köln 1973, S. 37—54 (zuerst veröffentlicht 1932); Hubert C. Johnson, *Frederick the Great and his Officials*, New Haven-London 1975.

geraten ließ,[2] aber ebenso sicher ist, daß die Forschung auch vor der deutschen Katastrophe nicht unkritisch gearbeitet hat und daß es selbst in den Jahren der totalitären Diktatur Bemühungen gab, ihren Standpunkt zu behaupten.[3]

Man mag mehr zur kritischen Beurteilung neigen oder aber den positiven Leistungen Preußens im 18. Jahrhundert das entscheidende Gewicht zumessen, in jedem Falle behält eine zentrale Frage ihre Berechtigung: Wie ist es zu erklären, daß gerade *dieses* Land zu einem so wesentlichen Faktor deutscher und europäischer Geschichte emporstieg, daß aus den bescheidenen Anfängen als Kurfürstentum Brandenburg und Herzogtum Preußen schließlich eine die Geschichte des alten Europas nicht unwesentlich beeinflussende Macht erwuchs.

Zudem zeichnen sich auch für die preußische Geschichte neue und an grundsätzlichen Strukturfragen von Staat und Gesellschaft im vorindustriellen Europa orientierte Problemstellungen ab, die über ältere Forschungen und Wertungen hinausgehend die Herrschaftsintensität und die Grenzen der Verwaltung etwa im 17. und 18. Jahrhundert zu beleuchten fordern und somit ein über das Interesse an einzelnen territorialen und nationalen Phänomenen hinausführendes, gleichsam auf den Typ der vor- und frühmodernen Herrschaft gezieltes Arbeitsprogramm für die weitere Forschung entworfen haben.[4] Es

[2] Vgl. Stephan Skalweit, *Preußen als historisches Problem,* in: *Jahrbuch für die Geschichte Mittel- und Ostdeutschlands,* Bd. 3 (1954), S. 189 ff.; ders., *Friedrich Wilhelm I. und die preußische Historie,* in: *a.a.O.*, Bd. 6 (1957), S. 128 f.

[3] Siehe z.B. Fritz Hartung, *König Friedrich Wilhelm I., der Begründer des preußischen Staates* (=Preußische Akademie der Wissenschaften. Vorträge und Schriften, Heft 11), Berlin 1942, S. 4: Die autoritäre Staatsführung „scheint" (!) an die Tradition des Königs anzuknüpfen. „Es gibt wohl einige Schriften, die das Werk des Königs gerade unter diesem Gesichtspunkt seiner inneren Verwandtschaft mit dem nationalsozialistischen Staat darstellen. Aber indem sie fast im Stile einer längst überlebten höfischen Historiographie nur die erfreulichen Seiten seines Wirkens behandeln und über die unleugbaren Schattenseiten scheu hinweghuschen, bleiben sie uns die Hauptsache schuldig . . ."; siehe auch *a.a.O.*, S. 25 f., S. 29 ff.

[4] Vgl. die grundsätzlichen Ausführungen von Gerhard Oestreich, *Strukturprobleme des europäischen Absolutismus,* in: Ders., *Geist und Gestalt des frühmodernen Staates. Ausgewählte Aufsätze,* Berlin 1969, S. 179—197, hier S. 180 f., S. 183 f.; Dietrich Gerhard, *Regionalismus und ständisches Wesen als ein Grundthema europäischer Geschichte,* zuerst in: *Historische Zeitschrift,* Bd. 174 (1952), S. 307—337, wieder in: Ders., *Alte und neue Welt in vergleichender Geschichtsbetrachtung* (=Veröffentlichungen des Max-Planck-Instituts für Geschichte, Bd. 10), Göttingen 1962, S. 13—39, besonders S. 17, S. 22 ff., S. 33, S. 37 ff.; ders., *Ständische Vertretungen und Land,* in: *Festschrift für Hermann Heimpel,* Bd. 1 (=Veröffentlichungen des Max-Planck-Instituts für Geschichte, Bd. 36, Teil 1), Göttingen 1971, S. 447—472, wieder in: Ders., *Gesammelte Aufsätze* (=Veröffentlichungen des Max-Planck-Instituts für Geschichte, Bd. 54), Göttingen 1977, S. 13—37, hier S. 34 ff., wo D. Gerhard sogar vom „sogenannten Absolutismus" (*a.a.O.*,S. 35) spricht; ders., *Amtsträger zwischen Krongewalt und Ständen – ein europäisches Problem,* in: *a.a.O.*, S. 71—88, besonders S. 71, S. 73, S. 79, S. 87 f. (diese

steht zu erwarten, daß in diesem Zusammenhang auch die preußische Verwaltungsgeschichte wertvolle Impulse empfangen wird, die die charakteristischen Eigentümlichkeiten der Administration in Brandenburg-Preußen beleuchten helfen und somit die Frage nach den Grundlagen der Entwicklung dieses Staates erhellen.

Im Rahmen dieses Aufsatzes kann es nur darum gehen, einen Beitrag zur Kennzeichnung einiger Charakteristika preußischer Verwaltung im 17. und 18. Jahrhundert zu leisten. Es wird zunächst in einem nur in großen Zügen vorgehenden Überblick die Verfassungsentwicklung, die „Organbildung" (Schmoller) der preußischen Verwaltung referiert, als Grundlage für die folgenden Abschnitte, die die Frage nach der Besonderheit dieser Entwicklung weiter verfolgen. Nach dieser Betrachtung der gesamten Epoche (II) soll sodann die Frage nach der Behördenkontrolle und dem Beamtentum gestellt werden (III); abschließend wird versucht (IV), einige Eigentümlichkeiten der preußischen Verfassungsgeschichte dadurch zu beleuchten, daß sie mit einzelnen Aspekten der kursächsischen und der mecklenburgischen Verwaltung verglichen werden. Dabei können in diesem Rahmen nur einige Punkte angesprochen werden, ohne daß Anspruch auf Vollständigkeit erhoben wird, zumal trotz neuerer Untersuchungen zur außerpreußischen Verfassungsgeschichte im 17. und 18. Jahrhundert noch manche Frage einer intensiven Auslotung auch durch die Landesgeschichte Mittel- und Ostdeutschlands bedarf.

II

Als 1604 in Brandenburg ein Geheimer Rat eingerichtet wurde, war dies ein im „normalen" Rahmen der deutschen Verfassungsentwicklung liegendes Ereignis.[5] Österreich (1526/27), Kursachsen (1574) und Bayern (1581/82) waren

Studie zuerst in: *Alteuropa und die moderne Gesellschaft. Festschrift für Otto Brunner,* Göttingen 1963, S. 230—247); Kurt von Raumer, *Absoluter Staat, korporative Libertät, persönliche Freiheit,* in: *Historische Zeitschrift,* Bd. 183 (1957), S. 55—96, wieder in: Walther Hubatsch (Hrsg.), *Absolutismus* (=Wege der Forschung, Bd. 314), Darmstadt 1973, S. 152—201, insbesondere S. 161—168, S. 179 f. (zu Brandenburg-Preußen); zuletzt Klaus Malettke, *Fragestellungen und Aufgaben der neuen Absolutismus-Forschung in Frankreich und Deutschland,* in: *Geschichte in Wissenschaft und Unterricht,* 30. Jg. (1979), S. 141—157, hier S. 141 f.

[5] Zu den Details der in diesem Kapitel angesprochenen Probleme vgl. bes. Fritz Hartung, *Deutsche Verfassungsgeschichte vom 15. Jahrhundert bis zur Gegenwart,* 9. Aufl., Stuttgart 1969; ders., *Studien zur Geschichte der preußischen Verwaltung,* Teil 1, in: Ders., *Staatsbildende Kräfte der Neuzeit. Gesammelte Aufsätze,* Berlin, 1961, S. 178—223; die Arbeit von Hans Rosenberg, *Bureaucracy . . .;* Gustav Schmoller, *Preußische Verfassungs-, Verwaltungs- und Finanzgeschichte,* Berlin 1921; Otto Hintze, *Die Hohenzollern und ihr Werk. Fünfhundert*

diesen Weg vorher gegangen,[6] und so wurde in Brandenburg „nach Exempell anderer wohlbestelten Politien und Regimenten"[7] verfahren. Überhaupt ist ein Vorsprung Brandenburg-Preußens in der Verfassungsentwicklung für die erste Hälfte des 17. Jahrhunderts nicht zu behaupten, eher sogar ein Nachstehen.[8]

Der Geheime Rat war zu dieser Zeit in seiner Tätigkeit auf Brandenburg beschränkt; neben ihm standen in Cleve die Geheime Landesregierung und in (Ost-) Preußen die Oberratsstube.[9] Die Gebiete wurden lediglich durch Personalunion zusammengehalten.[10] So ist es durchaus möglich, die preußische Verfassungsgeschichte im 17. und 18. Jahrhundert als einen langsamen Verschmelzungs- und freilich nicht abgeschlossenen Vereinheitlichungsprozeß

Jahre vaterländischer Geschichte, 4. Aufl., Berlin 1915; Hans Haussherr, *Verwaltungseinheit und Ressorttrennung vom Ende des 17. bis zum Beginn des 19. Jahrhunderts*, Berlin 1953; Eberhard Schmidt, *Rechtsentwicklung in Preußen. Mit einem Nachwort zum unveränderten Neudruck*, Darmstadt 1961.

[6] Kurt Dülfer, *Studien zur Organisation des fürstlichen Regierungssystems in der obersten Zentralsphäre im 17. und 18. Jahrhundert*, in: *Archivar und Historiker. Studien zur Archiv- und Geschichtswissenschaft. Zum 65. Geburtstag von Heinrich Otto Meisner.* Herausgegeben von der Staatlichen Archivverwaltung im Staatssekretariat für Innere Angelegenheiten (= Schriftenreihe der Staatlichen Archivverwaltung, Bd. 7), Berlin 1956, S. 241; Gerhard Oestreich, *Das persönliche Regiment der deutschen Fürsten am Beginn der Neuzeit*, in: Ders., *Geist und Gestalt* . . ., S. 210—213, S. 228 f.

[7] Geheime Rats-Ordnung vom 13. Dezember 1604, in: Melle Klinkenborg (Hrsg.), *Acta Brandenburgica. Brandenburgische Regierungsakten seit der Begründung des Geheimen Rates*, Bd. 1 (=Veröffentlichungen der Historischen Kommission für die Provinz Brandenburg und die Reichshauptstadt Berlin, Bd.3), Berlin 1927, Nr. 40, S. 91—96, hier S. 91. Neben außenpolitischen Fragen hatte er Probleme der Festungen, der Munition, des Proviantwesens und der Finanzen zu beraten, *a.a.O.*, S. 91, S. 95; er war in Abwesenheit des Kurfürsten auch beschließend tätig; s. K. Dülfer, *Studien zur Organisation* . . ., S. 243; Gerhard Oestreich, *Der brandenburg-preußische Geheime Rat vom Regierungsantritt des Großen Kurfürsten bis zu der Neuordnung im Jahre 1651. Eine behördengeschichtliche Studie* (=Berliner Studien zur neueren Geschichte, Heft 1), Würzburg-Aumühle 1937, S. 4—6; zur Entstehungsgeschichte ferner Martin Schulz, *Geschichte des brandenburgischen Geheimen Ratskollegiums in den Jahren 1604-1608* (=Historische Studien, Heft 276), Berlin 1935, Neudruck: Vaduz 1965, S. 16 f.; zu Konsistorium und Amtskammer F. Hartung, *Studien* . . ., S. 183 f., letztere als *collegium formatum* seit 1615 nachweisbar; siehe Franz Schneider, *Geschichte der formellen Staatswirtschaft von Brandenburg-Preußen* (=Schriften der Forschungsstelle für Staats- und Kommunalwirtschaft e.V. in Wiesbaden. Neue Folge), Berlin 1952, S. 30 f., S. 46; zur Datierung ferner G. Oestreich, *Der brandenburg-preußische Geheime Rat* . . ., S. 9.

[8] Vgl. im weiteren Sinne G. Schmoller, *Preußische Verfassungs-, Verwaltungs- und Finanzgeschichte* . . ., S. 25.

[9] F. Hartung, *Deutsche Verfassungsgeschichte* . . ., S. 107.

[10] E. Schmidt, *Rechtsentwicklung* . . ., S. 13; vgl. Georg Jellineck, *Allgemeine Staatslehre*, 4. Neudruck der 3., ergänzten Aufl., Berlin 1922, S. 750 ff.

anzusehen,[11] wie auch die Meinung geäußert worden ist, daß durch die künstliche Zusammensetzung des preußischen Staates die Bürokratie als Klammer zu einer Bedeutung gelangen mußte, die über derjenigen in den westeuropäischen Nationalstaaten lag.[12]

Erst als nach Rückschlägen[13] 1651 dem Geheimen Rat eine neue Ordnung gegeben wurde,[14] erlangte er auch Zuständigkeit für die anderen Provinzen, doch scheinen clevische und preußische Fragen in ihm erst ab 1654/55 beraten worden zu sein.[15] Konstruktionsfehler und Personalmangel haben trotz der Arbeit der Kurfürsten in diesem Gremium[16] zu der hier nicht im Detail zu verfolgenden Ausgliederung von Spezialbehörden wie der Hofkammer[17] beigetragen. Auch für das Generalkriegskommissariat läßt sich Vergleichbares zeigen. War der Generalkriegskommissar ein Mitglied des Geheimen Rates, so gilt dies schon nicht mehr für sein seit 1675/76 nachweisbares Hilfspersonal.[18] Anfangs vornehmlich mit steuerlichen Aufgaben betraut, weitete das Generalkriegskommissariat seine Kompetenzen aus in Bereiche der Wirtschafts (Manufakturförderung)- und Handelspolitik, ein Vorgang der Parallelen im Ausland findet,[19] etwa in der Ausweitung des Einflusses des Generalkontrol-

[11] Siehe so Ludwig Tümpel, *Die Entstehung des brandenburgisch-preußischen Einheitsstaates im Zeitalter des Absolutismus (1609–1806)* (=Untersuchungen zur deutschen Staats- und Rechtsgeschichte, Heft 124), Breslau 1915, Neudruck: Aalen 1965.

[12] So H. von Borch, *Obrigkeit und Widerstand* . . ., S. 121 f.; H. Rosenberg, *Bureaucracy* . . ., S. 95; man beachte daneben die Armee als „Bindemittel".

[13] F.L. Carsten, *Die Entstehung* . . ., S. 149—151.

[14] Abdruck in: Otto Meinardus (Hrsg.), *Protokolle und Relationen des Brandenburgischen Geheimen Rats aus der Zeit des Kurfürsten Friedrich Wilhelm*, Bd. 4 (=Publicationen aus den K. Preußischen Staatsarchiven, Bd. 66), Leipzig 1896, Nr. 351, S. 394—398, vom 4. Dezember 1651; vgl. auch zur Bedeutung dieser Instruktion, G. Oestreich, *Der brandenburg-preußische Geheime Rat* . . ., S. 112 ff.; F. Hartung, *Studien* . . ., S. 187.

[15] L. Tümpel, *Die Entstehung* . . ., S. 76; G. Oestreich, *Der brandenburg-preußische Geheime Rat* . . ., S. 112 f., zum Folgenden S. 109, und F. Hartung, *Studien* . . ., S. 188.

[16] Christ. August Ludwig Klaproth/Carl Wilhelm Cosmar, *Der Königl. Preußische und Churfürstl. Brandenburgische Wirklich Geheime Staats-Rath an Seinem zweihundertjährigen Stiftungstage den 5ten Januar 1805*, Berlin 1805, S. 202 f., zu der unglücklichen Einrichtung von 1651; L. Tümpel, *Die Entstehung* . . ., S. 76; Friedrich III. (I.) im Rat: Carl Hinrichs, *Friedrich Wilhelm I. König in Preußen. Eine Biographie. Jugend und Aufstieg*, 2. Aufl., Hamburg 1943, S. 96 f.

[17] F. Schneider, *Geschichte der formellen Staatswirtschaft* . . ., S. 60—71, 1689 die kollegiale Hofkammer, 1696 die Hofrentei untergeordnet. Zur Bildung und Unterstellung der Amtskammern in der Provinzialebene; L. Tümpel, *Die Entstehung* . . ., S. 110—115.

[18] *A.a.O.*, S. 92 mit Anm. 2, S. 93 f.; F. Schneider, *Geschichte der formellen Staatswirtschaft* . . ., S. 57 ff.; 1674 schon die Generalkriegskasse.

[19] F.L. Carsten, *Die Entstehung* . . ., S. 211; vgl. für Frankreich Robert Holtzmann, *Französische Verfassungsgeschichte. Von der Mitte des 9. Jahrhunderts bis zur Revolution.*

leurs der Finanzen in Frankreich in die Problemfelder Inneres, Handel und öffentliche Arbeiten.

Otto Hintze hat gezeigt, daß das Eindringen des Kommissars in die Verwaltung kein speziell preußisches Phänomen ist.[20] Der Kommissar war das Instrument zur langsamen Verdrängung der auf ihre regionale Selbständigkeit, auf Privilegien (etwa Indigenat) und auf das Recht der Steuerbewilligung und -erhebung pochenden und damit den Fürsten einengenden Stände.[21] Gleichwohl hat eine neuere Untersuchung[22] gezeigt, daß deren Einfluß auch nicht überschätzt werden darf. Ein Selbstversammlungsrecht besaßen die kurmärkischen Stände nicht für ihre Landtage, und die Zusammensetzung der Deputationstage konnte der Kurfürst beeinflussen. Das Indigenatsrecht wurde häufig vom Monarchen durchbrochen. Wenn Hans Rosenberg für das frühe 17. Jahrhundert meint, "the squirearchy was on the verge of holding a virtual monopoly of political power,"[23] so dürfte das erheblich zu weit gehen.

Nach dem brandenburgischen Landtag von 1653, dem clevischen von 1660 und dem ostpreußischen von 1663[24] trat der Wandel ein. Die Stände wurden,

(=Handbuch der mittelalterlichen und neueren Geschichte, Abt. 3), München-Berlin 1910, Neudruck: Darmstadt 1965, S. 330.

[20] Otto Hintze, *Der Commissarius und seine Bedeutung in der allgemeinen Verwaltungsgeschichte. Eine vergleichende Studie*, in: *Historische Aufsätze. Karl Zeumer zum sechzigsten Geburtstag dargebracht von Freunden und Schülern*, Weimar 1910, S. 493—528, wieder in: Ders., *Staat und Verfassung. Gesammelte Abhandlungen zur allgemeinen Verfassungsgeschichte*, hrsg. von Gerhard Oestreich (=Gesammelte Abhandlungen, Bd. 1), 3. Aufl., Göttingen 1970, S. 242—274.

[21] Z.B. Heinrich Otto Meisner, *Staats- und Regierungsformen in Deutschland seit dem 16. Jahrhundert*, (Sonderausgabe:) Darmstadt 1957, S. 227 ff., (zuerst in: *Archiv des öffentlichen Rechts*, Bd. 77 [1951/52], S. 225—265); F.L. Carsten, *Die Entstehung . . .*, S. 135—145; ders., *Die Entstehung des Junkertums*, in: Richard Dietrich (Hrsg.), *Preußen. Epochen und Probleme seiner Geschichte*, Berlin 1964, S. 57—76 (siehe den Beitrag in dieser Sammlung); L. Tümpel, *Die Entstehung . . .*, S. 37—43.

[22] Peter Baumgart, *Zur Geschichte der kurmärkischen Stände im 17. und 18. Jahrhundert*, in: Dietrich Gerhard (Hrsg.), *Ständische Vertretungen in Europa im 17. und 18. Jahrhundert* (=Veröffentlichungen des Max-Planck-Instituts für Geschichte, Bd. 27), Göttingen 1969, S. 131—161, zum Folgenden S. 132 f. (Siehe den Aufsatz oben in dieser Sammlung.)

[23] H. Rosenberg, *Bureaucracy . . .*, S. 32, S. 31 wird der Kurfürst als „super-Junker" bezeichnet; vgl. dagegen Helmuth Croon, *Die kurmärkischen Landstände 1571-1616* (=Brandenburgische Ständeakten, Bd. 1. Veröffentlichungen der Historischen Kommission für die Provinz Brandenburg und die Hauptstadt Berlin, Bd. 9, Teil 1), Berlin 1938, S. 7, S. 19, S. 38 f., S. 78.

[24] Johannes Schultze, *Die Mark Brandenburg*, Bd.5, Berlin 1969, S. 17—19; L. Tümpel, *Die Entstehung . . .*, S. 50, S. 52 ff.; F.L. Carsten, *Die Entstehung . . .*, S. 155 f.; P. Baumgart, *Zur Geschichte . . .*, S. 136.

langsam, aber stetig beiseite gedrängt.[25] Im auch von der Sozialstruktur der brandenburgisch-preußischen Hauptgebiete zu unterscheidenden Cleve-Mark bestanden Landtage sogar im 18. Jahrhundert fort. Nachdem Friedrich Wilhelm I. diese sistiert hatte und sie erst wieder gestatten wollte, wenn sie aufhörten, ernsthafte Opposition auszuüben, wurde der Adel gefügiger, denn es kam ihm hier nicht zuletzt darauf an, die Landtags- und damit die Stiftsfähigkeit zu bewahren.

„Hauptinstrumente zur Zertrümmerung des alten ständischen Staats"[26] waren die jederzeit vom Monarchen abberufbaren und allein von ihm abhängigen Kommissare, deren Vorgehen in Preußen aber konsequenter und radikaler gewesen zu sein scheint, als das der mit ihnen vergleichbaren französischen Intendanten.[27]

Auch im brandenburgisch-preußischen Bereich sind freilich Kommissare schon in älterer und vorabsolutistischer Zeit zu belegen.[28] Zudem wird der kurfürstliche Kommissar auf dem Lande nicht isoliert von der adlig-ständischen Umgebung gesehen werden können; Überschneidungen und Personalunionen von landesherrlichem Kommissariatsauftrag und landständischer Funktion sind vielfach zu erkennen.[29] Gleichwohl ist die Ernennung zum Kommissar

[25] L. Tümpel, *Die Entstehung* ..., S. 57—61; zu Cleve und Mark vgl. *a.a.O.*, S. 58, und Otto Hintze, *Die Hohenzollern und der Adel*, zuerst in: *Historische Zeitschrift*, Bd. 112 (1914), S. 494—524, wieder in: Ders., *Regierung und Verwaltung. Gesammelte Abhandlungen zur Staats-, Rechts- und Sozialgeschichte Preußens*, hrsg. von Gerhard Oestreich (= Gesammelte Abhandlungen, Bd. 3), 2. Aufl., Göttingen 1967, S. 41 f.

[26] O. Hintze, *Der Commissarius* . . ., S. 245.

[27] H. von Borch, *Obrigkeit und Widerstand* . . ., S. 133.

[28] Zu kurfürstlichen Kommissaren bei den Ständeverhandlungen um 1600 vgl. H. Croon, *Die kurmärkischen Landstände* . . ., S. 28, S. 30 f., S. 35, S. 44 u.ö.

[29] Vgl. für Brandenburg den Aktenanhang bei Otto Hintze, *Der Ursprung des preußischen Landratsamts in der Mark Brandenburg*, in: *Forschungen zur Brandenburgischen und Preußischen Geschichte*, Bd. 28 (1915), S. 390 f., S. 394 f. (Vorschlag der Stände für Kreiskommissar), S. 400 ff., S. 404, S. 410 (Kriegskommissar), S. 412 f.; vgl. zu den aus den angesehenen Angesessenen berufenen „Landkommissaren" O. Hintze, *Der Commissarius* . . ., S. 270; in Cleve, Mark, Ravensberg und Minden wurden die Landkommissare (im Unterschied zu Magdeburg und Halberstadt) nicht von den Ständen vorgeschlagen, Friedrich Wolters, *Geschichte der brandenburgischen Finanzen von 1640–1697*, Bd. 2: *Die Zentralverwaltung des Heeres und der Steuern* (=Urkunden und Aktenstücke zur Geschichte der inneren Politik des Kurfürsten Friedrich Wilhelm von Brandenburg, Teil 1, Bd. 2), München-Leipzig 1915, S. 155 ff., (S. 194 zur Unterstellung der Kriegskommissare unter den Oberkommissar, hier: Minden und Ravensberg). Im städtischen Nexus läßt sich *vor und um 1700* beobachten, daß die Funktion eines Steuerkommissars oft in Personalunion mit dem Amt eines (städtischen) Akzisedirektors und eines Bürgermeisters auftritt, siehe dazu z.B. schon Gustav Schmoller, *Das Städtewesen unter Friedrich Wilhelm I.*, zuerst in: *Zeitschrift für Preußische Geschichte und*

auch gegen den Protest der Stände und die Einbindung dieser lokalen Amtsträger in ein Subordinationsverhältnis zu der neu entstehenden kurfürstlichen Kommissariatsverwaltung zu berücksichtigen.[30] Zentrale Bedeutung kam insbesondere seit der zweiten Hälfte des 17. Jahrhunderts dem von älteren Phänomenen deutlich abzuhebenden Institut des *Kriegs*-Kommissars zu: Hier lag die moderne Wurzel der preußischen Verwaltung in der Zeit absolutistischer Herrschaft.

Erwachsen aus dem militärischen Bereich,[31] blieben sie nach 1660 mit dem stehenden Heer erhalten und zunächst auch weiter mit primär militärischen Aufgaben betraut. Dem Generalkriegskommissar[32] unterstanden die Oberkriegskommissare der Provinzen[33] und unter diesen arbeiteten die Kriegs- und Steuerkommissare der Lokalinstanz. Ihre wichtigste Aufgabe war die Beschaffung der für das stehende Heer notwendigen Finanzen. Daß diesem Zweck auch die Einführung der Akzise in den Städten galt, ist in der „Steuer und Accise Ordnung, in den Städten der Chur und Marck Brandenburg, vom 27. Maji 1680“ deutlich ausgesprochen worden: „Nachdem Unsere Städte in der Chur- und Marck-Brandenburg nicht alleine bey dem langwierigen Teutschen Kriege, sondern auch nachgehends, als Wir wegen der in- und außerhalb dem Röm. Reiche in der Nähe Unserer Lande sich eräugnenden gefährlichen Conjuncturen und Krieges-Unruhe zur Defension Unsers Estats und armen Unterthanen fast immerhin eine starcke Militz zu halten gemüßiget worden, durch die dahero verursachete grosse Kriegessteuren, schwere Einquartierungen, auch kostbarer

Landeskunde, Bd. 8 (1871), S. 521—569, Bd. 10 (1873), S. 275—333, S. 537—589, Bd. 11 (1874), S. 513—582, wieder in: Ders., *Deutsches Städtewesen in älterer Zeit,* Bonn 1922, Neudruck: Aalen 1964, S. 231—428, hier S. 295.

[30] Neben der in Anm. 29 gegebenen Lit. siehe Arthur Strecker, *Franz von Meinders. Ein brandenburgisch-preußischer Staatsmann im siebzehnten Jahrhundert* (=Staats- und socialwissenschaftliche Forschungen, Bd. 11, Heft 4), Leipzig 1892, S. 55 (zum Kriegskommissar in der Altmark 1670) und das Beispiel bei O. Hintze, *Der Ursprung* . . ., S. 393; ferner die Stellen in Anm. 31—33.

[31] Dazu Kurt Breysig, *Die Organisation der brandenburgischen Kommissariate in der Zeit von 1660 bis 1697,* in: *Forschungen zur Brandenburgischen und Preußischen Geschichte,* Bd. 5 (1892), S. 135—156, bes. S. 136—139 auch zur Bedeutung des Jahres 1660, S. 136: 1609 der erste Generalkriegskommissar; O. Hintze, *Der Commissarius* . . ., S. 242 ff., S. 266; ders., *Staat und Gesellschaft unter dem ersten König,* in: *Hohenzollern-Jahrbuch,* Bd. 4 (1900), S. 269—335, wieder in: Ders., *Regierung und Verwaltung* . . ., S. 320 f.

[32] E. Schmidt, *Rechtsentwicklung* . . ., S. 15, Anm. 1, seit 1660 ein Generalkriegskommissar für alle Landesteile.

[33] O. Hintze, *Der Commissarius* . . ., S. 244. Die Einrichtung kollegialer Kommissariate in den Provinzen dauerte bis in die Zeit Friedrich Wilhelms I.; dazu L. Tümpel, *Die Entstehung* . . ., S. 99—109; K. Breysig, *Die Organisation* . . ., S. 142—147; Brandenburg selbst unterstand dem Generalkriegskommissar.

Marche und Remarche fast gäntzlich enerviret . . .",[34] habe man die Einführung der Akzise beschlossen. Als 1682 die Akzise auch in den Mediatstädten eingeführt worden war, erhielten die commissarii locorum, die Steuerräte, die Oberaufsicht über einen Kreis von sechs bis zwölf, wohl auch bis zu fünfzehn Städten.[35] In der „Instruction vor alle und jede Krieges- und Steuer-Commissarien" vom 6. Mai 1712[36] haben sie aber neben den steuerlichen Obliegenheiten auch schon z.B. für die Bebauung wüster Stellen, für die Aufsicht über das Brau- und Brennwesen, für Maße und Gewichte zu sorgen, überhaupt sollen sie „alles dasjenige, was der Steuer-Cassen und Städte Bestes und Aufnehmen befodern, . . . "[37] besorgen. Mit der Akzise wurden sie im 18. Jahrhundert in der ganzen Monarchie eingeführt.[38] Als Friedrich Wilhelm I. die Schuldenregulierung der Städte besonderen Kommissaren auftrug — in Frankreich nahmen die Intendanten diese Aufgabe wahr[39] —, konnte dies die Stellung des kommissarisch-monarchischen Elements in der städtischen Verwaltung nur noch weiter befestigen.[40]

So wie die Städte dem landesherrlichen Einfluß unterworfen wurden, so wurden Kommissionen in Domänensachen zum Anfang vom Ende ständischer Herrschaft in diesem Bereich.[41] Die „Regierungen" der Landesteile wurden in ihren Kompetenzen eingeschränkt und behielten hauptsächlich ihre jurisdiktio-

[34] Christian Otto Mylius (Hrsg.), *Corpus Constitutionum Marchicarum . . .*, Bd. 4, Berlin-Halle 1737 (Titel verkürzt), Abteilung 3, Kapitel 2, Nr. 9, hier Sp. 101 f.

[35] F.L. Carsten, *Die Entstehung . . .*, S. 162 f.; Gustav Schmoller, *Der deutsche Beamtenstaat vom 16. bis 18. Jahrhundert*, in: Ders., *Umrisse und Untersuchungen zur Verfassungs-, Verwaltungs- und Wirtschaftsgeschichte besonders des Preußischen Staates im 17. und 18. Jahrhundert*, Leipzig 1898 (Neudruck: Hildesheim-New York 1974), S. 300; ders., *Über Behördenorganisation, Amtswesen und Beamtentum im allgemeinen und speciell in Deutschland und Preußen bis zum Jahre 1713*. Einleitung zu: *Acta Borussica. Denkmäler der Preußischen Staatsverwaltung im 18. Jahrhundert. Behördenorganisation und allgemeine Staatsverwaltung*, Bd. 1, Berlin 1894, S. 102 ff. (künftig zit.:*A.B.B.*).

[36] C.O. Mylius (Hrsg.), *Corpus . . .*, Teil 3 (»von Krieges Sachen«), Abteilung 1, Nr. 101, Sp. 287 ff.

[37] *A.a.O.*, Sp. 294; siehe auch *a.a.O.*, Bd. 5, Berlin-Halle 1740, Teil 4, Abt. 1, Nr. 24, Sp. 209: „Circular Ordre an die Steuer-Räthe, daß die Medicinal Edicte zur Observantz zu bringen", vom 11. Juli 1719.

[38] Dazu F. Schneider, *Geschichte der formellen Staatswirtschaft . . .*, S. 76; L. Tümpel, *Die Entstehung . . .*, S. 125.

[39] O. Hintze, *Der Commissarius . . .*, S. 250 f.

[40] Zu den Rathäuslichen Reglements z.B. ders., *Die Hohenzollern . . .*, S. 293.

[41] L. Tümpel, *Die Entstehung . . .*, S. 110—115; Fritz Terveen, *Gesamtstaat und Retablissement. Der Wiederaufbau des nördlichen Ostpreußen unter Friedrich Wilhelm I. 1714–1740* (=Göttinger Bausteine zur Geschichtswissenschaft, Bd. 16), Göttingen 1954, S. 19 ff.; zum Folgenden siehe E. Schmidt, *Rechtsentwicklung . . .*, S. 16.

nellen Aufgaben. Dies führte zu den bekannten Kompetenzstreitigkeiten zwischen alten ständisch beeinflußten und neuen kommissarischen Behörden,[42] auch dies eine Erscheinung, die nicht nur in Brandenburg-Preußen anzutreffen ist.[43]

Für die ländliche Sozialverfassung Preußens charakteristisch ist die relativ starke Stellung der Stände auf dem nicht zur Domäne gehörigen Lande, wo der Landrat als Vertreter der monarchischen Verwaltung zugleich Vertrauensperson der Kreisstände war,[44] ein Amt, das sukzessive auf die anderen Provinzen (mit Ausnahme des unter Friedrich II. angefallenen Ostfrieslands sowie Mörs und Gelderns) übertragen wurde.[45] Zwar unterstand der Landrat dem Kommissariat,[46] doch war er fast ausnahmslos ein im Kreis angesessener Adliger.[47] Die Kreisstände besaßen das Präsentationsrechts, wenn es auch von Friedrich Wilhelm I. häufig durch selbständige Ernennung durchbrochen worden ist,[48] besonders im rebellischen Magdeburg; Friedrich der Große hat es dann wiederhergestellt.

Der Landrat war Garant dafür, daß die monarchische Gewalt vor der Gutsherrschaft ihr Ende fand,[49] und nach 1769 ist auch die Mitwirkung nichtadliger Gutsbesitzer an der Präsentation beseitigt worden.[50] Aber selbst für diese Position ist ein militärischer Einschlag insofern zu erkennen, als die preußi-

[42] G. Schmoller, *Über Behördenorganisation . . .*, S. 109—117.

[43] Dazu jetzt Klaus Malettke, *»Trésoriers généraux de France« und Intendanten unter Ludwig XIV. Studien zur Frage der Beziehungen zwischen »Officiers« und »Commissaires« im 17. Jahrhundert*, in: *Historische Zeitschrift*, Bd. 220 (1975), S. 298—323, besonders S. 300, S. 318—321; H. Rosenberg, *Bureaucracy . . .*, S. 15 ff.

[44] O. Hintze, *Der Ursprung des preußischen Landratsamtes in der Mark Brandenburg*, in dem Wiederabdruck in: Ders., *Regierung und Verwaltung . . .*, S. 164—203.

[45] G. Schmoller, *Finanzgeschichte . . .*, S. 153—155; *A.B.B.*, Bd. 9, Berlin 1907, Nr. 307, S. 553 ff. (Aufstellung aller Landräte 1753 [?], nur in Gumbinnen ein bürgerlicher Landrat).

[46] O. Hintze, *Der Ursprung . . .*, S. 194.

[47] Vgl. oben Anm. 45. Eine Durchsicht des *Handbuch(s) über den Königlich Preußischen Hof und Staat für das Jahr 1798*, Berlin o.J., ergibt in der ganzen Monarchie nur einen bürgerlichen Landrat (Landrat Arnstedt, Grafschaft Hohenstein, S. 68).

[48] L. Tümpel, *Die Entstehung . . .*, S. 132 ff.; O. Hintze, *Die Hohenzollern . . .*, S. 288; zum Folgenden jetzt auch Walther Hubatsch, *Friedrich der Große und die preußische Verwaltung* (=Studien zur Geschichte Preußens, Bd. 18), Köln-Berlin 1973, S. 162 f.; vgl. H. von Borch, *Obrigkeit und Widerstand . . .*, S. 135 f.

[49] Otto Büsch, *Militärsystem und Sozialleben im alten Preußen 1713-1807. Die Anfänge der sozialen Militarisierung der preußisch-deutschen Gesellschaft* (=Veröffentlichungen der Berliner Historischen Kommission beim Friedrich-Meinecke-Institut der Freien Universität Berlin, Bd. 7), Berlin 1962, S. 78.

[50] P. Baumgart, *Zur Geschichte . . .*, S. 148 f.

schen Könige ehemalige Offiziere zu diesen Stellen nicht nur bevorzugten, sondern auch den Ständen in einigen Fällen aufgezwungen haben.[51]

Es waren aber nicht nur objektive Faktoren, „Sachzwänge", die Einfluß auf die Verfassungsentwicklung Brandenburg-Preußens im 17. und 18. Jahrhundert hatten. Gerade die Zeit des „ersten Königs" zeigte, wie durch verschwenderische Hofhaltung — von veranschlagten vier Millionen Talern wurden allein ca. 1,8 Millionen für den Hof ausgegeben[52] — die Verwaltung aus hoffnungsvollen Ansätzen in einen Zustand völligen Verfalls geraten konnte.[53] Die Zeit von 1688 bis 1713 zeigt auch hinsichtlich der Standkraft gegenüber den Ständen ein uneinheitliches und Unentschlossenheit andeutendes Bild. Ebenso wird dieser personengebundene Faktor deutlich nach dem Sturz Wartenbergs und der Regierungsübernahme durch Friedrich Wilhelm I., dessen Fähigkeiten neben seinen Schwächen auch ein Kritiker wie Hans Rosenberg anerkennt.[54]

Im Jahre 1712 wurde das Generalkriegskommissariat kollegial organisiert.[55] Damit war das Kollegialitätsprinzip in allen zentralen Behörden durchgesetzt. Es sicherte die Stellung des Monarchen, denn es machte es für einzelne Beamte[56] schwer, ein Ressort selbständig zu beherrschen.[57] Dieses Prinzip galt auch für

[51] O. Büsch, *Militärsystem . . .*, S. 140.

[52] Dazu die Biographie von C. Hinrichs, *Friedrich Wilhelm I. . . .*, S. 437 f.; ders., *Friedrich Wilhelm I. König von Preußen,* in: Ders., *Preußen als historisches Problem. Gesammelte Abhandlungen,* hrsg. von Gerhard Oestreich (=Veröffentlichungen der Historischen Kommission zu Berlin beim Friedrich-Meinecke-Institut der Freien Universität Berlin, Bd. 10), Berlin 1964, S. 60; ferner O. Hintze, *Staat und Gesellschaft . . .*, S. 367 f.

[53] C. Hinrichs, *Friedrich Wilhelm I. . . .*, S. 438 ff., am Beispiel der kurbrandenburgischen Amtskammer. Für das Verhältnis von Landesherren und Ständen unter Friedrich III. (I.) siehe *a.a.O.*, S. 445, und die Einzelheiten bei L. Tümpel, *Die Entstehung . . .*, S. 100 f., S. 121 f.; P. Baumgart, *Zur Geschichte . . .*, S. 153; O. Hintze, *Staat und Gesellschaft . . .*, S. 316 f.

[54] H. Rosenberg, *Bureaucracy . . .*, S. 38 (» . . . the most remarkable administrative reformer . . .«), S. 75.

[55] *A.B.B.*, Bd. 1, Nr. 60, S. 176—184, Bestallung Grumbkows vom 13. Februar 1712; Nr. 61, S. 184—190, Reglement vom 7. März 1712. C. Hinrichs, *Friedrich Wilhelm I. . . .*, S. 609—621, zu den Hintergründen (Intrigen Grumbkows), S. 611: Ansicht des Kronprinzen, dessen Stellung nach Wartenbergs Sturz, vgl. *a.a.O.*, S. 491 ff.; Reinhold August Dorwart, *The Administrative Reforms of Frederick William I. of Prussia,* 2. Aufl., Westport/Connecticut 1971, S. 138—144.

[56] Der Begriff wird hier und im folgenden, wenn nicht anders gekennzeichnet, im heutigen Sinn verwandt, nicht in dem des 18. Jahrhunderts (=Domänenpächter).

[57] F. Hartung, *Studien . . .*, S. 194; C. Hinrichs, *Die preußische Zentralverwaltung in den Anfängen Friedrich Wilhelms I.*, in: Richard Dietrich/Gerhard Oestreich (Hrsg.), *Forschungen zu Staat und Verfassung. Festgabe für Fritz Hartung,* Berlin (1958), S. 247—267, wieder in: C. Hinrichs, *Preußen als historisches Problem . . .*, S. 138—160, hier S. 149; vgl. H. Rosenberg, *Bureaucracy . . .*, S. 96; zum Kollegialitätsprinzip in der englischen Verwaltung siehe H. Haussherr, *Verwaltungseinheit . . .*, S. 15.

die Organisation des im März 1713 kurz nach dem Thronwechsel an die Stelle der Hofkammer gesetzten Generalfinanzdirektoriums,[58] das neben den Domänen die Pflege aller anderen nicht steuerförmigen Einnahmen übertragen erhielt, wie die Forsten, Zölle und Regalien. In dieses Kollegium trat — vergleichbar Grumbkow im Generalkriegskommissariat — Creutz, der zugleich Generalkontrolleur der Königlichen Kassen wurde, als Vertrauensmann des Königs ein.[59] Die Konflikte zwischen den beiden Zentralbehörden für die Finanzen[60] haben dann Ende 1722 Friedrich Wilhelm I. zur eigenhändigen Abfassung des Entwurfs der Instruktion für das „General-Ober-Finanz-, Krieges- und Domänen-Directorium" (Generaldirektorium) veranlaßt, in dem beide vereinigt wurden.[61] In der Nachricht des Königs an den Minister Ilgen, was er den Angehörigen beider Kollegien mitzuteilen habe, erhielten diese einen scharfen Verweis, u.a. weil die Provinzial-Kammern „mit den Landständen colludieret und gegen die Commissariate ergo wider Uns und Unser höchstes Interesse Partei genommen".[62] „Sie hätten vielleicht gemeinet, daß sie es mit einem Narren zu thun hätten, dem man etwas vormachen könnte . . .".

Es ist sehr einleuchtend darauf aufmerksam gemacht worden, daß die Instruktion für das Generaldirektorium auch die objektiven, in der rechtlichen, wirtschaftlichen und sozialen Unterschiedlichkeit der Landesteile[63] begründeten Sachzwänge der preußischen Entwicklung zum Ausdruck bringt. Im Arti-

[58] *A.B.B.*, Bd. 1, Nr. 123, S. 363—366, Reglement vom 27. März 1713; vgl. O. Hintze, *Die Hohenzollern . . .*, S. 287; F. Schneider, *Geschichte der formellen Staatswirtschaft . . .*, S. 72 ff.; Friedrich Giese, *Preußische Rechtsgeschichte. Übersicht über die Rechtsentwicklung der preußischen Monarchie und ihrer Landesteile*, Berlin-Leipzig 1920, S. 63.

[59] C. Hinrichs, *Die preußische Zentralverwaltung . . .*, S. 143; vgl. den Generalkontrolleur der Finanzen in Frankreich.

[60] Wilhelm Stolze, *Zur Geschichte der Gründung des Generaldirektoriums*, in: *Forschungen zur Brandenburgischen und Preußischen Geschichte*, Bd. 21 (1908), S. 225—237; ders., *Die Gründung des Generaldirektoriums durch Friedrich Wilhelm I.*, in: *Beiträge zur brandenburgischen und preußischen Geschichte. Festschrift zu Gustav Schmollers 70. Geburtstag*, hrsg. vom Verein für Geschichte der Mark Brandenburg, Leipzig 1908, S. 49—64; R.A. Dorwart, *The Administrative Reforms . . .*, S. 161 ff., S. 168.

[61] *A.B.B.*, Bd. 3, Berlin 1901, Nr. 279, S. 537—575; vgl. F. Hartung, *Studien . . .*, S. 190 f.; H. Haussherr, *Verwaltungseinheit . . .*, S. 9 f.; die Instruktion: *A.B.B.*, Bd. 3, Nr. 280, S. 575—651, zuerst bei Friedrich Förster, *Friedrich Wilhelm I., König von Preußen*, Bd. 2, Potsdam 1835, S. 173—255, datiert 20. Dezember 1722; die im Folgenden zitierte KO an Ilgen vom 15. Januar 1723: *A.B.B.*, Bd. 3, S. 658 ff. (folgende Zitate S. 661 f.).

[62] Dieser Aspekt wird von Stolze in seiner Arbeit für die Schmoller-Festschrift zu wenig berücksichtigt und zu sehr auf die Probleme der Kammer von Cleve/Mark Bezug genommen, vgl. W. Stolze, *Die Gründung . . .*, S. 63; zur Neumark siehe H. Haussherr, *Verwaltungseinheit . . .*, S. 7.

[63] W. Hubatsch, *Friedrich der Große . . .*, S. 27.

kel 2 („Der Ministeriorum Functiones")[64] werden neben dem Justizdepartement[65] vier Minister sowohl mit der Betreuung einiger Provinzen als auch mit der Sorge für einige den ganzen Staat betreffende Materien beauftragt. Dieses Kollegium wurde so durch eine Mischung des Provinzial- mit dem Realprinzip gekennzeichnet. Um aber den Dualismus der früheren Zweispurigkeit auch in den Provinzen auszuschließen, wurden aus den dortigen Kommissariaten und Kammern die „Kriegs- und Domänenkammern" gebildet.[66]

Im Gegensatz zur Organisation in Kursachsen[67] wurde die auswärtige Politik einer besonderen Behörde übertragen, dem Kabinettsministerium, das — wie nach Peter Baumgarts Ergebnissen deutlich ist[68] — sich schon vor dem bisher mit dem Jahr 1728 angegebenen Gründungsdatum[69] gebildet hatte, so daß die Instruktion aus diesem Jahr „nicht Gründungsurkunde, sondern Reorganisationsstatut" war.[70] Der Geheime Rat hatte damit endgültig seine Klammerfunktion aufgeben müssen;[71] sein Bedeutungsverlust ließe sich an der stetigen Verminderung der Sitzungstage verfolgen.[72] Nachdem auch der Geheime Justizrat abgetrennt worden war, verblieb der Geheime Rat als ein Departement für die Justizverwaltung und Kultus; gemeinsame Arbeitssitzungen der Behördenchefs im Rat fanden in den folgenden Jahrzehnten nicht mehr statt.[73]

64 *A.B.B.*, Bd. 3, S. 580 ff.

65 Dieses ging später ein, vgl. F. Hartung, *Studien . . .*, S. 194; H. Haussherr, *Verwaltungseinheit . . .*, S. 14, S. 16 ff., zur Mischung des Personals der beiden Vorgängerbehörden, zum Zwang zur Zusammenarbeit in den einzelnen Departements.

66 *A.B.B.*, Bd. 3, Nr. 295, S. 681—714, Instruktion f. d. kurmärk. Kammer vom 26. Januar 1723; *a.a.O.*, S. 714: die Instruktionen in den anderen Provinzen waren „meist wörtlich mit ihr übereinstimmend". Nach der Einrichtung der Kammer in Gumbinnen 1736 gab es neun dieser Kollegien (W. Hubatsch, *Friedrich der Große . . .*, S. 28).

67 Siehe unten IV, bei Anm. 242 f.

68 Peter Baumgart, *Zur Gründungsgeschichte des Auswärtigen Amtes in Preußen (1713–1728)*, in: *Jahrbuch für die Geschichte Mittel- und Ostdeutschlands*, Bd. 7 (1958), S. 229—248.

69 Instruktion vom 8. Dezember 1728, in: *A.B.B.*, Bd. 4, Teil 2, Berlin 1908, Nr. 242, S. 397—401; siehe Reinhold Koser, *Die Gründung des Auswärtigen Amtes durch Friedrich Wilhelm I. im Jahre 1728*, in: *Forschungen zur Brandenburgischen und Preußischen Geschichte*, Bd. 2 (1889), S. 161—197, wieder in: Ders., *Zur preußischen und deutschen Geschichte. Aufsätze und Vorträge*, Stuttgart-Berlin 1921, S. 64—109.

70 P. Baumgart, *Zur Gründungsgeschichte . . .*, S. 247.

71 Allerdings ist die „vertrauliche correspondenß" (G. Oestreich, *Der brandenburg-preußische Geheime Rat . . .*, S. 111 f.) schon im 17. Jahrhundert nicht *in pleno*, sondern von einigen besonderen Geh. Räten bearbeitet worden (F. Hartung, *Studien . . .*, S. 189).

72 Dazu C. Hinrichs, *Die preußische Zentralverwaltung . . .*, S. 150 f.; L. Tümpel, *Die Entstehung . . .*, S. 96, auch zum Folgenden.

73 Die letzten in den 30er Jahren waren auch nur formeller Natur (F. Hartung, *Deutsche Verfassungsgeschichte . . .*, S. 111; E. Schmidt, *Rechtsentwicklung . . .*, S. 15, S. 24).

Die neue „Klammer“ lag beim König selbst, genauer: im königlichen Kabinett.[74] Jedoch setzte die Regierung aus dem Kabinett nicht sofort 1713 mit der späteren Konsequenz ein.[75] Hinrichs hat darauf hingewiesen, daß das Fernbleiben des Monarchen von seiner Hauptstadt und den dortigen Behörden kein preußisches Spezifikum war, ja er hat es „ein Gesetz des Absolutismus“ genannt.[76] Im Gegensatz zu Frankreich gab es aber hier auch keinen Kontakt mehr zwischen Monarch und Ministern in den Ratsgremien, wenngleich in den französischen Staatssekretären auch ein anderer Regierungsmodus vorhanden war.[77]

In Preußen begaben sich alle dirigierenden Minister nur einmal im Jahr zur Etat-Regulierung nach Potsdam.[78] Der Regelfall war aber der schriftliche Kontakt. Auf schriftliche Anfragen und Berichte entschied der König z.B. mit Marginalresolutionen.[79] Charakteristisches Schriftstück dieser Herrschaftsweise war die Kabinettsorder, ein schnell handhabbares unzeremoniöses Handschreiben ohne ministerielle Gegen-(besser: Vor-) Zeichnung.[80] Ein Kabinetts-

[74] Siehe C. Hinrichs, *Die preußische Zentralverwaltung* . . ., S. 151—158, auch zum Folgenden; zu dem „persönlichen Absolutismus“ Friedrich Wilhelms I. und den geistigen Hintergründen siehe jetzt Richard Dietrich, *Die Anfänge des preußischen Staatsgedankens in den politischen Testamenten der Hohenzollern*, in: *Neue Forschungen zur Brandenburg-Preußischen Geschichte*, Bd. 1 (1979), S. 14 ff.

[75] R. A. Dorwart, *The Administrative Reforms* . . ., S. 39. Die in Anm. 69 benannte Instruktion setzte den persönlichen Kontakt des Königs mit dem Departement voraus, siehe *A.B.B.*, Bd. 4, Teil 2, S. 397 (nicht Teilnahme an der Arbeit im Departement).

[76] C. Hinrichs, *Die preußische Zentralverwaltung* . . ., S. 157.

[77] H.O. Meisner, *Staats- und Regierungsformen* . . ., S. 236; Otto Hintze, *Die Entstehung der modernen Staatsministerien. Eine vergleichende Studie*, in: *Historische Zeitschrift*, Bd. 190 (1908), S. 53—111, wieder in: Ders., *Staat und Verfassung* . . ., S. 275—320, hier S. 293 ff.; R. Holtzmann, *Französische Verfassungsgeschichte* . . ., S. 331; Eberhard Weis, *Frankreich von 1661 bis 1789*, in: Theodor Schieder (Hrsg.), *Handbuch der Europäischen Geschichte*, Bd. 4: *Europa im Zeitalter des Absolutismus und der Aufklärung*, hrsg. von Fritz Wagner, Stuttgart 1968, S. 180 f.; H. Rosenberg, *Bureaucracy* . . ., S. 39.

[78] Otto Hintze, *Der preußische Militär- und Beamtenstaat im 18. Jahrhundert*, in: Ders., *Historische und Politische Aufsätze*, Bd. 1 (=Deutsche Bücherei, Bd. 94/95), Berlin (1908), S. 179—191, wieder in: Ders., *Regierung und Verwaltung* . . ., S. 419—429, hier S. 425; F. Hartung, *Studien* . . ., S. 202.

[79] Siehe z.B. die Sammlung bei F. Förster, *Friedrich Wilhelm I.* . . ., Bd. 1, Potsdam 1834, Urkundenanhang S. 33—88.

[80] Dazu jetzt Heinrich Otto Meisner, *Archivalienkunde vom 16. Jahrhundert bis 1918*, Göttingen 1969, S. 150—161 (auch zu Kabinettsdekreten, Marginalresolutionen etc.); C. Hinrichs, *Die preußische Zentralverwaltung* . . ., S. 151 ff., S. 157; Melle Klinkenborg, *Die Stellung des Königlichen Kabinetts in der preußischen Behördenorganisation*, in: *Hohenzollern-Jahrbuch*, Bd. 19 (1915), S. 47—51, dort die erste bekannte KO in Abb. S. 50 (vom 1. April 1713).

sekretär konnte den König immer begleiten, der König war nicht auf die umfangreiche Kanzlei angewiesen.[81]

Friedrich der Große hat die Regierung aus dem Kabinett noch radikaler ausgeprägt. Unter ihm sind aber auch die ersten Ansätze zu „Ministern hinter der Gardine"[82] zu erkennen, wenn man den Einfluß Eichels in Betracht zieht.[83] Die wachsende Belastung des Kabinetts führte auch zu Personalausweitungen,[84] und so fand nach Eichels Tode 1768 eine formelle Arbeitsteilung im Kabinett statt,[85] doch blieb es auch zu diesem Zeitpunkt, was es vorher war, immediate Expeditionsstelle des Königs von Preußen.

Eine gesteigerte Bedeutung erhielt das Kabinett nach 1740 durch die Aufspaltung der Zentralverwaltung. So wurde der schlesische Provinzialminister direkt dem König unterstellt. Das Generaldirektorium besaß damit nicht mehr den Überblick über den Zustand der gesamten Monarchie und dank des besonderen Etats für diese Provinz auch nicht mehr die Kenntnis des Finanzstandes im ganzen Staat.[86] Dieses Wissen war mit Einrichtung der geheimen königlichen Dispositionskasse[87] endgültig für den König monopolisiert. 1786 flossen in diese (nach den Abzügen für ordentliche Kassen) über fünf Millionen Taler, von denen kein Minister wußte. Die unter Friedrich II. gebildeten Sachdeparte-

[81] Max Lehmann, *Der Ursprung des preußischen Kabinetts*, in: *Historische Zeitschrift*, Bd. 63 (1889), S. 267, S. 271; zur Kanzlei vgl. R. Koser, *Die Gründung* . . ., S. 81 ff. und S. 95—103. Über die Herkunft der Kabinettssekretäre: Wilhelm Naudé, *Zur Geschichte des preußischen Subalternbeamtentums*, in: *Forschungen zur Brandenburgischen und Preußischen Geschichte*, Bd. 18 (1905), S. 7 f.

[82] H. O. Meisner, *Staats- und Regierungsformen* . . ., S. 238, so später eine Äußerung Hardenbergs.

[83] Dazu Reinhold Koser, *Geschichte Friedrichs des Großen*, 4. u. 5. Aufl., Bd. 2, Stuttgart-Berlin 1913, S. 28 ff.; W. Hubatsch, *Friedrich der Große* . . ., S. 224 f., auch zur beratenden Tätigkeit Eichels; vgl. Hermann Hüffer, *Die Beamten des älteren preußischen Kabinetts von 1713-1808*, in: *Forschungen zur Brandenburgischen und Preußischen Geschichte*, Bd. 5 (1892), S. 162 ff.; Walter L. Dorn, *The Prussian Bureaucracy in the Eighteenth Century*, in: *Political Science Quarterly*, Bd. 46 (1931), S. 419 f. mit Anm. 42.

[84] *A.a.O.*, S. 167 f.

[85] *A.a.O.*, S. 170; *A.B.B.*, Bd. 14, Berlin 1934, Nr. 190, S. 468, W. Hubatsch, *Friedrich der Große* . . ., S. 225; zu Ansätzen einer Arbeitsteilung im Kabinett unter Friedrich Wilhelm I. siehe H. Hüffer, *Die Beamten* . . ., S. 161; C. Hinrichs, *Die preußische Zentralverwaltung* . . ., S. 153 f.

[86] H. Haussherr, *Verwaltungseinheit* . . ., S. 129 f.; W. Hubatsch, *Friedrich der Große* . . ., S. 75; L. Tümpel, *Die Entstehung* . . ., S. 241.

[87] F. Hartung, *Studien* . . ., S. 211; H. Haussherr, *Verwaltungseinheit* . . ., S. 130; F. Schneider, *Geschichte der formellen Staatswirtschaft* . . ., S. 106 ff.; zum Volumen 1786: Gustav Schmoller, *Die Epochen der preußischen Finanzpolitik bis zur Gründung des deutschen Reiches*, in: Ders., *Umrisse* . . ., S. 185.

ments wurden mehr neben als in das Generaldirektorium gestellt.[88] Dessen kollegiale Arbeitsweise wurde schrittweise eingeschränkt und 1771 ganz untersagt. Der König befahl dem Minister Derschau und dem zum Minister ernannten Schulenburg, „sich mit denen andren drei[89] Ministern durchaus nicht abzugeben", sonst werde sie „der Teufel holen".[90] Persönliche Vorträge der Minister wurden nur wenn unumgänglich zugelassen; dann handelte es sich aber um Einzelvorträge, denn gegen die kollegiale Arbeitsform hegte Friedrich ein tiefes Mißtrauen. Intrigen und Reibereien würden, so meinte er, die Arbeit behindern.[91] Auch Einzelaudienzen waren aber sehr selten. Die Minister wurden systematisch übergangen, z.B. als der König monatliche Berichte der Kammerpräsidenten direkt an ihn befahl, und ebenso korrespondierte der König mit den preußischen Gesandtschaften im Ausland häufig ohne das Auswärtige Departement zu informieren.[92]

Da die Einkünfte aus Zöllen und Akzise nach der Meinung des Königs „bis dato so schlecht und unordentlich gewesen"[93] waren, wurde deren Verwaltung in der „Regie" faktisch vom Generaldirektorium getrennt und mit einer eigenen Generalkasse versehen. Selbständige Sonderverwaltungen wie die Generalpostadministration und die Generaltabakadministration wurden eingerichtet. Im „Patent, wegen Errichtung einer See-Handlungs-Gesellschaft" vom 14. Okto-

[88] Vgl. H. Haussherr, *Verwaltungseinheit* . . ., S. 127 ff.; F. Hartung, *Studien* . . ., S. 207 f.; G. Schmoller, *Preußische Verfassungs-, Verwaltungs- und Finanzgeschichte* . . ., S. 138—142; zu den folgenden Passagen F. Hartung, *Studien* . . ., S. 199—204, und H. Haussherr, *Verwaltungseinheit* . . ., S. 135 f.

[89] Zur Personalunion mehrerer Dep. vgl. die Übersicht bei W. Hubatsch, *Friedrich der Große* . . ., S. 240 f.

[90] *A.B.B.*, Bd. 15, Berlin 1936, Nr. 178, S. 469 ff. (Niederschrift Derschaus vom 10. Februar 1771).

[91] Vgl. Friedrich der Große, *Die politischen Testamente.* Übersetzt von Friedrich von Oppeln-Bronikowski. Mit einer Einführung von Gustav Berthold Volz, 2., durchgesehene Aufl., München 1936, S. 43 (1752); R. Koser, *Geschichte* . . ., S. 27; siehe auch die neue Instruktion für das General-Direktorium von 1748, *A.B.B.*, Bd. 7, Berlin 1904, S. 584 f.; zur Personalvermehrung zuletzt W. Hubatsch, *Friedrich der Große* . . ., S. 226. Für das Folgende Gerhard Ritter, *Friedrich der Große. Ein historisches Profil,* 3. Aufl., Heidelberg 1954, S. 187, und W.L. Dorn, *The Prussian Bureaucracy* . . ., S. 410 mit Anm. 14, zur jährlichen Ministerrevue und zu häufigeren Kontakten zwischen König und Ministern nach dem Siebenjährigen Kriege.

[92] R. Koser, *Geschichte* . . ., Bd. 2, S. 73; H. Haussherr, *Verwaltungseinheit* . . ., S. 122 ff.; L. Tümpel, *Die Entstehung* . . ., S. 167; R. Koser, *Die Gründung* . . ., S. 103 ff.

[93] *A.B.B.*, Bd. 13, Berlin 1932, Nr. 404, S. 772 f. (KO vom 9.4.1766); vgl. R. Koser, *Geschichte* . . ., Bd. 3, S. 227; F. Schneider, *Geschichte der formellen Staatswirtschaft* . . ., S. 101; W. Hubatsch, *Friedrich der Große* . . ., S. 141 f., S. 143, zu den besonderen Administrationen; ebenso R. Koser, *Geschichte* . . ., Bd. 3, S. 230 ff., und L. Tümpel, *Die Entstehung* . . ., S. 165.

ber 1772 wurde diese ausdrücklich keinem Departement untergeordnet, sie sollte „ . . . unmittelbar unter Unserer Höchsten Person stehen“.[94]

Kehrseite der Zentralisierung im Kabinett war die oft zitierte Erstarrung des Wirkens und die Erschöpfung des Königs wie auch der Beamten.[95] Sicherlich war die Integration Ostfrieslands, Schlesiens und Westpreußens — auf die interessanten Details muß hier verzichtet werden[96] — eine administrative Leistung. Aber war nicht die Zeit Friedrichs II. eine Ära der alten, erstarrten und überlebten Formen?

Neue Untersuchungen zeigen eine bisher zu wenig beachtete Weiterentwicklung der preußischen Verwaltung, z.B. durch die systematische Einsetzung von Kammerdeputationen,[97] die vor Ort eine bessere Kenntnis der Dinge besaßen als ihre vorgesetzten Kriegs- und Domänenkammern. Das Problem der Kammerjustiz wurde als solches erkannt,[98] und eine Untersuchung der Rechtsprechungspraxis der 1756 gebildeten Jurisdiktionskommission zeigt, daß der Rechtsschutz gegen die öffentliche Gewalt am Ende des 18. Jahrhunderts umfangreicher war als z.B. fünfzig Jahre später.[99]

Wirtschaftliche Sachzwänge haben — so bei der Gründung der Sachdepartements[100] — einen deutlichen Einfluß auf die Verwaltungsentwicklung gehabt, aber auch die persönlichen Ansichten Friedrichs von einer Staatsregierung, die ein „festgefügtes System haben (müsse) wie ein philosophisches Lehrgebäude“. „Ein System kann aber nur aus einem Kopf entspringen; also muß es aus dem des Herrschers hervorgehen“.[101] Der Herrscher müsse selbst die Geschäfte

[94] In: *Novum Corpus Constitutionum Prussico Brandenburgensium Praecipue Marchicarum* . . ., Bd. 5, Teil 1, Berlin 1772, Nr. 55, Sp. 513—546, das Zitat Sp. 542 (Titel gekürzt, künftig zit.: *N.C.C.M.*, mit Jahresangabe).

[95] F. Hartung, *Studien* . . ., S. 205; zum militärischen Bereich R. Koser, *Geschichte* . . ., Bd. 3, S. 405.

[96] W. Hubatsch, *Friedrich der Große* . . ., S. 70—109, S. 180—189; L. Tümpel, *Die Entstehung* . . ., S. 170—183, auch zu der sehr äußerlichen Angleichung Ostfrieslands (ständische Steuerbehörden; keine Landräte).

[97] W. Hubatsch, *Friedrich der Große* . . ., S. 155 ff.

[98] Neben *a.a.O.*, S. 215 ff.; E. Schmidt, *Rechtsentwicklung* . . ., S. 25; Wolfgang Rüfner, *Verwaltungsrechtsschutz in Preußen von 1749 bis 1842* (=Bonner Rechtswissenschaftliche Abhandlungen, Bd. 53), Bonn 1962, passim.

[99] *A.a.O.*, S. 116, die Untersuchung der Spruchpraxis S. 81—118; Instruktion der Jurisdiktionskommission: *N.C.C.M.*, Bd. 2, Anhang zum Jahr 1760, Sp. 519 f., vom 10. Februar 1756. Auf das Gebiet der Justizreform kann hier nicht näher eingegangen werden.

[100] H. Haussherr, *Verwaltungseinheit* . . ., S. 138 f.; die durch Holzmangel hervorgerufenen Störungen in Industrie und Bergbau als Anstoß zur Bildung des Bergwerks- und Hüttendepartements (1768) und des Forstdepartements (1771).

[101] Friedrich der Große, *Die politischen Testamente* . . ., S. 41—43, hier S. 41 f. (1752).

führen. Autokratie war für Friedrich II. ein schroff formuliertes, wenn auch nur in Grenzen zu realisierendes Programm.[102] Sicher ist, daß auch diesem König viel unterschlagen wurde,[103] so etwa sinkende Einnahmen. Die westpreußische Kammer wagte erst Friedrichs II. Nachfolger zu eröffnen, daß sie einen ganzen Jahresetat im Rückstand sei.[104]

Doch die Entwicklung nach dem Regierungsantritt Friedrich Wilhelms II. 1786, die Verblassung der autokratischen Regierungs- und Verwaltungspraxis läßt erkennen, daß der Faktor der Herrscherperson aus der Analyse der Verfassungsstrukturen im „ancien régime" und ihrer Fortbildung nicht eliminiert werden kann, auch wenn die Forschung mit Nachdruck die Frage nach „Sachzwängen" und Kollektivphänomenen zu stellen hat.

Die erlangte Größe des Staatsgebietes ließ die Kabinettsregierung immer schwerer handhabbar werden.[105] Die Verwaltungspolitik des neuen Königs zeichnete sich durch unentschlossenes Lavieren und mangelnde Konsequenz in der Realisierung begonnener Maßnahmen aus. Die von dem Günstling Friedrich Wilhelms II., Johann Christoph Woellner, maßgebend bestimmte neue Instruktion für das Generaldirektorium orientierte sich an dem Zustand dieser Behörde unter Friedrich Wilhelm I.,[106] aber schon nach 1787 wurde die kollegiale Beratung wieder in wesentlichen Fragen beschränkt, und königliche Befehle an einzelne Minister gab es auch weiterhin. Die Regie wurde aufgehoben, die Akzise- und Zolldirektionen in den Provinzen blieben jedoch bestehen und wurden auch nicht den Kammern unterstellt; die Seehandlung trat unter das Generaldirektorium. Schlesien aber behielt seine Sonderstellung, die auch auf die fränkischen und polnischen Erwerbungen ausgedehnt wurde. In den in Polen annektierten Gebieten ist auch bei Anerkennung aller Leistungen die Unentschlossenheit des Vorgehens als Grundzug nicht zu übersehen.[107] Die

[102] Zu diesen Grenzen siehe jetzt H.C. Johnson, *Frederick the Great . . .*, S. 281 f.

[103] H. Haussherr, *Verwaltungseinheit . . .*, S. 142; G. Ritter, *Friedrich der Große . . .*, S. 189.

[104] W. Hubatsch, *Friedrich der Große . . .*, S. 188.

[105] R. Koser, *Geschichte . . .*, Bd. 2, S. 30, siehe jetzt bes. R. Dietrich, *Die Anfänge . . .*, S. 42.

[106] Instruktion vom 28. September 1786, gedruckt bei Martin Philippson, *Geschichte des Preußischen Staatswesens vom Tode Friedrichs des Großen bis zu den Freiheitskriegen*, Bd. 2, Leipzig 1882, S. 307—357, S. 311—314, zu dem wiederherzustellenden kollegialischen Verfahren siehe Edith Ruppel-Kuhfuss, *Das Generaldirektorium unter der Regierung Friedrich Wilhelms II. mit Berücksichtigung der interimistischen Instruktion von 1798* (=Berliner Studien zur neueren Geschichte, Heft 2), Würzburg-Aumühle 1937, S. 18 (Entstehung), generell zum Charakter der Verwaltungspolitik nach 1786: S. 43—56, S. 77 f., S. 87, S. 138—143; weiter F. Hartung, *Studien . . .*, S. 206 ff.; L. Tümpel, *Die Entstehung . . .*, S. 242; F. Schneider, *Geschichte der formellen Staatswirtschaft . . .*, S. 116 ff.; H. Haussherr, *Verwaltungseinheit . . .*, S. 143 ff., auch zum Folgenden.

[107] Walther Hubatsch (Hrsg.), *Urkunden und Akten zur Geschichte der preußischen Ver-*

Dispositionskasse blieb ministerieller Einsicht auch weiter verschlossen.[108] Das neue Oberkriegskollegium wurde 1787 mangelhaft in die preußische Verwaltungsorganisation einbezogen, indem es neben das Generaldirektorium und sein weiterexistierendes Militärdepartement gestellt wurde.[109]

Die unglückliche Rolle der Person Friedrich Wilhelms II. ist auch in Zahlen darstellbar. Bezog Friedrich der Große jährlich etwa 220 000 Taler aus Domäneneinkünften für seinen Hofstaat,[110] so waren es nicht zuletzt die 2 Millionen Taler (ein Achtel des ganzen Etats!) jährlich für den Hof seines Nachfolgers, die den 54 Millionen Taler zählenden Staatsschatz von 1786 bis 1794 aufgebraucht hatten. Binnen drei Jahren mußten dann sogar 32 Millionen Taler Schulden neu aufgenommen werden.[111]

Auch Friedrich Wilhelm III.[112] war nicht der Mann einer entschiedenen Reform. In ihm paarten sich Einsicht und Unentschlossenheit. Die Schuldentilgung wurde aufgenommen und führte immerhin zu einer Verminderung der Belastungen,[113] und auch in den polnischen Gebieten zeigte sich die Leistungs-

waltung in Südpreußen und Neuostpreußen 1793–1806, bearbeitet von Ingeborg Charlotte Bussenius, Frankfurt a.M.-Bonn 1961, S. 21 f., S. 25.

[108] F. Schneider, *Geschichte der formellen Staatswirtschaft . . .*, S. 118, S. 121, S. 124.

[109] Zu den hier nicht vorzustellenden Details, auch zur weiteren Entwicklung C. Frhr. v. der Goltz, *Von Roßbach bis Jena und Auerstedt. Ein Beitrag zur Geschichte des preußischen Heeres,* 2., veränderte Aufl., Berlin 1906, S. 236; E. Ruppel-Kuhfuss, *Das Generaldirektorium . . .*, S. 131 f.; vgl. auch *N.C.C.M.*, Bd. 10, Berlin 1801, zu 1796, Nr. 116, Sp. 745—748, Reskript vom 21. November 1796.

[110] Vgl. Reinhart Koselleck, *Preußen zwischen Reform und Revolution. Allgemeines Landrecht, Verwaltung und soziale Bewegung von 1791 bis 1848* (= Industrielle Welt, Bd. 7), 2. Aufl., Stuttgart 1975, S. 326, Anm. 119.

[111] F. Schneider, *Geschichte der formellen Staatswirtschaft . . .*, S. 118, S. 125 f.; zu den Ausgaben für die Kriege im Westen: G. Schmoller, *Die Epochen der preußischen Finanzpolitik . . .*, S. 175, S. 188; aber derartige Lasten traten auch vor 1786 auf: Kosten des Feldzuges von 1778/79 nach J(ohann) D(avid) E(rdmann) Preuß, *Die Lebensgeschichte des großen Königs Friedrich von Preußen,* Bd. 2, 2. Aufl., Berlin 1837, S. 260: 29 Millionen Taler auf preußischer Seite. Dies gegen W.M. Frhr. v. Bissing, *Friedrich Wilhelm II. König von Preußen. Ein Lebensbild,* Berlin 1967, S. 163—165, dessen apologetischer Grundton auch hier deutlich ist. Zum Finanzgebaren unter Friedrich Wilhelm II. treffend Leo Hellwig, *Schulenburg-Kehnert unter Friedrich Wilhelm III. (1798–1806)* (= Historische Studien, Heft 294), Berlin 1936, S. 13 f.

[112] Vgl. Friedrich Meinecke, *Das Zeitalter der deutschen Erhebung (1795–1815)* (=Monographien zur Weltgeschichte, Bd. 25), 2. Aufl., Bielefeld-Leipzig 1913, S. 44, S. 46.

[113] L. Hellwig, *Schulenburg-Kehnert . . .*, S. 57 ff.; vgl. F. Hartung, *Studien . . .*, S. 219 f.; F. Schneider, *Geschichte der formellen Staatswirtschaft . . .*, S. 136. Zum Staatsschatz: Adolph Friedrich Riedel, *Der Brandenburgisch-Preußische Staatshaushalt in den beiden letzten Jahrhunderten. Ausführung eines in der Königl. Akademie der Wissenschaften am 6. April 1865 gehaltenen Vortrages,* Berlin 1866, S. 241.

fähigkeit der preußischen Verwaltung in verschiedenen Bereichen.[114] Mit der „General-Instruktion für die Kommission der Finanzen" vom 19. Februar 1798[115] war ein Gremium geschaffen, in dem verschiedene Reformgedanken deutlich wurden, die dann nach Jena zum Durchbruch gelangten.[116] Die Pläne, die Provinzialgliederung im Generaldirektorium zu beseitigen, konnten noch nicht durchgesetzt werden, aber auf der Ebene der Provinzen selbst waren die Reformkräfte erfolgreicher. Die Anfänge einer institutionellen Trennung von Justiz und Verwaltung sind 1797 in Neuostpreußen und 1798 in Ansbach-Bayreuth gemacht worden.[117] Dieser Schritt blieb nicht auf die neuerworbenen Landesteile beschränkt. 1804 wurde dieses Modell auf Ostpreußen übertragen, und an dem Reglement für Westpreußen wurde 1806 noch gearbeitet.[118]

Aber dies waren Reformansätze, noch nicht die Reform. In der Zentralstelle blieb das Kabinett unangetastet und mußte unter einem unselbständigen Monarchen[119] zu einem Einfluß gelangen, der dem unverantwortlichen Status nicht entsprach. Nicht hier, sondern in der höheren und hohen Beamtenschaft waren die treibenden Kräfte der Vorreform zu suchen,[120] die erst nach der Niederlage ihre Pläne in Angriff nehmen konnten. Steins Sieg über das Kabinett schuf die Voraussetzungen für eine — fast möchte man sagen: — neue Regie-

[114] W. Hubatsch (Hrsg.), *Urkunden und Akten . . .*, S. 24—26, der Dokumentenanhang passim.

[115] In: Georg Küntzel/Martin Hass (Hrsg.), *Die politischen Testamente der Hohenzollern nebst ergänzenden Aktenstücken* (=Quellensammlung zur deutschen Geschichte), Bd. 2, 2. Aufl., Leipzig-Berlin 1920, Nr. 8, S. 149—169.

[116] Zur „Vorreform" vgl. Otto Hintze, *Preußische Reformbestrebungen vor 1806*, in: *Historische Zeitschrift*, Bd. 76 (1893), S. 413—443, wieder in: Ders., *Regierung und Verwaltung . . .*, S. 504—529, hier S. 520—526.

[117] L. Tümpel, *Die Entstehung . . .*, S. 250 f.; W. Rüfner, *Verwaltungsrechtsschutz . . .*, S. 121 f.; W. Hubatsch (Hrsg.), *Urkunden und Akten . . .*, Nr. 185, S. 331 f. (Regest) und S. 25. Die nach 1786 angefallenen Gebiete wurden 1798/99 dem Generaldirektorium unterstellt; siehe *a.a.O.*, Nr. 124, S. 269, Kabinettsdekret vom 12. März 1799 (Regest); F. Hartung, *Studien . . .*, S. 215; F. Schneider, *Geschichte der formellen Staatswirtschaft . . .*, S. 127. Für die Ressortverhältnisse in den Entschädigungsprovinzen und in Kleve-Mark siehe L. Hellwig, *Schulenburg-Kehnert . . .*, S. 97, S. 99.

[118] *N.C.C.M.*, Bd. 11, Berlin 1806, Nr. 31 für 1804, Sp. 2603—2628: „Reglement über die Vertheilung der Geschäfte zwischen den Landes-Collegien in Ost-Preußen und Lithauen"; zu Westpreußen: L. Tümpel, *Die Entstehung . . .*, S. 251.

[119] Vgl. Friedrich Wilhelms III. Instruktion für Oberstleutnant von Köckeritz vom November 1797; G. Küntzel/M. Hass (Hrsg.) *Die politischen Testamente . . .*, Bd. 2, Nr. 7, S. 144—148. Zum Kabinett: F. Hartung, *Studien . . .*, S. 216, S. 218, S. 222; H.O. Meisner, *Staats- und Regierungsformen . . .*, S. 237 f.; H. Rosenberg, *Bureaucracy . . .*, S. 197 ff.; H. Hüffer, *Die Beamten . . .*, S. 138 f.

[120] L. Tümpel, *Die Entstehung . . .*, S. 252—255.

rungsform, die Kehr sicherlich überspitzt, aber doch nicht ohne Berechtigung, als „Diktatur der Bürokratie" bezeichnet hat.[121]

III

Durch den kommissarischen Charakter des Beamtentums war die Konnexion zwischen Verwaltung und Ständen zumindest entscheidend abgeschwächt. Auch meint von Borch für Preußen einen größeren Anteil Bürgerlicher in der Verwaltung feststellen zu können, als in anderen europäischen Staaten.[122] Das Indigenat wurde häufig durchbrochen. Kein Rat einer Kriegs- und Domänenkammer sollte in seiner Heimatprovinz eingesetzt werden.[123] Freilich war dieser Grundsatz in der Praxis nicht in reiner Form durchzusetzen, selbst nicht für die Präsidentenstellen, wie das Beispiel Magdeburgs zeigt.[124] Friedrich II. war bemüht, diese und die Direktoren, sowie ein Drittel der Ratsstellen aus dem Kreis der Provinzfremden zu ernennen und auch die Zahlen für das ausgehende 18. Jahrhundert zeigen gerade für die adligen Beamten einen großen Teil von Anstellungen in der jeweiligen Herkunftsprovinz. Sowohl Friedrich Wilhelm I. als auch sein Nachfolger versuchten zumindest zeitweise Kriegs- und Domänenräte bzw. Kammerpräsidenten nach einer gewissen Amtszeit zu versetzen;[125] nach 1713 läßt sich erkennen, daß Steuerräte mit einer Amtszeit von etwa sechs Jahren versetzt wurden, damit sie nicht mit lokalen Kräften verwuchsen.[125*] Waren die Präsidenten durchweg von Adel, so galten für die Räte

[121] E. Kehr, *Zur Genesis . . .* (wie Anm. 1), S. 40—42, hier S. 41.

[122] H. von Borch, *Obrigkeit und Widerstand . . .*, S. 123 f.; siehe auch G. Schmoller, *Über Behördenorganisation . . .*, S. 129 ff.; W.L. Dorn, *The Prussian Bureaucracy . . .*, in: *Political Science Quarterly*, Bd. 47 (1932), S. 265, stellt für die Kammern in Brandenburg und Magdeburg eine annähernd gleiche Stärke des adligen und bürgerlichen Elements für die Zeit Friedrichs II. fest.

[123] *A.B.B.*, Bd. 3, S. 577 f.; H. Haussherr, *Verwaltungseinheit . . .*, S. 17; für Friedrich II.: W. Hubatsch, *Friedrich der Große . . .*, S. 159.

[124] Gustav Schmoller, *Studien über die wirthschaftliche Politik Friedrichs des Großen und Preußens überhaupt von 1680–1786*, Teil 8, in: *Jahrbuch für Gesetzgebung, Verwaltung und Volkswirthschaft im Deutschen Reich*, Bd. 10 (1886), S. 37—40; 1746—75 Präsidenten, die nicht aus dem Magdeburger Adel stammten.

[125] Henning von Bonin, *Adel und Bürgertum in der höheren Beamtenschaft der preußischen Monarchie 1794–1806*, in: *Jahrbuch für die Geschichte Mittel- und Ostdeutschlands*, Bd. 15 (1966), S. 167; zu Departmentswechseln bzw. Versetzungen siehe zu den Details: *A.B.B.*, Bd. 4, Teil 2, Nr. 208, S. 331 (1728); zu Friedrich II.: H.C. Johnson, *Frederick the Great . . .*, S. 53, für die Kammerpräsidenten.

[125*] G. Schmoller, *Das Städtewesen . . .*, S. 413, für die Zeit Friedrich Wilhelms I.

auch andere Auswahlkriterien, indem Regimentsquartiermeister und Auditeure bevorzugt wurden. Dieser Personenkreis — im Subalternbereich setzte sich das bekanntlich, sogar verstärkt, fort — mag zur Militarisierung der Verwaltung, wie zur Beförderung rigiden Gehorsams, erheblich beigetragen haben.[126] Ein feststehendes Qualifikationssystem gab es unter Friedrich Wilhelm I. noch nicht.[127] Doch wird man der Beamtenschaft des 18. Jahrhunderts wohl kaum gerecht, wenn man nur ihre schlechte (Aus-) Bildung hervorhebt.[128] In den Bereich der Domänenverwaltung wurden häufig ehemalige „Beamte" (Pächter) übernommen, und in den Kommissariaten saßen als Männer der Praxis vormalig in der unteren Akziseverwaltung angestellte (Steuerräte), oder mit Fragen der Manufakturen vertraute Fachleute; so ist der Aufstieg aus dem Subalternbeamtentum eine an einer Reihe von Beispielen[129] nachweisbare Tatsache, ebenso die Nobilitierung in den obersten Chargen.

Ein Wandel des Laufbahnwesens deutete sich an, als 1723 die Auskultulatur bei den Kammern und 1727 an den Universitäten Halle und Frankfurt/Oder die Kamerallehrstühle errichtet wurden.[130] Wenn auch unter Friedrich II. die unbe-

[126] H.C. Johnson, *Frederick the Great* . . ., S. 49 f., S. 52 f.; R.A. Dorwart, *The Administrative Reforms* . . ., S. 194; A. Kamp, *Friedrich Wilhelm I. und das preußische Beamtentum*, in: *Forschungen zur Brandenburgischen und Preußischen Geschichte*, Bd. 30 (1917), S. 39 f.; O. Hintze, *Die Hohenzollern* . . ., S. 291; H. Rosenberg, *Bureaucracy* . . ., S. 64 f. Zahlen über den Anteil Bürgerlicher bei Gustav Schmoller, *Der preußische Beamtenstand unter Friedrich Wilhelm I.*, in: *Preußische Jahrbücher*, Bd. 26 (1870), S. 162 f.; vgl. auch oben Anm. 122.

[127] Wilhelm Bleek, *Von der Kameralausbildung zum Juristenprivileg. Studium, Prüfung und Ausbildung der höheren Beamten des allgemeinen Verwaltungsdienstes in Deutschland im 18. und 19. Jahrhundert* (=Historische und Pädagogische Studien, Bd. 3), Berlin 1972, S. 63, auch zum Folgenden; A. Kamp, *Friedrich Wilhelm I.* . . ., S. 32; zu der hier nicht erneut zu behandelnden Rekrutenkasse: F. Hartung, *Studien* . . ., S. 200; G. Schmoller, *Der preußische Beamtenstand* . . ., S. 164 f., R. Koser, *Geschichte* . . ., Bd. 2, S. 77 f.

[128] H. Rosenberg, *Bureaucracy* . . ., S. 58; zum Folgenden siehe neben der Arbeit von W. Bleek, *Von der Kameralausbildung* . . ., G. Schmoller, *Der preußische Beamtenstand* . . ., S. 168.

[129] Vgl. W. Naudé, *Zur Geschichte* . . ., S. 2—7; H.C. Johnson, *Frederick the Great* . . ., S. 49 f.; W. Bleek, *Von der Kameralausbildung* . . ., S. 47, S. 73; vgl. H. Rosenberg, *Bureaucracy* . . ., S. 60 ff. Das für die französische Verfassungs- und Sozialgeschichte des ancien régime so bedeutsame Phänomen des Ämterkaufs (zu diesem Problemfeld jetzt: Klaus Malettke [Hrsg.], *Ämterkäuflichkeit: Aspekte sozialer Mobilität im europäischen Vergleich (17. und 18. Jahrhundert). Internationales Colloqium in Berlin (1.-3. November 1978)* . . . [= Einzelveröffentlichungen der Historischen Kommission zu Berlin, Bd. 26], Berlin 1980), das sich auch in Brandenburg-Preußen und hier konzentriert in der Justiz- und Kommunalverwaltung von der Mitte des 17. Jahrhunderts bis etwa 1786 findet, bezeichnenderweise aber nur geringe Bedeutung für die Zentralverwaltung gewann, hat „auch in diesem Staat eine nicht zu unterschätzende — kaum aber eine ausschlaggebende — strukturelle Bedeutung gehabt", so Horst Möller, *Ämterkäuflichkeit in Brandenburg-Preußen im 17. und 18. Jahrhundert*, in: *A.a.O.*, S. 156—176, besonders S. 157—159, S. 161, S. 175, das Zitat S. 174.

soldete Auskultatur als ein besonders von Adligen benutzter Zugang an Gewicht verlor und die Kamerallehrstühle eingingen,[131] so darf jedoch nicht übersehen werden, daß 1754 in der Königsberger Kammer unter 12 Räten schon sieben ein Studium absolviert hatten und zwei aus dem Subalterndienst aufgestiegen waren,[132] ein Beispiel für die Beobachtung Haussherrs,[133] daß unter Friedrich die Zahl der studierten Beamten merklich zunahm, aber auch aus dem Subalterndienst der Weg in die höheren Chargen nicht versperrt war. Bei aller Schätzung des Adels durch den König blieb es dessen Söhnen nicht erspart, auch als Schreiber und Kanzlisten eingestellt zu werden, um „von der Pike auf" zu lernen.[134]

Eine Änderung des Laufbahnwesens trat dann 1770 mit der Oberexaminationskommission ein,[135] deren Prüfungen ein Studium der Rechts- und der Kameralwissenschaften nahelegten.

Von welcher Qualität aber was dieses viel gelobte und viel gescholtene preußische Beamtentum?

Hans Rosenberg hat z.B. auf die, wie er sagt typisch aristokratische Vetternwirtschaft hingewiesen, die unter den preußischen Beamten zu finden gewesen sei, doch ist dies kein Phänomen der Verwaltung im Absolutismus allein, sondern schon z.B. für das 16. und 17. Jahrhundert belegbar und auch von der älteren Preußen-Forschung für das 18. Jahrhundert nicht verschwiegen worden.[136] Friedrich der Große selbst hat die Anweisung gegeben, sowohl Söhne von Kriegs- und Domänenräten als auch von Subalternen zur Einstellung in den väterlichen Beruf zu bevorzugen, „wann ihre Väter ihnen dabei eine recht gute und convenable Education gegeben"[137] und sie auch zuvor einige Jahre als

[130] W. Bleek, *Von der Kameralausbildung* . . ., S. 64 ff.; siehe auch H. Haussherr, *Verwaltungseinheit* . . ., S. 27 ff.

[131] W. Bleek, *Von der Kameralausbildung* . . ., S. 71 f.

[132] R. Koser, *Geschichte* . . ., Bd. 2, S. 76 f.

[133] H. Haussherr, *Verwaltungseinheit* . . ., S. 137 f.

[134] W. Bleek, *Von der Kameralausbildung* . . ., S. 73.

[135] Siehe *a.a.O.*, S. 78, S. 80 f., S. 82. Zur Besoldung, die im Vergleich mit anderen Staaten durchaus nicht üppig war, vgl. Otto Hintze, *Einleitende Darstellung der Behördenorganisation und allgemeinen Verwaltung in Preußen beim Regierungsantritt Friedrichs II.* (= *Acta Borussica. Denkmäler der Preußischen Staatsverwaltung im 18. Jahrhundert. Behördenorganisation und allgemeine Staatsverwaltung,* Bd. 6, Teil 1), Berlin 1901, S. 285 f.

[136] H. Rosenberg, *Bureaucracy* . . ., S. 84 ff., besonders S. 87, auch S. 81; vgl. aus der älteren Literatur schon O. Hintze, *Einleitende Darstellung* . . ., S. 407, zur häufigen „familienmäßige(n) Fortpflanzung des Beamtenstandes" besonders in Magdeburg; vgl. ferner R. Koser, *Die Gründung* . . ., S. 71 f.; K. Breysig, *Die Organisation* . . ., S. 147; G. Schmoller, *Über Behördenorganisation* . . ., S. 75, S. 131 f.

[137] *A.B.B.*, Bd.7, Nr. 99, S. 168 ff., KO vom 23. Oktober 1746. Zu den Subalternen

Sekretär gedient hätten. Der König hoffte, so „eine gute Baumschule von geschickten und von Jugend auf zu ihrem Metier angeführten Leuten zu bekommen". Die Gefahr der Erblichkeit sprach Friedrich ausdrücklich an und befahl, „andere geschickte und gute Subjecta" nicht auszuschließen.

Auch von Bereicherungen, Betrügereien, Bestechungen usw. ist nicht erst in den letzten Jahren berichtet worden.[138] „Häßliche und heftige Händel unter einander, Intriguen gegen einander waren an der Tagesordnung. Dem König war das nicht einmal unlieb, er dachte dadurch sicherer von allem zu erfahren. Der Nepotismus fehlte nicht . . . Nach Reichtum, nach dem Besitz größerer Güter strebten alle . . .". Nach 1713 scheinen zunächst immerhin Veränderungen in der Art der Korruptionserscheinungen nachweisbar, schrieb doch der kaiserliche Gesandte Seckendorff 1726 von ihm befreundeten Offizieren, „deren Freundschaft ich nicht entbehren kann . . . Denn diese Leute capable sind, ein Präsent von 100 bis 1000 Ducaten auszuschlagen, hingegen mit größter Freude etliche große Kerls bei ihren Compagnien annehmen, weil sie sonst solche anderwärts zu finden nicht im Stande . . ."[139]

Aber diese Erscheinungen einer immer noch im Werden begriffenen Verwaltung waren ja nicht nur in Preußen anzutreffen, es handelte sich um eine in allen (deutschen) Staaten der Zeit anzutreffende Erscheinung.[140] Was aber erklärt die Leistungsfähigkeit der preußischen Verwaltung? Trotz insgesamt konstanter Steuerhöhe[141] bis zum Tode Friedrichs des Großen — was Anpassungen (Anhebungen und Senkungen), wie auch lokale Veränderungen nicht ausschloß[142]

ausdrücklich: „. . . denen ihre Väter eine gute Education gegeben, sie von Jugend auf nach und nach zur ihrer Fonction angeführet haben . . ."; vgl. *ebda*, auch zum Folgenden.

[138] G. Schmoller, *Über Behördenorganisation* . . ., S. 126; ders., *Der preußische Beamtenstand* . . ., S. 257—262, das folgende Zitat S. 156 f., dort auch zur Annahme ausländischer Geschenke; ders., *Finanzgeschichte* . . ., S. 135; F. Hartung, *König Friedrich Wilhelm I.* . . ., S. 24 ff.; zu Intrigen im Generaldirektorium H. Haussherr, *Verwaltungseinheit* . . ., S. 124; E. Ruppel-Kuhfuss, *Das Generaldirektorium* . . ., S. 104 ff.; zu den Intrigen Coccejis ausführlich O. Hintze, *Einleitende Darstellung* . . ., S. 118 f., S. 121 ff.; vgl. damit jetzt H. Rosenberg, *Bureaucracy* . . ., passim, z.B. S. 104.

[139] F. Förster, *Friedrich Wilhelm I.* . . ., Bd. 2, Urkundenteil S. 190.

[140] Zu Württemberg vgl. etwa W. Bleek, *Von der Kameralausbildung* . . ., S. 194 f.; zu Schlesien vor 1740 siehe G. Schmoller, *Die Epochen* . . ., S. 157. Siehe auch unten bei IV z.B. Anm. 263 für Mecklenburg, für Kursachsen bei Anm. 276—283. Für den nordwestdeutschen Bereich siehe Clemens Steinbicker, *Das Beamtentum in den geistlichen Fürstentümern Nordwestdeutschlands im Zeitraum von 1430–1740,* in: Günther Franz (Hrsg.), *Beamtentum und Pfarrerstand. Büdinger Vorträge 1967* (=Deutsche Führungsschichten in der Neuzeit, Bd. 5), Limburg-Lahn 1972, S. 130—135.

[141] C. Hinrichs, *Friedrich Wilhelm I.* . . ., S. 437; F. Hartung, *König Friedrich Wilhelm I.* . . ., S. 17 f.; G. Schmoller, *Preußische Verfassungs-, Verwaltungs- und Finanzgeschichte* . . ., S. 103 f.; ders., *Die Epochen* . . ., S. 151.

— wurde nicht nur der enorme Aufwand für die Armee ohne Schulden aufgebracht. Aus den großen finanziellen Anstrengungen im zivilen Bereich sei hier nur an das Beispiel der Siedlungs-, Meliorations- und Retablissementsarbeiten erinnert.[143]

1740 war ein Staatsschatz von 10 Millionen Talern vorhanden, ein Drittel der land- und forstwirtschaftlich nutzbaren Fläche Preußens war Domäne. 1786 betrug der Staatsschatz 54 Millionen. Von 1713 bis 1723 wurden auch alle Domänen entschuldet, die 1710 1,5 Millionen, 1740 3,5 Millionen und 1786 6 oder 7 Millionen Taler einbrachten.[144]

Auf der Suche nach den Ursachen solcher Leistungen stößt man zunächst auf die Tatsache der oft drakonischen Bestrafung in Fällen von entdeckter Korruption. Auch die Tatsache, daß sein Vater Gründungs-Minister im Generaldirektorium gewesen war, bewahrte den Minister Görne nicht vor der Bestrafung, als 1782 seine Veruntreuungen deutlich wurden.[145] Friedrich II. hatte schon seit längerer Zeit Unzufriedenheit mit dessen Geschäftsführung gezeigt und nach eigener Durchsicht des eingeforderten Etats der Seehandlung[146] eine Untersuchung befohlen. Obwohl Görne den Schaden aus seinem Vermögen zu ersetzen vermochte, was später auch geschah,[147] befahl der König, daß „dem v. Görne, zum Exempel für Andere der Prozeß gemacht werden" solle.[148] Am 1. Mai 1782

[142] Vgl. Hugo Rachel, *Der Merkantilismus in Brandenburg-Preußen*, in: *Forschungen zur Brandenburgischen und Preußischen Geschichte*, Bd. 40 (1927), S. 246 f. (siehe den Aufsatz in dieser Sammlung); W. Hubatsch, *Friedrich der Große* ..., S. 143; G. Schmoller, *Die Epochen* ..., S. 166 f., S. 171, S. 178: Erhöhungen. *Geheimes Staatsarchiv Berlin-Dahlem* (künftig: *G.St.A.*), *Provinz Brandenburg, Rep. 2 A. Kurmärkische Kriegs- und Domänenkammer, Kommissionsakten* Nr. 480, „Commissarisches Gutachten" des Kr. u. Dom. Rats. Meinhart, Ende 1793, erwähnt letzte Anhebung der Kontribution im Kreis Lebus 1749/1750.

[143] F. Schneider, *Geschichte der formellen Staatswirtschaft* . . ., S. 95 f.; zum Folgenden, *a.a.O.*, S. 118; F. Terveen, *Gesamtstaat* ... (wie Anm. 41), passim; W. Hubatsch, *Friedrich der Große* . . ., passim.

[144] G. Schmoller, *Preußische Verfassungs-, Verwaltungs- und Finanzgeschichte* ..., S. 80, S. 82; ders., *Die Epochen* ..., S. 180; siehe auch H. Rosenberg, *Bureaucracy*..., S. 49, S. 88, S. 176 (anerkennend).

[145] W. Hubatsch, *Friedrich der Große* . . ., S. 151; Heinrich von Friedberg, *Friedrich der Große und der Prozeß Görne. Ein Beitrag zur Geschichte der preußischen Seehandlung*, in: *Historische Zeitschrift*, Bd. 65 (1890), S. 1—43, S. 21—30, die Anschuldigungen gegen Görne II, besonders die Spekulation mit Geldern der Seehandlung in Polen.

[146] *Acta Borussica. Denkmäler der Preußischen Staatsverwaltung im 18. Jahrhundert. Die einzelnen Gebiete der Verwaltung. Handels-, Zoll- und Akzisepolitik*, bearb. von Hugo Rachel, Bd. 3, Teil 2, S. 450; vgl. H. von Friedberg, *Friedrich der Große* . . ., S. 8.

[147] *A.a.O.*, S. 16, S. 33 f.; S. 15: 685 000 Taler!

[148] KO vom 25. Januar 1782, Druck *a.a.O.*, Nr. 12, S. 42; der Urteilstenor S. 30 f., lebenslänglicher Festungsarrest. Zum Folgenden *a.a.O.*, S. 31, S. 34 f. Der Fall v. Fürsts und

trat Görne die Haft an, und er ist erst von Friedrich Wilhelm II. entlassen worden. Daß familiäre Konnexion die Kontrolle und Strafe nicht abwenden konnte, zeigt auch der Fall Lölhöffel II, dessen Vater wie auch er selbst Kammerrat in Ostpreußen gewesen war.[149] 1731 wurde der junge v. Lölhöffel auf die Festung gebracht, was Friedrich Wilhelm vollauf billigte.[150] Zwar ließ sich „S.K.M. nicht abgeneigt finden Gnade für Recht ergehen zu lassen und des Lölhöffels Rest niederzuschlagen . . .", aber „in Ihren Diensten wollen S.K.M. ihn nicht behalten".[151] Im Zusammenhang mit dieser Affäre stand der Fall des Kriegs- und Domänenrats von Schlubhut,[152] den der König vor dem Sitzungszimmer der Königsberger Kammer erhängen ließ. Der Kammerrat Hesse in Ostpreußen wurde 1732 wegen angeblicher Unterschlagungen gehängt.[153] Von sechs Räten der Deputation Gumbinnen aus dem Jahr 1725 wurde einer kassiert, einer zum Quittieren des Dienstes gezwungen und mit v. Schlubhut betrug die „Strafquote" 50%.[154] Auf die nicht gerade geringe Zahl an Entlassungen von Kammerpräsidenten und Räten kann hier nur summarisch hingewiesen werden.

Auch königliche Kabinettssekretäre konnten sich nicht allzu sicher fühlen. So wurde 1775 der im Kabinett tätige Geheime Rat Galster wegen unrechtmä-

die Kassation und Inhaftierung mehrerer Richter 1779/1780 im Fall Arnold (siehe *N.C.C.M.*, Bd. 6, Berlin 1781, Nr. 41 zu 1779, Sp. 1629—1632) wie der Fall Görne lassen die Errichtung der Oberexaminationskommission wohl nicht in der Bedeutung für die Selbständigkeit des Beamtentums erscheinen, wie W. Bleek, *Von der Kameralausbildung* . . ., S. 81, dies schildert („Wendepunkt", „Suprematie der Beamtenschaft").

[149] F. Terveen, *Gesamtstaat* . . ., S. 148, S. 218 f., auch zu den großen Verdiensten des „alten" Lölhöffel.

[150] *G.St.A., Rep. 92: Nachlässe, Nachlaß von Lesgewang,* Blatt 12, KO vom 26. Mai 1731: „Mein lieber Würkl. Geheimter Etats Ministre v. Lesgewang. Ich ersehe auß Eurem Schreiben v. 17. dieses, daß der v. Lölhöffel nach Meiner ordre v. 5. dieses Bereits auf die Vestung gebracht worden, und der v. Schlubbuth, gleichfals erwartet werde. Es ist auch meinem Willen gemäß, daß der v. Wahrt wieder Sie agiern soll. Ich glaube es werde von gutem effect seyn, und andere sich daran spiegeln. Ich bin . . ."; vgl. *A.B.B.*, Bd. 5, Teil 1, Berlin 1910, Nr. 132, S. 261.

[151] *A.a.O.*, Nr. 134, S. 286 f., Protokoll der Konferenz des Königs mit Grumbkow, Görne, Lesgewang, Bredow, v. d. Osten, vom 23. Juli 1731, hier S. 287; s. F. Terveen, *Gesamtstaat* . . ., S. 219.

[152] Siehe Anm. 150; F. Terveen, *Gesamtstaat* . . ., S. 81 f.; der Hinrichtungsbefehl *A.B.B.*, Bd. 5, Teil 1, Nr. 132, S. 261 f.

[153] F. Terveen, *Gesamtstaat* . . ., S. 219; nach F. Förster, *Friedrich Wilhelm I.* . . ., Bd. 2, S. 269, soll Hesse unschuldig gewesen sein; der König hatte die Todesstrafe selbst befohlen.

[154] F. Terveen, *Gesamtstaat* . . ., S. 81; zu den Entlassungen von Kammerpräsidenten und Räten siehe R. Koser, *Geschichte* . . ., Bd. 2, S. 79 f.; W. Hubatsch, *Friedrich der Große* . . ., S. 160, S. 170; zu den häufigen Entlassungen generell: W.L. Dorn, *The Prussian Bureaucracy* . . ., in: *Political Science Quarterly,* Bd. 47 (1932), S. 92 mit Anm. 89.

ßiger Bereicherung und Vertrauensbruch auf die Festung Spandau geschickt. Seine Schuld ist und war umstritten, jedoch mußte er dort — wenn auch mit ziemlicher Bewegungsfreiheit — ein Jahr als Gefangener verbringen.[155] In den Dienst wurde er nicht wieder übernommen, er erhielt jedoch eine Pension. Schließlich wird darauf hingewiesen werden dürfen, daß unter Friedrich Wilhelm II. offenbar auch die Stellung als Günstling Woellners nicht vor Untersuchungen zu schützen vermochte, wie das Beispiel des Ministers von Arnim aus dem Jahre 1789 zeigt.[156]

Bei vorgekommenen Unterschlagungen wurde selbst von Friedrich II. der Landrat nicht als unantastbar behandelt. So wurden 1749 in Pommern gleich zwei Landräte auf einmal „cassiert",[157] und 1754 wurde der Landrat von Schomberg (Saalkreis) nicht nur wegen „Kassen Malvestationen" abgesetzt, sondern auch zu zwei Jahren Festungshaft verurteilt.[158]

Werden die Mittel und Wege der Behörden- und Beamtenkontrolle in der preußischen Verwaltung des 18. Jahrhunderts betrachtet, so läßt sich eine ganze Reihe verschiedener Überwachungsinstrumente feststellen. Auf die gegenseitige Beaufsichtigung im Kollegium wurde bereits hingewiesen.[159] Ein üblicher Weg königlicher Kontrolle bestand in den fortlaufend einzusendenden Berichten der Verwaltungsorgane.[160] Diese ergingen regelmäßig an die jeweils höheren Behörden über die aktuellen Vorgänge und Aktivitäten. Der König erhielt Auszüge dieser Informationen.[161] Wie im Militär, so führte Friedrich Wilhelm I. auch in der zivilen Verwaltung „Conduitenlisten" ein, die von den Chefs der Behörden über ihre Untergebenen zu führen waren.[162] Jene aber wurden durch das königliche Fiskalat überwacht.[163]

[155] H. Hüffer, *Die Beamten . . .*, S. 168 f., S. 173 f., S. 175. Nach seiner Entlassung bezog er 500 Taler Pension, gegenüber 1200 Talern, die sonst als Gehalt der Kabinettssekretäre im Dienst ausgesetzt waren (S. 172). Die Datierung 1775 nach *A.B.B.*, Bd. 16, Teil 1, Berlin 1970, Nr. 185, S. 213 ff.

[156] E. Ruppel-Kuhfuss, *Das Generaldirektorium . . .*, S. 105; S. 104 f. mit Anm. 52: Untersuchungen gegen Schulenburg und Heynitz auf Grund von Intrigen Woellners.

[157] *A.B.B.*, Bd. 8, Berlin 1906, Nr. 104, S. 254, KO vom 28. Januar 1749 an den pommerschen Kammerpräsidenten v. Aschersleben, betr. Landräte von Heydebreck und von Below.

[158] *A.a.O.*, S. 342, Anm. 1 bei Nr. 146.

[159] Siehe oben bei Anm. 57; H. Rosenberg, *Bureaucracy . . .*, S. 97 f.; G. Schmoller, *Der preußische Beamtenstand . . .*, S. 265.

[160] *A.B.B.*, Bd. 3, S. 612 (Instruktion für das Generaldirektorium); siehe W. Hubatsch, *Friedrich der Große . . .*, S. 155.

[161] G. Schmoller, *Der preußische Beamtenstand . . .*, S. 256. Zum Justizbereich: Eberhard Schmidt, *Kammergericht und Rechtsstaat. Eine Erinnerungsschrift* (=Schriftenreihe der juristischen Gesellschaft e.V. Berlin, Heft 31), Berlin 1968, S. 26 (siehe den Aufsatz in dieser Sammlung).

Wenn auch Organisationsmängel und ungeschickte Auswahl der leitenden Personen die Wirksamkeit dieses Organs einschränkten,[164] so war doch im Generalfiskal sowie in den Hof- und Unterfiskalen[165] ein Instrument der allgemeinen Überwachung und Aufsicht — auch über die Justiz — vorhanden, das näher betrachtet zu werden verdient.

1704 wurde Duhram als Generalfiskal für die gesamte Monarchie bestellt.[166] Mängel sollten durch Anzeige beim Monarchen abgestellt werden. Deutlich erkennbar wird die Tätigkeit des Fiskalats in den Disziplinaruntersuchungen gegen Beamte, und in dieser Hinsicht war der Fiskal auch keinen Beschränkungen unterworfen.[167]

Es sollten aber nicht nur die Beamten überwacht werden, vielmehr sollten die Fiskale Ordnungswidrigkeiten aller Untertanen zur Anzeige bringen.[168] Dazu bestand offenbar Anlaß, denn in dem „Edict daß der General-Fiscal und dessen Subalternen darauf acht haben sollen, ob die Edicta und Mandata gehalten werden" vom 22. Dezember 1716[169] erklärte der König, „Daß Wir aber zu Unserem höchsten Mißfallen zum öfteren vernommen, auch selbst angemerk-

[162] C. Hinrichs, *Friedrich Wilhelm I. . . .*, in: Ders., *Preußen als historisches Problem . . .*, S. 61, wo auch von Steuerräten geführte Konduitenlisten über Bürger erwähnt werden.

[163] E. Schmidt, *Rechtsentwicklung . . .*, S. 20 f.; ders., *Fiskalat und Strafprozeß. Archivalische Studien zur Geschichte der Behördenorganisation und des Strafprozeßrechtes in Brandenburg-Preußen* (=Veröffentlichungen des Vereins für Geschichte der Mark Brandenburg), München-Berlin 1921; ders., *Kammergericht . . .*, S. 3; W.L. Dorn, *The Prussian Bureaucracy . . .*, in: *Political Science Quarterly*, Bd. 47 (1932), S. 91 f. für die Zeit Friedrichs II.

[164] E. Schmidt, *Rechtsentwicklung . . .*, S. 21; F. Förster, *Friedrich Wilhelm I. . . .*, Bd. 2, S. 266 f.

[165] Vgl. G. Schmoller, *Der preußische Beamtenstand . . .*, S. 270.

[166] E. Schmidt, *Fiskalat . . .*, S. 56, S. 103; S. 54—57, zur Entwicklung im 17. Jahrhundert, dort auch zur inneren Organisation und den Kompetenzabgrenzungen; auf die Behandlung der Bedeutung des Fiskalats für die Strafgerichtsbarkeit — Schwerpunkt für Schmidt — kann hier verzichtet werden. „Rescript, wodurch die Officiales fisci an den General Fiscal und dessen Anordnungen verwiesen werden", vom 26. Februar 1704, in: C.O. Mylius (Hrsg.), *Corpus . . .*, Teil 2, Abt. 3, Nr. 21, Sp. 37 f.; *A.B.B.*, Bd. 5, Teil 1, Nr. 102, S. 193—198: Instruktion für den neuen Generalfiskal vom 1. Februar 1731; vgl. die Instruktion für den General-Fiskal Anieres vom 2. Dezember 1763, in: *N.C.C.M.*, Bd. 3, Nr. 89 aus 1763, Sp. 341—344.

[167] E. Schmidt, *Fiskalat . . .*, S. 53. Vgl. die Bestallung des Kammergerichtsadvokaten Schultze zum Hoffiskal: *A.B.B.*, Bd.1 , Nr. 231, S. 693—696 vom 9. März 1714.

[168] Z.B. E. Schmidt, *Kammergericht . . .*, S. 26.

[169] C.O. Mylius (Hrsg.) *Corpus . . .*, Teil 2, Abt. 3, Nr. 31, Sp. 59—62, daraus die Zitate. Am 4. August 1739 wurden die Unterfiskale ermahnt, besser als bisher auf Verstöße gegen Edikte zu achten (siehe *A.B.B.*, Bd. 5, Teil 2, Nr. 470, S. 821. Vgl. *a.a.O.*, Bd. 2, Nr. 234, S. 456—459).

ket, daß von vielen dergleichen Edicta, Verordnungen und Befehle straffbarer Weise hindangesetzet, und durch offenbare Contraventiones gleichsam illudiret werden". Die Fiskale hätten deshalb „auf alle solche vorkommende Contraventiones, es geschehen dieselbe von denen Collegiis so wol und anderen Befehlshabern, als jedwedem insgemein . . . ein wachendes Auge zu haben". „Solte der General-Fiscal bey denen Collegiis und Befehlshabern", oder bei den Unterfiskalen solches feststellen, „und daß sie ihr Amt dabey negligireten oder connivireten, wahrnehmen hat er solches Uns immediate anzuzeigen, alsdann ihm darunter die starcke Hand und Nachdruck durch ohnnachlässige Cassation auch dem Befinden nach, durch andere Exemplarische Straffe gebothen werden soll".

Eine Schwierigkeit bestand jedoch in der geringen Personalstärke des Fiskalats,[170] die einer kaum übersehbaren Aufgabenflut gegenüberstand. 1722 fand der König, daß beim Fiskalat selbst „auch einschleichende Unordnungen abzustellen nöthig sey".[171] Dazu kamen später nicht zuletzt persönliche Spannungen zwischen Cocceji und dem Generalfiskal Gerbett.[172] Schließlich stellte sich heraus, daß dieser selbst dienstlicher Vergehen schuldig war, so daß er 1739 auf ein vom König bestätigtes Urteil hin in die Festung Spandau gebracht wurde,[173] ein Beweis dafür, daß man selbst in dieser Position nicht unkontrolliert „herrschen" konnte. Damit sank zwar die Bedeutung der Position des Generalfiskals,[174] aber die Fiskale wurden auch weiterhin,[175] z.B. auf Anweisung der Kammerpräsidenten tätig. Dies galt auch für Mitglieder von Kriegs- und Domänenkammern. Bezeichnend dafür ist die Untersuchung gegen den kurmärkischen Kriegs- und Domänenrat Baron von Hohberg 1775/1776.[176] In dem u.a.

[170] Zahlen der Fiskale in den einzelnen Provinzen 1717: *A.B.B.*, Bd. 2, Berlin 1898, S. 563; vgl. O. Hintze, *Einleitende Darstellung . . .*, S. 194 ff.

[171] Fiskalisches Reglement vom 20. August 1722, C.O. Mylius (Hrsg.), *Corpus . . .*, Teil 2, Abt. 3, Nr. 46, Sp. 125 ff.

[172] E. Schmidt, *Kammergericht . . .*, S. 26 f.

[173] *Ebda.*, Aktenstücke in *A.B.B.*, Bd. 5, Teil 2, Nr. 461, S. 812 f., zu Gerbetts Nachfolger, dem litauischen Hofgerichtsrat und ehemaligen Auditeur Uhden siehe *a.a.O.*, Nr. 512, S. 900—908; Friedrich Holtze, *500 Jahre Geschichte des Kammergerichts. Festschrift zur Feier seines Einzuges in das neue Heim am Kleistpark*, Berlin 1913, S. 116; F. Förster, *Friedrich Wilhelm I. . . .*, Bd. 2, S. 267 f.

[174] E. Schmidt, *Fiskalat . . .*, S. 143 f.; zum Folgenden O. Hintze, *Einleitende Darstellung . . .*, S. 236 ff.

[175] Einige Beispiele für die frühere Zeit bei E. Schmidt, *Fiskalat . . .*, S. 54, Anm. 1.

[176] *G.St.A., Pr.Br. Rep. 2 A, Fiskalatsakten* Nr. 188. Für die folgenden Passagen wurden die Fiskalats- und Kommissionsakten der kurmärkischen Kriegs- und Domänenkammer ausgewertet hinsichtlich der gegen Beamte geführten Untersuchungen, um so ein Bild von der Wirkung der Personalkontrollen „vor Ort" zu gewinnen, das nicht allein durch die in der

vom Kammerpräsidenten von Siegroth unterzeichneten Auftrags-Reskript der kurmärkischen Kammer für den die Untersuchung führenden Hoffiskal Knack vom 28. April 1775 hieß es: „Der gewesene Badingsche Amts Actuarius Baacke welcher wegen an sich behaltener Pupillen Gelder auch Cantzley und Amts Gerichts Gefälle, zum Arrest gekommen, nahm daher Anlaß sub dato den 1ten Mart: bey Unserm General Directorio sich zu beschweren, wobey Er den Krieges und Domänen Rath Baron von Hohberg und den gewesenen Amts Administ: Reiche beschuldigt, daß sie bey dieser Administration Facta vorgenommen welche Unserm Interesse entgegen wären. Unsere Kammer fand nötig den Baacke über diese generelle Anzeige näher zu vernehmen und ihn deshalb hieher zur Hauß Vogtei bringen zu lassen ...". Daran verdient hervorgehoben zu werden, daß auch bei einer solchen Anzeige, ausgesprochen von einem selbst einsitzenden Subalternen, von einem Mann, der nicht eben Glaubwürdigkeit beanspruchen konnte,[177] dennoch sofort eine genaue Untersuchung in Gang gesetzt wurde, obwohl schon die Umstände der „Denunciation" eine Begründung hätten darstellen können, diese Sache auf sich beruhen zu lassen.

Wiewohl Hohberg einen Teil der Vorwürfe — wegen unterschlagener Lebensmittel — bereits durch Vorlage der Quittungen zu widerlegen vermochte, wurde dem Fiskal die Beauftragung zuteil. „Nun muß allerdings Unser Interesse in der Amtsführung unserer Räthe und Bediente auf das genaueste gesichert seyn dagegen aber auch ihre Unschuld gegen alle Calumnieuse Bezüchtigung geschützt werden ...",[178] hatte es in dem Auftrag an den Fiskal geheißen. Mit der Untersuchung wurde sofort begonnen, von Hohberg zu Knacks Wohnung in der Taubenstraße vorgeladen, zur „Verantwortung" gezogen, Baacke verhört[179] und ihm Hohbergs Antworten vorgetragen, Zeugen aufgesucht und

Regel aus den Akten der preußischen Zentralverwaltung gespeisten Studien und Editionen gewonnen werden kann.

[177] Er war schon mehrmals in Untersuchungen verwickelt; *G.St.A., Pr.Br. Rep. 2 A., Kommissionsakten* Nr. 49, hatte sich Backe selbst Vorspann verschrieben von Amtsuntertanen; am 14. April 1772 beschrieb der Interims-Administrator Badingens, Reiche (er leitete damals und nur für kurze Zeit dieses Amt), Backe als einen Mann, der „des Nachts spät nach Hause kömt, in der Besoffenheit die Amts Fenster einschmeißet, sein Weib prügelt, die Amts Sachen in der Zeit zu expedieren unterläßt und wann solche aufgesummet sich nicht zu rathen weiß ... Denn ich getraue mir eher eine Trieft Ochsen bei stärkstem Durst durch Zurede vom Waßer abzuhalten als den p. Backe bei ein Glaß Bier, Wein oder Brandwein, wenn er Gelegenheit dazu kommen kan, eines beßeren zu überreden". Zu Reiche, *a.a.O.*, Kommissionsakten Nr. 53 (Mängel in der Rechnungsführung), aber über den Denunzianten hatte sich ebenfalls sehr negativ der Justizbeamte Burchardi geäußert, *ebda.; a.a.O., Fiskalatsakten* Nr. 189, Untersuchung gegen Backe wegen Unterschlagungsverdacht, 1776.

[178] Reskript vom 28. April 1775, siehe oben bei Anm. 176; das Folgende ebenfalls nach dem dort genannten Band.

vernommen usw. Dabei ging es nur noch um einen unklaren Pferdehandel, der von verschiedenen Befragten auf einige Dutzend Taler veranschlagt wurde. Die Überprüfung der Amtsunterlagen ergab ebensowenig die Richtigkeit der Denunziation;[180] am 20. Mai waren alle Zeugen verhört und die Untersuchung abgeschlossen. Die Akte wurde an die Kammer eingesandt. Gleichwohl scheint auch der Kriminalsenat den Fall noch an sich gezogen zu haben, ohne daß ein Urteil aus den Akten zu entnehmen ist. In Ungnade scheint Hohberg aber nicht gefallen zu sein.[181]

Dieser Fall ist hier nur als Beispiel geschildert.[182] Für ihn läßt sich sagen, was auch für andere Untersuchungen nach Aussage der Akten erkennbar ist, daß versucht wurde zu ermitteln, was an der Beschuldigung zutreffend war, ob sie einen wahren Kern hatte oder nicht.[183] Dies konnte auch zuungunsten des Beamten ausgehen. So wurde gegen den Akzise-Kontrolleur Kothe aus Kremmen durch den „Hoffiscal und Gesamtrichter" Ockel ermittelt wegen Tätlichkeiten gegen den Schneidermeister Arend,[184] was jener auch zugab. Nach den Vernehmungen und einer Gegenüberstellung sprach das Kammergericht das Urteil.[185] Der Beamte erhielt vierzehn Tage Arrest und hatte die Kosten des Verfahrens zu tragen, was in seinen Vermögensverhältnissen eine empfindliche Strafe war, obwohl der Mißhandelte keine ernsten Verletzungen erhalten hatte. Zur Begründung führte das Gericht an, Kothe habe keinerlei Veranlassung zu seinem Handeln gehabt, „und wenn solches auch gewesen wäre: so würde er dadurch nicht berechtigt sich selbst Recht zu schaffen ... Die Behauptung des Inkulpaten, daß er sich in officio befunden, ist ungegründet. Dieses allein hätte

[179] Dieser wurde im Mai entlassen, weil er „gegenwärtig die Amts Administration auf dem Amte Driesen führet" (Reskript vom 28. April); siehe das Reskript vom 4. Mai.

[180] Vermerk Knacks vom 20. Mai 1775, *ebda.*: „... wodurch sich also die von Backe ... supra geäußerte Vermuthung nicht undeutlich wiederleget ...". Bearbeitungsvermerke zeigen, daß der Kammerpräsident die Akte (zumindest teilweise) gelesen hat.

[181] *Ebda.* Einliegend ein Schreiben der Kammer an den Kriminal-Senat vom 14. März 1776 (!). Demnach hatte der Senat die Akte am 31. Dezember 1775 angefordert, offenbar wegen der Frage der Lebensmittellieferungen an Hohberg; im *Handbuch über den Königlich Preußischen Hof und Staat* ..., für 1798, S. 5: „Frh. v. Hohberg, ehem. Krieges und Dom. Rat auf Prauss in Schlesien" seit 1766 Kammerherr Friedrichs II.

[182] Siehe auch *G.St.A., Pr.Br. Rep. 2 A, Fiskalatsakten* Nr. 88, eine Untersuchung gegen den Kriegs- und Domänenrat von Winterfeld, 1800.

[183] Alle Zeugen hatten das Protokoll ihrer Vernehmung zu lesen und zu unterzeichnen, bzw. es wurde ihnen verlesen, und sie zeichneten unter den Text ihr Kreuz.

[184] *G.St.A., Pr.Br. Rep. 2 A, Fiskalatsakten* Nr. 180; Vernehmung Kothes am 14. Februar 1792 (Protokoll).

[185] Ausfertigung des Urteils in den Akten, am 30. März 1792 dem Kothe „publiziert", *ebda.*

ihn auch noch nicht zu thätlichen Behandlungen des Arend berechtigen können."

Das Vorhandensein des Fiskalats, das z.B. auch in Rußland und dort seit 1711 nach schwedischem Vorbild bestand,[186] ist für das preußische Kontrollsystem noch nicht allein das Wesentliche. Hinzu kamen hier weitere Überwachungsmechanismen.

Mit der Kontrolle des Generaldirektoriums wurde insgeheim der Minister von Katsch durch eine eigenhändige „Geheime In(s)truckcion" des Königs beauftragt,[187] „woferne in kollegio nit fleißig gearbeit(et) wirdt und anzugl: (iche) Reden gebrauchet einer gegen den andern soll er mirs zu wißen tuhn ...". Das Generaldirektorium sollte sich bei der Überwachung der unteren Instanzen keineswegs auf die gewöhnlichen Berichte beschränken, vielmehr „... sollen die Membra des Directorii secrete Correspondenz und Espions in den Provinzien haben, und zwar von allerhand Particulierpersonen, von Pächtern, von Bürgern und Amtleuten, von Bauren und Schulzen und was dergleichen mehr sind. Mit denselben müssen sie fleißig correspondiren".[188] So würden sie „auch die minutissima von dem, was in den Provinzien passiret" erfahren, und unter den erläuternden Beispielen nannte der König neben der Aufsicht über die Durchführung seiner Verordnungen auch die Überwachung und Beobachtung des Adels.[189]

Noch kurz vor seinem Tode befahl der König dem Generaldirektorium erneut, zu diesem Mittel zu greifen, wie er auch die ihm nicht genügende Aufsicht über die Provinzialbehörden rügte; die intensive Kontrolle der Kriegs- und Domänenkammern und der Provinzen wurde dem Generaldirektorium auch am Ende des Jahrhunderts wiederholt eingeschärft.[190] Friedrich II. pflegte zuweilen über die Tätigkeit hoher Provinzialbeamter Informationen einzuzie-

[186] Günther Stökl, *Russische Geschichte. Von den Anfängen bis zur Gegenwart* (= Kröners Taschenausgabe, Bd. 244), 3., erw. Aufl., Stuttgart 1973, S. 376 f., auch zu den Mängeln; Reinhard Wittram, *Rußland von 1689 bis 1796*, in: Th. Schieder (Hrsg.), *Handbuch* ... (wie Anm. 77), S. 487; H. Rosenberg, *Bureaucracy* ..., S. 99, Anm. 13.

[187] *A.B.B.*, Bd. 3, Nr. 285, S. 666 f., vom 18. Januar 1723; dazu H. Haussherr, *Verwaltungseinheit* ..., S. 14, auch zu den fehlenden Zeugnissen über diese Funktion Katsch's. Sein Nachfolger: Viebahn, *A.B.B.*, Bd. 4, Teil 2, Nr. 302, S. 481—483 (September 1729).

[188] *A.B.B.*, Bd. 3, S. 611 (Instruktion für das Gen.-Dir.); s. auch Gerhard Oestreich, *Friedrich Wilhelm I. Preußischer Absolutismus, Merkantilismus, Militarismus* (= Persönlichkeit und Geschichte, Bd. 96/97), Göttingen 1977, S. 54.

[189] *A.B.B.*, Bd. 3, S. 644; siehe auch H. Rosenberg, *Bureaucracy* ..., S. 98.

[190] Bruno Reuter, *König Friedrich Wilhelm I. und das General-Direktorium*, in: *Zeitschrift für Preußische Geschichte und Landeskunde*, Bd. 12 (1875), S. 743, S. 746 f., zu 1738; M. Philippson, *Geschichte* ..., Bd. 2, S. 336, zu 1786; und E. Ruppel-Kuhfuss, *Das Generaldirektorium* ..., S. 21.

hen, indem er mit anderen Bedienten der entsprechenden Provinz in einen Schriftwechsel trat.[191] Blieb trotz geheimer Korrespondenz und dem ordentlichen Berichtsverkehr noch ein Zweifel übrig, so sollte nach dem Befehl Friedrich Wilhelms I. „. . . das General-ec. Directorium jemand ingeheim mit dem Postwagen abschicken, der die Sache in loco examiniere".[192] Die Kommissariats-(Kammer-) Präsidenten wurden angewiesen, Land und Städte ihrer Provinz auch selbst zu bereisen und die Durchführung der Anordnungen zu kontrollieren.[193] Ein Steuerkommissar hatte jede ihm unterstehende Stadt jährlich zweimal zu bereisen.[194] Beispiele für das probate Mittel der Untersuchungskommission wurden für die frühe Zeit schon erwähnt.[195] Das Generaldirektorium schickte Kommissare in die Provinzen, um die unterstehenden Beamten zu überprüfen. Ebenso entsandten die Kammern Kommissare in die Kreise, wobei es vorkommen konnte, daß ein hochgeborener Landrat durch einen bürgerlichen Kommissar überprüft wurde. So erhielt 1793 der Kriegs- und Domänenrat Meinhart den Auftrag, die Kreiskasse des Kreises Lebus zu untersuchen.[196] Aus dem Commissorale geht das Mißtrauen der Kammer gegen die dortige Kassenführung hervor, wurde doch an verschiedene Reskripte „wegen ungebührlicher Diäten" erinnert. Zwar hatte zuvor der Landrat Freiherr von Schöning eine Untersuchung vorgenommen, aber nach Meinung der Kammer „keine befriedigende Erläuterung gegeben". Meinhart waren alle Akten zugänglich zu machen; er ließ sich Etats und Auszüge der Jahre 1749 bis 1793 vorlegen und rechnete dieselben nach, wie an den Stücken erkennbar ist. Bestätigte sich in diesem Fall das Mißtrauen auch nicht,[197] so ist doch die vorgenommene Untersuchung allein das hier entscheidende Faktum. Aber wir hören auch, daß ein mit Zahlungen rückständiger Landrat „mit dem Landreiter belegt" wurde.[198]

[191] W.L. Dorn, *The Prussian Bureaucracy . . .*, in: *Political Science Quarterly*, Bd. 46 (1931), S. 423 mit Anm. 49 und 50.

[192] *A.B.B.*, Bd. 3, S. 612 f.; also Ortskontrolle.

[193] *A.a.O.*, S. 579 f.; R. Koser, *Geschichte . . .*, Bd. 2, S. 72 f.

[194] G. Schmoller, *Preußische Verfassungs-, Verwaltungs- und Finanzgeschichte . . .*, S. 151.

[195] Siehe oben bei Anm. 41; für das Folgende: Friedrich der Große, *Die politischen Testamente . . .*, S. 127 (1768).

[196] *G.St.A., Pr.Br. Rep. 2 A, Kommissionsakten* Nr. 480, Commissorale vom 1. März 1793, *ebda.* auch zu den folgenden Ausführungen.

[197] Nach den von Meinhart abgezeichneten Auszügen erhielt z. B. der Landrat in den drei Etatsjahren 1790—1793 246, 202 und 204 Taler an Diäten. In dem undatierten „Commissarischen Gutachten" Meinharts (Ende 1793) war davon auch nicht mehr die Rede.

[198] Johannes Schultze, *Der Landreiter in der Uckermark*, in: *Heimatkalender für den Kreis Prenzlau*, Bd. 17 (1942), S. 109—111, wieder in: Ders., *Forschungen zur brandenburgischen und preußischen Geschichte. Ausgewählte Aufsätze* (= Veröffentlichungen der Historischen Kom-

Für die persönliche Kontrolle Friedrich Wilhelms I. und seines Sohnes sind die regelmäßigen Inspektionsreisen kennzeichnend, die ihnen ein eigenes Bild vom Zustand der Monarchie vermittelten.[199] So war Friedrich Wilhelm I. elfmal in Ostpreußen. Man hat berechnet, daß der König etwa alle drei Jahre in einer Provinz erschien, und er scheint es mit seinem kleinen Gefolge auch auf überraschendes Erscheinen abgestellt zu haben.[200] Zudem ließ dieser König die Behörden insgeheim durch Offiziere überwachen.[201] Daß Friedrich II. sich der Inspektionsreisen ebenfalls bediente, ist bekannt.[202] Er benutzte auch das Supplikenwesen, um unmittelbare Nachricht von Untertanen über die Arbeit insbesondere der Justizbehörden zu bekommen.[203] Friedrich Wilhelm überprüfte selbst die wichtigsten Etats.[204] Von der Zentralisierung des Kassenwesens im Kabinett wurde schon oben gehandelt,[205] aber auch untergeordnete Einzeletats hatten mit königlicher Überprüfung zu rechnen.[206]

Alle Beamten waren dem König für ihren Amtsbereich persönlich verantwortlich und hafteten dafür, daß sich alles in einem bestmöglichen Zustand befand. Die Minister waren für den ganzen Amtsbereich des Generaldirektoriums verantwortlich, wie die Räte für ihr jeweiliges Departement dieser Behörde.[207] Den Ministern des auswärtigen Departements wurde 1728 eingeschärft, auf ihren Bereich „genaue Attention zu richten", „maßen ihre Ehr, Leib und Leben auch Habe und Gut davon dependiret", wenn dem König durch ihre Nachlässigkeit ein Schaden entstünde.[208] Ebenso galt die Verantwortlichkeit

mission zu Berlin beim Friedrich-Meinecke-Institut der Freien Universität Berlin, Band 13), Berlin 1964, S. 209—213, hier S. 210, offenbar für eine frühere Zeit.

199 So H. Rosenberg, *Bureaucracy* . . ., S. 91 (auch zu den „Spionen"), um dann fortzufahren: „ . . . he (d.h. der König) made Prussian government service even more humorless by dispensing with state-financed sumptuous living during the luncheon period."

200 F. Terveen, *Gesamtstaat* . . ., S. 180, Anm. 146; Friedrich von Oppeln-Bronikowski, *Der Baumeister des preußischen Staates. Leben und Wirken des Soldatenkönigs Friedrich Wilhelms I.*, Jena 1934, S. 101; siehe auch G. Oestreich, *Friedrich Wilhelm I.* . . ., S. 59, S. 77.

201 W. Stolze, *Die Gründung* . . ., S. 53 f.

202 R. Koser, *Geschichte* . . ., Bd. 2, S. 74; L. Tümpel, *Die Entstehung* . . ., S. 167; W. Hubatsch, *Friedrich der Große* . . ., S. 155.

203 E. Schmidt, *Kammergericht* . . ., S. 26 f.

204 G. Schmoller, *Die Epochen* . . ., S. 176.

205 Zur Dispositionskasse siehe oben Anm. 87.

206 Siehe oben bei Anm. 146, und *G. St. A.*, *Rep. 94*, *Kleine Erwerbungen*, Nr. 302, den vom König geprüften Etat des Joachimsthalschen Gymnasiums für 1749/50.

207 *A.B.B.*, Bd. 3, S. 576 (Instruktion für das Generaldirektorium).

208 *A.B.B.*, Bd. 4, Teil 2, Instruktion vom 8. Dezember 1728, S. 400; sie sollen „gut Preußisch sein"; vgl. Anm. 138. Ein Extrakt der geheimen Ausgaben Seckendorffs für 1733/34 (F. Förster, *Friedrich Wilhelm I.* . . ., Bd. 3, Potsdam 1835, S. 23 f.) führt als Empfänger auf:

für die Provinzialbehörden, in denen z.B. jeder Kammerrat für die Gebäude und Inventare seines Departements zu haften hatte.[209] Kämen die Gelder bei einer Kammer nicht richtig ein, sollte der entsprechende Rat und auch die ganze Kammer haften „und zwar alle vor einen und einer vor alle". So führte 1790—1794 der Kammerfiskal und Kriegs- und Domänenrat Schmücker gegen den von Dienst und Einkünften suspendierten Kriegs- und Domänenrat Stein eine fiskalische Untersuchung,[210] der für Uferbefestigungsarbeiten an der Havel zuständig gewesen war; dabei ging es u.a. um Verschwendung von Baumaterial. Schadenersatz wurde von Stein gefordert.[211]

Auch die Lokalbeamten hafteten, z.B. die Landräte für die Kreiskasse.[212] Um diese Haftung auch in der Praxis durchzusetzen und damit finanzielle Schäden des Staates auf ein Minimum reduzieren zu können, hatten Beamte Kautionen zu stellen.[213] Im Verdachtsfall wurde sehr schnell zum Mittel der Beschlagnahme des Vermögens der betreffenden Beamten geschritten.[214]

Für die Aufsicht in Finanzangelegenheiten wurde 1714 in der General-Rechenkammer ein besonderes Instrument geschaffen,[215] an dessen Spitze der

den Kronprinzen, Wilhelmine, Grumbkow, Eversmann, den sächsischen Minister Manteuffel, den preuß. Residenten in London Reichenbach, Murnay (Irländer in Potsdam), Du Han.

[209] F. von Oppeln-Bronikowski, *Der Baumeister* . . ., S. 189. Das Folgende: *A.B.B.*, Bd. 3, S. 630 (Instruktion für das Generaldirektorium).

[210] *G.St.A.*, *Pr.Br. Rep. 2 A*, *Fiskalatsakten* Nr. 39, mit zahlreichen Gutachten des Ober-Baudepartements, Vernehmungen der Beteiligten, mit Anschlägen, Anklage und Verteidigungsschrift.

[211] Instruktion für den Fiskal vom 3. April 1790, *ebda.;* Vorwurf der Dienstvernachlässigung und der Verfälschung von Lieferungsverträgen für Baumaterial. Ein Urteil liegt nicht bei, doch wird Stein im *Handbuch über den Königlich Preußischen Hof und Staat* . . ., für 1795, 1797, 1798, 1802, 1803, 1804, 1805 nicht mehr erwähnt. Vgl. auch den Fall des Kriegs- und Domänenrats Pfeiffer (er war vor seiner Anstellung bei der kurmärkischen Kammer 1747 zehn Jahre lang Unteroffizier), der seit 1751 Direktor der Etablissementskommission der Kurmark war; er wurde 1754 wegen dienstlicher Verfehlungen arretiert. 1758 verurteilte ihn das Kammergericht zu einer sechsjährigen Festungs- unter Anrechnung der Untersuchungshaft; dazu und zu seinem weiteren Schicksal siehe Otto Uhlitz, *Die Gründung des märkischen Spinnerdorfes Neu Zittau. Ein Beispiel für die Problematik der friderizianischen Siedlungsmethoden*, in: *Jahrbuch für brandenburgische Landesgeschichte*, Bd. 26 (1975), S. 14 f.

[212] *A.B.B.*, Bd. 3, S. 591 (Instruktion für das Generaldirektorium).

[213] F. Schneider, *Geschichte der formellen Staatswirtschaft* . . ., S. 95.

[214] *G.St.A.*, *Pr.Br. Rep. 2 A*, *Kommissionsakten* Nr. 454: der Kriegs- und Steuerrat Groote aus Frankfurt/O. verschwand 1776 mit 1651 Talern unter Zurücklassung seiner Frau. Sein Haus wurde sofort versiegelt, die „Effecten" beschlagnahmt; zu den Härten für die Angehörigen vgl. den Fall bei F. Förster, *Friedrich Wilhelm I.* . . ., Bd. 1, Urkundenteil S. 52, Nr. 23 (1722).

[215] F. Schneider, *Geschichte der formellen Staatswirtschaft* . . ., S. 73 f., S. 91, auch zu den

Generalkontrolleur Creutz stand und das nicht nur die Rechnungsprüfung — auch der Generalkassen —, sondern ebenfalls die Aufsicht über das materielle Finanzgebaren der Behörden zu führen hatte. In dieser Immediatbehörde saßen die Minister und Räte des Generalkriegskommissariats und des Generalfinanzdirektoriums. Bis 1726 wurden auch provinzielle Rechenkammern eingerichtet, die freilich als Rechnungsstellen der Kammerkollegien anzusprechen sind.[216]

Mit der Gründung des Generaldirektoriums wurde der nun Oberrechenkammer genannten Behörde die Immediatstellung genommen und sie unter das Generaldirektorium gestellt, ihr aber auch schließlich eigenes Personal zugeordnet. Die Generaletats wurden vom Generaldirektorium selbst geprüft, die Generalrechnungen waren der Oberrechenkammer nur noch zur rein rechnerischen, kalkulatorischen Durchsicht unterstellt — die Rechnungsabnahme fand im Generaldirektorium statt —, und diese eingeschränkte Rolle galt auch für die durch sie zu visitierenden Provinzial-Rechnungen. Im Jahre 1770 wurde ihr jeder Einfluß auf die Generalkassen-Rechnungen entzogen und deren Prüfung z.T. an Spezialkommissionen übertragen.[217] Die Oberrechenkammer sollte freilich noch einmal eine signifikante Anhebung ihrer Position erleben, als gerade Friedrich Wilhelm II. 1786 und in den folgenden Jahren die Abhängigkeit dieses Kontrollkollegiums vom Generaldirektorium abschwächte und damit das Ende „ministerieller Eingriffe" in dessen Prüfungstätigkeit eingeleitet wurde. Schon in der Instruktion vom 2. November 1786 wurde die materielle Prüfungskompetenz der Oberrechenkammer deutlich anerkannt, und die von ihr verhängten Strafen sollten von keinem anderen Kollegium niedergeschlagen werden dürfen.[218] Schließlich wurde im Jahre 1796 dieser Behörde mit der Immediatstellung die Selbständigkeit neben dem Generaldirektorium zuge-

außerpreußischen Parallelen (z.B. Kursachsen) und zum Folgenden; O. Hintze, *Die Hohenzollern . . .*, S. 292; H. Haussherr, *Verwaltungseinheit . . .*, S. 18—20, zur Entstehung.

[216] G. Schmoller, *Finanzgeschichte . . .*, S. 77; F. Schneider, *Geschichte der formellen Staatswirtschaft . . .*, S. 79, S. 92; Hanns Gringmuth, *Die Behördenorganisation im Herzogtum Magdeburg. Ihre Eingliederung in den brandenburgisch-preußischen Staat*, Phil. Diss., Halle-Wittenberg 1934, S. 73; *A.B.B.*, Bd. 3, S. 298 ff., S. 345 f., S. 478 ff., *a.a.O.*, Bd. 4, Teil 1, S. 528 ff., S. 640; *a.a.O.*, Bd. 4, Teil 2, S. 63 f.

[217] Zur Umwandlung der Generalrechenkammer in die Oberrechenkammer siehe *a.a.O.*, Bd. 4, Teil 1, Nr. 18, S. 28—36 (mit der Instruktion vom 2. März 1723); vgl. Nr. 53, S. 137 f.; H. Haussherr, *Verwaltungseinheit . . .*, S. 21; F. Schneider, *Geschichte der formellen Staatswirtschaft . . .*, S. 79 f., S. 92 ff., S. 112 f.; F. Förster, *Friedrich Wilhelm I. . . .*, Bd. 2, S. 171 f.

[218] Näheres bei E. Ruppel-Kuhfuss, *Das Generaldirektorium . . .*, S. 65—70; A.F. Riedel, *Der Brandenburgisch-Preußische Staatshaushalt . . .*, S. 143. Siehe die Instruktion vom 2. November 1786 bei M. Philippson, *Geschichte . . .*, Bd. 2, S. 366—382, hier S. 371, S. 376, S. 381.

standen. Die Oberrechenkammer sollte künftig auch die Generaldomänen- und die Generalkriegskasse zu prüfen haben, doch blieb ihr z.B. die Einsicht in die Dispositionskasse verwehrt.[219] Zwei Jahre danach wurde die Revision auch der Hof-, Staats-, der Legations- und der Dispositionskasse der Oberrechenkammer übertragen,[220] doch ist für die Praxis der Behördenkontrolle unter Friedrich Wilhelm II. eine deutliche Lockerung der Aufsicht über die Kriegs- und Domänenkammern zu berücksichtigen, und Schulenburg-Kehnert, dem Friedrich Wilhelm III. die Generalkontrolle übertrug, zeigte gegenüber dem Generaldirektorium große Nachgiebigkeit, so daß ein Urteil über das Ergebnis der Tätigkeit der Finanzkontrolle unter seiner Leitung eher negativ ausfällt.[221]

Betrachtet man zusammenfassend die hier untersuchten Kontrollinstrumente — gewöhnliche Berichte und Konduitenlisten, die Geheime Korrespondenz, Ortskontrollen durch Behörden und besondere Kommissionen, die Rechenkammer, das Fiskalat und nicht zuletzt auch die Inspektionsreisen und persönlichen Kontrollen des Königs —, so zeigt sich ein Netz von Sicherungen, das sich durch den preußischen Verwaltungsorganismus hindurchzog. Daß dieses auch versagen konnte, wurde schon oben erwähnt,[222] aber ebenso wurden zahlreiche Fälle des Erfolgs aufgewiesen.

Sollte es wirklich zu weit gehen, wenn man in diesem Aufsichtsmechanismus auch ein Erziehungsinstrument erkennt? Ob man es Erziehung eines Beamtentums zu Pflichtbewußtsein und Ehrprinzip, zu Leistungsfähigkeit und Zuverlässigkeit nennt,[223] oder ob man für die preußische Verwaltung zurückhaltender von der „Ausbildung der sie tragenden 'Menschengruppe'"[224] spricht, in jedem Falle wird man das preußische Phänomen als ein Beispiel für die „Sozialdisziplinierung" im Bereich des Beamtentums gelten lassen können, einer universalen

[219] E. Ruppel-Kuhfuss, *Das Generaldirektorium . . .*, S. 136 ff., auch zu den Hintergründen; F. Schneider, *Geschichte der formellen Staatswirtschaft . . .*, S. 124; A.F. Riedel, *Der Brandenburgisch-Preußische Staatshaushalt . . .*, S. 144 f.

[220] Neben *a.a.O.*, S. 202, der Auszug aus der Instruktion vom 4. November 1796 bei M. Philippson, *Geschichte . . .*, Bd. 2, S. 382—384; L. Hellwig, *Schulenburg-Kehnert . . .*, S. 16 mit Anm. 15.

[221] E. Ruppel-Kuhfuss, *Das Generaldirektorium . . .*, S. 107; S. 98 ff. zu Fällen offenen Widerstandes des Generaldirektoriums gegen königliche Befehle und zum Zurückweichen des Königs; L. Hellwig, *Schulenburg-Kehnert . . .*, S. 28 f., S. 57.

[222] Siehe oben bei Anm. 103 und Anm. 104; ferner H.C. Johnson, *Frederick the Great . . .*, S. 55.

[223] So die ältere Forschung, vgl. z.B. F. Hartung, *Friedrich Wilhelm I. . . .*, S. 24 ff.; G. Schmoller, *Der deutsche Beamtenstaat . . .*, S. 307.

[224] So H. Herzfeld/W. Berges, *Bürokratie . . .*, S. 285; vgl. H. Rosenberg, *Bureaucracy . . .*, S. 94—100, mit einer Skizze der Phänomene; ferner W.L. Dorn, *The Prussian Bureaucracy . . .*, S. 90—94, S. 259 ff., zu Fiskal, Konduitenlisten, Oberrechenkammer, Kautionen.

Erscheinung der Zeit „als Fundamentalvorgang, als Grundtatsache, als Leitidee,"[225] aber in Preußen in entscheidender Radikalität und Rigorosität.

Im Sinne der oben referierten Fragestellungen der neueren Absolutismus-Forschung wird hinzugefügt werden dürfen die Vermutung einer überdurchschnittlichen Herrschaftsintensität der preußischen Verwaltungsinstrumente — eine These die freilich einer komparativen Überprüfung bedarf. Die Problematik bleibt, ob und inwieweit in der ausgeprägten Behördenkontrolle eine Ursache für die im Vergleich mit anderen Staaten überdurchschnittlich zu nennende Qualität und Effektivität des preußischen Beamten zu suchen sein wird.

IV

In den vorstehenden Kapiteln ist auf mehrere inner- und außerdeutsche Parallelen hingewiesen worden. Aber gerade die unleugbaren dunklen Stellen[226] im Bild der preußischen Verwaltung zwingen zu der Frage nach dem Zustand und der Entwicklung der Verwaltung in anderen Staaten, z.B. in Kursachsen und in Mecklenburg, wobei letzteres trotz seines eigentümlichen Schicksals auf Grund der mit Brandenburg sehr ähnlichen Agrarverfassung[227] im 17. und 18. Jahrhundert herangezogen wird, um an diesem Beispiel das Problem der Abhängigkeit der frühneuzeitlichen Verfassungskonstruktionen von der Sozialstruktur im deutschen Bereich zu diskutieren.

Zunächst finden sich manche institutionellen Parallelen. Zu den preußischen Landräten gibt es Vergleichsmöglichkeiten in der mecklenburgischen Einrichtung gleichen Namens, „welche vermöge eines besonderen Eides, womit sie sowohl den regierenden Herrn, als auch der Ritter und Landschaft verpflichtet sind, das Beste des Landes durch ihren Rath besorgen sollen".[228] Vier Landräte wurden aus dem Herzogtum Schwerin und vier aus dem Herzogtum Güstrow

[225] G. Oestreich, *Strukturprobleme . . .*, S. 187, auch S. 191 ff.

[226] H. Rosenberg, *Bureaucracy . . .*, S. 104 ff., S. 112 ff.

[227] Vgl. Friedrich Lütge, *Geschichte der deutschen Agrarverfassung vom frühen Mittelalter bis zum 19. Jahrhundert* (= Deutsche Agrargeschichte, Bd. 3) 2., stark erw. Aufl., Stuttgart 1967, S. 119, S. 146 f., auch zu verschiedenen Ausprägungen; Johannes Nichtweiss, *Das Bauernlegen in Mecklenburg. Eine Untersuchung zur Geschichte der Bauernschaft und der zweiten Leibeigenschaft in Mecklenburg bis zum Beginn des 19. Jahrhunderts*, Berlin (-Ost) 1954, S. 18 f., S. 29, S. 32 f., S. 52.

[228] Emanuel Friedrich Hagemeister, *Versuch einer Einleitung in das Mecklenburgische Staatsrecht*, Rostock-Leipzig 1793, S. 72 f.; zum preußischen Landrat siehe oben bei Anm. 44—51.

einschließlich des Kreises Stargard derart berufen,[229] daß die Ritter- und Landschaft des Landesteils der Vakanz drei Kandidaten aus dem angesessenen Adel präsentierte, von denen der Herzog einen ernannte. Sowohl die Doppelstellung als auch die Art und Weise der Berufung erinnern an den preußischen Landrat. Doch wurden sie in Mecklenburg charakteristischerweise nicht primär Träger administrativer Funktionen, sondern blieben ständische Würdenträger[230] und wurden aus der eigentlichen Landesverwaltung vom Herzog mehr und mehr verdrängt.[231]

Die für Preußen im 18. Jahrhundert berühmte Kabinettsorder auch in zivilen Angelegenheiten findet eine Analogie außerhalb des hohenzollernschen Machtbereiches in dem gleichgenannten Schriftstück in Sachsen-Hildburghausen.[232] Selbst in Mecklenburg-Schwerin kann ein Kabinett mit Kabinettssekretären in Ludwigslust nachgewiesen werden, dessen Einfluß auf die Verwaltung aber noch einer genaueren Klärung bedarf.[233]

Von besonderem Interesse ist jedoch das Beispiel Kursachsens, dem von den historischen Voraussetzungen mit Preußen wohl am ehesten vergleichbaren Staat der absolutistischen Zeit in Deutschland mit typischen Parallelen, aber auch kennzeichnenden Abweichungen vom preußischen System. Dabei muß die Zeit Friedrich August I. („des Starken") als des am meisten zum Absolutismus neigenden kursächsischen Herrschers im Mittelpunkt stehen.

Die Gründung des Geheimen Rates geschah in Kursachsen 1574, dreißig Jahre vor dem in Brandenburg, und auch die weitere Entwicklung zeigt manche Ähnlichkeit mit der des nördlichen Konkurrenten.[234] Unter dem Geheimen Rat

[229] *Landes-Grund-Gesetzlicher Erb-Vergleich vom 18. April 1755*, in: *Neue vollständige Gesetz-Sammlung für die Mecklenburg-Schwerinschen Lande vom Anbeginn der Gesetzgebung bis zum Anfange des 19. Jahrhunderts*, Bd. 3, Parchim 1839, S. 19, §§ 166 f.

[230] Manfred Hamann, *Das staatliche Werden Mecklenburgs* (= Mitteldeutsche Forschungen, Bd. 24), Köln-Graz 1962, S. 52, S. 55 f., S. 61, S. 64 ff., auch zu ihrer Entstehung und zu ihren Aufgaben auf den Landtagen, also auf gesamtterritorialer Ebene.

[231] *A.a.O.*, S. 66, S. 73. Zu den Parallelen mit dem alten Landrat in Magdeburg und Pommern im 17. Jahrhundert, bevor sie aus der Landes- in die Kreisebene gedrängt wurden, als ständische Beamte, vgl. L. Tümpel, *Die Entstehung* . . ., S. 134—137.

[232] H.O. Meisner, *Archivalienkunde* . . ., S. 154, Anm. 12; zu Preußen siehe oben bei Anm. 80, zum Kabinett bei Anm. 74—85.

[233] M. Hamann, *Das staatliche Werden* . . ., S. 34, S. 89; und Hans Witte, *Kulturbilder aus Alt-Mecklenburg*, Bd. 1, Leipzig 1911, S. 34 f.; auch hier wehrten sich die ordentlichen Behörden gegen „unverantwortliche Einflüsse" aus der Umgebung des Monarchen, *ebda*. Vgl. oben bei Anm. 82, 119. Zu der Trias aus Geh. Rat, Justizkanzlei und Kammer siehe *a.a.O.*, S. 81, S. 83; S. 99 f. (Strelitz).

[234] Zum Folgenden vgl. Johannes Dürichen, *Geheimes Kabinett und Geheimer Rat unter der Regierung Augusts des Starken in den Jahren 1704–1720. Ihre Verfassung und politische Bedeu-*

standen Kammer und Obersteuerkollegium für die Einkünfte. Die Anfänge des letzteren sind seit 1570 nachweisbar, wenn auch anfangs nicht als ordentliches und ständiges Kollegium,[235] und es setzte sich aus vier kurfürstlichen und vier ständischen Vertretern zusammen. Es stand an der Spitze der Obersteuereinnahme, und der ständische Einfluß wurde auch in den Landtagsreversalien dadurch abgesichert, daß die Steuereinnehmer ohne landschaftliche Einwilligung „zu pariren nicht schuldig seyn" sollten.[236] Mit der Einrichtung eines stehenden Heeres unter Johann Georg III. (1680—1691) wurde 1684 ein Kriegsratskollegium geschaffen, für das sich gleichfalls ein preußisches Pendant findet.[237]

Unter Friedrich August I. können Ansätze einer Kabinettsregierung belegt werden. Bei der durch die Erwerbung der polnischen Krone notwendig gewordenen längeren Abwesenheit vom sächsischen Stammland sind dessen Angelegenheiten dem König von Polen durch eine Person vorgetragen worden, die in ihrer Stellung an den nach 1713 auch als Kabinettssekretär tätigen Creutz erinnert.[238] Nach 1703 taucht zur Ausfertigung der „Ordres" ein Schreiber beim König auf; dies läßt den Schluß zu, daß Friedrich August I. wie später Friedrich Wilhelm I. in Preußen sich aus der ministeriellen Sphäre zurückzog.[239] Auf dem Ausschußtag von 1704 teilte der sächsische Kurfürst den Ständen mit, „daß er eine besondre geheime Kabinets-Expedition, die unmittelbar von ihm abhängen solle, bestellet und das Secretariat Michael Nehmitzen

tung, in: *Neues Archiv für Sächsische Geschichte und Altertumskunde*, Bd. 51 (1930), S. 69 ff.; 1570 das Oberkonsistorium, *ebda.*

[235] Einzelheiten bei Heinrich Haug, *Das sächsische Obersteuerkollegium*, in: *A.a.O.*, Bd. 21 (1900), S. 226 f. *Ebda.*, S. 229, S. 236, zur Besetzung während des Bestehens der Sekundogenitur-Linien; s.a. Christian Ernst Weiße, *Lehrbuch des Königlich Sächsischen Staatsrechts*, Bd. 2, Leipzig 1827, S. 340.

[236] Reversalien aus der ersten Hälfte des 17. Jahrhunderts, zit. bei Fritz Kaphahn, *Kurfürst und Stände im 17. und beginnenden 18. Jahrhundert*, in: *Neues Archiv für Sächsische Geschichte und Altertumskunde*, Bd. 43 (1922), S. 66 f. S. 72 (Zit. S. 67). Zum Vergleich mit dem kurmärkischen Kreditwerk siehe F. Hartung, *Deutsche Verfassungsgeschichte . . .*, S. 89.

[237] Hellmut Kretzschmar, *Geschichte der Neuzeit seit der Mitte des 16. Jahrhunderts* (= Sächsische Geschichte, Bd. 2), Dresden 1935, S. 70. Zum Kriegsrat in Brandenburg-Preußen: Adolf Stölzel, *Brandenburg-Preußens Rechtsverfassung und Rechtsverwaltung . . .*, Bd. 1, Berlin 1888, S. 337 (Titel gekürzt), aufgehoben unter Friedrich Wilhelm I.; vgl. C. Hinrichs, *Die preußische Zentralverwaltung . . .*, S. 146 f.

[238] J. Dürichen, *Geheimes Kabinett . . .*, S. 74 f.; 1697—1699 der katholische Herzog Christian August von Sachsen-Zeitz, 1699—1703 der dann wegen Bestechlichkeit entlassene Wolf Dieter v. Beichling, dann Fürstenberg. Creutz war anfänglich im Kabinett tätig: C. Hinrichs, *Die preußische Zentralverwaltung . . .*, S. 151.

[239] J. Dürichen, *Geheimes Kabinett . . .*, S. 75 f.

übertragen habe".[240] Dieser Schritt war aber nicht mit einer Beseitigung des Geheimen Rates verbunden, in dem ständische Einflüsse eine bedeutende Rolle spielten.[241]

Der Geheime Rat blieb auch bestehen, als 1706 das „Geheime Kabinett" in eine ordentliche Behörde verwandelt wurde,[242] die von den ständischen Einflüssen unabhängig war. Dieses Kollegium umfaßte 1. das auswärtige Departement (unter dem General und Geheimen Rat Flemming), 2. das innere Departement (unter dem Minister Magnus von Hoym) und 3. das Departement für Militärfragen (unter dem Geheimen Kriegs-Rat und Ober-Kriegskommissar Kiesewetter), es war also im Gegensatz zu der Gliederung des preußischen Generaldirektoriums ausschließlich in Sachressorts organisiert. Die Verbindung zwischen diesem „Oberministerium"[243] und dem Monarchen stellte der Geheime Referendar Pfingsten her.[244]

Während sich in Preußen der Monarch mit seinem Kabinettssekretär aus der Ministerialsphäre zurückzog und die Kabinettsordern durch diesen expedieren ließ, ist dies nach 1706 in Kursachsen nicht die Regel gewesen. Von einer Kabinettsregierung durch August den Starken wird man nur für die wenigen Jahre bis zur Einrichtung dieses „Kabinettsministeriums" sprechen dürfen.[245] In dem „Reglement, wie es in einem und andern bei hiesiger Geheimer Cantzley gehalten werden solle" vom 1. Juni 1706 heißt es:[246] „Der Geheime Referen-

[240] Christian Ernst Weiße, *Neueste Geschichte des Königreichs Sachsen seit dem Prager Frieden bis auf unsere Zeiten*, Bd. 1, Leipzig 1808, S. 358. Vgl. H.O. Meisner, *Staats- und Regierungsformen . . .*, S. 233 f., auch zum Folgenden.

[241] Beispiele bei J. Dürichen, *Geheimes Kabinett . . .*, S. 77 f.; Paul Haake, *August der Starke*, Berlin-Leipzig 1927, S. 107, S. 148 f. (Konfessionsfrage 1718); in der Krise von 1706 verlangten die sächsischen Stände den Verzicht auf die polnische Krone, und der Geheime Rat sabotierte die Ausführung der Mobilmachungsorder; F. Kaphahn, *Kurfürst und Stände . . .*, S. 77, für die 1720er Jahre.

[242] J. Dürichen, *Geheimes Kabinett . . .*, S. 79—91. Das Reglement gedruckt S. 129 ff., vom 1. Juni 1706, zur Ressortgliederung S. 82; vgl. C. Hinrichs, *Die preußische Zentralverwaltung . .*, S. 145 ff. Die formelle Geschäftsführung war dem Oberhofmarschall von Pflugk übertragen. Zur Geschichte des Kabinetts insgesamt vgl. den „Extracts-Bericht" vom 8. Januar 1728, in: Christian Ernst Weiße, *Lehrbuch . . .*, Bd. 1, Leipzig 1824, S. 206—208, auch zum Vorherigen.

[243] So Gerhard Schmidt, *Die Staatsreform in Sachsen in der ersten Hälfte des 19. Jahrhunderts. Eine Parallele zu den Steinschen Reformen in Preußen* (= Schriftenreihe des Staatsarchivs Dresden, Bd. 7), Weimar 1966, S. 50.

[244] J. Dürichen, *Geheimer Rat . . .*, S. 80, S. 87, zu Ordres und Reskripten des Monarchen S. 88; P. Haake, *August . . .*, S. 115; zu den Geheimen Referendaren im Geheimen Rat siehe C.E. Weiße, *Lehrbuch . . .*, Bd. 1, S. 151, auch S. 120 Anm. 2, S. 128 Anm. 6, S. 155.

[245] Vgl. H. Haussherr, *Verwaltungseinheit . . .*, S. 48.

[246] Veröffentlicht bei J. Dürichen, *Geheimes Kabinett . . .*, S. 131 f.

darius Pfingsten giebt denen Geheimen Secretariis (!) die von Sr. Königlichen Majestät nach der Ministrorum vorhergegangenen Deliberation allergnädigste resolvierte Sachen zur Expedition an." Er teilte dem Kabinettsministerium die Meinung des Königs mit und referierte diesem auch die Ansichten des Kollegiums. „Bei denen Sessionibus führet er das Protocoll, und bringet die Vota zu einem förmlichen Concluso wobey ihm ebenfalls seine Meynung zu sagen frey stehet . . .".[247] Es wäre also falsch, in diesem Geheimen Referendar den preußischen Kabinettssekretär sehen zu wollen. Pfingstens Stellung im ministeriellen Bereich zeigt vielmehr, daß die selbständige Regierungstätigkeit des Monarchen in Kursachsen wesentlich schwächer entwickelt war als in Preußen,[248] daß das „Geheime Kabinett" mehr als nur eine untergeordnete Expeditionsstelle des Königs von Polen und Kurfürsten von Sachsen war.[249] Auch für das Ende des 18. Jahrhunderts gilt, daß in Kursachsen die Kabinettsminister mit dem Monarchen im Kabinett arbeiteten.[250]

Der weiter bestehende Geheime Rat wurde auf die sächsischen Gebiete beschränkt[251] und 1715/1716 in fünf Departements gegliedert, von denen vier Sach- und regionale Aufgabenkomplexe umfaßten neben einem Sachressort.[252] Die Stände konnten im Geheimen Rat aber dennoch eine Einflußmöglichkeit auf die Zentralverwaltung behaupten.

Eine der preußischen Provinzialgliederung vergleichbare Einteilung Kursachsens[253] hat es nicht gegeben. Das Land war seit dem 16. Jahrhundert

[247] So in dem Anm. 242 zit. Reglement, S. 130, er konnte aber auch selbst expedierend tätig werden, *ebda.* In dem Anm. 242 zit. „Extracts-Bericht" über die Geschichte des Kabinetts vom Jahre 1728 wird von den Ministern gesprochen und daß „ihnen (!) der Geheime Referendar Pfingsten zugegeben" gewesen sei (S. 207).

[248] Oder mit den Worten Gerhard Schmidts, *Die Staatsreform . . .*, S. 50: „Diese besondere Einrichtung (des Geh. Kabinetts, d. Verf.) war dadurch entstanden, daß die sächsischen Herrscher eine weit geringere Arbeitskraft als die preußischen Hochabsolutisten besaßen und zur alleinigen und tätigen Leitung ihres Kabinetts nicht imstande waren"; (*ebda.* zum Militärdep. 1768).

[249] Die weitere Entwicklung des Geheimen Kabinetts muß hier aus räumlichen Gründen ausgeklammert bleiben; zur Personalvermehrung bis 1712: J. Dürichen, *Geheimes Kabinett . . .*, S. 84, S. 101—103. Kammer und Obersteuerkollegium waren seit 1707 dem Geh. Rat unterstellt, *a.a.O.*, S. 91 ff.

[250] Werner Hahlweg, *Die Grundzüge der Verfassung des sächsischen Geheimen Kabinetts 1763–1831. Zur Geschichte der absolutistischen Staatsverwaltung seit Mitte des 18. Jahrhunderts*, in: *Zeitschrift für die gesamte Staatswissenschaft*, Bd. 103 (1943), S. 1—37, hier S. 4, S. 32 f.

[251] K. Dülfer, *Studien . . .*, S. 252; J. Dürichen, *Geheimes Kabinett . . .*, S. 92.

[252] *A.a.O.*, S. 114 f.; in der Departementseinteilung eine Analogie zum Generaldirektorium, vgl. oben bei Anm. 64, Anm. 65; zu den ständischen Einflüssen im kursächsischen Geheimen Rat siehe oben Anm. 241.

[253] Die Steuerverwaltung blieb trotz der Sekundogenitur-Herzogtümer der Söhne Johann

vollständig in Ämter aufgeteilt, regionale Einheiten, in denen die Justiz, die Polizei und die Erhebung der Einnahmen durchgeführt wurden.[254] Zwar wurden 1547 Kreise unter Oberhauptleuten (Kreishauptmännern) eingerichtet,[255] aber die Ämter blieben dennoch der Rahmen der eigentlichen Verwaltungstätigkeit. Die „Beamten", wie auch in Sachsen die Amtleute genannt wurden, hatten Einkünfte und Justiz zu besorgen und standen direkt unter der Zentralbehörde, der Rentkammer. Direkt an das Amt ergingen die kurfürstlichen Befehle. Das Amt war gleichsam „der verlängerte Arm der Zentralverwaltung" (Blaschke), es bedurfte aber, um gegenüber dem schriftsässigen Adel tätig werden zu können, eines besonderen landesherrlichen Auftrags,[256] so daß jener weiterhin als direkt unter der Zentrale stehend angesehen werden konnte. Daran änderte sich auch nichts, als nach dem Siebenjährigen Krieg der Instanzenzug Amtshauptmann — Kreishauptmann — Zentralverwaltung diese Sonderstellung beseitigen sollte, denn hinsichtlich der Schriftsässigen blieb es — durch den Widerstand der Stände — beim alten Zustand.[257] Im landständischen System aber behielten die Kreise ihre Bedeutung als regionale Einheiten unterhalb der landtäglichen Ebene.[258]

Georgs I. (gest. 1656) gesamtstaatlich; s. P. Haake, *August*..., S. 28 ff. Zur Sonderstellung der Lausitzen siehe unten.

[254] Karlheinz Blaschke, *Zur Behördenkunde der kursächsischen Lokalverwaltung,* in: *Archivar und Historiker* . . ., S. 344; die sog. jüngeren Ämter — aufgekaufte Grundherrschaften — nahmen auch die grundherrschaftlichen Aufgaben des Landesherrn wahr, *ebda.* und ders., *Die Ausbreitung des Staates in Sachsen und der Ausbau seiner räumlichen Verwaltungsbezirke,* in: *Blätter für deutsche Landesgeschichte,* Bd. 91 (1954), S. 78—84, S. 88.

[255] K. Blaschke, *Zur Behördenkunde* . . ., S. 349, zum Folgenden S. 353; zu den „Beamten" S. 350 f. (18. Jahrhundert). Zur Kreiseinteilung 1547 ff. vgl. auch C.E. Weiße, *Lehrbuch*..., Bd. 1, S. 24—26. Zu den polizeilichen Aufgaben der Ämter siehe Conrad Bornhak, *Die Entwicklung der sächsischen Amtsverfassung im Vergleich mit der brandenburgischen Kreisverfassung,* in: *Preußische Jahrbücher,* Bd. 52 (1885), S. 134. Für den grundsätzlichen Unterschied zwischen preußischen Provinzen und kursächsischen Kreisen siehe K. Blaschke, *Die Ausbreitung* . . ., S. 89 f.

[256] K. Blaschke, *Zur Behördenkunde* . . ., S. 355, S. 361.

[257] Zum „Retablissement": Horst Schlechte (Hrsg.), *Die Staatsreform in Kursachsen 1762–1763. Quellen zum kursächsischen Retablissement nach dem Siebenjährigen Kriege* (= Schriftenreihe des Sächsischen Landeshauptarchivs Dresden, Nr. 5), Berlin 1958, Nr. 10, S. 203—207: Denkschrift Fritschs vom April 1762 „Von Creiß und Amts-Hauptleuten". K. Blaschke, *Zur Behördenkunde* . . ., S. 358 f.; 1—2 Amtshauptleute sollten unter einem Kreishauptmann stehen, für die Amtshauptleute sollte das Vorbild der preußischen Landräte von Bedeutung sein. Zum Wiederaufleben der Amts- und Kreishauptleute z.B. auch H. Kretzschmar, *Geschichte* . . ., S. 107; vgl. C.E.Weiße, *Lehrbuch* . . ., Bd. 1, S. 167: Veränderung von 1766 in den Kreisen „noch nicht eingreifend genug".

[258] Zum ständischen Leben in den Kreisen siehe Otto Hintze, *Die Wurzeln der Kreisverfas-*

Die Parallelen Kursachsen — Preußen sind also insbesondere in der Zentralebene deutlich, wenn berücksichtigt wird, daß das sächsische Kabinettsministerium die Aufgaben des Generaldirektoriums und des Auswärtigen Departements in sich vereinigte, während in der Lokalinstanz die Ämterverfassung dominierend blieb. Aber auch in Sachsen sind die Einflüsse zu belegen, die von den Herrscherpersönlichkeiten ausgegangen sind. Hier ist an die Entstehung des Premierminister-Amtes zu erinnern. Friedrich August I., „der Starke“, war durchaus nicht der Mann eigener, unabhängiger Entschlüsse. Als er nach der Schlacht von Poltawa wieder nach Polen aufbrach, blieb der Minister Hoym in Dresden zurück, Flemming aber begleitete den König und leitete von Polen aus die Außenpolitik. Damit war die kollegiale Einheit des „Geheimen Kabinetts“ zerbrochen. 1712 übernahm Flemming offiziell die Leitung der Behörde,[259] und er blieb auch in dauerndem persönlichen Kontakt mit dem Monarchen. Er war es, der dem König vortrug und die Verbindung mit den Beamten herstellte, er hatte die Verteilung der Eingänge im Kabinettsministerium zu besorgen. In der Stellung Flemmings war, wenn auch ohne den Titel, der Premierminister faktisch schon vorhanden, eine Stellung, die unter Brühl, der alle drei Abteilungen des Kabinetts leitete, in schädlichster Weise gewirkt hat.[260] Das Kollegialprinzip war damit aufgegeben.

Parallel zur Machtentfaltung des Premierministers verlief die Selbstbeschränkung des Monarchen, die sich 1719 ausdrücklich nur noch zur alleinigen Entscheidung die Friedens- und Kriegshandlungen, die Ausgaben, Baufragen und die Belange der auf Königstein und Stolpen Gefangenen vorbehielt.[261] Der sächsische Kurfürst, der selbst oft lange Zeit nicht in seinem Stammland anwesend war, wurde schon durch diesen Umstand an dem Ausbau einer autokratischen Regierungspraxis in Kursachsen verhindert, die eine gesteigerte Beaufsichtigung des Verwaltungsapparates ermöglicht hätte.

Auch bezüglich der Kontrollmechanismen gibt es Parallelen zu dem preußischen Beispiel,[262] dem aber — wie sich zeigen läßt — wegen der Intensität und

sung in den Ländern des nordöstlichen Deutschland, in: Ders., *Staat und Verfassung* . . ., S. 197; K. Blaschke, *Die Ausbreitung* . . ., S. 89 f.

[259] J. Dürichen, *Geheimes Kabinett* . . ., S. 94 f., S. 100, S. 102—105. Flemming besaß die Funktion eines Geheimen Rates, des Chefs des Auswärt. Dep., seit 1710 war er Präsident des Geh. Kriegsrates, seit 1711 Generalfeldmarschall und seit 1712 (1717) dirigierender Minister, *a.a.O.*, S. 126.

[260] *A.a.O.*, S. 105, S. 126; H.O. Meisner, *Staats- und Regierungsformen* . . ., S. 234; Flemming starb 1728; sein Einfluß wird unterschiedlich eingeschätzt; neben Dürichen vgl. H. Kretzschmar, *Geschichte* . . ., S. 81; Paul Haake, *August der Starke im Urteil der Gegenwart. Sachsen zur Zeit Augusts des Starken,* Berlin 1929, S. 90.

[261] J. Dürichen, *Geheimes Kabinett* . . ., S. 127; S. 94 zur Abwesenheit Augusts aus Sachsen, vgl. S. 106.

Vielgleisigkeit der getroffenen Sicherungsmaßnahmen eine Sonderstellung zukommt. Daß jene nicht nur in dem Staat der Hohenzollern notwendig waren, wird nicht verwundern. In Mecklenburg haben die „Mißbräuche" in der Verwaltung selbst im Landesgrundgesetzlichen Erbvergleich von 1755 Ausdruck gefunden.[263] Hier gibt es das Fiskalat, das zuerst 1563 auftaucht und nicht nur die landesherrlichen Finanzinteressen zu wahren, sondern auf Einhaltung aller Gesetze und Verordnungen zu sehen hatte.[264]

An die erwähnte preußische Rechenkammer wird man zu erinnern haben,[265] wenn auf die 1707 eingerichtete kursächsische Oberrechenkammer hingewiesen wird.[266] Der sächsische Kurfürst hatte sich zu diesem Schritt durch die unzureichende Rechnungsüberprüfung der fünf „Hauptkassen" seitens der bisher zuständigen Oberbehörden veranlaßt gesehen, und es wurden dem neuen Kollegium weitgehende Kompetenzen verliehen. Die Oberrechnungskammer hatte die Rechnungen in materieller und formeller Hinsicht zu prüfen; die Zweckmäßigkeit getroffener Maßnahmen war zu kontrollieren.[267] Allerdings waren ihr nicht alle landesherrlichen Einnahmen zur Revision zugewiesen und für ihre Wirkung muß der mit ihrer Begründung einsetzende „Kampf der Verwaltung gegen die Kontrolle"[268] in Rechnung gestellt werden. Die Behörden sandten die Hauptrechnungen zur Prüfung nicht ein, und gegen ein die Oberrechenkammer unterstützendes kurfürstliches Reskript vom 26. September 1707 erhoben das Kammer- und das Obersteuerkollegium Einwände. Letzteres lehnte (wohl seit

[262] Zum Fiskalat in Rußland vgl. oben bei Anm. 186.

[263] *Landes-Grund-Gesetzlicher Erb-Vergleich* . . ., von 1755, S. 31, „§ 281. Wir wollen hiernächst die beweißlichen Mißbräuche bey den Zoll-Bedienten und sonst überhaupt Landes-Fürstlich abschaffen."

[264] M. Hamann, *Das staatliche Werden* . . ., S. 86; und die *Neue vollständige Gesetz-Sammlung* . . ., Bd. 4, Parchim 1840, Nr. 163, S. 156: „Competenz des Regierungsfiscals in Steuersachen 21. Nov. 1788"; *a.a.O.*, Bd. 1, Parchim 1835, Nr. 68, S. 155 f. „Verordnung, daß alle strafbare Thaten und Uebertretungen der Landes-Gesetze e.c. denen Fiscälen angezeiget werden sollen", vom 12. März 1750.

[265] Siehe oben bei Anm. 215—221.

[266] C.W. Böttinger, *Geschichte des Kurstaates und Königreiches Sachsen* (=Geschichte der europäischen Staaten), Bd. 2, Hamburg 1831, S. 464. Zur personellen Ausstattung, zur Vorgeschichte und Gründung siehe Rudolf Weymar, *Sächsische Finanzwirtschaft vom 14. bis zum 18. Jahrhundert aus Rudolf Hörig: „Die Geschichte der sächsischen Oberrechnungskammer"*, in: *Hamburger Mittel- und Ostdeutsche Forschungen*, Bd. 5 (1966), S. 155—157; (E.) Löbe, *Die oberste Finanzkontrolle des Königreiches Sachsen in ihrer organischen Entwicklung von den ältesten Zeiten bis auf die Gegenwart*, in: *Finanz-Archiv*, 2. Jg., Bd. 2 (1885), S. 46—53, auch zum Folgenden.

[267] *A.a.O.*, S. 51, und der Abdruck der Instruktion vom 24. Mai 1707, S. 111—121, hier S. 113.

[268] *A.a.O.*, S. 53 f., auch zum Folgenden.

1715) bis 1734 die Annahme der von der Rechnungskontrolle ausgestellten Quittungen und Liberationsscheine ab, die Kammer beantwortete die 1708 ergangenen Monita zu den Rechnungen des Jahres 1705 erst 1719 und auch dieses nur unzureichend; die Vorschläge der Oberrechnungskammer wies das Kammerkollegium zurück. Nicht weniger schroff verhielt sich das Kriegsratskollegium, das zum Teil zu antworten gänzlich unterließ. Die Vorstellungen der Oberrechenkammer bei dem Kurfürsten blieben ohne Effekt, bis 1726 hatte die Kammer keine der Rechnungen seit 1705 zu einem richtigen Abschluß gebracht, und sie setzte die Politik massiver Obstruktion auch in den 1730er Jahren beharrlich fort.[269] Es wird deshalb berechtigt sein, die Tiefenwirkung der sächsischen Rechnungskontrolle bis in die 1730er Jahre nicht allzu hoch zu bewerten. Nach dem Regierungswechsel wurde der Sieg der kursächsischen Bürokratie über die Oberrechenkammer vollkommen, als diese 1734 durch die aus Räten von Kriegsrat, Kammer, Landesregierung, Obersteuer- und dem Generalakzisekollegium unter Vorsitz eines Ministers bestehende Oberrechnungsdeputation ersetzt wurde. Deren Direktor war Brühl.[270] Die Rechnungskontrolle in Kursachsen hatte damit ihre institutionelle Unabhängigkeit verloren und sollte auch nicht wie in Preußen nach 1786 eine (partielle) Renaissance erleben.[271] Die kursächsische Oberrechnungsdeputation besaß keine materielle Prüfungskompetenz, und auch im letzten Drittel des 18. Jahrhunderts verliefen die Revisionsverfahren äußerst schleppend.[272]

Wichtiger als die institutionellen Formen der kursächsischen Verwaltung und ihre vielfältigen Ähnlichkeiten mit dem preußischen Beispiel war die Tatsache, daß im Staat der albertinischen Wettiner die Versuche, die Bürokratie durch eine intensivierte Behördenkontrolle zu effektivieren, ungleich schwächer als bei dem nördlichen Nachbarn ausgeprägt wurden,[273] zumal das Beam-

[269] Dies alles nach *a.a.O.*, S. 56—60; vgl. S. 62 f., zur unklaren Haltung des Monarchen.

[270] Neben *a.a.O.*, S. 65, C.E. Weiße, *Lehrbuch . . .*, Bd. 2, S. 349, M.F.G. Leonhardi, *Erdbeschreibung der Churfürstlich- und Herzoglich-Sächsischen Lande*, Bd. 1, 2., umgearb. Aufl., Leipzig 1790, S. 124 (auch zum weiteren Personal); Carl Heinrich von Römer, *Staatsrecht und Statistik des Churfürstenthums Sachsen und der dabey befindlichen Lande*, T. 2, Halle 1788, S. 122 f.

[271] Siehe oben bei Anm. 217—221.

[272] Nach E. Löbe, *Die oberste Finanzkontrolle . . .*, S. 66 (zur Prüfungskompetenz), S. 70 (langsames Verfahren, für die Zeit um 1770).

[273] Vgl. *a.a.O.*, S. 44, und R. Weymar, *Sächsische Finanzwirtschaft . . .*, S. 152 f., zu den „Landkammerräten" von 1700 zur Beaufsichtigung von Ämtern und Gütern; nach der Kammerinstruktion vom 1. November 1680 wurde von Amtsschössern eine Kaution gefordert (E. Löbe, *Die oberste Finanzkontrolle . . .*, S. 42); ebenso die Akzise-Einnehmer, siehe die „Instruction und Bestallung" (von 1707), in: Johann Christian Lünig (Hrsg.), *Codex Augusteus, Oder Neuvermehrtes Corpus Juris Saxonici, Worinnen Die in dem Churfürstenthum*

tentum in Kursachsen nicht den für Preußen bezeichnenden kommissarischen Charakter trug.[274] In mehreren Fällen wurde sogar bei erwiesener Korruption (z.B. Unterschlagungen) nicht mit Härte reagiert, sondern das Verfahren gegen eine bestimmte Summe niedergeschlagen.[275] „Nepotismus, Bestechlichkeit, Beamtenuntreue"[276] kennzeichneten die kursächsische Verwaltung des anbrechenden 18. Jahrhunderts und Georg Wagner wies in seiner Studie auf die fundamentale Korruption unter den Bedienten der Kammer, der Steuerverwaltung, unter hohen Hof- und Staatsbedienten hin. Nach der Erlangung der polnischen Krone wurde 1697 Fürstenberg als Statthalter in Sachsen eingesetzt und zugleich zum Haupt eines mit der Säuberung der Beamtenschaft beauftragten „Generalrevisionskollegiums" ernannt. Dieses deckte „ein Bild weitgehender Korruption" (Haake) auf, auch in den Städten, in denen, wie auch noch zu dieser Zeit in Brandenburg-Preußen, das Patriziat herrschte.[277] Das Revisionskollegium erhielt weitgefaßte Vollmachten auch zur Untersuchung der kurfürstlichen Behörden, Akteneinsicht, wie auch die Befugnis „Räthe und Bediente abzudanken".[278] Die innenpolitische Schwäche Augusts des Starken zeigte sich darin, daß er schon 1700 auf Verlangen der Stände und gegen Bewilligung einer Million Gulden[279] für sein Unternehmen gegen Schweden

Sachsen und darzu gehörigen Landen, Auch denen Marggrafthümern Ober- und Nieder-Lausitz, publicirte und ergangene Constitutiones, Decisiones, Mandata und Verordnungen enthalten . . ., Teil 2, Leipzig 1724, Sp. 1962.

274 H. Rosenberg, *Bureaucracy* . . ., S. 37.

275 P. Haake, *August der Starke* . . ., S. 46; S. 74: Friedrich Augusts „Gedanken gingen weniger darauf hin, untreue Elemente aus dem Beamtentum auszumerzen, als Schuldige oder Verdächtige tüchtig zur Ader zu lassen". Beispiele: Cornelius Gurlitt, *August der Starke. Ein Fürstenleben aus der Zeit des deutschen Barock*, Bd. 1, Dresden 1924, S. 38 f.; Georg Wagner, *Die Beziehungen Augusts des Starken zu seinen Ständen in den ersten Jahren seiner Regierung (1694–1700)*, Phil. Diss., Leipzig 1903, S. 94 f.; nach S. 76 erging unter dem 15. Juli 1697 ein Mandat, nach dem Beamte keine Geschenke annehmen sollten; als Strafe wurde die Zahlung der zehnfachen Höhe des Geschenks bestimmt.

276 *A.a.O.*, S. 23; das Folgende S. 119 f., S. 126 ff., S. 153 f., auch zu den engen Verbindungen dieser „Kamarilla" mit den Ständen.

277 P. Haake, *August der Starke* . . ., S. 70 f., das Zitat S. 74; J. Dürichen, *Geheimes Kabinett* . . ., S. 72 f., C.W. Böttiger, *Geschichte* . . ., S. 226; besonders G. Wagner, *Die Beziehungen* . . ., S. 92—148, auch zur Tätigkeit der Generalrevision und zu den finanziellen Motiven seiner Begründung.

278 Instruktion Friedrich Augusts, zit. bei C.E. Weiße, *Neueste Geschichte* . . ., Bd. 1, S. 340, vgl. auch S. 341—346; freilich wagte sich das Revisionskolleg nicht an die „höchsten Kreise" heran und G. Wagner, *Die Beziehungen* . . ., S. 212 Anm. 90, S. 181 f., weist auch auf die Bestechlichkeit des Personals des Generalrevisionskollegs selbst hin; vgl. ferner S. 137 ff.

279 *A.a.O.*, S. 71, S. 85, S. 164—192, zum erfolgreichen Kampf der Stände gegen die Generalrevision; vgl. oben Anm. 276; C.E.Weiße, *Neueste Geschichte* . . ., Bd. 1, S. 348 f.; P.

dieses Kollegium aufhob und damit eine Hebung der Zuverlässigkeit der sächsischen Verwaltung blockierte. Die Maßnahmen Flemmings nach 1717 liefen aber weniger auf eine Säuberung des Personals, als auf eine Abgrenzung der Arbeitsbereiche hinaus. Die oft unzureichende und im Kriege unregelmäßige Besoldung tat ein Weiteres, die Unzuverlässigkeit zu befestigen,[280] und als Beispiel dafür, daß diese auch in höchsten Positionen anzutreffen war, braucht nur auf Fürstenberg verwiesen zu werden,[281] der sich ein sehr selbstherrliches Regime erlaubte. Selbst wenn Versuche zur Säuberung gemacht wurden, so sind sie doch bis zum Tode Friedrich Augusts I. ohne entscheidenden Erfolg geblieben.[282] Eine im Jahre 1717 begonnene Untersuchung wegen „Misbräuche bey der Erhebung" der Landakzise wurde „aber zu oft unterbrochen . . ., als daß sie das Werk hätte enden können". 1769 wurde zu demselben Zweck eine Untersuchungskommission eingesetzt, die nach einer kurzen Unterbrechung im Jahre 1773 ihre Tätigkeit fortsetzte, und sie war 1790 (!) immerhin soweit gelangt, daß Leonhardi mitteilte, diese Kommission sei „der Beendigung nahe".[283]

Der Nachfolger Augusts des Starken, ohne Interesse für ernsthafte Arbeit und von nur geringer Geschäftskenntnis,[284] wurde bald völlig von Brühl beherrscht, der 1746 nur noch formell den Rang eines Premierministers erhielt,[285] diese Stellung aber schon seit mehreren Jahren innehatte. Er war Leiter aller drei Abteilungen im Kabinett und kontrollierte den Verkehr des Königs mit der Außenwelt bald derart, daß selbst höchste Hofbeamte nicht in persönlichen Kontakt mit dem Monarchen treten konnten; er bereicherte sich in einer Weise[286] in Sachsen und Polen, die nach Hans Rosenbergs Ausführungen über Preußen hier eine ausführlichere Darstellung verdiente. Erst nach Brühls Abgang, im letzten Drittel des 18. Jahrhunderts, sind entschlossenere Säuberungen durchgeführt worden.[287] Die Notwendigkeit vermehrter Kontrollen im kursächsischen Verwaltungssystem ist von dem im Retablissement so verdien-

Haake, *August der Starke* . . ., S. 88 f.; Ders., *August der Starke im Urteil* . . ., S. 25 f., S. 89; J. Dürichen, *Geheimes Kabinett* . . ., S. 73, dort S. 120 ff. zu den Maßnahmen von 1717 ff.

[280] *A.a.O.*, S. 108, Anm. 108, P. Haake, *August der Starke* . . ., S. 165.

[281] Er verweigerte Befehlen des Monarchen den Gehorsam, Beispiel: J. Dürichen, *Geheimes Kabinett* . . ., S. 99 f., siehe auch S. 97; zum Korruptionsverdacht in der Forstverwaltung vgl. C.W. Böttiger, *Geschichte* . . ., S. 465.

[282] Vgl. H. Kretzschmar, *Geschichte* . . ., S. 82, und Paul Haake, *Kursachsen oder Brandenburg-Preußen? Geschichte eines Wettstreits*, Berlin 1939, S. 218 f.

[283] M.F.G. Leonhardi, *Erdbeschreibung* . . ., Bd. 1, S. 172.

[284] Zu Friedrich August II.: H. Kretzschmar, *Geschichte* . . ., S. 88.

[285] Albrecht Philipp, *Sulkowski und Brühl und die Entstehung des Premierministeramtes in Kursachsen* . . ., Dresden 1920, S. 92, zum Folgenden S. 93—96 (Titel gekürzt).

[286] *A.a.O.*, S. 94 ff.

[287] Siehe C.W. Böttiger, *Geschichte* . . ., Bd. 2, S. 382, siehe auch S. 463.

ten Fritsch klar ausgesprochen worden.[288] Eben damit begründete er die Notwendigkeit der Kreis- und Amtshauptleute. Diese sollten regelmäßig an die Zentrale berichten, z.B. über die Ausführung der ergangenen Befehle.[289] Kurfürst August (1553—1586), schrieb Fritsch, habe gesehen „wie nöthig es sey, gewisse Aufseher im Lande anzustellen, welche nicht nur denen Collegiis in die Hände arbeiten, sondern auch eine genaue Aufsicht auf die einzelnen Geschäfte haben sollen".[290] Darin seien ihm die Nachfolger leider nicht gefolgt.

Aber nicht nur in der Kontrolle der kurfürstlichen Bedienten läßt Sachsen eine geringere Konsequenz als Preußen erkennen, dies gilt auch für die Abdrängung der sächsischen Stände, deren Stellung im 17. Jahrhundert noch ungebrochen war. Auf ihren Einfluß in der Steuerverwaltung (Obersteuerkollegium!) wurde schon hingewiesen.[291] Die kursächsischen Stände besaßen das Selbstversammlungsrecht. Bewilligungen wurden alle sechs Jahre verhandelt, und die Stände konnten nicht nur ein Einspruchsrecht gegen einschneidende politische und religiöse Neuerungen wahrnehmen, sondern auch ein eingeschränktes Widerstandsrecht.[292] Während der Große Kurfürst die Stände langsam, aber kontinuierlich wichtiger Positionen beraubte, konnten die Stände in Kursachsen ihre Position noch ausbauen (Selbstversammlungsrecht 1661).[293]

Der bis 1696 lebende erste einflußreiche Ratgeber Friedrich Augusts I., der aus brandenburgischen in kursächsische Dienste getretene Generalfeldmarschall Hans Adam von Schöning, empfahl dem Kurfürsten, sich von den Ständen unabhängig zu machen und, um zu einer Brandenburg ebenbürtigen Armee zu kommen, auch eine Generalkonsumtionsakzise einzuführen.[294] Von entscheidender Bedeutung für die kursächsische Verfassungsgeschichte im 18. Jahrhundert sollte die Tatsache werden, daß Friedrich August I. gerade zu dem Zeitpunkt, in dem eine deutliche Prioritätensetzung seiner Politik auf den inneren Ausbau seines Staates und zugunsten einer Strategie monarchischer

[288] H. Schlechte (Hrsg.), *Die Staatsreform . . .*, Nr. 9, S. 198—203, Denkschrift Fritschs vom 5. April 1762, hier S. 201 (für Amts- und Steuerverwaltung).

[289] *A.a.O.*, S. 204 f.; S. 206: „Man darf nur Acht geben, wie unsere beyden mächtigen Nachbarn die Sachen eingerichtet . . .", gemeint wohl Preußen und Österreich; in der Anm. 257 zitierten Denkschrift vom April 1762.

[290] *A.a.O.*, S. 203.

[291] Siehe oben bei Anm. 235 f.

[292] P. Haake, *August der Starke . . .*, S. 29 f., S. 32 f.; ders., *August der Starke im Urteil . . .*, S. 21; F. Kaphahn, *Kurfürst und Stände . . .*, S. 70, auch zu dem Einfluß der Streitigkeiten zwischen den Söhnen Johann Georgs I. auf die Stärke der Stände; S. 72 f. zu der beschränkten Bedeutung der willkürlichen Versammlungen.

[293] Für Sachsen *a.a.O.*, S. 69—73.

[294] P. Haake, *August der Starke . . .*, S. 24, S. 39 ff., S. 50 f.

Emanzipation von den Ständen gleichsam einen Systemwechsel hätte herbeiführen können, nach außenpolitischen Erfolgen strebte, die ihm im Innern die Handlungsfähigkeit beschränkten: Auch hier ist der Faktor der Herrscherperson aus den Kausalitäten nicht zu eliminieren. August der Starke wollte die polnische Krone, für deren Erwerbung er Summen benötigte,[295] die zumal ohne einen von den Ständen unabhängigen und zuverlässigen Verwaltungsapparat nur mit den Ständen und mit dem Obersteuerkollegium zu erhalten waren. Auch wurde der Kurfürst durch den Wechsel zur katholischen Kirche innenpolitisch stark belastet,[296] aber dieser Schritt war für die Erwerbung der polnischen Krone Bedingung. Stände und Bevölkerung standen in gemeinsamer Sorge vor einer Gegenreformation, und die religiöse Propaganda, die den Ständen Rückhalt bot, konnte auch nicht durch immer neue Versicherungen des Monarchen ihre Wirkung verlieren. Die religiösen Unruhen nach 1697 sind hierfür ein deutlicher Beleg.[297]

Für das polnische Unternehmen, das nicht zu einer Stärkung der kurfürstlichen Position in Sachsen beitragen konnte, weil die polnische Verfassung dem König keine nennenswerte Macht einräumte, fehlten die finanziellen Reserven, es stärkte aber die Position der Stände und ihren Rückhalt im Lande durch die religiösen Gegensätze und finanziellen Lasten.[298] Nach einer Aufstellung Friedrich Augusts kostete ihn die polnische Krone allein bis November 1697 zwei Millionen Gulden,[299] und wenige Jahre danach entstanden aus dem Unternehmen gegen Schweden neue innenpolitische Belastungen für den kursächsischen Monarchen.[300]

Immerhin konnten auch die kursächsischen Stände ihre Macht nicht im vollen Umfang aufrecht erhalten. So hatte sich der Adel heftig gegen die Generalkonsumtionsakzise gewehrt, die von den Städten begrüßt wurde.[301] Der Geheime Rat ergriff während des Landtages 1695 im Sinne des Adels Partei,

[295] Zu den Kosten: H. Kretschmar, *Geschichte* . . ., S. 77, S. 89; J. Dürichen, *Geheimes Kabinett* . . ., S. 108 mit Anm. 108.

[296] P. Haake, *August der Starke* . . ., S. 56, S. 60, S. 63 ff.; ders., *August der Starke im Urteil* . . ., S. 29; H. Kretschmar, *Geschichte* . . ., S. 76 f., S. 81, auch zum katholischen Statthalter Fürstenberg und zum Folgenden.

[297] Verschiedene Beispiele bei P. Haake, *August der Starke* . . ., S. 67 f., S. 148 ff., S. 157 ff., auch zu den ständischen Religionsforderungen.

[298] *A.a.O.*, S. 77, S. 127; ders., *August der Starke im Urteil* . . ., S. 86 f., nach dem Flemming vor dem polnischen Unternehmen warnte.

[299] P. Haake, *August der Starke* . . ., S. 69 f. Zu den hohen Hofkosten S. 72 f.

[300] Ders., *August der Starke im Urteil* . . ., S. 88 f. Auch davon riet Flemming ab; vgl. oben bei Anm. 279 zum Schicksal des Revisionskollegiums.

[301] Ders., *August der Starke* . . ., S. 42 ff., auch zum Folgenden. Der Adel wollte offenbar die finanzielle Selbständigkeit des Landesherrn auch nicht in Ansätzen zulassen.

und Friedrich August gab nach. Während des Nordischen Krieges, seit 1701, — zuerst in der Grafschaft Mansfeld —, wurde die Generalkonsumtionsakzise auch gegen den Protest der Stände eingeführt.[302] Nachdem der Landtag von 1704 ohne Abschied nach Hause geschickt worden war, wurde 1707 mit der Generalkonsumtionsakziseordnung die Einführung der neuen Abgabe definitiv, und daß dabei nach „der benachbarten und anderer Lande Exempel" vorgegangen worden ist, konnte offen ausgesprochen werden.[303]

Neben das Obersteuerkollegium war schon 1702/4 das landesherrliche Generalakzisekollegium getreten.[304] Beide Behörden verfügten über eigene Unterorgane, wobei sich die Kreissteuereinnehmer an die Kreise, die Akziseinspektoren dagegen an die Ämter anlehnten.[305] Der Kurfürst schien auch nach der Niederlage Karls XII. bei Poltawa entschlossen zu sein, die Macht der Stände völlig zu beseitigen. Ohne sie zu befragen, wurden Steuern ausgeschrieben und Erhebungen über die finanzielle Leistungsfähigkeit des Landes angestellt. In den Landtagsreversalien von 1711 wurde den Ständen das Selbstversammlungsrecht genommen wie auch das Widerstandsrecht, insbesondere bei Religionsveränderungen. Den Anspruch auf Mitbestimmung in der hohen Politik wies Friedrich August zurück, doch wurde den Ständen das Steuerbewilligungsrecht und das Recht der Beschwerdeführung belassen,[306] und diese Rechte blieben in Kursachsen auch weiterhin in Wirksamkeit, da es keine kommissarisch-monarchische Steuerverwaltung gab, die z.B. das halbständische Obersteuerkollegium hätte ablösen können.[307] Zwar wurde die Departements-Einteilung im Geheimen Rat gegen den Willen der Stände durchgeführt,[308] aber deren Macht war nur geschwächt, nicht jedoch beseitigt. Als 1727 August der Starke erwog, die

[302] *A.a.O.*, S. 91 ff., S. 112, auch zum Folgenden. C.E. Weiße, *Lehrbuch* . . ., Bd. 2, S. 255 f., der auch betont, daß die Akzise „nie in die Landesbewilligung aufgenommen worden" ist. Nach M.F.G. Leonhardi, *Erdbeschreibung* . . ., Bd. 1, S. 175, geschah die Einführung 1701 in Mansfeld „nach brandenburgischen Grundsätzen".

[303] J. C. Lünig (Hrsg.), *Codex Augusteus* . . ., Teil 2, (wie Anm. 273), Sp. 1909—1950, die Generalkonsumtionsakziseordnung vom 31. August 1707, das Zitat Sp. 1909; vgl. Anm. 302!

[304] J. Dürichen, *Geheimes Kabinett* . . ., S. 84, S. 93, S. 113; C.E. Weiße, *Lehrbuch* . . ., Bd. 2, S. 326 f., auch zum weiteren Entwicklungsgang bis zum Geheimen Finanzkollegium von 1782.

[305] K. Blaschke, *Zur Behördenkunde* . . ., S. 356; ders., *Die Ausbreitung* . . ., S. 89 f.

[306] P. Haake, *August der Starke* . . ., S. 117—119; F. Kaphahn, *Kurfürst und Stände* . . ., S. 76 f., siehe auch C.E. Weiße, *Lehrbuch* . . ., Bd. 1, S. 121, dort auch „Gutachten oder Memoralien der Stände" zu landesherrlichen Dekreten und Resolutionen. Zum Ganzen F. Kaphahn, *Kurfürst und Stände* . . ., S. 74 ff., schon 1694 hatte Johann Georg IV. mit militärischer Exekution bei Nichtbewilligung der Steuerforderungen gedroht.

[307] H. Haug, *Das sächsische Obersteuerkollegium* . . ., S. 239 f., erst 1834 wurde es aufgehoben.

[308] J. Dürichen, *Geheimes Kabinett* . . ., S. 115.

Stände gänzlich aus der Finanzverwaltung auszuschalten und dem Obersteuerkollegium die Erhebung der Steuern einfach zu befehlen, widerriet der leitende Minister Flemming dem König: Wenn Friedrich August „nach dem Exempel einiger benachbarten und anderer hohen Stände im Römischen Reiche“ vorginge, würden die Gelder ganz ausbleiben, er solle „lieber auch weiterhin die benötigten Fonds der Bewilligung von denen Ständen ... suchen.“[309] Friedrich August beugte sich diesem Argument, was den Ständen ihre wenn auch geminderte Position bis 1831 erhielt.[310] Es galt auch fernerhin die Regel, daß „Zeit und Ort, wenn die allgemeinen Landesversammlungen gehalten werden, ... zwar von dem Gutbefinden des Landesherrn, doch erstere indirect auch von der Verwilligungsfrist abhängig“ waren.

Gleichwohl ist die Stellung der kursächsischen Stände wesentlich von der der mecklenburgischen zu unterscheiden. Mecklenburg, obwohl von der agrarisch-sozialen Struktur eng mit Brandenburg verwandt,[311] hat eine völlig andere Entwicklung erfahren. Hier wurde im Landesgrundgesetzlichen Erbvergleich von 1755 die „Ritter- und Landschaft“ in „Ihren Rechten, Gerechtigkeiten, Freyheiten, Vorzügen, Gebräuchen und Gewohnheiten“[312] gesichert und auch ihr Mitspracherecht bei der Landesgesetzgebung festgestellt. Die Landeskontribution[313] galt als freiwilliger Beitrag der Stände; wenn auch diese durch die Bestimmungen des Vergleichs zu ihrer Erhebung von den steuerbaren Hufen

[309] F. Kaphahn, *Kurfürst und Stände* ..., S. 77 f.; H. Kretzschmar, *Geschichte* ..., S. 81; P. Haake, *August der Starke* ..., S. 162 f.

[310] Vgl. H. Schlechte (Hrsg.), *Die Staatsreform* ..., S. 14; C.W. Böttiger, *Geschichte* ..., S. 314; G. Schmidt, *Die Staatsreform* ..., S. 26. So erschien auch nach 1815 als stehende Wendung in den Reversen die landesherrliche Zusicherung: „Wir wollen auch Unsere Lande ohne der Landschaft Rath und Einwilligung nicht zergliedern, trennen, veräußern oder verpfänden noch in der Steuer-Verfassung einige Veränderungen gestatten“ (C.E. Weiße, *Lehrbuch* ..., Bd. 1, S. 117, Anm. 4; folgendes Zitat *a.a.O.*, S. 118 f.). Schließlich C.H. Römer, *Staatsrecht* ..., Bd. 2, S. 562 f., zu dem starken Gewicht der Stände.

[311] Siehe oben Anm. 227, und Manfred Hamann, *Mecklenburgs Beitrag zur deutschen Landesgeschichte. Ein Bericht über die wichtigsten neueren Forschungsrichtungen*, in: *Jahrbuch für die Geschichte Mittel- und Ostdeutschlands*, Bd. 18 (1969), S. 255, S. 277 ff.

[312] *Landes-Grund-Gesetzlicher Erb-Vergleich* ..., von 1755, S. 1, § 2. Mitsprache bei der nicht nur das Domanium, sondern das ganze Land betreffenden Gesetzgebung: Art. 8, S. 22 f. § 145, S. 17: jährliche Einberufung der Landtage durch den Landesherrn. Während also für Sachsen und Mecklenburg von einer Periodizität zumindest zeitweise gesprochen werden kann, gilt dies für die brandenburgischen Landtage, so lange es sie gab, nicht; vgl. H. Croon, *Die kurmärkischen Landstände* ..., S. 7; P. Baumgart, *Zur Geschichte* ..., S. 133.

[313] Rudolf Hübner, *Die ordentliche Kontribution Mecklenburgs in ihrer geschichtlichen Entwicklung und rechtlichen Bedeutung*, in: *Festschrift Otto Gierke zum siebzigsten Geburtstag dargebracht von Schülern, Freunden und Verehrern*, Weimar 1911, S. 1151—1153, zum Folgenden.

verbunden waren, so floß sie doch zuerst in den Landkasten und von dort in die landesherrliche Rentei. Auf Exekutionen hatte der Herzog verzichten müssen,[314] die Stände behielten sich auch den Rechtsweg zum Kaiser vor und waren nur so lange zur Zahlung der Kontribution verpflichtet, als die Ritter- und Landschaft „und ihre Hintersassen bey dem Ihrigen ruhig wohnen, und desselben zu ihrem Unterhalt und Behuf geniessen können".

Versuche zur Errichtung des Absolutismus in Mecklenburg hat es im 17. Jahrhundert[315] im Zusammenhang mit dem Aufbau eines kleinen stehenden Heeres gegeben, und eben darum entbrannte auch im 18. Jahrhundert unter dem Herzog Karl Leopold der Streit.[316] Das Scheitern dieser Bemühungen ist nicht zuletzt auf die wenig kluge und kaum weitschauende Politik der mecklenburgischen Herzöge zurückzuführen,[317] die ihre Möglichkeiten im außenpolitischen Rahmen weit überschätzten.[318] Sie stießen auf die Interessen Hannovers und dessen ersten Geheimen Rats von Bernstorff (er war selbst ein in Mecklenburg angesessener Adliger), die zugunsten der Ritterschaft[319] eine Reichsexekution betrieben und erreichten. An Härte gegenüber der Ritterschaft hat es in Mecklenburg nicht gefehlt.[320] Freilich hat der Reichshofrat auch Brandenburg-Preußen mit „Dehortationsschreiben" im Zusammenhang mit der Allodifikation der Rittergüter in Magdeburg belegt[321] und sich, wie in

[314] *Landes-Grund-Gesetzlicher Erb-Vergleich . . .*, S. 11, § 74: „. . .am wenigsten durch den Weg der Thätlichkeit . . .". Das Folgende § 163 (S. 19), das Zitat § 76 (S. 11).

[315] Hans-Joachim Ballschmieter, *Andreas Gottlieb von Bernstorff und der mecklenburgische Ständekampf (1680–1720)* (= Mitteldeutsche Forschungen, Bd. 26), Köln-Graz 1962, bes. S. 3—6, S. 31 ff.; M. Hamann, *Das staatliche Werden . . .*, S. 42.

[316] Peter Wick, *Versuche zur Errichtung des Absolutismus in Mecklenburg in der ersten Hälfte des 18. Jahrhunderts. Ein Beitrag zur Geschichte des deutschen Territorialabsolutismus* (= Deutsche Akademie der Wissenschaften zu Berlin. Schriften des Instituts für Geschichte, Reihe 2: Landesgeschichte, Bd. 8), Berlin 1964, S. 44; zu den in Sold genommenen russischen Truppen S. 108 f.

[317] Zu der abwägenden, aber kritischen Beurteilung der Herzöge siehe H.-J. Ballschmieter, *Andreas Gottlieb von Bernstorff . . .*, S. 110 f., S. 137, S. 139, S. 150: M. Hamann, *Das staatliche Werden . . .*, S. 42 f., S. 44 f.; abwägend P. Wick, *Versuche . . .*, S. 10 f., S. 36, S. 65, S. 131, S. 138, S. 177, S. 179, S. 206.

[318] *A.a.O.*, S. 246, auch zu den außenpolitischen Utopien Karl Leopolds.

[319] *A.a.O.*, passim, bes. S. 40, S. 127 f.; H.-J. Ballschmieter, *Andreas Gottlieb von Bernstorff . . .*, passim, bes. S. 29 f., S. 116, S. 132, S. 148—152.

[320] P. Wick, *Versuche . . .*, S. 94 f., mit Anm. 58: Verhaftungsaktionen durch die russischen Truppen gegen die Ritterschaft; S. 102 f.: Flucht von Adligen; S. 117—123: Beschlagnahmungen und Ausweisungen.

[321] Victor Loewe, *Die Allodifikation der Lehen unter Friedrich Wilhelm I.*, in: *Forschungen zur Brandenburgischen und Preußischen Geschichte*, Bd. 11 (1898), S. 341—374, hier S. 354 f., Schreiben vom 20. Februar 1718.

Mecklenburg, in die inneren Auseinandersetzungen einzuschalten versucht. 1725 „kassierte" ein kaiserliches Dekret alle in der Frage ergangenen königlich preußischen Befehle, verlangte Rückzahlung der eingetriebenen Gelder und kündigte bei Weigerung eine Exekution gegen Brandenburg-Preußen durch Sachsen und den schwedischen König an.[322] Nicht in der Intervention von außen liegt das Besondere des mecklenburgischen Falles, sondern in der inneren Schwäche. Ein außenpolitisches Entgegenkommen des unter Friedrich Wilhelm I. erstarkten Preußen war dem Kaiser hier Konzessionen wert; die Exekution gegen Preußen wagte man nicht, denn wenn dieses auch keine Großmacht war, so war es immerhin durch den inneren Ausbau eine politische Größe.[323]

Daß die Stände sich in den Nebenländern der albertinischen Wettiner eine sehr bedeutende Position erhalten konnten, zeigt das Beispiel der Niederlausitz, die zwar an die sächsischen Erblande grenzte, aber in dem Traditionsrezeß von 1635, in dem Kaiser Ferdinand dem Kurfürsten Johann Georg I. die Ober- und Niederlausitz abtrat, eine Sonderstellung erhalten hatte.[324] Zu allen neuen Einrichtungen mußte die Genehmigung der Stände eingeholt werden, so z.B. als 1666 an die Stelle der Landvogtei die mehrköpfige und kollegiale Oberamtsregierung in Lübben gesetzt wurde.[325] Auch die Niederlausitzer Stände konnten sich das Steuerbewilligungsrecht erhalten, welches zwar im Nordischen Kriege vom Landesherrn mit Berufung auf das ius belli ac pacis durchbrochen, aber nicht beseitigt wurde, so daß sie 1768 den Mahlgroschen verhindern konnten. Trotz gelegentlicher Verletzungen blieb die „dualisti-

[322] Schweden wegen Pommern, dazu noch die Kreisausschreibenden des oberrheinischen Kreises, *a.a.O.*, S. 61—63.

[323] *A.a.O.*, S. 63. Vgl. den bei H.-J. Ballschmieter, *Andreas Gottlieb von Bernstorff*. . ., S. 132, Anm. 91, zitierten Bericht des hannoverschen Residenten Huldenberg in Wien an Bernstorff, vom 6. Oktober 1717: „Man fürchtet sich hier sehr vor dem König in Preußen und den Zar, nachdem diese beide sich contra quoscunque sollen alliieret haben und der König in Preußen 50.000 Mann und großes Geld hätte" (siehe auch S. 133—141); P. Wick, *Versuche*. . ., S. 131. Vor der Exekution zählt Wick für Mecklenburg 9000 Soldaten des Herzogs (S. 133) einschl. der Russen und 1200 Mann Landmiliz, nach Verlassen des Landes (S. 137) ca. 1700 Mann (Rest war desertiert!).

[324] Der Traditionsrezeß vom 30. Mai 1635 bei J.C. Lünig (Hrsg.), *Codex Augusteus*. . ., Bd. 3 (Leipzig 1724), Sp. 181—188, zum Status der Lausitz als böhmisches Lehen Sp. 182 f., S. 188. Siehe besonders Rudolf Lehmann, *Die Niederlausitzer Stände in sächsischer Zeit. Ein Beitrag zur Verfassungs- und Verwaltungsgeschichte der Niederlausitz*, in: *Archivar und Historiker* . . ., S. 310, 314. Zum Folgenden auch S. 312, S. 315 ff., S. 322 f. Auch die Akzise wurde eingeführt; zur Sonderstellung der Niederlausitz ferner G. Wagner, *Die Beziehungen* . . ., S. 21; K. Blaschke, *Die Ausbreitung* . . ., S. 101.

[325] Neben der Lit. aus Anm. 324 siehe auch Rudolf Lehmann, *Niederlausitz und Oberlausitz in vergleichender geschichtlicher Betrachtung*, in: *Jahrbuch für die Geschichte Mittel- und Ostdeutschlands*, Bd. 7 (1958), S. 105.

sche" Verfassung der Niederlausitz bis in das 19. Jahrhundert bestehen,[326] blieb die „gesamte innere Verwaltung des Landes . . . an die Stände geknüpft"[327] und die Stellung der letzteren auch in der Oberlausitz gegenüber dem Kurfürsten noch erheblich bedeutender als in den Erbländern.[328]

Trotz mancher Konsolidierungserscheinungen im letzten Jahrzehnt Friedrich Augusts I.,[329] die dann unter Brühl wieder zunichte wurden, und trotz der erkennbaren Erfolge nach 1763[330] waren die sächsischen Kurfürsten nicht absolutistische Monarchen, die auf die Stände keine Rücksicht mehr zu nehmen gezwungen waren, sie blieben von den von Fall zu Fall erfolgenden Bewilligungen abhängig, und auch um 1790 war „die Regierung dieser Lande . . . gewissermaßen zwischen dem Churfürsten und der löblichen Landschaft des gesammten Churfürstenthums Sachsen getheilet, und die Theilnahme der letztern durch Verträge bestimmt" (Leonhardi).[331] Zumal bei der barock-höfischen Günstlings- und Verschwendungswirtschaft waren in Kursachsen zu der Zeit, als in Preußen der Systemwechsel vor sich ging, die Kräfte für die entschlossene Lösung von den Ständen und die Einrichtung einer „modernen" Verwaltung nicht vorhanden,[332] und nach 1763 gelang es den Ständen, die Reform der Landesverwaltung erheblich zu behindern.[333]

Es fehlte — dies dürfte deutlich geworden sein — nicht zuletzt an der geeigneten Herrscherperson, die zum Ausbau der monarchisch-autokratischen Position bereit und fähig gewesen wäre. August der Starke war diese Person nicht; er gleicht eher Friedrich III. (I.) als Friedrich Wilhelm I.[334] Das Schicksal

[326] *A.a.O.*, S. 106—108, und die obige Literatur. Vgl. oben bei Anm. 25 zum Verfahren des preußischen Königs in Cleve/Mark.

[327] Rudolf Lehmann, *Geschichte der Niederlausitz* (= Veröffentlichungen der Berliner Historischen Kommission beim Friedrich-Meinecke-Institut der Freien Universität Berlin, Bd. 5), Berlin 1963, S. 437.

[328] C.H. von Römer, *Staatsrecht* . . ., Bd. 2, S. 637, siehe auch S. 643; zur Niederlausitz S. 647, S. 649.

[329] In Wirtschaft, Verwaltung und Armee; siehe z.B. P. Haake, *August der Starke im Urteil* . . ., S. 29; ders., *Kursachsen* . . ., S. 218 f.

[330] Neben der Publikation von H. Schlechte (Hrsg.), *Die Staatsreform* . . ., siehe z.B. H. Kretzschmar, *Geschichte* . . ., S. 103 ff., auch zur Reorganisation der Verwaltung.

[331] M.F.G. Leonhardi, *Erdbeschreibung* . . ., Bd. 1, S. 97; ferner P. Haake, *August der Starke* . . ., S. 135 f.; Richard Dietrich, *Kleine Geschichte Preußens*, Berlin 1966, S. 60 f., auch zur Bedeutung der preußischen Siedlungspolitik, die in Sachsen von den lutherischen Ständen stark behindert und z.T. verhindert (Hugenotten) wurde; dazu auch P. Haake, *August der Starke* . . ., S. 35, S. 74, S. 113, S.130 ff.

[332] R. Dietrich, *Kleine Geschichte* . . ., S. 63.

[333] Siehe oben bei Anm. 257; K. Blaschke, *Zur Behördenkunde* . . ., S. 359: „ . . . es blieb eigentlich alles beim alten" (zur Lokalverwaltung).

[334] P. Haake, *August der Starke* . . ., S. 164.

des Generalrevisionskollegiums zeigt, daß er äußere Pracht und Herrlichkeit vor die innere Souveränität, vor eine effektivere und intensivere Verwaltung setzte. Zu einer monarchischen Selbstregierung preußischer Art kam es in Sachsen nicht, wie auch das Amt eines ersten Ministers zeigt.

So ist sowohl aus dem Vergleich zwischen den Staaten als auch aus der Betrachtung der Strukturen in Preußen[335] deutlich geworden, daß die Entwicklung der Staaten im Zeitalter der absolutistischen Regierungsform durchaus nicht allein aus gesellschaftlich-ökonomischen Sachzwängen herzuleiten ist, daß die Rolle der Person in dieser Epoche, wie auch äußere Einflüsse nicht aus den Analysen zu eliminieren sind. Um es mit den Worten eines Forschers aus der DDR zu sagen:[336] „Es wäre sonst unverständlich, warum sich der Absolutismus in dem ökonomisch relativ weit entwickelten Sachsen nicht voll durchsetzen konnte, während er sich in Preußen, dessen Bürgertum bedeutend schwächer war, bis zur Militärdespotie steigerte. Andererseits konnte sich in dem Brandenburg benachbarten Land Mecklenburg, das eine ähnliche ökonomische Struktur aufwies, eine absolute Herrschaft überhaupt nicht halten ...", sondern hier blieb bis 1918 der Zustand des „lebendigen Feudalmuseums" (Hamann) erhalten. Ja, es ist nicht zuletzt auf diesen Verfassungs-Zustand zurückzuführen, daß sich die Industrie nicht entwickelte, da sie sich auf keine ausreichende staatliche Förderungspolitik stützen konnte.[337] Ein Vergleich im europäischen Rahmen würde bestätigten, daß für die Zeit des ancien régime eine Verwandtschaft der Sozialstruktur nicht notwendig eine Gleichheit der Verfassungs- und Verwaltungsformen bedingte, oder wie Hajo Holborn es formulierte: „Verfassungsgeschichtlich war Frankreich im 18. Jahrhundert schärfer von England geschieden als von Preußen, und doch stand es sozialgeschichtlich England näher als Deutschland."[338]

Der Verfasser hofft mit seinen Betrachtungen deutlich gemacht zu haben, daß nicht eigentlich in der Organisation der brandenburgisch-preußischen Verwaltung im 17. und besonders aber im 18. Jahrhundert die gesuchten Charakteristika zu sehen sind — auf institutionelle Parallelen im mittel- und ostdeutschen Raum wurde verwiesen. Neben dem besonderen Maß von monarchischer Autokratie, das auch im Deutschland der Zeit absolutistischer Regie-

[335] Vgl. besonders die Zeit Friedrichs I. und die Zeit nach 1786, siehe oben bei Anm. 52—54 u. Anm. 105—121.

[336] P. Wick, *Versuche* . . ., S. 7; das Zitat von Manfred Hamann in seinem Werk *Das staatliche Werden* . . ., S. 38.

[337] P. Wick, *Versuche* . . ., S. 20.

[338] Hajo Holborn, *Der deutsche Idealismus in sozialgeschichtlicher Beleuchtung*, zuerst in: *Historische Zeitschrift*, Bd. 174 (1952), S. 359—384, wieder in: H.-U. Wehler (Hrsg.), *Moderne deutsche Sozialgeschichte* . . ., S. 85—108, das Zitat S. 89.

rungsformen als außergewöhnlich anzusehen ist, waren es die vielfältigen auf die Bürokratie selbst gerichteten Kontrollinstrumente und Überwachungsbemühungen, die — soweit entfernt sie von den Staatstotalitäten späterer Epochen in ihrer Wirkung und sicherlich auch Intention blieben — für die Vermutung einer für die Zeit charakteristischen Effektivität des preußischen Beamtentums sprechen. Zugleich wird von einem für das 17. und 18. Jahrhundert vergleichsweise hohen Intensitätsgrad des Verwaltungszugriffs gesprochen werden können — ein Faktum, das für die relative Modernität der preußischen Bürokratie im 18. Jahrhundert spricht. Ein Erklärungselement für den weiteren Verlauf der preußisch-deutschen Geschichte wird hierin bestimmt werden können.

Freilich wird die weitere Forschung stärker auch die Grenzen des „absoluten" Staates zu bestimmen haben. Vielleicht werden erst dann manche Eigenheiten des staatlichen Wegs zur Gegenwart offenbar.

XX

Das Allgemeine Landrecht von 1794 als Grundgesetz des friderizianischen Staates*

HERMANN CONRAD

I

Einleitung

Die Geschichte der preußischen Kodifikation, die am Ende des 18. Jahrhunderts in Kraft trat und in wesentlichen Teilen das ganze 19. Jahrhundert Geltungskraft behielt, beginnt mit der Kabinettsorder Friedrich Wilhelms I. an die Juristenfakultät zu Halle wegen Abfassung einiger Konstitutionen zum märkischen Landrecht vom 18. Juni 1714. Dieser Plan ist nicht in die Tat umgesetzt worden.[1] Doch wurde unter der Regierung Friedrich Wilhelms I. (1713—1740) das im Jahre 1620 verkündete, in den Jahren 1665/85 revidierte Landrecht des Herzogtums Preußens neu bearbeitet und am 27. Juni 1721 als „*Verbessertes Landrecht des Königreiches Preußen*" neu verkündet.

Erst unter Friedrich d. Gr. (1740—1786) konnte der Gedanke einer Kodifikation für den ganzen räumlichen Bereich der preußischen Monarchie festere Gestalt annehmen. Der mit der Justizreform und Gesetzeserneuerung vom König im Jahre 1746 betraute Großkanzler Samuel von Cocceji (1679—1755) konnten den Entwurf einer das Privatrecht umfassenden Kodifikation (Projekt

* Der Beitrag erschien als Heft 22 der *Schriftenreihe der Juristischen Gesellschaft e. V. Berlin*, Berlin 1965.

[1] Hierzu siehe z.B. Gerhard Buchda, *Über die verlorenen hallischen Konstitutionen zum Landrecht der Kurmark Brandenburg (1714)*, in: *Zeitschrift der Savigny-Stiftung für Rechtsgeschichte, Germanistische Abteilung*, Bd. 69 (1952), S. 385 ff.

des *Corporis juris Fridericiani,* 1749/51) vorlegen. Doch starb der Kanzler noch vor Vollendung seines Werkes, dessen 3. Teil bei einer Versendung der Handschrift verloren gegangen war. Nur einzelne Teile seines Entwurfes (Ehe- und Vormundschaftsrecht) sind in einigen Landesteilen zum Gesetz erhoben worden.

Nach Coccejis Tod geriet das Reformwerk ins Stocken, bis die Kabinettsorder Friedrichs d. Gr. vom 14. April 1780 die zweite Periode der Justizreform unter der Regierung des Königs einleitete. Mit der Durchführung der Justizreform und Gesetzeserneuerung wurde der Großkanzler Johann Heinrich Casimir von Carmer (1721—1801) betraut, der den schon vorher unter seiner Leitung bewährten Carl Gottlieb Svarez (1746—1798) aus Schlesien zur Mitarbeit an dem großen Werke berief. Mit der Persönlichkeit dieses Mannes ist das Schicksal des Allgemeinen Landrechtes auf das engste verknüpft. Nach einem Worte Friedrich Carl von Savignys war die Seele dieses Gesetzeswerkes der „geistreiche Svarez, durch welchen die Einheit in der Wirksamkeit so vieler und verschiedener Mitarbeiter erhalten wurde“.[2]

Die Beauftragung Carmers mit der Justiz- und Gesetzesreform stand im Zusammenhang mit der Justizkatastrophe des Müller-Arnold-Prozesses an der Jahreswende 1779/80. An die Stelle des vom König brüsk entlassenen Großkanzlers Frhr. von Fürst und Kupferberg wurde der schlesische Justizminister von Carmer berufen, der mit seinen Vorschlägen zu einer Reform des Zivilprozesses schon vorher hervorgetreten war und sich dabei als ein Gegner der Reformpläne des Großkanzlers von Fürst erwiesen hatte. Das Anliegen des Königs war eine Vereinfachung der Gesetze, die dem gemeinen Mann verständlich sein sollten. Außerdem sollten Auslegungsstreitigkeiten und Spitzfindigkeiten ausgeschlossen werden, die sich vor allem durch das damals noch vorherrschende rezipierte römische Recht ergaben, dessen lateinische Sprachform die Kritik der Zeit herausforderte. In der Kabinettsorder vom 14. April 1780 erklärte der König, er finde es unschicklich, daß die Gesetze „größtenteils in einer Sprache geschrieben sind, welche diejenigen nicht verstehen, denen sie doch als Richtschnur dienen sollen“. Ebenso fand er es ungereimt, „wenn man in einem Staate, der doch seinen unstreitigen Gesetzgeber hat, Gesetze duldet, die durch ihre Dunkelheit und Zweideutigkeit zu weitläufigen Disputen der Rechtsgelehrten Anlaß geben, oder wohl gar darüber, ob dergleichen Gesetz

[2] Friedrich Carl von Savigny, *Vom Beruf unserer Zeit für Gesetzgebung und Rechtswissenschaft,* Heidelberg 1814, S. 83, jetzt in: Jacques Stern (Hrsg.), *Thibaut und Savigny. Zum 100jährigen Gedächtnis des Kampfes um ein einheitliches bürgerliches Recht für Deutschland 1814–1914. Die Originalschriften in ihrer ursprünglichen Fassung mit Nachträgen, Urteilen der Zeitgenossen und einer Einleitung,* Berlin 1914, S. 119.

oder Gewohnheit jemals existiert oder eine Rechtskraft erlangt habe, weitläufige Prozesse veranlaßt werden müssen".[3]

Schließlich sollte die Gesetzesreform der *Rechtsvereinheitlichung* dienen. Dabei sollten die Landes- und Provinzialgesetze keineswegs ausgeschaltet werden. Vielmehr gab der König die Anweisung, Provinzialgesetzbücher herzustellen, über denen sich als umfassendes Gesetzeswerk mit subsidiärer Geltungskraft das Landrecht erheben sollte. Dieses Gesetzeswerk aber sollte römisches Recht, Naturrecht und einheimisches Recht in gleicher Weise berücksichtigen. Demgemäß bestimmte die Kabinettsorder vom 14. April 1780: „Es muß also nur das Wesentliche mit dem Naturgesetze und der heutigen Verfassung Übereinstimmende aus demselben (römischen Rechte) abstrahiert, das Unnütze weggelassen, Unsere eigenen Landesgesetze am gehörigen Orte eingeschaltet und solchergestalt ein subsidiarisches Gesetzbuch, zu welchem der Richter beim Mangel der Provinzialgesetze rekurrieren kann, angefertigt werden."[4]

Der König erteilte dem Großkanzler den Auftrag, eine Gesetz-Kommission einzusetzen, weil „die Ausführung einer so wichtigen Sache nicht das Werk eines einzelnen Mannes ist". Die gesetzliche Grundlage erhielt diese Kommission durch königliches Patent vom 29. Mai 1781, das als wichtigste Aufgabe den gutachtlichen Vorschlag erforderlicher neuer Gesetze und der Verbesserung oder Abänderung bereits vorhandener Gesetze vorsah.[5]

Die Gesetzgebungsarbeit des neuen Großkanzlers nahm ihren Anfang mit der Reform des Zivilprozeßrechtes, die durch Patent vom 6. Juli 1793 abgeschlossen wurde. Dieses Patent verkündete die *„Revidierte Gerichts- und Prozeßordnung"* (sog. *Allgemeine Gerichtsordnung für die Preußischen Staaten),* die allerdings nur das Zivilprozeßrecht regelte, indes der Strafprozeß erst durch die *Kriminalordnung vom 11. Dezember 1805* eine abschließende Regelung fand, die das bereits starker Kritik unterliegende Inquisitionsverfahren, wenn auch in aufgelockerter Form, beibehielt.

[3] *Allerhöchste Königl. Cabinets-Ordre die Verbesserung des Justizwesens betreffend, de dato Potsdam, den 14. April 1780,* in: *Novum Corpus Constitutionum Prussico-Brandenburgensium* . . ., Bd. 6, Berlin 1781, Sp. 1935 ff. Auszug des Textes jetzt bei Hermann Conrad, *Die geistigen Grundlagen des Allgemeinen Landrechts für die Preußischen Staaten von 1794* (= Arbeitsgemeinschaft für Forschung des Landes Nordrhein-Westfalen. Geisteswissenschaften. Heft 77), Köln-Opladen 1958, S. 13, Anm. 9.

[4] *Ebda.*

[5] *Patent, wodurch eine Gesetz-Commission errichtet und mit der nöthigen Instruction wegen der ihr obliegenden Geschäfte versehen wird, de dato Berlin, den 29. May 1781,* in: *Novum Corpus Constitutionum Prussico-Brandenburgensium* . . ., Bd. 7, Berlin 1781, Sp. 337 ff. Auszug des Textes bei H. Conrad, *Die geistigen Grundlagen* . . ., S. 22 Anm. 23.

Bei Verkündung der Prozeßordnung im Jahre 1793 harrte die Vollendung des Landrechtes noch der Verwirklichung. Zu Lebzeiten des großen Königs war der Entwurf dieses Gesetzes nur zum Teil fertiggestellt worden. Als die umfangreichen Vorarbeiten endlich abgeschlossen waren, konnte das von Svarez entworfene Publikationspatent vom 20. März 1791 das „*Allgemeine Gesetzbuch für die Preußischen Staaten*" mit Gesetzeskraft vom 1. Juni 1792 verkünden. Das große Werk war also seiner Verwirklichung nahe. Doch bevor es in Kraft trat, wurde es vom König am 18. April 1792 suspendiert. Gegenströmungen hatten an der zu aufgeklärten Haltung des Gesetzeswerkes Anstoß genommen und seine Unterdrückung gefordert. Nunmehr traten die Verfasser des Werkes, von Carmer und Svarez, mit Erfolg für dieses ein. Es gelang, Friedrich Wilhelm II. zu bewegen, eine Umarbeitung des Gesetzeswerkes anzuordnen (Kabinettsorder vom 17. November und vom 18. Dezember 1793). Nach Beseitigung der anstößigen Stellen wurde das Gesetzeswerk am 5. Februar 1794 als „*Allgemeines Landrecht für die Preußischen Staaten*" neu verkündet. Am 1. Juni desselben Jahres ist es in Kraft getreten.

Das ALR von 1794 enthält eine rechtliche Gesamtordnung des preußischen Staates. Ausgenommen blieben das Prozeßrecht und das Militärrecht. Der preußische Gesetzgeber hatte dem Zeitgeist, der sich in der Aufklärung manifestierte, weitgehend Rechnung getragen. Neben dem Naturrecht, der natürlichen Billigkeit und einem gereinigten römischen Recht gab die preußische Kodifikation auch dem einheimischen Rechte einen breiten Raum. System und Sprache des Gesetzeswerkes entsprachen ebenfalls den Forderungen der Aufklärung, so daß das Publikationspatent vom 20. März 1791 sagen konnte, „daß das Ganze in einer zusammenhängenden Ordnung, in der Sprache der Nation und dergestalt allgemeinverständlich vorgetragen werde, daß ein jeder Einwohner des Staats, dessen natürliche Fähigkeiten durch Erziehung nur einigermaßen ausgebildet sind, die Gesetze, nach welchen er seine Handlungen einrichten und beurteilen lassen soll, selbst lesen, verstehen und in vorkommenden Fällen sich nach den Vorschriften derselben gehörig achten könne".

Damit aber erfüllte das Gesetzeswerk in etwa auch die Wünsche Friedrichs d. Gr., der den entscheidenden Anstoß zu seiner Entstehung gegeben hatte. In seiner „*Dissertation sur les raisons d'établir ou d'abroger les lois*" (Abhandlung über die Gründe, Gesetze einzuführen oder abzuschaffen, fertiggestellt am 1. Dezember 1749, in der Akademie am 22. Januar 1750 verlesen) hatte der König das Idealbild eines vollkommenen Gesetzes gezeichnet: „Man fände darin ferner tiefe Kenntnis des menschlichen Herzens und des Nationalcharakters . . . Die einzelnen Bestimmungen müßten so klar und genau sein, daß jeder Streit um die Auslegung ausgeschlossen wäre. Sie würden in einer erlesenen Auswahl des Besten bestehen, was die bürgerlichen Gesetze ausgesprochen haben, und in einfacher und sinnreicher Weise den heimischen Gebräuchen angepaßt sein".[6] Die Furcht vor Auslegungsstreitigkeiten und Spitzfindigkeiten bei der Anwendung des Gesetzes klingt hier an. Sie hat auch die Verfasser des Gesetzeswerkes beherrscht, die einer so weitgehenden Kasuistik verfallen sind, daß bei Vorlage eines Teiles des Entwurfes Friedrich d. Gr. an den Rand schrieb: „Gut, aber es ist ja so dicke. Gesetze müssen kurz sein" (Fassung nach Svarez). An diese Randbemerkung des Königs anknüpfend, hat Svarez in einem Vortrag vor der Mittwochsgesellschaft zu Berlin „*Inwiefern können und müssen Gesetze kurz sein*" zur Frage des Umfanges der Gesetze Stellung genommen. Er lehnte eine übermäßige Kürze ab, weil dadurch der Richter zum Gesetzgeber gemacht und die bürgerliche Freiheit gefährdet werde.[7]

In die Jahre des entscheidenden Ringens um die Kodifikation zwischen den beharrenden und fortschrittlichen Kräften des preußischen Staates (1791/92) fallen die Vorträge, die der eigentliche Verfasser des Gesetzeswerkes, Carl Gottlieb Svarez, dem preußischen Kronprinzen und späteren König Friedrich Wilhelm III. (1797—1840) gehalten hat. Diese sog. *Kronprinzenvorträge* geben einen tiefen Einblick in die Gedankenwelt des Gesetzbuches und seiner Verfasser. Im Jahre 1960 sind diese Vorträge in der Reihe der Wissenschaftlichen Abhandlungen der Arbeitsgemeinschaft für Forschung des Landes Nordrhein-Westfalen unter dem Titel: „Carl Gottlieb Svarez, *Vorträge über Recht und Staat*" veröffentlicht worden.[8] Diese Veröffentlichung läßt erkennen, daß das preußische Gesetzbuch weitgehend auf der Theorie und Praxis des Staates Friedrichs d. Gr. aufgebaut ist. Hat doch der König selbst seiner Rechts- und Staatsauffassung in zahlreichen Werken und schriftlichen Äußerungen Ausdruck verliehen. Trotzdem handelt es sich bei den Vorträgen von Svarez nicht um eine kritiklose Übernahme überlieferten Gedankengutes, sondern um eine gedankliche Neuverarbeitung angesichts einer inzwischen umgestalteten politischen Lage Preußens und Europas.

[6] Gustav Berthold Volz (Hrsg.), *Die Werke Friedrichs des Großen in deutscher Übersetzung*, Bd. 8, Berlin 1913, S. 32.

[7] Erstmals abgedruckt in der von Friedrich Gedicke und Johann Erich Biester herausgegebenen *Berlinischen Monatsschrift*, Bd. 12 (1788), S. 99 ff., jetzt in der in der folgenden Anmerkung zitierten Ausgabe, S. 627 ff., hier zu *a.a.O.*, die Einleitung von Hermann Conrad, S. XVII/XVIII.

[8] Hermann Conrad/Gerd Kleinheyer (Hrsg.), *Vorträge über Recht und Staat von Carl Gottlieb Svarez* (= Wissenschaftliche Abhandlungen der Arbeitsgemeinschaft für Forschung des Landes Nordrhein-Westfalen, Bd. 10), Köln-Opladen 1960.

II

Grundgesetz des Preußischen Staates

Man hat das ALR von 1794 als das „Gesetzbuch Friedrichs des Großen" bezeichnet, und es kann keinem Zweifel unterliegen, daß der schöpferische Gedanke, eine Kodifikation für die preußischen Staaten zu schaffen, von Friedrich d. Gr. ausgegangen ist. Für die Verfasser des Gesetzeswerkes, vor allem deren geistiges Haupt Carl Gottlieb Svarez, bildeten die Staats- und Rechtsanschauungen des großen Königs sowie die Praxis des friderizianischen Staates die Grundlagen für ihre Arbeit an dem Kodifikationswerke. Als das Werk schließlich abgeschlossen wurde und seiner eigentlichen Aufgabe übergeben werden konnte, hatte die Französische Revolution ein neues Zeitalter für ganz Europa eingeleitet.

Wie kaum ein anderes Gesetzbuch seiner Zeit stand daher das ALR von 1794 im politischen Spannungsfeld einer Zeit des Umbruches, die eine Neuorientierung im politischen und Verfassungsleben erforderte. Das eigentliche Ziel der preußischen Rechtsreformer war daher auch politisch bestimmt. Nach dem Willen seiner Verfasser sollte das Gesetzeswerk die rechtsstaatlichen Errungenschaften der Regierungszeit Friedrichs d. Gr. grundgesetzlich festlegen, mithin eine Art von Verfassung bilden, die nicht erst mit der Französischen Revolution auf dem Kontinent allgemein zu einer politischen Forderung werden konnte. In Österreich waren seit der Mitte des 18. Jahrhunderts Bestrebungen im Gange, einen politischen Kodex, d.h. eine grundgesetzliche oder verfassungsähnliche Regelung der Staats- und Regierungsgrundsätze, zu schaffen. Der Plan eines solchen Gesetzbuches ist mit der Persönlichkeit Joseph von Sonnenfels' (1732—1817) aufs engste verknüpft. Dieser sah darin die Verwirklichung des Entschlusses Maria Theresias, „eine Gewalt, die sie nicht mißbrauchen wollte, zu mäßigen, damit solche von niemandem nach ihr gemißbraucht werde".[9] Im Großherzogtum Toskana, der Sekundogenitur des Hauses Habsburg, trug sich Peter Leopold, der spätere Kaiser Leopold II. (1790—1792), sogar mit dem Gedanken, seinem Staate eine Verfassung zu geben.[10]

[9] *Promemoria von 1791,* bei Sigmund Adler, *Die politische Gesetzgebung in ihren geschichtlichen Beziehungen zum allgemeinen bürgerlichen Gesetzbuche,* in: *Festschrift zur Jahrhundertfeier des Allgemeinen Bürgerlichen Gesetzbuches, 1. Juni 1911,* Teil 1, Wien 1911, S. 92, Anm. 17.

[10] Hierzu neuestens mit Schrifttumsangaben: Adam Wandruszka, *Leopold II. Erzherzog von Österreich, Großherzog von Toskana, König von Ungarn und Böhmen, Römischer Kaiser,* Bd. 1, Wien-München (1963), S. 368 ff.

Die Bestrebungen, die auf eine grundgesetzliche Kodifikation abzielten, haben in Österreich schließlich einen Niederschlag in einem Gesetzeswerk gefunden, in dem man es nicht erwartet: in dem „*Bürgerlichen Gesetzbuch für Westgalizien*", dessen eigentlicher Verfasser Karl Anton Frhr. von Martini zu Wasserberg (1726—1800) ein überzeugter Anhänger der deutschen naturrechtlichen Schule des 17. und 18. Jahrhunderts war. Die Lehren dieser Schule hatten seit der Mitte des 18. Jahrhunderts durch Martini selbst Eingang an der Universität Wien gefunden. Neuere Forschungen haben darüber hinaus ergeben, daß sie um die gleiche Zeit in der Wiener Hofburg selbst vertreten wurden. Daraus erklärt sich die auffallende Parallelität der preußischen und österreichischen Entwicklung, die beide die gleiche staats- und rechtsphilosophische Grundlage aufweisen.[11]

In Preußen stand man also mit den Plänen, die auf eine grundgesetzliche Regelung abzielten, keineswegs allein. Solche Gedankengänge waren auch kein Zugeständnis an die Französische Revolution, mit der sich die preußischen Rechtsreformer kritisch auseinandersetzten. Der Gedanke, ein Grundgesetz des Staates zu schaffen, war vielmehr die notwendige Folgerung der damals in Deutschland vorherrschenden Staats- und Rechtsanschauung der Naturrechtslehre der Aufklärung, der führende Männer in Preußen wie in Österreich und anderen deutschen Ländern anhingen. Ernst Ferdinand Klein, der Mitarbeiter am ALR, hat in einer im Jahre 1790 erschienenen Veröffentlichung „*Freyheit und Eigenthum, abgehandelt in acht Gesprächen über die Beschlüsse der französischen Nationalversammlung*" erkennbar gemacht, wie sehr die Problematik der Französischen Revolution die preußischen Reformer beschäftigt hat. Der Verfasser bemüht sich in seinem Werke, die Aufklärung nicht für die Französische Revolution verantwortlich zu machen. Im 8. Gespräche widerrät einer der Gesprächspartner der Drucklegung des vorangegangenen Gespräches mit der Begründung: „Die darin vorkommenden Lobpreisungen der Freiheit dürften übel ausgelegt werden und die Feinde der Aufklärung in dem Gedanken bestär-

[11] Hermann Conrad, *Rechtsstaatliche Bestrebungen im Absolutismus Preußens und Österreichs am Ende des 18. Jahrhunderts* (= Arbeitsgemeinschaft für Forschung des Landes Nordrhein-Westfalen. Geisteswissenschaften, Heft 95), Köln-Opladen 1961; ders., *Recht und Verfassung des Reiches in der Zeit Maria Theresias. Aus den Erziehungsvorträgen für den Erzherzog Joseph*, in: *Historisches Jahrbuch*, Bd. 82 (1963), S. 163 ff.; ders., *Reich und Kirche in den Vorträgen zum Unterricht Josephs II.*, in: Konrad Repgen/Stephan Skalweit (Hrsg.), *Spiegel der Geschichte. Festschrift für Max Braubach*, Münster/Westf. 1964, S. 602; ders., *Einleitung* zu: *Recht und Verfassung des Reiches in der Zeit Maria Theresias. Die Vorträge zum Unterricht des Erzherzogs Joseph im Natur- und Völkerrecht sowie im Deutschen Staats- und Lehnrecht* (= Wissenschaftliche Abhandlungen der Arbeitsgemeinschaft für Forschung des Landes Nordrhein-Westfalen, Bd. 28), Köln-Opladen 1964.

ken, als ob Geist des Aufruhrs und Aufklärung einerlei sei".[12] Die Aufklärung wird also gegen den Vorwurf, die Französische Revolution herbeigeführt zu haben, verteidigt. Auch nach Svarez waren es die Mißstände im französischen Staatswesen, die die Französische Revolution herbeigeführt haben, nicht aber die Aufklärungsphilosophen.[13]

Die preußischen Reformer sahen dagegen in der Aufklärung das Mittel, dem politischen und verfassungsrechtlichen Fortschritt zu dienen, ohne daß eine revolutionäre Veränderung der Staatsform erforderlich würde. In dem erwähnten Werke läßt Ernst Ferdinand Klein im 8. Gespräch Kriton (Svarez) zur Bedeutung der Aufklärung für das Staatswesen folgendes sagen: „Auf der einen Seite wird sie (die Aufklärung) machen, daß nicht nur die Fürsten selbst, sondern auch ihre Diener die Pflichten, welche sie dem Staate schuldig sind, besser kennen und weniger Anlaß zur Unzufriedenheit geben werden. Auf der anderen Seite wird aber auch das Volk die Ruhe mehr lieben und weniger in die Torheit verfallen zu glauben, daß es nur seinen Herrn verändern dürfe, um eine utopische Glückseligkeit zu genießen . . . Kurz, wenn alles aufgeklärt wäre, würde die Regierung in den Gesetzen die Stützen ihrer Macht, und das Volk in der Obrigkeit den Schutz der bürgerlichen Freiheit ehren."[14]

In einem grundlegenden Vortrage vor der Mittwochsgesellschaft zu Berlin *„Über den Einfluß der Gesetzgebung in die Aufklärung"*, der am 1. April 1789, also noch während der Arbeit am Entwurfe des Gesetzbuches und vor der Verkündigung der Menschen- und Bürgerrechte (26. August 1789) gehalten worden ist, hat sich Carl Gottlieb Svarez mit dem Verhältnis von Aufklärung und Gesetzgebung beschäftigt.[15] Für Svarez steht fest, daß die Aufklärung den wichtigsten Einfluß auf die Güte und Vollkommenheit der Gesetzgebung habe; andererseits ist er der Meinung, „daß die Gesetzgebung unmittelbar und geradezu nur wenig zur Beförderung der Aufklärung tun könne". Aufklärung durch Gesetze befehlen zu wollen, enthalte einen Widerspruch: „Wehe der Aufklärung, wenn je ein Gesetzgeber sich einfallen läßt, sie zum Gegenstande selbst begünstigender Verordnungen zu machen."[16]

Svarez folgert dies aus der Gedanken- und Meinungsfreiheit, die er als eine Art von Grundrecht dem Staatsbürger zuerkennt. Er läßt den Eingriff in die Gedanken- und Meinungsfreiheit durch die Gesetzgebung nur dann zu, wenn

[12] Ernst Ferdinand Klein, *Freyheit und Eigenthum, abgehandelt in acht Gesprächen über die Beschlüsse der Französischen Nationalversammlung*, Berlin-Stettin 1790, S. 162.

[13] C.G. Svarez, *Vorträge* . . . , S. 497.

[14] E.F. Klein, *Freyheit und Eigenthum* . . . , S. 181.

[15] C.G. Svarez, *Vorträge* . . ., S. 634 ff.

[16] *A.a.O.*, S. 634.

die Gefahr einer unmittelbaren Verletzung der äußeren oder inneren Ruhe und Sicherheit der bürgerlichen Gesellschaft besteht. Es können sich nach seiner Anschauung Umstände ereignen, „wo der Gesetzgeber überwiegende Gründe hat oder wenigstens zu haben vermeint, die Äußerung von Meinungen und Urteilen über gewisse Gegenstände in engere Schranken ... einzuschließen. Aus diesem Gesichtspunkt können sich manche Gesetze, die auffallende Einschränkungen der Freiheit in diesem Stück zu entfalten scheinen, als bloße Zeitgesetze noch wohl verteidigen lassen." Er stellt hier den Begriff der *Zeitgesetze* auf, die er in einen Gegensatz zu den *Grundgesetzen* stellt, die den Gesetzgeber selbst an bestimmte Grundsätze des staatlichen Lebens binden: „Aber die allgemeine Gesetzgebung, deren Werk es ist, feste, sichere und fortdauernde Grundsätze über Recht und Unrecht festzustellen, die besonders in einem Staat, welcher keine eigentliche Grundverfassung hat, die Stelle derselben gewissermaßen ersetzen soll, die also für den Gesetzgeber selbst Regeln enthalten muß, denen er auch in bloßen Zeitgesetzen nicht zuwiderhandeln darf, die sich den stolzen Gedanken erlauben darf, die Wohlfahrt nicht bloß der gegenwärtigen, sondern auch künftiger Generationen zu befördern — diese kann und darf sich bei allen dergleichen Nebenrücksichten auf bloße temporelle Bedürfnisse oder Umstände nicht aufhalten. Ihr Geist und ihre Grundsätze müssen gleichsam die Feste [sein], in welche sich die durch Zeitgesetze gedrängte Freiheit zurückziehen und aus der sie unter günstigeren Umständen zur Wiedererlangung ihrer gekränkten Rechte mit gestärkten Kräften zurückkehren kann."[17]

Diese Ausführungen lassen ein rechtsstaatliches Programm der preußischen Rechtsreformer erkennen. Der Staat beruht auf bestimmten Rechtsgrundsätzen, durch die die Ausübung der Staatsgewalt grundgesetzlich gebunden wird. Die bürgerliche Freiheit ist grundgesetzlich gewährleistet. Sie kann zwar eingeschränkt, nicht aber aufgehoben werden, weil sie im Grundgesetz verankert ist. Svarez verwendet hier den Begriff des Grundgesetzes, der der deutschen Rechts- und Gesetzessprache schon seit dem 17. Jahrhundert bekannt war.[18] Inhaltlich aber ist der Begriff des Grundgesetzes bei Svarez etwas anderes als in der älteren Theorie und Praxis, die unter dem Grundgesetz einen Inbegriff von

[17] *A.a.O.*, S. 635 f.

[18] Der Begriff des Grundgesetzes begegnet in der Wahlkapitulation Ferdinands III. von 1636, Art. XIV („des Heil. Reichs Fundamental-Gesetz"), in: Christoph Ziegler, *Wahl-Capitulationes . . .*, Frankfurt am Mayn 1711, S. 132; wenig später spricht der Westfälische Frieden von 1648 von den „leges et constitutiones fundamentales Imperii", in: *Instrumentum Pacis Osnabr.*, Art. XVII, § 2. Siehe auch Jüngster Reichsabschied von 1654, § 4: „Des Hl. Reichs Fundamental-Satz- und Ordnungen", bei Karl Zeumer (Hrsg.), *Quellensammlung zur Geschichte der Deutschen Reichsverfassung in Mittelalter und Neuzeit*, 2. Aufl., Tübingen 1913, S. 432 und 447.

Normen verstand, der die bestehende staatliche Ordnung sicherstellen und vor allem die Rechte der Stände gewährleisten sollte. Grundgesetz im Sinne von Svarez aber bedeutete die Grundlegung des Staates und seiner Zwecke sowie die sich daraus ergebende Einschränkung der Macht der Regierung.

Diese neue Auffassung vom Grundgesetz beruhte auf der Naturrechtslehre der Aufklärung, die den Staat aus einem Staats- oder Gesellschaftsvertrag entstehen ließ. In Preußen finden wir diese Grundlegung von Staat und Staatsgewalt schon bei Friedrich d. Gr. Der König ging davon aus, daß die Menschen um der Ordnung und Wohlfahrt willen sich zu Gesellschaften zusammengeschlossen hätten, die Obrigkeiten einsetzten. Das Ziel dieses gesellschaftlichen Zusammenschlusses der Menschen war — ganz im Sinne der Humanitätslehre der Aufklärung — die Verwirklichung der irdischen Glückseligkeit der Gemeinschaft und des einzelnen, die damit zum Zweck des Staates erhoben wurde.[19]

Svarez war ebenfalls der Meinung, daß die Unzulänglichkeiten des Naturzustandes die Menschen veranlaßt haben, sich zu bürgerlichen Gesellschaften zusammenzuschließen, die man als Staaten bezeichnete. Die Rechtsstellung des Herrschers leitet sich aus einem Vertrage her, „durch welchen sich die Bürger des Staats den Befehlen des Regenten zur Beförderung ihrer eigenen gemeinschaftlichen Glückseligkeit unterworfen haben". Bei der Vereinigung der Menschen zu einer bürgerlichen Gesellschaft, die als Staat bezeichnet wird, haben diese keineswegs die Absicht gehabt, auf ihre natürliche Freiheit ganz zu verzichten und sich der Willkür eines unumschränkten Herrschers zu unterwerfen. Der Zweck der bürgerlichen Gesellschaft, also des Staates, war vielmehr nur der, „den Mängeln und Unvollkommenheiten des Naturzustandes abzuhelfen und die Freiheit der einzelnen soweit einzuschränken, als es notwendig ist, um die Freiheit aller zur Beförderung ihrer Glückseligkeit gegen Störungen und Beeinträchtigungen zu sichern". Svarez kommt daher zu dem Ergebnis: „Sicherheit des Eigentums und der Rechte für jeden einzelnen durch die vereinigten Kräfte aller, ungestörter Gebrauch der natürlichen Freiheit eines jeden, soweit damit die Sicherheit und Freiheit der übrigen bestehen kann, Erleichterung der Mittel und Gelegenheiten zur Beförderung des Privatwohlstandes durch Veranstaltungen zur Ausbildung des Verstandes und Herzens, wodurch allein Neigung und Bereitwilligkeit zur Erfüllung der Pflichten des Wohlwollens erreicht werden kann — das sind die großen und wichtigen Zwecke der bürgerlichen Gesellschaft, zu deren Erreichung sie dem Regenten die Macht, ihr

[19] Siehe hierzu H. Conrad, *Die geistigen Grundlagen* . . ., S. 19 ff., mit einschlägigem Schrifttum; ders., *Rechtsstaatliche Bestrebungen* . . ., S. 18 ff.

zu befehlen, übertragen und die Disposition über ihre vereinigten Kräfte seinen Händen anvertraut hat."[20]

Mit diesen Ausführungen des Verfassers des ALR von 1794 sind die Grundzüge des Verfassungsbildes gezeichnet, das dem preußischen Gesetzeswerk zugrundelag. Der Staat beruht auf einem Vertrage der Bürger, die sich zu einer bürgerlichen Gesellschaft (Staat) zusammengeschlossen haben (in AGB von 1791 Einl. § 77 als „bürgerliche Vereinigung" bezeichnet). Diese bürgerliche Gesellschaft hat dem Herrscher (Regenten) die staatliche Macht übertragen, die dieser mit Hilfe der ihm zustehenden Hoheitsrechte (sog. Majestätsrechte) ausübt. Der preußische Staat war mithin eine uneingeschränkte (absolute) Monarchie, in der sich alle staatliche Macht in der Person des Königs vereinigte. Aber die Untertanen waren nicht mehr, wie in der Zeit des Hochabsolutismus, dieser Staatsmacht schlechthin unterworfen. Der Herrscher war vielmehr an das Grundgesetz des Staates gebunden, nach dem die Wohlfahrt der Gemeinschaft und der einzelnen Zweck des Staates war.

Der Staat wurde nicht mehr durch den Fürsten verkörpert, wie es das Ludwig XIV. in den Mund gelegte Wort „L'État c'est moi" zum Ausdruck bringen sollte.[21] Er war auch nicht mehr das Werkzeug der Willkür des Herrschers, dieser vielmehr dessen erster Diener, wie es schon Friedrich d. Gr. und ihm folgend Joseph II. zum Ausdruck gebracht hatten, und wie es auch Schiller hervorhebt, der in 'Kabale und Liebe' den Major Ferdinand von Walter auf Lady Milfords Hinweis: „Diesen Degen gab Ihnen der Fürst" antworten läßt: *„Der Staat gab ihn mir durch die Hand des Fürsten"*. In diesem neuen Verfassungsbilde des aufgeklärten Absolutismus wurde der Staat gegenüber dem Herrscher verselbständigt. Herrscher und Staat schieden sich verfassungsrechtlich. Der Herrscher war zwar der alleinige Träger der staatlichen Hoheitsrechte, deren Ausübung jedoch durch die dem Staate vorgegebenen Zwecke beschränkt war.

Die grundlegenden Bestimmungen über die Verfassung des preußischen Staates am Ende des 18. Jahrhunderts sind im ALR II 13 enthalten *(Von den Rechten und Pflichten des Staates überhaupt)*. Hier wird unter *„Allgemeine Grundsätze"* aufgeführt:

§ 1. Alle Rechte und Pflichten des Staats gegen seine Bürger und Schutzverwandten vereinigen sich in dem Oberhaupte desselben.

§ 2. Die vorzüglichste Pflicht des Oberhauptes im Staat ist, sowohl die äußere

[20] C.G. Svarez, *Vorträge . . .*, S. 64 f.

[21] Fritz Hartung, *L'État c'est moi*, in: *Historische Zeitschrift*, Bd. 169 (1949), S. 1 ff., jetzt in: Ders., *Staatsbildende Kräfte der Neuzeit. Gesammelte Aufsätze*, Berlin 1961, S. 93—122.

als innere Ruhe und Sicherheit zu erhalten und einen jeden bei dem Seinigen gegen Gewalt und Störungen zu schützen.

§ 3. Ihm kommt es zu, für Anstalten zu sorgen, wodurch den Einwohnern Mittel und Gelegenheiten verschafft werden, ihre Fähigkeiten und Kräfte auszubilden und dieselben zur Beförderung ihres Wohlstandes anzuwenden.

§ 4. Dem Oberhaupte im Staate gebühren alle Vorzüge und Rechte, welche zur Erreichung dieser Endzwecke erforderlich sind.

Svarez hat die Gefahr, die in der uneingeschränkten Monarchie begründet lag, nicht verkannt. Der uneingeschränkte Monarch, so führt Svarez aus, kann sehr leicht zum Despoten werden, „weil kein Gegengewicht der Macht vorhanden ist, welches ihn einschränkte und hinderte, die in Händen habende Gewalt nach seinem Gutbefinden anzuwenden. Er wird aber nur Despot werden aus Mangel an Einsicht oder aus Schwäche des Charakters". Der zum Despot gewordene Herrscher verändert den Zweck des Gesellschafts- oder Staatsvertrages. Damit aber verliert er sein Recht als Oberhaupt des Staates und untergräbt den Grund der Verpflichtung seines Volkes zum Gehorsam gegenüber seinen Befehlen. Diese Stellung der Despoten beruht daher nicht mehr auf dem Rechte, sondern auf der Stärke. Doch: „Seine Stärke ist nichts und unbedeutend gegen die Stärke aller der Millionen, denen er befehlen will und die doch die Pflicht haben, ihm zu gehorchen."[22]

Es ist also letztlich die Einsicht und Charakterstärke des Herrschers, die diesen auf den rechten, d.h. verfassungsmäßigen Weg weisen und davon abhalten, sich dazu herzugeben, die erniedrigende Rolle eines Despoten zu spielen, der „in seiner inneren Staatsverwaltung nicht nach allgemeinen und gleichförmigen Grundsätzen, sondern nach bloßer Willkür zu Werke geht, . . . die ihm anvertraute Macht nicht zum Besten des Ganzen, sondern zur Befriedigung seiner Privatleidenschaft, es sei aus Eroberungssucht, Wollust, Geiz oder wie es sonst Namen haben mag, anwendet".[23]

Da nun die verfassungsmäßige Regierung in einem Staate mit uneingeschränkter Monarchie von der Einsicht und Charakterstärke des Herrschers abhängt, suchte Svarez gewisse Sicherungen in die Verfassung des Staates einzubauen, die es dem Herrscher zwar nicht unmöglich machen konnten, von dem verfassungsmäßigen Wege abzuweichen, jedoch ein solches Abweichen wesentlich erschweren sollten. Dieses Ziel sollte durch die Verankerung dreier Grundsätze erreicht werden, die teilweise aus der Regierungszeit Friedrichs d. Gr. übernommen werden konnten. Ihre Aufnahme in das Gesetzbuch gab diesen Grundsätzen den *Charakter eines Grundrechtskatalogs.*

[22] C.G. Svarez, *Vorträge . . .*, S. 476.
[23] *A.a.O.*, S. 475 f.

Mit ihrem Eintritt in die bürgerliche Gesellschaft wollten die Menschen keineswegs auf alle ihre natürlichen Rechte verzichten. Svarez betonte daher nachdrücklichst: „Diese natürlichen und unveräußerlichen Rechte bleiben also dem Menschen auch nach seinem Übergange in die bürgerliche Gesellschaft, und es gibt keine gesetzgebende Macht, die ihn deren zu berauben berechtigt wäre. Dies sind also die Schranken der gesetzgebenden Macht."[24]

Svarez hält den Staat nur insoweit für berechtigt, in die natürliche Freiheit des Menschen einzugreifen, als der „Zweck des Staats, d.h. die Erhaltung und Befestigung der gemeinen Ruhe und Sicherheit, die Erleichterung und Begünstigung der Mittel, wodurch einem jeden einzelnen die Gelegenheit verschafft werden kann, seine Privatglückseligkeit ohne Beeinträchtigung und Beleidigung anderer zu befördern und die Aufrechterhaltung der Staatsverbindung selbst als der notwendigen Bedingung, unter welcher nur jene Zwecke erreicht werden können",[25] es erfordert. „Hier ist also Zweckmäßigkeit der Gesetze das höchste Ideal der gesetzgebenden Macht im Staat, und sie ist vermöge des bürgerlichen Vertrages schuldig, alle Vorschriften, die sie gibt, nach dieser höchsten Regel der Zweckmäßigkeit einzurichten."[26]

Svarez schneidet schließlich auch die schwierige Frage an, ob den Untertanen ein Recht zusteht, den Gesetzen den Gehorsam zu verweigern, weil diese dem Staatszweck nicht angemessen erscheinen. Grundsätzlich wird ein solches Recht des Ungehorsams gegen ein ungerechtes Gesetz den Untertanen nicht zuerkannt. Doch gibt es nach Svarez eine Schranke für den Gesetzgeber, bei deren Überschreitung die Pflicht der Untertanen zum Gehorsam gegenüber den Gesetzen entfällt: „Der Staat kann verbieten, daß ein Mensch diese oder jene seiner Fähigkeiten und Kräfte zu diesem oder jenem Gebrauche nicht anwenden soll, aber er kann nicht verbieten, daß er seine Fähigkeiten und Kräfte überhaupt und besonders seine höheren Seelenkräfte ausbilde, daß er nach der Wahrheit strebe und dem vom Schöpfer in seine Seele gelegten Triebe zur Erkenntnis der Wahrheit nach Möglichkeit Genüge leistet. Solche Gesetze ist kein Staat seinen Mitgliedern vorzuschreiben berechtigt, und keines dieser Mitglieder ist solchen Gesetzen Gehorsam zu leisten verpflichtet."[27]

Das *Allgemeine Gesetzbuch für die Preußischen Staaten von 1791,* also die erste Fassung des Gesetzes, hat in der Einleitung die Gewährleistung der natürlichen Freiheit in Verbindung mit der Festlegung des Staatszweckes hervorgehoben:

§ 77. Das Wohl des Staats überhaupt und seiner Einwohner insbesondere ist

[24] *A.a.O.*, S. 585.

[25] *A.a.O.*, S. 586.

[26] *Ebda.*

[27] *Ebda.*

der Zweck der bürgerlichen Vereinigung und das allgemeine Ziel der Gesetze.

§ 78. Das Oberhaupt des Staats, welchem die Pflichten zur Beförderung des gemeinschaftlichen Wohls obliegen, ist die äußeren Handlungen aller Einwohner diesem Zwecke gemäß zu leiten und zu bestimmen berechtigt.

§ 79. Die Gesetze und Verordnungen des Staats dürfen die natürliche Freiheit und Rechte der Bürger nicht weiter einschränken, als es der gemeinschaftliche Endzweck erfordert.

Die Gewährleistung der Unabhängigkeit der Rechtspflege

Obwohl die Rechtsprechung zu den anerkannten Hoheitsrechten des absoluten Herrschers gehörte, und es diesem daher zustand, an Stelle der Gerichte selbst Recht zu sprechen, hatte Friedrich d. Gr. auf dieses Recht verzichtet. In seinem politischen Testament von 1752 hatte er zum Audruck gebracht: „Ich habe mich entschlossen, niemals in den Lauf des gerichtlichen Verfahrens einzugreifen; denn in den Gerichtshöfen sollen die Gesetze sprechen, und der Herrscher soll schweigen."[28]

Diese Verselbständigung der Rechtspflege gegenüber dem Herrscher, dem Träger der Gerichtshoheit, warf das Problem des sog. Machtspruches auf, d.h. des Eingriffes des Herrschers in die Rechtspflege, wenn er dies für notwendig hielt. Ein solcher Eingriff war rechtmäßige Ausübung eines Hoheitsrechtes, der Gerichtshoheit, also einer staatlichen Macht, und wurde daher als Machtspruch bezeichnet. Seit dem 18. Jahrhundert wurde in der allgemeinen Rechtsauffassung ein solcher Eingriff in die Rechtsprechung in steigendem Maße als gesetzes- und verfassungswidrig angesehen. Friedrichs d. Gr. Erklärung über die Selbständigkeit der Rechtspflege enthielt einen Verzicht auf den Machtspruch. Doch hat der König sich an den von ihm selbst verkündeten Grundsatz nicht immer gehalten. In einer Ansprache vor dem preußischen Kronprinzen Friedrich Wilhelm (III.) am 6. März 1792 erklärte der Kammergerichtsdirektor Leopold Friedrich von Kircheisen (1749—1825), daß Friedrich der Große oft durch ungestümes Andringen zu Machtsprüchen verleitet worden sei, und betonte: *„Die gesittete Welt, dieses mächtige Tribunal, ist dahin übereingekommen, sich mit dem Worte Machtspruch Ungerechtigkeit als verschwisterte Idee zu denken."*[29]

[28] G.B. Volz (Hrsg.), *Die Werke . . .*, Bd. 7, Berlin 1912, S. 118.

[29] Vortrag des Kammergerichtsdirektors Kircheisen über die Entwicklung des Prozeßrechtes, gehalten vor dem Kronprinzen, 1792 März 6, in: Wilhelm Altmann (Hrsg.), *Ausgewählte Urkunden zur Brandenburgisch-Preußischen Verfassungs- und Verwaltungsgeschichte,* Bd. 1, *15.-18. Jahrhundert,* 2. Aufl., Berlin 1914, S. 495.

Trotz der hier zum Ausdruck gebrachten Anschauung eines hohen preußischen Richters, der einer weit verbreiteten Meinung Ausdruck verlieh, ist es in Preußen, wie auch in anderen deutschen Staaten, noch zu Machtsprüchen gekommen. Erst das Verbot der Kabinettsjustiz in den Verfassungen des 19. Jahrhunderts hat diesem Institut endgültig den rechtlichen Boden entzogen.

Bei Svarez begegnet das Verbot des Machtspruches in doppelter Gestalt: 1. als Verbot der Einmischung in ein schwebendes Verfahren, 2. als Verbot der Aufhebung oder Abänderung einer rechtskräftigen Entscheidung der Gerichte. Svarez hat das Machtspruchverbot nicht mit der damals aufkommenden Lehre von der Gewaltenteilung begründet. Das Verbot der Einmischung in ein schwebendes gerichtliches Verfahren ergab sich für Svarez aus dem Erfordernis größerer Sicherheit der Rechtspflege, deren Ausübung gewissenhaften und fachlich ausgebildeten Richtern, die nach den bestehenden Gesetzen zu urteilen haben, anvertraut werden müsse. Das Verbot der Aufhebung oder Abänderung einer rechtskräftigen Entscheidung der Gerichte diente der Sicherung der Rechte der einzelnen. Erst Kircheisen begründete in seiner Ansprache vor dem preußischen Kronprinzen von 1792 das Verbot des Machtspruches mit dem Hinweis auf Montesquieus Lehre von der Gewaltenteilung.[30]

Das Verbot des Machtspruches fand Aufnahme in das Allgemeine Gesetzbuch für die Preußischen Staaten von 1791 (Einleitung § 6. Machtsprüche und sonstige Verfügungen der obersten Gewalt, welche in streitigen Fällen ohne rechtliche Erkenntnis erteilt worden sind, bewirken weder Rechte noch Verbindlichkeiten). Das Verbot des Machtspruches bezog sich nur auf Rechtsstreitigkeiten in Zivilsachen.[31] Das landesherrliche Recht, Strafurteile zu bestätigen oder abzuändern, blieb unangefochten und fand im ALR von 1794 II 13 §§ 8/11 seinen Niederschlag. Dieses landesherrliche Recht wurde erst durch die Verfassungsgesetzgebung des 19. Jahrhunderts beseitigt. Dem Landesherrn verblieb nur das Recht der Begnadigung und Strafmilderung (Preußische Verfassung vom 31. Januar 1850, Art. 49, Abs. 1).

Gewährleistung einer den Staatszwecken entsprechenden Gesetzgebung

Das Recht der Gesetzgebung gehörte im absoluten Staat des 18. Jahrhunderts zu den Hoheitsrechten (Majestätsrechten) des Herrschers. Das ALR von 1794 erklärt demgemäß in II 13 § 6: „Das Recht, Gesetze und allgemeine Polizeiverordnungen zu geben, dieselben wieder aufzuheben und Erklärungen

[30] Hierzu jetzt Gerd Kleinheyer, *Staat und Bürger im Recht. Die Vorträge des Carl Gottlieb Svarez vor dem preußischen Kronprinzen (1791 bis 1792)* (= Bonner Rechtswissenschaftliche Abhandlungen, Bd. 47), Bonn 1959, S. 76 ff.

[31] *A.a.O.*, S. 87.

darüber mit gesetzlicher Kraft zu erteilen, ist ein Majestätsrecht.“ Gleichwohl hatte Friedrich d. Gr. eine Einschränkung seines Gesetzgebungsrechtes vollzogen. Durch Patent vom 29. Mai 1781 unterwarf er die Gesetzgebung einer Beschränkung in der Weise, daß die Wirksamkeit eines vom König vollzogenen Gesetzes von der gutachtlichen Äußerung der fachmännisch zusammengesetzten Gesetzgebungskommission abhängig gemacht wurde (§ 14: „Es soll daher... die Gesetz-Kommission niemals übergangen, sondern jedesmal zuvor mit ihrem Gutachten darüber vernommen, und keinem Edikt oder Reskript, welches nicht nach vorheriger Einforderung dieses Gutachtens zu Unserer Allerhöchsten Vollziehung gebracht worden, irgend eine gesetzliche Kraft beigelegt werden.“). Zutreffend hat Conrad Bornhak zu dieser Maßnahme des Königs gesagt: „Der absolute Herrscher band sich hier an gewissermaßen konstitutionelle Formen bei der Ausübung seines Gesetzgebungsrechtes, an die allerdings nur gutachtliche Äußerung einer Behörde derart, daß die Nichtbeachtung der vorgeschriebenen Formen selbst das von ihm vollzogene Gesetz nichtig machte.“[32]

Die gutachtliche Mitwirkung der Gesetz-Kommission sollte der Gefahr vorbeugen, daß der Herrscher die Rechtmäßigkeit und Nützlichkeit des vorgeschlagenen Gesetzes nicht vollständig nach allen Seiten hin prüfte oder wohlerworbene Rechte seiner Untertanen kränkte.[33] Folgerichtig wurde daher auch die rückwirkende Anwendung der Gesetze untersagt. Das Allgemeine Gesetzbuch für die Preußischen Staaten von 1791 hat dieser neuen Zielsetzung des aufgeklärten Absolutismus in Preußen Rechnung getragen und in der Einleitung §§ 10/12 folgende Regelung über die Abfassung von Gesetzen getroffen:

§ 10. Ein jeder Entwurf zu einer neuen Verordnung, durch welche die besonderen Rechte und Pflichten der Bürger bestimmt oder die gemeinen Rechte abgeändert, ergänzt oder erklärt werden sollen, muß vor der Vollziehung der Gesetzkommission zur Prüfung vorgelegt werden.

§ 11. Die Gesetzkommission muß, außer der Rücksicht auf die bereits vorhandenen Gesetze und Rechte, ihr Gutachten zugleich auf die Billigkeit und

[32] Conrad Bornhak, *Preußische Staats- und Rechtsgeschichte*, Berlin 1903, S. 261.

[33] Svarez sah in der Mitwirkung der Gesetzkommission auch ein Gegengewicht gegen den Ministerialdespotismus, der nach seiner Ansicht in Frankreich zum Ausbruch der Revolution wesentlich beigetragen hatte: „Da auf diesem Wege der unparteiischen Stimme der Wahrheit und des gemeinen Besten der Zugang zu den Ohren des Monarchen immer offenbleibt und der Ministerialdespotismus in dieser Einrichtung so lange ein unüberwindliches Gegengewicht findet, als nur der Monarch über der Beobachtung dieser Grundsätze mit Festigkeit und Nachdruck halten will. Daß er es aber wolle, dazu fordert ihn sein eigenes Interesse auf, weil dadurch seine rechtmäßige Gewalt nicht im geringsten geschwächt, wohl aber die Grundlage derselben immer mehr verstärkt und befestigt wird“ (C.G. Svarez, *Vorträge* . . ., S. 480).

Nutzbarkeit der vorgeschlagenen neuen Verordnung richten und eine deutliche Fassung des zu gebenden Gesetzes in Vorschlag bringen.

§ 12. Ein ohne dergleichen Prüfung bekanntgemachtes Gesetz ist in Ansehung des dadurch beeinträchtigten Staatsbürgers unverbindlich und ohne Wirkung.

§ 18. Neue Gesetze können auf schon vorhin vorgefallene Handlungen und Begebenheiten nicht angewendet werden.

Mit der Anerkennung dieser drei Grundsätze im Allgemeinen Gesetzbuch für die Preußischen Staaten von 1791 war eine grundgesetzliche und grundrechtliche Regelung getroffen worden, wie sie für einen Staat mit einer absoluten, d.h. uneingeschränkten Monarchie des ausgehenden 18. Jahrhunderts erstaunlich ist. Zwar vereinigte sich alle Staatsmacht in der Person des Monarchen. Aber diese Staatsmacht war gebunden durch die naturrechtliche Grundlegung des Staates in der diesem vorgegebenen Ordnung der Zwecke. Diese Bindung an die vorgegebene Ordnung der Zwecke des Staates schloß Willkürhandlungen des Monarchen aus, wenn dieser sich nicht das Odium der Rechts- und Verfassungsverletzung aufladen wollte. Zutreffend läßt Schiller den Major Ferdinand von Walter die Frage stellen: „Kann der Herzog Gesetze der Menschheit verdrehen oder Handlungen münzen wie seine Dreier?"

Der Gegenstoß der gegen das neue Gesetzbuch und dessen Geist gerichteten Bewegung, die von dem schlesischen Justizminister Adolf Frhr. von Danckelmann (1736—1807) geführt wurde, traf in erster Linie diesen Grundrechtskatalog des Allgemeinen Gesetzbuches für die Preußischen Staaten von 1791, der bei der Überarbeitung des Gesetzbuches gestrichen wurde. Das Allgemeine Landrecht für die Preußischen Staaten von 1794 kennt daher nicht mehr die natürliche Freiheit und die Rechte der Bürger, die durch Gesetze und Verordnungen nicht weiter eingeschränkt werden dürfen, als es der gemeinschaftliche Endzweck der bürgerlichen Vereinigung erfordert (AGB Einl. § 79). Das Verbot des Machtspruches ist gefallen. Die beratende Mitwirkung der Gesetzkommission bei der Schaffung neuer Gesetze und Verordnungen ist zwar aufrechterhalten worden. Die Vorschrift über die Beschränkung der Wirksamkeit eines ohne diese Mitwirkung zustandegekommenen Gesetzes aber ist beseitigt. Das Verbot der rückwirkenden Anwendung neuer Gesetze bestand dagegen weiter (ALR Einl. §§ 6/9, 14).

Erhalten blieb dagegen die grundgesetzliche Regelung der Staats- und Regierungsform im 2. Teil, 13. Titel, §§ 1 ff., so daß das ALR von 1794 immer noch eine gesetzliche Grundlegung der durch vorgegebene Zwecke der staatlichen Gemeinschaft gebundenen absoluten Monarchie aufweist.

Einzelperson und Gemeinschaft

Der Wegfall des erwähnten Grundrechtskatalogs hatte zur Folge, daß die Einzelperson in ihrer rechtlichen Stellung im ALR von 1794 stärker zurücktrat, als es die theoretische Grundlegung von Staat und Recht durch die Rechtsreformer vorgesehen hatte. Das ALR kannte keine Vorschrift mehr, die daran erinnerte, daß nach der Auffassung der Schöpfer des Gesetzeswerkes der Staat durch einen bürgerlichen Vertrag freier Menschen geschaffen worden sein sollte, deren natürliche Freiheit und Rechte daher die Grundlage des Staates bilden mußten. Die naturrechtliche Grundlegung des Staates und Rechtes hatte noch im Allgemeinen Gesetzbuch von 1791 der natürlichen Freiheit und den Rechten des einzelnen eine Sicherung gegen staatliche Maßnahmen gewährleistet. Diese sollten nur insoweit eingeschränkt werden dürfen, als es der gemeinschaftliche Endzweck der bürgerlichen Vereinigung erforderte. (Einl. § 79). Nur als Rest naturrechtlichen Denkens klingt in der Einleitung zum ALR § 75 der Satz an, daß der Staat denjenigen, der seine besonderen Rechte und Vorteile dem Wohle des gemeinen Wesens aufzuopfern genötigt wird (vgl. ALR Einl. § 73/74), zu entschädigen verpflichtet sei.

Nunmehr trat im ALR von 1794 die Macht des Staates stärker in den Vordergrund. Zwar sollte der Staat nur zur Erfüllung der ihm gesetzten Zwecke tätig werden (II 13 §§ 2/4): zur Erhaltung der äußeren und inneren Ruhe und Sicherheit sowie zur Förderung der Wohlfahrt der Gemeinschaft und des einzelnen (II 13 §§ 2/3). Gerade der letztere Zweck und die Vielzahl der dem Oberhaupte des Staates eingeräumten Hoheitsrechte (Majestätsrechte) schlossen die Gefahr einer Beeinträchtigung der Rechte der Einzelpersonen in sich. Die natürliche Freiheit und die Rechte der Bürger waren demgegenüber nicht mehr grundgesetzlich gesichert.[34]

Ebensowenig wie das ALR von 1794 den *Begriff der Freiheit des Bürgers* kennt, hat es den Grundsatz der Gleichheit zur Anerkennung gebracht. Die jahrhundertealte feudal-ständische Ordnung hat im ALR von 1794 noch einmal einen umfassenden gesetzlichen Niederschlag gefunden. Es hob den Adel als bevorrechtigten Stand vom Bürgertum deutlich ab und errichtete zwischen

[34] Der Begriff der Polizei war im ALR keineswegs auf die Gefahrenabwehr beschränkt, da ALR II 17 § 10 nur die Befugnis der Polizeibehörden einschränkte. Hierzu siehe grundlegend G. Kleinheyer, *Staat und Bürger . . .*, S. 114. Zutreffend Harald Schinkel, *Polizei und Stadtverfassung im frühen 19. Jahrhundert*, in: *Der Staat*, Bd. 3 (1964), S. 318, zum Urteil des preußischen Oberverwaltungsgerichtes im sog. „Kreuzbergfall“: „Die Rechtsgrundlage für die im Urteil erneuerte sachliche Verbindlichkeit einer Bestimmung des ALR bildete nämlich nicht der königliche Gesetzesbefehl von 1794, sondern die allgemeine Rechtsüberzeugung des späteren 19. Jahrhunderts.“

beiden Ständen rechtliche Schranken, die sich vor allem im Eherecht (Beschränkung der Eheschließung zwischen Angehörigen beider Stände), im Eigentumsrecht (Adelsgüter grundsätzlich nur dem Adel, städtische Grundstücke den Bürgern vorbehalten) sowie im Berufs- und Gewerberecht (Unterscheidung zwischen adliger und bürgerlicher Berufstätigkeit) auswirkten (ALR II 8. Vom Bürgerstande; 9. Von den Pflichten und Rechten des Adelsstandes).

Von diesen beiden Ständen unterschied sich der Bauernstand noch besonders dadurch, daß sich in ihm von einem Gutsherrn persönlich abhängige Landbewohner befanden, die zwar nach der Vorschrift des ALR II 7 § 147 „außer der Beziehung auf das Gut, zu welchem sie geschlagen sind, in ihren Geschäften und Verhandlungen als freie Bürger des Staats anzusehen sind". Doch spricht das Gesetz von den „herrschaftlichen Rechten über dergleichen Leute" (ALR II 7 § 91), die die persönliche Freiheit beeinträchtigen (ALR II 7 §§ 150 ff.). Die sog. Erbuntertänigkeit war trotz des gegenteiligen Ausspruches des Gesetzes ein Rest der ehemaligen Leibeigenschaft (vgl. ALR II 7 § 148).

Mithin kam das ALR von 1794 keineswegs den grundlegenden Forderungen seiner Zeit nach Freiheit und Gleichheit aller Staatsbürger entgegen, wie sie die *Virginia Bill of Rights* vom 12. Juni 1776 und die *Déclaration des droits de l'homme et du citoyen* vom 26. August 1789 geprägt hatten. Zwar hat sich Svarez mit diesen Grundforderungen auseinandergesetzt. Er ging davon aus, daß im Stande der Natur alle Menschen gleich seien, da ein jeder befugt sei, sein eigenes Wohl ohne Kränkung der Rechte eines anderen zu suchen und zu befördern. Mit dem Eintritt in die bürgerliche Gesellschaft aber tritt der Mensch unter die staatlichen Gesetze, die keine Gleichheit kennen. Die auf Geburt und Stand beruhenden Unterschiede in der rechtlichen Stellung der Menschen, wie das ALR von 1794 sie kennt, haben daher ihren Ursprung im staatlichen Rechte, nicht aber im Naturrechte. So konnten die persönliche Unfreiheit und die bürgerliche Ungleichheit im ALR von 1794 unangefochten bestehen bleiben, auch wenn nach der Ansicht der Schöpfer des Gesetzeswerkes die aus dem Naturzustande der Freiheit in den bürgerlichen Zustand freiwillig herübertretenden Menschen die staatliche Ordnung selbst geschaffen haben.[35] In Wahrheit war es ein Widerspruch zu der naturrechtlichen Grundlegung der bürgerlichen Gesellschaft, wenn das ALR in I 1 erklärte:

[35] Vgl. C.G. Svarez, *Vorträge . . .*, S. 261: „Der Unterschied der Rechte und Pflichten, welcher aus der Geburt entsteht, gründet sich nicht im Naturrechte, welches den Unterschied zwischen ehelichen und unehelichen, freien und untertänigen, adligen und unadligen Kindern nicht kennt, sondern er beruht auf positiven Gesetzen des Staats." *A.a.O.*, S. 263: „Alle diese Standesrechte haben das miteinander gemeinsam, . . . daß sie nur auf positiven Gesetzen des Staats beruhen, da die Natur keinen Unterschied der Stände kennt."

§ 2. Die bürgerliche Gesellschaft besteht aus mehreren kleineren, durch Natur oder Gesetz oder durch beide zugleich verbundene Gesellschaften oder Stände.

§ 6. Personen, welchen vermöge ihrer Geburt, Bestimmung oder Hauptbeschäftigung gleiche Rechte in der bürgerlichen Gesellschaft beigelegt sind, machen zusammen einen Stand des Staats aus.

§ 7. Die Mitglieder eines jeden Standes haben als solche, einzeln betrachtet, gewisse Rechte und Pflichten.

Es gab daher im ALR von 1794 keine Regelung der Rechtsstellung der Einzelperson an sich, infolgedessen auch *keine allgemeine Rechtsfähigkeit,* deren Begriff sich eben damals im französischen und österreichischen Recht entwickelte. Der Ausspruch des Gesetzes in I 1 § 1: „Der Mensch wird, insofern er gewisse Rechte in der bürgerlichen Gesellschaft genießt, eine Person genannt", sagt noch nichts über die allgemeine Rechtsstellung der Einzelperson aus.[36] Erst die Reform des Frhr. vom Stein hat in dem *Edikt, betr. den erleichterten Besitz und den freien Gebrauch des Grundeigentums sowie die persönlichen Verhältnisse der Landbewohner vom 9. Oktober 1807* (GS 1806/10, S. 170) mit dem Abbau der überlieferten ständischen Ordnung begonnen und den erbuntertänigen Bauern die persönliche Freiheit gegeben. § 12 des Ediktes bestimmte, daß es nach dem Martinitage 1810 nur freie Leute gäbe. Das Gesetz beseitigte auch die ständischen Schranken beim Grundeigentum und proklamierte damit den Grundsatz der Grundverkehrsfreiheit.[37]

Man würde dem ALR von 1794 jedoch nicht gerecht, wenn man nicht hervorheben würde, daß der Gesetzgeber in der *Proklamation der Glaubens- und Gewissensfreiheit* besonders fortschrittlich gewesen ist. Hier konnten die Schöpfer des Gesetzeswerkes wieder an die Praxis des friderizianischen Staates anknüpfen, in dem die Freiheit der Religion schon weitgehend anerkannt war. Ihren gesetzlichen Niederschlag aber fand die religiöse Toleranz erst in dem *Edikt vom 9. Juli 1788, die Religionsverfassung in den preußischen Staaten betreffend,* das nach seinem eigentlichen Urheber, Johann Christoph Woellner (1732 bis 1800), auch Woellnersches Religionsedikt genannt wird.

Das Religionsedikt von 1788 sollte zwar die Errungenschaften der Aufklärung auf religiösem Gebiet, die religiöse Toleranz und Parität, in den preußi-

[36] Vgl. Hermann Conrad, *Individuum und Gemeinschaft in der Privatrechtsordnung des 18. und beginnenden 19. Jahrhunderts* (= Juristische Studiengesellschaft Karlsruhe, Schriftenreihe, H. 18), Karlsruhe 1956, S. 13 ff.

[37] Hermann Conrad, *Freiherr vom Stein als Staatsmann im Übergang vom Absolutismus zum Verfassungsstaat,* in: *Osteuropa und der deutsche Osten,* Reihe 1, Heft 4, Köln-Braunsfeld 1958, S. 20.

schen Staaten zur gesetzlichen Anerkennung bringen, sich zugleich aber gegen die geistige Bewegung der Aufklärung innerhalb der Kirche wenden, weil sie die kirchliche Lehre zu zersetzen drohte.[38] Bei dem überaus starken Einfluß der Aufklärung in Preußen konnte das Religionsedikt nicht unangefochten bleiben, zumal sich auf Grund dieses Ediktes die berüchtigte *cause célèbre* des Predigers Schulz aus Gielsdorf (des sog. Zopfschulz wegen seiner Haartracht) entwickelte, in deren Verlauf Friedrich Wilhelm II. sich ähnlich wie sein Vorgänger zu einem Machtspruch gegenüber dem Kammergericht hinreißen ließ.

In seinen Kronprinzenvorträgen hat Svarez die Grundsätze der Religionsverfassung dargelegt, wie sie in der preußischen Regierungspraxis ausgebildet worden waren und schließlich in das Gesetzbuch Aufnahme gefunden haben.[39] Das ALR enthielt im 2. Teil, 11. Titel: *Von den Rechten und Pflichten der Kirchen und geistlichen Gesellschaften,* die Proklamation der Glaubens- und Gewissensfreiheit in vollem Umfange, ging also weiter als das Woellnersche Religionsedikt von 1788. Es bestimmte im einzelnen:

§ 1. Die Begriffe der Einwohner des Staats von Gott und göttlichen Dingen, der Glaube und der innere Gottesdienst können kein Gegenstand von Zwangsgesetzen sein.

§ 2. Jedem Einwohner im Staate muß eine vollkommene Glaubens- und Gewissensfreiheit gestattet werden.

§ 3. Niemand ist schuldig, über seine Privatmeinungen in Religionssachen Vorschriften vom Staate anzunehmen.

§ 4. Niemand soll wegen seiner Religionsmeinungen beunruhigt, zur Rechenschaft gezogen, verspottet oder gar verfolgt werden.

§ 40. Jedem Bürger des Staats, welchen die Gesetze fähig erkennen, für sich selbst zu urteilen, soll die Wahl der Religionspartei, zu welcher er sich halten will, frei stehen.

Entgegen dieser weitgehenden Proklamation der Glaubens- und Gewissensfreiheit hielten der König und sein Minister Woellner an dem in seiner Grundhaltung engeren Religionsedikt von 1788 fest, obwohl ernsthafte Zweifel bestehen mußten, ob das Edikt nicht durch die neue Kodifikation außer Kraft gesetzt worden sei. Erst der Thronwechsel des Jahres 1797 und die Entlassung Woellners im folgenden Jahre führten einen grundlegenden Wandel herauf. Wohl eingedenk der Ausführungen seines Lehrers Svarez in den Kronprinzenvorträgen ließ Friedrich Wilhelm II. das Religionsedikt stillschweigend fallen.

[38] Fritz Valjavec, *Das Woellnersche Religionsedikt und seine geschichtliche Bedeutung,* in: *Historisches Jahrbuch,* Bd. 72 (1952), S. 386 ff.

[39] C.G. Svarez, *Vorträge . . .,* S. 55 ff., S. 509 ff.

Die Glaubens- und Gewissensfreiheit des Allgemeinen Landrechtes hatte den Sieg über die konservativen Kräfte im preußischen Staate davongetragen.[40]

III

Schlußbetrachtung

Die Bedeutung des ALR von 1794 als Grundgesetz des preußischen Staates lag in erster Linie darin, daß mit dieser Kodifikation eine den Staat und seine Bürger umfassende Rechtsordnung geschaffen werden sollte. Dadurch wurde die bestehende Staatsverfassung, die absolute Monarchie, keineswegs beeinträchtigt.[41] Alle rechtlichen Festlegungen und Neuerungen wurden vielmehr im Rahmen der bestehenden Staatsverfassung vollzogen. Im Geiste der aufgeklärten naturrechtlichen Staatslehre wurden dem Staate festumrissene Endzwecke aufgegeben: Erhaltung der äußeren und inneren Ruhe und Sicherheit sowie Förderung der Wohlfahrt der Gemeinschaft und der einzelnen (ALR II 13 §§ 2/3). Daraus ergab sich notwendig eine rechtliche Regelung des Verhältnisses von Staat und Staatsbürger, deren natürliche Freiheit und Rechte die Verfasser des Gesetzes gegenüber zu weitgehenden Eingriffen des Staates sichern wollten (Allgemeines Gesetzbuch von 1791; Einl. § 79). Auch hier war an eine aktive Beteiligung der Staatsbürger an der Staatsgewalt nicht gedacht.

Erst die Reformbewegung des preußischen Staates nach dem Zusammenbruch der Jahre 1806/07 ging weiter, indem sie den Staatsbürger zur tätigen Mitarbeit am Staatswesen heranziehen wollte. Doch blieb man auch hier im Rahmen der bestehenden Staatsverfassung. Die Stellung des absoluten Monarchen wurde nicht angetastet.[42]

[40] Zum Vorstehenden: Hermann Conrad, *Religionsbann, Toleranz und Parität am Ende des alten Reiches*, in: *Römische Quartalschrift für christliche Altertumskunde und Kirchengeschichte*, Bd. 56 (1961), S. 189 ff. Siehe auch Lothar Weber, *Die Parität der Konfessionen in der Reichsverfassung von den Anfängen der Reformation bis zum Untergang des alten Reiches im Jahre 1806*, Jur. Diss., Bonn 1961, S. 239 ff.

[41] Daher völlig verfehlt und ohne wirkliche Kenntnis der verfassungsgeschichtlichen Grundlagen Reinhart Koselleck, *Staat und Gesellschaft in Preußen 1815–1848*, in: Werner Conze (Hrsg.), *Staat und Gesellschaft im deutschen Vormärz, 1815–1848* (= Industrielle Welt, Bd. 1), Stuttgart 1962 [vgl. den Abdruck dieses Aufsatzes weiter oben in dieser Anthologie. D. Hrsg.], S. 80, nach dem die Grundrechte des ALR von 1794 weitgehend dem Grundrechtskatalog der ersten französischen Revolutionsverfassung entsprachen. In Anm. 3 zu S. 80 zitiert Koselleck Vorschriften des ALR und des Allgemeinen Gesetzbuches nebeneinander, als ob zwischen beiden Gesetzeswerken kein Unterschied bestanden habe, auf den er nur auf S. 81 in unzulänglicher Weise hinweist.

[42] Vgl. H. Conrad, *Freiherr vom Stein* . . ., S. 24 ff., und den dort angeführten Satz: „Heilig war mir und bleibe uns das Recht und die Gewalt unseres Königs."

Nach Konsolidierung der deutschen Verhältnisse durch den Wiener Kongreß durfte der preußische Staat auf dieser Stufe der Verfassungsentwicklung nicht stehen bleiben. Die Umgestaltung zu einem echten Verfassungsstaat war nunmehr erforderlich, zumal die süddeutschen Staaten (Bayern, Baden und Württemberg, nicht aber Österreich) diesen Weg beschritten, und in Preußen selbst der Gedanke der Volksvertretung und der Überwindung der altständischen Ordnung durch die sog. Steinsche Städteordnung vom 19. November 1808 für die städtische Verfassung nutzbar gemacht worden war (vgl. §§ 73 und 110).[43] Jetzt aber erwies sich als ein verhängnisvoller Fehler, daß die reaktionäre Bewegung in Preußen durch Ausmerzung des Grundrechtskataloges aus der preußischen Kodifikation der Staatsmacht ein ihr nicht mehr zukommendes Übergewicht gegeben hatte. Dadurch wurde es der preußischen Staatsführung möglich, die immer dringender erhobene Forderung nach Anerkennung der politischen Rechte der Staatsbürger unerfüllt zu lassen. In dieser Lage erhielt das ALR von 1794 den Charakter des perfekten Werkzeuges einer allmächtigen und zu keinen politischen Zugeständnissen bereiten Staatsführung. Die rechtsstaatliche Grundlegung des Gesetzes, das auf der individuellen Freiheit und den Rechten der Staatsbürger aufbaute, geriet allzuleicht in Vergessenheit. Die Einrichtung der Provinzialstände durch Gesetz vom 5. Juni 1823 „im Geiste der älteren deutschen Verfassungen“ erfüllte keineswegs die Forderung des bürgerlichen Liberalismus nach einer echten Vertretung des Volkes (Repräsentativverfassung). Als diese endlich um die Mitte des Jahrhunderts zustandekam, war nicht nur wertvolle Zeit ungenutzt verstrichen, sondern auch das Vertrauen des Volkes weitgehend erschüttert.

Diese verfassungsrechtliche Entwicklung kann den Schöpfern des ALR von 1794 nicht zur Last gelegt werden. Sie war das Werk der allzu beharrenden Kräfte im preußischen Staate. Das Bild der Verfassung des preußischen Staates, das den Rechtsreformern vorschwebte und das sie in der Kodifikation verwirk-

[43] *Ordnung für sämtliche Städte der Preußischen Monarchie . . .*, in: *Novum Corpus Constitutionum . . .*, Bd. 12, Berlin 1822; *Gesetz-Sammlung für die Königlich preußischen Staaten, 1806/10,* S. 324 ff.:

§ 73: Die Wahl der Stadtverordneten nach Ordnungen, Zünften und Korporationen in den Bürgerschaften wird dagegen völlig aufgehoben. Es nehmen an den Wahlen alle stimmfähigen Bürger Anteil, und es wirkt jeder lediglich als Mitglied der Stadtgemeinde ohne alle Beziehung auf Zünfte, Stand, Korporation und Sekte.

§ 110: Das Gesetz und ihre [d.h. der Stadtverordneten] Wahl sind ihre Vollmacht, ihre Überzeugung und ihre Ansicht vom gemeinen Besten der Stadt, ihre Instruktion, ihr Gewissen aber die Behörde, der sie deshalb Rechenschaft zu geben haben. Sie sind im vollsten Sinne Vertreter der ganzen Bürgerschaft, mithin so wenig Vertreter des einzelnen Bezirks, der sie gewählt hat, noch einer Korporation, Zunft, etc., zu der sie gehören.

lichen wollten, hat Carl Gottlieb Svarez in seinen Kronprinzenvorträgen mit folgenden Worten geschildert: „Die regelmäßigste Ordnung in der ganzen Staatsverfassung, die strengste Aufsicht auf die prompte und unparteiische Rechtspflege, die stets wachsame Vorsorge, daß nicht ein Stand, eine Klasse der Nation die Rechte der anderen schmälere, daß der ärmere und niedrigere von seinen reichen und mächtigen Mitbürgern nicht unterdrückt werde, die unermüdete Sorgfalt für Gründung und Unterstützung gemeinnütziger Anstalten, wodurch der Wohlstand der Particuliers befördert, wodurch der Landbau, Manufakturen und Fabriken in Aufnahme gebracht werden können, die Achtung für die bürgerliche Freiheit, für die Rechte und das Eigentum der Untertanen, endlich die vollkommenste Religions- und Gewissensfreiheit — dies sind die Grundsäulen des Systems der preußischen Staatsverfassung."[44]

[44] C.G. Svarez, *Vorträge . . .*, S. 89.

XXI

Kammergericht und Rechtsstaat
Eine Erinnerungsschrift*

EBERHARD SCHMIDT

„Il y a des juges à Berlin“

I

Die ersten urkundlichen Erwähnungen[1]

Wann unter dem Namen „Kammergericht“ dasjenige Gericht *gegründet* worden ist, von dem aus eine sichere historische Kontinuität zum heutigen Berliner Kammergericht urkundlich festgestellt werden könnte, das dürfte sich auf Jahr und Tag nicht mehr feststellen lassen.

1. In der Dezember-Nummer der Deutschen Rechtszeitschrift, Jahrgang 1948, hat Senatspräsident *W. Gottschick* „zum 575jährigen Bestehen des Kammergerichts“ einen kurzen Abriß der Geschichte des Kammergerichts veröffentlicht.[2] *Gottschick* hat also die Anfänge des Kammergerichts in das Jahr 1373 verlegt, ohne sich freilich auf eine das Kammergericht betreffende Urkunde aus

* Zuerst erschienen als Heft 31 der *Schriftenreihe der Juristischen Gesellschaft e.V. Berlin*, Berlin 1968. Hier kommen die Seiten 1—4 und 16—45 zum Wiederabdruck.

[1] Die nachstehende Schrift möchte ich nicht mit einem alle Einzelheiten belegenden literarischen Apparat versehen. Vgl. zu den Belegen insgesamt Otto Hintze, *Die Hohenzollern und ihr Werk. Fünfhundert Jahre vaterländischer Geschichte*, Berlin 1915; Hans-Joachim Schoeps, *Preußen. Geschichte eines Staates*, 6. Aufl., Berlin 1967; Johannes Schultze, *Die Mark Brandenburg*, 5 Bde., Berlin 1961-1969. Für die Geschichte des Kammergerichts ist nach wie vor das vierbändige Werk von Friedrich Holze, *Geschichte des Kammergerichts in Brandenburg-Preußen*, Teil 1—4 (=Beiträge zur brandenburg-preußischen Rechtsgeschichte, Bd. 1, 2, 5, 6), Berlin 1890—1904, von grundlegender Bedeutung. Auch die Werke von Adolf Stölzel, *Brandenburg-Preußens Rechtsverwaltung und Rechtsverfassung dargestellt im Wirken seiner Landesfürsten und obersten Justizbeamten*, Bd. 1 u. 2, Berlin 1888, sowie Ders., *Fünfzehn Vorträge aus der Brandenburgisch-Preußischen Rechts- und Staatsgeschichte*, Berlin 1889, und Ders., *Die Entwicklung der gelehrten Rechtssprechung*, Bd. 1 u. 2, Berlin 1901—1910, haben bleibende Bedeutung. Von meinen eigenen Arbeiten zur Geschichte des brandenburgisch-

diesem Jahre stützen zu können. Freilich hat mit dem Jahre 1373 eine für die Verwaltung und Rechtspflege der Mark Brandenburg bedeutsame Zeit begonnen. Die Hausmachtpolitik Kaiser Karls IV. lockte zu dem Bestreben, die Mark Brandenburg dem böhmischen Königreich zu inkorporieren. Dies veranlaßte Karl IV. seit 1373 zu häufigen Aufenthalten in der Mark. Tangermünde sollte seit 1374 zu einer festen Residenz ausgebaut und ausgestaltet werden. Die unruhigen Verhältnisse des Landes, geschürt immer wieder durch Fehden und Aufsässigkeiten frondierender märkischer Adelsgeschlechter, drängten zu strafferer Regierung und zu wirksamem Schutz des Landfriedens. So kam es 1373 und in den folgenden Jahren zu Zusammenkünften mit politisch wichtigen Nachbarfürsten und in den Jahren 1374 und 1377 zu bedeutenden Landfriedenseinigungen, im Zusammenhang damit aber auch zu einer strengen Ausübung der Gerichtsbarkeit im Interesse des Schutzes des Landfriedens. Soweit ritterbürtige Vasallen sich wegen Landfriedensbruch zu verantworten hatten, geschah das in dem vom Markgrafen selbst geleiteten, in seiner Hofhaltung veranstalteten „Hofgericht". Von dieser „hogesten dingstat" aber heißt es im Richtsteig Landrecht (Mitte des 14. Jahrhunderts): „dat is in des kemerers kamere, dat is tu tangermünde". Auch das Berliner Stadtbuch (1392) bezeichnet das am markgräflichen Hof gebildete Gericht als „kammerrecht". So ist durchaus anzunehmen, daß Karls IV. zu Tangermünde gehegtes Hofgericht auch als „kammerrecht" (d.h. „Kammergericht") bezeichnet worden ist. Die Hofhaltung des Markgrafen ist schon seit den Zeiten Albrechts des Bären als „Kammer" tituliert worden. Der Name Kammergericht weist also darauf hin, daß es sich um das höchste, vom Markgrafen selbst mit auserwählten Vasallen an seinem Hof gebildete Gericht handelt, das bei allen Residenzwechseln dem

preußischen Rechts erwähne ich: *Fiskalat und Strafprozeß. Archivalische Studien zur Geschichte der Behördenorganisation und des Strafprozeßrechtes in Brandenburg-Preußen* (=Veröffentlichungen des Vereins für Geschichte der Mark Brandenburg), München 1921; *Staat und Recht in Theorie und Praxis Friedrichs des Großen* (=Leipziger rechtswissenschaftliche Studien), Leipzig 1936; *Rechtsentwicklung in Preußen.* Mit einem Nachwort zum unveränderten Neudruck, Neudruck der 2. Aufl., Berlin 1929, Darmstadt 1961; *Rechtssprüche und Machtsprüche der preußischen Könige des 18. Jahrhunderts* (=Berichte über die Verhandlungen der Sächsischen Akademie der Wissenschaften, Bd. 95, Heft 3), Leipzig 1943; *Die Justizpolitik Friedrichs des Großen*, in: *Heidelberger Jahrbücher*, Bd. 6 (1962), S. 95—110; *Einführung in die Geschichte der deutschen Strafrechtspflege*, 3. Aufl., Göttingen 1965. Die gedruckten und ungedruckten Quellen, deren Benutzung ich in diesen meinen Arbeiten nachgewiesen habe, sind auch in der vorliegenden Arbeit herangezogen worden. Endlich möchte ich noch hinweisen auf Eduard Kern, *Geschichte des Gerichtsverfassungsrechts*, München-Berlin 1954, da hier der brandenburg-preußischen Rechtsentwicklung vielfach besondere Ausführungen gewidmet sind.

[2] W. Gottschick, *Zum fünfhundertfünfundsiebzigjährigen Bestehen des Kammergerichts*, in: *Deutsche Rechts-Zeitschrift*, Bd. 3 (1948), Heft 12, S. 453—457.

Markgrafen jeweils dorthin gefolgt ist, wohin er seine Hofhaltung verlegte.

Daß von einem „Kammergericht" in diesem Sinne nicht erst seit Karl IV., sondern schon vorher hat gesprochen werden können, werden wir annehmen dürfen. Die Anfänge verlieren sich aber im Dunkel der märkischen Geschichte; durch Urkunden wird sich dieses Dunkel kaum noch erhellen lassen.

2. Im Jahre 1913 hat Friedrich Holtze, der Historiograph des Kammergerichts, sein Werk „500 Jahre Geschichte des Kammergerichts" veröffentlicht.[3] Damit hat er die Entstehung des Kammergerichts in die Zeit zurückverfolgt, da der Hohenzoller Burgraf Friedrich von Nürnberg die „Hauptmannschaft" über die Mark Brandenburg ausübte, die ihm von dem Luxemburger König Sigmund am 8. Juli 1411 übertragen worden war und die ihm König Wenzel als König von Böhmen und als römischer König am 15. Dezember 1411 auf seine Bitte hin bestätigt hatte. Friedrichs *Belehnung* mit der Markgrafschaft und die Erwerbung der Kur- und Erzkämmererwürde ist bekanntlich erst am 30. April 1415 mit Vorbehalt, am 18. April 1417 endgültig erfolgt. Aber noch zur Zeit seiner „Hauptmannschaft", also als Verweser der Mark, ist Friedrich zwischen 1411 und 1415 wiederholt in der Mark erschienen. Er hat in diesen Jahren mit den frondierenden Adelsgeschlechtern, deren ständige Fehden das Land erschütterten, schwere Auseinandersetzungen gehabt, und in diesem Zusammenhang am 20. März 1414 in Tangermünde ein Landfriedensgesetz verkündet und dabei zugleich „Gericht über die Rebellen gehalten". Über ritterbürtige Vasallen kann dieses Gericht nur als dasjenige des Markgrafen selbst, also als sein Hofgericht geurteilt haben. Der Name „Kammergericht" aber taucht im Zusammenhang damit in den Urkunden nicht auf.

3. Wie Friedrich I., so hat es auch sein Nachfolger in der Kurwürde, Friedrich II. (1440—1470), als eine seiner wichtigsten Aufgaben angesehen, nicht nur den Ständen des Landes gegenüber seine markgräfliche Autorität durchzusetzen, sondern überhaupt für eine straffere Ordnung des Rechtswesens Sorge zu tragen. Die ihm zustehende oberste, persönliche Gerichtsbarkeit, die er mit den seiner Umgebung zugehörenden Vasallen ausübte, hat dabei sicher keine geringe Rolle gespielt. In einer Urkunde vom 17. März 1468 wird dieses persönliche „oberste Hofgericht" als „Kammergericht" bezeichnet. Freilich geschieht in dieser Urkunde des Kammergerichts nur ganz beiläufig Erwähnung; denn den eigentlichen Gegenstand der Urkunde bildet die Bestallung für einen „procurator fiscal", der den Auftrag erhielt, „vonn alle dem recht und straffung zu fordern das brochlich und strefflich ist, als einem fiscal vonn rechts wegen geburt, doch das er nymant sol unrecht thun, dorzu wir geordent und gesatzt haben, unseres Hofs kammergericht vor dem er alle sach, so verren es not ist, sol

[3] Erschienen in den *Schriften des Vereins für die Geschichte Berlins* als Heft 47, Berlin 1913.

und mage ußtragen und erfordern". Den unmittelbaren Anlaß zur Bestellung des Fiskals haben, wie in der Urkunde aufgeführt wird, häufige Verstöße gegen die Ordnung und die Satzung des Münzwesens gegeben. Die Tätigkeit des Fiskals soll also dem Schutze des für den Kurfürsten so wichtigen Münzregals dienen; aber daneben weist die Urkunde auch auf Verletzungen des dem Kurfürsten nach dem Rechte der Goldenen Bulle (1356) zustehenden *privilegium de non evocando* durch solche Personen hin, „die uber unnser freyheyt unnd privilegia die unsern Laden, Rufen oder Zyhen zu recht uhs unnsern Lannden". Die Hinweise auf Verletzungen des Münzregals und des kurfürstlichen Gerichtsbarkeitsprivilegs sind übrigens nur wichtige *Beispiele* für das, was den Aufgabenbereich des Fiskals ganz allgemein ausmachen soll. Die in der Urkunde zunächst enthaltene, oben wiedergegebene Generalklausel ist an Hand dieser Beispiele dahin zu deuten, daß der Fiskal *alle* landesherrlichen Gerechtsame und Interessen in seine Obhut zu nehmen und sie im Falle von Beeinträchtigungen beim Kammergericht durchzusetzen hat. Es ist beachtlich, daß der Kurfürst die Wahrnehmung seiner Interessen unter den Gesichtspunkt der „gerechtigkeyt und des rechten" stellt und daß er den Fiskal ausdrücklich ermahnt, niemandem Unrecht zu tun. So weist denn Otto Hintze mit Recht darauf hin, daß Friedrich II. die Pflichten der landesfürstlichen Obrigkeit mehr, als das bisher der Fall gewesen ist, auf die „Herstellung von Recht und Gericht" ausgerichtet hat. Die Pflege der „lieben Justitia" ist seitdem eines der wesentlichen Anliegen der brandenburgischen Kurfürsten gewesen, und das Kammergericht, an dem als dem obersten Hofgericht das Recht unter unmittelbarer Mitwirkung des Kurfürsten hat gepflegt werden können, dürfte für den Kurfürsten das wichtigste Instrument zur Erfüllung dieser selbstgesetzten Aufgaben gewesen sein. Welche Rolle bei diesen Bestrebungen das seit 1468 nachweisbare Fiskalat gespielt hat und wie diese fiskalamtliche Tätigkeit gerade in der Geschichte des Kammergerichts bedeutsame Folgen für die Entwicklung des brandenburg-preußischen Richtertums ausgelöst hat, damit werden wir uns noch zu beschäftigen haben.

Durch eine Urkunde vom Dienstag nach Conceptionis Mariae 1476 erfahren wir Näheres über die das Kammergericht bildenden Persönlichkeiten. Hintze vermutet, daß hier die Räte sich zusammengefunden haben, „die den Kurfürsten beständig umgaben". Aber der erwähnten Urkunde zufolge dürften es nicht nur „wesentliche" Räte, sondern auch „Räte von Haus aus" gewesen sein, die im Kammergericht getagt haben. Die Urkunde nennt Jorgen von Waldenfels als „Kammerrichter" und erwähnt als des „gnedigen Herrn Rete" zwei hohe Geistliche, drei „doctores", zwei hohe Hofbeamte (Hofmeister und Marschall), zwei Amtmänner, einen Vogt und zwei Bürgermeister. Die Besetzung ist also den Interessen und Wünschen der Stände entsprechend eine noch durchaus ständige gewesen; immerhin ist das Element der gelehrten Juristen 1476 ebenfalls bereits vertreten. Ob die Besetzung mit 12 Räten im Jahre 1476 eine zufällige gewesen ist oder schon einer verfestigten Organisation entspricht, kann nicht mit Sicherheit gesagt werden. Die in der Reichskammergerichtsordnung von 1495 angeordnete Zwölfzahl kann jedenfalls noch kein Vorbild gewesen sein.

[...]

II

Das Kammergericht im Zeitalter des Absolutismus

1. Noch in ständischer Zeit haben sich in der brandenburgischen Geschichte zwei, auch für die Rechtsentwicklung und für den Sinngehalt der kurfürstlichen Regierung bedeutsame Ereignisse zugetragen: einmal die räumliche Erweiterung des landesherrlichen Herrschaftsbereiches durch die Erwerbungen von Kleve, Mark, Ravensberg (Vergleich von Xanten 1614) und des Herzogtums Preußen, des ehemaligen Ordenslandes (1618); sodann der Übertritt des Kurfürsten Johann Sigismund (1608 bis 1618) zum Calvinismus. Ob dieser Entschluß Johann Sigismunds ausschließich aus innerer Überzeugung erfolgt ist oder ob dabei auch eine gewisse politische Rücksicht auf die konfessionellen Verhältnisse in den westlichen Erwerbungen mitbestimmend gewesen ist, bleibe hier dahingestellt. Ohne daß bei den Ständen und der Geistlichkeit in der Kurmark und in Preußen heftigste Erregung entstand, hat sich der Konfessionswechsel jedenfalls nicht vollziehen können. Eine Aufzwingung der reformierten Lehre nach dem *jus reformandi* ist aber von vornherein nicht in Frage gekommen, weil dem Kurfürsten als einem Reformierten dieses Recht nach den Beschlüssen des Augsburger Religionsfriedens gar nicht zustand. Im Revers vom 15.2.1615 hat der Kurfürst den lutherischen Ständen das ungestörte Verbleiben bei der Augsburgischen Konfession und dem Konkordienbuche zugesichert, andererseits aber auch die Abstandnahme von jeder Feindseligkeit gegenüber den Reformierten gefordert. Alles in allem aber ist mit der Sanktionierung des Toleranzprinzips doch ein wichtiger Schritt mit nachhaltender Wirkung für die innerstaatlichen Verhältnisse Brandenburg-Preußens vollzogen worden.

Zu den Erwerbungen von 1614 und 1618 kamen im Westfälischen Frieden (1648) die Erwerbung von Hinterpommern, Halberstadt und Minden sowie die Erlangung der Anwartschaft auf Magdeburg (endgültiger Erwerb 1680); 1657 wurden auch Lauenburg und Bütow (als polnische Lehen) erworben. Der den schwedisch-polnischen Krieg beendende Friede von Oliva (1660) brachte mit der Freiheit von polnischer Lehnshoheit die Möglichkeit, in den östlichen

Erwerbungen die kurfürstliche Souveränität endgültig zu befestigen. Dies aber erforderte zugleich die Beseitigung jedes ständischen Regierungseinflusses, zu dem das Steuerbewilligungsrecht der Stände reiche Möglichkeit gegeben hatte. Kurfürst Friedrich Wilhelm, der Große Kurfürst (1640—1688), hat in vielfach sehr stürmischen und gefährlichen Auseinandersetzungen mit den Ständen, insbesondere denen in Ostpreußen und in Kleve-Mark, die absolutistische Regierungsform begründet und damit zugleich die Voraussetzung dafür geschaffen, daß aus den in loser Personalunion zusammenhängenden, vom Rhein bis zur Memel verstreut liegenden Länderfetzen ein Gesamtstaat hat entstehen können, der auf der absoluten Regierungsgewalt des Kurfürsten, dem von ständischen Indigenatsansprüchen losgelösten, allein dem Kurfürsten untergebenen Beamtentum und dem von Friedrich Wilhelm den Ständen gegenüber durchgesetzten stehenden Heere mit einem vom Kurfürsten eingesetzten, ihm allein gehorsamspflichtigen Offizierskorps beruhte. 1701 hatte Kurfürst Friedrich III. die Königswürde in Preußen erlangt. Aber aus dem „König *in* Preußen" wurde sehr bald der „König *von* Preußen"; der brandenburgisch-preußische Gesamtstaat wurde das „Königreich Preußen", und „die Behörden und die Armee erhielten dadurch, daß sie nun königlich wurden, einen unaufhaltsamen Trieb zur Einheit des Ganzen eingepflanzt".

2. Für die Entwicklung des Rechts- und Gerichtswesens ist es angesichts der zur absolutistischen Herrschermacht und Regierungsform entwickelten landesherrlichen Stellung von ganz entscheidender Bedeutung gewesen, von welchen Grundsätzen sich die Landesherren in bezug auf Recht, Rechtsprechung, Richtertum und Gerichtsbarkeit haben leiten lassen. Hier zeigen uns die politischen Testamente der brandenburg-preußischen Herrscher, daß auch die Durchsetzung der absolutistischen Regierungsgewalt im stark erweiterten Staatsgebiet nichts an dem hohen Verantwortungsbewußtsein geändert hat, das die Sorge für die Rechtspflege seit jeher bei den Kurfürsten bestimmt hatte. Vom Großen Kurfürsten bis zu Friedrich Wilhelm I. (1713—1740) ist es die aus tiefster *religiöser* Verpflichtung und aus *theokratischer* Auffassung vom Herrscheramt hervorgehende Anschauung, bei Friedrich dem Großen (1740—1786) die Geistigkeit der *Aufklärung* (Rationalismus, Humanitätsideal), die die landesherrliche Verantwortung für die Rechtspflege zu strenger Justizaufsicht und zu oft sehr persönlichen Eingriffen in die Gestaltung und die Methoden der Rechtspflege veranlaßt hat.

Im politischen Testament des Großen Kurfürsten vom 19.5.1667 lesen wir: „Die liebe Justicie lasset Euch in allen Eweren Landen hochlichen befollen sein, vndt sehet dahin, damitt so woll den Armen als Reichen ohne ansehung der persohn, recht verschaffet werde, vndt das die processen beschleunigt, vndt nicht aufgehalten werden mogen, den das befestiget die Stülle der Regenten.

Vndt weil Ihr wegen Ewerer anderen Regirungsgeschefte, die Justits Sachen selten horen konnet, so gebet fleissig acht auf die Räthe, so dazu bestellet sein, vndt wan Ihr erfahret, das Sie Sich corrumpiren lassen, vndt mitt der Justits nicht recht vmbgangen seindt, So straffet dieselbigen dergestaldt, das Sich alle andere dauor zu spiegelen haben, wurde aber eine auß boßheit vber die Rähtte klagen, so ist derselbe auch billig zustraffen, damit der Justits Ihr gebuhrender respect verbleibe, vor allen dingen huttet Euch, das Ihr in Justits Sachen keinen bescheidt ertheilet, es sey dan des kegentheill zuforderst mitt seiner Verantworttung vernommen."

Man darf ohne Übertreibung feststellen, daß in diesen Sätzen des politischen Testaments die gesamte, den absolutistischen Staat charakterisierende Problematik des Rechtswesens, des Verhältnisses zwischen Landesherr und Richtertum, des Sinnes landesfürstlicher Justizaufsicht und der höchstrichterlichen Funktion des Landesherrn in Erscheinung tritt. Das ist für diese Untersuchungen um so bedeutsamer, als gerade dem Kammergericht aus *dieser* Problematik seine welthistorische Bewährungsprobe erwachsen ist.

3. Bevor dies darzustellen ist, werfen wir einen kurzen Blick auf die Eingliederung des Kammergerichts in den durch den Länderzuwachs bedeutend vergrößerten, aber auch komplizierter gewordenen brandenburg-preußischen Justizorganismus. Die politische Entwicklung des brandenburg-preußischen Gesamtstaates brachte die Unabhängigkeit von der Reichsgerichtsbarkeit mit sich, indem neben den Kurlanden und dem ohnehin reichsunabhängigen Preußen auch die anderen neuerworbenen Landesteile ihre *privilegia de non appellando* erhielten. 1746/50 ist diese Entwicklung beendet gewesen. Die brandenburgpreußische Gerichtsbarkeit charakterisiert sich aber zunächst dadurch, daß die ursprüngliche Selbständigkeit der einzelnen Landesteile sich in entsprechenden selbständigen, unverbundenen obersten Gerichtsbarkeiten widerspiegelt. So bestand in Preußen ein „Hofgericht", an dessen Stelle 1657 ein Oberappellationsgericht in Königsberg getreten ist. Ein besonderes Oberappellationsgericht mit dem Sitz in Berlin erhielt die Grafschaft Ravensberg, während für die anderen westlichen und mitteldeutschen Gebiete 1703 ein über den einzelnen „Regierungen" stehendes *gemeinsames* Oberappellationsgericht in Berlin, für die zur sogenannten oranischen Erbschaft (Fürstentum Mörs, Grafschaft Lingen, 1707 erworben) gehörenden Lande das sogenannte „Orange-Tribunal" (ebenfalls in Berlin) gegründet wurde.

Für das Kammergericht der Kur- und Mark Brandenburg wurde am 1.4.1709 eine neue Kammergerichtsordnung erlassen, die im Grunde genommen nichts Neues bot, freilich auch in den Bestimmungen über die Besetzung des Gerichts den Ständen noch immer Konzessionen machte. An der rein zivilrechtlichen Zuständigkeit hat die Kammergerichtsordnung von 1709 ebenfalls nichts geändert. Die von Friedrich Wilhelm I. geplante Zusammenlegung des Kammergerichts mit den oben bezeichneten, in Berlin befindlichen Oberappellationsgerichten scheiterte teils aus jurisdiktionellen, teils aus personellen Gründen. So ist das Kammergericht für die Kurlande auch weiterhin das oberste Tribunal geblieben. Eine Änderung seiner inneren Struktur ist freilich unter Cocceji erfolgt, der 1722 Präsident des Kammergerichts geworden war und die weittragenden Pläne einer durchgreifenden Erneuerung des preußischen Justizwesens und Richtertums an diesem seinem Gericht erstmals in der Weise realisierte, daß die Stellung des Präsidenten, der bisher nur *primus inter pares* gewesen war, zu derjenigen eines Vorgesetzten aller Räte mit entsprechender Disziplinargewalt erhoben wurde. Cocceji hatte die Notwendigkeit erkannt, durch eine mit äußerster Rücksichtslosigkeit durchzuführende Personalreform das Richtertum, jedenfalls im Bereiche der Obergerichtsbarkeit, auf ein juristisch und personell ganz erheblich höheres Niveau zu bringen, die Arbeitsdisziplin zu verschärfen, dadurch die Prozeßführung zu beschleunigen, für die Aufarbeitung jahrelang unerledigt gebliebener Streitsachen zu sorgen und mit alledem auch eine Erneuerung des materiellen und prozessualen Zivilrechts in Gang zu bringen. Mit seinem ungewöhnlichen Diensteifer, seinem überragenden juristischen Können, seiner unbestechlichen Pflichttreue hat er unter Friedrich Wilhelm I. und Friedrich dem Großen die dem Gesamtstaat entsprechende Erneuerung der Rechtspflege maßgeblich gefördert. Das Vertrauen beider, von einander so verschiedenen Könige hat er restlos genießen dürfen. 1737 wurde er zum „Ministre Chef de Justice" ernannt, womit er als leitender verantwortlicher Minister an die Spitze des für die gesamtstaatliche Justizverwaltung eingesetzten Justizdepartements trat. Friedrich der Große, der ihm, dem „neuen Tribonian", ungewöhnliches Lob zollte, ernannte ihn am 21.8.1747 zum „Großkanzler", um damit seine besondere Verantwortung, aber auch seine weitreichende dienstliche Macht in rechtes Licht zu setzen.

Cocceji hat nun der Gesamtstaatsidee des preußischen Staates dadurch Rechnung getragen, daß er der schon von Friedrich Wilhelm I. gesamtstaatlich ausgerichteten Organisation der *Verwaltungsbehörden* auch *im Bereiche der Justizverfassung* einen Gerichtsaufbau folgen ließ, durch den die bis dahin unverbundenen, für die verschiedenen Landesteile zuständigen Spitzengerichte vereinigt wurden und ein für den Gesamtstaat zuständiges höchstes Gericht eingerichtet wurde. So kam es 1748 zur Begründung des sogenannten „Großen Friedrichs-Kollegium", in welchem das Kammergericht und die in Berlin befindlichen Oberappellationsgerichte zusammengeschlossen wurden. Dabei trat das Kammergericht mit 3 Senaten in dieses insgesamt aus 4 Senaten bestehende Gericht ein. Da der 4. Senat für alle preußischen Landesteile außer Ostpreußen (wo das Königsberger „Tribunal" zunächst noch eine Sonder-

Oberinstanz blieb) als sog. „Obertribunal" die höchste gerichtliche Instanz bildete, so stellten die aus dem Kammergericht entstandenen 3 Senate nunmehr Mittelinstanzen dar. Aber eine organische Justizorganisation mit einer einheitlich für alle „Preußischen Staaten" zuständigen Spitze wurde erst erreicht, als 1782 die unorganische Verbindung des Kammergerichts mit dem Obertribunal aufgelöst, das letztere als „Geheimes Obertribunal" höchste Instanz für die gesamte Monarchie wurde und in den einzelnen Provinzen das Kammergericht, das ostpreußische Tribunal, die schlesischen Oberamtsregierungen, in anderen Landesteilen die Regierungen als Mittelinstanzen fungierten.

Für das Kammergericht war es von besonderer Bedeutung, daß es seit seiner Einordnung in Coccejis Großes Friedrichs-Kolleg auch mit Strafsachen befaßt war. Das war der Abschluß einer eigenartigen Entwicklung der Strafgerichtsbarkeit. Wir wissen, daß der Landesherr an einer seinen staatlichen Intentionen, seiner besonderen Sorge für geordnete rechtliche Zustände entsprechenden Verbrechensbekämpfung seit jeher ein ganz besonderes Interesse hatte. Gerade hier nahm er seine oberstrichterliche Gewalt besonders ernst. Die strafgerichtlichen Untersuchungen ließ er sehr häufig durch Fiskale, sonst durch von ihm bestimmte Kommissionen oder einzelne Räte durchführen. Seit 1658 hatte sich hierfür aus dem Geheimen Rat (begründet 1604, reorganisiert 1651) ein besonderer sog. „Geheimer Rat zu den Verhören" entwickelt, der dann zum sog. „Criminal-Colleg" geworden war. Dieses Kriminalkolleg aber ging nun in dem 1. Senat des Großen Friedrichs-Kollegs auf, wurde also damit als „Kriminalsenat" ein Bestandteil des Kammergerichts. Seiner ganzen Entwicklung nach war dieser mit Strafsachen befaßte Kriminalsenat des Kammergerichts nun ein unmittelbar unter dem König stehendes Kriminalgericht für alle schwereren Straftaten geworden, freilich — und das muß stark beachtet werden — mit der Maßgabe, daß die eigentliche *Entscheidung* in Strafsachen stets der König selbst zu treffen hatte. Denn das schon im 16. Jahrhundert entstandene „Bestätigungsrecht" wurde in keiner Weise aufgegeben. Das aber bedeutete, daß der Kriminalsenat zwar den einzelnen Fall nach den Grundsätzen des Inquisitionsprozesses (Preuß. Kriminalordnung von 1717) zu untersuchen, auch ein „Urteil" zu finden hatte; aber damit war nur die königliche Entscheidung *vorbereitet;* denn dem König waren grundsätzlich alle auf peinliche Strafen lautenden Urteile vorzulegen, und es stand in seiner Macht, das Urteil entweder zu bestätigen oder aber *in bonam* oder *in malam partem* abzuändern oder aber eine neue gerichtliche Untersuchung anzuordnen. Erst der *König* schloß also mit einer unter eigener *richterlicher* Verantwortung ergehenden Entscheidung das einzelne Strafverfahren ab; er ist die in die Strafrechtspflege *organisch* eingebaute *letztlich entscheidende richterliche Instanz* gewesen; mit seiner Entscheidung griff er nicht in die Rechtsprechungszuständigkeit des ihm vorbereitende Arbeit leistenden Kriminalsenats ein, vielmehr brachte er seine eigene richterliche Zuständigkeit zum Einsatz, ohne deren Inanspruchnahme ein Kriminalverfahren gar nicht hat abgeschlossen werden können. Er fällte damit keinen „Machtspruch" im Sinne einer die gerichtliche Zuständigkeit *beiseite schiebenden* und *ignorierenden* Ausübung landesherrlicher Gewalt, vielmehr erfüllte er im Rahmen eigener strafrechtlicher Zuständigkeit die ihm aus dem Bestätigungsrecht erwachsene richterliche Funktion.

Gerade darin zeigt sich der große Unterschied des Verhältnisses des Königs zur Zivilrechtspflege. Die staatspolitischen Interessen des Landesherrn wurden durch Zivilrechtspflege bedeutend weniger berührt als durch die Strafrechtspflege. So spielte sich die erstere durchaus im Banne der *gerichtlichen Zuständigkeiten* ab. Das für die Strafsachen so wichtige Bestätigungsrecht galt für Zivilsachen nicht. Allerdings konnte, wie schon gezeigt, der Landesherr um eine höchstrichterliche Entscheidung auch hier im Wege der „Supplikation" angerufen werden. Da diese aber nicht einen justizförmig gestalteten Rechtsmittelweg darstellte, so bedeutete sie für den Landesherrn nichts anderes, als daß sein Interesse für den betreffenden Zivilrechtsstreit angeregt werden sollte. Das aber konnte durch „Supplikation" auch völlig abseits aller prozessualen Vorgänge geschehen. Und wenn der Landesherr sich dann aus irgendeinem Interesse der Sache annahm, so konnte er „ex plenitudine potestatis" (d.h. durch „Machtspruch") entweder selbst die Sache entscheiden oder aber dem zuständigen Zivilgericht eine *Anweisung* geben, *wie es den Sachverhalt anzusehen und wie es ihn rechtlich zu beurteilen habe.* Solche Anweisung strictissime zu befolgen, war für das Richtertum zunächst durchaus eine Selbstverständlichkeit. Der Wille des Herrschers, der ja immer zugleich Gesetz war, konnte also durch Einflußnahme auf die gerichtliche Entscheidung im Bereiche der Zivilrechtspflege maßgebliche Bedeutung erlangen.

4. Bis in die Regierungsanfänge Friedrichs des Großen hinein ist dieses Verhältnis zwischen Justiz und Landesherrn von unangefochtener Selbstverständlichkeit gewesen. Aber nach 1740 sind nun entscheidende Wandlungen eingetreten. Dafür ist dreierlei maßgebend gewesen:

a) Coccejis rigorose Personalpolitik hatte zur Folge, daß aus den Obergerichten die Gerichtsmitglieder, die ihren Platz nicht erwiesener juristischer Befähigung, sondern ihrer adligen Herkunft verdankten und es zur Gewohnheit hatten werden lassen, daß sie sich mehr auf ihren Gütern, als in den Gerichtsstuben aufhielten, rücksichtslos entfernt und daß die Arbeitsdisziplin der zu ständiger Anwesenheit verpflichteten juristisch ausgebildeten Räte aufs äußerste angespannt wurde. Versager — sei es mangels hinreichenden juristischen Könnens, sei es wegen ungenügenden Diensteifers — wurden ohne Umstände entlassen. Die Folge ist gewesen, daß in den Obergerichten in Berlin ein Richtertum entstand, das auf Grund seiner rechtswissenschaftlichen Befähigung und seiner dementsprechenden richterlichen Leistungen zu einem *Standesbewußtsein* gelangte, wie es bis dahin sich nicht hat entwickeln können. Das Kammergericht aber wurde unter Coccejis Präsidentschaft und vorbildlichen Leitung ein anerkanntes Elitegericht.

b) Ein Richtertum solcher Art sah seine Verantwortung vor Recht und Gerechtigkeit in neuem Licht. Was *in casu* rechtens ist, das sagt ihm sein wissenschaftlich geschulter Rechtsverstand und sein richterliches Gewissen. Landesherrliche „Machtsprüche", die in *der* Weise erfolgen, daß die Richter in einem bestimmten Falle angewiesen wurden, *wie sie den tatsächlichen Sachverhalt aufzufassen und wie sie ihn rechtlich zu bewerten hätten,* mußten solcher richterlichen Haltung nunmehr unerträglich erscheinen. Was als „Machtspruch" in diesem Sinne bislang bedenkenlos hingenommen worden war, erfuhr also in den Vorstellungen dieses Richtertums eine deutliche Abwertung.

c) Dieser Einstellung der hohen und höheren „Justizbedienten" aber kam nun die Entwicklung der die Rechtspflege betreffenden Anschauungen des Königs selbst in glücklichster Weise entgegen. Friedrich hatte in den Jahren 1747 und 1748 noch zweimal durch ganz echte Machtsprüche in zivilrechtliche Entscheidungen der zuständigen Gerichte eingegriffen. Aber gerade das Jahr 1748 bahnte bei ihm den Umschwung an. In diesem Jahr erschien Montesquieus *Esprit des Lois* , ein Werk, dessen aufklärerischer Geist den jungen König, auf den schon die im Jahre 1721 erschienenen *Lettres persanes* größten Eindruck gemacht hatten, außerordentlich faszinierte. Jetzt ging ihm die Fragwürdigkeit der Machtsprüche auf. Und so bekannte er in seinem Politischen Testament von 1752, daß in den Gerichten „die Gesetze zu sprechen, der Herrscher aber zu schweigen hätte". Tatsächlich hat der König seit 1748 in Zivilsachen keinen Machtspruch mehr gefällt. Er hat geduldet, daß durch die sicher mit seinem Willen im Jahre 1765 anonym erscheinenden „Réflexions philosophiques" seines Großkanzlers de Jariges in denkbar schärfster Weise die königlichen Machtsprüche als „ungesetzlich und der Staatsverfassung widersprechend" verwerfen konnten; er hat selbst in seinem Politischen Testament von 1768 schärfer als 1752 den Machtsprüchen erneut entsagt und hat in der die westpreußischen Justizverhältnisse regelnden Verordnung vom 28.9.1772 es als „ersten Grundsatz Unserer allgemeinen Justizverfassung" bezeichnet, „daß in keiner Sache mehr als drei Instanzen statthaben und daß, was in letzter Instanz erkannt ist, keiner weiteren neuen Erörterung und Beurteilung unterworfen werden könne". Und dieses Prinzip wurde gekrönt durch die Erklärung: „Wir selbst oder Unser Etatsministerium geben keine Entscheidungen, so die Kraft einer richterlichen Sentenz haben".

Freilich — und das wolle man genau betrachten — galten diese Prinzipien *ausschließlich für die Zivilrechtspflege.* Die oben dargelegten Grundsätze der Strafrechtspflege, in die die oberstrichterliche Entscheidung des Königs *organisch* eingebaut gewesen ist, wurden durch die Absage an die Machtspruchpraxis im zivilgerichtlichen Gebiete in keiner Weise beeinflußt oder geändert.

5. Indessen konnte es, nachdem im Bereiche der Zivilrechtspflege die ausschließliche Rechtsprechungsfunktion der Gerichte anerkannt und der Machtspruchpraxis ein Ende gesetzt war, nicht ausbleiben, daß es die dem Kriminalsenat angehörenden Kammergerichtsräte als mit ihrer strafrichterlichen Funktion unvereinbar erachten mußten, daß ihre eigenen *richterlichen* Feststellungen und Wertungen *durch Weisungen seitens des Königs dirigiert* wurden. Warum sollte das, was in Gestalt solcher Weisungen für die Richter der Zivilgerichte ein nicht mehr erträglicher Machtspruch war, für den Richter in Strafsachen etwas anderes bedeuten? Mochte der König, *nachdem* der Kriminalsenat unter eigner, *unbeeinflußter* richterlicher Verantwortung eine Sache erforscht und beurteilt hat, immerhin in Abweichung hiervon seine eigene höchstrichterliche Funktion wahrnehmen und die richterliche Verantwortung für seine eigene, von derjenigen des Kriminalsenats abweichende Auffassung maßgeblich zur Geltung bringen! Das zu beanstanden, hat für das Richtertum noch kein Anlaß bestanden. Aber *solange* eine Strafsache *beim Kriminalsenat* zur Untersuchung und Beurteilung anstand, hatte nach geläuterter richterlicher Auffassung auch hier der Satz zu gelten, daß die *Gesetze* und nicht der Wille des Herrschers zu „sprechen" hätten. Aus dieser Stimmung und aus dieser Auffassung von *jeder* Art Richteramt hat der Konflikt zwischen König und Kammergericht entstehen müssen, der aus Anlaß der Prozesse des Müllers Arnold sich entwickelt hat.

6. Um aber die Situation, vor deren Hintergrund dieser Konflikt entstanden ist, völlig zu verstehen, ist darzulegen, welche Rolle dabei das vom König in eigener landesherrlicher Verantwortung ausgeübte *Justizaufsichtsrecht* gespielt hat.

Die „Justizbedienten" sind beamtete Untergebene des Königs gewesen, wie die Verwaltungsbeamten und die Offiziere der Armee auch, unterstanden also der disziplinarischen Aufsicht des Königs und konnten jederzeit ohne Angabe von Gründen ihres Amtes entsetzt werden. Seitdem Cocceji als Präsident des Kammergerichts selbst die Disziplinargewalt über die ihm unterstellten Räte in die Hand genommen hatte und schließlich als Großkanzler an die Spitze des Justizdepartements getreten war, erachtete es der König freilich in erster Linie als Aufgabe des Großkanzlers, nach Maßgabe seiner, des Königs, sattsam bekannten Prinzipien die Justizaufsicht auszuüben. Des Königs wichtigste Anliegen aber sind dabei gewesen: unbedingte Gleichbehandlung von Reich und Arm; größtmögliche Beschleunigung aller Prozesse durch äußersten Fleiß der Richter und durch Verhinderung aller advokatorischen „Subterfugien" und „Chicanen".

Aber der König, mit zunehmendem Alter auch den höchsten Beamten gegenüber stets zu Mißtrauen geneigt, hatte in den Politischen Testamenten seine eigene Pflicht, über die Leistungen und die Haltung der Richter nach Maßgabe der erwähnten Prinzipien streng zu wachen, aufs schärfste betont. Eine Kontrolle der Richter ermöglichten ihm natürlich zunächst die pflichtgemäßen Berichte der Großkanzler. Aber damit hat sich der König nicht begnügt. Bei allen Verwaltungs- und Gerichtsbehörden waren Fiskale angesetzt, die hier nicht nur alle Gesetz- und Ordnungswidrigkeiten der königlichen *Untertanen* zur Anzeige und zur Ahndung bringen, sondern auch als „Auge und Ohr des Königs" auf Grund eines ihnen in weitestem Ausmaß übertragenen „Gesetzeswächteramtes" auch die Pflichterfüllung, den Diensteifer, die korrekte amtliche Arbeit aller *Beamten* und *Richter* überwachen sollten, um gegebenenfalls dem König ein Einschreiten gegen Säumige schnellstens zu ermöglichen. Das Fiskalat entwickelte sich daher gerade in Brandenburg-Preußen zu einer riesigen Behörde, die seit 1704 von einem Generalfiskal als einem dem König unmittelbar unterstellten Beamten geleitet wurde.

Aber gerade für die Justizaufsicht genügte dem König auch die Überwachungstätigkeit dieses Fiskalats nicht. *Alle* Erkenntnismöglichkeiten sollten genutzt werden, damit kein Anlaß zur Ergreifung von Maßnahmen der Justizaufsicht verabsäumt wurde. Daher ließen die Landesherren trotz aller immer wieder gemachten übelsten Erfahrungen auch das Supplikenwesen weiter bestehen.

7. Damit aber geriet das Richtertum, gerieten die Großkanzler in eine doppelte Frontstellung:

a) Cocceji ist es gewesen, der den unter dem Generalfiskal Gerbett überspannten Tendenzen des Fiskalats, eine allmächtige Dienstaufsicht über Verhalten und Leistungen der Richter gerade auch bei den Spitzengerichten an sich zu reißen, mit Geschick und Erfolg entgegentrat. Er hat Gerbetts äußerst anmaßendes Auftreten nur als einen Eingriff in seine eigene, ihm als Präsidenten des Kammergerichts bzw. als Großkanzler obliegende Funktion ansehen können und mußte sich *persönlich* verletzt fühlen, nachdem er lange vor Gerbetts Amtsantritt (1731) die personellen richterlichen Verhältnisse gerade des Kammergerichts entscheidend verändert und geordnet hatte. Nachdem es Cocceji gelungen war, schwere dienstliche Vergehen Gerbetts aufzudecken, die zur schimpflichen Kassierung dieses Generalfiskals durch ein vom König bestätigtes Urteil des Kriminalkollegs (1739) führten, hatte sich die Justiz dem Fiskalat gegenüber durchgesetzt und die vom Fiskalat bestätigte Dienstaufsicht abgeschüttelt.

b) An der zweiten Front aber, die sich gegen das Supplikanten- und Querulantenwesen richtete, hatte die Justiz den gleichen Erfolg *nicht.* Es wäre ja auch nur dadurch unschädlich zu machen gewesen, daß man den König zur vollständigen Unterdrückung dieses Unwesens durch prinzipielle Ignorierung jeder Art von Supplik und durch Bestrafung der Überbringer von Suppliken und Memorialien veranlaßt hätte. Daran aber ist auch unter Friedrich dem Großen nicht zu denken gewesen; das Mißtrauen des Königs konnte und wollte auf diese trübe Quelle von Informationen über mögliche Unzulänglichkeiten und Mißstände im Justizwesen (wobei der König ganz besonders an die schwer verpönten Prozeßverschleppungen dachte) auf keinen Fall verzichten. Immer wieder haben sich Großkanzler und Gerichte genötigt gesehen, die durch Suppliken hervorgerufene einseitig-schiefe Auffassung des Königs durch Gegenvorstellungen und mühsame Richtigstellungen zu rektifizieren.

8. In der Justizkatastrophe von 1779 sind alle Spannungen, die sich aus dem Festhalten des Königs an seiner persönlichen, auf Suppliken gestützten Justizaufsicht haben ergeben müssen, zur Explosion gekommen.

Der Wassermüller Arnold aus Pommerzig, Kreis Züllichau, war mit seinem Gutsherrn, dem Landrat von Schmettau, wegen nicht gezahlter Mühlenpachtzinsen in Rechtstreitigkeiten geraten. Die Sache ging durch drei Instanzen und endete zu Ungunsten Arnolds bei dem für diese Zivilprozesse zuständigen Senat des Kammergerichts. Arnold aber hatte es durch beharrliche Querelen verstanden, das Interesse des Königs auf seine Sache zu lenken. Ihm kam dabei zugute, daß der König durch einen von ihm veranlaßten Bericht eines Obersten v. Heucking zu der festen Überzeugung gelangt war, daß in dieser Sache die beteiligten Justizorgane sich nicht nur ungeheuerliche Prozeßverschleppungen, sondern auch eine parteilich-ungerechte Bevorzugung des Grafen Schmettau vor dem armen Wassermüller haben zuschulden kommen lassen. Ungeschicktes, den Ernst der Situation nicht begreifendes Verhalten des zu Berichten aufgeforderten Senats des Kammergerichts ließ den König die querulatorische Natur der von Arnold vorgebrachten Beschwerden verkennen, bestärkte ihn vielmehr in der durch den ganz einseitig-parteilichen Bericht v. Heuckings gefestigten Überzeugung, daß er einer unter seinem Namen begangenen schmählichen Rechtsbeugung der für den Ablauf der Arnoldschen Prozesse verantwortlichen Justizbediensteten auf die Spur gekommen sei. Diese Überzeugung wurde ihm zur völligen Gewißheit in einem von ihm persönlich in gereiztester Stimmung veranstalteten Verhör mit dem Großkanzler v. Fürst und den Kammergerichtsräten Ransleben, Friedel und Graun. Dieses Verhör endete nicht nur mit schimpflichster Entlassung des Großkanzlers, sondern auch mit der vom König befohlenen Verhaftung der drei Kammergerichtsräte, die an dem letzten gegen Arnold ergangenen Appellationsurteil des zuständigen

Senats des Kammergerichts mitgewirkt hatten. Der König war überzeugt, daß sie sich übelster Rechtsbeugung schuldig gemacht hatten, bezog aber diese Überzeugung auch auf diejenigen Räte der neumärkischen „Regierung", die in der Vorinstanz zuungunsten Arnolds entschieden hatten; nämlich die Räte Busch, Neumann, Scheibler und Bandel. „Erwiesene" Rechtsbeugung aber erforderte strengste Bestrafung. Der König, der von deren unbedingter Notwendigkeit überzeugt war, hätte diese, zumal er ja in einem persönlichen Verhör seine Rechtsauffassung gebildet hatte, als der an keinen Instanzenzug gebundene höchste Strafrichter sofort selbst aussprechen können. Er tat dies indessen nicht, wollte vielmehr zunächst den Kriminalsenat des Kammergerichts in der Sache sprechen lassen. Und hier geschah nun das, was die Angelegenheit zu einer Affäre von außerordentlicher Bedeutung werden ließ: Der König ordnete nicht nur an, *daß* der Kriminalsenat den Fall untersuchen und je nach dem dabei gewonnenen Ergebnis strafrechtlich beurteilen solle; vielmehr forderte er in einer an den Justizminister v. Zedlitz gerichteten Order vom 18.12.1779 in schärfster Tonart, „daß von Seiten des Criminalkollegii über diese 3 Leute nach der Schärfe der Gesetze gesprochen und zum mindesten auf Cassation und Vestunsarrest erkannt wird, wobey auch zugleich er zu erkennen gebe, daß, wenn das nicht mit aller Strenge geschiehet, ihr sowohl, als das Criminalkollegium es mit mir zu thun kriegen werde". Im weiteren Texte der Order wurde der Bestrafungsbefehl auch auf die Räte der Küstriner Regierung ausgedehnt.

Damit aber hatte der König einem Justizkollegium den Befehl gegeben, daß es einen bestimmten Fall nicht auf Grund eigener richterlicher Erkenntnis und Überzeugung in tatsächlicher und rechtlicher Beziehung allein nach Maßgabe der Gesetze zu beurteilen habe, daß es vielmehr den Willen des Königs sowohl für die tatsächliche wie auch für die rechtliche Beurteilung zur Grundlage zu nehmen und überdies sich bezüglich der Höhe der Bestrafung den Wertungen des Königs unterzuordnen hätte. Bei Beurteilung *dieses* Falles sollten also in *diesem* Gericht nicht die *Gesetze sprechen* und der *Herrscher schweigen,* vielmehr sollten die *Gesetze ignoriert* und *der Wille des Herrschers respektiert* werden. Das aber ist für damalige richterliche Auffassung ein mit richterlicher Funktion und Verantwortung unvereinbarer „Machtspruch" gewesen und ist auch vom Justizminister v. Zedlitz und von dem durch die Order betroffenen Kriminalsenat des Kammgerichts als ein solcher aufgefaßt worden. Zwar hat der Kriminalsenat den Fall unter dem Gesichtspunkt der Rechtsbeugung befehlsgemäß *untersucht,* hat dann aber das verlangte kondemnatorische Urteil verweigert, vielmehr lediglich in einem „Gutachten" dargelegt, daß alle Beschuldigten für schuldlos zu erachten seien. Durch v. Zedlitz hiervon in Kenntnis gesetzt, hat der König in zwei noch bedeutend schärfer gehaltenen Orders vom 27. und

30.12.1779 unter heftigsten Drohungen erneut eine seinen Befehlen entsprechende kondemnatorische Strafsentenz vom Kriminalsenat gefordert. Aber auch damit hat sich der König nicht durchsetzen können. Zedlitz und der Kriminalsenat haben sich *nicht* gefügt, sondern durch ihren *offen bekundeten Ungehorsam* den König dazu gezwungen, selbst unter eigener richterlicher Verantwortung die Verurteilung der Kammergerichtsräte und der Küstriner Regierungsräte zu Cassation und einjährigem Festungsarrest auszusprechen. Was nun aber in der Geschichte der preußischen Justiz dem ganzen Ereignis zu einer so ungewöhnlichen Bedeutung verholfen hat, das ist die im Staate Friedrichs einfach unerhörte Tatsache gewesen, daß der König die gegenüber v. Zedlitz und dem Kriminalsenat für den Fall des Ungehorsams ausgesprochenen schweren Drohungen hat auf sich beruhen lassen. Zedlitz und der Präsident wie die Räte des Kriminalsenats blieben unangefochten in ihren Ämtern. Der Widerstand aber gegen den, den Prinzipien des Königs selbst zuwiderlaufenden Machtspruch hat in einer von fester Überzeugung und hohem Mut zeugenden Weise die Entschlossenheit der Richter dokumentiert, ihre sachliche Unabhängigkeit in Gestalt ausschließlicher Verantwortung vor Gesetz und Recht auch dem König gegenüber auf jede Gefahr hin durchzusetzen. Friedrich aber — und das gereicht ihm zum höchsten Ruhm — hat in diesem Verhalten seine eigene in den Politischen Testamenten ausgesprochene Anschauung bestätigt gesehen und wohl verstanden, daß der konkrete Ungehorsam gegen die mit seinen eigenen Grundsätzen unvereinbaren Orders eben wegen dieser seiner Grundsätze eine disziplinare oder gar strafrechtliche Ahndung gar nicht nach sich ziehen *durfte. Damit aber hat Friedrich seinen Staat auf den Weg zum Rechtsstaat geführt.* Dem Kammergericht aber gebührt der Ruhm, daß der Präsident des Kriminalsenats v. Rebeur und seine Räte, gestützt durch die entschiedene Haltung des Justizministers v. Zedlitz, sich auch durch die schärfsten und von ihnen durchaus ernst zu nehmenden Drohungen des Königs in ihrer richterlichen Haltung und in ihrer Intention auf Wahrheit und Gerechtigkeit nicht haben beirren lassen.

9. Es ist bekannt, daß Carl Gottlieb Svarez in dem im wesentlichen von ihm unter der Aegide des Großkanzlers Johann Heinrich Casimir von Carmer erarbeiteten Entwurf des Allgemeinen Landrechts für die Preußischen Staaten die Erfahrungen, die die Justizereignisse von 1779 so drastisch vermittelt hatten, in der großen Kodifikation des preußischen Rechtes zu bleibender Auswirkung hat bringen wollen. § 6 der Einleitung hat den Machtsprüchen jegliche rechtliche Bedeutung entziehen und hat damit natürlich zugleich die von dem Supplikenwesen herkommenden Gefahren bannen, § 9 hat „besondere landesherrliche Begünstigungen, Privilegien und Ausnahmen von gesetzlichen Vorschriften" auf engen Raum beschränken und damit den Rechtssetzungswil-

len des Monarchen seiner Absolutheit entkleiden sollen. In der umfassenden Kodifikation hat also, im Grunde genommen, eine auch den König bindende „Verfassung" für das ganze Gebiet des öffentlichen und privaten Rechtes gegeben werden sollen. Aber es hat sich alsbald gezeigt, daß die Zeit für solchen Vorgriff auf konstitutionelle Verhältnisse noch nicht reif gewesen ist. Friedrich Wilhelm II. (1786—1797), stark beeinflußt durch den antiaufklärerisch-intoleranten Geist der Rosenkreuzgemeinschaft und der ihr angehörenden Minister-Günstlinge v. Bischoffswerder und Wöllner, setzte zwar nach einer der Veröffentlichung des Entwurfs alsbald folgenden mehrjährigen Suspension am 5.2.1794 das Allgemeine Landrecht in Kraft; aber gerade die §§ 6 und 9, die die königliche Macht hatten beschränken sollen, waren gestrichen worden. Was das für das Richtertum des Kammergerichts zu bedeuten hatte, zeigte sich alsbald in dem Verfahren gegen den sektiererischen lutherischen Pfarrer Schulz, dem der Volksmund den Beinamen „Zopfschulze" gegeben hat. Dieses Verfahren ist kein Kriminal-, sondern mehr ein die Frage der Notwendigkeit der Amtsentsetzung betreffendes Disziplinarverfahren gewesen. Zuständig ist dafür nach der inzwischen erfolgten Neugliederung des Kammergerichts in einen Instruktions- und einen Appellationssenat der erstere gewesen. Das ganze Verfahren ist beschattet gewesen durch einen auf vielfältige Gründe zurückzuführenden, von persönlichen Animositäten nicht freien Gegensatz zwischen dem Großkanzler v. Carmer und dem Kammergericht, ferner aber auch von der unter Friedrich Wilhelm II. alsbald aufkommenden Gegensätzlichkeit zwischen aufklärerisch-rationaler Geisteshaltung und der pseudomystischen rosenkreuzlerischen und streng orthodoxen Gesinnung der den König stärkstens beeinflussenden Gruppe um Wöllner und Bischoffswerder. Der Großkanzler hat in der Sache selbst zwar nicht einseitig Partei genommen, aber sein Ehrgeiz ließ ihn alles vermeiden, was seine Position beim König hätte beeinträchtigen können. Schon während der Instruktionssenat des Kammergerichts die Untersuchung gegen Schulz durchführte, sah er sich formal vielleicht nicht ganz unberechtigten Äußerungen des Königs gegenüber, die zu Maßnahmen des Großkanzlers führten, die der Senat als einen Versuch, ihn unter Druck zu setzen, sehr wohl hat empfinden können. Daß nach dem berüchtigten, aber doch nun einmal geltendes Recht darstellenden Religionsedikt von 1788 die Sache des beschuldigten Pfarrers ziemlich aussichtslos gewesen ist, steht fest. Der Instruktionssenat aber sprach in einer Entscheidung vom 21.5.1792 nicht die vom König und vor allem von Wöllner unbedingt erwartete Amtsentsetzung aus, vielmehr wurde mit 13 gegen 11 Stimmen dahin entschieden, „daß Schulz zwar nicht als lutherischer, wohl aber als christlicher Prediger im Amte zu belassen sei". Daß der König durch ein Reskript vom gleichen Tage die Amtsentsetzung des Schulz von sich aus verfügt hat, war eine berechtigte

Maßnahme; denn wie in Strafsachen ist der König auch in Disziplinarsachen zu eigener höchstrichterlicher Entscheidung jederzeit befugt gewesen. Aber den unter Friedrich dem Großen entstandenen Prinzipien von richterlicher sachlicher Unabhängigkeit widersprach es schärfstens, daß der König nach dem Spruch des Senats vom Großkanzler eine Feststellung forderte, wie die einzelnen Räte des Senats votiert hätten. Und daß v. Carmer — anders als es mit Sicherheit von v. Zedlitz zu erwarten gewesen wäre — sich hier nicht zur Verteidigung richterlicher Entscheidungsfreiheit durchgerungen, sondern sich dem Befehl des Königs gefügt hat, ist ein Zeichen dafür gewesen, wie sich die Dinge seit 1779 wieder rückwärts entwickelt hatten. Das aber ist um so deutlicher in die Erscheinung getreten, als der König über diejenigen Räte, die gegen die Amtsentsetzung des Schulz gestimmt hatten, Strafen festsetzen ließ. Im Zusammenhang damit sind in dem die Bestrafung anordnenden Schreiben des Königs die die ganze Situation der Justiz grell beleuchtenden Worte geschrieben: „Es ist diese Sentenz ein wahrer Schandfleck des Kammgerichts in aller Absicht, und ich kann nicht begreifen, wie vernünftige Leute, wofern sie nicht bösen Willen haben, wie hier offenbar" (!!) „zu Tage liegt, dergleichen Unsinn vorbringen und wider ihre Pflicht und Gewissen behaupten können". Wenn auch der König bald danach die Straffestsetzungen wieder aufgehoben hat, so haben die in ihrer richterlichen Berufsauffassung und Ehre schwer getroffenen Kammergerichtsräte darin keine Genugtuung finden können, da — nicht ohne allzu diplomatisch-vorsichtige Manipulierung seitens v. Carmers — die Aufhebung unter Aufrechterhaltung des Schuldvorwurfs im *Gnadenwege* erfolgt ist.

10. Der Zopfschulzen-Prozeß ist unter der Großkanzlerschaft v. Carmers für das Kammergericht nicht der einzige Anlaß gewesen, angesichts der Entwicklung des Rechts- und Gerichtswesens von schwerer Sorge erfüllt zu sein. Coccejis Versuche, das materielle und prozessuale Recht Preußens zu reformieren, waren gescheitert. Die Kodifikation des *materiellen* Rechts, schon von Friedrich Wilhelm I. dringend gefordert, harrte der Vollendung und wurde dann auch im Allgemeinen Landrecht von 1794 erreicht. Aber den staatspolitischen Intentionen der preußischen Könige hat, nachdem die Criminalordnung von 1717 für die Strafprozesse eine den absolutistischen Intentionen angemessene Lösung gebracht hatte, gerade auch eine Reform des Zivilprozesses als wichtige Angelegenheit entsprochen, weil Zivilprozesse grundsätzlich als zu vermeidende oder doch, wenn nicht anders möglich, wenigstens als in tunlichst kürzester Zeit zu beendende Störungen wirtschaftlich-vernünftiger Lebensgestaltung angesehen wurden. Dazu ist das Mißtrauen des Königs und seiner Bürokratie gegen den Advokatenstand gekommen, dem die lange Dauer vieler Prozesse in erster Linie aufs Konto gesetzt wurde, weil die Schwerfälligkeit des schriftlichen gemeinrechtlichen Prozesses mit seiner Parteiherrschaft allzu viele

Möglichkeiten zur Hinzögerung der Verfahren zu bieten schien. Carmer hatte es als schlesischer Justizminister bereits in den 70er Jahren verstanden, sich auf die ihm bekannten Wünsche des Königs — nicht ohne rivalisierende Absichten gegenüber dem Großkanzler v. Fürst — durch einen Reformplan zur Abkürzung der Prozesse einzustellen. Aber zur Realisierung seiner gesetzgeberischen Pläne gelangte er erst, nachdem er selbst nach der Amtsentsetzung des Herrn v. Fürst im Jahre 1780 Großkanzler geworden war. Um die Widerstände auszuschalten, deren er seitens des Kammergerichts und insbesondere seitens des dort sehr einflußreichen und verehrten Präsidenten des Oberappellationssenates, v. Rebeur, sicher war, versuchte v. Carmer beim König die Versetzung v. Rebeurs auf den Posten des schlesischen Justizministers zu erreichen, hatte aber damit keinen Erfolg. Um so mehr mußte v. Carmer an schneller Durchbringung des von ihm fertig mitgebrachten, von Svarez ausgearbeiteten Projektes einer Verfahrensreform gelegen sein. Schon am 26.4.1781 konnte das „Corpus juris Fridericianum, erstes Buch, von der Prozeßordnung" publiziert werden. Mit diesem Gesetz wurde die schärfste Abwendung von den noch in der Coccejiischen Gesetzgebung (*Codex Fridericianus*, 1747—1749) beibehaltenen Prozeßmethoden vollzogen: Die Verhandlungs- und Eventualmaxime wurden durch die Inquisitionsmaxime ersetzt, und zwar in dem Sinne, daß der Richter den Parteien gegenüber eine weitgehende staatliche Bevormundung ausüben, sie zur Angabe der Wahrheit auch da, wo dies einen prozessualen Nachteil bedeutete, anhalten, in freiester Weise „ihre Erzählungen und mitzubringenden Beweisthümer gegeneinander halten und so die materielle Wahrheit eruieren sollte"; nach Feststellung eines vom instruierenden Richter schriftlich abzufassenden *status causae et controversiae* sollte dann das Kollegium, allerdings ohne Beweisinterlokut, die Beweisaufnahme beschließen; an der formellen Beweistheorie wurde festgehalten. Zugleich wurde die Stellung der Advokaten dadurch verändert, daß sie auf Rechtsberatung außerhalb der Gerichtssäle beschränkt, im Verfahren selbst aber durch beamtete Assistenzräte (Justizkommissare) ersetzt wurden.

Der Widerstand des Kammergerichts gegen eine derartige Umgestaltung des überkommenen Zivilprozesses trat schon vor dem Inkrafttreten des Corpus Fridericianum in Erscheinung, wobei die persönlichen Gegensätze zwischen v. Carmer und v. Rebeur in aller Schärfe zu Tage traten. Wie sich die durch und durch unerfreulichen Auseinandersetzungen zwischem dem Großkanzler und dem Kammergericht bis zu v. Carmers Ausscheiden aus dem Amte (1795) hingezogen haben, ist von Holtze bis in alle Einzelheiten geschildert worden und kann im Rahmen dieser Arbeit nicht nachgezeichnet werden. Mochte der schließlich ins Literarische übertragene Streit zwischen den vom Kammergericht vertretenen Anschauungen und den rechtspolitischen Tendenzen des

Großkanzlers auch mit einem literarischen Sieg v. Rebeurs geendet haben, an den grundsätzlichen Neuerungen, die v. Carmers Prozeßreform gebracht hatte, wurde Wesentliches nicht geändert. Immerhin hat eine Revision des Gesetzes von 1781 im Hinblick auf manche Übertreibungen (wie die Ausschließungen der Anwaltschaft) sich als notwendig erwiesen; sie erfolgte 1793 und endete schließlich 1795 in der „Allgemeinen Gerichtsordnung", mit der die Reform des Zivilprozeßrechts fürs erste ihren Abschluß erreichte. Zusammen mit dem Allgemeinen Landrecht von 1794 bietet sie das getreue Bild einer nach den Prinzipien des aufgeklärten Absolutismus gestalteten Rechtsordnung.

III

Das Kammergericht im Zeitalter des Konstitutionalismus

1. Im preußischen Staat hat der Konstitutionalismus erst nach der bürgerlichen Revolution von 1848 in der oktroyierten Verfassung vom 5.12.1848 und in der revidierten Verfassung vom 31.1.1850 seine Anerkennung gefunden, nachdem in den süddeutschen Staaten schon seit 1818 die Verfassungen zustande gekommen waren, die, was hier vor allem zu interessieren hat, die Unabhängigkeit der Gerichte, „in den Grenzen ihrer amtlichen Befugnis" (so Tit. VIII § 3 der Bayer. Verf. vom 26.5.1818; ganz ähnlich § 96 der Württemb. Verf. vom 25.9.1819) anerkannten und das landesherrliche Bestätigungsrecht beseitigt hatten. Dieses letztere ist aber auch dem preußischen Richtertum seit den in der Justizkatastrophe von 1779 gemachten Erfahrungen nicht weniger ein Dorn im Auge gewesen. Svarez hatte ihm in den Vorträgen, die er 1791/92 vor dem preußischen Kronprinzen zu halten hatte, mit schonungsloser Deutlichkeit eine Absage erteilt und damit nur die im preußischen Richtertum wohl allgemein verbreitete Anschauung zum Ausdruck gebracht.

Der *landesherrliche* Absolutismus war seit der Regierung Friedrich Wilhelms II. dem *bürokratischen* Absolutismus der Ministerialbürokratie gewichen. Die auch dem preußischen Richtertum am Herzen liegenden Bestrebungen, „in den Grenzen seiner amtlichen Befugnisse" zu der im Jahre 1779 behaupteten Unabhängigkeit verfassungsmäßig zu gelangen, hatten sich daher nun im wesentlichen gegen Widerstände der hohen Bürokratie zu richten, die sich dabei freilich des letztlich immer noch entscheidenden Willens des Monarchen geschickt zu bedienen wußte. Sich in diesen Gegensätzlichkeiten immer wieder zu bewähren, erhielt das Kammergericht um so eher und um so mehr Gelegenheit, als es in den ersten Jahrzehnten des 19. Jahrhunderts mehr als bisher mit Kriminalsachen befaßt wurde. Gerade das hat den Anlaß dazu gegeben, daß in den Jahrzehnten des erwachenden bürgerlichen Liberalismus diejenigen Gegensätze in die Wirksamkeit des Kammergerichts haben hineingreifen müssen, die zwischen der an den Methoden des Polizei- und Zensurstaates festhaltenden Ministerialbürokratie und dem selbstbewußter werdenden, nicht zur Distanz *vom* Staat, sondern zur Mitverantwortung *am* Staat drängenden Bürgertum erwachen und sich verschärfen mußten.

Der sich bedroht fühlende Polizeistaat reagierte mit einer Verschärfung des politischen Strafrechts, jedenfalls mit gesteigerter Verfolgungsenergie gegen diejenigen, die im Sinn der „Karlsbader Beschlüsse" (1819) demagogischer Umtriebe verdächtig waren, weil sie der politischen Unruhe Ausdruck gaben, die in der Nichterfüllung der politischen Verheißungen von 1815 und 1820 ihren Grund hatte.

Dafür, daß das Kammergericht in Fällen, wo Freiheit und Recht des einzelnen durch polizeistaatliche Tendenzen und Methoden der Bürokratie gefährdet wurden, in objektiver Gelassenheit für den Schutz des einzelnen durch die nur dem Recht und der Wahrheit verpflichtete Rechtsprechung einzutreten verstanden und den Mut gehabt hat, geben die Fälle des Turnvaters Jahn, des Buchhändlers Reimer und ähnliche Ereignisse interessante Beispiele ab.

2. Die Bedeutung des Kammergerichts auf dem Gebiete des Staatsschutzes erfuhr eine wesentliche Steigerung, als es durch KO. vom 25.4.1833 für den ganzen Umfang der Monarchie zum Spezialgerichtshof für alle gegen die bestehende Regierungsform Preußens, die politischen Grundsätze des Deutschen Bundes, die öffentliche Sicherheit gerichteten Straftaten bestellt wurde. Der Kriminalsenat des Kammergerichts hatte in diesen Sachen in erster Instanz zu entscheiden; der Oberappellationssenat bildete die Rechtsmittelinstanz. Das Kammergericht hatte damit die Funktion eines „Staatsgerichtshofs" übertragen erhalten. Daß in einer Zeit erregter politischer Leidenschaften das Ansehen des mit dieser politischen Strafjustiz belasteten Kammergerichts in ein Zwielicht hat geraten müssen, ist zu verstehen; freilich hat sich der Unmut offenbar nicht so sehr gegen die gerichtlichen, an die Gesetze gebundenen Entscheidungen der beiden Senate, als vielmehr gegen die inquisitorischen Methoden der Untersuchungsrichter vom Schlage etwa des Kriminalrats Dambach gerichtet, in dessen Hand sich zu befinden für einen Beschuldigten, dem nach dem Rechte der Criminalordnung von 1805 die Rolle eines so gut wie schutzlosen Untersuchungsobjektes eignete — wir wissen es aus der Schilderung Fritz Reuters —, eine qualvolle Entwürdigung gewesen sein muß. Daß sich die *Rechtsprechung* des Kammergerichts auch in solchen politischen Strafsachen, durch die sich der König persönlich betroffen fühlte — wie z.B. in der Strafsache des Königsberger Arztes Dr. Jacoby, der in seiner Streitschrift „Vier Fragen, beantwortet von einem Ostpreußen" die Nichterfüllung der königlichen Verfassungsversprechen schärfstens und bitter getadelt hatte —, um objektive Erfassung des Sachverhaltes ohne Rücksicht auf die nicht verborgen gebliebenen Wünsche des Königs zu bemühen wußte, zeigte der Freispruch Jacobys durch das zweit-

instanzliche Urteil des Oberappellationssenates unter Vorsitz des Präsidenten v. Grolmann. Was v. Grolmann erwarten konnte, trat ein: Er fiel beim König in Ungnade und erhielt am 12.4.1845 den Abschied. Im ganzen darf wohl für die Rechtsprechung des Kammergerichts, soweit es als Staatsgerichtshof in den Teufelskreis der Demagogenverfolgungen hineingezogen worden ist, das durch Holtzes Untersuchungen bestätigte Urteil Hintzes gelten, daß es auch in der Ausübung dieser justiziellen Aufgabe „seinen alten Ruf unabhängiger und aufrechter Gesinnung nicht geschädigt hat".

3. In den letzten Jahren der vorkonstitutionellen Zeit fällt in die Geschichte des Kammergerichts als besonderes Ereignis, daß ihm und dem ihm untergeordneten Criminalgericht in Berlin, nachdem am 27.2.1846 der Polenaufstand ausgebrochen war, die Durchführung des gegen 254 des Hochverrats verdächtige Personen gerichteten Strafverfahrens übertragen wurde. Mit diesem Ereignis ist bekanntlich eine grundlegende Änderung des preußischen Strafverfahrensrechtes verbunden gewesen, indem mit bezug auf diesen Polenprozeß durch Gesetz vom 17.7.1846 das öffentliche mündliche Anklageverfahren unter gleichzeitiger Einsetzung einer Staatsanwaltschaft als Anklagebehörde eingeführt wurde. Es ist für den als Vorsitzenden fungierenden Vize-Präsidenten Koch, seine 8 Beisitzer und für die Staatsanwälte Wentzel und Friedberg eine große Leistung gewesen, daß der Prozeß unter Mitwirkung von 20 Verteidigern nach den ungewohnten neuen Verfahrensvorschriften in der Zeit vom 2.8 bis zum 17.11.1847 in 91 Sitzungen hat durchgeführt werden können, und zwar im Kirchenraum des noch im Bau befindlichen Zuchthauses Moabit, dessen bereits fertiggestellte Zellenflügel den Beschuldigten als Untersuchungsgefängnis zu dienen hatten. Das am 2.12.1847 verkündete Urteil sprach die meisten Angeklagten frei. Über 60 Angeklagte wurden zwar schwerste Strafen (Todes-, Freiheitsstrafen) verhängt, jedoch wurden diese Bestrafungen nach einigen Monaten Haft für alle Verurteilten durch die Amnestie vom 20.3.1848 erledigt.

4. Um die gleiche Zeit erfolgten Veränderungen der preußischen Justizverfassung, die auch das Kammergericht mit betrafen. Die Verordnungen vom 2. und 3.1.1849 beseitigten die Patrimonialgerichtsbarkeit, brachten die allgemeine Einführung der Staatsanwaltschaft und den reformierten Strafprozeß mit Anklageverfahren und Geschworenengerichten und machten dem besonderen Gerichtsstand der Eximierten beim Kammergericht ein Ende. Das Kammergericht war nun bloß noch Appellationsinstanz. Es hat sogar vorübergehend seinen historischen Namen verloren und die Bezeichnung „Appellationsgericht" erhalten, ein Fehlgriff, der durch Erlaß vom 21.5.1850 wieder aus der Welt geschafft worden ist. Inzwischen war — ein später Sieg der seinerzeit vom Kammergericht unter v. Rebeur gegen den Großkanzler v. Carmer verfochtenen Ideen! — das Zivilprozeßrecht durch Wiedereinführung

der Verhandlungs- und Eventualmaxime und der präklusivischen Fristen aus der durch die Carmersche Reform bewirkten polizeistaatlichen Verunstaltung befreit worden. Dieses auf den VOen vom 1.6.1833 und 21.7.1846 beruhende neue preußische Zivilprozeßrecht ist durch Gesetz vom 24.6.1867 auf die Neuerwerbungen des Jahres 1866 übertragen worden und ist bis zum Inkrafttreten der Reichsjustizgesetzgebung in Geltung geblieben.

IV

Das Kammergericht in der Zeit des Übergangs zum Konstitutionalismus

1. Die preußische revidierte Verfassung vom 31.1.1850 hat in Art. 86 die Unabhängigkeit der Gerichte und ihre ausschließliche Unterworfenheit unter die „Autorität der Gesetze" anerkannt. Damit hatten sich die Bestrebungen durchgesetzt, die 1779 gerade bei den *preußischen* Richtern nach dem mutigen Vorbilde des Kammergerichts eingesetzt haben, freilich dann im 19. Jahrhundert auch in der großen die Problematik des Richteramtes im rechtsstaatlichen Sinne verarbeitenden und vertiefenden rechtswissenschaftlichen Literatur von Feuerbach über v. Aretin, Zeiller, Klüber, Rotteck und Welcker bis hin zu Savigny stärkste Förderung gefunden hatten. Mochten auch die Urteile der Verfassung zufolge (Art. 85) „im Namen des Königs" gesprochen werden, „geschöpft wurden sie bloß im Namen der Wahrheit und des Gesetzes und vermöge eigener freier und selbständiger Überzeugung des Richters" (v. Aretin). Welchen entscheidenden Anteil an der Geltung dieses Rechtsprechungsprinzips gerade dem Kammergericht zuzubilligen ist, dürften unsere bisherigen Erörterungen ergeben haben.

2. Die Verfassung vom 31.1.1850 hat in Art. 89 die wichtige Bestimmung enthalten, daß die Organisation der Gerichte auf einem *Gesetz* beruhen müsse, also nicht mehr durch Verordnungen der Exekutive geregelt werden dürfe. Art. 92 hat ferner bestimmt, daß in Preußen nur *ein* oberster Gerichtshof bestehen dürfe. Diesen obersten Gerichtshof bildete das Obertribunal in Berlin (als dritte und höchste Instanz). Das Kammergericht fungierte daher als Appellationsgericht, d.h. als zweitinstanzliches Gericht gegenüber den Stadt- und Kreisgerichten, die zu seinem über den größten Teil der Provinz Brandenburg erstreckten Bezirk gehörten.

Die Funktion, die nach der KO. vom 25.4.1833 (siehe oben) der Kriminalsenat und der Oberappellationssenat des Kammergerichts als Staatsgerichtshof auszuüben hatte, war durch die Märzereignisse des Jahres 1848 unterbrochen worden. Die preußische Verfassung aber hatte, nachdem 1849 die Schwurgerichte eingeführt worden waren, in den Art. 94, 95 vorgesehen, daß für Hochverrat, Landesverrat und andere schwere politische Straftaten ein „Schwurgerichtshof" errichtet werden solle. Dazu aber ist es nicht gekommen. Als dann seit 1852 auf allen politischen Gebieten die Reaktion einsetzte, wurden die den „Schwurgerichtshof" betreffenden Verfassungsbestimmungen in dem Sinne geändert, daß im Verfassungstext der „Schwurgerichtshof" durch einen „Gerichtshof" ersetzt und überdies bestimmt wurde, daß durch einfaches Gesetz angeordnet werden könne, daß bei Verbrechen auch ohne Geschworene, d.h. also ausschließlich durch Berufsrichter die Schuldfrage erledigt werden könne. Davon ist dann im Gesetz vom 25.4.1853, das für Hochverrat, Landesverrat und tätliche Angriffe auf den König wieder einen Staatsgerichtshof bilden sollte, Gebrauch gemacht worden. Diese Funktion als Staatsgerichtshof wurde nun erneut dem Kammergericht zugewiesen. Die Mitglieder des Senates, der den Staatsgerichtshof bildete, waren jährlich vom Justizminister zu ernennen. In der Besetzung mit 7 Räten hatte der Senat über die Versetzung in den Anklagezustand zu entscheiden. Die Urteilsfällung in der Sache selbst erfolgte durch einen aus 10 Räten gebildeten Urteilssenat. Anders als nach der KO. von 1833 gab es für diese schwersten politischen Delikte nur *eine* Instanz; doch konnte das Urteil mit einer vom gesamten Kriminalsenat zu erledigenden Nichtigkeitsbeschwerde angefochten werden. In dieser Funktion hat das Kammergericht bis zum Inkrafttreten der Reichsjustizgesetze gewirkt, und zwar auch dann noch, als die Verfassung des Norddeutschen Bundes für die Aburteilung von Hoch- und Landesverrat das Oberappellationsgericht der drei Freien und Hansestädte in Lübeck vorgesehen hatte; denn das Verfahren vor diesem Gericht ist gesetzlich nicht mehr geregelt worden, so daß jene Verfassungsvorschrift praktisch nicht hat realisiert werden können. Zu den wichtigsten Prozessen, die das Kammergericht als Staatsgerichtshof hat durchführen müssen, hat das Verfahren gegen Ferdinand Lassalle (1864) gehört, das mit einem Urteil auf „Nichtschuldig wegen Hochverrats" geendet hat. Auch hat im Jahre 1864 noch einmal ein gegen 149 Angeklagte gerichteter Polen-Prozeß geführt werden müssen, dessen Ursache der im Januar 1863 ausgebrochene Aufstand im russischen Polen gewesen ist, der von preußischen Staatsbürgern polnischer Volksangehörigkeit im Gebiete der Provinz Posen eine auch gegen staatliche Interessen des preußischen Staates gerichtete Unterstützung gefunden haben sollte. Unter Vorsitz des Vizepräsidenten Büchtemann wurde in 86 Verhandlungsterminen verhandelt, und zwar in einer außerordentlich sachlichen und ruhigen Atmosphäre. Das am 2.12.1864 verkündete Urteil sprach die meisten Angeklagten frei; nur gegen 11 flüchtige Angeklagte ergingen *in contumaciam* Todesurteile; einige Angeklagte erhielten Freiheitsstrafen, wurden aber sofort aus der Haft entlassen. Die öffentliche Meinung hat dem Kammergericht dieses Urteil zu hoher Ehre angerechnet, weil es von liberaler Seite als Schlag gegen die rußlandfreundliche Außenpolitik der Regierung angesehen wurde, obwohl sich das Kammergericht bei seiner Urteilsfällung von politischen Rücksichten nicht im geringsten hatte leiten lassen.

3. Als nach der Gründung des Deutschen Reiches die Reichsjustizgesetzgebung die den neuen politischen Verhältnissen entsprechende Ordnung des Gerichtsverfassungs- und des gesamten Verfahrensrechtes brachte, mußte sich notwendigerweise auch der preußische Justizorganismus ändern. Das preußische Obertribunal wich dem Reichsgericht; die Funktion des Kammergerichts als Staatsgerichtshof hatte aufzuhören, da § 136 des Gerichtsverfassungsgesetzes die Delikte des Hochverrats und Landesverrats, sofern sie gegen Kaiser und Reich begangen werden, dem vereinigten 2. und 3. Strafsenat des Reichsgerichts übertragen hatte.

Das Kammergericht als solches wurde in Ausführung der Reichsjustizgesetzgebung zum „Oberlandesgericht in Berlin“, erhielt aber durch Erlaß vom 1.9.1879 erneut seinen historischen Namen „Kammergericht“ bestätigt. Verglichen mit den anderen preußischen Oberlandesgerichten wurde ihm eine gehobene Stellung dadurch zuteil, daß das preußische Ausf. Ges. zum GVG vom 24.4.1878 (§ 50) ihm die ausschließliche Zuständigkeit für die gegen Berufungsurteile und erstinstanzliche Strafkammerurteile eingelegten Revisionen zuwies, sofern die Revision ausschließlich auf Verletzung landesrechtlicher Normen gestützt wird. Das Kammergericht sollte also im Bereich der Strafsachen die Rechtseinheit auf der Basis des preußischen Landesstrafrechts wahren. Eine gleich zentrale Stellung erhielt es in Sachen der freiwilligen Gerichtsbarkeit bei weiteren Beschwerden gegen landgerichtliche Entscheidungen (§ 51 Ausf. Ges. zum GVG).

Im übrigen wurde der örtlichen Zuständigkeit des Kammergerichts, die sich bisher nur auf Berlin und den Regierungsbezirk Potsdam erstreckt hatte, auch der Regierungsbezirk Frankfurt a.O. zugewiesen, so daß die ganze Provinz Brandenburg in ihrer seit 1815 bestehenden Ausdehnung in den kammergerichtlichen Zuständigkeitsbereich gehörte. Endlich ist zu erwähnen, daß die preußische Disziplinargesetzgebung von 1879 dem Kammergericht den bisher mit dem Obertribunal verbundenen Großen Disziplinarsenat übertragen hat, und zwar mit der Maßgabe, daß er unter dem Vorsitz des Kammergerichtspräsidenten als erste Instanz für die Dienstvergehen aller Präsidenten und Senatspräsidenten der preußischen Land- und Oberlandesgerichte sowie als zweite Instanz für die bei jedem preußischen Oberlandesgericht gebildeten Disziplinargerichte für die übrigen Richter zu fungieren hatte.

Daß die Rechtsprechung der Oberlandesgerichte und somit auch die des Kammergerichts in Berlin sich neben derjenigen des Reichsgerichts hohes Ansehen und bedeutenden Einfluß auf die gesamte Rechtspflege erworben hat, ist jedem Kenner der deutschen Rechtsentwicklung bekannt. Das seit 1881 erscheinende „Jahrbuch für Entscheidungen des Kammergerichts in Sachen der nichtstreitigen Gerichtsbarkeit und in Strafsachen" hat von der Gründlichkeit und dem juristischen Niveau seiner Rechtsprechung Zeugnis abgelegt.

Der wirtschaftliche Aufschwung, den die Gründung des Deutschen Reiches zur Folge gehabt hat, das Anwachsen der Großstädte, namentlich der Reichshauptstadt Berlin, die fortschreitende Industrialisierung und die Steigerung der internationalen Handels- und Wirtschaftsbeziehungen haben die Arbeitslast des Kammergerichts in Zivilsachen sehr bald erheblich gesteigert. Mit 7 Zivil- und 3 Strafsenaten hat es 1879 seine Tätigkeit aufgenommen. Aber noch vor der Jahrhundertwende hat sich die Zahl der Zivilsenate auf 15 vermehrt. Die strafrechtliche Tätigkeit des Kammergerichts ging dagegen so stark zurück, daß zwei Strafsenate die Erledigung von Zivilsachen haben übernehmen können.

V

Ausklang

1. Die entwicklungsgeschichtlichen Schwerpunkte in der Geschichte des Kammergerichts haben im 18. und 19. Jahrhundert gelegen. In diesen Jahrhunderten vollziehen sich die mit dem Namen des Kammergerichts verbundenen Leistungen, die nicht nur für Brandenburg-Preußen, sondern für das ganze Deutschland zur Entstehung eines modernen Richtertums und zur Herausbildung rechtsstaatlicher Grundsätze in Gerichtsverfassung und Rechtsprechung geführt haben.

2. Im 20. Jahrhundert haben das Kammergericht und seine Richter durch die Katastrophen hindurchgehen müssen, die durch die Weltkriege und die Staatsumwälzungen hervorgerufen worden sind. Wäre das Kammergericht in diesen stürmischen und wandlungsreichen Zeiten nicht hauptsächlich ein *Zivilgericht* gewesen, hätte es in der Strafrechtspflege, wie in früheren Jahrhunderten, eine weitreichende tat- oder revisionsrichterliche Tätigkeit auszuüben gehabt, so würde es in den sich ablösenden Krisenzeiten sicher markanter hervorgetreten sein. Mit allen anderen Gerichten ist es unter dem nationalsozialistischen Regime allen Rechts- und Justizfeindlichkeiten ausgesetzt gewesen, die in der Beamtengesetzgebung, in der vom Rassenwahn vergifteten Personalpolitik und in der Vernichtung richterlicher Unabhängigkeit in düstere Erscheinung getreten sind und die terroristische Atmosphäre des totalitären Staates zur schrecklichen Erscheinung haben gelangen lassen. Hier auf die einzelnen Gesetze und Maßnahmen einzugehen, die in die Struktur, die Selbstverwaltung, die Rechtsprechung und besonders in den Personalbestand des Kammergerichts eingewirkt haben, kann nicht mehr als lohnend erscheinen. Es wäre zu wünschen, daß den dem Kammergericht angehörenden Richtern und Staatsanwälten und den

bei ihm zugelassenen Rechtsanwälten, denen Hitlers Terrorsystem ein schweres Schicksal bereitet hat, ein der einzelnen Persönlichkeit gerecht werdendes Erinnerungsmal gesetzt werden würde.

Der Zusammenbruch im Jahre 1945 hat das Kammergericht schwer betroffen. Freilich: Der Staat, in dessen Geschichte es seine an Höhepunkten reiche Wirksamkeit hat ausüben und dessen Wesen es durch sein Eintreten für richterliche Unabhängigkeit und für den Rechtsstaat stärkstens mit hat prägen können, ist schon mit Hitlers Machtergreifung zugrunde gegangen. Der die Auflösung Preußens formell aussprechende Kontrollratsbeschluß Nr. 46 vom 25.2.1947 ist nur der Eselstritt gewesen, den die das Wesen, die Geschichte und die Bedeutung Preußens für die Verklammerung Mitteleuropas blind verkennenden Siegermächte dem bereits toten Staat Preußen versetzt haben.

3. Das Kammergericht hat zu bestehen nicht aufgehört. Aber die territorialen Veränderungen im deutschen Raum, die Zonenbildung seitens der alliierten Mächte, das besondere Schicksal der alten Reichshauptstadt Berlin hat seine Wirkungsmöglichkeiten stark beschränkt. Die politische Lage Groß-Berlins, das, nachdem Deutschland in vier Besatzungszonen zerrissen worden war, zunächst unter der Vier-Mächte-Kommandantur einen besonderen Besatzungsbezirk bildete, brachte es mit sich, daß das Kammergericht seine Zuständigkeit für die ganze Provinz Brandenburg nicht mehr behalten konnte, vielmehr in seiner Zuständigkeit auf den Raum von Groß-Berlin beschränkt wurde. Am 1.7.1948 haben die Russen sich aus der Alliierten Kommandantur zurückgezogen. Das hat dazu geführt, daß sich in Groß-Berlin der russisch besetzte Sektor von dem Westsektor der drei Westmächte sonderte und daß das Kammergericht-West vom Kammergericht-Ost abgespalten wurde. Das Gesetz vom 8.12.1949 hat in der DDR zur Errichtung des Obersten Gerichtshofes mit Sitz in Berlin, „der Hauptstadt der DDR", geführt. Das Kammergericht-Ost blieb aber zunächst, da das Gesetz von 1949 nur für die sowjetisch besetzte Zone erlassen worden ist, noch als Oberstes Gericht für Ost-Berlin erhalten. Im Herbst 1961 aber wurde es nach Errichtung der Berliner Mauer aufgehoben. Ost-Berlin wurde der Gerichtsorganisation der DDR eingegliedert.

4. Der Name Kammergericht ist seitdem nur mit dem für die westlichen Sektoren Berlins fungierenden obersten Gericht verbunden. Für seine Rechtsprechung gelten die rechtsstaatlichen Grundsätze, wie sie der deutschen Rechtstradition entsprechen und für die Bundesrepublik durch das Grundgesetz bestimmt werden. So ist das Kammergericht für seinen schmalen Wirkungsbereich wiederum der Hort der Gerechtigkeit im Sinne dessen, was in den Zeiten seiner markantesten Leistungen unter Recht und Gerechtigkeit verstanden worden ist. [. . .]

XXII

The Formation and Transformation of the Bureaucratic Nobility during the 18th Century*

HANS ROSENBERG

I

The Prussian administrative elite had finally won the fateful battle for the manipulation of public law and thus for authoritarian government by the new bureaucracy under royal control and direction. But before it could aspire to independent action in routine administration, let alone to policy-making power, it still had to consolidate its position as an aristocratic status group within the upper class. The conquest of political leadership proved difficult since it entailed a struggle — dilatory, intricate, and intense — with the dynastic autocracy.

The transformation of the bureaucracy into a self-governing public service class and an almost autonomous political machine was not really accomplished before the age of the plebiscitary dictatorship of Napoleon I which made old-style monarchical absolutism hopelessly anachronistic. In Prussia, prior to Hardenberg's invocation, in 1807, of "democratic principles in a monarchical government," the cementing of the noble apex of the administrative service pyramid was an essential precondition to making the corporate power and political will of the authoritarian bureaucracy prevail over the absolute legal authority of the royal master.

In spite of the lessened importance of noble birth and landed property as determinants of political power and high social standing, aristocratic valuations

* Der folgende Beitrag erschien erstmals als Kapitel 7 in dem Werk des Verfassers über *Bureaucracy, Aristocracy and Autocracy. The Prussian Experience 1660–1815*, Cambridge/Massachusetts 1958, S. 137—174.

in society, politics, and public administration retained their primacy during the eighteenth century. Noble status not only remained a special asset in professional state service, it also was a badge of any position of eminence in the governmental hierarchy. However, superiority of noble social rank, as recognized by the sovereign, was no longer identical with the priority of nobility of birth over high official position. But the influence of the traditional relationship between social status and public authority remained so powerful that those who attained leading posts under the crown and, therefore, were social notables simply had to be holders of noble rank, whether or not they were of gentle birth.

All this, with variations in standards and methods, was common European practice. In line with this trend, the new state service estates of the Hohenzollern monarchy were headed by a special segment of the nobility, the bureaucratic nobility. Throughout its formative stage, this elite was made up of two distinctive elements, of nobles of descent and of nobles of ascent. Since compromise between the Hohenzollerns and the Junkers was the cornerstone of the Prussian experiment in bureaucratic state making, the heavy weight of the latter was reflected in the evolution of the leadership personnel of the absolute monarchy.

Because the nobility by birth had been the ruling class in the society of the old *Ständestaat,* many of its members, acting as individuals, maintained or regained a special position in the absolute state simply by becoming commissioned officers and new bureaucrats on the basis of customary privilege and social favoritism. They derived special benefit from their inherited station, in tacit recognition of their claim to inborn, superior qualities of leadership. From the start is was common, and after the middle of the eighteenth century, usual practice to place these cavaliers at advantage by granting extra favors to them.

These occupationally mobile noblemen, by swamping the evolving Prussian army officers' corps, were the backbone of the traditionless military service aristocracy. In addition, a string of particularly responsive individuals and families, not infrequently recruited from the old body of officialdom, obtained prominent and gratifyingly lucrative positions as members of the much smaller new administrative elite. Throughout the history of the Prussian state, from the cradle to the grave, the armed forces, not the civil bureaucracy, were the primary mode of the Junkers' active participation in professionalized government.

Conversely, because the socially mixed upstart class of royal career administrators had a superior position in the polity as powerful, though dependent executives of rulership by dictation, all its nonnoble members from the grade of commissar or councilor upwards reduced their social distance from the old aristocracy. Hence the conferment of at least personal seminoble privileges upon all of them while in royal service and of a hereditary title of nobility upon those who attained high rank in the government. The traditional division of society into castelike estates, static in principle, was sufficiently flexible in operation to provide opportunity for ascending from the lower social orders to places of public dignity. Correspondingly, the royal system of incentives and rewards also had room for the granting of noble privileges and noble titles. In the highest service brackets the chasm between official status and social rank was thus neatly resolved. A synthesis between the new and the old concept of excellence was effected by the simple device of bestowing hereditary nobility upon all top executives who were "illborn." This soothing arrangement pleased the vanity of the *nouveaux arrivés* and, for the time being, reinforced their allegiance to the dynastic autocrat. It also raised, though not always immediately, their prestige and thereby their authority in the service and in the community at large. Whatever the more distant consequences, in the short run the policy of ennoblement facilitated the fulfillment of the cardinal task assigned to the bureaucracy: to act as transmitters of the royal will.

This fusion of two sets of values by welding together the old social rank order and the new service hierarchy went back to the original founder of Prussian absolutism, for it was the Elector Frederick William who paid tribute to the customs and prejudices of his time by inaugurating the dynastic practice of recognizing the "ennobling" character of meritorious government service through the grant of noble rank. In 1660, by becoming "sovereign" ruler of the duchy of East Prussia, which stood outside the loose nexus of the Holy Roman Empire, he acquired the legal right to "make nobles" on his own initiative.

With respect to both numbers and standards, the practice of admitting deserving individuals to the social dignity of the nobility was kept within narrow bounds in the Prussian monarchy. The policy of ennoblement, as pursued by the three leading Hohenzollerns, was a socially more restrictive and, politically, far more singleminded and purposeful affair than the thoroughly commercialized usages, which in the contemporaneous Bourbon and Habsburg monarchies resulted in multiplication of noblemen.[1] There advancement in social rank had come to rest to a large extent on a plutocratic foundation, on the

[1] See Johann Georg M. von Mühlfeld, *Oesterreichisches Adels-Lexikon des 18. und 19. Jahrhunderts* (Vienna, 1822), *passim; idem, Ergänzungsband* (Vienna, 1824), *passim;* Ernst Kohn-Bramstedt, *Aristocracy and the Middle Classes in Germany. Social Types in German Literature 1830–1900* (London, 1937), pp. 18—20; Jean Brissaud, *A History of French Public Law* (Boston, 1905), pp. 297 ff.; Charles Normand, *La bourgeoisie française au XVIIe siècle* (Paris, 1908), pp. 11, 45—55, 98 ff.; Franklin L. Ford, *Robe and Sword. The Regrouping of the French Aristocracy after Louis XIV* (Harvard Historical Studies, LXIV) (Cambridge/Mass., 1953), pp. 12 ff.

ability and willingness to pay cash.[2] Although in Prussia, too, the nobility was anything but a closed caste, money, though important, was not the determining factor in gaining access to it. Significantly, in this military-bureaucratic state, dynastic service was the decisive channel of social mobility. Only a fighting career and a conspicuous position in the civil government were, with few exceptions, grounds for ennoblement. Furthermore, the acquisition of noble status was never a matter of right, even for the uppermost state managers.

Nevertheless, by the early eighteenth century it had become the established practice to confer, by royal letters patent, hereditary noble rank upon all lowborn bureaucrats at the moment of, if not prior to, their appointment as ministers of state. Especially under Frederick William I, the same favor rather frequently was extended to other commoners who as administrators, diplomats, or judges had attained the nominal title of privy councilor *(Geheimrat)* in the official hierarchy.[3]

This tiny but crucial band of successful climbers, who were the intimate teammates and, by order of the king, the social equals of members of the nobility of descent, closely resembled the French "noblesse des hautes fonctions publiques." The latter, also known as "noblesse de fonctions gouvernementales," had come into its own in the days of Louis XIV. To a far larger extent than in Prussia, this newly established French bureaucratic nobility was made up of parvenus, of men like Colbert, Le Tellier, Louvois, Seignelay, Torcy, Desmarets, who either entered the nobility in the course of their government careers or came from recently ennobled state service families. A very small, unique group by virtue of its control of the machinery of the central government, its social identity, despite its singular status as the dominant political power group, was somewhat uncertain. These newly arrived leaders of the "commissar class" amalgamated with established prominent families of the increasingly interfused *noblesse de robe* and the *noblesse de race.*[4]

In Prussia throughout the eighteenth century no office or commission carried with it noble status by prescription. This was quite unlike French and Russian

[2] In the words of a thoughtful contemporary: Nowadays, "the power of money is supreme. With money one can accomplish everything; with it one can purchase and become whatever one wants. . . . One should not ask whether money is a *jus quaesitum* to acquire noble status. Money *per se* already assures nobility . . . Whoever has money demonstrates thereby, as a matter of course, that he does not lack any of the traits of noble superiority." Johann Michael von Loen, *Der Adel* (Ulm, 1752), III, pp. 328—329, 331.

[3] Ernst von Meier, *Französische Einflüsse auf die Staats- und Rechtsentwicklung Preußens im XIX. Jahrhundert*, II (Leipzig, 1908), pp. 56—64.

[4] Philippe Sagnac, *La formation de la société française moderne* (Paris, 1946), II, pp. 54 ff., 166 ff., 216 ff.

usages, where noble rank had become the hallmark of all the more distinguished government offices and was, therefore, automatically acquired by incumbents, if commoners by social origin.[5] Both the ancient, relatively large venal French *noblesse de robe* and the extraordinarily numerous, newly created landholding state service nobility of Petrine Russia *(dvorianstvo)* had no genuine counterparts in the Hohenzollern monarchy.

The policy of ennoblement in Prussia, whether inadvertently or by design, helped to fix the social identity and the loyalties of the civil bureaucracy as a distinctive status group within the remodeled upper class. As such, it was detached and alienated from the common and inferior people. It was imbued with the hierarchical and corporative ideals of the superior class of the preabsolutist past which had been intimately blended with the authoritarian outlook and the arrogant habits of militaristic *Herrenmenschen.* In the execution of their orders, the commissars were apt to act like commanding officers in their own right and accustomed to bending the lower orders to their will.

At the head of the administrative aristocracy stood the bureaucratic nobility. Though irregular of composition and constantly reshuffled, it nonetheless formed a lofty body *sui generis.* Its lines of demarcation were reasonably clear. It was composed of the top officials holding the most notable posts, an aristocracy within an aristocracy of probationary bureaucrats. Hence its unstable membership. In the civil state it constituted the dominant group of the governing class by exercising, under the authority of the crown, the most important managerial functions of centralized regimentation. Sometimes, however, the responsibilities of high office were actually discharged, so it was rumored, not so much by the mighty themselves, but by their secretaries or female relatives who opened the dispatches and letters and made the decisions. Financially, the group was most highly favored with the spoils of office. Socially, it was exclusively composed of men born or elevated to noble rank. Thus it was set off from the rest of the administrative aristocracy.

The latter, to be sure, included a substantial number of nobly born members. Yet since the early eighteenth century the upper bureaucracy was predomi-

[5] See M. Marion, *Dictionnaire des institutions de la France aux XVIIe et XVIIIe siècles* (Paris, 1923), p. 432; F.L. Ford, *Robe and Sword,* pp. 61—62; Henry Lévy-Bruhl, "La noblesse de la France et le commerce à la fin de l'Ancien Régime," *Revue d' Histoire Moderne,* VIII (1923), p. 210; V.O. Kluchevsky, *A History of Russia,* IV (London and New York, 1926), pp. 82, 243—244; Otto Hötzsch, „Adel und Lehnswesen in Russland und Polen," *Historische Zeitschrift,* CVIII (1912), pp. 565 ff.; Peter Miljukoff, „Zur Geschichte des russischen Adels," *Archiv für Sozialwissenschaft und Sozialpolitik,* XLI (1916), pp. 88—109; Max Beloff, „Russia," in A. Goodwin, ed., *The European Nobility in the Eighteenth Century* (London, 1953), pp. 172—189.

nantly nonnoble in origin and its majority but seminoble in status. Clearly then, in terms of official influence, service grade, and service income, as well as titled prestige, the bureaucratic nobility was at once the most powerful and the most privileged element within the elite of professional government executives.

Bureaucratic top officialdom counted among its members several vigorous personalities of exceptional caliber, alongside many pedestrian technicians and some nonentities of the von Viereck type. Those who added real distinction to the group were mostly former *roturiers,* men like Meinders, Krautt, Ilgen, and Cocceji.[6] These "natural aristocrats" formed an elite in the normative sense, a nobility of talent and outstanding achievement within the bureaucratic nobility which, prior to the reign of Frederick II, was an "open" aristocracy.

II

The emergence of the bureaucratic nobility as a special group was linked to a wider, more ramified trend — the reconstitution of the old upper class, the hereditary nobility. The rise of the professional service estates and the struggle over the distribution of the enlarged governmental authority and intensified social controls, as engendered by the making of Prussia, divided the nobility into different status groups and factions and disrupted the whole pattern of traditional noble life. The deepening inequalities within the First Estate were visible signs of this process of readjustment. The acceleration of intraclass mobility produced its victors and its victims, nobles rising and falling in the social scale. The internal scramble for position was aggravated by competition, however imperfect, within the government service.

As a class, the established Junker nobility was revitalized by the rise of the military-bureaucratic state. As to personnel and group character, it acquired a more colorful complexion through the inflow of blueblooded and newly ennobled immigrants from a multitude of German principalities and from France, Scandinavia, Scotland, Ireland, Italy, and the Habsburg dominions. It also grew

[6] These men stand out like towering figures, especially if compared with the most infamous of their Junker colleagues: President von Borck, a notorious crook and perjurer, was dismissed by Frederick William I but reinstated and promoted by Frederick II. And Herr von Görne, Jr., was eminently successful in practicing thievery as a big business after having become, like von Borck, a minister in the General Directory. See *Acta Borussica. Denkmäler der Preußischen Staatsverwaltung im 18. Jahrhundert.* Ed. by *Königliche Akademie der Wissenschaften. Die Behördenorganisation und die allgemeine Staatsverwaltung* (A.B.B.), V, part I (Berlin, 1910), pp. 623 ff.; V, part 2, pp. 540, 550 ff.; VI, part I, pp. 443—444; A.B. *Handels-, Zoll- und Akzisepolitik,* III, part 2, pp. 450 ff.; A.B. *Seidenindustrie,* III, pp. 285—288.

less parochial through assimilation with the noble "vassals," gained by the Hohenzollerns in their more recently annexed territories. The Prussian nobility also was rejuvenated by social climbers who, as Prussian subjects pressing from below, managed to lift themselves up to nobles of ascent.

But what was good for the nobility as a whole was not always a blessing for individual noblemen, even if they were the descendants of renowned medieval families. Some of the Junkers of old lineage, to be sure, bolstered their traditionally superior position through professional government service. Those few who secured a place in the bureaucratic nobility substantially enlarged their power, material prosperity, and social standing. Far more frequently, however, wellborn bureaucrats were "frozen" in their rank of "ordinary" councilor. Though shut off from the highest service dignities, these noble officials were recognized members of the upper bureaucracy and, hence, of a professional elite belonging to the increasingly differentiated upper class. Their aristocratic status was beyond doubt since they combined high birth with a ranking, remunerative position in the government.

But a wide gulf separated the nobles in actual possession of superior status from the increasingly numerous group of common and inferior holders of noble rank. Although the latter came from the old upper class, as civil government employees they never rose above the subaltern, poorly paid position of a petty excise tax official or customs inspector or municipal police functionary or postmaster or captain of a local fire brigade.[7] Among these were many invalid or retired army officers who frequently could hardly read or write.[8] Such nobles were excluded from the chance of competing with the better educated for positions on the upper rungs of the administrative ladder. But they had special ease of access to the lower service grades in consequence of the all-pervasive policy of differential treatment of nobles and nonnobles. Thus this species of "born aristocrats" who secured appointments as petty officials nevertheless derived only modest practical benefits from their legal class membership in the First Estate.

[7] Johannes Ziekursch, *Das Ergebnis der friderizianischen Städteverwaltung und die Städteordnung Steins, am Beispiel der schlesischen Städte dargestellt* (Jena, 1908), pp. 201—211; Fritz Martiny, *Die Adelsfrage in Preußen vor 1806 als politisches und soziales Problem,* (Beiheft XXXV zur *Vierteljahrschrift für Sozial- und Wirtschaftsgeschichte),* (Stuttgart-Berlin, 1938), pp. 70—71, 83 ff.

[8] Even as late as the 1770's, among the graduates of the military cadet schools many were, literally speaking, illiterates. See Johann David Erdmann Preuß, ed., *Oeuvres de Frédéric le Grand,* VI (Berlin, 1847), pp 98—99; see Reinhard Lüdicke, „Über die Preußische Verwaltung in Neu-Ostpreußen. Briefe des Kammer-Assessors S.G. Borsche aus Plock 1799—1801," *Altpreußische Forschungen, XVII* (1940), pp. 200—228, Letter, 1799, Sept., p. 213.

In exceptional cases, members of this group belonged to old noble families, previously prominent in the landed but also in the bureaucratic aristocracy. The Grumbkows, for instance, entered the downward road in the latter part of the eighteenth century. Thereafter, some of them still managed to obtain commissions in the armed services. But most of them had to make their living as subaltern employees in public or private service or as craftsmen, particularly in the printing trade.[9]

Both during and after the Old Regime, a lowly position in the government services did not necessarily imply, however, an irretrievable demotion of a noble family in public life and in the hierarchy of income groups. This was demonstrated by the great Clausewitz, the son of a former army lieutenant, who had to earn his daily bread as a minor tax collector. So too, Albrecht von Roon's sensational public career as minister of war and his rise to landed wealth in the age of Bismarck were hardly foreshadowed by his social antecedents: the rather dubious character of his noble predigree, the mendicant status of his *déclassé* father, and his own poverty-stricken start in the army.[10]

Doubtless, the predominantly nonnoble personnel of the administrative class made an exceptional place for itself vis-à-vis those "low grade" nobles of descent who, by virtue of incompetence, ignorance, indolence, or bad luck, were kicked down the ladder. The new arrivals stood out in even bolder relief when contrasted with the noble "reserve army," composed of paupers, *déclassés,* and delinquents, no longer able to obtain any position.

The resurgence of a titled body of unemployed reached considerable proportions in the course of the eighteenth century. Among "the noble riff-raff" were social parasites who depended on the moody charity of their well-to-do relatives. Others, even more completely uprooted, were professional hoboes. Drifting from manor house to manor house, the "noble tramp" earned his livelihood as a carrier of "society" gossip and as a card player and "jolly joker." He was usually received as a welcome visitor since he pleasantly interrupted the quietude of country life and the rather monotonous conversations about dogs, horses, women, crops, the weather, and the neighbors. He had his counterpart among the dispossessed French *hoberaux* and the Spanish *hidalgos.* And he was a well-known figure in Russian society during the decades just after the peasant emancipation.

[9] See *Gothaisches Genealogisches Taschenbuch der Uradeligen Häuser. Der in Deutschland eingeborene Adel,* VIII (Gotha, 1907), pp. 277 ff.

[10] *Denkwürdigkeiten aus dem Leben des Generalfeldmarschalls Kriegsministers Grafen von Roon,* I (Breslau, 1892), pp. 1—74.

In Prussia, the process of economic deterioration and social debasement which had hit many persons of high birth during and after the Thirty Years' War was only temporarily checked by the inflationary growth of job opportunities in dynastic service. Even the Prussian army, which served with remarkable effectiveness as a vocational rehabilitation center for destitute nobles and the elegant poor, did not have at its disposal unlimited funds for expanding its facilities. And the physical growth of the Hohenzollern monarchy did not always aid in the preservation of the superior social respectability of *"l'élite de la nation,"* "the foremost and the most brilliant estate of the state," as Frederick II characterized the Prussian nobility. The three partitions of Poland brought Prussia not merely huge territories but also a numerous and largely illiterate, indigent Polish nobility.[11]

With the passage of time, the social decline of many noblemen did much to raise the stock of official position and to lower the utility and prestige of noble status as such. Well-established nobles, inside and outside government service, watched with misgivings the deflation of their "superior" rank, as precipitated by the many "Herren von Habenichts" (have-nots), pretending to be their "class equals." Determined to regain possession of ostentatious symbols of lofty exclusiveness, the upholders of the unwritten laws of "proper" social distance did their utmost to obtain for themselves the title of baron or count. Significantly, as early as 1800, in Brandenburg, for instance, one sixth of all the noble landowners already held such rank.[12]

The widening of the range of noble intraclass inequalities carried in its train altered relationships to competing social elements. The vacuum created by the exodus of "displaced noble persons" was filled by climbing members of *"la vile bourgeoisie."*

From an early date this had a salutary effect upon the social standing of the bureaucrats. In education, function, income, in the standards of consumption, and modes of recreation, nobles employed as petty functionaries were nothing but low class people, if contrasted with the common councilors and privy councilors who had risen in the social scale. To go a step further, those genteel members of the administrative aristocracy who failed to be admitted to the more select band of the bureaucratic nobility shared with their nonnoble service equals similar professional experiences, interests, habits, and propensities, as well as distinctive privileges, service titles, and honors. As to their actual social

[11] Carl Heinrich Hagen, *Über das Agrargesetz und die Anwendbarkeit desselben* (Königsberg, 1814), pp. 53 ff.; Max Bär, ed., *Westpreußen unter Friedrich dem Großen* (Leipzig, 1909), pp. 361 ff.

[12] F. Martiny, *Die Adelsfrage,* p. 78.

station, the former had far more in common with the latter than with the nobly born in the lower service brackets, nominally their social rank equals, but in real life more or less *déclassés.* Finally, the nobles of ancient descent in so far as they had reached the summit of the official hierarchy were, as to status and their style of life, more closely bound to their newly ennobled professional colleagues than to their wellborn service rank inferiors in the higher grades. In fact, nothing of significance, except for the accident of birth, separated in these two respects the social position of the top bureaucrats of old noble lineage from the bureaucratic nobles of ascent. And the stigma attached to the parvenus on account of deficiencies in genealogical inheritance, though irritating and humiliating, proved, in most cases, surmountable, even within the span of their own lifetime.

The predecessors of Frederick II made political capital out of the twofold composition of the bureaucratic nobility by playing out against each other the jealousies and rivalries of its two component elements. This clumsy divide-and-rule technique was of dubious utility and yielded but a diminishing return. The nobles of ascent at once stabilized their social advance by becoming founders of wealthy noble families. So overpowering was the magic spell of the combination of vanity and utility, that to be absorbed by the noble of birth became the burning desire of the newcomers. Their claim to social equality did not entail an attempt on their part to bring the highborn down to their own "inferior" standards and habits, but rather to lift themselves up to the ways of the old nobility. Preoccupied with the consolidation of their newly gained status and with the fortunes of their families in the aristocratic community, they aimed at assimilation by emulation. They surrendered to the tastes, mores, and outlook of their "superiors." And since the bureaucratic nobility, in part, was recruited from scions of the old nobility who at the same time were members of the squirearchy, the *homines novi* bent their energies toward eliminating the barriers of social distance by intermarrying with the old noble families and by availing themselves of the newly acquired legal privileges which entitled them to purchase noble estates *(Rittergüter).*

Thus the bureaucratic nobles of ascent were linked to the bureaucratic nobles of descent, as well as to the independent, nonbureaucratic Junker squires. In consequence, the administrative top authorities were intimately interlocked with the ownership and entrepreneurial exploitation of large-scale landed property. This whole pattern of amalgamation was established by Jena, Meinders, and Fuchs during the reign of the Elector Frederick William. It was followed up by the Danckelmanns, Ilgens, Krautts, Happes, and others under his successor, and was further solidified by the former commoners among the ministers and other newly ennobled high officials of Frederick William I.

The turning point in the social career of Creutz, for example, was his marriage to the wealthy daughter of Privy Councilor von Häseler. Creutz became the owner of several large country estates, and his town residence was one of the most sumptuous and exclusive society centers of Berlin. Through similar devices Marschall, a merchant's son and a former cabinet councilor, forced open the social gates. He was treated by the court circles as one of their own after having married, first, a von Schwerin and, then, a von Münchow. His son entered the diplomatic service and fortified his position by becoming the son-in-law of his chief, Minister von Podewils.

Seldom did the representatives of this novel type of bureaucratic neo-Junker landowner meet with the persistent social boycott of the old nobles. And when they did, the next generation was usually more successful in balancing its ancestral shortcomings by mingling with the highborn as equals and by living more cavalierly than the courtly gentlemen. Thus von Boden, a former agronomist and thriving business man, after having served in the cabinet of Frederick William I, was appointed minister in the General Directory in 1739. In this capacity he performed the functions of a minister of finance, detached from, and distrusted by, the fashionable society, until 1762. A wanderer between two social worlds, he was one of the few top officials who never felt at home in the highest circles. His colleagues and subordinates thoroughly disliked him because of his plebeian assiduousness and rigorous insistence upon order, thrift, promptitude, and hard work. Even Boden's sovereign who, on the whole, supported him against adversaries, nevertheless treated him to the very end with reservations. After von Boden had completed half a century of distinguished work in the service of the crown and attained the age of seventy-six, his irascible employer did not hesitate to make a blistering attack upon Boden's personal loyalty and professional integrity. But the royal taskmaster was gracious enough to soften his snarling criticism by advising his "servant" to "deport himself better in the future, to be more diligent and exact in My service, and to think of nothing else, failing which I shall be forced, at long last, to get mad *(rappelköpfisch).*"[13] Boden's son however, although a professional failure, was socially accepted as he himself never was.

The complete merger of the two originally distinct subgroups of the bureaucratic nobility and its interfusion with the squirearchy reinforced the leadership position of the well-to-do nobility in state and society. The dilution of the traditional political status of the large landowners and the growth of a class of debased nobles notwithstanding, the functional restratification of the titled aristocracy and the personnel changes within the superior class counterbalanced the trend which otherwise might have lowered the general position of the First

[13] *A.B.B.*, XII, p. 63 ff.

Estate. Beyond doubt, the consolidation of monarchical absolutism had inflicted considerable damage upon the old landed elite as a governing class in the literal sense. Not only had the rulers of the *Ständestaat* lost political initiative, but they had been stripped of almost all independent rights of government above the local level. The sharp decline of the corporate political power of the squirearchy was one thing; the aggrandizement of individual noblemen, at first at the expense of their order, was another. By functioning on an increasingly large scale as a bureaucracy in the absolute state, as army officers and administrative dignitaries, the Junkers recovered in new forms and on a different legal foundation many of their old powers. Moreover, they vastly extended their influence by taking possession, under the leadership of the bureaucratic nobility, of the newly built halls of central government. The crux of the matter, then, was that, indirectly, the nobility at large received a most formidable new center of gravity in the professional service elites of the absolute monarchy and that, by the mid-eighteenth century, this bureaucratic hierarchy of political power holders was no longer troubled by a serious confusion of faces at the top. In alliance with the state machine the privileged class grew stronger than they had been in the days of opposition.

In this way, through the process of regrouping and reorientation within the upper class, the propertied nobility enlarged and intensified its grip as the politically and economically dominant group and perpetuated its social preeminence. It derived great benefit from the ambition and adaptiveness of native and foreign born nobles who succeded in capturing high places in the monarchical state. At the same time, however, it was impelled to replace its sinking members with superior *roturiers.* Accordingly, the First Estate as a truly distinguished body of men was refreshed and sustained not by the exclusion, but the infiltration and absorption of alien elements who were the most successful and professionally most influential exponents of social competition in dynastic employment.

The bureaucratic upstart nobles and many of the satellite seminobles who furnished the bulk of the civil state aristocracy had much to give. They were, to varying degrees, in possession of trained minds, disciplined working ability, and a vast range of tested practical experience, ingenious in the amassing of riches, and proud of their accomplishments and social usefulness. By sheer weight of numbers and because of the effectiveness of their competition, they stirred some of the nobly born to greater exertions. The time had come when descendants of the old *jus indigenatus* profiteers, capable of reading the handwriting on the wall, tardily set out to learn to justify their inherited privileged status by serviceability to the common weal.

Yet, the subtle process of transformation from within which converted the bureaucratic nobility into a rather monolithic group heralded, first of all, the dawn of a noble reaction against competition in government service and against royal autocracy. Toward the middle of the eighteenth century, the system of administrative centralization by coercion, which had resulted in the gradual concentration of Prussia's "nationalized" community activities in bureaucratic channels, was firmly established. The executive personnel of the new political order had come of age. Under Frederick II and thereafter until 1806, when the Prussian state was smitten with disaster, it ceased to exercise an aggressive reform influence. Arrival was accompanied by the adoption of more relaxed attitudes. The civil state managers, as a body, developed into an essentially conservative force. Aside from handling day-to-day routine administration, they were now primarily concerned with perpetuating their position in the body politic and in upper class society. The tone was set by the official leaders, the bureaucratic nobility. Already by the end of the 1730's, they had acquired some of the earmarks of an exclusive social and political caste. Hence they were getting ready to close ranks against undesirables and trespassers and to band together against their master under the banner: *Und der König absolut, wenn er uns den Willen tut.*

Frederick II heeded both these tendencies. But this he did in his own peculiar way.

III

The "commissar class" had been instituted to emasculate the old *Ständestaat* and to enforce the political will of the dynastic usurper of sovereign authority. Indeed, it was this group that made possible the growth of effective monarchical power. At the same time, however, it was the class that came to be subservient to the old system of privilege, patronage, and nepotism. Hidden behind the façade of dynastic omnipotence, there had taken place a ceaseless, intense, and often bitter struggle for domination.

In Prussia, five contesting power elites had claimed the right and the duty to govern. First was the royal autocrat and his small cabinet. Second was the long established, self-governing squirearchy, reconfirmed after long strife as the socio-economic "foundation and the pillars of the state." The third decisive force was the dependent military service aristocracy — the very incarnation of the centralized garrison state. In accord with their glorification of the military way of life, both Frederick William I and Frederick II acclaimed the professional military estate as "the foremost and the most brilliant estate of the state." The fourth hierarchy was the dependent administrative bureaucracy, functionally indeed "l'élite de la nation" in the area of civil government. Finally, there were the persistent "fence sitters," the semi-independent functionaries of the *Regierungen.* Torn by conflicting loyalties, interests, and passions, by playing both sides, they had gradually disintegrated to the point of losing separate political identity. Through its absorption of the judiciary, civil officialdom had evolved into a huge, single, centralized organization and immeasurably enhanced its chances of throwing off the fetters of royal autocracy.

In the neighboring Habsburg monarchy, the administrative career officials of the central government had already gained the upper hand during Maria Theresa's reign. Institutionally, this found expression in the Austrian Council of State which functioned as a policy-planning bureaucratic parliament. Centralized bureaucratic absolutism rather than dynastic autocracy had effected the partial expropriation of the ancient corporate political and administrative powers of the landed nobility throughout the German-Slav provinces. Yet, the new bureaucrats remained under the control of members of the high nobility. In the absolutely-governed part of the Habsburg empire, unlike France under Louis XIV, Petrine Russia, or Prussia under Frederick William I, the high policy-making posts and the chief influence over appointments and promotions continued to be monopolized by landed noble grandees of old lineage. Maria Theresa's top-level politician-bureaucrats, the counts Cotek, Hatzfeld, Haugwitz, Kaunitz, Kolowrat, Zinzendorf, bear witness to this phase of the social redistribution of political power. As individuals they attained political preeminence under absolutism, while the landed nobility to which they belonged lost much of its former significance as an active and powerful political force.

Concomitantly, and as in all the major absolute monarchies, in Habsburg lands, too, bureaucratic state service as such was a springboard to higher social rank. Newly ennobled career bureaucrats developed, like their Prussian colleagues, into nobles of descent; but unlike the latter they had to rest content with forming what came to be called a "second society," distinguished yet second in both social and official rank. Until the reform of 1774, which liberalized the buying and selling of landed estates, the bureaucratic neonobles were, as a rule, denied admission to the landed nobility. Moreover, they were, with only a few exceptions, shut off from the strategic top positions in the service hierarchy which formed a little oasis reserved to highborn landed magnates.[14]

[14] See Otto Hintze, „Der österreichische und der preußische Beamtenstaat im 17. und 18. Jahrhundert. Eine vergleichende Studie," *Staat und Verfassung. Gesammelte Abhandlungen zur allgemeinen Verfassungsgeschichte,* ed. Fritz Hartung (Gesammelte Abhandlungen, I), (Leipzig, 1941), pp. 335 ff.; Otto Brunner, *Adliges Landleben und europäischer Geist. Leben und Werk Wolf Helmhards von Hohberg 1612–1688* (Salzburg, 1949), pp., 183, 234, 309,

Conversely, in France the mounting influence of the high judiciary ensured the reimposition of corporate-aristocratic checks upon the absolute authority of the crown and thus upon the centralized bureaucratic empire, built by the upstart *noblesse des hautes fonctions publiques.* The high *noblesse de robe,* being the owners of the *parlements,* were the oligarchical masters of a powerful political machine which was only temporarily forced into retreat in the age of Louis XIV. This proud group of *officiers,* established, highly experienced, wealthy, and often well educated, from 1715 onwards gradually regained political initiative and managed to assume the leadership of the *noblesse* in the formation of a common front for the defense of privilege against fiscal reform and against bourgeois competition in civil and military state service. This obstinate political and social elite enforced the dismantling rather than the consolidation of the centralized absolutism of the administrative bureaucracy. The long-persistent assault from without, combined with sedition from within, brought about the crumbling of the power of the service class of *commissaires.*

In the Hohenzollern states, throughout the eighteenth century, there was less need for concerted action in defense of noble privilege because of the lack of a liberal opposition from below and because royal pressure upon the titled aristocracy at no time was as strong as it had been in either France or Russia. The dynastic-bureaucratic-noble symbiosis which made "Prussia" possible was kept intact by means of a continuing patching of the dual political structure.

Unlike in Petrine Russia, in Prussia there had never been a time when, in principle, no respect was paid to noble birth as such and when dynastic service rank alone tended to determine noble status and acces to landed wealth and thus to obliterate the value of blood and of inherited landed property. "The emancipation of the nobility" in the Russian sense was not a problem in the Hohenzollern monarchy. The Prussian nobility of all grades and of all antecedents did not have to be liberated from "servitude." Although restricted in its freedom of movement by the crown, hemmed in by occupational taboos, harassed by royal prodding and, under Frederick William I, even the occasional kidnapping of youngsters for the military cadet schools, only the lower orders of "the nonnoble riff-raff," not "the elite of the nation", were liable by law to compulsory personal conscription for state service.

325—326, 336—337; Ignaz Beidtel, *Geschichte der österreichischen Staatsverwaltung, 1740–1848* (Innsbruck, 1898), I, p. 455; II, pp. 41—50; Josef Redlich, *Das österreichische Staats- und Reichsproblem,* I, part I (Leipzig, 1920), pp. 22—23, 39, 474—483; Heinrich Ritter von Srbik, *Metternich,* I (Munich, 1925), pp. 438—439; Jerome Blum, *Noble Landowners and Agriculture in Austria 1815–1848* (Baltimore, 1947), pp. 21—33.

IV

Frederick II succeeded in retarding the rise of aristocratic-bureaucratic absolutism in Prussia, but he was unable to prevent it. Indeed, paradoxically enough, he also did much to further it. He labored hard to tighten up the working alliance between the autocracy and the nobility. For this alliance he paid a heavy price: limitation of class competition in dynastic employment; the stiffening of the noble monopoly of the purchase and sale of *Rittergüter;* the extension of noble privileges in law and in fact; the broadening of differences in the treatment of nobles and nonnobles inside and outside government service; the reaffirmation of the superiority of inherited social rank over specialized knowledge, practical experience, and professional achievement; and the adoption of a narrow policy of ennoblement.

The concomitant transformation of the bureaucratic nobility was but another phase of the new course. Its personnel now became more fully representative of the rival subgroups of the Prussian nobility. Frederick II effected a very significant reshuffling of the bureaucratic top stratum by replenishing its membership with men from entrenched family dynasties of noble career bureaucrats, and also with "outsiders." The latter were noble army officers and *Landrat*-squires who were chosen because they were military service nobles and particularly distinguished landed nobles.

An extraordinarily astute, vigilant, and increasingly cynical statesman like *Fredericus rex* had considered reasons for detaching himself from his father's social policy. It was not simply personal fancy that induced him to threaten his own *Fiskale* with death on the gallows, if they continued to inconvenience noble estate owners by reclaiming crown lands once "alienated" to them.[15] Nor did Frederick drift thoughtlessly, when he made it almost impossible for a "gentilhomme" to be responsible to a "bourgeois" where positions of consequence in the state were concerned. In a system of personalized autocracy, the social prejudices, beliefs, and illusions of the supreme leader were quite important, especially when they were in harmony with the cardinal wishes and primary interests of the dominant social forces.

Whatever the significance of his celebrated literary devotion to some of the ideals of the Enlightenment, in his early years as Prussian king Frederick II acted like a recklessly ambitious political gambler. Bent on the pursuit of a foreign policy of strength with provocation, aggressive war, conquest by force, and personal glory, he firmly resolved to lift up his state to the rank of an admired and feared Great Power.

[15] A.B.B., VII, pp. 617, 635.

In order to become "the Great," Frederick needed a unified, socially cohesive, and pacified home front. To his way of thinking, the task of tightening his grip on men through guile and management, of making the Prussian people serve his ends, and of fostering both the fact and the sense of common statehood called for closer bonds of union between the autocrat and the "active citizens," that is, the First Estate. Frederick, keenly sensitive to his historic, aristocratic heritage, was inclined to use the words "nobility" and "nation" synonymously for most practical purposes, for he regarded "la fleur de la noblesse" as "l'élite de la nation."

His policy of keeping down "the nonnoble riff-raff" and of sustaining the nobility was the cornerstone of an all-pervasive socio-political pattern. His social policy widened the gulf between the governing classes and the governed masses. The political order was to be stabilized by freezing the old social system with its inequality of rights and opportunities and its castelike division of labor between nobles, burghers, and peasants.

Frederick's domestic policy retarded the interclass mobility so typical of the regime of his father and deliberately reverted to the ancient equation of gentle birth with „merit." Frederick preferred to assign an exalted political function to the nobility. He protected its class monopoly over large-scale private landownership and agricultural credit, and he fortified its exclusive social position. He intensified the interaction and interpenetration of the military-bureaucratic institutions of the absolute monarchy and of the no less despotic "home rule" institutions, which sustained the traditional way of life of the squirearchy. He did his utmost to indoctrinate "the foremost and most brilliant estate of the state" with what he termed *esprit de corps et de nation.*

Through the dual policy of promoting the cooperation and interfusion of the governing elites on the one hand and of cunningly exploiting their rivalries on the other, he sought to overcome the most vulnerable feature of the Prussian polity: its inherent, longstanding dualism. He did much for the nobility, because he expected it to do a great deal for him. And he attached such high hopes to the wellborn as "the foundation and the pillars of the state," because, in his estimation, the simple "von," if acquired by birth and underpinned by the ownership of land and inherited mastery over men, made all the difference in the world.

Frederick's whole conception of the state was rooted in the aristocratic way of thinking, which took for granted a society made up of groups of men of intrinsically different value. Hence he assumed that the middle classes could be animated only by base motives. To appoint men of such background, immutable endowment, and moral defectiveness to positions of trust in the government services was "the first step toward the decline and fall of the army" and thus of the authoritarian state itself.[16] At best, their employment was a necessary evil. Hence, for instance, the promotion of numerous commoners to commissioned rank in the Prussian army during the Seven Year's War and the dismissal or demotion to inferior service functions of most of them after the return to peace.[17]

To Frederick it was self-evident that only the wellborn and particularly the scions of old landed families could be ideal servants of his state. For he attributed to this category of men certain superior, ingrained qualities which justified their privileges and made them singularly fit to function as efficient and reliable manufacturers of obedience from below. They alone were capable of cultivating loyalties and ambitions of a lofty kind, of developing *a point d'honneur,* a longing for glory and the martial virtues and ideals, a disciplined passion for service as conveyors of despotic power from above to below, thus linking the majestic autocrat at the top to the shapeless rabble at the bottom. They alone were born to lead a "heroic" life, to act with valor, fortitude, and inner zeal, ready, if not eager to make the supreme sacrifice for the sake of victory in battle. They alone through education and indoctrination, through soft words and harsh threats, through rewards and punishment, could be induced to embrace "the Prussian Spirit" and to identify themselves as a matter of self-interest with the monarchical state and its expansion. They alone had the moral stamina needed for the development of an habitual sense of obligation and an active sentiment of attachment to an idea. They alone were justified in adhering to an exalted conception of their dignity, rank, and mission. They alone had a natural claim to social superiority and political precedence in the dynastic state, for only they could be expected to equate class honor with national honor.[18]

These few, then, had come into the world to command and to lead the many under the watchful eye of "the first servant of my state." The power of the state had to be restricted caste power. This was the essence of Frederick's aristocratic-militarist ideology of *esprit de corps et de nation.* In his state even the sentiments of "Prussian nationalism" were to be a social function of special privilege, fit for noblemen only. Consequently, in exchange for their political submission, the higher public dignities should be the exclusive domain of

[16] *Oeuvres de Frédéric le Grand,* IX, p. 186.

[17] Max Lehmann, *Scharnhorst,* II (Leipzig, 1887), p. 59; Curt Jany, *Geschichte der Königlich Preußischen Armee,* III (Berlin, 1929), p. 35—36; Karl Demeter, *Das deutsche Offizierskorps in seinen historisch-soziologischen Grundlagen* (Berlin, 1930), pp. 7 f.

[18] Gustav Berthold Volz u.a. (ed.), *Politische Korrespondenz Friedrichs des Großen. Ergänzungsband* (Berlin, 1920), pp. 26—33, 80; *Friedrich der Große. Die Politischen Testamente* (Klassiker der Politik, V), ed. Friedrich v. Oppeln-Bronikowski and Gustav Berthold Volz (Munich, 1922), pp., 18, 29—34, 82, 84, 138, 169, 189 ff.

honorific noble class employment. In this vital matter, a royal drill sergeant like Frederick William I revealed more liberality of outlook and freedom from prejudice than his brilliantly gifted, enlightened son, the captive of class bias and aristocratic superstitions.

Montesquieu's fundamental maxim "no monarch, no nobility; no nobility, no monarch" was destined to have quite a carreer in Prussia under Frederick II, who did much to stabilize the absolute monarchy by converting it into an aristocratic oligarchy headed by the heirs of noble privilege, thus shaping the pattern of the personnel administration of the Great Frederick.[19]

V

Frederick II could not halt, let alone reverse the trend which under his predecessor had given the lion's share of the administrative councilorships to commoners.[20] To be sure, there were repeated royal directives requesting that "vacancies in the provincial boards should be filled with noblemen to a larger extent than heretofore."[21] Implementation, however, was difficult, especially before the end of the Seven Year's War.

Professionally qualified noble candidates were in short supply. Frederick cordially welcomed nobles of foreign extraction in his army, but he regarded them as "undesirable" in the civil state service. He was afraid that for most of these gentlemen *travailler pour le Roi de Prusse* would be nothing but a steppingstone; later they might sell their acquired "Prussian skills" to foreign governments.[22] Besides, Frederick had learned through hard experience that technical experts taken from the middle classes were "used to work more assiduously and to go more fully into details" than their noble colleagues.[23] But he also believed that noblemen, especially if they were "tall and had brains," would do better in the army.[24] Finally, the logic of growing "bureaucratization" and the continued drive for the improvement of efficiency, combined with the unplanned, stubborn facts of social mobility, proved strong enough in real life

[19] See Wilhelm Dilthey, *Gesammelte Schriften*, III (Leipzig, 1927), p. 183; Otto Heinrich von der Gablentz, *Die Tragik des Preußentums* (Munich, 1948), pp. 46—47.

[20] See Elsbeth Schwenke, *Friedrich der Große und der Adel* (Berlin, 1911), p. 39; Henri Brunschwig, *La crise de l'état prussien à la fin du XVIIIe siècle et la genèse de la mentalité romantique* (Paris, 1947), pp. 153 ff. and appendices; *A.B.B.*, XIV, pp. 433 ff.; XV, pp. 488—499.

[21] *A.B.B.* XIII, p. 349.

[22] *Ibid.*, VII, pp. 183—184.

[23] *Ibid.*, XV, p. 588.

[24] *Ibid.*, XV, p. 81.

to prevent the hierarchy of hereditary estates and royal wishful thinking from blocking the social ascent of commoners and the downgrading of a sizable section of the nobility. Many of the nominating top officials, increasingly concerned with raising the standards of admission and promotion, recommended commoners rather than titled aristocrats for appointment in the higher grades.

In consequence, the numerical ratio between the two elements did not significantly change in the administrative bureaucracy during the reign of Frederick II. As a matter of fact, the preponderance of *roturiers* in the upper brackets grew. After Cocceji's personnel reforms, the vast majority of the councilorships in the judicial bureaucracy, too, was gradually captured by nonnobles.[25] The imposition of more exacting entrance requirements and working standards crowded out many noble job candidates, actual and potential. Furthermore, army service had grown in popularity in noble circles, and the *Regierungen* had lost much of their original attractiveness as exclusive bastions of Junker strength.

Oddly enough, it was only after Frederick's death that the numerical balance between nobles and commoners began to change seriously to the detriment of the "nonnoble riff-raff."[26] This innovation gained some momentum in the age of the French Revolution, when the sponsors of the Prussian Legal Code of 1794 "improved" the merit system by setting aside, as a matter of right, all state dignities of significance for members of the nobility. However, this belated legal victory of "the noble reaction" was, in part, offset by liberalizing the royal policy of ennoblement. Illegitimate sons of wellborn army officers and distinguished members of the upper civil bureaucracy, held down by Frederick II, now entered the ranks of the nobility. They were joined by wealthy merchants and manufacturers like Treskow and Eckardstein, heralding the feeble beginning of the social recognition of a new pioneering business elite.[27]

Nevertheless, the recently ennobled Minister von Struensee, a former high school teacher, exaggerated when he told the French *chargé d'affaires* in 1799: "The salutary revolution which you have made from below will come about gradually in Prussia from above. The King is a democrat in his own way. He works unceasingly on plans for the limitation of the privileges of the nobility

[25] F. Schwenke, *Friedrich der Große,* p. 39; H. Brunschwig, *La crise de l'état prussien,* pp. 153—154.

[26] H. Brunschwig, *La crise de l'état prussien,* pp. 154 ff.

[27] F. Martiny, *Die Adelsfrage,* pp. 67, 73—78; H. Rachel and P. Wallich, *Berliner Großkaufleute und Kapitalisten,* II (Berlin, 1938), pp. 282—283.

and will follow the scheme of Joseph II but with slower methods. In a few years there will be no longer any privileged class in Prussia."[28]

Frederick II concentrated his efforts at reform in personnel selection upon the crucial group, the bureaucratic nobility. He proceeded with caution and with moderation. Handicapped by the great scarcity of "good noblemen," who were intelligent, skilled, and experienced enough to replace, without causing admininstrative anarchy, the nonnoble councilors, Frederick, of necessity, had to content himself with sifting the "very important persons" only.

The remaking of the bureaucratic nobility entailed restaffing and internal regrouping. Royal intervention fostered, by design, the resurrection of the old landed nobility of birth, largely reoriented through army service, as the possessor of executive top power, though now under the crown and therefore, surrounded by a capricious and hazardous network of checks and balances.

Frederick did not disrupt administrative power by dismissing the nobles of ascent from the service. He kept the newly ennobled in office until they died or grew very old and lost their usefulness. He actively supported the outstanding representatives of this group, Cocceji and Boden, against the machinations of their highborn colleagues. In grudging recognition of the fact that "unfortunately at the present time really capable noblemen for such a position" were not forthcoming, Frederick even promoted a handful of nonnoble career men to leading posts in the service.[29] But such was the rigidity of his policy of social discrimination that he denied these men elevation to noble rank. In offical status, as recognized by Frederick, they were the professional, but not the social equals of the members of the purified bureaucratic nobility.

A few isolated members of the "illborn" found a little backdoor of hope. Thus Domhardt after endless waiting and tireless campaigning gained admission.[30] Domhardt was an administrator of eminent quality, who had been a large farmer and laid the foundation of his fortune as a horse trader. He achieved the signal triumph of being appointed to the unique position of president of the two provinces East and West Prussia, of becoming one of the largest and most enterprising landowners in the kingdom, and even of wheedling a patent of

[28] Paul Bailleu (ed.), *Preußen und Frankreich von 1795 bis 1807*,I (Publikationen aus den Königl. Preußischen Staatsarchiven, VIII), (Berlin, 1881), p. 505.

[29] *A.B.B.*, XIV, p. 493. See also Martin Hass, „Friedrich der Große und seine Kammerpräsidenten", in *Beiträge zur brandenburgischen und preußischen Geschichte. Festschrift zu Gustav Schmollers 70. Geburtstag* (Leipzig, 1908), pp. 201—202; Wilhelm Naudé, „Zur Geschichte des preußischen Subalternbeamtentums," in *Forschungen zur Brandenburgischen und Preußischen Geschichte*, XVIII (1905), pp. 369 ff.

[30] *A.B.B.* X, pp. 174—175; XIV, pp. 167—168, 173, 562; XV, p. 554.

nobility out of his royal master. As a rule, Frederick II reserved this rare honor for men who had distinguished themselves in military service.[31] Among the twenty ministers whom he appointed to the General Directory from 1740 to 1786, there was only a single commoner, the lonely Friedrich Gottlieb Michaelis, a pharmacist's son, who reached the pinnacle of his bureaucratic career by being employed, though for two years only, as postmaster general, in professional and social prestige the least distinguished ministerial position in the service.[32] The very rarity of these appointments merely confirmed the governing principle of cutting off administrative experts of defective social origin from the chance of competing for the highest dignities and most lucrative emoluments.

From the beginning of his political stewardship Frederick II left the old guard bureaucrats a little breathless and perturbed by filling important vacancies and newly created top posts almost exclusively with landed nobles of old lineage or with noble army officers on the active list, who were complete newcomers to the game and who assumed high service rank at one bound. With the aid of the considerate sovereign, the Junkers moved back to their ancient position of assured predominance in public administration. Thus the partially dispossessed began to dispossess their parvenu-dispossessors.

The nobility's continued decline in relative numbers within the administrative and judicial bureaucracies as a whole was more than counterbalanced by the fact that after 1740 almost all places of real profit, distinction, and decisive influence were reserved to members of the old nobility of descent. Under royal auspices they were reconstituted as a particularly privileged group. These select men were entrusted with the responsibility of presiding over the hierarchy of service officers and of managing through them the vast centralized domain of civil affairs. They were vested with the power to recommend appointments, promotions, bonuses, penalties, and dismissals, and to enforce the disciplinary codes. Not only did they have a firm grip on the execution of policy, as consultants they shared in its preparation. They were given a limited opportunity for making managerial decisions and for thinking out policy. The inferior task of transforming royal orders and directives into red tape, of conducting minor investigations, and of supervising the clerical workers and petty field agents was left, in the main, to the councilors.

[31] *Ibid.*, XIII, pp. 27—28; Johann David Erdmann Preuss, *Friedrich der Große. Eine Lebensgeschichte*, I (Berlin, 1832), pp. 453—457; II (1833), pp. 447—453; III (1833), pp. 550—553; M. Lehmann, *Scharnhorst*, II, p. 647.

[32] As the career bureaucrat Georg Michaelis happened to be the sole nonnoble chancellor of imperial Germany, by coincidence his great-great-granduncle F.C. Michaelis was the only lowborn Prussian minister of the eighteenth century who failed to acquire noble status.

The nobility's job and power monopolies in the civil state included the diplomatic posts and the positions at the royal court and, consequently, a substantial portion of public income and dignities. Of far greater weight, in view of its political impact and its consequences for the rural and urban classes, was the fact that until 1806, save for a very few social climbers, all the newly appointed ministers forming the central executive authority, all the presidents of the provincial administrative and judicial boards, and all the *Landräte* came from well-established, though not necessarily old, noble families — as was demonstrated by the Danckelmanns and by von Jariges, Cocceji's successor. Noble birth, especially with wealth and influence to back it, was sufficient to dispense with the plebeian norm of examinations, "mandatory" since 1770, and with seniority. Von Münchow, for instance, was made minister for Silesia at the age of thirty-three; the able von Schlabrendorff at thirty-five; the unscrupulous Count von Hoym at thirty. Count von Finckenstein was twenty-one years of age when he became ambassador in Stockholm. Fourteen years later he was a minister of state.

Frederick's policy proved particularly profitable to those fierce and ungovernable families who hitherto had resisted active collaboration with "Hohenzollern despotism" and "Prussian collectivism." Frederick William I had felt greatly annoyed by these "spiteful and disobedient people" and resentfully singled out the Alvenslebens, Bismarcks, Schulenburgs as "the most prominent and the most adamant families" of the Old Mark.[33]

Many English cavaliers who had supported the Stuart dynasty suddenly found themselves, after the "Glorious Revolution," on the side of "civil and religious liberty;" conversely, in Prussia, a score of Junker clans, encouraged by the reascendancy of the old nobility, discovered on which side their bread was buttered. At long last they fell into line, shed the spirit of rugged local independence and individual liberty and made their ancestral sense of social superiority serviceable to the cause of "noble reaction." By mending their fences, they found fat livings, although sometimes they had to be educated in their unfamiliar new duties by former *roturies.* Thus, Cocceji, for example, received instructions from Frederick II to "break in" President Levin Friedrich von Bismarck, whose ideas His Majesty had found "at times very stupid."[34]

A brilliantly successful representative of this group of belated proselytes was Schulenburg-Kehnert, for thirty-two years a Prussian minister and only twenty-nine when he attained that lofty rank. His vanity and greed were not satiated until he had snatched up the largest number of high-rating offices and sinecures

[33] *A.B.B.*, III, p. 452.
[34] *Ibid.*, VIII, p. 44.

in the civil administration ever held by a Prussian bureaucrat of the eighteenth century. At the same time, his thirst for the external paraphernalia of power and prestige also carried him far in the military hierarchy. "Because he had once served as a lieutenant," he deemed himself good enough, as Hermann von Boyen put it, to get himself gradually promoted to the rank of full general of the cavalry.[35] Professionally, a dull though diligent man of routine and, personally, a pompous character, Schulenburg managed to keep alive, for his own benefit as well as for the sake of some of his fellows, the essentials of the old spoils system.

Other ministers like von Heinitz, von Schrötter, von Stein, wellborn and equipped with the necessary connections, also had not been asked to put themselves to the trouble of taking an examination when they entered the administrative aristocracy. But unlike Schulenburg, they were not only imaginative and forceful organizers, but also high-spirited men. Happily enough, a conceited mercenary like Schulenburg was but one among several distinctive types of noble top bureaucrats. As such, he made it crystal clear that not even the most generous material awards and social honors accorded for "meritorious service" were always sufficient to produce real loyalty to "Prussia" and to buy "patriotism." During the cataclysm of 1806 Schulenburg proved a dismal failure, disgracing his class and his profession by leaving the sinking ship in a hurry and by seeking refuge in the service of Napoleon's brother, the King of Westphalia.

VI

The major steps in the professional advancement of Schulenburg-Kehnert epitomized the "ideal" sequence within the transformed pattern of bureaucratic career making, a progression which Frederick II came to love: noble squire of old family; army officer; *Landrat;* board president and, then, perhaps minister. Preferentially, appointment to top service rank was at an age not higher than thirty-five.[36] By entrusting relatively numerous men of such background with directing positions, Frederick built, in the course of time, a junto of former *Landräte* and wellborn army officers within the bureaucratic nobility. Thus he brought about an internal regrouping of the leadership personnel, and he

[35] Generalfeldmarschall Hermann von Boyen, *Denkwürdigkeiten und Erinnerungen 1771–1813,* I (Stuttgart, 1899), p. 206; see also Wilhelm Naudé, „Denkwürdigkeiten des Ministers Grafen von Schulenburg," *Forschungen zur Brandenburgischen und Preußischen Geschichte,* XV (1902), pp. 385, 386.

[36] *A.B.B,* IX, pp. 726—727; XV, p. 113; M. Hass, *Friedrich der Große,* p. 206.

attempted to capitalize on this change by playing off the newcomers and the old-line regulars against each other. The professional and political upgrading of the squire-*Landräte* went back to the late years of Frederick William I.[37] The new course really got under way after "the soldiers' king" had made peace with the Junkers, primarily through his army reforms. The increased importance of the *Landräte*, as a group, found expression in their promotion to a higher grade in the service rank order and in the extension of their functional prerogatives.

The *Landrat*, in the age of Frederick II, was a part-time official who was charged with manifold public responsibilities. He represented the central state authority as a police chief, as a judicial keeper of public peace and order, and as a fiscal and military administrator. Part of his job was to publicize royal edicts in his district. He supervised the allocation and transfer of direct taxes and the distribution of the heavy, service-extracting military burdens imposed upon the populace. Accordingly, he took a hand, in cooperation with the regular military authorities, in billeting troops, in exacting military *corvées* such as transport services, and in personnel conscription for the armed forces. He also was a surveyor of the roads and the public utilities of his county, and he interfered, through police ordinances, in economic life.

As a rule, the *Landrat* was a particularly prominent, economically independent resident landowner and, very often, also a former army officer, who came from an old local family and received his appointment upon the nomination of the squires of his county. There were exceptions to this pattern, especially in the newly acquired provinces of Silesia and West Prussia, largely Catholic, where the landed nobility was reluctant to part with its *Ständestaat* liberties through integration into the stern Prussian police and garrison state. In these territories it was customary to appoint the *Landrat* at will: in Upper Silesia because of distrust in the loyalty of the "Austrian-minded" squires and in West Prussia for the sake of getting the "Polish rabble" under control. In rare instances a freshly installed *Landrat*, if he was a retired army officer and utterly unprepared for his new job, hired a substitute who did the work for him and in return got part of his employer's salary.[38]

In theory, the *Landrat*'s official task was to harmonize the objectives and activities of the central government with those of the local Junker landowners. In action, he usually was loyal to his class and acted as the trustee of the landed

[37] *A.B.B.* V, part I, pp. 269, 832; V, part 2, pp. 463, 926; VI, part 2, pp. 278—286, 651; XIV, pp. 105 ff.

[38] See *Unter der Fahne des Herzogs von Bevern, Jugenderinnerungen des Christian Wilhelm von Prittwitz und Gaffron* (Breslau, 1935), pp. 330—331.

aristocracy, without neglecting, however, his personal affairs and self-interests.[39] In many ways the Prussian *Landrat* closely resembled the English justice of the peace under the Old Regime.[40] The heavy influx of these formidable guardians of the landed interest into the presidencies of the provincial centers of bureaucratic public administration and into the central executive bodies in Berlin meant that the dynastic instruments of civil government came to be operated largely by representatives of the squirearchy. Although "representatives," in their new capacity they changed, of necessity, their customary style of life and absorbed fresh ideas. By becoming career bureaucrats and top agents of absolute government they were apt to develop, individually and collectively, professional interests, loyalties, and political ambitions which were distinct from, though not necessarily hostile to, those of their noble constituents.

In Frederick's Prussia, the "purified" bureaucratic nobility was surrounded by a number of checks designed to prevent it from acting independently. In order to keep the bureaucracy in a state of political bondage, Frederick put primary emphasis on his own vigilance. He reserved to himself the supreme leadership and control of the administrative machine by pushing to the extreme autocratic direction from the cabinet, and by extending the employment of spies and informers. He introduced seasonal intimidation by means of his annual tours of inspection. But he clearly realized that personal safeguards of this kind were not enough to hold in subjection the royal servants who, he correctly assumed, "want to govern despotically, while their master is expected to be satisfied with the empty prerogative of issuing orders in his name."[41] Hence Frederick also tried to curb the bureaucracy by a policy of making public administration by a single, unified group impossible. This he sought to accomplish by strengthening the position of established competing authorities; by breaking the central administration into many units; and by creating, through the medium of the *Régie*, a new rival authority.

Although almost all the newly appointed top bureaucrats now came from the old Junker ranks, Frederick also called upon the class of large landed proprie-

[39] With regard to the *Landrat* and the Prussian pattern of county government, see Hans Delbrück, *Historische und politische Aufsätze* (Berlin, 1887), pp. 166—184; Otto Hintze, *Geist und Epochen der Preußischen Geschichte. Gesammelte Abhandlungen* III, ed. Fritz Hartung (Leipzig, 1943), pp. 172—237; Ernst von Meier, *Die Reform der Verwaltungsorganisation unter Stein und Hardenberg*, 2nd ed. (Munich, 1912), pp. 84—91; E. Schwenke, *Friedrich der Große*, pp. 8—12.

[40] See Sidney and Beatrice Webb, *English Local Government: The Parish and the County* (London, 1924), pp. 40—41, 280, 309—385; W.S. Holdsworth, in F.G. Dowdell, *A Hundred Years of Quarter Sessions* (Cambridge, England, 1932), pp. IX—LXX.

[41] *Politische Testamente*, p. 107. See also *A.B.B.*, IX, pp. 726—727.

tors, as such, to contain his own administrative service class. The landowning bureaucratic nobility and the nonbureaucratic landed nobility were similar and yet divergent groups. Contrary to the dominant political trend under Frederick William I, the administrative influence and political power of the squirearchy expanded in Frederickian Prussia.

Nowhere was dynastic absolutism as an operating political order a fixed and immovable system. Under the mighty impact of the immobilizing social forces of the pre-absolutist past, the rulers of the modernized dynastic state brought about, at the utmost, a limited broadening of the social base for recruiting governmental personnel and a rather superficial rationalization of state management by means of imperfectly centralized administrative and military *étatisme* and by shifting the foundation of public affairs from "private" to "public" law. This is the contribution which monarchical absolutism made to the transition from the medieval to the modern state. Nowhere did the evolution of the absolute system involve a steady growth of governmental centralism and of bureaucratization.

Frederick II encouraged the recrudescence of decentralizing tendencies, because he was deeply concerned about his political position as autocratic head of the state and because he came to fear the power of the royal servants. Therefore he sanctioned the reemergence of nonbureaucratic agencies of corporate self-government and a limited revival of the political influence of the noble landowners, as a group, in the affairs of the dynastic state.[42] By supporting the natural foes of bureaucratic centralization and by promoting the reintroduction of elements of representative government, representative of the landed Junker interest, he sponsored, in effect, a partial restoration, though in altered forms, of the old territorial *Ständestaat.*

The political resurgence of the squirearchy led to several institutional adjustments and innovations. It began with the reconstruction of the *Regierungen* by Cocceji in cooperation with the provincial delegates of the landed aristocracy. Young Frederick supported the Lord Chancellor in his drive to put new life into the old official hierarchy to prevent thereby the new bureaucratic elite from becoming all-dominant in the manipulation of "nationalized" civil affairs. The concomitant upgrading of the *Landräte* was another phase of the royal policy of restraining the power of the regular bureaucracy.

A particularly noteworthy feature of Frederickian Prussia was the substantial regrowth of corporate-aristocratic home rule, functioning through the district assemblies of the noble landowners and through the committees which they

[42] See Otto Hintze, in: *Forschungen zur Brandenburgischen und Preußischen Geschichte,* IX (1897), pp. 595—596; *A.B.B.*, XIV, pp. vff.

elected. Through their activities in county government and administration the incoherent mass of privileged landholders was organized into cohesive local pressure groups. Through the *Landrat* and the memoranda which he submitted to the bureaucratic provincial boards, to individual ministers, to the General Directory, or to the King directly, the county associations of squires brought their reactions and thoughts to the attention of the central administration and obtained an indirect share in determining the direction and content of government policy and legislation.

Even on the provincial level, the squirearchy recovered some of its former vigor. It made its voice heard, especially after 1770 when it gained, with the aid of Frederick, a rallying center in the newly established *Landschaften.* These institutions which did so much to foster the growth of agricultural production and the improvement of farming methods and estate management under the leadership of daring Junker entrepreneurs were not vested, in the formal sense, with any political function, let alone authority. Technically, they were merely provincial mortgage credit societies created for the purpose of ensuring a common economic advantage to their members through collective self-help and compulsory joint liability.[43] In practice, however, the directors and members of these incorporated bodies of large landowners and capital investors did not hold "politics" in contempt. The meetings of the elected board of directors *(Landschaftsräte)* lent themselves to the free exchange of information, opinions, and ideas and to the formulation of petitions, requests, and complaints, "respectfully submitted" to the central government. In matters of state legislation, the *Landschaften* frequently functioned as consultative agencies. Through formal and informal channels, they also brought pressure to bear upon ranking officials of their province who administered the government's economic, social, and fiscal policies.

The landed aristocracy of the two provinces of West and East Prussia, however, had to wait for Frederick's death to be blessed with a *Landschaft.* In West Prussia, most of the land belonged to Polish noblemen and, as it were, the king held a poor opinion of the "dissolute Polish trash." And as for East Prussia, Frederick never forgot and never forgave his noble "vassals" for the fact that many of them, during the ordeal of the Seven Years' War, had shown a kind of "esprit de corps et de nation" which made them "Russian- rather than Prussian-

[43] See Hermann Mauer, *Das landschaftliche Kreditwesen Preußens* (Straßburg, 1907), pp. 2, 8—11, 21; Wilhelm von Brünneck, *Die Pfandbriefsysteme der preußischen Landschaften* (Berlin, 1910), pp. 4—6, 107; J. Ziekursch, *Hundert Jahre schlesischer Agrargeschichte* (Breslau, 1927), pp. 8 ff., and *passim;* F. Martiny, *Die Adelsfrage,* pp. 52 ff.

minded and, moreover, capable of all those infamies of which one accuses the Poles."[44]

In his search for effective methods of keeping the royal servants in their allotted place, Frederick ventured to underpin administrative and political "deconcentration" by dismantling, in part, the service apparatus of the central government itself. He curtailed the managerial jurisdictions of the collegiate General Directory, weakened its unity, and dissolved its joint responsibility and collective solidarity by means of organizational manipulations.[45] He created new functional ministries, only nominally connected with the Directory which hitherto had been the supreme body of central administration. Thus between 1741 and 1770, he established special central departments for trade and industry, for the army, for mining and smelting, and for forestry, under single ministers directly responsible to him. He also instituted a separate administration for Silesia under a special minister who, residing in Breslau, was completely independent from the General Directory. Frequently, Frederick bypassed the Directory and also the other central agencies by giving orders directly to prominent members of the provincial and local administration or by appointing special commissars for special tasks. By founding the *Régie*, in 1766, he dealt a heavy blow to the permanent civil bureaucracy as a whole. This reorganization meant that the direction of the entire administration of the indirect taxes and of the customs duties and, for a few years, also of the postal service was turned over to a small group of French fiscal experts who at first were given a free hand in building up their own central, provincial, and local staff. These immigrants formed a privileged category of special royal servants. They received exceptionally high salaries, and they functioned as "public entrepreneurs," entitled to engage in private profiteering by appropriating 5 per cent of all revenues collected in excess of the stipulated minimum.

The "newest of the new bureaucrats" were headed by de Launay who, next to Frederick himself, was the most powerful man in the civil administration of Prussia during the two decades from 1766 to 1786. The royal leader had meant to go even further. Frederick had intended to entrust the French reformers also with the management of the crown's timber resources and of the tobacco and salt monopolies. Moreover, he had wanted to "debureaucratize" this whole

[44] See F. Schwenke, *Friedrich der Große*, p. 6; *Politische Korrespondenz*, p. 178; Robert Stein, *Die Umwandlung der Agrarverfassung Ostpreußens*, I (Jena, 1918), pp. 524 ff.

[45] See Walter Dorn, "The Prussian Bureaucracy in the Eighteenth Century," *Political Science Quarterly*, XLVII (1932), pp. 75—83; Hans Haussherr, *Verwaltungseinheit und Ressorttrennung vom Ende des 17. bis zum Beginn des 19. Jahrhunderts* (Berlin, 1953), pp. 121—148.

bundle of "nationalized" fiscal prerogatives by farming them out on a strictly commercial basis. Aware of the risks, de Launay declined this generous offer.[46] Thus he won a noteworthy battle for the regular Prussian bureaucracy which nonetheless regarded him as a most undesirable enemy alien.

By the introduction of the *Régie,* the traditional bureaucrats temporarily lost a large part of their managerial dominion and a major source of their perquisites. Through the rival authority of the *Régie,* the whole civil state bureaucracy was split wide open and converted into two implacably hostile organizations. Thus, just after the century-old conflict between the old and the new official hierarchies had been reconciled, a far more bitter service dualism developed which could not be resolved by compromise. Thereafter, the administrative manager class was an unforgiving and remorseless opponent of the new fiscal bureaucrats. In consequence, it was prepared, more than ever before, to close ranks with the high judiciary against the common enemy: the officials of the *Régie* and the trouble maker behind them, the bullying "royal master."

"Power controlled or abridged," as Alexander Hamilton once remarked, "is almost always the rival and enemy of the power by which it is controlled or abridged."[47] Distrustful political competition and increasing antagonism rather than harmonious cooperation marked the relations between personal autocracy and collective bureaucracy in Frederickian Prussia. The royal servants refused to function as obedient, spineless human instruments in the hands of the obstinate monarch. The tortuous policy of containing the bureaucracy sprang from the inane, false and frightening idea which Frederick II had throughout harbored in his mind, the idea that all Prussian subjects, including "l'élite de la nation," could be kept in motion like machines by the royal chief engineer.

Frederick continued to play the central role as the initiator and maker of state policy and as the chief supervisor of the enforcement of laws and policy, but most of the checks and balances with which he surrounded his administrators boomeranged. As a matter of fact, the bureaucratic elite managed to gain a high degree of liberty from royal restraints and to exact retribution for being treated contemptuously and, as a rule, disrespectfully. Its members did not rest content with the routine job of executing official directives, cabinet orders, and predetermined policies. They effectively contrived to usurp if not then right then at least the practice of codetermining government policy and of blocking the enforcement of royal regulations and decisions if they saw fit to do so. Like the

[46] See Walther Schultze, *Geschichte der Preußischen Regieverwaltung von 1766 bis 1786* (Leipzig, 1888), pp. 20, 28—60, 93, 96.

[47] *The Federalist or the New Constitution* (Everyman's Library), p. 72.

French *noblesse de robe*, the Prussian bureaucratic nobility, in moving against the absolute monarch, acted in accordance with the thought "that it could successfully overcome all the opposition he could put in action, and in due time make his authority secondary to its own."[48]

The real power of the Prussian Crown gradually declined during the second half of the eighteenth century. The formal transformation of monarchical autocracy into a system of bureaucratic-aristocratic authoritarianism, as effected in 1807 and 1808, legalized and reinforced this political development. In the reconstructed Old Regime, as it emerged from the increasingly enlightened late eighteenth century, political leadership and the responsibility for high level policy making were concentrated in the ministerial chiefs of the civil bureaucracy which preserved the tradition of paternal government by dictation. The Junker historian Theodor von der Goltz, writing at a much later time and arguing in terms of "*Realpolitik*," understated his case when he proudly noted that the Hohenzollerns in the age of absolutism, though nominally equipped with "unlimited power," had, in reality, to rely "chiefly on their noble companions as advisers and executive organs and were compelled to take into account their opinions, desires, and frame of mind."[49]

Diverse forces brought about the transmutation of the "royal servants" into a self-governing professional corporation and a policy and law making political oligarchy.

[48] *The Memoirs of the Duke of Saint-Simon*, II (New York, 1936), part IV, p. 9.

[49] Theodor Freiherr von der Goltz, *Geschichte der deutschen Landwirtschaft*, II (Stuttgart, 1903), p. 165—166.

XXIII

Zur Geschichte der preußischen Verwaltung im 19. und 20. Jahrhundert*

FRITZ HARTUNG

I

Die Blütezeit des bureaukratischen Absolutismus 1815–1848

Das preußische Beamtentum ist eine Schöpfung Friedrich Wilhelms I. Er hat ihm nicht allein im Generaldirektorium und in den Kriegs- und Domänenkammern das feste organisatorische Gerippe gegeben, sondern auch sein Wesen, seine Haltung geprägt. Ihm verdankt es seine in aller Welt anerkannten guten Eigenschaften, die unbedingte Hingabe an den Dienst, die Pflichttreue, die Gewissenhaftigkeit, die Uneigennützigkeit. Aber auch in den Schattenseiten wirkt sich die Persönlichkeit von Preußens „größtem inneren König" deutlich aus, in dem Formalismus, der Kleinigkeitskrämerei, der Pfennigfuchserei und vor allem in dem rauhen, allzu soldatischen Umgangston, der nicht nur gegenüber den dienstlich untergebenen Beamten, sondern auch gegenüber dem Publikum angeschlagen wurde. Mit diesen Eigenschaften haben sich die preußischen Beamten um den Aufstieg ihres Staates, um die Hebung seiner wirtschaftlichen Kräfte große Verdienste erworben, solange der starke Impuls, der von der rastlosen Tätigkeit des Königs ausging und in Verbindung mit der tiefempfundenen religiösen Verpflichtung ihnen geradezu den Charakter einer *ecclesia*

* Zuerst erschienen in: *Abhandlungen der Deutschen Akademie der Wissenschaften*, Jg. 1945/46, Philosophisch historische Klasse, Nr. 8, S. 1—40, unter dem Titel *Studien zur Geschichte der preußischen Verwaltung*, Teil 3: *Zur Geschichte des Beamtentums im 19. und 20. Jahrhundert;* auch in: Ders., *Staatsbildende Kräfte der Neuzeit. Gesammelte Aufsätze*, Berlin 1961, S. 223—275.

militans[1] verlieh, lebendig geblieben war. Erst in den späteren Jahren Friedrichs des Großen ließ die Leistung der Beamten fühlbar nach, nicht ohne Verschulden des Königs selbst, der keine neuen Wege mehr einschlagen mochte, jeden neuen Gedanken schroff und häufig mit verletzendem Sarkasmus zurückwies, damit jede Initiative erstickte und die Arbeit der Behörden in einer geistlosen bureaukratischen Routine erstarren ließ.[2] Und wenn sich unter den Ministern Rivalitäten zeigten, so waren sie weniger der Ausdruck eines hochgespannten Eifers für den königlichen Dienst als vielmehr Folgen des Vorwiegens persönlicher Interessen. Daß auch dafür die Regierungsweise Friedrichs II. zum mindesten mit verantwortlich gewesen ist, ist bereits an anderer Stelle gezeigt worden.[3]

An dieser Haltung des Beamtentums änderte sich auch nichts, als das erdrückende Gewicht des alten Königs weggefallen war. Eher möchte man sagen, daß das Beamtentum, seitdem die strenge Überwachung von oben und das respektheischende Vorbild des ersten Dieners des Staates fehlten, einer allenfalls als Rückschlag gegenüber der bisherigen Überspannung entschuldbaren Laxheit im Dienste sich überlassen habe. Bezeichnend ist die müde Resignation, mit der der als tüchtig anerkannte Minister von Struensee jede Reform ablehnte.[4] Daß es sich dabei nicht um eine Einzelerscheinung handelte, beweisen die Kabinettsordern von 1799 und 1800[5] mit ihrem scharfen Tadel des Rückgangs des Pflichtgedankens beim Gros des Beamtentums.

Nun ist es freilich immer schwer, über einen ganzen Stand ein zuverlässiges Gesamturteil abzugeben. So wenig man von einzelnen hervorragenden Persönlichkeiten, die sich durch besondere Leistungen aus der Masse heraushoben, auf die Haltung der Gesamtheit schließen darf, so wenig wird man diejenigen, die durch Vernachlässigung ihrer Amtspflichten oder gar durch verbrecherischen Mißbrauch ihrer Amtsgewalt aufgefallen sind, als charakteristisch bezeichnen können. Auch verallgemeinernde Urteile, wie sie die beiden erwähnten Kabinettsordern gefällt haben oder wie sie Stein in der Nassauer Denkschrift und sonst über Mietlingsgeist und mechanischen Dienstbetrieb ausgesprochen hat, können nur mit Vorsicht verwendet werden.

Auch im preußischen Beamtentum sehen wir neben unzulänglichen und unwürdigen Elementen bereits unter dem alternden Friedrich II. die neuen

[1] Über diesen Vergleich Schmollers vgl. Fritz Hartung, *Studien zur Geschichte der preußischen Verwaltung*, in: Ders., *Staatsbildende Kräfte der Neuzeit. Gesammelte Aufsätze*, Berlin 1961, S. 218.

[2] Siehe *a.a.O.*, S. 203.

[3] *A.a.O.*, S. 201 ff.

[4] Vgl. *a.a.O.*, S. 218.

[5] *A.a.O.*, S. 219.

Kräfte sich regen, die allmählich an Stelle der schwächer werdenden Persönlichkeiten der Könige die Führung des Staates auf sich nehmen konnten. Es ist bezeichnend, daß sie zuerst in der Justizverwaltung auftreten, in der der Druck des Königs — trotz dem harten Eingriff aus Anlaß des Prozesses gegen den Müller Arnold — sich nicht so stark zur Geltung brachte, wie in der allgemeinen Verwaltung; auch die besondere Stellung, die der Richterstand als Schützer des individuellen Rechtes gegenüber dem absoluten König zumal seit Montesquieu für sich in Anspruch nahm, wird darauf eingewirkt haben. Die neuen Gedanken werden zum erstenmal greifbar bei der Ausarbeitung der die Stellung der Beamten behandelnden Teile des geplanten Allgemeinen Gesetzbuchs. Es handelt sich dabei zunächst um die Sicherung der Beamten gegen willkürliche Entlassung, die noch Friedrich II. als sein selbstverständliches Recht in Anspruch nahm. Eine solche Sicherung wird damals freilich so allgemein von den Beamten erstrebt, daß man hier noch nicht einen besonderen Charakterzug des preußischen Beamtentums erblicken kann. Auch ist der Wunsch nach fester, vom Belieben des Dienstherrn unabhängiger Anstellung keineswegs ein sicheres Zeichen einer hohen Berufsauffassung, er kann vielmehr ebenso aus der Neigung erwachsen, das Amt mit seinen öffentlichen Pflichten in ein privates Recht, in eine Pfründe mit bestimmten Nutzungen umzuwandeln. Aber bei den führenden Köpfen der damaligen preußischen Justiz, zumal bei Suarez, der hier federführend war und dessen Gedanken uns durch eine bedeutende Biographie[6] erschlossen worden sind, erwächst die Forderung nach festen Garantien für die Rechtsstellung des Beamtentums aus dem Gefühl der Verpflichtung gegenüber dem Staat als der Gesamtheit der Staatsbürger. Wie Friedrich der Große sich als erster Diener des Staates bezeichnete und als solcher handelte, so empfand sich auch die Elite des Beamtentums als Diener des Staates; sie setzte darum auch diesen Ausdruck an die Stelle der herkömmlichen Benennung als „königliche Bediente"; demgemäß sah sie ihre Aufgabe vor allem darin, die festen Traditionen der Verwaltung auch gegen Schwäche und Willkür des Monarchen zu vertreten und auf diese Weise — so hat es Suarez ausgedrückt — in einem Staat ohne Grundverfassung diese gleichsam zu repräsentieren.

Freilich ist es Suarez und seinen Gesinnungsgenossen nicht gelungen, ihre Absichten ganz zu verwirklichen. Nicht nur der König selbst lehnte es ab, seine Befugnisse gegenüber den Beamten in so weitgehender Weise einschränken zu lassen, daß ein einmal ernannter Beamter nur auf Grund eines Richterspruchs

[6] Adolf Stölzel, *Carl Gottlieb Svarez. Ein Zeitbild aus der zweiten Hälfte des achtzehnten Jahrhunderts,* Berlin 1885; ferner Hermann Conrad/Gerd Kleinheyer (Hrsg.), *Vorträge über Recht und Staat von Carl Gottlieb Svarez* (= Wissenschaftliche Abhandlungen der Arbeitsgemeinschaft für Forschung des Landes Nordrhein-Westfalen, Bd. 10) Köln-Opladen 1960.

wieder seines Postens entsetzt werden konnte, auch ein Teil der hohen Beamten des Generaldirektoriums wollte darauf nicht eingehen. Immerhin bestimmte auch die endgültige Fassung des Allgemeinen Landrechts, daß ein Beamter nur nach einem förmlichen Verfahren, dessen Abschluß für die höheren Beamten beim Staatsrat lag, aus dem Amt entfernt werden könne. Daß damit eine ausreichende Sicherheit für den tüchtigen Beamten geschaffen war und daß weitergehende Garantien, etwa die Bindung der Entlassung an ein Gerichtsurteil, allenfalls im Interesse der untüchtigen Beamten, keineswegs in dem des Staates lägen, wird in der Literatur der Zeit ziemlich einhellig zugegeben.

Aber selbst wenn die Räte des Justizdepartements alle ihre Wünsche hätten durchsetzen können, das Bedürfnis nach einer festen politischen Führung des Staates hätte von ihnen nicht befriedigt werden können. Daß es gerade auf diesem Gebiet der Reformen bedurfte, wurde zwar nicht verkannt,[7] aber es fehlte vor 1806 die Kraft, um sie durchzusetzen, zumal da es sich dabei nicht nur um die Frage der zweckmäßigen Organisation der Behörden, sondern darüber hinaus wie bei allen großen Verwaltungsreformen zugleich um die Verteilung der politischen Macht im Staate, um monarchische oder ministerielle Staatsführung, handelte. Nicht einmal die Schlacht von Jena hat die Widerstände beseitigt, die vom monarchischen Absolutimus einer zeitgemäßen Reform in den Weg gelegt wurden; der Wortführer dieser Reform, Stein, wurde noch zu Anfang des Jahres 1807 von Friedrich Wilhelm III. mit Schimpf und Schande davongejagt.

Wenige Monate später zwang dann freilich die Not der Zeit den König, die Leitung der Politik einem Minister mit diktatorischen Vollmachten zu übertragen. Die Kabinettsorder vom 26. April 1807, die Hardenberg die Macht, wenn auch noch nicht den Titel eines Premierministers Preußens verlieh, hat Treitschke[8] die „folgenschwerste Verfassungsänderung, welche der alte Absolutismus seit den Zeiten Friedrich Wilhelms I. erlebt hatte", genannt, und man kann ihm insofern zustimmen, als der König die bisher persönlich, wenn auch zuletzt nur noch durch Vermittlung der Kabinettsräte ausgeübte Gewalt in die Hand einer Institution, des Ministeriums, legte. Wie tief der Wechsel war, wurde erneut deutlich, als nach der durch das Machtgebot Napoleons erzwungenen Entlassung Hardenbergs Stein vom König zurückberufen wurde.

Stein trat sein Amt als schroffer Gegner der bisherigen Regierungsweise an.

[7] Vgl. Fritz Hartung, *Studien . . .*, S. 212 f.

[8] Heinrich von Treitschke, *Deutsche Geschichte im 19. Jahrhundert,* Bd. 1, 6. Aufl., Leipzig 1897, S. 52; wesentlich geringer schätzt Heinrich Heffter, *Die deutsche Selbstverwaltung im 19. Jahrhundert. Geschichte der Ideen und Institutionen,* Stuttgart 1950, S. 84, die Bedeutung der Order ein.

Und zwar galt diese Gegnerschaft nicht nur der schwächlichen Natur des Königs, seiner Kabinettsräte und Adjutanten, die er für die mangelhafte Führung der preußischen Politik verantwortlich machte, sondern ebensosehr dem Grundprinzip der preußischen Verwaltung, der Regulierung des gesamten Lebens der Bewohner des Staates durch die Behörden. In den langen Jahren, die er im preußischen Verwaltungsdienst, zuletzt im Generaldirektorium zugebracht hatte, war er sich der Mängel der Gesamtorganisation des Staates klar bewußt geworden. In den Monaten der erzwungenen Muße nach der Entlassung hatte er seine Reformgedanken in der sogenannten Nassauer Denkschrift niedergelegt. Der von ihm gewählte ursprüngliche Titel *Über die zweckmäßige Bildung der obersten und der Provinzial-, Finanz- und Polizeibehörden in der preußischen Monarchie* läßt Hauptinhalt und damit auch die Grenzen dieses Programms deutlich hervortreten. Zum Unterschied von den großen Denkschriften, die Altenstein[9] und in engem Anschluß an ihn auch Hardenberg wenige Monate später für die Reorganisation des preußischen Staates entwarfen, spricht Stein nicht von einer sittlichen Wiedergeburt des preußischen Volkes als der ersten Voraussetzung der erhofften künftigen Erhebung des Staates. Als Mann der Praxis greift er das Kernproblem an, die Behördenorganisation als das wichtigste Mittel für die zweckmäßige Erfassung und Verwendung der Kräfte des Staates. Er ist sich dabei aber ebenso klar gewesen, wie Altenstein und Hardenberg — ja man darf wohl sagen: er hat es tiefer empfunden —, daß es der Geist ist, der sich den Körper baut, daß zweckmäßige Gestaltung der Behörden wirkungslos bleibt ohne die entsprechenden geistigen und moralischen Kräfte, und daß es zur Erweckung dieser Kräfte vor allem einer neuen Gesinnung im Beamtentum und im ganzen Volke bedurfte. Es sollte ein frischer Luftzug in die muffigen Amtsstuben einziehen, in denen sich bisher, wie er sich ausdrückt, „ein Mietlingsgeist, ein Leben in Formen und Dienstmechanismen, eine Unkunde des Bezirks, den man verwaltet, eine Gleichgültigkeit, oft eine lächerliche Abneigung gegen denselben, eine Furcht vor Veränderungen und Neuerungen, die die Arbeit vermehren", breit gemacht hatte. Als das geeignetste Mittel zu diesem Zweck nennt die Nassauer Denkschrift die Heranziehung der Bevölkerung an die Verwaltung, die Durchsetzung des Berufsbeamtentums mit Männern des praktischen Lebens. Eine doppelte Wirkung verspricht sich Stein davon, einmal die Zertrümmerung des

[9] Altensteins Denkschrift *Über die Leitung des Preußischen Staats* vom 11. September 1807 ist erstmals ganz gedruckt in der von der Preußischen Archivverwaltung veranlaßten Publikation von Georg Winter (Hrsg.), *Die Reorganisation des Preußischen Staates unter Stein und Hardenberg*, Teil 1: *Allgemeine Verwaltungs- und Behördenreform*, Bd. 1 (= Publikationen aus den Preußischen Staatsarchiven, Bd. 93), Leipzig 1931, S. 364—566.

bureaukratischen Geschäftsgangs durch den aus „der Fülle der Natur genommenen Reichtum von Ansichten und Gefühlen", die von „Menschen aus dem Gewirre des praktischen Lebens" ausgehen werde, dann aber auch eine günstige Wandlung der Haltung der Bevölkerung gegenüber dem Staat. Während das Jahr 1806 bewiesen hatte, daß der Bürger, vom Staate ferngehalten, an seinem Geschick keinen Anteil genommen hatte, war Stein überzeugt, daß die neue Aufgabe der unmittelbaren Beteiligung an der Verwaltung „sie alle durch Überzeugung, Teilnahme und Mitwirkung bei den Nationalangelegenheiten an den Staat knüpfen, den Kräften der Nation eine freie Tätigkeit und eine Richtung auf das Gemeinnützige geben" werde. Davon versprach er sich als wichtigstes Ergebnis „die Belebung des Gemeingeistes und Bürgersinns, die Benutzung der schlafenden oder falsch eingeleiteten Kräfte und . . . die Wiederbelebung der Gefühle für Vaterland, Selbständigkeit und Nationalehre."

Das bedeutete aber, wenn auch Stein das an dieser Stelle nicht mit dürren Worten ausgesprochen hatte, einen grundlegenden Wandel in dem Verhältnis zwischen Volk und Staat. Wenn die bisherigen Untertanen zur Nation werden und den Staat mittragen sollten, so mußte die ängstliche Bevormundung von oben her, die bisher die gesamte Verwaltung beherrscht hatte, aufhören und den Bürgern die Gestaltung ihres eigenen Lebens selbst überlassen bleiben.

Es sind die Gedanken, die damals unter dem Eindruck des Zusammenbruchs der friderizianischen Monarchie, des Versagens des staatlichen Apparats und der Gleichgültigkeit, mit der auch die gebildeten Kreise dieses Schicksal hingenommen hatten, in allen führenden Köpfen Preußens lebendig wurden. Am ergreifendsten hat sie Gneisenau in einer Aufzeichnung zum Ausdruck gebracht, in der die ganze Qual der 20 im Garnisondienst zu Löwenberg und Jauer verbrachten Jahre mitschwingt: „Welche unendlichen Kräfte schlafen im Schoße einer Nation unentwickelt und unbenutzt! Währenddem ein Reich in seiner Schwäche und Schmach vergeht, folgt vielleicht in seinem elendesten Dorfe ein Cäsar dem Pfluge und ein Epaminondas nährt sich karg von dem Ertrag der Arbeit seiner Hände." Darum fordert er die Regierungen auf, alle Talente ohne Rücksicht auf die Herkunft zu benutzen. Ebenso erblicken Altenstein und Hardenberg in der Herstellung des Zusammenhangs zwischen Staatsverwaltung und Nation eine wesentliche Voraussetzung der Wiedergeburt Preußens.

Daß diese Gedanken zum guten Teil aus Frankreich stammen, bedarf keines Beweises, denn Gneisenau, Altenstein und Hardenberg haben sich ausdrücklich auf die französische Revolution als das Vorbild der von ihnen gewünschten Erweckung der schlafenden Kräfte der Nation berufen. Auch bei Stein finden sich so viele Hinweise auf französische Einrichtungen, daß ein gründlicher Forscher wie Max Lehmann ihn geradezu als Nachahmer der Revolution bezeichnet hat. Das war gewiß eine handgreifliche Übertreibung, die auch dadurch nicht richtig geworden ist, daß bei ihrer Bekämpfung ähnliche Übertreibungen nach der andern Seite vorgekommen sind. Man wird nicht nur für Stein persönlich, sondern auch für die preußische Reform in ihrer Gesamtheit sagen dürfen, daß sie zwar ihre Richtung durch die von der französischen Revolution ausgegangenen Impulse erhalten, daß sie aber nicht einfach die französischen Einrichtungen nachgeahmt, sondern sie mit dem Eigenständigen verschmolzen hat. Gerade bei Stein ist es deutlich, daß er viel mehr von der deutschen Vergangenheit ausgegangen ist als von der französischen Revolution; und wenn er für die Belebung altdeutscher Formen eines Vorbilds bedurfte, dann suchte er es eher in England als in Frankreich. Der Schwerpunkt seiner Reform lag darum auch nicht bei der Zentrale, unter die zweckmäßig gegliederte, äußerlich möglichst gleichmäßige Unterbezirke gestellt wurden, sondern der Neubau des Staates sollte von unten beginnen, von der Gemeinde aus, die für ihn ein selbständiges Gemeinwesen, ein lebendiger, von korporativem Bewußtsein, von deutschem genossenschaftlichem Geist erfüllter Organismus sein oder wieder werden sollte.

Es ist bekannt, daß Stein in der kurzen, noch dazu mit schwierigen Verhandlungen über die Erfüllung der finanziellen Verpflichtungen des Friedensvertrages von Tilsit belasteten Zeit seines zweiten Ministeriums nur einen kleinen Teil seines Programms hat ausführen können. Er hat mit dem Edikt vom 9. Oktober 1807 den Auftakt zu den Reformgesetzen gegeben, indem er nicht allein die persönliche Unfreiheit der Bauern beseitigte, sondern vor allem der polizeistaatlichen Bevormundung des Wirtschaftslebens ein Ende bereitete und der Verwaltung als leitenden Grundsatz vorschrieb, „alles zu entfernen, was den einzelnen bisher hinderte, den Wohlstand zu erlangen, den er nach dem Maße seiner Kräfte zu erreichen fähig" sei. Und am Schluß seiner Amtszeit steht die Städteordnung vom 19. November 1808, die die staatliche Bureaukratie aus der Stadtverwaltung vertrieb und diese auf eine von den Bürgern getragene Selbstverwaltung aufbaute. Es war der erste Schritt zu dem in der Nassauer Denkschrift vorgezeichneten Umbau der preußischen Verwaltung. Weitere Schritte zu tun, war Stein nicht mehr vergönnt, denn wenige Tage später, am 24. November, erfolgte seine zweite, die endgültige Entlassung aus dem preußischen Staatsdienst.

Die allgemeine Bedeutung dieser Entlassung für den weiteren Verlauf der preußisch-deutschen Geschichte wird man gerade heutzutage sehr hoch einzuschätzen geneigt sein. Denn in Stein schied die Persönlichkeit aus, die unter den leitenden Staatsmännern des damaligen Preußens am wenigsten preußisch, am stärksten deutsch, ja in gewissem Sinne sogar weltbürgerlich gesinnt war und darum am ehesten geeignet gewesen wäre, die militaristische und feudale Enge, an der der altpreußische Staat zugrunde gegangen war, zu durchstoßen und den Weg frei zu machen für die Durchdringung Preußens mit den geistigen Kräften ganz Deutschlands. Es könnte verlocken, sich auszumalen, wie es heute um Preußen und Deutschland stünde, wenn Stein sein Werk nach seinem Plane hätte durchführen können, statt es im Anfangsstadium verlassen und damit den Gegnern ausliefern zu müssen. Ich möchte diese Gedanken hier nicht weiter ausspinnen, sondern mich eng an mein Thema, die preußische Verwaltungsgeschichte halten. Aber auch von hier aus betrachtet erscheinen das Ereignis und seine Folgen als verhängnisvoll. Denn Stein hatte keinen Nachfolger gefunden, der Kraft und Neigung gehabt hätte, das begonnene Werk nach dem ursprünglichen Plan fortzusetzen; vielmehr waren die meisten von ihnen mehr oder minder ausgesprochene Gegner der von ihm gewünschten und eingeleiteten Auflockerung der bureaukratischen Organisation der preußischen Verwaltung. Und doch war die Bedeutung der von Stein durchgesetzten Einführung der Selbstverwaltung in den Städten so groß, daß kein späterer Minister es gewagt hat, sich offen als Gegner zu bekennen und sie wieder aufzuheben. Statt dessen ließ man die Verwaltung in dem zwiespältigen Zustand bestehen, den sie nach der Steinschen Reform besaß. Diesen Zustand haben die preußischen Oberpräsidenten auf Grund ihrer praktischen Erfahrungen in einer gemeinsamen Denkschrift vom Sommer 1817[10] mit den Worten charakterisiert: „Überall Trümmer und neue Ansätze, die im Beginnen schon Ruinen wurden." Fast die gleichen Worte hat ein halbes Jahrhundert später Graf Fritz Eulenburg, Minister des Innern in den für die Verwaltung besonders bedeutungsvollen Jahren 1862 bis 1878, gebraucht, als er meinte, die preußische Verwaltung sei halb Rohbau, halb Ruine.[11]

Es ist immerhin ein Beweis für die Festigkeit des preußischen Verwaltungsgebäudes, daß es diesen Zustand so lange ausgehalten und damit Leistungen, wie die Reorganisation des Staates nach 1815, vollbracht, Krisen, wie die Revolution von 1848, und den Verfassungskonflikt überstanden und die annektierten Gebiete 1866 eingegliedert hat. Es verdankt das der sicheren Grundlage, die ihm Friedrich Wilhelm I. in den Kriegs- und Domänenkammern gegeben hat. An ihnen hat auch Stein nichts Wesentliches geändert. Die geplante Zuziehung von Laien neben den Berufsbeamten, die sich in der Praxis schwerlich bewährt haben

[10] Erwähnt bei H. Treitschke, *Deutsche Geschichte* . . ., Bd. 2, 6. Aufl., Leipzig 1906, S. 201; hier nach dem Original im früheren Geh. Staatsarchiv in Berlin.

[11] Hugo Preuss führt diese Äußerung in seinen Schriften zur Verwaltungsreform wiederholt an, ohne eine nähere Quelle anzugeben, z.B. in der Sammlung *Staat, Recht und Freiheit. Aus 40 Jahren deutscher Politik und Geschichte. Gesammelte Aufsätze,* hrsg. mit einem Geleitwort von Theodor Heuß, Tübingen 1926, S. 134.

würde, ist unterblieben. Die noch unter Stein ausgearbeitete, aber erst nach seiner Entlassung ergangene „Verordnung wegen verbesserter Einrichtung der Provinzial-, Polizei- und Finanzbehörden" vom 26. Dezember 1808 hat den Kammern den für ihre friedliche Tätigkeit besser passenden Namen „Regierungen" gegeben und ihre selbständige Verfügungsgewalt gegenüber den Ministern etwas erweitert, so daß sie nicht mehr wegen jeder Kleinigkeit in Berlin anzufragen brauchten. Wenn die Verordnung außerdem den Wirkungskreis der Verwaltung gegenüber den Gerichten anders abgrenzte als bisher, so war das nichts grundsätzlich Neues, sondern verallgemeinerte nur die Bestimmungen, die bereits im letzten Jahrzehnt des preußischen Ancien Régime für mehrere Provinzen getroffen worden waren. An der kollegialen Verfassung der Regierungen wurde festgehalten.

Zwar verkannte niemand, daß das französische Präfektensystem große Vorteile hatte, vor allem eine schnelle und einheitliche Verwaltung ermöglichte, während in den Kollegien sich leicht Trägheit und Pedanterie breit machten.[12] Aber die überwiegende Mehrzahl der damals und in den folgenden Jahren befragten preußischen Beamten glaubte doch an der kollegialen Verfassung festhalten zu sollen, weil sie dem Mißbrauch der Amtsgewalt weniger ausgesetzt sei, weil „Weisheit, Bedachtsamkeit und Beharrlichkeit" bei den Beratungen besser gesichert seien, weil die „Leidenschaften nicht mit der Vernunft davonrennen, die Geschäfte kein Spiel der Willkür, Unerfahrenheit, Unwissenheit, Unredlichkeit der einzelnen werden" könnten,[13] weil, wie es der frühere Innenminister Graf Dohna 1815 ausdrückte,[14] nur in Kollegien sich „jener freie unabhängige Geist unter den Staatsdienern, jene Fähigkeit zur zweckmäßigen und unerschrockenen Verteidigung der von übermächtigen Oberen verkannten Wahrheit erzeugen" könne. Besonders eindringlich hat F. von Raumer die Kollegialverfassung verteidigt. Es erinnert an Gedankengänge von Suarez, wenn er in ihr angesichts der Schwäche der ständischen Elemente im preußischen Staate geradezu einen Ersatz einer Verfassung erblickte.[15] Gegen diesen Widerstand hat Hardenberg die in der Kabinettsorder vom 1. August 1812 vorläufig angeordnete Verstärkung der Stellung des Regierungspräsidenten

[12] Vgl. das Gutachten Vinckes bei Ernst von Meier, *Die Reform der Verwaltungsorganisation unter Stein und Hardenberg*, 2. Aufl., München-Leipzig 1912, S. 207 ff.

[13] *A.a.O.*, S. 208 f.

[14] Vgl. seine unvollendete Denkschrift in Adalbert Bezzenberger (Hrsg.), *Aktenstücke des Provinzialarchivs in Königsberg aus den Jahren 1786–1820, betr. die Verwaltung und Verfassung Ostpreußens*, Königsberg 1898, S. 62 ff.

[15] Vgl. sein Schreiben an Hardenberg vom 25. August 1812, das E. von Meier [Hrsg.], *Die Reform . . .*, S. 242 ff., aus seinen *Lebenserinnerungen und Briefwechsel*, Bd. 1, Leipzig 1861, S. 262, wieder abgedruckt hat.

gegenüber dem Kollegium nicht durchsetzen können, und die Verordnung vom 30. April 1815 hat demgemäß die „kollegialische Form, welche Achtung für die Verfassung, Gleichförmigkeit des Verfahrens, Liberalität und Unparteilichkeit" sichere, erneut bestätigt.[16]

Der Geist freilich, in dem die Regierungskollegien ihre Aufgabe zu erfüllen hatten, war nicht mehr der des bevormundenden Polizeistaats, den einst Friedrich Wilhelm I. seinen Behörden eingeimpft hatte. Vielmehr hatte die gleichzeitig mit der Verordnung vom 26. Dezember 1808 erlassene Geschäftsinstruktion[17] aus den Leitsätzen des Edikts vom 9. Oktober 1807 die Konsequenzen gezogen und die Aufgabe der Behörden negativ formuliert. Sie sollten sich von nun an von dem Grundsatz leiten lassen, „niemanden in dem Genuß seines Eigentums, seiner bürgerlichen Gerechtsame und Freiheit, solange er in den gesetzlichen Grenzen bleibt, weiter einzuschränken, als zur Beförderung des allgemeinen Wohls nötig ist, einem jeden innerhalb der gesetzlichen Schranken die möglichst freie Entwicklung und Anwendung seiner Anlagen, Fähigkeiten und Kräfte . . . zu gestatten und alle dagegen noch obwaltenden Hindernisse baldmöglichst auf eine legale Weise hinwegzuräumen". Daran hielt die Instruktion freilich fest, daß die Polizei sich nicht auf „Abwendung von Gefahren und Nachteilen und Erhaltung dessen, was schon da ist", zu beschränken habe, sondern sich auch um die „Mehrung und Beförderung der allgemeinen Wohlfahrt" bemühen müsse. Aber als das „natürlichste, wirksamste und bleibendste Mittel" zu diesem Ziele bezeichnete der § 50 unter ausdrücklicher Abkehr von den bisher maßgebenden merkantilistischen Grundsätzen der Bevorzugung der Industrie und der Festhaltung des baren Geldes und in unverkennbarer Anlehnung an Adam Smith die „möglichste Gewerbefreiheit", Leichtigkeit des Verkehrs und Freiheit des Handels. Es ist, so faßte die Instruktion ihre wirtschaftspolitischen Ansichten zusammen, „dem Staate und seinen einzelnen Gliedern immer am zuträglichsten, die Gewerbe jedesmal ihrem natürlichen Gange zu überlassen".

Daß diese Gedanken, die sich damals noch nicht einmal in ihrem wirtschaftlich Preußen weit überlegenen Mutterlande England durchgesetzt hatten, bei den leitenden Stellen des preußischen Beamtentums lebendig waren, zeigt die Gesetzgebung der Jahre 1815 bis 1821, die dem durch die territorialen Bestimmungen des Wiener Kongresses neu zusammengesetzten Staat eine einheitliche

[16] Vgl. das Gesetz wegen verbesserter Einrichtung der Provinzialbehörden vom 30. April 1815 in der *Gesetzsammlung*, auch bei Wilhelm Altmann (Hrsg.), *Ausgewählte Urkunden zur brandenburgisch-preußischen Verfassungs- und Verwaltungsgeschichte. Zum Handgebrauch zunächst für Historiker*, Bd. 2, Teil 1, 2. Aufl., Berlin 1915, S. 154 ff.

[17] Abgedruckt in der *Gesetzsammlung*.

Ordnung für Verwaltung, Finanzen und Wirtschaftspolitik gab. Und die Gründung des Zollvereins und dessen allen Wünschen der Industriellen, namentlich der süddeutschen Staaten zum Trotz liberale Handelspolitik beweisen zugleich, daß diese Gedanken sich lange Zeit siegreich behaupteten. Wie weit sie sich in den mittleren und unteren Instanzen der Verwaltung praktisch auswirkten, ist natürlich schwer festzustellen; selbst intensive archivalische Forschung wird kaum alle Fragen beantworten können, die wir an die Akten richten möchten. Aus den bis jetzt bekannt gewordenen Quellen ergibt sich nur die im Grunde selbstverständliche Tatsache, daß nicht überall alles genau so gemacht wurde, wie es die Instruktion von 1808 vorschrieb, daß vor allem noch immer mehr reglementiert und befohlen wurde, als dem Wortlaut und zumal dem Geist der Instruktion entsprach.

Die Schuld daran, daß nicht alles nach den Wünschen der Reformer sich gestaltete, wird man nicht allein auf der Seite des Beamtentums zu suchen haben, so selbstverständlich es auch ist, daß es sich nicht von einem Tage zum andern auf die veränderte Aufgabe umzustellen vermochte. Auch die Bevölkerung war noch keineswegs reif für die Freiheit, zu der die Reformgesetze sie aufgerufen hatten, bedurfte vielmehr der sorgfältigen Anleitung durch die Behörden. Selbst in den Städten verstrich lange Zeit, bis die Selbstverwaltung den Bürgern in Fleisch und Blut überging. Ja, man kann sogar sagen, daß das preußische Bürgertum niemals in dem gleichen Maße wie das englische gelernt hat, seine Angelegenheiten in die eigene Hand zu nehmen. Das Berufsbeamtentum behielt immer das Heft in der Hand, wenn es auch für die Städte nicht mehr vom Staat auf Lebenszeit berufen, sondern von der Stadtvertretung auf eine Reihe von Jahren gewählt wurde.

So viel ist jedenfalls deutlich: Preußen macht am Ende der Reformzeit die gleiche Erfahrung, wie sie Balzac in seinem Roman „Les Employés" für das nachrevolutionäre Frankreich formuliert und wie sie Friedrich Bülau[18] 1836 für die deutschen Staaten allgemein festgestellt hat: Der Verwaltungsapparat, dessen Umständlichkeit und Kostspieligkeit einzuschränken eines der Ziele der Reform gewesen war, war nicht etwa kleiner und damit billiger geworden, sondern war an Umfang und an Aufwand eher gewachsen. In Preußen kam noch hinzu, daß die Persönlichkeit des Monarchen, die bis 1786 beherrschend im Mittelpunkt des Staates gestanden und die Beamten in die Rolle von Handlangern verwiesen hatte, sich seit 1807 schüchtern zurückhielt. So wuchs das Beamtentum nicht nur äußerlich an Zahl, sondern auch an Gewicht; es war die politisch tonangebende Schicht im Staate geworden. Die Krisis, in die es durch den Zusammenbruch des Staates 1806/07 geraten war, wurde schnell überwun-

[18] Friedrich Bülau, *Die Behörden in Staat und Gemeinde*, Leipzig 1836.

den. Wohl ist Stein immerdar sein grimmiger Gegner geblieben. Aus allen Perioden seines Lebens lassen sich herbe Urteile über die „Schreiberkaste", die „Bureau- und Schreibmaschinerie" anführen, wie wir sie später auch bei Bismarck, gelegentlich in fast wörtlichem Anklang an Stein, wiederfinden.[19] Im Unmut hat er sich sogar einmal zu der Äußerung hinreißen lassen: „Um eine Staatsverwaltung in tüchtigem Gang zu erhalten, müßten alle drei Jahre einige Minister, einige Generale und ein Dutzend Räte füsiliert werden; man müßte alle Beamten mit dem 50. Jahre wegjagen." Derjenige, der uns diese Worte überliefert hat,[20] nennt sie „Scherze, die nichts sind als eine Hyperbel und die doch etwas Wahres enthalten". Wie sehr sie Wahres enthielten, ergibt sich aus ruhig abgewogenen Aktenstücken, wie der Nassauer Denkschrift oder dem Organisationsplan vom 23. November 1807,[21] in denen das Urteil über das Beamtentum kaum sanfter lautet.

Und doch hat Stein während seiner Amtszeit nichts getan, was das Wesen des Berufsbeamtentums hätte gefährden können. Nicht einmal nach dem Frieden von Tilsit, als die Notlage des verstümmelten Staates zur Entlassung einer großen Anzahl von überflüssig gewordenen Beamten zwang und der Unmut über das unwürdige Verhalten von vielen unter ihnen harte Maßnahmen als berechtigt erscheinen ließ, sind die Bestimmungen des Allgemeinen Landrechts über das Verfahren bei der Absetzung von Beamten dauernd aufgehoben oder auch nur abgeändert worden. Und wenn sich auch Stein damals wie später — auch darin berühren sich seine Anschauungen mit denen Bismarcks — als Gegner der lebenslänglichen Anstellung bekannt hat, weil sie das Amt leicht zur Pfründe mache und den Diensteifer herabsetze, so hat er sich doch bei den Beratungen über die Städteordnung den radikalen Ansichten seiner Mitarbeiter, die jeden städtischen Beamten zwingen wollten, sich alle drei Jahre der Bürgerschaft zur Neuwahl zu stellen, energisch widersetzt, die Wahlzeit der hauptamtlich tätigen Berufsbeamten der Städte auf zwölf Jahre bestimmt und ihnen für den Fall der Nichtwiederwahl sogar ein Recht auf Pension zugebilligt.[22]

[19] Vgl. z.B. Bismarcks Reichstagsrede vom 8. Mai über „die Herren, die unsere Sonne nicht wärmt, die unser Regen nicht naß macht ..." mit Steins Brief an Gagern vom 24. August 1821 über die Buralisten, die in der Buchstaben-, nicht der wirklichen Welt leben, „also unabhängig davon, ob es regnet oder die Sonne scheint".

[20] Vgl. Adolf Ernst (Hrsg.), *Denkwürdigkeiten von Heinrich und Amalie von Beguelin*, Berlin 1892, S. 43.

[21] Bei E. von Meier, *Die Reform ..., a.a.O.*

[22] Vgl. die §§ 146 und 159 der Städteordnung, ferner E. von Meier, *Die Reform ...*, S. 310 ff., und Gerhard Ritter, *Stein. Politische Biographie*, Bd. 1, Stuttgart-Berlin 1931, S. 402.

Für die Staatsbeamten beließ es die erwähnte Verordnung vom 16. Dezember 1808 bei den Bestimmungen des Allgemeinen Landrechts über die Entlassung. Die darin bereits enthaltene Garantie gegen Willkür der Vorgesetzten wurde verstärkt, indem 1817 der für die letzte Entscheidung zuständige, aus der Gesamtheit der Minister bestehende Staatsrat durch den neuen Staatsrat ersetzt wurde, dem außer den Ressortchefs auch Männer außerhalb der eigentlichen Verwaltung, darunter der Chef des Obertribunals, angehörten. Eine weitere Sicherung brachte das Pensionsreglement vom 30. April 1825. Es ist kein Gesetz, wurde auch nicht in der Gesetzsammlung veröffentlicht und schloß, um ja keine Bindung der Regierung zu schaffen, den Rechtsweg für die Verfolgung des Pensionsanspruchs ausdrücklich aus. Aber es billigte den unmittelbaren Staatsbeamten einen „Anspruch auf lebenslängliche Pension" nach 15 Dienstjahren und bei pflichtmäßiger Dienstführung zu und gab diesem Anspruch dadurch eine feste Unterlage, daß es jedem Beamten einen nach dem Gehalt bemessenen Pflichtbeitrag zum Pensionsfonds auferlegte.[23]

So ist das Ergebnis der Reformzeit keine Erschütterung der Stellung des Berufsbeamtentums, noch weniger seiner Verdrängung durch die neuen Kräfte der Selbstverwaltung. Das lag nicht allein an dem Fehlen von politischen Kräften, die an seine Stelle hätten treten können, sondern war zugleich in seinen eigenen Fähigkeiten begründet. Stein selbst hat später anerkannt, daß auch das Beamtentum seinen 14. Oktober gehabt habe, d.h. daß es durch den Eindruck der Niederlage und vor allem durch die große Aufgabe der Reorganisation aus der müden Stagnation herausgerissen worden ist, die die Zeit vor 1806 charakterisiert. Der Antrieb, der von den Männern der Reform und ihren Gesetzen und Instruktionen ausging, gab ihm noch einmal den inneren Schwung einer *ecclesia militans.* So konnte es vor allem in den Jahren nach 1815 mit frischer Tatkraft eine große Leistung vollbringen, die vielen alten und neuen Bestandteile des Staates zu einem lebensfähigen Ganzen zusammenfügen, die neuen Steuergesetze entwerfen und in die Praxis umsetzen, die schwer erschütterten Finanzen des Staates in eine Ordnung bringen, die durch ihre gewissenhafte Sparsamkeit wohl manchmal kleinlich anmuten mochte, aber sich auf die Dauer zu einer starken Stütze des Aufstiegs Preußens entwickelte, und schließlich das bisher von oben her künstlich regulierte Wirtschaftsleben auf den neuen Gedanken des freien Wettbewerbs umstellen.

In der Hingabe an diese große Aufgabe der Reorganisation fand das Beamtentum nach 1815 seinen Lebensinhalt. Und es ist durchaus zu verstehen, daß es

[23] Über das Pensionsreglement, das nachträglich von Karl Albert von Kamptz in seinen *Annalen der preußischen inneren Gesetzgebung,* Bd. 16, Berlin 1820, S. 843, veröffentlicht worden ist, vgl. die Akten des früheren Geh. Staatsarchvis in Berlin, Rep. 77 tit. 34 Nr. 12.

darauf stolz war. Denn wenn es im 18. Jahrhundert Werkzeug in der Hand von Monarchen gewesen war, die selbstherrlich den Kurs der Verwaltung bestimmten und jede selbständige Regung unter ihren „Bedienten“ scharf zurückwiesen, so gab jetzt das Beamtentum in den Ministerien die Richtung für Gesetzgebung und Verwaltung an. Der Rolle, die es damit übernommen hatte, war es auch vollauf gewachsen. Zum Unterschied gegen die Zeit um 1790 steht jetzt nicht mehr das Richtertum an der Spitze, vielmehr sind es die Männer der Verwaltung, die den Ton angeben und den Reformbestrebungen einen mehr politisch als juristisch bestimmten Inhalt verleihen. Auch für die Verwaltungsbeamten war es trotz aller Abneigung Friedrichs des Großen gegen die Stubengelehrten gerade unter seiner Regierung die Regel geworden, daß akademisches Studium den Weg zu den höheren Stellen öffnete. Die Neuordnung des Prüfungswesens, um die sich besonders der von Friedrich hochgeschätzte Minister von Hagen verdient gemacht hatte und die mit der Errichtung der Oberexaminationskommission in Berlin 1770 ihren Abschluß erlangt hatte, ist der sichtbare Ausdruck dafür. Die damit gegebene Erschwerung des Zugangs zur Laufbahn der höheren Beamten trat in der Praxis nicht störend oder hemmend in Erscheinung; vielmehr waren stets genügend Anwärter vorhanden, die die lange Zeit des Studiums und des Vorbereitungsdienstes bis zur endgültigen Anstellung auf sich nahmen.

Die Beamten, die in den Jahren nach 1807 in den leitenden Stellen der Ministerien und in der Provinz saßen, hatten zum guten Teil um die Jahrhundertwende ihre wissenschaftliche Bildung in Königsberg erlangt. Hier hatten sie nicht nur bei Chr. J. Kraus die fachlichen Vorlesungen gehört, in denen er ihnen mit den Grundsätzen der Kameralistik zugleich die Ideen von Adam Smith übermittelte,[24] sondern waren auch mit den Lehren Kants vertraut geworden. So waren sie zu Gegnern der altpreußischen Regierungsmethoden erzogen worden und hatten gelernt, daß selbst eine väterlich wohlwollende Bevormundung des Individuums der größte denkbare Despotismus sei. In den späteren Jahren trat der Einfluß Hegels[25] immer stärker hervor. Jedenfalls kann von dem Beamtentum jener Jahrzehnte gesagt werden, daß es mit an der Spitze des

[24] Vgl. dazu Fritz Milkowski, *Die Bedeutung von Christian Jacob Kraus für die Geschichte der Volkswirtschaftslehre*, in: *Schmollers Jahrbuch für Gesetzgebung, Verwaltung und Volkswirtschaft im Deutschen Reiche*, Bd. 50, S. 921—961, und Wilhelm Treue, *Adam Smith in Deutschland. Zum Problem des „Politischen Professors“ zwischen 1776 und 1810*, in: Werner Conze (Hrsg.), *Deutschland und Europa. Festschrift für Hans Rothfels*, Düsseldorf 1951, S. 101—133.

[25] Über Hegel und das preußische Beamtentum vgl. Werner Conze, *Staat und Gesellschaft in der frührevolutionären Epoche Deutschlands*, in: *Historische Zeitschrift*, Bd. 186 (1958), S. 1—34; Rudolf Haym, *Hegel und seine Zeit*, Berlin 1857; H. Heffter, *Die deutsche Selbstverwal-*

geistigen Lebens in Preußen stand. Und neben dem Staatsrat erwarben vor allem die Regierungskollegien „den wohlverdienten Ruhm einer Elite des intelligenten Beamtentums".[26]

Seiner geistigen Bedeutung und der daraus erwachsenden Leistung war sich das Beamtentum durchaus bewußt. Mag es auch eine vereinzelt gebliebene Übertreibung gewesen sein, wenn in der von Treitschke[27] angeführten, sonst, so weit ich sehe, ziemlich unbekannt gebliebenen Preußischen Staats- und Rechtsgeschichte (Berlin 1829, 702 Seiten) von K. F. Sietze der preußische Staat als „Riesenharfe" gefeiert wurde, die im Garten Gottes ausgespannt sei, um den Weltchoral zu leiten, so genügen doch schon die Schriften des Potsdamer Regierungsrats Wehnert,[28] um die hohe Meinung zu erkennen, die das Beamtentum der dreißiger Jahre von sich besaß. Nach ihm war das damalige Preußen das Muster einer glücklichen inneren Staatsbildung, das „gleichsam den Normalstaat der Organisationskunst" darstellte und auch den andern deutschen Staaten zeigen konnte, „wieviel ein Staat durch den Charakter seiner Verwaltung werden kann". Er rühmte das preußische Beamtentum als den „gebildetsten, geistig am meisten emancipierten Teil der Nation", als den „fähigsten und talentvollsten Teil der Staatseinwohner", in dem „die eigentlich ideelle Kraft des Volksgeistes zu finden" sei; es sei berufen, in seinem „freien Wirken für die Interessen des Staates die Höhe der Einsicht zu repräsentieren, zu welcher das gesellschaftliche Leben durch die fortschreitende Bewegung der Geister vorgedrungen" sei. Dank ihrer geistigen Überlegenheit sei die Beamtenschaft in der Lage, dem Volke die fehlende Verfassung zu ersetzen. Denn alle Verfassungsforderungen ließen sich auf die Sicherheit der Person und des Eigentums einschränken. Diese aber sei in Preußen erreicht; die Kollegialverfassung der Bezirksregierungen, die Heeresverfassung, der Staatsrat und die Reformgesetze bildeten nach Wehnerts Ansicht „zusammengenommen ihrem Wesen nach an sich eine Verfassung, die sich an vernünftiger Freisinnigkeit mit jeder anderen ... messen" könne. Es sei der Vorzug der Reformzeit, daß Preußen in ihr ohne

tung . . ., S. 211; Gustav Mayer, *Die Junghegelianer und der preußische Staat,* in: *Historische Zeitschrift,* Bd. 121 (1920), S. 413—440.

[26] Rudolf von Gneist, *Die verfassungsmäßige Stellung des preußischen Gesamtministeriums und die rechtliche Natur der Rathskollegia,* in: *Verwaltungsarchiv,* Bd. 3 (1895), S. 503.

[27] Außer bei ihm, in: *Deutsche Geschichte im 19. Jahrhundert,* Bd. 3, 6. Aufl., Leipzig 1908, S. 425, finde ich ihn nur von Hans Thieme, *Die preußische Kodifikation. Privatrechtsgeschichtliche Studien II,* in: *Zeitschrift der Savigny-Stiftung für Rechtsgeschichte. Germanische Abteilung,* Bd. 57 (1937), S. 411, als übertriebenen Lobredner des Allgemeinen Landrechts und als Gegner Savignys erwähnt.

[28] Gottlob Johann Moritz Wehnert, *Über den Geist der preußischen Staatsorganisation und Staatsdienerschaft,* Potsdam 1833; ders., *Die Politik des Civilstaatsdienstes,* Potsdam 1836.

gewaltsame Umwälzung „den neuen Geist der bürgerlichen Gesellschaft“ in sich aufgenommen und, „statt Verfassungstempel zu errichten, den Genius in die Verwaltung“ übertragen habe.

Diesen Gedanken hat wenige Jahre später der Geh. Oberregierungsrat Karl Streckfuß in einer Abhandlung „Über die Garantien der preußischen Zustände“, die zuerst in der *Augsburger Allgemeinen Zeitung* (1838), dann auch als Broschüre erschienen ist,[29] weiter ausgeführt. Er will darin zeigen, daß sich in Preußen auch ohne eine Verfassungsurkunde alle Garantien für Freiheit, Wohlfahrt und Fortschritt vereinigt finden. Gegen den naheliegenden Einwand, daß diese Garantien von dem Wohlwollen der sterblichen Person des Königs abhingen, also keineswegs eine Gewähr der Dauer in sich trügen, verweist er zunächst darauf, daß bereits Friedrich dem Großen das Dasein des Kammergerichts als Schranke seines Beliebens entgegengehalten worden sei und daß das sich hierin beweisende allgemeine Volksbewußtsein eine stärkere Garantie der preußischen Zustände bedeute als die theoretisch vollkommenste Constitution. Daneben aber feiert er die Verwaltung als die neu entstandene Garantie — nicht allein der Freiheit und Sicherheit der Personen und des Eigentums, sondern auch des Gedeihens von Kunst, Wissenschaft und Wirtschaft. Selbst der patrimonialen Verwaltung auf dem platten Lande, die vom Geist der Reformzeit gänzlich unberührt geblieben war und noch immer einen Bestandteil der Rittergüter ausmachte, sagt er Gutes nach: Sie beruhe dadurch nicht auf der Willkür des Staates, während die Willkür des Gutsherrn durch die strenge Bindung an die Gesetze und die Möglichkeit der Beschwerde bei den Bezirksregierungen ausgeschlossen sei. Nicht einmal den aristokratischen Charakter dieser gutsherrlichen Verwaltung will er zugeben, weil jeder Bürgerliche berechtigt sei, ein Rittergut zu erwerben.

Als die eigentliche Garantie erscheint bei Streckfuß die Kollegialität der Bezirksregierungen, zumal in ihrer Zusammensetzung aus Männern, die wegen der langen unbesoldeten Vorbereitungszeit alle aus wohlhabenden und gebildeten Familien stammten und deshalb „Ehrgefühl, Rechtlichkeit, Bildung für Wissenschaft und Leben, Erkenntnis dessen, was die Zeit fordert und verbietet“, in ihr Amt mitbrächten. Angesichts der Sicherheit gegen willkürliche Entlassung, ja selbst gegen unfreiwillige Pensionierung, die den Beamten gewährt sei,

[29] Vgl. Karl Streckfuß, *Über die Garantien der preußischen Zustände,* Halle 1839. Über Streckfuß, der sich auch als Dante-Übersetzer einen Namen gemacht und zu Goethe in freilich nur lockeren Beziehungen gestanden hat, vgl. die Biographie Karl Streckfuß, *Adolf Friedrich Karl Streckfuss, geb. Gera 1779, gest. 1844 Berlin. Preußischer Staatsrat, Berliner Ehrenbürger, Dante-Verdeutscher* (= Beiträge zur mittelalterlichen, neueren und allgemeinen Geschichte, Bd. 16), Jena 1941, S. 25.

könne man sagen, daß „eine tyrannische, dem Interesse der Gesamtheit widersprechende Regierung“ in Preußen „durchaus unmöglich“ sei.

Diese Anschauungen muten, im Zusammenhang der preußischen Behördengeschichte betrachtet, wie eine Ergänzung der ein halbes Jahrhunderts zuvor von Suarez aufgestellten und gerade damals von dem Breslauer Stadtgerichtsrat H. Simon erneut erhobenen Forderung an, daß in Preußen „der Richter die Constitution vertrete“,[30] sind aber keineswegs auf Preußen beschränkt geblieben. Vielmehr finden sich in der außerpreußischen, ja auch in der außerdeutschen Literatur lange vor Wehnert und Streckfuß immer wieder Betrachtungen über das Verhältnis zwischen Verfassung und Verwaltung, die an ein Wort von Pope anknüpfen, daß nur Narren über den Wert der Formen einer Regierung sich streiten, denn der bestverwaltete Staat sei eben der beste, und die mit dieser Behauptung die Bedeutung der Verfassung für den Staatsbürger, der im normalen Leben nur mit der Verwaltung in Berührung komme und sich deshalb um die Verfassung nicht zu kümmern brauche, herabzusetzen sich bemühen. Ich möchte aus diesen Stimmen nur eine einzige anführen, die sich unmittelbar auf Preußen bezieht; es ist die Vorrede Niebuhrs zu Vinckes „Darstellung der inneren Verwaltung Großbritanniens“ (1815), in der als Geist der preußischen Reform die Erkenntnis bezeichnet wird, „daß die Freiheit ungleich mehr auf der Verwaltung als auf der Verfassung beruht“.[31]

Aber die Welt, auch die preußische Welt um 1840, war nicht mehr bereit, sich mit diesem Satz abspeisen zu lassen und ihr Schicksal vertrauensvoll in die Hand des Beamtentums zu legen. Vielmehr forderte sie mit steigendem Nachdruck, daß sich auch Preußen in die Reihe der Staaten einreihe, die ihren Bürgern in einer schriftlich niedergelegten Verfassungsurkunde nicht allein feste Rechtsgarantien für die Freiheit und Person und die Sicherheit des Eigentums gewährten, sondern auch dem Volk Anteil an der Regierung einräumten und damit die Möglichkeit böten, an der Weiterentwicklung der bestehenden Zustände mitzuarbeiten. Die Berechtigung dieser Forderung war bereits von den führenden Männern der Reformzeit anerkannt worden, sowohl von Stein wie von Hardenberg; ja selbst König Friedrich Wilhelm III. hatte sich in der Verordnung vom 22. Mai 1815 ausdrücklich und feierlich verpflichtet, dem preußischen Volk als Ausdruck seines Vertrauens eine schriftliche Verfassungsurkunde zur festeren Begründung des „wohltätigen Zustands bürgerlicher

[30] Adolf Stölzel, *Brandenburg-Preußens Rechtsverwaltung und Rechtsverfassung dargestellt im Wirken seiner Landesfürsten und obersten Justizbeamten*, Bd. 2, Berlin 1888, S. 524.

[31] Vgl. über diese Frage meine Bemerkungen in dem Aufsatz, *Der französisch-burgundische Einfluß auf die Entwicklung der deutschen Behördenverfassung*, in: *Historische Zeitschrift*, Bd. 167 (1943), S. 11, Anm. 2.

Freiheit und der Dauer einer gerechten, auf Ordnung gegründeten Verwaltung" zu gewähren. Die Erfüllung dieser Verheißung ließ freilich auf sich warten, und das Beamtentum war keineswegs in der Lage, das Verlangen danach zum Schweigen zu bringen. Denn wenn auch die Kritiker von Streckfuß[32] in der Regel zugaben, daß die preußische Verwaltung „allenfalls gegen rohe Willkür und offenbar unvernünftiges Verfahren" gewisse Sicherheiten biete, so vermißten sie doch jede Garantie „gegen engherzige, dem wahren Wohl der Nation und den Zeitbedürfnissen widerstreitende Maßnahmen" und forderten Garantien dafür, daß die Wünsche und Bedürfnisse des Volkes der Regierung bekannt würden.[33] Selbst Stahl, der bereits in seiner Erlanger Zeit Preußen als einen der „vortrefflichsten Staaten" bewunderte und seiner geregelten Verwaltung nachrühmte, daß sie „eine nicht minder wertvolle Bürgschaft als andere durch die gesetzlich bestimmte Verfassung" gewähre, vertrat schon in den 30er Jahren den Standpunkt, daß es die Ausbildung einer Volksvertretung nicht für immer abwehren dürfe.[34] Und Fehlgriffe und Unterlassungen brachten dem Volke immer wieder zum Bewußtsein, daß weder die Zustände in Preußen befriedigend seien, noch die bestehenden Garantien ausreichten, um die Sicherheit von Person und Eigentum zu verbürgen.[35]

Denn das Bild des preußischen Beamtentums weist neben dem vielen Licht, auf das sich bisher die Betrachtung beschränkt hat, auch dunkle Schattenseiten auf. Die Rechtssphäre des einzelnen Bürgers war keineswegs ausreichend geschützt. Gegen Anordnungen der Verwaltungsbehörden, die ihn in der Benutzung seines Eigentums beschränkten, gab es kein Rechtsmittel. Noch weniger war die Freiheit der Person gegen Polizeiwillkür gesichert. Die Demagogenverfolgungen, wie sie Fritz Reuter gerade in den 30er Jahren durchmachen mußte, nehmen sich neben den Schriften von Wehnert seltsam aus. Sie stehen auch nicht etwa vereinzelt unter den Erscheinungen des damaligen preußischen Staatslebens, sie sind vielmehr Ausdruck einer weitverbreiteten Reaktion gegen den Geist der Reformzeit, die sich bereits unter Stein geregt hatte und nach 1815, getragen durch die allgemeine Strömung der Restaurationszeit und gestützt auf Metternich, rasch anwuchs. Sie hat es bewirkt, daß der 1807 eingeleitete Umbau der preußischen Verwaltung zum Stillstand kam, daß die Städteordnung nach 1815 nicht nur nicht auf die zurückgewonnenen

[32] Einige der Kritiken sind verzeichnet in der Lebensskizze von K. Streckfuß, *Adolf Friedrich Karl Streckfuss . . .*, S. 25.

[33] Vgl. Karl Biedermann, *Das preußische Staatsprincip*, in: *Hallische Jahrbücher*, Bd. 2 (1839), Teil 2, Sp. 2177—2216.

[34] Friedrich Julius Stahl, *Die Philosophie des Rechts*, Teil 2, Heidelberg 1833, S. 303.

[35] Vgl. darüber H. Heffter, *Die deutsche Selbstverwaltung. . .*, S. 209 f., und Eduard Lasker, *Zur Verfassungsgeschichte Preußens*, Leipzig 1874.

oder neu erworbenen Städte ausgedehnt, sondern durch eine sogenannte Revision 1831 in mehreren Punkten auf Kosten der Selbstverwaltung abgeändert wurde, daß die Arbeiten an der Neugestaltung der ländlichen Verwaltung in die Länge gezogen und zuletzt ganz eingestellt wurden. Auch in der Justiz erstickte der Geist der Reform in einer Fülle von Erwägungen und Gutachten. Noch schlimmer erging es der Agrarreform, die nach den hoffnungsvollen Anfängen der Jahre 1807 und 1811 in der harmlos erscheinenden Form einer Deklaration der ergangenen Verordnungen tatsächlich ganz zum Stillstand gebracht wurde.

Der wichtigste Träger dieser Reaktion war der Landadel. Er war von Anfang an den Steinschen Reformen, die ihn aus seiner Vorherrschaft auf dem Lande zu verdrängen drohten, mit unverhohlener Abneigung entgegen getreten und hätte lieber drei Schlachten von Auerstädt erlitten als ein Oktoberedikt. Deshalb hatte er an Steins Sturz aktiv mitgearbeitet und das Ergebnis mit Frohlocken begrüßt.[36] Unter Hardenbergs lässiger Zügelführung war sein Einfluß noch gewachsen, und so konnte er sich nach 1815 nicht nur das Ziel stecken, seine gutsherrlichen Gerechtsame zu behaupten, sondern darüber hinaus einen Teil der an den monarchischen Absolutismus verlorenen Positionen zurückzugewinnen und unter Auflockerung der einheitlichen staatlichen Verwaltung zur ständischen Selbstverwaltung zurückzukehren. Und da der Kronprinz Friedrich Wilhelm (IV.) aus romantischer Schwärmerei für die bunte Vielgestaltigkeit des Mittelalters und Abneigung gegen die gleichmachende Einförmigkeit des modernen Staates die Wünsche des Landadels unterstützte, wurden in der Tat 1823 unter Berufung auf den „Geist der älteren deutschen Verfassungen" Kreis- und Provinzialstände für ganz Preußen unter übertriebener Berücksichtigung des adligen Großgrundbesitzes geschaffen. Wenn diese auch nicht einmal dort, wo sie sich auf alte Tradition stützen und eine kommunalständische Verwaltung einrichten konnten, den staatlichen Behörden Abbruch zu tun in der Lage waren, so verbauten sie doch einer Weiterführung der Verwaltungsreform im Sinne Steins den Weg.

Die adlige Reaktion hätte sich freilich nicht durchsetzen können, wenn sie nicht bei Friedrich Wilhelm III. einen Rückhalt gefunden hätte. Dieser war in seiner schwunglosen Nüchternheit gewiß weit entfernt von aller romantischen Begeisterung für Mittelalter und Ständewesen und war auch keineswegs geneigt, dem Adel die politischen Rechte, die ihm durch die großen Monarchen im 17. und 18. Jahrhundert entzogen worden waren, wieder zurückzugeben. Einig war er mit dem Adel nur in der Abneigung gegen die liberale Richtung, zu der ihn die Reform gezwungen hatte. Nur notgedrungen hatte er sich ihr gefügt, nicht aus innerer Überzeugung und Einsicht in den Fortschritt der Zeit;

[36] Vgl. dazu Max Lehmann, *Freiherr von Stein*, Bd. 2, Leipzig 1905, S. 599.

und nur aus persönlicher Schwäche hatte er in den kritischen Jahren 1807 bis 1815 seinen Ministern größere Machtbefugnisse zugestanden, als in Preußen bisher üblich gewesen waren. Im Herzen war er stets Absolutist geblieben. Und als die Zeiten friedlich geworden waren, keine raschen Entschlüsse mehr forderten, da ließ er sich zu weiteren Konsequenzen der 1807 eingeleiteten Reformen nicht mehr bringen; vor allem lehnte er es ab, durch die Einlösung des Verfassungsversprechens vom 22. Mai 1815 auch formell auf seine monarchische Vollgewalt zu verzichten. Diesen Widerstand hätte er sich freilich schwerlich leisten können, wenn nicht auch ein Teil des hohen Beamtentums auf seiner Seite gestanden hätte. Die altpreußische Tradition der obrigkeitlichen Leitung der Untertanen war noch keineswegs ganz abgestorben, vielmehr gab es zahlreiche hohe Beamte bis zu den Ministern hinauf, die an der absoluten Regierung um so mehr festhielten, als diese unter den obwaltenden Verhältnissen den Absolutismus der Bureaukratie bedeutete. Sie waren darum weit entfernt davon, diesen Absolutismus durch eine Verfassung einschränken zu lassen; aber auch davon wollten sie nichts wissen, daß ihnen nachgeordnete Beamte sich gleichsam als Ersatz für eine Verfassung und als Hüter konstitutioneller Freiheiten auch gegenüber den Vorgesetzen aufspielten.

Dieser veränderte Geist der Staatsregierung wirkte sich nicht allein in der Personalpolitik aus, die zumal bei der Besetzung der leitenden Stellen adlige Geburt und konservative Gesinnung, unter Friedrich Wilhelm IV. auch äußerlich dokumentierte Kirchlichkeit, mehr berücksichtigte als die fachliche Eignung, sondern führte auch allmählich zur Einschränkung der rechtlichen Unabhängigkeit der Beamten. Der erste Schritt war die Kabinettsorder vom 21. Februar 1823. Sie vereinfachte das Verfahren bei einer gegen den Willen des Beamten erfolgenden Dienstentlassung, indem sie für die nicht durch königliches Patent angestellten Beamten den Staatsrat ausschaltete und die Entscheidung dem Staatsministerium übertrug; immerhin blieben gewisse Garantien für die Rechtlichkeit des Verfahrens bestehen, denn die Berichterstattung über den Fall im Staatsministerium wurde zwei Ministern, unter denen der Justizminister sein mußte, übertragen. Gerade deshalb genügte diese Order auf die Dauer den Bedürfnissen der Regierung nicht, und eine weitere Order vom 18. März 1835 forderte den Justizminister zur Ausarbeitung einer neuen gesetzlichen Ordnung für die Beamten auf.[37] Fast ein Jahrzehnt verging bei der Schwerfälligkeit der Gesetzgebung im Endstadium des preußischen Absolutismus, ehe am 29. März 1844 das Gesetz betr. das gerichtliche und Disziplinarstrafverfahren gegen Beamte erging. Es ergänzte die bisher gültigen Bestimmungen des Allge-

[37] Hans Schneider, *Der Preußische Staatsrat 1817–1918. Ein Beitrag zur Verfassungs- und Rechtsgeschichte Preußens*, München-Berlin 1952, S. 174 ff. und S. 184.

meinen Landrechts durch eine besondere Gruppe von Vergehen, die nach dem allgemeinen Strafrecht nicht mit Strafe belegt waren, für die Beamten aber als strafbare Verstöße gegen die Disziplin angesehen werden sollten. Zu ihnen sollten insbesondere „fortgesetzt mangelhafte Amtsführung" und „Verlust des zum Amt erforderlichen Ansehens" gehören. Der Keim dieser Bestimmungen scheint mir in der Instruktion für die Regierungskollegien vom 26. Dezember 1808 zu liegen. Hier heißt es im § 44, daß gegen Offizianten, welche ihr Amt lau verwalten oder darin Eigennutz oder andere Privatleidenschaften befriedigen, ohne Nachsicht und unbekümmert um Stand und Rang mit Energie verfahren werden müsse; auch dürften keine Subjekte im Amt geduldet werden, die durch ihr Privatleben Gleichgültigkeit gegen Religion und Moralität an den Tag legten oder sich durch ihren Wandel, etwa Trunk oder Spiel, verächtlich machten. Es bedürfe zu ihrer Entfernung keines strengen rechtlichen Beweises, die pflichtmäßige moralische Überzeugung des Kollegiums genüge. Trotzdem wird hinsichtlich der Entlassungen am Schluß des § auf den § 46 der gleichzeitigen Verordnung wegen verbesserter Einrichtung der Provinzialbehörden verwiesen, der, wie oben erwähnt, die Bestimmungen des Landrechts aufrechterhält. Jetzt aber wird eine ganze Reihe von Disziplinarstrafen neu geschaffen, Ordnungsstrafen, die in Verwarnung, Verweis, Geldbuße, bei Unterbeamten auch Arrest bestehen, verschiedene Grade der Strafversetzung, zuletzt Entlassung aus dem Staatsdienst. Für das Verfahren werden genaue Regeln angegeben; die höheren Beamten kommen in letzter Instanz vor das Staatsministerium, nicht mehr vor den Staatsrat.

Trotz der Dehnbarkeit der Begriffe „mangelhafte Amtsführung" und „Verlust des zum Amt erforderlichen Ansehens" hat das Gesetz in seiner Anwendung auf die Verwaltungsbeamten keinen Anstoß erregt. Es sind im Gegenteil schon damals Stimmen laut geworden, die den Ministern gegenüber den Beamten der inneren Verwaltung das weitergehende Recht der Entfernung aus dem Amt aus politischen Gründen gewähren wollten.[38] Dagegen hat die Ausdehnung des Disziplinargesetzes auf die Richter zu dem lauten Protest des Breslauer Stadtgerichtsrats H. Simon und zu starker Erregung der Öffentlichkeit geführt.

Gegen die reaktionären Kräfte in der Verwaltung sich durchzusetzen und die in der Reformzeit gepflanzten Keime freiheitlicher Entwicklung zu pflegen und weiter zu entfalten, war dem liberalen Beamtentum auf die Dauer nicht gegeben. Gewiß gilt das, was oben über die Schwierigkeit eines Gesamturteils über einen Stand gesagt worden ist, auch für das Beamtentum in den letzten Jahrzehnten des Absolutismus. Aber man wird ihm schwerlich ein Unrecht tun,

[38] Vgl. dazu die Schrift von F. Bülau, *Die Behörden . . .*, passim.

wenn man aus den Schriften von Wehnert und Streckfuß nicht allein berechtigten Stolz auf unbestreitbare Leistungen, sondern zugleich eine bedenkliche Selbstzufriedenheit herausliest, die, gesichert gegen öffentliche Kritik in Parlament und Presse, nicht spürte, aber auch nicht spüren wollte, daß der große Impuls, der von der Aufgabe der Wiedererhebung Preußens nach 1807 und seiner inneren Neugestaltung nach 1815 ausgegangen war, allmählich nachließ. Immer stärker machte es sich bemerkbar, daß es Preußen an einer klaren und entschlossenen politischen Führung fehlte, wie sie im 18. Jahrhundert von den Monarchen, in der Reformzeit von Stein und Hardenberg ausgegangen war. Nach dessen Tode wirkte es sich verhängnisvoll aus, daß die von Stein geplante feste Organisation der Zentrale nicht zustande gekommen war, daß ähnlich wie vor 1806 lediglich ein lockeres Nebeneinander von Ministerien bestand, deren Geschäftsabgrenzung mehr durch persönliche Rücksichten als nach sachlichen Bedürfnissen bestimmt war und häufig geändert wurde. Seit 1823 wurde in Preußen nicht mehr regiert, sondern nur noch administriert. Das führte in der Verwaltung allmählich zum Erlöschen der lebendigen Schaffenskraft, zur Unfruchtbarkeit, zum Vorherrschen einer geistlosen Routine, deren oberster Grundsatz nach dem Urteil eines boshaften Referendars der 40er Jahre in den Worten lag: „Es geht auch so".[39] Selbst auf dem nicht eigentlich politischen Gebiet der Wirtschaft ließ die Leistungsfähigkeit der Verwaltung sichtlich nach. Wohl ist es in den Jahren 1828 bis 1834 noch gelungen, ein so bedeutsames und zukunftsreiches Werk, wie den Zollverein, ins Leben zu rufen. Aber bei der Weiterführung der Handelspolitik erwies sich das Beamtentum als unfähig, die Bedürfnisse der preußischen Industrie zu erkennen und ihre Interessen gegenüber dem Ausland zu vertreten. Man wird sich freilich hüten müssen, jede Klage eines Interessenten über mangelhafte Sachkunde der Behörden als vollgültiges Zeugnis hinzunehmen. Wenn der rheinische Kaufmann David Hansemann z.B. 1845 die Bildung eines Zollparlaments für nötig hielt, weil das Beamtentum zumal in Preußen „zu sehr eine in sich abgeschlossene, dem praktischen Leben entfremdete, die Verwaltung als Selbstzweck betrachtende Korporation" darstelle und deshalb zur Vertretung und Leitung der Interessen des Zollvereins allein nicht geeignet sei,[40] so steht dem das Urteil des dem rheinischen Wirtschaftsleben sehr nahestehenden und keineswegs als typischer preußischer

[39] Angeführt von dem Abgeordneten Landrat von Meyer-Arnswalde im Preußischen Abgeordnetenhaus am 25. Februar 1887.

[40] David Hansemann, *Das preußische und das deutsche Verfassungswerk*, Berlin 1850, S. 69, und Joseph Hansen, *Rheinische Briefe und Akten zur Geschichte der politischen Bewegung 1830–1850* (= Publikationen der Gesellschaft für Rheinische Geschichts-Kunde, Bd. 36), Bd. 1, Essen 1919, S. 730 ff.

Beamter anzusehenden Regierungsrats Otto Camphausen, des späteren preußischen Finanzministers, gegenüber, daß in Zollvereinsfragen bisher die Intelligenz unbestreitbar auf Seiten der Regierung gewesen sei, während die Anträge der Landtage in der Regel an Unverstand miteinander wetteiferten.[41] Immerhin hat auch ein Unparteiischer, der junge hochbegabte, durchaus auf dem Boden der liberalen Wirtschaftstheorie stehende Rudolph Delbrück, der damals seine dienstliche Laufbahn in der preußischen Verwaltung begann und später als erster Mitarbeiter Bismarcks in allen Fragen der Wirtschaftspolitik bis zum Minister aufstieg, die Berechtigung der Klagen über das Ungeschick der preußischen Handelspolitik der 30er und 40er Jahre zugegeben und darüber hinaus als Empfindung der Jüngeren beim Thronwechsel des Jahres 1840 bezeichnet, „daß es hohe Zeit sei, mit dem seit den 20er Jahren stillestehenden Regieren wieder zu beginnen". Er vermißte die auf neue Schöpfungen gerichtete Initiative; der Tätigkeitstrieb, wo er noch vorhanden war, verpuffte im Reglementieren durch Amtsblattverordnungen, über deren Auswirkung in der Praxis die Behörden in der Regel nur eine unklare Vorstellung hatten.[42] Zum gleichen Urteil über den „Unsegen des kreuzspinneartigen Systems von Beamtenstaat, der sich auf schriftliche Relationen usw. verläßt und nirgend unmittelbar hineinschaut",[43] kam um die gleiche Zeit Droysen. Diese Kritik wird unterstrichen sowohl durch die wiederholten Klagen des rheinischen Kaufmanns Gustav Mevissen über die „leidige Sucht des Vielregierens in Deutschland und den Krebsschaden Preußens, eine komplizierte Bureaukratie, die über lauter Akten nicht zur Einsicht, nicht zu Gedanken kommt", wie durch die wirtschaftliche Not des Winters 1846/47 und die dabei zutage tretende Unfähigkeit der Bureaukratie, den Ernst der Lage rechtzeitig zu erkennen und die erforderlichen Maßregeln zu ergreifen.[44]

Auch der Verlauf des Kampfes mit der katholischen Kirche in den letzten Jahren Friedrich Wilhelms III. bewies, daß das Beamtentum nicht mehr beweglich genug war, den geistigen Strömungen der Zeit zu folgen und ihnen gegenüber die richtige Stellung zu finden.

Angesichts dieser allmählich sichtbarer werdenden Erstarrung nimmt es nicht wunder, daß, bald nachdem Wehnert und Streckfuß das Loblied des Beamtentums laut gesungen hatten, sich immer wieder kritische Stimmen

[41] Vgl. Otto Camphausens Brief an seinen Bruder Ludolf vom 19. Februar 1845, *a.a.O.*, S. 758.

[42] Rudolph von Delbrück, *Lebenserinnerungen*, Bd. 1, Leipzig 1905, S. 176, S. 182, S. 190f.

[43] Rudolf Hübner (Hrsg.), *Johann Gustav Droysens Briefwechsel*, Bd. 1, Stuttgart-Berlin-Leipzig 1929, S. 287 u. S. 289.

[44] Joseph Hansen, *Gustav von Mevissen, ein rheinisches Lebensbild 1815–1899*, Bd. 1, Berlin 1906, S. 387 und S. 466.

vernehmen ließen. Im Vordergrund dabei steht das rheinische Bürgertum. Mit dem Rheinland hatte das alte ostelbische Preußen ein Gebiet in sich aufgenommen, das in seiner konfessionellen Zusammensetzung, seiner sozialen Struktur, auch in seinen wirtschaftlichen Bedürfnissen vom übrigen Staatsgebiet erheblich abwich und sich deshalb nicht ohne weiteres nach den Berliner Vorschriften regieren ließ.[45] Aber auch im eigentlichen Preußen regte sich mehr und mehr Opposition gegen die Allmacht der Bureaukratie.[46] Naturgemäß war das Bürgertum auch hier der Wortführer. Doch gehörte selbst der Adel, wenn auch aus andern Motiven, zu den Gegnern der sich allmächtig gerierenden Bureaukratie; als ständisch-liberal hat Bismarck seine Einstellung gegen das Beamtentum rückblickend charakterisiert.

Es waren nicht sowohl einzelne Mißgriffe oder die Umständlichkeit und Langsamkeit des Geschäftsgangs oder die Unzulänglichkeit von einzelnen Beamten, die kritisch erörtert wurden; man kann sogar sagen, daß die Tüchtigkeit und Ehrlichkeit des Beamtenstandes fast allgemein selbst in den oppositionellen Schriften lobend erwähnt werden. Gegenstand der Kritik war vielmehr das Allgemeine, der Anspruch des Beamtentums, daß ihm als dem am besten vorgebildeten und allein über die Lage des Staates unterrichteten Stand die politische Leitung ausschließlich zustehe, zumal wenn er in so anmaßlicher Form vorgetragen wurde, wie in dem berüchtigten Erlaß des Ministers von Rochow, der das geflügelte Wort vom beschränkten Untertanenverstand zwar nicht enthalten, aber doch hervorgerufen hat. Man warf den Beamten vor, daß sie sich durch die Zensur gegen die öffentliche Kritik schützten, durch die Unabhängigkeit der Verwaltung von der Justiz die gerichtliche Nachprüfung umstrittener Amtshandlungen unmöglich machten und bei Beschwerden hinter dem Dienstgeheimnis ihre Zuflucht suchten. Durch eine solche Ausnahmestellung sperre sich der Beamtenstand kastenmäßig gegen die Bevölkerung ab und bilde in der preußischen Hierarchie gleichsam einen besonderen Priesterstand. Dieser Vergleich, den ich zuerst in Arnold Ruges Schrift gegen Streckfuß[47] gefunden habe, wird in vielen Schriften der 40er Jahre weiter ausgesponnen. Wie der Klerus des Mittelalters ergänze er sich wohl aus allen Ständen, aber der so zusammengesetzte Kreis der examinierten Leute sei dann als Ganzes doch

[45] Hauptquelle dafür sind die von J. Hansen hrsg. *Rheinischen Briefe und Akten . . .*; vgl. dazu auch Helene Nathan, *Preußens Verfassung und Verwaltung im Urteil rheinischer Achtundvierziger* (= Studien zur Rheinischen Geschichte, Heft 3), Bonn 1912, S. 67 ff.

[46] Kurt Utermann, *Der Kampf um die preußische Selbstverwaltung im Jahre 1848*, Berlin 1937, S. 27.

[47] Vgl. Arnold Ruge, *Streckfuß und das Preußentum*, in: *Hallische Jahrbücher*, Bd. 2 (1839), Teil 2, Sp. 2089—2107, wieder abgedruckt in: Ders., *Sämtliche Werke*, Bd. 4, 2. Aufl., Mannheim 1848, S. 315 ff.

„der eigentliche bevorrechtete Adel", gegen den selbst die Geburtsaristokratie ohnmächtig sei.[48] Neben dem stehenden Heer der Soldaten, so heißt es einmal im Hinblick auf den sonst in der Literatur der Zeit auffallend wenig berücksichtigten militärischen Charakter des preußischen Staates, sei das sitzende Heer der Beamten eine wesentliche Stütze des Absolutismus.[49] Auch unter volkswirtschaftlichen Gesichtspunkten wird der Vergleich zwischen katholischem Priesterstand und Beamtentum durchgeführt; wie die mittelalterliche Geistlichkeit mit ihrer unproduktiven Existenz, so entziehe auch das moderne Beamtentum zahlreiche Menschen der produktiven Arbeit, ganz abgesehen von den hohen Kosten, die sein Unterhalt verursache.

Preußen war gewiß nicht der einzige deutsche Staat, an dessen Beamtentum die Bevölkerung eine scharfe Kritik übte; die Ereignisse von 1848, der damals in ganz Deutschland entbrennende Kampf gegen die Bureaukratie und für die Selbstverwaltung, die das Frankfurter Parlament sogar unter die Grundrechte des deutschen Volkes aufnahm, beweisen vielmehr, wie allgemein die Unzufriedenheit mit den Beamten gewesen ist. Aber es ist verständlich, daß Preußen, dessen Beamtentum einen besonderen Anspruch auf Geltung erhoben hatte, nun auch von den Gegnern der Bureaukratie besonders angefeindet wurde. Und mag auch die Geschichtsschreibung mit Recht die große Leistung hervorheben, die der preußischen Verwaltung von 1815 bis 1848 geglückt ist, so kann sie doch auch nicht verkennen, daß sie es nicht verstanden hat, auf die Dauer die Sympathien des Volkes zu erwerben, daß vielmehr ihre Abschließung vom Volk sich durch Gleichgültigkeit, Abneigung, ja Haß rächte.[50]

II

Der „politische Beamte" der konstitutionellen Zeit 1848–1918

Die Bezeichnung einer bestimmten Gruppe von Verwaltungsbeamten als „politisch" ist in Preußen zu Beginn der 80er Jahre des vorigen Jahrhunderts

[48] Heinrich Theodor von Schön, *Woher und Wohin?*, 2. Aufl., Straßburg 1842, ferner Adolph Heller, *Preußen, der Beamtenstaat, in seiner politischen Entwicklung und seinen social-ökonomischen Zuständen.* Dargestellt durch Benjamin Constant und Samuel Laing, Mannheim 1844, und die anonyme Schrift *Bureaukratie und Beamtentum in Deutschland*, Bd. 1, Preußen 1844.

[49] Karl Heinzen, *Die preußische Bureaukratie*, Darmstadt 1845, S. 172.

[50] Rudolf Gneist, *Berliner Zustände. Politische Skizzen aus der Zeit vom 18. März 1848 bis 18. März 1849*, Berlin 1849, S. 85 ff.

aufgekommen[51] und amtlich in einem Erlaß vom 31. August 1899 anerkannt worden. Ihrem Wesen nach aber hat es eine besondere, auch in ihren Rechten von den übrigen Beamten der Staatsverwaltung unterschiedene Klasse von „politischen Beamten" seit dem Jahre 1848, dem Übergang Preußens zum Konstitutionalismus und zur Ministerverantwortlichkeit, gegeben.

Damit soll nicht etwa gesagt sein, daß die preußischen Verwaltungsbeamten vor 1848 unpolitisch gewesen seien. Im Gegenteil, im alten Preußen war es selbstverständlich gewesen, daß der Beamte rückhaltlos die Politik seines Königs unterstützte und ihm „mit Leib und Leben, mit Hab und Gut, mit Ehre und Gewissen" diente.

Trotzdem ist dieses Beamtentum des Ancien Régime bei aller Strenge seiner Monarchen und bei aller Hingabe an den königlichen Dienst, dem es sich, wie sich Schmoller gern ausdrückte, geradezu als *ecclesia militans* verschrieben hatte, niemals ein willenloses Werkzeug in der Hand seines Königs gewesen. Gerade heutzutage, wo häufig der in der nationalsozialistischen Zeit geforderte und allzu oft geleistete unbedingte Gehorsam als Ausdruck des preußischen Wesens hingestellt wird, darf daran erinnert werden, daß sich Beamte und Offiziere stets nicht nur der Person des Königs, sondern auch der unpersönlichen Institution des Königtums, der Krone, dem Staate, verpflichtet gefühlt und ihre Aufgabe vor allem darin gesehen haben, das dauernde Interesse des Ganzen zu vertreten und, wenn es sein mußte, auch gegen Willkür und Launen des jeweiligen Inhabers der Krone zu schützen. Das leuchtendste Beispiel dafür hat wohl das Kriegsgericht über Katte gegeben, indem es sich beharrlich weigerte, das vom König gewünschte Todesurteil über Katte zu fällen. Weniger bekannt ist der Widerspruch der kurmärkischen Kriegs- und Domänenkammer gegen Friedrich Wilhelms I. Absicht, Charlottenburg das verliehene Stadtrecht wieder zu entziehen; er wurde durch den Hinweis auf den Grundsatz „Suum cuique" begründet und drang beim König durch. Auch Friedrich II. hat von einem seiner Minister auf einen ungesetzlichen Befehl die Antwort erhalten, sein Kopf, aber nicht sein Gewissen stehe dem König zur Verfügung.[52] Aus der tiefen Religiosität, die im 18. Jahrhundert noch lebendig war, schöpften Beamtentum und Offizierskorps den Mut zum Widerspruch gegen Weisungen, die gegen die Vorschriften des Rechtes oder der Moral verstießen, und im Bewußtsein der höheren Verantwortung gegenüber Gott nahmen sie alle Unannehmlichkeiten in Kauf, die ihnen auf Erden daraus erwachsen konnten.

[51] Nach Otto Goldberg, *Die politischen Beamten im deutschen Rechte,* Jur. Diss., Leipzig 1932, S. 9.

[52] Adolf Stölzel, *Brandenburg-Preußens Rechtsverfassung . . .,* Bd. 2, S. 281.

Denn ein solcher Widerspruch war immer ein Wagnis. Nahmen doch sowohl Friedrich Wilhelm I. wie Friedrich II. das, wie dieser sich ausdrückte, jedem Privatmann zustehende Recht, einen Bedienten wegzujagen, wenn er mit ihm unzufrieden war, gegenüber ihren Offizieren und Beamten, auch den Ministern, unbedingt in Anspruch. Gerade von hier aus werden die oben erwähnten Versuche des Beamtentums, Sicherungen gegen willkürliche Entlassung zu erlangen, verständlich.

In der Praxis des Dienstes wirkte sich das unbedingte Entlassungsrecht freilich nicht allzusehr aus. Die Mehrzahl der Beamten, auch der Minister, behielt ihr Amt bis zur völligen Dienstunfähigkeit oder bis zum Tode. Das war nicht allein eine Folge der altpreußischen Sparsamkeit, die, statt Pensionen zu zahlen, sich lieber mit überalterten Beamten behalf, sondern war auch, zumal bei den Ministern, Ausdruck der Tatsache, daß Meinungsverschiedenheiten allenfalls über einzelne Maßnahmen auftraten, daß aber die Richtung der Politik klar und eindeutig vom Monarchen bestimmt und von den Ministern befolgt wurde.

Aber seit dem Tode Friedrichs II. war der preußischen Staatsführung diese feste Linie verlorengegangen, und damit änderte sich allmählich die Einstellung des Beamtentums zur Politik. Das liegt zunächst einmal daran, daß die Persönlichkeit des Monarchen mehr und mehr hinter die Minister zurücktrat und diese beim Beamtentum, aus dessen Reihe sie hervorgegangen waren, nicht den gleichen selbstverständlichen Gehorsam, wie der König von Gottes Gnaden, fanden, zumal wenn sie mit unsicherer und schwankender Haltung berechtigte Zweifel an der Überlegenheit ihrer Führung erweckten. Damit kommen wir auf den zweiten und entscheidenden Grund für die veränderte Haltung des Beamtentums; die Politik, im 18. Jahrhundert mit einseitiger, ja eigensinniger Bestimmtheit in den Bahnen des Polizeistaats und des Merkantilismus geleitet, wurde zum Problem. Zunächst warf die Reformzeit das Steuer herum und forderte das Betreten neuer und ungewohnter Bahnen; seit 1819 herrschte Reaktion, die zwar die Reformgesetze in Kraft ließ, aber in einem ihrem Wesen entgegengesetzten Geist „deklarierte" oder doch anwendete. Es war unvermeidlich, daß die sich in diesen wiederholten Kurswechseln abspiegelnden Gegensätze auch im Beamtentum zum Ausdruck kamen und daß dessen Opposition sich nicht mehr, wie im 18. Jahrhundert, auf einzelne Fälle beschränkte, in denen die falsche oder ungerechte Anwendung einer allgemein anerkannten Vorschrift beanstandet wurde, sondern daß der Kurs der Regierung im ganzen angefochten wurde. Ja, ein Teil der Beamten fühlte sich geradezu berufen, die Rolle der konstitutionellen Opposition im Rahmen des absoluten Staates zu spielen.[53] Denn im Grunde handelt es sich bei diesen Gegensätzen innerhalb des Beamtentums um die große allgemeine Bewegung der Zeit, die im Ringen um die konstitutionelle Verfassung auch in Preußen mehr und mehr die Geister schied und die Entstehung politischer Parteien vorbereitete.

Zweifellos verursachten diese Zustände den Ministern manchen Verdruß; die Zahl der „schwierigen Untergebenen" war größer als früher. Zu ihnen gehört vor allem Theodor von Schön, der im Bewußtsein seiner geistigen Überlegenheit seine Vorgesetzten so schonungslos kritisierte, daß sie sich gelegentlich beim König über ihn beschwerten.[54] Auch sonst findet sich in den Akten der Ministerien manche bittere Bemerkung über den Geist des Widerspruchs und die Überheblichkeit des Tones, die sich in den Berichten der nachgeordneten Behörden vielfach kundgaben.[55] Man versteht es darum, daß die Minister seit den 20er Jahren das Bedürfnis empfanden, ihre disziplinaren Befugnisse zu verstärken.[56] Immerhin ließen sich die Dinge ertragen, solange sich die Meinungsverschiedenheiten lediglich in der verschwiegenen Stille der Amtsstuben abspielten. Sobald sie in die Öffentlichkeit drangen, wie es 1841 durch Schöns, wenn auch gegen seinen Willen, veröffentlichte Broschüre „Woher und Wohin?" oder 1844 durch den Protest des Stadtgerichtsrats Simon gegen das neue Disziplinargesetz geschah, wurde die Angelegenheit schon schwieriger, weil die Autorität der Regierung bedroht wurde; das Ergebnis war deshalb in beiden Fällen das Ausscheiden des opponierenden Beamten aus dem Dienst.

Das waren Einzelfälle. Die allgemeine Bedeutung der Frage nach der politischen Haltung der Beamten kam in Preußen zum erstenmal auf dem Vereinigten Landtag des Jahres 1847 zur Erscheinung. Es handelte sich dabei um die Vereinbarkeit der Pflicht zum dienstlichen Gehorsam mit der für Abgeordnete unentbehrlichen Unabhängigkeit der Meinungsäußerung und Abstimmung. Daß dabei Konflikte entstehen können, war längst deutlich geworden. Mehrere deutsche Verfassungen hatten deshalb die Wählbarkeit der Beamten eingeschränkt oder die Annahme eines Mandats durch einen Beamten von der Genehmigung des Landesherren oder der vorgesetzten Behörde abhängig gemacht. Die belgische Verfassung von 1831 hatte kurzerhand die Beamten vom Eintritt in das parlamentarische Leben grundsätzlich ausgeschlossen. Obwohl sie in Deutschland als ein Muster des Liberalismus galt, wollte man

[53] A. Ernst von Ernsthausen, *Erinnerungen eines preußischen Beamten,* Bielefeld 1894, S. 232.

[54] Vgl. Hans Rothfels, *Theodor von Schön, Friedrich Wilhelm IV. und die Revolution von 1848* (= Schriftenreihe der Königsberger Gelehrten Gesellschaft, Geisteswissenschaftliche Klasse, 13. Jg., Heft 2), Halle an der Saale 1937, S. 99.

[55] Über die Kritik der Provizialbehörden an den Ministern vgl. Karl August Varnhagen von Ense, *Blätter aus der preußischen Geschichte,* Bd. 1, Leipzig 1868, S. 39; auch in den Akten habe ich Belege dafür gefunden.

[56] Siehe die Ausführungen hierzu weiter oben.

gerade diese Bestimmung nicht übernehmen, denn bei der noch mangelhaften Verbreitung politischer Bildung glaubte man die Sachkunde der Beamten in den Kammern nicht entbehren zu können. In Preußen hatte der harmlose Parlamentarismus der unter Ausschluß der Öffentlichkeit tagenden Provinzialstände keinerlei Schwierigkeiten für die Beamten ergeben. Aber die großen politischen Auseinandersetzungen auf dem Vereinigten Landtag von 1847 ließen sie in voller Schärfe in Erscheinung treten. Unter den Abgeordneten, die der Regierung Opposition machten und damit zum Scheitern ihrer Pläne beitrugen, befanden sich auch königliche Beamte. Friedrich Wilhelm IV. soll im Unmut daran gedacht haben, sie alle zu verabschieden, begnügte sich zuletzt aber mit dem Versprechen gewissenhafter Amtsführung.[57]

In vollem Umfang wurde das Problem des politischen Beamten durch den revolutionären Sieg des Verfassungsgedankens 1848 aufgeworfen. Auf der einen Seite wurde den Beamten voller Anteil an den neu errungenen politischen Freiheiten gewährt, sie erlangten aktives und passives Wahlrecht und freie Betätigung am parteipolitischen und parlamentarischen Leben; auf der anderen Seite schloß recht im Gegensatz zu diesen Freiheiten die konstitutionelle Ministerverantwortlichkeit eine stärkere Abhängigkeit der Beamten von den Ministern in sich. Denn wie konnte ein Minister die Verantwortung für die Verwaltung seines Ressorts tragen, wenn die ihm unterstellten Beamten seine Weisungen nicht pünktlich ausführten und er kein Mittel besaß, sie zum Gehorsam zu zwingen? Darüber hatte man sich schon vor 1848 Gedanken gemacht. So hatte der preußische Rechtslehrer Heffter 1829 zwar anerkannt, daß im absoluten Staat die Unabsetzbarkeit der Beamten den Untertanen einen gewissen Schutz gewähre, für die Regierung eines konstitutionellen Staates dagegen die freie Verfügung über ihre Beamten gefordert. Denn „eine Regierung, in der gesetzgebenden Gewalt durch Stände, in der Ausführung der Gesetze durch die Selbständigkeit ihrer eigenen Beamten beschränkt, wäre eine bare Nullität". Und sein sächsischer Kollege Bülau hielt ebenfalls wenigstens für die innere Verwaltung die Entlaßbarkeit der Beamten aus politischen Gründen für geboten.[58] Der Liberalismus dagegen verlangte die unumschränkte

[57] Vgl. Karl August Varnhagen von Ense, *Tagebücher*, Bd. 4, Leipzig 1862, S. 108, ferner Heinrich von Treitschke, *Deutsche Geschichte*..., Bd. 5, S. 642 f. In der zweiten preußischen Kammer hat am 26. IV. 1851 der Abgeordnete von Vincke, der bekannte Verteidiger des „Rechtsbodens" auf dem 1. Vereinigten Landtag, mitgeteilt, daß ihm einige Wochen nach dem Schluß des Landtags von seinem vorgesetzten Regierungspräsidenten auf Grund einer Weisung des Staatsministeriums seine Tätigkeit auf dem Landtag vorgehalten und daran die Schlußfolgerung geknüpft worden sei, es sei nicht zu erwarten, daß er in seiner amtlichen Tätigkeit als Landrat seinen amtlichen Obliegenheiten genügen könne, da er sich in feindseliger Richtung gegen die Staatsregierung befände. Er blieb aber zunächst im Amt.

Freiheit der Beamten und lehnte jede Einschränkung als Servilismus und Knechtsgehorsam rundweg ab.

Als er nun zur Macht gekommen war, geriet er mit diesen Grundsätzen in Schwierigkeiten. Die aus seiner Mitte hervorgegangenen Minister fanden einen Verwaltungsapparat vor, der sich gerade in seinen Spitzen aus strammen Anhängern der alten Ordnung zusammensetzte, und es bestand die Gefahr, daß dieser Apparat den Satz, es komme im Staate mehr auf die Verwaltung als auf die Verfassung an, zur Wahrheit machen, alle konstitutionellen Errungenschaften lediglich auf dem Papier stehen lassen, die Verwaltung aber im alten Geiste führen werde. Um ihr vorzubeugen, erließ der preußische Minister des Innern am 15. Juli 1848 eine Verfügung[59] an die Beamten, in der es hieß, es könne nicht geduldet werden, daß Beamte im Dienst blieben, die „dem dermaligen Regierungssystem ihre Anerkennung geradezu versagen und demselben geflissentlich widerstreben"; die Vorgesetzten hätten das Erforderliche zu veranlassen, um der dienstlichen Tätigkeit solcher Beamten ein Ziel zu setzen.

Das war nicht bloß als Übergangsmaßnahme gedacht, vielmehr vertrat der Liberalismus jetzt den Grundsatz, daß im konstitutionellen Staate „der Regierungsgewalt ein freierer Spielraum in der Wahl ihrer ausführenden Organe zu gewähren ist und daß insbesondere die Minister in der Anstellung und Entlassung der an der Spitze der Verwaltungsbehörden stehenden Beamten, welche vorzugsweise zu einer einflußreichen politischen Tätigkeit berufen sind, nicht zweckwidrig beschränkt werden" dürfen. Demgemäß nahm die Verfassungskommission der preußischen Nationalversammlung ein Gesetz in Aussicht, das auf der einen Seite der Regierung die Wahl der ausführenden Organe freistellen, auf der andern aber auch die Beamten gegen willkürliche Entziehung von Amt und Einkommen angemessen schützen sollte.[60]

Derartige Vorschriften lagen so sehr im Interesse jeder Regierung, daß die Reaktion die von dem liberalen Ministerium Hansemann-Auerswald stammende Verfügung vom 15. Juli 1848 beibehielt und ausgestaltete, als sie nach der „rettenden Tat" daran ging, die Ordnung im Lande, die Autorität der Behörden und die Disziplin der Beamten wiederherzustellen. Zu diesem Zweck erließ sie am 11. Juli 1849 als Notverordnung neue Disziplinarbestimmungen für die nicht richterlichen Beamten. Diese paßten das Gesetz von 1844 der veränderten Lage an: formell, indem auf die Zuziehung des zwar nicht aufgeho-

[58] August Wilhelm Heffter, *Beiträge zum deutschen Staats- und Fürstenrecht*, Bd. 1, Berlin 1829, S. 142; F. Bülau, *Die Behörden . . .*,passim.

[59] Gedruckt im *Ministerialblatt für die gesamte innere Verwaltung in den kgl. preußischen Staaten*, 1848, S. 250.

[60] Vgl. die Motive der Verfassungskommission der Berliner Nationalversammlung in den von K.G. Rauer herausgegebenen *Protokollen der Verfassungskommission*, Berlin 1849, S. 134 f.

benen, aber tatsächlich außer Wirksamkeit getretenen Staatsrats verzichtet wurde; materiell, indem der bisher mehr unter moralischen Gesichtspunkten bestimmte strafbare Tatbestand durch politische Vorschriften ergänzt wurde. Hatte § 21 des alten Gesetzes vor allem Trunk, Verschwendung, leichtsinniges Schuldenmachen oder überhaupt ein die Religion oder die Sittlichkeit verletzendes Betragen als Grund für eine Dienstentlassung bezeichnet, so sollte diese nach § 20 der neuen Verordnung besonders dann eintreten, wenn der Beamte „die Pflicht der Treue verletzt oder den Mut, den sein Beruf erfordert, nicht betätigt oder sich einer feindseligen Parteinahme gegen die Staatsregierung schuldig gemacht" hatte. Überdies wurde ein neuer Abschnitt über dienstliche Maßnahmen eingefügt, die die Minister ohne weiteres verhängen durften und die nicht als Strafen angesehen werden sollten. Dazu gehörte u.a. die Versetzung in den einstweiligen Ruhestand mit Wartegeld. Sie erfolgte ohne Verfahren, ohne Angaben von Gründen und ohne daß der betroffene Beamte darüber gehört wurde. Zulässig war sie nur gegen eine genau umschriebene Gruppe von Beamten, nämlich Unterstaatssekretäre, Ministerialdirektoren, Oberpräsidenten, Präsidenten und Vizepräsidenten der Regierungskollegien, Staatsanwälte, Vorsteher königlicher Polizeibehörden, Landräte und Beamte des diplomatischen Dienstes. Das Staatsministerium rechtfertigte diese Neuerung damit, daß es sich dabei um Beamte handle, „welche entweder in Beziehung auf die innere oder äußere Politik als Organe der Staatsregierung vorzugsweise zu betrachten sind oder auf deren Amtstätigkeit ihr ein mehr unmittelbarer Einfluß zustehen muß, damit in wichtigen Zweigen der Staatsverwaltung die erforderliche Kraft und Einheit gesichert bleibe".[61] Den unmittelbaren Anstoß zu dieser Notverordnung hat vielleicht der liberale Oberpräsident von Bonin gegeben, der sich seinem reaktionären Minister gegenüber am 24. Mai 1849 darauf berufen hatte, daß die Gesetzgebung auch den Verwaltungsbeamten eine gesicherte, nicht allein von der jeweiligen Leitung abhängige Stellung verleihe.[62] Aus dieser Notverordnung ist nach wiederholten Beratungen der Kammern das endgültige Gesetz betr. die Dienstvergehen der nicht richterlichen Beamten vom 21. Juli 1852 hervorgegangen. In ihm ist der sogenannte „Mut"-Paragraph 20 weggeblieben, während die Bestimmungen über die Versetzung in den einstweiligen Ruhestand mit einer unwesentlichen Ergänzung hinsichtlich der Militärintendanten beibehalten wurden, ohne daß über das Prinzip selbst eine Diskussion

[61] Vgl. die Motive der Verordnung in dem Immediatbericht des Staatsministeriums vom 9. Juli 1849 im *Ministerialblatt . . . 1849*, S. 119—123, der Anfang auch in: Otto Freiherr von Manteuffel, *Unter Friedrich Wilhelm IV. Denkwürdigkeiten, Briefe und Aktenstücke*, Bd. 1, aus dem Nachlaß hrsg. von Heinrich von Poschinger, Berlin 1900, S. 131.

[62] Vgl. sein Schreiben an Otto von Manteuffel vom 24. Mai 1849, in dem er das Ausscheiden aus dem Dienst ablehnt (Bd. 1, S. 117 f.).

stattgefunden hätte; lediglich die Einbeziehung der Landräte hat zu einer kurzen Diskussion geführt. Das Gesetz ist in Kraft geblieben, bis es durch das Reichsbeamtengesetz von 1937 ersetzt wurde; aber auch dieses kannte (§ 44) eine Gruppe von Beamten, die jederzeit in den Wartestand versetzt werden konnten.

Die in der Notverordnung von 1849 und im Gesetz von 1852 aufgeführten Beamten stellen gewiß keine einheitliche Gruppe dar — z.B. bilden die Beamten des diplomatischen Dienstes eine Klasse für sich — und die Militärintendanten und Staatsanwälte sind wohl nur deswegen aufgenommen worden, weil ihr Dienst eine unbedingte Unterordnung unter die Vorgesetzten nötig machte und man sie hier am bequemsten unterbringen konnte. Die andern umfassen den Kreis derjenigen, die man später als „politische Beamte" zu bezeichnen pflegte. Es fällt auf, daß die vortragenden Räte der Ministerien nicht zu ihnen gehören; es ist wohl im Interesse der Stetigkeit der Verwaltung unterblieben, hat aber auch Nachteile mit sich gebracht. Ludwig Wiese erzählt in seinen Lebenserinnerungen[63] ein halb im Scherz, halb im Unmut gesprochenes Wort Friedrich Wilhelms IV. zum Kultusminister von Raumer, als dieser die Abstellung einiger vom Könige gerügter Mißstände zusagte: „Ach lieber Raumer, Sie wollen wohl; wenn nur die Kerle, die Geheimen Räte nicht wären!" Auch Bismarck hat im Kapitel „Conflictsministerium" der Gedanken und Erinnerungen über den passiven Widerstand der liberalen Geheimräte des Finanzministeriums geklagt, der in Verbindung mit der lässigen, sich auf das Unterschreiben der Vorschläge der sachkundigen Räte beschränkenden Amtsführung des Ministers zu dem „wunderlichen Verhältnis" führte, daß „Herr von Bodelschwingh, der nach seiner persönlichen Stellung die äußerste Rechte unter uns Ministern bildete, in der Regel mit seinem Votum die äußerste Linke einnahm". Deshalb hat Bismarck versucht, bei der Festlegung des Reichsbeamtengesetzes im Jahre 1873 die vortragenden Räte der obersten Reichsbehörden zu politischen Beamten zu machen, hat dafür aber nicht die Zustimmung des Reichstags erlangen können. Erst bei der Neufassung des Gesetzes im Jahre 1907 sind wenigstens die vortragenden Räte der ausschließlich politischen, mit keiner Verwaltungstätigkeit ausgestatteten Reichskanzlei zu politischen Beamten geworden. Im übrigen mußte sich ein Minister mißliebigen Räten gegenüber damit behelfen, sie entweder in ein anderes Amt fortzuloben[64] oder sie auf

[63] Vgl. Ludwig Wiese, *Lebenserinnerungen und Amtserfahrungen*, Bd. 11, 2. Aufl., Berlin 1886, S. 174.

[64] Vgl. Kaiser Friedrich III., *Tagebücher von 1848–1866*, hrsg. von Heinrich Otto Meisner, Leipzig 1929, S. 184: „Horn, neu ernannter Oberpräsident für Posen, aus dem Finanzministerium wegkomplimentiert . . . Er geht betrübt fort, fühlend, daß er fortgemußt" (19.1.1863).

politisch bedeutungslose Referate abzuschieben. Bismarck soll sich auch nicht gescheut haben, sie durch „größtmögliche Rücksichtslosigkeit" zum freiwilligen Verzicht auf ihr Amt zu veranlassen.[65]

Mit der Handhabe, die ihm die Verordnung von 1849, dann das Gesetz von 1852 bot, ist das Ministerium der Reaktionszeit an die Reinigung der Verwaltung von den Elementen gegangen, die — um einen Ausdruck Bismarcks zu wiederholen — vom Krebs republikanisch-heidnischer Gesinnung angefressen erschienen oder sich in der Krisis von 1848 nicht bewährt hatten. Den Anfang machten zwei Oberpräsidenten, die beide ihre Hinneigung zum Liberalismus durch die Annahme eines Ministerpostens in den ersten konstitutionellen Ministerien Preußen bekundet hatten, Rudolf von Auerswald, der Jugendfreund des Prinzen von Preußen, und der bereits erwähnte von Bonin; sie mußten im Sommer 1851 abgehen, nachdem ihr brandenburgischer Kollege von Patow seinen Posten bereits freiwillig aufgegeben hatte. Auch in den unteren Stellen wurde aufgeräumt. Wie groß die Zahl der in den einstweiligen Ruhestand versetzten politischen Beamten gewesen ist, wissen wir nicht; aber da in den späteren Landtagsverhandlungen[66] immer nur drei gemaßregelte Landräte erwähnt werden, darf wohl angenommen werden, daß die Gesamtzahl klein gewesen ist. Offenbar war es gar nicht nötig, allzu scharf durchzugreifen und viele Beamte ihres Postens zu entheben. Bei der Masse der Beamten, die die Kurswechsel vom März und November 1848 mit der Passivität hingenommen hatte, die Schillers Wort: „Ich hab' hier bloß ein Amt und keine Meinung" charakterisiert, genügte wohl auch in der Zeit der verschärften Reaktion seit Olmütz die Befugnis der Regierung zur Versetzung in den einstweiligen Ruhestand, um jede Neigung zu abweichender politischer Meinungsäußerung zu ersticken. Und die Handhabung der Beförderungen war ein weiteres wirksames Mittel, um gute politische Gesinnung zu belohnen und schlechte auch ohne Anwendung des Disziplinargesetzes zu bestrafen.

Das Ministerium war freilich von vornherein entschlossen, sich nicht mit dem passiven Gehorsam seiner politischen Beamten zu begnügen, verlangte vielmehr eine einheitliche Gesinnung und eine daraus erwachsende aktive Mitarbeit. Während sich Otto v. Manteuffel, der erste Minister des Innern in der Reaktionszeit, in dieser Beziehung noch einer gewissen Zurückhaltung befleißigte, hat sein nach Olmütz ernannter Nachfolger von Westphalen, der trotz seiner

[65] Vgl. die Aufzeichnungen des (freihändlerischen) Mecklenburg-Schwerinschen Bundesratsbevollmächtigten Karl Oldenburg aus dem Jahre 1879, die Wilhelm Schüßler unter dem Titel *Aus Bismarcks Bundesrat. Aufzeichnungen des mecklenburgisch-schwerinschen Bundesratsbevollmächtigen aus den Jahren 1878–1885*, Berlin 1929, herausgegeben hat, S. 8.

[66] In der später zu erwähnenden Adreßdebatte von 1861.

Verwandtschaft mit Karl Marx — er war sein Schwager — der eigentliche Repräsentant der preußischen Reaktion auf dem Gebiet der inneren Verwaltung geworden ist, ganz klar die Forderung an seine Beamten gestellt, daß „*ein* Geist, *ein* Wille die gesamte Administration durchwehe und belebe".[67] Und der Geist, der herrschen sollte, war der der „kleinen aber mächtigen Partei", die damals in Preußen den Ton angab. In ihrem Sinne wurde die Verwaltung geführt, hatten die Verwaltungsbeamten in die Wahlen einzugreifen.

Der Erfolg war schon 1852 zu spüren. Die damals neu gewählte 2. Kammer bestand zur Hälfte (175 von insgesamt 351 Abgeordneten) aus aktiven Beamten oder Offizieren. Rechnet man davon die Geistlichen, Lehrer, Richter und Kommunalbeamten, deren Unabhängigkeit verhältnismäßig gut gesichert war, ab, so bleiben neben den 7 Ministern, die zugleich Abgeordnete waren, 85 Verwaltungsbeamte, darunter 57, die jederzeit in den einstweiligen Ruhestand versetzt werden konnten, nämlich 4 Regierungspräsidenten, 48 Landräte, 1 Polizeipräsident und 4 Staatsanwälte. Der Einfluß der Regierung auf diese Gruppe wird dadurch bewiesen, daß von den 85 nicht weniger als 73, von den 57 sogar alle bis auf einen zur Regierungspartei gehörten. Um die Unabhängigkeit der Abstimmungen zu schützen, schlug der zur Opposition gehörende Abgeordnete von Vincke 1855 vor, in besonderen Fällen nicht mehr namentlich, sondern geheim durch Kugelung abzustimmen. Der Antrag widersprach so sehr allen Grundsätzen des modernen Parlamentarismus, daß er abgelehnt wurde. Er war auch schwerlich ernst gemeint, sondern sollte nur die allgemeine Aufmerksamkeit auf die Gefährdung der parlamentarischen Selbständigkeit durch die große Anzahl von Regierungsbeamten lenken.

Vor den im Herbst 1855 stattfindenden Neuwahlen gab die Regierung für die Beamten die Parole aus, es gelte „zu einem glücklichen Ausgang der Wahloperationen im Sinne wahrhaft konservativ-gouvernementaler Wahlen mit tätigem Eifer und mit aller Entschiedenheit der Gesinnung mitzuwirken". Diese Aufforderung richtete sich an alle Beamten, auch an die der unpolitischen Verwaltungen der Post, der Steuern und der Forsten, ja sogar an die mittelbaren Beamten von den Bürgermeistern herab bis zu den Feldhütern. Ganz besonders wurden die Landräte in den Dienst der amtlichen Propaganda gestellt. Als die Regierung hinterher in der 2. Kammer wegen dieser Beeinträchtigung der Wahlfreiheit zur Rede gestellt wurde, gab sie offen zu, daß sie „sich nicht durch sogenannten constitutionelle Bedenken von der Forderung abhalten" lasse, die Landräte „möchten Mittelpunkt der konservativen Partei in ihrem Bezirke sein", und unterstrich diese Forderung noch durch den unmißverständlichen

[67] Vgl. seinen Erlaß vom 1.1.1851 im *Ministerialblatt für die gesamte innere Verwaltung*, Jg. 1851, S. 1.

Hinweis, „ihr Betragen werde Probierstein für das ihnen zu schenkende Vertrauen sein".[68]

Der Erfolg schien für die Regierung zu sprechen. Die neue Kammer zählte 125 unmittelbare Verwaltungsbeamte, darunter 72 Landräte, so daß man spöttisch von der Landratskammer sprach. Aber diese durch die Parteigunst herausgehobenen Beamten fühlten sich mehr als Mitglieder ihrer Partei, denn als Diener des Staates oder gar als Organe des Ministeriums, und scheuten sich nicht, gegen Regierungsvorlagen finanzieller Natur zu stimmen. Gerlach sah darin eine erfreuliche Regung echt germanischen Freiheitsbewußtseins und echt ständischer Opposition, als deren Hauptaufgabe im Abgeordnetenhause bezeichnet wurde, „den Daumen auf den Geldsack zu halten", konnte freilich auf die Dauer das Bedenken nicht unterdrücken, daß die Autorität der Regierung darunter leide.[69] Und das Ministerium war keineswegs geneigt, zwischen guter ständischer und schlechter konstitutioneller Opposition zu unterscheiden, sondern versuchte die Abgeordneten, die zugleich Beamte waren, durch den Hinweis auf ihren Diensteid zum Gehorsam und damit zur Annahme der Regierungsvorlagen zu zwingen; gegen die politischen Beamten unter ihnen wurde auch die Versetzung in den einstweiligen Ruhestand erwogen.[70] Daraus ist allerdings bei der Entschlußlosigkeit, die das Endstadium der Regierung Friedrich Wilhelms IV. zumal nach seiner Erkrankung kennzeichnet, nichts mehr geworden.

Immerhin zeigen diese Vorgänge, daß der stark ausgeprägte parteipolitische Charakter, den die preußische Verwaltung seit 1850 unter dem Druck und der bewußten Führung der Regierung angenommen hatte, dieser selbst unbequem werden konnte. Bedenklicher aber war, daß das Beamtentum auf diese Weise seinem alten Wesen, das in unbedingter Hingabe an den Staatsdienst und in unparteiischer Wahrnehmung der Interessen aller ihm unterstellten Bevölkerungskreise bestanden hatte, untreu zu werden begann. Darüber hat nicht nur die Opposition, die unter der einseitigen Haltung der Verwaltung zu leiden hatte, geklagt, sondern auch der Ministerpräsident dieser Jahre, Otto von Manteufel, hat in einer Denkschrift von 1856[71] es offen ausgesprochen, daß die preußische Verwaltung Gefahr laufe, ihren alten Ruf eines Musters von Diszi-

[68] Vgl. die Mitteilungen des Regierungskommissars Geheimrat Hahn in der zweiten Kammer am 7.2.1856.

[69] Vgl. Leopold von Gerlachs Brief an Bismarck vom 7.4. 1856 und die Tagebücher, Leopold von Gerlach, *Denkwürdigkeiten aus dem Leben*, Bd. 2, Berlin 1892, S. 410 und S. 471 ff.

[70] Vgl. *a.a.O.*, S. 599, zum 9. Mai 1858.

[71] Gedruckt in Otto Freiherr von Manteuffel, *Unter Friedrich Wilhelm IV....*, Bd. 3, Berlin 1901, S. 102.

plin, Gewissenhaftigkeit und Intelligenz einzubüßen. Ähnlich heißt es in einem Briefe Droysens vom Jahre 1859,[72] es sei „nicht das kleinste Unglück der Zeit, daß nicht mehr wie ehedem völlig klar und unzweifelhaft empfunden wird: das ist preußisch"; nur dann könne sich der Staat zwischen und über den Parteien halten, wenn er ihnen eine Schule von Staatsdienern und Beamten, die in seinem Geist, in den Intentionen, in seinen Zwecken leben, entgegenstelle.

Ganz erfüllt von dieser Aufgabe, den einseitigen Parteigeist aus dem Beamtentum zu vertreiben und dieses wieder zum unparteiischen Sachwalter des Staates zu machen, war der Prinz von Preußen. Deshalb hatte er schon vor der formellen Übernahme der Regentschaft den für die Haltung des Beamtentums hauptverantwortlichen Minister von Westphalen entlassen. Das bedeutete nicht etwa, daß nun auf das konservative ein liberales Regiment folgen werde. Im Gegenteil, der Regent und sein Ministerpräsident Fürst Hohenzollern,[73] aber auch der neue Minister des Innern Graf Schwerin, der sich in der Reaktionszeit als Vertreter des Liberalismus bewährt hatte, lehnten jede Tendenzpolitik in Beamtenfragen ab; gerade wer das Verfahren des früheren Ministeriums tadele, dürfe nicht den gleichen Fehler begehen. Die liberale Partei dagegen hegte von Anfang an größere Hoffnungen. Zwar dachte auch sie nicht daran, etwa das französische System nachzuahmen, das bei jedem politischen Umschwung sämtliche Präfektenposten neu besetzte, aber sie vertrat die Ansicht, daß ein Kurswechsel, wie der von Herbst 1858, zum mindesten in den hauptbetroffenen Ministerien auch einen Personalwechsel nach sich ziehen müsse.[74] Ihrer allgemeinen Haltung getreu, unterließ die Partei auch auf diesem Gebiete das Drängen. Aber als nach zwei Jahren kaum ein Erfolg festzustellen war — nur zwei Oberpräsidenten, drei Regierungspräsidenten und zwei Landräte waren in den einstweiligen Ruhestand versetzt worden —, da erhob die Fortschrittspartei in ihrem Programm ausdrücklich die Forderung nach „einer festen liberalen Regierung, die es versteht, ihren Grundsätzen in allen Schichten der Beamtenwelt unnachsichtlich Geltung zu verschaffen", und das Abgeordnetenhaus nahm in die Adresse, mit der es nach dem Tode Friedrich Wilhelms IV. den bisherigen Regenten als König begrüßte, mit großer Mehrheit den Satz auf, es liege im wesentlichen Interesse der Verwaltung, „ihre Anordnungen durch solche Organe ausgeführt zu sehen, welche dem Regierungssystem ihre volle

[72] An Max Duncker vom 5. November 1859, gedruckt in dem von R. Hübner hrsg. *Briefwechsel . . .*, Bd. 2, 1929, S. 635 ff.

[73] Vgl. seine Bemerkungen zu Theodor von Bernhardi vom 2. März 1860 in dessen Tagebüchern *Aus dem Leben Theodor von Bernhardis*, Bd. 3, Leipzig 1894, S. 275.

[74] Vgl. die *Politische Correspondenz* vom 10. Januar 1859 in den *Preußischen Jahrbüchern*, Bd. 3 (1859), S. 97 ff.

und aufrichtige Unterstützung darbieten". Den Unterschied zwischen der Auffassung der Mehrheit der Abgeordneten und der des Ministeriums faßte Beseler als Berichterstatter dahin zusammen, das Ministerium begnüge sich mit der negativen Forderung, daß der Beamte unabhängig von seiner politischen Gesinnung Gehorsam zu leisten habe, während die Adresse fordere, daß ein Beamter, der nach dem Gedanken des Gesetzes ganz besonders im Sinne der Regierung tätig sein solle, auch eine positive Pflicht habe, daß seine amtliche Tätigkeit die volle und aufrichtige Unterstützung des Regierungssystems darlegen solle.[75] Irgendeinen Erfolg hatte die Adresse nicht.

Die Bedeutung dieser Haltung der Regierung wurde klar, als im Zusammenhang mit dem parlamentarischen Kampf um die Heeresreform die liberale Neue Ära ihr Ende fand und der Kurs der Regierung wieder in das konservative Fahrwasser zurücklenkte. Da nach 1858 kein großer Wechsel im Beamtentum eingetreten war, so war auch jetzt keiner notwendig. Als dann der Verfassungskonflikt die Beamten vor die schwierige Entscheidung stellte, wie sie die Beamtenpflicht gegen König und Staat mit der gleichfalls beschworenen Treue gegen die Verfassung vereinigen könnten, hielt der neue Minister des Innern Graf Fritz Eulenburg es für geboten, die Beamten nachdrücklich auf die Pflicht „rückhaltloser Hingabe an die Krone" hinzuweisen. Dazu sei es unerläßlich, so sagte der Erlaß in offensichtlicher Anlehnung an Westphalens Kundgebung von 1851, daß in der Verwaltung überall Einheit des Geistes und Willens, Entschiedenheit und Energie hervortrete; deshalb dürfe kein königlicher Beamter das Ansehen, das ihm seine Stellung verleihe, zur Förderung politischer Bestrebungen mißbrauchen, welche den Anschauungen und dem Willen der Staatsregierung entgegenliefen.[76] Gegen die Kritik des Abgeordnetenhauses verteidigte er diesen von der Tradition der Zeit vor 1848 abweichenden und stark an die Tendenzen der Reaktionszeit erinnernden Erlaß mit dem durch die Verfassung veränderten Zustand des öffentlichen Lebens. Bis 1848 seien die Beamten nicht nur die Träger der königlichen Gewalt gewesen, sondern auch die Organe, durch die der König und die Minister die Meinung des Landes erfuhren. Damals habe die Regierung gegen politische Kundgebungen der Beamten nachgiebig sein können. Jetzt aber sei das Abgeordnetenhaus die Stätte der freien Meinungsäußerung, und der Beamte habe vor allem die Aufgabe, zur Regierung zu stehen. Mit Beamten, die sich der Regierung entgegenstellten, könne man nicht regieren. Diesen Standpunkt rechtfertigte er auch mit dem Hinweis auf andere

[75] Vgl. die Adreßdebatte des Abgeordnetenhauses vom 4. und 5. Februar 1861.

[76] Vgl. den Erlaß vom 10. Dezember 1862, wieder abgedruckt in *Zehn Jahre innere Politik 1862–1872. Reden des Ministers Grafen zu Eulenburg*, Berlin 1872, S. 2 f.

Länder, wo beim Wechsel des Ministeriums viele Beamte entlassen würden oder freiwillig abgingen.

Auch Bismarck stellte sich mit aller Schärfe auf den Standpunkt, daß alle Beamte sich jeder Parteinahme gegen die vom König eingesetzte Regierung zu enthalten hätten. Am liebsten hätte er ihnen das Recht entzogen, sich zu Abgeordneten wählen zu lassen, um ihnen jede Gelegenheit, unter dem Schutz der parlamentarischen Immunität gegen ihre höchsten Vorgesetzten Opposition zu machen, zu nehmen. 1867 hat er bei der Aufstellung des Entwurfs zur Verfassung des Norddeutschen Bundes eine entsprechende Bestimmung aufgenommen,[77] sie aber im konstituierenden Reichstag nicht durchbringen können. Während des Verfassungskonflikts wäre ein solcher Versuch noch aussichtsloser gewesen. Um so mehr machte er, der überhaupt kein Freund der Anstellung auf Lebenszeit war, von den Möglichkeiten Gebrauch, die der Regierung gegenüber den politischen Beamten zur Verfügung standen.[78] In einem Schreiben an den pommerschen Oberpräsidenten Senfft von Pilsach vom 17. September 1863[79] erklärte er rundweg, daß er von „den Beamten politischer Kategorien, auf deren Unterstützung die Regierung angewiesen ist und welche eben deshalb amovibel sind", die „aktive Mitwirkung und namentlich bei den Wahlen bestimmte öffentlich erkennbare Einflußnahme im Sinne der Regierung" fordere. Es genüge nicht, daß Landräte, wie öffentlich ausgesprochen worden sei, sich in einer neutralen Unabhängigkeit hielten; wer so handle, müsse zur Disposition gestellt werden. Denn die Regierung könne nur mit Landräten, die durch ihre Tätigkeit die volle und entschiedene Parteinahme für sie an den Tag legten, die ihr gestellte Aufgabe lösen. Diesem vertraulichen Schreiben folgte wenige Tage später ein Erlaß des Ministers des Innern an die Verwaltungsbeamten,[80] der jede oppositionelle Haltung der Staatsbeamten mißbilligte und sie daran erinnerte, daß sie ihres dem König geschworenen Diensteides weder als Wähler noch als Abgeordnete entbunden seien. Darüber hinaus verpflichtete der Erlaß die Inhaber von Stellen politischer Bedeutung zu

[77] Vgl. den Entwurf für die Norddeutsche Bundesverfassung vom 15. Dezember 1866 bei Karl Binding (Hrsg.), *Die Verfassungen des Norddeutschen Bundes vom 17. April 1867 und des Deutschen Reiches vom 16. April 1871* (= Deutsche Staatsgrundgesetze in diplomatisch genauem Abdrucke, Heft 1), 6. Aufl., Leipzig 1911, S. 91 (Art. 22).

[78] Nach der *Politischen Correspondenz* der *Preußischen Jahrbücher* vom 28. Dezember 1862, Bd. 10 (1862), S. 624, haben Maßregelungen oppositioneller Beamten, z.B. Versetzungen und Zurdispositionsstellungen, stattgefunden.

[79] Otto von Bismarck, *Politische Schriften, Reden, Briefe, Gespräche. Friedrichsruher Ausgabe*, Bd. 14, Teil 2, 2. Aufl., Berlin 1933, S. 653 f.

[80] Vom 24. September 1863, gedruckt im *Ministerialblatt für die gesamte innere Verwaltung*, 1863, S. 190.

tatkräftiger Unterstützung der Regierung; zu ihnen wurden nicht nur die Regierungspräsidenten und Landräte, sondern wegen ihrer unmittelbaren Berührung mit dem Publikum auch die Kreissekretäre gerechnet.

Über die praktische Anwendung dieses Erlasses wissen wir einstweilen nichts. Die zuerst von Ludwig Parisius genannte und auch von Johannes Ziekursch übernommene Zahl von mehr als 1000 gemaßregelten Beamten bis 1866 scheint mir übertrieben.[81] Von den Abgeordneten des 1863 aufgelösten Abgeordnetenhauses sind nach Parisius insgesamt 20 strafversetzt oder abgesetzt worden. Ein Erfolg ist auf diese Weise nicht erzielt worden, wie die Wahlergebnisse vom Oktober 1863 und die ganze weitere Entwicklung des politischen Kampfes in Preußen gezeigt haben. Zwar konnte die Verwaltung auch ohne gesetzlich festgelegten Etat ungestört fortgesetzt werden, zum Unterschied etwa von Kurhessen, wo in der Verfassungskrisis von 1859 sowohl Beamte wie Offiziere dem Landesherrn den Dienst verweigert hatten; aber mit der Opposition des Beamtentums wurde auch Bismarck nicht fertig. Die altpreußische Tradition, daß der Beamte nicht stummer Diener der Regierung, sondern Träger eigener Überzeugung sei, blieb auch in dieser Zeit lebendig, vielleicht weil der König, der die Gewaltpolitik seines Ministerpräsidenten nur mit starken inneren Hemmungen mitmachte, Scheu vor tiefen Eingriffen in die Zusammensetzung des Beamtentums trug. Und da der Liberalismus davon Vorteil zu haben schien, unterstützte er das Beamtentum in dieser Haltung und gab seine 1848 verfochtene Meinung, das konstitutionelle System verlange die Abhängigkeit der Beamten von den Ministern, als eine „historisch durchaus undeutsche", aus Frankreich importierte Vorstellung ohne Bedenken preis.[82] Auch Gneist warnte vor einem Beamtentum, das bloß intelligent, im übrigen aber ein schwaches Rohr sei, welches sich vor der Wucht und Leidenschaft der Parteiforderungen beuge. Es wäre verhängnisvoll, die großen Befugnisse, die die Verwaltung in Preußen besitze, „die Ämter, die Kirche, die Wissenschaft, die konzessionierten Gewerbe, die Beherrschung der Presse und des Vereinsrechts, die Handhabung der Grundrechte, die ungemessene Polizeigewalt, die persönliche Freiheit aller, die wirtschaftliche Existenz zahlreicher Klassen des Volkes, auf Diskretion in die Hände von Parteiverwaltungen zu legen, um ihre Vorstellungen von politischem, kirchlichem und sozialem Fortschritt durch wechselnde Ministerialverwaltungen zu verwirklichen".[83] Eine Wiederherstellung der unbefange-

[81] Ludwig Parisius, *Leopold Freiherr von Hoverbeck*, Bd. 2, Berlin 1898, S. 176; danach Johannes Ziekursch, *Politische Geschichte des neuen deutschen Kaiserreichs*, Bd. 1, Frankfurt 1925, S. 102.

[82] Wilhelm Adolf Lette, *Die Reorganisation der Staats- und der Selbstverwaltung in Preußen*, in: *Preußische Jahrbücher*, Bd. 22 (1868), S. 139 ff.

nen überparteilichen Stellung der Beamten hielt er freilich für unmöglich, denn „das System der konstitutionellen Parteiverwaltungen, einmal begonnen, geht unaufhaltsam weiter, wie die Kugel auf der schrägen Ebene". Die Konsequenz, die er daraus zog, war die Einschränkung der staatlichen Verwaltung durch Selfgovernment.

Bismarck hat zwar nach 1866 seine Zustimmung zu einer Reform der preußischen Verwaltung gegeben, die in den Jahren 1872 bis 1883 im Sinne Gneists neben die staatliche Verwaltung einen umständlichen Selbstverwaltungsapparat stellte, dafür aber das alte Bollwerk der behördlichen Unabhängigkeit nach oben, die kollegiale Verfassung der Mittelinstanzen, wesentlich einschränkte und die Stellung des Regierungspräsidenten der eines Präfekten annäherte. Aber er würde nie zugegeben haben, daß die Befugnisse, die er gegenüber den Beamten, zumal den politischen Beamten in Anspruch nahm, zur Errichtung einer Parteiverwaltung führen könnten. Dazu war er selbst viel zu sehr über die Grenzen der Parteien hinausgewachsen. Er wollte ein nur dem Staate dienendes Beamtentum haben; und was das staatliche Interesse von den Beamten forderte, das bestimmte er getreu der Maxime, zu der er sich 1884 bekannt hat: „Moi, je suis l'Etat".[84] Deshalb scheute er sich auch nicht, nach dem mit der Unterstützung der konservativen Partei und des konservativen Beamtentums errungenen Siege mit der Partei zu brechen, als diese sich der von ihm verlangten Anpassung an die Anforderungen der neuen Zeit verschloß. Das hieß natürlich nicht, daß nun auf einmal die Verwaltung in das liberale Fahrwasser hätte einlenken sollen. Es ist bezeichnend, daß das eigentliche Beamtenministerium, das des Innern, ununterbrochen von konservativen Männern verwaltet worden ist, bis 1878 von dem Konfliktsminister Grafen Fritz Eulenburg, von 1878 bis 1881 vom Grafen Botho Eulenburg, von 1881 bis 1888 von Robert von Puttkamer. Aber Opposition der konservativen Beamten hat Bismarck nicht dulden wollen. Schon bei den Kämpfen um das Schulaufsichtsgesetz verlangte er „die Maßregelung einiger rebellierender Landräte", konnte sie freilich beim Minister des Innern nicht erreichen und brauchte sie auch nicht, da das Gesetz auch ohne sie angenommen wurde. Aber als die Kreisordnung 1872 gescheitert war, brauste er auf und erklärte es für unerläßlich, „diejenigen Verwaltungsbeamten, die bis auf den letzten Punkt bei ihrer Opposition verharren, durch Zurdispositionstellung

[83] Vgl. Rudolf Gneist, *Verwaltung, Justiz, Rechtsweg. Staatsverwaltung und Selbstverwaltung nach englischen und deutschen Verhältnissen,* Berlin 1869, S. 205 f.

[84] Vgl. die von Wilhelm von Schweinitz herausgegebenen *Denkwürdigkeiten des Botschafters Generals von Schweinitz 1822–1901,* Bd. 2, Berlin 1927, S. 270; zur Bedeutung des Wortes und dem Verhältnis zu der bekannten Formulierung *L'Etat c'est moi,* vgl. die Abhandlung, Fritz Hartung, *L'Etat c'est moi,* in dem in Anm. 1 genannten Sammelband, S. 120 ff.

ihrer Ämter zu entheben". Die Erfüllung dieser Forderung habe außerdem den Vorteil, „unfähige Beamte außer Tätigkeit zu setzen und unmerklich den Fehler wieder gut zu machen, der in früheren Zeiten bei der Ernennung einiger der höchten Verwaltungsbeamten aus persönlichen Rücksichten begangen worden ist". Demgemäß wurde der Oberpräsident von Witzleben, der als Mitglied des Herrenhauses gegen die Kreisordnung gestimmte hatte, zur Disposition gestellt, während die beteiligten Landräte vor die Alternative gestellt wurden, ihr Mandat niederzulegen oder in den einstweiligen Ruhestand zu treten.[85] Aber mochte Bismarck auch in einigen Fällen energisch dazwischen fahren und wegen des Kulturkampfs sogar eine Erweiterung des Kreises der jederzeit absetzbaren politischen Beamten anregen, ja selbst auf welfisch gesinnte Postbeamte sein wachsames Auge richten,[86] er war bei der Fülle seiner Aufgaben gar nicht in der Lage, sich um die Einzelheiten der Verwaltung dauernd zu bekümmern und die Verbindung zwischen dem Beamtentum und der konservativen Partei zu zerschneiden. So kam er als Gutsherr von Varzin sogar in die von ihm als demütigend empfundene Lage, zusehen zu müssen, „wie der landräthliche Einfluß stärker ist als der ministerielle, und wie durch ihn das Ansehen der Staatsgewalt gegen den Staat für Jesuiten, Polen, Franzosen und Gerlach in die Waagschale fällt".[87]

Die Spannung zwischen Bismarck und den preußischen Konservativen löste sich mit dem allgemeinen Umschwung der Bismarckschen Innenpolitik, der Abkehr vom Liberalismus, dem Verzicht auf den Kulturkampf, dem Übergang zum Schutzzoll und zur Sozialpolitik. Wenn Robert von Puttkamer als preußischer Minister des Innern von 1881 an den konservativen Einfluß in der Verwaltung, auch in den Ministerien, deren Geheimräte lange Zeit hindurch liberale Anschauungen vertreten hatten, von neuem befestigte, so ist das schwerlich ohne Billigung Bismarcks geschehen. Im Interesse seiner neuen Politik scheute sich Bismarck auch nicht — und Puttkamer unterstützte ihn dabei nach Kräften —, die Beamten bei der Wahlagitation in den Dienst der Regierung einzuspannen. Aber der Erfolg blieb ebenso aus wie während des Verfassungskonflikts, und die Reichstagswahl von 1881 endete sogar mit einer empfindlichen Niederlage Bismarcks. Im Vollgefühl ihres Sieges nahmen die Parteien der Linken im Reichstag Stellung gegen die Versuche amtlicher Wahlbeeinflussung. Puttkamer verteidigte die Regierung und erhob den Anspruch, daß die Beamten, in

[85] Vgl. Arnold Köttgen, *Das deutsche Berufsbeamtentum und die parlamentarische Demokratie*, Berlin-Leipzig 1928, S. 28, Anm. 3, und Bismarcks Briefe an Eulenburg vom Herbst 1872 in Otto von Bismarck, *Politische Schriften . . .*, Bd. 1, Teil 2, S. 839, S. 843, S. 854.

[86] *A.a.O.*, Bd. 6c, Nr. 54, Nr. 57, Nr. 64, Nr. 128.

[87] Vgl. Bismarcks Schreiben an den Kronprinzen vom 8. Juli 1873, *a.a.O.*, Nr. 46.

deren Händen wesentlich die politische Vertretung der Staatsgewalt liege, bei den Wahlen das Ministerium unterstützten. Das wollte freilich nicht einmal ein so maßvoller Mann wie Bennigsen gelten lassen. Er hatte schon 1858, als die hannoversche Regierung eine reaktionäre Abänderung des Staatsdienergesetzes von 1852 vorgeschlagen hatte, die Neigung, den unteren Organen alle eigene Meinung, Freiheit und Selbständigkeit zu nehmen und sie unbedingt der Willkür des Ministeriums unterzuordnen, als französisch bekämpft,[88] und wenn er jetzt auch zugab, daß die amtliche Stellung den Beamten, zumal denen der inneren Verwaltung, gewisse Beschränkungen in der politischen Betätigung auferlegte, weil kein Minister in der Lage sei, die politische Verantwortung für sein Amt zu tragen, ohne entsprechende Befugnisse gegenüber seinen Untergebenen, daß das insbesondere auf die Beamten zutreffe, „deren politischer Charakter vorzugsweise anerkannt ist“ durch die Möglichkeit der Versetzung in den einstweiligen Ruhestand, so warnte er doch davor, die Abhängigkeit der Beamten so weit zu treiben, wie in Frankreich, wo das ganze Beamtentum zur Verfügung des Ministers stehe. Demgegenüber erinnerte er an die „guten alten Traditionen unseres deutschen Beamtentums, daß der Beamte noch andere Pflichten als die wichtigeren anerkennt: für das Wohl des Ganzen und für das Wohl der ihm anvertrauten Teile der Bevölkerung zu sorgen und nicht seine wesentliche Aufgabe, überhaupt seine Aufgabe darin suchen soll, politische Hilfe irgendeinem augenblicklichen Regierungssystem in einer besonders lebhaften Wahlbewegung zu leisten“. Diese Aufgabe könne der Beamte nur dann erfüllen, wenn er nicht zu einem rein willfährigen und gefügigen Werkzeug für augenblickliche Regierungsprojekte gemacht werde, wenn er eine selbständige feste Meinung habe und haben dürfe und wenn er es verstehe, diese Meinung in würdiger Weise mit der Ausübung seines Amtes, mit gewissenhafter Anwendung der Gesetze des Staates in Übereinstimmung zu bringen.[89]

Gegen diese im Reichstag geübte Kritik seiner Beamtenpolitik führte Bismarck das schwere Geschütz eines Erlasses des Königs von Preußen ins Feuer. Dieser erging am 4. Januar 1882 und erklärte nach einer starken Betonung der auch nach der Einführung der Verfassung dem Könige gebliebenen Regierungsrechte, es sei Aufgabe der Minister und aller Beamten, welche dem Könige den Diensteid geschworen hätten, diese verfassungsmäßigen Rechte gegen Zweifel

[88] Vgl. Walther Schultze/Friedrich Thimme (Hrsg.), *Rudolf von Bennigsens Reden*, Bd. 1, Halle an der Saale 1911, S. 47 ff. und S. 55 ff., ferner Hermann Oncken, *Rudolf von Bennigsen. Ein deutscher liberaler Politiker. Nach seinen Briefen und hinterlassenen Papieren*, Bd. 1, Stuttgart-Leipzig 1910, S. 301 ff.

[89] Vgl. die Reden Bennigsens vom 15. Dezember 1881 und vom 24. Januar 1882 in der genannten Ausgabe von W. Schultze/F. Thimme (Hrsg.), *Rudolf von Bennigsens Reden*, Bd. 2, Halle an der Saale 1922, S. 127 und S. 137.

und Verdunkelung zu vertreten. „Für diejenigen Beamten", so fährt der Erlaß fort, „welche mit der Ausübung meiner Regierungsrechte betraut sind und deshalb ihres Dienstes nach dem Disziplinargesetz enthoben werden können, erstreckt sich die durch den Diensteid beschworene Pflicht auf die Vertretung der Politik meiner Regierung auch bei den Wahlen." Dieser Erlaß erregte großes Aufsehen und wurde bald darauf im Reichstag besprochen. Bismarck erkannte, daß er den Bogen zu straff gespannt hatte, zumal da Wilhelm I. selbst Bedenken gegen die weitgehende Identifizierung von König und Ministerium und gegen die Verpflichtung der Beamten auf den wechselnden Kurs der Minister hegte. So benutzte er die Reichtstagsdebatte zu einer einschränkenden Interpretation des Erlasses. Nicht einmal von den politischen Beamten wollte er jetzt noch verlangen, daß sie bei den Wahlen ihre Stimme für die Regierung abgäben; Vertretung der Politik bei den Wahlen bedeute nur, daß sie die Regierung gegen Entstellungen ihrer Absichten, gegen Irrtum und Verleumdung zu verteidigen hätten. Die weitergehenden Forderungen des Erlasses vom 24. September 1863 gab er ausdrücklich preis. Diese Auslegung wurde von den Mittelparteien — Bennigsen und Treitschke ergriffen aus deren Mitte das Wort — als befriedigend anerkannt.

Damit war eine haltbare Grundlage für die weitere Entwicklung geschaffen, um so mehr als der Kurs der Regierung in Preußen einheitlich konservativ blieb und die Frage der Anpassung des Beamtenkörpers an neue politische Lagen oder veränderte parlamentarische Mehrheitsverhältnisse nicht auftauchte. In den 90er Jahren freilich wurde die Einigkeit zwischen der Regierung und der konservativen Partei durch die beginnende Opposition der Agrarier gegen die Handelsvertragspolitik Caprivis schwer erschüttert. Es handelte sich zunächst zwar nur um eine Angelegenheit des Reichs, aber Preußen wurde bei seiner engen Verflechtung mit dem Reich doch stark davon berührt; auch saßen preußische Verwaltungsbeamte im deutschen Reichstag. Das erste Anzeichen der neuen Schwierigkeiten war die Einschärfung des Erlasses vom 4. Januar 1882 über die Pflichten der Beamten am 20. Dezember 1893 unter ausdrücklichem Hinweis auf die wirtschaftlichen Gegensätze; der Oberpräsident von Ostpreußen, Graf Stolberg, gab daraufhin sein Amt auf, um sich die freie Ausübung seines Reichstagsmandats zu sichern.

Zu einem offenen Zusammenstoß auf preußischem Boden führte wenige Jahre später der Gesetzentwurf über den Bau des Mittellandkanals. Die konservative Partei benutzte die Gelegenheit, um ihre Machtstellung der Regierung nachdrücklich zum Bewußtsein zu bringen und damit die Berücksichtigung ihrer Interessen bei der bevorstehenden Neugestaltung des Zolltarifs und der Handelsverträge im Reich zu erzwingen. Sie glaubte sich dieses gewagte Spiel leisten zu können, weil das preußische Staatsministerium unter der formellen

Leitung des 80jährigen Fürsten Hohenlohe und unter der geistigen Führung des Finanzministers von Miquel in dieser Frage so wenig einig war, wie in vielen andern, und hielt an ihm auch dann noch, ja dann erst recht fest, als Wilhelm II. sich mit der ganzen Lebhaftigkeit seines Temperaments für den Bau des Kanals einsetzte. Auf seinen ausdrücklichen Befehl richtete der Minister des Innern von der Recke vor der entscheidenden dritten Lesung der Vorlage an die politischen Beamten, die in der zweiten dagegen gestimmt hatten, die Aufforderung, sich entweder der Stimme zu enthalten oder den Abschied als Beamte nachzusuchen oder ihr Mandat niederzulegen. Dieser Appell an die Beamtenpflicht war fruchtlos. Die Beamten stimmten in der dritten Lesung genau wie in der zweiten, und die Vorlage der Regierung wurde abgelehnt.

Die Regierung scheute zwar vor einer Auflösung des Abgeordnetenhauses und einem gegen die konservative Partei gerichteten Wechsel des politischen Kurses in Preußen zurück, wollte aber doch auch ihre Niederlage nicht ganz tatenlos hinnehmen. So verfiel sie auf den Gedanken, die sogenannten „Kanalrebellen", d.h. diejenigen politischen Beamten, die im Landtag gegen den Kanal gestimmt hatten, zu bestrafen. Zwei Regierungspräsidenten und achtzehn Landräte wurden wenige Tage nach der endgültigen Ablehnung der Kanalvorlage zur Disposition gestellt. Die Maßregel wurde in jedem einzelnen Fall ohne Angabe von Gründen lediglich unter Hinweis auf das Gesetz von 1852 und auf das Interesse des Dienstes verfügt. Daß die parlamentarische Opposition der Beamten der wahre Grund war, ließ ein auch der Öffentlichkeit bekanntgegebener Erlaß des Staatsministeriums vom 31. August 1899 erkennen. Er sprach sein Bedauern darüber aus, daß „ein Teil der Beamten, welchen die Vertretung der Politik S. M. des Königs und die Durchführung der Maßnahmen Seiner Majestät obliegt, sich dieser Pflicht nicht in vollem Maße bewußt" sei. Nicht nur die höheren politischen Beamten — hier ist die Bezeichnung zum erstenmal amtlich angewendet worden —, sondern auch die Landräte seien verpflichtet, die ihnen bekannten Anschauunugen der Regierung zu vertreten und die Durchführung ihrer Politik zu erleichtern. Als Träger der Politik der Regierung seien sie unter keinen Umständen berechtigt, auf Grund ihrer persönlichen Meinungen die Aktion der Regierung zu erschweren; dadurch schwächten sie die Autorität der Staatsregierung, gefährdeten die Einheitlichkeit der Verwaltung und riefen Verwirrung in den Gemütern hervor. Ein solches Verhalten stehe mit allen Traditionen der preußischen Verwaltung in Widerspruch und könne nicht geduldet werden.[90]

[90] Über die ganzen Vorgänge orientiert am besten Hans Herzfeld, *Johannes von Miquel*, Bd. 2, Detmold 1938, S. 596ff., mit guten Quellen- und Literaturangaben. Ergänzungen bietet Hannelore Horn, *Die Rolle des Bundes der Landwirte im Kampf um den Bau des Mittelland-*

Es war die umfassendste Anwendung des § 87, Abs. 2, seit dem Erlaß des Disziplinargesetzes von 1852; demgemäß erregte der Schritt der Regierung gewaltiges Aufsehen, und es entstand in Zeitungen und Zeitschriften eine lebhafte Diskussion über seine Verfassungsmäßigkeit. Viele Schriftsteller wollten in der Maßregelung der Beamten einen durch den Artikel 84 der Verfassung ausdrücklich verbotenen Eingriff in die Freiheit der Rede und Abstimmung der Abgeordneten erblicken. Freilich stand dieser Auffassung der klare Wortlaut des erst nach dem Abschluß der Verfassung erlassenen Gesetzes von 1852 entgegen, dessen § 87 der Regierung ohne jede Einschränkung das Recht gab, politische Beamten, unter denen die Regierungspräsidenten und Landräte besonders genannt sind, jederzeit im Interesse des Dienstes in den einstweiligen Ruhestand zu versetzen. Deshalb wagte nicht einmal die konservative Partei, gegen deren Mitglieder die Maßregelungen sich hautpsächlich richteten, die Verfassungswidrigkeit zu behaupten, als sie zu Anfang des Jahres 1900 beim Wiederbeginn der Landtagsverhandlungen eine Interpellation einbrachte, in der sie die Regierung fragte, inwiefern die Maßregelungen mit den Artikeln 83 (Abstimmung nach freier Überzeugung) und 84 der Verfassung zu vereinbaren seien. Ihr Redner von Köller bezeichnete zwar den Versuch des inzwischen verabschiedeten Ministers von der Recke, die Abstimmung der beamteten Abgeordneten zu beeinflussen, als eindeutig verfassungswidrig und behauptete, daß das Gesetz von 1852 in Widerspruch zu Artikel 84 der Verfassung stehe, warf aber der Regierung nicht etwa einen offenen Verfassungsbruch vor, sondern beschränkte sich auf die vorsichtige Wendung: „Es schien uns, als ob die Regierung mit ihren Maßnahmen von der Verfassung abgewichen sei." Nur der freikonservative Abgeordnete von Kardorff sprach von einem flagranten Mißbrauch des Rechts. In einer etwas schwierigen Lage befanden sich die freisinnigen Parteien. Als unentwegte Gegner jeder Beschränkung der freien Meinungsäußerung der Abgeordneten und aller freiheitsgefährdenden Befugnisse der Regierung konnten sie die Amtsenthebung der zwanzig Abgeordneten nicht billigen, und doch waren sie erfreut, daß ihre politischen Gegner davon betroffen worden waren und daß sich dadurch die Verbindung zwischen der Regierung und der konservativen Partei gelockert hatte. Um die Wiederkehr solcher Vorgänge, die auch sie als nicht ganz dem Geiste der Verfassung entsprechend empfanden und die sich eines Tages auch gegen sie richten konnten, für die Zukunft zu verhindern, schlugen sie vor, die politischen Beamten von der Wählbarkeit auszuschließen, eine Maßnahme, die sie, als Bismarck sie 1867 angeregt hatte, als unannehmbar bezeichnet und in Verbindung mit den andern Parteien verhindert hatten.

Kanals, in: *Jahrbuch für die Geschichte Mittel- und Ostdeutschlands*, Bd. 7 (1958), vor allem S. 296 ff.

Der Kampf der Parteien fand nicht nur in der Publizistik Widerhall, sondern schlug seine Wellen sogar bis in die wissenschaftliche Literatur. Die Rechtsgültigkeit des Vorgehens der Regierung wurde dabei kaum bestritten.[91] Dagegen wurde die Zweckmäßigkeit ebenso einhellig bezweifelt. Als charakteristisch für die Zeit um die Jahrhundertwende möchte ich einen Aufsatz von Albert Lotz anführen.[92] Dieser wollte den Begriff des politischen Beamten ganz preisgeben; entweder gebe es überhaupt keine politischen oder nur politische Beamte, denn die Tätigkeit selbst der technischen Beamten habe Einfluß auf die Stimmung der Bevölkerung und sei deshalb für den Staat wichtig. Aus diesen Sätzen zog Lotz die Folgerung, daß alle Beamten die gleichen Rechte und Pflichten haben müßten und daß kein Beamter besonders verpflichtet sein könne, „die jeweiligen von der Regierung verfolgten gesetzgeberischen Pläne schlechthin zu verteidigen"; denn die Minister wechselten, die Beamten aber blieben. Demgemäß forderte er für alle Beamten die Freiheit der politischen Betätigung, denn im politischen Leben seien sie Privatleute, nicht Beamte. So weit wollte freilich Schmoller, der den Aufsatz in seinem Jahrbuch (Jahrgang 1900)[93] veröffentlichte, doch nicht gehen, er fügte deshalb ein Nachwort zu, das seinem Wesen entsprechend zu vermitteln suchte. Er hielt an der Unterscheidung zwischen nichtpolitischen und politischen Beamten fest, verlangte auf der einen Seite von der Regierung, daß sie ihre Befugnisse gegenüber den politischen Beamten maßvoll handhabe und ihrer Unabhängigkeit innerhalb gewisser Grenzen nicht zu nahe trete, auf der andern Seite ermahnte er die Beamten, sich als Politiker, zumal als Abgeordnete, eine vornehme Reserve aufzuerlegen.

Während dieser publizistische Kampf noch andauerte, hatte sich die Tat der Regierung in der Praxis längst als eine unfruchtbare Halbheit erwiesen. Sie war Ausdruck einer persönlichen Verärgerung, nicht Einleitung einer weitausschauenden neuen Politik gewesen. Die Verantwortung dafür fällt in der Hauptsache auf Wilhelm II. Wie er überhaupt das ganze politische Leben gern allein auf seine Person bezog, so hatte er in der Opposition „seiner Beamten" gegen ein von ihm gewünschtes Gesetz vor allem „junkerhaften Übermut" erblickt und von einem ihm „hingeworfenen Fehdehandschuh" gesprochen. Demgemäß glaubte er sie durch persönliche Strafen, die sowohl ihr Amt wie durch Ausschluß von den Einladungen an den Hof ihre gesellschaftliche Stellung treffen sollten, zur Räson bringen zu können. Eine sachlich-politische Konsequenz

[91] Eine Ausnahme bildet Eduard Hubrich, *Die parlamentarische Redefreiheit und Disciplin*, Berlin 1899.

[92] Albert Lotz, *Politische Beamte in Preußen?*, in: *Jahrbuch für Gesetzgebung, Verwaltung und Volkswirtschaft im Deutschen Reiche*, Bd. 24 (1900), S. 931—951.

[93] Gustav Schmoller, *Noch ein Votum über die „politischen" Beamten*, in: *A.a.O.*, S. 951—955.

daraus zu ziehen, wie sie der alte Hohenlohe mit den Worten klar formulierte: man müsse den preußischen Staatswagen auf ein mehr links liegendes Geleise schieben, davor scheute er zurück. Von der Auflösung des Abgeordnetenhauses, die er in der ersten Aufwallung seines Zornes gefordert hatte, wollte er nichts mehr wissen, seitdem ihm deutlich geworden war, daß sie eine Neuwahl gegen die konservative Partei nach sich ziehen müsse. Infolgedessen blieb in der Politik alles beim alten. Zwar wurden einige Minister entlassen, außer dem Minister des Innern von der Recke auch der Kultusminister Bosse, der mit der Kanalvorlage gar nichts zu tun gehabt hatte, freilich längst als unzulänglich erkannt worden war. Aber die Nachfolger von Rheinbaben und Studt stammten aus dem gleichen konservativen Lager wie Recke und Bosse.

Gerade deshalb wurden die Maßregelungen, die bei dem in Preußen auf 6000 Mark festgesetzten Höchstbetrag des jährlichen Wartegeldes für die meisten eine empfindliche finanzielle Einbuße bedeuteten, lediglich als persönliche Schikane empfunden. Auch die Regierung teilte dieses Empfinden und bemühte sich deshalb sehr bald, sie wieder rückgängig zu machen. Schon bei der Beantwortung der Interpellation im Abgeordnetenhause, noch nicht fünf Monate nach der Krisis, sprach Hohenlohe die Absicht aus, die zur Disposition gestellten Beamten wieder im aktiven Dienst, wenn auch in unpolitischen Stellungen zu verwenden. Diese Ankündigung wurde in so weitem Umfang und so schnell in die Tat umgesetzt, daß man allgemein sagte, die Kanalrebellen seien die Treppe hinaufgefallen. Auch blieb ihr Wiederaufstieg keineswegs auf unpolitische Stellungen beschränkt. Einer von ihnen, von Dallwitz, der den preußischen Staatsdienst zunächst ganz verlassen und einen Ministerposten in Anhalt angenommen hatte, hat es sogar bis zum preußischen Minister des Innern und hinterher noch zum Statthalter von Elsaß-Lothringen gebracht, ein anderer, von Jagow, hat seine dienstliche Laufbahn als Oberpräsident von Westpreußen beschlossen.

Dieser versöhnliche Ausgang der Krise bedeutete für die preußische Regierung freilich eine empfindliche Einbuße an Macht und Einfluß. Sie hat sich dadurch die Möglichkeit erschwert, den § 87, Abs. 2, ernstlich anzuwenden und den politischen Beamten gegenüber ihren Willen nachdrücklich geltend zu machen. Die konservative Partei hatte über das Ministerium, ja über den Staat gesiegt. In der immer stärkeren Ausprägung des parteikonservativen Charakters der preußischen Verwaltungsbeamten trat das sichtbar in Erscheinung. Damit aber verlor die preußische Verwaltung die überparteiliche Stellung, durch die sie sich einst das Vertrauen der ihr untergebenen Bevölkerung und ihren guten Ruf in der Welt errungen hatte und ohne die sie in einer Zeit gesteigerter wirtschaftlicher und sozialer Kämpfe ihre Aufgabe nicht durchführen konnte. Nicht nur in der Agitation der Gegner der preußischen Konservativen und des preußischen Staates wurde dieser Vorwurf laut; auch ein maßvoller, parteipolitisch nie hervorgetretener guter Kenner der Verwaltung, der damalige Unterstaatssekretär Drews, der letzte Innenminister des Königreichs Preußen, hat in einer Denkschrift vom Jahre 1917 es als unbestreitbare Tatsache bezeichnet, daß große Bevölkerungskreise insbesondere den Landräten wegen ihrer vielfach stark hervortretenden, nur bestimmten Parteien zugute kommenden politischen Betätigung ablehnend und mißtrauisch gegenüberständen, und hat als durchgreifende Abhilfe die Entpolitisierung der Verwaltung gefordert.[94] Darunter versteht er nicht allein die Auswahl der Beamten ohne Rücksicht auf ihre Zugehörigkeit zu bestimmten politischen Parteien, sondern auch und in erster Linie den Verzicht aller Verwaltungsbeamten, insbesondere der Landräte, auf die Betätigung zugunsten einer Partei. Deshalb hält er auch die Wählbarkeit zum Parlament für unvereinbar mit der Bekleidung eines als „politisch" gekennzeichneten Staatsamts. „Der politische Einfluß", so sagte er, „den ein Landrat in seinem Kreise ausübt, soll — abgesehen von der objektiven Aufklärung und Auskunftserteilung über Motive und Ziele der Staatsregierung — sich lediglich darauf gründen, daß er seine Verwaltung so gut, so sachlich und so unparteiisch führt, daß möglichst viele Kreiseingesessene sich sagen, eine Staatsregierung, die für eine so treffliche Verwaltung des Kreises sorgt, muß mit ihren politischen Auffassungen und Zielen Recht haben."

Bevor die von Drews vorbereitete Verwaltungsreform ins Leben treten konnte, machte die Revolution von 1918 der Herrschaft der konservativen Partei und darüber hinaus der Monarchie in Preußen ein Ende. Radikaler noch als 1848 sollte der Obrigkeitscharakter des Staates verschwinden. Am Berufsbeamtentum freilich wurde grundsätzlich festgehalten, und sehr bald lernten die aus der Opposition an die Macht gelangten Parteien die Bedeutung eines festgefügten Verwaltungsapparats kennen und schätzen. So benutzten sie gern, was das alte Preußen auf diesem Gebiete geschaffen hatte; die besondere Gruppe der „politischen Beamten" wurde nicht nur beibehalten, sondern durch das Reichsgesetz über die Pflichten der Beamten zum Schutze der Republik vom 21. Juli 1922 und das ihm zur Seite stehende preußische Gesetz zur Festigung der verfassungsmäßigen republikanischen Staatsform vom 31. Dezember 1922 noch etwas erweitert.

[94] Vgl. Bill Drews, *Grundzüge einer Verwaltungsreform,* Berlin 1919; vgl. dazu Otto Braun, *Von Weimar zu Hitler,* 2. Aufl., New York 1940, S. 22. Auszug aus dem Protokoll der Sitzung des preußischen Staatsministeriums vom 20. März 1917, in der der Minister des Innern offen zugab, daß eine Anzahl der leitenden politischen Beamten sich den schwierigen Kriegsverhältnissen nicht gewachsen gezeigt, z.T. völlig versagt hätte und ersetzt werden müsse. Bei der Neubesetzung sollten nicht einseitig streng konservativ gerichtete Beamten, sondern auch gemäßigte Nationalliberale berücksichtigt werden.

Wichtiger und zugleich gefährlicher für die Entwicklung des Beamtentums wurde die völlige Gleichsetzung von Politik und Parteipolitik. Der politische Beamte der monarchischen Zeit war, mochte er auch fast ausnahmslos der konservativen Partei nahegestanden oder angehört haben, doch stets in erster Reihe Beamter gewesen. Er hatte sich auf sein Amt in vorgeschriebener Weise durch Studium, Prüfungen und Ausbildungsdienst als Referendar vorbereitet, und diese Erziehung gab ihm die Gewöhnung an sachliche Arbeit, an Beachtung der Vorschriften, an Erwägung des Für und Wider bei jeder Entscheidung; Ausnahmen, die auf andere Weise in die Beamtenlaufbahn hineinkamen, wie z.B. der spätere Kultusminister und Oberpräsident von Zedlitz-Trützschler, waren selten gewesen. Jetzt aber wurde es zur Regel, daß, wer sich im Parteikampf hervorgetan hatte, auch ohne jede fachliche Vorbildung gerade in die leitenden Stellen des politischen Beamtentums, die der Oberpräsidenten, Regierungspräsidenten, Landräte und Polizeipräsidenten, einrückte; und mochte auch der Artikel 130 der Reichsverfassung erklären, daß die Beamten Diener der Gesamtheit, nicht einer Partei seien, so sahen solche Beamte ihre Aufgabe vor allem in der Förderung der Parteipolitik. Bedenklicher vielleicht war noch, daß auch das übrige Beamtentum in das Parteitreiben einbezogen wurde, daß Betätigung im politischen Leben oder Verbindung mit Parteipolitikern für die Karriere auch der nichtpolitischen Beamten wichtiger wurde oder wenigstens von vielen unter ihnen für wichtiger gehalten wurde als die Bewährung im Amt.

Als geeignetes Gegenmittel gegen dieses Überwuchern der parteipolitischen Einflüsse wurde die bereits von Drews empfohlene Entpolitisierung der Verwaltung jetzt immer wieder gefordert. Daß sie auch im modernen Staat, der bei der Bewältigung seiner vielfältigen und häufig schwierigen Aufgaben auf ein fachlich geschultes ständiges Beamtentum angewiesen ist, notwendig und durchführbar ist, scheint die Entwicklung in den angelsächsischen Ländern zu beweisen, die die politische Leitung den Parteien, genauer gesagt: der jeweils herrschenden Mehrheitspartei überlassen, aber die laufende Verwaltung in wachsendem Umfang einem der früher üblichen parteipolitischen Ämterpatronage entzogenen, fachlich vorgebildeten, von jeder parteipolitischen Betätigung ferngehaltenen Beamtentum übertragen.

Freilich waren damals wie heute die Voraussetzungen des politischen Lebens, und zwar sowohl die Bedeutung der Parteien wie die traditionelle Rolle des Beamtentums in Deutschland so verschieden von denen der angelsächsischen Länder, daß wir deren Einrichtungen nicht ohne weiteres übernehmen konnten oder können. Vor allem fehlt es an der Grundbedingung für das Gedeihen eines solchen entpolitisierten Beamtentums, am Vorhandensein einer überparteilichen, d.h. von allen Parteien anerkannten Staatsidee. Gewiß waren die Wortführer der Entpolitisierung des Berufsbeamtentums[95] in ihrer Mehrzahl ehrlich davon überzeugt, daß gerade angesichts der Zerrissenheit unseres Parteilebens ein solches Beamtentum notwendig sei, um die dauernden Aufgaben des Staates zu erfüllen, daß es genau so, wie es einst den absoluten Königen gegenüber die Idee des überpersönlichen Staates vertreten hatte, so auch den Parteien und ihren wechselnden Koalitionen gegenüber die dauernden Interessen der überparteilichen Gesamtheit zu repräsentieren berufen sei. Aber dabei ist doch unverkennbar, daß die Hauptträger des Gedankens des entpolitisierten Beamtentums die bürgerlichen Elemente waren, die einst das Werkzeug des Absolutismus bei der Überwindung des Ständetums gewesen waren und im 19. Jahrhundert selbständig die Idee des Rechtsstaats vertreten hatten. Solange dessen Aufgabe in der inneren Politik wesentlich negativ geblieben war, sich auf den Schutz des freien Spiels der gesellschaftlichen Kräfte gegen Störungen beschränkt hatte, war es noch möglich gewesen, an der „reinen", un- oder überparteilichen Verwaltung festzuhalten und den guten Ruf der Zuverlässigkeit und Sachlichkeit dem preußischen Beamtentum zu wahren. Seitdem der Kampf des vierten Standes um seine Gleichberechtigung entbrannt war und der Staat in diesem Kampf unter einseitiger Bevorzugung der besitzenden, zumal der grundbesitzenden Schichten Stellung genommen hatte, seitdem die preußische Verwaltung bewußt ihre Aufgabe im Schutz der konservativen Partei gegen demokratische und sozialistische Strömungen erblickte, war ihre Unparteilichkeit verloren, und die Jahre von 1919 bis 1933 waren nicht geeignet, eine neue, feste Grundlage für das Berufsbeamtentum zu legen.

Unter diesen Umständen hätte es für das Beamtentum zum Segen gereichen können, daß der Nationalsozialismus seine Tätigkeit auf dem Gebiet der Verwaltung mit einem Gesetz zur Wiederherstellung des Berufsbeamtentums begann. Aber dieses bezweckte nur die Entfernung der Beamten, die wegen ihrer Abstammung oder ihrer politischen Haltung der NSDAP mißliebig waren. Eine Rückkehr zu den alten Grundsätzen des Berufsbeamtentums wurde gar nicht erst versucht, vielmehr wurde bis zuletzt ein Teil gerade der leitenden Stellen mit Männern besetzt, die nicht die übliche Ausbildung erfahren und nicht die normale Beamtenlaufbahn durchgemacht hatten, sondern allein in der Partei hochgekommen waren. Die Scheidung zwischen politischen und unpolitischen Beamten wurde beibehalten; auch das Reichsbeamtengesetz von 26. Januar 1937 kannte die nun bald hundert Jahre alte Gruppe von

[95] Hervorgehoben seien aus einer Fülle von Schriften A. Köttgen, *Das deutsche Berufsbeamtentum . . .*, und Erich Zweigert, *Der Beamte im Neuen Deutschland*, in: Bernhard Harms (Hrsg.), *Volk und Reich der Deutschen. Vorlesungen, gehalten in der Deutschen Vereinigung für staatswissenschaftliche Fortbildung*, Bd. 2, Berlin 1929, S. 460 ff.

Beamten, die jederzeit in den Wartestand versetzt werden konnten, und zwar waren es im wesentlichen die gleichen Beamten wie 1849 und 1852, die darin (§ 44) aufgeführt wurden. Praktisch aber war diese Unterscheidung hinfällig geworden. Der 1909 von einem guten Kenner der deutschen Beamtengeschichte niedergeschriebene Satz, daß eine lediglich passive Haltung in politischen Dingen keinem Beamten, nicht einmal einem politischen, als Pflichtwidrigkeit gedeutet werden könne,[96] hatte seit 1933 keine Geltung mehr. Auch das Schlagwort von der Entpolitisierung der Verwaltung verstummte. Neutralität, die Bismarck auf dem Höhepunkt des Verfassungskonflikts nur bei den politischen Beamten als unzulässig bezeichnet, bei den andern aber stillschweigend zugelassen hatte, wurde erst recht nicht mehr geduldet. Vielmehr wurde von jedem Beamten aktiver politischer Einsatz gefordert, und wer nicht mehr die Gewähr dafür zu bieten schien, daß er jederzeit für den nationalsozialistischen Staat eintreten werde, konnte nach § 71 des Beamtengesetzes ohne Gerichtsurteil und ohne die Rechtsgarantien eines Disziplinarverfahrens in den endgültigen Ruhestand versetzt werden. Diese Bestimmung galt auch für die Richter. Den Anspruch Friedrich Wilhelms I., daß der Beamte mit Leib und Leben, mit Hab und Gut, mit Ehre und Gewissen seinem Herrn zu dienen habe, hat auch der Nationalsozialismus erhoben, und wenn Schmoller einst das Beamtentum Friedrich Wilhelms I. als eine *ecclesia militans* bezeichnet hatte, so hat der Nationalsozialismus gern den Vergleich mit einem Orden angewendet, dessen Mitglieder sich rückhaltlos ihrem Dienst zu verschreiben und unbedingten Gehorsam zu leisten hatten. Wie es in der Wirklichkeit ausgesehen hat, ist schwer zu sagen. Daß viele Beamte das „ruere in servitium" mitgemacht haben, kann schwerlich bezweifelt werden. Aber wie die *ecclesia militans* Friedrich Wilhelms I. über dem Dienst ihres irdischen Herrn niemals ihren Herrgott vergessen, wie sie Recht und Gerechtigkeit zur Richtschnur genommen und den König an den Grundsatz „Suum cuique" erinnert hat, so hat es wohl auch unter Hitler Männer gegeben, die sich nicht einfach dem Befehl gebeugt, sondern als Sachwalter der allgemeinen Interessen gefühlt und betätigt haben. Daß die Öffentlichkeit davon nichts erfuhr, es höchstens aus der Abberufung eines Beamten erschließen konnte, dafür hat freilich die amtliche Propaganda gesorgt. Es wird Aufgabe der künftigen Geschichtsschreibung sein, aus den Quellen, die die Katastrophe des Krieges überdauert haben, die wirkliche Haltung des deutschen Beamtentums zu ermitteln.

[96] Vgl. Albert Lotz, *Geschichte des deutschen Beamtentums*, Berlin 1909, S. 439.

XXIV

Das monarchische Prinzip und die konstitutionelle Verfassung*

OTTO HINTZE

I

Das monarchisch-konstitutionelle Regierungssystem — im Gegensatz zum parlamentarischen — kann als das eigenartige preußisch-deutsche System bezeichnet werden. Es besteht gegenwärtig in einer ganz reinen und entschiedenen Form nur bei uns. In Rußland, wo es sich auch anzubahnen scheint, sind die Verhältnisse doch noch zu wenig befestigt und erprobt, als daß man auf dieses Beispiel schon jetzt Gewicht legen könnte; und in Österreich-Ungarn sehen wir die seltsame Erscheinung, daß in der transleithanischen Staatshälfte schlechthin parlamentarisch regiert wird, während diesseits der Leitha mit „parlamentarisierten" Ministerien, wie der bezeichnende Ausdruck lautet, experimentiert wird, in denen aber das Beamtenelement doch immer überwiegt. Man würde wohl auch in Österreich das parlamentarische Regierungssystem ganz gern einführen, wenn der Hader der Nationalitäten dadurch soweit beschwichtigt werden könnte, daß die Regierungsmaschine in einen glatten Gang käme; aber der Gegensatz der Parteien ist zu groß, als daß ein solcher Versuch gelingen könnte, und in der Gesamtmonarchie ist er natürlich auch ausgeschlossen.

* Dieser Beitrag ist entnommen aus Otto Hintzes unter demselben Titel erschienener Studie, die zuerst in den *Preußischen Jahrbüchern,* Bd. 144 (1911), S. 381—412, erschien; auch in: Ders., *Staat und Verfassung. Gesammelte Abhandlungen zur allgemeinen Verfassungsgeschichte* (= Gesammelte Abhandlungen, Bd. 1), Leipzig 1941, S. 349—379, hier die Seiten 349, 359—374.

II

Über die Entstehung dieser Verfassung, namentlich in den Anfangsstadien, sind wir jetzt etwas besser als früher, aber allerdings immer noch nicht ausreichend unterrichtet.[1] Es scheint, daß der König auch nach den Märztagen zunächst noch an dem Gedanken festgehalten hat, eine Verfassung mit starker Betonung des monarchischen Prinzips auf dem Wege königlicher Verleihung ins Leben treten zu lassen. Diesen Gedanken vertrat noch Graf Arnim-Boitzenburg während seines kurzen Ministeriums im März; er wollte nur gewisse fundamentale Bestimmungen, wie sie den königlichen Verheißungen entsprachen, von einer besonders dazu berufenen Versammlung im Wege der Gesetzgebung vorher feststellen lassen. Erst mit dem liberalen Ministerium der Rheinländer Camphausen und Hansemann kam der Gedanke der Vereinbarung der Verfassung mit einer konstituierenden Nationalversammlung auf. Der neuerdings veröffentlichte Urentwurf zu dieser Verfassung schloß sich eng an das belgische Vorbild an; er wurde dem König vom Ministerium am 16. Mai vorgelegt, befriedigte ihn aber durchaus nicht, und es kam darüber zu erregten Erörterungen in einer Kronratssitzung; schließlich setzten aber die Minister diesen Entwurf doch in der Hauptsache durch, und er wurde mit einigen Modifikationen am 20. Mai der konstituierenden Versammlung vorgelegt. Es ist nicht richtig, was man meist angenommen hat — der Urheber dieser Legende ist der einflußreiche Journalist H. B. Oppenheim —, daß dieser Regierungsentwurf von der Kommission der Nationalversammlung beiseite geschoben und an seiner Stelle ein neuer Entwurf Waldecks von viel radikalerem Charakter, der sich aber ebenfalls an die belgische Verfassung anschloß, aufgestellt worden sei; vielmehr hat die Kommission den Regierungsentwurf zugrunde gelegt, aber ihn allerdings in radikalem Sinne stark verändert, zu der von Friedrich Wilhelm IV. sogenannten „Charte Waldeck", bei der übrigens weniger Waldeck, der Vorsitzende der Kommission, als vielmehr Peter Reichensperger den maßgebenden Einfluß ausgeübt hat. An diesen amendierten Entwurf der Kommission, der bei der Plenarberatung nicht über die ersten Artikel hinausgekommen ist, hat man dann auch bei der Oktroyierung der Verfassung angeknüpft, indem man die radikalsten Spitzen beseitigte und monarchische Kautelen einfügte.

[1] Vgl. außer Friedrich Meinecke, *Weltbürgertum und Nationalstaat. Studien zur Genesis des deutschen Nationalstaates*, München 1908; und Erich Brandenburgs Publikation *König Friedrich Wilhelms IV. Briefwechsel mit Ludolf Camphausen*, Berlin 1906, noch die beiden tüchtigen Dissertationen von Hans Mähl, *Die Überleitung Preußens in das konstitutionelle System durch den zweiten Vereinigten Landtag*, München 1909, und Johannes Seitz, *Entstehung und Entwicklung der preußischen Verfassungsurkunde im Jahre 1848* (mit dem bisher ungedruckten Urentwurf), Greifswald 1909; dazu meine Besprechung in den *Forschungen zur Brandenburgischen und preußischen Geschichte*, Bd. 23 (1910), 2. Heft, S. 294 ff.

Der Entschluß zur Oktroyierung der Verfassung, der dem König schließlich von den Ministern abgerungen worden ist, scheint nicht allein aus den inneren preußischen Verhältnissen heraus motiviert zu sein. Durch die Forschungen von Meinecke ist es sehr wahrscheinlich gemacht worden, daß es sich dabei um einen Gegenschlag gegen die Frankfurter Tendenz handelte, die dahin ging, Preußen ohne eine einheitliche Verfassung, nur mit seinen Provinziallandtagen, in Deutschland aufgehen zu lassen. Vielleicht darf man noch weiter gehen und die Vermutung wagen, daß der Oktroyierungsentschluß bereits mit den Unionsplänen zusammenhing, die eine Einigung Deutschlands durch die Regierungen statt durch das Nationalparlament erstrebten; die Bemerkung Bismarcks über Carlowitz in den Gedanken und Erinnerungen[2] scheint darauf hinzuweisen. Der frühere sächsische Staatsminister v. Carlowitz war einer der bedeutendsten Vertreter dieses Gedankens der Einigung Deutschlands durch ein Bündnis der Regierungen. Er ist später neben Radowitz auf dem Erfurter Parlament amtlich mit der Vertretung des Unionsentwurfs vor dieser Versammlung beauftragt gewesen. Damals, als es sich um die Frage der Oktroyierung der Verfassung in Preußen handelte, ist er in Berlin gewesen: Die »Kreuzzeitung« meldete am 5. Dezember seine Anwesenheit. Und Bismarck sagt in seinen Gedanken und Erinnerungen, man habe damals im preußischen Ministerium große Hoffnungen auf ihn gesetzt, im Sinne einer Lösung der deutschen Frage. Es scheint also, daß die oktroyierte Verfassung und der Plan der Union in der Wurzel zusammenhängen, wenn es sich damals auch nur um Gedanken gehandelt haben kann, die noch nicht in die harte Wirklichkeit politischer Handlungen hineinreichten: Jedenfalls aber hingen sie mit der Frage des monarchischen Prinzips zusammen, dessen rücksichtslose Ausgestaltung, wie Bismarck glaubte, damals im Hinblick auf die deutsche Frage in Preußen gehemmt wurde zugunsten liberaler Zugeständnisse. Wenigstens ist Bismarck der Meinung, daß ohne solche Rücksichten eine schärfere Amendierung des Entwurfs im monarchischen Sinne wohl möglich gewesen sein würde.

Die oktroyierte Verfassung hat sogar den früher aufgestellten Vereinbarungsgedanken nicht umgestoßen: Sie sollte ja mit einer neuen Volksvertretung revidiert und also nachträglich vereinbart werden. Es ist bekannt, daß der erste, auf Grund des Wahlgesetzes vom 6. Dezember berufene Landtag vor der endgültigen Erledigung dieser Aufgabe aufgelöst und daß dann am 31. Mai das noch heute geltende Wahlgesetz mit dem Dreiklassensystem im Wege der Notverordnung oktroyiert wurde. An der formalen Berechtigung dazu kann kein Zweifel sein. Der Notverordnungsartikel der oktroyierten Verfassung ist im Gegensatz zu dem der revidier-

[2] Otto von Bismarck, *Gedanken und Erinnerungen*, Bd. 1, Stuttgart 1898, S. 53. [Ders., *Politische Schriften, Reden, Briefe, Gespräche*. Friedrichsruher Ausgabe, Bd. 15: *Erinnerung und Gedanke*, hrsg. von Gerhard Ritter und Rudolf Stadelmann, 1. Aufl., Berlin 1932, S. 41.]

ten von 1850 ganz unbeschränkt in bezug auf den Umfang dieser Gewalt. Er unterscheidet sich dadurch auch auffallend von seinem sächsischen Vorbild (88), wo die Bestimmungen der Verfassung und des Wahlgesetzes ausdrücklich ausgenommen waren. Außerdem war der Modus der Klassenwahl schon in einer Anmerkung der oktroyierten Verfassung als eine wünschenswerte Änderung angedeutet. Die radikal-demokratischen Parteien erklärten aber das Vorgehen der Regierung für ungesetzlich und enthielten sich der Teilnahme an den Wahlen. So kam ein sehr maßvolles Abgeordnetenhaus zusammen, mit dem die Revision und endgültige Vereinbarung der Verfassung ohne besondere Schwierigkeiten gelang. Es bedurfte keiner tiefgreifenden Veränderungen. Der Verordnungsparagraph allerdings, der nach der Fassung von 1848 eigentlich die Geltung der Verfassung selbst von dem Ermessen der Regierung abhängig machte, wurde wesentlich eingeschränkt, so daß er der Verfassung selbst gegenüber fortan unwirksam war. Im übrigen wurden nur leichtere Veränderungen, entschiedenere Fassungen im monarchischen Sinne angenommen.

Das monarchische Prinzip war in der neuen Verfassung trotz aller liberalen Konzessionen auf das nachdrücklichste gewahrt, recht im Gegensatze zu dem ursprünglichen Vorbild der belgischen Verfassung. Von Volkssouveränität war keine Rede; das Königtum behielt seine Stellung auf dem althistorischen Boden; das kam u. a. auch durch die Formel „von Gottes Gnaden" zum Ausdruck. Es ist ja bekannt, daß Friedrich Wilhelm IV. seine königliche Würde in einem religiös-überschwenglichen, fast mystischen Sinne auffaßte. Das war indessen persönliche Zutat. Die Verfassung wollte, wie die bei der Revision gehaltenen Reden dartun, in dieser Formel nur die Tatsache zum Ausdruck bringen, daß die Krone nicht auf einer Übertragung durch das Volk, sondern auf eigenem historischen Recht der Dynastie beruht, und dieses Recht erschien mit dem ganzen historischen Verlauf, dem es entspringt, als das Werk einer höheren Fügung. Man hatte selbst den Satz des Entwurfs: „Der König ist das Oberhaupt des Staates" gestrichen, um nicht den Anschein zu erwecken, als beruhe die Stellung des Monarchen irgendwie auf der Verfassung; auch die Hausgesetze waren bei der Thronfolge ausdrücklich erwähnt, wie es der König verlangt hatte. Der Kronfideikommißfonds blieb auf der Grundlage von 1820 bestehen. Das königliche Verordnungsrecht behielt einen weiten Spielraum; die Sphäre der Gesetzgebung wurde durch die Bestimmungen der Verfassung abgegrenzt; überall aber, wo nicht ausdrücklich die Mitwirkung der Kammern vorgesehen war, blieb die Machtfülle des Königs unbeschränkt. Vor allem blieb das Heer ganz in seiner Hand. Der Verfassungseid der Armee, den merkwürdigerweise der Urentwurf und auch noch die Regierungsvorlage enthielten, ist in der oktroyierten Verfassung verschwunden und in der revidierten geradezu ausgeschlosssen. Die Befugnis zur Verhängung des Belagerungszustandes und der Artikel über die Forterhebung der auf Gesetz begründeten Steuern erinnern an die Napoleonische Staatskunst: Sie finden ihre Vorbilder in dem *Acte additionnel* von 1815.

Man wird sagen dürfen, daß die Verfassung im großen und ganzen den Forderungen der Wiener Schlußakte ebenso entsprach wie den Forderungen der gemäßigten Konstitutionellen, und die große Mehrheit der mittleren Klassen war auch damit zufrieden. Nur die Demokraten auf der einen, die Männer der Kreuzzeitungspartei auf der anderen Seite verwarfen den Kompromiß. Friedrich Wilhelm IV. selbst hat sich niemals mit dieser Verfassung wirklich auszusöhnen vermocht. Die Worte, die er bei dem eidlichen Gelöbnis sprach, gaben der Erwartung Ausdruck, daß noch manches daran werde verändert werden — eben aus diesem Grunde war auch die Revision sehr leicht gemacht worden —, und die späteren Wünsche des Königs gingen noch weiter. Er hat bis an sein Lebensende an der Idee festgehalten, die Konstitution durch einen königlichen Freibrief zu ersetzen. Wir wissen aus den Papieren Manteuffels, daß der König deswegen eigentlich beständig in Meinungsverschiedenheit mit seinem Ministerpräsidenten gewesen ist, und wir können wohl sagen: Es ist das Verdienst Manteuffels gewesen, daß die Verfassung damals unerschüttert bestehen blieb. Um so mehr setzte Friedrich Wilhelm IV. seine Hoffnungen auf die Zukunft; aber der klarere politische Blick und die Gewissenhaftigkeit seiner Nachfolger haben auch die Gefahren abgewandt, die unserem Verfassungsleben durch einen über den Tod hinaus wirksamen Widerspruch dieses Monarchen gegen den Gang der historischen Entwicklung hätten drohen können.

Die preußische Verfassung war gewiß, wenn irgendeine, auf die monarchisch-konstitutionelle Regierungsweise angelegt; aber natürlich kam schließlich doch alles auf die Praxis der Regierung an. Man pflegt die ersten Ministerien des Revolutionsjahres bis auf das Ministerium Brandenburg-Manteuffel als parlamentarische zu bezeichnen, und in der Tat waren ja die Minister Parlamentarier. Aber es muß doch stark hervorgehoben werden, was erst durch neuere Publikationen, namentlich die des Briefwechsels mit Camphausen, ganz klar geworden ist, daß der König in keinem Moment aufgehört hat, selbst zu regieren, und daß er niemals nach englischer Weise die Geschäfte einfach den Ministern überlassen hat. Er hat freilich nicht immer darauf bestanden, seinen Willen durchzusetzen, wenn er die Mehrheit der Minister gegen sich hatte; aber er hat prinzipiell an der Auffassung festgehalten, daß die Mehrheit des Ministerkonseils ihn nicht binden könne und daß er befugt sei, auch im Sinne der Minorität, ja gegen den einmütigen Beschluß der Minister, die Entscheidung zu treffen. Er nahm es sehr übel, wenn das Ministerium ihm gegenüber als eine geschlossene Einheit auftrat; er verlangte in den Kronratssitzungen nicht mit dem Ministerium, sondern immer nur mit den einzelnen Ministern zu deliberieren und hielt in jeder Weise den Grundsatz aufrecht, den er bei seinem eidlichen Gelöbnis auf die Verfassung in die Worte kleidete: Der König von

Preußen muß selbst regieren! Er hatte die Vorstellung, daß die Minister durch die konstitutionelle Verantwortlichkeit nicht der Gehorsamspflicht gegen den König enthoben würden. Die Ministerverantwortlichkeit war ja in der Verfassung so eigentümlich gefaßt, daß gar nicht gesagt ist, wem gegenüber diese Verantwortlichkeit gelten soll, und die Ergänzung der lex imperfecta, als die die Bestimmungen über die Ministeranklage sich darstellen, ist bekanntlich weder 1850/51, noch auch später 60/61 zustandegekommen. Manteuffel, so verfassungstreu er war, hat doch einmal dem König gegenüber ausgesprochen, daß er keine andere Verantwortlichkeit der Minister anerkenne als die gegen Gott und den König: „Wer diese Verantwortlichkeit begreift", — fügte er hinzu — „wird sich überhaupt nie gegen das Land zu verantworten haben."

Natürlich gaben die Minister mit dem Verzicht auf die Geltendmachung ihrer konstitutionellen Verantwortlichkeit auch die Möglichkeit aus der Hand, die königliche Selbstregierung in den verfassungsmäßig notwendigen Schranken zu halten; unter Friedrich Wilhelm IV. konstituierte sich eine förmliche Nebenregierung neben dem Ministerium, und in dem Ministerium selbst bot der persönliche und sachliche Gegensatz einzelner Minister dem Monarchen stets eine willkommene Handhabe, um seinen persönlichen Einfluß auch in untergeordneten Fragen zur Geltung zu bringen. Die bekannte Kabinettsorder vom 8. September 1852, die dem Ministerpräsidenten gewisse Leitungsbefugnisse gegenüber den Ressortministern und namentlich eine Kontrolle über deren Geschäftsverkehr mit dem König gegeben hatte — eine Satisfaktion für Manteuffel, die durch die Auszeichnung und Wiederheranziehung seines alten Rivalen Radowitz notwendig geworden war — hat nicht genügt, um die Einheit im Ministerum zu wahren; sie gab dem Ministerpräsidenten weit geringere und weniger wirksame Rechte, als sie einst Hardenberg als Staatskanzler gehabt hatte, der u. a. jede ministerielle Verfügung bis auf Einholung der königlichen Entscheidung suspendieren konnte. Bismarck hat bekanntlich später über diese Machtlosigkeit des preußischen Ministerpräsidenten mehrmals Klage geführt; seine Wünsche gingen auf die Wiederherstellung der Machtbefugnisse des alten Staatskanzlers, wenngleich er das nicht gerade mit diesen Worten ausgesprochen hat. Die Stärke der Regierung litt natürlich unter dieser Rivalität königlichen und ministeriellen Einflusses und unter der Uneinigkeit und Schwäche des Ministeriums; aber für Friedrich Wilhelm IV. war es eine ausgemachte Sache, daß eine „Ministerregierung" der erste Schritt zu dem verhaßten parlamentarischen Regiment sei; er sah in der steten Betonung der königlichen Selbstregierung die einzig mögliche Korrektur der schlechten „französischen Konstituzion", wie er die Verfassung nannte. Dieses Verhalten des Königs zu seinen Ministern, das mit seiner ganzen impulsiven und unberechenbaren Persönlichkeit zusammenhing, ist, wie wir wissen, bei Bismarck ein Hauptgrund gewesen für seine entschiedene Abneigung, unter diesem Monarchen eine Ministerstelle anzunehmen.

Merkwürdigerweise — aber nicht unerklärlicherweise — erschien dieses im eminenten Sinne monarchische Regiment den Liberalen als eine konservative Parteiregierung. Gneist z. B. faßt es ganz nach der Schablone des herrschenden parlamentarischen Vorurteils auf. Daher auch auf der anderen Seite die überspannten Hoffnungen auf ein liberales Parteiregiment bei dem Personalwechsel, den die neue Ära 1859 herbeiführte. Es berührt uns heute seltsam, daß im Jahre 1861 ein gemäßigt liberaler Politiker, der Marburger Professor Ilse (in der Vorrede zu seiner Geschichte der deutschen Bundesversammlung) die Prophezeiung wagen konnte, daß in naher Zukunft überall in Deutschland das monarchische Prinzip in den Verfassungen vor dem parlamentarischen werde zurückweichen müssen, und zwar weil Preußen schon durch die Verfassung von 1850 zu diesem Prinzip übergegangen sei. Er beruft sich dafür auf die Artikel 62 und 64 der preußischen Verfassung: Das sind die Artikel, die von der gemeinschaftlichen Ausübung der gesetzgebenden Gewalt durch den König und die beiden Kammern, und namentlich von dem Recht der Kammern, Gesetze vorzuschlagen, handeln. Dieses Recht der Initiative bei der Gesetzgebung in der Hand der Volksvertretung war auch Stahl noch als unvereinbar mit dem monarchischen Prinzip erschienen: Die Charte constitutionnelle von 1814 und die nach ihrem Muster gebildeten deutschen Verfassungen enthielten es nicht; es erschien als eine Errungenschaft der Julirevolution und als das Kennzeichen der Gleichstellung zwischen Monarchie und Volksvertretung. So faßte es auch Ilse damals auf; nur eines machte ihn an der preußischen Verfassung bedenklich, der Artikel 46: „Der König führt den Oberbefehl über das Heer."

Was die Liberalen damals hofften, das fürchteten die Konservativen. Roon sah 1861 bereits die Gefahr des Hinübergleitens in das Fahrwasser einer parlamentarischen Regierung vor Augen und warnte den König eindringlich davor. Es ist höchst merkwürdig, wie um diesen Mann, gleichsam wie um eine Angel herum, das anfänglich mehr liberale Ministerium eine vollständige Drehung gemacht hat, bis es wieder einen ausgesprochen konservativen Charakter annahm und dann mit dem Ausbruch des Konfliktes Bismarck an die Spitze trat.

In dem Verfassungskonflikt von 1862 bis 1866 hat die monarchisch-konstitutionelle Regierungsweise die Feuerprobe bestanden. Es ist neuerdings von Jellinek bestritten worden, daß es sich damals um die Frage der Parlamentsherrschaft gehandelt und daß insonderheit die Fortschrittspartei damals die Vorherrschaft erstrebt habe.[3] Daß die Regierung und insbesondere Bismarck wie früher schon Roon den Kern des Streites in dieser Frage sah, dürfte kaum zu leugnen sein; ich verweise

[3] Georg Jellinek, *Regierung und Parlament in Deutschland* (= Vorträge der Gehe-Stiftung zu Dresden, Bd. 1), Leipzig 1909; vgl. dazu von Felix Salomon (Hrsg.), *Die deutschen Parteiprogramme*, Heft 1 (= Quellensammlung zur deutschen Geschichte, Bd. 3, Heft 1), Berlin-Leipzig 1907.

z. B. auf seine Ausführungen im Abgeordnetenhause vom 27. und 29. Januar 1863 über den Unterschied der preußischen und der englischen parlamentarischen Regierungsweise. Aber auch die Fortschrittspartei selbst trug sich mit Gedanken an eine Machterweiterung der Volksvertretung. In der Kundgebung des Zentralwahlkomitees vom 20. Juni 1866 heißt es ausdrücklich: „Es handelt sich nicht etwa um eine bloße Rechtsfrage, deren Entscheidung man auf ruhige Zeiten vertagen könnte, sondern vielmehr um die einzige Möglichkeit, wie dem Volkswillen ein Einfluß auf die Regierung und ihre ganze Politik, durch welche doch das Schicksal des Volkes bestimmt wird, verschafft werden kann." Und wenn in den früheren Wahlaufrufen und Programmen auch viel von der „verfassungsmäßigen Monarchie" und von der „Verteidigung des verfassungsmäßigen Rechts des Landes" die Rede ist, so handelt es sich doch andererseits darum, „den Boden der Verfassung ungeschmälert zu behaupten, auf dem sich allein in gesetzlicher Ordnung das Banner des Fortschritts entfalten kann"; und auf diesem Boden wollte man den „Standpunkt eines wahren verfassungsmäßigen Konstitutionalismus" „rückhaltlos" vertreten. Der „wahre verfassungsmäßige Konstitutionalismus" aber bedeutete in der Sprache jener Tage das parlamentarische Regierungssystem, das die meisten Politiker nach dem üblichen Vorurteil von der konstitutionellen Verfassung überhaupt nicht zu trennen vermochten. Die preußische Verfassung selbst enthielt ja weder eine ausdrückliche Anweisung zur monarchischen noch zur parlamentarischen Regierungsweise; jede Partei konnte sie nach ihrer Neigung interpretieren. Auch die Fortschrittspartei sah in dem Regime von 1850 bis 1858 ein feudal-reaktionäres Parteiregiment; sie wollte demgegenüber den Willen des Volkes zur Geltung bringen; und wenn die letzte Absicht damals auf die Beseitigung des Ministeriums Bismarck ging, so wäre die Erreichung dieser Absicht zwar noch nicht geradezu die Eröffnung einer parlamentarischen Ära gewesen, aber gewiß eine Vorstufe dazu.

Der gewaltige Eindruck, den die Festigkeit der Regierung und die unerhörten Erfolge der Bismarckschen Politik machten, erklärt die Befestigung des monarchisch-konstitutionellen Systems in Preußen und seine Übertragung auf das Deutsche Reich. Dieses System wurzelt aber doch nicht bloß in der Persönlichkeit Bismarcks und in den Erfolgen seiner Politik, sondern in der gesamten Tradition des preußischen Staates und überhaupt in den historisch-politischen Bedingungen unserer staatlichen und nationalen Existenz; und diese Bedingungen dauern auch in der Gegenwart noch fort, wenn auch die lange Friedenszeit begreiflicherweise die Kraft ihres Einflusses auf das Volksbewußtsein erheblich abgeschwächt hat. Es muß mit Nachdruck betont werden, daß das stärkste Argument für die Beibehaltung des monarchischen Regierungssystems in derselben Tatsache liegt, die zugleich das historische Fundament seines Bestandes gewesen ist: nämlich in der Tatsache, daß Preußen ein im eminenten Sinne militärischer Staat ist und daß es ebenso wie das von ihm begründete Reich durch die allgemeine politische Lage gezwungen ist, es auf absehbare Zeit zu bleiben. Die Volksgesamtheit hat bei uns eigentlich keine einheitliche politische Form. Das Volk in Waffen ist rein monarchisch organisiert, wenn auch die allgemeine Wehrpflicht dieser Organisation eine nationale volkstümliche Grundlage gegeben hat. In seinem Verhältnis zum Heer ist der Monarch durch keine konstitutionellen Rücksichten gebunden. Die konstitutionelle Verfassung bezieht sich eigentlich nur auf das Volk in seiner Eigenschaft als bürgerliche Gesellschaft. Da aber die Kriegsverfassung doch das Rückgrat der staatlichen Organisation ausmacht, so kann die Vertretung der bürgerlichen Gesellschaft, d. h. der Landtag, niemals zum beherrschenden Einfluß im Staate gelangen. Es kommt hinzu, daß es ihm durchaus an der nötigen inneren Einheit und Geschlossenheit fehlt, die unter allen Umständen die Vorbedingung für eine politische Machtrolle sein würde. Die große wirtschaftlich-soziale Kluft, die von jeher zwischen dem preußischen Osten und Westen besteht und die in der Verschiedenartigkeit der ländlichen Verfassung und in der verschiedenen Verteilung der agrarischen und der industriellen Interessen wurzelt, verhindert einen einheitlichen Zusammenschluß ebenso wie der Gegensatz der Konfessionen, der in keinem andern Staat der Welt so stark und umfassend sich geltend macht wie in Preußen und im Deutschen Reiche. Dazu tritt namentlich im Reiche die radikale Staatsfeindschaft der Sozialdemokratie. Die Voraussetzung für die Ausbildung des parlamentarischen Regierungssystems in England war eine Einheit und Geschlossenheit der politischen Gesellschaft, wie sie ihren Ausdruck in dem Parteisystem der alten Whigs und Tories fand. Das waren beides aristokratische Parteien, die im wesentlichen auf derselben politischen, sozialen und kirchlichen Grundlage standen und sich nur durch verhältnismäßig untergeordnete Nuancen unterscheiden. Nur auf einer so homogenen Grundlage konnte das System der Parteiregierung aufgebaut werden; und auch in der fortschreitenden Erweiterung dieser Grundlage blieb — dank der Eigenart der englischen Zustände — diese Einheit und Geschlossenheit im wesentlichen erhalten, und praktische politische Gesichtspunkte dominierten in der Gruppierung der Parteien. Bei uns sind die Parteien eigentlich keine politischen, sondern mehr wirtschaftlich-soziale oder religiös-konfessionelle Bildungen. Das hängt damit zusammen, daß es eigentlich nur das Leben der bürgerlichen Gesellschaft ist, im Gegensatz zum eigentlichen politischen Betrieb, was in unseren Volksvertretungen zu Worte kommt. Was Bismarck vom Standpunkte einer monarchischen Staatsleitung aus wünschte, daß die Parteien als scharf charakterisierte wirtschaftlich-soziale Interessengemeinschaften auftreten möchten, mit denen man rechnen und Politik treiben kann nach dem *do ut des*-Prinzip, das realisiert sich in der Gegenwart in ungeahntem Maße: Ich verweise nur auf den Bund der Landwirte und den Hansabund! Das ist aber eine Gestaltung des Parteiwesens, die mehr zu monarchischer Staatsleitung als zu parlamentarischem Einfluß führt. Und vollends der himmelweite Abstand in Politik und Weltanschauung, wie er z. B. zwischen dem Zentrum und der Sozialdemokratie besteht, schließt die Möglichkeit eines abwechselnden Parteiregiments ganz und gar aus.

Diese Entartung des Parteiwesens steht allerdings wieder in ursächlichem Zusammenhang mit der Tatsache, daß der Einfluß des Parlaments auf die Regierung ein verhältnismäßig so geringer ist, und es läßt sich nicht leugnen, daß die Aussicht auf eine erhebliche Stärkung dieses Einflusses im politischen Sinne erziehend auf die Parteien wirken würde. Sie würden sich bestreben, regierungsfähig zu werden; vielleicht würde eine solche Wendung dem revisionistischen Flügel in der Sozialdemokratie zum Siege verhelfen und vielleicht würde von diesen Elementen auch die bisherige Stellung zur Monarchie einer Revision unterworfen werden. Indessen ist das alles sehr unsicher, und nach den bisherigen Erklärungen und der ganzen psychologischen Verfassung der Partei kaum wahrscheinlich. Aber selbst wenn es der Fall wäre, so würde das Resultat doch nur sein, daß als die maßgebenden Parteien die Radikalen von rechts und links sich gegenüberstehen würden, so daß die bürgerlichen Mittelparteien zwischen den Konservativ-Klerikalen einerseits und den Sozialisten und Demokraten andererseits bald ganz zerrieben sein würden. Vielleicht ist die allmähliche Demokratisierung des Staatslebens ein unabwendbares Geschick der modernen Welt, aber ein Glück und ein zu erstrebendes Ziel ist sie nicht, und vor allem dann nicht, wenn sie sich in zu schnellem Tempo vollzieht. Hier gilt es, wenn die Tendenz im ganzen auch nicht aufzuhalten ist, mehr retardierend als stimulierend zu wirken. Nur ein langsamer Fortschritt auf dieser Bahn kann ersprießlich sein; wie aber bei uns die Dinge liegen, würde bei Einführung des parlamentarischen Regiments die Bremse am Staatswagen bald unbrauchbar werden.

Im Reiche steht ohnehin die bestehende Verfassung, deren Änderung doch nicht leicht sein würde, dem parlamentarischen Regiment entgegen. Daß die Reichsverfassung gar nicht auf parlamentarische Regierungsweise angelegt ist, geht schon aus der Bestimmung hervor, daß kein Mitglied des Bundesrats zugleich Mitglied des Reichstages sein darf —, also auch der Reichskanzler nicht. Ferner: Da der Reichskanzler der Verfassung gemäß zugleich preußischer Minister ist, so könnte bei dem Grundsatz parlamentarischer Regierungsweise ein glatter Gang der Geschäfte sich nur ermöglichen lassen, wenn dafür gesorgt wäre, daß in Preußen immer dieselbe Parteikonstellation die Mehrheit hätte wie im Reich. Die komplizierte Struktur eines Bundesstaates und seiner Regierungsorgane steht überhaupt nicht im Einklang mit jener Voraussetzung innerer Einheit und Geschlossenheit, ohne die parlamentarische Regierung noch niemals möglich gewesen ist. Es ist kein Zufall, daß weder Nordamerika noch die Schweiz parlamentarische Regierungsweise haben oder erstreben. Sie ist auch im Reich auf Grund der bestehenden Verfassung unmöglich.

III

Das monarchische Prinzip ist also mit der ganzen Struktur des Staatswesens in Preußen wie im Reiche derart verwachsen, daß es ohne eine völlige Umwandlung derselben, wie sie wohl nur durch eine Revolution bewirkt werden könnte, nicht durch das Prinzip der parlamentarischen Regierung ersetzt werden kann. Es fragt sich nun, wie der Zwiespalt, der mit dem unvermittelten Gegenüberstehen von Regierung und Volksvertretung verbunden ist, praktisch zu beseitigen ist. Da sind zwei Fälle denkbar, die auch durch die geschichtliche Erfahrung sattsam belegt sind: Entweder verfügt die Regierung über eine zuverlässige Majorität, die auf der Popularität von Männern oder Maßregeln beruht, wie es namentlich unter Bismarck zeitweise der Fall war, oder sie muß sich durch die bekannten politischen Handelsgeschäfte mit den Parteien eine Majorität zu bilden suchen. Die nackte Korruption, die früher in England und anderswo zum parlamentarischen Leben gehörte, ist in den zivilisierten Staaten wohl kaum noch in Anwendung, und die amtliche Wahlbeeinflussung, die unter dem System des Bonapartismus so treffliche Erfolge erzielte, die auch in vielen parlamentarisch regierten Ländern, namentlich in Südeuropa, noch heute eine große Rolle spielt, trifft bei uns auf zu starken Widerwillen in der öffentlichen Meinung, als daß sie sich als regelmäßiges Mittel verwenden ließe. Hat die Regierung eine zugkräftige Wahlparole, die die Wähler in ihrem Sinne in Bewegung setzt, so ist die Harmonie so vollkommen, wie es bei dem parlamentarischen System nur möglich ist; muß sie sich aber die Majorität erst künstlich bilden, so kommt sie leicht in Gefahr, in ihren Konzessionen zu weit zu gehen und sich in Abhängigkeit von einzelnen Parteien zu bringen. Das ist es, was dann wohl den Anschein eines Hinübergleitens in das parlamentarische Regierungssystem hervorruft, während es sich in Wahrheit nur um einen indirekten Einfluß der Parteien auf die Regierung handelt. Im parlamentarischen System *regieren* die Parteien geradezu; im monarchisch-konstitutionellen System üben sie höchstens einen *Einfluß* aus, der durch das Medium des königlichen Ministeriums hindurchgehen muß, um wirksam zu werden. Diese Unterscheidung zeigt auch den staatsrechtlichen Schnitzer, der in der häufig wiederkehrenden Behauptung von einem konservativen Parteiregiment in Preußen steckt. Allerdings hat es mit der politischen Stellung der konservativen Partei eine besondere Bewandtnis. Wie die Dinge bei uns liegen, ist kaum eine Parteikonstellation als Stütze für die Regierung denkbar, bei der die konservative Partei ausgeschaltet wäre. Da die Sozialdemokraten und auch ein Teil der radikalen Linken für die Unterstützung der Regierung nicht in Betracht kommen, so kann die Regierungsmehrheit immer nur aus einer Kombination der Konservativen mit dem Zentrum einerseits oder mit den gemäßigt-liberalen Parteien andererseits gebildet werden; denn eine Paarung zwischen Zentrum und Liberalen scheint trotz gelegentlichem Zusammengehen doch wohl ein Ding der Unmöglichkeit zu sein. Schon durch diese Position hat die konservative Partei sehr günstige Chancen. Dazu kommt aber, daß sie in Preußen die natürliche, historisch gegebene Regierungspartei ist, weil sie von jeher stärker und zuverlässiger als irgendeine andere Partei das monarchische Prinzip und die alten Grundlagen des preußischen Militärstaates aufrecht erhalten hat. Die konservative Partei ist in Preußen aus jenen Kreisen, namentlich des Grundadels hervorgewachsen, die im Gegensatz zu den Stein-Hardenbergschen Reformen die alten Grundsätze des friderizianischen Staatswesens vertraten, auf die ja auch Bismarck in gewissem Sinne zurückgegriffen hat. Die preußische Staatsgesinnung ist seit den Tagen Friedrichs des Großen in diesen Kreisen besonders stark und lebendig gewesen; die politischen Ziele dieser Partei deckten sich meist mit den Zielen der monarchischen Regierung; darum stützte sich die monarchische Regierung meist auf die Konservativen, ohne aber je ein eigentliches konservatives Parteiregiment zu führen, und darum hat auch die Mehrheit des politischen Beamtentums einen mehr oder weniger konservativen Zug erhalten und bewahrt. Eine Veränderung der Situation ist neuerdings eingetreten durch die stärkere Betonung der agrarischen Interessen in der konservativen Partei. Zwar sind die preußischen Konservativen immer Agrarier gewesen, und sie sind also eigentlich nicht wesentlich anders geworden als früher; aber die starke Entwicklung der Industrie und der schärfer gewordene Konflikt der wirtschaftlichen Interessen hat heute die Lage verschoben und auch den Einfluß der konservativen Partei auf die Regierung beschränkt. Natürlich sind Konzessionen an die Mehrheitsparteien nötig, und sie schaden auch nichts, wenn sie die Linie, die durch das Staatsinteresse bezeichnet wird, nicht überschreiten. Diese Linie genau zu erkennen und inne zu halten, darin besteht die hauptsächlichste Kunst einer monarchisch-konstitutionellen Regierung. Die Regierung steht bei uns in der Hauptsache als Vertreterin der Staatsinteressen den Parteien als den Vertreterinnen der Sonderinteressen einzelner Gesellschaftsklassen, Berufs- und Wirtschaftszweige, Landesteile, Religionsgemeinschaften usw. gegenüber. Die in der konstitutionellen Theorie so stark hervorgehobene Funktion der Volksvertreter als der Vertreter der allgemeinen nationalen und politischen Interessen erfährt in der Praxis durch die Rücksicht auf die Wähler namentlich bei den Berufsparlamentariern eine ebenso starke Ablenkung wie der Grundsatz, daß der Volksvertreter an keine Instruktionen gebunden ist. Natürlich ist aber diese Unterscheidung zwischen Regierung und Volksvertretung nur cum grano salis zu nehmen. Gerade der Appell an die nationalpolitischen Instinkte der Wählermassen tut oft Wunder, und andererseits übernimmt auch die Regierung in Wirtschafts- und Kulturfragen oft die Führung. Je mehr die Volksvertretung politisch denkt und fühlt, je mehr sie vom Staatssinn durchdrungen ist, desto leichter wird die Regierung mit ihr zum Einverständnis gelangen; und andererseits, je mehr die Regierung die wirtschaftlich-sozialen und die kulturellen Bedürfnisse des Landes erkennt und zu befriedigen weiß, desto leichteres Spiel wird sie mit den Parteien und Wählern haben. Ein beständiges Sichentgegenkommen, Sichverstehenlernen, Sichanpassen bezeichnet den Charakter dieser Regierungsform mehr noch als die politischen Handelsgeschäfte. Es ist eine Regierungsweise, die von seiten der Minister ein viel höheres Maß von Applikation, Geschicklichkeit, Ausdauer und Selbstverleugnung verlangt als beim parlamentarischen System.

Natürlich kann eine solche Regierung keine persönliche Selbstregierung der Monarchen sein, wie sie etwa noch Friedrich der Große führte; und auch das Maß der persönlichen Einmischung in die Geschäfte, wie es Friedrich Wilhelm IV. für nötig hielt, wird als zu hoch gegriffen bezeichnet werden müssen. Das Ideal Friedrich Wilhelms IV. vom „gehorsamen Minister" läßt sich in einem konstitutionellen Staat nicht realisieren. Was Manteuffel darüber seinem Könige sagte oder sagen wollte, trifft noch heute ins Schwarze. „Niemals" — so schrieb er in der großen Denkschrift von 1856, von der wir freilich nicht wissen, ob sie der König wirklich zu Gesicht bekommen hat — „haben gehorsame Minister die Dynastien oder Staaten vor dem Untergang bewahren können, ebensowenig wie der geschickteste Leibarzt seinem königlichen Herrn helfen kann, wenn von ihm nicht ein zu beachtender Rat, sondern Gehorsam verlangt wird." Manteuffel war der Meinung, die königliche Selbstregierung müsse darin bestehen, daß der Monarch im ganzen und großen seinen Willen und die Richtung, in der sich die Politik bewegen soll, ausspreche; habe er das aber getan, so werde er bei einer nur einigermaßen besonnenen Wahl seiner Minister sich der Einmischung in die Details der Regierung enthalten können. Er meint sogar, der König *müsse* eine solche Einmischung vermeiden, um sich nicht durch die Beschäftigung mit Kleinigkeiten zu zersplittern; als die *letzte* Instanz in allen Sachen der Regierung und Verwaltung müsse er sich wohl hüten, in die unteren Instanzen einzugreifen. Damit hängt dann weiter auch die Forderung zusammen, daß das Ministerium und die Regierung überhaupt einen durchaus einheitlichen Charakter haben müsse. Diesem Ziele sollten ja die Bestimmungen der Kabinettsorder vom 8. September 1852 dienen; sie haben unter Friedrich Wilhelm IV. und Manteuffel wenig genützt; und unter Wilhelm I. und Bismarck war es nach vielen vorangegangenen Kämpfen und Krisen schließlich doch mehr die große Persönlichkeit des Ministers, seine überragende historisch-politische Position und das unerschütterliche Vertrauensverhältnis zum König, was ihm das gewünschte Übergewicht über die Ministerkollegen gab, als die Befugnisse, die jene Kabinettsorder ihm verlieh. Erst als seine Stellung dem Monarchen gegenüber unter Wilhelm II. ins Wanken gekommen war, berief er sich zur Aufrechterhaltung seiner Autorität wieder auf jene Bestimmungen, und es ist bekannt, welche verhängnisvolle Rolle die Kabinettsorder vom 8. September 1852 bei seinem Sturze gespielt hat. Sie ist dann aufgehoben worden, aber es zeigte sich bald, daß Bestimmungen, wie sie darin enthalten waren, doch unentbehrlich sind; und es scheinen auch jetzt Bestimmungen zu bestehen, die dem Ministerpräsidenten eine Kontrolle über den geschäftlichen Immediatverkehr der Ressortminister mit dem Monarchen ermöglichen. In der Tat konzentriert sich, namentlich seit dem Ausscheiden Miquels, der unmittelbare Verkehr des Monarchen mit dem Ministerium im wesentlichen in den Vorträgen des Reichskanzlers und Ministerpräsidenten.

Seit der Ablösung des Militärkabinetts vom Kriegsministerium (1883) haben auch die fortlaufenden Immediatvorträge des Kriegsministers, die 1852 noch von der Kontrolle des Ministerpräsidenten ausdrücklich ausgenommen wurden, nicht mehr dieselbe Bedeutung wie früher. Das Zivilkabinett, das ja keineswegs, wie wohl selbst in staatsrechtlichen Werken zu lesen ist, ein Privatsekretariat des Monarchen ist, sondern ein eminent politisches Organ seiner persönlichen Regierungstätigkeit, hat an Bedeutung gewonnen in dem Maße, wie die Regsamkeit und Initiative dieser persönlichen Regierung gewachsen ist. Es ist aber dabei nicht von einer Rückbildung zu der alten, mit Recht verrufenen Form der Kabinettsregierung die Rede, wie sie zur Zeit der Lombard und Beyme bestand und von Stein und Hardenberg bekämpft wurde — eine solche Kabinettsregierung, die den Einfluß unverantwortlicher Kabinettsräte an die Stelle des Einflusses der verantwortlichen Minister setzt, würde mit dem Geiste der konstitutionellen Verfassung nicht verträglich sein und ist mehrfach von maßgebender Stelle durchaus in Abrede gestellt worden —; die neue Funktion des Chefs des Zivilkabinetts erinnert vielmehr eher an die Stellung, die unter Napoleon I. der sogenannte Staatssekretär hatte, der in gewissen Fällen die Vermittlung zwischen dem Kaiser und den Ministern zu besorgen hatte, ohne aber Mitglied des Ministeriums zu sein; namentlich Maret, der Duc de Bassano, hat in dieser Funktion dem Kaiser lange und zur Zufriedenheit gedient.

Die gesteigerte persönliche Regierungstätigkeit unseres Kaisers, die — soweit es im Rahmen der konstitutionellen Verfassung möglich ist — an die Rolle der großen selbstregierenden Monarchen aus der Zeit des Absolutismus erinnert, ist für eine vergleichende historische Betrachtung ein leicht erklärliches Phänomen.

[...]

In einem konstitutionellen Verfassungsstaat wird sich eine solche Neigung zur Selbstregierung natürlich in gewissen Schranken halten müssen, wie sie durch die Verantwortlichkeit der Minister bezeichnet sind. Das Wesen der konstitutionellen Monarchie besteht darin, daß die monarchische Regierung nicht vom Monarchen allein, sondern mit seinem Ministerium geführt wird und daß dieses Ministerium nicht bloß ein Instrument der persönlichen Regierung des Monarchen zur Ausführung seiner Befehle und zur Führung der laufenden Geschäfte ist, sondern ein zwar von ihm auserwähltes, aber auch mit relativer Selbständigkeit ausgestattetes Organ der Beratung und insofern der Mitregierung. Ohne eine relative Selbständigkeit könnte kein konstitutioneller Minister die in seiner Amtspflicht liegende Vermittlung zwischen dem Monarchen und den Parteien der Volksvertretung mit Aussicht auf Erfolg übernehmen. Je schwieriger diese Aufgabe ist, desto größere Bewegungsfreiheit muß der Minister haben, desto sicherer muß er vor der Gefahr sein, daß eine unzeitige Einmischung oder Kundgebung des Monarchen seine Zirkel stört; und wie den Parteien gegenüber, so gilt das natürlich auch im Hinblick auf die Verhandlungen und überhaupt das Verhältnis mit den fremden Regierungen. Daher die wohlbegründete Forderung, die Bismarck in die Worte gekleidet hat, daß der Monarch sich möglichst wenig ohne die ministeriellen Bekleidungsstücke vor der Öffentlichkeit sehen lassen dürfe. Das Wesen der monarchisch-konstitutionellen Regierung besteht eben in der Verantwortlichkeit der Minister, und es könnte nichts schaden, wenn die unvollständigen Bestimmungen unserer Verfassung in diesem Punkte ergänzt würden. Allerdings hat die rechtliche Verantwortlichkeit wenig praktischen Wert; die Hauptsache ist und bleibt die moralisch-politische Verantwortlichkeit nicht bloß vor dem Parlament, sondern vor dem Lande. Aber das Bewußtsein dieser Verantwortlichkeit ist etwas, das ohne Schaden aus der Seele eines konstitutionellen Ministers nicht ausgeschaltet werden kann und ohne das auch seine Stellung zum Monarchen niemals die richtige wird sein können. Allerdings wäre es verkehrt und und dem Geiste der konstitutionellen Monarchie entgegen, wenn er im Bunde mit der parlamentarischen Majorität in irgendeiner Frage dem Monarchen persönlich entgegentreten wollte. Diesen Fehler scheint Fürst Bülow in den Novembertagen 1908 nicht vermieden zu haben, und es ist bekannt, daß seine Stellung von da ab ins Schwanken geraten ist. Der Geist der konstitutionellen monarchischen Regierung verlangt vor allem Einheit und Vertrauen zwischen Monarch und Ministerium; alle Differenzen zwischen ihnen müssen im stillen ausgeglichen werden und dürfen nicht vor die Öffentlichkeit gebracht werden, sonst wird der Geist der monarchischen Regierung verfälscht, die auf dem ungetrübten Einvernehmen zwischen König und Ministerium beruht. Wie dieses Einvernehmen hergestellt und aufrechterhalten wird, ist eine Frage der Persönlichkeiten und der Verhältnisse, die sich jeder theoretischen Formulierung entzieht.

VIERTER TEIL

Militärsystem und Gesellschaftsordnung

XXV

Die Entstehung des preußischen Heeres von 1640 bis 1740*

GUSTAV SCHMOLLER

Das, was den Politiker und Nationalökonomen an militärischen Dingen vor allem interessiert, ist die Frage der Heeresverfassung, ist die Frage, wie das Heer eines Staates, die Heere einer bestimmten Zeit in das System der nationalen Arbeitsteilung eingegliedert sind, wie sie sich ergänzen, durch welche Mittel sie erhalten werden, und wie diese Ergänzung und Unterhaltung auf Staat und Gesellschaft, Finanzen und Volkswirtschaft zurückwirken.

I

Die Verwandlung der Regimenter aus mehr privaten in staatliche Unternehmungen

Als der große Kurfürst zur Regierung kam, fand er in seinen weit auseinander liegenden Territorien einige Truppenkörper nach altem Schlag geworben und gebildet, von denen nicht einmal klar war, wem sie eigentlich verpflichtet seien. Sie hatten dem Kaiser und dem Kurfürsten von Brandenburg zugleich geschworen und fanden in dieser unklaren Doppelstellung willkommene Veranlassung, Niemandem zu gehorchen, auf eigene Faust das Land zu mißhandeln. Die offene Widersetzlichkeit war an der Tagesordnung; der Oberst von Rochow drohte Spandau in

* Zuerst erschienen in der *Deutschen Rundschau*, Bd. 12 (1877), S. 248—273, wieder in: Ders., *Umrisse und Untersuchungen zur Verfassungs-, Verwaltungs- und Wirtschaftsgeschichte besonders des Preußischen Staates im 17. und 18. Jahrhundert*, Leipzig 1898 (Neudruck: Hildesheim - New York 1974), S. 247—288, hier die Seiten 247, 261—288. Die Kapitelzählung wurde für den Wiederabdruck verändert, der Text gekürzt.

die Luft zu sprengen, als man ihm einen Befehl sandte, der ihm nicht paßte. Der Kurfürst hatte die größte Schwierigkeit, diese gefährlichen Truppen aufzulösen und zu entlassen; wohl nur dadurch gelang es, daß derselbe sich zunächst mit dem reichsten und gewalttätigsten dieser Herren Obersten, mit Conrad von Burgsdorf, gut stellte, daß er mit ihm gemeinsam die schwarzenberg-österreichische Partei am Hofe stürzte. Später ereilte dann auch Burgsdorf freilich, mit Hilfe der oranischen Partei, dasselbe Schicksal.

Aber das war nur der erste Schritt gewesen, sich freie Hand zu verschaffen. Der Truppen konnte man ja nicht entbehren. Schon um auf die aufrührerischen rheinischen Provinzen einen Druck zu üben, um die Neutralität Brandenburgs zu schützen, mußte man wieder zur Werbetrommel greifen. Schon 1646 hatte der Kurfürst 8000 Mann, als er 1651 gegen Pfalz-Neuburg rückte, 16 000 Mann unter den Waffen. Und als er sich entschloß, dem großen schwedisch-polnischen Kriege nicht untätig zuzusehen, als er seine neugebildete Armee zum ersten großen brandenburgischen Siege vor Warschau führte (1655), zählte dieselbe bereits 26 000 Mann.

Natürlich war man vorsichtiger gewesen in der Erteilung der Werbepatente. Aber in der Hauptsache sah man eben doch auf tüchtige Kriegsleute und nahm sie, woher man sie bekam. Derfflinger, Kanneberg, Pfuhl, Görtzke, Quast traten aus schwedischem, Sparr aus österreichischem Dienst in den brandenburgischen über. Wenige Beamte und Offiziere gab es ja damals, die nicht ihren Herrn schon so oft gewechselt, als heute die Dienstboten ihre Herrschaften. Die Obersten waren zunächst, wie bisher, die Inhaber, die Herren, die Unternehmer des Regiments, brutal und selbständig nach oben und unten. Noch 1672 weigert sich einmal der alte Derfflinger, einem Befehl zu gehorchen: Davon stehe nichts in seiner Kapitulation. General Bauer verweigert 1659 den Gehorsam, wenn er nicht Generalfeldmarschall werde. Dem an der adeligen Opposition gegen den Kurfürsten teilnehmenden Oberst von Podewils wagt derselbe nur durch den Statthalter in Königsberg, Fürsten Radziwill, eröffnen zu lassen, er hätte sich einer solchen Impertinenz von ihm nicht versichert, und wenn er sich künftig nicht anders bezeige, so werde er ihm das beim künftigen Avancement gedenken. Die Mörnerschen Schilderungen brandenburgischer Kriegsobersten aus jenen Tagen lassen einen Unterschied zwischen Räuberhauptleuten und diesen Obersten oft kaum erkennen. Und auch was wir durch die aktenmäßigen Schilderungen Orlichs erfahren, gibt ein wenig erquickliches Bild. Die Offiziere und Generale unter einander duellieren sich, überfallen sich heimlich, stechen sich tot, ohne daß der Kurfürst wagen darf, viel einzugreifen. Er ist ihr Schuldner zu Tausenden von Thalern, sie sind die Gläubiger; sie drohen mit Meuterei der Truppen, die ganz in ihren Händen sind. Auch als 1660 mit dem Frieden von Oliva wieder eine Anzahl Truppenkörper aufgelöst werden sollte, ergaben sich Schwierigkeiten, ähnlich wie nach der Thronbesteigung im Jahre 1640.

Aber immerhin, die Zustände wurden nach und nach andere. Allerwärts hob sich die fürstliche Gewalt; die *Superioritas territorialis* des westfälischen Friedens gab den deutschen Landesherren die Möglichkeit, gegen die feudalen Elemente, gegen Stände und Korporationen wieder die Interessen der Gesamtheit zu verteidigen; die Lehren des Hippolithus a Lapide und Pufendorfs führten zu einer Stärkung des fürstlichen Regiments. Es kam die Theorie auf, daß in *casu necessitatis* die Privilegien der Stände cessierten. Im Herzogtum Preußen erwarb der Kurfürst die Souveränität; auch sonst hat er öfter gesagt, er müsse sich »absolut« machen. Er meinte damit freilich nicht eine Souveränität, wie sie Mazarin und Ludwig XIV.[1], wie sie Cromwell ausübte. Er meinte nur, seine preußischen Stände sollten nicht mehr von Warschau, seine rheinischen nicht mehr von Amsterdam und Wien aus gelenkt werden. Die Territorien, die er regierte, sollten auf sich gestellt und ihren Mittelpunkt in seiner Regierung haben. Sie sollten sich als Glieder eines Körpers nach und nach betrachten, sie sollten die Opfer, die Lasten wieder tragen lernen, die ein größeres Staatswesen mit einheitlicher monarchischer Leitung tragen muß.

In endlosen, jahrelangen Verhandlungen mit den Ständen hat er so einen neuen Verfassungszustand herbeigeführt, der das Mittelglied zwischen der feudal-ständischen Klassenherrschaft der Zeit vor dem dreißigjährigen Kriege und der Epoche des aufgeklärten Despotismus im 18. Jahrhundert ist. Er hat mit diesem neuen Rechtszustand und durch große Opfer nach anderen Seiten eine Steuerbewilligung durchgesetzt, die es ihm ermöglichte, auch in Friedenszeiten seine Truppen nicht ganz zu entlassen; in ähnlicher Weise hatte man in Frankreich und Österreich damals begonnen, stehende Truppen beizubehalten. Wenn die brandenburgischen Stände ihm erklären, das gereiche ihnen zur Beschimpfung, daß er nicht, wie die benachbarten Fürsten, seine Truppen abdanken wolle, so antwortet er ihnen, die hätten keine fernen Provinzen zu gewinnen oder zu verlieren, wie er. Im Jahre 1653 machen die brandenburgischen Stände eine Bewilligung für 6 Jahre, das war das Entscheidende. Damit war der *miles perpetuus,* die stehende Armee gesichert. Weitgehende Herrenrechte hatte der Adel freilich in Bezug auf seine Bauern sich dafür errungen. Die Leibeigenschaft ist vieler Orts erst auf Grund dieses Landtagsrecesses eingeführt oder anerkannt worden. Und ähnlich ging es in den anderen Territorien. Aber mehr und mehr gaben die Stände auch ohne solch' unbillige Forderungen nach; mehr und mehr wußte der Kurfürst ihnen klar zu machen, daß er ohne stehende Truppen nicht auskomme: So bedroht wie er sei kein anderer deutscher Fürst, er könne nicht anders, er habe nun einmal die Behauptung seines Landes in die Waffen gesetzt.

Damit wurden natürlich diese Compagnien und Regimenter selbst etwas anderes; wenn auch zunächst alles äußerlich in denselben Formen sich fortbewegte: Die

[1] [Anm. der Herausgeber: So im Druck in den *Umrissen und Untersuchungen* ..., S. 263.]

Werbung, die Löhnung von Offizieren und Mannschaft, die Kapitulationen, die Kontrolle durch den fürstlichen Kriegskommissar, all das erhielt sich zunächst, aber das dauernde Zusammenbleiben der Truppen erzeugte andere Bande innerhalb derselben, andere Bande zwischen ihr und dem Lande, sowie dem Landes- und Kriegsherrn. Die Ergänzung der Truppen, ihre rechtliche Stellung, ihre Verpflegung mußten nach und nach andere werden. Aus den Privatunternehmungen der Obersten konnte man nun, wenn auch erst nach langen Kämpfen und Schwierigkeiten, ein öffentlich rechtliches, nationales Institut machen. Was bisher planlos abgerissen regellos gewesen, konnte nun der festen Regel und Ordnung unterworfen werden. Eine andere Entwickelung der militärischen Technik und der Kriegswissenschaft war möglich durch den festen, dauernden, seine Traditionen stetig überliefernden Organismus der Armee. Der Name des Landsknechts verschwindet, wie die letzten Reste der demokratischen, längst freilich entarteten Soldatenrepublik. Sicher und fest erhebt sich auf dem Boden des energischen fürstlichen Regiments die monarchische, hierarchisch-gegliederte Heeresverfassung. Den Städten und Ständen wird das Recht, Truppen zu werben, ebenso genommen, wie ihre Selbständigkeit in Bezug auf die Befestigung der Städte und ihre Verteidigung durch Kanonen, städtische Zeughäuser und städtische Geschützmeister. Ähnliche Umbildungen vollziehen sich mit demselben politischen Umschwung in den meisten europäischen Staaten, vor allem in Österreich und Frankreich; mehr oder weniger wird allerwärts das Individuelle, aber auch das Anarchische, das Veraltete in Heer und Staat der schablonenhaften Regel und monarchischen Ordnung unterworfen. Verschieden aber war die Energie, die Klarheit, die Konsequenz, mit der in den verschiedenen Staaten nach ähnlichen Zielen gestrebt wurde. Verschieden waren die weiteren Folgen vor allem dadurch, daß in einem Lande diese Ordnung den großen Zwecken des Ganzen, im anderen den kleinen Zwecken fürstlicher Willkür diente.

Zunächst handelte es sich für den großen Kurfürsten darum, die Offiziere und Generale aus Spekulanten, Geschäftsunternehmern und Privatdienern in eine Genossenschaft staatlicher Beamter und Würdenträger zu verwandeln, die Verpflegung und Ergänzung der Armee mehr und mehr aus einem Privatgeschäft der Obersten zu einer öffentlichen Angelegenheit der Regierung zu machen.

Der Kurfürst fing an, die Offiziersgrade, besonders Titel und Rang eines Obersten, unabhängig von den Kapitulationen über ein Regiment, also auch denen, die kein solches führten, zu verleihen. In alle Kapitulationen wurde nach der vorhin erwähnten Insubordination Derfflingers die Klausel aufgenommen, daß die Obersten sich zu verhalten hätten, „wie es Unsere ergangenen Verordnungen oder welche Wir noch ferner ergehen lassen möchten, erfordern". Die Befehle des Kriegsherrn waren damit in die ihnen gebührende Stelle über die einzelnen Verträge mit dem Obersten gerückt, die monarchische Militärgesetzgebung begann die Kapitulationen zu verdrängen. Bei dem Tode eines Obersten vergab der Kurfürst das Regiment aufs neue, und wenn auch mit dem neu ernannten Oberst wieder eine Kapitulation geschlossen wurde, er war doch in ganz anderer Lage als die früheren Obersten. Er empfing ein Regiment aus der Hand des Kurfürsten, die alten Obersten hatten dem Kurfürsten die von ihnen gebildeten Regimenter zugeführt. Den einzelnen Obersten und Regimentern wurde 1681 eröffnet, daß sie jederzeit und sofort auf kurfürstlichen Befehl bereit sein müßten, sich von dem Feldmarschall Derfflinger oder auf dessen Gutfinden von einem anderen Mitglied der Generalität mustern zu lassen. Die Verordnung von 1684, daß der Rang ausschließlich durch das Dienstalter bestimmt werde, ließ die sämtlichen Obersten als eine einzige, nach dem Dienst für den Staat gegliederte Körperschaft erscheinen.

Der Kampf um die Besetzung der Offiziersstellen machte verschiedene Phasen durch. Die Obersten wollten ihre unbedingte Selbständigkeit nach dieser Richtung nicht fahren lassen. Aber man zwang sie zunächst 1659, in die Bestallungen die Klausel aufzunehmen, daß sie ihre Offiziere nur nach Urteil und Recht entlassen; 1672 wird das Erfordernis aufgestellt, daß es tüchtige, kapable, kriegserfahrene und dem Kurfürsten anständige Personen sein müssen; der Kurfürst hatte nun wenigstens ein Rekusationsrecht. Der weitergehende, bald darauf erfolgende Geh. Ratsbeschluß, daß die Obersten überhaupt die Bedienungen der Regimenter nicht mehr vergeben, sondern solches Sr. Fürstl. Durchlaucht überlassen müßten, scheint aber nicht sofort ganz durchgedrungen zu sein. Auch später noch verfügen die Obersten wieder zeitweise ziemlich unbedingt über die Offiziersstellen. Und erst unter Friedrich Wilhelm I. wird das freie, unbeschränkte monarchische Ernennungsrecht der Krone, wie auf allen anderen Gebieten der Verwaltung, so auch hier unbedingt anerkannt und ausgeübt. Erst mit diesem Recht in der Hand konnte Friedrich Wilhelm I. jene Reinigung des Offiziercorps vornehmen, von der ich nachher noch zu reden habe.

Was die Verpflegung der Truppen betrifft, so hatten die alten Landsknechtsfähnlein überhaupt keinen anderen Anspruch gehabt, als den auf den bedungenen Sold, den besonderen Sturmsold und die Beute bei Erstürmung und Plünderung einer eroberten Stadt. Im dreißigjährigen Kriege lagen die Truppen zur Sommerszeit im Lager, für den Winter wurden sie einquartiert, und das letztere wurde für die stehenden Regimenter nun dauernd üblich. Dabei hatten die Fürsten fast nie Geld zur Soldzahlung; man wies also die einzelnen Truppenkörper direkt an die Städte, Kreise oder ständischen Körperschaften, und halb in Form von Unterhandlungen, halb in der von Erpressungen bildete sich nun eine Praxis der Einquartierung, Verpflegung, Geldzahlung, Getreide- und Heulieferung, die mit den furchtbarsten Mißbräuchen, mit der brutalsten Aussaugung und Mißhandlung der Bauern und Bürger verbunden war. Wie es an einer festen staatlichen Kontrolle über dieses ganze Verhältnis fehlte, so war auch, was Offiziere und Mannschaft an Gehalt, Servis und Verpflegung zu fordern hätten, lange schwankend. Erst 1665 erließ der

Kurfürst feste, in der Hauptsache nun gleichbleibende Normen dafür. Am schlimmsten stand es auf dem Lande, wo weder Kriegskommissare noch Offiziere die Übergriffe der paar Soldaten oder Reiter, die in einem Dorfe lagen, gehörig beaufsichtigen konnten. Wenn man in Brandenburg-Preußen 1684 schon die gesamte Infanterie, 1718 dann auch die gesamte Kavallerie nach den Städten verlegte, so geschah es wesentlich mit aus diesem Grunde; man wollte den Bauernstand erleichtern, an Stelle der Naturallieferungen möglichst die viel leichter ohne Druck und Mißbrauch zu handhabende Geldverwaltung setzen und die Truppenkörper fester und sicherer in die Hand der fürstlichen Gewalt bringen.

Eine feste staatliche Ordnung der Einquartierung und Verpflegung trat ein; die Compagnien erhielten ihren Sold und ihre Werbegelder fest in bar ausgezahlt, ihnen blieb auch eine gewisse Selbständigkeit der Wirtschaftsführung; aber im übrigen wurde die Verwaltung — vor allem die Erhebung der Kontribution, dann auch die Beschaffung der Waffen, des Tuches, die Anlage von Kornmagazinen und ähnliches — Sache der fürstlichen Behörden. Aus jenen Kriegs- und Musterkommissarien, die im dreißigjährigen Kriege allen Regimentern und Heeren als fürstliche Kontrollbeamte beigegeben waren, bildete der Kurfürst schon während des schwedisch-polnischen Krieges eine feste, einflußreiche Behörde; sie versieht in diesem Kriege die Geschäfte des Generalstabes und der Militärintendantur zugleich. Nach dem Kriege bleibt ein ständiges Kommissariat in Berlin und in Königsberg; später erhalten auch die anderen Provinzen solche Behörden mit einem General-Kriegskommissar in Berlin an der Spitze. Sie dehnen ihren Geschäftskreis einerseits auf Kosten der ständischen Gewalten, andererseits auf Kosten der Obersten und Generale immer weiter aus, werden nach und nach Steuer- und Landespolizeibehörden, erhalten in den Steuer- und Kriegskommissären Einzeldelegierte zur Beaufsichtigung der Städte, wie ihnen für das Land die Landräte unterstellt werden. Das 1712 kollegialisch eingerichtete General-Kriegskommissariat wird dann 1722—23 mit dem General-Finanzdirektorium zu jenem einheitlichen inneren Staatsrat, „dem Generaldirektorium", vereinigt, aus dessen Schoße später die einzelnen Fachministerien und so auch das Ober-Kriegskollegium und Kriegsministerium hervorgingen. Diese ganze Behördenentwicklung ist außerordentlich charakteristisch für den preußischen Staat; wo sonst heißen die Polizei- und Steuerbehörden damals Kriegsräte, Kriegs- und Domänenkollegien? Aber wo sonst waren auch die großen Summen, welche die Armee kostete, so gut verwaltet, wo waren die militärischen Forderungen in die Finanz- und Gewerbepolitik des Staates so gut eingepaßt, wie in dem Preußen Friedrich Wilhelms des Ersten? Wo sonst war die Verwaltung so sparsam, so integer, so gut kontrolliert? Die Städte überboten sich unter Friedrich Wilhelm I. in ihren Bemühungen, Garnison zu bekommen, was nicht der Fall gewesen wäre, wenn die Mißbräuche noch in alter Weise fortgedauert hätten.

Der einheitlich staatliche Charakter der preußisch-brandenburgischen Truppen zeigte sich relativ früh auch in ihrer äußeren Erscheinung. Die gleiche Kleidung und Bewaffnung begann schon unter dem großen Kurfürsten. Ganz hat sie freilich auch erst Friedrich Wilhelm I. durchgeführt; die Offiziere haben erst unter ihm gelernt, regelmäßig Uniform zu tragen. Besonders die wohlhabenden, die Generale und höheren Offiziere hatten sich lieber in eleganten Modekleidern gezeigt und dadurch die weniger bemittelten verletzt; Friedrich Wilhelm meinte, des Königs Rock müsse jedem gut genug sein; er legte selbst, um den Ton anzugeben, von 1725 an die Uniform nicht mehr ab.

Wichtiger aber noch war die innere Umbildung der Truppen. Alle Soldaten schwuren seit dem großen Kurfürsten dem Monarchen den Eid der Treue und des Gehorsames. Die militärische Rechtspflege wurde eine wesentlich andere; und wenn sie zunächst eine harte, mit Prügel, Spießrutenlaufen und anderen derben Strafen wirkende blieb, so trat doch an die Stelle der längst dahin geschwundenen festen Formen des alten Volksgerichts nun die Garantie gelehrter, juristisch gebildeter Rechtssprechung. Im Jahre 1692 wurde „auf die Wahrnehmung, daß einige bei den Regimentern bestellte Auditeurs von sehr schlechten Studien und Wissenschaften seynd, daß sie weder *quoad Formalia,* noch *quoad Materialia* den Prozeß zu führen wissen, daß viele Ignoranz, Nachlässigkeit und Nullitäten dabei verspürt", verordnet, daß künftig jeder Auditeur vorher eine Prüfung abzulegen habe. Es ist wieder charakteristisch für Preußen, daß man früher an die Auditeure als an die Mitglieder des Berliner Kammergerichts dieses neue Erfordernis stellte. Für letztere wurde die Prüfung zuerst 1693 von Dankelmann angeordnet, wirklich regelmäßig ausgeführt erst in viel späterer Zeit.

Der alte Artikelbrief der Landsknechte, ein Vertrag zwischen Oberst und Soldat, wurde nun zum fürstlichen Kriegsrecht. Und wenn auch noch manche Stellen der Kriegsartikel Friedrich Wilhelms I. an die Landsknechtsordnungen erinnern, das eigentliche Prinzip, das zu Grunde lag, war doch ein total anderes: Das freie Reiselaufen des herrenlosen Landsknechts hatte keine Gemeinschaft mit der eisernen Disziplin und zwangvollen Subordination in diesen für immer mit dem preußischen Staate verwachsenen Regimentern.

Man hat in der Zeit des älteren Liberalismus in den militärischen Umbildungen jener Tage nur eine Folge der unumschränkten Monarchie, eine Zunahme des bloß Mechanischen, des Spielens mit den Formen, mit kleinlichen Exerzierkünsten, eine Herabdrückung der Menschenwürde durch harte Disziplin, Parade-, Wach- und Garnisondienst gesehen, die gefehlt hätten, so lange es noch keine stehenden Heere gegeben.

Die Härte, die Unerbittlichkeit der Disziplin will ich nicht leugnen; sie gehörte aber zum Charakter der Zeit und war mehr Folge der sozialen Klassengegensätze als des Königtums. Der Bauer wurde bei jeder Frohnarbeit geprügelt, und das Hängen und Spießrutenlaufen war im dreißigjährigen Krieg schlimmer als im Anfang des 18. Jahrhunderts. Ein ungeheurer Fortschritt aber lag nach meiner Empfindung gerade darin, daß die traditionelle Härte und Mißhandlung des gemeinen Soldaten nun wenigstens in Preußen staatlichen Zwecken diente und in der ganzen Armee nach gleichen Regeln, nach Rechtsgrundsätzen und nicht mehr nach persönlicher Willkür erfolgte. Welchen Vorzug soll es für die Mannschaft gehabt haben, daß in Österreich bis 1737 jeder Oberst anders verfuhr, sein eigenes Exerzitium hatte?

Schon der große Kurfürst hatte erklärt: „Wir haben für gut befunden, bei unserer ganzen Armee einerlei Exercitia und Kommando einzuführen; zu welchem Ende Wir unserm General-Wachtmeister von Schöning Befehl erteilt, daß er alle Majors von der Infanterie zu sich bescheiden und ihnen diese Handgriffe und Kommandos Unserer Intention gemäß anweisen soll." Die eigentlichen Exerzitienmeister der preußischen Armee aber, die eigentlichen Begründer der preußischen Disziplin, der taktischen Ausbildung der Infanterie, jener preußischen Ordonnanz, die dann den Weg durch ganz Europa machte, sind Leopold von Dessau und Friedrich Wilhelm I. selbst. Unablässig drillten sie die Truppen — der alte Dessauer auf der kleinen Wiese bei Halle, der König als sein Schüler in seinem spartanischen Potsdam; dort wurden die Künste vorbereitet, die dann bei Mollwitz zum ersten Mal die ganze Welt überraschten. Der in seiner Art geniale Leopold von Dessau führte den eisernen Ladestock, das schnelle Feuern ein, er machte den Gleichtritt, den die Griechen und Römer, die Schweizer und Schweden geübt hatten, wieder zur Regel, verbesserte das Bayonett, so daß es beim Feuern auf der Flinte bleiben konnte; er verminderte die Tiefe der Aufstellung auf drei Mann und brachte es dahin, die langen geschlossenen Linien in Ordnung während des Feuerns gegen den Feind zu bewegen. Der König meinte einmal, die Hauptsache sei: „geschwinde laden, geschlossen antreten, wohl anschlagen, wohl in das Feuer sehen, alles in tiefster Stille."

Aber verirren wir uns nicht auf das technisch-militärische Gebiet. Was wir betonen wollten, war die Tatsache, daß feste, mechanisch anwendbare Regeln, wie gleichmäßige Disziplin und Schulung großer Massen nichts an sich Unwürdiges, sondern die Voraussetzung aller großen staatlichen, besonders aller großen militärischen Leistungen sei. Und jedenfalls war die gewalttätige Härte, mit der der Soldat damals noch überall behandelt wurde, weil man in ihm nach den Traditionen des 17. Jahrhunderts den Auswurf der Gesellschaft sah, in Preußen durch eine Reihe von Umständen gemäßigt.

Friedrich Wilhelm I. fühlte sich selbst als Soldat und hatte eine väterlich patriarchalische Zuneigung zu seinen „lieben blauen Kindern", wie er sie nannte. Der preußische Soldat ward regelmäßiger und besser bezahlt und besser genährt als der irgend anderer Heere.[2] Man behauptete, die meisten der Soldaten würden für drei-

[2] Siehe darüber August Hermann Lucanus, *Preußens uralter und heutiger Zustand*, Manu-

fachen Lohn nicht in die Stellungen zurückkehren mögen, die sie vorher als Knechte innegehabt (Lucanus), sie hätten, wenn sie nur ihren Dienst gut tun, eine größere Freiheit als in allen anderen Ländern. Man fing an, in der Armee auf gute Sitten und Ehrbarkeit zu halten; der König ließ denen, die nicht lesen und schreiben konnten, Unterricht erteilen.

[...]

Daß diese Vorliebe des Königs für seine Soldaten und Offiziere auch zu vielen unbestraften Übergriffen derselben, zu mancher Mißhandlung der bürgerlichen Kreise führten, will ich nicht verschweigen. Nur ist auch nach dieser Richtung neben dem Anekdotenjäger der vergleichende Rechtshistoriker zu hören, der uns zeigt, wie die Dinge anderwärts waren und was im ganzen zur Ordnung und rechtlichen Feststellung der Grenzen zwischen Militär- und Zivilgewalt geschah. Und da erfahren wir, daß die wesentliche Bemühung des Königs dahin ging, nicht den Militärgewalten so viel mehr einzuräumen als bisher, ihnen jeden Übergriff zu gestatten, sondern dahin, auch auf diesem Gebiet eine feste rechtliche Ordnung der Kompetenzen und Gewalten zu schaffen, an Stelle der beliebigen Zugriffe und gegenseitigen Übergriffe das geordnete Ineinandergreifen der Militär- und Zivilgewalt herbeizuführen.[3]

Und eins war damals nicht ohne Berechtigung. Die Armee mußte, sollte sie wieder in das richtige Verhältnis zu Staat und Gesellschaft kommen, durch eine Begünstigung von oben herab gehoben, sie mußte in den Augen der besitzenden und gebildeten sowie der Mittelklassen jenen Anstrich verlieren, der im 17. Jahrhundert der charakteristische gewesen, jenen Anstrich, der die Farben zum Gemälde des Soldaten halb dem Bilde des Räuberhauptmanns, halb dem des Bettlers, Proletariers und Tagediebes entnahm.

Dazu hat freilich nichts mehr beigetragen, als die veränderte Ergänzung der Armee, die unter Friedrich Wilhelm I. eintrat, durch welche er der eigentliche Begründer der späteren preußischen Waffengröße wurde. „Wie aller Schatten der Eiche von der Kraft der Eichel herrührt", sagt Friedrich der Große, „so rührt all' mein späteres Glück von dem arbeitsamen Leben und den weisen Maßregeln Friedrich Wilhelms her."

skript der Königsberger Bibliothek. 1748. S. 192—197. Es ist hier daran zu erinnern, daß die Zustände von 1770 oder 1780 bis 1806 mit den hier geschilderten in keiner Weise vergleichbar sind.

[3] Siehe darüber eine eingehendere Untersuchung von mir: *Das Städtewesen unter Friedrich Wilhelm I.*, in: *Zeitschrift für Preußische Geschichte und Landeskunde*, Bd. 11 (1874), S. 565—578.

II

Das Kantonsystem und der Zwang des Adels zum Offiziersdienst

Die Ergänzung aller europäischen Heere beruhte im 17. Jahrhundert auf freiwilliger Werbung, auf freiwilligen Dienstverträgen mit solchen, die keine bessere Existenz fanden, die das Kriegshandwerk lockte. Man kannte wohl das Ungenügende dieser Ergänzung, und zwar umsomehr, je mehr die stehenden Regimenter zunahmen. Man machte mancherlei vergebliche Versuche, das allgemeine Landesaufgebot wieder militärisch zu organisieren und zu verwenden; besonders die Regierung des ersten preußischen Königs, wie sie überhaupt reich an Ideen und Entwürfen und arm an wirklichen Erfolgen war, zeigt in der Organisation der Landmiliz einen solchen Anlauf. Aber diese bewaffneten Landleute waren im Felde gegen eigentliche Truppen so wenig brauchbar, als die Lehensmiliz oder die Bürgerschützen, die der große Kurfürst zu regelmäßigen Übungen veranlaßt hatte. Sie kamen nicht in Betracht gegenüber den wettergebräunten, sturmfesten Gestalten, die Ofen erobert, die bei Turin, bei Blendheim, bei Malplaquet gefochten, die unter Barfuß, Schöning und Leopold von Dessau den preußischen Kriegsruhm begründet hatten.

Die Ergänzung dieser eigentlichen Regimenter blieb auch in Preußen der Werbung überlassen. Es galt bis gegen 1700 überall in Europa der Grundsatz, daß zum Eintritt in die stehende Armee Niemand gezwungen werden könne. Aber mit der steigenden Macht des Fürstentums, mit der großen Änderung, daß nicht sowohl mehr die Obersten für ihre Privatunternehmung, als die Fürsten für eine staatliche Sache warben, nahm doch auch die Freiwilligkeit einen anderen Charakter an. Man legte den Kreisen oder ständischen Korporationen die Verpflichtung auf, eine bestimmte Zahl Rekruten, wie man es jetzt nannte, zu stellen, und nahmen sie das Odium der sogenannten Zwangswerbung auf sich, so kümmerte das die Staatsgewalt nicht. Auch die allerwärts, ebenso in Frankreich und Österreich wie in Preußen, gemachten Anläufe, das alte Landesaufgebot wieder zu Landregimentern und Milizen zu organisieren, machte nach und nach mit dem Gedanken der militärischen Zwangspflicht vertrauter. Es wurde die Theorie aufgestellt, wenigstens im Notfall dürften die Fürsten die Untertanen wider ihren Willen zum Kriegsdienst zwingen. In Frankreich hatte man seit 1688 mit mäßigen Zwangswerbungen für eine Art Garnisonsregimenter begonnen; seit der Not im spanischen Erbfolgekrieg wurden jährliche Aushebungen nach dem Lose veranstaltet und die Ausgehobenen in alle Truppenkörper, auch unter die Feldtruppen, eingereiht.

In Preußen hatte die Dankelmannsche Verwaltung eine gewisse staatliche Ordnung in das Werbegeschäft zu bringen gesucht. Man hatte 1691 den Offizieren befohlen, daß jeder sich mit seiner Werbung auf die ihm zugewiesenen Quartiere, Muster- und Sammelplätze beschränke, und das Interimsreglement über die Rekrutierung vom 24. November 1693 erlaubt jedem Kreise, die auf ihn fallende Quote von Mannschaften selbst zu stellen; der Kreis soll dann ein mäßiges Werbegeld, zwei Thaler für den Mann, von dem betreffenden Offizier erhalten. Damit begann, wenigstens zeitweise, eine Art von Zwangsaushebung; es wurde bei der starken Vermehrung der Armee 1704 in ziemlich schroffer Weise verfahren, was sich auch darin zeigt, daß damals die zur Landmiliz Enrollierten von der Aushebung für die stehenden Regimenter ausdrücklich befreit wurden. Man schwankte im ganzen etwas unsicher hin und her, betonte bald wieder die Freiwilligkeit, wie 1708, bald wieder die Gestellungspflichtigkeit der Städte und Kreise und setzte dabei fest, wer frei bleiben solle und wer „ohne *bruit* aufgehoben" werden dürfe. Letzteres waren „diejenigen Leute, so zu Kriegsdiensten tüchtig und bequem und dem *Publico* nichts beitragen, auch im Lande wohl zu entraten sind".

Auch unter Friedrich Wilhelm hörte das Schwanken noch nicht vollständig auf; nur über eines war er in seiner praktischen Art sich sofort klar: Andere Truppen als die stehenden Regimenter konnte er nicht brauchen. Er schaffte die Landmiliz sofort ab, verbot sogar den Namen der „Miliz" und allodifizierte die Ritterlehne, löste die Pflicht der persönlichen Lehnsdienste mit jenen Ritter- oder Pferdegeldern ab, die ihm gestatteten, einige neue Regimenter zu errichten. Was die Ergänzung der stehenden Regimenter betraf, so gab er das Werbegeschäft wieder ausschließlich den Offizieren zurück; und als er erfuhr, daß infolge der sofortigen Vermehrung der Armee ein panischer Schrecken unter den jungen Leuten des Landes sich verbreitete, verbot er (9. Mai 1714) streng jede gewaltsame Werbung; die Zwangswerbung sollte höchstens gegen widerspenstige Dienstboten, ungehorsame Bürger, Bauern und dergleichen Untertanen eintreten, die das Ihrige liederlich durchbringen.

Und als trotz dieser Grundsätze die Mißbräuche der neuen Werbung nicht aufhörten, beschloß der König, dem seine Haushaltung, wie er es nannte, seine Industrie, seine Kolonisation ebenso am Herzen lag als seine Truppen, endlich 1721, alle inländische Werbung auf die wirklich freiwillig sich Meldenden zu beschränken und den Schwerpunkt auf die ausländische Werbung zu legen. Das Handgeld für die Anwerbung wurde auf dreißig Thaler erhöht. Es war ein Versuch, der auf die Dauer sich nicht haltbar erwies, der aber durch die noch immer vorhandene Abneigung des Volkes gegen den Soldatendienst, durch den Konflikt der militärischen mit den volkswirtschaftlichen Interessen hervorgerufen wurde.

Es begann nun jene Ausdehnung der ausländischen Werbung, welche Preußen in wiederholte ernste Konflikte mit anderen deutschen Staaten, auch mit Holland brachte. Es waren zeitweise 800—1000 preußische Werbeoffiziere im Auslande. Es sollen von 1713—35 im ganzen 12 Millionen Thaler an Werbegeldern ins Ausland gegangen sein. Für einzelne schöne Leute zahlte man bei Kapitulationen, oft nur für wenige Jahre, mehrere Tausend Thaler. Der König nahm bei den Revuen den

Hauptleuten oft die Leute dann zu noch höherem Preis für sein Regiment ab; so zahlte er z. B. 1731 bei einer Musterung 145 000 Thaler für 60 Mann. Vor allem auf „lange Kerle" machte man Jagd. Und so streng es der König verbot, viele der Werbeoffiziere dachten: Gewalt und List sei billiger als Geld. In Ungarn und Siebenbürgen organisierten jüdische Händler einen förmlichen Menschenhandel. Manche der damals entstandenen Werbeanekdoten mögen falsch sein; viele aber berichten nur, was in der Tat vorkam. In Holzkisten barg man z. B. die Leute, um sie über eine Grenze zu bringen, jenseits deren jede Werbung verboten war; nachher fand man sie erstickt. Jedenfalls ist so viel sicher, daß es die anderen Staaten nicht besser als Preußen machten, vor allem Holland, und daß gerade hieraus die meisten Kollisionen entstanden. Und es gereicht Preußen wenigstens der Umstand nicht zur Unehre, daß Seckendorf als österreichischer Gesandter in einem Bericht nach Wien die Lieferung „langer Kerle" mit der Bemerkung verlangt, das sei das einzige Mittel, die Offiziere aus der Umgebung des Königs etwas zu beeinflussen: „denn diese Leute capabel sind, ein Präsent von 100 oder 1000 Dukaten auszuschlagen, hingegen mit größter Freude etliche große Kerls bei ihren Compagnien annehmen, weil sie sonst solche anderwärts zu finden nicht imstande sind".

Damals mögen vorübergehend zwei Drittel der Leute Ausländer gewesen sein. Ganz haben sie die Inländer nie verdrängt. Und es zeigte sich auch bald, daß das System seine großen Nachteile hatte. Es war sehr teuer, und trotz aller Dressur und alles Drillens, trotz aller Bemühungen, die fremden Soldaten mit eingeborenen Mädchen zu verheiraten, und sie so an die neue Heimat zu fesseln, waren diese Fremden keine so guten Soldaten, wie die heimischen Bauernburschen; die Desertion nahm auf das bedenklichste zu und war den zahlreichen nur mit Gewalt und List Eingefangenen nicht zu verargen. Die Werbung von Ausländern wurde nun zwar nicht aufgegeben, sie hat das ganze vorige Jahrhundert nicht aufgehört und besonders nach dem siebenjährigen Kriege mit den neuen zahlreichen Ausnahmen von der Kantonverpflichtung wieder zugenommen. Aber man kehrte doch davon zurück, sich überwiegend auf sie zu stützen. Man griff zu einem System der inländischen Zwangswerbung, das durch die sogenannte Kantonverfassung seine rechtliche Fixierung erhielt.

In der Zeit nach 1721 hatten die adeligen Hauptleute, um sich wenigstens eine Anzahl billiger Rekruten zu verschaffen, die Bauernburschen ihrer Güter in ihre Compagnien eingestellt. War sonst jede Gewalt verboten, auf dem Boden der Gutsherrlichkeit verstand sie sich gleichsam von selbst. Und die Angeworbenen hatten dabei einen Vorteil. Die Offiziere entließen ihre eigenen Gutsuntertanen gern so früh als möglich auf dauernden Urlaub, um sie dann nur noch auf zwei Monate zu den Herbstübungen wieder einzuziehen. Es bildete sich das nach und nach zur festen Praxis aus; nach 1 1/2 bis 2 Jahren wurden derartige Leute entlassen. Der König duldete das System; es hatte seine unzweifelhaften Vorteile. Es setzte die Bedürfnisse der Armee und der Volkswirtschaft in sehr viel bessere Übereinstimmung. Nur den Nachteil hatte das System, daß es zunächst jeder gesetzlichen Basis entbehrte, daß der Zufall den einen Offizier dabei ebenso begünstigte, wie er dem anderen, besonders dem Nichtrittergutsbesitzer, die Sache erschwerte. Die Offiziere beschränkten sich dabei aber auch nicht auf ihre Güter; jeder suchte dem anderen zuvorzukommen, und je mehr man wieder zu Inländern griff, desto fühlbarer machte sich der Mangel fester Bezirke, auf den der einzelne Hauptmann angewiesen war. Um sich der Leute möglichst früh zu versichern, trug man sie in immer jugendlicherem Alter in die Stammrollen ein und entließ sie dann, bis sie herangewachsen waren, mit sogenannten Urlaubspässen auf Zuwachs. Das führte bei den Gerichtsstandsbefreiungen, deren der beurlaubte Soldat teilhaftig war, zu den größten Unzuträglichkeiten. [...] Der König entschloß sich endlich durchzugreifen, diese inländische Werbung, wenn sie nun einmal nötig und unentbehrlich sei, einheitlich und staatlich zu ordnen, die Mißbräuche, die das System in seiner jetzigen Gestalt hatte, zu beseitigen.

Das ganze Land wurde in sogenannte Kantons abgeteilt, durchschnittlich 5000 Feuerstellen auf ein Infanterie-, 1800 auf ein Kavallerieregiment; nur aus seinem Kanton durfte von da jedes Regiment — abgesehen von den Ausländern — seinen Ersatz beziehen. Die jungen Leute der Kantons wurden „enrolliert", wie man es hieß, d. h. in die militärischen Listen eingetragen, aus ihnen jährlich eine bestimmte Zahl einberufen. Es waren von Anfang an gewisse Kreise der Bevölkerung eximiert, aber entfernt nicht so viele, wie später unter Friedrich dem Großen; das Regiment lag im Kantonbezirk oder dessen Nähe.

Das Kantonreglement vom 15. September 1733 wagt zum erstenmal wieder den folgenschweren Satz auszusprechen: Alle Einwohner des Landes sind für die Waffen geboren. Es war der *erste Schritt zur allgemeinen Wehrpflicht.* Nur ein Land, das achtzig Jahre lang in der breiten Masse des Volkes die Kantonpflicht getragen, konnte 1813 vollends auch den kleinen Bruchteil der Gebildeten und Besitzenden heranziehen. Das Kantonreglement ist aber auch einer der wichtigsten Schritte zur Anbahnung des Staatsbürgertums.

Nicht umsonst wehrte sich ein Teil des Adels so sehr gegen das Kantonreglement.[4] Die hörigen Bauernsöhne, so jammerte eine pommersche Adelspetition, stehen nun nicht mehr unter der Gutsobrigkeit, sondern unter der Aushebungsbehörde; von dieser, nicht mehr vom Gutsherrn, braucht der Bauernsohn die Erlaubnis zum Heiraten. Der Bauer hörte auf, in den Frohnen für den Gutsherrn seine einzige Pflicht, seine einzige Verbindung mit dem Staat und den höheren Klassen zu sehen. Mit der roten Halsbinde und dem Büschel am Hut waren die Urlauber des

[4] Was ich hier mitteile, beruht auf Archivalien der königl. Regierung in Stettin Tit. V., 8 Nr. 81: „Vor Pommerische Landstände wegen Enrollierung der jungen Leute".

Königs Leute. Im Regiment hatten sie wieder Lesen und Schreiben gelernt, waren sie zu Ordnung, Gehorsam, Reinlichkeit erzogen worden, nahmen sie eine Welt neuer Vorstellungen auf; sie hatten ihren König gesehen und vielleicht auch gesprochen, sie wußten zu erzählen von den Taten des Regiments bei Fehrbellin, bei Hochstädt, später bei Hohenfriedberg, bei Roßbach, bei Leuthen, sie wurden aus mißhandelten Hörigen die Bürger eines Staates, mit dem sie innerlich verwuchsen, an dessen Ehre und Schicksal sie teil hatten, dem sie ihr Alles hinzugeben, ihr Leben zu opfern bereit waren.

Nicht minder bedeutungsvoll ist aber die veränderte Ergänzung des Offiziercorps. Dasselbe bildete bis zu Friedrich Wilhelm I. keinen geschlossenen Stand; Bildung und soziale Stellung von Offizier und Gemeinen war nicht wesentlich verschieden. Eine Anzahl jüngerer Söhne des brandenburgischen Adels dienten wohl in der Armee und gelangten auch eher als Bürgerliche oder Fremde zu Offiziersstellen. Aber es lag darin kein Prinzip, und der Adel der anderen Provinzen stand noch zu einem guten Teil feindlich der hohenzollernschen Herrschaft gegenüber. Der preußische Adel ging noch eher oder ebensogut in dänische und polnische, der clevische in holländische Dienste, als in brandenburgische.

Friedrich Wilhelm zwang seinen gesamten Adel systematisch, in die Armee einzutreten, und verjagte die sämtlichen ungebildeten und rohen Elemente aus dem Offiziersstande. Friedrich der Große sagt: „Man schaffte bei den Regimentern die Offiziere fort, deren Aufführung und Herkommen sich für die ehrenvolle Laufbahn nicht schickte, und seit dieser Zeit litten die Offiziere nur untadelhafte Namen unter sich." Die sämtlichen Offiziere sollten einen besonderen Stand der Ehre darstellen, von gleicher Bildung, gleicher Hingabe an den Dienst, gleicher Pflichttreue. Trotz aller Strenge der Disziplin verpflichtete das Dienstreglement von 1724 den Offizier nur dann zu unbedingtem Gehorsam gegen seinen Vorgesetzten, wenn dieser ihn nicht an seiner Ehre angriff. Der alte Weg, von der Pike auf zu dienen, wurde nicht ganz beseitigt; aber es wurden doch diejenigen bevorzugt, die als Pagen bei einem höheren Offizier eintraten oder durch das Kadettenhaus gegangen waren. Bei den Revuen gab sich der König besonders damit ab, die Pagen zu examinieren. Die kleinen Kadettenhäuser in Kolberg und Magdeburg wurden aufgehoben, an deren Stelle trat das Berliner, mit der schon 1722 auf 300 erhöhten Zahl von Kadetten. Es wurde damit jener aristokratische Charakter des preußischen Offizierkorps begründet, der [...] fortgedauert hat. Führt eine solche aristokratische Färbung, wie in der Zeit vor 1806, nur dazu, dem erblichen Adel ohne jede Rücksicht auf Verdienst die Offiziersstellen zu verschaffen, so ist sie natürlich vom Übel. Führt sie aber, wie es zuerst unter Friedrich Wilhelm I. war und wie es seit den Scharnhorstschen Reformen wieder ist, nur dazu, eine Bürgschaft für persönliche Tüchtigkeit und gute technische Ausbildung zu gewähren, führt sie eine geistige und moralische Elite der Nation dem Offiziersstand zu, verknüpft sie die besten und ersten Familien des Landes mit der Armee, so gibt ein solch aristokratischer Charakter des Offiziercorps der Armee eine Kraft und einen moralischen Halt, wie sie Armeen mit zahlreicher Beförderung der Soldaten und Unteroffiziere zu den Offiziersstellen nicht leicht haben können. Ein geistiger und moralischer Census als Vorbedingung für die Erwerbung irgend welchen Amtes ist auch kein Widerspruch gegen die Rechtsgleichheit. Und den Bürgerstand auszuschließen, wie es später geschah, daran dachte der bürgerlich gesinnte Friedrich Wilhelm nicht, der sich zum Arbeiten am Schreibtisch seine Schürze und seine leinenen Ärmel vorband, der zu allen Hoffesten ehrsame Bürger von Berlin und Potsdam nebst ihren Eheliebsten einlud. Nicht als ein Vorrecht des Adels galt es damals, zu dienen, sondern als eine lästige Pflicht, der man sich noch gern entzog, soweit es ging. Aber es ging nicht mehr.

Ich habe im Königsberger Archiv die Verhandlungen über diese Frage in Bezug auf Ostpreußen gefunden. Der König ließ sich erst Verzeichnisse aller jungen Adeligen zwischen 12 und 18 Jahren machen und bestimmte dann ohne weiteres, wer ins Kadettencorps in Berlin einzutreten habe. Vielfach mit Gewalt wurden die jungen Herrchen durch Unteroffiziere und Polizeiausreiter abgeholt und in Trupps von 18—20 nach Berlin geführt. Der König verlangt jährlich nach Proportion des Kreises eine bestimmte Anzahl. Den Eltern läßt der König eröffnen, so roh wie bisher könne er die Leute nicht brauchen. Sie könnten aber auch ganz sicher sein, „daß ihre Söhne im Christentum angewiesen und zu denen ihnen nötigen Wissenschaften und exercitien, als zum Schreiben und Rechnen, zu Mathesi, Fortification, französischen Sprache, Geographie und Historie, Fechten und Tanzen angeführt würden, ingleichen jedesmal 24 von ihnen unentgeltlich reiten lernten, daß sie auch in reinlichen Camern logiert und mit gesundem und gutem Essen und Trinken wohl versehen würden".

Dennoch sträubten sich viele auf das hartnäckigste dagegen, suchten z. B. zu beweisen, daß sie eigentlich den preußischen Adel nicht besäßen oder überhaupt nicht adelig seien. Es half ihnen nichts. Sie mußten; schweigen, Ordre parieren, seine Pflicht und Schuldigkeit, seinen Dienst an der Stelle tun, wo der König ihn hinstellt: Das war damals das Prinzip. Und der König erreichte, was er wollte; schon 1724 gab es z. B. in Pommern so ziemlich keine Adelsfamilie mehr, die nicht Offiziere unter ihren Mitgliedern hatte.

Die Rückwirkung dieses Zwanges auf den Adel selbst war eine ebenso große als heilsame. Der Adel wurde in politischer, sozialer und psychologischer Beziehung durch denselben ein anderer. Zwar gab es schon unter den adligen Familien, die am Hofe des großen Kurfürsten und Friedrichs I. eine Rolle gespielt, eine ziemliche Zahl tüchtiger Männer mit großer Weltkenntnis, mit einer auf Reisen und fremden Universitäten erworbenen umfassenden Bildung. Die französischen Adeligen und Gelehrten, die 1686 nach Berlin kamen, hatten einen sehr förderlichen Einfluß auf weite Kreise, vor allem auch auf den Adel geübt. Aber im ganzen besaß die Mehrzahl jener kleinen Junker in den östlichen Provinzen Deutschlands in der Zeit von 1650—1750 doch einen erstaunlich niedrigen Grad der Bildung und Lebenshaltung. Ihre Sprache war roh, ihre Wirtschaft schlecht, ihre Güter verschuldet; faul und untätig saß der eine Teil auf den elenden Ritterhöfen, seine Bauern mißhandelnd, von ständischem Hochmut erfüllt; der andere zog, verwildert, zu Trunk und wüsten Händeln geneigt, schmarotzend bei den Nachbarn und Verwandten herum, vom Volke als „Krippenreiter, Wurstreiter" usw. bezeichnet. Unter den ostpreußischen Junkern mochten gar viele sich von jenen polnischen Schlachtitzen nicht allzusehr unterscheiden, die lieber barfuß gingen, um nicht Bastschuhe, wie der Bauer zu tragen, und in Lumpen gekleidet auf jeden bürgerlichen Erwerb mit tiefer Verachtung herabsahen. Nach Stellen, Privilegien, Titeln hungrig, hatte dieser Adel noch unter dem großen Kurfürsten viel mehr im Kampf mit dem aufstrebenden Fürstentum, als im Anschluß an dasselbe seine bis zum Hochverrat gehenden egoistischen Pläne verfolgt; ein wüstes Adelsregiment wäre die Folge gewesen, wenn die Kalksteine, die Burgsdorf, die Wilich, wenn die ständische Opposition im preußischen Staate gesiegt hätte. Und diese Traditionen waren 1713 noch nicht erloschen. Noch Friedrich Wilhelm I. hat seine schwersten inneren Kämpfe mit dem ostpreußischen und Magdeburgischen Adel; er spricht es in der Instruktion für seinen Sohn 1722 geradezu aus, das Amt eines Generalkriegskommissarius sei ein so schwieriges, weil derselbe, wenn er seinem Könige treu dienen wolle, den ganzen Adel gegen sich haben werde. Die Bismarck, die Alvensleben, die Schulenburg, deren Nachkommen so treue Diener des preußischen Staates waren, gehörten damals noch zu den „renitenten" altmärkischen Adelsfamilien, denen der König durch allerhand Schikanen die Lust vertreiben will, gegen ihn zu querulieren.

Nicht allein, aber mit am meisten dadurch, daß der Junker gezwungen war, in die Armee einzutreten, verschwanden diese letzten Spuren seiner antimonarchischen, rebellischen Gesinnung. Was an roher Rauflust vorhanden war, veredelte sich in dieser verjüngten Lehnspflicht der Söhne des Adels. Die wirtschaftliche Existenz vieler Familien wurde durch die Offiziersgehalte gebessert. Und alle, die als Beamte oder Offiziere in den königlichen Dienst traten, mußten gute Wirtschaft und ehrbares Leben führen. Darauf sah der König ganz besonders. Nicht bloß militärische Zucht und Ordnung, sondern auch eine andere Art der Bildung und der politischen und sozialen Gesinnung brachte der Kadett, der Offizier, der ausgediente Hauptmann und Oberst auf das Rittergut zurück. Und wenn auch Preußen noch lange unter den weniger günstigen Seiten des Junkertums da und dort zu leiden hatte, im ganzen war mit dieser Umbildung des feudalen, frondierenden Adels in eine monarchische, mit Hingebung und Treue, mit Opfersinn und energischem Pflichtenbewußtsein der Krone und dem Staate dienende Aristokratie doch einer der wichtigsten Hebel politischer Kraft und Größe, nicht bloß für das preußische Heer, sondern auch für den preußischen Staat geschaffen.

Kehren wir von den inneren Umbildungen der Armee zu dem äußeren, klar sichtbaren Resultate zurück. Die brandenburgisch-preußische Armee hatte 1688 30 000, 1713 etwa 38 000 Mann betragen, gute Truppen, aber im ganzen doch noch Landsknechte, die der Kurfürst Friedrich an Österreich und England nicht viel anders vermietete, als es die kleinen deutschen Fürsten noch das vorige Jahrhundert hindurch taten. Im Jahre 1713 stand Preußen mit seiner Armee etwa Sachsen und Sardinien gleich. Im Jahre 1740 fand Friedrich der Große bei seinem Regierungsantritt eine schlagfertige Armee von 80 000 Mann. Österreich hatte etwa 100 000, Rußland 130 000, Frankreich 160 000 Mann. Preußen war 1740 an Fläche der zehnte, an Bevölkerung der dreizehnte, nach seiner militärischen Macht der dritte oder vierte europäische Staat. Ein Staatsschatz von 10 Millionen, eine musterhafte Ordnung in den Finanzen, ein genaues Ineinandergreifen von Zivil- und Militärverwaltung erleichterte die aktive Politik, die nun begann, die zum Erwerb Schlesiens, zum Kampfe mit halb Europa, aber auch zu jenen Siegen in Böhmen, Schlesien und Thüringen führten, die Preußen zur Großmacht erhoben, die ebenbürtig neben das ungarisch-italienisch-katholische Österreich, das romanische Frankreich, das maritime England und das eben aufblühende, noch halbbarbarische Rußland jene nationale, fortschrittliche, protestantisch-deutsche kontinentale Macht stellten, welche mit den Grundsätzen der Toleranz, der Bauernemanzipation, der allgemeinen Schul- und Wehrpflicht die ganze europäische Geschichte zu anderen Zielen führte.

Nicht leicht freilich war es gewesen, diese Armee zu schaffen. Niemals ist in Preußen ein so großer Teil der Staatseinnahme auf das Heer verwendet worden, als 1713—1740; niemals ist, auf den Kopf der Bevölkerung berechnet, so viel für das Militär ausgegeben worden, als in dieser Zeit. Aber dafür hatte man auch die dauernden Grundlagen für die militärische Entwicklung Preußens, ja für die europäischen Heerverfassungen der Neuzeit überhaupt geschaffen. Und das war das Wichtigste. Die preußische Armee von 1740 ist von den Landsknechtscompagnien, die der große Kurfürst 1640 antraf, wohl ebenso verschieden, als die preußische Armee des 19. Jahrhunderts sich von der von 1740 unterscheidet.

Aus den Privatunternehmungen von räuberischen, geldsüchtigen Obersten war eine nationale Armee geworden, die dem Staate fest eingefügt, mit ihm verwachsen, nur der Ehre und dem Interesse des Ganzen diente. Es war jene Kombination gefunden, die Masse des Volkes in den Jugendjahren durch die Armee gehen und dort militärisch ausbilden zu lassen, ohne sie damit dauernd dem bürgerlichen Leben und ihrem Beruf zu entfremden, — und daneben in den Offizieren und Unteroffizieren einen Stamm von lebenslänglichen Berufssoldaten zu schaffen, die der Armee diejenigen technisch-militärischen Fertigkeiten bewahrten, die bisher nur Söldnerheere und Prätorianer gehabt. Das Junkertum wurde durch den Offiziersdienst, der Bauernstand durch die Kantonpflicht wieder in die rechte Verbindung mit dem Staate und der Krone gebracht. Die Heeresorganisation hatte zugleich die sozialen Zustände von Grund aus verändert und gebessert. [...]

XXVI

Die Kantonverfassung des altpreußischen Heeres*

CURT JANY

Die von König Friedrich Wilhelm I. im Jahre 1733 durch Festsetzung regimenterweise abgegrenzter „Enrollierungskantons" geordnete Wehrpflicht seiner Untertanen, die bis zum Jahre 1806, ergänzt durch die auswärtige Werbung, die Grundlage der preußischen Heeresverfassung bildete, hat sich aus den unter dem ersten Könige in Übung gekommenen Rekrutenlieferungen des Landes entwickelt. Die von dem Großen Kurfürsten geschaffene Armee war bis zu seinem Tode ein Söldnerheer gewesen. Einige wenige durch Aushebung entstandene Truppenteile, wie das Regiment Kurprinz, das 1675 aus dem beim Einfalle der Schweden aufgebotenen Landvolk gebildet wurde, kommen zahlenmäßig wenig in Betracht. Das alte preußische „Defensionswerk" der Wibranzen und Dienstpflichtigen ließ der Kurfürst nach den Erfahrungen des schwedisch-polnischen Krieges, und nachdem diese Landmiliz beim Einfalle der Schweden in Preußen 1678 wieder gänzlich versagt hatte, verfallen. Die Heeresergänzung beruhte also damals auf der freiwilligen Werbung, doch bestand die Mehrzahl der Mannschaft aus Landeskindern. Auswärtige Werbung war und blieb auch in der folgenden Regierungsperiode Ausnahme.

Die von beinahe dauernden Kriegen erfüllte Regierungszeit seines Nachfolgers brachte eine große Wandlung, indem sie neben das Söldnertum die Rekrutenaushebung stellte. Beide Ersatzarten standen in diesem Zeitraum nebeneinander, wechselten sich ab und ergänzten sich gegenseitig. Schon während des Reichskrieges 1688—1697 vermochte die freiwillige Werbung die Lücken, die auf so vielen Schlachtfeldern eintraten, nicht zu decken. Daher begann die Regierung bereits 1688, namentlich aber auf Grund eines 1693 erlassenen „Interims-Reglements"

* Zuerst erschienen unter dem Titel *Die Kantonverfassung Friedrich Wilhelms I.*, in: *Forschungen zur Brandenburgischen und Preußischen Geschichte*, Bd. 38 (1926), S. 225—272.

den erforderlichen Ersatz in den Kreisen und Städten des Landes „auszuschreiben". Diesen blieb die Art der Aufbringung überlassen, aber sie mußten die ziffernmäßig festgesetzte Rekrutenzahl liefern und griffen daher zur zwangsweisen Einstellung. Zunächst hielt man sich an die nicht seßhaften Volksteile, das „unnütze Gesinde", allmählich aber griff der Zwang immer weiter auf die ländliche Bevölkerung und das städtische Kleingewerbe über. Die Kavallerie und Artillerie blieben jedoch dauernd bei der freiwilligen Werbung. Im Spanischen Erbfolgekriege steigerten sich mit dem Bedarf die Anforderungen an den militärischen Dienst der Bevölkerung. Die Untertanen waren nach der herrschenden Rechtsanschauung auf Grund des *jus sequelae* ihrem Landesherrn in Kriegszeiten zu dienen schuldig. Diese ursprünglich nur innerhalb der Grenzen des eigenen Landes gültige Pflicht der „Landfolge" beanspruchte die fürstliche Staatsgewalt jetzt auch für den Dienst im Heere und in auswärtigen Kriegen. Eine wahrscheinlich von dem Geheimen Rat Friedrich v. Hamraht um 1705 verfaßte Denkschrift erklärt es als feststehendes Recht, daß Seine Kgl. Majestät „vermöge Dero hohen landesherrlichen Superiorität und Deroselben anklebenden *juris sequelae* allerdings befugt sind, bei jetzigem allgemeinen Reichskrieg von Dero gesamten Provincien die benötigte Rekruten zu Completirung Dero auf den Beinen habenden Armee zu prätendiren, diese auch in alle Wege schuldig sind, selbige zu liefern". Ein gedrucktes Edikt gegen die Desertion vom 15. Mai 1711 wies in eindringlichen Worten darauf hin, daß „mancher zum Soldaten nicht allerdings mit seinem guten Willen gebracht, sondern viele mit Gewalt ausgenommen und geworben werden müssen". Jeder solle aber „wohl bedenken und unterscheiden, daß zu Beschützung und Beschirmung sowohl Seiner Königlichen Majestät eigenen Königreich und Landen als auch zu Wiederherstellung der allgemeinen Sicherheit und Ruhe, folglich bei dergleichen vorfallenden Notfällen er allerdings schuldig und verpflichtet sei, seinem Könige und Landesherrn treu und redlich zu dienen und sein Gut und Blut vor die gemeine Reichs- und Landeswohlfahrt willig herzugeben". Noch gab es weder eine gesetzliche Regelung der Dauer der Dienstpflicht,[1] noch eine geordnete Listenführung,[2] noch eine Zuwei-

[1] Schon in einem Bericht vom 25.11.1695 bezeichnete es der Gesandte v. Schmettau im Haag als einen Nachteil für die Werbungen der Brandenburger, daß die kurfürstlichen Truppen „auf keine gewisse Zeit engagiret" würden, während die Holländer ihre Mannschaft durch „Billets" auf gewisse Zeit anwerben ließen. Die erwähnte Denkschrift von 1705 bemängelt, „daß die Rekruten nicht auf gewisse Jahre, sondern ohne Limitation gewisser Zeit ausgenommen und den Leuten dadurch alle Hoffnung, von der Miliz (d.h. dem Militärdienst) erlöset zu werden, benommen worden". Durch Edikt vom 26.11.1705 wurde darauf gestattet, daß die Orte, welche Mannschaften stellten, mit ihnen auf 4, 6 oder mehr Jahre kapitulierten, nach deren Ablauf sie entlassen werden sollten. Ähnlich in der Instruktion vom 10.9.1708. Solche Kapitulationen werden in der Tat vereinzelt erwähnt. In welchem Umfange davon Gebrauch gemacht wurde, ist nicht zu ersehen.

[2] Die Denkschrift von 1705 erklärte es für nötig, „sich von Jahren zu Jahren der in allen

sung ständiger Ersatzbezirke an die Truppenteile.[3] Die Verhältnisse waren noch keineswegs gefestigt. Als wichtiges bleibendes Ergebnis ist aber festzustellen, daß die Pflicht der Untertanen zum Heeresdienst durch vieljährige praktische Durchführung zum Gewohnheitsrecht wurde. Auf dieses Gewohnheitsrecht hat König Friedrich Wilhelm I. seine Kantonverfassung aufgebaut. Der Satz seines Ediktes vom 9. Mai 1714, wonach die junge Mannschaft sowohl in den Städten wie auf dem platten Lande ihm „nach ihrer natürlichen Geburt und des höchsten Gottes eigener Ordnung und Befehl mit Gut und Blut zu dienen schuldig und verpflichtet", war den Preußen längst nicht mehr bloß in der Beschränkung auf eine Landmiliz geläufig, sondern schon unter dem ersten Könige jahrein jahraus für die Heeresergänzung praktisch durchgeführt worden. Freilich war dies bisher nur in Kriegszeiten geschehen, und die Ausdehnung des fürstlichen Anspruches auf den Heeresdienst im Frieden erschien dem öffentlichen Rechtsbewußtsein zunächst als ein Akt des Despotismus. Den Ausgleich schuf dann, wie wir sehen werden, das Beurlaubungssystem, indem es die wirkliche Dienstzeit der Landeskinder im Frieden zu einer jährlichen Übungspflicht herabsetzte. Die für die Urlaubsmonate ersparte Löhnung ermöglichte eine Ausdehnung der auswärtigen Werbung, und die auf diesem Wege beschafften, dauernd bei der Fahne behaltenen starken Truppenstämme gaben dem ganzen System militärische Haltbarkeit. Sie sicherten die Kriegstüchtigkeit und die taktische Durchbildung des Heeres, obwohl es nur während weniger Monate des Jahres vollzählig versammelt war. Zugleich gab die natürliche Vermehrung der wehrpflichtigen Bevölkerung das Mittel zur Schaffung einer starken Kriegsreserve, die sich aus dem „Zuwachs" von noch nicht eingestellten „Enrollierten" und den bis zur Invalidität dienstpflichtig bleibenden „Ausrangierten" der Regimenter zusammensetzte.

In seiner Vollendung erscheint dieses System wie das sinnvoll erdachte Werk eines militärischen Gesetzgebers. Daß es sich aber nicht so, sondern erst in allmähli-

Provincien befindlichen und anwachsenden jungen Mannschaft gewiß zu informieren" und schlug „ein beständiges Mannschaftsregister" nach dem Muster der bei den Truppen geführten Stammrollen vor. Es hat aber noch 60 Jahre gedauert, bis man so weit gelangte.

[3] Die Regimenter standen meist im Felde und hatten keine festen Friedensgarnisonen, ebensowenig Beständigkeit zeigen bis in die letzten Jahre (1710, 1711) die Übersichten der ihnen in jedem Winter zugewiesenen „Rekrutenplätze". Frhr.v. Schroetter in seiner sorgfältigen, leider ohne Ausnutzung der Akten des Geheimen Staatsarchivs gearbeiteten Darstellung des Ersatzwesens unter dem ersten Könige (*Die Ergänzung des preußischen Heeres unter dem ersten Könige*, in: *Forschungen zur Brandenburgischen und Preußischen Geschichte*, Bd. 23 [1910], S. 84 f.) irrt, wenn er von einem 1691 eingeführten „Territorialsystem" spricht, auf dem Friedrich Wilhelm I. bei seiner Kantoneinrichtung gefußt habe. Wenn 1691 den Offizieren befohlen wird, nicht über die ihnen angewiesenen Quartier- und Musterplätze hinauszugreifen, so war das nichts Neues. Bei fast jeder Werbung seit dem Dreißigjährigen Kriege erhielt jede Truppe ihren bestimmten Werbeplatz.

chem Ausgleich der militärischen und wirtschaftlichen Bedürfnisse, besonders in seinen Anfängen auf die gewaltsamste Art, geradezu unter sozialen Konvulsionen, herausgebildet hat, wird die folgende Darstellung zeigen.

Hatte diese von Friedrich Wilhelm I. begründete Heeresverfassung, besonders das Urlauberwesen, unbestreitbare Ähnlichkeit mit einem Milizsystem, so ist es doch ein Irrtum, wenn man darin eine, sei es ideelle, sei es praktische Nachwirkung der Milizpläne des ersten Königs gesehen hat. Darauf führte namentlich die Bezeichnung der in die Miliz eingestellten jungen Leute als „Enrollierter", ein Ausdruck, der schon seit der Mitte des 17. Jahrhunderts in Brandenburg vorkommt und ganz allgemein die Eintragung in Mannschaftslisten bezeichnete.[4] Als die Truppen, wie wir dies noch zu schildern haben werden, um das Jahr 1720 begannen, die junge Mannschaft zum künftigen Dienst zu „enrollieren", d. h. vorzumerken, dachte niemand an die schon seit Jahren aufgehobene Landmiliz, die gerade umgekehrt eine Menge diensttüchtiger Leute der Einstellung in die Regimenter entzogen hatte. Keine Brücke führt von der früheren Landmiliz zur Kantoneinrichtung Friedrich Wilhelms I. Wie sehr er selbst jene ablehnte, zeigt ja sein bekanntes Verbot, auch nur den Namen „Miliz" fernerhin auf die Kriegsmacht anzuwenden.

Mit dem Regierungsantritt Friedrich Wilhelms I. fiel das Ende des Spanischen Erbfolgekrieges zusammen. Während früher jeder Friedensschluß eine beträchtliche Verringerung der Kriegsmacht mit sich gebracht hatte, begann der König sofort seine Armee zu verstärken. Im Jahre 1713 vermehrte er die Infanterie um 8073, die Kavallerie um 1067 Köpfe.[5] Dagegen hob er schon am 7. März die von Friedrich I. errichtete Landmiliz auf, da die bei ihr enrollierten jungen Leute bisher der Werbung für das stehende Heer entzogen geblieben waren. Am 15. Mai 1713 verbot er den Abschluß von Kapitulationen auf gewisse Jahre. Alle Geworbenen sollten so lange dienen, bis es dem Könige selbst gefallen werde, sie ihrer Dienste

[4] So sagt Max Lehmann, *Scharnhorst*, Bd. 1, Leipzig 1886, S. 87, „daß Enrollirte und Cantons ursprünglich Miliz-Attribute waren. Der Gedanke der Dienstpflicht und das eng damit zusammenhängende Postulat der Nationalität sind von der Miliz auf das stehende Heer übergegangen". Der Gedanke der Dienstpflicht der Landeskinder wurde zwar, wie oben dargelegt, juristisch mit dem *jus sequelae* begründet, ist aber praktisch nicht von der Miliz, sondern von den Rekrutenlieferungen während der Kriege gegen Ludwig XIV. ausgegangen. Die Kantons stammen ebensowenig von der Miliz, entsprechen vielmehr den Werbebezirken des alten Söldnerheeres. Schon R. Braeuner, *Geschichte der preußischen Landwehr. Historische Darstellung und Beleuchtung ihrer Vorgeschichte, Errichtung und späteren Organisation. Nach den besten vorhandenen Quellen*, 1. Halbbd., Berlin 1863, S. 27, bemerkt richtig: „Man darf übrigens diese Enrollirten — Friedrich Wilhelms I. — durchaus nicht mit denen König Friedrichs I. verwechseln, weil *der gleiche Ausdruck für zwei ganz entgegengesetzte Bestimmungen gebraucht wird.*"

[5] Siehe die *Miscellaneen zur Geschichte Friedrichs II.*, Berlin 1878, S. 479 ff. (Bericht des Etatsministers v. Viereck nach den Akten des Generalkriegskommissariats).

zu entlassen. Die früher abgeschlossenen Kapitulationen erklärte der neue Herr einseitig für „kassiert und aufgehoben". Dazu steigerte der König die Ansprüche an die Beschaffenheit, vor allem an die Leibeslänge der Mannschaften beträchtlich. Nach dem Reglement für die Infanterie vom 28. Februar 1714 sollte jedes Bataillon jährlich 25 Mann (jede Kompagnie also 5 Mann) ausrangieren und durch jüngere, namentlich aber größere Rekruten ersetzen.

Nun war in der abgelaufenen Kriegszeit die Infanterie in immer steigendem Maße durch Landeskinder ergänzt worden, die wußten, daß sie ihrem Könige in *Kriegszeiten* zu dienen schuldig waren, jetzt aber vergeblich auf ihre Entlassung hofften. Der beginnende Garnisonsdienst unter der Fuchtel scharfer Exerziermeister vermehrte den Widerwillen. Die Folge war eine unerhörte Desertion. Die Generallisten weisen für das Jahr 1714 im ganzen einen Abgang von 3471 Fahnenflüchtigen, des Bestandes von fast sechs Bataillonen allein bei der Infanterie nach, dagegen bei der Kavallerie, die immer bei der freiwilligen Werbung geblieben war, nur von 70! Diese Lücken mußten natürlich auch wieder durch neue Rekruten gefüllt werden.

Die Entwicklung des Ersatzwesens, wie sie sich in den folgenden Jahren gestaltete, erscheint unklar und widerspruchsvoll, wenn man sie lediglich an der Hand der öffentlich bekannt gemachten Erlasse verfolgt,[6] deren Zweck hauptsächlich die Beruhigung der Bevölkerung war und deren Wortlaut von den Truppenteilen und den Zivilbehörden recht verschieden ausgelegt werden konnte. Beobachtet man dagegen die praktische Entwicklung der Dinge, wie sie namentlich aus den Akten der Regimenter und der Kriegs- und Domänenkammern hervorgeht, so zeigt sich eine ziemlich gerade Linie. Um sie zu finden, müssen aber die Verhältnisse dieser Übergangszeit eingehend vorgeführt werden. Für die Beschaffung des Ersatzes gab eine gedruckte Verordnung vom 22. Juni 1713 den Regimentern anheim, sich mit den Regierungen, Kommissariaten, Landräten und Steuerkommissarien im Bereich ihrer Standquartiere darüber zu einigen, „daß *entweder* die fehlende Mannschaft von dem Lande, Städten und denen Kreisen geliefert *oder* von der Miliz (den Truppen) selbst angeworben werde". Der König stellte also die beiden Wege zur Wahl, zwischen denen die Heeresergänzung während der verflossenen Kriegsjahre geschwankt hatte, erklärte aber dabei, daß er sich hinsichtlich der Kriegstüchtigkeit der Leute „einzig und allein an die Officirer der Regimenter halten wolle". Diese wußten, wie hohe Ansprüche der König stellte. Daher hatten die Kreise und Städte, denen die provinziellen Kommissariate auf Grund des ihnen von den Regimentern angemeldeten Ersatzbedarfs die Lieferung der Rekruten auftrugen, die größte Mühe, den Anforderungen zu genügen. Während die Regimenter sich über säu-

[6] Sie finden sich fast alle in der Myliusschen Ediktensammlung, auf die hiermit verwiesen wird (vgl. Anm. 67).

mige Gestellung oder Unbrauchbarkeit der Gelieferten beschwerten, klagten z. B. die Stände der Grafschaft Mansfeld, daß die Offiziere keine Leute unter „3 Ellen, 2 Daumen" annehmen wollten. In den meisten Provinzen zogen die Kreise und Städte es aber doch vor, die Rekruten selbst zu beschaffen; denn andernfalls schritten die Regimenter zu eigener „Werbung", und diese vollzog sich dann oft schlechtweg als „Aufhebung" aller körperlich zu Soldaten geeigneten jungen Leute. In den zahlreichen Verordnungen der nächsten Jahre, welche Aufhören der „Werbungen" versprachen, wird darunter eben diese gewaltsame Werbung verstanden, ja die „Werbung" wird in diesem Sinne mitunter geradezu in Gegensatz gestellt zu der Annahme Freiwilliger gegen Handgeld bei öffentlichem Trommelschlag, wie sie dem ursprünglichen Wortsinne entsprach. Was für Übergriffe bei der „Werbung" vorkamen, das beleuchtet grell eine Ordre vom 9. August 1713, wonach „die ankommende Posten von denen in den Städten commandirenden Officirern zum öftern angehalten und die darauf befindliche zu Kriegsdiensten etwa tüchtige Passagierer und Postillons mit Gewalt weggenommen werden". Der König untersagt dies zwar, aber mit dem Zusatze „wenn selbiger (der Postillon) nicht von der Größe, daß er bei Dero Bataillon Grenadirer (dem großen Leib-Bataillon) stehen könne"!

Die Furcht vor den Werbern griff unter solchen Umständen im Lande bedenklich um sich, und viele junge Leute flüchteten über die Grenzen. Um dies zu verhindern, drohte ein gedrucktes Edikt vom 17. Oktober 1713 an, daß jeder Untertan, der ohne Erlaubnis außer Landes gehe, als Deserteur behandelt werden würde. Doch die Grenze setzte hier die Staatsraison. Litt der Ackerbau, ging die Gewerbetätigkeit der Städte zurück, so war die Aufbringung der ländlichen Kontribution und der Ertrag der städtischen Akzise gefährdet, und darauf ruhte das ganze Heeresgebäude. So richtete sich der Blick von selbst auf die Anwerbung von Ausländern. Sie bot gerade damals gute Aussichten, weil nach dem allgemeinen Frieden überall, außer in Preußen, Truppenreduktionen stattfanden. Am 22. Januar 1714 mißbilligte der König, daß „die vom Lande und denen Städten gelieferte oder auch freiwillig zu Rekruten sich angebende Leute, wann selbige nicht Einheimische oder Landeskinder sein, von den Officirern verworfen und zu Rekruten durchaus nicht angenommen werden wollen". Es genüge, wenn die Leute recht wohl gewachsen und zu Kriegsdiensten tüchtig seien. Das Reglement von 1714 genehmigte ausdrücklich. daß „die Kompagnien *auch Ausländer,* wofern es hübsche, ansehnliche Leute sind, annehmen können". Wo Städte und Orte Geld statt der Rekruten gaben, sollten die Truppen dafür in den nächsten Reichsstädten werben.[7] Die Werbung im Inlande wurde dagegen beschränkt. Das Reglement verbot bei Kassation des Kapitäns, „angesessene Leute als Bürger, welche Häuser haben, Bauern und Kossäten"

[7] Ordre vom 21.3.1714.

zu Soldaten wegzunehmen. Am 2. April 1714 erging ein Erlaß, wonach vom 1. Juni ab alle gewaltsame Werbung in den königlichen Landen aufhören und nur noch Freiwillige angenommen werden sollten. Statt der noch fehlenden Rekruten sollten die Örter, welche sie zu liefern schuldig wären, je 10 Taler Werbegeld abtragen, damit die Mannschaft auswärts, z. B. in Frankfurt, Köln oder Danzig, angeworben werden könne. Ein Edikt vom 9. Mai betonte zwar mit Nachdruck, daß dem Könige die junge Mannschaft sowohl in den Städten als auf dem platten Lande „nach ihrer natürlichen Geburt und des höchsten Gottes eigener Ordnung und Befehl mit Gut und Blut zu dienen schuldig und verpflichtet" sei. Doch versprach der König nochmals, daß vom 1. Juni ab alle (gewaltsamen) Werbungen aufhören würden und nur noch „mit guter Manier und ohne alle Gewalttätigkeit" bei öffentlichem Trommelschlag und Handgeld geworben werden solle. Zugleich erging ein Generalpardon für ausgetretene Landeskinder, auch solche, „welche bereits würklich bei denen Regimentern und Kompagnien enrollirt,[8] geschworen und Handgeld, Mondirung oder Löhnung genossen, aus Zaghaftigkeit oder andern Ursachen aber sich nachgehends absentiret und solchergestalt würklich desertiret haben". Vor allem aber erleichterte der König den Militärdienst durch umfassende *Beurlaubungen,* welche die Inländer dem Wirtschaftsleben des Landes für einen großen Teil des Jahres, namentlich zur Aussaat und Erntezeit, zurückgaben.

Das Reglement an die Infanterie vom 28. Februar 1714 bestimmte, daß nur im April, Mai und Juni alles bei den Fahnen sein müsse, während der übrigen neun Monate aber weitgehende Beurlaubungen eintreten dürften. Vorerst tat der König, der soeben die Landmiliz abgeschafft hatte, nur zögernd diesen Schritt, der ihn auf einem Umwege zu einer Heeresverfassung führen sollte, die mit einem Milizsystem Ähnlichkeit hatte. Nur 30 Mann jeder Kompagnie, also der vierte Teil, sollten gleichzeitig beurlaubt werden, bloß in den Erntemonaten Juli, August und September durften 50 Mann abwesend sein, vorausgesetzt daß die zurückbleibenden Diensttuer zwei wachtfreie Nächte behielten. Kein Unteroffizier und Gemeiner aber sollte länger als zwei Monate der Truppe fernbleiben. In Einzelfällen erweiterte der König die Urlaubsbefugnis über die in dem Reglement vorgesehenen Zahlen.[9] Der Beurlaubte erhielt nur halbes Traktament, die andere Hälfte verblieb der Kompagnie und sollte zur Deckung der Werbungskosten dienen.

[8] Das Wort „enrollieren" wird hier für die Einschreibung wirklich zum Dienst eingestellter Soldaten in die Stammrolle ihrer Kompagnie gebraucht. Ähnlich in einem Edikt vom 3.3.1720, das ausgetretenen Untertanen verspricht, daß sie bei ihrer Rückkehr „von gewaltsamer Enrollierung das geringste nicht mehr zu besorgen haben". Bei der 1717 begonnenen Errichtung der Invaliden- oder Garnisonbataillone werden die noch garnisondienstfähigen Invaliden zu diesem Zwecke „enrolliert". (Ordre vom 4.8.1718 an das Regiment Dönhoff). Auch die Einstellung von Kadetten in das Kadettenkorps heißt „Enrollierung".

[9] Max Lehmann, *Eine militärische Verfügung Friedrich Wilhelm I.*, in: *Historische Zeitschrift*, Bd. 68 (1892), S. 83—94, hier S. 83.

Nach der Rückkehr der Truppen aus dem pommerschen Feldzug von 1715 begannen alsbald die früheren Klagen und Beschwerden über die „Werbungen" von neuem. Noch aus dem Lager vor Stralsund hatte der König am 23. Dezember 1715 befohlen, daß die Regimenter bis zum 1. Juni 1716 wieder komplett sein müßten.[10] Dazu sollten keine Leute mit Gewalt weggenommen, sondern „mit guter Manier, gelinden Worten und möglichster Listigkeit" geworben werden! Laut Ordre vom 22. Januar 1716 hatten sich die Truppenteile nach der Rückkehr in ihre Standquartiere mit den Zivilbehörden zu besprechen, ob diese die nötigen Rekruten bis zum 1. Juni selbst aufbringen wollten. Es müßten aber Leute sein, „welche Seine Königliche Majestät, wann sie selbige in Augenschein nehmen werden, auszumustern und zu verwerfen nicht Ursach haben mögen". Auch ließ der König, wie schon früher, keinen Zweifel darüber, daß er sich allein an die Kommandeure halten würde.[11] Um dem Entweichen der jungen Mannschaft vorzubeugen, das bei vorzeitigem Ruchbarwerden der bevorstehenden „Werbung" zu erwarten stand, durfte „die Sache nicht eclatiren". Daher sollten nach einer am 13. Februar erlassenen Instruktion, sobald die Kommissariate die Einteilung gemacht hätten, Städte und Dörfer die in Aussicht genommenen Rekruten den Offizieren unter der Hand anzeigen, damit durch diese „die jungen Leute ohne Desordre und Bruit, welche dieselbe schüchtern machet, aufgehoben werden könnten". Diese mit den Ortsbehörden vereinbarte „Aufhebung" galt als ordentliches Verfahren, als regelrechte „Werbung", weshalb die Offiziere auch den Aufgehobenen „ein raisonnables Handgeld" geben sollten. Wenn am 24. Juli 1716 nochmals alle gewaltsame Werbung untersagt wurde, so galt auch dies Verbot lediglich den Gewalttaten, die bei den Werbungen erfahrungsmäßig vorkamen, nicht diesen selbst, und auch Gewalttaten waren, wie die Werber wohl wußten, nur verpönt, wenn sie zu öffentlichen „Desordres" ausarteten. Die einstige Freiwilligkeit der Werbung trat mehr und mehr in den Schatten.

Nachdem die Truppen sich wieder ergänzt hatten, blieb nur noch der laufende Abgang zu decken. Die Einstellungsziffer sank demgemäß von Jahr zu Jahr, auch in der Zahl der Desertionen trat ein starker Rückgang ein.[12] Ein Hauptantrieb für die

[10] Der Abgang der Infanterie während des Feldzuges (36 Bataillone) wurde auf 25 Mann pro Kompagnie, im ganzen also 4500 Mann geschätzt, wofür der König je 50 Rth. = 225000 Rth. Rekrutierungskosten genehmigte. General-Liquidation der Kampagne von 1715, (Anton Balthasar König), *Versuch einer Historischen Schilderung der Hauptveränderungen, der Religion, Sitten, Gewohnheiten, Künste, Wissenschaften etc. der Residenzstadt Berlin seit den ältesten Zeiten, bis zum Jahre 1786*, Bd. 4, Teil 1, Berlin 1796, S. 372 f.

[11] Als darauf der Kommandeur des Regiments Jung-Dönhoff (Nr. 21) in Halberstadt von 156 gelieferten Rekruten nur 39 als geeignet anerkennen und annehmen wollte, wies ihn der König am 24.3.1716 darauf hin, daß bei solchen Ansprüchen die Lieferung dem Lande „schwer, ja gar ohnmöglich" fallen müsse.

[12] Für die Musketiere der Infanterie-Regimenter geben die Generallisten folgende Zahlen:

Werbungen der Truppen bestand aber fort, nämlich das Verlangen nach großen Leuten. Der in Preußen befehligende Herzog Friedrich Ludwig von Holstein berichtet am 10. September 1717: „Ich kann Ew. Königl. Maj. versichern, daß kein einziges Regiment in Preußen, so nicht überkomplett ist, und geschiehet besagte Werbung aus der Ursache, weil ein jedes Regiment große und ansehnliche Leute anzuschaffen und die kleinen zu quittiren bemühet ist." Am 10. Mai 1717 erging an alle Regimenter wieder ein Befehl, daß die Werbungen in allen Provinzen „von nun an und forthin gänzlich eingestellet" sein sollten. Er wurde auf Beschwerden aus der Neumark vom 15. Juni nochmals eingeschärft. „Alle Werbungen und bisher dabei verübte Gewalt" sollten aufhören. Offenbar lag aber der Schwerpunkt wieder auf dem Verbote der Gewalttätigkeiten, und dieses ließ sich umgehen. Wie wenig auf strenge Durchführung jenes Befehls zu rechnen war, zeigte bald darauf ein gedrucktes Edikt vom 27. September 1717, wodurch die aus fremden Landen zugezogenen Arbeiter der Wollenindustrie, die in der Kurmark mit ihrer starken Schafzucht das „fürnehmste Gewerbe" war und vom Könige in jeder Weise gefördert wurde, nebst ihren Kindern und Hausgenossen förmlich von der Werbung befreit wurden. Die gleiche Freiheit sagte ein gedrucktes Edikt vom 29. November 1718 allen in den Städten der Kurmark noch fehlenden, in langen Listen aufgeführten Handwerkern der verschiedensten Klassen zu. Daß mit Haus und Hof angesessene Bürger, Bauern und Kossäten nicht zu Soldaten weggenommen werden dürften, schrieben die Reglements von 1714 und 1718 vor. Die Regimenter folgerten aus solchen Vorschriften, was nicht verboten sei, sei erlaubt, und griffen zu, wo besondere Befreiungen nicht bestanden. So hob das in Geldern stehende Pannewitzsche Regiment (Nr. 13) im Dezember 1717 in der Umgegend etwa 50 Mann auf, entließ davon die Hälfte, als sich ergab, daß es „teils angesessene, teils in E. K. M. Pacht stehende und Müller", behielt aber die übrigen 24. Die Wirkung auf die Bevölkerung schildert ein Bericht des Gouverneurs Generalmajors v. Lilien vom 11. Januar 1718: Der Vorgang habe „im ganzen Lande eine solche Furcht und Schrecken verursacht, daß fast alle jungen und mittelmäßigen Leute sich über die Grenze in andere Provinzen gemacht, maßen Brabant, Holland, Köln, Jülich, Berge, Lückerland, Pfalz und Münster ganz nahe, so daß sie sich in kurzer Hand dahin retiriren können ... Daher vorbenannte Provinzen so voll sind, daß sie auch nur ums Brod ohne Lohn dienten, dahingegen allhier weder Bauer noch Bürger Knechte behalten". Das Land

„geworben" 1717 7028, 1718 5522, 1721 2618, seitdem bis 1740 nur noch in einem Jahre über 3000. Es sei daran erinnert, daß auch die eingestellten Inländer als „geworben" galten. Desertiert waren 1717 1593, 1719 1190, 1720 824, 1725 404, seitdem bis 1740 nur noch in drei Jahren über 400. Bei der Kavallerie sind die Schwankungen infolge vieler Neuformationen und Etatsveränderungen größer, die Desertion betrug bis 1740 nur in drei Jahren über 200. Siehe *Statistische Nachrichten über die Armee Friedrich Wilhelms I.*, in: *Mitteilungen aus dem Archiv des Königlichen Kriegsministeriums*, Heft 2, Berlin 1891, S. 60.

bleibe unbebaut liegen, während in Venloo und Roermond ganze Häuser voller Flüchtlinge sein. Inzwischen hatte der König auf ähnliche Klagen aus anderen Landesteilen eine neue Entscheidung getroffen, die das Generalfinanzdirektorium am 26. Dezember 1717 allen Amtskammern und Kommissariaten mitteilte: „Die Werbungen cessiren vom 1. Dezember 1717, ist es nach dem 1. Dezember geschehen, sollen berichten, ist es aber vorher geschehen, so kann nit helfen, ist es nach dem 1. Dezember geschehen, soll der Kapitain kassiret sein." General v. Lilien ließ dies überall verbreiten, um die Geflohenen zur Rückkehr zu bewegen, sprach aber die Befürchtung aus, „daß wenn die Leute nur im Geringsten sehen sollten, daß ihnen das Versprochene nicht gehalten würde, sie ohnfehlbar sämtlich aus dem Lande gehen und nimmer wieder kommen würden. Denn die hiesige Nation wegen der vielen Pressuren so sie in den vorigen Kriegen ... erduldet, eine solche Aversion für das Soldatenleben genommen, daß viel lieber sollten Hungers sterben als sich engagiren lassen". War der Widerwille im Westen besonders stark, so hörten doch auch die Beschwerden aus den alten Provinzen nicht auf.[13]

Es ging in der Tat weit, wenn z. B. laut Bericht vom 8. April 1718 in Naugard durch Werber des Regiments Anhalt-Zerbst (Nr. 8) die beiden Torschreiber mit Gewalt von ihrem Dienst an den Toren fortgeschleppt wurden, so daß die Akzise nicht mehr eingenommen werden konnte! Im allgemeinen aber wußten sich die Regimenter fortan zu sichern, indem sie in jedem Einzelfall die Erlaubnis des Königs zur Aufhebung bestimmter Leute erbaten. Der König wies sie selbst im Reglement von 1718 auf diesen Weg: „Wann ein Kapitain einen recht hübschen großen Flügelmann weiß, welchen er nicht mit guter Manier bekommen kann", werde der König auf erstatteten Bericht befehlen, „ob der Kapitain solchen Kerl wegnehmen lassen soll oder nicht. Weshalb *ohne vorhergegangene schriftliche Permission von Sr. Königl. Majestät* kein Kerl mit Gewalt zum Soldaten weggenommen werden muß." Vom eigenen Regiment des Königs wurden Unteroffiziere in Verkleidung auf das Land geschickt, um nach großen Rekruten zu fahnden. War ein solcher nicht „mit Manier" zu bekommen, so erging ein königlicher Befehl an den Amtmann, ihn vorzufordern, wobei man ihn abfing! Am 12. Oktober 1720 befahl der König nochmals, „daß von nun an in Dero ganzen Landen niemand *ohne vorher erhaltene Königliche allergnädigste Erlaubnis* mit Gewalt von Dero Regimentern angeworben werden solle".[14] Um sich die Beschwerden vom Leibe zu halten, wies

[13] Bericht des Kommissariatspräsidenten Grafen Truchses zu Waldburg vom 28.10.1717 über die ostpreußischen Verhältnisse, vgl. *Sitzungsbericht des Vereins für die Geschichte der Mark Brandenburg vom 13. Mai 1891*, in: *Forschungen zur Brandenburgischen und Preußischen Geschichte*, Bd. 4 (1891), S. 630.

[14] Lippstadt 27.4.1718, Kapitän Frhr.v. Wartensleben (Regt. Heiden) hat „die Bauern von meinen eigenen Höfen wegnehmen wollen, sobald aber habe nur 1 schönen Kerl davon eingezogen, so sind alle die andern, mich als ihren Gutsherrn nicht mehr trauend, in das an

der König die Behörden wiederholt an, alle derartigen Klagen zunächst bei dem Regimentskommandeur als der ersten Instanz anzubringen, und verwarnte sie, „daß sie kein größer Geschrei machen noch die Sache gefährlicher anbringen sollen als es sich in der Tat wirklich findet". „Da die Rekrutierung unumgänglich und unentbehrlich ist, so muß selbige ohne Not nicht schwer gemacht werden."[15]

Im Jahre 1720 kam es in der Grafschaft Mark, im Gebiete der Eisenindustrie, zu einem schlimmen Aufruhr. Am 8. September, einem Sonntag, erschien ohne vorherige Ansage ein Kommando von 240 Mann des Regiments von Auer (Nr. 9) unter zwei Hauptleuten in *Hagen,* drang während des Gottesdienstes in die lutherische Kirche ein, wo die Gemeinde versammelt war, und begann mit Gewalt Rekruten aufzugreifen. Es entstand ein wilder Tumult, ein Teil der Leute flüchtete auf den Kirchturm und läutete die Sturmglocke. Alsbald war aus der ganzen Nachbarschaft eine tobende Volksmenge herbeigeströmt, führte aufrührerische Reden gegen den König und das Militär, warf mit Steinen, von beiden Seiten wurde geschossen und es gab mehrere Tote und viele Verwundete. Schließlich zog das Kommando ab. Auch in Schwelm und Hattingen fanden Zusammenrottungen statt. Die Untersuchung, die der Generalauditeur v. Katsch führte, endete damit, daß die beiden Ämter Wetter und Blankenstein, in denen jene Ortschaften lagen, eine Strafe von 20 000 Talern zahlen und die ganze Grafschaft Mark für das Regiment 200 Rekruten aufbringen mußte.[16] Den Offizieren sollte der Oberst ihr Verhalten verwei-

solche Güter grenzende Kölnische entwichen". Erbittet und erhält Ordre an die Drosten von Hamm und Unna, daß sie die Leute „sogleich beim Kopf nehmen und an mich überliefern sollten". Am 27.7.1718 reicht Kapitän v.Wobeser (Regt. Gersdorff) eine „Liste derjenigen Leute, welche ich gerne bei der Kompagnie anwerben wollte", ein. Am 1.8.1718 ebenso Kapitän v.Mülheim (Rgt. Anhalt-Zerbst): „und da E.K.M. dem Markgräflichen Ludwigschen Regiment allergnädigst Erlaubnis gegeben, zu werben, ich aber in Erfahrung gebracht, daß sie einigen von denen benannten Leuten nachgestellet, so habe aus Präcaution, daß sie mir nicht vorkommen möchten, einen Unteroffizier ausgeschicket mit der Ordre, sich ihrer viere davon, jedoch mit Verhütung aller Desordres *ad interim* zu bemächtigen, bis ich von E.K.M. die völlige allergnädigste Ordre erhalten". Osterburg 13.8.1718 bittet ein v. Kalnein, einige „schöne Leute allhier in der Gegend", deren er „mit gutem nicht habhaft werden können", aufheben zu dürfen. Stolp 14.8.1718 bittet Major Launitzer (Rgt. Grumbkow) um Ordre an den Amtshauptmann, 4 bestimmte Kerls zu liefern. Am 8.7.1720 erlaubt der König dem Obersten v.d. Marwitz, von 64 Mann, die er angemeldet hatte, „50 Mann, wann sie anders nicht angesessene oder kontribuable Unterthanen sein, aufzuheben und unter dem Regiment zu engagiren".

15 Ordres vom 17.12.1716, vom 12.11.1718, Erlaß des Generaldirektoriums vom 9.3.1724. Laut Ordre vom 23.11.1718 sollte kein Soldat, der noch im Felde dienen könne, ohne ausdrückliche königliche Erlaubnis ausrangiert werden.

16 Bis zum 2.4.1721 waren von den Ortschaften, auf welche die Lieferung verteilt wurde, 89 Mann gestellt, darunter 51 geworbene Ausländer; 74 Mann hatten Kapitulationen auf 4—6 Jahre. Die Zinsen der Strafsumme schenkte der König später dem Potsdamschen Militär-Waisenhause.

sen. Die Bitte der Zivilbehörden um eine gemischte Untersuchung lehnte der König ab. Als die Ablieferung der 200 Mann sich verzögerte, verwarnte der König am 14. Februar 1721 die Clevische Regierung und das dortige Kommissariat, „wann Ihr und das Land nicht wollet, daß das Regiment selbsten zugreifen und die Werbungen wieder antreten solle!"

Am 26. Februar 1721 erging ein neues gedrucktes Edikt, daß „von nun an die Werbungen in Unserm Königreich, sämtlichen Provinzien und Landen gänzlich cessiren und aufgehoben sein sollen". Nur „wann sich Leute, so nicht etwa bereits zum Anbau des Landes, zu Beforderung des Commercii und in denen Städten sich gesetzet... freiwillig und ohne List zu engagiren bereit sein", durften die Truppen sie gegen ein Handgeld bis zur Höhe von 30 Talern annehmen. Auch sprach der König wieder die Erwartung aus, daß die Rekrutierung in *auswärtigen Landen* möglich sein würde, und wir werden der von jetzt an in größerem Umfange einsetzenden Tätigkeit der preußischen Werber in der Fremde noch zu gedenken haben.

Wenn gleichwohl auch in den folgenden Jahren die Klagen über Werbungsexzesse im Inlande nicht abnehmen, vielmehr gerade in den 1720er Jahren besonders laut werden, so erklärt sich dies durch die um diese Zeit beginnende *Ansammlung von Überkompletten.*

Der König hatte schon am 24. Juli 1716 die Regimenter darauf hingewiesen, daß jede Kompagnie „stets etliche Leute übrig habe und also imstande sei, bei vorkommenden Marchen allezeit mit 120 Gemeinen... zu erscheinen", bei Kassation des Kapitäns! Um 5. August 1718 setzte er die Zahl dieser Überkompletten, die zur Exerzierzeit eingezogen werden mußten, auf fünf bei jeder Kompagnie fest,[17] und es war natürlich, daß vorsorgliche Kompagniechefs sich hiermit nicht begnügten, da ja Ausfälle durch Krankheit und Desertion täglich eintreten konnten. Dies Bestreben führte weiter. In einem gedruckten Patent vom 22. März 1721, worin ein kurz vorher erlassener neuer Generalpardon für desertierte Soldaten verlängert wurde, heißt es: „Alle übrigen, so etwan aus Furcht vor der Werbung aus dem Lande gewichen oder *auf welche die Regimenter,* es sei directe oder per indirectum, *einigen Anspruch zu haben vermeinen,* wann sie nicht zur Fahne geschworen noch Mundirung getragen, weniger Dienste getan und sich ins Land begeben und setzen wollen", dürften ohne Scheu zurückkehren und sollten wider alle Werbung geschützt

[17] Am 5.8.1718 verlangte der König zugleich Meldung, wieviel Leute den Regimentern fehlten, „da Ich dann Ordre stellen werde, daß sie angeschaffet und aufgehoben werden sollen". Am 10.9. beschweren sich darauf Direktor und Landräte der Uckermark, „wasmaßen mit Anfang vorigen Monats von dem allhier stehenden Prinz Heinrichschen Regiment wie auch von denen Garnisonen Stettin und Pasewalk abermalen eine gar gewaltsame Werbung unternommen und gar viele junge Knechte mit größesten Desordres aufgehoben worden, so daß der Landmann sein Getreide nicht behörigermaßen einsammeln können, auch gar vielen anitzo an Dienstknechten fehlet, die Saatzeit gebührend zu bestellen".

werden. Hier erscheint zum ersten Male ein „Anspruch" der Regimenter auf noch gar nicht zum Dienst eingestellte Leute, und wir stehen damit am Ausgangspunkte der sogenannten ***Enrollierungen,*** d. h. Einschreibungen zu ***künftigem*** Dienst.

Um das Jahr 1720 begannen die Regimenter die jungen Burschen im Bereich ihrer Standquartiere schon in den Jahren des Wachstums zu „enrollieren", um sie sich vor Zugriffen anderer Truppenteile zu sichern, und die Enrollierten dann mit „Laufpässen", d. h. auf unbestimmte Zeit als „überkompletten Zuwachs" zu beurlauben.[18] Sie konnten solche Laufpässe in beliebiger Zahl ausgeben, da der König auf Vermehrung der Überkompletten entschiedenen Wert legte. Wer in die Rollen eines Regiments eingeschrieben und von ihm mit einem Passe versehen war, galt als dem Regimente „obligat". Eine rote Halsbinde, wie sie alle Soldaten trugen, oder der bei jedem Regiment andersfarbige Hutbüschel kennzeichnete ihn und deutete die begonnene militärische Einkleidung an, mitunter wurde ihm auch ein alter Montierungsrock gegeben. Am 24. September 1723 berichtet die Pommersche Kammer, es hätten die Werbungen in letzter Zeit „also überhandgenommen, daß alle in Pommern liegende Regimenter von der Kavallerie und Infanterie wie auch von der Stettinischen Garnison im Lande alles, was noch bisher übrig geblieben, ja gar ***die Jungen von 14 bis 15 Jahren ohne Unterschied*** in allen Städten, Kreisern und Ämtern gewaltsamer Weise aufgesuchet, zu Abstattung des Eides mehrenteils gezwungen, darauf ***enroulliret***, mit Pässen, die also eingerichtet, daß sie sich freiwillig angegeben, versehen und nachgehend dimittiret". Auf alle Klagen an die Kommandeure habe man zur Antwort erhalten, „daß die junge Leute nur auf den Fall weggenommen, wenn sie groß werden, sonst aber wieder zurückgegeben werden sollten". „Indessen gehn viele Leute darüber aus dem Lande und die bereits enrollirte wollen auch der Ökonomie sich schlecht annehmen." Der König erläßt darauf am 30. September einen Befehl an alle in Pommern stehenden Regimenter, „niemand mit Gewalt ferner hinwegzunehmen und zu enroulliren".[19] Die Kammer berichtet aber am 15. Dezember 1724, daß jener Befehl fruchtlos geblieben sei, die

[18] Am 25.3.1722 beklagen sich Regierung und Kommissariat der Grafschaft Tecklenburg bei dem Prinzen Georg von Hessen-Kassel, Chef des Regiments Nr. 10: „Es hat anfänglich der Hauptmann v. Massenbach, nachdem der Hauptmann v. Brandenstein alle ihnen anständige junge Leute zu Kriegsdiensten *enrollirt* und solch eine Unruhe in dem Lande dadurch verursacht, daß man fast keinen tüchtigen Menschen mehr gefunden". Eine Zirkular-Ordre an die Regimenter vom 20.12.1722 sagt, „daß teils Untertanen und der Untertanen Söhne, so bei ein odern andern Regiment als Soldaten stehen *oder sich gar nur enrolliren lassen* und noch keine Mondur bekommen, wann sie beurlaubet worden und auf ihrer oder der Eltern Höfen arbeiten oder auch bei andern Bauern als Knechte dienen, zum öftern viele Insolenzien ausüben".

[19] Gegen die Enrollierung junger Leute auf „Zuwachs" erließ der König kein grundsätzliches Verbot. Zwar untersagte er mit Ordre vom 17.4.1724, „junge und unerwachsene Lehrknaben, auch wohl angesessene Bürger und Bauern oder gar Wollarbeiter und andere

Enrollierungen gingen vielmehr weiter. Die Offiziere erklärten, „daß sie solches um deswillen täten, damit sie nicht von andern aufgehoben werden". „Der Mangel an Dienstvolk ist in den Ämtern und überall nicht geringe, und weil die Beurlaubte *interim* bei den Eltern oder Brodherren den Dienst verrichten, wenn sie mit einem Paß und Mundirungsröcken, einem Hut oder Halsbinde dimittiret werden, so kann indes kein beständiges Dienstvolk gemietet werden und hernach, wenn die Beurlaubte zum Exerzieren oder sonst zu den Kompagnien gefordert werden, kann nicht fehlen, daß die Wirtschaften auf dem Lande ihren Anstoß und Versäumnis in *damnum publici* leiden müssen, und wenn welche blos auf Hoffnung des Zuwachses enrolliret worden und solche auch zu Hause bleiben, ist den Burschen die Arbeit doch nicht mehr ein Ernst." Am 19. Dezember erging an die Behörde darauf der Bescheid, der König habe allen pommerschen Regimentern verboten, „mit Gewalt jemand zu werben und zu einigen Klagten Anlaß zu geben". Die Wirkung blieb aber wiederum aus. Am 26. Mai 1725 meldete sich dieselbe Kammer von neuem, da „die Regimenter zu Pferd itzo aufs neue starke Werbung vornehmen, und da *diejenige junge Leute so kaum 15 Jahr erreicht, meist alle schon enrollirt,* itzo auch gar die wohnende Wirte angegriffen werden".

Welchen Umfang um diese Zeit die „Enrollirungen" schon erreicht hatten, zeigt eine Ordre vom 26. April 1724, in der die Zurückberufung aller im Auslande befindlichen Werber angeordnet wurde, wobei es heißt: „Es sind auch bei denen Regimentern viel Überkomplette, die im Lande mit Laufzettels herumlaufen, daß sie sich also genug davon kompletiren und in tüchtigem Stande erhalten können." „Weil auch etliche Kompagnien 30 bis 40 *überkompletten Zuwachs* haben, etliche Kompagnien hingegen wenig", so soll das Regiment „den Zuwachs einholen lassen und selbigen an die Kompagnien egal verteilen, daß eine Kompagnie soviel hat als die andere".

Als sich die seit Jahren bestehende Mißstimmung zwischen Preußen und Österreich im Jahre 1725 so verschärfte, daß Preußen in dem Vertrage von Herrenhausen dem gegen den Kaiser gerichteten englisch-französischen Bündnisse beitrat und zeitweise ein Krieg bevorzustehen schien, verlangte der König mit Ordre vom 12. Dezember von allen Infanterieregimentern Meldungen über ihren Stand an Überkompletten, nachdem jede Kompagnie vorweg zu ihrer Etatstärke von 121 Mann noch 5 Überkomplette, 4 Mann für Kranke und 10 Wagenknechte = 140 Gemeine abgerechnet hätte.[20] Die zum 1. März 1726 eingehenden Listen ergaben, daß die Infanterieregimenter nicht weniger als 10 340 Mann *Zuwachs* hatten, ferner

Manufacturiers zu enrolliren und aufzuheben", aber Anstoß erregte bei ihm nicht die Jugend der Lehrknaben, sondern die Schädigung der Gewerbe, besonders der Wollenindustrie.

[20] Vgl. *Denkschrift des Generals von Moellendorff über ein neues Kantonreglement und die Bemerkungen des Herzogs von Braunschweig zu dieser,* in: *Mitteilungen aus dem Archiv des Königlichen Kriegsministeriums,* Heft 2, Berlin 1891, S. 95 ff.

4005 im Lande befindliche noch diensttaugliche Ausrangierte und 1840 Alte, die nicht mehr im Felde, aber noch in Garnison dienen konnten. Darauf setzte der König am 11. März für jedes Regiment bestimmte Zahlen fest, die es über den Stand von 1400 Mann noch „an Ausrangirte, Zuwachs und Leute, welche noch in Garnisonen dienen können, haben soll; dergestalt, daß wann Abgang beim Regiment ist, Ihr solchen Abgang von dem Zuwachs zwar ersetzen könnet, Ihr müsset aber darauf halten, daß der von dem Zuwachs genommene Mann gleich wieder angeschaffet werde". Die Gesamtzahl betrug bei den Feldregimentern 12 650. Manche Regimenter, die noch wenig Zuwachs hatten, erhielten die Mahnung, daß sie sich mehr auf Zuwachs legen müßten. Gleichzeitig ging den Truppen das neue Reglement für die Infanterie vom 1. März 1726 zu, worin es hieß: „Weilen die Regimenter die junge tüchtige Mannschaft enroliren, derhalben unter keinerlei Prätext die gewaltsame Werbung statuiret wird, wovor die Kommandeurs der Regimenter repondiren sollen." *„Die Regimenter können die junge Leute nach ihrem Gefallen enroliren,* aber der Kapitain soll keinen enrolirten jungen Burschen eher zur Fahne schwören lassen, bevor er nicht zum Heiligen Abendmahl gewesen ist, damit der Eid nicht profaniret werde. NB. Seine Königl. Majestät erlauben alle junge Leute, welche unter denen Feld-Regimentern und Garnison-Bataillons bereits zu dienen *oder künftig zu dienen* capables sind, zu enroliren."[21] Ausgenommen waren Bürgersöhne, deren Eltern 10 000 und mehr Reichstaler im Vermögen hatten. Zum Dienst Untaugliche durften überhaupt nicht enrolliert werden. Damit waren die Enrollierungen amtlich anerkannt.

Die nächste Wirkung dieser Verordnungen läßt sich denken. Aus Berlin wird darüber berichtet: „1726 den 18., 19. und 20. März begingen die allhier in Garnison liegende 4 Regimenter große Exzesse, indem sie nicht allein in die Bürger- und Wirtshäuser einfielen und alle junge Leute und auch Knaben von 7 bis 8 Jahren mit Gewalt wegnahmen, sondern auch von denen Straßen öffentlich selbige aufhuben, welches dann viele Unordnung verursacht. Die Ursache dessen soll gewesen sein, weil Se. Königl. Majestät an allen Dero Regimentern die Ordre ergehen lassen, daß bei derselbigen Revue jede Kompagnie mit 50 Mann überkomplett sein sollten. Dergleichen Werbung ist auch in allen Provinzen an selbigem Tage gewesen."[22]

Aus Pommern berichtet die Stettiner Kammer am 30. März, fast stündlich kämen Klagen. Es seien Gesellen von den Neubauten und Werkstellen, Seeleute von bereits aufgetakelten und fahrbereiten Schiffen fortgeschleppt, wohnhafte Bürger,

[21] Das am 19.12.1727 mit Kursachsen erneuerte Kartell über Auslieferung von Deserteuren verbietet „Debauchirung und Verführung derer Leute so bei beiderseits Armeen engagirt sein . . ., darunter auch *der zum künftigen Dienst bereits enrollirte* und zur Fahne geschworene *Zuwachs* mit verstanden wird".

[22] *Aus einer handschriftlichen Berliner Chronik,* in: *Soldatenfreund,* 40. Jg. (1872/73), S. 354—355.

Kauf- und Handwerksleute angegriffen, beim Gymnasium und den Schulen „die junge Leute bereits in solche Furcht gesetzet, daß viele davon weggezogen". Bürgermeister und Rat von Alten-Stettin klagen am 28. März, „daß keine junge Leute, ja nicht einmal angesessene Bürger weder in denen Häusern noch auf denen Gassen sicher sein", und bitten, „daß die Bürgerhäuser von dem gewaltsamen Einbruch befreiet bleiben" und nicht „die Bürger in dieser Stadt um all ihr Verkehr und Gewerbe gebracht werden". Die Stadtschule sei nicht mehr imstande, das Singen in den Kirchen zu verrichten. Aus den sehr unschuldig lautenden Gegenberichten der Offiziere ist bemerkenswert die Erklärung des Hauptmanns v. d. Osten vom Regiment Anhalt-Zerbst, der einen Bürgersohn auf der Lastadie (Vorstadt von Stettin) von seinem Wagen hatte herunterholen lassen: „wenn er ihn gleich losgebe, würde ihn doch ein anderer wieder nehmen, er wäre aber der nächste dazu, da seine Kompagnie auf der Lastadie liege!"

Am 7. Januar 1727 „fingen sich die gewaltsamen Werbungen sowohl allhier in den Königlichen Residenzen als auch in denen übrigen Städten sämtlicher Königlichen Provinzen an, indem alle junge Leute und auch Knaben auf den Gassen aufgehoben und aus denen Häusern geholt wurden. Se. Königl. Majestät haben zwar dieserhalb, weil Sie keine Ordre dazu gegeben, eine genaue Recherche angeordnet ... allein der davon gewünschte Effekt ist nicht erfolgt."[23] Diesem Berliner Bericht reihen sich gleiche Beschwerden aus Pommern an: Die vom Adel behielten auf dem platten Lande keinen Knecht noch Jungen. Alle die entkommen könnten, flüchteten nach Schwedisch-Pommern und Mecklenburg. Selbst die Wollarbeiter in Ratzebuhr, Bärwalde, Polzin hatte ihr Privilegium nicht geschützt. Die Offiziere wußten sich so sicher, daß sie die gesetzlichen Beschränkungen mißachteten.[24] Jeder Widerstand wurde mit harter Gewalt gebrochen. Die Zivilbehörde war machtlos.

In so abscheulichen rohen Formen trat eine Einrichtung ins Leben, die doch den größten politischen und militärischen Fortschritt anbahnte: die Einführung der Dienstpflicht im stehenden Heere für die große Masse der wehrfähigen Bevölkerung. Aber das Bedürfnis war allgemein, Ordnung und Sicherheit an die Stelle des regellosen Menschenraubes zu setzen, und die Dauerhaftigkeit der Friedensverhältnisse, die Stetigkeit der Standquartiere der Regimenter seit dem pommerschen Kriege eröffnete einen einfachen Weg. Es „entstand der Gedanke, alle männliche Köpfe der Städte und des platten Landes zu zählen, Register und Rollen darüber anzufertigen, die Neugeborenen jährlich nachzutragen, die Heranwachsenden fleißig zu messen und nach erreichtem Maße sie, ihrer Untertanenpflicht gehorchend,

[23] *A.a.O.*, S. 356.

[24] Auf Beschwerde des Tuchmachergewerks zu Ratzebuhr, daß am 30.1.1727 trotz der Freiheit der Wollarbeiter 3 Lehrjungen „von den Soldaten weggenommen, enrollirt und ihnen Pässe gegeben", erklärt der Major v. Plotho (Rgt. Thile), „daß er so nahe dazu wäre als die Dragoner".

einzustellen. Die Sache ging in dieser Form nach Wunsch und ebendeswegen immer weiter. Keines Menschen Kind, lang genug an Gestalt, blieb ausgenommen. Wer austrat, dessen Erbteil wurde eingezogen und die Eltern bestraft. Das Volk, das seit dem Dreißigjährigen Kriege in diesen Gegenden sozusagen erst wieder neu aufgesproßt war, ließ sich alles gefallen."[25] Dem Gedanken solcher Listenführung sind wir schon in der eingangs erwähnten Denkschrift von 1705 begegnet. Um ihn aber zu verwirklichen, war es notwendig, die Ansprüche der Regimenter gegenseitig abzugrenzen. So lange sie keine bestimmten Bezirke hatten, kam es zu vielen Streitigkeiten, besonders wo mehrere Truppenteile in der gleichen Gegend oder in derselben Stadt lagen, wie in Berlin, Stettin, Magdeburg usw. In einem solchen Streit wird 1728 besonders geltend gemacht und vom Könige anerkannt, daß „keinem Regiment ein gewisser Werbeplatz assigniret ist, sondern daß es einem jeden freistehet, überall wo er nur welche bekommen kann, selbige zu engagiren".[26] Die Mißstände, die sich hieraus ergaben, ließen die Notwendigkeit einer klaren Abgrenzung erkennen, wie man sie ja bei den Werbungen älterer Zeit stets vorgenommen hatte, und eine dauernde Ordnung erfolgte mit der Festsetzung der sogenannten *Enrollierungskantons*. Im September 1732 forderte der König von allen Kriegs- und Domänenkammern in Ostpreußen und den mittleren Provinzen genaue Nachweisungen der in allen Landkreisen auf den Ämtern, Vorwerken, Dörfern, Schäfereien, Krügen usw. vorhandenen Feuerstellen oder bewohnten Häuser. Diese Listen bildeten die Grundlage für die Festsetzung der Enrollierungskantons, die durch Kabinetsordre vom 1. Mai 1733 unter gleichzeitiger Zuweisung gewisser Städte allen Infanterie- und Kavallerieregimentern, Garnisonbataillonen und Garnisonkompagnien sowie der Artillerie zugeteilt wurden. Es hieß darin: „Dieweil bishero soviel Unordnung und keine *égalité* mit denen Enrollirten, so die Regimenter haben, gewesen, da ein Regiment mehr Enrollirten hat als es brauchen kann, etliche Regimenter aber zu wenig haben, so habe Ich resolviret und zur Konservation der Armee gut gefunden, eine richtige Disposition zu machen, was jedes Regiment zu seinen Enrollirten für Örter und Feuerstellen haben soll."[27] Die Be-

[25] Georg Heinrich von Behrenhorst, *Betrachtungen über die Kriegskunst, über ihre Fortschritte, ihre Widersprüche und ihre Zuverlässigkeit. Auch für Laien verständlich, wenn sie nur Geschichte wissen*, Bd. 1, Leipzig 1798, S. 122.

[26] Eine Kompagnie des in Stettin stehenden Regiments Prinz Christian Ludwig (Nr. 7) hatte 3 jungen Burschen in Bütow „Pässe nebst einer *roten Halsbinde* vor jeden" und 2—4 Groschen Handgeld gegeben. Das Drag.-Regt. Platen aber, das dort seinen Quartierstand hatte, ließ ihnen die Pässe wieder abnehmen und sie „ordentlich durch Handgeld und *rote Halsbinden* anwerben und bei der Fahne schwören".

[27] Réne de l'Homme de Courbière, *Geschichte der Brandenburgisch-Preußischen Heeresverfassung*, Berlin 1852, S. 89 ff. Eine ähnliche lautende Ordre an das Generaldirektorium vom 1.5.1733 teilte ihm „die gemachte gesamte Dispositiones" der Distrikte und Feuerstellen aller Regimenter mit. Diese Übersichten gingen auch den Kriegs- und Domänenkammern zu. Sie

kanntgabe erfolgte durch die Prediger von den Kanzeln. Verschiedene Einzelbestimmungen regelten den Übergang in die neuen Verhältnisse, namentlich die Ansprüche der Regimenter an ihre bisherigen Enrollierten. Wer bis zum 1. März eingezogen worden war, verblieb dem Regiment, das ihn eingestellt hatte.[28] Auch das Regiment des Königs erhielt die Gegend um Potsdam und Brandenburg als Kanton, wohl hauptsächlich, um daraus in Kriegszeiten die erforderlichen Pack- und Wagenknechte auszuheben. In den westlichen Provinzen wurden die Kantons erst durch eine Ordre vom 30. Oktober 1735 eingeführt.

Die Zahl der Feuerstellen, die ein Regiment auf dem platten Lande bekam, war in den Provinzen sehr verschieden. In Ostpreußen, wo es 64 720 Feuerstellen gab, hatten die 5 dort stehenden Infanterieregimenter 7600—7900, die 5 Regimenter zu Pferde 3800—3870, die beiden Dragonerregimenter je 3530 Feuerstellen. In Pommern waren dagegen die vorhandenen 35 681 Feuerstellen so verteilt, daß die 5 Infanterieregimenter durchschnittlich je 5900, die Dragonerrgimenter auf je 5 Eskadrons durchschnittlich 1400 erhielten. In Magdeburg-Halberstadt, wo es 32 588 Feuerstellen gab, entfielen auf ein Infanterieregiment ebenfalls 5900, in der Mark Brandenburg, die 67 537 Feuerstellen hatte, auf ein Infanterieregiment nur 5000, auf ein Kavallerieregiment 1800. Die beiden westfälischen Infanterieregimenter hatten 8176 und 8766, die drei Regimenter in Wesel 6753, 7774, 8532 Feuerstellen usw. Bei der Verteilung kamen natürlich die jedem Regiment außerdem zufallenden nach Zahl und Umfang sehr verschiedenen Städte in Betracht. Die Kavallerieregimenter wurden ebenso wie die Infanterie auf besondere Bezirke angewiesen; man verzichtete also auf eine Auswahl der einzelnen Rekruten nach ihrer Eignung für die verschiedenen Waffengattungen. Daraus ergab sich aber kein Nachteil, da auf dem Lande die Bevölkerung überall mit Pferden umzugehen gewöhnt war. Die Garnisontruppen und die Artillerie wurden nur auf Städte angewiesen. Von der Enrollierung ausgenommen waren die Söhne von Edelleuten und Offizieren — sie traten ohnehin in die Regimenter oder in das Kadettenkorps ein, ferner Söhne von bürgerlichen Eltern, die 10 000 Taler und darüber im Vermögen hatten. Alle mit Haus und Hof ansässigen Bürger und Bauern durften, wie es schon die früheren Reglements vorschrieben, nicht enrolliert werden. Auch die älteren Befreiungen z. B. der Manufakturiers und Wollarbeiter,[29] der zum Wiederaufbau von Ostpreußen

waren 1765 beim Militär-Departement des Generaldirektoriums noch vollständig vorhanden, werden noch 1799 in einem Aktenverzeichnis erwähnt, sind dann aber wahrscheinlich infolge der Ereignisse von 1806 verloren gegangen. Doch ist es gelungen, sie für die meisten Regimenter in anderen Akten wieder zu ermitteln.

[28] Zirkular-Ordre vom 18.5. und Resolution vom 15.9.1733, gedruckt bei Herrmann von Gansauge, *Das Brandenburgisch-Preußische Kriegswesen um die Jahre 1440, 1640 und 1740*, Berlin-Posen-Bromberg 1839, S. 237 ff.

[29] Edikte vom 27.9.1717, 8.2.1721, 17.4.1724.

dorthin gegangenen Zimmerleute,[30] überhaupt aller, die sich in Ostpreußen in Städten oder auf dem Lande niederlassen wollten,[31] blieben in Kraft. „Was nicht Wachstum hat", sollte überhaupt von der Enrollierung frei bleiben.

Alle Enrollierten erhielten Laufpässe des Regiments, zu dem sie von jetzt an gehörten, mußten dessen Hutbüschel tragen und wurden, sobald sie zum Heiligen Abendmahl gewesen waren, vereidigt. Die Regimentskantons waren in zehn gleiche Teile geteilt, deren jede Kompagnie einen als ihren besonderen Distrikt erhielt. Es gab noch keine Vorschrift darüber, wie die Rollen zu führen seien, wie bei Einziehung und Verabschiedung der Kantonisten zu verfahren sei, eine Mitwirkung der Zivilbehörden bei der Aushebung fand überhaupt nicht statt. Jede Kompagnie stellte ein, wen sie wollte, und ging dabei natürlich vor allem nach der Größe. Die Zahl der im Frieden bei einem Regiment jährlich einzustellenden Kantonpflichtigen gibt König Friedrich II. für diese Zeit auf etwa 30 an, also 3 bei einer Kompagnie, doch bestand darüber keine Vorschrift.

Die Kompagniechefs erlangten so eine fast schrankenlose Gewalt über die Bevölkerung ihres Bezirks. Kein Enrollierter durfte heiraten, ohne gleich den in Reih und Glied stehenden Soldaten von der Kompagnie einen Trauschein zu haben, der bezahlt werden mußte. Ebensowenig durfte er sich ohne Erlaubnis des Kompagniechefs ansässig machen, da angesessene Hofbesitzer laut Reglement der Enrollierungspflicht nicht mehr unterlagen. Selbst solchen Enrollierten, die ihres Alters oder ihrer Kleinheit halber für die Einstellung nicht mehr in Betracht kamen und einen Bauernhof übernehmen wollten, wurde der Abschied verweigert, falls sie nicht dafür bezahlten. Der Gerichtsstand der noch nicht eingestellten Enrollierten war ungewiß, sie wurden vielfach vor die Militärgerichte gezogen. Ein Bericht der Magdeburgischen Kammer vom 9. Oktober 1733 klagt darüber, daß „die Enrollirten sich der ordentlichen Obrigkeit Jurisdiktion meistenteils zu entziehen trachten und derselben Bestrafung *in delictis* sowohl als auch in Abgebung der ordentlichen Gefälle, und wenn Konkurse und Schuldsachen entstehen, deren Cognition sich nicht unterwerfen wollen", sondern die Regimenter requiriert werden müßten. Sie verlangt, daß wenigstens für Kriegszeiten die Kammern und Gerichte ermächtigt würden, „über dergleichen, welche nicht in Reihen und Gliedern mitmarschiren, die *jurisdictionalia* ohne *Contradiction* zu exerciren«. Auf Grund von Eingaben der Pommerschen und der Kurmärkischen Kammer beantragte das Generaldirektorium am 29. Juni 1733 beim Könige den Erlaß einer Erklärung: 1. daß derer vom Adel wie auch der Generalpächter (d. h. Domänenpächter) Wirtschaftsbediente auf dem Lande von der Enrollierung frei seien, 2. daß den jungen Leuten von 26 Jahren und darüber, in denen kein Wachstum mehr sei, die Erlaubnis zur Heirat er-

[30] Edikt vom 26.10.1721.

[31] Edikt vom 11.2.1724 und Reglement von 1726.

teilt werde, 3. daß die noch nicht eingestellten Enrollierten der ordentlichen Gerichtsbarkeit und dem Dienstzwange ihrer Herrschaft unterworfen blieben, 4. daß keine Kinder unter 10 Jahren wie auch nicht die Studierenden der Theologie enrolliert würden, 5. daß kein Offizier das Heiraten der jungen Leute verhindern solle, „bis die Leute sich mit ihm abgefunden hätten". Die eigenhändige Entscheidung des Königs lautete kurz und bündig: „alles anrollir(en) was düchtig ist und vaxtum hat. FW." Das Generaldirektorium mußte sich darauf beschränken, sie den Kammern mitzuteilen![32]

In Königsberg trat mit königlicher Erlaubnis eine Kommission von Vertretern der dortigen Regierung und der ostpreußischen Regimenter zusammen und einigte sich am 25. Mai 1734 über eine Reihe von Vorschriften, die namentlich die Erteilung der Heiratserlaubnis und die Gerichtsbarkeit in Ehesachen betrafen, darüber hinaus aber einen Einblick in unglaubliche Willkür geben. So „soll hinfüro keinem Offizier und Kommandeur derer Kompagnien freistehen, mehrere Leute aus seinem Kanton zu nehmen als wie er zu Sr. Königl. Maj. Kriegesdiensten und bei der Kompagnie nötig hat, dieserhalb ihm denn nicht erlaubet ist, dergleichen Enrollierte *wider Willen auf seine Güter zu nehmen* und daselbst zur Arbeit zu gebrauchen, vielweniger anderen darunter zu favorisiren und *dieselben an jemanden im Tausch oder sonsten zu überlassen"!* Am 9. März 1737 beschwerte sich die Königsberger Regierung beim Könige, daß die Regimenter sich nicht mehr an die Konvention von 1734 hielten und namentlich „die Jurisdiktion über dergleichen Enrollierte aber noch nicht Einrangierte der Zivilobrigkeit strittig oder wenigstens desfalls viele Schwierigkeit machen, gestalt sich solches annoch neulich bei der Gelegenheit eines gewissen Studiosi geäußert hat". Die Bitte um königliche Bestätigung jener Konvention verhallte indessen ungehört. Manche Offiziere betrachteten die Kantonpflichtigen einfach als ihr Eigentum und schalteten damit nach Belieben. Sie dienten ihnen nicht bloß zur Ergänzung ihrer Kompagnien, sondern auch zu Wirtschaftszwecken, als Bediente, Kutscher, Reitknechte usw.

Allmählich erwiesen sich doch Beschränkungen der ungehemmten militärischen Willkür als nötig. Durch eine Zirkularordre vom 28. Februar 1736 befahl der König, allen, die zu Kriegsdiensten nicht tüchtig und bei denen kein Wachstum zu erwarten sei, die Trauscheine unentgeltlich zu erteilen, überhaupt alle Untertanen über 24 Jahre, bei denen kein Wachstum mehr zu hoffen, aller Ansprüche zu entlassen.[33] Eine damals vom Generaldirektorium erbetene Verordnung, wonach die Rechtsprechung über die noch nicht beim Regiment eingestellten Enrollierten den

[32] Bemerkenswert ist, daß in dem zugrunde gelegten Antrage der Pommerschen Landräte vom 11.6.1733 als erster Punkt angeführt ist, es möchten *„der Leute von Condition Kinder"* von der Enrollierung dispensiert werden. Vom Generaldirektorium wurde dazu bemerkt: „omittatur *weil es ohnedem geschieht"*.

[33] Eine schon am 20.1.1730 ergangene Verordnung, alle kleinen Enrollierten über 24 Jahre

ordentlichen Gerichten verbleiben solle, „weil dieselbe sonst auf dem Lande nicht in Ordnung und in ihrer Schuldigkeit zu erhalten sind", erlangte vorerst nicht die Billigung des Königs, doch fand auch dieser Grundsatz allmählich Eingang.[34] Am 9. Oktober 1738 wurde die Erteilung von Abschieden an Leute über 25 Jahre, bei denen kein Wachstum mehr zu erwarten sei, den Kapitäns entzogen und den Regimentskommandeuren übertragen. Studierende der Theologie waren seit 1737 enrollierungsfrei, und zwar Predigersöhne unbedingt, andere nur falls sie nicht 9 Zoll und mehr maßen.[35] Auch treten schon um diese Zeit einzelne örtliche Befreiungen auf. Eine Kabinetsordre vom 4. September 1736 befreite die zum Kanton des Jung-Borckschen Regiments (Nr. 29) gehörige Stadt Krefeld von der Enrollierung, wogegen sie jährlich 200 Taler zur Rekrutenkassen zahlen mußte. Dieselbe Befreiung erlangte bereits am 3. Mai 1736 das große, 1104 Feuerstellen umfassende Dorf Viersen in Geldern, das dem Dossowschen Regiment (Nr. 31) gehörte, gegen jährliche Erlegung von 1000 Talern. Neben solchen ausdrücklichen Befreiungen ergaben sich weitere aus den sozialen Anschauungen der Zeit und wirtschaftlichen Rücksichten. In Berlin durften die Regimenter nach einer am 21. Mai 1733 ergangenen Verfügung wohl „lose Leute von geringer Extraktion, z. B. Schuster, Schneider u. dgl. gemeiner Leute Kinder" enrollieren, nicht aber „Meiner wirklichen Bedienten, auch anderer Bemittelter und dem Publico dienstlicher Leute Kinder und so von ihren Mitteln leben, wie auch Kaufleute, Manufacturiers und Fabrikanten und welche zum Lagerhaus gebraucht werden". Ausnahmen für „Leute von Kondition" entsprachen, wie wir sahen, dem allgemeinen Gebrauch.[36] Daß hier freilich die Grenzen schwer zu ziehen waren, liegt auf der Hand. So kam es an der Universität Halle wiederholt zu Tumulten, als sich das Regiment Anhalt-Dessau an Studenten vergriff.[37] Noch am 16. März 1740 meldete Fürst Leopold dem Könige, daß 10 hübsche große Burschen aus seinem Regimentskanton sich nicht gestellen wollten,

zu entlassen, war am 22.5.1730 wieder aufgehoben worden, „damit es denen Regimentern an Zuwachs nicht fehlen möge".

[34] Als im Jahre 1739 das in preußischen Pfandbesitz befindliche Elbingsche Territorium dem Geßlerschen Regiment zu Pferde (Nr. 4) als Enrollierungskanton zugewiesen wurde, erhielt die Bevölkerung am 12. September eine „Königliche Versicherung", die neben der Befreiung angesessener Wirte und Gärtner, der einzigen Söhne, der über 23 Jahre alten Kantonisten, welche nicht wenigstens 7 Zoll maßen, der unentgeltlichen Ausstellung der Trauscheine und andern Zusagen auch bestimmte: „Die Enrollirten, so lange sie nicht im Regiment würklich eingestellt werden können, bleiben lediglich in der Gewalt der Eltern und unter Jurisdiktion der ordentlichen Obrigkeit". Diese bestand auch hinsichtlich des Grundbesitzes, der Zinsen und Scharwerke der einrangierten Leute fort.

[35] Ordres vom 1.10. und 4.10.1737.

[36] Vgl. Anm. 32.

[37] Julius Otto Opel, *Fürst Leopold von Dessau und die Universität Halle,* in: *Mitteilungen des Vereins für Anhaltinische Geschichte und Altertumskunde,* Bd. 1 (1877), S. 404 ff.

weil sie als Studenten in Halle inskribiert seien. Er erbat und erlangte einen königlichen Befehl an die Universität, sie alle zehn an einem bestimmten Tage abends in dem vor der Stadt gelegenen Dorfe Trotha an das Regiment abzuliefern, so daß „dadurch alles Lärmen verhindert werde". Wen die Natur mit einer ansehnlichen Leibeslänge ausgestattet hatte, der mochte zusehen, wie er sich in Sicherheit brachte, ihn schützte kein Gesetz, keine Behörde.[38] Die Mütter warnten ihre Kinder: „Wachse nicht, dich fangen die Werber!"

Für die breite Masse der Bevölkerung aber war mit der allgemeinen Enrollierungspflicht und der Abgrenzung der Kantons in der Tat ein großer Fortschritt erreicht.

Jeder junge Bursche wußte jetzt von Kindesbeinen an, daß er Soldat werden müsse, sobald er groß geworden sei. War früher die „Werbung" plötzlich, mit der Gewalt eines Verhängnisses, über ihn hereingebrochen, so traf den von Jugend auf Enrollierten ebenso wie seine Angehörigen der Diensteintritt jetzt innerlich vorbereitet, auch wußte er, daß er nach beendeter Rekrutenzeit, also voraussichtlich nach 1—2 Jahren,[39] zu den Seinigen zurückkehren und später, falls es keinen Krieg gab, nur noch die alljährliche Frühjahrsexerzierzeit abzuleisten haben würde. Vor allem erkannte er, daß über dem Gutsherrn eine höhere Macht stand, die des Staates, zu dessen Verteidigung er berufen war, und daß der Dienst des Königs, dessen Rock er trug, höhere Ehre verlieh als der Frondienst auf der Scholle, an die er bisher gefesselt gewesen war. Der Soldatendienst löste den hörigen Bauernsohn zwar rechtlich noch nicht von der Leibeigenschaft und dem Dienstzwange der Gutsobrigkeit, der er auch als Beurlaubter unterworfen blieb, aber sie unterstellte ihn in den wichtigsten Lebensverhältnissen, bei Heirat und Niederlassung, der militärisch gehandhabten Staatsgewalt. Die militärische Dienstpflicht wurde so, wie man treffend gesagt hat, „der erste Schritt zum Staatsbürgertum".[40]

Es ist richtig, daß die Kantonpflicht praktisch noch keine *allgemeine* Wehrpflicht war. Sie beruhte noch nicht gleich der aus den Befreiungskriegen stammenden Wehrverfassung auf dem Grundsatze gleicher staatsbürgerlicher Rechte und Pflichten, einem jener Zeit noch fremden Gedanken. Wer aber die historische Be-

[38] In einer 1748 aufgesetzten „Historischen Nachricht" über die Beamten der Geheimen Kriegskanzlei heißt es von dem 1738 bei dieser Behörde angestellten, im Departement des Generalauditeurs arbeitenden Kanzleisekretär Heitz: „Wegen seiner Größe hatte er das Malheur, vom Kleistschen Regiment weggenommen und angeworben zu werden, wobei er auch jetzo noch als Unterofficier stehet." Der Generalauditeur hatte seinen eigenen Sekretär nicht schützen können!

[39] Über die Dauer der Rekrutenzeit gab es keine Vorschriften. Friedrich II. sagt, daß ein preußischer Soldat „2 Jahre nach einander dressirt" werde (*General-Principia vom Kriege,* 1773).

[40] Johann Gustav Droysen, *Friedrich Wilhelm I. König von Preußen,* Bd. 2 (= Geschichte der preußischen Politik, Teil 4, Abteilung 3), Leipzig 1869, S. 417.

deutung des Kantonsystems richtig würdigen will, muß den großen darin enthaltenen Fortschritt gegenüber den älteren Zuständen stärker hervorheben als den Abstand von der modernen Zeit, der in den „Exemtionen" hervortritt. Es war von hoher Bedeutung, daß der Grundsatz der staatlichen Wehrpflicht jetzt durch das absolute Königtum als öffentliches Recht festgestellt war und daß sich diese Pflicht auch auf die Untertanen des Adels erstreckte, die noch Friedrich I. vergebens zu seiner „Nationalmiliz" heranzuziehen versucht hatte. Der oft angeführte Satz: „Alle Einwohner des Staates werden zu den Waffen geboren", stammt zwar nicht aus dem sogenannten Kantonreglement von 1733,[41] aber er gibt die im preußischen Beamtentum des 18. Jahrhunderts geltende staatsrechtliche Auffassung der Kantonpflicht wieder,[42] wie sie später in dem neuen Kantonreglement von 1792 in den Worten zum Ausdruck kam, daß „der Verbindlichkeit, den Staat zu verteidigen, niemand, der dessen Schutz genießt, sich entziehen kann". Und das war keine bloße Theorie, sondern die Kantonpflicht erfaßte praktisch die überwiegende Masse der wehrfähigen Bevölkerung. „Nur ein Land, das achtzig Jahre lang in der breiten Masse des Volkes die Kantonpflicht getragen hatte, konnte 1813 vollends auch den kleinen Bruchteil der Gebildeten und Besitzenden heranziehen."[43]

Für die Armee aber war mit dem Enrollierungszwange ein unschätzbarer Vorteil gewonnen, eine breite nationale Grundlage der Heeresergänzung. Indem die Regimenter die junge Mannschaft enrollierten, davon alljährlich eine kleine Zahl einstellten, dagegen ältere und kleinere Leute ausrangierten, deren Dienstpflicht aber bis zur Invalidität fortbestand,[44] sammelten sie sich eine starke Kriegsreserve an. So kam es, „daß jedes Regiment einen starken Zuwachs von 800 bis 1000 jungen

[41] Die Kabinettsordres vom 1.5.1733 wurden nicht erst später, sondern alsbald nach ihrem Ergehen als „*Reglement*" bezeichnet, z.B. in einer K.O. vom 23.5.1733 an den General v. Grumbkow: „Es hat mir der Gen.Lt. v. Schwerin berichtet, daß der Major v. Massow 4 Enrollirte aus dem Amte Rügenwalde im Monat April und also vor Publizirung des *neuen Reglements* einholen lassen ... Weil er nun zu selbiger Zeit von dem neuen Reglement nichts gewußt, so soll er diese ... behalten". Auch der Herzog von Bevern spricht von dem dabei gegebenen „*Reglement*", vgl. Herzog August Wilhelm von Braunschweig-Bevern, *Versuch und Auszug einer Geschichte der Churfürstlich Brandenburgischen und nachherigen Königlich Preußischen Armee*, hrsg. von Hans Droysen, in: *Märkische Forschungen*, Bd. 19 (1886), S. 38.

[42] Der Satz findet sich zuerst in der 1788 in Frankfurt und Leipzig erschienenen Schrift des Landrats v. Arnim, *Über die Canton-Verfassung in den Preußischen Staaten*, und wird darin als Grundgedanke des Kanton-Reglements von 1733 hingestellt.

[43] Gustav von Schmoller, *Die Entstehung des preußischen Heeres von 1640 bis 1740* (siehe seinen Beitrag in diesem Bande).

[44] Es ist ein weit verbreiteter, auch bei Reinhold Koser, *Geschichte Friedrichs des Großen*, Bd. 1, 4. und 5. Aufl., Stuttgart-Berlin 1912, S. 538, zu findender Irrtum, daß unter Friedrich Wilhelm I. und Friedrich dem Großen eine *zwanzigjährige Dienstzeit* bestanden habe. Die Dauer der Wehrpflicht der Landeskinder wurde lediglich durch die Invalidität oder wirtschaftliche Gründe (Übernahme eines Bauernhofes usw.) begrenzt. Erst das Kanton-

Leuten hatte. Einige, die ihre volle Länge erreicht, wurden unter die Kompagnien zugestecket, die etwas kleineren aber, wenn sie jährlich vor ihren Kommandeurs erschienen und besichtiget worden, kehrten wieder zu den ihrigen nach Hause. Solchergestalt war leicht, über die ordentliche noch eine andere Armee von 30 bis 40 000 Mann zu errichten".[45] Das ganze Verfahren, periodische Einstellung junger und Ausrangierung älterer Leute mit fortbestehender Dienstpflicht, hat große Ähnlichkeit mit dem späteren *Krümpersystem,*[46] und so erweist sich auch in dieser Beziehung die Arbeit Friedrich Wilhelms I. als wegebereitend für die Zukunft.

Laut Ordre vom 16. Januar 1738 sollten bei einer Mobilmachung die schon einrangierten jungen Leute unter 20 Jahren zurückbleiben und dafür ältere aus den Kantons eingestellt werden. In Kriegszeiten, wo die Ausländerwerbung schon deshalb zurücktrat, weil dann die aus der Beurlaubung fließenden Werbungsmittel fehlten, sicherte die Reserve der „Enrollierten und Ausrangierten" die Deckung der Verluste durch großenteils schon ausgebildete Leute.

Die *Artillerie* sollte gar nicht außer Landes werben, „sondern die Kapitains sollen suchen lauter Landeskinder anzunehmen, denn obzwar unter denen Landeskindern fast auch soviel Schelme anzutreffen sind als unter denen Ausländern, so ist es doch überall so Manier, daß bei der Artillerie lauter Landeskinder genommen werden sollen".[47] Das Artilleriehandwerk galt immer noch als besondere Vertrauenssache. Der König verlangte „lauter hübsche junge Leute von gutem Herkommen

Reglement von 1792 bestimmte als hauptsächlichen Entlassungsgrund der Inländer eine Dienstzeit von 20 Jahren, *falls* sie sich ohne Invalidenwohltaten ernähren könnten.

[45] August Hermann Lucanus, *Preußens uralter und heutiger Zustand,* Königsberg 1748, herausgegeben von der Literarischen Gesellschaft Masovia, Bd. 1, S. 149. Der Verfasser war Kammerpräsident von Gumbinnen, benutzt an der aufgeführten Stelle sichtlich David Fassmann, *Leben und Thaten des . . . Königs von Preußen Friederici Wilhelmi,* (Teil 1), Hamburg 1735, S. 721, schreibt aber dabei aus eigener gründlichster Sachkenntnis und erhöht die Zahlen Fassmanns.

[46] Der Ausdruck *„krümpen"* war für das Zusammenschrumpfen einer Truppe, für das Einlaufen von Tuch, für den bei der Vermahlung stattfindenden Abgang am Getreide gebräuchlich. Friedrich Wilhelm I. schreibt eigenhändig unter einer Ordre an das Regiment Prinz Christian Ludwig vom 22.1.1716: „Vor das Wismarsche Batt(aillon) da müßet Ihr 30 mahn zum Krimpen aussetzen". Die Liste des Rekrutenbedarfs für dieses Regiment vom 22.2.1716 enthält demgemäß „vor das Krümpen 50 Gemeine".

[47] Louis von Malinowsky/Robert von Bonin, *Geschichte der brandenburgisch-preußischen Artillerie,* Bd. 1, Berlin 1840, S. 86 ff., insbesondere Ordre an den Generalmajor v. Linger 14.9.1732. Bei der Errichtung des 2. Feldbataillons Artillerie Ende 1741 wünschte Linger „keine Oberschlesische Katholiquen, weil die Leute von den Pfaffen so eingenommen, daß sie ohne das Fegefeuer gleich in den Himmel kämen, wenn sie uns Schaden tun könnten". Die Beispiele im Kriege in Brabant, daß Kanoniere die Plätze der Munition verraten oder diese selbst angezündet hätten, seien für König Friedrich Wilhelm I. der Grund gewesen, zu befehlen, daß nur Landeskinder bei der Artillerie angenommen werden sollten.

und auf welche man sich verlassen kann". Als Mindestmaß waren 4 Zoll festgesetzt, Leute von 11 Zoll und mehr sollte die Artillerie nicht annehmen, sondern den Regimentern lassen. Im Jahre 1733 erhielt sie ebenfalls Kantons, das Feldbataillon in kleinen Städten der Kurmark und Neumark, die vier Garnisonkompagnien in den Provinzen, wo sie standen. Auch hier wurde also ebenso wie bei der Infanterie und Kavallerie von einer Auswahl nach der besonderen Geeignetheit der Leute abgesehen. Auch ihre *Pack- und Wagenknechte* hatten die Regimenter im Mobilmachungsfall aus den kleinen Leuten ihrer Kantons auszuheben. Die Kavallerieregimenter stellten die Knechte für den Artillerietrain und das Proviantfuhrwesen. Endlich hatte jedes Regiment laut Ordre vom 18. Juni 1738 70 sogenannte „*Weißkittels*" von 1—3 Zoll, nicht unter 26 Jahren, zu stellen, im ganzen 2000 Mann, die zu Schanzarbeiten bei Belagerungen und ähnlichen Diensten bestimmt waren und über ihren Bauernkleidern nur weißleinene Kittel tragen sollten.

Als Kronprinz Friedrich im Jahre 1739 seinen „Anti-Macchiavell" schrieb, erklärte er die Landeskinder für die besten Soldaten, die ein Staat haben könne. Volksarme Länder müßten den Mangel an natürlichen Verteidigern durch Werbungen zu ersetzen suchen. Nie aber dürfe die Zahl der Fremden im Heere die der Landeskinder überschreiten. Es gebe einen König im Norden, dessen Heer in dieser Weise gemischt sei, und der deshalb nicht minder mächtig und furchtbar erscheine.[48]

Im bisherigen haben wir der *auswärtigen Werbung* nur beiläufig gedacht, müssen ihr aber jetzt näher treten, weil sie, wie schon im Eingange bemerkt, die notwendige Ergänzung des Kantonsystems bildete; denn sie ermöglichte erst die umfassenden Beurlaubungen, die jenes System dem Lande erträglich machten. Die Beurlaubungen wiederum lieferten die Geldmittel für die Werbung.

Gewährt die Entwicklung der Kantonverfassung trotz aller Willkür und Gesetzlosigkeit des Hergangs doch, im ganzen betrachtet, den versöhnenden Anblick eines entschiedenen politischen und militärischen Fortschritts, so stellt dagegen die Werbung von Ausländern, wie sie sich als Ergänzung des Enrollierungswesens herausbildete, eine der dunkelsten Seiten des damaligen Heerwesens dar. Es ist nur daran zu erinnern, daß sie keine preußische Eigentümlichkeit war, sondern daß ihre üblen Begleitumstände dem damaligen Söldnertum allgemein anhafteten und sich bei der Ergänzung fast aller Heere und Kontingente wiederholten. Gerade der starke Wettstreit unter den Werbern trieb sie zu unlauteren Mitteln. Auch in der Jagd auf „lange Kerls" suchten fremde Truppen, wenn auch mit minderem Eifer und Erfolg, es den Preußen gleichzutun.[49]

[48] Johann David Erdmann Preuß (Hrsg.), *Oeuvres de Frédéric le Grand*, Bd. 8, Berlin 1848, S. 100 f.

[49] Auch Kursachsen hatte ein Regiment „lange Grenadiere", nämlich die Leibgrenadiergarde.

Die Werbung von Ausländern hatte bisher im Ersatzwesen der preußischen Armee nur aushilfsweise Anwendung gefunden. Die Truppen gingen ungern daran, obwohl schon das Reglement von 1714 darauf hinwies, daß „auch Ausländer, woferne es hübsche ansehnliche Leute sind", genommen werden könnten. Lieferte doch die Einstellung von Landeskindern zuverlässigere und weit billigere Rekruten. Im Reglement von 1718 war jener Satz sogar wieder gestrichen, in dem schon erwähnten Edikt vom 26. Februar 1721 aber wies der König von neuem ausdrücklich auf die Werbung in der Fremde hin. Das eigene Land sollte durch die Rekrutierung nicht allzu stark belastet werden. Es war auch gar nicht möglich, Soldaten von der Größe, wie Friedrich Wilhelm sie verlangte, allein im Inlande zu beschaffen. Seine Potsdamer Grenadiere stellten eine Sammlung von Riesen aus aller Herren Ländern dar. Fremde Monarchen, die dem Könige eine Artigkeit erweisen wollten, sandten ihm solche zu, so wiederholt Zar Peter von Rußland.[50] Die fremden Diplomaten am preußischen Hofe konnten ihre Verhandlungen nicht wirksamer fördern, die preußischen Gesandten im Auslande sich beim Könige nicht besser in Gunst setzen als durch Beihilfe zur Erlangung sechsfüßiger Rekruten.[51] Der kaiserliche General Graf Seckendorff empfiehlt in seinen Berichten aus Berlin an den Kaiser und den Prinzen Eugen immer wieder Sendungen schöner großer und junger Leute aus Ungarn, Kroatien und Böhmen als das beste Mittel, den König im österreichischen Sinne zu beeinflussen.[52] Der preußische Gesandte v. Borcke in London verbarg jahrelang die von ihm heimlich betriebene Rekrutenlieferung, da die englische Postbehörde seine Briefe erbrach, unter dem Deckmantel eines erdichteten Kunsthandels und berichtete über Statuen und Gemälde von bestimmter Größe! Er mußte 1737 abberufen werden, da seine Werbegeschäfte ruchbar geworden waren.[53] Das „Gnadenkreuz", d. h. der Orden *de la générosité,* war von Auslän-

[50] Nach einem Aufsatz des Fürsten Nikolai Galitzyn über *Die Prügelstrafe in Rußland und ihre Abschaffung,* in: *Rußkaja Starina,* Bd. 21 (1890), Teil 4, S. 73—83, schenkte der Zar Peter dem Könige 1713 80 hochgewachsene russische Soldaten, denen 1716 weitere 80, 1717 55, 1720 10, 1724 23 folgten. Auch die Kaiserin Anna machte wiederholt solche Geschenke. Im Jahre 1733 kam auf den Wunsch des Königs ein russischer Pope nach Potsdam, wo der König eine griechisch-katholische Kapelle erbauen ließ.

[51] Karl von Weber, *Aus vier Jahrhunderten* (=Mitteilungen aus dem Haupt-Staatsarchiv zu Dresden, Bd. 4, N.F. Bd. 2), Leipzig 1861, S. 198 ff., nach sächsischen Akten.

[52] Friedrich Förster, *Friedrich Wilhelm I. König von Preußen,* Bd. 2, Potsdam 1835, Urkundenteil S. 121, S. 138, S. 179, S. 190. *Werbung großer Männer in Ungarn für Friedrich Wilhelm I., König von Preußen, in den Jahren 1732–1735,* in: *Mitteilungen des K.K. Kriegs-Archivs,* Jg. 1882, Teil 3, S. 215—218 (Briefe des Königs an den General Grafen Castell in Komorn aus den Jahren 1732—1735).

[53] Julius Haeckel, *Der Grenadier im Kunsthandel* (=Mitteilungen des Vereins für die Geschichte Potsdams. Neue Folge, Bd. 5, Heft 7), Potsdam 1912. Der Briefwechsel läuft durch die Jahre 1733—1736.

dern leicht zu erlangen, wenn sie zur Gewinnung eines langen Kerls beitrugen.[54] Namentlich aber für die preußischen Offiziere gab es keine bessere Empfehlung. Jeder Kapitain „gab mit Vergnügen 3 bis 4000 Reichstaler Handgeld an einen Ausländer von 6 Fuß 2 bis 3 Zoll, indem er versichert war, daß bei der ersten Revue ihm der Kerl vom Könige genommen und bezahlt werde, er aber ohnedem noch einen sehr gnädigen Anblick und Pensions und Amtshauptmannschaften in dergleichen Fällen zu gewärtigen hatte".[55] Eine Liste der Leute, die der König bei der Revue im Lager zu Wehlau 1731 von den ostpreußischen Regimentern auswählte, enthält Beträge von 800—1000 Talern, im ganzen über 14 000 Taler für 61 Mann, wobei die Inländer, die nur 1 Taler Handgeld erhalten hatten, den Kompagnien auch nur mit 20—50 Talern vergütet wurden.[56] Das Regiment Kröcher (Nr. 18) erhielt 1735 für 6 Mann 5149 Taler, dasselbe Regiment (Derschau) 1739 für *einen* Rekruten 1752 Taler. Die Deckung der sehr hohen Werbungskosten des Königlichen Regiments erfolgte aus einer besonderen „Rekrutenkasse", deren Einnahmen anfangs aus Zahlungen bei Gnadenakten, z. B. bei Niederschlagung von Prozessen, Erlaß von Freiheitsstrafen, Erlaubnis von Ehen in verbotenem Grade, ferner aus besonderen Abgaben der Judenschaft, einer Tabaksteuer, einer Abgabe für Stempelformulare usw. bestanden. Mit dieser war seit 1722 die bisherige Chargen- oder Marinenkasse vereinigt, der die bei Ernennungen, Standeserhöhungen, Erteilung von Privilegien usw. zu zahlenden Gebühren zuflossen. Dennoch genügten die Einkünfte der Rekrutenkasse immer nur zum Teil, und der König mußte aus den für seinen persönlichen Gebrauch bestimmten sogenannten Handgeldern erhebliche Zuschüsse leisten. Mehrfach mußte auch der Tresor (Staatsschatz) Ausgaben für die bei der Revue aus den Regimentern genommenen Rekruten bestreiten, so 1739 44 581 Taler.

Doch die Vorliebe für lange Kerls blieb nicht auf das königliche Leibregiment beschränkt. Die Beurteilung aller Regimenter und Kompagnien, ja das Schicksal ihrer Offiziere hing vornehmlich von der Größe der vorgeführten Rekruten ab. Seit dem Jahre 1730 mußten die Regimenter alljährlich zum 1. Mai genaue Maßlisten in Form kleiner Bücher nach vorgeschriebenem Muster einreichen,[57] und der König prüfte danach die gemachten Fortschritte und die auf die Werbung verwandte Mühe. Mehr als ein Kompagniechef sah sich vor der Front kassiert, wenn der zum Jähzorn neigende König bei der Revue seine Ansprüche nicht befriedigt fand. So erfaßte die absonderliche Sammelleidenschaft des Königs die ganze Armee, und

[54] Gustav Lehmann, *Die Ritter des Ordens pour le mérite*, Bd. 2, Berlin 1913, S. VI f.

[55] Tagebuch des damaligen Lieutenants v. Miltitz vom Regiment Schwerin. Der 6 Fuß 6 Zoll große Flügelmann der Leibkompagnie (1737) Jacob von Horn kostete tatsächlich 3754 Thaler 5 ggr.

[56] A.B. König, *Versuch einer Historischen Schilderung . . .*, Bd. 4, Teil 1, S. 29 f.

[57] Ordres vom 6.7. und 12.10.1730.

das Bedürfnis großer Rekruten ist für die Truppen unzweifelhaft der hauptsächliche Ansporn gewesen, Werber ins Ausland zu senden, während ihnen die Rücksicht auf Schonung des Landes wenig Skrupel bereitet haben wird, zumal da ein bestimmtes Zahlenverhältnis zwischen Inländern und Ausländern noch nicht vorgeschrieben war. Seckendorff bittet in Wien wiederholt um lange Kerls für Generale und Obersten, die ihm bei schwebenden Verhandlungen nützlich sein könnten. „Denn diese Leute capable sind, ein Präsent von 100 bis 1000 Dukaten auszuschlagen, hingegen mit der größten Freude etliche große Kerle bei ihren Kompagnien annehmen, weil sie sonst solche anderwärts zu finden nicht imstande."

Auch auf die *Kavallerie* erstreckte sich die „Marotte", übergroße Leute zu bevorzugen. Unter den erwähnten 61 Mann, die der König 1731 in Ostpreußen für sein Regiment auswählte, befanden sich 33 Reiter und Dragoner. War bei der Infanterie der große Ersatz, der gewöhnlich auch aus kräftigen, starken Männern bestand, militärisch immerhin von Wert, so gereichte er der Kavallerie eher zum Schaden, namentlich da man für so große Reiter auch besonders großer Pferde bedurfte. Seckendorff schrieb 1725 dem Prinzen Eugen nach einer Revue der Magdeburgischen Regimenter: „Bei der Mannschaft, Pferden, Gewehr ist sicherlich, dem äußerlichen Ansehen nach, nichts auszusetzen. ... Allein ob die entsetzlich großen Pferde, die teils bis 19 Hand hoch sind, bei schweren Kampagnen und Fatiguen es souteniren, und die großen, aus lauter neuer Mannschaft bestehenden Mannschaften von allerhand Nationen in ganz Europa so gut als die alten, viele Kampagnen gethanen, aber nun entlassenen Soldaten es thun wird, zweifle sehr, denn ein Offizier sich nicht rekommandirt, der auf die Konservation alter Knechte bedacht gewesen, sondern nur diejenigen werden avancirt und vorgezogen, so die mehrsten Rekruten angeworben, die einzig und allein nach ihrer Länge und Statur ästimiret werden, daher die meisten Regimenter in sechs Jahren fast ganz neue, und alter gedienter Mannschaft wenig oder nichts haben." Die Kavallerie müsse sich „eben so großer Mannschaft befleißigen« als die Infanterie, »daher man bei den Regimentern zu Pferde keine Reflexion macht, ob ein Kerl mit Wartung der Pferde umgehen kann oder nicht, sondern wo er nur von großer Taille ist, so ist es gleichviel, mag er eine Profession haben, welche er will, daher allerhand Sorten von Handwerksleuten, Studenten und anderer dergleichen bei der Feder erzogenen Leuten darunter, wie denn unter andern unter des Prinz Gustavs Regiment ein Reuter bei der Musterung sich gefunden, der ein Mönch aus Genua und in hiesigen Landen Almosen für die in der Türkei gefangenen Christen gebettelt hatte!"[58]

Gegen das Jahr 1720 begannen alle Regimenter Werbekommandos von einem oder mehreren Offizieren mit ein paar Unteroffizieren oder Gemeinen auszuschik-

[58] F. Förster, *Friedrich Wilhelm I. ...*, Bd. 2, Urkundenteil, S. 46 f.

ken,[59] hauptsächlich „in das Reich", d. h. in den Westen und Süden Deutschlands, sie dehnten ihre Tätigkeit aber auch über die deutschen Grenzen, nach Holland, der Schweiz, Italien, im Osten besonders nach Polen, nach Kurland, ferner nach Ungarn und der Ukraine aus. Franzosen durften später nur geworben werden, wenn sie mindestens 10 Zoll maßen.[60] In Deutschland waren ergiebige Rekrutierungsgebiete für die Preußen besonders Mecklenburg, Anhalt, Thüringen, Ansbach und Bayreuth, vor allem aber die großen Reichsstädte, Frankfurt a. M. mit seinen Messen, Köln,[61] Nürnberg, die Hansastädte, Danzig. In den Reichsstädten werben zu lassen galt als ein Recht der Kurfürsten, wenn der Kaiser auch den Anspruch erhob, daß seine Erlaubnis nachgesucht würde.[62] In den Werbehäusern wurden junge Burschen, die sich meldeten, angenommen, oder sie wurden dorthin verschleppt und bei Trunk, Spiel und Weibern zur Annahme des Handgeldes gedrängt, womit sie ihrem Schicksale verfallen waren. Kam man „mit guter Manier" nicht zum Ziel, so griffen die Werber zu allerhand Listen und Schlichen, ja sie scheuten mitunter vor Gewalttat nicht zurück, wenn es dabei auch um Tod und Leben ging. Manche Regimenter hielten sich an gewissen Werbeplätzen ständige Agenten, denen königliche Werbepässe und in einigen Fällen sogar Patente als Offiziere erteilt wurden.[63] Diese „Werbeoffiziere" im engeren Sinne des Wortes waren zuweilen dunkle Ehrenmänner, die ihre Opfer durch Juden, Herbergswirte und sonstige „Zubringer" ins Garn locken ließen. Sie haben einen Hauptanteil daran gehabt, daß die preußischen Werber besonders in Verruf kamen. Freilich war die ihnen auferlegte Jagd auf lange Kerls auch besonders schwer, denn dieses Wild war selten. Noch fehlte ein mächtiger Antrieb, der Name des großen Friedrich, der in den Zeiten der Schlesischen Kriege soviel gutes Soldatenblut unter die preußischen Fahnen führte. Der Wettbewerb fremder Mächte war besonders in den Rheinlanden stark. Dort warben Truppen aller Farben, namentlich die Kaiserlichen, die Hollän-

[59] Die handschriftliche Geschichte des Regiments Borck (Nr. 22, Stargard) sagt: „1720 schickte das Regiment zum ersten male auf auswärtige Werbung nach Polen und insbesondere nach Danzig." Vgl. Otto Krauske (Bearb.), *Die Briefe König Friedrich Wilhelm I. an den Fürsten Leopold zu Anhalt-Dessau. 1704–1740* (= Acta Borussica. Denkmäler der Preußischen Staatsverwaltung im 18. Jahrhundert, Ergänzungs-Band), Berlin 1905, S. 165 f.

[60] Zirkular-Ordre vom 5.7.1734.

[61] Theodor Heuel, *Werbungen in der Reichsstadt Köln von 1700–1750,* Bonn 1911.

[62] Ein kaiserliches Werbepatent vom 21.8.1730 erlaubte dem Könige als Kurfürsten von Brandenburg, in den Reichstädten Köln, Nürnberg und Frankfurt werben zu lassen. Der König verwahrte sich aber dagegen, daß er zur Ausübung dieses Rechtes eines Patents der Reichskanzlei bedürfe (s. Reskript an den Gesandten v. Brand in Wien 19.8.1730). Auch Friedrich II. lehnte den kaiserlichen Anspruch 1740 bestimmt ab (s. Reinhold Koser u.a. [Bearb.], *Politische Korrespondenz Friedrichs des Großen,* Bd. 1, Berlin 1879, S. 5 und S. 15).

[63] Zahlreiche Briefe des Kronprinzen an einen in Schaffhausen (Schweiz) befindlichen Werbeoffizier aus den Jahren 1732—1740, in: *Soldatenfreund,* 41. Jg. (1873/74), S. 443 ff.

der und die Franzosen für ihre vielen Fremdregimenter. Die Werber der preußischen Regimenter selbst überboten sich gegenseitig und suchten sich die Rekruten abzujagen, so daß der König schon am 25. Juni 1722 streng untersagte, daß sie ihre Regimenter gegenseitig „auf das allerschlimmste abzumalen" sich unterständen.

In der Regel erfolgte die Anwerbung gegen Kapitulation auf eine bestimmte Reihe von 4, 6 oder mehr Jahren. Das 1713 erlassene Verbot solcher Kapitulationen ließ sich nicht durchführen, da ausländische Rekruten ohne solche schwer zu bekommen waren.[64] Das Reglement von 1726 betonte, daß „die Ausländer freiwillig durch hohes Handgeld und *Capitulationes* angeworben werden" und daß ihnen diese richtig gehalten werden müsse. Das ausbedungene Handgeld wurde auch pünktlich bezahlt, die Dauer der Dienstzeit aber oft unter allerhand Vorwänden verlängert und manchem der Abschied vorenthalten, namentlich wenn es sich um „lange Kerls" handelte, die eine Zierde des ersten Gliedes bildeten.

Besonders erschwerten die Auslandswerbung die fortgesetzten Reklamationen fremder Regierungen. Sie waren nicht so einfach abzutun wie die Klagen der eigenen Landräte und Kammern. Es gab unaufhörliche Händel und Schreibereien.[65] Fremde Staaten und größere Reichsfürsten wie Kursachsen und Hannover, die eigene Armeen hielten, bereiteten natürlich den preußischen Werbern jede Schwierigkeit, nahmen sie fest und urteilten sie ab, wenn sie Soldaten zu „debauchieren" versucht oder sich sonst gegen landesherrliche Verordnungen vergangen hatten. Kleinere Länder wie das an Preußen grenzende, von inneren Wirren zerrissene Mecklenburg, dessen Grenzen die preußischen Werber zeitweise überhaupt nicht mehr achteten, waren zwar gegen Übergriffe und Gewalttaten so gut wie wehrlos, fielen aber doch mit ihren fortgesetzten Klagen am Wiener Hofe und bei der Reichsversammlung in Regensburg lästig.[66]

Heikel war immer die Anwerbung fremder *Deserteure,* da Preußen zur Verhütung von Desertionen im eigensten Interesse Kartelle mit den meisten Nachbarstaaten abgeschlossen hatte. Solche kamen z. B. 1718 mit Kursachsen, 1719 mit Hannover, 1720 mit Braunschweig-Wolfenbüttel, 1724 mit Kurköln, 1725 mit Kurpfalz usw. zustande.[67] Um den sächsischen Beschwerden ein Ende zu machen,

[64] Schon 1717 erlaubte der König solche bei der Errichtung des Schulenburgschen Dragoner-Regiments, siehe *Zur Formationsgeschichte der Preußischen Kavallerie in den Jahren 1717 bis 1725 mit besonderer Berücksichtigung des Schulenburgischen Dragoner-Regiments,* in: *Mitteilungen aus dem Archiv des Königlichen Kriegsministeriums,* Heft 3, Berlin 1895, S. 106, 112.

[65] Die Akten über die von 1716—1738 in Kursachsen verübten preußischen Werbungsexzesse füllen nach Max Jähns, *Geschichte der Kriegswissenschaften vornehmlich in Deutschland,* Bd. 2, München-Leipzig 1890, S. 1563, 18 Bände des Dresdener Archivs.

[66] W. von Schultz, *Die preußischen Werbungen unter Friedrich Wilhelm I. und Friedrich dem Großen,* Schwerin 1887.

[67] Victor Loewe, *Preußens Staatsverträge aus der Regierungszeit König Friedrich Wilhelms*

verbot der König am 9. Januar 1720 alle Werbungen auf sächsischem Gebiet, auch sollten „reisende und commercirende Untertanen und Landeskinder samt ihren Domestiken nicht täglich aufgehalten und zur Werbung gezogen werden". Am 19. April 1721 folgte ein Verbot aller Werbungen in Bremen und Verden, im Münsterschen und Hannoverschen. In Schlesien, Böhmen und den übrigen kaiserlichen Erblanden wurden preußische Werber immer nur zeitweise zugelassen.[68] Am 26. April 1724 befahl der König sogar die Zurückberufung sämtlicher im Auslande befindlichen Werber und machte fernere Entsendung von seiner Genehmigung abhängig. Die jeweilige politische Lage, das mehr oder minder gute nachbarliche Verhältnis beeinflußte die Werbung dauernd, auch die Wege der Rekrutentransporte mußten deshalb mitunter geändert werden. Trotz aller Verbote und Kartelle hörte der Menschenraub in den Grenzgebieten niemals ganz auf. Sachsen kündigte 1726 das Kartell, und im nächsten Jahre verließ der sächsische Gesandte v. Suhm fluchtartig Berlin, da er Vergeltungsmaßregeln gegen seine Person befürchtete, nachdem ein preußischer Unteroffizier in Sachsen zum Strange verurteilt worden war.[69] Mit Hannover wäre es 1729 bei dem ohnehin gespannten Verhältnis beider Höfe beinahe zum Kriege gekommen. Ernste Streitigkeiten mit den Niederlanden gab es, als 1733 ein preußischer Werbeoffizier in Maastricht abgeurteilt und erschossen wurde. Noch im Todesjahre des Königs kam es zu einem Kleinkriege gegen das Zisterzienserkloster Paradies bei Meseritz. Da preußische Werber den Schulzen eines dem Kloster gehörigen Dorfes geraubt hatten, ließ der Abt preußische Handelsleute festnehmen, worauf preußische Truppen einrückten und kräftige Vergeltung übten.[70]

I.(=Publikationen aus den K. Preußischen Staatsarchiven, Bd. 87), Leipzig 1913; Christian Otto Mylius (Hrsg.), *Corpus Constitutionum Marchicarum oder Königl. Preußis. und Churfürstl. Brandenburgische in der Chur- und Marck Brandenburg auch incorporirten Landen publicirte und ergangene Ordnungen, Edicta, Mandata, Rescripta etc. von Zeiten Friedrichs I. Churfürstens zu Brandenburg etc. biß ietzo unter der Regierung Friedrich Wilhelms Königs in Preußen etc. ad annum 1736. inclusivè*, Teil 3, Abt. 2, Berlin-Halle 1737.

[68] M. Jähns, *Geschichte der Kriegswissenschaften . . .*, Bd. 2, S. 1564. Am 26.1.1736 befahl der König Abberufung aller Werber aus den kaiserlichen Erblanden.

[69] K. von Weber, *Aus vier Jahrhunderten . . .*, N.F., Bd. 2, S. 204. Das Kartell wurde am 19.12.1727 erneuert. Am 4.4.1728 erging infolge einer von preußischen Werbern im Danziger Werder verübten dreisten Gewalttat ein neuer Befehl des Königs, „daß keine Leute weder aus Polen noch aus Sachsen mit Gewalt engagirt, viel weniger aus dem Lande geholt werden sollen". „Falls aber ein oder ander von denen Offiziers einen großen Kerl in Polen oder Sachsen wissen sollte, so hat derselbe an Mich den Namen und den Ort seines Aufenthaltes zu berichten!" (siehe Robert Schück, *Ein Konflikt Friedrich Wilhelms I. mit der Stadt Danzig wegen der preußischen Werbungen aus dem Jahre 1728*, in: *Zeitschrift für Preußische Geschichte und Landeskunde*, Bd. 11 [1874], S. 471 ff.).

[70] Theodor Warminski, *Urkundliche Geschichte des ehemaligen Cisterzienserklosters zu Paradies*, Meseritz 1886, S. 160 ff.

Mit der Ausländerwerbung wurde die Verhütung der *Desertion* eine dauernde Sorge. Die geographische Gestalt des langgestreckten preußischen Staatsgebietes erleichterte das Entweichen. Konnte man doch von Potsdam aus in einer Nacht die sächsische Grenze ganz gut errreichen. Die preußischen Lande westlich der Elbe waren zum Teil enklavenartig von fremdem Herrschaftsbereich umgeben. So bedurfte es steter Wachsamkeit an den Toren und längs der Stadtmauern, täglichen wiederholten Visitierens der Quartiere und, falls ein Fluchtversuch entdeckt wurde, sofortiger Verfolgung des Entsprungenen. Offiziere zu Pferde setzten ihm nach. Ein Schuß aus der Alarmkanone und das Läuten der Sturmglocken hatte die Besetzung und Absperrung aller Wege, Brücken, Fährstellen der Umgegend zur Folge. Die Bauern der benachbarten Dörfer wurden aufgeboten, den Flüchtling aufzusuchen und anzuhalten. Wer einen Deserteur einbrachte, erhielt eine Belohnung von 12 Talern.[71] Strenge Strafen drohten dagegen jedem, der einem Flüchtling durchhalf. Schon die Größe der meisten Soldaten machte sie als solche kenntlich, auch wenn sie keine Uniform trugen. Jedermann auf dem Lande war befugt, einzelne Soldaten nach ihrem Passe zu fragen und sie festzuhalten, wenn sie keinen hatten.[72] Das Reglement von 1726 bewilligte jedem Regiment für den Abgang von Deserteurs 14 Montierungen über die Sollstärke, nahm also diese Ziffer als jährlichen Durchschnitt an, bei jeder Kompagnie 1—2 Mann.

In Berlin und Potsdam wurden während der Regierungszeit Friedrich Wilhelms I. mehrmals Komplotte entdeckt, bei denen sich Ausländer in ganzen Haufen zusammengerottet hatten, um mit Gewalt gemeinsam auszubrechen, in Potsdam 1724 etwa 20 Mann, meist Franzosen, 1730 Kroaten, Ungarn und Polen, welche die Stadt an verschiedenen Orten in Brand stecken und die entstehende Verwirrung benutzen wollten, in Berlin 1736 30 Ungarn. So sehr der König für das Wohlergehen seiner Grenadiere sorgte, die zum Teil hohe Zulagen bezogen, in bequemen Bürgerhäusern wohnten und vielfach einträglichen Nebenbeschäftigungen nachgingen, so trieb doch die Sehnsucht nach der verlorenen Freiheit, das Heimweh, die Langeweile in dem stillen Landstädtchen Potsdam, Überdruß am ewigen Exerzieren, Roheit der Behandlung zu Fluchtversuchen. Sie hatten natürlich eine immer strengere Bewachung und zunehmende Härte in den Strafen zur Folge.

[71] Instruktion für das Generaldirektorium vom 20.12.1722 in: Gustav Schmoller/Otto Krauske/Victor Loewe (Bearb.) *Acta Borussica.* Denkmäler der Preußischen Staatsverwaltung im 18. Jahrhundert. Hrsg. von der Königlich Preußischen Akademie der Wissenschaften. Die Behördenorganisation und die allgemeine Staatsverwaltung Preußens im 18. Jahrhundert, Bd. 3, Berlin 1901, Nr. 280, S. 600—602, und das Reglement für die Infanterie von 1726.

[72] Um Mißbräuche bei den Pässen zu verhüten, verordnete ein Edikt vom 4.7.1723 die Einführung von *Regimentssiegeln.* C.O. Mylius (Hrsg.), *Corpus Constitutionum Marchicarum* . . ., Teil 3, Abt. 1, Nr. 192, Sp. 457 f.

Eine der wichtigsten Folgen, welche die Ausländerwerbung infolge ihrer hohen Kosten nach sich zog, war die Ausdehnung des 1714 eingeführten *Urlauberwesens*. Das Reglement von 1718 bestimmte, daß im April, Mai und September alles bei den Fahnen sein müsse. In den Erntemonaten Juni, Juli, August durfte jede Kompagnie 50, im Winterhalbjahr 30 Mann beurlauben, doch sollte kein Unteroffizier oder Gemeiner länger als 2 Monate beurlaubt werden, damit sie „Soldaten bleiben und nicht zu Bauern oder Bürgern wieder werden". In der gleichen Absicht verbot der König am 25. März 1725, daß die Beurlaubten Bauernkleider anlegten. Sie mußten wenigstens ein Uniformstück (Rock oder Kamisol) tragen, das sie als Soldaten kenntlich machte, und Sonntags in der Kirche in voller Montierung mit Seitengewehr erscheinen. Die Löhnung der Beurlaubten verblieb der Kompagnie. Der Kapitän bestritt daraus die Kosten der Werbung, die laufenden Zulagen, welche besonders großen Leuten bei der Kapitulation bewilligt waren, die beim Ablaufe der Kapitulation zu erneuernde Zahlung von Handgeld, endlich die Verpflegung der Überkompletten in der Exerzierzeit. Die angeführten Zahlen erfuhren bald Abänderungen, die sich nach den verschiedenartigen Garnisonverhältnissen und Bedürfnissen des Wachtdienstes richteten.[73] Im Reglement von 1726 waren sie überhaupt gestrichen, und die beiden bisherigen Exerzierzeiten im Frühjahr und Herbst auf eine einzige im Frühjahr zusammengezogen. Vom 20. März bis 1. Juni (Reiter und Dragoner bis 1. Juli) sollte alles bei den Fahnen sein. Für die Zahl der Urlauber während des übrigen Jahres galt nur noch die Beschränkung, daß die zurückbleibenden Diensttuer zwei wachtfreie Nächte behielten. Kein Urlauber sollte aber länger als 3 (früher 2) Monate fortbleiben.[74] Die Kavallerie konnte der Pferdepflege halber bei weitem nicht so viel Leute beurlauben wie die Infanterie: nach den Reglements von 1727 bei den Dragonern 1 Unteroffizier und 20 Mann auf die Eskadron (von 9 Unteroffizieren, 120 Gemeinen), bei den Reitern 1 Unteroffizier und 15 Mann auf die Kompagnie (von 6 Unteroffizieren, 65 Reitern). Der Beurlaubte erhielt außer den 3 Exerziermonaten kein Traktament, seine Gebührnisse verblieben der Kompagnie und dienten zur Bestreitung der Werbungskosten.

[73] In Magdeburg gestattete der König 1720 den Kompagnien 51 Beurlaubte (21 über das Reglement), O. Krauske, *Die Briefe* . . ., S. 165. Beim Regiment Gersdorff (Nr. 18, Spandau) durften die Kompagnien laut Ordre vom 26.4.1724 3 Unteroffiziere, 40 Gemeine „9 Monat verloben" (beurlauben).

[74] Von den Musketieren sämtlicher Infanterie-Regimenter waren

Januar 1720	22 176,	Juli 21 069,	Oktober 21 942	effektiv zum Dienst,
	7 038,	9 571,	7 893	beurlaubt,
Januar 1730	24 452,	Juli 25 554,	Oktober 23 730	effektiv zum Dienst,
	10 882,	9 975,	11 362	beurlaubt,
Januar 1739	23 945,	Juli 26 300,	Oktober 23 727	effektiv zum Dienst,
	13 759,	11 670,	13 841	beurlaubt.

In einer Zirkularordre vom 3. Mai 1732 verbot der König bei seiner Ungnade, daß „die Unterthanen anderer Reichsfürsten mit Gewalttätigkeit aus ihrem Territorio entführt werden", oder daß die Werber wirkliche Soldaten „debauchirten". Sie sollten vielmehr mit aller Höflichkeit die Erlaubnis zu freiwilliger Anwerbung bei den Landesbehörden erbitten. „Wenn ihnen aber von denen Offiziers oder auch durch Permission der Herrschaft Leute vor Geld überlassen werden, so bleibt solches nach wie vor erlaubet." Ein ausführliches *Werbungsreglement* erging am 13. September 1732.[75] Es begann mit einem Hinweise auf die vor den preußischen Werbern im Auslande herrschende Scheu, die bewirkt habe, „daß die große Herren, Fürsten und Grafen im Römischen Reich fast keine preußische Werbung in ihren Ländern mehr permittieren wollen". Aufs schärfste verbot der König nochmals, mit Gewalt Leute aus fremden Ländern wegzunehmen. Fände sich aber ein Kerl von 6 Fuß, der sich nicht gutwillig engagieren lassen wolle, so solle berichtet werden! Sehr genaue Bestimmungen ergingen über die Größe. Das erste Glied durfte „bei einer schlechten Kompagnie Infanterie, die doch noch passieren kann", keine Leute unter 5 Fuß 9 Zoll haben, die Kleinsten standen im 3. Gliede und sollten nicht unter 6 Zoll groß sein. [76] Die Grenadiere, zu denen man mittelgroße, aber gut gewachsene, auch nach den Gesichtern ausgesuchte Leute nahm, durften mit 5 Zoll ausgehen.[77] Bei den Füsilierregimentern waren die Anforderungen etwas geringer. Der Wachtdienst wurde eingeschränkt, „dannenhero dic Kapitains sovielmehr Leute verurlauben können und also sovielmehr Geld auf die Werbung angewandt werden kann". Die Beurlaubten wurden fortan sowohl bei der Infanterie als auch bei der Kavallerie zum 1. April eingezogen und übten bis Ende Juni, also drei Mo-

[75] Das Werbungsreglement für die Infanterie-Regimenter ist im *Militär-Wochenblatt*, Bd. 26 (1841), Nr. 20, S. 82 ff., und Nr. 21, S. 86 ff., das für die Dragoner-Regimenter bei Karl Wilhelm von Tyszka, *Geschichte des Königlich preußischen 1. Dragoner-Regiments*, Rastenburg 1837, S. 436 ff., abgedruckt.

[76] Im Jahre 1730 hatte von allen Regimentern zu Fuß (außer Königs Regiment) 4 Regimenter keinen Mann unter 6 Zoll, 10 Regimenter keinen unter 5 Zoll, 13 keinen unter 4 Zoll, nur bei den 3 Füsilier-Regimentern befanden sich 3- und 2-zöllige. Das Regiment des Fürsten Leopold (Nr. 3) hatte 20 Mann von 6 Fuß und darüber, auch Prinz Leopold (Nr. 27) und Prinz Albrecht (Nr. 19) hatte je 9, Dönhoff (Nr. 13) und Schwerin (Nr. 24) je sieben Mann von 6 Fuß. Im Jahre 1733 hatten nur noch 13 Regimenter und das Bataillon Röseler 5-zöllige Leute, alle andern gingen mit 6 Zoll aus. Das Regiment Anhalt (Nr. 3) hatte 32 Mann, Kronprinz (Nr. 15) 16 Mann zu 6 Fuß.

[77] Beim Anhaltischen Regiment (Nr. 3) hatten nach der Maßliste vom 17.4.1734 von den *Musketieren* 36 6 Fuß, 108 11 Zoll, 256 10 Zoll, 446 9 Zoll, 564 8 Zoll, 210 (nur beim II. und III. Bataillon) 7 Zoll. Die Leibkompagnie ging mit 10 Zoll aus! Von den *Grenadieren* hatten nur 2 10 Zoll, 26 9 Zoll, 71 8 Zoll, 92 7 Zoll. Nach einer Rangierrolle vom 1.6.1740 ging die Leibkompagnie mit 11 Zoll aus, das ganze 1. Glied und das 4. Glied bis auf 2 Mann, zusammen 54 Mann, maßen 6 Fuß und darüber!

nate. Die im Reglement von 1726 festgesetzte Beschränkung der Urlaubszeit auf 3 Monate fiel fort, laut Zirkularordre vom 18. September 1732 sollte jedes Regiment *„nur 3 Monat zusammenbleiben, die übrigen 9 Monat aber vor voll seine Verlaubten haben"*.

Die Einrichtung der *„Freiwächter"* oder Stadtbeurlaubten erfuhr im Werbungsreglement eine förmliche Anerkennung durch die Vorschrift: „Wann auch eine Kompagnie wegen vieler Ausländer nicht eine genugsame Anzahl auf das Land verlauben könnte, so soll der Kapitain suchen, *in der Stadt* die Leute, welche eine Profession haben, bei die Handwerker zur Arbeit unterzubringen, welche aber keine Profession haben, müssen bei Tuchmacher als Wollspinner und sonsten als Handlangers untergebracht werden. Die Leute aber so in der Stadt verurlaubet sind, sollen jedoch alle Sonntage zur Kirchenparade kommen, daß sie in Ordnung bleiben und nicht verbauern."[78]

Für das Regiment des Königs sollten die Regimenter alle Jahre einige schöne Leute von 6 Fuß und darüber zu bekommen suchen und dabei nichts sparen, da der König ihnen alle Unkosten ersetzen würde.[79] Mit ausgedienten Soldaten sollten neue Kapitulationen immer auf 6 Jahre abgeschlossen werden,[80] womit bei Leuten des 1. und 4. (nicht des 2. und 3.) Gliedes eine erneute Auszahlung von Handgeld verbunden war. Eine allgemeine Taxe für das bei der ersten Anwerbung zu zahlende Handgeld bestand nicht. Neben der Größe kam natürlich das Alter und das sonstige Äußere des Rekruten in Betracht. Beim Regiment Anhalt-Dessau wurden 1736 bestimmte Sätze für alle Größen eingeführt, die danach verschieden waren, ob „ein schöner junger Kerl, von welchem noch würklich wenigstens 1/2 Zoll wie auch darüber Wachstum zu hoffen" oder „ein guter Kerl, welcher keine Hauptfeh-

[78] Die Einrichtung selbst findet sich schon in der letzten Zeit des Großen Kurfürsten. Die Bezeichnung *„Frey-Wächter"* findet sich z.B. in einer Zirkular-Ordre vom 9.9.1732. Am 28.6.1725 ergingen Verbote, daß Soldaten selbständig als Handwerker arbeiteten, sie durften aber, „wenn sie nicht in der Stadt, worin sie arbeiten wollen, ein eigen bürgerliches Haus und Hof haben", als Gesellen bei Meistern beschäftigt werden.

[79] Leibkompagnie des Königlichen Regiments hatte nach der Rangierrolle vom 30.3.1737 unter 160 nur 12 Mann *unter* 6 Fuß, der Flügelmann maß 6 Fuß 6 Zoll. Von den 177 „Großen Unrangierten" maß laut Liste vom 27.10.1739 keiner unter 6 Fuß, der größte war der Irländer James Kirkland mit 6 Fuß 11 Zoll, dann folgten ein Italiener und ein Franzose mit je 6 Fuß 7 Zoll 1 Strich. Ein Augenzeuge schreibt: „Der größte Theil dieser Riesen war entweder häßlich vom Gesichte, oder krummbeinicht, oder sonst an einem Theil des Körpers ungestalt; und man kann überhaupt sagen, daß dieses Regiment mehr wunderbar als schön ist. Die (Flügel-) Grenadiers, welche nicht so lang als die andern, aber besser gewachsen waren, haben mir weit mehr gefallen." Jacob Friedrich Freiherr von Bielfeld, *Des Freiherrn von Bielfeld freunschaftliche Briefe nebst einigen anderen*, Teil 1, Danzig-Leipzig 1770, S. 58, zum 16. 10. 1739.

[80] Am 7.7.1741 beantwortete König Friedrich II. eine Anfrage seines Gesandten v. Klinggräffen in Bayern dahin, daß die Kapitulationen gewöhnlich auf 6 Jahre festgesetzt würden.

ler, auch kein häßlich Gesichte hat" oder »ein Kerl so nicht noch über 6 bis 8 Jahr dienen kann« in Frage kam. Für Leute von 6 Fuß der ersten Klasse waren 540, der zweiten 480, der dritten 300 Taler festgesetzt, für solche von 6 Fuß 2 Zoll stiegen die Sätze schon auf 900, 800, 500 Taler. Rekruten von 5 Fuß 8 Zoll, dem niedrigsten aufgeführten Maß, sollten nur 45, 35, 25 Taler Handgeld erhalten. Gewöhnlich bildeten sich die Regimenter Werbekassen, die mitunter Vorschüsse aus der Generalkriegskasse erhielten. Die Werber bedurften namentlich in teueren Städten beträchtlicher Zulagen für ihren eigenen Lebensunterhalt, sie hatten Reise- und Transportkosten zu bestreiten. Unnützen Aufwand „in Essen und Trinken, Spielen, chamerirten Kleidern und dergleichen nichts helfende Sottisen" verbot das Werbungsreglement. Über die anvertrauten Gelder wurde später Abrechnung gefordert. Ein weiteres am 4. Dezember 1739 erlassenes Werbungsreglement gab hauptsächlich Regeln für die Entscheidung der häufigen Streitigkeiten, die zwischen Regimentern über einzelne Rekruten entstanden. *Die Gesamtzahl der Ausländer,* die 1740 im preußischen Heere dienten, betrug fast 26 000, also ungefähr ein Drittel der 76 000 Mann starken Armee.[81]

Werfen wir zum Schluß einen Blick auf *Geist und Manneszucht* des so eigenartig zusammengesetzten Heeres.

Den Kern jedes Regiments bildeten die „Einländer" aus den Enrollierungskantons, hochgewachsene stattliche Leute von der trefflichen Soldatenart, die von jeher in dem Menschenschlage der alten Provinzen steckte. Sie waren zuweilen Söhne wohlhabender Bürger und Bauern, die Mehrzahl aber gehörte der armen Landbevölkerung an und fand beim Regiment oft bessere Lebensverhältnisse als in ihrer Heimat. Seitdem das Gehässige und Willkürliche der früheren Enrollierungen einer regelrechten Aushebung Platz gemacht und die Bevölkerung sich daran gewöhnt hatte, kamen die Rekruten aus den alten Kernlanden des Staates mit schlichter Selbstverständlichkeit der militärischen Pflicht nach, die ihnen ihr König und Landesherr auferlegte, mit dem sie ein aus jahrhundertealten Wurzeln stammendes Gefühl der Untertanentreue verband. Bei manchen Truppenteilen, besonders der Kavallerie, namentlich bei den Gensdarmes in Berlin, auch bei der Artillerie meldeten sich viele junge Leute, auch besserer Herkunft, zum Eintritt. Die Verwendung zahlreicher früherer Unteroffiziere in der Zivilverwaltung bewirkte einen starken Zudrang von „Schulzensöhnen und guten Bürgersöhnen" zu den Unteroffizierstellen. Daß der König sich selbst als Soldat gab und fühlte, weckte den militärischen Stolz in der Mannschaft. Das Selbstgefühl der auf Urlaub

[81] J.D.E. Preuß (Hrsg.), *Oeuvres . . .*, Bd. 2, Berlin 1846, S. 1 f. Vom Dezember 1739 bis November 1740 wurden bei der Infanterie (ausschl. Garnisonen) 244 Einländer, 689 Ausländer, bei der Kavallerie 124 Einländer, 395 Ausländer eingestellt. Der Abgang an Ausländern war aber infolge Ablaufs ihrer Kapitulationen und infolge Fahnenflucht viel größer als der von Landeskindern.

heimkehrenden Kantonisten wurde von den Gutsherren manchmal als lästig empfunden. Jene wußten, daß sie die bevorzugten „blauen Kinder" des Königs waren, dessen Autorität hoch über der des Gutsherrn stand. Eine schlesische Stimme aus der Zeit nach 1740 sagt: „Es ist bewunderungswürdig, wie fest und allgemein die Meinung von der hohen Ehre des Soldatenstandes der Denkungsart des Preußischen Unterthanen eingeprägt ist... 'Man hat mir meinen einzigen Sohn genommen und ihm den blauen Rock angezogen', sagte eine Frau zu dem vorigen König und bat um dessen Entlassung. 'Meine Söhne müssen auch den blauen Rock tragen', sagte der König, indem er ihr die Prinzen zeigte. Damit war die Mutter befriedigt und stand von der Bitte ab."[82]

Dagegen war auf die Zuverlässigkeit eines großen Teiles der Ausländer wenig zu rechnen, sie bedurften in der Garnison, noch mehr auf Märschen und im Feldlager strenger Aufsicht. Die geschilderte, oft mit List und Gewalt verknüpfte Art ihrer Anwerbung brachte es mit sich, daß viele der Bethörten oder mit rohem Zwange Gepreßten den Augenblick herbeisehnten, wo sie entfliehen könnten. Wie viele Lebensaussichten sind durch die Werber vernichtet worden, wie viele Tränen klebten an dem militärischen Glanze der Wachtparade! Allmählich wurde der junge Soldat der rauhen Formen des neuen Lebens gewohnt und tat pünktlich seinen Dienst in Reih und Glied, ja er gewann im Laufe der Jahre wohl sogar eine Anhänglichkeit an seine Fahne „und wahrscheinlich eine größere Anhänglichkeit an den Freund, der ihn seine Lage auf Stunden vergessen machte, den Branntwein".[83] Mancher erlangte durch Heirat festen Grund und eine neue Heimat. Das Heiraten von Ausländern wurde gern gesehen, aber sie mußten dann auf ihre Kapitulation verzichten! Eine Kompagnie sollte nicht über ein Drittel beweibter Kerls haben. Ins Feld durfte eine Kompagnie oder Eskadron nicht mehr als zehn Weiber mitnehmen.[84] Wer seine Löhnung zu Rate hielt, seine Kenntnisse und Fähigkeiten als Handwerker oder im Betriebe eines kleinen Gewerbes verwertete, fand dabei trotz aller Beschwerden von Zünften und Innungen jede Unterstützung. Soldaten unterhielten öffentliche Bier- und Weinhäuser oder sogenannte Italienerläden. Die Soldatenfrauen trieben oft einen kleinen Hökerhandel. „Der Soldat wurde zum Nachteil des städtischen Bürgers begünstigt, der ihn bequem beherbergen und dabei sehr ehrerbietig begegnen mußte."[85] Der Dienst war außerhalb der Exerzierzeit nicht schwer, besonders die „Freiwächter" konnten ungestört ihrem Erwerbe nachgehen. Es gab Soldaten in der Berliner Garnison, die Häuser besaßen und über an-

[82] (Karl Ludwig von Klöber,) *Von Schlesien vor und seit dem Jahr MDCCXXXX*, Bd. 1, Freiburg 1785, S. 37.

[83] Gustav Freytag, *Bilder aus der deutschen Vergangenheit*, Bd. 4: *Aus neuer Zeit (1700–1848)*, 6., verm. Aufl., Leipzig 1871, S. 186.

[84] Ordre vom 25.8.1733.

[85] G.H. von Behrenhorst, *Betrachtungen über die Kriegskunst ...*, Bd. 1, S. 124.

sehnliche Kapitalien verfügten.[86] Die Bezahlung war pünktlich und besser als in den meisten anderen Heeren. Auch hielt man in der Armee auf gute Sitten und Ehrbarkeit. Man suchte bei den Regimentern etwas darin, daß sich der wohlgezogene Soldat in seinem ganzen Benehmen von dem ungeschliffenen Bauer unterscheide. Die peinliche Sauberkeit und Sorgfalt in Anzug und Frisur, die aufrechte Haltung, das Grüßen (durch Hutabnehmen) wirkten als äußerliche Erziehungsmittel. Die Feldprediger der Regimenter konnten segensreich wirken, auch in den Soldatenfamilien, deren Kinder sie bei vielen Regimentern unterrichteten.[87] Die große Mehrzahl der Gemeinen bestand aus rechtlichen Menschen. Die Religion hatte große Gewalt über die Herzen. Kirchgang und Heiliges Abendmahl waren innere Bedürfnisse der meisten. Im Jahre 1733 schenkte der König allen Regimentern Neue Testamente mit einigen Gebeten und 100 Gesängen nach der Zahl der im Felde zu bildenden Zeltkameradschaften. Diese Gesangbücher sollten künftig bei allen Gottesdiensten benutzt werden, damit die Soldaten sich daran gewöhnten und sie allmählich auswendig wüßten. Daß Friedrich Wilhelm um die Seelsorge ohne Unterschied der Bekenntnisse bemüht war, den Stand der Militärgeistlichen hob, in den neuen Garnisonkirchen zu Potsdam und Berlin sich selbst ein bleibendes Denkmal setzte, ist bekannt. Wie seine persönliche Überzeugung ein handfestes, von theologischen Spitzfindigkeiten freies, praktisches Christentum war, so lebte in allen Schichten der Armee eine ernste und starke sittliche Empfindung. Der preußische Grenadier stand um das Jahr 1740 hoch über dem verwilderten Kriegsknecht, der vor hundert Jahren den Schrecken oder die Verachtung des friedlichen Bürgers erregt hatte.

Als scharfe Drohung aber stand vor allen unbotmäßigen Elementen die Strenge der *Disziplin.* Sie bildete neben der überlegenen taktischen Schulung die Hauptstärke der Armee, das Kleinod des preußischen Kriegswesens, die Grundlage der ganzen Heeresverfassung und die Ursache der großen Leistungen in den kommenden Kriegen, die ohne sie nicht möglich gewesen wären. Am 12. Juli 1713 erließ der König neue, von dem Generalauditeur v. Katsch verfaßte Kriegsartikel. Sie waren nur für die Unteroffiziere und Gemeinen bestimmt, und schon in diesem Umstande sprach sich die Aufrichtung einer Scheidewand, die Forderung unbedingter Subordination gegenüber den Offizieren aus. Ungehorsam, „es sei auch nur mit

[86] A.B. König, *Versuch einer Historischen Schilderung . . .*, Bd. 4, Teil 2, Berlin 1796, S. 219.

[87] In Berlin bestand die alte zur Garnisonkirche gehörige *Garnisonschule.* In Spandau errichtete der Generallt. Frhr. v. Schwendy als Gouverneur eine aus einem Hause und Garten sowie einer Meierei vor der Stadt bestehende Stiftung für eine Schule und für den Unterhalt armer Soldatenkinder, die der König am 29.10.1720 bestätigte. Auch in Pillau bestand eine Garnisonschule. In anderen Standorten sorgten die Regimentschefs für den Unterricht der Soldatenkinder. Siehe Friedrich Wienecke, *Die Königsberger Regimentsschulen,* in: *Altpreußische Monatsschrift,* Bd. 44 (1907), S. 43—64.

Worten oder Raisonniren", sollte „nach Kondition des Beleidigten und der beschaffenen Umstände" mit Gassenlaufen bis zu 30 mal belegt werden, eine Strafe, deren Härte die Beschreibung des Strafvollzuges zeigen wird. Das Reglement von 1726 bestimmte: „Alles Raisonniren gegen Officiers oder Unter-Officiers im Dienst oder außer Dienst, im Gewehr oder sonder Gewehr, soll mit Spießruthen hart bestraft werden, absonderlich soll ein Kerl, wenn er im Gewehr nur mit einem Wort raisonniret, augenblicklich in Arrest geschickt werden, und des andern Tages durch 200 Mann 20 mal durch die Spießruthen laufen. Hingegen, wenn eine Widersetzung, Bedrohung oder gar Gegenwehr von einem Kerl gegen einen Officier oder Unter-Officier geschiehet, soll ein solcher Kerl arquebusiret werden." Die Disziplinarbefugnis der Regimenter war sehr groß. „Alles was mit Spießruthen kann bestraft werden", konnte der Regimentskommandeur abmachen. So konnte er „sonder Verhör und Kriegsrecht" 8—10maliges Spießruthenlaufen durch 200 Mann schon bei Trunkenheit, verbotenem Glücksspiel oder bei Wachtvergehen verhängen. Auf Trunkenheit setzten die umgearbeiteten Kriegsartikel vom 31. August 1724 doppelte Strafe, wie das schon im Reglement von 1718 ausgesprochen war. Durch sie erhielten auch die Schildwachen die Eigenschaft als Vorgesetzte.

Die damaligen Militärstrafen erscheinen dem heutigen Geschlecht furchtbar, dabei ist aber zu beachten, daß auch dem bürgerlichen Strafverfahren vielfach noch eine mittelalterliche Grausamkeit anhaftete, daß die Folter zur Erpressung von Geständnissen noch zu Recht bestand. Am häufigsten kam das Spießrutenlaufen oder Gassenlaufen in Anwendung. Dabei bildete die tägliche Wachtparade oder ein besonderes Exekutionskommando von gewöhnlich 200 Mann die Gasse, und der Profoß teilte die von ihm geschnittenen Ruten aus, deren Stelle bei der Kavallerie bis 1752 die Steigriemen vertraten. Der Verurteilte trat nach Verlesung des Urteils mit entblößtem Oberkörper den Leidensweg an; er sollte nicht laufen, weil dadurch viele ungesund geworden und vor der Zeit gestorben seien![88] Daher schritt ihm ein Unteroffizier mit verkehrtem Kurzgewehr, dessen Spitze gegen die Füße des Verurteilten gerichtet war, voran. An jeder Öffnung der Gasse stand ein Tambour, der so lange wirbelte, bis die Hälfte der Gasse durchschritten war, dann fing der andere Tambour an, den Wirbel zu schlagen, „und der Major galoppiret auf und nieder, damit die Bursche recht hauen". Strafen von mehr als zehnmaligem Gassenlaufen wurden gewöhnlich auf mehrere Tage verteilt. Meist mußte dann der Unglückliche mit blutig zerfetztem Rücken nach überstandener Exekution in das Lazarett gebracht werden; 30—36 maliges Gassenlaufen nannte man „auf Tod und Leben laufen", es kam einer Hinrichtung nahe.

Die Todesstrafe wurde bei militärischen Verbrechen gewöhnlich durch „Arquebusiren", d. h. Erschießen vollstreckt, wozu der arme Sünder mitunter sechs Mann

[88] Ordre vom 20.6.1737.

aus seinen Kameraden wählen durfte. Diese Todesart galt als ehrlicher Soldatentod. Der Strang wurde bei gemeinen Verbrechen wie Diebstahl, namentlich aber bei wiederholter Desertion zuerkannt, während diese im ersten oder zweiten Falle gewöhnlich mit Spießruten bestraft wurde. Das Hängen erfolgte nur bei nichtmilitärischen Verbrechen „auf dem Rabenstein", d. h. dem Hochgericht vor der Stadt, sonst an einem dazu aufgerichteten Pfahle oder Baume, gewöhnlich gegen Abend. War der Verurteilte entflohen, so wurde sein Bildnis oder sein Name an den Galgen angeschlagen. In besonders schweren Fällen wurde die Todesstrafe durch das Schwert oder durch Rädern vollzogen.[89]

Andere Strafen waren das Reiten auf einem hölzernen Pferde oder Esel mit schmalem Rücken, der gewöhnlich neben der Hauptwache stand, bei der Artillerie auf einer Kanone, das Stehen am Pfahl auf zugespitzten kleinen Stöcken, wobei die Arme hochgebunden wurden, das Holztragen und das Krummschließen. Gewöhnlicher Arrest diente für Gemeine in der Regel nur als Untersuchungshaft, doch wurde auch auf Stockhaus (Zuchthaus) erkannt. Eine häufige Strafe war Festungsarbeit in der Karre, auf eine Reihe von Jahren oder lebenslänglich.

Unteroffiziere konnten laut Reglement „auf gewisse Zeit auf Schildwacht bei gemeinem Traktament oder auf ewige Schildwacht gesetzet und in die Karre condamniret werden". Auch das Stehen am Pfahl war nicht selten.

Die für leichtere Fälle bestimmten Standgerichte und die über Tod und Leben urteilenden Kriegsgerichte wurden in althergebrachter Weise aus Richterklassen zusammengesetzt, deren unterste im Range des Angeschuldigten stand. Die Urteile der Kriegsgerichte prüfte der Generalauditeur, der dem Könige unmittelbaren Vortrag hielt. Der strenge Gerechtigkeitssinn des Königs war bekannt.

Offiziere und Unteroffiziere trugen in und außer Dienst den Stock. Er spielte damals eine große Rolle, aber nicht bloß auf den Exerzierplätzen, sondern ebenso in den Schulen, im Handwerk, bei der Feldarbeit, im ganzen bürgerlichen Leben. Ein Zeitgenosse berichtet später (1787): „Daß dazumal die Sitten überhaupt noch nicht in der Art verfeinert waren, als sie es anjetzt sind, und man daher auch in allen Ständen ein weit roheres und unfreundlicheres Betragen wahrnahm, ist allen denen, die damals gelebt haben und sich auf die Thathandlungen der Menschen zu dieser Zeit zurückerinnern können, zur Genüge bekannt. Ein jeder, der Untergebene hatte, erteilte seine Befehle mit gerunzelter Stirne und unter den schärfsten Drohungen. Selbst der Civilstand war davon nicht ausgenommen." Viele Rekruten waren auch ungeschickte und unbiegsame Bauerknechte, deren Ausbildung die größte Mühe machte, da sie eine andere Sprache als die des Korporalstockes kaum

[89] Doch sollte der Verurteilte laut A.K.O. vom 11.12.1749 vorher erdrosselt, also nicht lebendig gerädert werden. Johann David Erdmann Preuß, *Friedrich der Grosse. Eine Lebensgeschichte,* Bd. 4, Berlin 1834, Urkundenbuch, S. 265.

verstanden.[90] Seine Anwendung entehrte den Geschlagenen nicht. Der König betrachtete ihn als unentbehrliches Erziehungsmittel. Mit naivem Erstaunen schreibt er 1725 nach einem Besuche in Hannover, wo ihm das dortige Militär sehr gut gefallen hatte: „was ich noch finde das ihnen noch fehlet, das ist die Subordination. Sie tun es aus Lust, aber nit aus Subordination, denn sie fast keinen Kerrel schlagen dürfen bei Königs Ungnade, und das wissen alle die Gemeine, und gehet doch in Ordnung, das wundert mir am meisten."[91] Dabei darf man sich aber die damalige Disziplin doch nicht als ein fortgesetztes Prügelregiment vorstellen. Das Reglement von 1726 bestimmte ausdrücklich, daß einem Rekruten, „damit er nicht gleich im Anfange verdrießlich und furchtsam gemacht werde, sondern Lust und Liebe zum Dienst bekommen möge, alles durch gütige Vorstellungen sonder Schelten und Schmälen gelernet, auch muß der neue Kerl nicht auf einmal so stark angegriffen, vielweniger mit Schlägen und dergleichen übel tractiret werden, absonderlich wenn es ein einfältiger oder unteutscher Kerl ist". Freilich wird es große Unterschiede gegeben haben, je nach der Persönlichkeit der Vorgesetzten, der Eigenart des Dienstes in den einzelnen Garnisonen und bei den verschiedenen Waffengattungen. Berenhorst, der am Ende des Jahrhunderts seine vielgelesenen „Betrachtungen über die Kriegskunst" schrieb und auf einer lebendigen Überlieferung fußen konnte, weiß zu berichten, daß zu jener Zeit „ganz unmäßig geprügelt" worden sei. Der Gebrauch des Stockes habe sich von Tag zu Tage ausgedehnt, „auf angespritzte Wasserflecken an den Stiefeletten, schlecht polierte Rockknöpfe oder Fehlgriffe mit dem Gewehr, eine halbe Terzie zu früh, zu spät, oder auch ein wenig zu matt". Gegenüber dieser Erzählung aus weit späterer Zeit stehen aber ganz anders lautende gleichzeitige Zeugnisse, so die Regeln, die Fürst Leopold selbst in den 1730er Jahren für den Kronprinzen niedergeschrieben hat.[92] Der Korporal hat danach die Pflicht, alle Exerzitien „mit der besten Manier den Gemeinen *ohne die geringste brutalité* beizubringen. Diesen Punkt will ich alle Ober- und Unter-Officiers zum besten anbefohlen haben. Alte obstinate Köpfe können wohl mit den Händen angegriffen werden, doch niemals sollte der Kommandeur der Kompagnie dieselben mit den Stock bestrafen lassen. Die beste Manier, den neuen Leuten es beizubringen, ist die Geduld und ihnen im Anfang wenig auf einmal zu weisen".

Der *Captain d'armes* soll „seinen Dienst nicht mit *brutalité,* sondern mit Güte von wegen der Liebe, die er vor die Leute hat, verrichten". „Er muß auch wissen, bei seinen Umgang den Leuten alle Fatiguen und schweren Dienst so vorzustellen, daß

[90] (Karl Friedrich von Beneckendorff,) *Karakterzüge aus dem Leben König Friedrich Wilhelms I. nebst verschiedenen Anekdoten,* 4. Sammlung, Berlin 1787, S. 23.

[91] An den Fürsten von Anhalt-Dessau, 10.8.1725 (O. Krauske [Bearb.], *Die Briefe König Friedrich Wilhelm I. . . .,* Nr. 388, S. 293 f.).

[92] Johann David Erdmann Preuß, *Des Fürsten Leopold von Anhalt-Dessau Idee von allen Militär-Chargen,* in: *Zeitschrift für Kunst, Wissenschaft und Geschichte des Krieges,* 37. Jg. (1861), S. 87—107, hier S. 89 ff.

dieselben alles mit Lust verrichten." Wenn er allerdings unter den Kranken, für die er zu sorgen hat, einen Drückeberger findet, „so kann er denselben mit hundert Prügel in Beisein des Feldscheers gesund machen".

Dem Feldwebel soll „erlaubet sein, einen lüderlichen Soldaten 3 oder 4 Streiche mit den Stock zu geben, aber des rechten Prügelns muß er sich enthalten, bei Strafe des Pfahles". Er soll im Gegenteil darauf achten, *„daß kein Unter-Officier keinen Soldaten prügelt,* auf daß er nicht desperat gemacht und dadurch zur Desertion bewogen werde".

So die eigenen Lehren des alten Dessauers.

Ein nichtmilitärischer Zeuge von scharfer Beobachtungsgabe, der Kammerpräsident Lucanus, schreibt im Jahre 1748 über die Armee Friedrich Wilhelms I.[93] „Oftmals hat man königliche Unterthanen weggenommen und mit Gewalt zu Kriegsdiensten gezwungen, allein diese sind die besten Leute geworden, auf welche man sich am meisten verlassen können. Denn sie bekamen gleich in den ersten Tagen *wegen des guten und gelinden Traktaments* (d. h. Behandlung) solche Lust und Ambition zu dienen, daß sie vor ein dreifaches Lohn nicht würden in ihren vorigen Stand zurückgetreten sein und sich bei den Bürgern oder Bauern nicht in Dienst begeben haben. Zu geschweigen, daß alle nach Norden wohnende Völker von Natur zum Soldatenstande tüchtig und aufgelegt, einer harten Lebensart und Arbeit von Jugend auf gewohnt usw."

König Friedrich Wilhelm selbst, der bei der Heftigkeit seiner leicht aufbrausenden Natur gelegentlich den Stock ohne Unterschied von Rang und Stand gebrauchte, verlangte doch entschieden Gerechtigkeit und Güte gegen seine „liebe blaue Kinder". Als ihm Klagen über das Regiment des Markgrafen Heinrich von Brandenburg-Schwedt (Nr. 12, Prenzlau) zu Ohren gekommen waren, erließ er am 14. Dezember 1738 eine seine Auffassung kennzeichnende scharfe Kabinetsordre an den Kommandeur Oberst v. Selchow, worin es heißt: „Es ist bekannt und wisset Ihr selbsten sehr wohl, wie daß Ich zwar eine gute Subordination mit vor das vornehmste Stück im Dienst halte. Es muß aber solche so traktiret werden, daß nicht unter dem Deckmantel der Subordination barbarische und unchristliche Sachen mit unterlaufen, indem ein Soldat im Dienste ein Mensch ist, folglich wohl Fauten machen kann, welches wann es nicht aus Vorsatz und Mutwillen geschiehet, sondern entweder aus Dummheit oder aber daß ein Kerl, indem er es zuweilen gar zu gut machen will, manquiret, zwar verdienet, daß er davor angesehen und reprochiret, auch wohl ihm ein Schlag über die Schulter gegeben werde, aber deshalb einen Kerl gleich so zu prügeln oder wohl gar mit dem Degen zu hauen, daß das Blut davon gehet oder er ungesund wird, ist barbarisch. Wenn nun dem öffentlichen Verlaut nach bei dem Prinz Heinrichschen Regiment fast keine Parade ist, bei welcher nicht einige Leute auf nur gedachte Weise strappaziret werden, so ist dergleichen

[93] A. H. Lucanus, *Zustand . . .*, S. 154, S. 156.

grausames Verfahren mit denen Leuten, welches nichts anders als Komplotts zum Desertiren nach sich ziehet, weder vor Mich, noch weniger vor Gott zu verantworten. Vielmehr statuire Ich, daß ein Regiment zwar in Subordination, Disziplin und Ordnung sein muß, die Leute aber nicht bestialisch traktiret werden sollen." Das Regiment sei dadurch „fast in der ganzen Welt in eine so schlechte Reputation gekommen, daß sobald ein auswärtiger Kerl nur von dem Heinrichschen Regiment höret, er auch nicht 500 Rth. Handgeld annimmt, sondern sich viel lieber bei einem andern Regiment vor ein weit geringeres oder gar umsonst engagiret". Hier verbindet sich mit der trotz der rauhen Außenseite immer wieder hervortretenden Gutherzigkeit Friedrich Wilhelms sofort das praktische Interesse an der Ausländerwerbung und der Verhütung von Desertionen, und diese Ursachen wirkten in der ganzen Armee nachhaltig im Sinne einer guten und menschlichen Behandlung sowie einer auskömmlichen Lebenshaltung der Mannschaft. Wie der König, so dachten alle verständigen Offiziere. Daß es auch andere gab, und daß bei einzelnen Regimentern eine rohe Behandlung an der Tagesordnung war, geht freilich aus den ersten Verordnungen König Friedrichs II. hervor. Unzweifelhaft aber ist, daß in dem weitaus größten Teil der Armee, bei aller Strenge der Disziplin, ein vortrefflicher Geist lebte. Ihre Kriegstaten sind der beste Beweis.

XXVII

Stein, Scharnhorst und die preußischen Reformen*

GORDON A. CRAIG

Frisch auf, mein Volk! Die Flammenzeichen rauchen,
Hell aus dem Norden bricht der Freiheit Licht!
Körner

Though soldiers are the true supports,
The natural allies of Court,
Woe to the Monarch who depends
Too much on his red-coated friends;
For even soldiers sometimes think —
Nay, Colonals have been known to reason —
And reasoners, whether clad in pink,
Or red, or blue, are on the brink
(Nine cases out of ten) of treason.
Thomas Moore

In den Monaten nach der Kapitulation von Tilsit konnten nur die größten Optimisten an den Fortbestand Preußens als eines selbständigen Staates glauben. Napoleon enthüllte bald seine Absicht, aus dem zerrütteten Land einen Satelliten seines Kaiserreichs zu machen, und bedeutende Teile des preußischen Volkes schienen nur allzu bereit, sich in dieses Los zu schicken. Im Mittelstand und in der Aristokratie rief der militärische Zusammenbruch einen weitverbreiteten Defätismus und ein nicht unerhebliches Maß von Opportunismus hervor; unter den Intellektuellen erhoben sich bald Stimmen, die auf die Vorteile eines Anschlusses an Napoleons europäische Neuordnung hinweisen, auch wenn er

* Entnommen aus: Gordon A. Craig, *Die preußisch-deutsche Armee 1640-1945. Staat im Staate*, deutsche Ausgabe: Düsseldorf 1960, S. 56—72.

mit einer Schmälerung der preußischen Souveränität verbunden sei. In der großen Masse des Volkes gab es wenig Anzeichen für einen Groll über die Demütigung Preußens und noch weniger für ein Verlangen nach Revanche.

Um so bemerkenswerter ist es daher, daß die apathische Hinnahme der Niederlage innerhalb von sechs Jahren überwunden wurde und daß unter den Staaten, die sich zusammenschlossen, um den Korsen zu besiegen und zu vertreiben, Preußen an erster Stelle stand. Die Wiedererstarkung war in erster Linie das Werk einer kleinen Gruppe hingebungsvoller, patriotischer Reformer, zu denen vor allem Stein, Scharnhorst, Gneisenau, Boyen und Grolmann gehörten. Diese Männer gestanden sich wohl ein, daß militärisches Versagen zu der wilden Flucht bei Jena geführt hatte, doch erkannten sie auch deutlich die tiefere Ursache des preußischen Zusammenbruchs — den Abgrund, der zwischen der Staatsmaschine und dem Volk klaffte, der es dem Volke unmöglich gemacht hatte, sich mit seiner Regierung zu identifizieren und der den Staat der Unterstützung des Volkes in Krisenzeiten beraubte. Diesen Abgrund zu überbrücken und im Volk ein neues Gefühl der Anhänglichkeit an den preußischen Staat zu wecken, war das Endziel der von Stein und seinen Kollegen in den Jahren nach 1807 eingeführten, sozialen, politischen und militärischen Reformen. Das unmittelbare Ergebnis ihrer Anstrengungen spiegelt sich in dem erfolgreichen Krieg von 1813/14 gegen Napoleon und in der allgemeinen Begeisterung wider, mit der das preußische Volk daran teilnahm.

Trotz des Erfolges, den die Reformer mit der Befreiung Preußens von der Fremdherrschaft errangen, gelang es ihnen auf die Dauer nicht, ihre Ziele zu erreichen. Möglich, daß sie das Vermögen des preußischen Staates, auf fundamentale Traditionen zu verzichten, überschätzt hatten. Tatsache ist jedenfalls, daß sie eines nicht voraussahen: die Neigung der herrschenden Klasse, zum alten Stil zurückzukehren, sobald Preußen einmal vom fremden Joch befreit war. Als sich diese Tendenz nach 1814 geltend machte, waren die Reformer politisch nicht geschickt genug, ihr Widerstand zu leisten. Und um 1819 waren sie aus der Macht verdrängt, ihr politisches und soziales Programm gescheitert und verzerrt, und ihre Hoffnung, Preußen möge ein fortschrittlicher Staat mit repräsentativen Einrichtungen werden, war zunichte gemacht. Der Reformzeit folgt nach 1819 eine Zeit der Reaktion, in der die alten Nöte des preußischen Volkes in neuem Gewande erschienen und die Armee, aus der Scharnhorst und Boyen einen Gegenstand des Stolzes für das Volk hatten machen wollen, wieder einmal der Gegenstand allgemeinen Unwillens wurde.

Der Beginn der Reformzeit kann in der Einsetzung der sogenannten Reorganisationskommission gesehen werden, die König Friedrich Wilhelm III. im Juli 1807 ernannte. Er wies die Kommission an, eine Untersuchung über den letzten Feldzug durchzuführen, Offiziere, die sich schlecht aufgeführt hatten, zu maßregeln und zu entlassen und Änderungsvorschläge in bezug auf Heeresorganisation, Versorgung, Dienstbestimmungen, Auswahl von Offizieren, Erziehung und Ausbildung zu machen. Die Einsetzung solch einer Kommission war nichts Neues; nach einer großen Niederlage, wie der von Jena, mußte mit Untersuchungen irgendwelcher Art gerechnet werden. Weniger wurde indes zunächst damit gerechnet, daß die Kommission überraschende Veränderungen an dem bestehenden System vorschlagen würde. In den Augen vieler älterer Offiziere — unter ihnen Graf Lottum, anfänglich Mitglied der Kommission, und die Generale von Yorck und von dem Knesebeck — war die Niederlage von 1806 weniger durch fundamentale Mängel im militärischen oder politischen System als durch ein Zusammentreffen von unfähiger Führung und Mißgeschick verursacht worden. Daher glaubten sie, daß zwar die offenkundigeren Mißstände behoben werden müßten, nicht aber, daß irgend etwas von der Art einer grundsätzlichen Reorganisation und Reform notwendig sei.[1]

Vor einem solch oberflächlichen Flickwerk wurde der preußische Staat durch zwei Umstände bewahrt. Der erste war die Tatsache, daß die Reorganisationskommission nach anfänglicher interner Disharmonie mehr und mehr von Scharnhorst und seinen Schülern Gneisenau, Boyen und Grolmann dominiert wurde.[2] Der zweite war die von Napoleon beharrlich geforderte Entlassung des leitenden Ministers Hardenberg, woraufhin Friedrich Wilhelm den Freiherrn vom Stein zurückberief und ihm die Leitung aller inneren und äußeren Angelegenheiten anvertraute.[3] Der Aufstieg Scharnhorsts und Steins gab der Reorganisation ihr besonderes Gepräge und machte die Jahre von 1807 bis 1815 zu einer der verheißungsvollsten Reformperioden in der deutschen Geschichte.[4]

[1] Ernst Rudolf Huber, *Heer und Staat in der deutschen Geschichte,* Hamburg 1938, S. 122; Curt Jany, *Geschichte der königlich-preußischen Armee,* Bd. 4: *Die königlich-preußische Armee und das deutsche Reichsheer 1807 bis 1914,* Berlin 1933, S. 2 f.

[2] Eine abgewogene Darstellung der Veränderungen in der Zusammensetzung der Kommission siehe bei William Oswald Shanahan, *Prussian Military Reforms, 1786–1813,* New York 1945, S. 100—102. Max Lehmanns Interpretation (vgl. Max Lehmann, *Scharnhorst,* Bd. 2, Leipzig 1887, S. 8—37), die den Kampf zwischen den Reformern und den Konservativen in der Kommission hervorhebt, wird angefochten von Rudolf Stadelmann, *Das Duell zwischen Scharnhorst und Borstell im Dezember 1807,* in: *Historische Zeitschrift,* Bd. 161 (1940), S. 263—276.

[3] Max Lehmann, *Freiherr vom Stein,* Bd. 2, Leipzig 1903, S. 109 ff.

[4] Daß Scharnhorst in der Reformzeit die führende Rolle spielte, wurde von seinen hartnäckigsten Gegnern, wenn auch widerwillig, zugegeben. So schrieb Marwitz: „Die Ideologen und Philosophen haben ihn [Scharnhorst] viel zu sehr gepriesen, als sey er der größte Held gewesen und als habe er allein den Preußischen Staat gerettet. Das ist zuviel gesagt! Aber es war doch ein wahres Glück für das Land, daß er um den König und ans Ruder der militairischen Angelegenheiten kam, denn alles Dauerhafte und Wesentliche, was zwischen 1807 und

In ihrem Temperament waren Stein und Scharnhorst absolute Gegensätze. Stein war heftig und erregbar und trat so leidenschaftlich für seine Ansichten ein, daß ihn der König nach einer früheren Amtszeit als „widerspenstigen, trotzigen, hartnäckigen und ungehorsamen Staatsdiener" entlassen hatte.[5] Scharnhorst war schweigsam und in sich gekehrt, ein Mann, der eher wie ein Schullehrer als ein Offizier des Königs aussah und dessen stille Ausdauer bei widrigen Umständen in scharfem Kontrast zu Steins Zornausbrüchen stand.[6] In ihrer politischen und sozialen Anschauung jedoch und in ihrer Einstellung zu der kürzlichen Niederlage stimmten sie weitgehend überein. Beide waren sich im klaren darüber, daß Jena und Auerstädt mehr als ein militärisches Mißgeschick darstellten, daß sie vielmehr ein vernichtendes Urteil über das politische und militärische System der Vergangenheit gesprochen hatten. Beide waren darüber hinaus der Ansicht, daß die offene Distanzierung des preußischen Volkes vom Schicksal seiner Regierung und seiner Armee die schimpflichste Seite des Debakels gewesen war. Sie glaubten, der beklagenswerte Mangel an Pflichtgefühl und Opfergeist im Volke sei ein klarer Beweis dafür, daß die Masse der Bevölkerung den Staat als ein reines Unterdrückungsinstrument und die Armee als einen mehr dem König als dem Land dienenden Fremdkörper ansah.[7] Wenn Preußen fortbestehen sollte, dann mußte in den Massen das Interesse an ihrem Staat geweckt und sie mußten dazu bewogen werden, bereitwillig zu dienen. Oder wie Stein später schrieb: „Man ging von der Haupt Idee aus, einen sittlichen, religieusen, vaterländischen Geist in der Nation zu heben, ihr wieder Muth, Selbstvertrauen, Bereitwilligkeit zu jedem Opfer für Unabhängigkeit von Fremden und für National Ehre einzuflößen, um die erste günstige Gelegenheit zu ergreifen, den blutigen, wagnißvollen Kampf für beydes zu beginnen."[8]

Die Reformer waren allerdings auch einhellig der Überzeugung, daß unter den bestehenden Verhältnissen diese Wiedergeburt unwahrscheinlich, wenn

1813 eingerichtet ist, rührt von ihm her." (G. von der Marwitz [Hrsg.], *Aus dem Nachlasse Friedrich August Ludwigs von der Marwitz,* Bd. 1, Berlin 1852, S. 300 f.).

[5] Heinrich Friedrich Karl Freiherr vom Stein, *Briefwechsel, Denkschriften und Aufzeichnungen,* hrsg. von Erich Botzenhart, Bd. 2, Berlin 1936, S. 163. Siehe auch Gerhard Ritter, *Stein. Eine politische Biographie,* Bd. 1, Stuttgart 1931, S. 269 f.

[6] Siehe z.B. Rudolf Stadelmann, *Scharnhorst. Schicksal und geistige Welt. Ein Fragment. Mit einem Geleitwort von Hans Rothfels,* Wiesbaden 1952, S. 91.

[7] Oberpräsident von Schön, der bei den Reformen und der anschließenden Befreiung Preußens eine führende Rolle spielte, bezeugte in seinem späteren Leben die Abneigung des Volkes gegen die Armee, indem er an Droysen schrieb, das Heer habe vor 1806 das Volk zu lange tyrannisiert. Vgl. Johann Gustav Droysen, *Briefwechsel,* hrsg. von Rudolf Hübner, Bd. 1, Stuttgart 1929, S. 656.

[8] H.F.K. Freiherr vom Stein, *Briefwechsel . . .,* Bd. 4, Berlin 1933, S. 167.

nicht gar unmöglich sei. Wie konnte von einem märkischen Bauern erwartet werden, als verantwortungsbewußter Bürger zu handeln, solange er noch auf den Rittergütern in Erbuntertänigkeit gehalten wurde? Wie konnte vom städtischen Mittelstand erwartet werden, sich dem Staat gegenüber verpflichtet zu fühlen, solange er von der Teilnahme an der Lokalverwaltung ausgeschlossen war? Und vor allem: Wie konnte von preußischen Untertanen, die zu den Fahnen gerufen wurden, erwartet werden, treu und tapfer in einer Armee zu kämpfen, die sie als Einzelpersonen nicht respektierte, die ihnen während der Dienstzeit keine Gelegenheit zur Beförderung gab und in ihnen eher Kanonenfutter als Bürger sah?[9] Die Voraussetzungen für die Wiedergeburt, die notwendig war, um Preußen von der französischen Herrschaft zu befreien, waren also eine Verringerung der Bürden der Vergangenheit und die Gewährung von sozialen und politischen Grundrechten an alle preußischen Untertanen. Und da die Reformer hiervon überzeugt waren, konnten sie sich nicht mit jener oberflächlichen Reform zufriedengeben, welche die konservativeren Mitglieder der herrschenden Klasse für angemessen hielten. Stein begab sich an die Ausarbeitung eines Programms, das im Oktober 1807 die Aufhebung der Leibeigenschaft und im November 1808 den Stadtgemeinden die Selbstverwaltung bringen sollte. Er hoffte, dieses Programm mit einer durchgreifenden Reform der Zentralregierung und der Errichtung einer Art Nationalvertretung zu krönen, die den „Einklang zwischen dem Geist der Nation, ihren Ansichten und Bedürfnissen und denen der Staats Behörden" schaffen würde.[10] Scharnhorst und seine Mitarbeiter in der Reorganisationskommission begannen, nicht nur die Mängel zu beheben, die in Jena zutage getreten waren, sondern auch, um mit Scharnhorst zu sprechen, „den Geist der Armee zu erheben und zu beleben, die Armee und Nation inniger zu vereinen und ihr die Richtung zu ihrer wesentlichen und großen Bestimmung zu geben."[11]

[9] Otto Hintze, *Die Hohenzollern und ihr Werk,* 7. Aufl., Berlin 1915, S. 445.

[10] Zitiert aus Steins Nassauer Denkschrift vom Juni 1807. Siehe H.F.K. Freiherr vom Stein, *Briefwechsel* . . ., Bd. 2, S. 210 ff.

[11] E.R. Huber, *Heer und Staat* . . ., S. 126 f. Gerhard Ritter, der sich besonders auf Gneisenaus Ansichten bezieht, umfaßt das Programm der Reformer folgendermaßen: „Aufhebung der Hörigkeit, Weckung des Gefühls für Menschenwürde in jedem Untertan, Abschaffung der alten rüden Disziplin in der Armee, Hebung des kriegerischen Geistes im Volke durch alle Mittel der Nationalerziehung — das sind die Voraussetzungen für die Schaffung eines Volksheeres, dessen Tugenden auf Ehrgefühl und Vaterlandsliebe statt auf sklavischem Gehorsam beruhen". Vgl. Gerhard Ritter, *Staatskunst und Kriegshandwerk: Das Problem des „Militarismus" in Deutschland,* Bd. 1, München 1954, S. 99. Gneisenau schrieb 1807: „Man hat zeither Alles aufgeboten, um den Menschen finanzistisch und für alle Zwecke der Staatsmaschine nützlich zu bilden, aber bei weitem weniger, um ihn frei und edel und selbständig zu machen, als den der sich fühlt auch ein Teil des Ganzen zu seyn und für sich

Ehe jedoch die ehrgeizigeren Pläne erwogen werden konnten, mußte die Kommission ihre Energien jenem Gegenstand zuwenden, an dem der König am meisten interessiert war, nämlich der Maßregelung von Offizieren, die im letzten Feldzug ohne sachlichen Grund oder ohne gebührenden Widerstand vor dem Feinde kapituliert und damit gegen den preußischen Ehrenkodex verstoßen hatten. Dieses Geschäft versprach peinlich und kompliziert zu werden, und die Kommission war angesichts der anderen vor ihr liegenden Aufgaben bestrebt, sich herauszuhalten. Und das gelang ihr. Nachdem ihre Mitglieder sich für eine strenge Bestrafung aller eines unehrenhaften Verhaltens für schuldig befundenen Offiziere ausgesprochen und dies zu Protokoll gegeben hatten, setzte der König für das *post mortem* des Jenaer Feldzugs eine separate Untersuchungskommission ein. Die mühselige Tätigkeit dieser Körperschaft zog sich bis 1814 hin, teilweise wegen der Schwierigkeit, Zeugen beizubringen, teilweise weil die Pläne und Akten der Armee auf dem Rückzug verlorengegangen waren. Schließlich wurden nur 208 Offiziere für schuldig befunden, darunter alle, die dem Feind Festungen übergeben hatten, mit Ausnahme von Blücher, der in Lübeck erst kapituliert hatte, als seine Vorräte an Nahrung und Munition erschöpft waren. Davon abgesehen, war die unmittelbar nach dem Feldzug in der Presse hitzig diskutierte Säuberung des Heeres von unfähigen und überalterten Offizieren weit weniger gründlich, als oft angenommen wird, und viele, denen 1806 und 1807 Treubruch vorgeworfen wurde, durften im Krieg von 1813 ihr Ansehen wiederherstellen.[12]

Die Reformer in der Kommission waren sehr froh, von diesem Aspekt der militärischen Reorganisation befreit zu sein, denn ihr Hauptinteresse lag weniger im Zugerichtsitzen über das Offizierskorps der Vergangenheit als vielmehr in der Verbesserung des Offizierskorps der Zukunft. Im allgemeinen sah die Reformpartei den besten Weg hierzu in der Beseitigung des Monopols, das der Adel im Offizierskorps innehatte. Scharnhorst wies darauf hin, daß sich der preußische Adel in der Vergangenheit keineswegs durch Lerneifer oder durch ein Interesse an der Hebung seiner militärischen Tüchtigkeit ausgezeichnet habe. Er bekämpfte die von Yorck, von der Marwitz[13] und anderen Offizieren

selbst Würde zu haben." Vgl. Georg Heinrich Pertz/Hans Delbrück, *Das Leben des Feldmarschalls Grafen Neithardt von Gneisenau*, Bd. 1, Berlin 1864, S. 319 f.

[12] Über dieses Thema vgl. M. Lehmann, *Scharnhorst . . .*, Bd. 2, S. 41—55, und W. O. Shanahan, *Prussian Military Reforms . . .*, S. 105—109. Siehe auch G. von der Marwitz (Hrsg.), *Aus dem Nachlasse . . .*, Bd. 1, S. 189.

[13] Marwitz behauptete bis ans Ende seines Lebens: „Ich traue im Kriege weit mehr auf den Sohn eines armen Landedelmannes oder Offiziers, die auf ihrem Schlosse oder in ihrer Garnison Mangel leiden, als auf den eines Reichen, der seinen Reichthum der Spekulation und wohl gar Bankerotten verdankt" (*a.a.O.*, S. 305 ff.). Siehe auch Walther Kayser, *Marwitz. Ein Schicksalsbericht aus dem Zeitalter der unvollendeten preußisch-deutschen Erhebung*, Hamburg

zäh verteidigte These, daß der Mittelstand seinem Wesen nach für die Kriegskunst ungeeignet sei.[14] Grolmann ging sogar noch weiter als sein Chef. „Zum Fechten", schrieb er, „ist es nicht nötig, daß man zu einem besonderen Stande gehört. Der traurige Glaube, daß man zu einem besonderen Stande gehören müsse, um sein Vaterland zu verteidigen, hat viel dazu beigetragen, es in diesen Abgrund zu stürzen, nur der umgekehrte Grundsatz kann es wieder aufrichten!"[15] Mit diesen Auffassungen stimmte Stein vollauf überein. Es seien bestimmt nicht die Junker, die Preußen aus seiner gegenwärtigen Notlage erretten würden. Er schrieb: „Was kann man erwarten von den Einwohnern dieser sandigen Steppen, diesen pfiffigen, herzlosen, hölzernen, halbgebildeten Menschen — die doch eigentlich nur zu Korporals und Kalkulatoren gemacht sind".[16] Die Zeit sei gekommen, argumentierten er und die anderen Reformer, das Offizierskorps fähigen Angehörigen des Mittelstands zugänglich und für die Erteilung eines Offizierspatents eine angemessene Bildung zum entscheidenden Faktor zu machen.

Trotz seiner angeborenen Abneigung gegen kühne Neuerungen legte der König den Reformern in der Hinsicht keine direkten Hindernisse in den Weg. Wahrscheinlich hat ihn seine Erbitterung über das Verhalten des Adels und insbesondere des Offizierskorps dazu veranlaßt, den Mittelstand mit mehr Geneigtheit zu betrachten, als man erwartet haben mochte.[17] Grolmann wurde ermutigt, die Einzelheiten eines neuen Auswahlsystems für Offiziere auszuarbeiten, und das Ergebnis seiner Bemühungen war die Order vom 6. August 1808. Darin hieß es:

„Einen Anspruch auf Offizierstellen sollen von nun an in Friedenszeiten nur Kenntnisse und Bildung gewähren, in Kriegszeiten ausgezeichnete Tapferkeit und Überblick. Aus der ganzen Nation können daher alle Individuen, die diese

1936, S. 184, S. 187, und Friedrich Meusel (Hrsg.), *Marwitz' Schilderung der altpreußischen Armee*, in: *Preußische Jahrbücher*, Bd. 81 (1908), S. 460—484.

[14] Vgl. M. Lehmann, *Scharnhorst . . .*, Bd. 2, S. 60. Gegenüber Scharnhorsts früheren Ansichten bedeutete dies einen Fortschritt. Siehe Eleftherios Sossidi, *Die staatsrechtliche Stellung des Offiziers im absoluten Staat und ihre Abwandlungen im 19. Jahrhundert*, Berlin 1939, S. 41 ff.

[15] Emil von Conrady, *Leben und Wirken des Generals Carl von Grolmann*, Bd. 2, Berlin 1894, S. 151. Über Grolmanns Laufbahn siehe Oberst von Hoepfner, *Nekrolog des Generals der Infanterie von Grolmann*, in: *Militärwochenblatt*, Bd. 27 (1843), Beiheft Oktober 1843, S. 1—24.

[16] Friedrich Meinecke, *Das Leben des Generalfeldmarschalls Hermann von Boyen*, Bd. 1, Stuttgart 1895, S. 169.

[17] Diese Auffassung vertritt Eugene N. Anderson in dem klugen Kapitel über den König in seinem Werk *Nationalism and the Cultural Crisis in Prussia, 1806-1815*, New York 1939, insbesondere S. 278 f.

Eigenschaften besitzen, auf die höchsten Ehrenstellen im Militär Anspruch machen. Aller bisher stattgehabte Vorzug des Standes hört beim Militär ganz auf, und jeder ohne Rücksicht auf seine Herkunft hat gleiche Pflichten und gleiche Rechte."[18]

Zur Durchführung dieser weitgehenden Order wurden Bestimmungen erlassen, die jenem System ein Ende setzten, nach dem 12- und 13-jährige Söhne des Adels so lange als Korporale dienen durften, bis sie ihr Offizierspatent erhielten. Von nun an konnte jeder junge Mann, der 17 Jahre alt war und drei Monate als Gemeiner gedient hatte, bei seinem Regiment eine Prüfung zwecks Beförderung zum Portepeefähnrich ablegen. Bei jedem Infanterieregiment waren vierzehn, bei jedem Kavallerieregiment acht Portepeefähnriche zugelassen. Das neue Prüfungssystem wurde auch bei Beförderungen in höhere Chargen angewandt. Bevor ein Fähnrich Leutnant wurde, mußte er vor einer Kommission in Berlin eine zweite Prüfung ablegen; und es bestand — wenigstens anfänglich — die Absicht, alle Offiziere vor einer Beförderung einer Prüfung zu unterziehen.[19]

Derartige Neuerungen betrachteten die Offiziere der alten Schule mit Entsetzen. In der Zulassung des Bürgertums zum Offizierskorps sahen sie einen Angriff auf ihren eigenen Stand und einen unzulässigen Eingriff in die ihnen zustehenden Vorrechte. Als Prinz Wilhelm die neuen Bestimmungen zu verteidigen suchte, soll ihm der ungestüme General Yorck erwidert haben: „Wenn Ew. Königliche Hoheit mir und meinen Kindern ihr Recht nehmen, worauf beruhen dann die Ihrigen?"[20] Die Konservativen — darunter auch Mitglieder oder ehemalige Mitglieder der Reorganisationskommission wie Lottum und Borstell[21] meinten, es sei nicht ratsam, großes Gewicht auf Bücherwissen zu legen, denn „auch das viele Lernen ertödtet den Charakter",[22] und sie scheuten sich nicht, dem König zu verstehen zu geben, daß durch das komplizierte Prüfungssystem das seit jeher bestehende vertraute Verhältnis zwischen Souverän und Offizieren zerstört werden würde. Diese Einwände verfehlten nicht ganz ihre Wirkung; schon im Anfangsstadium des neuen Systems kam es zu wesentlichen Einschränkungen. So hieß es in den Instruktionen für die Prü-

[18] Karl Demeter, *Das deutsche Heer und seine Offiziere*, Berlin 1930, S. 15; E.v. Conrady, *Grolmann . . .*, Bd. 1, S. 159—162.

[19] M. Lehmann, *Scharnhorst . . .*, Bd. 2, S. 55—67; W.O. Shanahan, *Prussian Military Reforms . . .*, S. 131 ff.

[20] K. Demeter, *Das deutsche Heer . . .*, S. 16; siehe auch Johann Gustav Droysen, *Das Leben des Feldmarschalls Grafen Yorck von Wartenburg*, Berlin 1854, Bd. 1, S. 184.

[21] Über Borstell siehe besonders Rudolf Stadelmann, *Das Duell . . .*, S. 263—276. Vgl. K. Demeter, *Das deutsche Heer . . .*, S. 13 ff.

[22] So auch G. von der Marwitz (Hrsg.), *Aus dem Nachlasse . . .*, Bd. 1, S. 306.

fungskommissionen: „Nicht bloß Kenntnisse und Wissenschaften sind die Erfordernisse, die einen brauchbaren Offizier bezeichnen, sondern auch Geistesgegenwart, schneller Blick, Pünktlichkeit und Ordnung im Dienst und anständiges Betragen sind Haupteigenschaften, die jeder Offizier besitzen muß."[23] Darin lag fraglos eine vernünftige Sicherung gegen ein Übermaß an Gelehrsamkeit, aber es wurde damit sicherlich auch ein Umgehen der Bestimmungen durch voreingenommene Examinatoren ermöglicht. Zugleich enthielten die neuen Bestimmungen eine Klausel, nach der die Offiziersanwärter, welche die Prüfungen bestanden hatten, erst die Wahl einer Gruppe von Regimentsoffizieren passieren mußten, ehe sie bestallt werden konnten, eine Vorkehrung, die die Sozialstruktur des Offizierkorps gegen größere Erschütterungen abschirmte. Schließlich bekräftigte eine königliche Order vom März 1809 das Recht des Königs, kommandierende Offiziere nach eigenem Ermessen zu ernennen — eine Mahnung an die Reformer, daß er auf seine königlichen Rechte nicht zu verzichten gedachte.[24]

Diese Vorbehalte konnten jedoch nichts an der Tatsache ändern, daß die Reformer eine tiefe Bresche in das alte System geschlagen hatten. Die Zulassung von Bürgerlichen zum Offizierskorps und das Gewicht, das man nunmehr auf Bildung legte, ergänzten die auf Abtragung der Klassenschranken und Beseitigung sozialer Ungleichheit abzielenden Steinschen Reformen. Die Konservativen hatten zu jener Zeit nicht die Macht, mehr als geringfügige Modifikationen der neuen Bestimmungen durchzusetzen, da die Erinnerung an Jena noch lebendig und der Mangel an intelligenten Offizieren offenkundig war. So konnte Scharnhorst seinen Weg fortsetzen und die Order vom August 1808 mit einer durchgreifenden Reorganisation der Kriegsschulen ergänzen. Bis Mitte 1810 waren alle Vorbereitungsanstalten, bis auf die Kadettenhäuser in Berlin und Potsdam, aufgelöst. An ihre Stelle traten neue Kriegsschulen in Berlin, Königsberg und Breslau, in denen „jeder, der Offizier werden wollte", in Neunmonatskursen „alles Notwendige" lernen konnte. Für die „geistige Förderung" von Offizieren im allgemeinen wurde in Berlin eine höhere Militärschule — die Keimzelle der späteren Kriegsakademie — gegründet, in der kleine Gruppen ausgewählter Offiziere in einem dreijährigen Lehrgang militärischen Fachunterricht erhielten; dazu gehörten Mathematik, Taktik, Strategie, Schießkunde, Militärgeographie, Französisch und Deutsch, Physik, Chemie, Pferdepflege und Kasinoverwaltung.[25] Die oberste Klasse dieser Akademie, die

[23] K. Demeter, *Das deutsche Heer . . .*, S. 80.

[24] Hans Rosenberg, *Bureaucracy, Aristocracy and Autocracy: The Prussian Experience, 1660–1815*, Cambridge (Mass.) 1958, S. 217; W.O. Shanahan, *Prussian Military Reforms . . .*, S. 132, Fußnote.

[25] Bernhard Schwertfeger, *Die großen Erzieher des deutschen Heeres: Aus der Geschichte der*

sogenannte Selekta, wurde das Hauptrekrutierungsgebiet für den Generalstab, und hier, bei der Ausbildung künftiger Stabsoffiziere, gewannen Scharnhorsts Schüler Clausewitz und Tiedemann ihr erstes, in der ganzen Armee verbreitetes Ansehen.[26] Die Wirkung der Veränderungen zeigte sich nicht unmittelbar, doch war sie bedeutsam. Bis zum Ende des Jahrhunderts sollte das richtige Verhältnis zwischen Schulwissen und soldatischen Qualitäten Gegenstand hitziger Kontroversen sein; aber es steht außer Frage, daß durch Scharnhorsts Reformen die Zahl der gebildeten Offiziere stark vermehrt wurde, und es galt nun nicht mehr für vornehm, sein Benehmen am Muster des Alten Dessauers auszurichten.

Die Erneuerung des Offizierkorps bildete wohl den erfolgreichsten Teil in der Tätigkeit der Reorganisationskommission. Langsamer und weniger aufsehenerregend ging es mit der Umgestaltung der Armee in eine leistungsfähige Streitmacht. Dafür gab es natürlich gute Gründe. Die Heeresstruktur und der Rekrutierungsapparat mußten völlig überholt werden, während Napoleon buchstäblich den ganzen Kontinent kontrollierte, was die Anwerbung fremder Soldaten unmöglich machte und das stark verkleinerte Preußen zwang, ausschließlich auf Einheimische zurückzugreifen. Außerdem war es schwierig, den Umfang des stehenden Heeres festzusetzen, ohne zu wissen, bis zu welchen Grenzen es Napoleon und die erschütterten Staatsfinanzen erlauben würden. In den Jahren 1807 und 1808 sah sich die Kommission gezwungen, eher an Herabsetzung als an Erweiterung der Truppenstärke zu denken. Sie ging zunächst von der Annahme aus, das Land könne eine Armee von sechs Divisionen unter Einschluß aller Waffengattungen unterhalten, und mehrere Kabinettsorder setzten neue Stärken für Infanterie-, Kavallerie- und Artillerieeinheiten fest. Aber diese Pläne wurden fast ebenso rasch aufgegeben, wie sie aufgestellt worden waren. Als Napoleon im September 1808 auf Grund des Pariser Vertrags die Höchststärke der preußischen Armee auf 42 000 Mann beschränkte, mußte alles wieder umgeworfen werden. An die Stelle der geplanten Sechs-Divisionen-Armee mußte ein Heer treten, das aus sechs kombinierten Brigaden — jede bestehend aus sieben bis acht Infanteriebataillonen und zwölf Kavallerieschwadronen — und drei Artilleriebrigaden zusammengesetzt war.[27]

Der Pariser Vertrag beschränkte nicht nur den Umfang des Heeres, sondern untersagte auch außergewöhnliche Maßnahmen zur Landesverteidigung und

Kriegsakademie, Potsdam 1936, S. 15. Siehe auch Paul Bronsart von Schellendorf, *Der Dienst des Generalstabs im Frieden und im Kriege,* Teil 1, Berlin 1875, S. 47 ff.

[26] Friedrich von Rabenau, *Der Wegbereiter,* in: Friedrich von Cochenhausen (Hrsg.), *Von Scharnhorst zu Schlieffen,* Berlin 1933, S. 36 f.

[27] Einzelheiten siehe bei W.O. Shanahan, *Prussian Military Reforms . . .,* S. 109—114, S. 128 f., und C. Jany, *Geschichte der königlich-preußischen Armee . . .,* Bd. 4, S. 20 ff.

die Aufstellung einer Zivilgarde.[28] Diese Bedingung war für die Reformer ein noch schwererer Schlag als die Begrenzung der Heeresstärke. Scharnhorst, Gneisenau und Grolmann versuchten, allerdings vergebens, den König zu bewegen, daß er sie ablehnte, denn sie durchkreuzte ihre Pläne, das Aushebungssystem völlig zu reformieren und eine wirkliche Nationalarmee aufzubauen. Gneisenau befürchtete vor allem, der Pariser Vertrag werde den von Natur zaghaften König verleiten, sich mit dem Wiederaufbau eines stehenden Heeres alten Stiles zufriedenzugeben, mit einer Armee, wie er verächtlich schrieb, die mehr als alles andere dazu beigetragen habe, die Völker zu schwächen, die den Kampfgeist der Nation und ihr Zusammengehörigkeitsgefühl dadurch untergraben habe, daß sie gewisse Teile der Bevölkerung von der Pflicht der Vaterlandsverteidigung befreit hätte.[29] Obwohl einige Mitglieder der Kommission in den ersten Monaten ihrer Tätigkeit von der Fortdauer des alten Kantonsystems mit all seinen Ausnahmen gesprochen hatten, waren doch die Reformer — sowohl innerhalb der Kommission als auch außerhalb, wie Stein und Oberpräsident von Schön — fest entschlossen, das Prinzip der allgemeinen Wehrpflicht durchzusetzen; wer nicht zur Armee einberufen wurde, sollte zum Dienst in einer Art Nationalmiliz verpflichtet werden. Am 15. März 1808 reichte die Kommission dem König eine Denkschrift ein, worin sie die Anwendung des Prinzips der allgemeinen Wehrpflicht empfahl; und im Dezember desselben Jahres erweiterte sie ihre Forderung, indem sie die Aushebung aller Männer zwischen 20 und 35 vorschlug. Ferner empfahl sie, keinerlei Ausnahme zu gestatten, über den Dienst im regulären Heer durch das Los entscheiden zu lassen und Pläne für eine mit dem regulären Heer zusammenwirkende Reservemiliz auszuarbeiten.[30]

Man darf die Bedeutung, die die Reformer dieser Seite ihrer Tätigkeit beimaßen, nicht unterschätzen. In einem Brief, den Stein nach seiner zweiten Amtsentlassung schrieb, hob er hervor, daß sich die „Allgemeinheit der Verpflichtung zu Kriegsdiensten, die sich auf jeden Stand der bürgerlichen Gesellschaft ausdehnt", nur durch die Verbindung von stehendem Heer und Miliz erreichen lasse. Er fügte hinzu: „Durch sie wird es möglich, einen hochherzigen, kriegerischen Nationalcharakter zu bilden, langwierige entfernte Eroberungskriege zu führen und einen Nationalkrieg einem übermächtigen feindlichen Anfall entgegenzusetzen."[31] Hermann von Boyen, der als Fähnrich in Königsberg Kant

[28] W.O. Shanahan, *Prussian Military Reforms . . .*, S. 152.

[29] Rudolf Vaupel, *Stimmen aus der Zeit der Erniedrigung* (=Der deutsche Staatsgedanke, Reihe 1: Führer und Denker, Bd. 8), München 1923, S. 67.

[30] E.R. Huber, *Heer und Staat . . .*, S. 130.

[31] Heinrich Friedrich Karl Freiherr vom Stein, *Staatsschriften und politische Briefe*, hrsg. von Friedrich Thimme, Leipzig 1921, S. 57.

gehört hatte und später eine ernst zu nehmende Studie über dessen Philosophie schrieb, teilte Steins Ansichten.[32] Boyen sah in einer wirklichen Nationalarmee gar die künftige „Schule der Nation", die bei den in ihr dienenden Bürgern den Sinn für Pflicht wecke und sie auf eine bewußte Teilnahme am öffentlichen Leben vorbereite.[33] Um die Armee zu solch einem Instrument zu machen, hatte Boyen seit langem auf die Abschaffung der brutalen Disziplin der alten Armee gedrängt, und es war in erster Linie seinem und dem Einfluß Gneisenaus zu verdanken, daß die am 3. August 1808 erlassenen neuen Kriegsartikel die Körperstrafe bei geringfügigen Vergehen untersagten und ein militärisches Rechtssystem einführten, welches den einzelnen Soldaten gegen Willkürurteile seines Vorgesetzten schützte.[34] Die neuen Kriegsartikel waren sichtlich zu dem Zweck entworfen, in jenen Ständen, die bisher vom Militärdienst ausgenommen gewesen waren und jetzt — wenn die Reformer sich durchsetzten — entweder in der regulären Armee oder in der Miliz dienen sollten, die Abneigung gegen das Militärleben zu vermindern. Bezeichnenderweise heißt es in den Artikeln audrücklich: „Da künftig jeder Untertan des Staats ohne Unterschied der Geburt unter den noch näher zu bestimmenden Zeit- und sonstigen Verhältnissen zum Kriegsdienste verpflichtet werden soll . . .".[35]

Es war jedoch leichter, den König zur Unterzeichnung solcher prinzipiellen Erklärungen zu überreden, als ihn zu bewegen, sie in die Tat umzusetzen. Als die Reorganisationskommission im Dezember 1808, wie bereits erwähnt, die

[32] Boyens Memoiren wurden von Friedrich Nippold unter dem Titel *Erinnerungen aus dem Leben des Generalfeldmarschalls Hermann von Boyen*, 3 Bde, Stuttgart 1889/1890, herausgegeben. Sie behandeln nur die Zeit vor 1813. Über Boyens gesamte Laufbahn siehe insbesondere Friedrich Meinecke, *Hermann von Boyen . . .*, 2 Bde, Stuttgart 1895—1899, seine Bemerkungen über dieses Werk in: Ders., *Erlebtes 1862-1901*, Leipzig 1941, S. 221, seinen Aufsatz *Boyen und Roon. Zwei preußische Kriegsminister*, in: *Historische Zeitschrift*, Bd. 77 (1896), S. 207—233, letztmalig wieder erschienen in: Ders., *Preußisch-deutsche Gestalten und Probleme*, Leipzig 1940, S. 66—101, und seine kurzen Bemerkungen über Boyen in: Ders., *Die deutsche Katastrophe*, 3. Aufl., Wiesbaden 1947, S. 154 f. Ebenso wie Scharnhorst wurde auch Boyen von nationalsozialistischen Historikern mit Beschlag belegt, wobei einige versuchten, ihn zum geistigen Vorläufer Adolf Hitlers zu machen. Siehe z.B. Gerhard Scholtz, *Hermann von Boyen. Ein Lebensbild*, Berlin 1936, insbesondere S. 98 f.

[33] F. Meinecke, *Hermann von Boyen . . .*, Bd. 1, S. 101 f., S. 192 ff.

[34] *A.a.O.*, S. 106 ff.; F. Nippold (Hrsg.), *Erinnerungen des Hermann von Boyen . . .*, Bd. 1, Stuttgart 1889, S. 132, S. 210, S. 316 ff., S. 411—421, S. 476—480; M. Lehmann, *Scharnhorst . . .*, Bd. 2, S. 24, S. 99 ff.; S. 124 f.; E. R. Huber, *Heer und Staat . . .*, S. 136; W. O. Shanahan, *Prussian Military Reforms . . .*, S. 136—139; M. Lehmann, *Freiherr vom Stein . . .*, Bd. 2, S. 546 f.

[35] Rudolf Vaupel (Hrsg.), *Das Preußische Heer vom Tilsiter Frieden bis zur Befreiung 1807-1814*, Bd. 1 (= Die Reorganisation des Preußischen Staates unter Stein und Hardenberg, Teil 2. Publikationen aus den Preußischen Staatsarchiven, Bd. 94), Leipzig 1938, S. 410.

Einführung der allgemeinen Wehrpflicht empfahl, rührte sich der König nicht. Friedrich Wilhelm wollte nicht das Berufsheer durch ein Volksheer ersetzt sehen. In seinem Widerstand wurde er unterstützt von seinen Finanzberatern, die ihm sagten, ein Volksheer würde den Staat ruinieren, von Männern wie Niebuhr, die aus religiöser Überzeugung dagegen waren, und von provinziellen Stellen, die in solcher Neuerung eine gefährliche französische Idee sahen.[36] Was die Pläne für eine Nationalmiliz anging, so war der König von vornherein abgeneigt. Nach allem, was er aus der englischen und französischen Geschichte wußte, glaubte er, Milizen seien der königlichen Autorität gegenüber feindselig eingestellt; darüber hinaus befürchtete er, daß die Schaffung einer zweiten Streitmacht das Ansehen und schließlich auch die Schlagkraft des stehenden Heeres vermindern werde.[37] Der Pariser Vertrag war für die Reformer insofern ein schwerer Schlag, als er dem König zusätzlich einen Grund bot, ihr Programm nicht zu befolgen. Eine noch ernstere Beeinträchtigung erfuhr ihre Sache, als Napoleon im November 1808 wieder einmal Einfluß auf die Angelegenheiten Preußens nahm und die Entlassung Steins erzwang. Der Sturz dieses unerschrockenen Kämpfers für eine grundlegende Reform ließ die Herzen der Konservativen höher schlagen. Yorck schrieb beispielsweise: „Ein unsinniger Kopf ist schon zertreten; das andere Natterngeschmeiß wird sich in seinem eigenen Gift selbst auflösen".[38] Diese Vorhersage war zwar verfrüht, aber es läßt sich nicht leugnen, daß der Einfluß der Reformer im Schwinden begriffen war. Jedenfalls kamen sie mit ihren Plänen für die allgemeine Wehrpflicht und die Nationalmiliz nicht voran. Bis 1813 blieb das alte Kantonsystem mit allen herkömmlichen Ausnahmen in Kraft, und es wurden keine Schritte zur Aufstellung zusätzlicher Formationen aus dem Volke unternommen.

Mit der Beibehaltung des Kantonsystems wurden nicht nur die Grundziele der Reformer blockiert, es war hierdurch auch jede merkliche Erhöhung der Heeresstärke unmöglich. Nach 1807 und vor allem nach 1809 versuchte man, eine Reserve hauptsächlich mit Hilfe des sogenannten Krümpersystems zu schaffen. Nach diesem System wurden von jeder Kompanie oder Schwadron Neuausgehobene nach kurzer Ausbildung wieder entlassen, um anderen Platz zu machen. Der Glaube, es sei ursprünglich beabsichtigt gewesen, damit die Bedingungen des Vertrags mit Frankreich zu umgehen, und man habe auf diese Weise eine Geheimarmee von 150 000 Mann ausgebildet, hat sich längst als

[36] Max Lehmann, *Zur Geschichte der preußischen Heeresreform von 1808*, in: *Historische Zeitschrift*, Bd. 126 (1922), S. 436—457.

[37] M. Lehmann, *Scharnhorst . . .*, Bd. 2, S. 97 ff.

[38] J.G. Droysen, *Das Leben des Grafen Yorck . . .*, Bd. 1, S. 190 f. Wie sehr Scharnhorst auf Stein baute, ist u.a. ersichtlich bei M. Lehmann, *Freiherr vom Stein . . .*, Bd. 2, S. 541.

patriotische Legende erwiesen.[39] Das von Scharnhorst erstmalig im Juli 1807 empfohlene Krümpersystem war lediglich dazu gedacht, Ersatzreserven für den Krieg auszubilden. Es wurde erst 1809 auf die ganze Armee angewandt, 1811 bereits wieder ausgesetzt und war weit weniger wirkungsvoll, als man sich vorgestellt hatte. Bei Ausbruch des Krieges von 1813 zählte die preußische Armee mitsamt ihren ausgebildeten Reserven nur 65 675 Offiziere und Mannschaften.[40]

Aus alledem darf indes nicht gefolgert werden, die Reformer hätten nur wenig ausgerichtet. Wenn sie auch in ihrem Bestreben, ein echtes Volksheer zu schaffen, behindert worden waren, so hatten sie doch zumindest den Grund gelegt, auf dem solch eine Armee zu irgendeinem späteren Zeitpunkt errichtet werden konnte. Darüber hinaus waren gewisse Neuerungen, wie die Zulassung von Bürgerlichen zum Offizierkorps und die Revision der Militärjustiz, von der Öffentlichkeit günstig aufgenommen worden; sie trugen dazu bei, den im Volke seit Jena herrschenden starken Unwillen gegen Staat und Armee zu vermindern. Die Reformer waren realistisch genug zu erkennen, daß sie nun die Ereignisse abwarten mußten. Sie hofften, die wachsende Anmaßung Napoleons und die immer stärker werdende Erbitterung des Volkes über die französischen Kontributionen würden schließlich den König dazu bringen, seinen vorsichtigen Kurs aufzugeben und wieder zu den Waffen zu greifen. Wenn es soweit war, wollten sie ihn dazu bewegen, das in den Jahren 1807 und 1808 so gut angelaufene Werk zu vollenden und das Volksheer zu schaffen, in das sie so große Erwartungen setzten.

Davon ganz abgesehen, hatten Scharnhorst und seine Mitarbeiter allen Grund, zufrieden zu sein, denn sie hatten innerhalb der bestehenden Streitmacht entscheidende technische Verbesserungen bewirkt. Die Grundausrüstung der Armee, angefangen bei der Uniform bis zum schweren Geschütz, wurde einer kritischen Überprüfung unterzogen. Man bemühte sich eifrig, die Beschaffung und Wirksamkeit von kleinen Waffen und Artilleriegeschützen zu verbessern; es wurden neue Waffengießereien errichtet, obwohl die schwachen Staatsfinanzen die Produktion stark begrenzten. Auf dem Gebiet der Taktik wurden ernsthafte Anstrengungen gemacht, aus der französischen Praxis Nutzen zu ziehen; man gab neue Ausbildungshandbücher heraus, die besonderes Gewicht auf den Einsatz leichter Truppen, die Säulengliederungen und das Zusammenwirken aller Waffengattungen im Felde legten. Was das letztere

[39] Siehe W.O. Shanahan, *Prussian Military Reforms* . . ., S. 159—178; C. Jany, *Geschichte der königlich-preußischen Armee* . . ., Bd. 3, Berlin 1929, S. 468, und Bd. 4, S. 41. Vgl. M. Lehmann, *Scharnhorst* . . ., Bd. 2, S. 157 ff.

[40] W.O. Shanahan, *Prussian Military Reforms* . . ., S. 178.

anging, so ermöglichte es die nach dem Pariser Vertrag von 1808 eingeführte Brigadeordnung den Infanterie- und Kavallerieeinheiten, gemeinsame Übungen zu machen und sich an jene Art von Zusammenwirken in der Schlacht zu gewöhnen, an der es 1806 so offensichtlich gemangelt hatte. Die Brigadeorganisation machte auch eine vollständige Überholung der Versorgungsdienste möglich; Nachschubverteilung und Rechnungsführung wurden nun unter einem neu eingerichteten Kriegskommissariat zusammengefaßt, das in jeder der sechs Brigaden Vertreter hatte.[41]

Unter diesen vielen technischen Neuerungen war die bedeutendste die im März 1809 erfolgende Schaffung des neuen Kriegsministeriums. Hier macht sich, wie auch bei vielen militärischen Reformen, Steins Einfluß bemerkbar. In gewissem Sinne entstand das neue Amt als Folge von Steins Kampf gegen eine Regierung, die nicht verfügungsberechtigt war, und gegen die Anhäufung von Funktionen in der Staatsverwaltung. In einer Denkschrift vom 23. November 1807 empfahl er, die gesamte Staatsverwaltung unter fünf Ministerien zusammenzufassen, deren verantwortliche Leiter ein Staatsministerium bilden und dem König direkt vortragen sollten. Unter diesen Ministerien, betonte er, müsse eines ein Kriegsministerium sein, das für alle militärischen Angelegenheiten zuständig sei.[42] Der König, der für Reformpläne, die die Zivilverwaltung betrafen, stets mehr übrig hatte als für Projekte, die seine militärischen Vorrechte tangierten, ließ acht Monate verstreichen, ehe er — versuchsweise — dieser Idee seine Billigung gab, und erst im Dezember 1808 ergingen endgültige Anweisungen zur Errichtung eines Kriegsministeriums.

Darin hieß es: „Zum Geschäfts-Kreis des Kriegs-Departements gehört Alles, was auf das Militair, dessen Verfassung, Errichtung, Erhaltung ... Bezug hat. Es wird demselben alles beigelegt, was bisher zum Geschäfts-Kreis des Ober-Kriegs-Kollegii, des Militair-Departements, des General-Directorii und der Provincial-Magazin-Departements von Schlesien und Preußen, so wie der General-Intendantur . . . gerechnet worden ist."[43] Das neue Ministerium bestand aus zwei Abteilungen, dem Allgemeinen Kriegsdepartement und dem Militär-Ökonomiedepartement. Das für alle Fragen der Verwaltung und Führung zuständige Allgemeine Kriegsdepartement umfaßte drei Unterabteilungen. Die erste behandelte Personalfragen, darunter Beförderungen, Besoldung,

[41] Siehe M. Lehmann, *Scharnhorst...*, Bd. 2, S. 136 ff., S. 153 ff., S. 222 ff.; W.O. Shanahan, *Prussian Military Reforms ...*, S. 141 ff., S. 179—185.

[42] M. Lehmann, *Freiherr vom Stein...*, Bd. 2, S. 369 ff., S. 376 ff.; ders., *Scharnhorst...*, Bd. 2, S. 134.

[43] Kriegsministerium (Hrsg.), *Das Königlich-Preußische Kriegsministerium 1809*, Berlin 1909, S. 6 ff.; Rudolf Schmidt-Bückeburg (Hrsg.), *Das Militärkabinett der preußischen Könige und deutschen Kaiser*, Berlin 1933, S. 15 ff.

Auszeichnungen, Rechtswesen und Entlassungen; die zweite befaßte sich mit Ausbildung, Erziehung, Kriegsplanung und Mobilmachung; die dritte war zuständig für Geschütz- und Pionierwesen, Befestigungen und die Erprobung neuer Erfindungen. Das Militär-Ökonomiedepartement hatte vier Unterabteilungen und sollte sich mit allen Finanz- und Versorgungsangelegenheiten befassen.[44]

Nachdem der König dies alles bewilligt hatte, scheute er bezeichnenderweise vor dem letzten, die Reform vervollständigenden Schritt zurück. Er lehnte es ab, einen Kriegsminister zu berufen, fraglos aus der Sorge heraus, einer einzigen Person[45] zuviel Macht in militärischen Angelegenheiten zu übertragen. Statt dessen wurde Scharnhorst mit dem zusätzlichen Titel Chef des Generalstabs zum Leiter des Allgemeinen Kriegsdepartements ernannt, während der konservative Graf Lottum Leiter des Ökonomiedepartements wurde. Beide Offiziere erhielten das Recht, beim König unmittelbar Vortrag zu halten und, wenn erforderlich, mit anderen Ministerien und Abteilungsleitern Verbindung aufzunehmen.

Wenn es auch bis 1814 nicht zur Ernennung eines die beiden Abteilungen unter sich vereinigenden Kriegsministers kam, so richtete doch des Königs Vorsicht keinen allzu großen Schaden an. Als im März 1809 das Ministerium seine Tätigkeit aufnahm, dominierte in ihm Scharnhorsts Persönlichkeit, und die beiden Departements scheinen freundschaftlich zusammengearbeitet zu haben. Daß die Kommandierenden Generale, die in Friedenszeiten dem Ministerium unterstanden, über die Neuschöpfung nicht erbaut waren, ist natürlich.[46] Das Kriegsministerium hat sich dann während der ganzen langen Zeit seines Daseins, nämlich bis 1918, gezwungen gesehen, um seine Zuständigkeiten und sogar um seine Existenz zu kämpfen, und das nicht immer mit Erfolg. Aber in der zur Rede stehenden Epoche war seine Stellung nicht ernsthaft umstritten, was ihm ermöglichte, dem Militärwesen einen Grad von Einheitlichkeit zu geben, der zu Zeiten des alten Regimes unbekannt gewesen war. Die untereinander wetteifernden Ämter, deren Fehden in so hohem Maße zu dem Durcheinander bei Jena beigetragen hatten, verschwanden jetzt oder wurden dem neuen Ministerium untergeordnet. So gingen die Funktionen der allmächtigen Generaladjutantur an die unter Grolmann stehende erste Unterabteilung des Allgemeinen Kriegsdepartements über, während der alte Generalquartiermeisterstab

[44] M. Lehmann, *Scharnhorst . . .*, Bd. 2, S. 208—211.

[45] *Ebda.* Der König könnte jedoch auch der Tatsache Rechnung getragen haben, daß Scharnhorst, der an erster Stelle für den Ministerposten in Frage kam, rangmäßig unter vielen anderen Offizieren des Heeres stand.

[46] *A.a.O.*, S. 211 f.

seine Aufgaben an die zweite Unterabteilung abtrat, deren erster Chef Boyen war; das Oberkriegskollegium und das Militärdepartement verschwanden gänzlich.[47] An sich war diese Zentralisierung ein hoffnungsvoller Auftakt für die Zukunft. Noch hoffnungsvoller war die Tatsache, daß das neue Ministerium dem seiner Schaffung zugrunde liegenden Gedanken gemäß ständig mit den anderen vier Ministerien zusammenarbeiten und daß sein Minister Mitglied des Staatsministeriums sein sollte. Im richtigen Sinne angewandt, bedeutete dies, daß das Militärwesen nicht länger mehr eine von den anderen Zweigen der Staatsverwaltung losgelöste Welt für sich bilden würde. Damit, so glaubten die Reformer, würde auch der Tag nicht mehr fern sein, an dem die Kluft zwischen Armee und bürgerlicher Gesellschaft überbrückt werden könnte.

[47] R. Schmidt-Bückeburg (Hrsg.), *Das Militärkabinett . . .*, S. 16—20. Grolmann leitete die erste Abteilung nur zwei Monate lang. Ihm folgte Oberst Hake, und im Februar 1810, als Hake Chef des Militär-Ökonomiedepartements wurde, trat Boyen dessen Nachfolge an. Siehe F. Nippold (Hrsg.), *Erinnerungen des Hermann von Boyen . . .*, Bd. 2, S. 12.

XXVIII

Von Boyen bis Roon: Volksheer oder königliche Garde?*

GERHARD RITTER

Restauration der legitimen Gewalten, Wiederanknüpfen an die vorrrevolutionären Zustände in Staat und Gesellschaft — das war der Weg, auf dem Monarchen und Staatsmänner der Metternichschen Epoche sich vor neuen Stürmen zu schützen, den Dauerfrieden Europas zu sichern hofften. Natürlich wirkte dieses Streben sogleich auf das Heerwesen zurück. In Österreich und den meisten deutschen Staaten richtete man Konskriptionsheere ein, die in wesentlichen Zügen wieder den Berufsheeren des 18. Jahrhunderts glichen. Die restaurierte Monarchie glaubte ihre Autorität nur durch ein langdienendes Söldnerheer im Stil der alten Kabinettspolitik gesichert. Nur in Preußen gelang es, wenigstens in den Grundzügen der Wehrverfassung etwas vom Geist der großen Volkserhebung zu verfestigen: durch das berühmte Wehrgesetz Boyens von 1814 mit seiner allgemeinen, durch keinen Loskauf der besitzenden Stände geschwächten Wehrpflicht und seiner selbständig organisierten Landwehr neben dem stehenden Heer. Es war ein erster bedeutender Versuch, die innere Problematik des modernen Volksheeres zu überbrücken. Aber voll befriedigt hat er von Anfang an nicht, und je mehr man sich um seine Verbesserung mühte, um so deutlicher trat die Tiefe der hier zu überwindenden Gegensätze ans Licht.

Der Kampf um die Befreiung des vaterländischen Bodens von fremder Tyrannei hatte ungeahnte Kräfte des deutschen Volkstums in Bewegung gebracht.

* Entnommen aus: Gerhard Ritter, *Staatskunst und Kriegshandwerk. Das Problem des „Militarismus" in Deutschland*, Bd. 1: *Die altpreußische Tradition (1740-1890)*, 3. Aufl., München 1965, S. 125 f., S. 129—158, S. 348—353.

Sittlich-religiöses Empfinden war, durch Prediger von der Art Schleiermachers und Fichtes angefeuert, in die politische Bewegung miteingeströmt und hatte jenen gläubigen Patriotismus erzeugen helfen, der den Gegensatz zwischen bürgerlichem und kriegerischem Ethos zu überwinden schien. Aber konnte diese Überwindung von Dauer sein? War zu erwarten, daß der Schwung der großen vaterländischen Erhebung, der den friedlichen Bürger zum kampfesdurstigen Soldaten machte und der den adligen Berufsoffizier seinen Hochmut, seine Verachtung der bürgerlichen „Roture" und „Kanaille" vergessen ließ, auch in der Nüchternheit des friedlichen Alltags anhalten würde? Nicht ungestraft hatte nun einmal das absolut regierende Fürstentum seit Jahrhunderten die (im Mittelalter noch selbstverständliche) Wehrhaftigkeit des Bauern und Bürgers unterdrückt und seine Kriege von besoldeten Knechten unter berufsmäßigen Anführern ausfechten lassen. Die scharfe klassenmäßige Absonderung des Heeres vom Volke, die sich daraus ergeben hatte, ließ sich ebensowenig mit einem Schlage überwinden wie die friedlich-unpolitische Haltung des gehorsamen Untertanen. Es war das Bestreben der Reformer gewesen, auch in dem gemeinen Mann das Bewußtsein seiner Staatsbürgerschaft und damit die rechte Vaterlandsliebe zu erwecken.[1] Aber konnte dieses Bewußtsein lebendig bleiben, wenn gleich nach dem Friedensschluß die alten Klassenunterschiede wieder betont, die Reformen abgebremst, die noch bestehenden Adelsprivilegien sorgfältig konserviert wurden?

[. . .]

Ernst Moritz Arndt pries im Frühjahr 1813 Landsturm und Landwehr als Erneuerung altdeutscher Wehrhaftigkeit des ganzen Volkes und schwelgte mit seinem Freunde Steffens in der frohen Erwartung, daß nunmehr ein wahrer Volkskrieg entbrennen und die stehenden Heere, die Söldnerscharen fürstlicher Tyrannei für immer verschwinden würden „zum Heil der Welt".[2] So

[1] Besonders schön formuliert in einem Gutachten Müfflings von 1821, veröffentlicht von Friedrich Meinecke, *General Müffling über die Landwehr*, in: *Historische Zeitschrift*, Bd. 70 (1893), S. 284: „Wo nicht bei gleicher Gefahr gleiche Verdienste des Vornehmen wie des Geringen, des Reichen wie des Armen stattfinden, wo es Kasten gibt, welche nicht, und Kasten, welche alles für das Allgemeine tun müssen, da kann sich kein reiner Begriff von Vaterland entwickeln, und wo der nicht ist, da bleibt alle Liebe zum König ein bloßer Glaubensartikel." Über Müfflings politische Haltung (konservativ, aber gemäßigt fortschrittlich) vgl. die Aktenmitteilungen Ludwig Dehios, *Wittgenstein und das letzte Jahrzehnt Friedrich Wilhelms III.*, in: *Forschungen zur Brandenburgischen und Preußischen Geschichte*, Bd. 35 (1923), S. 216 ff.

[2] Gespräch mit Steffens nach einem Dienstbericht an Hardenberg vom 19.4.1813; bei Max Lehmann, *Scharnhorst*, Bd. 2, Leipzig 1887, S. 560. Die Lebenserinnerungen von Steffens (Heinrich Steffens, *Was ich erlebte. Aus der Erinnerung niedergeschrieben*, 2 Bde, Breslau 1840—1844) machen die ursprüngliche Fremdheit des gebildeten Deutschen der Goethezeit

konnte kriegerischer Enthusiasmus sich mit erbittertem Haß gegen den militärischen „Kastengeist“ ganz eng verbinden! Weniger tief ging die Opposition gegen das alte Militärwesen in den unteren, von jeher dienstpflichtigen Bevölkerungsteilen. Die meisten Regierungen des Kontinents wichen deshalb der ganzen Problematik aus, indem sie dem Besitzbürgertum den Loskauf von der Dienstpflicht, die Stellvertretung des Wohlhabenden durch irgendeinen armen Teufel gegen Geldentschädigung gestatteten. Eine echte Lösung war das natürlich nicht: Sie bedeutete eine offensichtliche soziale Ungerechtigkeit. Indessen war der Glaube an die völlige Gleichheit aller Stände vor dem Gesetz noch längst nicht wirklich durchgedrungen. Noch empfand das gebildete und besitzende Bürgertum seine Besserstellung ebenso als eine Selbstverständlichkeit, wie einst der Adel seine Privilegien.

Wie heftig das Widerstreben der bisher befreiten („eximierten“, „privilegierten“) Klassen gegen den Gedanken war, auch außerhalb der unmittelbaren Kriegsnot sich auf Kasernenhöfen „trillen“ zu lassen, können wir uns nach mehr als einem Jahrhundert militärischer Volkserziehung kaum noch vorstellen. Es wird aber aus zahllosen Befreiungsgesuchen, in den altpreußischen Provinzen so gut wie in den Rheinlanden,[3] zugleich aus vielen publizistischen Stimmen der Zeit vernehmlich, in denen nun freilich privater Egoismus und Bequemlichkeit oft unüberhörbar mittönen.

Am lautesten erklang der Protest aus dem äußersten Südwesten des Reiches, aus dem idyllischen Breisgau, dessen politisches Winkeldasein durch Jahrhunderte von der weitentfernten österreichischen Regierung nur selten durch schärfere Inanspruchnahme für gesamtstaatliche Zwecke gestört war. Der Freiburger Universitätslehrer und Publizist Karl von Rotteck sammelte in seiner Schrift „Über stehende Heere und Nationalmiliz“ (1816) so ziemlich alles, was das gebildete Bürgertum der Zeit gegen die stehenden Heere, diese „Werkzeuge des Despotismus“ und „Brutstätten feilen Sklavensinns“, auf dem Herzen trug. Er lieferte auch darin ein getreues Spiegelbild zu den Ideen des französischen

gegenüber dem soldatischen Wesen besonders anschaulich — wie überhaupt viele Memoiren der Befreiungszeit. — Übrigens findet man den Kampf gegen die stehenden Heere, die bei ungeheuren Kosten bloß zur „Entnervung und Entartung der Völker“ dienen, deren Gemeinsinn und kriegerischen Geist zerstören helfen, ganz ebenso bei Gneisenau! Vgl. Neithardt von Gneisenau, *Denkschrift von August 1808*, in: *Historische Zeitschrift*, Bd. 86 (1901), S. 92 ff.; ferner Georg Heinrich Pertz, *Das Leben des Feldmarschalls Grafen Neithardt von Gneisenau*, Bd. 1, Berlin 1864, S. 320 (Aufzeichnung von 1807). Diese Stelle wurde schon von der liberalen Opposition der Konfliktszeit ausgenützt.

[3] Vgl. Friedrich Meinecke, *Das Leben des Generalfeldmarschalls Hermann von Boyen*, Bd. 2: *1814–1848*, Stuttgart 1899, S. 143 ff. Auch die Breslauer Universität, an der doch 1813 die Erhebung der studentischen Jugend begonnen hatte, war darunter.

Liberalismus im Zeitalter des Restauration. Diesen Liberalen standen nicht mehr, wie dem Bürgertum des 18. Jahrhunderts, die Mietstruppen des fürstlichen Absolutismus als Schreckbild vor Augen, sondern die aus allgemeiner Konskription gewonnenen Troupiers Napoleons. Rottecks Schrift, im Februar 1815 entstanden, ist von grenzenloser Bewunderung erfüllt für die Leistungen der preußischen Landwehr und der spanischen Volksmilizen, die er mit den Volksheeren der Athener und Römer und mit dem Heerbann (den „Heermannen") altgermanischer Völkerschaften vergleicht. Überall in der Weltgeschichte sieht er die wahrhaft ruhmvollen Kriegstaten aus dem Massenaufgebot wehrhaft freier Völker erwachsen, während der Kriegsruhm besoldeter Berufsheere immer und überall auf Zerstörung von Kulturgütern, gewaltsamen Eroberungen und Machtballungen ohne geschichtliche Dauer hinausläuft. Daß die modernen Staaten „mächtiger Streitkräfte bedürfen, dem größten Kampf gewachsen und jeden Augenblick schlagfertig", ist ihm durch die neueste geschichtliche Erfahrung ebenso eindeutig bewiesen und selbstverständlich wie die „natürliche Verpflichtung jedes streitfähigen Bürgers zum Kriegsdienst".[4] Aber er sieht deutlich, was das Zentralproblem der neuen Volksheere im 19. Jahrhundert sein wird: Soll das Heerwesen verbürgerlicht werden oder die Nation militarisiert? „Wollen wir die Nation selbst zum Heer, oder wollen wir die Soldaten zu Bürgern machen"?[5] Mit Schrecken denkt er an die Aussichten, die Napoleons Vorgehen eröffnet hat: daß „alle nachwachsenden Jünglinge (mit Hilfe der Konskription) zum stehenden Heer berufen werden", „eine darauf berechnete Erziehung erhalten", die ganze Nation soldatisch, das heißt „von den Gesinnungen des Mietlings oder Kriegsknechts durchdrungen" wird, alle Bürger „die Schule des soldatischen Gehorsams gegen den Herrn und des soldatischen Übermuthes gegen das Volk durchlaufen", „in alle Zweige der Verwaltung . . . die Grundsätze und der Geist der militärischen Subordination eindringt". So wird „das Volk gleich einer Maschine beherrscht und geleitet werden, der Staat selbst einem Kriegslager oder einem militärischen Erzie-

[4] Karl von Rotteck, *Über stehende Heere und Nationalmiliz,* Freiburg 1816, S. 53, S. 106. Diese allgemeine Grundhaltung wird in der ausführlichen Wiedergabe der Rotteckschen Gedankengänge bei Reinhard Höhn, *Verfassungskampf und Heereseid. Der Kampf des Bürgertums um das Heer (1815–1850),* Leipzig 1938, S. 19 ff., nicht erkennbar. Im übrigen verdanke ich dieser wertvollen Forschungsarbeit mit ihrer reichen Sammlung aus verschollenen publizistischen Quellen und Archivbeständen sehr viel Anregung und Förderung. — Der Rotteckschen Protest hat übrigens seine unmittelbaren Vorläufer in den Schriften Benjamin Constant de Rebecques, *Über die Gewalt* (1814), hrsg. und übersetzt von Hans Zbinden, Bern 1942, S. 37 ff., Kapitel 1, Teil 10, und ders., *Cours de politique constitutionelle, esquisse de constitution (1814),* dt. Übersetzung von Buß, *Sämtliche Werke* Constants, Bd. 4.

[5] K. von Rotteck, *Über stehende Heere . . .,* S. 54.

hungshaus ähnlich seyn", „alles freye und selbständige Leben erlöschen". „Es wird im Grunde keine Regierung, sondern nur mehr Beherrschung seyn." „Ein solcher Staat hat den Krieg zu seinem Prinzip, und zwar ... den Herrscherkrieg, demnach Eroberung, Unterdrückung der Völker, Verfechtung persönlicher Leidenschaft und Anmaßung oder Behauptung eines ungerechten Erwerbes. Dem allen ist die Nation jetzt dienstbar." Ja sie wird bald von den gewalttätigen Grundsätzen ihres Despoten mitangesteckt, mitschuldig an seinen Unternehmungen und demnach bald der Gegenstand des Hasses und des Abscheus aller anderen werden. „Ein einziger solcher Staat — wir haben es an Frankreich gesehen — mag einen Weltteil mit Trümmern und Leichen füllen." Ahmen andere Staaten sein Beispiel nach, indem auch sie zur Konskription der Massen greifen, so „ist das Elend vollends rettungslos" — es beginnt wieder der Krieg aller gegen alle wie in grauer Vorzeit, nur schrecklicher bei größerem Kräfteaufgebot als je zuvor. Der Krieg wird mit seinen Ansprüchen alles wirtschaftliche und geistige Leben überschatten. Die totale Mobilisierung des nationalen Lebens als Folge der totalen Militarisierung der Völker wird also schon vorausgeahnt;[6] nur daß der liberale Publizist, in seinem breisgauischen Winkel ohne lebendige Anschauung eines großen Staats- und Heerwesens, sich diese Dinge rein doktrinär, mit viel naivem moralischen Pathos ausmalt. Fürchterlich erscheint ihm der Gedanke, alle Staatsbürger ohne Unterschied zwischen die „Lohnknechte" des stehenden Heeres zu stecken; er prophezeit den Niedergang aller Gewerbe, Künste, Wissenschaften, „Tod des Geistes, sinesischen, unheilbaren Stupor"; dazu den Ruin des Familienlebens, Entfremdung zwischen Eltern und Kindern, sittliche Verderbnis der soldatisch erzogenen Jugend. Arbeitsscheu geworden, ein roher Verführer, in seinen Sitten entartet, unter wüsten Gesellen ein gefährliches, asoziales Element, kehrt der Jüngling aus den Lagern der Kriegsknechte zurück. Verlernt hat er die bürgerlichen Ehrbegriffe: „Das gerechte Hochgefühl des freyen Mannes, der als solcher jede Tugend liebt und jede Schlechtigkeit scheut",[7] und dafür ein rein soldatisches Ehrgefühl angenommen, das nichts als rohe Tapferkeit kennt, sich aber mit „Sittenlosigkeit, Härte, Bürgerfeindlichkeit, Sclavensinn und vielen anderen gehässigen Eigenschaften" sehr wohl verträgt. Statt hingebender Teilnahme des freien Mannes an der Sache des ganzen Volkes hat er einen hündischen Gehorsam gegen seine despotischen Kriegsherren gelernt; statt des Gesetzes verehrt er die Person, kurz: Alles, was dem Bürgertum lieb und teuer ist, alle „seine Ideen von bürgerlicher Gesellschaft, Besitz, Bildung, Glück, Humanität ..., von Ehre, Treue und Gehorsam" sieht Rotteck durch den Militarismus der

[6] *A.a.O.*, S. 86 ff.
[7] *A.a.O.*, S. 69.

stehenden Heere bedroht — während er gleichzeitig die erzieherische Wirkung der „Nationalmiliz“ ebenso überschwenglich rühmt. Erst im Volksheer sollen die soldatischen Tugenden der Disziplin, der Ehre und Treue ihre wahre Veredelung und „freye Idealisierung“ empfangen. Alle Schlagworte des späteren radikalen Liberalismus gegen den „Kommißgeist“ des Berufssoldatentums findet man schon hier vorgebildet. „Nicht die physische Kraft oder die Masse verleiht den Sieg, sondern der Geist“; im Volksheer aber lebt ein reinerer, stärkerer, schönerer Geist als im Heer der „Mietlinge“: nämlich der Geist der Freiheit und selbstlosen Vaterlandsliebe, nicht der Geist der Furcht und des knechtischen Gehorsams. Auf solche seelischen Antriebe kommt unendlich viel mehr an als auf die „mechanische Fertigkeit“, wie man sie in stehenden Heeren erzeugt. Der Mietling ist für jeden, auch für den unmoralischen Zweck zu gebrauchen, das Nationalheer dagegen — falls nicht das Volk durch „ränkevolle oder leidenschaftliche Demagogen irregeleitet“ oder durch herrschsüchtige Magistrate oder ehrgeizige Klassen unterdrückt ist — fast immer nur für gerechte Kriege, besonders zur Verteidigung des vaterländischen Bodens und schon gar nicht zur Unterdrückung populärer Freiheit. Stehende Miettruppen sind also Werkzeuge der Despotie, Volksheere eine Garantie der Freiheit.

Das klingt alles so, als würde hier der Kampf der preußischen Heeresreformer gegen die Berufstruppen des 18. Jahrhunderts einfach auf süddeutschem Boden fortgesetzt und in entschieden liberaler Parteitendenz erweitert. In Wahrheit dient aber der ominöse Name „Mietlinge“ und „Kriegsknechte“ nur dazu, um das stehende Heer in *jeder* Form — auch in der des länger dienenden Volksheeres auf Grund der allgemeinen Wehrpflicht — zu bekämpfen. Die publizistische Wirkung der Schrift (die man noch in der achtundvierziger Revolution, ja noch bis in die sechziger Jahre spürt) beruhte gerade auf dieser Unklarheit in der Bezeichnung des Gegners: Alles, was dem bürgerlichen Liberalismus irgendwie unbequem oder verdächtig war am Militärwesen, ließ sich mit solchen Argumenten angreifen. Die Gefahr, daß aus der Militarisierung des ganzen Volkes eines Tages die Vernichtung aller bürgerlich-liberalen Freiheits- und Persönlichkeitsideale folgen könnte, hat Rotteck fast prophetisch vorausgespürt. Aber wenn es ihm ernst war mit seiner laut betonten Anerkennung der Tatsache, daß nur ein stark gerüstetes Volk den Daseinskampf bestehen könne, ein unbewaffnetes dagegen kraftlos und feige werde (S. 83): Wie wollte er dann ohne „stehendes“ Heer auskommen? Wenigstens auf eine kleine Berufsgruppe, als Schutzwehr „gegen plötzlich eintretende Gefahren“ und als Pflanzschule militärischer Führer, wollte auch er nicht verzichten; und wenn er auch die Masse der Milizoffiziere aus „geeigneten“ zivilen Persönlichkeiten durch die „Municipal-Autoritäten“ wollte wählen lassen, so sollten doch die Befehlshaberstellen „vorzugsweise“ aus den Zöglingen der Kriegsschulen besetzt werden.

Damit erkannte er selbst die Unentbehrlichkeit beruflich geschulter Kräfte im modernen Volksheer an. War es aber dann nicht eine bloß noch technische Frage, welchen Umfang sie haben müßten, um den Heeren anderer Großmächte gewachsen zu sein? Die innere Ohnmacht der späteren liberalen Opposition gegenüber den technischen Zwangsläufigkeiten des modernen Heerwesens wird schon in diesem frühesten Reformprogramm sichtbar: in dem hilflosen Bemühen, das Berufsheer als „ständige Nationalwehr" zu tarnen, seine Zahl im Verhältnis zur Miliz möglichst niedrig zu halten, ohne jede konkrete Vorstellung von dem praktischen Bedürfnis; in der doktrinären Behauptung, der Staatsbürger sei als solcher nur zu „vorübergehendem Kriegsdienst in Notfällen, nicht aber zum bleibenden Kriegerstand" verpflichtet (S. 112) — als ob es eine ernsthafte kriegerische Leistung ohne dauernde und gründliche Schulung in Friedenszeiten geben könnte! Weiter in der ängstlichen Besorgnis, auf keinen Fall die „Nationalmiliz" als Reserve des stehenden Heeres auftreten zu lassen — weil sie dann „die Blüte der Jugend" an dieses verlieren und von der Regierung zurückgesetzt, ja wohl gar mit Mißtrauen betrachtet würde; schließlich in der Furcht vor dem aktiven Bürgerrecht des Berufssoldaten.[8] Das wichtigste Schutzmittel gegen die drohende Militarisierung des öffentlichen Lebens und Verrohung der Außenpolitik scheint Rotteck schließlich doch eine liberale („republikanische") Staatsverfassung: wenn nur auf gesetzlicher Grundlage, das heißt unter Mitwirkung der ordentlichen Volksrepräsentanten Krieg geführt und die Aufrüstung organisiert werden kann.[9] „Wo der Krieg nach seinem Gegenstand oder Beschluß nicht Nationalsache ist, da läuft es gegen den Begriff der Nation, daß diese ihn führe; und thut sie es gleichwohl, durch des Herrschers Macht dazu gezwungen, so ist sie keine Nation mehr, sondern ein leibeigener Haufe" (S. 108/09).

Rottecks Milizvorschlag stellt die eine der beiden radikalen Lösungen in der Organisation des modernen Volksheeres dar, die theoretisch denkbar sind: möglichst weitgehende Verbürgerlichung des Soldatentums; die andere: möglichst weitgehende Militarisierung des bürgerlichen Lebens, wird ernsthaft erst in den autoritären Volksstaaten des 20. Jahrhunderts durchgeführt werden. Zwischen diesen beiden Extremen liegt die preußische Heeresverfassung des 19. Jahrhunderts als ein höchst bedeutender Versuch, bürgerliches und militäri-

[8] Der Milizkrieger soll das Wahlrecht behalten, der Berufssoldat darf es nicht ausüben. (*a.a.O.*, S. 116).

[9] Dabei hofft Rotteck bezeichnenderweise, daß die Volksvertretung den Akademikerstand, dessen Dienst der Nation besonders wichtig ist und dessen Verluste besonders schwer ersetzbar sind, möglichst schonend und nur im Fall der „allerdringendsten Noth" ins Feuer schicken wird. *A.a.O.*, S. 131 f. (Anmerkung).

sches Denken, Volk und Heer zwar noch nicht zu einer vollen Einheit zu verschmelzen (wie es im „totalen Krieg" des 20. Jahrhunderts wenigstens *idealiter* geschieht), aber doch einander möglichst nahe zu bringen, miteinander zu versöhnen. Und innerhalb dieses Versuches gibt es wieder eine wichtige Fortentwicklung: von der volkstümlichen Landwehrverfassung Boyens zur Heeresreform König Wilhelms I. Sie hat auch das gegenseitige Verhältnis von zivilem und militärischem Denken, von Politik und Kriegführung in entscheidender Weise verändert.

Was das höchte Ziel der Reformpatrioten von der Art Boyens war, hat der schon einmal zitierte Rühle von Lilienstern die „Zusammenschmelzung des öffentlichen und Privatlebens" genannt — eine „vaterländische Verbindung", in der aller bloße Mechanismus des toten Machtapparates dahinschmelzen müsse, um einem „ganzen und lebendigen Volk" Platz zu machen.[10] Den ersten Schritt auf diesem Wege hatte schon die Heeresreform von 1808/09 gemacht: mit ihrer Humanisierung des Dienstes, Abschaffung der Prügelstrafe, Weckung des soldatischen Ehrgefühls, grundsätzlicher Beseitigung des adeligen Vorrechtes auf die Offiziersstellen, Ausrottung alter Mißbräuche in der Militärverwaltung — alles mit dem Ziel, den Waffendienst aus einem verhaßten, entwürdigenden Sklavenjoch zu einer Ehrensache freier Staatsbürger zu machen.[11] Den nächsten Schritt brachten die Wehrgesetze von 1813/14 mit

[10] J. Rühle von Lilienstern, *Aufsätze* . . ., S. 190 f.

[11] Es ist sehr bemerkenswert, daß die ersten Entwürfe Scharnhorsts von 1807—08 zur Schaffung einer Miliz (Provinzialtruppe) neben dem stehenden Heer noch sehr stark den Vorschlägen Rottecks ähnelten! Die neue Truppe soll ausdrücklich nicht aus den ausgedienten Mannschaften des stehenden Heeres, sondern ganz selbständig, und nur aus den wohlhabenden Klassen gebildet werden, die sich selbst Ausrüstung und Unterhalt beschaffen können; sie soll auch unter selbstgewählten Offizieren des gebildeten Bürgerstandes, nicht unter Offizieren der stehenden Armee dienen. Also eine richtige Bürgerwehr! Das wird teilweise mit der Notwendigkeit einer Tarnung dieser neuen Truppe als bloße Polizeitruppe motiviert, in erster Linie aber mit der Notwendigkeit, die „Nationalmiliz" auf den neuen Geist patriotischer Freiwilligkeit zu begründen, und diesen Geist, so heißt es, „wird sie nie bekommen, wenn sie vorher durch die stehende Armee gehen muß, wenn ihre Selbständigkeit durch einen eingebildeten Druck gelähmt wird". Daß der gebildete Bürger durch das Joch des verachteten alten Zwangsheeres gehen könnte, vermag sich Scharnhorst noch nicht vorzustellen! Sehr charakteristisch ist aber auch die folgende, in früheren Publikationen unterdrückte Stelle: „Man darf nicht fürchten, daß eine solche Miliz gefährlich wird, wenn sie aus der bemittelten Klasse der Untertanen besteht . . . Nur eine Miliz aus der niederen Klasse kann Bedenklichkeiten veranlassen." Diese Klasse soll deshalb nach wie vor das Rekrutenmaterial für die stehende Armee liefern! Das ist gewiß auf die Gesinnung Friedrich Wilhelms III. berechnet. Trotzdem bestätigt es von neuem, wie stark und selbstverständlich das ständische Selbstbewußtsein der „oberen Klassen" auch im Reformerkreis noch lebendig war. Vgl. *Immediatbericht der Militärreorganisationskommission* (Entwurf) vom 15.3.1808, in: Rudolf

ihrer Einführung der allgemeinen Wehrpflicht und Schaffung der Landwehr. In ihr vor allem sollte sich der neue vaterländische, nicht bloß königstreue Geist der Erhebungszeit verfestigen. Diesen Geist nicht verlorengehen zu lassen im Alltag des Gamaschendienstes und Paradedrills war die Hauptsorge Boyens. Darum stellte er mit Bedacht seine Landwehr als einen selbständigen Heerkorper neben das stehende Heer mit seinen Berufsoffizieren, seinem großen Stamm von langdienenden Unteroffizieren, Kapitulanten und dreijährig dienenden Mannschaften. Sie sollte nicht etwa eine „Nationalmiliz" im Stil der Rotteckschen Vorschläge (und der ältesten Scharnhorstschen Entwürfe) darstellen, sondern im wesentlichen aus Reservisten der Linie, also aus mehrjährig gedienten, fachmännisch exerzierten Mannschaften bestehen — also nicht eine Freiwilligenarmee im Stil der Freiheitskriege bilden, sondern eher eine *secunda acies* der Altgedienten nach altrömischer Art. Aber sie sollte andererseits doch auch nicht ein bloßes Sammelbecken der Linienreserve bilden, im Ernstfall dazu bestimmt, nur die Rahmenverbände des stehenden Heeres aufzufüllen und zu ergänzen — ein bloßes Hilfsorgan der Linie also und von dieser beherrscht; vielmehr sollte sie im Kriege ebenso wie im Frieden in eigenen Verbänden zusammentreten, während die Linie ihre Kriegsverstärkungen aus den beiden jüngsten, noch nicht zur Landwehr überführten Jahrgängen der ausgedienten Mannschaft (der sogenannten „Kriegsreserve") entnahm. Diese Landwehrbataillone sollten in freieren, auf das nächste Bedürfnis des praktischen Felddienstes beschränkten Formen eingeübt werden — alljährlich nur kurze Zeit (vier Wochen im ersten, acht Tage im zweiten Aufgebot, außerdem noch an Sonntagnachmittagen in freiwilligen Übungen) und unter einem eigenen Offizierkorps. Nur eine sehr beschränkte Zahl von Stabsoffizieren der Linie wurde den Landwehrverbänden zugeteilt, dazu ein kleines Stammpersonal beruflicher Unteroffiziere; im übrigen fielen fast sämtliche unteren Führerstellen gewählten Landwehroffizieren, Männern des bürgerlichen Lebens, zu, und Boyen war ängstlich darauf bedacht, das Eindringen allzuvieler Linienoffiziere und -unteroffiziere, ja sogar die regelmäßige und gründliche Heranziehung der Landwehroffiziere zum Ausbildungsdienst in der Linie zu verhindern. Denn alles kam ihm darauf an, daß der freie, fröhliche Schwung vaterländischer Begeisterung, der die Erhebung von 1813 beseelt hatte, nicht erstickt werde durch adligen Kastengeist und ödes militärisches Formenwesen, wie er sie im Offizierskorps der Linie sich trotz aller Reformen forterben sah. Im Offizierskorps

Vaupel (Hrsg.), *Das Preußische Heer vom Tilsiter Frieden bis zur Befreiung 1807–1814*, Bd. 2 (=Die Reorganisation des Preußischen Staates unter Stein und Hardenberg, Teil 2, Publikationen aus den Königlich Preußischen Staatsarchiven, Bd. 94), Berlin 1938, S. 321; vgl. dazu M. Lehmann, *Scharnhorst*, Bd. 2, S. 91 f.

der Landwehr sollten vaterländischer Eifer, soziales Ansehen und männliche Reife des Charakters ersetzen, was dem einzelnen an fachlicher Schulung und Übung fehlte. Für die Kampfkraft des Staates sollte nutzbar gemacht werden, was immer an politischem Idealismus, Opferbereitschaft, kriegerischer Gesinnung, Freude am Waffenhandwerk in der Nation lebte, ohne die militärischen Ansprüche an diese Opferbereitschaft zu überspannen, das heißt ohne den ruhigen Gang des bürgerlichen Daseins ernstlich zu stören und ohne den Bürger, vor allem den gebildeten, allzu gewaltsam in die Lebens- und Denkformen des Berufssoldaten einzupressen. Für Boyen war es noch eine unmögliche Vorstellung, daß man den gebildeten, in ansehnlicher Lebensstellung befindlichen Bürger dem Drill unwissender, ungebildeter Unteroffiziere oder auch dem Kommando jüngerer, menschlich unreifer Berufsoffiziere unterstellen könnte. Darum konnten nach der Landwehrordnung von 1815 sogar militärisch unausgebildete Leute zu Landwehroffizieren gewählt werden, wenn sie nur kreisangesessen und von stattlichem Einkommen (zum Beispiel Gutsbesitzer) waren. Das Normale war indessen die Ausbildung des jungen Mannes aus gebildetem Hause in der Form des einjährig- freiwilligen Dienstes mit mancherlei Begünstigungen, vor allem auch bevorzugter Beförderung, Abgang aus der Linie mit dem Zeugnis der Reife für den Offiziersrang, später Wahl zum Landwehroffizier. Diese Einrichtung hat, in den Grundzügen, bekanntlich alle späteren Heeresreformen bis zum ersten Weltkrieg überlebt — nur daß der Zugang zum Einjährigendienst allmählich immer breiteren Volksklassen erschlossen wurde und die militärische Ausbildung des Einjährigen, die in den ersten Jahrzehnten sehr lasch gehandhabt worden war, später erheblich größeren Ernst gewann. Die eigentümliche Neigung des Boyenschen Wehrsystems zur Verbürgerlichung des Heeres drückt sich im Einjährigeninstitut ganz besonders deutlich aus.

Nun ist ja kein Zweifel, daß die preußische Wehrverfassung von 1814/15, so vorzüglich sie in allen Einzelheiten auf die Bedürfnisse ihrer Entstehungszeit berechnet war, auf die Dauer doch als eine große Halbheit erscheinen mußte. Es war vorauszusehen, daß die stehende Armee im Falle eines längeren, blutigen Krieges mit zwei Reservistenjahrgängen zu ihrer Ergänzung unmöglich auskommen konnte; aus dem Nebeneinander von Linie und Landwehr mußte sofort ein Miteinander, sehr bald eine Vermischung werden — beides bedurfte der planmäßigen Vorbereitung im Frieden. War die kriegstechnische Durchbildung der Landwehr und ihrer Offiziere von vornherein der schwächste Punkt des ganzen Wehrsystems , so wurden die hier bestehenden Mängel vollends ins Unerträgliche gesteigert durch die übermäßige Sparsamkeit, zu der sich der bürokratische Absolutismus Friedrich Wilhelms III. aus Furcht vor ständischen Machtansprüchen gezwungen sah. Da immer nur ein Bruchteil der waffenfähigen Jugend zum Dienst in der Linie ausgehoben wurde, ergänzte sich die Landwehr großenteils aus ungedienten Mannschaften, sogenannten Landwehrrekruten, denen nun überhaupt keine militärische Ausbildung mehr zuteil wurde. Solche Leute zu bewaffnen und unter Offiziere zu stellen, die infolge unzureichender eigener Ausbildung keine rechte Autorität genossen — das konnte in politischen Krisenzeiten geradezu eine Gefahr werden. Alle diese offenbaren Schäden sind von den militärischen Gegnern des Landwehrsystems in jahrzehntelanger Diskussion immer wieder in den Vordergrund gestellt worden, und ohne Zweifel konnte dieses System auf die Länge den technischen Bedürfnissen moderner Kriegsführung nicht genügen. Dennoch werden wir uns hüten müssen, die Bedeutung des rein Technischen wenigstens in der langen Friedensepoche des Vormärz zu überschätzen. Von wirklichen Fortschritten der Waffentechnik und der taktischen Ausbildung war damals doch auch im Alltagsdienst der Linie kaum die Rede; mit erstaunlicher Zähigkeit hielt man am parademäßigen Exerzieren und an Gefechtsformen fest oder bildete sie gar nach dem Vorbild russischer Gardetruppen neu aus, die für den Ernstfall überhaupt nicht in Betracht kamen, und überaus mühsam mußte jede Verbesserung und Vereinfachung erkämpft werden.[12] Andererseits haben die Leistungen der Landwehr, solange sie noch Kriegsteilnehmer von 1813/15 enthielt, nicht selten auch von höheren Führern Lob und Anerkennung erfahren. Eines jedenfalls ist sicher: daß neben der militärtechnischen Kritik von Anfang an auch politische Erwägungen im Kampf gegen die Landwehr eine bedeutende Rolle gespielt haben.

Die Landwehreinrichtung gehörte zu jenen Neuerungen der Reformzeit, die dem Geist des alten friderizianischen Obrigkeits- und Dreiständestaates bewußt entgegengesetzt waren. Der sich volkstümlich machende Absolutismus der Erhebungsjahre hatte sich damit abgefunden, weil er die Verstärkung des Heeres durch Landwehr und Freiwilligenkorps nun einmal nicht entbehren konnte. Nach der Rückkehr in den Friedenszustand regte sich aber sogleich das Mißtrauen jener Hofkreise, die sobald als möglich in die alten Zustände der

[12] Vgl. dazu die Darstellung von Colmar Freiherr von der Goltz, *Kriegsgeschichte Deutschlands im 19. Jahrhundert,* Bd. 2, Berlin 1914, S. 18 ff.; für das folgende vor allem F. Meinecke, *Das Leben des Generalfeldmarschalls von Boyen . . .,* Bd. 2. Eine durch sehr exakte Angaben ausgezeichnete Darstellung des langsamen Veraltens der Einrichtungen von 1814 bietet auch Rudolf von Gneist, *Die Militärvorlage von 1892 und der preußische Verfassungskonflikt von 1862 bis 1866,* Berlin 1893. Sehr anschaulich wird die Verzopfung der Armee (einschließlich der Kriegsakademie) und die zunehmende Sterilität des Berliner geistigen Lebens in den letzten Jahrzehnten Friedrich Wilhelms III. geschildert in den Lebenserinnerungen Julius von Hartmanns, *Erinnerungen eines deutschen Offiziers 1848 bis 1871,* Bd. 1, Wiesbaden 1882, besonders S. 140 ff.

vorrevolutionären Epoche zurückkehren wollten. Die Führer der Reaktionspartei am Berliner Hofe, Männer wie Herzog Karl von Mecklenburg, Chef des Gardekorps, und der Polizeiminister Fürst Wittgenstein vertraten die Meinung: „Eine Nation bewaffnen heiße den Widerstand und Aufruhr organisieren und erleichtern." Man fürchtete den neuen, bürgerlichen und liberalen Geist, der aus der Landwehr in die alte königliche Berufsarmee eindringen könnte. Das adlige Offizierskorps sah im Garnisonsdienst der Friedenszeit wieder hochmütig auf die bürgerlichen Kameraden von der Landwehr herab, denen nach seiner Meinung der „Point d'honneur" und der eigene „Esprit de corps" durchaus fehlte; war es nicht bedenklich, von ihnen die Hälfte des Heeres befehligen zu lassen, und würde nicht so die Landwehr das beste Mittel zur politischen Emanzipation des Mittelstandes? Um so eifriger und erfolgreicher war man darauf bedacht, die Kadettenanstalten dem Nachwuchs der adligen Offiziersfamilien vorzubehalten und in ihnen den überlieferten Esprit de corps und eine Gesinnung unbedingter Königstreue zu züchten, die Erhaltung dieses Standesgeistes durch eigene Ehrengerichte für den Offiziersstand zu sichern. Darüber hinaus galt es, die Zahl der Linienoffiziere in der Landwehr möglichst stark zu erweitern, vor allem: diese der Führung des Linienheeres zu unterstellen. Einzelne Heißsporne der Reaktion gingen in ihren Wünschen noch weiter. Schon zwei Jahre nach den Pariser Friedensschlüssen legte der Finanzminister von Bülow ein Projekt vor, das praktisch auf die Wiederherstellung des alten friderizianischen Heeressystems, nur ohne die ausländischen Werbungen, hinauslief. Herzog Karl von Mecklenburg, der Schwager des Königs und Führer des Gardekorps, setzte sich für einen ähnlichen Vorschlag mit der merkwürdigen Begründung ein, daß die große Zahl preußischer Landwehrregimenter auch im Ausland Ombrage errege. Wirkungsvoller war seine Verdächtigung, daß ein demagogischer, jakobinischer Geist in der Landwehr aufzukommen drohe, zusammenhängend mit der patriotischen Turnbewegung der Jugend, und daß Bestrebungen im Gang wären, dem Monarchen die Zügel über die Volksbewaffnung zu entwinden. Unmittelbaren Erfolg hatten diese militärischen Restaurationspläne nicht; aber sie haben zu ihrem Teil dazu beigetragen, den Sieg der Reaktionspartei in dem zwei Jahre später (1819) sich abspielenden Kampf um die große Verfassungsreform vorzubereiten, mitsamt dem Sturz Boyens und seiner Ersetzung durch einen Militärbürokraten alten Stils. Denn was die Reaktionäre dem König an Verdächtigungen des Geistes der Landwehr zutrugen, hatte nur sein altes und tiefsitzendes eigenes Mißtrauen bestärkt.

Es war durch viele Erfahrungen schon der Sturmjahre begründet. Was war das doch für eine stolze, ja herrische Sprache gewesen, mit der die Patriotenpartei seit dem Mai 1806 wieder und wieder den zögernden Monarchen über die Grenzen seiner Natur hinauszureißen, auf die kühnen, ja mitunter waghalsigen

Bahnen ihrer Politik zu zwingen gesucht hatte! Waren es nicht die aufregenden Eingaben patriotischer Minister, Prinzen und Generäle gewesen, die ihn 1806 wider bessere Einsicht in das halsbrecherische Abenteuer eines isolierten Kampfes gegen Napoleon hineingedrängt hatten? Und hatten ihm nicht die Häupter des Reformerkreises schon 1808 und 1811 eine Wiederholung desselben Abenteuers zugemutet — nur in noch viel hoffnungsloserer Lage und mit viel bedenklicheren, ja revolutionären Mitteln? Unvergessen haftete in der Erinnerung des Königs die schwere Bloßstellung seiner offiziellen Versöhnungspolitik im Jahre 1809, als Major Schill, auch ein Mitglied des Berliner Patriotenkreises und der damit verbundenen Geheimverschwörung, ein ganzes Regiment von den königlichen Fahnen desertieren ließ, um gegen die Franzosen loszuschlagen. Noch viel tiefer hatten ihn die zahlreichen Abschiedsgesuche preußischer Offiziere verwundet, die sich 1812 weigerten, das französische Kriegsbündnis gegen Rußland mitzumachen. Und hatte nicht die Erhebung von 1813 begonnen mit dem Abfall Yorcks — eines strengen Monarchisten! — von der amtlichen preußischen Politik? Die allgemeine Volksbewaffnung in der Form eines undisziplinierten „Landsturms", die er noch 1811 als bloße „Poesie" überspannter Köpfe abgelehnt hatte, war ihm dann doch in den Frühjahrsstürmen des Jahres 1813 von den politischen Eiferern aufgedrängt worden. Aber bald genug hatte er dieses Zugeständnis bereut. Schon während des Waffenstillstands im Juli hatte er das Landsturmedikt so gründlich umgestaltet, daß aus der allgemeinen Volksbewaffnung eine Art von harmloser Hilfspolizei wurde.

Den äußeren Anstoß dazu hatte die Aufregung des Königs über das nächtliche Vivatschießen geboten, mit dem die Landsturmmänner von Charlottenburg die Rückkehr des geliebten Landesvaters in die Hauptstadt begrüßt hatten. Schon damals hatten sich die Reaktionäre am Hof bemüht, seine Furcht vor jakobinischen Gefahren zu schüren; selbst die Berliner Professoren Savigny und Eichhorn, die späteren Minister Friedrich Wilhelms IV., wurden als Mitglieder des amtlichen Landsturmausschusses gefährlicher oppositioneller Neigungen verdächtigt. Und so wie hier ging's in unzähligen anderen Fällen. Bald ist es mehr die Revolutionsfurcht, bald mehr die angeborene, nüchternhausbackene Verständigkeit, was den König in Gegensatz zu den genialischen Plänen, zu dem moralisch-politischen Enthusiasmus, zu der kühnen Aktivität seiner bedeutendsten Berater und zu ihrem fast grenzenlosen Vertrauen auf die patriotische Gesinnung der Regierten bringt. Hält man die ganze Summe mehr oder minder offener, zuweilen recht vorwurfsvoller Kritik zusammen, die ihm durch so viele Jahre entgegengeklungen war, so kann man wohl die Selbstbeherrschung des gewissenhaften Regenten bewundern, der das alles immer wieder schluckte — wenn auch oft würgend —, weil er von der Unentbehrlichkeit dieser Berater in der Notzeit überzeugt war. Er hat es sogar an reichen, ja königlichen Gnadenbeweisen und Schenkungen nicht fehlen lassen, um sie an seinen Dienst zu fesseln. Aber die innere Wesensfremdheit bricht zuletzt doch immer wieder durch. Und wenn wir hören, wie gereizt er sich in vertraulichem Gespräch über Gneisenau äußern konnte (einem englischen Militärbevollmächtigten gegenüber soll er ihn einmal „einen bösen, vorwitzigen Kerl" genannt haben, „der beständiger Überwachung bedürfe"),[13] so glauben wir zu ahnen, wieviel sich zuzeiten an Erbitterung und Abneigung in seiner Seele (aber auch in der Gneisenaus!) ansammeln konnte. Die Erfahrungen der Feldzüge von 1814 und 1815 mit ihren heftigen Zusammenstößen zwischen dem Hauptquartier der schlesischen Armee und der Kriegsleitung der verbündeten Monarchen, die Selbstherrlichkeit Blüchers und seines Stabes, schließlich gar die gröbliche Einmischung des alten Husaren in die hohe Politik, werden die Abneigung des Königs gegen politisierende Generäle noch wesentlich verstärkt haben. Auch Hardenberg hatte die Opposition in übelster Erinnerung und war entschlossen, keinerlei politische Einmischungsgelüste der Militärs mehr zu dulden. Er werde nicht ruhen, schrieb er im März 1816 an Gneisenau, „bis Ordnung, Sudordination und Gehorsam im Staate wiederhergestellt sind".

Unzweifelhaft ein berechtigtes Bestreben! Aber es wurde sofort von der politischen Reaktion für ihre Zwecke ausgenützt. Schon 1815 hatte es am Hoflager des Königs Reaktionäre gegeben, die das polternde Auftreten des alten Marschalls dazu benutzten, um Mißtrauen gegen den neuen Geist der vaterländischen Erhebung überhaupt zu säen. Wäre ein solches Auftreten preußischer Offiziere etwa unter Friedrich dem Großen denkbar gewesen? Bedrohte dieser neue Geist vaterländischer Erhebung nicht offensichtlich die monarchische Disziplin? Besorgnisse dieser Art konnten sich recht wohl mit der Abneigung des mehr technisch als politisch denkenden Berufsoffiziers gegen das Eindringen des neuen politisierenden Geistes in die Armee verbinden. Beides findet sich in einem Schreiben, in dem der einflußreiche Generaladjutant von der Knesebeck, ein naher Freund Müfflings,[14] dem russischen Staatsrat Pozzo di Borgo im

[13] Sir Robert Wilson, *Private Diary of Travel, Personal Services, and Public Events, during Missions and Employment with the European Armies in the Campaigns of 1812, 1813, 1814. From the Invasion of Russia to the Capture of Paris*, ed. Herbert Randolph, London 1861, Teil 2, S. 229. Das Gespräch ist undatiert, wird aber im Zusammenhang einer Unterhaltung mit Zar Alexander erwähnt, die am 17.11.1813 stattfand. G.H. Pertz, *Das Leben des Feldmarschalls von Gneisenau . . .*, Bd. 4, fortgeführt von Hans Delbrück, Berlin 1880, S. 162, gibt das Zitat in einer etwas übertreibenden Übersetzung Th. Bernhardis wieder.

[14] Müfflings eigene Haltung erhellt am besten aus einem Schreiben an Gneisenau vom 15.2.1816 aus Paris (*a.a.O.*, Bd. 5, Berlin 1880, S. 84 ff.). Sie ist das Gegenteil von politisch-reaktionärer Gesinnung, zeigt aber deutliche Abneigung gegen die Propagandisten von der Art Arndts, Jahns und Görres' und Besorgnis vor deren Einfluß auf die Haltung der Armee.

Oktober 1815 sein Herz ausschüttet:[15] Der König selbst sei beunruhigt, heißt es da, über den Einfluß der Gneisenau, Grolmann und ihrer Gesinnungsgenossen auf das Kabinett, sei aber jetzt entschlossen, die Sekte zu zertrümmern. Das Echo von russischer Seite waren mehrfache Warnungen des Zaren Alexander an Friedrich Wilhelm, sich vor den heimlichen Jakobinern unter seinen Generälen und hohen Staatsbeamten in acht zu nehmen. Mit ihrer eifrigen Verfechtung preußischer Gebietsansprüche beim Pariser Friedensschluß waren sie der russischen Politik schon längst recht lästig geworden. „Meine Herren", soll der Zar einmal in Paris zu mehreren seiner Generäle gesagt haben, „es ist sehr möglich, daß wir dereinst dem König von Preußen gegen seine Armee zu Hilfe kommen müssen".[16] Überhaupt gab es in Paris viel Gerede ausländischer Diplomaten über den preußischen König, der seine Armee nicht mehr fest in der Hand habe, weil Friedrich Wilhelm und Hardenberg sich so oft auf die Stimmung des Heeres und der Nation beriefen in ihrem Kampf gegen die Schmälerung der preußischen Siegesbeute.[17] Solche Stimmen drangen nur allzu rasch auch nach Berlin. Der Zweite Pariser Friede war noch nicht geschlossen, als schon (mit der berüchtigten Denunziation des Professors Schmalz) der Kampf einer absolutistisch-bürokratisch gesinnten Polizeireaktion gegen die „Tugendbündler", patriotischen Gesellschaften und angeblich jakobinischen Geheimverschwörungen der Erhebungszeit einsetzte.

Das allmähliche Vordringen dieser Tendenzen in der inneren preußischen Politik in den nun folgenden Friedensjahren, die schwankende, zuweilen geradezu zweideutige Haltung des Staatskanzlers Hardenberg zwischen gemäßigten Reformen und absolutistischer Reaktion, die Einwirkung der konservativen Großmächte Österreich und Rußland, die große Wendung zur

In seinen Memoiren bezeichnet er auch Gneisenau mehrfach (z.B. S. 47, 195) als „Parteihaupt".

[15] Charles Pozzo di Borgo (Ed.), *Correspondance diplomatique du Comte Pozzo di Borgo, ambassadeur de Russie en France, et du Comte de Nesselrode depuis la restauration des Bourbons jusqu'au Congrès d'Aix-la-Chapelle, 1814–1818,* Bd. 1, Paris 1890, S. 290 ff., 5./17.10. 1815.

[16] So meldet Gneisenau an Boyen 16.9.1815 (G.H. Pertz/H. Delbrück, *Das Leben des Feldmarschalls von Gneisenau . . .*, Bd. 4, S. 631; vgl. auch *a.a.O.*, S. 612; ferner *a.a.O.*, Bd. 5, S. 85). Nach Steins Aufzeichnungen (Heinrich Friedrich Karl Freiherr vom Stein, *Briefwechsel. Denkschriften und Aufzeichnungen,* hrsg. von Erich Botzenhardt, Bd. 5, Berlin 1933, S. 273) fiel die Äußerung gegenüber den Generaladjutanten, besonders Repnin; nach den Tagebüchern von Nostitz (Großer Generalstab, Kriegsgeschichtliche Abteilung [Hrsg.], *August Ludwig Ferdinand Graf von Nostitz, Das Tagebuch des Generals der Kavallerie, Grafen von Nostitz,* Bd. 6 [= Kriegsgeschichtliche Einzelschriften, Bd. 4], Berlin 1884/85, S. 71) stammte sie vom Großfürsten Constantin und nicht vom Zaren selbst.

[17] Belege bei G.H. Pertz/H. Delbrück, *Das Leben des Feldmarschalls von Gneisenau . . .*, Bd. 5, S. 22 f.

entschiedenen Reaktion seit dem Aachener Kongreß und den Karlsbader Konferenzen — das alles haben wir hier nicht zu verfolgen. Für unsere Betrachtung wichtig ist nur zu sehen, wie der Kampf gegen das Boyensche Landwehrgesetz von Anfang an im engsten Zusammenhang steht mit dem Bemühen hochkonservativer Kreise, die preußische Armee aus einem Organ der Volkserhebung wieder zu einem ganz unpolitischen Werkzeug der Krone im Sinn der alten friderizianischen Berufsarmee zu machen. Die Reformer selbst haben das deutlich gespürt. Auch diejenigen unter ihnen, die liberalen Gedankengängen innerlich kühl und kritisch gegenüberstanden, wie Clausewitz, empfanden teils mit Empörung, teils mit trüber Resignation, wie hier unter dem Schild militärtechnischer Besorgnisse eine ganze Phalanx kleinlicher Alltagsmenschen, gedankenloser Schleicher und Streber am Werk waren, den großen idealen Schwung der Erhebungsjahre abzudrosseln.[18] Unleugbar war in dem Schicksalsjahr 1819, in dem sich die Wendung gegen alle politischen Verfassungspläne der Reformer entschied, der stärkere Zukunftsglaube und auch der stärkere preußische Machtwille auf seiten der Humboldt, Boyen, Grolmann, Gneisenau, Stein und ihrer Gesinnungsgenossen. Was sich durchsetzte, die Gruppe der Wittgenstein, Schuckmann, Kircheisen, Kamptz, Ancillon und des Herzogs Karl von Mecklenburg, zählte nicht zufällig dieselben Männer zu sich, die in den Jahren der napoleonischen Fremdherrschaft immer zu den mutlosesten Entschlüssen geraten hatten. Ihr Sieg war daran Schuld, daß auch in der preußischen Aristokratie nicht die dort von jeher lebenden und in den Befreiungsjahren erst recht erweckten Kräfte eines zuversichtlichen preußischen Machtwillens und deutschnationaler Gesinnung von der Art eines Marwitz die Führung gewannen, sondern ein ängstlicher Legitimismus, ein hochkonservatives Kleben an den (immer noch sehr beträchtlichen) Resten alter Herrenstellung der adligen Gutsherrschaft auf dem Lande, an adligen Privilegien im Offizierkorps, an provinzialem Herkommen und altständischer Sozialordnung — alles Traditionen, die dem Geist der allgemeinen Wehrpflicht aufs tiefste zuwider waren. Sowohl außen- wie innenpolitisch wurde Preußen in einen Zustand des bloßen Beharrens, des Stagnierens der Kräfte hineingedrängt, der sich auch auf die

[18] Am eindruckvollsten ist wiederum, gerade wegen ihrer rein machtpolitischen Einstellung und ihrer nüchternen Kritik an der Ideologie des Frühliberalismus, die Darstellung von Clausewitz. Vgl. bes. seinen Aufsatz *Umtriebe* bei Carl Schwartz, *Leben des Generals Carl von Clausewitz und der Frau Marie von Clausewitz, geb. Gräfin von Brühl*, Bd. 2, Berlin 1878, S. 200 ff., in der Sammlung Carl von Clausewitz, *Politische Schriften und Briefe*, hrsg. von Hans Rothfels, München 1922, S. 153 ff.; die ältere Datierung auf 1819 wird von Rothfels sicher mit Recht verworfen, da die Haltung sehr viel schroffer antiliberal ist als in den 1819 entstandenen Studien über Vorteile und Nachteile der Landwehr, über die Rothfels, *a.a.O.*, S. 242, berichtet; dazu vgl. C. Schwartz, *Leben des Generals von Clausewitz* . . ., Bd. 2, S. 288—293.

Militärorganisation höchst ungünstig auswirkte: in einer ängstlichen Sparsamkeit, die jeden technischen Fortschritt lähmte und durch unzureichende Ausnützung der allgemeinen Wehrpflicht die Mängel der Landwehr nur immer noch vergrößerte.

Vor allem: Diese verlor ihren ursprünglichen Sinn. Sie war gedacht als Wehrorganisation eines Volkes, das gleichzeitig durch ständisch-liberale Verfassungseinrichtungen in Gemeinde, Kreis, Provinz und Gesamtstaat an den Aufgaben öffentlicher Verwaltung und staatlicher Gesetzgebung mitwirken sollte, wie es das berühmte Verfassungsversprechen vom 22. Mai 1815 vorsieht. Der Geist vaterländischer Opferbereitschaft und freiwilligen Einsatzes für das öffentliche Wohl, zu dem die Organe politischer Selbstverwaltung das Volk erziehen sollten, war auch als ethisches Fundament der Landwehr und als ideales Ziel ihrer Erziehungsarbeit vorgestellt. Das politische Selbstbewußtsein des freien Staatsbürgers sollte in dem freiwilligen militärischen Diensteifer des Landwehrmannes sein Gegenstück finden. Eben deshalb war auch die Einteilung der Landwehrbataillone den Verwaltungsbezirken der verschiedenen Provinzen angepaßt und waren gewisse Vorzugsrechte gedienter Wehrmänner in der Kommunalverwaltung vorgesehen. In jedem Dorf war öffentlich eine Tafel aufgestellt, auf der zu lesen stand, zu welchem Kreis und Regierungsbezirk, aber auch zu welchem Landwehrregiment und Bataillon, wohl gar zu welcher Landwehrkompagnie der Ort gehörte. Nun wird niemand die inneren Schwierigkeiten einer Verfassungsreform verkennen, die im wesentlichen aus der vernünftigen Einsicht aufgeklärter Staatsmänner hervorgehen sollte ohne starken Druck der öffentlichen Meinung, ohne stürmisches Reformverlangen der Regierten, und deren Urheber zwischen altständischen und modern-liberalen Ideen zu vermitteln hatten. Aber indem nun alle Reformbemühungen scheiterten und der alte, bürokratisch organisierte Absolutismus mit seinem Gegensatz von Obrigkeit und Untertanen wieder hervortrat, mußte das Landwehrinstitut je länger je mehr als ein seltsamer Fremdkörper im Staatsorganismus erscheinen,[19] — als ein bloßes Relikt vergangener Zeiten; die Freiheitsgesinnung, die dahinterstand,

[19] Ebendies hatte Frhr. vom Stein zweifellos im Auge, wenn er in seiner Denkschrift vom 5.11.22 *(Plan zu einer provinzialständischen Verfassung)* schrieb: „Die reine Bürokratie wird hauptsächlich dadurch verderblich, daß sie den Gemeingeist lähmt, der nur durch unmittelbare Teilnahme am öffentlichen Leben sich bildet, zunächst aus der Liebe zur Genossenschaft, zur Gemeinde, zur Provinz entspringt und sich stufenweise zur Vaterlandsliebe erhebt. Endlich stehen gegenwärtig die militärischen und bürgerlichen Institutionen miteinander in Widerspruch; diese lähmen den Gemeingeist, jene setzen ihn voraus, indem sie vor allem das Opfer ihres Gutes und Blutes zur Vaterlandsvertheidigung fordern. Diese Mängel der Bureaucratie können theils gehoben, theils gemindert werden durch Gemeinde-, Crayss- und Provinzialverfassungen" usw. Vgl. H.F.K. Freiherr vom Stein, *Briefwechsel*..., Bd. 6, S. 120f. Es ist

und die sich als staatsaufbauendes Element hatte betätigen wollen, sah sich in eine fruchtlose Oppositionshaltung abgedrängt. Und je mehr diese Opposition sich verschärfte, vor allem also seit den vierziger Jahren, um so ernster mußten wiederum die politischen Bedenken gegen eine Bewaffnung mangelhaft disziplinierter Volksaufgebote im Stil der Landwehr werden.

Aus diesem unglückseligen Zirkelgang der Entwicklung konnte nur eine Heeres- und Staatsreform herausführen, die einerseits das gesamte Heer zu einem technisch einwandfreien, geschlossenen, straff disziplinierten Werkzeug der Krone machte, andererseits aber auch die in den Freiheitskriegen aufgebrochenen seelischen Kräfte durch neue großartige Zielsetzungen preußischer Politik neu zu beleben und für den Staat zu gewinnen verstand. Diese Kräfte mußten nutzbar gemacht werden, statt sie dauernd zu unterdrücken; und dazu bedurfte es neuerer, freierer Verfassungsreformen, so daß Staat und Volk einander näherkommen konnten, der alte bürokratische Obrigkeitsstaat auf allen Stufen seiner Verwaltung zum modernen Volksstaat wurde. Ein weiter Weg, wie er ohne den vorwärtstreibenen Zwang schwerer Erschütterungen wohl niemals durchschritten wird! Auch der Staat Bismarcks, der zuerst die außenpolitische Aufgabe mit voller Kraft anpacken und auf seine Art lösen wird, hat den im Vormärz (und dann nochmals in der Reaktionszeit der fünfziger Jahre) aufgerissenen Spalt zwischen Obrigskeitsstaat und Volkstum nicht wieder ganz überbrückt. Der Reichsbau, den er schuf, war viel mehr ein Werk monarchischer Regierungen als des Volkes — wenn auch so angelegt, daß aus den vielen Teilstücken des deutschen Volkes sehr rasch eine politische Gesamtnation zusammenwuchs. Und das Heer, mit dessen Hilfe dieser Weg geschaffen wurde, wich seiner ganzen Struktur nach sehr weit von den Idealen der Patrioten von 1813 ab. Es war inzwischen wieder viel mehr königliche Armee als Volksheer geworden und verließ sich weit mehr auf technische Schulung und Disziplin als auf vaterländische Gesinnung — obgleich diese im Militärwesen ihre bestimmte, aber streng disziplinierte Rolle zu spielen hatte. Der Schöpfer dieses königlichen Volksheeres ist König Wilhelm I. gewesen.

Schon in den frühesten militärischen Denkschriften des Prinzen Wilhelm tritt der Kampf um die Erhaltung der dreijährigen Dienstzeit der Fußtruppen als das wichtigste, jedenfalls für die Denkweise des Verfassers am meisten charakteristische Anliegen hervor. Immer wieder, durch viele Jahrzehnte, in zahllosen Kommissionssitzungen, Denkschriften, Eingaben, Erlassen sieht

schwer verständlich, wie Carl Schmitt, *Staatsgefüge und Zusammenbruch des Zweiten Reiches. Der Sieg des Bürgers über den Soldaten,* Hamburg 1934, sich auf dieses Zitat für seine These berufen konnte. Vgl. dazu Fritz Hartungs Rezension *Staatsgefüge und Zusammenbruch des Zweiten Reiches,* in: *Historische Zeitschrift,* Bd. 151 (1935), S. 531.

man den Prinzen und König dafür eintreten — mit größter Hartnäckigkeit, mehrfach im Gegensatz zu allen beteiligten Fachmilitärs, ohne Rücksicht auf finanzielle Schwierigkeiten und ohne auf den wichtigen, oft wiederholten Einwand zu hören, daß eine lange Dienstzeit die Zahl der ausgebildeten Reservisten vermindere, eine kurze sie erhöhe. Bekanntlich wäre selbst Roon, aber auch Bismarck ohne viel sachliche Bedenken bereit gewesen, sich mit einer zweieinhalb- oder auch zweijährigen Dienstzeit abzufinden, wie sie bereits 1834 bis 1856 bestanden hatte und dann 1893 wieder eingeführt worden ist. Wahrscheinlich hätte sich durch ein solches Zugeständnis der große Heeres- und Verfassungskonflikt der sechziger Jahre vermeiden lassen. Aber der hartnäckige Widerspruch des Königs machte das unmöglich. Lieber wollte er abdanken, als daß er in dieser Frage das geringste Zugeständnis machte.[20]

Was ist der Grund für diese starre, oft genug eigensinnig erscheinende Haltung? Sie wurzelt in einer ganz bestimmten, aus der friderizianischen Tradition des preußischen Offizierskorps stammenden, dem Geist der Erhebungsjahre innerlich fremden Auffassung des Soldatenstandes. Alles kommt dem Prinzen und König darauf an, den zum Heer Einberufenen soweit als nur möglich aus seinen bürgerlichen Lebensgewohnheiten zu entfernen, ihn gewissermaßen mit Leib und Seele zum Soldaten zu machen. Er soll nicht nur „gut gedrillt" und „ausexerziert" werden (das könnte schon in ein paar Monaten geschehen), sondern den Geist des Berufssoldatentums für sein ganzes Leben in sich aufnehmen. Er soll das Soldatsein nicht als einen rasch vorübergehenden Zustand empfinden, den er möglichst bald wieder von sich abstreift, sondern als besonderen „Soldatenstand", der das ganze Leben überdauert; in den aktiven Dienst soll er sich so tief einleben, daß er sich nur ungern davon wieder losreißt und am liebsten freiwillig (als Kapitulant) weiterdient. Wie Wilhelm sich selbst ganz als Berufssoldat empfinden gelernt hat, so soll es jeder Einberufene tun; und wie er selbst sich alles militärische Wissen und Können gewissenhaft, aber langsam angeeignet hat, so setzt er auch bei seinen Leuten voraus, daß sie viel Zeit zu der inneren Umstellung brauchen werden. Durch jede Verkürzung der dreijährigen Dienstzeit (auch nur um Monate) mußte nach seiner Meinung „das wahre Militärische", das „soldatische Wesen in seiner Totalität" immer mehr

[20] Für die Herbstkrisis 1862 vgl. Egmont Zechlin, *Bismarck und die Grundlegung der deutschen Großmacht*, Stuttgart-Berlin 1930 (2., ergänzte Aufl., Darmstadt 1960), S. 291 ff., S. 324 ff. Für die Haltung Wilhelms seit 1833 vgl. Königlich preußisches Kriegsministerium (Hrsg.), *Militärische Schriften Kaiser Wilhelms des Großen*, Bd. 1, Berlin 1897, S. 152ff., S. 176 ff., Bd. 2, S. 175 ff., S. 453 und viele andere Stellen (siehe Register unter „Dienstzeit"); dazu Ernst Berner (Hrsg.), *Kaiser Wilhelms des Großen Briefe, Reden und Schriften*, Bd. 1: 1797—1860, Berlin 1906, S. 88, S. 110 und öfter.

aus der Armee verschwinden; man würde dann „nicht Soldaten, sondern nur exerzierte Bauern“ haben.

Den Einwand erfahrener Praktiker, daß allzulanger Kasernendienst im Frieden erfahrungsgemäß die Lust am Soldatenhandwerk eher abstumpfe als fördere, daß die „alten Leute“ des dritten Jahrgangs keineswegs immer die besten Soldaten wären und daß gewöhnlich gerade diejenigen sich zum Weiterdienen entschlössen, die im bürgerlichen Lebens nichts Ordentliches mit sich anzufangen wüßten, also oft recht rohe, ja unsittliche, für die Rekruten keineswegs vorbildliche Elemente — das alles berührte den Prinzen kaum. Seine eigene Begeisterung für das Militärische glaubte er durch gründliche Erziehung auf alle Soldaten übertragen zu können. Eigensinnig beharrte er darauf, daß nur bei langer Dienstzeit ein reichlicher und guter Nachwuchs für den Unteroffizierstand zu erwarten sei. Noch geringeren Eindruck machen ihm die Vorstellungen älterer Generäle, wie Boyen und Grolmann, die noch in der Tradition der Erhebungszeit leben und sehr viel mehr von der vaterländischen Begeisterung des großen Krieges erwarten als von der soldatischen Gewöhnung langer Dienstjahre im Frieden. Boyens Ideen über die Landwehr sind ihm (schon lange vor den ungünstigen Erfahrungen von 1848/49) fremd und unverständlich. „Die Landwehr muß exerzieren“, schreibt er 1841, „manövrieren und das Schießen können, wie die Linie, denn sie hat es bei ihr gelernt. Zu dem allen gehört aber zuerst Gehorsam, Disziplin und Subordination, diese *Kardinalpunkte des Soldaten* müssen festgehalten werden, und jeder Patriot muß es sich einprägen. Der Landwehr einbilden, daß sie unter dem Gewehr anders als die Liniensoldaten behandelt werden müsse, ist der erste Schritt zu einer revolutionären Truppe“.[21]

Der Gegensatz, in dem sich Prinz Wilhelm hier zu Boyen befindet, erscheint zunächst und in erster Linie als der des rein militärtechnisch denkenden Berufssoldaten zu dem politischen Idealisten, der vaterländische Gesinnung über militärischen Drill, freie Hingabe über anerzogene Haltung setzt und einen mit Zwangsmitteln der Kaserne erzeugten „Soldatengeist“ sich offenbar gar nicht vorstellen kann. Ausdrücklich verwirft Boyen die rein technische Betrachtung der Militärfragen: „Nicht taktische oder sogenannte Dienstansichten können dabei entscheiden, sie sind im Gegenteil hier nur die Diener, die von höheren Rücksichten Befehle annehmen müssen. Auch nicht die Strategie kann allein als Gesetzgeberin auftreten, sondern nur indem sie mit der Politik und inneren Staatswissenschaft in gerechter und inniger Vereinigung das unter den gegebenen Verhältnissen bestmöglichste Resultat zu ermitteln sucht.“ Insbesondere

[21] Kriegsministerium (Hrsg.), *Militärische Schriften . . .*, Bd. 1, S. 366 (Unterstreichung vom Verfasser dieses Beitrags).

soll das für die Einordnung der Landwehr in die Linie gelten: Ihre Notwendigkeit „müßte erst aus Gründen der Krieges- und Staatsgesetzgebung, der Politik, nicht durch augenblickliche Forderungen des friedlichen Exerzierplatzes bewiesen werden."[22] Ein Gedankengang, der einer reinen Soldatennatur von der Art des Prinzen Wilhelm gänzlich unverständlich bleibt. Freilich darf man das militärtechnische Moment seines Denkens doch auch nicht allzu einseitig betonen: Auch politische Motive sind darin schon sehr früh zu erkennen. Schon 1832 begründet er die Notwendigkeit dreijähriger Dienstzeit damit, daß nur eine im rechten Soldatengeist erzogene Armee den Thron gegen „die Tendenzen der revolutionären oder liberalen Partei in Europa" zu schützen vermöge. „Die Disziplin, der blinde Gehorsam sind aber Dinge, die nur durch lange Gewohnheit erzeugt werden und Bestand haben und zu denen daher eine längere Dienstzeit gehört, damit im Augenblick der Gefahr der Monarch sicher auf die Truppe rechnen könne. Dieser blinde Gehorsam ist es aber gerade, was den Revolutionären am störendsten entgegentritt." Daher überall der Kampf der Parlamente um Kürzung des Militärbudgets und der Dienstzeiten. Auch an diesen politischen Vorstellungen hat Wilhelm dauernd und unverändert festgehalten. Die historische Monarchie, ständig bedroht durch revolutionäre Bewegungen der Massen, wirksam zu sichern nur durch eine zuverlässige Garde langgedienter, straff disziplinierter Prätorianer, Herrscher und Volk in einer Art von latentem Kriegszustand — das war das monarchische Gegenstück zu der dualistischen Staatsidee des neuen liberalen Radikalismus. Am Ende des Restaurationszeitalters war das Vertrauen der Regierenden auf die Königstreue der Massen unsicher geworden, aber auch die Popularität der Monarchie bei den Regierten stark im Schwinden. Die Nachwehen der Pariser Julirevolution auf deutschem Boden löschten den Geist der Erhebungszeit vollends aus. Die politische Gesinnung des Prinzen Wilhelm ist ganz wesentlich durch diese Ereignisse — die ersten großen Erlebnisse seines reifen Mannesalters! — bestimmt. Sie unterscheidet sich deutlich von der Haltung jener Reaktionäre, die in der Krisis von 1819 gesiegt hatten: Niemals hat Wilhelm daran gedacht, hinter das Wehrgesetz von 1814 zurückzugehen, die allgemeine Wehrpflicht etwa zu beschränken (im Gegenteil: er wollte sie erst zur Wirklichkeit machen!), die Berufsarmee des *ancien régime* wiederherzustellen oder durch kleinliche Sparsamkeitsrücksichten die Schlagkraft der Armee mindern zu lassen. Überhaupt lebte in ihm wieder viel mehr von großmächtlichem Ehrgeiz, von Stolz auf die große friderizianische Tradition als unter den hochkonservativen Bürokraten am Hof seines Vaters; auch mit dem romantischen Legitimis-

[22] *A.a.O.*, S. 337, S. 351. Im einzelnen wirkt die Denkschrift Boyens von 1841 über die Landwehr überaus altfränkisch, ja vielfach rein rhetorisch, im Sachlichen fast hilflos.

mus seines Bruders, des Kronprinzen und späteren Königs Friedrich Wilhelm IV. und der mit ihm verbündeten Aristokraten hat er nichts zu tun; trotz seiner offensichtlichen Vorliebe für den preußischen Militäradel wäre er doch niemals für die Unterstützung adeliger Klassenselbstsucht zu haben gewesen. Aber noch viel fremder stand er den liberalen Ideen des Zeitalters gegenüber. Den Kern seiner politischen Überzeugungen bildete das Pflichtbewußtsein des preußischen Gardeoffiziers, der sich berufen weiß, die überlieferten Rechte und Ansprüche der Krone gegen alle Feinde von innen und von außen zu verteidigen und der im parlamentarischen Wesen im Grunde nur Unordnung und Umsturzgefahr, auf jeden Fall aber Lähmung der Bewegungsfreiheit der Krone sieht.[23] Daran haben die bitteren Erfahrungen von 1848 nur so viel geändert, daß sich Prinz Wilhelm nunmehr entschloß, mit strenger Rechtlichkeit den veränderten Verfassungszustand anzuerkennen. Das brachte ihn in Gegensatz zu der reaktionären Richtung seines Bruders und zu dessen romantischen Freunden. Aber während er so in eine Art von politischer Oppositionsstellung hineingeriet, die durch seine Weimarische Gemahlin noch unterstrichen wurde, und schließlich seit 1858 gar zur Hoffnung der Liberalen werden konnte, haben sich seine wehrpolitischen Anschauungen durch die Erfahrungen von 1848 nicht etwa gemildert, sondern erst recht im Sinn der alten absolutistischen Überlieferung versteift.

Die Revolutionsjahre von 1848 sind für die Entwicklung des deutschen Heerwesens — und damit zugleich des Verhältnisses von militärischem und politischem Denken — epochemachend gewesen. Sie brachten den Höhepunkt und zugleich das endgültige Scheitern der vielfältigen Bestrebungen des älteren deutschen Liberalismus, Heer und Volk in eins zu verschmelzen, die alten monarchischen Truppenkörper der deutschen Fürstenhöfe zu verbürgerlichen oder durch Bürgerwehren zu ersetzen.[24] Nichts von alledem, was in dieser Richtung versucht worden ist, gelang. Die Vereidigung der Truppen auf die Verfassung, zuerst in Kurhessen durchgesetzt (1831), führte nur zu qualvollen Gewissenskonflikten der Offiziere im Fall von Streitigkeiten zwischen Krone

[23] 1833 wirft er den Siegern von 1815 vor, daß sie durch Anerkennung statt Ausrottung der Revolution die Zukunft der europäischen Monarchien schwer gefährdet hätten. An Natzmer 1.4.1833, siehe E. Berner (Hrsg.), *Kaiser Wilhelms Briefe* . . ., Bd. 1, S. 113. Vgl. auch *a.a.O.*, S. 137: an Schöne 7.9.1840. Gespräch mit Leopold von Gerlach, 31.1.1845 (siehe Leopold von Gerlach, *Denkwürdigkeiten aus dem Leben Leopold von Gerlachs nach seinen Aufzeichnungen*, hrsg. von seiner Tochter, Bd. 1, Berlin 1891, S. 105, und E. Berner [Hrsg.], *Kaiser Wilhelms Briefe* . . ., Bd. 1, S. 145. Politische Denkschrift von 1845, *a.a.O.*, Bd. 1, S. 148 ff. nach Treitschkes Auszug).

[24] Für alle Einzelheiten verweise ich auch hier auf die ausgezeichnete, durchweg quellenfrische Darstellung von R. Höhn, *Verfassungskampf und Heereseid* . . ., passim.

und Parlament; vor allem: Sie löste alle militärische, ja alle staatliche Ordnung auf, indem sie die Ausführung militärischer Befehle abhängig machte von der vorgängigen Prüfung ihrer Rechtmäßigkeit durch sachlich ganz unzuständige Organe, nämlich durch die Truppenführer; sie schob zwischen die staatliche Exekutive und ihre Vollzugsorgane eine unfaßbare Größe, das geschriebene Verfassungsrecht, ein. Die allgemeine deutsche Volksbewaffnung durch das Frankfurter Parlament, das Organ der großen revolutionären Erhebung, war undurchführbar gegen den Willen der monarchischen Einzelregierungen. Ebenso scheiterte die Vereidigung der einzelstaatlichen Truppen auf den provisorischen Reichsverweser Erzherzog Johann. Dieser blieb also praktisch ohnmächtig, mit ihm die Frankfurter Reichsversammlung und die dahinterstehende Volksbewegung, sobald die unbestimmte Revolutionsfurcht der monarchischen Regierungen geschwunden war. Die überall eingerichteten Bürgergarden versagten sowohl im Kampf gegen revolutionäre Straßenaufstände wie gegen die geordneten Truppenkörper der monarchisch-absolutistischen Reaktion; ja, sie wirkten vielfach als lächerliches Zerrbild einer modernen Truppe. Noch viel unglücklicher verliefen die Versuche, den „blinden" Soldatengehorsam durch „freiere", das heißt durch parlamentarisierende Formen der militärischen Organisation zu ersetzen, mit Offizierswahl, Soldatenräten, Lockerung oder Aufhebung der Grußpflicht, Politisierung der Truppe durch Beteiligung an allen staatsbürgerlichen Rechten, Überwachung der politischen Gesinnung und dergleichen mehr. Fürchterliche Zersetzungserscheinungen waren die Folge, am schlimmsten in Baden, das eine zweite, völlig chaotische Revolution durch Soldatenmeutereien erlebte. Das Ende der großen, hoffnungsreichen, von den Besten der Nation so jubelnd begrüßten Erhebung war tiefe, verzweifelnde Resignation. Ihr fiel auch der Glaube an die Möglichkeit eines wahren Volksheeres anheim, das mehr sein könnte als eine politisch-blinde Schutztruppe höfisch-dynastischer Sonderinteressen, einer nationalen Miliz, in der die Geister der Befreiungskriege noch einmal hatten auferstehen sollen. War jetzt nicht vor aller Augen klar bewiesen, daß politische Freiheitsgesinnung als Grundlage militärischer Organisation nichts taugt, daß zuletzt alles auf straffe Zucht, Subordination und technisches Können der Truppe ankommt, ja daß Verbürgerlichung und Politisierung eines modernen Heeres gerade dessen Auflösung bedeuten?

Jedenfalls faßte Prinz Wilhelm, der die preußischen Truppen zur Niederwerfung des Aufruhrs nach Baden hatte führen müssen, seine Erfahrungen so auf. Es sah durch sie nur bestätigt, was er schon immer als wehrpolitische Forderung vertreten hatte. Jener wenig rühmliche Feldzug in Baden brachte mancherlei Schäden der preußischen Armee ans Licht, Mängel der Organisation, aber auch der Führung. Die Mobilmachung des Jahres 1850, die mit der politischen

Niederlage von Olmütz endete, beleuchtete die Unzulänglichkeit der preußischen Heeresorganisation nur noch greller. Von allem, was hier zu bessern war, blieb dem Prinzen Wilhelm das Wichtigste: die Verlängerung der Dienstzeit und die straffe Eingliederung der Landwehr in den Rahmen des stehenden Heeres; denn deren unglückliche Organisation und mangelhafte Schulung hatte nach seiner Meinung die Hauptschuld an der Schwäche der preußischen Armee im Entscheidungsjahr 1850 getragen. Als Kampftruppe gegen revolutionäre Unruhen hatte sie sich allerdings — im ganzen genommen — überraschend gut gehalten. Daß es mitten im Aufruhr aller politischen Elemente überhaupt möglich war, die Landwehr als Verstärkung der königlichen Schutzgarde einzuberufen und einzusetzen — dieselben Landwehrmänner, die sich eben noch an liberal-demokratischen Straßendemonstrationen und Volksaufläufen beteiligt hatten, zum Kampf gegen die Insurrektion aufzubieten und, zu eigenen Bataillonen unter bürgerlichen Offizieren formiert, in den Bürgerkrieg zu schicken —, diese Tatsache war wunderbar genug und wurde von nachdenklichen Offizieren auch so empfunden.[25] Sie ließ zum erstenmal erkennen, daß in der modernen, auf allgemeiner Wehrpflicht beruhenden Armee die Haltung des Führerkorps unendlich viel wichtiger ist als alle politische Gesinnung der Mannschaft und daß die eiserne Kriegszucht eines gutdisziplinierten Militärapparates bis zu einem gewissen Grade sogar aus widerwilligen Elementen ein brauchbares Kriegsinstrument zu schmieden vermag, sofern sie nur auf die Loyalität (oder doch Fügsamkeit) der Masse ihrer Mannschaft zählen darf — was in Deutschland bisher noch immer die Regel war. Für viele Liberale war das sicherlich eine unerwartete Erfahrung, die den Vorstellungen der Patrioten von 1813 eigentlich zuwiderlief; aber die Offiziere der Landwehr empfanden sich nun einmal durchaus nicht als „Volksoffiziere", sondern „rechneten es sich zur Ehre an" (wie einer von ihnen später im Landtag bekannte),[26] „Offiziere Seiner Majestät des Königs zu sein" — sie eiferten ihren Kameraden von der Linie nach. Die preußische Landwehr wurde also auch 1848 keine Bürgerwehr oder Volkswehr. Immerhin verlief ihre Mobilmachung nicht überall nach Wunsch. An manchen Orten kam es doch zu Widersetzlichkeiten, grober

[25] So z.B. von Moltke, vgl. dessen Brief an seinen Bruder Adolf vom 17.11.48, in der Auswahl von Willi Andreas (Hrsg.), *Moltkes Briefe*, Bd. 2, Leipzig 1922, S. 28. Auch Prinz Wilhelm hat anfangs die loyale Haltung der Landwehr mit stärkstem Lob anerkannt, vgl. Kriegsministerium (Hrsg.), *Militärische Schriften* . . ., Bd. 2, S. 15. Beide Zitate auch bei Ernst Rudolf Huber, *Heer und Staat in der deutschen Geschichte*, Hamburg 1938, S. 174.

[26] Abgeordneter Schwenzner 29.5.61, in: *Stenographische Berichte der Sitzungen des Abgeordnetenhauses* (1861), S. 1485. Längeres Zitat bei Günther Wohlers, *Die staatsrechtliche Stellung des Generalstabs in Preußen und im Deutschen Reiche. Geschichtliche Entwicklung bis zum Versailler Frieden*, Bonn-Leipzig 1921, S. 76, Anm. 75.

Unordnung, sogar zur Plünderung von Landwehrmagazinen;[27] im badischen Feldzug von 1849 liefen einzelne Landwehrbataillone im Feuer davon oder waren schwer in Marsch zu bringen. Diese Fälle waren schließlich entscheidend. Sollte die Landwehr eine ebenso zuverlässige Waffe werden wie die Linie, so war ihre volle Einschmelzung in das stehende Heer notwendig. Sie ist, nachdem die Reformbemühungen der fünfziger Jahre über bloßes Flickwerk nicht hinauskamen, zu einem Hauptstück der großen Heeresreform geworden, mit der Wilhelm I. seine Regierung als Prinzregent und König begann.

Die Auffassung vom Wesen des Soldatenstandes, aus der diese Reform lebte und die ihr von Anfang an so viel Mißtrauen von seiten der Liberalen zuzog, stammt aus der festen Überlieferung des preußischen Offizierskorps, die bis in das friderizianische Zeitalter zurückreicht. Die wesentlichen Grundzüge findet man schon in der militärrechtlichen Literatur der zwanziger Jahre, etwa bei Blesson und bei Rudloff, dessen Handbuch aber auf noch ältere Vorbilder zurückweist.[28] Da erscheint das Heer als ein abgesondertes „Militärinstitut", das Soldatentum als ein besonderer Stand, in den man mit dem Fahneneid eintritt, um damit sogleich auf einen Teil seiner staatsbürgerlichen Rechte zu verzichten. Der gesamte innere Betrieb des Heeres beruht auf unbedingter Subordination, die jedes selbständige Urteil nachgeordneter Stellen über die moralische Zulässigkeit, die Zweckmäßigkeit und Rechtmäßigkeit gegebener Befehle, abgesehen von bestimmten Grenz- und Ausnahmefällen für höhere Offiziere, ausschließt.[29] Unbegrenzte Treue gegen den König und unbedingter Gehorsam gegen dessen unmittelbare oder mittelbare Befehle sind der Kern aller Soldatenpflichten; der bürgerlichen Welt gehört der Soldat nur noch mit einem Teil seiner Privatverhältnisse an, und keines seiner bürgerlichen Rechtsverhältnisse kann seiner unbedingten Treue- und Gehorsamspflicht im Wege stehen. Auch die Ehre des Soldaten ist ihr ausdrücklich untergeordnet; ja sie besteht in nichts anderem als in dem moralischen Bedürfnis, durch pünktliche Pflichterfüllung sich die Achtung anderer, besonders der Vorgesetzten, zu

[27] Eine neuerliche Zusammenstellung solcher Fälle, teilweise nach ungedruckten Akten, bei R. Höhn, *Verfassungskampf und Heereseid* . . ., S. 311 ff.

[28] Das folgende nach R. Höhn, *a.a.O.*, S. 222 ff., S. 230 ff., und nach Karl Gustav von Rudloff, *Handbuch des preußischen Militärrechts; oder Darstellung der im preußischen Heere bestehenden Grundsätze über militärische Rechts- und Polizei-Verhältnisse, Disziplin und Justizverwaltung*, Teil 1, Berlin 1826, besonders §§ 478 ff., 538 ff.

[29] Rudloff weiß auch nichts von einer Schranke des sittlichen Gewissens gegenüber dieser Gehorsamspflicht. Von dem „natürlichen oder vielmehr göttlichen Recht" ist nur da die Rede, wo das Recht der obersten Staatsgewalt erörtert wird, alle Machtmittel für die Erhaltung des öffentlichen Rechtes in Bewegung zu setzen, die „mit den unumstößlichen Vorschriften des natürlichen Rechtes vereinbar sind". *A.a.O.*, § 479.

erwerben. Mit dem patriotischen Nationalstolz des Freiheitskämpfers, wie ihn Ernst Moritz Arndt idealisch geschildert hatte, besitzt sie keine Ähnlichkeit mehr; sie ist mehr Teilhabe an der Ehre des Truppenteiles, der auf seine braven Soldaten stolz ist, als persönlicher Besitz. Immerhin gibt es doch jetzt im Gegensatz zur friderizianischen Zeit eine Ehre auch des einfachen Soldatenstandes (der ein „ehrenvoller Beruf" geworden ist), nicht bloß des Offizierskorps. Sogar von einer „Pflicht der Vaterlandsliebe" ist die Rede, die unmittelbar neben Treu- und Gehorsamspflicht gegen den König gestellt wird; doch erscheint sie, ebenso wie „Ehrliebe" und „religiöses Pflichtbewußtsein", nur als ein erwünschtes und von der Armee bewußt gepflegtes Hilfsmittel zur Stärkung militärischen Diensteifers; weder gehört sie zu den besonderen Wesensmerkmalen des Soldatenstandes, noch gibt sie dem Einzelnen irgendwelchen Anspruch auf besondere Achtung. Daß sein staatsbürgerliches Recht zu politischer Kritik und freier politischer Meinungsäußerung innerhalb des Soldatenstandes keine Geltung besitzt, ist selbstverständlich; gehört es doch zur militärischen Disziplin, daß alles ferngehalten wird, was „die Gesinnungen treuer Anhänglichkeit an König und Vaterland stören" könnte.

Diese scharfe Loslösung des „Militärinstituts" und „Soldatenstandes" aus dem allgemeinen Staatsbürgerverband entsprach aufs genaueste der streng royalistischen Gesinnung des immer noch vorwiegend adligen[30] Offizierskorps. Das Heer sollte als Ordnungsmacht innerhalb der in Unruhe geratenen bürgerlichen Gesellschaft auftreten; dann mußte es frei bleiben von allen bürgerlichen Bindungen, Rücksichten, politischen Strömungen. Nicht Bürgeroffiziere, sondern nur königliche Offiziere können diese Freiheit besitzen — so erklären die publizistischen Verteidiger altpreußischer Dienstverfassung gegen die liberale Zeitströmung. Der „gute Geist" einer Armee (heißt es schon 1831) wird keineswegs von ihrer Überzeugung bestimmt, eine gerechte Sache zu vertreten, sondern ausschließlich von dem Grad ihrer Disziplin. Sonst „müßte das Heer darüber entscheiden, ob der Kampf gerecht, ob er nothwendig und unvermeidlich sey — fürwahr eine lächerliche Forderung".[31] Schroffer ließ sich der Gegensatz zum Geist der Reformer von 1808 bis 1813 kaum ausdrücken. Ein solches

[30] 1859: 65 Prozent Secondeleutnants, 78 Prozent Stabsoffiziere, 91 Prozent Generäle von Adel, nach Ludwig Simon, *Der preußische Konstitutionalismus,* in: Ludwig Walesrode (Hrsg.), *Demokratische Studien,* Hamburg 1861, S. 8, zitiert bei E. Zechlin, *Bismarck . . .,* S. 180. Die Rangliste von 1861, zitiert in den *Stenographischen Berichten des Abgeordnetenhauses* (1862), Bd. 7 (= Anl. III), S. 1203, nennt unter den höheren Offizieren bei Infanterie und Kavallerie 750 Adlige, 91 Bürgerliche, bei Pionieren, Train und Artillerie 50 Adlige, 107 Bürgerliche.

[31] Zitate bei R. Höhn, *Verfassungskampf und Heereseid . . .,* S. 254 ff. aus einer Schrift O. v. Platens, *Wehrverfassungen, Kriegslehren und Friedensideen im Jahrhundert der Industrie,* 1843,

Auseinanderreißen von Heer und Volk zerstörte nach dem Empfinden der Liberalen alles, was die Erhebungszeit von 1813 an wehrhaftem Patriotismus im Volk aufgebaut hatte und setzte statt dessen den „seelenlosen Mechanismus" des alten friderizianischen Machtapparates wieder in Bewegung. Aber die Erfahrungen von 1848 ließen sich nicht überhören — sie wurden zur stärksten Stütze der altpreußischen Militärbegriffe. Vergeblich blieb der Kampf des Liberalismus gegen die Absonderung des Heeres als „Staat im Staate", gegen die „Aristokratie des Degens" und ihren Kastengeist und für die Durchdringung der Armee mit verfassungsfreundlicher Gesinnung. Die Gefahr einer inneren Auflösung des Heeres durch Eindringen der liberalen Ideen war allzu deutlich geworden, und auch liberal gesinnte Offiziere wußten keinen praktisch gangbaren Weg anzugeben, wie man Disziplin und politische Freiheitsgesinnung in der Armee miteinander vereinigen sollte.

Aus dieser Lage heraus ist die Haltung Roons in jener berühmten Reformdenkschrift vom 21. Juli 1858 zu verstehen, durch die er sich das Vertrauen König Wilhelms für immer gewann.[32] Wohl ist darin von einem „kriegerischen Schwung des Volksgeistes" die Rede, den Preußens Monarchen weise benutzt hätten, um ihrem Staatswesen „Sitz und Stimme in dem großmächtlichen Areopagus" zu erkämpfen, „der die politischen Geschicke der Völker bestimmt und damit zugleich die Entwicklungen und Wandlungen des sittlichen Daseins der Menschheit nach Gottes Ratschluß zu gestalten und zu leiten berufen ist". Aber in dem stolzen und schwerfälligen Pathos dieses Machtbewußtseins, das die preußische Großmachtstellung ohne weiteres in eins setzt mit dem „sittlichen Dasein", den „edelsten und höchsten Interessen der Menschheit", klingt nicht das geringste von nationalem Enthusiasmus mit, und die Ideen des Volksheeres von 1813 sind dem Berufsoffizier nichts weiter als eine bloße Illusion. „Die Landwehr war nichts als ein Notbehelf; ihre praktischen Leistungen im Felde wurden meist stark überschätzt. Unter dem Eindruck dieser Überschätzung und der in einer geistig schwungvoll angeregten Zeit durch Zeitungsphrasen und Tischreden angefachten falschen Vorstellung von der Unwiderstehlichkeit und Unbezwinglichkeit einer allgemeinen Volksbewaffnung wurde aus dem Notbehelf die Grundlage eines Systems gemacht."

Unter den Gründen, die gegen die Fortdauer dieses System vorgebracht werden, stehen jetzt die politischen an erster Stelle. „Die Landwehr ist eine

und der *Militär-Literatur-Zeitung* von 1831. Dazu die liberale Kritik *a.a.O.*, S. 276, Nr. 2: „Hier ist also gar kein Geist der beste Geist. Er heißt Disziplin."

[32] Kriegsministerium (Hrsg.), *Militärische Schriften . . .*, Bd. 2, S. 344 ff. Auch in Waldemar Graf von Roon (Hrsg.), *Denkwürdigkeiten aus dem Leben des Generalfeldmarschalls Kriegsministers Albrecht Grafen von Roon*, Bd. 2, 5. Aufl., Berlin 1905, S. 521 ff.

politisch falsche Institution, denn sie imponiert dem Auslande nicht und ist für die äußere wie für die innere Politik von zweifelhafter Bedeutung." Sie führt dazu, daß die Regierung im eigenen Hause nicht Herr ist, denn sie nötigt sie bei jedem ihrer Schritte zu Rücksichten auf die Stimmung des bewaffneten Volkes. „Ihre Existenz bindet der Regierung also in gewissem Grade die Hände, macht sie schwach, wo sie im Interesse des Landes stark, unentschlossen und zaudernd, wo sie entschieden und rasch auftreten sollte." Diese Milizen von zweifelhafter Botmäßigkeit machen die Regierung abhängig vom Wind der öffentlichen Meinung, während Preußen doch in seiner stets bedrohten äußeren Lage der größten Handlungsfreiheit für seine Führung bedarf. Vollends im konstitutionellen Staat, in dem jeder Landwehrmann auch noch Wähler und „nicht bloß den Arm, sondern auch die Zunge zu brauchen berufen und berechtigt ist", bedeutet die Landwehr eine stete Gefahr. Der Grundsatz: „Die bewaffnete Macht deliberiert nicht, sie führt bloß aus", ist bei der korporativen Landwehrverfassung bedroht. Der Landwehrmann besitzt nicht den „richtigen, festen Soldatengeist." „Er fühlt sich als Bürger, als Hausvater; er will für sich und seine Familie erwerben; all sein Sinnen und Trachten ist auf bürgerliche Zwecke gerichtet." Sein Militärverhältnis bedeutet ihm darin nur eine störende, unerwünschte Unterbrechung. Er macht selbst in Uniform bürgerliche Rechte und Rücksichten soweit als irgendmöglich geltend. „Der Landwehrmann ist eben nicht Soldat; er hat das Waffenhandwerk allerdings in einem gewissen Grade erlernt, aber seine Seele hängt an seinen Feldern, seinem Meissel, seinen Leisten, an seiner Heimath, nicht an seinen Fahnen." Gewiß bleibt, sofern die militärische Disziplin versagt, der Appell „an den guten Willen und an die zuweilen nur supponierte patriotische Gesinnung ... Aber die Impotenz dieser moralischen Potenzen wird durch die Erfahrung (insbesondere von 1849) ins grellste Licht gestellt." Es sind höchst gefährliche Illusionen, wenn man sich einreden will, in Zeiten äußerer Gefahr werde die patriotische Wallung ersetzen, was in den trüben Revolutionskämpfen von 1849 an Diensteifer fehlte. Dafür, daß die Landwehr „in der ernsten Stunde der Entscheidung tapfer streiten werde", fehlt jeder direkte Beweis, „abgesehen von den ganz absonderlichen Zuständen und Stimmungen des Freiheitskrieges." Patriotische Begeisterung kann selbstverständlich sehr nützlich wirken; aber es wäre töricht, darauf ein Militärsystem zu gründen. „Eine gute und gesunde Organisation muß jeder solcher durch patriotische Stimmungen hervorgerufenen Steigerung fähig, nicht aber darauf berechnet sein." Moralische Potenzen solcher Art bilden sich in großen Armeen (zum Beispiel unter Friedrich dem Großen und Napoleon) von selbst aus. „Der Korpsgeist, die Ehrliebe, die Treue und Hingebung für die Person des Kriegsfürsten, des Feldherrn zählen dahin, aber es sind Wirkungen, hervorgerufen nicht durch die Paragraphen des Mobilmachungsplanes, sondern durch gemeinsame Thaten, Gefahren und Leiden, gegenseitige Schätzung und verdientes und erwidertes Vertrauen." Unentbehrlich dagegen ist als Grundlage aller militärischen Größe die Kriegszucht.

Das Ziel aller dieser Ausführungen läßt sich in einem Wort zusammenfassen: restlose Entbürgerlichung des Heeres. Sie wurde, neben der Verjüngung und strafferen Organisation der Armee, Vermehrung der Linienkadres, der Offiziers- und Unteroffiziersstellen, stärkerer Ausnutzung der allgemeinen Wehrpflicht und beschleunigter Mobilmachung eines der Hauptziele — oder eigentlich das Hauptziel — der großen Heeresreform Wilhelms I. Wir wissen heute, daß ihre Grundgedanken, die damals die Öffentlichkeit überraschten, ja vielfach bestürzten, schon seit zehn Jahren herangewachsen und im wesentlichen — trotz mancher Gegensätze im einzelnen — zum Gemeingut der führenden Männer des preußischen Heeres geworden waren.[33]

Es gab 1859 noch einzelne Generäle, wie Bonin, Steinmetz und Fürst Radziwill, die aus politischen Gründen oder aus Anhänglichkeit an eine ehrwürdige Tradition gegen eine radikale Beseitigung der Landwehr Bedenken trugen; daß sie gründlich reformbedürftig sei und ihren milizartigen Charakter verlieren müsse, darüber bestand allgemeine Einigkeit. Eine neue Offiziersgeneration war in den langen Friedensjahrzehnten herangewachsen: nüchterner als die Reformer von 1813, dem politischen Idealismus jener Epoche entfremdet, in ihrer Bildung viel enger fachmäßig begrenzt, aber zu pünktlichem Diensteifer und gutem Fachwissen erzogen, in der praktischen Truppenführung gut geschult und um so strenger monarchisch gesinnt, je mehr die liberale Strömung der Zeit gegen den „militärischen Kastengeist" und „Sklavengehorsam" Sturm lief. Reichlich zur Hälfte ging der Offiziersersatz schon längst aus Kadettenanstalten hervor (deren Erziehung auch Roon genossen hatte); in den Generalsstellen stieg der Anteil des Adels auf über neunzig Prozent; neben dem Nachwuchs aus Offiziersfamilien, insbesondere dem Landadel mit militärischer Tradition, spielten die Söhne des höheren Bürgerstandes in den meisten Regimentern kaum eine Rolle. Das alles ergab einen Offiziersstand von außerordentlich großer innerer Geschlossenheit und fester Tradition.[34] Die politische

[33] Vgl. die noch immer unüberholte Arbeit von Hermann Witte, *Die Reorganisation des preußischen Heeres durch Wilhelm I.*, Halle 1910.

[34] Seine Haltung in der Frage der nationalen Einigung vor 1866 zu untersuchen, wäre gewiß eine lohnende Aufgabe. Vgl. die von mir angeregte Dissertation von Ursula Tempel, *Preußentum und Deutschtum im politischen Empfinden des preußischen Offizierskorps von Jena bis Sedan*, Phil. Diss., Freiburg 1945 (Masch.). Über die geistigen Wandlungen des preußischen Offiziersstandes und die Kämpfe um die Reform des militärischen Bildungswesens, besonders der Kadettenanstalten, vgl. F. Meinecke, *Das Leben des Generalfeldmarschalls von Boyen ...*, Bd. 2, S. 110 ff., S. 467 ff., S. 510 ff. und öfter.

Ideenwelt, in der diese Offiziere lebten, stand zu dem bürgerlichen Denken der liberalen Epoche in schroffem Widerspruch. Eben diese Absonderung aber vom bürgerlichen Leben, dieser scharf ausgeprägte militärische Standesgeist wurde durch das Reformgesetz von 1860 noch wesentlich verstärkt.

Vor allem ordnete es die Landwehr in ihren jüngeren Jahrgängen der Linie als bloße Kriegsreserve ein und schaltete damit den Einfluß der bürgerlichen Landwehroffiziere mehr oder weniger aus. In derselben Richtung wirkte die starke Vermehrung der Offiziers- und Unteroffiziersstellen der stehenden Armee: Sie vergrößerte das Gewicht des Berufssoldatentums und verlieh diesem Stand, der solange an stockendem Avancement gelitten hatte, neue Anziehungskraft. Eine Vermehrung der Kadettenhäuser und höheren militärischen Fachschulen war die natürliche Folge. Die Denkschrift Roons von 1858 schlug deshalb Wiederherstellung des Kadettenkorps im ursprünglichen Sinn vor: als Benefiz für die Söhne unvermögender Offiziere und des armen Adels; damit wurde gegen alle früheren Reformbemühungen, die schon Boyen begonnen hatte mit dem Ziel, das Adelsprivileg und den Standesgeist der Kadettenkorps zu durchlöchern und statt dessen im Sinn der Reformer von 1813 ein Vorrecht der (bürgerlichen) Allgemeinbildung zu schaffen, ausdrücklich Front gemacht. Roon begründete das mit der wirtschaftlichen Notlage vieler Offiziersfamilien. Aber lag die weitere Absperrung bürgerlichen Nachwuchses, die daraus folgen mußte, wirklich im recht verstandenen Interesse des Offiziersstandes? War es wohlgetan, die Kluft, die ihn vom gesellschaftlichen und geistigen Leben der Nation trennte, immer weiter zu vertiefen, statt sie rechtzeitig zu überbrücken? Angesichts der inneren Entfremdung zwischen demokratischer Volksströmung und adligem Kastengeist des Offizierskorps, die schon in der Restaurationsepoche sich anbahnte, hatten einzelne deutsche Militärschriftsteller schon längst empfohlen, durch stärkere Anteilnahme der Offiziere an den Bildungsgütern der Nation eine Gemeinsamkeit von Offiziersstand und Bürgertum zu begründen, die unter Umständen auch gegen das neuaufkommende Industrieproletariat von Nutzen sein könnte.[35] Tieferen Eindruck hatten sie nicht damit gemacht, und die preußischen Militärbehörden hatten fortdauernd Mühe, angesichts der Bildungsfeindlichkeit großer Teile des Offiziersnachwuchses — aber auch mancher älteren Generäle — das geistige Niveau der militärischen Bildungsanstalten auf einiger Höhe zu halten. Vom Geist jener universalen, humanistischen Bildung, die aus den Briefen und Schriften der Gneisenau, Boyen, Clausewitz zu uns redet, ist in dem schriftlichen Nachlaß preußischer Generäle im Zeitalter der Reichsgründung nicht mehr allzuviel zu bemerken; freilich ist auch das halbbarbarische Haudegentum, wie es aus der friderizianı-

[35] Näheres bei R. Höhn, *Verfassungskampf und Heereseid . . .*, S. 263 ff.

schen Zeit noch bis in die Epoche Blüchers hinüberreichte, so gut wie ganz verschwunden; und geistig sehr hochstehende, auch wissenschaftlich und literarisch vielseitig angeregte Generalstabsoffiziere haben die preußische Armee immer geziert: Männer wie Moltke, Griesheim, Roon,[36] überragen auch an literarischer Bildung den Durchschnitt weit. Im ganzen wird sich die Durchschnittsbildung dank eines durchgreifenden militärischen Schulwesens gegenüber dem Jahrhundertbeginn sogar beträchtlich gehoben haben; aber sie war strenger fachlich geworden, technisch straffer ausgerichtet: Die solide Fachschule beginnt an die Stelle der bloßen Intuition genialer Köpfe zu treten. Der Geist des positivistischen Zeitalters wurde auch im Heer bemerkbar — um so mehr, als die Ansprüche an militärtechnisches Wissen und Können und die Intensität des praktischen Ausbildungsbetriebes der Truppe sich wesentlich gesteigert hatten. Auf den Vorwurf der liberalen Opposition gegen die Kadettenanstalten, sie züchteten eine einseitige Fachbildung, erwiderte Roon, nicht Universalität, sondern Einseitigkeit der Bildung mache schneidig für den praktischen Zweck, den eine Berufsbildung nun einmal verfolge.[37]

Es war die Antwort eines modernen Realisten, dem es vor allem auf den Machteffekt ankommt. Überhaupt war der Standesgeist des Offizierskorps viel zu geschlossen, um etwa irgendwelche Bildungslücken zu empfinden oder gar sich von bürgerlichem Bildungsdünkel imponieren zu lassen. Weit entfernt davon, in die Schule der bürgerlichen Bildung gehen zu wollen, betrachtete sich die Armee jetzt selbst als Schule der Nation. Nicht die Achtung der übrigen Stände durch gesteigerte Bildung zu erwerben, konnte für einen Mann wie Roon das Ziel des Offizierskorps bilden, sondern den irregeleiteten Geist der Nation in die Schule der Armee zu nehmen. Aus rohen, ungeschliffenen Rekruten saubere, adrette Soldaten von guter äußerer Haltung zu machen, vor allem aber ihnen eine königstreue Gesinnung einzupflanzen und damit den „Verirrungen" des liberalen Zeitgeistes entgegenzuwirken — darauf kam es jetzt an.[38] Die Besorgnis, die Bonin, der Kriegsminister, gegenüber der Roonschen Denk-

[36] Die außerordentliche Vielseitigkeit seiner wissenschaftlichen Bildung hat Andrea von Harbou, *Dienst und Glauben in der Staatsauffassung Albrecht von Roons* (= Neue deutsche Forschungen, Bd. 95), Berlin 1936, entgegen der üblichen Simplifizierung seiner Gestalt mit Glück zur Geltung gebracht.

[37] Waldemar Graf von Roon (Hrsg.), *Kriegsminister von Roon als Redner*, Bd. 1, Breslau 1895, S. 25.

[38] Auch dieser Gedanke stammt schon aus dem Vormärz; vgl. R. Höhn, *Verfassungskampf und Heereseid* . . ., S. 275 ff. Für Roons Auffassung der Armee als „große Volksschule" und „Bildungsschule der Nation überhaupt" vgl. W. v. Roon (Hrsg.) *Kriegsminister von Roon* . . ., Bd. 1, S. 70 (27.5.61); S. 296 (16.9.62) und Bd. 2, Breslau 1896, S. 150 ff. (20.3.65); S. 182 (23.3.65).

schrift von 1858 äußerte: Auf dem Weg solcher Reformen würde die Armee dem Lande wieder gänzlich entfremdet, ja gleichgültig werden wie vor 1806, wird der Verfasser gar nicht verstanden haben. Das Heer, das er und König Wilhelm schaffen wollten, sollte ja keine Berufsarmee sein, wie die preußische vor 1806, sondern ein echtes Volksheer, eine Armee der ernsthaft durchgeführten allgemeinen Wehrpflicht. Weit davon entfernt, volksfremd zu sein, sollte diese Armee eine große Volksschule werden, der Offizier Volkserzieher, Volksbildner im größten Stile. Den Vorwurf der Liberalen, die neue „Kommiß"-Armee ohne Landwehr sei nicht volkstümlich, konnte er durch den Hinweis auf die im Grunde königstreue Gesinnung der ländlichen Bevölkerung widerlegen, auf die er nach den Erfahrungen von 1848 ebenso wie Bismarck am meisten baute. Fremd und zuwider war dieser Kommißgeist freilich der bürgerlichen Bildung; aber diese dünne Schicht spielte für eine realistische Machtpolitik keine ausschlaggebende Rolle mehr. Die Reformer von 1813 hatten in den Gebildeten der Nation noch die eigentlichen Träger des neuen politischen Geistes, der großen nationalen Erhebung gesehen und auf ihren freiwilligen Einsatz den neuen Staat bauen wollen. Seit den Erfahrungen von 1830 und 1848 dachte man darüber anders; seitdem kannte man vor allem die praktische Ohnmacht dieser bürgerlichen Bildungsschicht, sowohl gegenüber der Revolution von unten wie gegenüber der Reaktion von oben. Seitdem schien auch das Landwehrinstitut mit seinen schonsamen Formen der Dienstverpflichtung im Grunde überflüssig geworden. Überhaupt war die allgemeine Wehrpflicht jetzt längst so tief eingelebt, daß man ruhig die „eisernen Schrauben" der Kriegszucht (wie Roon das nannte), um einige Drehungen schärfer anziehen konnte, ohne in der Masse der Bevölkerung allzu großes Wehgeschrei zu wecken: Blieb doch überdies für die gebildete Jugend das Einjährigen-Institut unverändert erhalten! So konnte man es wagen, die Landwehr aufgehen zu lassen in einem königlichen Volksheer, das nicht mehr (oder doch in viel geringerem Grade) auf bürgerliche Bedürfnisse zugeschnitten war, gleichzeitig aber sich selbst als Volkserziehungsinstitut — auch im politischen Sinn! — betrachtete.

Im Zusammenhang unseres Gesamtthemas bedeutet das alles den Anbruch einer neuen Epoche, ja fast eine Umkehrung des Verhältnisses von Heerführung und Politik. Hatte die Landwehr von 1814 eine teilweise Verbürgerlichung des Heeres bedeutet, so zeigte das königliche Volksheer von 1860 bereits eine deutliche Neigung zur Militarisierung des ganzen Volkes. Ehedem hatten sich die Militärs bemüht, ihre Heeresorganisation bürgerlichem Denken anzupassen; jetzt trotzten sie nicht nur „bürgerlichen Vorurteilen", sondern schickten sich an, diese Vorurteile auszurotten durch planmäßige militärische Erziehungsarbeit am Volke. Freilich ging das nicht ohne harten Kampf ab. Die schwerste innenpolitische Krisis der ganzen preußischen Geschichte ist daraus erwachsen. In ihr kamen viel tiefere Gegensätze zum Austrag, als der Vordergrund des parlamentarischen Streites erkennen ließ: Es ging recht eigentlich um einen grundsätzlichen Widerstreit zwischen bürgerlich-politischem und militärischem Denken. Die Wesensart des preußischen Staates selbst — ob Militärstaat, Kriegerstaat, ob Bürger- und Rechtsstaat — wurde umkämpft. Der Verfassungsstreit von 1862 bis 1866 ist in seinem Kern der zweite der großen Konflikte in Preußen zwischen „Heerführung und Politik“ gewesen.

XXIX

Zur Genesis des Königlich Preußischen Reserveoffiziers*

ECKART KEHR

I

Das politische Schwergewicht des absolutistischen preußischen Staates lag auf dem flachen Lande. Die Heranziehung des ostelbischen Kleinadels zum Dienst in Verwaltung und Armee seit dem 18. Jahrhundert bedeutete die Verteilung der herrschenden Klasse über das ganze Territorium mit dem doppelten Zweck, die einzelnen Teile der „Königlich Preußischen Staaten" zu einer Einheit zusammenzufassen und — durch das Zusammenkommen der Rittergutsbesitzer in der nächsten größeren und kleineren Verwaltungsstadt — die von der Zentrale entfernte und mit Bürgerlichen durchsetzte Provinzialbürokratie einer steten Kontrolle ihrer „Zuverlässigkeit" im Sinne des Landadels zu unterwerfen.

Wie die herrschende Schicht vom Lande stammte, so wurde auch die Armee, soweit die Söldner nicht reichten, vom Lande rekrutiert. Der Rittergutsbesitzer war der geborene Offizier, sein höriger Bauer, der Inste, der geborene gemeine Soldat der preußischen Monarchie. So wenig die Verteilung der herrschenden Klasse über das flache Land die ausschließliche Folge des agrarischen Zustandes Preußens war — in Rußland hat das politische Schwergewicht immer in den Städten gelegen —, so sehr mußte doch der rein agrarische Aufbau der Armee in den staatlichen und sozialen Krisen des 19. Jahrhunderts erschüttert

* Zuerst erschienen in: *Die Gesellschaft*, Bd. 5 (1928), S. 492—502. Wieder abgedruckt in: Eckart Kehr, *Der Primat der Innenpolitik. Gesammelte Aufsätze zur preußisch-deutschen Sozialgeschichte im 19. und 20. Jahrhundert*, hrsg. und eingeleitet von Hans-Ulrich Wehler (= Veröffentlichungen der Historischen Kommission zu Berlin, Bd. 19), 2., durchgesehene Aufl., Berlin 1970, S. 53—63.

werden. Die Armee des Absolutismus war ein sozial abgekapselter Körper; das 19. Jahrhundert suchte diese Isolierung zu beseitigen, und sie ist im Laufe von drei Menschenaltern sowohl in Deutschland-Preußen wie in Frankreich beseitigt worden, aber in beiden Fällen in entgegengesetzter Richtung: In Frankreich wurde die Armee in das Bürgertum, das sich zur Nation erklärt hatte, eingeschmolzen, in Deutschland wurde das Bürgertum im Gefolge seiner Niederlagen in der Revolution von 1848 und im Militärkonflikt der Machtstellung und Ideologie der Armee unterworfen.

In Frankreich finden wir vor 1914 ein bürgerliches, außer Dienst Zivil tragendes Offizierkorps und eine Mannschaft, die durch kein noch so schneidiges Kommando zum sinnlosesten Sturmangriff vorzubringen, die nur dann sich zu opfern bereit war, wenn der Offizier die Vernunftsgründe seines Kommandos ihr erläutert und wenn sie ihre Zustimmung zu dieser Begründung ausdrücklich erteilt hatte,[1] eine Disziplin also, die die militärische Parallele des Verhältnisses von Parlament und parlamentarischer Regierung ist und im Weltkrieg, als allmählich alle Armeen zu Milizen wurden und der preußische Drill nicht mehr wirken wollte, in der Krise der denkbar schwersten Belastung, die Feuerprobe ihrer überlegenen Bewährung bestanden hat. In Deutschland wurde die militärische Subordination im Laufe des Prozesses, den wir näher zu betrachten haben, in das zivile Leben übertragen: Eines der technisch wichtigsten Mittel dafür war die eigenartige Ausbildung, die das Institut der Reserveoffiziere besonders in der Aera Wilhelms II. gefunden hat. In Frankreich sehen wir eine extreme Nationalisierung der Armee bis zu der Stärke des letzten Wehrgesetzes, das den Unterschied von Armee und Nation auslöscht, in Deutschland eine Militarisierung der Nation, die zwar für den Moment des Kaiserreichs ausgezeichnete Erfolge gehabt, auf lange Sicht aber schwerstes Unheil angerichtet hat.

„Militarismus" ist niemals durch die bloße zahlenmäßige Stärke des Heeres gegeben. Frankreich mit einer Armee von $^3/_4$ Millionen ist soziologisch nicht „militaristisch", Deutschland mit 100 000 Mann nicht „unmilitaristisch".

Militarismus besteht:

1. wo ein Stand von Offizieren vorhanden ist, die sich nicht als Militärtechniker, als Funktionäre des ihnen übergeordneten politischen Willens fühlen, und ihren Militärberuf nicht als eine Dienstbeschäftigung auffassen, nach deren Erledigung sie Staatsbürger wie alle übrigen im Dienst- und Angestelltenverhältnis befindlichen Angehörigen der Nation sind, sondern wo diese Offiziere ihren Beruf als den eines „Kriegerstandes" begreifen, der eigene Ehre, eigenes Recht, eigene Gesinnung fordert, wo diese Auffassung des militärischen Berufes

[1] Hauptmann a.D. Hans Ritter, *Die französische Armee von heute*, Leipzig 1924, S. 18 ff.

als eine der bürgerlichen Gesittung überlegene höherwertige Lebensform anerkannt wird, und

2. wo diese Einschätzung des Militärs freiwillig von einem wesentlichen Teil des Bürgertums bejaht wird und eine Unterordnung unter diesen Militärstand willig vollzogen wird, ein Vorgang, der eng mit der neuen Frontstellung der kapitalistischen Gesellschaft in Preußen nach dem Aufkommen des Industrieproletariats verbunden ist.

II

Das preußische Königtum hat es zweimal meisterhaft verstanden, sich gegen mächtige soziale Schichten erfolgreich durchzusetzen. Die politische Niederwerfung der Gegner war nicht mit deren wirtschaftlicher und sozialer Niederlage verbunden, im Gegenteil — sie war die Vorbedingung für ihre Einordnung in den Staat und die Konzession wirtschaftlicher und sozialer Vorrechte, die ihnen dann in reichem Maße zuteil wurden.

Im 17. und 18. Jahrhundert warfen die Hohenzollern den verkommenen Kleinadel ihrer Territorien, der nicht besser war als die polnischen Schlachtizen,[2] politisch nieder, wobei das gefährlichste Kampfmittel die Rechtsprechung der Verwaltungsjustiz war, die die Rittergüter als königliche Domänen reklamierte. Als Friedrich der Große mit seinem Regierungsantritt die Domänenprozesse einstellte, damit den Besitz des Adels anerkannte, ihm das ausschließliche Besitzrecht auf die Rittergüter gab und das zusammengewürfelte, noch söldnerartige, zum großen Teil noch nicht adlige Offizierskorps durch ein ausschließlich adliges zu ersetzen begann, war die politische Unterwerfung des Adels unter den fürstlichen Absolutismus vollzogen. Erst dieser Friedensschluß konstituierte die „Vasallentreue" des Adels, die der Bewunderer einer „organischen" Reaktion, Oswald Spengler, so gern durch ihre Zurückführung auf den deutschen Orden legalisieren möchte.

Seit der Französischen Revolution hatte sich das preußische Königtum mit dem Bürgertum als ideologischer, seit den dreißiger und vierziger Jahren des 19. Jahrhunderts als sozialer Gefahr auseinanderzusetzen. Es bleibt eine bedeutende Leistung der Hohenzollern — auch wenn sie schließlich nur Unheil angerichtet hat —, daß sie eine positive Lösung dieser Spannung gefunden haben.

[2] Gustav (von) Schmoller, *Die Entstehung des preußischen Heeres von 1640 bis 1740,* in: *Umrisse und Untersuchungen zur Verfassungs-, Verwaltungs- und Wirtschaftsgeschichte, besonders des preußischen Staates im 18. und 19. Jahrhundert,* Leipzig 1898, S. 283.

Die erste Auseinandersetzung erfolgte in der preußischen Reform, die nach dem Willen ihrer Führer Nation und Staat zu vereinen suchte. Aber das Bürgertum war innerhalb Preußens nur schwach entwickelt, und außenpolitisch verschwand der Druck der Revolution des dritten Standes auf die absolutistischen Staaten mit dem Sturz Napoleons. Die Landwehr ist eine gutgemeinte Utopie geblieben und die allgemeine Wehrpflicht ein vortreffliches Mittel, ohne die hohen Kosten, die man für eine gute Söldnerarmee hätte aufbringen müssen, sich doch ein ansehnliches Heer zu halten. Die demokratische Verbindung von Staat und Nation, die im preußischen Beamten- und Militärstaat nur die Verbindung von Bürokratie und Offizierkorps mit dem dritten Stande sein konnte, war erst möglich, seit es ein Bürgertum als breite Schicht und mit ihm eine ausreichende Kapitalakkumulation gab. Die Lösung des Problems erfolgte seit den sechziger Jahren sowohl finanziell wie personell.

Finanziell erfolgte sie durch die nur dem preußischen Staat eigene Methode der Deckung eines wesentlichen Teiles des Etats durch wachsende Betriebseinnahmen — im Reich seit der Finanzreform von 1879 durch den Ausbau der Zölle und indirekten Steuern, deren Aufkommen dem Zugriff des vom damals fortschrittlichen Bürgertum beherrschten Parlaments nicht unterlag,[3] wodurch die merkwürdige Situation entstand, daß der politisch reaktionäre Staat gegen das Bürgertum eine spezifisch-kapitalistische Staatswirtschaft ausbildete. Andererseits wurde seit den letzten Jahren der Bismarckschen Aera dasselbe Bürgertum, das durch die Politik der Betriebseinnahmen, Zölle und indirekten Steuern von Staatsauflagen relativ wenig behelligt wurde, nun auch positiv in steigendem Umfange finanziell an der bestehenden politischen Ordnung interessiert durch die großen Anleihen, die zur Deckung des Militärbedarfs und später des chronischen Defizits im Reichsetat aufgenommen wurden.

Personell erfolgte die Unterwerfung des Bürgertums unter die Militärmonarchie in den achtziger Jahren: Das Ministerium Puttkammer (1881—1888) sperrte jedem nicht konservativen Referendar den Zugang zur Verwaltung. Das liberale Beamtentum verschwand in Preußen überraschend schnell. Wollte das Bürgertum an der Ämterpatronage weiter teilhaben, so mußte es einfach den politischen Freisinn aufgeben — und es tat es auch. In der politischen Umschichtung des preußischen Beamtentums vom Liberalismus zum Konservatismus hinüber haben wir ein glänzendes Beispiel dafür, wie intensiv und erfolgreich sich bei planmäßiger Personal- und Nachwuchspolitik die soziale Situation für den Staat ausnutzen läßt. Die gewaltigen Verluste der Nationalli-

[3] Die ältere amerikanische Finanzpolitik der Landverkäufe und Zölle als Grundlage des Etats ist bekanntlich aus der Abneigung gegen einen starken Staat, also dem entgegengesetzten Motiv, entsprungen.

beralen und Freisinnigen an Reichstagsmandaten zwischen 1878 und 1893 geben ein instruktives Bild von dieser Feudalisierung der kapitalistischen Gesellschaft in Deutschland. Und zwar vollzog sich dieser Prozeß der Auslese und der Pflege zuverlässiger Gesinnung in den akademischen Korps, welche nach und nach die künftigen Beamten stellten.

III

In der Armee vollzog sich der Sieg des königlichen Preußen in zwei Etappen: Die erste negative war die Vernichtung der Landwehr durch die Heeres„reform" von 1860, die zweite positive der Ausbau des Instituts des Reserveoffiziers zu einem Mittel sozialer Assimilation des Bürgertums an den kleinadeligen und monarchischen Charakter des Militärstaats.

Die Vernichtung der Landwehr hatte zur Voraussetzung die Existenz der Instenverfassung auf den ostelbischen Rittergütern. Die Landwehr wurde von gewählten Offizieren geführt, die naturgemäß die Honoratioren der kleinen Städte waren und damit politisch liberal und oppositionell. Die Instenrekruten waren seit ihrer Geburt das Kommando des Rittergutsbesitzers gewöhnt, sie waren das gegebene Menschenmaterial, auf das sich das Königtum gegen das aufsteigende Bürgertum stützen konnte. Die Beibehaltung der dreijährigen Dienstzeit sollte die Insten zu einer technisch hervorragend durchgebildeten Truppe machen und gleichzeitig die widerstrebenden Elemente in der Armee so fest wie möglich an diesen zuverlässigen Kern anschweißen. Die Einführung des allgemeinen gleichen Wahlrechts im Norddeutschen Bund und im Reich sollte gerade diese königstreue Klasse, die die Elite der Armee lieferte, auch politisch als Wählertruppe der Konservativen und der Monarchie gegen das Bürgertum einsetzen. Die Vernichtung der populären Landwehr, der Kampf gegen das Bürgertum, die Aufrechterhaltung der dreijähigen Dienstzeit hängen mit der Einführung des allgemeinen Wahlrechts ganz eng zusammen.

Aber dieses System beruhte auf dem schweren psychologischen Rechenfehler, daß es noch die patriarchalischen Verhältnisse als Realität voraussetzte, die seit der Jahrhundertmitte in immer wachsender Geschwindigkeit zerbröckelten. Die Krisis dieses in den sechziger Jahren stabilisierten System Wilhelms I. und Roons trat nach noch nicht einem halben Menschenalter ein, als in den Städten die Industrialisierung Deutschlands unter dem radikalen, aber politisch zur Aktion wenig geeigneten Kleinbürgertum ein radikaleres und zugleich politisch straff organisiertes Proletariat entstehen ließ. Der Autoritätsstaat sah sich damit vor das Problem der innenpolitischen Zuverlässigkeit seiner Armee gestellt, die in steigendem Maße Sozialdemokraten umfaßte und um so mehr umfassen mußte, als das ostelbische platte Land überhaupt keinen Bevölkerungszuwachs aufwies, der die enormen Heeresverstärkungen hätte ausfüllen können. Diese Zuverlässigkeitskrisis aber wuchs nicht nur im Verhältnis des Rückganges der landwirtschaftlichen Bevölkerung zur Gesamtbevölkerung bzw. zur Heeresstärke überhaupt und des Anwachsens des Proletariats, sondern relativ stärker infolge der gleichzeitigen Auflösung der Instenverfassung in der zweiten Agrarkrise seit 1875. Hier wurde die Bevölkerungsschicht zerstört, auf die der Aufbau der königlich preußischen Armee zugeschnitten war.

Das Gefüge der Armee hat sich der Umgestaltung seines Rekrutenmaterials nicht angepaßt. Der alte Moltke hatte den Rahmen der Armee geschaffen, den die Nachfolger übernahmen, im kleineren ausgestalteten und umbildeten, den sie aber nicht wesentlich veränderten. Schlieffen,[4] der anders als Moltke die zerstörende Wirkung des Krieges auf die Wirtschaft deutlich erkannte und daher auf möglichst rasche Entscheidungsschlachten drängte, suchte doch dieses von den Lebensbedingungen eines hochkapitalistischen Staates diktierte Cannae mit einer Armee zu erreichen, die Moltke zwar seinerzeit durch Eingliederung des Eisenbahntransports in die Mobilmachung und die Errichtung der schweren Artillerie des Feldheeres technisch modernisiert hatte, deren soziale Form aber bis zuletzt mit diesen technischen Hilfsmitteln in Widerspruch blieb: Pioniere und schwere Artillerie waren Waffen minderer Schätzung und ihre Offiziersstellen wurden den Bürgerlichen überlassen, die Feldartillerie mit ihrem stark adligen Offizierskorps[5] wurde durch die Geschütze nur unangenehm in ihrem Ehrgeiz gestört, ebenso elegant wie die Kavallerie reiten zu können.[6] Und das Exerzierreglement für die Infanterie des Generals von Schlichting,[7] das zwar mit dem Treffensystem endgültig brach und die Taktik trotz lebhaften Protestes der aktiven Offiziere der Intelligenz der beiden neuen Schichten in der Armee, der Proletarier und der Reserveoffiziere, anzupassen suchte, bleibt mit seinem Kompromiß zwischen Schützenschwarm und Massenfeuer doch auch nur ein Zeichen dafür, daß die moderne Technik unverbunden einer Armee aufgepfropft wurde, die nicht auf diese Technik ausgerichtet war.

[4] Walter Elze, *Graf Schlieffen*, Breslau 1928.

[5] Nach der Rangliste von 1913 hatten an adligen Stabsoffizieren die Kavallerie 87 Prozent, die Infanterie 48 Prozent, die Feldartillerie 41 Prozent, der Train 31 Prozent, die Marine (alle Offiziere) 13 Prozent, die Fußartillerie, Pioniere und Verkehrstruppen 6 Prozent. (Vgl. *Rangliste der Königlich Preußischen Armee und des XIII. [Königlich Württembergischen] Armeekorps für 1913*, Berlin 1913.)

[6] Über diese Fragen unterrichtet der ausgezeichnete Aufsatz von Franz Carl Endres, *Soziologische Struktur und ihre entsprechenden Ideologien des deutschen Offizierskorps vor dem Weltkriege*, in: *Archiv für Sozialwissenschaft und Sozialpolitik*, Bd. 58 (1927), S. 282—319.

[7] Egon Friedrich Freiherr von Gayl, *General von Schlichting und sein Lebenswerk*, Berlin 1913, S. 120 ff.

In dem Doppelprozeß der Proletarisierung der Städte und des Aussterbens der Insten verlor die preußische Armee ihr innenpolitisch und sozial zuverlässiges und gewann dafür ein innerpolitisch und sozial unzuverlässiges Rekrutenmaterial. Der nächste Ausweg aus diesem Dilemma war die Beschränkung der Größe der Armee: Diese Lösung stand zum mindesten nicht mit der preußischen Tradition seit 1819 in Widerspruch. Sie wurde aber dadurch unmöglich, daß in der zweiten Agrarkrise die preußisch-russische Freundschaft zu Ende ging. Denn seitdem die außenpolitische Lage den Zweifrontenkrieg wahrscheinlich werden ließ, hätte es Selbstmord für die herrschenden Klassen bedeutet, wenn sie die 1870 der französischen zahlenmäßig viel schwächeren Armee gegenüber noch mögliche Taktik, die Aufstellung von Kriegsneuformationen aus Sorge vor der innenpolitischen Unzuverlässigkeit der Landwehr und ihrer Offiziere zu beschränken, noch weiter fortsetzten. Die Heeresgesetze von 1887 und 1888 liefen auf die Formierung sehr starker Reservetruppen bei der Mobilmachung hinaus.

Aber als Rahmen dieser stark vergrößerten Armee war das bisherige Offizierskorps, das aus dem Adel alles nur irgendwie brauchbare Material heranzog, zu schwach. Abhilfe wurde nicht so sehr durch Erweiterung des Offizierskorps in das Bürgertum hinein geschaffen — die bürgerlichen Offiziere nahmen noch bis in die letzten Jahre mit der Höhe der Grade relativ stärker ab als die adligen — als umgekehrt durch die Angliederung des Bürgertums an die Armee unter Umbildung der bürgerlichen Denkweise zur Denkweise des Offiziers und Verleihung eines sozialen Nimbus an die bürgerliche Schicht, die der Würde des Reserveoffiziers teilhaftig werden konnte. Die Möglichkeit oder Unmöglichkeit, die Armee in dem Ausmaße zu vermehren, wie es vor 1914 geschehen ist, und die Möglichkeit oder Unmöglichkeit, in dem allgemeinen Wettrüsten Protagonist zu sein, lag für Deutschland in dem Problem, wie weit sein Bürgertum feudalisiert werden konnte. In dem Augenblick als nicht nur der Kleinadel, sondern auch das neue feudalisierte Bürgertum kein homogenes Offiziersmaterial mehr liefern konnte, als für die 1913 vom Generalstab aus rein militärischen Erwägungen geforderten drei Korps „wenig geeignete Kräfte" zum Offiziersersatz hätten herangezogen werden müssen, wodurch das Offizierskorps „von anderen Gefahren abgesehen, der Demokratisierung ausgesetzt wäre",[8] fand die Rüstungssteigerung mit innerer Notwendigkeit ihr Ende. Die Bereitwilligkeit der Reichstagsmajorität, jede geforderte Heeresvermehrung zu bewilligen, hatte gegenüber der Gefahr einer Demokratisierung des königlich preußischen Offizierskorps gar nichts zu bedeuten.

[8] Der preußische Kriegsminister von Heeringen an den Generalstab, 20. Januar 1913; vgl. Hans Herzfeld, *Die deutsche Rüstungspolitik vor dem Weltkrieg*, Bonn 1923, S. 63.

Die Vernichtung der Landwehr war der Sieg der Monarchie und ihres kleinadeligen Offizierskorps über das Bürgertum und seine offen ausgesprochene Tendenz zu der — ohne politischen Umsturz möglichen — Verbürgerlichung der Armee. Die Ausbildung des Reserveoffizierswesens seit den achtziger und neunziger Jahren bedeutete die endgültige Kapitulation des deutschen Bürgertums, das auf die politische Revolution verzichtet hatte und aus Furcht vor dem Umsturz der besitzlosen Klasse sich intensiv an die bestehende Machtorganisation des Staates anzuschließen strebte. Das Aussterben der Insten trieb den Staat, das Bürgertum als Stütze für seine Armee, die Furcht vor dem Proletariat trieb das Bürgertum, den Staat als Schutz seines Besitzes zu gewinnen.

Als dieses Bündnis, das in keinem Paragraphen niedergelegt war, zur Befriedigung des Staates funktionierte, und das Bürgertum statt des liberalen Landwehroffizierskorps das feudal infizierte Reserveoffizierskorps lieferte, konnte dieser Staat mit überlegener Ruhe einige Konzessionen machen, die er bis dahin verweigert hatte: die Umwandlung der Septennate in Quinquenate und die Einführung der zweijährigen Dienstzeit. Die Septennate waren den liberalen Parteien nicht nur deshalb unangenehm gewesen, weil sie den Reichstag in der Frage der Feststellung der Heeresstärke banden, sondern auch deshalb, weil sie durch die Festlegung auf sieben Jahre bei dreijähriger Wahlperiode auch noch die beiden folgenden Reichstage in der freien Budgetbewilligung hinderten.

1893 wurde die Bewilligung der Heeresstärke bei Legislaturperioden entsprechend auf fünf Jahre eingeschränkt: eine liberale Geste, die keine wirkliche Bedeutung hatte. Bedeutsam — nicht nur militärtechnisch durch die Steigerung der Ziffer der ausgebildeten Mannschaften, sondern auch sozial durch die zweijährige Dienstzeit ebenfalls 1893. Die Insten starben aus, der aus der Stadt stammende Rekrut ließ sich bei seiner höheren Intelligenz schon in zwei Jahren zu einem technisch brauchbaren Soldaten ausbilden. Entscheidend aber war, daß die Gefahr, das aktive adlige Offizierskorps könne in einer inneren Krise die Herrschaft über die Mannschaften ohne die Hilfe der Dreijährigen nicht aufrecht erhalten, beseitigt worden war durch das Bürgertum, das mit seinen Reserveoffizieren die dreijährig dienenden Insten als Schutztruppe der Monarchie ersetzt hatte. Die Einführung der zweijährigen Dienstzeit ist alles andere als der Sieg einer bürgerlichen und liberalen Forderung gewesen, sie war ihre formale Erfüllung durch die siegreiche Regierung mit dem genau entgegengesetzten Inhalt. Sie war kein Fortschreiten in der Nationalisierung der Armee, sondern umgekehrt in der Militarisierung der Nation durch die Verlagerung des Stützpunktes von dem dreijährig dienenden Insten auf das einjährig dienende feudal gewordene Bürgertum. Sie war ein Verzicht auf die innere Bindung der Mannschaften an den Staat, der sie in seine Armee einstellte, und durch die Assimilierung von Militär und Bürgertum eine erneute Betonung des Klassencharakters des Reiches. Die Umschichtung des Rekrutenmaterials hatte das Ende des — allerdings prügelnden — Patriarchalismus in der Armee herbeigeführt, erst seit den achtziger und neunziger Jahren wurde der bis dahin im Durchschnitt recht bescheidene preußische Leutnant zu dem unerträglichen Schnösel der Wilhelminischen Aera. Die Regierenden brachen eine patriarchalischen Brücke zum Volke ab und empfanden sich jetzt noch stärker als die Klasse der „Kommandierenden".

IV

Der Preis, den das Bürgertum für die Gewährung der Staatshilfe zur Verteidigung des Besitzes zu zahlen hatte, war die Aufgabe der spezifisch bürgerlichen Ehre und Konvention. In den Hansestädten und im Rheinland hatte sich vor 1870 eine solche Konvention auszubilden begonnen, die, von den Lächerlichkeiten der Kleinstaaterei befreit, sehr wohl die Grundlage eines deutschen bürgerlichen Nationalgefühls und einer großbürgerlich-seigneurialen, nicht dem Adel abgesehenen Lebensführung hätte bilden können. Der harte Kampf der Schwerindustrie gegen den Handel brachte sozial der Industrie mit ihrem stärkeren feudalen Einschlag den Sieg, im Rheinland trat die alte bürgerliche Konvention ganz von selbst hinter der neuen Großmacht Eisen und Kohle zurück: Das Durchdringen der Schutzzoll- und Kolonialpolitik, später der Flottenbegeisterung, machte auch in den Hansestädten die mit der freihändlerischen Opposition verbundene alte Konvention gesellschaftlich anrüchig. Nicht die preußische Armee paßte sich unter dem Druck der sozialen Umschichtung der bürgerlichen Konvention an, sondern umgekehrt: Die bürgerliche Konvention wurde durch das Reserveoffiziersinstitut auszurotten geholfen. Bei der Zoll- und Finanzreform von 1879 und der Miquelschen Sammlungspolitik seit 1897 handelte es sich um den Ausgleich der realen Interessen; der Reserveoffizier war das wichtigste Instrument, durch das das kaiserliche Deutschland den ideologischen Ausgleich zwischen Bürgertum und Militärmonarchie geschaffen hat und damit jene neudeutsche Lebensform, die wir noch heute aus dem täglichen Leben nur zu gut kennen und deren Lächerlichkeit Max Weber so großartig bloßgestellt hat.[9]

Der Landwehroffizier hatte mit der Linienarmee nur in loser Verbindung gestanden, der Reserveoffiziersaspirant wurde im Kasino von den Offizieren seines Regiments, die ihn später zu wählen hatten, genau auf seine Qualitäten

[9] Max Weber, *Wahlrecht und Demokratie in Deutschland* (Dezember 1917), in: Ders., *Gesammelte politische Schriften*, München 1921, 2. Aufl., Tübingen 1958, S. 277—322.

geprüft: Der Jude kam von vornherein nicht für die Würde eines „Manöveronkels" in Betracht; der Sozialdemokrat noch weniger: nicht nur deshalb, weil er einer revolutionären Partei angehörte, sondern weil er mit seiner Zugehörigkeit zum Sozialismus bewies, daß ihm die nötigen „moralischen Qualitäten" abgingen. Nicht einmal Einjähriger konnte er werden.[10] Wer aber nicht Reserveoffizier war, dem fehlte das entscheidende Stück des sozialen Ansehens. Der Akademiker, der es nur bis zum Reserveunteroffizier gebracht hatte, war im bürgerlichen Leben das, was in der Kaserne Soldat zweiter Klasse hieß. Es hat sich dabei viel weniger um die „Königstreue" gehandelt — der alte fortschrittliche Richter der sechziger Jahre war auch königstreu gewesen, und unter Wilhelm II. war gerade in legitimistischen Kreisen die Verzweiflung über diesen „König" groß — als um die Allianz von Bürgertum und Staatsmacht, welche einander gegen das Proletariat sicherten.

Mit einem für das kaiserliche Deutschland ungewöhnlich sicheren Instinkt hat man von vornherein auf eine innere Gewinnung der sozialistisch bedrohten Mannschaften für das herrschende Regime verzichtet. Sie wurden, auch wo sie Proletarier waren, unverändert der Disziplin unterworfen, die einst für die hörigen Bauern ersonnen war, und die berüchtigten Worte Wilhelms II. bei der Einweihung der Alexanderkaserne, die zwar psychologisch gesehen nur eine üble rhetorische Entgleisung des zungenfertigen Monarchen waren, geben soziologisch das Ziel der Aufrechterhaltung der altpreußischen Disziplin im Zeitalter der Proletariermassen als Rekrutenmaterial für die Armee nur zu exakt wieder. Und andererseits beruhten auf der Spannung zwischen Tradition der Disziplin und Entstehung eines neuen Rekrutenmaterials alle die zahlreichen Debatten im Reichstag über die Soldatenmißhandlungen, die von den parlamentarischen Vertretern der neuen Klasse begonnen wurden und die schließlich mit einem merkwürdigen Halbsieg der Sozialdemokratie über die Armee geendet haben.[11] Die formale Instendisziplin blieb zwar völlig bestehen, aber die von ihr eigentlich gar nicht zu trennende Methode, den Rekruten durch Prügel zum guten Soldaten zu machen — nach echt altdeutscher Auffassung war 1807 selbst der Freiherr vom Stein für das Beibehalten des Prügelns eingetreten, dessen Ehrenrührigkeit er abstritt[12] — verkümmerte aus Angst vor den Reichstagsdebatten der Sozialdemokratie. Aber noch heute beruht ein guter

[10] Kriegsministerielle Entscheidung vom 18. Februar 1914, kein halbes Jahr vor Kriegsausbruch! Major a.D. Erich Otto Volkmann, *Der Marxismus und das deutsche Heer im Weltkriege*, Berlin 1925, S. 49.

[11] *A.a.O.*, S. 47.

[12] Hans Delbrück, *Das Leben des Feldmarschalls Grafen Neithardt von Gneisenau*, Bd. 1, Berlin 1882, S. 134.

Teil des proletarischen Hasses gegen das Militär auf dem sicheren Instinkt für den Anachronismus dieser formalen, noch immer lebenden Instendisziplin.

Der preußische Reserveoffizier ist mit dem Sturz des Kaiserreiches verschwunden, nicht aber die aus der Ideologie dieser Einrichtung stammende weltfremde und anmaßende Einstellung zu gesellschaftlichen, sozialen und geistigen Problemen, welche einen großen Teil unserer Bourgeoisie kennzeichnet. Und wenn man mit Recht die Epoche von 1890 bis 1914 als wilhelminisch bezeichnet, so bedeutet dieses Wort jene innerlich unwahre Haltung, welche aus Schwäche Schneid für einen Ausdruck von Kraft, Hochmut und Dünkel für die Form der Würde und Prahlerei für Pathos hielt: In diesem Lebensstil war Wilhelm II. mit seinen Reserveoffizieren einig.

XXX

Die Herkunft des preußischen Offizierskorps*

KARL DEMETER

Das deutsche Offizierskorps, ein prägnantes gesellschaftliches Gebilde und eine bedeutsame geschichtliche Erscheinung, wird von jedem unvoreingenommenen Betrachter, sei es innerhalb oder außerhalb, als eine echte Gemeinschaft empfunden werden: als eine Berufs-, ja weithin geradezu als eine Lebensgemeinschaft; und darüber hinaus als eine funktionelle Schicht, als repräsentativer Teil einer umfassenderen Führungsschicht. In beiden Beziehungen, der statischen und der dynamischen, wird ihr Charakter genetisch bestimmt von ihrer sozialen Herkunft. Dabei kommt zweierlei in Betracht: einmal die berufliche und gesellschaftliche Stellung oder kurzweg der Stand der Väter, von denen die Mitglieder dieser Schicht jeweils abstammen; sodann aber die Kategorie, die in ihrem Ursprung in eine ältere Periode der sozialen Entwicklung hinaufreicht, gleichwohl aber auch noch später eine erhebliche gesellschaftliche Bedeutung besitzt: nämlich die Rangstufen oder — wenn man will, der Gegensatz: Adel und Bürgertum.

Forschen wir unter diesen Gesichtspunkten nach der Herkunft zunächst des preußischen Offizierskorps, das ja für das spätere deutsche weithin maßgebend geworden ist, so stoßen wir für die Anfänge der neupreußischen Heeresgeschichte, etwa seit dem Großen Kurfürsten, und bis herauf zu den ersten Jahrzehnten des 19. Jahrhunderts auf Lücken unseres Wissens, die aller Wahrscheinlichkeit nach nie können ausgefüllt werden. Denn die archivalischen Quellen ließen uns da schon vor dem letzten Kriege gar zu sehr im Stich. Über den Beruf der Väter der Offiziere und Offiziersaspiranten des preußischen Heeres erfahren wir aus dieser Zeit so gut wie gar nichts. Statistiken gab es noch

* Entnommen aus: Karl Demeter, *Das deutsche Offizierskorps in Gesellschaft und Staat 1650–1945*, 4., überarbeitete und erweiterte Auflage, Frankfurt am Main 1965, S. 1—33.

nicht, und Akten sind über diesen Punkt meist noch nicht geführt worden oder nicht erhalten geblieben. Dagegen finden wir wenigstens über den Anteil des Adels und des Bürgertums an der Zusammensetzung des Offizierskorps einige Anhaltspunkte in den Quellen und in der aus ihnen schöpfenden historischen Literatur; aber es sind auch nur Anhaltspunkte, ohne daß wir für den ganzen Zeitraum genaue zahlenmäßige Angaben daraus ableiten können.

Nicht bloß, daß die Offizierslisten aus der Zeit des Großen Kurfürsten und seines unmittelbaren Nachfolgers nur sehr lückenhaft erhalten sind; sondern in ihnen wird oft genug dieselbe Person bald mit, bald ohne Adelsprädikat aufgeführt.[1] Aber wenn wir bemerken, daß die Adligen sogar als Unteroffiziere und Gemeine bereits in den *Offiziers*listen erscheinen, so läßt dies schon bedeutendere Schlüsse zu. Es scheint zwar, daß im Dreißigjährigen Krieg innerhalb des Offizierskorps die gesellschaftliche Grenze zwischen Adligen und Bürgerlichen nicht mehr so deutlich gezogen war wie in der Landsknechtzeit:[2] vielleicht eine Folge des Absinkens der Stellung des Offiziers in der Gesellschaft wegen seiner Sittenverwilderung. Und wenngleich an der Tafelrunde des Großen Kurfürsten selber nicht weniger als drei Bauernsöhne saßen (Derfflinger, Lüdcke und Hennigs), so hat doch bereits unter seinem Sohne König Friedrich I. der Adel im Offizierskorps das Übergewicht erlangt:[3] Und zwar war in der Hauptsache der einheimische (besonders der märkische und pommersche) Adel der Kern, an den sich die übrigen ausländischen oder bürgerlichen Elemente anschlossen. Letztere standen übrigens sogar in der Garde: Am 11. März 1704 versicherte der König ausdrücklich in einer Ordre den bürgerlichen Offizieren seiner Leibgarde, daß sie im Avancement denen vom Adel durchaus gleichgeachtet werden sollten; und dem gelehrten Offizierskorps der Artillerie, das der Adel konsequent als standesunwürdig betrachtete, weil diese Waffe ihm noch zu sehr nach zünftig-handwerklichem Betrieb aussah, diesem bürgerlichen Offizierkorps gab der König denselben Rang wie den Gardetruppen.

Je mehr aber der Adel, z.T. infolge der zunehmenden finanziellen Ertragsminderung seiner Rittergüter, sich den Wünschen der Krone auch in sonstigen

[1] Max Lehmann, *Scharnhorst,* Bd. 2, Leipzig 1887, Beilage 4, S. 644 ff. Vgl. *Beiheft zum Militärwochenblatt,* Nr. 11 (1909), und *Mitteilungen aus dem Archiv des Königlichen Kriegsministeriums* (1899), Heft 1; Robert Freiherr von Schrötter, *Das preußische Offizierskorps unter dem ersten König von Preußen,* in: *Forschungen zur Brandenburgischen und Preußischen Geschichte,* Bd. 26 (1913), S. 429—495; Curt Jany, *Geschichte der königlich-preußischen Armee,* Bd. 1—3, Berlin 1928/1929; hier Bd. 1.

[2] Eugen von Frauenholz, *Das Heerwesen in der Zeit des Dreißigjährigen Krieges* (= Entwicklungsgeschichte des deutschen Heerwesens, Bd. 3), Teil 1: *Das Söldnertum,* München 1938, S. 34.

[3] M. Lehmann, *Scharnhorst,* Bd. 2, S. 55 ff.

Fragen des Staatslebens fügte und insbesondere seine Söhne Offiziere werden ließ, desto stärker wurde sein Übergewicht in den militärischen Führerstellen. In dieser Linie vollzog sich die Weiterentwicklung unter dem zweiten preußischen König Friedrich Wilhelm I. »On purgea dans chaque régiment le corps des officiers de ces gens dont la conduite ou la naissance [!] ne répondait point au métier de gens d'honneur qu'il devait faire, et depuis la délicatesse des officiers ne souffrit parmi leurs compagnons que des gens sans reproche.«[4] Welchen zahlenmäßigen Anteil der Adel und das Bürgertum am Offizierkorps unter Friedrich Wilhelm I. hatte, erfahren wir aus einer „Rang- und Quartierliste pro Majo 1739", also von seinem vorletzten Regierungsjahre. Danach waren die 34 Mitglieder der Generalität alle vom Adel, unter den 211 Stabsoffizieren befanden sich nur 11 Nichtadlige. Leider sind bei den Offizieren vom Kapitän abwärts die Adelstitel überhaupt nicht mehr angegeben (vgl. oben). Beim Ingenieurkorps, das in diese Liste nicht mit eingerechnet war, standen ungefähr gleich viele adlige wie bürgerliche Stabsoffiziere. Zu beachten ist aber bei den damaligen Verhältnissen, daß die Erlangung des Adelsprädikats wenigstens für vermögende Leute nicht allzu schwer war. Wer z.B. die Rekrutenkasse füllen half oder einen besonders langen Kerl herbeischaffte, ja, wer ein schönes Haus in Berlin baute, erreichte dieses Ziel bald.[5] Andererseits bestand damals noch immerhin die Möglichkeit sogar für altgediente Unteroffiziere aus dem einfachen Volke, zu Secondelieutnants befördert zu werden.

In die Regierung Friedrich Wilhelms I. fällt auch die Einführung einer neuen Art von Kavallerietruppen, der Husaren, die uns in diesem Zusammenhang interessiert. Ihnen wurde das Beutemachen im Feindesland ohne weiteres nachgesehen; und daraus ergab sich eine gewisse Anziehungskraft dieser Waffengattung bei der Werbung in ländlichen Gebieten.[6] Daher steht aber die soziale Zusammensetzung und Geltung der Husaren, ebenso wie die der Artillerie, in einem auffallenden Gegensatz zur späteren. Ein humorvoll charakteristisches Licht darauf wirft eine Aufzeichnung des Generals von Pape,[7] datiert Berlin, 2. März 1887, worin er bezüglich seines Urgroßvaters schreibt: „Unbekannt dürfte Folgendes sein. Als Friedrich Wilhelm I. das Bedürfniß fühlte, Husaren

[4] So erzählt Friedrich der Große in *Du Militaire depuis son institution jusqu'à la fin du règne de Frédéric-Guillaume*, in: Johann David Erdmann Preuß (Hrsg.), *Oeuvres de Frédéric le Grand*, Bd. 1, Berlin 1846, S. 192.

[5] Nach C. Jany, *Geschichte . . .*, Bd. 1, S. 725.

[6] Näheres hierüber siehe bei Otto Büsch, *Militärsystem und Sozialleben im alten Preußen 1713–1807. Die Anfänge der sozialen Militarisierung der preußisch-deutschen Gesellschaft* (= Veröffentlichungen der Historischen Kommission, Bd. 7), Berlin 1962, S. 35, 123, 126.

[7] Original im Reichsarchiv: A VI.

zu beschaffen, wurden solche aus allem möglichen Gesindel zusammengerafft und in eine Schwadron formirt. Um dieses Volk in Ordnung zu bringen, wurde mein Urgroßvater, Capitain in dem qu. Dragoner Regiment, zu ihrem Commandeur ernannt. Obschon diese Husaren damals in die Armee wie im ganzen Lande in der größten Verachtung standen, konnte selbstverständlich von einer Weigerung nicht die Rede sein. Als aber mein Urgroßvater in der Husaren Uniform vor den Spiegel trat, und sich in dieser Narrenjacke, wie er sie nannte, sah, rührte ihn der Schlag und er fiel todt zu Boden. Er ist mithin der erste Commandeur der ersten Husaren gewesen."

Wie sein Vater, so hat auch Friedrich der Große[8] mitunter noch die Lücken in seinem Offizierkorps mit Bürgerlichen ausgefüllt, im wesentlichen jedoch nur während des verlustreichen Siebenjährigen Krieges. Im allgemeinen aber hat er, nachdem seine drei Vorfahren die widerspenstigen Junker ihrer Länder mit vieler Mühe botmäßig gemacht und allmählich für ihre Dienste gewonnen hatten, den Adel in seinem Offizierkorps noch mehr vor- und an sich herangezogen. Es wird erzählt, er habe zuweilen bürgerliche Offiziersaspiranten bei der persönlichen Vorstellung eigenhändig mit seinem Krückstock aus den Reihen hinausgewiesen und sogar den Heiratskonsens mit bürgerlichen Damen versagt. Bei all seiner sonstigen Aufklärung nahm eben doch, namentlich später, ein ständisch-feudaler Grundton in ihm überhand — vielleicht notwendig, aus zeitbedingter und ökonomisch orientierter Staatsräson. Es scheint mir nicht richtig, daß dies, wie der Prinz Friedrich Karl von Preußen (vgl. Dokumente Nr. 1)[9] ein Jahrhundert später meinte, „eine der vielen französischen Ideen war, die dieser große Mann blind nachmachte", obgleich tatsächlich in Frankreich eine militärische Autorität wie Vauban die Meinung vertrat, man sollte, wenn man gute Offiziere haben will, „junge Edelleute von gutem Charakter, guter Gesundheit und guter geistiger Veranlagung einstellen, vornehmlich jüngere Söhne von Familien, deren Väter wenig wohlhabend sind".[10] Friedrich der

[8] Siehe Reinhold Koser, *Friedrich der Große*, 4. und 5. Auflage in 4 Bänden , Stuttgart 1912. Vgl. Elsbeth Schwenke, *Friedrich der Große und der Adel* (Diss. Berlin). Für die Stellungnahme der übrigen Hohenzollern siehe Otto Hintze, *Die Hohenzollern und der Adel*, in: *Historische Zeitschrift*, Bd. 112 (1914), S. 494—524; Gustav Schmoller, *Die preußische Wahlrechtsreform von 1910 auf dem Hintergrunde des Kampfes zwischen Königtum und Feudalität*, in: *Jahrbuch für Gesetzgebung, Verwaltung und Volkswirtschaft*, Bd. 34 (1910), S. 1261—1279; Felix Priebatsch, *Die Hohenzollern und der Adel in der Mark*, in: *Historische Zeitschrift*, Bd. 88 (1902), S. 193—246.

[9] Vgl. Prinz Friedrich Karls von Preußen handschriftlichen Aufsatz über *Entstehung und Entwicklung des preußischen Offiziersgeistes*, in: K. Demeter, *Das deutsche Offizierskorps . . .*, Dokumenten-Anhang, Nr. 1, S. 233—241.

[10] Werner Gembruch, Artikel *Vauban*, in: Werner Hahlweg (Hrsg.), *Klassiker der Kriegskunst*, Darmstadt 1960, S. 160.

Große stand also prinzipiell sicher nicht allein mit seiner Auffassung, im großen und ganzen habe nur der Adel Ehre, wenn auch nicht zu leugnen sei, daß es Verdienst und Talent hin und wieder, aber doch selten, auch bei Bürgerlichen gäbe.[11] Seine sonstige Abneigung gegen seinen Vater hinderte ihn nicht, von ihm doch gerade diese soziologisch relevante Auffassung als Richtschnur zu übernehmen, jedem adeligen Offizier seien eben „die Gesetze der Ehre schon von Haus aus bekannt".[12] Daraus ist es auch zu erklären, daß schon unter Friedrich Wilhelm I. die Dienstreglements für Mannschaften und Unteroffiziere streng getrennt waren von denen für Offiziere. Andererseits gab es damals im preußischen Offizierkorps vom Fähnrich bis zum Obristen keine äußeren Rangabzeichen, und wurde so die gesellschaftliche Gleichheit unter ihnen symbolisiert und betont.[13]

Was aber speziell Friedrich II. selbst betrifft, so kann für die soziale Seite des Offiziersersatzes im Verlauf seiner Regierung als charakteristisch die Entwicklung im Apenburgschen Dragonerregiment angesehen werden. Zu Beginn des Siebenjährigen Krieges gab es noch keinen einzigen bürgerlichen Offizier, am Ende desselben (1763) unter 37 immerhin 5, welche Zahl sich aber im Juli 1784 wieder auf 3 verringert hatte. Ein solcher Vorgang, wie wir ihn auch im 19. Jahrhundert noch mehrmals werden kennenlernen, erklärt sich doch nur teilweise aus dem Unterschied der dienstlichen Anforderungen an den Kriegs- und an den Friedensoffizier.

So kam es, daß im Todesjahre Friedrichs des Großen sein Offizierskorps mindestens zu neun Zehnteln aus adligen Namensträgern bestand; und auch das übrigbleibende eine bürgerliche Zehntel lebte von den anderen ziemlich abgesondert, z.T. bei den Garnisonsregimentern, zum größeren Teil bei der Artillerie. Sieht man aber allein nur auf die höheren Offizierschargen, vom Major an aufwärts bis zur Generalität einschließlich, so ergibt sich gar nur ein Verhältnis von 689 : 22. Man kann also wohl sagen: Seinen bekannten Ausspruch, die Rasse des altpreußischen Adels sei so gut, daß sie meritiret, conserviret zu werden, diesen Ausspruch hat Friedrich der Große mindestens in seiner ureigensten Domäne, bei der Waffe, in die Tat umgesetzt.

Während der nächsten zwei Jahrzehnte nach Friedrichs Tode blieben diese Verhältnisse im wesentlichen unverändert. Im Jahre 1806 befanden sich[14] unter

[11] J.D.E. Preuß (Hrsg.), *Oeuvres . . .*, Bd. 6, Berlin 1847, S. 95.

[12] Siehe Max Jähns, *Geschichte der Kriegswissenschaften*, Bd. 2, München-Leipzig 1890, S. 1579.

[13] Vgl. *a.a.O.*, und O. Büsch, *Militärsystem . . .*, S. 91.

[14] Nach [Anonym] *Beytrag zur Preußischen Militärgeschichte. Zur Berichtigung mancher falschen Urtheile*, in: *Minerva. Ein Journal historischen und politischen Inhalts*, Bd. 64 (1807), Teil 4, S. 422 ff.

den 7000—8000 Offizieren des preußischen Heeres 695 Nichtadlige, davon 131 in der Linieninfanterie (83 in den 3. Musketier— [Garnison—] Bataillonen, 76 in der leichten Infanterie, 289 in der Artillerie, 84 in der Kavallerie (vielleicht bei den Husaren?), 37 in den verschiedenen anderen Korps, 82 waren Invaliden; die Zahl der bürgerlichen Stabsoffiziere betrug einige 30. Zwar hatten Friedrich Wilhelm II. und namentlich Friedrich Wilhelm III. ihrer ganzen inneren Einstellung nach eigentlich starke Sympathien für das Bürgertum. Aber es bedurfte doch erst der großen Katastrophe des Heeres und des Staates, um diese bloßen, vielleicht noch etwas spielerischen Neigungen des Königs bis zur Entschlußkraft zu steigern und zur wirklichen Tat zu komprimieren; es bedurfte erst des vernichtenden Sieges des genialen Emporkömmlings Napoleon über die preußischen Truppen und die preußischen Truppenführer, um den noch ganz in der Zeit des Alten Fritz wurzelnden preußischen „Federbüschen" zu zeigen, daß man nicht ungestraft die neue Zeit unbedingt und absolut an den alten Erfolgen und Grundsätzen messen darf.

Es liegt nahe zu sagen, und ist auch vielfach in der Geschichtsschreibung so dargestellt worden, daß an der Niederlage von 1806 hauptsächlich die soziale und infolge davon auch die militärische Rückständigkeit des preußischen Heeres oder richtiger seines Offizierkorps schuld gewesen sei. Was uns an den maßgebenden Führern dieses Heeres vor allem auffällt, ist ihre massenhafte Überalterung. Es zählten im Jahre 1806 an Lebensjahren:[15]

von den 142 *Generalen* 4 über 80, 13 über 70, 62 über 60 Jahre,
von den *Stabsoffizieren,* und zwar:
von den 540 der Fußtruppen 7 über 70, 110 über 60, 187 über 50,
von den 227 der Kavallerie 25 über 60, 129 über 50,
von den 39 der Artillerie 4 über 70, 22 über 60,
von den 14 der Ing. usw. 1 über 70, 2 über 60, 7 über 50,
von den 65 nicht regimentierten (General- und Flügeladjutanten, Generalquartiermeisterstab, Kommandanten, Platzmajoren usw.) 4 über 60, 5 über 50;

von den *Kapitänen* und *Rittmeistern,* und zwar:
von den 945 der Fußtruppen 2 über 70, 18 über 60, 119 über 50,
von den 241 der Kavallerie 18 über 50,
von den 63 der Artillerie 6 über 60, 26 über 50,
von den 28 der Ing. usw. 3 über 50,
von den 29 nicht regimentierten 1 über 60, 2 über 50,
von den 261 *Leutnants* der Artillerie 1 über 70, 5 über 60, 9 über 50, 7 über 40.

[15] Preußischer Generalstab (Hrsg.), *1806. Das preußische Offizierskorps und die Untersuchung der Kriegsereignisse,* Berlin 1906. Die grundlegenden Darstellungen dieser Ereignisse von zivilhistorischer Seite stammen fast alle aus etwas früherer Zeit. Vgl. dazu noch: von

Selbst wenn sonst alles in der Armee restlos aufs beste bestellt gewesen wäre, so ist doch ohne weiteres klar: Generale, weit mehr als zur Hälfte dem biblischen Alter nahe oder schon bedenklich weit darüber hinaus; Bataillons- und Regimentskommandeure — bei der das Gefecht doch hauptsächlich tragenden Fußtruppe — zu einem Viertel über das Alter von 60 Jahren hinaus, wo der Durchschnittsmensch größere Kampfstrapazen nicht mehr leicht erträgt; Kompanie- und Schwadronsführer zu einem erheblichen Prozentsatz nicht wesentlich jünger als jene — und berücksichtigt man obendrein noch die damaligen viel schlechteren hygienischen Verhältnisse der Menschen und deren dadurch gegenüber heute durchschnittlich viel früher einsetzenden Altersbeschwerden sowie die um etwa ein Jahrzehnt geringere durchschnittliche Lebensdauer —: Von einer solchen Heerführung konnten kaum unter gewohnten Verhältnissen kriegerische Höchstleistungen erwartet werden; und gar erst gegen die zahlenmäßige Übermacht eines verjüngten Heeres, das von dem jugendlichen Feldherrngenie eines Napoleon geführt und jahrelang einexerziert war, und das sich von der Idee einer großen nationalen und kulturellen Weltmission getrieben fühlte!

Aber es müssen auch in anderen Hinsichten im Innern dieser preußischen Armee und dieses vielfach erstaunlich überalterten Offizierskorps ernstliche Schäden vorhanden gewesen sein. Die öffentliche Meinung über das Heer und seine Führer war schon vor 1806 geteilt; immerhin scheint sie jedoch damals noch überwiegend günstig gewesen zu sein, oder die skeptischen Stimmen haben sich nicht so recht hervorgewagt, ehe nicht durch das Fanal von Jena die öffentliche Kritik der Heeresverfassung mit allem Drum und Dran ermutigt und geradezu zur vaterländischen Pflicht gemacht worden war. Daß dennoch auch schon vorher selbständige und schöpferische Geister die damaligen Zustände für überlebt und reformbedürftig ansahen, dafür mag uns als Beweis der Freiherr vom Stein dienen: Bereits etwa vier Jahre vor Jena hat er das Privileg des Adels bei Besetzung der wichtigsten Offizierstellen ein lächerliches Vorurteil genannt, womit er nicht mehr und nicht weniger als eine der Grundlagen des ganzen Systems antastete. Wir wissen dies aber bezeichnenderweise aus seinen *vertraulichen* Briefen an Sack in Hildesheim.[16] Nach der Niederlage ist ja diese Ansicht fast zum öffentlichen Axiom geworden, oder schien es wenigstens

Altrock, *Jena und Auerstedt*, in: Beiheft zum *Militärwochenblatt* (1907); Colmar Freiherr von der Goltz, *Roßbach und Jena*, Berlin 1883 (und spätere Auflagen); Hans Delbrück, *Militärisches. Besprechung von C. Freiherr von der Goltz, Roßbach und Jena . . .*, in: *Preußische Jahrbücher*, Bd. 52 (1883), S. 580—587.

[16] Vgl. Max Lehmann, *Freiherr vom Stein*, Bd. 1, Leipzig 1902, S. 292 f.; Gerhard Ritter, *Stein, eine politische Biographie*, Bd. 1, 3. Aufl., Stuttgart 1958; Hellmuth Rößler, *Reichsfreiherr vom Stein*, Göttingen 1957.

geworden zu sein, da die Anhänger des alten Systems, auch wenn sie durch die Ereignisse nicht an ihrer alten feudalen Überzeugung irre geworden waren, es doch vorzogen, zunächst einmal darüber zu schweigen.

Nach den Befreiungskriegen aber drängten die Verfechter des Alten, sei es aus wirklicher Überzeugung, sei es aus bloß egoistischem Interesse, wieder mehr in den Vordergrund. Als ihren Wortführer und damit als modern-literarischen Begründer der konservativ-ständischen Staatsidee dürften wir den märkischen Edelmann Friedrich August von der Marwitz betrachten, einen grundgescheiten Mann von scharfem und gebildeten Verstand, von heißem Herzen und sprühendem Temperament, von gepflegtem Stil in Charakter und Ausdruck, kurzum einen Mann von Welt, wie der märkische Adel vielleicht vorher und nachher keinen mehr hervorgebracht hat. Es wird nicht ohne Interesse und Wert sein zu erfahren, wie ein solcher Geist, der in seltener Reinheit und auf selten hohem Niveau seinen Stand und seinen Stamm repräsentierte, noch 30 Jahre nach der preußischen Niederlage von 1806 darüber dachte. Er schreibt in seinen Memoiren:[17]

„Indem hier so viele Beweise von Pflichtvergessenheit vor Augen gestellt sind, könnte man auf den Gedanken geraten, die ganze *Armee* sei nichts anderes gewesen als ein Amalgama von Feigherzigen, von Verrätern und Dummköpfen; und in der Tat ist sie von unwissenden, übelwollenden und dem Franzosentum ergebenen Schrifstellern so geschildert worden. Man muß aber nicht vergessen:

1. daß der Hauptfehler von oben herkam, und daß mithin alle tapferen Taten, alle Hingebung und Aufopferung, die wirklich stattgefunden haben, in kleineren Kreisen vorfielen und ohne Einfluß auf das Ganze blieben, während das Üble allgemein bekannt wurde und schreckliche Folgen nach sich zog;

2. daß alle Anführer, die im Jahre 1813 und den folgenden den preußischen Namen wieder aufgerichtet und denselben Feind so geschlagen haben, daß sie zweimal siegreich in seine Hauptstadt eingerückt sind, sämtlich in diesem Unglücksjahre 1806 schon in der preußischen Armee dienten und zum großen Teil auch schon Anführer derselben waren. Dahin gehören 60 Chefs von Armeekorps, Divisionen und Brigaden, mehr denn 120 Regimentskommandeurs im Jahre 1813, die sämtlich 1806 in der Armee standen. Von beinah 300 Bataillonskommandeurs des Jahres 1813 sind es nicht 10 gewesen, und von nahe an 2000 Kompagnie- und Schwadronchefs nicht 100, bei denen es nicht derselbe Fall gewesen wäre. Wenn also *dieselben* Personen 1806 dies Resultat herbeigeführt haben und 1813 *jenes,* so kann es nicht an den Personen, sondern es muß an

[17] Friedrich Meusel (Hrsg.), *Friedrich August von der Marwitz, ein märkischer Edelmann im Zeitalter der Befreiungskriege,* 2 Bde , Berlin 1908—1913; (hier Bd. 1, S. 319 f.).

den Einwirkungen von oben, den Maßregeln, Mitteln und Umständen gelegen haben; — vor allem aber an Gottes Segen."

Daß der Hauptfehler von oben herkam, ist sicher richtig. Dagegen wird die Tatsache der Überalterung und Unfähigkeit einer Anzahl von Festungskommandanten durch den Punkt 2 der Marwitzschen Argumentierung keineswegs aus der Welt geschafft. Mag es immerhin zutreffen, daß, wie später auch von Militärgeschichtsschreibern festgestellt wurde, von den etwa 7000 Offizieren der preußischen Armee von 1806 annähernd 4000 auch die Befreiungskriege mitgemacht und deren blutige Siege miterfochten haben, so bleibt es doch andererseits auch Tatsache, daß da ein entschiedener Wechsel der Generationen stattgefunden hat. Nicht daß diese 4000 überhaupt vorher schon dabei waren, sondern in welcher Stellung, ist das Wesentliche. Da nämlich ohnehin eine bedeutende Verringerung des Heeres vorgenommen werden mußte, so war es ziemlich leicht, die alten Generale und Stabsoffiziere zu entlassen, die sich in ihren höheren entscheidenden Stellungen nicht bewährt hatten; an ihre Stelle gelangten vielfach sehr junge Leute; die Subalternoffiziere aus der Unglückszeit führten im Befreiungskriege Bataillone und Regimenter.[18] Ein indirekter Beweis, daß die Überalterung 1806 bestanden und sich verhängnisvoll ausgewirkt hatte.

Wir müssen aber diese spezielle Erscheinung auf das ihr zugrunde liegende allgemeinere Prinzip zurückführen, und das ist: die Überschätzung der Form zuungunsten des sachlichen Bedürfnisses, oder genauer ausgedrückt: das gedankenlose Festhalten an einer alten, aus anderen Zuständen und Bedürfnissen erwachsenen und überlieferten, jetzt aber nicht mehr sinngemäßen Form. Das gilt nicht bloß für die militärische Gefechtstaktik, sondern auch für die uns hier besonders interessierende Frage des Offiziersersatzes und des Avancements.[19] In einem Kampf auf Leben und Tod, wie ihn das französische Revolutionsheer Napoleons den preußischen Waffen damals aufdrang, sind Sinekuren vom Übel. Zu einer solchen Sinkurenwirtschaft hatte sich aber das starre Adelsprivi-

[18] Hierbei berufe ich mich absichtlich auf die Feststellungen eines angesehenen *militärischen* Autors, der bestrebt ist, das Versagen des preußischen Heeres im Jahre 1806 in möglichst mildem Lichte erscheinen zu lassen: C. Freiherr von der Goltz, *Roßbach und Jena* . . ., vgl. über diesen die Monographie von Hermann Teske, *Colmar Freiherr von der Goltz. Ein Kämpfer für den militärischen Fortschritt* (= Persönlichkeit und Geschichte, Bd. 6), Göttingen-Berlin-Frankfurt 1957.

[19] Das Spezialthema „Anciennität und Beförderung nach Leistung" hat das Militärgeschichtliche Forschungsamt (Hrsg.), *Untersuchungen zur Geschichte des Offizierskorps. Anciennität und Beförderung nach Leistung* (= Beiträge zur Militär- und Kriegsgeschichte, Bd. 4), Stuttgart 1962, zum Gegenstand seiner Forschungen gemacht. Vgl. dazu die *Rezension* von Karl Demeter, in: *Historische Zeitschrift*, Bd. 198 (1964), S. 677 ff.

leg bei der Besetzung und dem Besetzthalten der Führerstellen ausgewachsen. Vielleicht hätten durch eine überlegene Autorität des Königs solche Auswüchse noch rechtzeitig verhindert werden können; aber sie lagen doch im System selbst begründet, und so mußte mit dem Zusammenbruch des Heeres auch das System zusammenbrechen; und dies um so mehr, als dieses alte System bereits während der letzten paar Jahrzehnte auch in Deutschland in immer schärferen Gegensatz geraten war zu der neuen sozialen, politischen, philosophischen und pädagogischen Bewegung, als deren ideelle Repräsentanten Rousseau [20] und Voltaire gelten können, und deren sinnfälliger Ausdruck die Französische Revolution war.

Wie in Frankreich, so war auch in Deutschland ein Hauptcharakteristikum dieses neuen Zeitgeistes der Wille zur Wiederherstellung „natürlicher" einfacher Verhältnisse in allen Dingen des öffentlichen und privaten Lebens; damit verbunden die Feindschaft gegen die ständische soziale Ordnung, die man als unnatürliches Kunstprodukt des Eigennutzes einer privilegierten Schicht empfand: also Feindschaft gegen den Adel und gegen seine vorzüglichste Domäne, das Offizierskorps. Ohne auf die tieferen historisch-soziologischen Zusammenhänge dieser Zeitrichtung hier näher eingehen zu können, wollen wir dem Gesagten nur das Urteil eines der wohlwollendsten Militärgeschichtsschreiber und hohen Offiziers vom Ende des 19. Jahrhunderts hinzufügen:[21] „Ohne Zweifel lag in der Verfassung des Offizierskorps [von 1806] eine Einseitigkeit, die mit dem gesellschaftlichen Zustande der gebildeten Welt und mit dem Geiste der Zeit nicht mehr im Einklang stand. Sie förderte die Abschließung und Verknöcherung im Althergebrachten und bewirkte ein Auseinandergehen der Volkskraft, aber diese Verhältnisse hingen viel weniger von dem Offizierskorps und seinen einzelnen Mitgliedern als von der Staatsgewalt ab, die darin allein zu bessern vermocht hätte. Das Offizierskorps erntete von der Isolierung und den aus derselben auf beiden Seiten erwachsenden Vorurteilen nur Übles."

Die Staatsgewalt griff ein, als das Unglück geschehen war: Der König setzte

[20] Otto Voßler, *Rousseaus Freiheitslehre,* Göttingen 1963.

[21] Die Hauptliteratur über die preußische Heeresorganisation von 1807 ff. ist: von Scherbening und von Willisen, *Die Reorganisation der Preußischen Armee nach dem Tilsiter Frieden,* 2 Teile, in: Beihefte zum *Militärwochenblatt* (1854—1856) und (1862—1866); Georg Heinrich Pertz, *Das Leben des Feldmarschalls Grafen Neithardt von Gneisenau,* 5 Bde (Bd. 4 u. 5 gemeinsam mit Hans Delbrück), Berlin 1864—1880; Hans Delbrück, *Gneisenau,* 2. Bde, Berlin 1882; Max Lehmann, *Scharnhorst,* 2. Bde, Leipzig 1886/87 (besonders Bd. 2.); ders., *Freiherr vom Stein,* 3 Bde, Leipzig 1902—1905; Friedrich Meinecke, *Das Leben des Generalfeldmarschalls Hermann von Boyen,* 2 Bde, Stuttgart 1896—1899. Die neueren Werke sind verzeichnet bei Karl Demeter, *Scharnhorst,* in: W. Hahlweg (Hrsg.), *Klassiker der Kriegskunst* . . ., S. 227.

am 25. Juli 1807 eine Kommission ein für die Reorganisation des Heeres. Die Aufgaben dieser wichtigen Kommision, die zunächst mehr aus Gegnern als aus Freunden der Reform bestanden hatte, faßte er selbst in einem eigenhändigen Schreiben in 19 Punkten zusammen. Im Punkt 5 schnitt er die Frage der sozialen Zusammensetzung des Offizierskorps an, indem er schrieb: „Würde mit dem Eintritt der Unadligen [ins Offizierskorps] nicht eine Abänderung zu treffen sein, und solche mehr zugelassen werden müssen?" Mit diesem einen Satz, mit dieser einen bedächtigen und noch etwas nach widerwilliger Konzession aussehenden Frage ward ein gewichtiger Stein ins Rollen gebracht und begann tatsächlich eine neue Epoche des preußischen Offizierskorps und — muß man hinzusetzen — der deutschen Geschichte.

Den ersten Entwurf für die Beantwortung der königlichen Vorlage, der den Beratungen der Kommission zugrunde gelegt wurde, fertigte der reformfeindliche Oberstleutnant von Lottum. Er schrieb darin zu dem genannten Punkt 5: Nach den Erfahrungen anderer deutscher Staaten sei von der Zulassung unadliger Offiziere kein Vorteil für das Heer zu erwarten. Wenn man jedoch glaube, daß sie eine zahlreiche und einflußreiche Klasse von Staatsbürgern günstig für die Armee stimmen werde (und das scheine wohl der Fall zu sein), so würde sie in dieser Hinsicht allerdings anzuraten sein. Aber es müßten dann, so fügte er unter anderem hinzu, die jungen Leute aus solchen anständigen und gebildeten bürgerlichen Familien sein, daß durch ihre Familienverbindung keine Kollisionen für ihren künftigen Stand zu besorgen blieben. In ähnlichem Sinne äußerte sich auch der Oberstleutnant von Borstell in einer Denkschrift vom 20. September 1807. Diese Meinung von der Notwendigkeit der Zulassung Bürgerlicher zu den Offiziersstellen war weit verbreitet im preußischen Offizierskorps, wie die Zahl und der Inhalt der an die Kommission eingesandten Denkschriften und auch Boyens ausdrückliches Zeugnis beweisen. Aber ähnlich wie Lottum dem Sinne nach, so meinte auch Borstell und so werden noch viele Gesinnungsgenossen gedacht haben, man müsse den Zugang Bürgerlicher zum Offizierskorps doch in engen Grenzen halten, damit der zahlreiche arme Adel in Preußen immer die Mehrzahl darin bilde. Man wird daher auf Lottum und manchen anderen dieser Richtung genau ebenso das Wort anwenden dürfen, das Friedrich Meinecke auf Borstell gemünzt hat: Er schmückte jetzt den Grundstock seiner aristokratisch-militärischen Überzeugung mit liberalem Zierat.

Am besten werden das natürlich die erklärten Reformfreunde in der Kommission gemerkt haben, die übrigens durch entsprechende Abberufung von Reformgegnern und Nachernennung von Reformanhängern immer einheitlicher im Sinne der letzteren sich zusammensetzte. Der Lottumsche Erstentwurf mit seinen vielen Verklausulierungen wurde daher von der Kommission glatt verworfen. Die Stellunganhme, die sie nachher dem König wirklich unterbreitete, atmet deutlich den Geist Scharnhorsts und Gneisenaus, der beiden Nichtpreußen und eifrigen Anhänger der Reformbewegung. Deren Votum ist schließlich auch, z.T. wörtlich (wie namentlich in den zwei grundlegenden Einleitungssätzen) in die königliche Verordnung übergegangen, die freilich bis zu ihrer Publikation noch fast ein Jahr auf sich warten ließ: Das „Reglement über die Besetzung der Stellen der Portepeefähnriche und über die Wahl zum Offizier bei der Infanterie, Kavallerie und Artillerie", gegeben zu Königsberg, den 6. August 1808. Es beginnt: „Einen Anspruch auf Offiziersstellen sollen von nun an in Friedenszeiten nur Kenntnisse und Bildung gewähren, in Kriegszeiten ausgezeichnete Tapferkeit und Überblick. Aus der ganzen Nation können daher alle Individuen, die diese Eigenschaften besitzen, auf die höchsten Ehrenstellen im Militär Anspruch machen. Aller bisher stattgehabte Vorzug des Standes hört beim Militär ganz auf, und jeder ohne Rücksicht auf seine Herkunft hat gleiche Pflichten und gleiche Rechte . . .".

Hier wurde also auf die Verhältnisse des Offizierskorps eigentlich nur der Inhalt des ersten preußischen Reformedikts vom 9. Oktober 1807 sinngemäß angewandt, das die ständischen Unterschiede überhaupt und insbesondere die Erbuntertänigkeit des Bauernstandes aufgehoben, dem Bürger und Bauern den Erwerb adliger Güter offiziell freigegeben und dem Edelmann bürgerliche Beschäftigung erlaubt hatte, woraus sich dann logischerweise noch weitere Maßnahmen, wie die Abschaffung der Prügelstrafe im Heer und dergleichen, ergaben. Man kann, wie bei jeder großen Reform, füglich daran zweifeln, ob wir es hier wirklich nur mit einer Reform oder bereits mit einer Revolution zu tun haben, mit einer Revolution von oben. Jedenfalls bedeutete die Verordnung vom 6. August 1808, im Zusammenhang mit den übrigen Neuerungen, eine schwere Operation an dem zusammengebrochenen Körper des preußischen Staates und Heeres, mit allen krisenhaften Nachwirkungen einer solchen. Daß aber dieser gewaltsame Eingriff doch das richtige Heilmittel in letzter Stunde war, das erwiesen die nachfolgenden Siege der Befreiungskriege und die schließliche Wiederaufrichtung wie des preußischen Staates, so seines Heeres und Offizierskorps. Die Freimachung der verstopften Bahnen für den Blutumlauf war gelungen.

Den Ärzten jedoch, die dieses Werk vollbrachten, hat der wiedergenesene Patient nachher allerdings sehr gemischte Empfindungen entgegengebracht. So liest man z.B. von Borstell (der aus der Reorganisationskommission bald wieder ausscheiden mußte) in Memoiren, daß seine Augen noch viele Jahre später, nach Scharnhorsts Tod, vor Haß und Grimm funkelten, wenn er dieses Mannes gedachte. Und ein anderer Vertreter des alten Systems, der General v. Yorck, warf dem Prinzen Wilhelm, der die neuen Einrichtungen gegen ihn verteidigte, die bitteren Worte hin: „Wenn Ew. Königliche Hoheit mir und meinen Kindern ihr Recht nehmen, worauf beruhen dann die Ihrigen?" Nichts Geringeres als Jakobinertum warfen diese Kreise des entprivilegierten altpreußischen Adels und der alten Generäle den Schöpfern des Neuen vielfach vor.

Und auch der König selbst muß bald Angst vor seiner eigenen Courage bekommen haben, als er sich wieder sicherer im Sattel fühlte. Das zeigte sich so recht bei seiner Behandlung der Kadettenfrage. Scharnhorst, Gneisenau und auch Humboldt sahen in den Kadettenanstalten,[22] wie sie sich seit den Tagen des Großen Kurfürsten in Preußen (und ähnlich auch in den anderen deutschen Staaten) entwickelt hatten, die Pflanzstätten des überlebten exklusiven Standesgeistes und wünschten daher ihre gänzliche Aufhebung. Boyen aber, der Kriegsminister, zeigte sich hierin als der klügere; er wollte sie, um beim König wenigstens das Wesentliche zu erreichen, nur innerlich dem Geiste der neuen Heeresverfassung anpassen, dem Prinzip der Gleichheit vor dem Gesetz und der Weckung des Talents und der Energie. Namentlich wollte er den Kreis der Eltern, deren Kinder zur Aufnahme in das Kadettenkorps berechtigt wären, unter Betonung der Würdigkeit auf die gesamte Staatsbeamtenschaft ausdehnen. Aber nicht einmal dies gestand der König zu; er beschränkte den Kreis wieder auf das Militär: auf Offizierssöhne, deren Väter entweder vor dem Feinde geblieben sind, oder denen er dadurch einen Beweis seines Wohlwollens geben wollte. Praktisch lief das indes, mindestens noch für lange Zeit, auf die Aufnahme fast nur adliger Knaben hinaus. Denn die Offiziere, die damals (1816) bereits Kinder in dem kadettenfähigen Alter hatten, mußten doch in der Regel noch in der Zeit vor 1808 Offizier geworden sein; so wie die Verhältnisse damals lagen, waren es also beinahe ausschließlich Männer von Adel. Zieht man dies mit in Betracht, so ist klar, daß sich die Beschränkung auf die Offizierssöhne, deren Väter vor dem Feinde geblieben waren, ganz abgesehen von der Wohlwollensklausel, erst recht als Beschränkung auf adlige Söhne auswirken mußte.

Damit hatte der König also bereits selbst wieder ein Bollwerk geschaffen gegen Möglichkeiten, die sich aus seiner Verordnung vom 6. August 1808 ergeben konnten: gegen ein allzu starkes Eindringen Bürgerlicher ins Offizierskorps. Waren doch zum Ersatz der Offiziersverluste im Krieg seit Mai 1813 auf den Rat Scharnhorsts viele Hunderte „freiwillige Jäger" aus Bürgerfamilien zu Landwehroffizieren ernannt worden. Und zu Ende 1815 bestand sogar fast der dritte Teil des ganzen Offizierskorps aus solchen freiwilligen Jägern.[23] Viele

[22] Bernhard von Poten, *Geschichte des Militär-, Erziehungs- und Bildungswesens in den Landen deutscher Zunge*, Bd. 4: *Preußen* (=Monumenta Germaniae Paedagogica, Bd. 17), Berlin 1896; F. Meinecke, *Das Leben* . . ., Bd. 2, Stuttgart 1899, S. 113 ff.

[23] Nach Ottomar von der Osten-Sacken und von Rhein, *Preußens Heer von seinen Anfängen bis zur Gegenwart*, Bd. 2, Berlin 1912, S. 260.

von ihnen traten nun nach dem Friedensschluß nicht in das bürgerliche Leben zurück, das ihnen vielleicht beruflich oder aus anderen Gründen keinen Anreiz oder keine Aussichten mochte geboten haben. Die Tüchtigsten von ihnen, insgesamt etwa 1300, wurden als überzählige sogenannte „aggregirte Offiziere" den Linienregimentern zugeteilt und rückten da allmählich in die etatsmäßigen Stellen ein. Ihr soziales und geistiges Niveau war aber sehr verschieden; ja, es müssen geradezu unlautere Existenzen darunter gewesen sein[24] und „manch wundersamer Mutter Kind", um mit dem Prinzen Friedrich Karl zu sprechen. Gewiß auch z.T. unter dem Einfluß solcher Erfahrungen mit dem neuen Zuwachs ist dann alsbald im Offizierskorps eine starke Abwehrbewegung gegen diese neuen Elemente entstanden.

Jedoch konnte sich diese Abwehrbewegung nur entfalten, weil sie getragen war von der großen und immer wachsenden Welle der Restauration und Reaktion, die sich nun über die noch junge Saat der Reform ergoß. Das Junkertum im preußischen Offizierskorps war, nach den deprimierenden Eindrücken der alles mit sich reißenden Katastrophe von 1806, durch die darauf folgenden Befreiungskriege und Siege, an denen es sein redlich Teil hatte, wieder zum Bewußtsein seines Eigenwertes erwacht; naturgemäß suchte es daher die Schlappe, die es in der Reformgesetzgebung erlitten hatte, wieder wettzumachen und seine frühere Position nach Kräften wieder zurückzugewinnen. Nach der Befreiung und Wiederaufrichtung des Staates entbrannte alsbald im Innern ein zäher Kampf um die Vorherrschaft. Denn bedroht war diese Vorherrschaft für den Adel ernstlich. Das zeigte sich vielleicht am deutlichsten im Offizierskorps. Bestand dieses doch — ohne die Landwehr, die ja fast ganz, auch hinsichtlich der Offiziersstellen, in bürgerlichen Händen war — im Jahre 1817 (nach der Rangliste)[25] aus 4138 Adligen und 3367 Bürgerlichen; 1818 war das Verhältnis sogar noch ungünstiger für die ersteren: 3828 Adlige gegen 3350 Bürgerliche; und im folgenden Jahre 3605 : 3053. Das Junkertum hatte also nur noch eine ganz knappe Mehrheit über die Roture. Daß es sich gegen diese unmittelbare Gefahr einer völligen Überflügelung nun mit allen Mitteln wehrte, ist begreiflich genug. Zwar war die Gärung in ihm[26] in diesen Jahren noch derart, daß aus ihr sowohl eine Entwicklung nach rechts wie nach links hervorgehen konnte. Aber man möchte fast sagen: Mit der zwingenden Logik

[24] Vgl. F. Meinecke, *Das Leben . . .*, Bd. 2, S. 49, und Prinz Friedrich Karls von Preußen handschriftlichen Aufsatz über *Entstehung und Entwicklung des preußischen Offiziersgeistes*, in: Karl Demeter, *Das deutsche Offizierskorps . . .*, Dokumenten-Anhang Nr. 1, S. 233—241.

[25] Vgl. dazu Johann Friedrich Benzenberg, *Über Preußens Geldhaushalt und neues Steuersystem*, Leipzig 1820, S. 4—12.

[26] Nach F. Meinecke, *Das Leben . . .*, Bd. 2, S. 313.

eines Naturgesetzes mußte das Pendel nach etwa zehnjähriger Linksbewegung nun wieder nach rechts ausschlagen.

Die Intensität dieser rechtsgerichteten Tendenz wurde allerdings in hohem Grade durch ein anderes Moment mitbestimmt, dessen Ursprung außerhalb des Militärischen, Politischen und Sozialen lag: durch die Romantik. Nicht bloß als literarisch-künstlerische, sondern vielmehr als eine allgemein geistig-seelische Bewegung von weitestem Aktionsradius ist diese richtig zu verstehen. Vieldeutig-genial, wie sie sich gab, bald ins Künstlerische, bald ins Wissenschaftliche, bald ins Politisch-Soziale, bald ins Religiöse hineinspielend, ist doch die Verherrlichung des christlich-germanischen Rittertums und der patriarchalisch-korporativen Institutionen der deutschen Vergangenheit ein deutlich erkennbarer gemeinsamer Zug dieser romantischen Bewegung.[27]

Wenn sie das Germanische in seiner Reinheit darstellen, Glauben, Zucht und Sitte der Ahnen auf allen Gebieten des Lebens wieder erwecken wollte, so lief das jedoch — so wie es gemeint war — praktisch auf eine Wiederherstellung der alten ständischen Einrichtungen in Staat und Gesellschaft — oder auch des alten Reiches hinaus — letzteres wohl namentlich im Westen und Süden des deutschen Landes, hier gefördert auch durch die katholische und katholisierende Richtung der Romantik, während der Akzent auf den ständischen Sozialgedanken wohl mehr im Osten gelegt wurde mit seiner viel jüngeren, weniger gefestigten und überhaupt etwas fragmentarischen Reichstradition. Andererseits mußte aber gerade hier im Osten, in den preußischen Kernlanden, die Verherrlichung der ständischen Idee eine Negierung dessen nach sich ziehen, was der staatsbildende Absolutismus des 17. und 18. Jahrhunderts geschaffen hatte, eine Auflösung also der staatlichen Einheit Preußens zugunsten der aristokratischen und korporativen Sonderrechte. Diese Tendenz war ja von dem Staatsrechtslehrer Haller geradezu zur Doktrin erhoben worden und fand beim Kronprinzen und nachmaligen König Friedrich Wilhelm IV. samt dessen Freunden (der späteren Kamarilla) gläubige und einflußreiche Anhänger. Damit indes diese romantischen Gedankengänge auch rechtmäßig in die Wirklichkeit hätten umgesetzt werden können, dazu war die Zeit, wo sie aufgehört hatte, Wirklichkeit zu sein, dem Bewußtsein noch zu nah, und waren die Gegenkräfte doch zu stark.

[27] Vgl. u.a. Friedrich Meinecke, *Weltbürgertum und Nationalstaat,* 6. Aufl., München 1922, neu hrsg. von Hans Herzfeld, München 1963; und ders., *Das Zeitalter der Restauration* (zuerst 1906), wieder in: Ders., *Historische und politische Aufsätze,* München-Berlin 1918, S. 167—177; Hans Joachim Schoeps (Hrsg.), *Aus den Jahren preußischer Not und Erneuerung. Tagebücher und Briefe der Gebrüder Gerlach und ihres Kreises 1805-1820,* Berlin 1963. Ferner K. Demeter, *Scharnhorst . . .,* S. 211 ff.

Aber wie in der Politik, wo treues Zusammengehen mit dem Österreich Metternichs nach 1819 als Losung galt, und wie in der Behandlung der Agrarfrage die gutsherrliche Auffassung wieder starke praktische Erfolge errang, so regte sich auch im Offizierskorps der Linie mehr und mehr seit Boyens Abgang aus dem Kriegsministerium (1819) eine Aktivität in der Richtung, nicht bloß jene unlauteren Elemente auszumerzen, von denen wir gehört haben, sondern überhaupt die „unpassenden", d.h. bürgerlich-liberalen Elemente[28] bei dem ohnehin so spärlichen Avancement nicht aufkommen zu lassen. An all diesen Tendenzen hat die nochmalige Berufung Boyens ins Kriegsministerium (1840—1848) ebensowenig zu ändern vermocht, wie die Revolution von 1848. Letztere namentlich ist spurlos an den tatsächlichen Verhältnissen des preußischen Offizierskorps vorübergegangen, wenn sie nicht geradezu den Abwehrwillen gegen die liberale Gedankenwelt noch gestärkt und die Interessengemeinschaft zwischen Krone und Adel überhaupt wieder deutlicher zum Bewußtsein gebracht und geweckt hat.

Auch wurde die innere Spannung im damaligen Offizierskorps sicher von beiden Lagern aus — wenn dieser Ausdruck nicht etwas allzu kriegerisch klingt — gestärkt und gesteigert. Als nämlich, so erzählt uns der Prinz Friedrich Karl von Preußen in einem Essay,[29] die Übriggebliebenen jener freiwilligen Jäger usw. endlich etwa in den vierziger Jahren und später (also bis vor etwa fünf Jahren [= etwa 1855!] allmählich in die einflußreichen Regimentskommandeur- und höheren Stellungen gerückt waren, da seien sie bei der Annahme von Offiziersaspiranten unverantwortlich lax verfahren, so daß wieder manch seltsamer Mutter Kind Offizier wurde. Er schildert dann die Erschwerung für arme Adlige und arme Offizierssöhne, die Offizierslaufbahn zu ergreifen, und wie man schließlich, etwa von 1845 bis 1860, die Offiziere da hernehmen mußte, „wo man sie nur annähernd zu finden glaubte: Es wurden junge Bürgerliche in bis dahin nicht gekannter Zahl eingestellt, und was vom Adel entnommen wurde, waren leider jetzt nur zu oft die Dümmsten der Söhne, die sonst nichts

[28] Bei dem großen Mangel an monographischer Literatur über diese Dinge muß es bis auf weiteres eine offene Frage bleiben, einerseits wie weit die bürgerlichen Offiziere im preußischen Heere etwa in den drei bis vier Jahrzehnten nach der Stein-Hardenbergschen Reform aus den Kreisen des landwirtschaftlichen Großgrundbesitzes stammten, der ja in dieser Periode vielfach in bürgerliche Hand übergegangen ist, und andererseits, wie sich der Adel im Offizierskorps damals auf den adligen Großgrundbesitz und auf den Beamtenadel verteilte.

[29] Siehe Wolfgang Foerster, *Prinz Friedrich Karl von Preußen. Denkwürdigkeiten aus seinem Leben,* 2 Bde, Stuttgart-Leipzig 1910; vgl. auch den bei K. Demeter, *Das deutsche Offizierskorps . . .,* im Dokumenten-Anhang Nr. 1, S. 233—241, abgedruckten Essay, der im übrigen als eine in historisches Gewand gekleidete Selbstverteidigung des Prinzen gegen seine Widersacher aufzufassen ist.

lernen mochten und dergleichen. Auch unsere militärischen Erziehungsanstalten wurden um diese Zeit (und sind es [1860] noch) sämtlich mangelhafter. Im Berliner Kadettenkorps wurde mehrfach gestohlen."

Wie verschieden aber selbst damals von Leuten, die in leitender Stellung doch einen Überblick haben mußten, die Dinge in ihrer Verwirklichung und Schwankung beurteilt wurden, das zeigt uns eine Äußerung des Feldmarschalls Edwin v. Manteuffel, eines persönlichen Widersachers des Prinzen Friedrich Karl, die gerade entgegengesetzt von einer „Bevorzugung unfähiger Adliger" im Offizierskorps von 1840 bis 1857 Kunde gibt, also unter Friedrich Wilhelm IV. Regime. Schmoller[30] nämlich berichtet uns, daß Manteuffel ihm oft erzählte, wie er 1850 bis 1867 als Chef des Militärkabinetts die Armee von ihnen reinigen mußte. Er sagte oft: „Das war meine größte politische Tat; ohne diese Reinigung wären die Siege von 1864, 1866 und 1870 nicht erfolgt; das Offizierskorps war Anfang der fünfziger Jahre viel schlechter als 1806."

Nicht so schroff in der Form, aber im gleichen Sinne, und nur viel ausführlicher und anschaulicher äußert sich ein anderer Historiker, der ebenfalls durch den nahen Verkehr mit den handelnden Persönlichkeiten sowie durch seine wissenschaftliche Urteilskraft in der Lage war, die Dinge so zu sehen, wie sie wirklich waren: Theodor von Bernhardi.[31] Er notierte in seinem Tagebuch am 18. Mai aus Berlin: „... Abends Major v. Schweinitz bei uns. Viel über Politik und unsere Armee gesprochen. Schweinitz hat etwas wunderliche Manieren — ist bei alledem ein gebildeter Mann. Als Ingenieur neigt er wohl eher, wie der Geist des Corps, etwas auf die liberale Seite; aber er hat gelernt, im Sinn der Kreuzzeitung zu sprechen. Die Regimentskommandeure machen Schwierigkeiten, Bürgerliche als Fähnriche anzunehmen; sie sind dahin instruirt! — Man will, wie in der guten alten Zeit, soviel als möglich nur Edelleute zu Offizieren haben. Schweinitz führt dafür unpolitische Gründe an. Man will bemerkt haben, daß bürgerliche Offiziere die leichtsinnigsten Schuldenmacher sind — Edelleute, d.h. arme Offizierssöhne, sind von Kindheit an an Entbehrungen gewöhnt. — Es ist im Werk, die Cadetten-Corps zu erweitern, um womöglich das Offiziers-Corps ganz aus Cadetten zu ergänzen — (das beste Mittel, das Heer dem Lande ganz zu entfremden; das will man auch — obgleich man wissen müßte, daß es das Heer auch wieder verhaßt machen würde im Lande, wie vor 1806 — und in solchen unseligen, kranken Zuständen sucht man Stützen des Thrones). — Die Bürgerlichen, die Militärs werden wollen, drängen sich zur Artillerie und zum Ingenieurs-Corps, weil sie anderswo kein Unterkommen

[30] G. Schmoller, *Die preußische Wahlrechtsreform* ... (s.o. Anm. 8).

[31] Friedrich von Bernhardi (Hrsg.), *Aus dem Leben Theodor von Bernhardis*, Teil 2, Leipzig 1893, S. 231.

finden. Das ist Leuten, wie Schweinitz, sehr unangenehm — denn die Folge ist, daß nach wie vor Artilleristen und Ingenieure nicht für voll angesehen, und geringer geachtet werden als die übrige Armee. — Das geht so weit, das Prinz Karl, als er zum Feldzeugmeister ernannt war, von der Königin und den Prinzessinnen in der liebenswürdigsten Weise geneckt wurde über diesen tiefen Fall zur Artillerie!"

Um den letzten Punkt dieser aufschlußreichen Niederschrift eines zeitgenössischen Kenners der Verhältnisse noch besonders herauszugreifen, so stand die Herkunft des Offiziersersatzes der Artillerie, noch mehr als bei den Ingenieurkorps, genauso wie im 18. Jahrhundert in einem merkwürdig krassen Gegensatz zur Infanterie und Kavallerie. Hier im allgemeinen eine ausgesprochene Bevorzugung des Adels, und dort waren „die Söhne von Briefträgern, Festkondukteure, Steueraufseher, Toreinnehmer, verunglückte Studenten, Postschreiber usw. nicht selten vorhanden; die Artillerie war das willkomene Ablager aller der Individuen, welche bei den anderen Waffen keine Aufnahme finden konnten". Der damalige Generalinspekteur der Artillerie von Hahn, der selbst diesen Zustand beklagte,[32] sah sich daher, zur Hebung des Ansehens seiner Waffe, in einem besonderen Erlaß an die vier ihm unterstellten Artillerieinspektionen genötigt, für die Auswahl der Offizierskandidaten strengere Grundsätze aufzustellen, die sich auch auf das soziale Gebiet erstreckten.[33] Dieses Streben, auch die Artillerie in ihrem Offizierskorps auf ein höheres soziales Niveau zu bringen, ist geglückt. Denn bekanntlich gehörte sie in den letzten Jahrzehnten vor dem ersten Weltkrieg, seit der Entwicklung und Höherschätzung der Technik in der gesamten Gesellschaft, durchaus zu den bevorzugten Waffen und fühlte sich sogar vielfach vornehmer als z.B. die Infanterie. Nur hat sich später ein gewisser, vielleicht doch auch sozial mitbedingter Gegensatz zwischen Feld- und Fußartillerie herausgebildet.

Überhaupt war ja die alte Rivalität zwischen den einzelnen Waffengattungen, wie sie sich von harmlosen gegenseitigen Neckereien bis zu ernsteren beruflichen und gesellschaftlichen Konflikten zuweilen steigerte, für den kritischen Beobachter sehr auffallend. Dieser soziologisch interessante Zug ist logisch nicht zu erklären, sondern nur historisch durch die Tradition eines sozialen Gefühlskomplexes aus einer längst vergangenen, d.h. verwandelten Tatsachenwelt. Wir werden auf diese Zusammenhänge später zurückkommen; nur möchte

[32] In einem Privatbrief, datiert Berlin, 29. Januar 1855, an einen Ungenannten, wahrscheinlich an den Kriegsminister. Akten des Militärkabinetts, I. I. 15. Vol. 1, im Preußischen Geh. Staatsarchiv.

[33] Datiert Berlin, 26. September 1854, in die Akten *ebda.* gelangt als Anlage zu dem Brief in Anmerkung 32 vom 29.1.1855.

ich gleich hier noch auf zwei Parallelen zu diesem Phänomen aufmerksam machen, weil sie es dem Gesichtskreis des Nichtmilitärs näherrücken; das ist einmal die Rivalität zwischen den verschiedenen akademischen Fakultäten, wo sich etwa die Juristen oft für etwas Besseres und Vornehmeres halten als z.B. die Nationalökonomen oder gar als die Historiker. Und die gleiche Erscheinung begegnet uns auch in der Arbeiterschaft, in der sich z.B. der Schriftsetzer erhaben dünkt über den Weber und überhaupt über die meisten seiner „Klassengenossen". Es sind Durchbrechungen oder nennen wir es Differenzierungen des sozialen Solidaritätsgefühls, die sich aber unter Umständen sehr störend bemerkbar machen.

Letzteres war besonders der Fall bei dem in der Regel gespannten Verhältnis zwischen dem Offizierskorps der Linie und dem der Landwehr: vom beruflichen Fachstandpunkt aus betrachtet, gewiß begreiflich; denn normalerweise konnte der Landwehroffizier als Soldat und Vorgesetzter damals kaum je dasselbe leisten wie der Linienoffizier, der dem militärischen Beruf sein ganzes Leben widmet. Aber daneben spielte hier doch stark ein sozialer Gegensatz mit, insofern der Landwehroffizier meist aus bürgerlichen und nicht selten aus kleinen Verhältnissen stammte und deswegen vom aktiven Offizierskorps mit seinem vorwiegend adligen Einschlag und Habitus nicht für voll angesehen wurde. Diese Gegensätze bildeten ja von Anfang an einen wunden Punkt in dem Heeresreformwerk Boyens; z.T. auch an ihnen ist ja schließlich seine Schöpfung gescheitert.

Die vom Prinzen von Preußen schon seit seiner Koblenzer Zeit gedanklich vorbereitete[34] Heeresorganisation von 1860, die das gesonderte Landwehrsystem aufgab und es in das aktive stehende Heer mit einbaute, ist nur die letzte Konsequenz aus dem unhaltbar gewordenen Zustand. Sie gipfelte in der Weiterentwicklung des Scharnhorstschen Gedankens der allgemeinen Wehrpflicht durch eine der inzwischen gestiegenen Bevölkerungsziffer entsprechende verstärkte Rekruteneinstellung. Außerdem war damit eine Vermehrung wie des gesamten Heeres, so auch des Offizierskorps auf fast das Doppelte verknüpft, die erste große Vermehrung seit dem Tilsiter Frieden, deren Notwendigkeit sich aber schon bei der Mobilmachung von 1850 gezeigt hatte, indem Linien- wie Landwehrkompanien nur mit ein bis zwei Leutnants statt mit vier versehen werden konnten. In viel stärkerem Maße als der innere Umbau ist es die gewaltige Vergrößerung der Stellenzahl, die den sozialen Charakter des preußischen Offizierskorps nun entscheidend beeinflußt und namentlich die gesellschaftlichen Kreise erweitert und im ganzen mehr und mehr verändert hat, aus

[34] Nach Walther Freiherr von Löe, *Erinnerungen aus meinem Berufsleben, 1849–1867*, 2. Aufl., Stuttgart-Leipzig 1906, S. 49 f.

denen der junge Nachwuchs künftig herkam. Auch die Verjüngung des Offizierskorps in den höheren Stellen durch Edwin von Manteuffel als Chef des Militärkabinetts wirkte im selben Sinne (vgl. oben), wobei sich jedoch die Entscheidung nach sorgfältiger Prüfung in jedem Falle der König mit seiner umfassenden Personalkenntnis selbst vorbehielt.

Um auch nur einen erheblichen Teil der neugeschaffenen Stellen zu besetzen, mußte man jetzt wirklich, und zwar in ganz anderem Außmaß als in den vorigen beiden Jahrzehnten (vgl. oben), die Offiziere überall da hernehmen, „wo man sie nur annähernd zu finden glaubte". Ein Teil wurde aus den oberen Klassen der Kadettenanstalten genommen,[35] ein keineswegs durchaus einwandfreier Ersatz, wenn wir der oben wiedergegebenen Schilderung des Prinzen Friedrich Karl aus dem Jahre 1860 glauben wollen. Einen anderen Teil stellten übertretende Landwehroffiziere. Auch über sie haben wir aus der Feder des Prinzen Friedrich Karl ein in seinem Maßstab gewiß einseitiges, aber vielleicht gerade dadurch für die Anschauungen der Generalität charakteristisches, und zwar substantiiertes Urteil. Betrifft es auch nur die ihm unterstellte Division, so darf ihm doch eine gewisse allgemeinere Bedeutung nicht abgesprochen werden:

„Es sind z.T.", schreibt er, „junge Männer von ca. 30 Jahren, die sich in völlig unabhängiger, angenehmer Lebenslage befinden. Sie waren größtenteils im vergangenen Jahre lange eingezogen, haben Bekanntschaften in den Offizierskorps gemacht und Lust am Stande gefunden. Diese sind wohl kein fremdes Element, sondern zum Teil ein Gewinn, eben wie eine größere Anzahl anderer, die bereits Auskultatoren, Referendarien, sogar Assessoren sind. Auch sie haben schon früher (1859) festen Fuß in meinem Offizierskorps gefaßt und sind gern gelitten, weil sie eine hübsche, ja seltene Bildung haben und nicht ohne Vermögen sind. Ich habe sie schnell zu Offizieren befördern können, Examina werden beim Militär nachträglich nicht verlangt, equipirt sind sie, Gehalt bekommen sie beim Militär auch, was eine angenehme Hülfe für sie ist und das sie bis zum 30. Jahre vielleicht entbehren müßten, wenn sie in der Civilkarriere verblieben, und so macht sich ihr Übertritt zu beiderseitiger Freude. Eine dritte Kategorie aber sind die übrigen, die Hälfte aller etwa. Sie haben ihre subalternen und Inspektor-Stellen u.dgl. durch die vorjährige Einziehung eingebüßt, finden das Leben als Offiziere angenehmer und einträglicher und bleiben deshalb Soldat. Ins Herz kann man ihnen nicht blicken, aber Einige denken gewiß so.

[35] Max Lenz, *Geschichte Bismarcks*, Leipzig 1902, schießt doch wohl über das Ziel hinaus, wenn er auf S. 116 ff. meint, die Reorganisation von 1860 sei ganz zugunsten des Adels durchgeführt worden; geflissentlich seien die Landwehroffiziere und die bürgerlichen Offiziersaspiranten zurückgesetzt oder abgewiesen und die obersten Klassen der Kadettenhäuser geleert worden, um den Söhnen der Militärfamilien die neuen Stellen zu sichern. Leider sind die quellenmäßigen Unterlagen nicht genannt, auf die sich dieses Urteil stützt.

Übel, daß sie so denken, aber Wehe ihnen, wenn sie es zeigen. Diese Klasse wird mit einem gewissen Mißtrauen und ungern aufgenommen. Aber darin liegt die Garantie, daß sie *jetzt* nichts verdirbt, und die Stabsoffiziere sagen selbst, daß doch in den Offizierskorps jetzt schon manche Elemente sind, die an Erziehung und Bildung diesen nicht vorzuziehen sind."

Nicht minder interessant durch die Nuancen des Ausdrucks wie durch die Mitteilung konkreter Tatsachen, gibt diese Charakteristik einen wertvollen Einblick, glaube ich, in die sozialen Stimmungen und Strömungen maßgebender Kreise; und dies von einem verhältnismäßig so selbständig denkenden Manne wie dem „roten Prinzen"! Da ist man versucht zu sagen: Wenn das am grünen Holz geschieht ... Und man wundert sich schließlich nicht mehr, wenn der Kommandierende General v. Schack in Magdeburg, ein Freund Edwin v. Manteuffels, in einem Atemzug „Ärzte, Subalternbeamte, Ökonomen oder richtiger gesagt reich gewordenen Bauern, und vorwiegend Prediger" zu jenen gewissen „anderen Ständen" rechnet, „welche nur ausnahmsweise brauchbares Material für den Offiziersstand liefern".[36]

Die Kriege von 1864 und 1866 haben natürlich erst recht solche sozialen Elemente ins Offizierskorps gebracht, die vorher in der Infanterie und Kavallerie doch seltener vorkamen. Man hat sich daher alsbald auch im Militärkabinett und Kriegsministerium darüber Sorgen gemacht, ob dadurch nicht die alten „ritterlichen" Grundlagen des preußischen Offizierskorps gefährdet würden. Diesen Sorgen und Erwägungen verdanken wir eine statistische Übersicht über die „Offiziersaspiranten, welche in den Jahren 1862/63, 1863/64 und 1866/67 durch die Ober-Militär-Examinations-Commission gegangen sind, geordnet nach den socialen Stellungen ihrer Väter", aufgestellt im Oktober 1867.[37] (In den Akten die erste richtige moderne Statistik — auch ein Zeichen der Zeit, die so viel nüchterner, realer, aber auch genauer und rechenhafter in ihrem Handeln geworden war als die Ära Boyens und des Biedermeier). Danach haben an der Portepeefähnrichsprüfung in den drei genannten Jahren insgesamt teilgenommen (siehe die TABELLE auf der folgenden Seite).

Interessant ist an dieser Statistik zunächst allgemein, daß der Gliederung in Adlige und Bürgerliche eine andere gegenübergestellt ist „nach den socialen

[36] Schreiben vom 19.5.1862 an Manteuffel. In den Akten des Militärkabinetts I. I. 15 Vol. 1.

[37] Im Preußischen Geh. Staatsarchiv, Akten des Militärkabinetts I.I.15. Vol. 1. Die Gliederung nach solchen, a) die aus dem Kadettenkorps zur Prüfung gelangt sind, b) die von den Truppenteilen zur Portepeefähnrichsprüfung angemeldet wurden, und c) nach Abiturienten mit dem Reifezeugnis, sowie die Gliederung nach den einzelnen Jahren lasse ich hier weg und beschränke mich auf die Gesamtzahlen. Hier ist dem Aktenschreiber bei der Prozentzahl der Söhne von Offizieren ein Irrtum unterlaufen: Es muß in der letzten Spalte 33 Prozent statt 23 Prozent heißen.

Stand des Vaters	1888	1899	1903	1904	1905	1906	1907	1908	1909	1910	1911	1912	1913
1. Regierende Häuser und Standesherren	—	—	—	1	—	1	1	3	2	1	1	—	—
2. Aktive und inaktive Offiziere	252	342	295	337	267	260	302	268	292	262	318	290	279
3. Höhere Beamte, Geistliche, Rechtsanwälte, Zivil- und Militärärzte, Professoren	235	307	303	279	329	282	270	279	319	369	450	471	459
4. Gutsbesitzer	147	131	96	100	99	111	93	83	95	85	93	93	107
5. Gutspächter und -verwalter	20	40	12	24	30	18	18	22	17	28	26	20	28
6. Kaufleute und Fabrikbesitzer	79	122	128	161	148	146	143	155	152	184	186	182	183
7. Subalternbeamte und Unteroffiziere u. ä.	59	20	19	31	46	25	37	34	48	53	64	56	49
8. Sonstige Private	41	100	44	50	39	73	56	63	49	65	90	69	70
Gesamtzahl der Kriegsschüler	833	1062	897	983	958	916	920	907	974	1047	1228	1181	1175

Stellungen der Väter". Der soziale Umschichtungs- und Differenzierungsprozeß seit der Abschaffung der Adelsprivilegien war also bereits so weit fortgeschritten, daß die Zugehörigkeit zum Adel oder zum Bürgertum nicht mehr ohne weiteres identisch war mit der sozialen Rangstufe, die der einzelne einnahm; und zwar dürfen wir dies nach beiden Seiten hin als gültig ansehen. Deswegen gibt die zweite Statistik über das soziale Milieu, aus dem die Neueintretenden stammen, viel mehr Aufschluß als die erste. Im übrigen stellen die beiden Zahlenreihen zwei Kreise dar, die sich weit ineinanderschieben: In den Zahlen der Söhne von Offizieren, von Gutsbesitzern und — in geringerem Ausmaß — von höheren Beamten dürfen wir wohl hauptsächlich die Adelsziffer der ersten Statistik verteilt sehen. Es sind dieselben Kreise, die fortan in den internen militäroffiziellen Verlautbarungen gemeint sind, wenn vom „guten, altpreußischen Offiziersersatz" die Rede ist. Nur kommen dazu dann noch die Söhne von Geistlichen, (akademisch gebildeten) Lehrern, Rechtsanwälten und Ärzten, die sich früher nur vereinzelt eingefunden hatten, seit den sechziger Jahren aber in ziemlich großer Zahl eintraten. Als ungünstig wurde dieser Zuwachs nicht betrachtet.

Jedoch gegen die Söhne von Kaufleuten und Gewerbetreibenden, die sich jetzt ebenfalls im Gegensatz zu früher fast zu jedem Termin meldeten, hegte man noch großes Mißtrauen; man vermutete, daß sie „durch das schnellere Avancement der letzten Zeit angelockt wurden und ein besseres Geschäft in der Armee als anderweitig zu machen glauben". So dachte man vor der Gründung des neuen Reichs und vor dem wirtschaftlichen Aufschwung Deutschlands über die kapitalistische Bourgeoisie, die später in den vornehmeren Waffengattungen und für Heiratskandidaten eine so große Rolle spielte. Ob es sich bei diesen „Kaufleuten und Gewerbetreibenden" um Einzel-Händler und dergleichen oder um sozial bereits höherstehende Grossisten und Fabrikanten handelte, wird überhaupt nicht erörtert und unterschieden; die ganze Gattung vom Wirtschaftsleben wird noch nicht mit dem späteren materiellen Maßstab gemessen, steht noch auf niedriger sozialer Rangstufe und gehört noch nicht zu den Quellen des „guten" Offiziersersatzes. Aber man mußte diese Leute doch nehmen, wenn sie den sonstigen Bedingungen entsprachen, um den steigenden Bedarf einigermaßen zu decken.

Denn der altpreußische Ersatz ist unter den Offiziersaspiranten im Laufe des 7. Dezenniums des 19. Jahrhunderts prozentual zurückgegangen. Das ergibt sich aus folgender Tabelle.[38]

[38] Zusammenstellung des Allgemeinen Kriegsdepartements im preußischen Kriegsministerium, datiert Berlin 21. März 1870, und Stellungnahme des Militär-Kabinetts dazu vom 28. gleichen Monats im Preußischen Geh. Staatsarchiv, Akten des Militär-Kabinetts, I. I. 15. Vol. 1.

	1860	1861	1862	1863	1864	1865	1866	1867	1868	1869
Es sind Offiziersaspiranten eingetreten	774	631	604	521	553	562	757	724	785	683
Darunter altpreußischer Ersatz	690	552	516	460	462	473	629	565	610	532
Prozentsatz des altpreußischen Ersatzes von den Eingetretenen	89	87,5	85,4	88,3	83,5	84,1	84,4	78,4	77,7	77,8

Die Aufnahme der bundesstaatlichen Elemente und die Einverleibung der neuen Provinzen in das preußische Staatsgebiet hat auf die Entwicklung dieser Ersatzverhältnisse im preußischen Offizierskorps offenbar einen gewissen, aber doch nur geringen Einfluß ausgübt. Denn im Jahre 1867 befanden sich unter den Examinanden nur 36 Hannoveraner, 14 Hessen, 16 Nassauer, 10 Schleswig-Holsteiner und 3 Lauenburger; ferner aus den anderen Ländern des Norddeutschen Bundes 47 und dazu 5 Ausländer. Dagegen ist die Zahl der Söhne von Subalternbeamten, Kaufleuten, Gewerbetreibenden und Rentiers von 1863 bis 1866 allein von 8 auf 18 Prozent gestiegen. Wenn im Jahre 1860 690 Offiziersaspiranten altpreußischen Ersatzes eintraten, so hätten es im Verhältnis zu der Vergrößerung des Offizierskorps im Jahre 1869 ungefähr 1000 sein müssen; es sind aber nur 532 eingetreten. Der altpreußische Ersatz von 1869 hat sich mithin gegen 1860 ungefähr um die Hälfte relativ verringert.

Fast das gleiche Verhältnis ergibt sich, wenn man die Zahl der Offiziere adligen Herkommens in den beiden Vergleichsjahren einander gegenüberstellt: 1860 waren es 4286 (1843 etwas weniger: 4230); da die Offiziersstellen mittlerweile fast verdoppelt wurden, hätten es 1869 ungefähr 8400 Adlige sein müssen; tatsächlich waren es aber nur 5455. Gleich nach der Heeresreorganisation und -vermehrung von 1860/61 fiel es den Regimentskommandeuren, die „mit alten Ideen über die Wahl der Offiziersaspiranten noch zu sehr verwachsen" waren, „noch schwer, bei Wahl der Aspiranten in alle die Schichten der Gesellschaft überzugehen, aus denen junge Leute für den Offiziersstand sich melden." Die Truppen müssen sich zu helfen suchen, meint der Kommandierende General des I. Armeekorps, v. Werder, zu Edwin v. Manteuffel.[39] Sie haben sich auch geholfen, wie uns die Statistiken gezeigt haben, aber so, daß Wilhelm I., auf

[39] Brief von Werders an Manteuffel, datiert Königsberg, 13.5.1862. Akten des Militärkabinetts, I. I. 15. Vol. 1 im Preußischen Geh. Staatsarchiv.

dessen persönliche Initiative doch das ganze Reorganisationswerk mit seinen weitreichenden Folgen zurückzuführen ist, sich Anfang 1870 über „die in mehreren Garnisonen sichtlich sich verschlechternde Haltung der jüngeren Offiziere" in gesellschaftlicher Beziehung beklagte und auf den unersetzlichen Wert einer guten häuslichen Erziehung, eines angeborenen anständigen Sinnes und möglichst der Offizierstradition der Vorfahren glaubte hinweisen zu müssen. „Es versündigt sich jeder Kommandeur schwer an der Armee (die ihn groß gezogen), wenn er durch Annahme ungeeigneter Offiziersaspiranten dazu beiträgt, den wohlbegründeten Ruf des Offiziersstandes zu beeinträchtigen."[40]

Natürlich waren solche wohlgemeinten Ermahnungen nur nutzlose Schläge ins Wasser. Der Bedarf war eben größer als das „gute altpreußische" Angebot, und so mußten sich die Regimentskommandeure nach wie vor „zu helfen suchen" durch Übergreifen zu anderen Gesellschaftsschichten als den herkömmlichen. Und im Kriege 1870/71 sah Wilhelm I. selbst ein, daß er von keinem Vorgesetzten verlangen könne, „daß er Offiziere schafft, wo es keine gibt", und nur dafür machte er jetzt alle Vorgesetzten noch „verantwortlich, daß die Anforderungen an die Ehrenhaftigkeit eines Offiziers überall und in aller Strenge aufrechterhalten werden".[41] Preußen trachtete damals nämlich „wenigstens einigen Ersatz für die vielen entstandenen Vakanzen" in den Offizierstellen zu beschaffen, und stellte inaktive und Landwehroffiziere an. Darunter waren indes mehrfach solche, „bei denen sowohl ihre Vergangenheit wie die Art ihres Ausscheidens aus der Armee dies unzulässig machte".[42]

So berechtigt derartige Beanstandungen im Einzelfall sicherlich waren, so hat im allgemeinen doch eben dieser siegreiche, freilich relativ nur kurze Feldzug die Kriegstüchtigkeit und Siegesfähigkeit auch des neuen, sozial nicht mehr homogenen Offizierskorps erwiesen, mithin faktisch durch den erneut gesteigerten Bedarf an Offizieren und prinzipiell durch das *argumentum ex eventu* die Verbürgerlichung des preußischen Offizierkorps (wobei wir den Ausdruck zunächst rein äußerlich aufgefaßt wissen wollen) weiter befördert. Aber ebenso wie die überkommene Terminologie von der „ritterlichen Genossenschaft des Offizierskorps" trotzdem aufrechterhalten blieb — mit welchem Recht, soll uns später noch beschäftigen —, so verstummen in den folgenden Jahrzehnten auch nicht die Klagen über den fortdauernden Rückgang der Qualität des Offiziersersatzes (Qualität sowohl im moralischen als auch im sozialen Sinne verstanden).

[40] Ordre an das Kriegsministerium vom 24. 2. 1870. Akten des Militär-Kabinetts I. I. 15. Vol. 1 im Preußischen Geh. Staatsarchiv.

[41] A.K.O. vom 5.11.1870 aus Versailles an das stellvertretende Generalkommando 9. Armee-Korps. Akten des Militär-Kabinetts I. I. 15. Vol. 1 im Preußischen Geh. Staatsarchiv.

[42] A.K.O. vom 23.4.1872 an das Kriegsministerium. *Ebda.* wie in Anm. 40.

Jedoch wurden diese *beiden* Gesichtspunkte, das Moment der Ritterlichkeit vereint mit dem Hinabsteigen in tiefere soziale Schichten, in gewisser Weise sanktioniert durch Kaiser Wilhelm II. Gleich im Anfang seiner Regierung, der ja auch sonst durch die bekannten sozialpolitischen Erlasse charakterisiert wird, erklärte der „soziale Kaiser" durch Ordre vom 29. März 1890:[43] „Der gesteigerte Bildungsgrad unseres Volkes bietet die Möglichkeit, die Kreise zu erweitern, welche für die Ergänzung des Offizierskörps in Betracht kommen. Nicht der Adel der Geburt allein kann heutzutage wie vordem das Vorrecht für sich in Anspruch nehmen, der Armee ihre Offiziere zu stellen. Aber der Adel der Gesinnung, der das Offizierkorps zu allen Zeiten beseelt hat, soll und muß demselben unverändert erhalten bleiben. Und das ist nur möglich, wenn die Offizieraspiranten aus solchen Kreisen genommen werden, in denen dieser Adel der Gesinnung zu Hause ist. Neben den Sprossen der adligen Geschlechter des Landes, neben den Söhnen Meiner braven Offiziere und Beamten, die nach alter Tradition die Grundpfeiler des Offizierkorps bilden, erblicke Ich die Träger der Zukunft Meiner Armee auch in den Söhnen solcher ehrenwerter bürgerlicher Häuser, in denen die Liebe zu König und Vaterland, ein warmes Herz für den Soldaten und christliche Gesittung gepflanzt und anerzogen werden".

Sachlich war es gewiß kein neuer Weg, der da für die Ergänzung des Offizierskorps aufgezeigt wurde; denn er mußte ja schon seit dreißig Jahren oder vielmehr schon seit Friedrich Wilhelm III. (1808) betreten werden. Aber es wollte doch etwas heißen, daß dieser Weg nun neuerdings und endgültig als einwandfrei erklärt wurde, daß solche demokratischen Worte von einem Hohenzollernkönig nicht wie 1808 in Zeiten größter Thronesnot, sondern auf dem Höhepunkt äußerer Macht verkündet wurden. Insofern hat Wilhelm II. hier doch wirklich einen neuen Kurs eingeschlagen. Er wurde auch draußen im Lande von den Regimentskommandeuren und den Offizierskorps so verstanden. Und die weiteren Heeresvermehrungen und Neuformationen während der nächsten zwei Jahrzehnte ließen tatsächlich gar keine andere Wahl, um den nötigen Nachwuchs zu bekommen, als die nun offiziell gebilligte Erweiterung der in Betracht kommenden gesellschaftlichen Kreise. Dazu kam noch, daß die Söhne der alten Offiziersfamilien, des niederen Landadels und der Beamten vielfach nicht mehr dienen, wie es früher bei ihnen Tradition war, sondern im kaufmännischen Leben Geld erwerben wollten, und daß statt dessen die Söhne der reichen Parvenus, hauptsächlich aus Eitelkeit, in die Offizierskorps drängten; und auch die Marine mit ihren zeitweilig günstigeren Beförderungsaussichten entzog dem Landheer viel Ersatz der alten Art.[44]

[43] Ungekürzte, nicht für die Veröffentlichung bestimmte Fassung in den Akten des Militär-Kabinetts I. I. 15. Vol. 2 im Reichsarchiv.

So hat denn auch Wilhelm II. später wieder einer anderen Stimmung nachgegeben und öfter dringend gefordert, daß die Auswahl der Offiziersaspiranten mit Sorgfalt getroffen werden solle. Er fand es im Jahre 1902[45] nicht unbedenklich, wenn die eingestellten Fahnenjunker bereits „etwa zur Hälfte Berufskreisen angehörten, aus welchen sich früher das Offizierskorps weniger ergänzte, und besonders bei der Infanterie Söhne von Offizieren und des Landadels von Jahr zu Jahr weniger einträten". Lieber ein kleines gutes Offizierskorps als viele Offiziere und darunter solche, die nach Herkunft und Erziehung nicht in die Offizierskorps passen: Das ist der rote Faden, der sich auch jetzt wieder durch alle Ordres betreffend den Offiziersstand hindurchzieht[46] und in so seltsamem inneren Widerspruch steht zu dem nun einmal vorhandenen riesigen Bedarf, wie er durch die Größe des stehenden Heeres geschaffen worden war. Die Logik der Tatsachen war stärker als die Psychologie ihrer Urheber.

Das veranschaulicht auch die nachfolgende Statistik, die ich aus den ungedruckten jährlichen Berichten der Inspektion der Kriegsschulen zusammengestellt habe, um die soziale Herkunft der Kriegsschüler[47] im Laufe der letzten elf Jahre vor dem ersten Weltkriege zu ermitteln, ergänzt durch die Vergleichszahlen für 1888 und 1899, so daß ein Überblick über die diesbezügliche Entwicklung vom Regierungsantritt Kaiser Wilhelms II. bis zum ersten Weltkrieg möglich ist.

I. Adlige	1234 = 49 Prozent	
Bürgerliche	1282 = 51 Prozent	
II. Söhne von Offizieren		835 = 33 Prozent
Söhne von höheren Beamten		657 = 26 Prozent
Söhne von Gutsbesitzern		498 = 20 Prozent
Söhne von Geistlichen und Lehrern		179 = 7 Prozent
Söhne von Subalternbeamten		151 = 6 Prozent
Söhne von Kaufleuten und Gewerbetreibenden		121 = 5 Prozent
Söhne von Rentiers		75 = 3 Prozent
	Summe:	2516 = 100 Prozent

[44] Vgl. Gespräche des Kriegsministers von Einem mit General Friedrich von Bernhardi am 10.12.1904 und 11.2.1905, mitgeteilt von Friedrich von Bernhardi, *Denkwürdigkeiten aus meinem Leben. Nach gleichzeitigen Aufzeichnungen und im Lichte der Erinnerung*, Berlin 1927, S. 263, und Vortragsnotizen für den Kriegsminister in Akten des Militär-Kabinetts I. I. 15. Vol. 3 im Reichsarchiv.

[45] Bemerkungen über den Offiziersmangel, wiedergegeben im Schreiben des Militär-Kabinetts vom 15.2.1902 an den Kriegsminister. Akten des Militär-Kabinetts I. I. 15. Vol. 3 im Reichsarchiv.

[46] So formuliert es eine Vortragsnotiz vom März 1909 für den preußischen Kriegsminister, und das entspricht auch dem tatsächlichen Aktenbefund.

[47] Die betreffenden Kriegsschulen wurden außer von Preußen auch von Sachsen, Württemberg, Hessen usw. besucht.

In Worten ausgedrückt, stellt sich somit diese Entwicklung folgendermaßen dar: Ungefähr gleich geblieben ist nur der verhältnismäßig geringe Zuwachs aus den Kreisen der Gutspächter und -verwalter. Abgenommen hat die Zahl der Söhne von Akademikern (Gruppe 3), auffallend stark, namentlich seit 1911, ferner von Kaufleuten und Fabrikbesitzern, von Subalternbeamten u.ä. (Gruppe 7) und von sonstigen Privaten (unter denen wir wohl zumeist kleine Kaufleute, Handwerker und dergleichen verstehen müssen, die sich mit einem bescheidenen Vermögen zur Ruhe gesetzt haben). Um das starke Anschwellen der Akademikerzahl unter den Vätern der angehenden Offiziere richtig würdigen zu können, müßte diese ganze Gruppe in Beamte und Nichtbeamte zergliedert sein, was aber in den zugrunde gelegten Berichten leider nicht der Fall ist. Denn es würde sich dann vielleicht zeigen — wozu uns schon die Statistik aus den sechziger Jahren einen Anhaltspunkt gibt —, daß die auffallend starke Vermehrung dieser Akademikerziffer weniger auf die höheren Beamten zurückzuführen ist als auf die freien Berufe der Ärzte und Rechtsanwälte; stehen diese Berufe doch auch, im Gegensatz zum Beamten, gewissermaßen im privaten Erwerbsleben und haben sich mit dem allgemeinen Steigen des Wohlstandes und der Bevölkerungsziffer nach der Reichsgründung gleichfalls wie die Kaufleute und Fabrikanten rein zahlenmäßig stark vermehrt.

Beim Seeoffizierskorps war der Anteil der Akademikersöhne gegen Ende der Vorkriegszeit sogar noch wesentlich höher als beim Heer. Aus Offiziersfamilien und von landwirtschaftlichen Gütern dagegen kamen damals prozentual weniger Seekadetten als Fahnenjunker, während die gehobenen Wirtschaftskreise beiderseits relativ etwa gleich vertreten waren. Für das Jahr 1910 sind wir in der Lage, der sozialen Herkunft der Offiziersanwärter für das Heer — unter Zugrundelegung jener Statistik — die der Crew des gleichen Jahrgangs einigermaßen vergleichbar in Prozentzahlen gegenüberzustellen:[48]

Stand der Väter	Heer 1910	Marine 1910
	%	%
Offiziere	25,0	14,5
Akademiker	35,2	48,0
Gutsbesitzer, -pächter und dgl.	10,8	3,4
Höhere Kaufleute, Fabrikanten u. ä.	17,6	18,0
Mittlere und einfachere Stände	11,4	16,1

Der relativ geringe Prozentsatz an Offizierssöhnen bei der Kaiserlichen Marine ist wohl damit zu erklären, daß letztere erst nach 1871 entstand und erst in den folgenden Jahrzehnten allmählich vergrößert wurde. Eine Grundlage für

[48] Die Prozentzahlen für den Seeoffiziersjahrgang 1910 sind errechnet auf Grund einer privaten Zusammenstellung von Korvettenkapitän a.D. Maximilian Fels, Hamburg, aus dem Jahre 1963, deren Mitteilung ich Prof. Dr. Wahrhold Drascher in Tübingen verdanke.

die Wahl des Marineberufs auch nach Neigung oder Zweckmäßigkeit schuf ja eigentlich erst das Flottengesetz von 1898. Also dürfte es um 1890/91, wo jene Seekadetten etwa geboren waren, noch nicht sehr viele Marineoffiziersväter in dem entsprechenden Alter gegeben haben. Andererseits haben die Heeresoffiziere ihre Söhne mit Vorliebe aus Traditionsgründen[49] ihrem eigenen Regiment oder wenigstens ihrer Waffengattung zugeführt. Dasselbe läßt sich wohl von den im allgemeinen sehr konservativen großagrarischen Kreisen sagen, die noch eine spezifische Neigung zur Kavallerie hatten. Wenn dagegen aus Akademikerfamilien, d.h. hauptsächlich von höheren Beamten, Professoren, Pastoren, Ärzten usw. um diese Zeit im Heer nur etwas über ein Drittel, in der Marine aber fast die Hälfte an Offiziersaspiranten herstammten, so hängt diese auffallende Bevorzugung vermutlich damit zusammen, daß diese Kreise gegenüber der im Heer noch stärker tonangebenden Rolle des Adels für ihre Söhne gar leicht eine Zurücksetzung befürchten mochten; die Marine hingegen war die Waffe des mit ihr hochgekommenen Bürgertums, worauf Wahrhold Drascher besonders hinweist.[50]

Auch von den 207 Seekadetten jenes Jahrgangs 1910 z.B. waren nur 27 = 13% Adlige, im Jahrgang vorher waren es 14%. Sogar die führenden Männer der Admiralität, ganz anders als bei der Generalität, waren meist Bürgerliche: Jachmann, Tirpitz, Köster, Scheer, Raeder. Es gab dort auch nie so etwas wie „Gardeschiffe", die etwa den Garderegimentern oder einer Provinzialgarde vergleichbar gewesen wären. Andererseits war es aber nicht so sehr das reiche Großbürgertum, das der Marine den Nachwuchs stellte oder gar gesellschaftlich den Typus geprägt hätte; Hanseaten waren seltener, als man bei der naturgegebenen Affinität zwischen Seestadt und Marine erwarten könnte. Immerhin stammte indes regional — wenn man den Jahrgang 1910 als Paradigma zugrundelegt — die weitaus große Mehrzahl aus Norddeutschland — auf West und Ost ziemlich gleich verteilt —, aus Süddeutschland nicht nur absolut, sondern auch relativ bedeutend weniger; in der Crew von 1909 z.B. nur 18%.

Indes solche quantitativen Messungen zeigen in diesem Falle nur den flachen Vordergrund des Bildes. Man muß auch die Tiefendimensionen hinzunehmen: Lag doch eine geistig fruchtbare Bereicherung und Weitung des Horizontes für

[49] Es gab durchaus auch bemerkenswerte Ausnahmen. So gehörte u.a. ein Sohn des Flügeladjutanten des Kaisers, Frhr. v. Lyncker, und sogar ein Sohn des preuß. Kriegsministers Wandel der Crew von 1909 an (lt. freundlicher Mitteilung des ihr ebenfalls entstammenden Kapitäns z.S. a.D. Dipl.-Ing. Max Hamm).

[50] In seiner richtungweisenden, auf vielfältigen und langjährigen Erfahrungen beruhenden Abhandlung: *Zur Soziologie des deutschen Seeoffizierskorps*, in: *Wehrwissenschaftliche Rundschau*, Bd. 12 (1962), S. 555—569.

jeden einzelnen darin, daß, im Gegensatz zum Heer mit seiner gewöhnlich engen landsmannschaftlichen Zusammensetzung, an Bord die Division ebenso wie die Korporalschaft aus allen deutschen Volksstämmen gemischt war, vom Ostpreußen bis zum Rheinländer oder Bayern. Und sie haben sich baldigst aneinander abgeschliffen. Insofern hatte also das ehemals beliebte Schlagwort von der Marine als dem „Schmelztiegel der Nation" eine gewisse Berechtigung. Andererseits kann man annehmen, daß sich auch in diesen innerdeutschen Beziehungen, deren Weiterentwicklung freilich durch den ersten Weltkrieg abgebrochen wurde, gewisse sozialökonomische Strukturfakten bzw. Tendenzen allgemeiner Art widerspiegeln. Sie dürften die Herkunft des Seeoffizierskorps, in etwas abgewandelter Form gegenüber dem der Armee, ebenfalls mitbestimmt haben.

Überhaupt braucht es nicht unbedingt und immer am subjektiven Wollen zu liegen, wenn die verschiedenen Berufs- und Gesellschaftsschichten in vermehrtem bzw. verringertem Maße zum Offiziersersatz generell beitrugen. Namentlich war dabei die wirtschaftliche Konjunktur ein viel bedeutsamerer Hebel der Entwicklung, als man früher erkannt hat. Mindestens trifft dies für das 19. Jahrhundert mit seiner von den alten ständischen Schranken nicht mehr beengten Gewerbefreiheit zu. Fast während dieses ganzen Jahrhunderts, besonders in den fünfziger und sechziger Jahren, aber auch noch bis in die achtziger Jahre hinein, war die Rentabilität des landwirtschaftlichen Großgrundbesitzes in Preußen ständig gestiegen,[51] dann aber trotz Agrarzöllen wegen der überseeischen und russischen Konkurrenz entschieden im Sinken. Auch Handel und Industrie blühten im Laufe des Jahrhunderts immer mehr auf, jedoch ohne gegen Ende desselben einen entscheidenden Rückschlag zu erleiden; im Gegenteil, sie gelangten dann auch noch im Beginn des 20. Jahrhunderts erst so recht auf den Höhepunkt ihrer Konjunktur. Nun vergleiche man mit diesen beiden Entwicklungslinien die des Offiziersersatzes, wie wir sie bisher dargestellt haben, und man wird eine auffallende Parallelität bemerken, die wohl kaum zufällig sein kann, sondern vielmehr kausal bedingt erscheint. Sofern nicht heterogene Momente dagegen wirken, wird das wirtschaftliche Aufblühen eines Erwerbszweigs den wenig lukrativen, damals aber um so ehrenvolleren Beruf des Offiziers — den „ersten Stand im Staate" — erstrebenswert machen, sei es aus ethisch-patriotischen oder nur aus sozial-dekorativen, eventuell auch rein traditionellen Antrieben. Wirtschaftliche Bedrängnis wird diese Antriebe in entsprechendem Grade für den Tateffekt abschwächen oder ausschalten. Unter

[51] Werner Sombart, *Die deutsche Volkswirtschaft im 19. Jahrhundert*, 7. Aufl., Berlin 1927, S. 358 ff. Theodor Freiherr von der Goltz, *Geschichte der Deutschen Landwirtschaft*, 2 Bde, Stuttgart 1903, Anhang zu Bd. 2, S. 391—414; Friedrich Lütge, *Deutsche Sozial- und Wirtschaftsgeschichte*, 2. Aufl., Berlin-Göttingen-Heidelberg 1960.

diesem Gesichtswinkel wird die Entwicklungslinie der sozialen Herkunft des Offizierskorps gerade in Preußen, diesem von der wirtschaftlichen und sozialen Umwälzung des 19. Jahrhunderts so besonders stark betroffenen Lande, in einem wesentlich anderen Lichte erscheinen, als wenn die Frage bloß von irgendwelchem politischen oder moralischen Standpunkt aus betrachtet wird.

Zu diesen allgemeinwirtschaftlichen Momenten kommt beim Geburtsadel noch das physiologische seiner relativen Konstanz, die sich, auf säkulare Zeiträume berechnet, durchschnittlich sogar als ein langsames Absterben darstellt. Über die Biologie des deutschen Adels wie überhaupt über die Lebensdauer deutscher Familien fehlt uns zwar noch eine zusammenfassende exakte Untersuchung. Wohl aber besitzen wir eine solche von P. E. Fahlbek[52] über die Lebensdauer von 3000 schwedischen (also immerhin germanischen) Adelsfamilien; und dazu steht in gewisser Beziehung eine kleine, aber inhaltsreiche Untersuchung von dem Italiener Luzzatto-Fegiz[53] über einen in der Bibliothek von S. Gimignano (Provinz Siena) aufbewahrten *Liber aetatum,* der von 1489 bis 1749 reicht. Der italienische Forscher vergleicht dann seine Ergebnisse unter anderem auch mit denen Fahlbeks, obgleich letztere nur adlige, seine eigenen dagegen adlige und bürgerliche Namen betreffen; und er findet, „daß die Erlebenskurven der beobachteten Familien, sei es, daß es sich um schwedische oder italienische, adlige oder bürgerliche Familien handle, im wesentlichen sehr ähnlich sind; dieselben sind also von den ethnologischen und sozialen Verhältnissen ziemlich unabhängig." Das Resultat dieser vergleichenden Untersuchung drückt sich dann in folgender Tabelle aus:

Es überleben nach x Jahren von 1000 Familien von

Jahre x	Grafen und Baronen (Schweden) nach Fahlbek	anderen Adligen (Schweden) nach Fahlbek	Kleinadel und Bürgerstand (S. Gimignano) nach Luzzatto-Fegiz
0	1000	1000	1000
25	764	797	831
50	630	626	691
75	537	513	573
100	470	431	475
125	427	358	383
150	398	309	309
175	—	266	253
200	—	237	207
225	—	230	170

[52] Pontus Erland Fahlbeck, *Sveriges adel,* 2 Bde, Stockholm 1898—1902 (deutsche Übersetzung: Jena 1903).

[53] Pierpaolo Luzzatto-Fegiz, *Überlebenstafeln von Familiennamen,* in: *Jahrbücher für Nationalökonomie und Statistik,* Bd. 123 (1925), Heft 6, S. 831—837.

Hunderte von Familien, wenn auch vielleicht nicht immer blutsmäßig, so doch dem Namen nach, sterben also im Verlauf weniger Generationen jeweils aus. Zu einem ähnlichen Ergebnis wie der schwedische und der italienische kommt der deutsche Forscher Ernst Rodenwaldt bei seinen wohlfundierten „Untersuchungen über die Biologie des venezianischen Adels“[54] im 16. bis 18. Jahrhundert. Er geht dann noch als Mediziner der Frage nach, ob als Ursache der von Jahrhundert zu Jahrhundert fast um ein Drittel abnehmenden Zahl der Eheschlüsse und Geburten in seinem Untersuchungsbereich eine Verminderung der Fruchtbarkeit anzusprechen sei. Und er findet, „daß dies nicht der Fall sei, daß vielmehr das Aussterben der Familien überwiegend durch den hohen Hundertsatz der sozial bedingten Ehelosigkeit und der zunehmenden Ehescheu des männlichen Adels herbeigeführt wurde“. Speziell für den Adel sind solche Tatsachen soziologisch viel folgenschwerer als im allgemeinen für das Bürgertum als solches, da ja ersterer mit dem Mannesstamm und Mannesnamen verknüpft ist und ohne Namenstradition — wenigstens im ganzen Mitteleuropa und den romanischen Ländern (anders als z.B. im zaristischen Rußland und in Ungarn vor der Revolution) — seine Rolle im gesellschaftlichen Leben kaum auf die Dauer halten könnte. Außerdem fallen die Neunobilitierungen im Deutschland der Neuzeit als Ersatz für den Ausfall kaum erheblich ins Gewicht.

Wenden wir nun diese neueren wissenschaftlichen Ergebnisse auf das Problem des preußischen Offizierskorps an,[55] berücksichtigen wir auf der anderen Seite das starke Wachstum der allgemeinen Bevölkerungsziffer des Landes sowie den intensiv und extensiv steigenden Wohlstand des Volkes, namentlich in Handel und Industrie, und endlich den ungeheuer steigenden Bedarf an Offizieren durch die Heeresvermehrungen seit 1860: so wird uns der Wandel der sozialen Zusammensetzung des preußischen Offizierskorps überhaupt und ganz besonders die vollkommene Umkehrung in dem Verhältnis des Anteils von Adel und Bürgertum innerhalb weniger Jahrzehnte nicht mehr überraschend sein. 1860 waren vom gesamten preußischen Offizierskorps noch 65 Prozent adlig und 35 Prozent bürgerlich. Bis 1913 dagegen hatte sich dieses Zahlenverhältnis bereits mehr als umgekehrt: Es waren nur noch 30 Prozent adlig und 70 Prozent bürgerlich. Und zwar ist diese Entwicklung auch in den oberen Stellen deutlich wahrnehmbar: Von Generalen und Obersten waren:

1860 noch 86 Prozent adlig und nur 14 Prozent bürgerlich;
1900 61 Prozent adlig und nur 39 Prozent bürgerlich, endlich
1913 nur mehr 52 Prozent adlig und 48 Prozent bürgerlich.

[54] Ernst Rodenwaldt, *Untersuchungen über die Biologie des venezianischen Adels*, in: *Homo*, Bd. 8 (1957), S. 1—26.

(Hierbei sind allerdings die erst während ihrer Dienstzeit Geadelten als Bürgerliche gerechnet; sonst wären die Zahlen für 1913 : 56 und 44 Prozent).[56]

Hält man dagegen, daß es unter den Hauptleuten, Oberleutnants und Leutnants 1913 nur mehr 27 Prozent Adlige und bereits 73 Prozent Bürgerliche, unter den Leutnants allein 25 Prozent Adlige und bereits 75 Prozent Bürgerliche gab, so sieht man genau, daß der Prozentsatz des Bürgertums im Offizierkorps um so höher ist, je niedriger die Charge, und umgekehrt. Bei den Leutnants der Infanterie z.B. — bei dieser Waffengattung (mit Ausnahme der Garderegimenter) war der Rückgang des adligen Ersatzes besonders auffallend — waren 1873, also gleich nach dem siebziger Krieg, bereits über 62 Prozent Bürgerliche und nach 25 Jahren (1909) schon 78 Prozent; absolut genommen ging in der gleichen Zeit die Zahl der adligen Leutnants um 300, d.h. um beinahe den dritten Teil, zurück, während sich die der bürgerlichen Leutnants um rund 1000, d.h. um über die Hälfte, vermehrte. Aber auch in anderen Waffengattungen traten relativ und absolut immer mehr Bürgerliche als Offiziersaspiranten in das Heer ein, und je näher diese jungen Offiziere heranstanden, um in höhere Stellen aufzurücken, um so stärker wurde auch in diesen der Anteil des Bürgertums und damit die Verbürgerlichung des gesamten preußischen Offizierkorps.

Von diesem Prozeß blieb sogar die Elite des letzteren, der Große Generalstab, nicht ausgenommen: Während in ihm z.B. 1906 noch 60 Prozent adlige und 40 Prozent bürgerliche Offiziere (einschließlich der Zugeteilten, der Eisenbahnabteilung und der Linienkommandanten) vorhanden waren, verteilten sie sich 1913 bereits zu gleichen Hälften. Bei den Offizieren des Kriegsministeriums hingegen, der eigentlichen militärischen Verwaltungsbehörde, deren Chef als einziger Soldat dem Reichstag gegenüber die Heeresangelegenheiten zu verantworten hatte (soweit sie nicht allein der Kommandogewalt des Kaisers vorbehalten waren), war zur gleichen Zeit bereits ein stärkerer, überwiegender bürgerlicher Prozentsatz festzustellen.

Je mehr nun aber dieser Prozeß der Verbürgerlichung fortschritt und den Adel mindestens zahlenmäßig in den Hintergrund drängte, desto stärker rief er in diesem die Reaktion dagegen hervor. Früher, etwa um die Mitte des 19.

[55] Welcher soziologisch, also wissenschaftlich orientierte Genealoge wird sich einmal die Mühe machen, die Nachfahrentafeln der preußischen Offiziersfamilien — wenn auch nur für ein Teilgebiet — mittels Lochkartensystem nach den verschiedenen Gesichtspunkten auszuwerten?

[56] Von den 25 Kommandierenden Generalen des letzten Friedensjahres 1914 waren 7 von Hause aus bürgerlich. Von insgesamt 10 württembergischen Infanterie-Regimentskommandeuren des Jahres 1914 führten 7 den persönlichen Adel, waren aber bürgerlicher Herkunft (lt. *Deutsches Adelsblatt*, 2. Jg. [1963], Nr. 6).

Jahrhunderts, hatte es der Adel noch verhältnismäßig leicht, sich der andringenden Roture zu erwehren: Er sorgte für bevorzugte Annahme des „altpreußischen guten Offiziersersatzes“. Wie aber jetzt, wo dieser „gute“ Offiziersersatz eben einfach nicht mehr in genügender Anzahl zur Verfügung stand, jedenfalls sich nicht meldete? Jetzt, wo er bereits unwiederbringlich seine äußere Vormachtstellung verloren und zahlenmäßig zu einer Minderheit geworden war, jetzt befolgte der Adel das soziologische Gesetz solcher sozialen Minderheiten: strengere Abschließung nach außen und engerer Zusammenschluß nach innen. Überall, wo solche Minderheiten sind, ohne Aussicht, je zur Mehrheit zu werden, gewahren wir ja diesen Vorgang der Abkapselung gegen die Umwelt: beispielsweise bei den deutschen versprengten Volksteilen in Rußland, Siebenbürgen oder etwa in den ehemaligen Kolonien, ebenso wie etwa bei den Katholiken in überwiegend protestantischen Orten, bei den Protestanten in sonst rein katholischen Gegenden, und bei den Juden auf der ganzen Welt, mindestens vor ihrer Emanzipierung.

So auch der sich seiner spezifischen Sonderart bewußte und auf deren Erhaltung bedachte Adel im preußischen Offizierskorps. Er suchte sich in einer Anzahl Regimenter gegen bürgerliche Kameraden abzuschließen und zu konzentrieren, namentlich in der Garde und in der Kavallerie; bei letzterer hatte ja ohnehin von jeher die philologische Gleichung Reiter gleich Ritter auch eine soziologische Bedeutung. Regimenter, die in fürstlichen Residenzstädten in Garnison lagen, wurden vor allem bevorzugt wegen der gesellschaftlichen Beziehungen zum Hofe; vielfach waren die Bundesfürsten auch Chef eines Regiments und wirkten von sich aus auf eine möglichst rein adlige Zusammensetzung des betreffenden Offizierskorps hin. Auch andere Standorte, die in Hinsicht auf Geselligkeit, Theater, landschaftliche Reize oder dergleichen etwas verlockendes hatten, erfreuten sich einer Bevorzugung durch den Adel und wurden dadurch zu Sitzen einer sogenannten Provinzialgarde.[57] Sogar einige Garnisonen an der entlegenen und einsamen Ostgrenze des Reiches waren beliebt, zweifellos nicht zuletzt wegen des angenehmen Verkehrs mit den umliegenden Gutshöfen, ganz im Gegensatz etwa zu den landschaftlich unvergleichlich schöner einquartierten Grenzregimentern in Lothringen, wo die Offiziere wegen der dortigen politischen Verhältnisse ganz auf ihren eigenen engen Kreis angewiesen waren und deshalb schon seit den achtziger Jahren dauernd mit Ersatzschwierigkeiten — gerade auch in sozialer Hinsicht — zu kämpfen hatten. Endlich spielte auch die Tradition bei vielen alten Regimen-

[57] Zum Problem der sog. guten Standorte siehe auch Albert Bernary, *Das deutsche Heer. Ein Buch des Stolzes, ein Buch der Hoffnung*, Berlin 1932, S. 282 f.

tern, z.B. im Osten, eine Rolle, indem alte Adelsfamilien ihre Söhne besonders gern bei solchen Truppenteilen eintreten ließen, in denen viele ihrer Vorfahren schon gestanden, gekämpft und geblutet hatten. Ähnliches war ja auch bei den studentischen Korporationen üblich.

Gerade dieses Traditionsmoment, gegen das an und für sich nichts einzuwenden war, wurde von oben mit Vorliebe in den Vordergrund geschoben, wenn die tatsächlich vorhandenen Mißstände und Übertreibungen auf diesem Gebiet z.B. im Reichstag und der Presse[58] zur Sprache kamen. Auf viele Fälle traf diese Erklärung zu, obgleich auch dann nicht die Ausschließlichkeit solch adliger Zusammensetzung der betreffenden Offizierskorps zu rechtfertigen war. Denn, wie auch der Kriegsminister von Einem einmal erklärte, es gab Regimenter, die jetzt nur aus adligen Elementen gebildet waren und die doch in den Jahren 1813, 1814, 1815 und in den Jahren 1866 und 1870 bürgerliche Offiziere vor dem Feinde verloren haben, Offiziere, die den Ruhm dieser Regimenter begründet haben. Nicht auf alle in Betracht kommenden Fälle ließ sich der Traditionsgesichtspunkt also anwenden. Wegen dieser öffentlichen Beanstandung der Exklusivitätstendenzen in der Garde und Provinzgarde suchten sofort konservative Kreise, höhere Gardeoffiziere und andere militärische Höflinge gegen von Einem sogar den Kaiser aufzustacheln. Dieser aber versicherte dem Minister ausdrücklich, er sei in jeder Hinsicht mit allem, was er gesagt habe, einverstanden.[59]

Intern wurde im preußischen Kriegsministerium[60] in diesem letzten Jahr vor dem Ersten Weltkrieg 7 Kavallerie- und 49 Infanterieregimenter in guten Standorten namentlich und mit Prozentzahlen verzeichnet, in deren Offiziers-

[58] Vgl. namentlich *Nationalzeitung* vom 10.1.1904, *Tägliche Rundschau* vom 2.2.1910 (Artikel „Der Adel im Offizierskorps" von Generalleutnant z.D. Litzmann), *Vossische Zeitung* vom gleichen Tage (anonymer Artikel „Adelige und bürgerliche Offiziere"), *Tägliche Rundschau* vom 8.3.1910 (Artikel „Die diesjährige Kadettenverteilung" von Litzmann), *Deutsche Tageszeitung* vom 16.4.1910 (Artikel „Die Junker, das Militärkabinett und Herr Gädke", als Entgegnung auf einen Artikel des *Berliner Tageblatts* unter der Überschrift „Militärkabinett und Adel") und *Frankfurter Zeitung* vom 7.7.1912, 4. *Morgenblatt* (Artikel „Preußens Bürgertum und Adel. Militärische Betrachtungen eines alten Offiziers"). Letzterer Artikel ist sogar im Militär-Kabinett und im Kriegsministerium eingehend und schriftlich erörtert worden.

[59] So berichtet „aus bester Quelle" am 8.4.1909 der Bayerische Militärbevollmächtigte in Berlin Ludwig Freiherr von Gebsattel. Vgl. Karl Demeter (Hrsg.), *Politische Berichte Ludwigs Freiherrn von Gebsattels*, in: *Preußische Jahrbücher*, Bd. 231/232 (1933), S. 24—39 und S. 116—133.

[60] Akten der Offiziers- und Unteroffiziers-Ergänzungsabteilung I. 3. 4. Nr. 3, Heft 1 im Reichsarchiv.

korps das bürgerliche Element überwog, und 9 Kavallerieregimenter in „weniger günstigen" Standorten, in denen das adlige Element überwog. Aber die Gegenprobe wurde wohl mit gutem Grund unterlassen, die in einer Zusammenstellung der überwiegend adligen Regimenter in guten Standorten und der überwiegend bürgerlichen Regimenter in schlechten oder „weniger günstigen" Standorten hätten bestehen müssen. Es ist nicht zu leugnen, und es ist auch im Kriegsministerium selber[61] zugegeben worden, „daß die Erörterungen in der Öffentlichkeit, in Reichstag und Presse ihren Teil mit dazu beigetragen haben, daß auch auf diesem Gebiet Mißstände erkannt wurden, die drohten sich festzusetzen und zwar nicht zu Nutz und Frommen der Gesamtheit der Armee".

Zeitlich geht diese Bestrebung des Adels nach solcher regimenterweisen Abkapselung, entsprechend ihren soziologischen Motiven, bis in die Regierungszeit Kaiser Wilhelms I. zurück, zunächst aber noch beschränkt auf die Garde, ist dann unter Wilhelm II. mehr und mehr auch in der Provinz erfolgreich und sichtbar geworden, bis etwa von 1908 an gebremst wurde. Die Auswahlbefugnis der Regimentskommandeure und der einzelnen Offizierskorps, dieser etwa zwei Jahrhunderte alte Grundpfeiler des ganzen Heeresgebäudes wurde zwar nicht angetastet. Aber durch die alljährliche Zuweisung der Kadettenabiturienten und zum Teil auch durch Versetzung von Offizieren hatte das Militärkabinett doch ein Mittel in der Hand, um unmittelbar in diese Zustände einzugreifen, und es hat von dem genannten Zeitpunkt an von diesem Mittel in besserndem Sinne Gebrauch gemacht. Im Frühjahr 1910 z.B. wurden[62] im ganzen 42 adlige und 88 bürgerliche Kadetten in der preußischen Armee angestellt, davon in der Garde neben 5 adligen ebensoviele bürgerliche, außerdem 9 bürgerliche in Infanterie-Regimentern, die in kleineren Residenzen standen oder sonst als vornehmste ihrer Armeekorps angesehen wurden, und die damals ganz oder fast ganz adlige Offizierskorps besaßen. Andererseits sind einige junge Adlige in kleine entlegene Garnisonen gekommen, denen sie ein paar Jahre früher entgangen wären.

So ist es denn gelungen, sogar in der Garde (Infanterie, Kavallerie und Feldartillerie zusammengerechnet) in dieser Hinsicht einen allmählichen Wandel wenigstens anzubahnen: Im Jahre 1908 zählte sie 4 bürgerliche Offiziere, 1911 doch bereits 26, 1912 war ihre Zahl auf 35 und 1913 auf 59 gestiegen. Es gab

[61] In einem nicht veröffentlichten Entwurf zu einem Zeitungsaufsatz von Scheüch, der damals Referent im Kriegsministerium war, etwa 1910.

[62] Laut *Militärwochenblatt*, Bd. 95 (1910), Teil 1, vom 3. und 5.3.1910, S. 652 f. und S. 675 f. Vgl. dazu den Artikel in der *Täglichen Rundschau* vom 8.3.1910 von General Litzmann.

unter diesen bürgerlichen „Konzessionsschulzen" manchen, der sich gegenüber seinen adligen Regimentskameraden gut seine Stellung zu wahren wußte, wenn er besonders an geistigen Fähigkeiten über dem Durchschnitt stand, das Herz auf dem rechten Fleck hatte und nicht auf den Mund gefallen war. Andererseits kamen nun in die Garde auch solche Bürgerliche, die sich nicht durch militärische und geistige, sondern durch finanzielle Leistungsfähigkeit auszeichnenten; solche Elemente des reinen Materialismus waren sicher keine Zierde und kein Segen für die Garde und damit für das ganze Heer; und diejenigen, die solche Versetzungen duldeten oder gar herbeiführten, taten es aus einer falschen Auffassung des Bürgertums und des Adels zugleich.

FÜNFTER TEIL

Wirtschaftsentwicklung und Wirtschaftspolitik

XXXI

Die ländliche Kolonisation des 17. und 18. Jahrhunderts*

GUSTAV SCHMOLLER

I

Umfang der Einwanderung und Kolonisation

Der Umfang und die Bedeutung der altpreußischen Kolonisation läßt sich zahlenmäßig nur schwer feststellen.

Zwar hat die Verwaltungsstatistik früh besonders die größeren kompakten Einwanderungszüge zu fassen gesucht. Und später hat Friedrich der Große halbjährlich Kolonistentabellen sich einsenden lassen. Aber wie alle diese ältere Statistik, erschöpft auch diese sich mit dem praktischen Zweck des Tages. Es sind Spezialnachweisungen gemacht für den König oder eine Oberbehörde in einem bestimmten Moment, im Zusammenhang bestimmter praktischer Zwecke; eine erschöpfende Summierung nach Jahren und Provinzen, eine fortlaufende vergleichende, mit Bevölkerung oder Fläche in Beziehung gebrachte Statistik existiert nicht. Immerhin aber sind wir durch die mühevollen Zusammenstellungen Beheim-Schwarzbachs über die absoluten Zahlen der Kolonisten einigermaßen unterrichtet.

Unter Kolonisten sind in der Amtssprache des vorigen Jahrhunderts teilweise überhaupt die neuen Ansiedler, welche in Stadt oder Land eine Stelle annahmen, die inländischen wie die ausländischen, verstanden; später aber

* Erstdruck in: *Schriften des Vereins für Socialpolitik*, Bd. 32 (1886), S. 1—43. Hier entnommen aus: Gustav Schmoller, *Umrisse und Untersuchungen zur Verfassungs-, Verwaltungs- und Rechtsgeschichte besonders des preußischen Staates im 17. und 18. Jahrhundert*, Leipzig 1898, S. 573—625; der Beitrag wurde unwesentlich gekürzt.

werden so nur die Zuzügler aus fremden Landen, welche auf Grund von Kolonistenbenefizien eingesetzt sind, bezeichnet. Einwanderer, welche freiwillig kamen und keine Benefizien in Anspruch nahmen, wurden nicht Kolonisten genannt. Die Zahl der letzteren ist wohl auch keine so große gewesen. Jedenfalls aber ist daran festzuhalten, daß der Begriff der Einwanderer der umfangreichere, der der Kolonisten der engere ist.

Ich schicke außerdem voraus, daß der Umfang des preußischen Staates 1688 2013 Quadrat-Meilen, 1713 2043, 1740 2159, 1786 3539 Quadrat-Meilen war. Die Bevölkerung wird 1668—1700 auf 1,5, 1740 auf 2,4 und 1750 auf derselben Fläche der alten Provinzen auf 2,7 Mill. Menschen zu schätzen sein.[1]

Die im einzelnen nachweisbaren Kolonisten dürften in der ganzen Zeit von 1640 bis 1740 die Zahl von 100 000 nicht übersteigen; der tatsächliche Zufluß aber ist ohne Zweifel ein viel größerer gewesen, vielleicht der anderthalbfache, gegen 150 000 Seelen: Das wären, wenn wir 2 Mill. als durchschnittliche Bevölkerung annehmen, 7,5 Prozent. Die beiden Provinzen, die dabei fast ausschließlich beteiligt sind, Ostpreußen und die Kurmark, haben gegen 1713 etwa 400 000 und 319 000 Seelen gehabt; für sie bedeutet also ein Zuwachs von 50—80 000 Seelen viel mehr. Von der Kurmark berichtet Beheim-Schwarzbach:[2] Man habe 1725 bei der ersten Aufnahme der Bevölkerung den fünften Teil der Einwohnerschaft auf die seit 40 Jahren eingewanderten Kolonisten und deren Nachkommen gerechnet, was 60 000 Seelen betrage. Er schließt daraus etwas kühn, man könne für den ganzen Staat die Zahl der Kolonisten von 1640 bis 1740 und ihrer Nachkommen auf 600 000, d.h. den vierten Teil der Bevölkerung rechnen. Ich glaube, daß das zu weit geht: 100 000 Kolonisten müßten sich in 100 oder vielmehr in viel weniger Jahren versechsfacht, 150 000 vervierfacht haben; der größere Teil der Kolonisten kam ja erst nach 1680, ein sehr großer erst 1724 bis 1732. Auf über 300 000 Seelen dürfte man also wohl die gesamten Einwanderer und ihre Nachkommen um das Jahr 1740 nicht schätzen. Aber auch diese Zahl bleibt bedeutungsvoll genug für eine Bevölkerung von 2 1/2 Mill. Seelen. Süßmilch schätzt die Bevölkerungszunahme in den alten Provinzen für die Epoche von 1700 bis 1750 auf eine Million; von 1680 bis 1740 dürfte sie ebenso groß sein: Von diesem Zuwachs waren 10—15 Prozent wirkliche Kolonisten, 30 Prozent machten diese Kolonisten einschließlich ihrer Nachkommen aus, nach Beheim-Schwarzbach sogar gegen 60 Prozent.

Für die Zeit von Friedrich dem Großen dürften folgende Zahlen für die

[1] Johann Peter Süßmilch, *Die göttliche Ordnung in den Veränderungen des menschlichen Geschlechts*, Teil 1, Berlin 1765, S. 254.

[2] [Zu den folgenden Passagen siehe Max Beheim-Schwarzbach, *Hohenzollernsche Kolonisationen*, Leipzig 1874. D. Hrsg.]

angesetzten Kolonisten anzunehmen sein: für Schlesien 60 000—70 000, für die Kurmark 100 000, für Pommern 15 000—20 000, für die Neumark 20 000, für Magdeburg ebenfalls 20 000, für Ostpreußen 15 000, für Westpreußen etwa ebensoviel. Im ganzen schätzt Beheim-Schwarzbach die „ediktsmäßig auf Grund der Kolonistenbenefizien etablierten Kolonisten" für die Zeit von 1740 bis 1786 auf 300 000; die Zahl der gesamten Einwanderer, einschließlich also derer, die keine Benefizien erhielten, dürfte noch etwas größer sein. Die Zahl der von dem großen König neu gegründeten Kolonistendörfer wird auf 900 angegeben. Die Menge der kleineren Kolonistenetablissements und Abbauten geht in die Tausende.

Auf 5 1/2 Mill. Einwohner, welche der Staat 1786 besaß, waren 300 000 Kolonisten oder 350 000 Einwanderer 6—7 Prozent. Die gesamte Einwandererschaft von 1640 bis 1786 wäre auf etwa eine halbe Million zu schätzen, d.h. den zehnten Teil der 1786 Lebenden. Beheim-Schwarzbach meint, man könne den dritten Teil aller 1786 Lebenden im ganzen preußischen Staate auf Kolonisten und Kolonistennachkömmlinge rechnen. Ein Drittel wäre aber nicht, wie er meint, 1 Million, sondern 1,8 Millionen. Rechnen wir 1 Mill. Kolonisten und Kolonistennachkömmlinge, also 1/5—1/6 der Bevölkerung, so dürften wir der Wahrheit näher kommen, eher unter als über ihr bleiben. Und auch so noch erscheint die Einwanderung als ein Moment von der höchsten Bedeutung für den preußischen Staat. Haben die Vereinigten Staaten von Nordamerika von 1820 bis 1880 etwa 10 Mill. Einwanderer erhalten, so ist das auf 50 Mill. heutiger Einwohner allerdings das Doppelte, es sind 20 Prozent der am Schluß der Epoche im Lande Lebenden. Es ist das aber auch das höchste Maß einer unter den günstigsten Verhältnissen und mit modernen Verkehrsmitteln vollzogenen Einwanderung. In der Zeit vor letzterer, bis gegen 1840 bis 1845, betrug die Einwanderung dort niemals über 100 000 Seelen jährlich, schwankte zwischen 1/4 und 1 Prozent der Bevölkerung, während die natürliche Zunahme 2—2 1/2 Prozent betrug.

Bei den obigen Zahlen ist die Einwanderung durch das preußische Werbungssystem nicht inbegriffen. Es ist freilich auch schwer, sie zu schätzen. Wenn es wahr ist, daß unter Friedrich Wilhelm I. Hunderte von Werbeoffizieren im Ausland waren, daß 1712—1735 12 Mill. Taler für Anwerbung von Ausländern ausgegeben wurden, daß 1730—1740 zwei Drittel der 80 000 Soldaten Ausländer waren, so kommen wir für diese Zeit doch wohl auch schon auf einen jährlichen derartigen Zuwachs von mehreren Tausend Mann.

Im Jahre 1751 zählte die Armee 132 000 Mann, von welchen nach Droysen wahrscheinlich nicht über 50 000 Landeskinder waren. Im Testament von 1768 sagt der König, von der Million erwachsener Männer, die er habe, könne er unmöglich die erforderlichen 160 000, sondern höchstens 70 000 Mann in die

Armee einstellen; der Rest, also 90 000 Mann waren Ausländer. Im Jahre 1780 gibt er Lucchesini gegenüber an,[3] daß er jährlich 6000 Mann im Auslande für 500 000 Taler anwerben lasse. Blieb davon nur die Hälfte, was sicher anzunehmen ist, dauernd im Lande, so hat der preußische Staat im 18. Jahrhundert gewiß 300 000—400 000 Mann kräftige Männer auf diese Weise sich einverleibt. Die anderweite Einwanderung wird dadurch um ein ganz Erhebliches verstärkt.

Man muß das im Auge haben, wenn man den Versuch machen will, aus der Gesamtzunahme der Bevölkerung und ihrem Geburtenüberschuß die Größe der Einwanderung zu berechnen — eine Berechnung, die jedenfalls ihren Wert hat und allein zahlenmäßig darüber aufklärt, welche wirtschaftliche Bedeutung die Einwanderung und Kolonisation geübt hatte.

Bleiben wir für eine solche Berechnung bei der Kurmark als dem wichtigsten Beispiel stehen. Bratring[4] gibt für das 18. Jahrhundert folgende, in der Hauptsache mit den Zahlen Dietericis übereinstimmende Bevölkerungsangabe; wir halten sie für die relativ richtigste:

1701	283 566 Menschen	=	636 pro Quadrat-Meile
1713	319 566 Menschen	=	739 pro Quadrat-Meile
1725	367 566 Menschen	=	850 pro Quadrat-Meile
1740	475 991 Menschen	=	1101 pro Quadrat-Meile
1755	586 375 Menschen	=	1375 pro Quadrat-Meile
1763	519 531 Menschen	=	1202 pro Quadrat-Meile
1786	683 145 Menschen	=	1581 pro Quadrat-Meile
1797	803 960 Menschen	=	1861 pro Quadrat-Meile
1801	834 080 Menschen	=	1930 pro Quadrat-Meile

Es ist fast eine Verdreifachung der Bevölkerung in 100 Jahren, die Verdoppelung war in 53 Jahren etwa erreicht. Dazu gehörte ein jährlicher Zuwachs von 13 pro Mille. Der wirkliche natürliche Zuwachs stellte sich, wenn wir mittlere normale Jahre herausgreifen, nach den Süßmilchschen und Bratringschen Zahlen folgendermaßen:

	Zahl der jährlich		Auf 1000 Seelen kamen jährlich		Also jährlicher natürlicher Zuwachs pro Tausend
	Getauften	Gestorbenen	Getaufte	Gestorbene	
1720—1725	17 000	13 000	46,02	35,21	10,81
1749—1755	22 500	17 000	38,37	29,66	8,71
1786—1787	35 400	28 000	51,87	41,00	10,87

[3] Fritz Bischoff (Hrsg.), *Gespräche Friedrichs des Großen mit Henri de Catt und dem Marchese Lucchesini*, Leipzig 1885, S. 183.

[4] Friedrich Wilhelm August Bratring, *Statistisch-topographische Beschreibung der gesamm-*

Diese Zahlen ergeben zunächst, wenn wir sie mit den modernen vergleichen (die Provinz Brandenburg hat 1882 auf 1000 Seelen 38,26 Geburten und 26,35 Todesfälle = 11,93 pro Mille natürlichen Zuwachs), daß das 18. Jahrhundert fast die gleiche natürliche Zuwachsrate von etwa 1 Prozent jährlich hatte wie die Gegenwart.[5] Die größere Zahl der Geburten wird durch die größere Kinder- und sonstige Sterblichkeit ausgeglichen. Die Zuwachsrate von 8,7—10,8 pro Mille bleibt hinter der erwarteten von 13 pro Mille, welche in 53 Jahren eine Verdoppelung gibt, um 3—5 pro Mille zurück. Diese müssen also durch Zuwanderung entstanden sein. Neben dem natürlichen Zuwachs von etwa 1 Prozent haben wir so einen solchen durch die Einwanderung von 1/3—1/2 Prozent. Das ist ein analoges Verhältnis des natürlichen zum Einwanderungszuwachs wie in den Vereinigten Staaten bis in die 20er Jahre [des 19. Jahrhunderts. D. Hrsg.].

Nach den Listen der Getauften und Gestorbenen, welche Süßmilch[6] über die anderen Provinzen mitteilt, ist in der Hauptsache die natürliche Zuwachsrate in Pommern und der Neumark eine ähnliche; in Preußen ist sie ohne die Pestjahre etwas höher, mit diesen niedriger; im Magdeburgischen wird sie von 1720 an etwas geringer; in allen westlichen, dichter bevölkerten Provinzen ist sie schwächer. Wo wir also eine ähnliche, rasche Verdoppelung der Bevölkerung treffen, ist sie ebenfalls zu einem gleichen Anteil auf die Einwanderung zurückzuführen. Ostpreußen hatte 1720 etwa 400 000, 1775 bereits 837 357 Seelen, also auch eine Verdoppelung in 55 Jahren; 1800 waren es 931 000. Westpreußen zählte 1774 356 000, 1800 545 000 Seelen, das ist eine Zunahme von fast 50 Prozent in 25 Jahren. Pommern hatte gegen 1720 etwa 200 000 Seelen, 1800 etwas über 500 000. Die Neumark hatte gegen 1700 etwa 120 000 Seelen, 1754 219 000, 1800 etwas über 300 000 Seelen. Magdeburg hatte 1700 etwa 130 000, 1804 309 767 Einwohner, also auch hier mehr als eine Verdoppelung. Um zuletzt Schlesien zu erwähnen, so hatte es 1740 1 109 000, 1794 1 793 000, 1804 etwas über 2 Millionen: also hier in 55 Jahren noch keine Verdoppelung, aber immer eine sehr erhebliche Zunahme.

ten Mark Brandenburg. Für Statistiker, Geschäftsmänner und besonders für Kameralisten, Bd. 1, Berlin 1804, S. 39.

[5] Die jährliche Zuwachsrate war in Preußen und Deutschland wohl vorübergehend 1820—30, 1874—79 1,2—1,4 Prozent, neuerdings ist sie ebenso oft unter 1 Prozent geblieben, jedenfalls von 1874 bis 1882 auch wieder von 1,4 auf 1,1 Prozent gesunken. Für den Durchschnitt von 1800 bis 1885 dürfte die Zuwachsrate 1 Prozent nicht übersteigen. Nach der amtlichen deutschen Statistik hat sich die deutsche Bevölkerung in den 55 Jahren 1825 bis 1880 von 28 auf 45 Mill. gehoben, also noch nicht verdoppelt, wie es sein müßte, wenn der jährliche Zuwachs 1,3 Prozent regelmäßig gewesen wäre.

[6] J.P. Süßmilch, *Die göttliche Ordnung . . .*, Bd. 1, S. 83—100 (Tabellen).

In den eigentlichen Kolonisationsgebieten nähern sich die Resultate allenthalben der Kurmark;[7] wir haben hier allenthalben neben einem natürlichen jährlichen Zuwachs von gegen 1 Prozent einen solchen von 1/3—1/2 Prozent durch die Einwanderung und Kolonisation anzunehmen. Und dabei ist nicht zu übersehen, daß die Vermehrung durch Einwanderung, soviel sie auf der anderen Seite Schwierigkeiten bietet, doch in der Hauptsache fertige arbeitskräftige Menschen und nicht Säuglinge bietet. Der Satz von Süßmilch: „Ein eingeborener Unterthan ist in den meisten Fällen und Absichten besser als zwei Kolonisten", denkt an diese Schwierigkeiten, an die vielen zweifelhaften Erwerbungen der staatlichen Kolonieagenten. Aber er könnte, wenn man an die Réfugiés, die Salzburger, die Sachsen, die Niederländer und Pfälzer denkt, ebenso gut umgekehrt werden. Derartige Kolonisten waren zwei und mehr eingeborene Untertanen wert. Und jedenfalls bleibt der Altersunterschied zu Gunsten der Einwanderer: Es ist durchschnittlich bereits eine erwachsene, ausgebildete Arbeitskraft, der natürliche Zuwachs der Bevölkerung liefert Kinder, die erst noch 15—25 Jahre lang Vorschüsse und Kosten in Anspruch nehmen, welche nur von der Hälfte, d.h. von denen ersetzt werden, die ein höheres Alter erreichen.

Wollen wir zum Schluß dieser Betrachtung über die numerische Bedeutung der altpreußischen Einwanderung einen Blick auf die Zunahme der Bevölkerung in anderen Staaten, verglichen mit der preußischen, werfen, so wird dadurch erst das Gesamtresultat der Entwicklung von Staat und Volkswirtschaft ebenso wie die Bevölkerungspolitik ins klarste Licht gesetzt. Wir haben gesehen, daß in den meisten altpreußischen Provinzen sich die Bevölkerung von 1700 bis 1800 mehr als verdoppelte, in der Kurmark sogar sich verdreifachte. Dieterici berechnet allerdings für den gesamten preußischen Staat in den Grenzen von 1688 eine Vermehrung, die nicht ganz 100 Prozent erreicht; er nimmt für diesen Umfang 1700 919 Menschen, 1800 1584 pro Quadratmeile an. Ich halte seine Zahl für 1700 nicht für richtig; ich kann, wie ich schon erwähnte, für diese Epoche nur einen Durchschnitt der östlichen und mittleren Provinzen von 616 herausrechnen, während ich für dieselben Provinzen pro 1800 seiner Zahl ganz nahe komme; das ist aber eine Vermehrung auf das zweieinhalbfache.

Dagegen stellt sich nun die Bevölkerung pro Quadratmeile nach Dietericis Berechnung bzw. Schätzung auf folgende Seelenzahl:

[7] J.P. Süßmilch, *Die göttliche Ordnung . . .*, Bd. 1, S. 254, berechnet für die gesamten alten Provinzen die Gesamtbevölkerungszunahme von 1700 bis 1750 auf 67,78 Prozent oder 1,04 Prozent pro Jahr. Diese Zahl schließt die Pestjahre in sich und die Provinzen mit schwächerer Zunahme, muß also hinter den 1,3 Prozent der Kurmark etwas zurückbleiben.

	in Kursachsen	Hannover	Dänemark	Schleswig-Holstein
1700	2017	1367	900	1225
1800	2774	1567	1148	1840

Das sind unter den Staaten, die Dieterici berechnet, diejenigen, welche nach ihren natürlichen Verhältnissen am ehesten mit Preußen verglichen werden können. Und wie weit bleibt ihre Zunahme hinter der preußischen zurück!

Auch die unter viel günstigeren Naturverhältnissen lebenden süddeutschen Staaten und österreichischen Provinzen erreichen teilweise Preußen nicht; teilweise übertreffen sie es wenigstens nicht. Man zählte pro Quadrat-Meile Seelen:

	in Württemberg	Böhmen	der Lombardei
1700	2272	1590	3000
1800	3955	3192	4900

Die drei reichsten Länder der damaligen Welt, ausgestattet mit großen Kolonien, im Besitze des damaligen Welthandels, mit einer Industrie, die die preußische in jeder Beziehung übertraf, zeigen folgende Zahlen. Man zählte pro Quadratmeile:

	in England und Wales	Schottland	Frankreich	den Niederlanden
1700	1970	832	2400	2150
1809	3559	1079	2800	3500

Das heißt, sie waren, wie die süddeutschen und österreichischen Lande, von alter Zeit her bevölkerter als Preußen, aber der Fortschritt erreicht den preußischen nicht, bleibt teilweise, wie in Frankreich und Schottland, weit hinter ihm zurück.

Damit fallen auch alle die albernen Bemerkungen Mirabeaus[8] über die preußische Bevölkerung und ihre Bewegung, über die Kolonisation und ihre staatliche Begünstigung in sich zusammen. Er muß zugeben, daß die Bevölkerung in den

[8] Honoré Gabriel de Mirabeau, *De la monarchie prussienne*, Bd. 2, London 1788, S. 23—47. An anderer Stelle spricht er sich auch ganz anders aus: z.B. 1, 161 führt er aus, Preußen habe trotz seiner enormen Armee, die ja an sich vernichtend für die Bevölkerung sein müßte, die gleiche Geburtenzahl wie die glücklichsten und fruchtbarsten Länder Europas. Das danke man der Einrichtung, daß eine große Zahl der sonst Beschäftigung findenden Soldaten nur 1/4 Jahr vom Staat besoldet und unterhalten würde und andererseits alle, die über nichts als über ihre Hände verfügen, zeitlebens einen gesicherten Unterhalt in der Armee fänden.

östlichen preußischen Provinzen mehr zunehme als in den westlichen; aber die westlichen sind ihm die reicheren und dichter bevölkerten nicht sowohl wegen ihres Bodens, sondern weil man in ihnen weniger regiert habe, weil sie die Regie oder die Kantonpflicht nicht oder nicht ganz gehabt hätten. Er findet die Bevölkerungszunahme in den Kernlanden viel zu schwach; man hätte da, meint er, im Jahre 1786 eine Million Einwohner mehr besitzen können, wenn man physiokratisch regiert hätte. Nur wer die Zahlen Preußens oberflächlich, die der anderen zum Vergleiche dienenden Staaten gar nicht kannte, konnte so argumentieren.

Preußen war im 18. Jahrhundert das ärmste Land unter den größeren Staaten, das verhältnismäßig den stärksten Zuwachs hatte; und ein großer Teil, etwa ein Drittel dieses Zuwachses beruhte auf der Tatsache, daß es das einzige europäische Land mit großer Einwanderung und staatlich gelenkter innerer Kolonisation war.

II

Heimat und Art der Kolonisten

Wir haben in der Einleitung, wie vorhin bei der Frage, ob der natürliche Zuwachs oder die Einwanderung für das Land wertvoller gewesen sei, schon auf die Heimat der Kolonisten hingewiesen. Wir müssen hierbei noch ausführlicher verweilen.

Neben den religiösen und kirchlichen Motiven, welche die erste protestantische Kontinentalmacht veranlaßten, allen Glaubensgenossen ein Asyl zu bieten, erklären es zwei Ursachen, daß man die Ausländer bevorzugte, nur in beschränkter Weise mit Inländern kolonisierte: einmal die populationistische Tendenz der ganzen Kolonisation, welche nur im Ausländer ein Plus für die inländische Bevölkerung sehen konnte; und dann der Rationalismus des 18. Jahrhunderts, der alles Nationale, Provinzielle, Lokale mißachtete oder nicht verstand, im Menschen nur die Arbeitskraft, die abstrakte Gattung anerkannte. Aus Italien, Piemont, aus den Niederlanden, aus Frankreich, England, Dänemark, Rußland, Polen, Griechenland, der Schweiz und Österreich bezog Preußen Kolonisten, wie in seiner Armee noch mehr Leute aus aller Herren Ländern dienten. Die Mehrzahl dieser Fremden war evangelisch oder reformiert, aber doch nicht alle; unter den polnisch-deutschen Kolonisten waren sicherlich manche Katholiken. Die Jünger Menos wurden geduldet, wie die Bekenner der griechischen Kirche, sogar den muhamedanischen Gottesdienst zu gestatten wäre Friedrich der Große bereit gewesen.

Immer aber waren die nichtdeutschen Kolonisten die Minderzahl; es waren nur einzelne Italiener, die man lieber als ansässige Kaufleute, wie als Hausierer dulden wollte; es waren einzelne Griechen, durch welche man den Handel nach dem Osten zu heben hoffte. Die Holländer unter dem Großen Kurfürsten lassen sich nicht beziffern. Die Waldenser (1688), 1800 etwa an der Zahl, haben Preußen teilweise wieder verlassen. Die Wallonen, welche mit den Pfälzern kamen, waren in der Pfalz schon halb germanisiert. Die Böhmen, welche hauptsächlich in den Jahren 1729 bis 1736, aber auch später unter der Regierung Friedrichs kamen, und von welchen eine große Zahl in Berlin, Rixdorf, Nowawes, Schöneberg und Köpenick saß, hatten sich von gegen 2000 auf gegen 4500 (1786) vermehrt. Auch in Schlesien hatten sie eine Reihe von Niederlassungen. Sie waren als hussitische Brüder oder Reformierte im protestantischen Lande willkommen gewesen, jedenfalls nicht so fremd, wie es heute eine tschechische Einwanderung wäre. Übrigens gebot der König 1782 (24. Jan.), keine Böhmen mehr ins Land zu ziehen. Die 6000—7000 Schweizer, die 1685 bis 1738 hauptsächlich einwanderten, waren wenigstens deutschredende Schweizer. Die wichtigsten fremden, nichtdeutschen Kolonisten waren die 20 000 französischen Reformierten, welche in der Zeit von 1672 bis 1700 dem preußischen Staate gewonnen wurden. Sie haben auf die ganze geistige und wirtschaftliche Entwicklung des Staates den nachhaltigsten und günstigsten Einfluß ausgeübt.

Sie stammten aus dem Lande, von dem man damals viel mehr als später rühmen konnte, es stehe an der Spitze der Zivilisation, der geistigen und wirtschaftlichen Kultur. Die vertriebenen Hugenotten waren die Blüte der Nation, es waren die sittlich tüchtigsten Elemente, die besten Gewerbetreibenden Frankreichs, es waren hervorragende Gelehrte und Künstler, Juristen und Offiziere, es war der Teil der Bevölkerung, der das reinste Familienleben, einen hohen Grad streng kirchlichen Gemeindelebens hatte. Man rühmte ihre Kinderzucht, wie ihren Kinderreichtum. Zahllose Kunstfertigkeiten und Verkehrseinrichtungen brachten sie in die neue Heimat; als Gärtner und Gemüsebauer haben sie auf die landwirtschaftliche Kultur gewirkt. Überwiegend aber wurden sie in den Städten angesiedelt.

Im Gegensatz zu ihnen gehören die Schweizer fast nur der ländlichen Kolonisation an; ihre größte Zahl ist in Ostpreußen angesiedelt; sie mögen der einheimischen Bevölkerung kaum weniger fremd als die Franzosen gegenüber gestanden haben. Sie suchten sich möglichst kompakt an bestimmten Orten zusammenzuhalten und ihre eigenen Prediger kommen zu lassen. Lange haben sie um ihre besonderen schweizer Schulzen und ihren Koloniekontrakt gekämpft, auf den wir zurückkommen werden.

Unter den deutschen großen Zuzügen aus weiterer Ferne stehen die 7000 Pfälzer (1680—99) und die 20 000 Salzburger (1732) obenan. Jene wurden hauptsächlich durch die französischen Einfälle, diese durch die kirchliche Unduldsamkeit des Erzbischofs Firmian aus ihrer alten Heimat vertrieben; jene fanden eine neue Heimat hauptsächlich im Magdeburgischen, diese in Ostpreußen und Litauen. Jene haben neben manchen Gewerben hauptsächlich den einträglichen Tabakbau in die Flußniederungen der Elbe, der Havel und der Spree gebracht; diese waren einfache Gebirgsbauern, denen die Wirtschaft in der kalten, flachen norddeutschen Niederung anfangs recht schwer wurde. Die Salzburger Einwanderung war wohl das schwierigste Problem, das der preußischen Kolonisationspolitik gestellt war; 15 000 Seelen — soviel kamen nach Ostpreußen auf einmal — aufzunehmen, zu verpflegen, einzuquartieren, in ganz neue Verhältnisse überzuführen, und zwar 15 000 mißtrauische, störrische Bauernseelen, denen man im Lande zunächst unfreundlich begegnete, für die nicht sofort die Hufen und Häuser und vollends nicht in geschlossenen Bauernschaften bereit standen, denen hier Klima, Boden, Sprache, Werkzeuge, Wirtschaftsbetrieb, kurz alles fremd und ungewohnt war, — das war ein sozialpolitisches Meisterwerk. Kein Wunder, daß Jahre und Jahrzehnte vergingen, ehe die günstigen Seiten ausschließlich hervortraten, ehe ihr Starrsinn als zäher Fleiß sich zeigte, ehe ihre kirchlichen und Familientugenden, ihre haushälterischen Eigenschaften, ihre intellektuelle und sittliche Bildung, wie von Oberpräsident Schön, als die eigentlichen Grundlagen der wirtschaftlichen und geistigen Kultur Litauens gewürdigt werden konnten.

Mit diesen großen Einwandererzügen sind aber auch die Kolonisten, die aus weiterer Ferne stammten, in der Hauptsache erschöpft. Unter Friedrich d.Gr. überwiegen die Deutschen aus der nächsten Umgebung des preußischen Staates, die Mecklenburger, Braunschweiger, Anhaltiner, Thüringer, Sachsen, Österreicher, sowie die Deutsch-Polen, wenn auch daneben noch aus dem entfernteren Deutschland, aus Nassau, Schwaben, der Pfalz, mancherlei Züge und einzelne Kolonisten kamen. Die Mehrzahl derselben war evangelisch. In einzelnen Fällen verlangt der König ausdrücklich gute Wirte von ausländischen evangelischen Leuten.

Die Kolonisten aus den Nachbarstaaten hatten jedenfalls den Vorteil für sich, der Landesart und Sitte verwandter zu sein: blieben sie ja auch meist in der Nähe ihrer ehemaligen Heimat, wie z.B. die Mecklenburger in der Priegnitz und Pommern, die Österreicher in Schlesien, die Sachsen im Herzogtum Magdeburg und der Kurmark, die Deutsch-Polen in der Neumark und Westpreußen.

Von den noch unter Friedrich d.Gr. aus weiterer Ferne kommenden spielt die schwäbische Kolonie in Westpreußen die Hauptrolle. Es sind hauptsächlich Leute „aus der Gegend von Stuckert herum", wo schon damals eine Art von Übervölkerung herrschte: saßen doch im Jahre 1800 im Altwürttembergischen 3955 Menschen auf der Quadratmeile. Sie waren, wie allgemein gerühmt wird, eine gute Erwerbung. Beheim-Schwarzbach schildert die westpreußischen Schwaben teilweise aus eigener heutiger Anschauung folgendermaßen: Sie sind durchaus evangelisch, oft bigott und abergläubisch; Fleiß und Ausdauer sind ihre Haupttugenden, daneben Sparsamkeit, Neigung, mit jedem Fleckchen Erde zu geizen, ihm etwas abzugewinnen; der ihnen vor 100 Jahren übergebene Boden trägt jetzt das vier- bis fünffache; sie halten zusammen, was sie erworben; sie sind verständig, schlau und pfiffig, geschickt zu allen Nebenhantierungen, im ganzen mäßig; sie waren seiner Zeit mit guter Schulbildung ausgestattet; fast alle konnten lesen, die meisten schreiben; sie waren hierin der deutschen wie der polnischen Landbevölkerung weit überlegen. Mit den polnischen Bauern, die von Natur gutmütig und fähig waren, fremde Sitten anzunehmen, vertrugen sie sich meist besser als mit den Deutschen. Sprachlich verständigen konnten sie sich im Anfang weder mit den einen noch mit den andern; sie heirateten die ersten Generationen hindurch nur unter sich, folgten in der ersten Zeit am liebsten nur jenen Führern, die sie aus dem Schwabenlande in größeren oder kleineren Zügen hergebracht, wie vor allem dem sogenannten „Kolonisten-Herrgöttle", dessen Andenken sich bis auf den heutigen Tag erhalten hat.

Neben diesen Ausländern haben nun die Inländer trotz der prinzipiellen Abneigung gegen sie doch niemals ganz gefehlt, ja bei der Kolonisation dann einen bedeutenden Umfang erreicht, wenn die Bevölkerungsvermehrung gegen andere Rücksichten in den Hintergrund trat. So zuerst schon unter dem Großen Kurfürsten, wo man jeden Annehmer einer wüsten Stelle willkommen hieß. Dann waren die Erbpächter, an welche die Vorwerke zur Zeit der Lubenschen Vererbpachtungsprojekte ausgegeben wurden (1700—1711), zu einem guten Teile Inländer, so sehr man in den Instruktionen auf die Gewinnung bemittelter Ausländer hingewiesen hatte; die Gegner Lubens warfen diesem unter anderem gerade vor, daß dieses Ziel nicht erreicht worden sei. Viele wüste, aber kontribuable Hufen, welche bisher von den Vorwerken aus irgendwie genützt worden waren, wurden bei der Vererbpachtung den Domänenbauern, die zur Übernahme und Kontribution bereit waren, überlassen. Friedrich Wilhelm I. hat neben den Anhaltinern, Schweizern und anderen Deutschen auch Magdeburger, Halberstädter und Kurmärker nach dem entvölkerten Litauen geschickt. Er hat, soweit es irgend ging, die alten Bauern des Landes veranlaßt, wüste Hufen mit zu übernehmen. Und Gleiches ist ohne Zweifel, wenn es an Kolonisten fehlte, auch anderwärts vorgekommen. Er hat dann auch mit eingeborenen Landeskindern, mit Litauern viel kolonisiert. Sein Verbot vom 6. Juni 1739, keine Polacken und Szamaiten auf Bauernerben zu setzen, weil sie doch wieder durchgehen und dann alles, selbst Türen und Fenster mitnehmen, geht ohne Zweifel nicht auf preußische Untertanen, sondern auf Leute von jenseits der östlichen Grenze. In gewisser Weise hat man mit Inländern insofern kolonisiert, als man die auf Domanialbauernhöfen wegen Untauglichkeit und schlechter Wirtschaft ausgemerzten Wirte anderwärts als Gärtner,

Büdner, Tagelöhner ansetzte. Auch Friedrich der Große mußte öfter, um mit der Kolonisation rasch voranzukommen, auf Inländer zurückgreifen. Auf eine Bitte, Inländer ansetzen zu dürfen, antwortete er zustimmend: „Einige aus dem Lande nehmen, aber ausländische Familien müssen dabei sein, sonst vermehren wir die Anzahl der Familien im Lande nicht." Bezüglich der Ansetzung von Invaliden aber nach dem großen Kriege als Büdner fügte er bei: „Es mögen Ein- oder Ausländer sein." Zeitweise hat er eine Art der Kolonisation mit Eifer für bestimmte Landesteile betrieben, die ihrer Natur nach sich auf Landeskinder des Ortes beschränkte. Der sogenannte Abbau der zweiten Hufe bestand darin, daß man Großbauern mit mehreren Hufen veranlaßte, den Hof zwischen mehreren Söhnen zu teilen, besonders solchen, die als Soldaten gedient haben, eine Hufe abzutreten. Als Minister Hagen dem König 1769 vorstellt, das werde im Herzogtum Magdeburg viel leichter gehen, als das Hereinziehen Fremder, der Hufenstand sei dort ein viel zu großer, ist Friedrich ganz einverstanden, meint aber, der Neubau der zweiten Höfe und die Gewohnheiten der Bauern würden auch dagegen ein Hindernis bilden. Doch wird die möglichste Teilung der Bauerngüter im Magdeburgischen dann dem Provinzialminister Derschau am 16. Juli 1769 anbefohlen. Und auch für andere Provinzen, besonders Ostpreußen, Westpreußen und die Kurmark, hat sie eine Rolle gespielt,[9] und zwar bis gegen 1806 hin. Endlich ist anzunehmen, daß bei der umfangreichen Aufteilung und Vererbpachtung schlechter und entlegener Vorwerke nach dem Siebenjährigen Kriege zahlreiche Inländer neben den Ausländern berücksichtigt wurden. In einer Kabinettsverfügung von 1782 wird die Neugründung von Dörfern in der Kurmark ausschließlich in der Weise in Aussicht genommen, daß die umliegenden Dörfer je ein bis zwei Söhne dazu stellen sollen.

Zahlenmäßige Anhaltspunkte für die Teilnahme der Inländer lassen sich nicht viele, aber doch einige recht schlagende beibringen. Nach einer Zusammenstellung des Berliner sogenannten Ministerialarchivs waren in den litauischen Ämtern bis 1726 1565 Kolonistenfamilien angesetzt, die 2451 Hufen übernommen hatten, während daneben die alten Bauern in denselben Ämtern an wüst Land bei der sogenannten neuen Einrichtung 3001 Hufen mehr als bisher angenommen haben. Das heißt: Es wurden an Hufe 1/4 mehr durch Inländer als durch Ausländer wieder in Kultur gebracht. Eine Hauptzusammenstellung der bis Ende Juni 1736 neu auf Hufen angesetzten Familien, welche ich im Gumbinner Regierungsarchiv fand, gibt folgenden Stand („der neu auf Hufen angesetzten Salzburger, Schweitzer, Nassauer und anderer Deutscher,

[9] Über die Kurmark vgl. Rudolf Stadelmann, *Preußens Könige in ihrer Tätigkeit für die Landeskultur*, Bd. 2: *Friedrich der Große* (= Publikationen aus den kgl. Preußischen Staatsarchiven, Bd. 11), Leipzig 1882, S. 115.

wie auch Litthauer", wobei allerdings sprachlich zweifelhaft ist, ob die Bezeichnung „neu angesetzt" auf die Deutschen allein oder auch auf die Litauer geht):

	Familien	Hufen
Salzburger	766	719
Schweizer, Nassauer und andere Deutsche	2992	3333
Litauer	8075	8153

Nach den Zahlen, welche Beheim-Schwarzbach aus ähnlichen Quellen publiziert hat,[10] und nach der Gesamtmenge der Bauern ist es zwar nun nicht anders denkbar, als daß wir unter den 8075 Litauern nicht bloß die neuen, sondern auch die alten Wirte verstehen müssen. Aber wenn die alten Wirte schon 1726 600 neue Hufen mehr angenommen hatten als die ausländischen Kolonisten, so ist ohne Zweifel anzunehmen, daß unter den 8075 Litauern viele Hundert jüngerer Söhne von Litauern waren, welche die damalige Amtssprache zwar nicht als Kolonisten führte, die es aber in unserem heutigen Sinne sind. Im Dezember 1740 berichtet die litauische Kammer an den König, er brauche keine fremden Leute mehr zu schicken; was man noch brauche, auch an Instleuten, finde sich genugsam im Lande.

In einer amtlichen Zusammenstellung aus dem Jahre 1790 finde ich für das Herzogtum Magdeburg und die Zeit von 1740 bis 1786 folgende Angaben über die neu angesetzten Familien; man zählte:

2606 ausländische mit 10 021 Seelen,

1866 inländische mit 7 543 Seelen.

Etwa ein Neuntel der Familien ist in den Städten, der Rest auf dem platten Lande angesiedelt.

Die Behörden waren stets mit den Inländern mehr zufrieden als mit den Ausländern, wie die litauische Kammer in dem vorhin erwähnten Fall schreibt: Da spare man die teueren Transportkosten, der Fremde sei der hiesigen Landesart nicht gewöhnt, komme meist in armseligen Umständen an u.s.w.

Auch in den Berichten der kurmärkischen Kammer von 1771 und 1772, die Lamotte anführt, wird dem König vorgestellt, wie viel besser die Inländer und etwa die bei den Garnisonregimentern ausrangierten Ausländer gegenüber den gewöhnlichen fremden, ganz neu ins Land gekommenen Kolonisten seien. Und es ist klar, daß die Kolonisation mit inländischen Bauernsöhnen oder Jahr und Tag im Inland lebenden Soldaten eine leichtere war; sie kannten Land und

[10] Max Beheim-Schwarzbach, *Friedrich Wilhelms I. Kolonisationswerk in Litthauen, vornehmlich die Salzburger Kolonie*, Königsberg 1879, S. 11—80.

Leute, Klima und Boden, Sitte und Verkehr des Landes. Aber es war doch ganz falsch, anzunehmen, daß deshalb die Landeskinder durchaus die besseren, wertvolleren Arbeitskräfte, daß sie die wohlhabenderen und geschickteren Landwirte gewesen wären.

Die Aussprüche der physiokratischen Schriftsteller, die in der Epoche der stärksten Reaktion gegen das fridericianische System über die Kolonisation aus der letzten Zeit des großen Königs geschrieben haben, wie Mirabeau, Lamotte und Dohm, haben freilich ein sehr schwarzes Bild von den zugewanderten Ausländern entworfen. Sie erscheinen, hauptsächlich bei Lamotte, als ein Haufen träger, liederlicher, unruhiger Bettler, die über ihren Beruf und ihre Fähigkeiten falsche Angaben machten, vor jeder Arbeit sich scheuten, immer nur querulierten, weiteres Land oder weitere Benefizien verlangten, zuletzt immer wieder durchgingen.

Aber wenn Lamotte als Beweis dafür anführt, daß einmal ein Perückenmacher als Ackermann sich ausgegeben und so eine Hufe erschwindelt habe und daß einer einmal vor der Kammer erklärte: „Wir haben nicht nötig zu arbeiten, dazu hat uns der allergnädigste König nicht ins Land kommen lassen, sondern nur, daß wir darin Kinder zeugen sollen", so sind solche einzelne Anekdoten doch kaum ernsthaft zu nehmen. Die Erfahrungen Lamottes beschränkten sich auf eine Anzahl Jahre und einzelne Ämter der Kurmark. Was er sagt, ist der Ausdruck einer in den Beamtenkreisen unzweifelhaft verbreiteten Stimmung, aber einer Stimmung, die naturgemäß parteiisch war. Die Beamten hatten übermäßige Schererei und wenig Dank von der Kolonisation. „Das unruhige Wesen der Kolonisten", sagt Lamotte, „ist nicht genug zu beschreiben."

Dohm und Hoym, die auch die Heranziehung der vielen Ausländer nicht mit günstigen Augen ansahen, urteilen schon viel vorsichtiger. Hoym hebt ausdrücklich hervor, daß das Mißlingen mancher Ansiedelungen auf den Boden zurückzuführen sei, der den Ansiedlern habe zugewiesen werden müssen und der ihnen den Erwerb sehr schwer gemacht habe.

Zuzugeben aber ist, daß an den Schilderungen Lamottes und Mirabeaus ein unzweifelhafter Kern von Wahrheit war. Die systematische Werbung von Kolonisten im Auslande mit dem Versprechen von Reisegeldern und hohen Benefizien lockte nicht bloß glaubenstreue Protestanten, von Steuerdruck und Polizeiwillkür mißhandelte tüchtige Untertanen der Kleinstaaten, sondern Gesindel aller Art, das von Anfang an darauf spekulierte, nach den Freijahren wieder durchzugehen. Wir finden daher von den Tagen Friedrich Wilhelms I. an hohe Strafen auf solches Durchgehen, Desertieren, wie man es nannte, gesetzt. Auch dem Naturell und den Charaktereigenschaften nach ist es damals — wie heute — verständlich, daß zur Auswanderung Leute geneigt sind mit unruhigem Temperament, mit sanguinischen Hoffnungen; energische, kühne

Naturen, die sich nicht beugen und drücken lassen wollten und nun in die preußische Disziplin sich auch nicht leicht fanden; Leute, die schon wiederholt Schiffbruch gemacht und darum leicht zum zweiten und dritten Mal den Wanderstab zur Hand nahmen. Die Kolonistenbevölkerung aller Zeiten hat aus trotzigen, harten Gesellen bestanden. Die Tugenden hergebrachten Familien- und Gemeindelebens können da noch nicht vorhanden sein, wo Menschen mit der verschiedensten Sprache, Sitte und Denkungsart zusammengesperrt werden sollen. Drohende aufständische Mienen nahmen die Salzburger Bauern ab und zu an, wie die Bruchkolonisten, die Brenkenhof in die Wartheniederung gesetzt und die ihn andererseits doch liebten wie einen väterlichen Patriarchen.

Das Menschenmaterial mußte sich außerdem verschlechtern, wenn man, wie unter Friedrich dem Großen, nicht soviel kolonisierte, als man tüchtige Leute fand, sondern nach festem Plan jährlich soviel hundert Familien ansetzen wollte. Es mußte geringer werden in dem Maße, als einzelne Staaten, wie Österreich, Polen, Hessen-Kassel, Bayreuth und Kursachsen, letzteres sogar bei Lebensstrafe, die Auswanderung verboten, andere auf Befehl des Königs mit derartiger Werbung verschont werden mußten, wieder andere Preußen die Kolonisation nachmachten und die preußischen Kolonistenbenefizien überboten, wie Joseph II., also eine übermäßige Nachfrage nach Kolonisten einem sinkenden Angebot gegenüberstand. Friedrich der Große selbst tröstete sich über die geringe Qualität vieler seiner Kolonisten mit dem bekannten Satze, daß erst die zweite Generation etwas tauge.

Aber neben dem schlechten Gesindel kamen doch stets nicht die botmäßigsten, aber viele tüchtige, kräftige Menschen. Ein großer Teil der Einwanderer stand, wie auch Lamotte betont, an sittlicher und intellektueller Kultur unendlich hoch über den damaligen Durchschnittsbewohnern des preußischen Staates, und auch das Vermögen, das sie mitbrachten, war nicht unerheblich. Und auch von der großen Menge der unter Friedrich dem Großen Eingewanderten wird man behaupten können, daß sie den Inländern mindestens gleich standen, ja, je weiter wir in die östlichen Kolonisationsgebiete gehen, sie übertrafen. Die Mecklenburger, welche das Bauernlegen, die Sachsen, welche die Brühlsche Mißwirtschaft aus dem Lande trieb, waren keine schlechten Elemente, ebenso wenig wie die Schwaben, die wir geschildert, und die Deutsch-Polen, welche einem maßlos verrotteten Aristokratenregiment mit all seinen Mißbräuchen ausweichen wollten. Die Böhmen, welche in Schlesien und in der Mark viele Jahre hindurch als das unruhigste und unzuverlässigste Gesindel galten, haben sich auf die Dauer als tüchtige Arbeiter und ausgezeichnete Ackerbauer bewährt.

Auch für diese Behauptungen lassen sich wieder einige zahlenmäßige Beweise erbringen. Bei den Domänenbauern mußten in den Listen stets die guten und die schlechten Wirte unterschieden werden; mag die Beurteilung nach den verschiedenen Persönlichkeiten der Amtmänner eine schwankende gewesen sein — einen Anhalt geben die Zahlen doch, z.B. die aus der litauischen Liste von 1736, die ich vorhin erwähnte. Man unterschied da:

unter den Salzburgern	693 gute	73 schlechte Wirte
Schweizern, Nassauern und andern Deutschen	2 458 gute	534 schlechte Wirte
Litauern	6 895 gute	1 180 schlechte Wirte
	10 046 gute	1 787 schlechte Wirte.

Über das mitgebrachte Vermögen der Kolonisten hat Beheim-Schwarzbach verschiedene Zusammenstellungen gemacht. Die 20 000 Salzburger sollen von Hause allein an Barvermögen 800 000 Taler mitgenommen haben; an in Preußen ungültigen Münzen besaßen sie im Minimum 158 393 Taler; im Jahre 1744 hatten 237 ländliche Salzburger Besitzer für ihre erkauften Höfe 46 915 Taler gezahlt. Das Grund- und Hausvermögen, das sie im Salzburgischen zurückließen, berechneten sie auf über 2 1/2 Millionen Taler, wovon aber nicht viel mehr als 300 000 Taler eingingen. Für die 300 000 Kolonisten, die unter Friedrich dem Großen nach Preußen kamen, berechnet Beheim-Schwarzbach im Minimum als mitgebrachtes Vermögen etwas über 2 Mill. Taler, 6392 Pferde, 7875 Stück Rindvieh, 20 548 Schafe und 3227 Schweine.

Das Wichtigste aber war, daß die ganze Einwanderung und Kolonisation auf einem Zuge von West nach Ost beruhte, d.h. auf einer Heranziehung von Menschen älterer und höherer Kultur, während das Prinzip des *laissez faire* im 19. Jahrhundert allein die umgekehrte Richtung begünstigt und hervorgerufen hat: das Wandern nach dem Westen, das Hereindringen aus dem niedriger stehenden Osten.

Mochten also viele einzelne Kolonisten nichts taugen, mochten Dutzende und Hunderte wieder durchgehen, die Gesamtmenge der Einwandernden stand — in Ostpreußen, Westpreußen, Schlesien wenigstens — höher als die einheimische Bevölkerung. Es war stets eine bewußte Germanisierung, die ihren Rechtstitel in dem Kampf für technischen, geistigen und sittlichen Kulturfortschritt hatte. Wie schon Friedrich Wilhelm I. die Ansiedlung von Juden, Polen, Szamaiten in Ostpreußen ausgeschlossen wissen wollte, so verlangt Friedrich II. für Oberschlesien vernünftige und gesittete Kolonisten, die durch ihr Beispiel das gemeine Volk aus seiner bisherigen Dummheit und Blindheit reißen (24. Juni 1770). Bei der Besitznahme Westpreußens ließ er 4000 Juden über die Grenze schaffen, wie er in Ostpreußen auf dem platten Lande keine duldete — nicht weil er ihren Glauben und ihre Rasse verfolgt hätte: Das lag ihm gerade so ferne als Lessings Nathan, sondern weil er sah, daß ihre Art zu handeln, zu schachern, den Bauern zu bevormunden, hier Schaden bringe, weil er sie hier und in dieser Berührung mit dem polnischen und deutschen Bauer für ungünstig wirkende Elemente ansah. An anderer Stelle, in beschränkter Menge, für bestimmte Geschäfte und Industrien, hat er sie ebenso befördert und begünstigt, wie er sie hier zu Tausenden vertrieb.

Die Tendenzen des Königs zeigten sich in Aussprüchen, wie die: Der polnische Mann soll zu deutscher Landesart gebracht werden, die polnischen Einwohner sollen mit den deutschen meliert, der polnische Kolonist in die Umgebung Deutscher gebracht werden. Überall wurden deutsche Schulen, mehr katholische als protestantische, geschaffen. In Westpreußen hat der König nach seinem Ausspruch 200 neue deutsche Lehrer angestellt, die ihn jährlich außer dem Brennholz 22 000 Taler, deren Gebäude ihn 80 000 Taler kosteten.

Die große Einwanderung aus Polen, die in den Jahren 1770—1774 stattfand, war, wie Beheim-Schwarzbach nachweist, ganz überwiegend eine deutschpolnische. Friedrich schrieb selbst einmal: „Die Attention ist auf Pfälzer, Schlesier, Thüringer, Mecklenburger und deutsche Polen zu richten, die im Rufe tüchtiger Ackerbauer stehen, schlechterdings aber sind keine Stockpolen anzunehmen." Auch hier leitete den großen, französisch denkenden Weltbürger des 18. Jahrhunderts nicht ein nativistisches Rassengefühl, sondern die einfache verständige Überlegung, daß die Provinz nicht zu besserem Wohlstande kommen könne, „wenn nicht die polnische Wirtschaft aufhöre", „wenn das Volk nicht in einen anderen Schlender gebracht werde".

III

Die Beschaffung des Grund und Bodens für die Kolonisten

Land und Wohnsitze verlangten die in das Römerreich eindringenden Germanenstämme; ein kompliziertes System der Landteilung zwischen den alten Possessoren und den eindringenden Eroberern bildeten die Burgunder, die Langobarden und andere Stämme im Anschluß an die römischen Einquartierungsgewohnheiten aus. Land verlangten die Holländer und andere Deutsche, die im 12. bis 14. Jahrhundert über die Elbe zogen. Billiges Land suchten die Puritaner, welche die Neuenglandstaaten gründeten. Das Wakefieldsche System des Landankaufs und der Landzuteilung hat das rasche Emporblühen Australiens verursacht.[11] Die Möglichkeit, für eine kleine Gebühr in den Vereinigten Staaten eine rechtlich ganz sichere Bauernstelle von 160 und mehr Acres zu erhalten, lockte den europamüden Auswanderer wie den einheimischen Bewohner des Ostens nach dem Westen, hat seit der gesetzlichen Einführung dieses Prinzips die frühere Latifundienbildung gehemmt. Die Landbaupolitik jeder Kolonie, jedes kolonisierten Staates ist das wichtigste Stück seiner inneren Politik überhaupt; von ihm hängt die zukünftige Verteilung des Grundeigentums und damit die Struktur der ganzen Gesellschaft, die Art ihrer zukünftigen Entwicklung ab.

Auch der preußische Staat des 17. und 18. Jahrhunderts konnte trotz aller sonstigen Benefizien, Reiseunterstützungen, Steuerfreiheiten und Privilegien, die er seinen Einwanderern bot, durch nichts mehr locken als durch Landzuweisungen. Er mußte möglichst dem städtischen Kolonisten eine Haus- und Gartenstelle, dem ländlichen eine Ackerstelle bieten — und zwar umsonst oder gegen ganz geringe Zahlung.

Die große Frage war, woher dieses Land zu nehmen. Denn so wenig dicht die Bevölkerung, so groß die Zahl der wüsten Stellen und Hufen war, alte Rechtsansprüche der verschiedensten Art lagen doch auf allem Grundbesitz. Und selbst denen, die mit reichlichen Mitteln kamen und aus freier Hand Grundbesitz zu kaufen geneigt waren, bot sich meist nicht leicht und sicher die Gelegenheit. Die Zahl derer, die in dieser Weise sich ansiedelten, ist nicht groß. Wir haben schon erwähnt, daß von den 15 000 nach Ostpreußen gekommenen Salzburgern, d.h. also von etwa 3000 Familien, nur 237 sich aus freier Hand Grundeigentum erwarben, während 862 Familien als Bauern, 105 als Gärtner auf königlichem Grund und Boden angesiedelt wurden. Die französischen Hugenotten waren vielleicht wohlhabender als die Salzburger; daß ein größerer Teil derselben sich auf seine Kosten Grundbesitz erworben hätte, ist nicht wahrscheinlich. Die Erbpächter von 1700 bis 1710 hatten ein Erbstandsgeld zu erlegen. Später wurde ein solches bei Ansiedlungen, soweit ich es verfolgen kann, nie mehr verlangt. Daß die böhmische Glaubenskolonie, die ursprünglich in Münsterberg saß und dann aus gesammelten Kollektengeldern zwei Vorwerke in der Stadt Strehlen für 10 500 Taler (1747) kaufen konnte, um hier das Dorf Hussinetz zu gründen, ist eine seltene Ausnahme. Die zusammengebettelten Gelder sind nur der Persönlichkeit ihrer Geistlichen zu danken. Im großen und ganzen verlangten alle Kolonisten Land ohne Erlegung eines Kaufpreises. Man mußte froh sein, wenn sie nach einer Reihe von Jahren Steuern und Erbzins zahlten. Große Landankäufe durch die Regierung zum Zwecke des Wiederverkaufs, wie man sie heute plant, waren durch die Mittellosigkeit der Kolonisten ebenso ausgeschlossen wie durch die Finanzlage des Staates.

[11] John Stuart Mill, *Grundsätze der politischen Ökonomie, nebst einigen Anwendungen auf die Gesellschaftswissenschaft*, übersetzt von Adolph Goetbeer, Bd. 2, Hamburg 1852, S. 452ff.

Dagegen hatte die Regierung andere Möglichkeiten, das Land zu beschaffen, die heute fehlen oder wenigstens entfernt nicht mehr in dem Maße vorhanden sind. Sie konnte auf die Grundherrschaften einwirken und sie konnte ihren eigenen Besitz wie ihre grundherrlichen Rechte zum Zwecke der Kolonisation verwenden. Es ergaben sich so zwei ganz verschiedene Arten der Kolonisation; wir wollen auf die erstere, die grundherrschaftliche, zuerst einen Blick werfen.

Es ist bekannt, wie die preußische Regierung es verstand, die grundherrliche Gewalt nach und nach der Kontrolle und Oberaufsicht der Staatsgewalt zu unterstellen, wie sie das Legen der Bauernstellen schon unter Friedrich Wilhelm I., energischer unter Friedrich II. verbot. Die Regierung hatte das größte Interesse, sich in den Untertanen des Adels, der Städte und der Kirche leistungsfähige Steuerzahler und Rekruten zu erhalten, ihre Zahl nicht durch Ausbreitung der Latifundien sich mindern zu lassen. Es war naturgemäß, daß sie auch Versuche machte, die Grundherrschaften zur Wiederherstellung der früher vorhandenen Bauernstellen zu veranlassen. Doch war der Widerstand hiergegen ein zu großer. In der Kurmark sind von 1624 bis 1746 1962 Bauernstellen und 935 Kossätenstellen,[12] zusammen 2897 Stellen verschwunden, deren Areal den großen Gütern zuwuchs. Friedrich II. verlangte 1764 nur, daß die seit 1740, besonders aber die seit 1756 wüste gewordenen Höfe und Stellen wieder besetzt würden. Dazu jedoch waren Adel und Kirche ab und zu zu bringen, daß sie Kossäten, Häusler, Büdner und Gärtner, sei es an Stelle der früheren Bauern, sei es auf Forstland, Ödland oder Außenschlägen neu ansetzten. Hauptsächlich Friedrich der Große hat mit Energie und Eifer dahin getrachtet, und wohl am meisten nach dem Siebenjährigen Kriege und in Schlesien, wo der staatliche Domänenbesitz ein ganz geringer, zu staatlicher Kolonisation also wenig Gelegenheit war. Die Adeligen und die Äbte Schlesiens konnten sich durch nichts mehr beim König empfehlen, als wenn sie Dörfer und Kolonien gründeten. Die königliche Deklaration vom 28. August 1773 suchte System in dieses ganze Verfahren zu bringen: Der König verspricht den Grundherrschaften für jede neu gegründete Stelle eine Bonifikation von 150 Talern; aber dafür schreibt er auch die Bedingungen vor, unter denen die Leute angesetzt werden sollen: Es sollen wo möglich nur Ausländer, in den rein polnischen Gegenden nur deutsche Leute gewählt werden, während in den deutschen Gegenden auch polnische angesetzt werden können; die einer fremden Grundherrschaft untertänigen müssen sich durch das herkömmliche Loskaufsgeld frei gemacht haben; alle Angesetzten sollen freie Leute sein; sie können über ihr Hab und Gut als erbliche freie Leute disponieren, stehen aber unter der grundherrlichen Juris-

[12] Anton Friedrich Büsching, *Vollständige Topographie der Mark Brandenburg*, Berlin 1775, S. 53.

diktion. Zu jeder Stelle sollen Acker, Wiesen und Garten nicht weniger als 8 Magdeburgische Morgen, aber auch nicht mehr als 20 gegeben werden. Zu einem neuen Dorf gehören mindestens sechs solch neuer Possessionen. In jedem soll ein tüchtiger Schulmeister angesetzt werden, der mit einer Stelle auszustatten ist. In betreff des Gottesdienstes soll die Gemeinde beschließen dürfen, wohin sie sich halten will. Neue Steuern sollen diese Kolonien gar nicht an den Staat zahlen, von der Grundsteuer des Dominiums nur so viel übernehmen, als auf ihr Land trifft.

Es waren also nur Häusler-, keine Bauernstellen, die so in Schlesien geschaffen wurden. Und auch in den übrigen Provinzen werden die Grundherrschaften nicht bereit gewesen sein, größere Landflächen abzutreten, zumal in den dichter bevölkerten Gegenden, wie im Magdeburgischen, wo die Klöster eine Anzahl Kolonisationen übernahmen.

Das Wichtigste blieb immer die Ansetzung auf königlichem Grund und Boden, sowie die Kolonisation in solchen Gegenden, die, gänzlich ausgestorben, vom Fiskus in Besitz genommen wurden, und in bisherigen Sümpfen und Niederungen, über welche sich die Regierung ein Dispositionsrecht zuschrieb, obwohl Gemeinden und Grundherrschaften einzelne Nutzungsrechte bisher daran gehabt, welche in dieser oder jener Weise nachträglich entschädigt wurden.

Die Ausführung der Kolonisation und Ansetzung geschah hier überwiegend durch die Staatsbehörden selbst und auf Rechnung des Staates. Doch kam es auch, besonders in der späteren Zeit Friedrichs des Großen, vor, daß den Domänenpächtern als Pachtbedingung die Ansetzung einer Anzahl von Kolonisten auf ihre Rechnung auferlegt wurde.

Um die Tragweite dieser ganzen, durch den Staat ausgeführten Kolonisation zu verstehen, muß man sich erinnern, wie groß der Umfang der grundherrlichen Rechte des Staates, der herrschaftlichen Domänen und Forsten, der wüsten Hufen, sowie des dem Wasser abgerungenen Landes im 18. Jahrhundert war.

Ganz Genaues darüber wissen wir ja nun nicht; aber eine Reihe fester Anhaltspunkte haben wir immerhin, um zu ermessen, wie ganz anders als heutzutage die Staatsgewalt noch über das Grundeigentum verfügte. Dabei müssen wir vor allem im Auge behalten, daß es sich für unsere Frage nicht bloß um die verpachteten Vorwerke, sondern auch um die Forsten, um die großen Einöden und Wüsteneien, um das gesamte Domanialbauernland nebst seinen Weiden und Nutzungen handelte; denn über all das hatte die Staatsgewalt direkt oder indirekt die Verfügung.

In dem Berichte eines der besten Kenner der agrarischen Zustände des preußischen Staates, Luben von Wulfen, von 1710 wird ausgesprochen, die Regierung sei an der Einteilung der Kontribution, wenn nicht *pro tertia,* so doch *pro quarta* beteiligt; er nahm also an, daß die Domänenbauern 1/8 bis 1/4 der Bauern überhaupt ausmachten. In der Kurmark kamen auf 1262 adlige 652 königliche und 53 Kämmereidörfer; in Pommern auf 1276 adlige 625 königliche und 159 städtische Dörfer. In Ost- und Westpreußen und Litauen kann man nach Goldbeck und Harthausen folgenden Stand annehmen:

	Litauen	Ostpreußen	Westpreußen
a) unter königlicher Grundherrschaft			
Bauer- und Scharwerkerdörfer	1288	966	1081
Erbpacht- und Fischerdörfer	170	74	197
gemischte Bauern- und Köllmerdörfer	637	97	—
a) zusammen	2095	1137	1278
b) Kämmerei- und Hospitaldörfer	—	17	99
c) adlige Bauerndörfer	148	742	1269
d) Köllmerdörfer	445	190	90

Für Ostpreußen und Litauen wird in den Akten einmal der Domanialbesitz 1722—23 so angegeben:

37 deutsche Ämter mit 102 Vorwerken und 63 598 Hufen,
33 litauische Ämter mit 78 Vorwerken und 59 558 Hufen
zusammen 123 156 Hufen.

Die ganzen im Generalhufenschoß für Ostpreußen und Litauen nachgewiesenen steuerbaren Hufen betrugen nur 48 009 adlige (Vorwerks- und Bauern-) 23 765 Köllmer- und 29 490 Bauern- (d.h. Domänenbauern-), zusammen 100 264 Hufen. Alle Vorwerke, die königlichen Forsten, das sonstige unbesteuerte Land sind in diesen 100 264 Hufen nicht begriffen, während umgekehrt unter den 123 156 die Vorwerke, Forsten, Einöden, Wüsteneien, die königlichen Bauern und die Köllmer stecken. Man kann also im großen und ganzen sagen: Der Adel verfügte über 48 009, die Staatsgewalt über 123 156 Hufen. Und diese Verfügungsgewalt hatte wohl gegenüber den Köllmern eine ganz feste Grenze, im übrigen aber waren die Rechte der königlichen Grundherrschaft sehr weitgehende; wenn man auch ein Erbrecht der Bauern mehr und mehr anerkannte, so entsetzte man doch den schlechten Bauern, setzte ihn an eine andere Stelle, vermehrte oder verminderte seinen Hufenstand nach Gründen der Zweckmäßigkeit.

Bezüglich der Provinz Magdeburg will ich noch hinzufügen, daß von 847 ländlichen Ortschaften 346 königlich, 306 adlig waren, daß in den königlichen

Dörfern 65 439 Seelen, in den adligen 50 251 wohnten (1785). Also auch hier verfügte der Fiskus indirekt über mehr als die Hälfte des platten Landes; freilich waren hier die Rechte der Grundherrschaft sehr viel beschränkter als im Osten.

Aber immerhin war auch hier, wie in der Kurmark, ein gewisser Spielraum für die Einwirkung der Staatsgewalt, für die Beschaffung einzelner Ackerstellen, ja ganzer Dorfmarken. Nicht bloß, daß man den Bauern zum sog. Abbau der zweiten Hufe veranlassen konnte; auch über die großen Außenschläge, die nur alle sechs bis zwölf Jahre einmal bestellt wurden, über das ertragslose Land, über wüste Hufen und Stellen verfügte die Regierung. Die Dörfer lagen vielfach so weit auseinander, daß auf den Grenzen noch Neugründungen möglich waren.

Dazu kam dann der große Forstbesitz, den Krug im Jahren 1802 auf über zehn Millionen Morgen schätzt. Schon 1713 ist die große Zahl der sogenannten Schatullgüter und Schatullhufen, die bisher unter den Forstbehörden standen, nun den Kammern unterstellt wurden, eben das Resultat der Waldkolonisation. Und auch in der Folgezeit blieb, je mehr es oftmals an anderem Grund und Boden fehlte, der fiskalische Forstbesitz der Reservefonds, auf den man immer zurückgreifen konnte und teilweise auch da zurückgriff, wo man es mit absolutem, den Ackerbau versagenden Waldboden zu tun hatte. Außerdem war in vielen der östlichen Gegenden, z.B. noch in der Neumark, das Holz so wertlos, daß man eine Verringerung der Forsten in keiner Weise scheute. Lamotte spricht von diesen Waldkolonien, als ob sie die Hauptsache gewesen wären; er beklagt freilich in seiner Weise diese Tatsache, indem er sagt: „Die königlichen Forsten haben für immer einen beträchtlichen Abgang dadurch erlitten, daß die Kolonien auf ihrem Grunde angelegt und die dazu nötigen Ländereien den Forsten abgenommen worden sind; sie wurden überdem durch die erforderlichen Bauholzlieferungen stark angegriffen, und wenn ich sicher behaupten kann, daß das meiste von den beträchtlichen, auf die Ansetzung der Kolonisten verwandten Summen verschwendet worden ist, so gilt gewiß das nämliche von dem zu ihrem Anbau angewiesenen Holzmaterial."

Die fiskalischen Forsten des preußischen Staates schätzt Krug, wie wir oben erwähnt, für 1802 auf 10 Mill. Morgen, während er die fiskalischen Vorwerksgrundstücke für dieselbe Zeit nach einer freilich sehr rohen Rechnung auf 2 1/2 Mill. Morgen angibt, bei einem Gesamtumfang des nutzbaren Landes von 117,9 Mill. Morgen. Vorwerke und Forsten zusammen machten nach ihm damals in Schlesien 4, in Pommern 7, in der Kurmark 13, in Litauen 17 Prozent aus. Diese Zahlen geben aber — daran ist stets festzuhalten — kein zureichendes Bild von dem Domanialvermögen des Staates, sofern sie eben nur auf das Gebiet seines direkten Eigentums sich beziehen, nicht auch auf das unendlich viel größere seines indirekten Obereigentums. Auch wenn wir uns erinnern, daß Hardenberg den ganzen preußischen Staatsgrundbesitz 1810 auf 97—98 Millionen

Taler schätzte, daß davon 1806—1865 für 92 1/2 Millionen Taler veräußert wurden, und nun doch noch ein Domänen- und Forstbesitz 1865 von etwa 9 Millionen Morgen übrig blieb, mit einem Wert von weit über 90 Millionen Taler, so liegt das nicht bloß in der Wertsteigerung, sondern auch darin, daß unter den Veräußerungen von 1806 bis 1865 alle Ablösungsgelder stecken. Auch jeder Blick in einen Spezialdomänenetat des vorigen Jahrhunderts lehrt uns, daß abgesehen von den Forsteinkünften das Domanialvermögen höchstens zur Hälfte aus den Vorwerken, zur anderen aus den grundherrlichen Rechten bestand.

Der heutige preußische Staat hat auf 34—35 Millionen Hektaren Fläche 340 000 ha Domänen und 2,3 Mill. ha Forsten; der altpreußische Staat konnte bei ähnlichem Forstumfang und etwa doppeltem Umfang der Vorwerke doch vor allem deshalb leichter kolonisieren, weil er in fast einem Drittel des Staates Grundherr war. —

Über die Zahl der wüsten Hufen, die vorzugsweise den Gegenstand der Kolonisation bildeten, findet man naturgemäß die widersprechendsten Zahlen. Der Begriff war ein sehr schwankender. Bald verstand man darunter nur die in den letzten Jahren wüste gewordenen Hufen, bald alle seit 1618 eingegangenen Bauern- und Kossätenstellen; bald waren die zahlreichen Hufen, die seither zu Rittergütern und königlichen Vorwerken eingezogen und daher bebaut waren, mit inbegriffen, bald fehlten sie. Teilweise verstand man darunter alles wüste Land, teilweise nur das wüste Domanialland.

Am wichtigsten ist in dieser Beziehung die Provinz Ostpreußen und Litauen. Die Nachricht in dem bekannten Manuskript von Lucanus,[13] es seien 1721 noch 60 000 Hufen wüste gewesen, hat Beheim-Schwarzbach für eine starke Übertreibung erklärt, die etwa auf ein Viertel zu reduzieren sei; höchstens 14 200 Hufen seien durch die Pest wüste geworden, davon seien im Jahre 1732 noch 1597 wüste gewesen. Ein guter Teil der Widersprüche wird darin liegen, daß Lucanus Magdeburgische Hufen meinte, während alle gewöhnlichen Angaben aus preußischen Akten, also auch alle Angaben Beheim-Schwarzbachs, auf köllmische Hufen gehen, die mindestens 2 1/4 Mal so groß sind als die Magdeburgischen.

Eine 1707 von Geh. Rat von der Gröben geforderte Übersicht der wüsten Hufen hat folgendes Resultat; es waren vorhanden an köllmischen:

[13] August Hermann Lucanus, *Preußens uralter und heutiger Zustand*, Königsberg 1748. Vgl. M. Beheim-Schwarzbach, *Friedrich Wilhelms I. Kolonisationswerk*..., S. 2f., und Gustav Schmoller, *Die Verwaltung Ostpreußens unter Friedrich Wilhelm I*, in: *Historische Zeitschrift*, Bd. 30 (1873), S. 42.

	wüstbesäten Hufen			ganz wüsten Hufen		
	Hufen	Morgen	Ruten	Hufen	Morgen	Ruten
in Natangen	5 013	40	50	1 659	14	90
im Oberland	2 184	29	18	725	10	150
im Samland	3 100	29	160	3 374	7	74
	10 299	12	228	5 759	2	14
	5 759	2	14			
zusammen	16 058	14	242			

Riedel, dem ich diese Tabelle verdanke, meint, diese 16 058 köllmischen seien zu 41 000 Magdeburgischen Hufen zu veranschlagen. Das war vor den eigentlichen Pestjahren. Also war die Not und das Wüsteliegen schon damals recht groß, und in den Jahren 1709—1711 stieg die Verödung noch wesentlich, so daß eine Zunahme bis zu 60 000 Hufen wohl denkbar wäre, wenn darunter auch die sogenannten wüstbesäten begriffen werden. Nun aber weisen die späteren sicheren Angaben auf eine ziemlich geringere Zahl.

Eine Erklärung des Feldmarschalls Dohna vom 21. Februar 1717 in den Akten geht dahin, der König habe noch 15 000 (natürlich köllmische) Huben *unbebauter* Domänen im Lande. Ob darunter auch die sogenannten wüstbesäten Hufen stecken, wage ich nicht recht zu entscheiden. Eine Zusammenstellung aus dem Berliner Ministerialarchiv von 1726 ergibt aber jedenfalls das Gesamtresultat, daß über 5—6000 köllmische Hufen zur Kolonisation nicht verfügbar waren; man zählte da:

a) bis anno 1726 angesetzt:
   1. auf ganz Wüstland 949 Familien mit 5865 Personen auf 1620 Hufen 8 Morgen 178 Ruten;
   2. auf der ausgemerzten Wirte Hufen 446 Familien mit 2660 Personen auf 579 Hufen 8 Morgen 179 Ruten;

b) die alten Bauern haben bei der neuen Einrichtung an wüst Land angenommen 3001 Hufen 26 Morgen 49 Ruten;

c) noch sind in den Ämtern an wüst und an bebaut Land vorhanden 645 Hufen 11 Morgen 157 Ruten.

In jenen Jahren hatte man nach Lucanus 6 Städte erbaut, 332 wüste Dörfer neu besetzt, 49 Kammerämter neu errichtet, 11 neue Kirchspiele geschaffen und mit neuen Kirchen versehen. Von da an ruhte die Kolonisation, bis sie 1732 mit den Salzburgern wieder in Gang kam. Und wenn nun wieder 1597 wüste Hufen gezählt wurden, so beweist dies, wie schwankend der Begriff war; es müssen etwa 900 neu entdeckte gewesen sein, die man 1726 nicht kannte, oder vielmehr nicht zählte, weil sie zu schlechten, nur als Weide dienenden Boden umfaßten. Wir sehen aber jedenfalls, daß der Spielraum für die Kolonisation auf wüsten Hufen sich bald verengt hatte.

Was die großen Meliorationen und Eindeichungen betrifft, durch welche neues Land geschaffen wurde, so umfaßte das 1718 bis 1719 entwässerte Rhin- und Havelländische Luch gegen 22 Quadratmeilen; wie viel Land da gewonnen wurde, kann ich nicht angeben; die neugeschaffene Domäne Königsforst zählte 14 876 Morgen. Der Oderbruch umfaßte 10—12 Quadratmeilen; im Ober-Oderbruch wurden 1746 bis 1753 117 000 Morgen, im Nieder-Oderbruch 108 000 Morgen gewonnen. Hier habe ich eine Provinz im Frieden gewonnen, erklärte der König. In 43 neuen Kolonien wurden 1200 Familien meist auf sehr fruchtbarem Boden angesetzt, so daß sich ein behaglicher Wohlstand rasch entwickeln konnte. In den Warthebrüchen waren 1767 bis 1785 95 201 Morgen urbaren Landes gewonnen, 68 740 an Kolonisten ausgetan; neben 51 alten Dörfern bestanden im Jahre 1785 94 neue Kolonien; neben 1088 alten Wirten saßen 1755 neue Kolonistenfamilien. Das sind aber nur die paar größten derartigen Unternehmungen. Mit den später erworbenen Weichselniederungen, den großen Kulturarbeiten in Ostpreußen, in Westpreußen, in der Priegnitz, im Halberstädtischen, bei Stettin, in der Altmark, an der Netze usw.[14] wird man kaum zu viel sagen, wenn man behauptet, 60—80 Quadratmeilen nutzbaren Landes seien so dem Staate zugewachsen. —

Wie hat nun aber der Staat die Flächen, über die er verfügte, zur Kolonisation verwendet?

Die Frage für ihn war, ob er größere, kleinere oder mittlere Güter daraus bilden solle, welche Mischung er in dieser Beziehung eintreten lasse, ob er die gebildeten Güter in Zeitpacht, Erbpacht oder Eigentum an einzelne Unternehmer weggebe.

Nach der historischen Entwicklung des deutschen Nordostens und den Gewohnheiten der Bewohner, nach den Resultaten, die man im Laufe des 17. Jahrhunderts mit der Zeitpacht gemacht, stellte sich die Frage praktisch einfach dahin, ob man den Schwerpunkt auf die Neubildung von Domänenvorwerken legen sollte, die, in Zeitpacht ausgegeben, dem Staate eine dauernd steigende Einnahme sicherten, oder auf die Neuschaffung von Hufen und Stellen für Bauern, Kossäten und Häusler, die ihr Grundeigentum gegen festen Erbzins unter verschiedenen Einschränkungen der Benützungs- und Verfügungsfreiheit erhielten. Die preußische Domänenpolitik hat bekanntlich in dieser Beziehung mehrfach geschwankt, je nachdem die finanziellen oder die allgemeinen Gesichtspunkte der Kulturbeförderung in den Vordergrund traten.

[14] R. Stadelmann, *Preußens Könige . . .*, Bd. 2, S. 38—65.

Nachdem bis 1700 die Tendenz vorgeherrscht hatte, den Domänenbestand an größeren Vorwerken zu vermehren, hat unter Friedrich I. die Lubensche Idee einer Vererbpachtung der Vorwerke Platz gegriffen und ist von 1700 bis 1719 wenigstens teilweise ausgeführt worden.

In seinem ursprünglichen Projekt geht Luben davon aus,[15] daß aus einem mittleren Vorwerk, das bisher 500 Taler Pacht gegeben, 50 Kühe und 750 Schafe ernährt habe, 12 Bauernhöfe, 5 Kossätenstellen und ein Braukrug zu machen sei. Daneben verfolgt Luben die Idee, daß man so auch besser zur Wiederbesetzung der alten wüsten Hufen komme, die jetzt vielfach von den Domänenpächtern genutzt würden; noch ein Drittel aller Hufen, meint er, liege in den preußischen Staaten wüste, auf denen sich Tausende von Familien nähren könnten. Der Geh. Rat stimmte zu, „weil allerdings die Glückseligkeit eines Landes größtenteils in der Menge seiner Einwohner bestehe". Hauptsächlich in den ersten Jahren wurde die Vererbpachtung im Sinne der direkten Schaffung mittlerer und kleinerer Bauerngüter durchgeführt. Im Magdeburgischen wurden neben 50 bis 100 Talern Erbstandsgeld pro Hufe je nach der Bodenqualität 8 bis 30 Taler jährlichen Erbpachtgeldes erzielt. Die Erbpächter eines Vorwerkes hafteten *in solidum;* dafür hatten sie das Recht, einen Wirt, der sich übel aufführte, sein Land nicht gehörig bebaute und die Pacht nicht zahlte, mit königlicher Genehmigung abzusetzen und einen andern, tüchtigen Wirt auf die Stelle zu bringen. Der Erbpächter hatte ein insofern beschränktes Veräußerungsrecht, als er zum Verkauf den Konsens der Amtskammer brauchte und dieser stets ein Vorkaufsrecht zustand.

Schon 1704 wurde aber nachgelassen, daß, wenn die durchführenden Behörden nicht genug Erbpächter fänden, sie ganze Vorwerke einem Unternehmer übergeben könnten, welchem dann die Familienetablissements überlassen würden. Und je mehr es an tüchtigen bäuerlichen Erbpächtern fehlte, je mehr endlich die Beamten selbst an der Übernahme ganzer Vorwerke sich beteiligten, desto mehr verwandelte sich die ursprünglich kolonisatorisch gedachte Maßregel in eine bloße Verschleuderung des Staatsgrundbesitzes zu Gunsten von Beamten, Günstlingen, Abenteurern, größeren Unternehmern, städtischen Kapitalisten, ja sogar wohlhabenden Zunftmeistern aus den Städten. Als man 1707 in der Neumark ganz allgemein anordnen mußte, daß die gesamten alten Bauern, statt ihrer Scharwerkspflicht auf dem Vorwerke gegen ein jährliches Dienstgeld ledig zu werden, auch künftig wie bisher den Erbpächtern ihre Dienste leisten müßten, als darüber fast ein allgemeiner Aufstand der neumärkischen Bauern drohte, da mußte für jeden Einsichtigen klar sein, daß diese

[15] Ich folge hier dem ungedruckten Manuskript von Riedel über die Erbpacht, das im Besitz von Herrn Geheimen Archivrat Reuter ist.

großen Erbpächter, die der Bauerndienste bedurften, nur zu einer neuen Art Rittergutsbesitzer auswachsen, nicht aber den Bauernstand vermehren würden.

Die 1710 angeordnete Rückkehr zur Zeitpacht war natürlich da um so leichter, wo in der eben bemerkten Weise nicht eine eigentliche Zerteilung der Vorwerke stattgefunden hatte. Von den zahlreichen wüsten Hufen, die man zugleich 1700 bis 1710 wieder besetzt hatte, blieben manche, sofern sie für die Vorwerke nicht besonders günstig lagen, im Eigentum der neuangesetzten Wirte, wie zahlreiche alte Bauern von da an das Dienstgeld statt der Scharwerkspflicht entrichteten. Sogar manche parzellierte Vorwerke blieben geteilt; nun mußten die Erbpächter sich die Verwandlung in Zeitpacht gefallen lassen. Im ganzen östlichen Teil der Monarchie, d.h. in einem großen Teil der Neumark, Pommerns und Ostpreußens und in den westlichen Provinzen hatte die Zerteilung und Vererbpachtung kaum begonnen.

Unter Friedrich Wilhelm I. wirkte dieselbe Tendenz, welche die Erbpacht rückgängig gemacht, auch weiter: Die Einsicht, daß das höchste denkbare Maß der Steueranspannung allein den Staat und die Armee nicht erhalten könne, nötigte zu einer ebenso sparsamen, als rationellen, auf das höchste Maß des Reinertrages und gute Neuerwerbungen gerichteten Domänenverwaltung: Der Ankauf von Rittergütern, der Zukauf zu den Ämtern bis zum Reinertrag von 5000 Talern, die Neubildung von Vorwerken — Derartiges stand im Vordergrund; die Verpachtung auf Zeit an den damals geschaffenen Generalpächterstand, welcher hohe Technik, großen Kapitalienbesitz und modernen Unternehmersinn mit gewissen Beamtenqualitäten verband, gab die höchsten Gelderträge. Dieser finanzielle Gesichtspunkt überwog sogar die populationistischen Lieblingswünsche des Königs.

Am deutlichsten sehen wir dies bei der sogenannten Neueinrichtung in Ostpreußen und Litauen, wie sie aus den Beratungen des Königs mit der großen Domänenkommission von 1721 hervorging, deren Protokolle uns im Regierungsarchiv zu Gumbinnen erhalten sind.[16] Es handelte sich darum, in den verödeten, ausgestorbenen Gegenden des Landes auf Grund einer Neuvermessung eine vollständige Neuverteilung des Grundeigentums vorzunehmen. Nur die geschlossenen großen Köllmergüter wurden in ihrem alten Bestande und auf ihrer bisherigen Stelle gelassen; kleinere Köllmer- und freie Güter, die im

[16] Ich fand diese wichtigen Protokolle im Herbst 1872 in Gumbinnen und teilte im Aufsatz *Die Verwaltung Ostpreußens...*, in: *Historische Zeitschrift*, Bd. 30 (1873), S. 64, einiges darüber mit. R. Stadelmann, *Preußens Könige...*, Bd. 1: *Friedrich Wilhelm I.* (= Publikationen aus den kgl. Preußischen Staatsarchiven, Bd. 2), Berlin 1878, S. 244, hat dann ein einzelnes Stück aus diesen Protokollen publiziert; M. Beheim-Schwarzbach, *Friedrich Wilhelms I. Kolonisationswerk...*, hat auf S. 13—20 weiteres daraus mitgeteilt. Erschöpft haben beide den interessanten Teil der Protokolle entfernt nicht.

Gemenge lagen, mußten, wenn es nötig war, „rücken". Die alten Bauern mußten trotz allen Protests sich die Zuweisung anderer Grundstücke, als sie bisher gehabt, gefallen lassen. Für die neuen Kolonisten konnten so am besten die Hufen ausgeschnitten werden. Wir kommen auf die einschlägigen Fragen zurück.

An dieser Stelle interessieren uns die prinzipiellen Beschlüsse über die Gesamtverteilung des disponiblen Landes in Bauern- oder Vorwerksland. Trotz der großen Differenzen zwischen den brandenburgischen und den ostpreußischen Kommissaren, hauptsächlich zwischen dem Minister von Görne und dem Oberpräsidenten von Waldburg, sind darüber alle Mitglieder der Domänenkommission einig, daß man soviel als möglich Vorwerke, d.h. zu verpachtende größere Domänengüter herausbringen müsse. Die Vermessung hatte im Amt Oletzko begonnen; Waldburg erklärte, hier könnten nicht viele Vorwerke angelegt werden, weil die Äcker zu schlecht und die Verführung des Getreides nach Königsberg zu diffizil und *precieux* sei; Görne antwortete, man könne ja durch Wiesen und Brauerei die Vorwerke einträglich machen.

Der König befiehlt dann aber, in den polnischen Ämtern aus den von Waldburg angeführten Gründen so wenig als möglich Vorwerke anzulegen. Um den Bauern einen Absatzmarkt in der Nähe zu schaffen, werden die neuen Städte gegründet. Im Gegensatz hierzu aber verfügt er, daß in den litauischen und samländischen Ämtern Vorwerk an Vorwerk zu stehen komme und nur so viel neue Dörfer mitangelegt werden sollen, daß die Vorwerke mit Arbeitskräften versehen werden können. Görne faßt die Gesichtspunkte später nochmals dahin zusammen: Die Vorwerke sind zur Vermehrung der Kammerrevenüen, die Bauernhöfe zur Peuplierung des Landes.

Im Jahre 1642 zählte man 42, gegen 1700 57,[17] im Jahre 1722 70 Kammerämter im Lande; diese 70 Ämter hatten damals 180 Vorwerke; 1732 werden bereits 101 Ämter gezählt; Krug erwähnt 122 Domänenämter in Ostpreußen und Litauen mit 450 000 Magdeburger Morgen Nutzland und fast 2 Mill. Morgen Forsten; auf den 122 Ämtern saßen nach Krug 274 Generalpächter. Die Zahl der Vorwerke war also jedenfalls jetzt eine viel größere als im Jahre 1722. Kammerdirektor von Bredow erwähnt einmal bei der neuen Einrichtung von 1721, ein Vorwerk müsse 15—20 königliche Hufen bekommen; das gäbe, bei 1000—1400 Magdeburger Morgen auf eines, über 400 Vorwerke auf die Provinz.

Unter Friedrich dem Großen wird die Domänenpolitik wieder eine wesentlich andere als unter seinem Vater. Die Vergrößerung des Domänenbestandes hört ganz auf; der König verbietet ausdrücklich, weitere Rittergüter zu kaufen;

[17] Max Pollux Töppen, *Historisch-komparative Geographie in Preußen*, Gotha 1858, S. 311 und 313.

der Adel des Landes und sein Grundbesitz erscheinen ihm als die soziale Grundlage der bestehenden Gesellschaftsordnung und des Offizierstandes, als eine Stütze des Thrones. Aber auch auf die sonstige Vermehrung der Vorwerke legt er nicht den Wert, wie sein Vater. Er hat wohl auf neu urbar gemachtem Boden auch noch da und dort zu verpachtende Vorwerke anlegen lassen: Zum Beispiel wurden im Warthebruch eine Anzahl sogenannter Entreprisen errichtet, d.h. Vorwerkswirtschaften, die einem größeren Unternehmer übergeben wurden unter der Bedingung, auf einem Teil derselben eine bestimmte Anzahl Kolonisten anzusetzen. Aber im ganzen und überwiegend wurde das disponible Land zur bäuerlichen Kolonisation verwendet. Ja, es wurden viele Vorwerke unter ihm wieder zerteilt. Er nahm die Vererbpachtungspolitik Lubens wieder auf — vor allem nach dem Siebenjährigen Kriege.[18]

In der Lebensbeschreibung Brenkenhofs heißt es: „Da in dem Kriege mit den Russen eine große Menge königlicher Vorwerke abgebrannt und verheert worden war, so hielt es Brenkenhof für besser, wenn die kleineren Vorwerke abgebaut und mit ausländischen Familien besetzt würden, die dann auf ihre eigenen Kosten gegen Bewilligung des Bauholzes und gewisser Freijahre sich einrichten und in der Folge mit Ersparung der Reparaturgelder den königlichen Kassen alles Weggeschenkte reich ersetzen könnten." Er soll sofort 108 Familien auf die kleinen neumärkischen, 238 auf die hinterpommerschen Vorwerke gesetzt haben. Der gleiche Plan wurde auf die Kurmark angewandt: Die Kammer reichte 1763 eine Designation von 46 Vorwerken ein, in welchen keine Brauereien und die vom Amte entlegen wären; es sollten da 240 Bauern-, 123 Kossäten- und 57 Büdnerstellen geschaffen werden; 391 Familien wurden im ersten Jahre angesetzt, und es folgten in den nächsten Jahren weitere. Bei dem nun längere Zeit fortgesetzten Kolonisieren der schlechten Vorwerke wurde häufig so verfahren, daß ein sogenannter Erbpächter das Vorwerk übernahm und dieser auf seine Kosten die Kolonisten ansetzte; das waren dann häufig nur Büdner: Die kleinen Vorwerke, hieß es, könnten eine größere Zahl von Kolonistenfamilien nicht ernähren. Der König meinte aber darauf, Büdner wolle er nicht, sondern Bauern mit Land; denn jene gingen wieder fort, diese aber blieben im Fall der Not und verließen Haus und Hof nicht so leicht wieder. Im Jahre 1778 berichtet Derschau, von Trinitatis 1775 bis 1778 seien 529 Familien auf abgebauten und in Erbpacht gegebenen Vorwerken angesetzt, daneben über 1000 Büdnerfamilien.[19]

[18] Der Aufsatz von Siegfried Isaacsohn, *Das Erbpachtsystem in der preußischen Domänenpolitik,* in: *Zeitschrift für Preußische Geschichte und Landeskunde,* Bd. 11 (1874), S. 698—736, behandelt fast ausschließlich den vergeblichen Anlauf, die Erbpacht in Kleve-Mark 1745 durchzuführen.

[19] Es bezeichnet Lamottes Standpunkt, daß er diese Zerteilung als eine der nachteiligsten

Ähnlich ist wohl auch in Ostpreußen verfahren worden. Krug wenigstens verzeichnet für das Jahr 1802 für das Königsberger Departement:

167 217 Morgen Zeitpachtvorwerke,
55 340 Morgen Erbpachtvorwerke.

Letztere sind wohl erst nach dem Siebenjährigen Krieg in Erbpacht gegeben worden.

In Westpreußen befahl der König sofort die Starosteien, d.h. jene großen Domänen, die als Besoldung den höchsten Beamten zugewiesen waren, einzuziehen und die Vorwerke derselben, die keine Brauereien hatten, in Dörfer zu verwandeln. Auch später kommt er darauf öfter zurück.

Für diese Provinz finden wir auch allein den Gedanken ausgesprochen, adelige Güter zum Zwecke der bäuerlichen Kolonisation anzukaufen; der König faßte ihn bezüglich der polnischen Magnaten, welche außerhalb des Landes ihre Renten verzehrten. In wie weit diese 1783 vom König zuerst geäußerte und 1786 wiederholte Idee zur Ausführung gelangte, kann ich nicht beurteilen; ich glaube kaum, daß tatsächlich etwas derartiges geschah.

Unter seinem Nachfolger wurde zwar die Vererbpachtung einzelner Vorwerke in den alten Provinzen fortgesetzt, aber in den neuen polnischen Provinzen schlug der kolonisatorische Gedanke in sein Gegenteil um. Die großen eingezogenen Starosteien und geistlichen Güter wurden, statt zur Grundlage deutscher bäuerlicher Kultur zu dienen, an „verdiente" Männer, d.h. an die Günstlinge des Hofes und des Ministers Hoym, weggeschenkt, oder gar gegen Bestechung gewisser Subalternbedienten verschleudert. Es waren in 52 Portionen 241 Güter mit einem Minimalwert von 20 Mill. Talern, die in dieser unerhörten Weise in Privatbesitz übergingen. —

Dieser kurze Überblick über die Geschichte der preußischen Domänenpolitik lehrt uns, daß wohl zeitweise für Hunderte, ja, für Tausende von Bauern, für Zehntausende von Kleinstellen das nötige Land beschafft wurde, daß aber trotzdem ein eigentlicher Überfluß an Land nie vorhanden war, zumal ein Überfluß an gutem Land. Auf den guten Ackerboden legten Adel und königliche Vorwerke die Hand, wenn er wüste war; die Vorwerke, welche unter Friedrich dem Großen zerteilt wurden, hatten überwiegend schlechten Boden, ähnlich wie die zahlreichen Waldkolonien und die Kolonien auf dem 6- und 12jährigen Roggenland darunter litten.

Die Idee, daß der große Grundbesitz zu umfangreich geworden, daß man seiner weiteren Ausdehnung entgegenwirken müsse, daß es auch für den Für-

Kameraloperationen angreift; das wesentliche Motiv, das er anführt, ist die größere Sicherheit der Einnahmen bei der Zeitpacht und die Tatsache, daß Friedrich Wilhelm I. gegen diese Zerteilung und Vererbpachtung gewesen.

sten richtiger wäre, seine Ackerhufen, statt sie zu verpachten, an Bauern auszuteilen, fehlte im 18. Jahrhundert nicht,[20] ja, sie gewann bis 1800 immer mehr an Ausdehnung, besonders in der Literatur. Auch in die Praxis der preußischen Staatsverwaltung griff sie ein; aber doch nicht so stark, um eine tiefgreifende Wirkung und Änderung der bestehenden Grundeigentumsverteilung herbeizuführen. Und die Folge hiervon war, daß bei der vorhandenen Absicht einer möglichst starken Bevölkerungsvermehrung die Zahl der anzusetzenden Kolonisten häufig zu groß gegenüber dem disponiblen Lande war, daß die dem einzelnen zufallenden Landportionen häufig kleiner ausfielen, als man ursprünglich geplant und als es für das Gedeihen wünschenswert gewesen wäre.

IV

Die Bedingungen und die Art der Ansetzung

Selbst die wohlhabenden und reichen Einwanderer, die nach Preußen kamen, haben in der Regel vorher oder nach ihrer Ankunft direkt mit dem König oder mit den Behörden über diese oder jene Gunst verhandelt. Zahlreiche Antworten des Königs sind mir aufgestoßen, worin er zugesteht, daß ein zuwandernder Kapitalist sein Geld bei der kurmärkischen Landschaft zu 5 Prozent unterbringen könne. Dieser bittet um einen Titel, jener um eine Stelle, dieser um ein Haus, jener um eine gewerbliche Konzession, dieser um eine kleine Pension, jener um ein Darlehen.

Nur wer ohne jede Vergünstigung gekommen war, blieb in jeder Beziehung ein freier Mann, dem man auch den Abzug mit seinem Vermögen ohne Abzugssteuer stets frei ließ.

Die große Masse hatte auf irgendwelche Bedingung hin mit der Regierung kontrahiert. Hatten die Behörden ihrerseits erfüllt, was sie versprochen, so verlangten sie auch, daß der Kolonist halte, was er gelobt; und dazu gehörte vor allem, daß er ein solides Etablissement beabsichtige, nicht durchgehe mit Hinterlassung von Schulden, seine Stelle nicht verlasse, ohne einen andern tüchtigen Kolonisten als Ersatz beizubringen. Unter dieser Bedingung war den Kolonisten die Freizügigkeit im Lande in der Hauptsache gewährleistet.

Die Benefizien, mit denen man die Leute lockte, waren im einzelnen sehr vielfach verschieden; je nachdem man leichter Kolonisten fand, je nach den Grundstücken, die man zu bieten hatte, brauchte man weniger als sonst einzu-

[20] Vgl. z.B. J.P. Süßmilch, *Die göttliche Ordnung . . .*, Bd. 2, Berlin 1765, S. 32.

räumen. Auch die zahllosen Patente, welche erlassen wurden, versprachen bald mehr, bald weniger. Im ganzen aber kann doch folgendes als das regelmäßig Gebotene angesehen werden.

Den städtischen, wie den ländlichen Kolonisten wurde gewährt: a) eine Reiseunterstützung, bemessen nach der Zahl der Köpfe und der Entfernung in Meilen (2 Gr. pro Kopf und Meile); b) Zollfreiheit für alles Mitgebrachte; c) eine Unterstützung für den Anbau, sei es in der Zuweisung von frei Holz oder gar fertigen Wohnungen, oder in der von sogenannten Freiheitsgeldern, welche in Prozenten des Bauanschlags (bis zu 23 Prozent) bemessen waren; d) gewisse Freijahre von den staatlichen Steuern und kommunalen Lasten von 2 bis zu 15 Jahren; daneben Freiheit von den Chargen- und Stempelsteuern, Gerichtssporteln, Gerichtsfuhren und derartigem für die Freijahre. Die städtischen Handwerker und Manufakturiers erhielten daneben noch freies Meister- und Bürgerrecht, Stuhlgelder und andere Geldunterstützungen für die erste Einrichtung. Alle erhielten, was in der Regel am meisten geschätzt und in einem besonderen Protektorium ausgedrückt wurde, die Werbe- und Enrollierungsfreiheit, später meist für drei Generationen.

Der bäuerliche Kolonist erhielt außer seiner Stelle häufig das nötige Vieh, Saatgetreide und Ackergeräte; die Hufen und Stellen waren teilweise vorher von den Beamten und älteren Untertanen des Amtes angebaut und besät, so daß der vor der Ernte eingewiesene Wirt sofort versorgt war; teilweise wurde das Land auch in ganz rohem Zustande zugeteilt, so daß die Kolonisten die Rodung und Urbarmachung selbst vollziehen mußten, wie im Warthebruch. Wenn man eine Summe von 600 Talern als mittlere Kosten, bzw. bare Auslagen für Ansetzung einer Kolonistenfamilie rechnete (wovon 11—15 Taler Reisekosten, 26—28 Taler Hausbauzuschuß, 150 Taler Besatz oder Vieh, 132—140 Taler Saatkorn und Subsistenzmittel etc.), so steigen sie doch bei vielen Familien bis auf 1000 und mehr Taler, während in anderen Fällen, besonders später, die Einwanderer Haus, Geräte, Vieh und alles derartige selbst bezahlten.

Das für sie Wichtigste blieb aber immer die Landzuweisung nach Größe, Art, Lage, Gemeindeverhältnissen, Weide- und Waldanteil, Verhältnis von Ackerland zum Wiesenland, sowie nach der Höhe des für später in Aussicht genommenen Erbzinses sowie etwaiger Frohnen. Auch hier ist es bei der unendlichen Mannigfaltigkeit der Verhältnisse schwer, in kurzen Worten das zu sagen, was die Regel gewesen sei; wir müssen aber doch versuchen hervorzuheben, was uns als der Gesamteindruck erscheint.

Wo es sich um Neuanlagen handelte, war die Vorfrage, ob das Dorf- oder das Hofsystem zu bevorzugen sei. Ich habe in der ganzen gedruckten Literatur über die altpreußische Kolonisation keine Erörterung über diese Frage gefunden. Wohl aber sprechen alle Nachrichten dafür, daß überall tatsächlich das Dorfsystem gewählt wurde. Bei den Beratungen über die Neueinrichtung der ostpreußischen Domänen fanden nach den ungedruckten Protokollen eingehende Beratungen über diese Frage in Königsberg und Oletzko im Mai 1721 statt. Die Frage war hier so gestellt, ob die Dörfer zu lassen oder sogenannte Bauernhöfe ausgebaut werden sollten, wie im Westfälischen und Klevischen, die dann auch mit Wiesewachs und Triften auszustatten wären. Der Oberpräsident Graf Waldburg war der Verteidiger dieser Neuerung, obwohl auch er zugab, daß die Dorfweide in den Wäldern und auf den gemeinen Plätzen große Schwierigkeit bereiten werde; aber er betonte, daß der Feuerschaden dadurch in Zukunft sehr vermindert werde, sowie, daß es das einzige Mittel sei, den Bauern zu besserer Wirtschaft, hauptsächlich zur Düngung zu zwingen; er meint, der Acker sei hier zu Lande gar nicht so schlecht, der Ruin aller Untertanen komme von der mangelnden Düngung und der zu großen Entfernung der Felder von der Dorfstätte; das „Genie und die üble Disciplinierung des Bauern" sei nur durch Gott zu ändern, aber man müsse ihn in solche Lage bringen, daß er gleichsam wider seinen Willen den Acker doch durch gute Düngung in Stand setze. Seien überdies im Dorfe nur alte baufällige Häuser, so sei der Ausbau doppelt angezeigt. Minister von Görne war wesentlich anderer Meinung; der König werde gewiß nicht gestatten, daß man bebaute und etablierte Dörfer zerreiße; höchstens, wo bei der Vermessung ein Übermaß über die 30 Hufen, die das Dorf haben solle, sich ergebe, will er einzelne Bauernhöfe zulassen. Der König stellte sich ganz auf Görnes Seite; er verfügt, daß Einzelhöfe gänzlich zessieren, lieber zwei Dörfer aus einem gemacht werden sollen. Auf einzeln liegenden Stellen könnten etwa Krüge angelegt werden. Damit aber der Acker nicht zu weit entfernt zu liegen komme, so soll das Dorf nicht über 24—30 urbare köllmische Hufen, und da jeder Bauer davon 2 erhalten soll, nicht über 12—15 Höfe nebst einer Anzahl Kossätenstellen erhalten. In jedem der 3 oder 4 Felder soll jeder Bauer seinen Anteil in *einem* Stück erhalten, außer wo das Land zu verschieden in der Qualität ist. Diese Vorschrift fand bei den beteiligten Bauern großen Widerstand. Inwieweit er bei der 1721 bis 1726 und auch später noch durchgeführten Neueinrichtung der Ämter überwunden wurde, kann ich aus den mir zugänglichen Akten nicht erkennen.

Die damals festgestellten Grundsätze waren für die Regulierung der alten litauischen Bauern, die ja einen großen Teil der wüsten Hufen mit übernahmen, daneben aber auch bis zu einem gewissen Grade für die neuen westdeutschen Kolonisten geltend. Über die Mischung derselben mit den Litauern verfügte der König eben damals (1721): „Wo ganze Dörfer in Litthauen sind, in selbigen sollen nicht die Nationes unter einander confundiret, sondern in einem Dorfe nur eine Nation angesetzt werden."

Es versteht sich, daß eine solche Belassung zusammengewöhnter, befreundeter und verwandter Leute immer die Kolonisation erleichtert hat. Und wenn Friedrich der Große im Interesse der Germanisierung Westpreußens ab und zu wünschte, in jedes Dorf wenigstens 2—3 deutsche Leute zu bringen, so hat er den Vorzug des entgegengesetzten Systems doch ganz gut eingesehen und, soweit es ging, befolgt. So schreibt er von einem Zug Süddeutscher, die nach Westpreußen gingen: „Diese Leute wollen nicht gern mit polnischem Volk melirt sein." Und an anderer Stelle betont er sogar den Vorzug der Isolierung für die Germanisierung: „Wenn fremde Familien etablirt werden, muß man sie nicht mit Einheimischen meliren, sondern ganze Dörfer und Kolonien mitten unter dem groben und bunten Zeug anlegen, die ganz allein wohnen und ihre Nahrung und Gewerbe für sich treiben, damit das hiesige Volk um so besser siehet und gewahr wird, wie jene sich einrichten und wirthschaften."[21]

So sehr die Einwanderer nach diesem Ziel strebten, so wenig war es freilich überall erreichbar. Beheim-Schwarzbach hat gezeigt, daß gerade die Nationalitäten, die am meisten unter sich zusammenhielten, doch durch die Tatsache der zerstreuten, wüsten, ihnen einzuräumenden Hufen weit auseinandergesprengt wurden. Er weist z.B. von den Salzburgern nach, daß durchschnittlich nur je drei Familien in einem Dorfe Unterkunft fanden. Man darf freilich für Litauen nicht vergessen, daß das dortige bunte deutsche Dialektgewirr doch immer wieder gegenüber den Polen und Litauern sich als eines fühlte.

Ebenso ließ man in der späteren Zeit offenbar die Landsleute möglichst beisammen, war aber nicht imstande, das als Grundsatz einzuhalten.

Auch wo man in einem Dorfe die Freunde und Gevatterschaften zusammen siedeln ließ, war man nach Herkommen und gegebenen Bedürfnissen bestrebt, Groß- und Kleinbauern, Kossäten und Häusler oder Büdner nebeneinander zu stellen. Teilweise wies schon das Bedürfnis der Domänenvorwerke nach Spann- und Handdiensten darauf hin. Der Kossäte und Büdner übernahm die Hand-, der Bauer die Spanndienste. Dann mußte der Bauer selbst Arbeitskräfte haben; Wald- und Meliorationsarbeiten forderten solche. Die fremden, für Eindeichungen ins Land gezogenen Erdarbeiter suchte man ebenso als Häuslinge zu fesseln, wie Erntewanderarbeiter, die aus dem Voigtland ins Magdeburgische jährlich kamen. Die populationistischen Tendenzen beförderten die Ansetzung auf möglichst kleine Stellen, obwohl gerade Friedrich II. einsah, daß er im Bauern den besseren und sichereren Untertan habe.

Bei dem Landüberfluß in Ostpreußen 1721 hatte man verfügt, daß jeder Bauer mindestens zwei köllmische Hufen, d.h. also vier bis fünf Magdeburgi-

[21] Ob schon damals, wie heute (vgl. die *Post* vom 22. April 1886) zu befürchten stand, daß der einzelne Deutsche im polnischen Dorfe polonisiert werde, will ich dahin gestellt sein lassen.

sche, neben einem sehr erheblichen Gartenland, Wiesen und Weide erhalte. Darauf rechnete man als Besatz ein Pferd, vier Ochsen und drei Kühe. Tatsächlich haben aber die angesiedelten deutschen Kolonistenbauern im Durchschnitt nur eine köllmische Hufe an Ackerland erhalten, obwohl die Absicht im Anfang viel weiter ging. Den Schweizern hatte man eine bis drei Hufen für jede Familie versprochen. Der Plan für 1725—1726 war darauf gegangen, 50 Bauern- und 50 Kossätenhöfe zu bauen; man blieb zuletzt bei 200 Kossätenhöfen. Auf einen Kossätenhof rechnete man mindestens 20 köllmische Morgen, zwei Pferde und eine Kuh. Für Pommern bestimmte eine Kabinettsordre vom 29. Juli 1774, der Bauer solle 60 Magdeburgische Morgen Acker, 6—10 Morgen Wiesen und einige Morgen Gartenland erhalten. Im Warthebruch wurden nur wenige Stellen von 50, 60, 100 und 200 Morgen abgegeben; die meisten waren 5, 10, 15, 20, 30 und 40 Morgen. Viele dieser kleinen Kolonisten konnten nur bestehen, solange die großen Meliorationsarbeiten dauerten und reichlichen Tagelohnverdienst gaben. Doch ist nicht zu vergessen, daß schon von 15 Morgen guten Bruchlandes eine Familie leben konnte.

Ich könnte noch mancherlei Zahlen nach einzelnen Jahren und Ämtern, einzelnen Eindeichungen und Meliorationen anführen, wie das Verhältnis der Zwei- und Einhufner zu den Kossäten und Büdnern sich gestellt; einen zahlenmäßig sicheren Durchschnitt könnte ich daraus doch nicht berechnen. Ich kann nur wiederholen, was ich schon in anderem Zusammenhang betonte: Die Zahl der kleinen Stellen war eine zu große; besonders auf schlechtem Wald- und Sandboden fehlte oft die entsprechende Wiese und Weide, oft auch der Nebenverdienst. Viele derartige Kolonien sollten freilich nichts sein als Spinnerdörfer.

Von den privatrechtlichen Lasten, die man den Kolonisten auferlegte, waren das Scharwerk, die Ackerfrohnen, Getreide- und Postfuhren und Handdienste die am wenigsten beliebten; man hat sie in den östlichen Provinzen den Kolonisten nur so weit aufgelegt, als das Bedürfnis der Domänenvorwerke ging. Obwohl diese Dienste sehr mäßig angesetzt waren — auf höchstens drei Tage, teilweise nur auf einen Tag in der Woche —, haben gerade die besten Kolonisten, wie die Schweizer, stets dagegen gekämpft und bis auf einen gewissen Grad auch die Befreiung bzw. Umwandlung in ein Dienstgeld von einigen Talern durchgesetzt. Nur die öffentlich-rechtlichen Fuhren blieben, z.B. in dem Vertrag mit den Schweizern vom 11. März 1729: Sie müssen gegen das gewöhnliche Meilengeld Vorspannpferde stellen, sollen jedoch so viel als möglich damit verschont werden, außer für die persönlichen Reisen des Königs. Unter Friedrich dem Großen tritt die Belegung mit privatrechtlichen Diensten ganz zurück und hört auf; man strebte überhaupt dahin, möglichst alle Domänenbauern auf Dienstgeld zu setzen; die Zahl der Vorwerke, die der Dienste bedurften, nahm nicht mehr zu, sondern ab. Der Wunsch, die Kolonisten ganz als freie Leute zu behandeln, war ein stetig zunehmender.

Im übrigen suchte man den Kolonisten und Erbpächter auf eine feste jährliche Geldabgabe — abgesehen von der Steuer, der Kontribution — zu stellen, die aber auch erst nach einer Reihe von Jahren in ihrem vollen Betrag abzuführen war. Gegen Getreidezinsen hatte der König sich schon 1721 in Litauen erklärt. Beim Besitzwechsel finde ich an einzelnen Stellen ein Laudemium vorbehalten; es war aber so gering, daß es kaum in Betracht kommt: z.B. im Oderbruch ein Zwölftel des jährlichen Erbzinses. Dagegen war die Haftung für die Zahlung des Erbzinses eine sehr strenge. Der Kolonist mußte all sein bewegliches und unbewegliches Vermögen zum Pfand setzen, und es war ihm angedroht, daß zweijährige Nichtzahlung ihn um seine Stelle bringe.

Die Höhe des Geld- oder Erbzinses wurde nicht etwa im Wege der Konkurrenz oder Ausbietung festgestellt, sondern in der Regel auf Grund von den damals üblichen Reinertragsberechnungen fixiert. Friedrich Wilhelm I. bestimmte einmal, daß bei sehr gutem Lande der Bauer die Hälfte, bei ganz geringem ein Fünftel dieses sog. Ertrages als Geldzins abzuführen habe. Bei der litauischen Domänenkommission wird dann aber der letztere, niedrigere Satz allgemein als Regel für die abgelegenen geringen Ämter angenommen. Die Geldrechnung für den Zweihufner stellt sich dahin, daß er 92 Taler einnehme, 55 Taler 21 pr. Gr. als Unkosten abgeben, von den bleibenden 36 Taler 69 Gr. als Kontribution 11 Taler 50 Gr. zur Kriegskasse fließen, daß somit dem Bauern 25 Taler 19 Gr. bleiben, von welchen er 5 Taler als Geldzins zur Domänenkasse abzuführen habe. Bei den Schweizern wird der Zins pro köllmer Hufe allerdings auf 8—10 Taler angegeben. Auch Beheim-Schwarzbach gibt — wohl für die besseren Ämter — den Zins auf 9—12 Taler pro Hufe an, eine Summe, die also für den Doppelhufner auf das Vierfache des vorhin angeführten Beispiels hinaufgeht.

Im Warthebruch wurden 10—15 g. Gr. Erbzins pro Magdeburgischen Morgen, also pro Magdeburger Hufe 12—18 Taler festgesetzt, was bei der Lage und dem Boden kaum viel mehr ist als der ostpreußische Erbzins. Dannemann meint, die Abgabe sei eine so niedrige, daß sie sich nur als Anerkennung des Obereigentums charakterisiere. Aber der Kolonist im Warthebruch hatte schwere Deichlasten zu tragen, er hatte die Rodung selbst vorgenommen und viel weniger Benefizien erhalten, als die älteren Kolonisten. Im Oderbruch werden 16 g. Gr. als jährlicher Erbzins pro Morgen angegeben.

Die Überlassung der Hufen und der Häuser an die Kolonisten geschah von Anfang an mit der Absicht, ihnen damit eine dauernde Zuwendung zu machen, sie verhältnismäßig frei über ihren Besitz verfügen zu lassen; aber von einem Eigentum im römisch-rechtlichen Sinne, von einer unbedingten Verfügungsfreiheit war nicht die Rede; war es doch ein Geschenk, eine freie Gabe, an die der Schenker stillschweigend oder ausdrücklich bestimmte Bedingungen knüpfte. Teilweise erschienen gar nicht die einzelnen Einwanderer, sondern die Kolonistengemeinden als die Beliehenen.

So haben z.B. die französischen ländlichen Dorfgemeinden ihre Gemarkung allerdings unter der Bedingung erhalten, die Hufe den einzelnen Familien erblich zu überlassen; aber wenn eine Familie ausstarb, fiel das Grundstück an die Gemeinde zurück, die es nur wieder einem Refugié übergeben durfte; damit war jede Veräußerung an einen Fremden ausgeschlossen. Die keineswegs geschlossen gesiedelten ostpreußischen Schweizerkolonien setzten es durch, daß sie in ihren Schulzen eine Art Vertretung bekamen; der mit ihnen am 11. März 1729 geschlossene Sozietätsvertrag verpflichtet sie zu gemeinsamer Haft für ihre Leistungen; dafür dürfen sie aber auch mit Zustimmung der Kammer schlechte und liederliche Wirte absetzen. Die ihnen zugeteilten Höfe sollen ihnen beständig verbleiben; sie haben aber auch für die Neubesetzung vakant gewordener Erbe und Stellen aus ihrer Mitte zu haften. Die ostpreußische Kolonie der Nassauer und Pfälzer erwirkte sich nach drei Jahren einen ähnlichen Sozietätsvertrag und ebenso die Salzburger im Jahre 1735.

Der einzelne Kolonist stand so unter einem genossenschaftlichen Zensoramt, das ihn in jeder Beziehung kontrollierte, ihn einerseits stützte, andererseits in seinen Verfügungen beschränkte. Für den größeren Teil der übrigen, nicht in solchen Verbänden stehenden Kolonisten mußten bezüglich der Verfügung über ihr Grundeigentum allgemeine Regeln aufgestellt werden. Es scheint aber nach Lamotte, über dessen Mitteilungen Beheim-Schwarzbach in dieser Beziehung nicht hinausgeht, erst von 1754 und 1764 an zu allgemeinen Vorschriften in dieser Beziehung gekommen zu sein. Es galt nun als Grundsatz, daß die Besitzer von Kolonistenhufen und Häusern vor der dritten Generation keine Verpachtung, Verpfändung und Verschuldung und keine Veräußerung vornehmen dürfen ohne ausdrückliche Erlaubnis der Kammer. Bezüglich des Erbrechtes wurde das Kolonistenhaus im Sinne unseres heutigen Anerbenrechts behandelt; der übernehmende Sohn erhielt ein Vorrecht zur Hälfte des Wertes; hatte der Vater keine Bestimmung getroffen, welches der Kinder diesen Vorzug genieße, so wählte das Amt.

Daneben blieb die allgemeine Oberaufsichtsgewalt des Amtmanns, der in patriarchalischer Weise in die Wirtschaft und in die Vermögensverhältnisse des Bauern eingreifen konnte; es blieben die strengen Strafen für Desertion des Kolonisten, für liederliche Wirtschaft überhaupt. Mancherlei anderen Schranken hatten die Kolonisten in ihren Kontrakten sich unterworfen, so z.B., daß sie nicht nach Biere und Branntwein gehen sollten, daß sie, in der Nähe einer Stadt, kein Handwerk trieben. Kurz, es fand eine weitgehende Leitung, ein Einfluß von Genossenschaften und Beamten statt, ohne welche das Gedeihen der vielfach so verzweifelten, unbotmäßigen Kolonisten nicht zu denken gewesen wäre.

Erst im neuen Jahrhundert schlug die kurmärkische Kammer Friedrich Wilhelm III. vor, die unnötigen Einschränkungen des Privateigentums bezüglich der Kolonisten fallen zu lassen. Solche vertrügen sich, besonders was die Verpfändungen und Verkäufe betreffe, nicht mit den Grundsätzen einer guten Staatsverwaltung. Die früheren Gründe der Einschränkung seien weggefallen; die wenigsten Kolonisten seien noch im Besitz der ersten ausländischen Erwerber, sondern meist in dem ihrer Nachkommen. Nur wo auf der Stelle die Verpflichtung ruhe, daß ein Spinner, ein Weber, ein Gärtner usw. darauf sitze, möge man diese Schranke beibehalten.

Was damals 1800 geschah, kann ich nicht angeben. Jedenfalls mit der neuen Agrargesetzgebung fielen die alten Schranken; sie hatten ihre Schuldigkeit getan.

V

Das wirtschaftliche und soziale Gesamtergebnis

Wir haben zum Abschluß nur wenige Worte hinzuzufügen.

Die Bedeutung der Einwanderung und Kolonisation für die Bevölkerungsbewegung haben wir oben erörtert. Diejenige für die agrarischen Zustände des preußischen Staates dürfte aus folgenden Erwägungen und Zahlenschätzungen erhellen.

Rechnen wir 400 000 Kolonisten im ganzen für das 17. und 18. Jahrhundert, so können davon höchstens 200 000 ländliche sein. Bleiben wir noch wesentlich unter dieser Zahl, so können wir vielleicht behaupten, es seien dadurch 30 000 — 40 000 spannfähige Bauerngüter und 100 000—120 000 Kleinstellen entstanden.

Die vier im wesentlichen in Betracht kommenden Provinzen Ost- und Westpreußen, Pommern (ohne Stralsund), Brandenburg und Schlesien hatten nach den Untersuchungen von 1859 im Jahre 1816 226 553 bäuerliche spannfähige Nahrungen mit 23—24 Mill. Morgen. Diese Zahl würde um 40 000 geringer sein ohne die Kolonisation. Die ganze Eigentumsverleihung der Stein-Hardenbergschen Zeit hat von 1811 bis 1848 nicht mehr als 45 493 Eigentümer in diesen vier Provinzen geschaffen, die nach 1848 nur um ein unbedeutendes noch vermehrt wurden. Im Jahre 1837 zählten dieselben Provinzen 263 130 bäuerliche Kleinstellen von 6—10 Morgen durchschnittlichen Umfangs. Diese Zahl wäre wahrscheinlich ohne die Kolonisation um 100 000 geringer.

Das heißt: Die ganze Grundeigentumsverteilung der preußischen östlichen Provinzen ist bis auf den heutigen Tag auf das stärkste beeinflußt durch die Kolonisation. Ohne dieselbe wäre der mittlere und kleine Besitz viel schwächer, hätten wir an Stelle einer großen Zahl kleiner Eigentümer bloße Tagelöhner. Die durch das natürliche Schwergewicht der feudalen Klasseninteressen vor sich gehende und nie ganz gehemmte Ritterguts- und Latifundienbildung mit besitzlosen Tagelöhnern ist wenigstens teilweise korrigiert und eingeschränkt worden durch die Kolonisation.

Relativ noch deutlicher läßt sich die Bewegung für die Kurmark darstellen, wenn wir die Resultate, die Friedrich der Große für 1618 und 1746 zusammenstellen ließ, mit denen von 1804 vergleichen. Wir erhalten so folgende kleine Tabelle:

Kurmark	1618	1746	1804
Dörfer	1 841	1 934	2 026
Bauern und Fischer	18 558	16 646	18 097
Kossäten und kleine Ackerleute	13 644	12 709	21 045
Hausleute, Handwerker, Spinner	2 659	18 456	33 228
Davon sind Tagelöhner und Instleute	—	13 303	20 533
Summe der Untertanen	34 861	47 811	72 370

Die Richtigkeit dieser Zahlen vorausgesetzt, was immerhin für 1618 problematisch ist, erhalten wir in diesen Zahlen das Bild von drei sozial wesentlich verschiedenen Zuständen. Im Jahre 1618 kann der Umfang der Rittergüter verhältnismäßig nur ein sehr mäßiger gewesen sein, die Bauern mit ihren Scharwerken neben 2659 Hausleuten hätten sonst zur Bestellung nicht hingereicht. Von da bis 1746 gab es die schon oben erwähnte bedeutende Abnahme der Bauern und Kossäten, die noch viel größer wäre, wenn die Kolonisation ihr nicht bereits entgegengewirkt hätte. Der Abnahme der Bauern entspricht die Zunahme — die Versechsfachung — der kleinen Leute. In der Zeit von da bis 1806 wird die Zahl der Bauern von 1618 fast wieder erreicht, die der Kossäten steigt um etwa 75 Prozent, die der ganz kleinen, zum Teil besitzlosen Leute in etwas stärkerer Proportion. Die Zunahme der Tagelöhner und Instleute bedeutet nicht sowohl mehr eine starke Zunahme der großen Güter und Vorwerke, obwohl sie teilweise noch darauf zurückgeht, als eine Entlastung der Bauern und Kossäten von Scharwerkspflichten. Verglichen mit 1618 hat die Pyramide der Gesellschaft 1804 wohl eine sehr starke Zunahme der Klassengegensätze erfahren; die unterste Schicht der Gesellschaft, die der Besitzlosen, ist weitaus am erheblichsten gewachsen. Aber sie wäre ohne die staatliche Agrarpolitik und Kolonisation noch viel stärker gestiegen, und es wären in der Stufenleiter der Klassen die Mittelglieder, die von 1700 an wieder verstärkt wurden, sehr viel schwächer geworden. —

Die Kosten, welche die preußische Regierung aufwendete, um dieses Ziel zu erreichen, sind sehr erheblich. Ich will nur anführen, daß nach der Angabe von Lucanus das Retablissement Ostpreußens 6 Mill. Taler gekostet haben soll, was dem Betrag einer vollen reinen Jahreseinnahme des damaligen Staates gleichkommt. Ich habe schon vor Jahren nachgewiesen, daß allein aus den Zentralkassen 1713—1732 3,2 Mill. Taler für diesen Zweck gezahlt wurden, wonach die Gesamtsumme von 6 Mill. Talern nicht undenkbar ist.

Friedrich soll nach der Schätzung Beheim-Schwarzbachs während seiner ganzen Regierung etwa 25 Mill. Taler für die Kolonisation ausgegeben haben. An Grundeigentum können wir annehmen, daß den 40 000 Kolonistenbauern und den 100 000 Kleinbauern und Häuslern 2 1/2—3 Millionen Morgen überlassen wurden.

[. . .]

XXXII

Der Merkantilismus in Brandenburg-Preußen*

HUGO RACHEL

[...] Die preußische Wirtschaftspolitik hat ihre entscheidende Wende erfahren mit der Einführung der Gewerbefreiheit, 1810, und der Zollgesetzgebung von 1818. Vordem war sie „merkantilistisch", mit welchem Ausdruck man jene im 17. und 18. Jahrhundert weitaus vorherrschende Wirtschaftspolitik bezeichnet, die ausschließlich vom Staate gehandhabt, auf Zusammenfassung und Einheit im inneren, schroffen Abschluß nach außen ging. Der Merkantilismus war, wie zumal Schmoller hervorgehoben hat, eine geschichtlich notwendige Erscheinung überall, wo aus dem Vielerlei von städtischen und landschaftlichen Körperschaften staatliche Machtgebilde entstehen sollten; er war selbst Staatsbildung und zugleich Volkswirtschaftsbildung.[1] Die Zusammenfassung der verschiedenen, sich hemmenden und bekämpfenden Wirtschaftsinteressen von Grundherren, Kaufleuten, Zünften und Städten und ihre Einordnung in ein höheres Ganzes, eben die Bildung von Volkswirtschaften, war gar nicht anders möglich als durch eine sehr energisch eingreifende, bevormundende, antreibende und abwehrende Staatspolitik, wie es die merkantilistische in allen aufstrebenden Staaten war, nicht bloß in absolutistischen, sondern auch in den freien Niederlanden und dem England Cromwells und der Parlamentsherrschaft. Wenn dieses System einst hochgefeiert, dann scharf bekämpft und vielfach als völlige Verirrung gebrandmarkt worden ist, so hat es damit nur

* Entnommen aus: *Forschungen zur Brandenburgischen und Preußischen Geschichte*, Bd. 40 (1927), S. 221—266; der Beitrag wurde leicht gekürzt.

[1] Vgl. Gustav Schmoller, *Das Merkantilsystem in seiner historischen Bedeutung*, in: Ders., *Umrisse und Untersuchungen zur Verfassungs-, Verwaltungs- und Wirtschaftsgeschichte besonders des Preußischen Staates im 17. und 18. Jahrhundert*, Leipzig 1898, S. 37.

irdischer Vergänglichkeit seinen Tribut gezahlt; man wird jedoch die Kritik nur dann als berechtigt anerkennen können, wenn sie die ganze Erscheinung als geschichtlich notwendig und entwicklungsfördernd begreift und sich darauf beschränkt, die zahlreichen Übertreibungen und Härten und das zu lange Festhalten an nicht mehr zeitgemäßen Grundsätzen zu verurteilen.

Der preußische Merkantilismus verdankt seine besondere Eigenart folgenden Umständen.

1. Er ist verhältnismäßig spät enstanden, schon infolge der unglücklichen Gestaltung der deutschen Verhältnisse seit dem 16. Jahrhundert; das Vorbild der vorgeschritteneren westeuropäischen Staaten wirkte antreibend und wegweisend, die Entwicklung ist dadurch beschleunigt worden.

2. Sie ist andererseits erschwert worden durch ungewöhnlich ungünstige Daseinsbedingungen: da die weit zerstreute Lage der Staatsgebiete und die üble Beschaffenheit der Grenzen jede zusammenfassende Politik äußerst erschwerten, da die Länder größtenteils wenig fruchtbar und arm an Naturschätzen waren, die Bevölkerung spärlich und wirtschaftlich rückständig war. Diese sehr bedeutenden Schwierigkeiten erforderten zu ihrer Überwindung erhöhten Kräfteaufwand.

3. Ein solcher ist lediglich ermöglicht worden durch das beispiellose Glück, daß dieser Staat von 1640 bis 1786, 121 Jahre hindurch, von drei Herrschern geleitet wurde, die mit ungewöhnlichen Fähigkeiten und gewaltiger Energie ausgestattet waren. Dieser einzigartige Umstand ließ gerade hier eine Leistung von sonst nirgends erreichter Intensität entstehen.

Die merkantilistische Wirtschaftspolitik Preußens läßt sich in fünf Zeitabschnitte zerlegen:

1. die Anfänge von 1640 bis 1713;
2. systematischer Ausbau unter Friedrich Wilhelm I., 1713 bis 1740;
3. weiterer Ausbau unter Friedrich II. bis zum Siebenjährigen Kriege, 1740 bis 1763;
4. schärfste Ausprägung nach dem Kriege, 1763—1786;
5. die Politik der Nachfolger unter der Einwirkung freihändlerischer Gedanken, 1786—1810.

I

Für die Wirtschaftspolitik des *Großen Kurfürsten* ist das Vorbild Hollands, das er in seiner Jugend gründlich kennen gelernt hatte, vorzugsweise maßgebend gewesen. Danach erschienen ihm „Commercien und Manufakturen" in gleicher Weise unerläßlich als die Säulen des Wohlstandes, und er hat mit gleichem Eifer die Förderung der Gewerbe wie die des Handels, im besonderen auch des See- und Kolonialhandels, sich angelegen sein lassen. Es gehörte zunächst viel Mut und Vertrauen dazu, dem glänzenden Beispiel der damals ersten und reichsten Wirtschaftsmacht nachzueifern angesichts des fürchterlichen Zustandes, in dem sich die Mark Brandenburg und die ihr neu angegliederten Nachbargebiete beim Ausgang des großen Krieges befanden. Der Kurfürst aber hat sich mit zäher Tatkraft der gestellten Aufgabe unterzogen.

Es fehlte zunächst an allem, an Menschen und an Geld, an Fähigkeiten und an Unternehmungsgeist; zudem waren die Friedensjahre, in denen für den Aufbau gearbeitet werden konnte, nach dem 30jährigen Kriege und bis 1713 nicht reichlich bemessen. Um den Menschenmangel zu beheben, begann der Kurfürst jene *Peuplierungspolitik,* die in Brandenburg-Preußen fast die ganze merkantilistische Zeit hindurch betrieben worden ist, nachhaltiger und länger als in anderen Staaten. Es kam darauf an, landwirtschaftliche und gewerbliche Arbeitskräfte in das Land zu ziehen, ferner die Träger besonderer Fertigkeiten, die im Lande noch fehlten, und schließlich auch wohlhabende Kaufleute und Privatiers, die als Unternehmer und Verleger dienen konnten oder lediglich Geld in das Land brachten. Es wurden Edikte erlassen, um Ausländer zur Niederlassung im Lande anzulocken, wobei allerlei Vergünstigungen: Freiheit von bürgerlichen und anderen Lasten für gewisse Jahre, unentgeltliche Bürger- und Meisterrechte, freie Baustellen und Bau-Unterstützungen, später auch Akzise-, Abzugs- und Werbefreiheit in Aussicht gestellt wurden. Das erste solcher Edikte erging nach dem Frieden von Oliva, 19. Januar 1661; ihm folgten viele andere nach. Bestimmte Professionisten, die man wünschte, wurden unmittelbar geworben, in der Regel durch die Gesandten, Residenten oder Agenten im Auslande. Gesucht wurde natürlich nur Zuzug aus wirtschaftlich fortgeschritteneren Ländern, nicht solcher aus dem Osten. In der ersten Zeit nach dem 30jährigen Kriege sind anscheinend vorwiegend Niederländer als Kolonisten und Handwerker herbeigezogen worden, 1685 begann eine massenhafte Einwanderung französischer und wallonischer Religionsflüchtlinge, später wurde auch der Zuzug aus Sachsen erheblich.[2]

Die *gewerbepolitischen* Maßnahmen des Großen Kurfürsten gingen in den ersten $3^1/_2$ Jahrzehnten seiner Regierung nicht über das hinaus, was auch sonst von tüchtigen und umsichtigen Landesherren geleistet wurde. Er bemühte sich,

[2] Über die Beschaffung von Arbeitskräften vgl. Kurt Hinze, *Die Arbeiterfrage zu Beginn des modernen Kapitalismus in Brandenburg-Preußen* (= Veröffentlichung für die Geschichte der Mark Brandenburg), Berlin 1927. [Inzwischen nachgedruckt als Veröffentlichung der Historischen Kommission zu Berlin, Bd. 9, Neudrucke Bd. 1, hrsg. von Otto Büsch, Berlin 1963. D. Hrsg.].

die Gewerbe wie auch die Landwirtschaft zu heben, aus dem Auslande fortgeschrittene Methoden und tüchtige Arbeitskräfte einzuführen; dem Gewerbeschutz dienten die Erneuerung alter Aufkauf- und Ausfuhrverbote, im besonderen für Wolle und rohe Leder. Die vornehmlichste Fürsorge galt indessen zunächst den Regalbetrieben, den Eisen- und Glashütten, dem Salzvertriebe u.a.; zu deren Gunsten wurden auch Einfuhrverbote für Eisen (1647, 1666), Salz (1652), Kupfer- und Messingwaren (1654), gewöhnliches Glas (1658), Mühlsteine (1668), Stahl (1674), Blech (1687) erlassen. Wirksam gehandhabt wurde jedoch nur das Salzregal, das 1651 wieder eingeführt wurde; im übrigen blieben die Einfuhr- (ebenso wie die Ausfuhr-) verbote schon deshalb ohne alle Folge, weil sie erlassen waren, ehe für die inländische Bedarfsdeckung auch nur annähernd gesorgt war, und weil für ihre Durchführung kaum etwas geschehen konnte. Denn die ziemlich spärlich verstreuten Zollstellen und die wenigen Zoll- und Polizeireuter reichten dazu keineswegs aus, und Kontrollorgane fehlten überhaupt noch.

Das Bedeutendste wurde in jenen Jahrzehnten auf dem Gebiete der *Verkehrspolitik* geleistet. Der Kurfürst hat von 1649 an das Brandenburgische Staatspostwesen begründet und hat sich seit 1653 bemüht, die Binnenschiffahrt in Gang zu bringen, die vernachlässigten Ströme wieder befahrbar zu machen. Er hat auch, da private Initiative noch ganz fehlte, selbst eine Frachtschiffahrt von Fürstenwalde nach Hamburg eingerichtet (1656) und die Verbindung der Oder mit der Elbe durch den Bau des Müllroser Kanals (1662—1669) hergestellt, die erste Großtat eines deutschen Landesherrn auf wirtschaftlichem Gebiet. Er hat nicht nur den Kanal ganz auf eigene Kosten bauen, sondern auch die nötigen Verkehrseinrichtungen (Packhof, Kran) in Berlin, das nun wichtiger Umschlagplatz wurde und dessen Bedeutung von da an beginnt, schaffen und das dortige Speditionswesen durch seinen Zollverwalter einrichten lassen müssen.[3] Es wurde nun ein großer Teil des schlesisch-Hamburger Durchgangsverkehrs auf den neuen Wasserweg gezogen. Um das zu erreichen, mußten allerdings den Breslauern in der Zollbehandlung und im Tarif besondere Vergünstigungen zugestanden werden.[4]

Ein merklicher, ja entscheidender Fortschritt in der Wirtschaftspolitik des Kurfürsten geschah in derselben Zeit, da Vorpommern und die Odermündung den Schweden entrissen wurde und sich wesentlich günstigere Aussichten für Handel und Wirtschaft des mittleren Staatsgebiets zu eröffnen schienen. Denn

[3] *Acta Borussica. Denkmäler der Preußischen Staatsverwaltung im 18. Jahrhundert. Die Handels-, Zoll- und Akzisepolitik in Brandenburg-Preußen,* bearbeitet von Hugo Rachel, Bd. 1, Berlin 1911, S. 210 ff., 220 f., 229 f.

[4] 1678 und 1694, *a.a.O.*, S. 297 ff., 303 f.

in jener Zeit des hoffnungsfrohen Aufstiegs werden die ersten eigentlich *merkantilistischen* Maßnahmen bemerkbar. Damals ging der Kurfürst mit Benjamin Raule an die Gründung einer brandenburgischen *Marine* heran und gleichzeitig unternahm er in der Förderung der *Manufakturen* entschiedene Schritte. Er ließ 1676 bis 1678 durch seinen Münzmeister Gilli bei Krossen, an der Oder, also offenbar mit weitausschauenden Ausfuhrabsichten, eine Pfundleder- und eine Eisen-, Draht-, Blech- und Sensenfabrik anlegen und 1678 in Berlin durch die Kammerräte Daniel Stephani und Elard Esich eine große Wollmanufaktur einrichten, ähnlich wie das spätere Lagerhaus, als Verlagsanstalt für hausindustrielle Weber, mit Eigenbetrieb für Appretur und Färben. Beide Unternehmungen hatten keinen rechten Erfolg und keine lange Dauer, obwohl das erstere durch Einfuhrverbote und Tarifprivilegien begünstigt wurde. Es fehlte an ausreichenden Geldmitteln, um die Gründungen über die schwierigen Anfänge hinwegzubringen.

War hierbei der Landesherr selbst der Unternehmer und, wie es scheint, der einzige Geldgeber, so war es doch bald danach möglich, auch private Beteiligung für andere Unternehmungen zu gewinnen. Eine 1679 von Stephani und Esich in Berlin angelegte Zuckersiederei wurde 1680 in eine — die erste brandenburgische — Aktiengesellschaft verwandelt, und die Afrikanische Handels-Kompanie ist 1682 als eine solche entstanden. An beiden mußte der Kurfürst selbst sich mit je 10 000 Thal. beteiligen, sonst sind wohl vorwiegend höfische Kreise dafür gewonnen worden, bei der Zuckersiederei waren auch die Berliner Bürgermeister Bartholdi und Senning Interessenten. Diese beiden errichteten 1681 eine Tabakspinnerei und erhielten dafür ein ausschließliches Privileg auf 20 Jahre für Brandenburg und Pommern. Alle diese Unternehmungen hatten nur vorübergehenden Bestand, dagegen ist die etwas später von Joh. Andreas Krautt angelegte Gold- und Silberdrahtzieherei, die 1689 den Alleinbetrieb für alle kurfürstlichen Lande erhielt, nachmals zu großer Bedeutung gelangt.

Eine typisch merkantilistische Erscheinung ist die Gründung von Commercien-Collegien, immer ein Zeichen für die Absicht, eine planmäßige Wirtschaftspolitik zu führen. Schon im Januar 1677 wurde ein „Münz- und Commercien-Collegium" zu Berlin errichtet, dem neben zwei Geheimen Räten die ersten kurfürstlichen Unternehmer Gilli, Stephanie und Esich angehörten. Nachdem diese an den Mißerfolgen ihrer Gründungen gescheitert waren, ist ein neues vollkommeneres Commercien-Collegium gebildet worden; dies war eine wirkliche Behörde, der neben beratender Tätigkeit auch administrative Befugnis und die Gerichtsbarkeit in Handelssachen beigelegt war (Instruktion vom 23. Februar 1684). Es bestand aus 3 Geheimen Räten (Grumbkow, Knyphausen, Rhetius), den zur Zeit einflußreichsten Praktikern Raule, Abraham Syvers (der 1683 eine Boysalzsiederei für den Kurfürsten in Berlin anlegte) und Bartholdi, sowie einigen Kaufleuten. Ihm wurden die zu gleicher Zeit in Königsberg und Kolberg errichteten Commercien-Collegien, zugleich See- und Handelsgerichte, unterstellt. Damit hatten zugleich die seit Januar 1679 bemerkbaren Anläufe, eine Instanz für die Seehandelsangelegenheiten, ein Collegium de Marine, zu schaffen, ihre Lösung gefunden.

In engem Zusammenhang mit dem Bestreben, das Aufnehmen der Städte und der Nahrung zu fördern, steht die Einführung der *Akzise*, wobei gleichfalls das Vorbild Hollands maßgebend war. Sie wurde seit 1667 vereinzelt, seit 1680 allgemein in Brandenburg als Städtesteuer durchgeführt, 1684 wurde sie verstaatlicht und so als staatliche Städtesteuer 1684—1688 in allen Mittelprovinzen und Minden, 1689 und 1709 in Ostpreußen eingeführt. Damit ergab sich die für Brandenburg-Preußen bezeichnende scharfe wirtschaftliche Trennung von Stadt und Land; es wurden nun die Landgewerbe eingeschränkt, Aufkaufen und Hausieren auf dem Lande nachdrücklicher als zuvor verboten, Bier und Branntwein vom Lande höher belegt. Ferner wurde nun das Taxwesen genauer gehandhabt, und es wurden die bis dahin nur für die notwendigsten Lebensmittel üblichen Taxen auf alle Warenpreise und Löhne ausgedehnt. Endlich war mit der Akzise ein wichtiges Werkzeug für die Wirtschaftspolitik gewonnen: Indem jetzt in allen Städten eine genaue Kontrolle der Waren-Erzeugung und -Bewegung durch Torschreiber, Einnehmer, Kontrolleure und Visitatoren eingeführt wurde, konnten Aus- und Einfuhrverbote, Begünstigungs- und Erschwerungsmaßnahmen viel wirksamer gehandhabt werden, als es mit den Zöllen allein möglich war.

Gleichlaufend damit setzte eine systematische *Manufakturpolitik* ein, die im besonderen entschieden auf Förderung und Schutz der einheimischen Wollmanufakturen ausging. Ihre Leitsätze und Ausführungsbestimmungen enthalten die Akziseordnung von 1684 und vor allem das große, sehr gründliche und zielbewußte Manufakturedikt von 1687. Es enthält, offenbar nach dem Muster der Colbertschen Reglements: Regelung des Wollhandels mit teilweisem Ausfuhrverbot, Bestimmungen für Verlag und Schutz der Tuchmacher, Schauordnung und Manufakturinspektion, Hochimpostierung fremder Tuche und Einfuhrverbot der geringen Tuche und Zeuge. Letzteres war allerdings nicht aufrecht zu erhalten und mußte durch eine, sogar nur mäßige Höherimpostierung (etwa 6%) ersetzt werden. Im übrigen ist man mit der Akzise auf fremde Konkurrenzfabrikate 1689 bis 10, 1701 bis 25% gelangt. Anderseits wurden neue inländische Manufakturen durch Zoll- und Akzisefreiheit begünstigt. Auch Prämien wurden schon unter dem Großen Kurfürsten gegeben. Die Schau ist schon 1684 vorgeschrieben, und es sind Schaumeister angestellt worden, seit 1687 erscheinen auch hauptamtliche Kontrollbeamte (Manufakturinspektoren, Fabriken-Commercien-Kommissare). Besonders wichtig für die Durchführung der planmäßigen Wirtschaftspolitik aber wurden die seit Einführung der Akzise nach 1680 eingesetzten Steuerkommissare, später meist als Steuerräte bezeichnet, denen neben ihren finanzamtlichen Befugnissen auch die Aussicht über alles, was auf den Ertrag der Steuern Bezug hatte, im besonderen also alle Gewerbe- und Handelssachen aufgetragen war. Für die Ravensbergische Leinen-Industrie wurde 1688 ein großes Reglement, als Commercien-Edikt bezeichnet, herausgegeben.

Es wurden auch, vornehmlich seit 1687, die inländischen Absatzgelegenheiten, im besonderen die Frankfurter *Messen* und die Magdeburger Heermesse entschieden begünstigt; in Magdeburg wurde ferner ein Tuchmarkt neu angelegt. Für deren Besuch wurden Vergünstigungen, besonders halbe Zollfreiheit, zugesichert, ja der Besuch bei Strafe anbefohlen. Auch Wollmärkte wurden in den neunziger Jahren angelegt.

Da die einheimischen Manufakturen noch sehr unvollkommen waren und zumal alle feinere Herstellung mangelte, so mußte eine planmäßige Politik darauf bedacht sein, die fehlenden Gewerbe von außerhalb in das Land zu ziehen. Nach dieser Richtung hatte man sich schon vordem bemüht, seit Anfang 1680 aber läßt sich ein weit entschiedeneres Vorgehen erkennen. Es wurden jetzt namentlich sächsische und französische Einwanderer durch Vergünstigungen und Privilegien angelockt. Für die Anlage neuer Manufakturen wurden nun mehrfach auch bare Geldbeträge, Wohnungen und Fabrikgebäude geschenkt, auch Titel verliehen, sowie verschiedentlich Betriebsmonopole durch ausschließliche Privilegien erteilt. Seit dem berühmten Potsdamer Edikt vom 29. Oktober 1685 sind französische, wallonische und andere *Refugierte* in Massen eingewandert und haben das Wirtschaftsleben vor allem in Berlin, Magdeburg und Halle mächtig gefördert. Durch sie sind viele Gewerbezweige verbessert und eine ganze Anzahl überhaupt erst eingeführt worden, so die Seiden-, Serge-, Gaze-, Bänder-, Tapeten-Manufakturen, der Seidenbau, die Gold- und Silberwirkerei, Ziselier-und Emaillierkunst, die Verfertigung feiner Tuche und Hüte, der Strumpfwirkerstuhl, Zeugdruckerei, Schönfärberei, Ölbereitung, Lichtergießen, Spiegel-, Spielkartenfabrikation.

Immerhin sind neben vielen wertvollen und für die wirtschaftliche Entwicklung förderlichen Einwanderern auch viele hereingekommen, die keinen Gewinn oder gar eine Belastung bedeuteten. Das planmäßige Hereinziehen fehlender Gewerbe mußte jedenfalls auch danach fortgesetzt werden. Besonders bemerkenswert ist das groß angelegte Unternehmen Danckelmanns, die Herstellung der beliebten leichten Zeuge nach Schweizer Art einzubürgern. Die zu diesem Zweck 1694 angelegte Orellysche Creponmanufaktur[5] ist allerdings,

[5] *A.a.O.*, S. 741 ff.

obwohl sie stattlich privilegiert war und selbst ein Absatzmonopol für Brandenburg, Magdeburg und Halberstadt erhielt, nach einigen Jahren gescheitert, wiederum weil das Kapital zum Überwinden der Anfangs-Schwierigkeiten nicht ausreichte; aber die vielen damals und späterhin verkrachten Gründungen waren deshalb keineswegs ohne Nutzen für das Land, blieben doch die hereingezogenen Arbeiter und die eingebürgerten Fertigkeiten größtenteils erhalten.

Mit der Manufaktur- und Einwanderungs-Politik hängt auch zusammen das seit den letzten Jahren des Großen Kurfürsten entschieden einsetzende Vorgehen gegen die Zunft- und Gesellen-Mißbräuche, die den merkantilistischen Absichten auf Vermehrung der Bevölkerung und der Produktion entgegenwirkten.

Ein entscheidender sehr bedeutender Fortschritt geschah in der Ausnutzung des *Salzregals* dadurch, daß der Kurfürst 1686 die ihm zustehende Quartsole sowie die von der Pfännerschaft nicht genutzte Extrasole in Halle selbst zu versieden begann. Damit wurde ein sehr ansehnlicher und besonders gewinnreicher landesherrlicher Eigenbetrieb eröffnet, und es konnte damit allmählich nicht nur Brandenburg versorgt, sondern auch Ausfuhrhandel getrieben werden. Es hat dann Friedrich Wilhelm I. die staatliche Salzerzeugung mächtig gesteigert (Schönebeck, Unna) und konnte so das Salzregal seit 1718 auch in den außerbrandenburgischen Provinzen durchführen. Da für den Salztransport der Wasserweg besonders wünschenswert ist, so hatte dieser staatliche Handel wichtige verkehrswirtschaftliche Folgen: für ihn ist die Saale, seit 1694, schiffbar gemacht und wesentlich deshalb später die Swinefahrt, der Plauesche und der Finowkanal hergestellt worden.

Der Große Kurfürst hatte, wie erwähnt, immer nach dem Muster der westeuropäischen Staaten die gleichzeitige Förderung von Commercien und Manufakturen zum Ziel. Er hatte immer auch für den auswärtigen und Durchfuhrhandel viel übrig, hat sich um die Besserung des Elbhandels vielfach bemüht, teils unmittelbar, teils in Verhandlungen und Streitigkeiten mit Hamburg und den Elbstaaten, und wollte Brandenburg auch zur See stark machen. Er gründete eine kleine Handels- und eine Kriegs*flotte,* legte in Kolberg und sogar in Emden Flottenstationen an und versuchte selbst *koloniale* Unternehmungen. Doch erhoben sich schon unter ihm maßgebende Stimmen, ob man mit dem allem nicht zuviel unternehme und ob es nicht ratsamer sei, vorerst die inländischen Manufakturen und Commercien zu stabilisieren.[6] Dazu kam die Eifersucht der großen Seemächte, vor allem Hollands, die schon der Kurfürst zu spüren bekam, und von der man nur ärgerliche Verwicklungen zu besorgen hatte. Die Seehandels- und Kolonialpläne sind denn auch in der Folgezeit allmählich

[6] *A.a.O.,* S. 777.

eingeschlummert; als 1697 gleichzeitig mit Danckelmann auch Raule gestürzt wurde, war es mit derartigen weitausschauenden Plänen vorbei. Friedrich Wilhelm I. hat mit Flotte und Kolonialbesitz endgültig Schluß gemacht.

Ein anderer Systemwechsel ist schon unter dem Großen Kurfürsten selbst eingetreten, indem das französische System, der *Colbertismus*, mit seiner eingehenden staatlichen Bevormundung in den achtziger Jahren an Stelle des mehr auf freie Förderung privater Tätigkeit ausgehenden holländischen Systems vorbildlich wurde. Der starke Zustrom französischer Refugierter mag wesentlich dazu beigetragen haben, französische Methoden in Brandenburg heimisch zu machen.

II

Was der Große Kurfürst auf diesem wie auf anderen Gebieten der Staatstätigkeit geleistet hat, war von größter Bedeutung. Er hat eine planmäßige Wirtschaftspolitik überhaupt erst eingeführt, alle Maßnahmen zu Förderung und Schutz der einheimischen Erzeugung und des Handels eingeschlagen, die Akzise und den staatlichen Verwaltungsapparat geschaffen. Aber das meiste war doch erst angebahnt, an der Durchführung fehlte es vielfach so gut wie ganz, und die folgende Regierung bewies nach Danckelmanns Sturz (1697) wenig Neigung zu entsagungsvollem Arbeiten für die Wohlfahrt des Landes und auf lange Sicht hin. Auch nahmen der Aufwand des Hofes und die dauernden Kriege die Mittel des Staates vornehmlich in Anspruch. Immerhin war in dem vom Großen Kurfürsten geschaffenen *Kriegskommissariat* eine Stelle vorhanden, die dafür sorgte, daß die Tradition in der Finanz- und Wirtschaftspolitik einigermaßen bewahrt wurde, bis wieder eine kräftige Hand die Zügel ergriff.

König Friedrich Wilhelm I. hat das Werk seines Großvaters fortgeführt und ausgebaut, er ist dabei aber so selbständig vorgegangen, daß er eigentlich erst den preußischen Merkantilismus in seiner besonderen, von fremden Vorbildern unabhängigen Eigenart geschaffen hat. Er hat vor allem durch die gewaltige Energie und Folgerichtigkeit, mit der er den Ausbau des Staates in allen seinen Teilen vornahm, dem Ganzen das Gepräge seines Wesens aufgedrückt. Dadurch wurde die innere Politik dieses Staates über die aller anderen, auch der früher entwickelten, emporgehoben zu einer einzigartigen Leistung.

Es ist vornehmlich zweierlei, was Friedrich Wilhelm I. als Volkswirt auszeichnet. Er, und weiterhin sein Nachfolger, hat als *Erzieher* zu Fleiß und Wirtschaftlichkeit im eifervollen Kampf gegen allen Schlendrian das meiste getan, um einem an sich wenig regsamen, bedürfnisarmen und allzu traditionsgebundenen Volk Wille und Freudigkeit zu intensiver Arbeit und zu wirtschaftlichem Wettbewerb beizubringen; es wurden dazu oft drastische Mittel angewandt, wie der auch durchgeführte Befehl, daß Hökerweiber, Verkäuferinnen und anderes Weibsvolk nicht müßig sitzen, sondern spinnen oder stricken sollten. Es gehörte dies zugleich zu den Mitteln, dem Mangel an Gespinst abzuhelfen. Das erzieherische Bestreben wird auch darin kenntlich, daß der König, der bekanntlich sonst gar kein Freund der Wissenschaften war, die beiden ersten kameralistischen Lehrstühle in Deutschland — in Frankfurt und Halle, 1727 — errichtete.

Ferner ist die strenge *Folgerichtigkeit* in allem, das Wirtschaften nach festem Plan und mit bestimmter Zwecksetzung sowie der nicht rastende Eifer, mit dem die Ausführung betrieben wurde, sein Verdienst. An schönen Verordnungen fehlte es auch anderwärts nicht, kaum irgendwo aber wurde, was die Hauptsache und das Schwerste war, mit einem solchen Maß von Energie auf der Durchführung bestanden und war demgemäß das Ergebnis so bedeutend.

Friedrich Wilhelm war, wie Roscher treffend hervorhebt, gleich Colbert Schöpfer eines Systems, das er ebenso original entworfen wie konsequent durchgeführt hat. Indem er alles mit größtem Ernst und Nachdruck ergriff, den Schwierigkeiten nie auswich, sondern sie anpackte und in allen Dingen bis auf den Grund ging, rang er sich im Kampf mit den Widerständen der Praxis zu systematischem Denken und Handeln durch und schuf auf diesem Wege etwas, was auch vor wirtschaftswissenschaftlichem Urteil aufs beste bestehen kann.

In diesem Sinne wurden alle Zweige der Verwaltung und Volkswirtschaft von Grund auf geregelt; alles was vorher angebahnt und mehr oder weniger gefördert, zuweilen auch durch einander widersprechende oder sich gegenseitig aufhebende Verordnungen verwirrt worden war, fand nun seine grundsätzliche, wohldurchdachte und vernunftgemäße Entscheidung. Das Staatswohl und der Nationalismus kamen uneingeschränkt zur Geltung in einer Fülle von sehr ausführlichen, geradezu lehrbuchartigen *Instruktionen*, die für ihre Zeit als wahre Muster gelten können.[7] Sehr bezeichnend sind auch die „Principia regulativa", die endgültigen Normen, die beispielsweise für die Domänenverpachtungen, die Landhandwerkerfrage, die Behandlung der Aus- und Einfuhr aufgestellt wurden. Im gleichen Sinne wurden das gesamte Polizeiwesen, die Marktordnungen, das Taxwesen, Maß und Gewicht, das Kolonistenwesen (1720), das Hausierwesen (1727), die Judengesetzgebung (1730) abschließend geordnet. Preußen wurde mit dem allem das Musterland einer wohlgeordneten *Polizei*. Das trifft insbesondere auf die *Getreide*versorgungs-, Getreidehandel-

[7] Vgl. Wilhelm Roscher, *Geschichte der Nationalökonomik in Deutschland*, München 1874, S. 361.

und Magazinpolitik zu, durch die für das Heer und die niedere Bevölkerung das Hauptnahrungsmittel zu mäßigen Preisen sichergestellt wurde.

Diese alles regelnde Staatstätigkeit, unerbittlich der Vernunft folgend, griff sehr oft schonungslos in das alt Überkommene und in die persönliche Freiheit ein, und die Verordnungen sind vielfach von erschreckender Härte. So wurden die Strafen für den Gebrauch von fremdem Salz und für die Ausfuhr inländischer Wolle schließlich bis zur Galgenfrage — womit auch Bankerottierer bedroht wurden — verschärft; der Gebrauch von Kattun und anderen Stoffen und sogar von Holzschuhen wurde unter Androhung sehr empfindlicher Geld- und Leibesstrafen verboten, was besonders für die niedere Bevölkerung eine große Härte war.

Der König war in erster Linie Finanzmann, er ging stets von den *Finanzen* als der Grundlage des Staates aus; die Wirtschaft blieb ihm immer Mittel zu dem Zweck, den Staat stark in Militärmacht und Finanzen zu machen. Dies trat jetzt noch entschiedener als unter dem Großen Kurfürsten hervor, unter dem doch noch etwas von Volksbeglückungsgedanken rege war; das war jetzt abgetan, der Staat war alles, ihm zu dienen strengste Pflicht, auf Glück kam es nicht an. Die Wirtschaftspolitik erhielt dadurch einen sehr fiskalischen Zug und öfters wurden Maßnahmen, die als wirtschaftlich heilsam erkannt waren, wegen fiskalischer Bedenken aufgegeben, z.B. die Reform der Elbzölle und -Lizenten.

Der König, der die ganze Finanzwirtschaft auf feste Einnahme- und Ausgabe-Etats gestellt hat, hat als einen auch volkswirtschaftlich wichtigen Grundsatz durchgeführt, daß der Staat nicht wirtschaftlicher *Unternehmer* sein solle, weil sich das nicht vertrug mit den festen Etats. Sicherlich war seinem scharfen praktischen Blick auch nicht entgangen, daß die staatliche Administration unergiebig wirtschaftete. Jedenfalls hat er, wo es irgend möglich war, feste Einnahmen hergestellt und unsichere Erträge ausgeschaltet durch Verpachtung der Domänen, der Regalbetriebe und großenteils der Zölle; die Akzisen und andere Steuern wurden nicht verpachtet, da mußte da Soll erreicht und mußten etwaige Ausfälle durch anderweitige Überschüsse ausbalanziert werden. Dagegen hat der König, so viel er für die Ausbreitung des Salzregals tat, die *Salzerzeugung* selbst verpachtet und es vorgezogen, feste Mengen zu festen Preisen sich zu sichern; auch die staatliche Saaleschiffahrt hat er verpachtet. Der Große Kurfürst wäre umgekehrt eher versucht gewesen, auch den ganzen Salztransport bis nach Ostpreußen hin selbst zu übernehmen. Wie die staatliche Salzsiederei, so wurde auch die 1722 gegründete Potsdam-Spandauer Waffenfabrikation verpachtet, diese an Splitgerber; das Lagerhaus mußte der reiche Minister Krautt auf seine Kosten gründen und hatte starke Verluste dabei. Nachher hat der Staat das Lagerhaus, die Berliner Gold- und Silberfabrik und das Freienwalder Alaunwerk zwar übernommen, aber der König hat sie dem Etat des Potsdamer Waisenhauses übertragen und diesem das Risiko aufgebürdet. Öfters hat er, wo größere Zuschüsse nötig wurden, andere öffentliche Kassen dazu genötigt: die kurmärkische Landschaft, die ostpreußische Tranksteuerkasse, städtische Kämmereien. Dabei kam ihm seine große Finanzleistung, die enge Verbindung, in die er das öffentliche Einnahmewesen bei der Regelung der Akzise und der Stadtfinanzen gebracht hat, zu statten.

Das *Akzisewesen* ist durch Friedrich Wilhelm zum Abschluß gebracht und allgemein, nun auch in den westfälischen Landen, durchgeführt worden, die Tarife sind verbessert worden bis zu dem allgemein als Muster geltenden kurmärkischen von 1739. Die Trennung zwischen Stadt und Land wurde nun aufs schärfste und mit einer sonst unerhörten Strenge durchgeführt, auch äußerlich, indem alle Städte nun mit Mauern oder Pallisadenzäunen und Toren umschlossen wurden. Jetzt erst wurde mit der Verweisung der Landhandwerker in die Städte bis auf bestimmte, durchaus notwendige Gruppen, bitterer Ernst gemacht. Die Kammer hatten ferner zu sorgen, daß die in den einzelnen Städten noch fehlenden Handwerker, worüber man genaue Verzeichnisse aufstellte, angesetzt wurden. Endlich wurde die Reform des Zunft- und Gesellenwesens mit der großen *Gewerbegesetzgebung* von 1732 bis 1735 abgeschlossen, die Zünfte damit ihrer Sonderstellung beraubt und gleichsam verstaatlicht.

In der *Manufakturpolitik* des Königs läßt sich eine selbständige Entwicklung deutlich verfolgen. Von vornherein suchte er den inneren Markt den einheimischen Textilmanufakturen zu sichern, in erster Linie die Montierung der Armee. Zu diesen Zweck wurde schon im ersten Jahr das Lagerhaus gegründet, und wurden fremde Tuche wesentlich höher impostiert. Dazu mußte aber die einheimische Erzeugung bedeutend vergrößert werden, daher wurden fremde Arbeitskräfte angelockt, ja geradezu auf militärische Art angeworben. Ein weiterer Schritt geschah 1718 und besonders 1719, indem alle fremden Tuche, Zeuge und sonstige Wollwaren sowie Knöpfe, 1721 auch die baumwollenen Kattune und Zitze zum inländischen Gebrauch verboten wurden, und zwar in allen preußischen Landes. Das Verbot verfolgte einen erzieherischen Zweck, es sollten den kräftigsten Antrieb bilden, um die inländischen Manufakturen, die noch nicht in der Lage waren, den ganzen inneren Bedarf zu decken, soweit emporzubringen, es sollte die Kaufleute zwingen, den Verlag inländischer Arbeiter zu übernehmen, um für die verbotenen fremden Waren Ersatz zu schaffen. Zugunsten der einheimischen Manufakturen wurde auch 1731 verboten, daß Mägde und andere Personen geringen Standes seidene Stoffe trugen. In unmittelbarem Zusammenhang damit wurde gleichfalls 1718 und 1719 die Ausfuhr aller Wolle, auch der adligen, zunächst in Brandenburg, dann auch Pommern und den anderen Provinzen östlich der Weser verboten. Der Entschluß zu dieser Maßnahme, die für den Adel und die Domänenpächter schweren Schaden bringen mußte, ist dem König nicht leicht gefallen. Er hat sich redlich bemüht, die Interessen des platten Landes nach Möglichkeit zu wahren, durch Anlage von Wollmärkten für den Absatz zu sorgen und überhaupt den einheimischen Landesprodukten den inneren Markt zu sichern. In dieser letzteren Hinsicht ist besonders bemerkenswert die Anlage des sog. Speichermarktes in Königsberg nach dem Vorschlag des Fürsten Leopold von Anhalt.

In den großen programmatischen Aufzeichnungen von 1722 erscheint das System des Königs abgeschlossen. Während die Minister dafür waren, daß die Wolle, die nicht im Lande verarbeitet werden könne, ausgeführt werden dürfe, entschied der König, daß auch diese nicht hinausgehen dürfe, sondern daß soviel Arbeiter anzusetzen wären, um die überschießende Wolle zu verarbeiten. Es wurde auch planmäßig, auf Grund statistischer Erhebungen, daran gearbeitet, dem Mangel an Gespinst, nach Menge und Güte, abzuhelfen, denn dies war stets eine der dringlichsten Fragen der Textilindustrie. Die Landbevölkerung wurde durch Edikte zum Spinnen angewiesen, es wurden Spinnerfamilien angesiedelt, Spinnmeister angesetzt, Spinnschulen sowie Spinn- und Arbeitshäuser errichtet. Der König wollte zugleich durchsetzen, daß vorher fast wertlose Produkte: grobe Wolle, Ausschuß- und die von den Zünften verpönte Rauf- und Gerberwolle ausschließlich im Lande verarbeitet würden; das gelang allerdings noch nicht ganz, ebenso wenig wie sein Plan, aus grober Wolle Lodenstoffe zu verfertigen und nach den Alpenländern abzusetzen. Überhaupt hat er sich über die Möglichkeit, den von den Fachleuten immer betonten Mangel an Absatz zu überwinden, doch getäuscht, und viele der neu angesetzten Arbeiter gerieten in Not, weil der Debit sich nicht finden wollte. Immerhin erreichte der König eine große Ausdehnung der inländischen Manufakturen, namentlich von Ersatzstoffen für die verbotenen Baumwollzeuge. Allerdings seine Hoffnung, von 1726 an fremde Leinwand ausschalten zu können, erfüllte sich nicht.

Waren unter der vorhergehenden Regierung vor allem die von Franzosen eingeführten Luxusmanufakturen emporgediehen, so galt die Fürsorge Friedrich Wilhelms I. der Verarbeitung *einheimischen* Materials für den Massenverbrauch, den Woll-, Leinen- und Ledermanufakturen. Schon 1714 wurden auch fremde, gewöhnliche Eisenwaren, Nägel, Sensen, Äxte usw. mit hohen Akzisesätzen von 25-100% belegt. Nach der Instruktion für das Generaldirektorium sollten alle fremden Waren in der Akzise so hoch besteuert werden, daß die inländischen Erzeugnisse wohlfeiler gegeben und besser debitiert und besonders *denreés* um die Halbscheid wohlfeiler gekauft werden könnten als jene; die Ausfuhr von inländischen Waren und Getreide sollte dagegen nur mit einer leidlichen Handlungsweise belegt werden. Inländische Fabrikate wurden auf den Frankfurter Messen durch Befreiung von Zoll und Meßakzise begünstigt.

Für die Vermehrung der Woll- und anderen Manufakturen hat der König überdies namhafte Geldmittel geopfert, er gab Reise- und Transportkosten für Zuziehende, Wohnungen und Fabrikbaulichkeiten, Abgabenfreiheit, Prämien für jeden Arbeiter oder Stuhl. Seit 1722 hat er alle inländischen Wollwaren von Akzise und Zoll befreit. Ja, 1723 entschloß er sich zum Entsetzen von Krautt, ansehnliche Mittel zu Betriebsvorschüssen für Verleger und Handwerker zu verwenden, was er vorher, auf frühere schlimmere Erfahrungen hinweisend, stets abgelehnt hatte. Damals ging er auch zu Ausfuhrprämien für Tuche, später auch für Leinen, über und es ist ihm bekanntlich zeitweise geglückt, der brandenburgischen Tuchindustrie ansehnliche Lieferungen für die russische Armee zu verschaffen, bis die Engländer darin den Rang abliefen.

Das Wichtigste war dem König jedoch immer die Herstellung des *inneren Marktes.* Er hat unermüdlich dafür gesorgt, den Produzenten mit dem Konsumenten und Verarbeiter zusammenzubringen, hat dafür Wolle-, Tuch-, Kram- und Viehmärkte in großer Zahl angelegt, die Wochenmärkte neu belebt. Dagegen lagen ihm die Frankfurter Messen weniger am Herzen, da sie vorwiegend dem Fremdenhandel dienten, sie haben jedoch ohne sein Zutun gerade in jener Zeit einen großen Aufschwung genommen. Den kaufmännischen Zwischenhandel, der verteuernd wirkte, schätzte er gar nicht; der Kaufmann war ihm willkommen nur als gewerblicher Unternehmer und Verleger. Ihn dafür zu gewinnen, war das unablässige Bemühen des Königs, und es ist einer seiner großen Verdienste, für die nähere Verbindung von Handel und Gewerbe viel erreicht zu haben. Allerdings mußte der König hierbei hauptsächlich selbst einspringen. Wie er im Lagerhaus die größte Verlagsanstalt schuf, so hat er in den dreißiger Jahren Wollmagazine zum Verlag der armen Weber aus staatlichen Mitteln angelegt.

Auch den *Austausch* der einzelnen Provinzen hat der König zu fördern gesucht, indem er z.B. nachdrücklich dafür sorgte, daß ostpreußische Butter und anderes zur Versorgung der Residenzstädte auf den leer zurückgehenden Salzschiffen befördert wurde. Doch blieb das auf Anläufe beschränkt. Auch ist es nicht geglückt, den Grundsatz durchzuführen, daß preußische Untertanen im ganzen Staatsgebiet als *concives* gelten und dem städtischen Fremdenrecht nicht unterworfen sein sollten. Gar nicht versucht wurde ein weiteres Mittel wirtschaftspolitischer Zentralisation, eine einheitliche *Zollregelung.* Zwar wurden die wichtigeren Zolltarife revidiert und neu herausgegeben, aber das Zollwesen blieb jetzt und bis in den Anfang des 19. Jahrhundert in seiner überkommenen territorialen Gestaltung. Es findet sich nicht einmal der Gedanke, etwa das mittlere zusammenhängende Staatsgebiet oder wenigstens die Provinzen mit gleichartiger Zollverfassung — Pommern mit Neumark, Kurmark mit Magdeburg und Halberstadt — zu verschmelzen. Dagegen ist durch das Kriegskommissariat unter Grumbkow in die Zolltarife etwas handelspolitischer Geist, mit stellenweise unterschiedlicher Behandlung fremder und inländischer Waren, hineingebracht worden.[8]

Es war hauptsächlich der *fiskalische* Gesichtspunkt, keine sicheren Einkünfte für ungewisse Möglichkeiten auf das Spiel setzen zu wollen, der in der Zoll- und der Handelspolitik von durchgreifenden Maßnahmen abhielt. Dazu kam, daß der König in seinem Denken ganz Binnenländer, und zwar Kurmärker war und für den Seehandel wie überhaupt für weiterreichende Kombinationen wenig Neigung und Verständnis hatte. Daher ist die einst so heiß erstrebte, jetzt endlich geglückte Erwerbung der Odermündung mit Stettin von sehr geringer Wirkung gewesen. Man ging nur zögernd an die nunmehr notwendig gewordene anderweitige Regelung des *Oderhandels* heran, und was in dem Jahrzehnt von 1723—1733 darin erreicht wurde — die Gleichbehandlung der bis dahin auf der Oder gar nicht gehandelten Material- und Gewürzwaren mit dem Elbkurs und die teilweise Aufhebung der Stapelrechte von Frankfurt und Stettin für die Kaufleute dieser Städte und Berlin — war allzu wenig, um den sehr spärlichen Oderhandel zu neuem Leben zu bringen. Vor allem die Schlesier machten nach wie vor von dem Handel über Stettin nicht den geringsten Gebrauch, es wurde auch nicht ernstlich versucht, sie von dem Neuen Graben-Kurs nach Hamburg abzubringen. Man hat sie nur im Zoll höher herangezogen, doch blieb ihr Durchfuhrhandel nach und von Hamburg noch immer entschieden begünstigt vor dem örtlichen Handel. Die Erwerbung Vorpommerns hatte nicht einmal zur Folge, daß die uckermärkischen Grenzzölle, die Kampfzölle gegen Pommern waren, aufgehoben wurden.

Eine völlige Wirtschaftseinheit ist demnach selbst für das zusammenhängende mittlere Staatsgebiet nicht erreicht und nicht einmal angestrebt worden; die äußeren Provinzen gar mußten schon wegen ihrer entfernten Lage und ganz anderen Struktur wirtschaftlich Außenglieder bleiben. Daß man zudem für die Bedeutung der wichtigsten Handelsstadt des Staates, *Königsberg*, wenig Verständnis hatte, zeigt der schon erwähnte Versuch, ihn aus agrarpolitischen Gründen sonderbaren Schranken zu unterwerfen. Desgleichen bestand geringes Interesse für die regen Industrien der *westlichen Provinzen*, die Bielefelder Leinen-, die klevischen Wollen-, die Krefelder Seidenindustrie, die märkische Eisen- und Stahlindustrie, wie aus verschiedenen Äußerungen und Maßnahmen des Königs hervorgeht; noch weniger interessierte das damalige Aufblühen des Iserlohner Zwischenhandels. Die klevischen Tuche wurden 1722 mit so hohem

[8] *Acta Borussica . . ., Handelspolitik . . .*, bearbeitet von H. Rachel, Bd. 2, Teil 2, Berlin 1922, S. 272 ff.

Impost belegt, daß er einem Verbot gleichkam, wider die Vorstellung der Minister.

Der nüchternen, streng auf das Notwendige eingestellten Denkweise des Königs erschienen die schwungvollen *Marine-* und *Kolonialpläne* des Großen Kurfürsten ganz unpraktisch; er hat sie bekanntlich liquidiert und nie daran gedacht, dergleichen Bahnen einzuschlagen, obwohl zu jener Zeit nicht nur Rußland unter Peter dem Großen, Schweden und Dänemark, sondern selbst Österreich unter Karl VI. Flottengründung und überseeische Unternehmungen betrieben. Er hat wohl den privaten inländischen *Schiffbau* durch Prämien oder vielmehr Nachlässe begünstigt, aber nie beabsichtigt, selbst Schiffe bauen zu lassen oder für den Schutz des Küsten etwas zu tun. Selbst die Übergriffe fremder Kaper nahm der König ruhig hin und erwiderte auf eine derartige Klage: Soll mir sagen, wie ich den Pillauer Hafen von Kapers schützen soll, da ich keine Schiffe habe. Man hat auch nie nach dem Vorbild der meisten anderen Küstenstaaten die fremden Schiffe durch höhere Schiffsabgaben und besondere Navigationsbestimmungen gegen die inländischen benachteiligt und hat allen dahingehenden Anträgen der einheimischen Schiffer widerstanden, weil man mit Rücksicht auf die scharfe Konkurrenz der benachbarten Ostseehäfen jede Maßnahme vermeiden wollte, die den fremden Verkehr aus den preußischen Häfen verscheuchen konnte.

III

Friedrich II. hat von dem Werke seines Vaters öfters mit hoher Achtung gesprochen und sich zu dessen Grundsätzen bekannt. Das finanz- und wirtschaftspolitische System, das dieser geschaffen und das bis 1722/23 zu fester Form entwickelt war, erschien auch dem Nachfolger so wohl ausgebildet und den praktischen Notwendigkeiten so vortrefflich angepaßt, daß weder der Ehrgeiz, etwas Neues zu schaffen, noch theoretische Erwägungen ihn verleitet haben würden, von seinen Grundzügen abzuweichen. Mit nationalökonomischen Theorien hat ohnehin auch Friedrich sich wenig oder gar nicht abgegeben und ist auch von den während seiner Regierungszeit namentlich in England aufkommenden *Theorien* gänzlich unbeeinflußt geblieben.[9] Er schöpfte, wie sein Vater, seine Meinungen aus der Praxis und ging allein von den besonderen Verhältnissen und Bedürfnissen seines Staates aus. Auch ihm sind Heer und Finanzen die Grundlagen, denen schließlich alle Staatstätigkeit gilt, im beson-

[9] Vgl. W. Roscher, *Geschichte der Nationalökonomik ...*, Kapitel 19: *Die Nationalökonomik Friedrichs des Großen*, S. 380—429.

deren die ganze Wirtschaftspolitik, die Förderung der landwirtschaftlichen und gewerblichen Produktion und eine Landesversorgungspolitik, die darauf ausging, die notwendigsten Lebensmittel und Rohstoffe dem Lande zu sichern und deren Preise stetig und mäßig zu halten.

Daß Friedrich die *Gewerbe-* und *Schutzpolitik* seines Vaters mit mindestens der gleichen Entschiedenheit fortzusetzen gedachte, hat er sogleich zu erkennen gegeben, schon dadurch, daß er eine seiner ersten Regierungshandlungen die Begründung eines besonderen Manufaktur- und Commercien-Departements, des ersten Fachdepartements im Generaldirektorium, sein ließ. Beide Herrscher sind überzeugte Vertreter einer entschiedenen Schutzpolitik, in dem Maße, daß sie in erzieherischer Absicht Verbote oder Hochimposten selbst dann für angezeigt hielten, wenn die dadurch geschützte Ware im Inlande noch nicht in genügender Menge und Güte hergestellt wurde. So hat es Friedrich II. bei den Einfuhrverboten fremder Leder und Bänder, 1777, ausdrücklich bekundet. Weit öfter hat er allerdings in solchen Fällen Anträge um Staatsschutz abgelehnt und sich dahin ausgesprochen, daß durch vorzeitig gewährten Schutz der Eifer gelähmt, das Publikum mit schlechten und teuern Waren versehen und der Schleichhandel großgezogen werde. Die gleichen Widersprüche finden sich in des Königs Verhalten hinsichtlich der *Monopole:* Er hat tatsächlich mehrfach Monopole und ausschließliche Privilegien für 10, 15 oder 20 Jahre verliehen und sich doch an anderer Stelle klar gegen Monopole ausgesprochen, weil durch sie der Eifer, gute Waren zu machen, erstickt werde.[10]

Die *Grundsätze,* von denen sich Friedrich II. in seiner ersten Regierungszeit leiten ließ, hat er in den großen Instruktionen von 1748,[11] der Denkschrift von 1749 [12] und dem Politischen Testament von 1752[13] kundgegeben. Sie enthalten zunächst vieles, was nur der bis dahin geübten Praxis und den allgemein bekannten merkantilistischen Grundsätzen entspricht: daß man entbehrliche fremde Waren, Lebens- und Genußmittel möglichst hoch, höher als bisher, impostieren, dagegen die Einfuhr von Rohmaterialien und die Ausfuhr von inländischen Fabrikaten und Getreide mäßig oder gar nicht belegen solle; daß man die Waren

[10] Vgl. Rudolf Stadelmann, *Preußens Könige in ihrer Tätigkeit für die Landeskultur,* Bd. 2: *Friedrich der Große* (= Publikationen aus den Kgl. Preußischen Staatsarchiven, Bd. 11), Leipzig 1882, S. 154 und Nr. 607, S. 637. Vgl. dazu Reinhold Koser, *König Friedrich der Große,* Bd. 2, Teil 1: *Friedrich der Große im Siebenjährigen Kriege,* 1. u. 2. Aufl., Stuttgart 1900, S. 410 f.

[11] *Acta Borussica . . ., Die Behördenorganisation und die allgemeine Staatsverwaltung Preußens im 18. Jahrhundert,* Bd. 7, bearbeitet von Gustav Schmoller und Otto Hintze, Berlin 1904, S. 552—839.

[12] R. Koser, *König Friedrich . . .,* Bd. 1, Stuttgart 1899, S. 428 f.

[13] *Acta Borussica . . ., Behördenorganisation . . .,* Bd. 9, Berlin 1907, S. 327—407.

aus anderen preußischen Provinzen vor fremden bevorzugen; die Ausfuhr von Wollen und rohen Fellen aufs schärfste verhindern und alle Roh- und Halbwaren im Lande zu verarbeiten trachten solle, wofür das Weben der Garne, das Ölpressen aus Lein-, Rüb- und Rapssamen und das Spinnen des Tabaks als Beispiele angeführt werden, desgleichen der Schiffbau an Stelle der Ausfuhr von Schiffbauholz.

Aber Friedrich ging in mehrfacher Hinsicht weiter als sein Vater. Während Friedrich Wilhelm I. mit seiner Manufakturpolitik zu erreichen suchte, daß alle inländischen Rohstoffe, zumal Wolle, im Inlande verarbeitet wurden, weist Friedrich II. ganze neue Ziele, wenn er sagt, man solle möglichst alles, was aus der Fremde bezogen wird, selbst herstellen, auch solche Dinge, für welche die Rohstoffe aus dem Auslande eingeführt werden mußten; denn durch deren Verarbeitung werde immerhin das *main d'oeuvre,* der *Arbeitslohn,* im Lande gewonnen, was viel ausmache. Als ein weiteres großes Feld der Tätigkeit bezeichnet er die Entwicklung des in diesem Lande noch nicht betriebenen *Handels,* in der Weise, daß man die Dinge, die man unentbehrlich aus der Fremde braucht, wie Gewürze, Droguen, Farb-, Pelzwaren, möglichst aus erster anstatt zweiter Hand — vorwiegend von Hamburg oder Leipzig — beschaffe, und zwar nicht nur für den Eigenbedarf, sondern auch zur Durchfuhr und Versorgung anderer Länder. Dazu bedürfe es allerdings kapitalkräftiger und unternehmender Kaufleute.

Diese beiden Gebiete sind es auch, auf denen er von vornherein eigene, über die Politik des Vorgängers hinausführende Bahnen eingeschlagen hat. Angesichts der Lage der einheimischen Textilmanufakturen, da die Wollen- und erst recht die Leinenmanufaktur lange noch nicht so weit waren, auch nur dem inneren Bedarf zu genügen, und noch eingehender Förderung bedurften, war es ein kühner und sehr bedeutungsvoller Schritt, wenn Friedrich sich sogleich entschloß, die bis dahin noch spärlichen Anfänge der *Seidenindustrie* mit allen Kräften derart zu fördern, daß die sehr ansehnliche fremde Einfuhr entbehrlich gemacht werden konnte, was nach dem zweiten schlesischen Kriege mit großer Energie ins Werk gesetzt wurde. Zahlreiche Fabrikanten, Arbeiter und Spezialisten wurden aus dem Auslande, vornehmlich Frankreich und Sachsen, herbeigezogen; es wurden auch inländische Unternehmer gewonnen, inländische Arbeiter und Hilfskräfte herangebildet. Hierbei mußten alle Mittel der Protektion und Förderung angewendet werden: Geschenke, Vorschüsse, Privilegien, Stuhlprämien, Exportprämien, Lehrlingsgelder, Abgabenfreiheit für Rohmaterialien und inländische Fabrikate, Hochimposten und Einfuhrverbote gegen Fremde. Letztere wurden auch hierbei schon lange, ehe es die Bedarfsdeckung erlaubte, erlassen, schon 1748 für Samt, 1756 für seidene und reiche Zeuge, für halbseidene schon unter Friedrich Wilhelm I. An unerfreulichen Begleiterscheinungen und Rückschlägen hat es nicht gefehlt, aber der unermüdlichen Zähigkeit des Königs gelang es, die neue Industrie so hoch zu bringen, daß sie nicht nur den Landesbedarf bestritt, sondern auch eine ersehnliche Ausfuhr erzielte. Es war eine der hervorragendsten Leistungen merkantilistischer Politik überhaupt. Ob es zweckmäßig war, eine Industrie, die nur mit sehr hohen Staatsunterstützungen entwicklungsfähig gemacht werden konnte, künstlich emporzuzüchten, ist eine vielumstrittene Frage. Vom merkantilistischen Standpunkt aus wird sie darum bejaht, weil dadurch die Handelsbilanz verbessert wurde, indem die Herstellungskosten, die bei diesen hochwertigen Erzeugnissen sehr in das Gewicht fielen, für das Land gewonnen wurden, und selbst ein Teil der Rohstoffeinfuhr durch den sehr energisch geförderten Betrieb des Seidenhaus entbehrlich gemacht wurde, während das, was der Staat für diese Industrie ausgab, im Lande blieb. Der verschiedentlich erhobene Einwand, ob so große Mühen und Kosten nicht vorteilhafter auf andere, dem Lande eigentümliche Wirtschaftszweige, zumal die Landwirtschaft, worin noch vieles zu tun blieb, verwendet worden wären, wird indessen nicht ohne weiteres abzulehnen sein.

Neben der Seidenindustrie ist die *Baumwollindustrie* emporgekommen und überhaupt erst unter Friedrich hier entstanden. Friedrich Wilhelm I. hat sie geflissentlich und mit scharfen Maßnahmen ferngehalten, damit der einheimischen Wollweberei kein gefährlicher Wettbewerb erstehe. Die Rechnung stimmte nicht, denn an Stelle der streng verbotenen Kattune und Zitze wurden nicht so sehr inländische Wollenzeuge als Lausitzer Leinenzeuge genommen. Friedrich II. hielt das Verbot der fremden Kattune aufrecht, gestattete aber die Anlage inländischer Kattunfabriken, deren erste 1742 in Berlin entstand. Bald folgten andere nach, bis 1763 gab es bereits 10 Baumwollfabriken in Berlin, gegen Ende des Jahrhunderts überflügelten sie schon die dortige Wollindustrie in der Zahl der Stühle. Der neue Textilzweig ist im Unterschied von der Seiden- und anderen Industrien fast ohne staatliche Unterstützung emporgekommen — es sind nur einigen Unternehmern Bleichplätze, auch zuweilen Baumaterialien geschenkt worden —; er ist dennoch in Berlin wie in Schlesien zu schöner Blüte gediehen und von Krisen weniger erschüttert worden als die Woll- und Seidenindustrien.

Durch die manufakturpolitischen Maßnahmen wurden die Konsumenten und Händler den empfindlichsten Beschränkungen und Härten ausgesetzt, zumal da die inländischen Fabrikate, die durch Ausschluß fremder aufgenötigt wurden, meistens schlechter und dabei teurer als letztere, auch nicht in ausreichender Menge und oft nur an einem Ort, also sehr beschwerlich, zu erhalten waren, während zugleich altgewohnte und bequeme Bezugsquellen abgeschnitten wurden. Die christlichen und jüdischen Kaufleute widerstrebten daher den immer lästiger werdenden Bindungen und den neu aufkommenden Manufakturen auf jede Weise und mit allen Listen. Dagegen hat schon Friedrich Wilhelm I., noch öfter Friedrich II. ihnen u.a. auferlegt, bestimmte Mengen der von ihnen verschmähten inländischen Waren zwangsweise zu entnehmen, ja sie auch zu festen jährlichen Abnahmen verpflichtet. Es wurde allmählich erreicht, daß die klügeren und kapitalkräftigeren Kaufleute es vorzogen, die aufsteigende industrielle Konjunktur mitzumachen und selbst Unternehmer zu werden, so Splitgerber und Gotzkowsky in Berlin; aber auch die dortige Judenschaft hat sich an der aufblühenden Seiden- und Baumwollindustrie lebhaft beteiligt, nachdem sie durch Friedrich Wilhelm I. vom Wollhandel und den Wollmanufakturen wegen unausrottbarer Hinterziehungen der Wolledikte ausgeschlossen worden war.

Dem weiteren Wirtschaftsprogramm Friedrichs entsprach es, daß er auch in den *wirtschaftspolitischen Maßnahmen* noch über die des Vaters hinausging. Er hat von Anfang an erklärt, daß er in Schutz und Abwehr nicht nachlassen, sondern noch weitergehen werde, und er ist nicht nur sogleich zu höheren Impostierungen geschritten, sondern hat auch das Einfuhrverbot in ganz anderem Umfang angewendet. Wenn nicht schon von vornherein seine Absicht dahin ging, so ist es doch bald in der Praxis dahin gekommen, daß der Ausschluß möglichst aller fremden Fabrikate durch Einfuhrverbote als Ziel angestrebt wurde und daß die Hochimpostierung nur als Übergangsmaßregel galt. Dazu bewog namentlich der Umstand, daß auch die höchsten Impostierungen durch falsche Wertdeklarationen, Bestechungen und andere Mittel der Kaufleute immer unwirksam gemacht wurden, so daß nur das radikale Verbot einigermaßen Gewähr gab. Ferner hat Friedrich, um den Landesfabriken die Rohstoffe wohlfeil zu erhalten, an den Ausfuhrverboten festgehalten und sie noch vermehrt und ist anderseits dazu übergegangen, die Materialien für die inländische Verarbeitung von Akzise und Zoll zu befreien (1750—1752). Inländische Fabrikate wurden seit 1742 von Akzise befreit, wollene und seidene auch vom Zoll; die Zollfreiheit wurde 1763 auf alle ausgehenden inländischen Fabrikwaren ausgedehnt. Wo fremde Rohstoffe benötigt wurden, für Seidenwaren und feine Tuche, teilweise auch für Baumwollwaren, bewilligte er überdies Ausfuhrprämien, um konkurrenzfähige Preise zu ermöglichen. Auch in den übrigen Förderungsmaßnahmen und der Verwendung staatlicher Geldmittel für solche Zwecke ging Friedrich, zumal in seiner späteren Regierungszeit, großzügiger vor als sein Vater.

Friedrich hat als Grundlage für eine vollkommen planmäßige Wirtschaftspolitik eine regelmäßge *Statistik* der Ein- und Ausfuhr, des Konsums und der Durchfuhr geschaffen. Sein Vorgänger hat zwar auch schon praktisch durchaus das Ziel verfolgt, mehr Geld in das Land zu ziehen, als hinausgehen zu lassen, aber die statistischen Grundlagen dafür fehlten noch: Es finden sich nur Statistiken über den Stand der Gewerbe und deren Produktion, seit 1733 auch regelmäßige Berichte von den Seestädten über den Gang des Handels, aber diese waren noch ohne zahlenmäßge Nachweise. Nun aber, seit 1747 wurden genaue Auszüge aus den Ausfuhrregistern über den Gang der Warenbewegung monatlich und jährlich eingereicht, später auch Verzeichnisse derjenigen Waren, die im Inlande nicht genügsam hergestellt wurden und deren Einfuhr noch entbehrlich zu machen wäre, angelegt und danach dauernd die Fortschritte kontrolliert.

Friedrich ist, wie oben erwähnt, auch darin über seinen Vater hinaus weiter gegangen, daß er eine *aktive Handelspolitik* befürwortete und einschlug. In dieser Hinsicht wirkte der Erwerb *Schlesiens* außerordentlich fördernd; er war überhaupt handelspolitisch von großer Bedeutung nach mehreren Richtungen hin. Denn einmal besaß Schlesien, zumal in seinen Leinenwaren und Tuchen, Landesmanufakturen, die hohe Ausfuhrgewinne bei nur ganz geringen Einfuhrnotwendigkeiten brachten; die neue Provinz war damit das stärkste Überschußgebiet des Staates, im Gegensatz zur Kurmark, die dauernd eine passive Handelsbilanz hatte. Da ferner die Oder nun vollständig preußisch geworden war, so erhielt die von Friedrich Wilhelm I. nach dem Erwerb Stettins eingeleitete *Oderhandelspolitik* wesentlich stärkeren Antrieb: Jetzt erst wurden die Stapelrechte für den inländischen Verkehr beseitigt und die Zölle denen des Elbkurses „parificiert". Das Werk war allein der anregenden, vorwärtsdrängenden und entscheidenden Tätigkeit des Königs zu danken, während die beteiligten Städte und Kaufmannschaften von Stettin, Frankfurt, Breslau und Berlin, wie auch die dabei zuständigen Behörden ganz verschiedenen Sinnes, saumselig und unlustig waren.

Der König hat nun auch in großzügiger Weise die *Wasserstraßen* des mittleren Staatsgebiets ausgebaut: Er hat Berlin durch den Finowkanal mit Stettin, durch den Plaue-Pareykanal mit Magdeburg verbunden, er hat die Durchfahrt durch die Swine und den Swinemünder Hafen angelegt, desgleichen den neuen Oderkanal zwischen Güstebiese und Hohensaathen, womit nicht nur eine kürzere Wasserstraße hergestellt, sondern auch durch Entwässerung des Oderlaufs ein fruchtbarer Landstrich geschaffen wurde.

Da Schlesien im Unterschied von den brandenburgischen Kernlanden eine wirklich wertvolle Ausfuhr besaß, so war es nun eher möglich, den *Immediathandel* mit fremden, zumal überseeischen Ländern in Gang zu bringen. Es war ein Lieblingsgedanke des Königs, daß Sozietäten zu diesem Zweck gegründet werden sollten, weil es an reichen Kaufleuten im Lande noch fehlte. Aber die wiederholt vorgeschlagene Sozietät der vier am Oderhandel beteiligten größeren Städte kam nie zustande, der Immediathandel über Stettin blieb bescheiden, und erst in der späteren Fridericianischen Zeit gingen preußische

Untertanen mehr dazu über, ohne Vermittlung der Hamburger überseeische Geschäfte zu treiben.

Ferner ergab sich nun im Verhältnis zu *Sachsen* eine grundlegende Änderung: Jetzt erst konnte Preußen mit den industriell überlegenen Nachbarn in Wettbewerb treten, ja gewann eine vorteilhafte Stellung dadurch, daß Sachsen in hohem Maße von Schlesien abhängig war, denn es brauchte von dort viel Wolle und Garn und sein Handel mit dem Osten, zumal Polen, war nun ganz auf die Durchfuhr durch preußisches Gebiet angewiesen. Während Friedrich Wilhelm I. sich noch widerwillig zu einem Handelsvertrag (1728) hatte entschließen müssen, der die eigene Manufakturschutzpolitik doch stark lähmte, brauchte Friedrich II. weit weniger Rücksichten zu beobachten. So konnte er zunächst gegen den Durchfuhrhandel Sachsen—Hamburg entschieden auftreten, sowohl zu Land durch Transito-Imposten, wie auf der Elbe durch Benachteiligung der Dresdener und Hamburger Schiffer und Erneuerung des Magdeburger Stapelrechts. Der König konnte es nun auch allmählich wagen, die sächsischen Manufakturwaren auszuschließen, weil Schlesien Ersatz bot und weil zudem die brandenburgischen Manufakturen inzwischen erheblich weitergefördert waren.

Der offene Wirtschaftskrieg brach 1755 aus, doch sah sich Sachsen bald zum Einlenken genötigt, und es wurden Verhandlungen über eine veränderte Erneuerung des Handelsvertrags von 1728 aufgenommen. Sie führten aber trotz monatelanger Dauer zu keiner Einigung. Nach dem Kriege schritt Preußen alsbald wieder zu versteckten Kampfmaßnahmen — von Schlesien aus; es kam im Frühjahr 1765 wieder zum offenen Handelskrieg, und es wurden wieder Verhandlungen aufgenommen, aber diesmal lehnte Friedrich jede Vertragsbindung ab und ließ nur ein unbedeutendes Abkommen über die beiderseitigen Messen abschließen. Er glaubte jetzt, daß seine Länder sich bei der Aussperrung der sächsischen Waren besser ständen als beim friedlichen Austausch.

Die größere Energie Preußens nach außen bekam auch *Hamburg* zu spüren, gegen dessen allmächtige Vermittlungsstellung schon der Große Kurfürst gekämpft hatte. Friedrich hat die Hamburger Schiffahrt von den preußischen Strömen verdrängt und den Berlinern und Magdeburgern dort das Monopol gegeben, er hat den Hamburger Zucker ausgeschlossen durch Monopolisierung der in Berlin angelegten Splitgerberschen Siedereien, er hat unablässig darauf gedrängt, daß die eigenen Kaufleute sich von Hamburgischer Vermittlung frei machten und unmittelbar über See handelten, und er hat zu diesem Zweck den Holz- und Getreidehandel entsprechend organisiert.

War beim Bruch mit Sachsen Friedrich II. der treibende Teil, so ist der etwas vorher (1753—1755) ausbrechende Handelskrieg mit den *habsburgischen Ländern,* mit denen man erst durch Schlesien wirtschaftliche Berührung gewonnen hatte, von dorther aufgezwungen worden, und Friedrich hat ihn nur notgedrungen, „par repressaille", geführt, da Schlesien dabei sich im Nachteil befand.

Auch sonst sind die *auswärtigen Handelsbeziehungen* durch den Anfall Schlesiens erheblich erweitert worden: mit England, Spanien, Portugal, Italien ergaben sich jetzt erst Verbindungen, mit Frankreich, Polen und den Ostländern verstärkten sich solche. Friedrich hat sich sehr bemüht, hauptsächlich zugunsten des schlesischen Leinwandhandels, mit Frankreich, Spanien und Portugal Handelsverträge abzuschließen, er erreichte aber mit Mühe nur einen solchen mit dem damals verbündeten Frankreich (14. Februar 1753), und auch dabei wurde in der wichtigsten Sache nichts erreicht. Denn Preußen war als Verhandlungsgegner schwach, es hatte so gut wie nichts zu bieten, um so weniger, als die fremden Nationen in seinen Seezöllen von jeher mit keinen höheren Auflagen beschwert worden waren als die eigenen Untertanen. So war es schon viel, daß Frankreich den preußischen Untertanen zugestand, daß sie vom bisherigen Tonnengeld befreit und den Hanseaten gleichgestellt sein sollten; es war aber auch das einzige, was erzielt wurde. Der König hat später (1768 bis 1772) den Plan einer Kompagnie und eines Hauses in Cadix, um den Leinwandhandel nach Spanien (für Amerika) unmittelbar zu führen, eifrig betrieben und durch die Seehandlung auch zustande gebracht. Der bekannte Vertrag mit den Vereinigten Staaten von Nordamerika, 1785, ist handelspolitisch ohne Bedeutung; der König hat nicht erreicht, was er ursprünglich wollte, die Amerikaner zu unmittelbarer Lieferung von Tabak, Baumwolle usw. zu veranlassen. Denn es fehlte auch hier an einem Gegenwert, den Preußen bieten konnte.

Im Unterschied vom Erwerb Schlesiens hatte der von *Ostfriesland* keine nennenswerten wirtschaftspolitischen Folgen. Die entlegene Provinz blieb immer außerhalb des preußischen Systems, behielt auch im Akzise- und Zollwesen eine Sonderstellung. Emden wurde bereitwillig zum Freihafen erklärt, weil der dortige Lizent der Stadt nicht dem König gehörte, dessen Einahmen also keine Gefahr liefen. Die dort gegründeten Kompagnien für überseeischen Handel gewannen keine besondere Bedeutung, der König war weit entfernt, dabei sich selbst zu beteiligen.

Überhaupt hat er sich auch durch diesen Ausgang zum Weltmeer nicht von seiner *rein kontinentalen* Politik abbringen lassen. Denn in der Ablehnung der allzu weitausschauenden, die Möglichkeiten dieses Staates überschätzenden Pläne des ersten Staatsgründers, des Großen Kurfürsten — Kriegsmarine, überseeische Kolonien, staatliche Beteiligung an Handels-Unternehmungen — stimmte Friedrich durchaus mit dem Vater überein; private Übersee-Unternehmungen hat er natürlich bereitwillig gefördert, und die preußische Handelsflagge ist unter seiner Regierung überhaupt erst auf dem Meere zur Geltung gelangt. Aber der Mangel einer Kriegsflotte wurde oft sehr empfindlich fühlbar: Die preußischen Untertanen waren bei allen Seekriegen der Willkür der Kriegführenden und ihrer Kaper schutzlos preisgegeben, und der sonst so machtstolze König mußte nur zu oft erklären, daß er ihnen mangels einer Flotte nicht helfen könne.

Friedrich ging allerdings darin über den eng fiskalischen Standpunkt seines Vaters hinaus und ist dem Urgroßvater gefolgt, daß er Geld übrig hatte für größere Verkehrsanlagen, *Kanal- und Hafenbauten.* Das günstige Stromsystem des Staates hat er in mustergültiger Weise durch seine zahlreichen Kanalbauten vervollkommnet und auch im Osten (Johannisburger, Bromberger Kanal, Netzeregulierung) und im Westen (Ruhrkanalisierung) in dieser Hinsicht viel getan. Nur für die *Straßen* hat er nicht gesorgt und ließ sie in schlechtem Zustande. Es sprach hierbei des Königs gleichgültige Haltung gegen den Durchfuhrhandel mit. Die Kanalbauten kamen nämlich fast ausschließlich dem Landeshandel zugute, beim Ausbau einiger großer Straßen aber hätte nach Ansicht des Königs der fremde Durchfuhrhandel hauptsächlich gewonnen, und das Land hätte sogar verloren, da die fremden Fuhrleute dann kürzere Zeit darin verweilt, die Gastwirte, Stellmacher usw. weniger verdient hätten. Ein Ausbau der dem inneren Verkehr dienenden Wege kam wegen der Kosten überhaupt nicht in Frage. So wurde erst nach Friedrichs Tode der Bau von festen Straßen vorgenommen.

Dagegen war der König außerordentlich tätig auf dem Gebiete der *Getreideversorgungs-* und Magazinpolitik. Sein Vater hat dieses Werkzeug geschaffen, aber erst Friedrich hat es so meisterhaft gehandhabt, daß er damit die Getreidepreise beherrschte, ihre sehr starken Schwankungen abmilderte und selbst in Zeiten schärfster Teuerung sein Land vor schlimmster Not bewahren konnte. So stieg 1771 und 1772 der Scheffel in Sachsen und Böhmen auf 5 Rtl., in Preußen auf weniger als die Hälfte, daher wenigstens 20 000 Bauern aus jenen Ländern nach Preußen ausgewandert seien. Das war ein Ergebnis, auf das der König besonders stolz war.

IV

Nach dem Siebenjährigen Kriege schlug Friedrich mannigfach ganz neue Bahnen ein, deren Kennzeichen vor allem eine scharfe Steigerung des *Protektionismus* und des *Fiskalismus* ist. Bis dahin sind die *Tarife* aus der Zeit des Vaters unverändert im Gebrauch geblieben, galten sie doch, zumal der kurmärkische Akzisetarif von 1739, als Musterleistungen. Aber die Finanznot nach dem großen Kriege nötigte zu einer Erhöhung der Konsumtionsabgaben. Vordem war nur einmal, Juni 1748, und nur in den Mittelprovinzen eine Tariferhöhung, auf Delikatessen, vorgenommen worden. Nun wurden im Frühjahr 1763 und im

Herbst 1765 starke Erhöhungen vor allem auf fremde Verzehrs- und Genußmittel, Delikatessen und Seefische von Hamburg (nicht von Stettin!) eingeführt.

Die bedeutendste Veränderung aber geschah durch das *Deklarationspatent* vom 14. April 1766,[14] die erste Tarifmaßnahme, die für alle Provinzen, einschließlich Schlesien, galt. Diese brachte nicht nur eine Erhöhung, sondern auch eine Umgestaltung aus sozialen Gründen, und zwar wurde diese als Zweck vorangestellt, und die Erhöhungen wurden nur als Ersatz für den Ausfall bezeichnet, obwohl es sich umgekehrt verhielt. Die *sozialen Maßnahmen* sind dennoch sehr bemerkenswert. Erhöht wurden die Auflagen auf Wein, Bier, Branntwein und Schlachtfleisch, dabei aber gewöhnlicher Franzwein und Schweinefleisch ausgenommen. Die Getreide-Akzise wurde zum Besten der Armut ganz aufgehoben und nur durch ein mäßiges Umschüttegeld ersetzt; die Weizensteuer wurde jedoch schon 1769 wieder eingeführt, da sie die Armut nicht betraf, ihr Ertrag wurde für die Manufakturförderung bestimmt. Die Erhöhung der Bierakzise mußte der Brauer allein tragen, da eine Überwälzung durch Preiserhöhung nicht gestattet wurde. Der Brauer konnte sich daher nur durch Verschlechterung des Getränkes helfen, die Brauerei ging seitdem zurück, die Biere von Gardelegen, Bernau, Krossen usw. verloren Ruf und Absatz, und das vorher blühende märkische Brauwesen wurde dadurch sowie durch die Plackereien seitens der Regie außerordentlich geschädigt.

Für die ärmeren Klassen wurde ferner dadurch gesorgt, daß außer dem Vollbier ein billiges Nachbier, „Kovent“ genannt, gezogen werden durfte und daß dieses ganz abgabenfrei war. Die Akzise auf fremde Branntweine, die 1763 allzu scharf angezogen worden war, wurde wieder ermäßigt (das Quart 8, 1763 14, 1766 10 gr.); die Kaffee-Akzise dagegen überall auf den hohen kurmärkischen Satz gebracht, wozu bald noch der sog. Banko-Impost trat. Es folgten die Aufschlags-Imposten auf alle Weine, Liköre und Kaffee vom 1. April 1772 und endlich eine nochmalige Erhöhung auf Rheinwein, November 1785; dieses dem König besonders verhaßte Getränk war jetzt mit 11 Tal. 20 gr. auf den Eimer bis 40 Tal. Wert belastet, während 1740 nur 2 Tal. darauf lagen. Hier, wie besonders beim Kaffee, ging der König darauf aus, die Einfuhr und den Verbrauch durch übermäßige Auflagen tot zu machen, was allerdings nicht gelang.

Rechnet man die zahlreichen protektionistischen Hochimpostierungen hinzu, so hat die *Akzise* seit 1763 erhebliche Veränderungen erfahren. Vor allem sind die Aufwandsteuern stark angezogen, die das niedere Volk treffenden Auflagen teilweise ermäßigt, nirgends erhöht worden; im ganzen ist eine stär-

[14] *Novum Corpus Constitutionum Prussico-Brandenburgensium praecipue Marchicarum...*, Teil 4, Berlin 1771, Sp. 293 ff. (Titel gekürzt).

kere soziale Abstufung eingetreten. Die Biersteuer ist an Bedeutung gestiegen, anderseits ist, wie früher das Salz, so 1765 der Tabak der Versteuerung entzogen und zum Regal gemacht worden. Desgleichen gingen durch die rasch zunehmenden Verbote immer mehr Gegenstände fremder Herkunft für Zoll und Akzise verloren. Diese, aber auch die hochimpostierten Sachen wurden in erheblichen Mengen eingeschmuggelt und eine umfangreiche, nicht auszurottende *Konterbande* war die notwendige Begleiterscheinung der überscharf angespannten Verbots- und Impost-Praxis.

Auch die Zölle wurden nach dem Kriege angezogen, indem sie in gutem Geld, gegen Polen in Dukaten erhoben, und indem althergebrachte Vergünstigungen, wie die Remissionen in den Rheinzöllen, die Barattofreiheit in Schlesien, beseitigt wurden.

Was die große organisatorische Änderung von 1766 anbelangt, so wurden damals bekanntlich die Verwaltung der indirekten Steuern und Zölle wie auch das Postregal von der Generaldirektorial- und Kammerverwaltung abgetrennt und französischen *Regisseuren* mit weitgehender Selbständigkeit unter Zubilligung von ungewöhnlich hohen Gehältern und sogar von Anteilen an den Überschüssen übertragen. Es könnte scheinen, als sei damit ungefähr das Gegenteil von dem geschehen, was Friedrich Wilhelm I. getan, als er die Kammer- und die Kommissariatsverwaltung vereinigte; die unfruchtbaren Ressortstreitigkeiten, die durch dieses Werk beseitigt worden waren, setzten nun auch wieder ein. Die Lage war allerdings insofern eine andere, als Friedrich die Akzise- und Zollverwaltung nicht deshalb dem Generaldirektorium entzog, um sie einer anderen Oberbehörde zu unterstellen, sondern sie unter seine höchstpersönliche Leitung nahm, und als er zunächst wenigstens auch eine Verbindung mit dem Generaldirektorium dadurch beibehielt, daß einer von dessen Ministern an die Spitze der Regie gestellt wurde.

Eine Verwaltungsänderung war an sich berechtigt und notwendig, denn die Akzise- und Zollgeschäfte wurden von den Kammern und Steuerräten unzulänglich besorgt, da sie nur einen Teil ihrer vielseitigen Funktionen ausmachten, und da es an Beamten mit besonderen Fachkenntnissen und an sachkundiger und regelmäßiger Kontrolle fehlte. Aber die notwendige Reform hätte sich auch dadurch erreichen lassen, daß beim Direktorium wie bei den einzelnen Kammern besondere Zoll- und Akzise-Departements geschaffen und daß für Ausbildung und Anstellung von speziellen Kontroll- und Rechnungsbeamten gesorgt wurde. Friedrich hatte seine Gründe, wenn er sich entschloß, statt dessen einige 100 französische Beamte kommen zu lassen und einzustellen: Sie waren schon in einem fortgeschrittenen Einnahme- und Rechnungswesen geschult, in Kniffen und Listen erfahren, und es war nicht zu besorgen, daß sie so leicht wie einheimische Beamte mit den Abgabepflichtigen sich verständigen würden. Der springende Punkt war der, daß er nur auf solche Weise, nicht mit den Kammern das für erforderlich gehaltene Mehr von 2 Mill. Tal. jährlich glaubte erzielen zu können. In der Tat hat de Launay in seinem Rechenschaftsbericht als den Mehrertrag der Regie in den 21 Jahren 1766—1786 die Summe von 42 718 000 Tal. angegeben, was gerade 2 Mill. auf das Jahr machen würde. Aber die Tariferhöhungen von 1766, die neuen Zettel- und Plombagegelder, die Wein- und Kaffee-Imposten seit 1772 und die Zoll- und Akzise-Erträge von Westpreußen brachten allein schon ein Mehr von insgesamt 40,4 Mill., so daß als reines Verdienst der Regie nur 2,3 Mill. oder 100 000 Tal. jährlich blieben. Dabei ist der Zuwachs, der sich aus der Vermehrung von Bevölkerung und Wohlstand ergeben mußte, noch unberücksichtigt geblieben. Nach allem hat die äußerst gehässige, kostspielige, demoralisierende, dem Handel und Wandel unbedingt höchst schädliche Einrichtung der französischen Regie den erwarteten großen Nutzen für die Staatsfinanzen nicht gebracht. Der König ist in seinen späteren Jahren wohl selbst zur Erkenntnis seines Fehlgriffs gekommen, er hat sich über die Franzosen vielfach sehr bitter und verächtlich geäußert und sogar den Kammern (April 1780, April 1784) aufgetragen, über die Betrügereien und Plackereien der Regiebedienten zu wachen und zu berichten. Die folgende Regierung hat es eine ihrer ersten Maßnahmen sein lassen, die französische Regie zu beseitigen.

Die *Manufakturschutzpolitik* wurde nach dem Kriege nicht nur fortgesetzt, sondern noch entschiedener betrieben. Der Berliner Akzisedirektor Magusch führte in einem bemerkenswerten Gutachten vom 13. Oktober 1765 aus, daß Verbote und sehr hohe Impostierungen den Absichten des Königs zuwider seien, da sie häufige Defraudationen veranlaßten, den Wetteifer der Hersteller unterdrückten und die Preissteigerung nicht nur der damit betroffenen Waren, sondern *per circulum* auch der übrigen verursachten. Er schlug eine Impostierung von 12% oder 16%, für Fabrikate, deren Rohstoffe außer Landes gewonnen würden, von 18% oder 24% als hinlänglichen Schutz vor.[15] Die Meinung des Königs dagegen ist aufs klarste in einer von Launay berichteten ausführlichen Auseinandersetzung[16] zu erkennen, die der König (nach 1772) an Launay rich-

[15] *Acta Borussica . . ., Handelspolitik . . .*, bearbeitet von H. Rachel, Bd. 3, Berlin 1928, Teil 1, S. 78. Selbst der Fabrikant Gotzkowsky und der Fabrikdirektor Chanony haben eine mäßige Impostierung von 10—12% für wirksamer als Verbote erachtet. Vgl. *Acta Borussica... Die Preußische Seidenindustrie im 18. Jahrhundert und ihre Begründung durch Friedrich den Großen*, bearbeitet von Gustav Schmoller und Otto Hintze, Bd. 1, Berlin 1892, S. 538 ff.

[16] Karl Heinrich Siegfried Rödenbeck, *Beiträge zur Bereicherung und Erläuterung der Lebensbeschreibungen Friedrich Wilhelms I. und Friedrichs des Großen, Könige von Preußen*, Bd. 2, Berlin 1838, S. 28—32; teilweise auch bei R. Koser, *König Friedrich der Große*, Bd. 2, Teil 1, S. 395.

tete, als dieser im Interesse der Akzise-Erträge lebhaft für Verminderung der Protektion und für freieren Handel eintrat. Der König belehrte ihn, daß es dafür noch zu früh sei, daß nur durch Prohibition die Herstellung des Bedarfs im Inlande ermöglicht werde, und daß ausschließende Privilegien und Geldvorschüsse für die Etablissements in ihren Anfängen nötig seien. Auch sei er durch den beklagenswerten Mangel an Unternehmungsgeist bei den Kaufleuten gezwungen, alles selbst veranlassen zu müssen. Nach den hier bekundeten Grundsätzen des unbedingten und weitestgehenden Protektionismus hat Friedrich ohne jedes Schwanken gehandelt.

Die *Einfuhrverbote* erfuhren gerade in der zweiten Hälfte seiner Regierung eine außerordentliche Steigerung. Unter Friedrich Wilhelm I. waren nur die gedruckten, gemalten und gestreiften Zeuge und Leinenwaren, ferner Knöpfe, Messing- und Kupferwaren, gewöhnliches Glas, Salz, Alaun, Weizenmehl verboten, die Hochimpostierungen überwogen weitaus.[17] Unter Friedrich II. wurden nach und nach fast alle fremden Fabrik-, und Handwerkerwaren, auch Halbfabrikate wie gargemachte Leder (1777), Eisen (1779) verboten, meist nach vorheriger Hochimpostierung, und es wurde namentlich in der späteren Zeit eine verwirrende Menge von Kleinigkeiten mit Verboten belegt. Hochimpostiert blieben nur: Goldschmiede-, Rot- und Gelbgießer-Arbeit (35%), Stickereien (70%), Manchester, Camelot u. dgl. (Elle 4 Tal.), einige wenige im Land noch nicht hinlänglich verfertigte Seiden-, Band- und Lederwaren, Täschnerwaren, lackierte Waren (25%), feine Stahlwaren und Instrumente (16%), Perrücken; Böttcherwaren, selbst kursächsische, Tischler- und Seilerwaren blieben sogar gegen gewöhnliche Akzise erlaubt. Sonst aber war bis 1786 der Ausschluß fremder Erzeugnisse so gut wie vollständig.

Den schon bestehenden *Ausfuhrverboten* von Wolle, Häuten und Fellen, Gold, Silber, Kupfer und Messing fügte Friedrich II. solche von Speck, Horn, Knochen, Asche, Flachs, Leinen- und Wollen-Garn, Leinsamen, Federposen, Borsten, Lumpen und Materialien zum Papier- und Leimmachen, altem Eisen, Pferdehaaren, Krapp, Borke, Talg, Töpferton, Porzellanerde, sowie von Fabrik-Gerätschaften hinzu. Außerdem wurde 1765 die Ausfuhr von Getreide ohne vom König unterschriebenen Paß, 1771 die von Kartoffeln verboten.

In der positiven *Förderung der Manufakturen* wurde gleichfalls seit 1763 noch entschiedener und großzügiger vorgegangen. Es sind Jahr für Jahr bedeutende Summen ausgegeben worden für Geldgeschenke und Vorschüsse, für Fabrikgebäude, Walkmühlen, Färbereien, Appreturanstalten, Bleichplätze, Arbeiter-Wohnhäuser, Webstühle und Werkzeuge, für Rohstoffmagazine, für

[17] Vgl. *Acta Borussica* ..., *Handelspolitik* ..., bearbeitet von H. Rachel, Bd. 2, Teil 2, S. 277 ff.

Stuhlgelder, Bonifikationen und Prämien. Sehr viele Weber- und Spinnerfamilien — von diesen allein in der Kurmark über 1000 — sind in das Land gezogen und eine stattliche Reihe von Weber- und Spinnerkolonien und -Dörfern angelegt worden,[18] es wurden ferner u.a. in allen Städten mit Wollfabriken Spinnschulen gegründet. Für alle diese Maßnahmen hat der König eine besondere Haupt-Manufakturkasse begründet, eine Manufakturkommission eingerichtet und das ganze Bonifikationswesen zu einem regelrechten Verwaltungszweig unter eigener Leitung gemacht.

Besonders bemerkenswert sind die ganz persönlichen Bemühungen des Königs, die Manufakturen auch in der Qualität der Waren auf einen den ausländischen Vorbildern ebenbürtigen Stand zu bringen. Er hat sich nicht damit begnügt, die üblichen Reglements für die großen Manufakturen zu erlassen — so 1766 für die Seiden-, 1772 für die Tuch- und Zeugmanufakturen —, sondern er ist in den verschiedensten Gewerbezweigen sehr ins einzelne gegangen, hat immer wieder angefeuert, höchst sachkundige und eingehende Ratschläge erteilt und für diesen Zweck stets gern tätigen Beistand geleistet und Mittel hergegeben. Nach dem Siebenjährigen Kriege hat er auch, einem Beispiel Sachsens folgend, Preise für bestimmte Erfindungen und wirtschaftliche Verbesserungen in großer Zahl aussetzen lassen.[19] Desgleichen wurden gute Leistungen im Spinnen prämiiert. Zuweilen wurden glücklichen Erfindern sogar Pensionen auf Lebenszeit verliehen. Man hat sich auch bemüht, gewisse Fertigkeiten und im Auslande nur örtlich verbreitete Fabrikationsgeheimnisse in das Land zu ziehen, indem man Leute, die deren kundig waren, durch Versprechungen und Geld heimlich anlockte. Friedrich hat in seinen späteren Jahren auch Personen auf eigene Kosten nach England und Frankreich geschickt, um dort bestimmte Fortschritte und Fabrikationsgeheimnisse und Maschinen zu studieren und die Kenntnisse davon mitzubringen. In den 4 Jahren 1782—1785 sind wenig unter 1/2 Million Taler zur Unterstützung von Fabriken und Gewerben hergegeben worden.[20] Es ist wesentlich dieser unaufhörlich antreibenden und fördernden Tätigkeit des Königs zu danken, daß zumal in seiner späteren Regierungszeit die Manufakturen nicht nur an Umfang, sondern auch in ihren technischen Leistungen Fortschritte gemacht haben.

Über den Umfang dieser Art der Manufakturförderung mögen einige Einzelheiten unterrichten. Der Gesamtbetrag der von Friedrich II. während seiner Regierungszeit allein in der Kurmark auf Fabriken und Manufakturen verwand-

[18] Näheres siehe K. Hinze, *Die Arbeiterfrage . . .*, S. 153 f.

[19] Ein Verzeichnis für 1772—74 gibt K.H.S. Rödenbeck, *Beiträge . . .*, Bd. 2, S. 73 ff. Vgl. auch R. Stadelmann, *Preußens Könige . . .*, Bd. 2, S. 137, S. 152.

[20] K.H.S. Rödenbeck, *Beiträge . . .*, Bd. 2, S. 80 ff.

ten Summen wird von König[21] auf 2 774 898, von Rödenbeck[22] auf 2 444 715 und mit der 1763 gekauften Porzellanmanufaktur auf 2 669 715 Tal. angegeben. Die höhere Königsche Zahl scheint eher zuzutreffen, da Rödenbeck, der auch die einzelnen Posten aufführt, dabei mehrere kostspielige Anlagen (Eberswalder Messer-, Brandenburger Barchentfabrik) nicht erwähnt. Nach ihm sind allein für die Seidenindustrie 1,6 Mill. aufgewendet worden, davon 1,14 für Stuhldouceur- und Prämiengelder. Die noch angeführten 242 000 Taler Pensions- und Mietsgelder für französische und andere Fabrikanten werden gleichfalls größtenteils Seidenfabrikanten zugeflossen sein.

Der König hat auch mehrere Fabrikanlagen, für die private Unternehmer das Wagnis nicht auf sich nahmen, auf eigene Kosten gegründet: die erwähnten Fabriken von Barchent in Brandenburg und von Messer, Scheren u.a. Eisen- und Stahlwaren in Eberswalde, beide in den fünfziger Jahren mit Thüringer Neusiedlern besetzt; ferner die Manchesterfabrik bei Schloß Monbijou, für die, ohne das geschenkte Fabrikgebäude (35 000 Tal.) 130 000 Tal. bar gegeben wurden, die Uhrenfabrik zu Berlin und Friedrichsthal (1781 ff., 141 235 Tal.), die Papierfabrik in Spechtshausen (1781 ff., 56 000), die Ansiedlung der Geraer Zeugweber in Luckenwalde (1782, 80 000), die Berliner Lackierfabrik (56 000), die Türkisch Garnfärberei in Caputh (1765, 30 000). Der König hat dabei viele üble Erfahrungen gemacht und bedeutende Summen verloren, nach König 1 718 921 Tal.; allein an der Manchesterfabrik sollen 90 000, an der Uhrenfabrik 97 000 Taler eingebüßt worden sein. Durch das alles hat der König sich nicht entmutigen lassen, er mochte sich wohl dabei getrösten, daß, wenn auch viele Unternehmer das ihnen gewährte Entgegenkommen durch Leichtfertigkeit, Untüchtigkeit oder in böser Absicht mißbraucht hatten, immerhin Arbeiter und Fertigkeiten als eingestreuter Samen erhalten blieben.

Zu jenen Unternehmungen gehörten auch die *Magazine.* Friedrich hat die von seinem Vater errichteten Wollmagazine bedeutend vermehrt und in Berlin noch ein Baumwollmagazin und ein Seidenmagazin (1749, 1767) angelegt, das letztere mit 80 000 Tal. fundiert. Auch dabei wurde den Absichten des königlichen Gründers zuwidergehandelt, indem die großen Fabrikanten die Vorteile der Magazine, den billigen Kredit, sich allein zuzuwenden verstanden, während ursprünglich gerade die kleinen unvermögenden Manufakturiers dadurch unterstützt werden sollten.

Welche großen *Erfolge* die so nachdrücklich betriebene landesherrliche Manu-

[21] (Anton Balthasar König,) *Versuch einer Historischen Schilderung der Hauptveränderungen, der Religion, Sitten, Gewohnheiten, Künste, Wissenschaften etc., der Residenzstadt Berlin seit den ältesten Zeiten bis zum Jahre 1786,* Teil 5, Bd. 2, S. 273, Anm.

[22] K.H.S. Rödenbeck, *Beiträge . . .,* Bd. 2, S. 84.

fakturpolitik hatte und wie sie das wirtschaftliche Gefüge des Staates veränderte, ist schon vielfach gewürdigt worden. Friedrich II. hat es mit seinen rastlosen, durch nichts zu beirrenden Anstrengungen so weit gebracht, daß mit den im Lande hergestellten Manufaktur- und Handwerkswaren nahezu der ganze innere Bedarf befriedigt und außerdem eine ansehnliche Ausfuhr unterhalten werden konnte, womit die notwendige Rohstoff-Einfuhr ausgeglichen werden konnte. Der preußische Merkantilismus hat damit Gewaltiges erreicht: Er hat einem fast ganz agrarischen Staate die Autarkie auf gewerblichem Gebiete verschafft und ihn sogar zum gewerblichen Überschußgebiet gemacht. Friedrich II. hat die Handelsbilanz, die er nach seiner Angabe mit $^1/_2$ Mill. Tal. passiv übernommen hatte, zu einer aktiven mit 3 — er selbst schätzte 4—$4^1/_2$ — Mill. Überschuß gemacht. Das war allerdings nicht allein der unmittelbar auf Besserung der Bilanz hinarbeitenden Manufakturpolitik zu danken, sondern noch mehr dem Erwerb Schlesiens mit seinem auch vordem hohen Ausfuhrüberschuß. Noch segenvoller und nachhaltiger ist der innere Gewinn, den die unermüdliche erzieherische Tätigkeit der beiden großen Könige auf diesem Gebiete erzielte: ein träges, dem Gewohnten anhangendes Volk energisch aufgerüttelt, aus selbstzufriedenen, kleinen Ackerbürgern und Krämern rührige und wagemutige Unternehmer geschaffen zu haben.

Wie stand sich nun die *Landwirtschaft,* die noch immer die breite Grundlage der ganzen Volkswirtschaft bildete, unter diesem System? An sich wollte der preußische Merkantilismus keineswegs einseitige Industriepolitik sein — wie es dem Merkantilismus im allgemeinen vorgeworfen wird —, sondern das wirtschaftliche Gedeihen im Zusammenhang fördern, und die beiden großen Preußenkönige haben bekanntlich außerordentlich viel auch für die Landwirtschaft getan. Diese wurde, seit 1721, gleichfalls durch Schutzzölle und Einfuhrverbote begünstigt, und die von jenen Königen geschaffene Kriegsmagazinverwaltung sollte auch dem Absatz des Landmanns zugute kommen. Aber wo die Interessen der Landwirtschaft mit denen der Manufakturpolitik in Zwiespalt gerieten, da mußte jene allemal den Kürzeren ziehen. Sie mußte sich gefallen lassen, daß die Getreidepreise nicht im Sinne des Agrarschutzes, sondern in dem entgegengesetzten einer möglichst wohlfeilen Versorgung der Manufakturstädte durch Ein- oder Ausfuhrsperren, Füllen oder Öffnen der Staatsmagazine geregelt wurden. Mit der Wolle stand es noch schlimmer: Da die Ausfuhr der einheimischen strengstens verboten, die Einfuhr der fremden aber immer gestattet war, so waren die Wollerzeuger nicht nur nicht geschützt, sondern doppelt benachteiligt. Friedrich II. hat, um den Ring zu schließen, den Landwirten außerdem bei hoher Geldstrafe verboten, Schäfereien eingehen zu lassen, auch dann, wenn ihr Fortbestand bei Mangel an Absatz und unangemessen geringen Wollpreisen mit Schaden verknüpft war.[23] Ähnlichen Beschränkungen wurden der Flachsbau, die Garnspinnerei und der Garnhandel, dann auch der Tabakbau unterworfen. Immer sollten die Lebensmittel- und Rohstoffpreise niedrig gehalten werden, damit die Manufakturen wettbewerbsfähig blieben. Hingegen bekam die Bevölkerung des platten Landes beim Einkauf von Handwerks- und Fabrikwaren die Wirkungen des Manufakturschutzes zu spüren, da die Waren infolge der Hochimposten, der Einfuhrverbote und der Monopole sich stets verteuerten, sehr häufig auch verschlechterten und oft nicht in genügender Menge und Auswahl oder auch gar nicht zu erhalten waren. Auch die Taxregelung war teilweise zuungunsten der Landleute. Dazu kam die Unterdrückung des für die Landbevölkerung wichtigen Hausierhandels zugunsten der städtischen Gewerbe, die Einschränkung des Landhandwerks sowie des Aufkaufs auf dem Lande. Durch das alles wurde der Landmann mehr auf die städtischen Märkte genötigt, sah sich hier aber einer sehr umständlichen, zeitraubenden und verwirrenden Behandlung und oft schlimmen Plackereien durch die Akzise ausgesetzt und zudem in ungünstiger Lage gegen die städtischen Käufer.

In noch stärkerem Maße als die Landwirtschaft wurde der kaufmännische Handel durch die energische Beschützung und Förderung der nationalen Arbeit betroffen, vor allem dadurch, daß durch Monopolisierung wichtige Waren — Salz, Zucker, Tabak, Kaffee — dem Verkehr entzogen wurden, daß die Einfuhr- und Debitverbote immer wieder zu Umstellungen nötigten, die Kontrollen immer lästiger, die Vorschriften massenhafter und alle Geschäfte äußerst erschwert und verwickelt wurden.

Die gesteigerte wirtschaftspolitische Regsamkeit nach dem Siebenjährigen Kriege wird weiterhin augenfällig durch die zahlreichen sonstigen Gründungen, die der König veranlaßte. Der Leitgedanke war derselbe wie der die Wirtschaftspolitik beherrschende: kein Geld aus dem Lande gehen zu lassen für Dinge, die auch im Inland besorgt werden konnten. So ist die Königliche Bank gegründet worden, damit man in Geld- und Wechselgeschäften nicht länger von den Hamburgern abhängig wäre und an sie Provisionen zahlen müsse, die *See-Assekuranzgesellschaft*, weil bis dahin auch alle Versicherungen im Ausland abgeschlossen werden mußten. Das Bankprojekt war nicht neu, es war schon vor dem Kriege eifrig betrieben worden, damals aber am einhelligen Widerstand der Kaufleute gescheitert; auch jetzt wurde es anfangs fast allseitig, selbst von den Ministern bekämpft. Der König mußte selbst 8 Mill. Tal. als Fonds geben und die Garantie aller Einlagen übernehmen. Die Gründung erwies sich erst als nützlich, als sie nach mehreren Anläufen vom Minister v. Hagen in eine brauchbare Form, ohne die anfangs beabsichtigten Zwangsbestimmungen, gebracht worden war.

[23] R. Stadelmann, *Preußens Könige . . .*, Bd. 2, S. 150.

Es wurde ferner eine *Levantekompagnie* errichtet, um sich auch im Bezug der wertvollen Levantewaren von ausländischer Vermittlung freizumachen; der Versuch ist zwar nach einigen Jahren gescheitert, aber es ist doch erreicht worden, daß preußische Kaufleute den unmittelbaren Handel mit überseeischen Gebieten mehr und mehr aufnahmen, ohne Vermittlung der Hamburger oder Holländer. Der König hat andauernd in diesem Sinne hingewirkt und namentlich den schlesischen Leinwandhandel nach Spanien und Portugal gefördert. Denselben Absichten entsprang es, daß er für einen der wichtigsten Ausfuhrartikel, das Holz, die ausländische Handelsvermittlung auszuschalten suchte durch Gründung einer inländischen Kompagnie für den Handel mit Kaufmanns- oder Nutzholz aus den Königlichen Forsten. Etwas anderes war es, daß die Brennholzversorgung der Residenzstädte gleichfalls einer Gesellschaft von Händlern als Monopol übertragen wurde; das hatte nur den Zweck, diese Versorgung zu bestimmten Preisen sicherzustellen und die Abnahme aus den Königlichen Forsten vertragsmäßig zu sichern. Mit beiden Holzkompagnien wurde auch ein fiskalischer Zweck verfolgt: die Erträge aus den staatlichen Forsten zu steigern. Einen gleichen Zweck hatte die Gründung einer Tabakpachtgesellschaft, die das Monopol der Verfertigung und des Handels von *Tabak* erhielt gegen eine feste, hohe Pachtsumme. Dies bedeutete, der damit verfolgten Hauptabsicht nach, daß Zoll und Akzise vom Tabak in ein festes, von der Monopolgesellschaft zu entrichtendes Kontingent von bedeutend höherem Betrag verwandelt wurde. Es lag nur in der natürlichen Richtung der Entwicklung, daß diese drei wesentlich staatsfiskalischen Gründungen bald ganz vom Staate übernommen, aus Gesellschaften in staatliche „Administrationen" verwandelt wurden. Auch die Verfertigung des *Porzellans* ist, nachdem vorherige private Porzellanfabriken sich nicht hatten halten können, gleich nach dem Kriege ein Königliches Monopol geworden.

Nach der ersten polnischen Teilung glaubte der König die Salzversorgung Polens, da das dortige Königliche Monopol wegfiel, an sich ziehen zu können, und errichtete zu diesem Zweck, wieder unter eigener Garantie und größtenteils mit staatlichen Geldern, die *Seehandlungs-Sozietät* zu Berlin und die Salzhandlungs-Kompagnie zu Königsberg. Jene Hoffnung erfüllte sich nur zum kleinsten Teil und die neue Gesellschaft brachte unter schlechter Verwaltung dem König beträchtliche Verluste, bis sie unter Schulenburg und Struensee zu einem gutgehenden Handelsunternehmen umgewandelt wurde, das im Sinne des Königs dazu beitrug, unmittelbaren Überseehandel hochzubringen.

Schließlich hat der König auch (1782) den *Kaffee*handel verstaatlicht, um die maßlose Schmuggelei dieses Artikels zu bekämpfen. Damit waren die drei wichtigsten Kolonialwaren, ihre Einfuhr, Weiterverarbeitung und der Handel monopolisiert: der Zucker privates, Tabak und Kaffee staatliches Monopol.

Regale wurden außer den älteren Salz und Alaun (1738): Schießpulver (1748), Mühlsteine (16. Januar 1770) und der Großhandel mit Salpeter (17. Juni 1786).

So hat sich der Staat in dieser Zeit in eine Menge neuer Unternehmungen verstrickt, während die alten Regalbetriebe — Salz, Eisen, Kupfer, Messing, Glas — größtenteils verpachtet, die Manufakturgründungen aus der Zeit vor dem Kriege (Lagerhaus, Gold- und Silber-, Messer- und Scheren-, Barchent-Manufaktur) an Kaufleute oder Juden vergeben waren. Die neuen Unternehmungen waren zum Teil gewagter Natur. Die Staatsgarantien für die Bank und die Seehandlung, die Übernahme der Porzellanfabrik, wie auch des vormals Schweiggerschen Handelskontors in Petersburg, waren Operationen, die der vorsichtigen Staatsgelderverwaltung Friedrich Wilhelms I. keineswegs entsprochen hätten und bei denen Friedrich II. viel Geld eingebüßt hat. Er war schon so sehr Geschäftsmann, daß er in den siebziger Jahren auch einen spekulativen Handel mit Magazingetreide unternahm, bei der er übrigens gut gewonnen hat.

Handelspolitisch sehr bedeutsam waren auch die Maßnahmen gegen den Durchfuhrhandel, insbesondere die *Transito-Imposten*, und deren Ausgestaltung zu einem Werkzeug der Schutzzollpolitik neben der Akzise. In den älteren Provinzen, ausgenommen Ostpreußen, herrschte das System der Passierzölle, der distriktweisen Verzollung, wobei die Höhe des Zolls sich nach der Länge des Weges richtete, den die Ware nahm. Das war eine veraltete, von dem längst abgekommenen Geleitswesen herrührende Zollverfassung. In den habsburgischen Ländern, Polen, auch Sachsen, bestand eine modernere Form, ein einmaliger Ein-, Aus- oder Durchfuhrzoll für ein größeres Gebiet, wobei eher eine handelspolitische Differenzierung möglich war. So war auch das Zollwesen in Schlesien eingerichtet, das in seiner Form aus kaiserlicher Zeit unverändert beibehalten wurde. In den alten Provinzen ist ein je einmal erhobener Durchfuhrzoll als Retorsion gegen Sachsen eingeführt worden, anfangs, schon 1740, nur im Magdeburgischen, als bloße Nachahmung der sächsischen Durchgangsakzise, dann allmählich mehrfach geändert und origineller ausgestaltet. Immer aber wurde bei diesen, nach Pferde- oder Zentnerlasten, zu Wasser auch nach Wertsätzen (1 $^1/_2$%) erhobenen Transito-Imposten, nicht zwischen den Waren unterschieden, sondern nur nach deren Inhaber, ob Inländer oder Fremder, und nach dem Bestimmungsort, ob Sachsen oder „das Reich".

Durchaus davon zu unterscheiden sind andere, seit Mai 1755 und erneut seit Februar 1763 eingeführte Durchgangsabgaben, für die leider keine sie unterscheidende Bezeichnung gefunden wurde. Es sind 30prozentige, also verbotsähnliche Transito-Imposten, auf polnische Rohprodukte und Färbewaren, auch Getreide und Vieh; sie hatten den Zweck, der sächsischen Industrie ihren Bezug zu verteuern und sie im Konkurrenzkampf zu benachteiligen. Es wurden ferner seit August und September 1765 auch sächsische Manufakturwaren mit

30, andere mit 10% Transitozoll belegt, was allerdings schon im März 1766 auf 8, März 1771 7%, ermäßigt werden mußte. Nur Porzellan blieb auf 30% und wurde gar seit 1768, ebenso wie Steingut, selbst zur Durchfuhr und zum Messeverkauf verboten. Seit 1767 wurde sächsisches und böhmisches Holz mit 10, dann 33%, 1770 50% impostiert. Die Durchfuhr von sächsischem Nutz- und Brennholz wurde nur mit Königlichem Paß gestattet. Seit 1768 wurden auch Steine, Eisen und Getreide mit Transitosätzen belegt. Die Getreidedurchfuhr wurde seit 1770 Monopolgesellschaften übertragen.

Ein weiterer bedeutungsvoller Schritt geschah durch das Deklarationspatent vom 14. Mai 1771, indem der Transitozoll in Höhe von 8% auf alle fremden Textilwaren ohne die bisherigen Unterschiede der Herkunft übertragen wurde; deren Durchfuhr wurde überdies, um die verbotene Einschwärzung zu verhindern, starken Belästigungen unterworfen, inländischen Manufakturwaren dagegen wurden Ausfuhrprämien zugebilligt. Dieses System wurde gekrönt durch den Handelsvertrag mit Polen und den *Zolltarif von 1775*, der an ungleicher Behandlung wohl das äußerste darstellt, was je zwischen zwei Staaten vereinbart wurde, von Gewalt-Friedensschlüssen abgesehen. Denn für die Ausfuhr aus Polen in die preußischen Länder und für die Einfuhr aus diesen nach Polen, desgleichen für die Durchfuhr preußischer Fabrikwaren durch Polen waren 2% festgesetzt, dagegen für alle Durchfuhr polnischer Waren durch das Preußische und fremder Waren nach Polen 12%, für Durchfuhr von Roh- und Halbmaterialien und Färbewaren durch Preußen gar 30%, dagegen für deren Einfuhr und die von Holz nach Preußen noch weniger als 2%. Dazu kamen weitere ganz einseitige Begünstigungsbestimmungen für preußische Textilwaren, Salz und Tabak. Auch die Durchfuhr nach Österreich wurde 1778 denselben Sätzen unterworfen.

Durch diese Transitobestimmungen dachte Friedrich den eigenen Erzeugnissen und Fabrikaten einen solchen Vorsprung vor fremden zu geben, daß sie trotz höherer Preise konkurrieren könnten. Die Preiserhöhungen kamen bei Holz, Salz, Tabak unmittelbar dem Fiskus zugute, in anderen Fällen indirekt durch den Anteil der Akzise, auch brachten die Transitabgaben eine ansehnliche Vermehrung der Zollverträge. Eine so weitgehende Selbstbegünstigung war möglich, weil Preußen die großen Ströme, Elbe, Oder, Weichsel und Njemen-Pregel beherrschte, und die Handelsplätze, die für Polens Außenhandel in Betracht kamen, entweder selbst innehatte (Königsberg, Stettin, Frankfurt, Breslau) oder nach Danzig und Leipzig den Zugang beherrschte. Dazu kam, daß Preußen durch seine energische Wirtschaftspolitik und deren straffe Durchführung sowie infolge der hochgetriebenen Industrialisierung und der schlesischen Ausfuhrgewerbe wirtschaftlich weitgehend unabhängig war. Diese starke Stellung hat der König mit der größten Rücksichtslosigkeit ausgenutzt, zumal gegen Sachsen und als Herr der unteren Weichsel gegen Polen und Danzig. Sein großartiger Plan war, Preußen eine maßgebende Handelsstellung zwischen West- und Osteuropa zu verschaffen, das rein agrarische, politisch schwache Polen zu einem abhängigen Marktgebiet zu machen, über dessen Getreide- und Holzausfuhr, soweit sie auf der Weichsel ging, er verfügte und dem er preußische Industrieerzeugnisse aufnötigte. Danzig sollte durch schonungslose Drangsalierung dazu gebracht werden, daß es sich freiwillig ergäbe, inzwischen wurde Elbing mit aller Kraft gefördert. Das alles gelang jedoch nicht annähernd nach Wunsch.

Der König unterschätzte im besonderen die Möglichkeiten, die der Durchfuhrhandel hatte, um den unerträglich gewordenen Auflagen und Revisionen zu entgehen. Für den Hamburg-Leipziger Verkehr wurde der sehr beschwerliche Umweg über den Harz gewählt, für den polnisch-Leipziger der Schlesien vermeidende über Bielitz, ein großer Teil des polnisch-litauischen Handels wandte sich nach Riga und Libau oder nach den österreichischen Staaten und Triest. Die Frankfurter Messen, auf denen der König einseitig die preußischen Manufakturen begünstigen, die fremden benachteiligen ließ und die daher ihren eigentlichen Messecharakter (die „Messefreiheit") einbüßten, blieben stehen, während die Leipziger zunahmen. Desgleichen hat der Handel von Königsberg und Breslau, der gleichfalls wesentlich „Intermediärhandel" war, schwer gelitten, allerdings nicht nur durch die preußische Handelspolitik, sondern auch dadurch, daß 1772 große Teile ihrer polnischen Interessengebiete an Rußland und Österreich fielen und durch deren Protektionismus abgesperrt wurden. Der König hat die Kaufleute auf ihre beständigen dringenden Klagen immer darauf hingewiesen, daß sie sich umstellen und neue Möglichkeiten wahrnehmen müßten, daß die Königsberger sich am polnischen Weichselhandel in Elbing, die Breslauer am überseeischen Leinenexport beteiligen, und daß beide sich mehr für die aufblühende inländische Industrie interessieren sollten. Das hatte auch teilweise Erfolg. Wirklicher Rückgang ist nur in einigen Handelszweigen eingetreten; wichtige Teile, wie der schlesische Leinenhandel, wurden von merkantilistischen Eingriffen, Sperren und Handelskriegen wenig betroffen, und die starke Hebung der Gewerbetätigkeit glich vieles aus.

Am meisten wirkte dem Protektionsismus ein *Schmuggel* entgegen, der anscheinend im gleichen Verhältnis wie jener zunahm, obwohl der König unermüdlich neue Maßnahmen ergriff, um ihn zu bekämpfen. Dies war natürlich ein schweres Übel für Volkswirtschaft und Volksgesittung, und auch der solide Kaufmannshandel litt durch solchen offenbar sehr beträchtlichen Konterbandehandel.

Eine Politik, die so energisch die Begünstigung der inländischen Wirtschaft und den Abschluß nach außen betrieb, mußte naturgemäß im Sinne wirtschaftlicher Zusammenfassung wirken, auch ohne daß man, wie Schmoller in seinem Grundriß[24] haben will, die Herstellung der wirtschaftlichen Einheit als besonderen und sogar an erster Stelle verfolgten Hauptzweck dieser Politik ansehen möchte. Bis zum Siebenjährigen Kriege war es jedenfalls so weit, daß die zusammenhängenden Mittelprovinzen Kur- und Neumark, Magdeburg, Halberstadt und Pommern, trotz ihrer 5 Kammerverwaltungen und besonderen Zoll- und Akziseverfassungen, wirtschaftspolitisch nahezu eine Einheit bildeten, daß die Maßnahmen für dieses ganze Gebiet einheitlich ergingen und die gleiche Mauer von Abwehr- und Impostbestimmungen das Ganze umgab.

Für *Schlesien* wurde zwar schon in den vierziger Jahren ein gegenseitig freier Verkehr mit den übrigen Provinzen hinsichtlich der Akzisezahlung hergestellt, aber die Beziehungen der neuen Provinz mit den übrigen sind nicht wesentlich stärker geworden, als sie vorher waren; dazu kam, daß Schlesien nicht dem Generaldirektorium unterstand, seine besondere Gesetzgebung hatte und die österreichische Zollverfasung beibehielt, wonach die österreichisch-böhmischen Erblande und die Polen und Russen begünstigt waren, brandenburgische Untertanen dagegen nicht besser als andere Fremde behandelt wurden. Auch wurde u.a. die Ausfuhr von Wolle von Brandenburg nach Schlesien und die Einfuhr von schlesischem Glas in Brandenburg verboten. Die Bevorzugung der Ausländer in Schlesien wurde jedoch durch den Zollkrieg mit Österreich seit 1754 und die Aufhebung der sog. Barattofreiheiten für den Osthandel durch Schlabrendorff, 1764, beseitigt, und seit Ende der siebziger Jahre wurde Schlesien auch den gleichen Prohibitionsmaßnahmen wie die anderen Provinzen unterworfen. Da die Beziehungen von Schlesien wie von Ostpreußen mit den Mittelprovinzen sich trotz aller Ermunterungen nicht beleben wollten, so hat Friedrich II. wiederholt Zwang angewendet und ihnen auferlegt, jährlich bestimmte Mengen Berliner Waren zu entnehmen.

Die *Provinzen westlich der Weser* konnten wegen ihrer entfernten und zerstreuten Lage und geringen Größe in das Merkantilsystem nicht einbezogen werden und wurden daher wirtschaftspolitisch als Ausland behandelt. Klevische Tuche, Krefelder Seidenwaren, Bielefelder Leinen und Märkische Eisen- und Stahlwaren wurden durch hohe Imposten oder — seit 16. Januar 1768 allgemein — durch Verbote ausgeschlossen, und die reichen wirtschaftlichen Kräfte und fortgeschrittenen Methoden jener Westprovinzen blieben so für das Ganze ungenutzt. Man hat in Berlin mit großen Kosten Industrien gegründet und deren schlechtere Waren begünstigt, während man die dort im eigenen

[24] Gustav Schmoller, *Grundriß der allgemeinen Volkswirtschaftslehre*, Bd. 2: *Verkehr, Handel und Geldwesen*, 2. Aufl., München-Leipzig 1923, S. 595.

Lande erzeugten besseren künstlich fernhielt. Dies war entschieden eine der sonderbarsten Folgeerscheinungen jenes Systems.

Die *Akzisen* der einzelnen Provinzen waren nach einheitlichen Grundsätzen eingerichtet, in den Sätzen aber noch unterschieden; durch das Patent vom 17. April 1766 wurden zwar die wichtigsten Verbrauchssteuern in allen Provinzen gleichgemacht, im übrigen blieben aber die Tarife auch bei der Revision von 1769 getrennt, nur die von Kur- und Neumark wurden vereinigt. Es wurde auch, als 1766 eine einheitliche Akzise- und Zollverwaltung, die General-Administration, eingerichtet und in den Tabaks- und Akzise-Brigaden eine allgemeine Grenzbewachung geschaffen wurde, nicht der weitere Schritt vollzogen, zu einer das Ganze umfassenden *Grenzverzollung* überzugehen, der besonders nahelag, als 1771 die allgemeine Transitoverzollung und 1775 der polnische Handelsvertrag durchgeführt und in Ostpreußen, das bis dahin keine Landzölle hatte, die Grenzverzollung eingerichtet wurde. In demselben Jahr sind die österreichisch-böhmischen Länder zu einem einheitlichen Zollgebiet verschmolzen worden, während hier neben den fortgeschrittenen Zollsystemen von Schlesien und Preußen die umständlichen und veralteten Distriktsverzollungen der mittleren Provinzen bestehen blieben, obwohl die Erträge so gering waren, daß sie die Belästigung kaum lohnten.

Offenbar hat der König diesem Punkt der Vereinheitlichung sehr geringen Wert beigemessen. Eine gründliche Zollreform hätte gewaltige Schwierigkeiten und Kosten verursacht, denn die zahlreichen nichtstaatlichen Zollgerechtsame hätten dann aufgekauft werden müssen; es findet sich nirgends, daß der König jemals etwas Derartiges geplant hätte. Er war in dieser Hinsicht so wenig empfindlich, daß ihn selbst die Zollgerechtigkeiten fremder Staaten auf preußischem Boden nicht störten. Sonst wäre es nicht allzu schwer gewesen, die Zollgerechtigkeit, die Kursachsen in Beeskow-Storkow zustand, zu beseitigen. Aber darum hat man sich in den Friedensschlüssen von 1745 und 1763 nicht bemüht und auch die so wünschenswerte Ablösung des einzigen fremden Oderzolls, zu Fürstenberg, wurde dabei so lässig behandelt, daß nichts daraus wurde. So blieb beides bis zum Anfall der Lausitz an Preußen, 1815.

V

Das brandenburgisch-preußische Merkantilsystem, wie es hier umrissen worden ist, kann mit Fug als eigenstes Werk der drei kraftvollen Herrscher, die es geschaffen und weitergebildet haben, bezeichnet werden. Der Große Kurfürst ist zwar von Vorbildern und Ratgebern wesentlich beeinflußt worden; aber die zähe Tatkraft, mit der der Kurfürst in jeder Richtung Bahn brach und Wege wies, macht seine Leistung sehr bedeutend. Die beiden großen Könige des 18. Jahrhunderts können außerdem beanspruchen, als schöpferische Persönlichkeiten ersten Ranges auf diesem Felde bewertet zu werden. Sie folgen, zum mindesten in den entscheidenden Maßnahmen, ausschließlich den Eingebungen des eigenen Geistes und der Richtung ihres Willens, und sie setzten ihre Pläne nicht nur oft genug im Widerspruch mit den Wünschen der Untertanen und Interessenten durch, sondern konnten selbst bei den obersten Ratgebern, ihren Ministern, kaum noch Verständnis und Gefolgschaft finden. So sind die manufakturpolitischen Pläne Friedrich Wilhelms I., besonders 1722/23, von den Ministern als übertrieben radikal, ja als landschädlich angesehen worden, und Friedrich II. vollends eilte mit seinen rastlos fortschreitenden Plänen und Maßnahmen so weit voraus, daß er fortwährend mit dem Zögern und der Abneigung der obersten Ausführungsstellen zu kämpfen hatte. Die Berichte und Gutachten der Minister und Räte lassen immer wieder erkennen, daß diese den schroffen Protektionismus des Königs für schädlich halten; von allen hat Schlabrendorff allein die Ideen Friedrichs sich innerlich angeeignet und mit wirklichem Eifer vertreten und ist auch wohl selbständig in ihrem Sinne vorgegangen. Allerdings mag bei ihm Strebertum und Gunsthascherei erheblich mitgesprochen haben. Sonst aber teilten auch die fähigsten unter den Ministern, Hagen, Domhardt, Hoym, Schulenburg, von Heinitz ganz zu schweigen, bei allem Eifer für den Dienst des Königs bei weitem nicht die Schroffheit seiner Grundsätze und Entschlüsse. Allerdings zu einer umfassenden freimütigen Kritik kam es nur einmal, in dem bekannten großen Bericht des Generaldirektoriums vom 1. Oktober 1766; die fulminante Härte, mit der der König diese Auflehnung wider seine Regierungsgrundsätze niederschlug, ließ eine Wiederholung nicht aufkommen. Als später Heinitz, sehr viel vorsichtiger, Reformneigungen durchblicken ließ, hat ihn der König alsbald seine Ungnade fühlen lassen.

Daß Friedrich trotz aller Widerstände und ohne innerliche Anteilnahme zu finden, seinen Weg ohne jedes Wanken weiterging, ja mit der Zeit sein System noch wesentlich verschärfte, beweist eine erstaunliche Festigkeit und Selbstgewißheit. So hat unter ihm der preußische Merkantilismus seine schroffste Ausbildung erhalten in derselben Zeit, da sein geistiger Unterbau die entscheidenen Angriffe erfuhr, durch die französischen Physiokraten wie durch das große Werk von Adam Smith. Den König selbst haben diese Literaten-Meinungen nicht im geringsten bekümmert, aber sie haben die unter der Decke schlummernden Widerstände gegen die überscharfe staatliche Bevormundungs- und Sperrpolitik verstärkt. Das umfassende Werk Mirabeaus von der preußischen Monarchie läßt erkennen, wie tief die Gegensätze geworden sind.

So schien es, als wenn nach dem Tode des großen Königs ein grundsätzlicher Wandel eintreten werde, was den wohlwollenden Gesinnungen und dem schwächeren Format der Nachfolger wie dem unter den Gebildeten und im Beamtentum weit verbreiteten, in der französischen Revolution bald auch offen zum Siege gelangenden liberalen Strömungen entsprochen hätte. Das Wirtschaftssystem des Königs hatte in der Tat unmittelbar nach dessen Tode den Ansturm der nunmehr entfesselten Kritik und des Reformeifers der Epigonen zu bestehen. Das Ergebnis umfassender Untersuchungen und Reformanläufe war trotzdem nicht sehr bedeutend und blieb hinter vielfältigen Erwartungen zurück. Das Wesentlichste, die gewerbliche Schutzpolitik oder das *Fabrikensystem,* wie man sie meist benannte, blieb bestehen und wurde fortgeführt, da man es nicht wagen zu können glaubte, die Schutzmauern für die junge preußische Industrie niederzulegen, während sie für die weit entwickelteren der westeuropäischen Länder noch im vollen Umfang bestanden. Es wurden nur Bonifikationen und Prämien nach Bedarf allmählich abgebaut und die in der letzten Zeit des alten Königs erlassenen, mehr hinderlichen als förderlichen Einfuhrverbote fremder Verkehrsgegenstände — Bier, Obst, Graupen, Grütze, Gries, Hirse, Getreide —, überhaupt von sächsischen und böhmischen Viktualien, aber auch von sächsischen Holzwaren, von Juchten und Dubliner Pfundleder aufgehoben, nachher auch die Einfuhrverbote einiger im Lande noch nicht genügend verfertigter gewerblicher Waren in Hochimposten, meist 4 Gr. vom Tlr., verwandelt, so von Kanevas, hanfenen Strümpfen, gewebten Spitzen, Packpapier (3 Gr.), Elfenbein- und Schildkröt-Dosen (6 Gr.), Brillen (1 Gr.), lackierter Blecharbeit (6. Gr.), Schreibtafeln, Goldwagen u.a. Kleinigkeiten. Ferner wurde die Ausfuhr von Garn in Schlesien, sowie von Gold und Silber freigegeben. Das wichtigste, das Wollausfuhrverbot, blieb bestehen. Im übrigen wurden aber wie vorher neue Einfuhrverbote erlassen, sobald ein inländisches Fabrikat den Landesbedarf decken zu können schien.

Wie die Schutzpolitik, so dauerten auch die Handelskriege mit Österreich und Sachsen fort. Desgleichen blieb das *Transitozollwesen* erhalten, doch wurde eine gründliche Reform vorgeschrieben, da der Durchfuhrhandel durch die bisherige verwickelte und beschwerliche Verfahrungsart, zeitraubende Weitläufigkeit und Formalitäten, unnötige Warendurchsuchungen, unanständige Begegnung, oft kostbare Prozesse und unbillige Strafen beeinträchtigt und verscheucht worden sei und da die Gefälle ohne Rücksicht auf die verschiedene Lage der Provinzen und die Zolleinrichtung des Nachbarn festgesetzt seien. Es wurden alle Durchfuhrverbote aufgehoben und angeordnet, daß bloß in den Grenzzöllen bei Ein- und Ausgang revidiert und niemand ohne gegründeten Verdacht durch unnütze Visitationen aufgehalten und belästigt werden solle. Ferner sollten alle von Leipzig nach Polen und Rußland durchgehenden Waren nicht mehr untersucht und nicht nach Wert, sondern nach Gewicht, mit 3 Tal. vom Ztr., verzollt werden, was allerdings so hoch war, daß es den verlorenen Durchfuhrhandel nicht herbeiziehen konnte; Leinen aus Sachsen und Böhmen wurde von 8% auf 1/2 Tlr. vom Zentner gesetzt. Den vielen Klagen der Königsberger und Breslauer Kaufleute nachgebend, wurde einige Erleichterung für ihren Intermediärhandel zugestanden.

Es wurden weiterhin alle Akzisen und Zölle von Seide, Baumwolle, wollen Garn, Häuten und Fellen aufgehoben und dafür eine Nachschutzakzise von 4 Pfg. je Tal. auf die entsprechenden Fabrikate beim Versand innerhalb des Landes eingeführt, sowie die Weizensteuer erhöht. Ferner wurden in Schlesien die Abgaben für fremde Viehhändler, für polnische Wolle und für Seidenwaren ermäßigt.

Die lästigen *Monopole* wurden beseitigt, nämlich die Tabaksadministration, das Kaffeebrenn-Monopol und das Zuckersiederei-Monopol, und die Erteilung neuer Monopole ausdrücklich verboten. Für jene wurde eine Tabak-, Kaffee-, Zucker- und Syrupsteuer in allen Provinzen eingeführt. Da dies nicht ausreichte, den Ausfall zu decken, wurde die 1766 beseitigte Mahlakzise, 2 Gr. vom Scheffel, wieder eingeführt, ein Zuschlag (Übertragungs-Akzise) von 1 Gr. vom Tal. auf jede 1/2 Tal. und mehr betragende Akzisezahlung, ausgenommen das schon hoch genug belastete Bier, eingeführt und die Stempel- und Spielkartensteuer erhöht. Desgleichen wurden die Akzisesätze auf Weine, Viktualien, Delikatessen, Gewürze und viele Materialwaren erhöht, weil sie nicht mehr den gestiegenen Preisen entsprächen.

Der Frankfurter Messetarif von 1772 und der Warschauer Tarif für Ostpreußen und Schlesien von 1775 wurden gemildert, da deren unbillig hohe Wertsätze von jeher heftig beklagt worden waren. Die Frankfurter Messen nahmen darauf einen großen Aufschwung und die Meßakzise brachte viel höheren Ertrag als unter dem hohen Tarif.

Die verhaßte französische *Regie* wurde sogleich beseitigt; die Akzise- und Zollverwaltung blieb zwar von der Kammerverwaltung getrennt, wurde aber zweckmäßigerweise mit dem Manufaktur- und Handelswesen in einem Departement vereinigt. Auch die oktroyierte Elbe-Getreidehandels-Kompagnie sowie die Hauptnutzholz-Administration, wurden aufgehoben und der Handel mit Getreide und Holz wurde freigegeben.

Das waren vielerlei Änderungen und doch war es im ganzen nicht viel. Man hat einige der unpopulärsten Erscheinungen beseitigt, das Wesen aber bestehen lassen. Es war überdies von sehr zweifelhaftem Wert, daß 1787 für die Befreiung von Dingen des Aufwandes (Kaffee und Tabak) das Getreide höher belastet wurde; bestimmt war das Friedrichs Absichten schnurstracks zuwider. Auch blieb man nicht konsequent und hat beispielsweise die Tabakadministration zeitweise wieder eingeführt (1797). Die anfängliche Absicht, die Bierakzise zu mildern, ist nicht ausgeführt worden. Das von der Regie eingeführte, für den Verkehr so ungemein lästige Bescheinigungs- und Plombierungsverfahren wurde nur ganz unwesentlich vereinfacht und verbilligt.

Die Reformmaßnahmen von 1786 bis 1788 sind im Vorstehenden absichtlich mit einiger Ausführlichkeit aufgezählt, weil es für die Erkenntnis des Fridericianischen Systems wichtig ist zu wissen, welche seiner Einzelheiten vor allem drückend, übertrieben oder verfehlt erscheinen. Alles was jetzt beseitigt wurde, gehört zu den Einführungen der Zeit nach dem Siebenjährigen Kriege; man kann daher wohl sagen, daß die neue Regierung an die frühere maßvollere Politik des großen Königs anknüpft und diese unmittelbar fortsetzt. Unter diesem gemilderten Protektionismus hat die preußische Volkswirtschaft einen mächtigen Aufschwung erfahren, der allerdings großenteils günstigen äußeren Konjunkturen zu danken war. Die Wirtschaftspolitik der folgenden Zeit und den Übergang vom Merkantilsystem zu den Grundsätzen der Gewerbe- und Handelsfreiheit darzustellen, kann indessen hier nicht der Ort sein; es muß dies einer besonderen Darstellung vorbehalten bleiben.

Jedenfalls bedeuten die zwei Jahrzehnte von 1786 bis 1806 eine Zeit des Ringens zwischen dem herrschenden Merkantilsystem und den mächtig vordringenden liberalen Strömungen. Unter Friedrich Wilhelm II. begnügte man sich, wie gezeigt, damit, einige der am meisten beklagten Härten und Übertreibungen des Fridericianischen Systems abzubauen. Erst als mit dem Baseler Frieden und dem Ende der polnischen Wirren (1795) äußere Ruhe eingetreten war und als 1797 ein neuer, von redlichem Willen beseelter und Reformgedanken — damals — durchaus nicht unzugänglicher Herrscher kam, wurden grundsätzliche Umwandlungen der Wirtschaftspolitik ins Auge gefaßt. Man nahm sich, wie mit allen wohlgemeinten Reformplänen, Zeit; das erste, was zutage kam, war die Aufhebung der Landbinnenzölle in den alten Provinzen außer Schlesien durch Verordnung vom 26. Dezember 1805. Aber ehe das zur Ausführung gelangte, brach der Krieg aus. Die Katastrophe schuf freiere Bahn, der Bruch mit dem Alten wurde jetzt eher gewagt, und es kamen entschiedene Reformer in die leitenden Stellen. Das höhere Beamtentum war vorwiegend von humanitärem und liberalem Geiste erfüllt und der alten Bevormundung abhold. Es sei nur an die scharfe Verurteilung des Fridericianischen Merkantilismus in der bekannten Rigaer Denkschrift Hardenbergs vom September 1807 und die Regierungsinstruktion vom 26. Dezember 1808 erinnert.[25]

[25] Karl Mamroth, *Geschichte der preußischen Staatsbesteuerung, 1806–1816*, Leipzig 1890, S. 13 ff., 94 ff.

Noch während des Krieges, seit Frühjahr 1807, wurde mit dem Hochschutz- und Verbotsystem gebrochen, indem sowohl in Ost- und Westpreußen wie in den unter französischer Verwaltung stehenden Provinzen fremde Manufakturwaren gegen meist 8—9% eingelassen wurden. Obwohl selbst Stein so jähen Wechsel mißbilligte, hat dies, wie Kunth nach einigen Jahren feststellt,[26] die inländische Fabrikation nicht untergraben, sie vielmehr trotz aller Ungunst der Zeit auf eine solidere Basis gestellt. Auch die Ausfuhr von Wolle u.a. wurde nach und nach freigegeben. Die Einführung der völligen Gewerbefreiheit durch das Edikt vom 2. November 1810 bedeutet einen weiteren, nicht minder schroffen Bruch mit dem Merkantilsystem. In demselben Jahre wurde die Neuordnung des Akzisewesens, wodurch die wirtschaftliche und steuerliche Trennung von Stadt und Land aufgehoben werden sollte, verkündet, aber sie blieb zunächst auf dem Papier. Die endgültige Reform des Akzise- und Zollwesens und der Wirtschaftsverfassung erfolgte, durch die Kriege verzögert, erst 1818 bis 1820. Durch das Zoll- und Verbrauchssteuergesetz vom 26. Mai 1818 wurden fremde Manufakturwaren mit ganz mäßigen Schutzzöllen von etwa 10% des Wertes, Kolonialwaren mit Finanzzöllen von doppelter Höhe belegt, und Aus- und Einfuhrverbote aufgehoben (ausgenommen allein für Salz und Spielkarten); ferner wurden nun alle Zölle lediglich an der Grenze erhoben. Die Befreiung des inneren Markts wurde vollendet dadurch, daß 1819 die städtische Akzise und die Torkontrolle aufgehoben und allgemeine Verbrauchssteuern eingeführt wurden.

[26] *A.a.O.*, S. 342.

XXXIII

Vom Merkantilismus zum Liberalismus*

ILJA MIECK

Für das Regime des höfischen und des aufgeklärten Absolutismus im Europa des 17. und 18. Jahrhunderts stellte der Merkantilismus die Wirtschaftspolitik dar, die seinen Vereinheitlichungstendenzen entsprach. Erkannte die politische Theorie dem Herrscher die alleinige Souveränität zu, so erhob die gleichzeitige ökonomische Lehre den Staat zum ausschließlichen Träger aller wirtschaftlichen Interessen. Sie gab ihm die Möglichkeit, durch die straffe Handhabung merkantilistischer Methoden eine staatliche Machtsteigerung durch Wirtschaftsexpansion zu erreichen. „Despotisme éclaire“ und „économie dirigée“ sind zwei nicht zu trennende Begriffe; wie verschiedene Zweige desselben Baumes wirkten sie zusammen am Aufbau des Staatsganzen.

Die wichtigsten Mittel dazu waren die Zurückhaltung aller Rohstoffe und deren Verarbeitung im Lande selbst. Das geschah durch staatliche Begünstigung der Industrien, durch Monopole, Privilegien, Prämien und Zuschüsse oder sogar durch staatliche Fabrikgründungen. Die fremden Erzeugnisse wurden durch Einfuhrverbote oder hohe Importzölle daran gehindert, der eigenen Industrie Konkurrenz zu machen. Da die aktive Handelsbilanz im Mittelpunkt des merkantilistischen Denkens stand, gewährte man dagegen auf die Ausfuhr von Fertigwaren Exportprämien und „Bonifikationen“. So hoffte man, einen Exportüberschuß und damit eine aktive Handelsbilanz zu erzielen.

* Entnommen aus: Ilja Mieck, *Preußische Gewerbepolitik in Berlin 1806–1844. Staatshilfe und Privatinitiative zwischen Merkantilismus und Liberalismus* (= Veröffentlichungen der Historischen Kommission zu Berlin, Bd. 20, Publikationen zur Geschichte der Industrialisierung, Bd. 1), Berlin 1965, S. 1—42.

In Brandenburg-Preußen[1] war es der Große Kurfürst, der seine Länder durch die Einführung der absolutistischen Regierungsform zu einem Staat zusammenschweißte und durch die Anwendung merkantilistischer Methoden die Grundlagen für einen wirtschaftlichen Aufschwung legte. Nach planmäßigem Ausbau durch Friedrich Wilhelm I. erfuhr das absolutistisch-merkantilistische System unter Friedrich d. Gr. seine schärfste Ausprägung in der staatlich gehandhabten Zusammenfassung im Innern und dem schroffen Abschluß nach außen. Als Ergebnis dieser staatlichen Intervention entstand in Preußen eine nicht unbedeutende Industrie, die sich zweifellos nicht entwickelt hätte, wenn man ihre Begründung allein der privaten Initiative überlassen haben würde.

Die Krise des merkantilistischen Systems

Mit dem Tode Friedrichs II. offenbarte sich in aller Deutlichkeit die schwache Stelle in seinem absolutistischen System: Der König hatte keinem seiner Minister, sondern nur den subalternen Kabinettssekretären vollen Einblick in die Regierungsgeschäfte gewährt. Die Einheit des Ganzen lag nirgendwo anders als in der Person des Königs, bei ihm liefen sämtliche Fäden zusammen, er allein übersah die Gesamtheit der Geschäfte. Die natürliche Begleiterscheinung eines solchen Selbstherrschertums war der Mangel einer organischen Einheit der Ministerialinstanz,[2] der sich verhängnisvoll auswirkte, als infolge der Schwäche der Nachfolger Friedrichs an der Staatsspitze ein Vakuum entstand. Gleichzeitig ergab sich, daß die formell subalternen und jeder Verantwortlichkeit entrückten Kabinettsräte die Funktion von Vortragenden Räten übernahmen und den preußischen Staat damit zu jenem entarteten System der Kabinettsregierung führten, das einige Jahre später von Stein und Hardenberg als Wurzel allen Übels so energisch bekämpft wurde.

Mit Friedrich II. war einer der letzten großen Monarchen des aufgeklärten Absolutismus dahingegangen. Schon zu seinen Lebzeiten war er wiederholt auf Widerstand gestoßen, auch wenn er das absolutistische Prinzip durch die Größe seiner Persönlichkeit immer wieder zu behaupten verstand. Längst war man zu

[1] Vgl. Hugo Rachel, *Der Merkantilismus in Brandenburg-Preußen*, in: *Forschungen zur Brandenburgischen und Preußischen Geschichte*, Bd. 40 (1927), S. 221—266 [siehe diesen Beitrag in der vorliegenden Anthologie].

[2] Otto Hintze, *Das preußische Staatsministerium im 19. Jahrhundert*, zuerst erschienen in: *Beiträge zur brandenburgischen und preußischen Geschichte. Festschrift zu Gustav Schmollers 70. Geburtstag*, hrsg. vom Verein für Geschichte der Mark Brandenburg, Leipzig 1908, S. 403—493, wieder abgedruckt in: Ders., *Geist und Epochen der preußischen Geschichte*, hrsg. von Fritz Hartung (= Gesammelte Abhandlungen, Bd. 3), Leipzig 1943, S. 563—652, hier S. 568.

einer Zeit, in der die Große Revolution in der Luft lag, der autokratischen, oft despotischen Regierung, der Staats- und Wirtschaftspolitik und selbst der Person des Königs müde geworden — „fatigué jusqu'à la haine", wie es Mirabeau nannte. Nach dem Tode Friedrichs II. begann für den preußischen Absolutismus eine Zeit der Krise. Dem eng mit diesem verknüpften Merkantilsystem wurde damit der stärkste Rückhalt genommen.

Auch von anderer Seite erfolgten Angriffe gegen die herrschende Wirtschaftsform. Seit einigen Jahren wurde erst vereinzelt, dann — seit den Physiokraten — immer massiver an der merkantilistischen Theorie und Praxis Kritik geübt. Alle diese Gedanken wurden in ihrer Gesamtheit von Adam Smith aufgenommen und unter das einheitliche Grundprinzip der von ihm entwickelten neuen Freihandelslehre gestellt, daß nämlich im freien Wettbewerb aller wirtschaftlichen Kräfte die gesellschaftliche Harmonie und das soziale Gleichgewicht sich ganz von selbst herstellen: „Räumt man also alle Begünstigungs- oder Beschränkungssysteme völlig aus dem Wege, so stellt sich das klare und einfache System der natürlichen Freiheit von selbst her."[3] Aus dieser Lehre, die die Weltwirtschaft als eine „Summe von Privatwirtschaften" ansah,[4] ergab sich in letzter Konsequenz in der Volkswirtschaft die Gewerbefreiheit, in der Weltwirtschaft der Freihandel.

Die neue liberale Wirtschaftstheorie der freien Konkurrenz wurde in kurzer Zeit von den meisten führenden Staatsrechtlern in England und auf dem Kontinent anerkannt. Auch auf den preußischen Universitäten pries man die Freihandelslehre bald als der Weisheit letzten Schluß. Das war besonders das Verdienst des Professors Kraus, der führenden Erscheinung an der Königsberger Universität neben Kant. Außer ihm sind Gelehrte wie Schlözer, Pütter, Feder in Göttingen und Ludwig Heinrich v. Jacob in Halle zu nennen, die ihren Studenten die umwälzende Theorie des schottischen Nationalökonomen vorführten. Diese junge Generation, aus der das künftige preußische Beamtentum hervorging, machte den Smithianismus zu ihrer eigenen Überzeugung[5] und wartete nur auf die Gelegenheit, als Staatsdiener die Theorie in die Praxis umsetzen zu können. Die Ablösung des nicht mehr von einem kraftvollen Absolutismus gestützten Merkantilismus durch die neue Lehre schien nur noch eine Frage der Zeit zu sein. Der 1786 unternommene Versuch Mirabeaus, durch

[3] Adam Smith, *Eine Untersuchung des Volkswohlstandes*, in: Heinrich Waentig (Hrsg.), *Sammlung sozialwissenschaftlicher Meister*, Bd. 11/12, 2. Aufl., Jena 1920, Bd. 2, S. 555.

[4] Franz Schnabel, *Deutsche Geschichte im 19. Jahrhundert*, Bd. 3, 2. Aufl., Freiburg 1950, S. 341 f.

[5] Das ging z.B. so weit, daß Vincke 1796 schrieb, er beginne seinen Tagesablauf regelmäßig mit der Lektüre eines Kapitels von Smith; zitiert bei Pierre Benaerts, *Les Origines de la Grande Industrie Allemande*, Paris 1933, S. 334.

eine dem Nachfolger Friedrichs d. Gr. überreichte Denkschrift physiokratische Reformideen bei der preußischen Verwaltung durchzusetzen,[6] mußte freilich scheitern, denn noch saßen die Beamten der friderizianischen Schule an maßgebender Stelle.

Was das Beamtentum neben einer festen Überzeugung von der Richtigkeit der Smithschen Lehre und dem Willen zu ihrer Realisierung dabei keinesfalls entbehren konnte, war eine machtpolitische Stellung im Staate, die ihm erlaubte, das Vorhaben mit allen Mitteln gegen den zu erwartenden Widerstand durchzusetzen. Unter der Herrschaft Friedrichs II. hatten selbst die leitenden Beamten allzu häufig die Ohnmacht ihrer Stellung zu spüren bekommen: Im monarchischen Absolutismus war kein Platz für andere Entscheidungen als die des Königs.

Ganz anders zeigten sich die Verhältnisse unter dem Nachfolger Friedrichs: Ein schwacher Herrscher, umgeben von Günstlingen, abhängig von seinen Beratern und unfähig, klare Entscheidungen zu treffen — das war die ideale Ausgangssituation für die junge Generation des preußischen Beamtenstandes, die in den Traditionen des vom absoluten Königtum geschaffenen Beamtentums, seiner Disziplin, seines Berufsethos der Loyalität und Redlichkeit wurzelte und durchaus fähige Köpfe besaß, um an entscheidender Stelle der Verwaltung ein gewichtiges Wort mitsprechen zu können.

Diese günstige Position wurde noch verstärkt durch die besondere Stellung, die das Beamtentum als tragende geistige Schicht innerhalb des Staates erlangt hatte. Dem Bürgertum, das in Westeuropa in jahrhundertelanger Geschichte herangewachsen war und jetzt im Zeitalter der Französischen Revolution eine hervorragende Rolle zu spielen begann, fehlten in Preußen die historischen Grundlagen. Erst auf dem Boden der sich entwickelnden Erfahrungswissenschaften, die durch exakte Naturforschung und durch die Technik eine breite wirtschaftliche Grundlage schufen, erwuchs hier „als ein echtes Erzeugnis des 19. Jahrhunderts“ das liberale Bürgertum.[7] Da demnach am Ende des 18. Jahrhunderts in Preußen noch kein selbstbewußtes Bürgertum existierte, wie es etwa das vorrevolutionäre Frankreich aufzuweisen hatte, wurde hier das gebildete Beamtentum zum Träger der neuen Gedanken.[8] In diesem Stand lebten die humanen und bürgerlichen Ideen der Revolution, hier erwachte das auf alten deutschen Traditionen und den Ideen der Klassik beruhende neue Persönlich-

[6] Hermann Freymark, *Die Reform der preußischen Handels- und Zollpolitik von 1800 bis 1821 und ihre Bedeutung* (= Sammlung nationalökonomischer und statistischer Abhandlungen des staatswissenschaftlichen Seminars zu Halle an der Saale), Jena 1897, S. 21.

[7] F. Schnabel, *Deutsche Geschichte . . .*, Bd. 2, Freiburg 1933, S. 8.

[8] *A.a.O.*, Bd. 1, 4. Aufl., Freiburg 1948, S. 332.

keitsbewußtsein, und hier war die deutsche Aufklärung lebendig. Kants Vertiefung der Wertbegriffe von Freiheit, Persönlichkeit und Humanität, sein Gedanke des Ewigen Friedens fanden in diesem Kreise ihr Echo. Die Abwendung von dem mechanischen Rationalismus des Polizeistaates, die Herder immer wieder seine Stimme zum Protest gegen den „absolutistischen Maschinenstaat" Preußen erheben ließ, fand den Beifall des liberalen Beamtentums.[9] Bei dieser geistigen Grundsituation nimmt es nicht wunder, daß die Saat der liberalen Wirtschaftstheorie in Preußen auf fruchtbaren Boden fiel.

Drittens gewann die Entwicklung der gewerblichen Verhältnisse Preußens nicht geringen Anteil an der zunehmenden Verbreitung der neuen Lehre. Zwar hatten die Angriffe von seiten der modernen Nationalökonomen und der Ausfall der gewohnten Stütze des Absolutismus die Basis des Merkantilismus bereits schwer erschüttert; solange aber die Blüte der friderizianischen Industrie anhielt, schien der Erfolg der staatlich gelenkten Wirtschaftspolitik jeder Kritik zu widersprechen und sie durch ihre Ergebnisse zu rechtfertigen. Nur zu bald zeigten sich aber Rückschläge. Nicht so sehr die staatliche Intervention an sich als vielmehr die Art ihrer Anwendung erwies sich auf längere Sicht als falsch.[10] Ohne Rücksicht auf die natürliche Preisbildung und die Entwicklung von Angebot und Nachfrage hatte man durch scharfe Reglementierung und bedeutende Subventionen eine beträchtliche Industrie aus dem Boden gestampft. Hierbei handelte es sich allerdings in erster Linie um Luxus-Industrien, wenn man von den wenigen Massenbedarfs-Industrien, wie Woll- und Baumwoll-Verarbeitung absieht. Für diese gerade in Berlin sehr gut vertretenen Gewerbezweige treffen natürlich die folgenden Argumente nur in beschränktem Umfange zu, sie beziehen sich hauptsächlich auf Porzellan-, Seiden-, Uhren- und ähnliche Fabriken.

Bei diesen Luxus-Industrien versäumte man nach der ziemlich rasch erfolgten Sättigung des inneren Marktes die notwendige Umstellung der Produktion und sah sich bald veranlaßt, zu Zwangsmaßnahmen zu greifen, um den Absatz einigermaßen zu sichern, da an einen Export wegen der fortgeschritteneren Technik in Westeuropa und der dortigen Einfuhrverbote kaum zu denken war. Der Lebensstandard weiter Bevölkerungskreise des Inlandes war zu niedrig, als daß sich hier genügend Käufer für derartige Luxuswaren hätten finden können. So führte der strenge absolutistische Merkantilismus geradewegs in eine Wirtschaftskrise infolge Überproduktion hinein.

[9] Heinrich Heffter, *Die deutsche Selbstverwaltung im 19. Jahrhundert. Geschichte der Ideen und Institutionen*, Stuttgart 1950, S. 65.

[10] Vgl. hierzu besonders Henri Brunschwig, *La crise de l'état prussien à la fin du XVIIIe siècle et la genèse de la mentalité romantique*, Paris 1949, S. 124.

Die Lösung des Problems hätte darin gelegen, die sozial schwachen unteren Volksschichten zu einer vollwertigen Konsumentenschicht heranzubilden — das konnte aber nur durch eine soziale Umwälzung größten Ausmaßes geschehen, die zweifellos auf Kosten der Aristokratie hätte stattfinden müssen. Noch aber war der eigenartigen sozialen Struktur des preußischen Militärstaates die Herrenstellung des Adels als Rückhalt eines ehrbewußten Offizierskorps ebenso unentbehrlich wie die Erhaltung untertäniger bäuerlicher Wirtschaften als Rekrutierungsgebiet der Zwangswerbungen. Die Heeresreform, die Umwandlung der friderizianischen Armee in ein Volksheer mit Hilfe der Allgemeinen Wehrpflicht mußte der Sozialreform vorangehen.[11]

Dazu war die Zeit noch nicht reif, und dazu war auch die reformwillige Schicht im Staate, das sich zum Großteil aus dem Adel rekrutierende höhere Beamtentum, nicht geneigt. Nach wie vor war man von der Vortrefflichkeit der Grundlagen, auf denen das Regierungssystem seit Friedrich II. ruhte, völlig überzeugt.[12] Daß in einzelnen Verwaltungszweigen zeitbedingte Modifikationen unvermeidlich waren, gab man indessen vorbehaltlos zu und erwartete so eine Klärung der verfahrenen wirtschaftlichen Situation allein vom wirtschaftlichen Liberalismus.

So hatte sich zu Beginn des 19. Jahrhunderts die Perspektive seit den letzten zwei Jahrzehnten bedeutend verschoben. Die teilweise aufgetretenen Mißerfolge des merkantilistischen Systems wurden verallgemeinert und ließen den Ruf nach der neuen Wirtschaftsform immer lauter erschallen. Den Rückhalt, den der absolute Herrscher des 18. Jahrhunderts dem Merkantilismus gegeben hatte, sollte der wirtschaftliche Liberalismus im Beamtentum finden. Durch die fehlende starke Zentralgewalt hatte diese Schicht die tatsächliche Macht im Staate erringen können. An die Stelle des monarchischen Absolutismus trat jetzt ein Beamten-Absolutismus, der im Geist des alten Polizeistaates alle Dinge kontrollierte und leitete und den Staat wieder zum „Meister aller Dinge" machte[13] oder, wie es Otto Hintze formulierte: Die monarchisch-autokratische Regierungsverfassung hatte sich zu einer monarchisch-bürokratischen umgewandelt.[14] Deren Vertreter zählten die Einführung der neuen Wirtschaftsordnung zu ihren vornehmsten Aufgaben.

[11] Otto Büsch, *Militärsystem und Sozialleben im alten Preußen 1713-1807* (= Veröffentlichungen der Berliner Historischen Kommission, Bd. 7), Berlin 1962, passim; Gerhard Ritter, *Stein. Eine politische Biographie*, Bd. 1, Stuttgart-Berlin 1931, S. 196.

[12] *A.a.O.*, S. 191.

[13] F. Schnabel, *Deutsche Geschichte . . .*, Bd. 2, S. 304.

[14] Zitiert bei H. Heffter, *Die deutsche Selbstverwaltung . . .*, S. 86.

Erste Schritte auf neuen Wegen

In der Praxis waren seit 1786 bereits einige Reformen auf wirtschaftlichem Gebiet durchgeführt worden, ohne allerdings den Rahmen des Merkantilismus zu sprengen. Als aber die neue Beamtengeneration die Lehre Smiths in immer stärkerem Maße in die Verwaltung mitbrachte, häuften sich die Anzeichen, die einen baldigen generellen Kurswechsel ankündigten.[15] Seit 1791 stand an der Spitze des Fabriken-Departements der Minister Karl Gustav v. Struensee (1735—1804), ein Repräsentant des alten friderizianischen Systems in einer Zeit, die nach neuen Lebensformen suchte.[16] Bei aller Einsicht in die Unhaltbarkeit der bestehenden Zustände fehlten diesem kühlen, mathematischen Kopf die entscheidenden Eigenschaften des Reformers. So sprach er sich zwar gegen die bis 1791 übliche staatliche Subventionspolitik und für die weitere Aufhebung von Monopolen aus[17] und meinte, daß „Fabriken, welche 50 Jahre vom Staat genährt und gepflegt wären, endlich anfangen könnten, selbständige Wesen zu werden", aber Skepsis und mangelndes Selbstvertrauen vermochten nicht, Struensee, „bei dem Praxis und Theorie sich nicht immer deckten",[18] vom Herkömmlichen zu lösen. Wohl erkannte sein „Kassandrablick" (Hintze) die Zeichen des Verfalls, nicht aber die neuen Ansätze, und so geschah es, daß 1799 durch das Importverbot für die von der Frankfurter Messe kommenden Manufakturwaren das friderizianische System auf die Spitze getrieben wurde.

Nur vereinzelt bemühte man sich, die Übertreibungen der alten Merkantilpolitik auszugleichen; in Berlin ging man bei der Baumwollfabrikation zu einer nur noch wenig eingeschränkten Gewerbefreiheit über[19] und versuchte auch in anderen Gewerbezweigen, das Zunftsystem durch die Zulassung Unzünftiger zum Gewerbebetrieb aufzulockern. Es wurde allgemein üblich, die staatliche Konzession zur Errichtung einer Manufaktur mit der Genehmigung zu verbinden, zünftige und unzünftige Arbeiter nebeneinander zu beschäftigen,[20] um

[15] Hierüber orientiert ausführlich Kurt von Rohrscheidt, *Vom Zunftzwang zur Gewerbefreiheit*, Berlin 1898.

[16] Otto Hintze, *Preußische Reformbestrebungen vor 1806*, zuerst erschienen in: *Historische Zeitschrift*, Bd. 76 (1896), S. 413—443, wieder in: Ders., *Geist und Epochen der preußischen Geschichte . . .*, S. 537—562, hier S. 551.

[17] Immediatberichte Struensees von 1795 und 1800; mitgeteilt von Horst Krüger, *Zur Geschichte der Manufakturen und der Manufakturarbeiter in Preußen* (= Schriftenreihe des Instituts für allgemeine Geschichte an der Humboldt-Universität Berlin, Bd. 3), Berlin [Ost] 1958, S. 85 f. und S. 151.

[18] Otto Hintze, *Die Hohenzollern und ihr Werk*, 3. Aufl., Berlin 1915, S. 428.

[19] Hugo Rachel, *Das Berliner Wirtschaftsleben im Zeitalter des Frühkapitalismus* (= Berlinische Bücher, Bd. 3), Berlin 1931, S. 149.

[20] Kurt Hinze, *Die Arbeiterfrage zu Beginn des modernen Kapitalismus in Brandenburg-*

dadurch den Weg von der Zunft in die kapitalistische Unternehmung freizumachen. Zu einer grundsätzlichen Neuorientierung der Gewerbepolitik kam es jedoch nicht.

Nach dem Tode Struensees wurde ein Mann zum Chef des Fabriken-Departements berufen, dessen Name untrennbar mit den großen Reformen in Preußen verbunden ist, der Freiherr vom Stein (1757—1831). Mit ihm kam ein Vertreter der jungen Generation an die Spitze der staatlichen Handels- und Gewerbe-Instanz — ein Vertreter allerdings, der sich in ganz wesentlichen Punkten seiner Wirtschaftskonzeption von der herkömmlichen Meinung seiner liberalen Kollegen deutlich distanzierte.

Wilhelm Treue hat als erster auf die Tatsache hingewiesen, daß die Wirtschaftslehre Smiths in ihrem tieferen Gehalt in Preußen eigentlich mißverstanden worden ist.[21] Smith hat nämlich den Freihandel keineswegs mit der im allgemeinen angenommenen Ausschließlichkeit empfohlen, sondern betonte, daß sich das System der liberalen Wirtschaftspolitik überhaupt in seiner strengen Konsequenz nur für wirtschaftlich voll entwickelte Staaten eigne,[22] und daß Industrien mit einer großen Zahl von Arbeitern, die lange künstlich geschützt worden seien, „dem scharfen Wind der Freiheit" nicht auf einen Schlag ausgesetzt werden dürften.[23] Den preußischen Staatsrechtlern blieb es vorbehalten, dieses eminent wichtige Axiom zu übersehen und die neue Theorie in ein starres dogmatisches System zu pressen,[24] das vorgab, auf die natürlichen ökonomischen Gegebenheiten eines Staates keine Rücksicht nehmen zu müssen und dessen Schema der Smithschen Lehre nur noch wenig entsprach. „Man kann fast behaupten: Der in Preußen gelehrte und gelebte Smithianismus war mehr preußischer als schottischer Herkunft."[25]

Der Radikalismus, den die preußischen Professoren in die Freihandelslehre hineintrugen, wurde für den Staat dadurch recht gefährlich, daß durch die

Preußen 1685-1806 (= Veröffentlichung für die Geschichte der Mark Brandenburg), Berlin 1927, hier zitiert nach der von Otto Büsch hrsg., bibliographisch vermehrten und verbesserten Auflage (= Veröffentlichungen der Historischen Kommission zu Berlin, Bd. 9, Neudrucke, Bd. 1), Berlin 1963, S. 136 f.

[21] Wilhelm Treue, *Wirtschaftszustände und Wirtschaftspolitik in Preußen 1815-25* (= *Vierteljahrschrift für Sozial- und Wirtschaftsgeschichte*, Beiheft 31), Stuttgart 1937, S. 146.

[22] G. Ritter, *Stein* . . ., Bd. 2, S. 104. Vgl. auch Erich Botzenhardt, *Die Bibliothek des Freiherrn vom Stein*, in: *Vierteljahrschrift für Sozial- und Wirtschaftsgeschichte*, Bd. 22 (1929), S. 352 ff.

[23] Hans Haussherr, *Wirtschaftsgeschichte der Neuzeit vom Ende des 14. bis zur Höhe des 19. Jahrhunderts*, 3. Aufl., Köln-Graz 1960, S. 284.

[24] Schon P. Benaerts, *Les Origines* . . ., deutet das an (S. 334): „*Les autorités prussiennes éleverent la connaissance de A. Smith à la hauteur d'un dogme.*"

[25] W. Treue, *Wirtschaftszustände* . . ., S. 146.

Systematisierungssucht der Gelehrten die zukünftigen Verwaltungsbeamten auf den Universitäten mit einer Lehre bekannt gemacht wurden, die sich in ihren hier gezogenen Konsequenzen kaum noch mit den Vorstellungen Adam Smiths deckte.

Durch den 1804 erfolgten Tod Struensees war eine einflußreiche Position in der Verwaltung vakant geworden. Würde ein Beamter der jungen Generation die Nachfolge Struensees antreten, woran kaum zu zweifeln war, rückte die Möglichkeit einer Realisierung der liberalen Wirtschaftsverfassung in unmittelbare Nähe. Das hätte für die im Treibhausklima des Merkantilismus gewachsene preußische Industrie voraussichtlich den Zusammenbruch bedeutet. Daß es zu dieser Revolution der gesamten Volkswirtschaft damals noch nicht kam, ist dem Umstande zu danken, daß man mit dem Freiherrn vom Stein gerade *den* Vertreter der neuen Generation zum Minister ernannte, der sich als einziger unter all diesen preußischen Staatsmännern nicht zu dem wirtschaftsliberalen Dogmatismus der Universitätsprofessoren bekannte, sondern das Freihandelssystem Smiths in seiner ursprünglichen „ganzen Elastizität und Großzügigkeit“[26] erfaßt hatte.

Die Nassauer Denkschrift des Freiherrn vom Stein, in der er seine geniale Skizze eines völlig neuen Staatsaufbaus vorlegte, zeigt uns die Berührungspunkte in den Ansichten des preußischen Staatsmannes und des schottischen Nationalökonomen. Bei den Reformen Steins stand das persönlichkeitsbildende Moment im Vordergrund; er wollte durch Heranziehung des Bürgertums zur Mitarbeit im Staate und zur Mitverantwortung aufrufen. An die Stelle des absolutistisch bedingten Gehorsams setzte er die innere Freiheit mit der moralischen Verpflichtung der Verantwortung vor dem eigenen Gewissen und vor der Allgemeinheit. Dazu bedurfte es der Befreiung der Persönlichkeit aus den Fesseln staatlicher Bevormundung. Steins Verwaltungspraxis hatte ihm gezeigt, daß „Menschen aus dem Gewirre des praktischen Lebens“[27] oft mehr von den Dingen verstanden als die zuständigen Beamten; die Verbindung von Beamtentum und Bürgertum war für Stein deshalb unumgänglich, um die Erfahrungen und Kenntnisse aus dem Bereich des täglichen Lebens dem Staate nutzbar zu machen. Wie Adam Smith vertraute Stein „in typisch frühliberaler Illusion“[28] auf eine prästabilierte Harmonie der schaffenden Einzelkräfte mit den Erfordernissen des Ganzen. An entscheidender Stelle geht er aber über Smith hinaus und projiziert diesen liberalen Optimismus von der rein ökonomi-

[26] *A.a.O.*, S. 126.

[27] Freiherr vom Stein, *Briefe und amtliche Schriften*, bearbeitet von Erich Botzenhart, neu herausgegeben von Walther Hubatsch, Bd. 2, Teil 1, Stuttgart 1959, S. 394.

[28] H. Heffter, *Die deutsche Selbstverwaltung . . .*, S. 83.

schen auf die politische Ebene. Als vornehmste Pflicht des Staatsbürgers ergab sich daraus höchste Aktivität sowohl in der wirtschaftlichen als auch in der politischen Sphäre.[29]

Das Bürgertum, in dem Stein die tragende Säule seines Reformstaates erblickte, existierte in Preußen nur in dürftigen Ansätzen. Der Staat mußte also eine wirklich verantwortungsfähige bürgerliche Schicht erst heranbilden. Unter diesem Aspekt ist die gesamte Reformarbeit Steins zu verstehen, hier liegen die tiefe Fundierung des neuen Steinschen Staatsbegriffes und die politisch-ethische Begründung des Selbstverwaltungsprogramms. Die Erziehung des Bürgertums zu eigener, selbstverantwortlicher Tätigkeit im Staate durch die Selbstverwaltungsorgane, die in ihrem Hauptanliegen als Mittel zu diesem Zweck dienten, war Steins großes Ziel:[30] „Die Belebung des Gemeingeistes und Bürgersinns, die Benutzung der schlafenden oder falsch geleiteten Kräfte und der zerstreut liegenden Kenntnisse, der Einklang zwischen dem Geist der Nation, ihren Ansichten und Bedürfnissen und denen der Staatsbehörden, die Wiederbelebung der Gefühle für Vaterland, Selbständigkeit und Nationalehre." Aufgabe des Staates sollte es sein, das schwache, unentwickelte Bürgertum mit den neuen Problemen bekannt zu machen, ihm den Weg zu weisen und in stetiger Entwicklung die neue Volksschicht zur staatstragenden Macht mit hohem ethischen Verantwortungsbewußtsein zu erziehen. Aus dieser Gesamtperspektive des Steinschen Denkens erklärt sich seine Stellungnahme zur großen ökonomischen Frage der Zeit: Merkantilismus oder Liberalismus?

Die Tätigkeit Steins als Chef des Fabriken-Departements von 1804 bis 1806 trägt deutlich die Züge einer vermittelnden Position. Eine radikale Änderung der Wirtschaftsverfassung würde, das hatte er klar erkannt, unabsehbare Folgen haben. Er gestand deshalb im speziellen Falle Preußens dem Staat einen über die liberale Theorie hinausgehenden Einfluß auf die Wirtschaftsgestaltung zu — von dem richtigen Instinkt geleitet, daß die noch wenig entwickelte preußische Wirtschaft für die unbesehene Übernahme der staatswirtschaftlichen Erfahrungen westeuropäischer Länder wenig geeignet war.[31] Daß sich eine solche staatliche Intervention nicht in den merkantilistischen Geleisen des vergangenen Jahrhunderts bewegen durfte, lag auf der Hand; Steins Programm basierte auf einem anderen Standpunkt:[32] „Wir leben in einer Zeit des Überganges, wir müssen also das Alte nicht zerstören, sondern es zeitgemäß abändern." Wie kein zweiter der preußischen Reformer vertraute Stein auf die staatsbildende

[29] Erich Botzenhart, *Freiherr vom Stein*, Münster 1952, S. 29 f.

[30] Freiherr vom Stein, *Briefe* . . ., Bd. 2, Teil 1, S. 394.

[31] G. Ritter, *Stein* . . ., Bd. 1, S. 205.

[32] E. Botzenhart, *Stein* . . ., S. 62.

Kraft historischer, nach den Forderungen der Zeit erneuerter Korporationen. Er sah hinter den erstarrten Formen den lebenskräftigen Kern und glaubte an die positiven Seiten der altständischen oder genossenschaftlichen, traditionsgebundenen Einrichtungen und verteidigte sie noch lange nach seinem Ausscheiden aus preußischen Diensten „mit zunehmender Wärme“,[33] selbst wenn er für eine gewisse Lockerung der merkantilistischen und korporativen Fesseln zum Wohle der Volkswirtschaft eintrat. Im letzten Grunde kam es ihm doch nur „auf wahre Beförderung der Landesindustrie“ an, wobei allerdings „der Zunftzwang jederzeit zurückstehen muß.“[34]

Der Radikalismus, mit dem die meisten Anhänger des wirtschaftlichen Liberalismus alle Schranken von Handel und Gewerbe einreißen wollten, blieb dem Freiherrn vom Stein fremd. Seine Maßnahmen während der ersten preußischen Amtsperiode bewegten sich daher auf der Ebene eines „liberalisierenden Merkantilismus“,[35] der eine Auflockerung des friderizianischen Merkantilsystems ohne grundsätzliche Preisgabe der staatlichen Gewerbeaufsicht, daneben eine allmähliche Einschränkung des Zunftzwanges ohne radikale Freigabe des Handwerks erstrebte.

Über dieser praktischen Seite seiner Tätigkeit errichtete nun Stein sein Programm einer staatlich organisierten Gewerbeförderung. Um die wirtschaftliche Entwicklung der für die Freihandelslehre noch nicht reifen Staaten zu beschleunigen, hatte Adam Smith vorgeschlagen, daß die Regierungen solcher Staaten ihrer Industrie durch Förderung der Schulbildung, durch Zollschutz und temporäre Monopole eine Unterstützung angedeihen lassen könnten.[36] Stein löste sich von diesem teilweise noch unter starkem merkantilistischen Aspekt stehenden Gedanken und gelangte zu einer ganz neuen Auffassung der staatlichen Gewerbeförderung, deren Grundidee eng mit seinen übrigen Reformplänen zusammenhing: Er stellte die pädagogische Aufgabe in den Mittelpunkt jeder Gewerbeförderung; alle Unterstützungen, die der Staat der Industrie zukommen ließ, sollten in ihrem letzten Zweck der Persönlichkeitsbildung und Erziehung der Gewerbetreibenden dienen, der Erziehung zu selbständigem, verantwortungsbewußtem Denken und Handeln des Einzelnen innerhalb der Gesamtheit der Volkswirtschaft.

Die Mittel, durch welche das Fabriken-Departement die ihm zukommende

[33] *A.a.O.*, S. 48.

[34] Immediatbericht Steins vom 24. 10. 1805, in: Freiherr vom Stein, *Briefe* . . ., Bd. 2, Teil 1, S. 110.

[35] G. Ritter, *Stein* . . ., Bd. 1, S. 205.

[36] Vgl. E. Botzenhart, *Die Bibliothek* . . ., S. 363.

Aufgabe im Sinne Steins am vollkommensten und besten erfüllen könnte, beschrieb dieser einmal wie folgt:[37]

„Fortgesetzte Belehrung über die bewährtesten technischen Hilfsmittel für jedes Gewerbe, welche schon bekannt sind oder von Zeit zu Zeit entdeckt werden; über die leichteste Anwendung derselben; über den Verbrauch an Zeit und Kräften zu gewissen Zwecken; über die Lebensweise der Arbeiter in solchen Ländern, wo dieser oder jener Zweig der Manufaktur-Industrie am meisten blüht; Belehrung, bald durch eigentlichen Unterricht, bald durch Umgang; Belehrung endlich durch absichtlich aufgestellte Beispiele im kleinen und großen.“ Der Akzent des Programms lag auf der Verbesserung der vorhandenen Bildungsmöglichkeiten im weitesten Sinn für die Gewerbetreibenden. Die Organisation des technischen Fachschulwesens, die Herausgabe eines technologischen Journals, die Ermöglichung von Auslandsreisen, die Einführung bewährter Maschinen und Fabrikationsmethoden auf Staatskosten zum Nutzen der Fabrikanten und endlich die Anregung privater Kreise zur Mitarbeit auf dem Gebiet der Gewerbeförderung — das waren die Eckpfeiler, auf denen sich die neue Gewerbepolitik aufbauen sollte.

Die staatliche Gewerbeförderung ging damit zu einer mittelbaren, indirekten Unterstützung über, die nicht im Gegensatz zu den Ideen des wirtschaftlichen Liberalismus stand und die für ihren hohen nationalpädagogischen Zweck zeitweilig auch ungestraft auf merkantilistische Gepflogenheiten zurückgreifen durfte. In dem Zusammenwirken alter und neuer Wirtschaftsformen und ihrer Methoden sah Stein die einzige Möglichkeit, die preußische Industrie in sich zu stabilisieren und sie in die Lage zu versetzen, den Vorsprung Westeuropas aufzuholen.

Die Katastrophe des preußischen Staates 1806 ließ die Durchführung dieser Pläne hinter lebensnotwendigeren Aufgaben zurücktreten. Über einige wenige Ansätze war man in den Jahren 1804/06 nicht hinausgekommen, die folgende Kriegszeit erwies sich für staatswirtschaftliche Experimente als denkbar ungeeignet, und mit der Entlassung Steins im Januar 1807 schwand jede Hoffnung auf weitere Initiativen in der Richtung der neuen, großen Gewerbeförderungsidee. Nach wenigen Monaten jedoch rief der König den in Nassau weilenden Freiherrn vom Stein zurück und übertrug ihm die Leitung „sämtlicher innerer und äußerer Angelegenheiten.“[38] Dadurch fand Stein Gelegenheit, seine inzwischen in der Nassauer Denkschrift niedergelegten Reformideen wenigstens teilweise zur Ausführung zu bringen. Die Aufhebung des Gesindezwangsdien-

[37] Zitiert bei Max Lehmann, *Freiherr vom Stein,* Bd. 1, Leipzig 1902, S. 356.

[38] Karl Freiherr vom Stein, *Autobiographie,* hrsg. von Kurt von Raumer, 2. Aufl., Münster-Köln-Graz 1955, S. 34; auch für das Folgende benutzt.

stes, die Verwandlung der ost- und westpreußischen Domänenbauern zu freien Eigentümern und die Städteordnung waren die „zu Erreichung jenes allgemeinen Zweckes ergriffenen Maßregeln." Zu einem Reformgesetz, das die Wirtschaftsverfassung einschneidenden Veränderungen unterwarf, kam es unter dem Ministerium Steins nicht. Wie er einen maßvollen Schutz für die noch unentwickelte Industrie verteidigte, erstrebte er auch keine Beseitigung, sondern nur eine Reform der Zünfte und wollte eine unbedingte Gewerbefreiheit nur auf Bäcker, Fleischer und die Verkäufer der wichtigsten Lebensmittel beschränkt sehen.[39] Eine Durchführung seiner Gewerbeförderungspläne blieb Stein auch diesmal versagt. Nur einen Ansatzpunkt konnte er noch kurz vor seinem endgültigen Ausscheiden aus dem preußischen Dienst fixieren: Bei der Neugestaltung der obersten Staatsbehörden ordnete er dem Gewerbe-Departement eine „technische Gewerbe- und Handels-Deputation" unter.[40] Ihr Zweck sollte sein, „das Wissenschaftliche in der ganzen Gewerbekunde in ihren Fortschritten zu verfolgen" und den Gewerbetreibenden mitzuteilen.

Nachdem das Ministerium Dohna-Altenstein zu keinen grundsätzlich neuen Maßnahmen auf gewerblichem Gebiet gelangt war, begann mit Hardenberg, der seit dem 4. Juni 1810 Staatskanzler war, „die zweite Epoche der preußischen Reformen".[41]

Die liberale Wirtschaftsordnung und ihre Konsequenzen

Hardenberg verließ den Boden der liberalen Experimente und gab der Reform des Gewerbewesens den entscheidenden Anstoß. Lagen bei dem Freiherrn vom Stein die Wurzeln seiner Reformideen tief in seiner eigenen Weltsicht als Angehöriger ehemals reichsunmittelbaren Ritterstandes begründet, in seinem geschichtlich bestimmten Denken und Fühlen und in seinem eigentümlichen Verhältnis zu dem englischen Staatswesen, so sind die Reformvorstellungen Hardenbergs ganz anderen Ursprungs. Lange hat man in ihm einen Vertreter der liberalen Wirtschaftstheorie par excellence zu erkennen geglaubt, der — nicht unabhängig von den Ideen der Französischen Revolution — neben die Rechtsgleichheit die Wirtschaftsfreiheit setzen wollte.

[39] Gustav Schmoller, *Die Epochen der preußischen Finanzpolitik bis zur Gründung des Deutschen Reiches,* erweiterte Fassung in: Ders., *Umrisse und Untersuchungen zur Verfassungs-Verwaltungs- und Wirtschaftsgeschichte besonders des preußischen Staates im 17. und 18. Jahrhundert,* Leipzig 1898, S. 198.

[40] *Gesetz-Sammlung für die Königlichen Preußischen Staaten 1806–10,* Berlin 1810, S. 325.

[41] Heinrich von Treitschke, *Deutsche Geschichte im 19. Jahrhundert,* Bd. 1 (= Staatengeschichte der neuesten Zeit, Bd. 24), 2. Aufl., Leipzig 1879, S. 352.

Erst vor kurzem sind die eigentlichen Motive seiner Reformtätigkeit ins rechte Licht gerückt worden: Ernst Klein hat überzeugend nachgewiesen,[42] daß Hardenbergs Absicht, die Gewerbefreiheit einzuführen, nicht durch dessen persönliche wirtschaftsliberale Überzeugung, sondern durch die Finanzkalamität des preußischen Staates bedingt war. Auf der Suche nach neuen Steuerquellen versprach sich Hardenberg erhebliche Mehreinnahmen von einer neu einzuführenden Gewerbesteuer — damit diese jedoch als „weniger lästig" empfunden würde, beabsichtigte er gleichzeitig, sozusagen als Rechtfertigung und Trostpflaster, die Freiheit der Gewerbe zu verkünden. Rein fiskalische Motive waren es also, die Hardenberg dazu bewogen, die steckengebliebenen Reformen voranzutreiben.

Zwar enthielt die Rigaer Denkschrift Hardenbergs viele wirtschaftsliberale Gedanken, doch spiegeln sich hier eher die Meinungen Altensteins, Niebuhrs und anderer wider als diejenige Hardenbergs.[43] Immerhin ist es dem neuen Staatskanzler gelungen, das hohe preußische Beamtentum, in dem die neuen wirtschaftlichen Ideen längst Fuß gefaßt hatten, zur Mitarbeit zu gewinnen, etwa durch seine zahlreichen programmatischen Äußerungen wie z.B., „daß nur eine Radikalkur unserer Verfassung dem Staat wieder neues Leben geben und ihm solches erhalten könne. Möge man sie doch nicht scheuen und mit starker Hand die nötigen Maßregeln — ja keine halben — ergreifen."[44] Oder — beim Zusammentreffen mit Stein — im September 1810 in Hermsdorf/Schlesien: „In Absicht der Gewerbefreiheit müssen wir nicht auf halbem Wege stehenbleiben."[45]

Entscheidend war schließlich, daß Hardenberg seine Steuerreformen in einer wirtschaftsliberalen Verpackung präsentierte und damit beim Beamtentum nicht nur wenig Widerstand zu erwarten hatte, sondern dessen Vorstellungen sogar entgegenkam. So trafen sich die wirklich aus liberalem Geist geborenen echten Reformwünsche der Verwaltung mit den finanztechnischen Dringlichkeitsmaßnahmen Hardenbergs, die er mit einigen Konzessionen an den „Zeit-

[42] Ernst Klein, *Von der Reform zur Restauration. Finanzpolitik und Reformgesetzgebung des preußischen Staatskanzlers Karl August von Hardenberg* (= Veröffentlichungen der Historischen Kommission zu Berlin, Bd. 16), Berlin 1965, S. 100 ff.

[43] W. Treue, *Wirtschaftszustände . . .*, S. 122, nennt diese Denkschrift „ein schwer zu überbietendes Bekenntnis zum Smithianismus".

[44] Karl August von Hardenberg, Rigaer Denkschrift, in: Georg Winter (Hrsg.), *Die Reorganisation des preußischen Staates unter Heinrich Friedrich Karl Freiherr vom Stein und Karl August Fürst von Hardenberg*, Teil 1: *Allgemeine Verwaltungs- und Behördenreform*, Bd. 1 (= Publikationen aus den preußischen Staatsarchiven, Bd. 93), Berlin 1931, S. 320.

[45] Hans. Haussherr, *Die Stunde Hardenbergs*, Hamburg 1943, S. 178.

geist" verbrämte. Wie verschieden die Motive auch waren: die Gewerbefreiheit war nun beschlossene Sache.

Am 2. November 1810 erfolgte durch das Edikt über die Einführung einer Gewerbesteuer[46] die Freigabe der Gewerbe und damit die allgemeine Aufhebung des Zunftzwanges. Die Voraussetzungen zum Gewerbebetrieb waren die Lösung eines Gewerbescheines, wozu nur ein Attest der örtlichen Polizeibehörde über den rechtlichen Lebenswandel des Antragstellers nötig war, sowie die Entrichtung einer bestimmten Steuer im voraus. Nur 34 Gewerbe wurden von der Freigabe ausgenommen, bei diesen[47] wurde ein Qualifikationsnachweis verlangt. Die in Westfalen, Berg und Hessen nach französischem Muster eingerichtete Gewerbesteuer wurde in Preußen übernomen.[48] Sie wurde in sechs Klassen abgestuft und je nach Menge des verbrauchten Materials, Zahl der Arbeiter oder Größe des Betriebes erhoben. Die Tatsache, daß die so folgenschwere Freigabe der Gewerbe eigentlich nur nebenbei im Rahmen einer umfassenderen Finanzreform-Gesetzgebung ausgesprochen wurde, erklärt die Mängel, die dem Gesetz besonders in gewerbepolizeilicher Hinsicht noch anhafteten. Es beschränkte sich auf die rein negative Maßnahme der Aufhebung des Zunftzwanges, unterließ es aber, die Formen, innerhalb derer sich die Gewerbefreiheit bewegen sollte, genau zu bestimmen. Die Behörden beeilten sich, das Versäumte nachzuholen, und am 7. September 1811 erfuhr das Gewerbesteuer-Gesetz seine notwendige Ergänzung durch das Gewerbepolizei-Gesetz,[49] das die Gewerbefreiheit im wesentlichen bestätigte und den vorläufigen Abschluß der neuen inneren Gewerbegesetzgebung bildete. Damit hatte Hardenberg den ersten Schritt auf dem Wege zur liberalen Wirtschaftsverfassung getan. Ganz unmißverständlich formulierte später der Freiherr vom Stein seine Absage an dieses System:[50] „Dieses war der Neuerungssucht Hardenbergs vorbehalten, ich hatte daran keinen Anteil."

[46] *Gesetz-Sammlung . . . 1810,* S. 79—94.

[47] Dazu gehörten Ärzte, Apotheker, die wichtigsten Baugewerbe, Schornsteinfeger, Hersteller von chirurgischen Instrumenten, Makler usw.

[48] Über die Einführung der Gewerbefreiheit berichten ausführlich K. von Rohrscheidt, *Vom Zunftzwang . . .*, und die beiden Arbeiten von Hugo Roehl, *Beiträge zu den Folgen der absoluten Gewerbefreiheit der preußischen Gesetze vom 2.11.1810 und 7.9.1811,* Diss. Greifswald 1899, und ders., *Beiträge zur preußischen Handwerkerpolitik vom Allgemeinen Landrecht bis zur Allgemeinen Gewerbeordnung von 1845* (= Staats- und sozialwissenschaftliche Forschungen, Bd. 17, Teil 4), Leipzig 1900.

[49] *Gesetz-Sammlung . . . 1811,* S. 263 ff. Auch dieses Edikt ließ aber noch viele Fragen ungelöst, entbehrte vor allem der nötigen Konsequenz bei der Durchsetzung der Gewerbefreiheit und nahm sogar einige Bestimmungen zurück, die in unserem Zusammenhang jedoch unwesentlich sind. Vgl. E. Klein, *Von der Reform . . .*, S. 110 ff.

[50] H. Freymark, *Die Reform der preußischen Handels- und Zollpolitik . . .*, S. 28.

Das fortschrittliche preußische Beamtentum ging nun daran, auch die zweite Forderung des Smithianismus, den Freihandel, für die Monarchie einzuführen. Es herrschte hierbei allerdings nicht die bei der Einführung der Gewerbefreiheit beobachtete Übereinstimmung der Behörden, und es gab auch unter den Beamten manche Stimme, die vor Überstürzung warnte.[51] Allen Argumenten der bedächtigen und skeptischen Referenten zum Trotz wurde das neue Zollgesetz nach jahrelangen Verhandlungen am 26. Mai 1818 vollzogen.[52] Die beiden ersten Paragraphen bedeuteten die Liquidation des so sehr umkämpften Prohibitiv-Systems: „Alle fremden Erzeugnisse der Natur und Kunst können im ganzen Umfang des Staates eingebracht, verbraucht und durchgeführt werden. Allen inländischen Erzeugnissen der Natur und Kunst wird die Ausfuhr verstattet." Als Verbrauchssteuer sollten von den fremden Manufakturwaren 10% des Wertes erhoben werden, „sie soll aber geringer sein, wo es unbeschadet der inländischen Gewerbsamkeit geschehen kann." Damit hatte Preußen den niedrigsten Zolltarif aller europäischen Staaten eingeführt.[53]

Das Zollgesetz stellte also die Handelsfreiheit an die Seite der Gewerbefreiheit. In einem Ring merkantilistisch orientierter Länder, die ihre Industrien trotz aller liberalen Theorien mit hohen Zöllen und Importverboten schützten, wurde Preußen das einzige Land, in dem man den Smithianismus nicht nur als Theorie zur Kenntnis nahm und diskutierte, sondern wo er tiefgreifende und einschneidende Realität wurde. „Was die tiefsten Geister, die sich je mit Staatswirtschaft beschäftigt, in reiner Anschauung der Realität der Dinge gefunden und gelehrt, hatte Preußen unter allen Staaten zuerst den Mut zur Ausführung zu bringen"[54] — freilich, und das ist eine sehr wichtige Einschränkung, „nur in der in Preußen entstellten Form."[55]

Dieser radikalen Einführung des liberalen Wirtschaftssystems hatte der Freiherr vom Stein von jeher skeptisch gegenübergestanden. Weder Gewerbefreiheit noch Freihandel schienen ihm für die preußischen Verhältnisse vorläufig tragbar zu sein. Die folgenden Jahre mußten erweisen, ob der tiefblickende

[51] Vgl. den 2. Abschnitt der Arbeit von Ilja Mieck, *Preußische Gewerbepolitik in Berlin 1806-1844. Staatshilfe und Privatinitiative zwischen Merkantilismus und Liberalismus* (= Veröffentlichungen der Historischen Kommission, Bd. 20, Publikationen zur Geschichte der Industrialisierung, Bd. 1), Berlin 1965.

[52] *Gesetz-Sammlung . . . 1818,* S. 65—143.

[53] William Otto Henderson, *The Zollverein,* Cambridge 1939, S. 43.

[54] Leopold von Ranke, *Zur Geschichte der deutschen, insbesondere der preußischen Handelspolitik von 1818 bis 1823,* in: Ders., *Sämtliche Werke,* Bd. 49/50, hrsg. von Alfred Dove, Leipzig 1887, S. 294.

[55] W. Treue, *Wirtschaftszustände . . .,* S. 140.

Staatsmann Stein die zerstörenden Kräfte einer freien Konkurrenz über- und die gewerblichen Möglichkeiten der einheimischen Industrie unterschätzt hatte, als er vor einer bedingungslosen Verwirklichung der neuen Gedanken warnte.

Zuvor muß jedoch auf die Bedeutung der neuen Gesetze für den späteren wirtschaftlichen Aufschwung Preußens hingewiesen werden. Das Oktober-Edikt hatte durch die Aufhebung der Erbuntertänigkeit für die Landbevölkerund die Freizügigkeit eingeführt. Damit bestand die rechtliche Möglichkeit einer Abwanderung vom Land in die Stadt, die auch tatsächlich bald einsetzte und sich in den folgenden Jahren, durch die enttäuschende Kehrseite der Bauernbefreiung erheblich verstärkt, zur Landflucht steigerte.[56] Aus dem raschen Anwachsen der Einwohnerzahl Berlins läßt sich diese Entwicklung nachweisen: Von 1801 (172 988 Einw.) bis 1846 (397 767 Einw.)[57] hatte sich die Bevölkerung um fast 130% erhöht. Dabei spielte der Geburtenüberschuß nur eine sekundäre Rolle.[58] Für den Zeitraum von 1816 bis 1837[59] steht der natürlichen Bevölkerungsvermehrung um 20 986 ein Zuzug von außerhalb von 62 407 Menschen gegenüber, also etwa das Dreifache. Pro Jahr sind demnach rund 4000 Zuwanderer anzunehmen. Diese Zahl stieg seit dem Ende der 30er Jahre sehr schnell an: 1845 wurde bereits ein Zuzug von 17 000 Menschen registriert.[60]

Auf die sich daraus ergebenden vielfältigen Probleme vor allem sozialer Natur kann im Rahmen der vorliegenden Arbeit nur hingewiesen werden; uns interessiert dieser Bevölkerungszuwachs insofern, als dadurch der steigende Bedarf an Arbeitskräften seitens der sich entwickelnden städtischen Industrie aus diesem Reservoir gedeckt werden konnte.

Zu dem Oktober-Edikt, das die Zuwanderung von Arbeitern in die Städte ermöglichte, bildete das Gesetz über die Gewerbefreiheit eine wichtige Ergänzung, indem durch die Aufhebung des Zunftzwanges die innerstädtische „Mobilität der Arbeitskräfte“,[61] die Freizügigkeit für den gewerblichen Sektor

[56] Vgl. Georg Friedrich Knapp, *Die Bauernbefreiung und der Ursprung der Landarbeiter in den älteren Teilen Preußens,* Bd. 1, Leipzig 1887, passim.

[57] Otto Wiedfeldt, *Statistische Studien zur Entwicklungsgeschichte der Berliner Industrie von 1720 bis 1890* (= Staats- und sozialwissenschaftliche Forschungen, Bd. 16), Leipzig 1899, S. 81.

[58] Der Geburtenübeschuß betrug z.B. 1824: 1145 (Valentin Heinr. Schmidt, *Wegweiser für Fremde und Einheimische durch Berlin und Potsdam,* 6. Aufl., Berlin 1827, S. 59) und 1842: 3162 (Ernst Fidicin, *Berlin historisch und topographisch dargestellt,* Berlin 1843, S. 46).

[59] Johann Gottfried Hoffmann, *Die Bevölkerung des preußischen Staates,* Berlin 1839, S. 110.

[60] Friedrich Saß, *Berlin in seiner neuesten Zeit und Entwicklung,* Leipzig 1846, S. 247.

[61] Ulrich Peter Ritter, *Die Rolle des Staates in den Frühstadien der Industrialisierung. Die*

der Wirtschaft hergestellt wurde. Daneben gab diese Maßnahme jedem tüchtigen Gewerbetreibenden die Chance, sich und seine Leistungskraft im freien Konkurrenzkampf zu messen. Und schließlich darf eine weitere Konsequenz der Gewerbefreiheit nicht übersehen werden. Hatte das Allgemeine Landrecht bei Fabrikgründungen eine landesherrliche Konzession vorausgesetzt,[62] so galt diese Bestimmung seit 1810 als aufgehoben. Grundsätzlich waren keine besonderen Konzessionen für die Anlage von Fabriken nötig, allerdings mußten in einigen Fällen bau- oder feuerpolizeiliche Genehmigungen eingeholt werden.

So konnte erst in der Folge dieser beiden Gesetze ein allgemeiner Arbeitsmarkt entstehen, der für die sich durchsetzende kapitalistische Wirtschaftsform unentbehrlich war, weil der steigende Bedarf an Fachkräften und ungelernten Arbeitern unmöglich aus der innerstädtischen Bevölkerung und den oft abgeschlossenen, monopolartigen Zünften zu decken war. Um bei der wachsenden Ausdehnung der Stadt das Angebot auf dem Arbeitsmarkt etwas zu kanalisieren und die Nachfrage schneller und leichter befriedigen zu helfen, hatten einige findige Leute bereits in den 20er Jahren Büros eröffnet, in denen „Erkundigungen über Arbeiter und Arbeit angestellt werden" konnten[63] — der Anfang eines neuen Gewerbes, der Stellenvermittlung, was damit gemacht, denn die von früher bei manchen Zünften noch bestehenden Arbeitsvermittlungen[64] konnten für das neue Wirtschaftssystem kaum eine Bedeutung besitzen.

Ebenfalls hatte das Zollgesetz von 1818 für die wirtschaftliche Entwicklung Preußens eine doppelte Bedeutung. Neben einer Proklamierung des Freihandels, über deren Folgen noch zu sprechen sein wird, bestimmte das Gesetz im § 17 die Aufhebung sämtlicher noch existierender Binnenzölle in Preußen.[65] Diese Binnenzölle waren seit langem umstritten, gab es doch in den alten Provinzen noch 1817 nicht weniger als 57 Zoll- und Akzisetarife, die 2775 Gegenstände besteuerten[66] und von Ranke „Register der Technologie und Naturgeschichte, gleichsam Lexika aller Gegenstände des menschlichen Lebens" genannt wurden.[67] Zwar hatte man durch die Ende 1805 ausgespro-

Preußische Industrieförderung in der ersten Hälfte des 19. Jahrhunderts (= Volkswirtschaftliche Schriften, Bd. 60), Berlin 1961, S. 50.

[62] *Allgemeines Landrecht für die preußischen Staaten,* Buch II, Titel 8, § 410.

[63] *Magistrats-Akten, Gewerbesachen,* Generalia Nr. 90 (13853), fol. 36.

[64] K. Hinze, *Die Arbeiterfrage . . .,* S. 71.

[65] *Gesetz-Sammlung . . . 1818,* S. 68.

[66] Hermann Oncken/Friedrich Ernst Moritz Saemisch, *Vorgeschichte und Begründung des deutschen Zollvereins 1815–34* (= Veröffentlichungen der Friedrich-List-Gesellschaft, Bd. 8), Bd. 1, Berlin 1934, S. 39.

[67] L.v. Ranke, *Zur Geschichte . . .,* S. 261.

chene Aufhebung der Landbinnenzölle in den alten Provinzen[68] einen ersten Schritt zu einer umfassenden Reform der Akzise- und Zollgesetzgebung versucht, aber der Krieg unterbrach die weitere Durchführung. Das Gesetz von 1818 machte nun aus Preußen erstmals ein einheitliches Wirtschaftsgebiet mit innerer Verkehrsfreiheit, d.h. es stellte einen Binnenmarkt her, der etwa 5000 Quadratmeilen mit 10,5 Millionen Menschen umfaßte.[69] Damit war ein schweres Hindernis des wirtschaftlichen Aufschwunges Preußens beseitigt, denn nur ein relativ großer und gesicherter Absatzmarkt, der von kostenerhöhenden Faktoren weitgehend befreit ist, bietet die Aussicht auf genügenden Umsatz, auf Rentabilität und Gewinn und damit den Anreiz, Kapital und Initiative in neue industrielle Unternehmungen zu investieren.

So sind also die Gesetze von 1808, 1810 und 1818 von erheblicher Bedeutung für die wirtschaftliche Entwicklung Preußens und Berlins in der ersten Hälfte des 19. Jahrhunderts, wobei allerdings betont werden muß, daß bei den dafür Verantwortlichen die eben dargestellten volkswirtschaftlichen Konsequenzen für die Bildung eines freien Arbeits- und Binnenmarktes nur eine untergeordnete Rolle spielten, wenn man überhaupt derartige Gedanken in jener Zeit schon annehmen will. Damals ging es vor allem um die Realisierung der Ideen des wirtschaftlichen Liberalismus, um dadurch das Individuum von den überlieferten Vorstellungen staatlicher Fürsorge für Handel und Gewerbe zu lösen und durch gesetzlich erzwungene Besinnung auf eigene Verantwortung und Initiative auf sich selbst zu stellen.

Es bleibt allerdings die Frage, ob diese schroffe Umstellung auf Gewerbefreiheit und Freihandel ohne größere Nachteile für die Gesamtwirtschaft vollzogen werden konnte, oder ob für die preußische Industrie, eben noch durch die Kontinentalsperre vor der starken englischen Konkurrenz geschützt, nunmehr — wie es Stein befürchtete — eine gefährliche Krisensituation entstehen mußte.

Die wirtschaftliche Entwicklung Preußens gab dem Freiherrn vom Stein recht. Wilhelm Treue hat nachgewiesen, daß von einem Aufschwung der Industrie in den ersten Jahren nach Erlaß des Zollgesetzes keine Rede sein konnte.[70] Die mächtige Konkurrenz des westeuropäischen Länder überschwemmte mit ihren Waren den preußischen Markt als den einzigen ohne wesentliche Beschränkung allen Fabrikaten zugänglichen.[71] Das führte zu einer schweren

[68] *Novum Corpus Constitutionum Prussico-Brandenburgensium praecipue Marchicarum* . . ., Teil 11, Berlin 1806, Sp. 3073 ff. (Titel gekürzt).

[69] August Sartorius von Waltershausen, *Deutsche Wirtschaftsgeschichte von 1815 bis 1914*, 2., erw. Aufl., Jena 1923, S. 49.

[70] W. Treue, *Wirtschaftszustände* . . ., passim, bes. S. 244.

[71] „Der Flut militärischer Kräfte, mit der uns Frankreich im Kriege heimgesucht, folgte im Frieden eine Flut merkantiler von England her" (L. von Ranke, *Zur Geschichte* . . ., S. 252).

Krise der inländischen Industrie, die sich von jeder staatlichen Hilfe verlassen sah und schutzlos im aussichtslosen Wettbewerb gegen die überlegenen Auslandsprodukte stand. Es drohte die Gefahr eines völligen Zusammenbruchs verschiedener Industriezweige, besonders der Textilfabrikation. In den Regierungskreisen war man jedoch einsichtig genug, diese Gefahr nicht zu bagatellisieren, und die radikal-liberale Stimmung in der Verwaltung machte in diesen Jahren weniger freihändlerischen Ansichten Platz. 1821 erfolgte eine bedeutsame Revision des Zollgesetzes, die es den wirtschaftlichen Bedürfnissen entsprechend umwandelte und damit den ökonomischen Liberalismus in eine gemäßigtere Richtung drängte; der fast unbeschränkten Einfuhr war jetzt ein Riegel vorgeschoben. Damit ist zwar nicht gesagt, daß die Beschwerden der Fabrikanten nun aufhörten,[72] aber die Tatsache, daß 1834 dem Zollverein das Gesetz von 1818 mit den modifizierten Tarifen von 1821 zugrunde gelegt wurde,[73] zeigt, daß es sich bewährt hatte.

Die Aussöhnung der Gegensätze durch Beuth

Die nächste Aufgabe ergab sich aus der innerwirtschaftlichen Situation des Staates. Die Gewerbefreiheit hatte hier einen Fabrikanten- und Handwerkerstand vorgefunden, der, an Staatsprotektion gewöhnt und zum großen Teil von ihr abhängig, jetzt außerstande war, sich gegenüber der Konkurrenz durchzusetzen.[74] Die Belehrung der Fabrikanten, sie mit modernen Produktionsmethoden und neuen Maschinen bekannt zu machen und sie zu selbständiger Arbeit zu erziehen — das waren die Voraussetzungen, die erfüllt werden mußten, um in Preußen eine lebensfähige Industrie zu schaffen. Das Programm, vom Freiherrn vom Stein vor der Katastrophe von 1806 entworfen, hatte nichts von seiner Aktualität verloren; seine Verwirklichung war durch die neue Gesetzge-

[72] Vgl. I. Mieck, *Preußische Gewerbepolitik* . . ., S. 217 ff.

[73] H. Oncken/F.E.M. Saemisch, *Vorgeschichte und Begründung* . . ., Bd. 1, S. 101.

[74] Friedrich Facius, *Wirtschaft und Staat. Die Entwicklung der staatlichen Wirtschaftsverwaltung in Deutschland vom 17. Jahrhundert bis 1945* (= Schriften des Bundesarchivs, Bd. 6), Boppard 1959, S. 41, vertritt allerdings die Ansicht, daß das „durch die merkantilistische und physiokratische Politik herangebildete Unternehmertum bürgerlicher Herkunft . . . im gesamtwirtschaftlichen Bereich so erstarkt, wagemutig und kapitalkräftig" war, daß es fortan tätig sein konnte, ohne „vom Staat bis ins einzelne geleitet" zu werden. Dieser Auffassung muß aber aufgrund der tatsächlichen Situation, wie sie sich aus den ungedruckten und gedruckten Quellen in etwa rekonstruieren läßt, entschieden widersprochen werden. Den von Facius beschriebenen liberalen Unternehmertyp erst heranbilden zu müssen, war schließlich die zentrale Aufgabe der preußischen Gewerbepolitik in der ersten Hälfte des 19. Jahrhunderts.

bung nur noch dringender geworden. Es kam nur darauf an, daß die Steinschen Ideen in ihrer großzügigen Konzeption von einem Meister auf dem Gebiet der Organisation realisiert werden würden.

Diesen Organisator der Gewerbeförderung fand Preußen in Christian Peter Wilhelm Beuth. In Cleve 1781 geboren, hatte er mit 17 Jahren die Universität Halle bezogen, um die Rechts- und Kameralwissenschaft zu studieren.[75] Beuth zeigte sich wie fast alle seine Kollegen sehr empfänglich für die Smithsche Lehre und wurde ein überzeugter Vertreter des wirtschaftlichen Liberalismus. Er pries sich später glücklich, das Grab Adam Smiths in Edinburgh gesehen zu haben.[76] 1801 trat Beuth in den preußischen Staatsdienst und arbeitete erst bei der kurmärkischen Kriegs- und Domänenkammer, später, bis 1806, beim Manufaktur- und Kommerzien-Kollegium, das damals zum Ressort des Freiherrn vom Stein gehörte. Nach längerer Tätigkeit in Bayreuth und Potsdam wurde der noch nicht 30jährige Beuth Mitglied der Kommission für Reform des Steuer- und Gewerbewesens und 1811 Geheimer Obersteuerrat im Finanzministerium.

In der Zeit bis 1806 wird Beuth die praktische Seite der Steinschen Gewerbeförderung kennengelernt haben; ob ihm das umfassende Programm Steins schon damals bekannt wurde, erscheint zweifelhaft; schließlich war Beuth noch nicht einmal Assessor, und schwerlich wird man den jungen Beamten mit derartigen prinzipiellen Fragen befaßt haben. Als Mitglied der Reformkommission wurde Beuth zwar mit den großen Staatsreformplänen vertraut, aber da Stein die Reform des Gewerbewesens für nicht so dringend hielt und erst von Hardenberg die entscheidenden Impulse hierzu ausgingen, sind auch während dieser Zeit keine direkten Einflüsse Steins auf Beuth zu vermuten. Hier mag jedoch die innere Entscheidung gefallen sein, dem Aufbau des darniederliegenden preußischen Gewerbes seine Lebensarbeit zu widmen, denn im August 1814 wurde Beuth Vortragender Rat beim Gewerbe-Departement.

Dessen Direktor war seit kurzer Zeit der Staatsrat Kunth, ein verdienter Mann, der einst Erzieher der Gebrüder Humboldt gewesen und unter Struensee zum Chef des Manufaktur- und Kommerzien-Kollegiums aufgestiegen war. Mit dem Freiherrn vom Stein hatte Kunth ein herzliches Verhältnis verbun-

[75] Über den Lebensweg Beuths informieren Hans-Joachim Straube, *Christian Peter Wilhelm Beuth*, in: *Deutsches Museum. Abhandlungen und Berichte 2*, Heft 5 (1930); Conrad Matschoß, *Preußens Gewerbeförderung und ihre großen Männer. Dargestellt im Rahmen der Geschichte des Vereins zur Beförderung des Gewerbfleißes in Preußen 1821–1921*, Berlin 1921; Hans Haussherr, Artikel *Beuth*, in: Historische Kommission bei der Bayerischen Akademie der Wissenschaften (Hrsg.), *Neue Deutsche Biographie*, Bd. 2, Berlin 1955, S. 200 f.

[76] C. Matschoß, *Preußens Gewerbeförderung . . .*, S. 18.

den,[77] Stein erkannte die persönlichen Qualitäten Kunths, des wissenschaftlich gebildeten und praktisch geschulten Beamten, der unermüdlich die ihm übertragenen Aufgaben erledigte, und gewann in ihm einen dankbaren und treuergebenen Diener und Freund.

Nicht unbeeinflußt von Stein zeigte sich auch Kunth als Anhänger der gemäßigten Richtung der liberalen Wirtschaftstheorie, die eine Rücksichtnahme auf die besonderen Umstände eines Landes forderte und ein überstürztes Vorgehen verhindern wollte. Da sich keine unmittelbaren Einflüsse Steins auf Beuth nachweisen lassen, liegt die Vermutung nahe, daß die Steinschen Ideen durch die Vermittlung Kunths zu dem jungen Beuth gelangt sind. Folgende Argumente lassen sich dafür geltend machen:

Zweifellos war Kunth das Gewerbeförderungs-Programm Steins bekannt, seine Korrespondenz mit dem gestürzten Minister in den Jahren 1809—1812 trug dazu bei, die Pläne Steins nicht in Vergessenheit geraten zu lassen, umso mehr, da als Vermächtnis Steins die Technische Deputation unter aktiver Mitwirkung Kunths tatsächlich ins Leben getreten war und sich in der ersten Zeit sehr um ihre Aufgaben bemühte. Am 11. Juli 1809 berichtete Kunth dem Freiherrn vom Stein über seine Bemühungen um eine Reform des Gewerbelebens.[78] „Für die Gewerbefreiheit des platten Landes[79] habe ich gesprochen und geschrieben, was möglich ist . . . ebenso wegen Revision des Manufaktur-Handelstarifes, da mir weder die Liberalität in Preußen (= Ostpreußen) noch die hiesige Konfusion gefallen kann; neuerlichst noch für die Freiheit des inneren Wollhandels, für freie Wollgarnausfuhr gegen mäßigen Zoll; für Cockerill."[80] Und dann das Bekenntnis zu dem Freiherrn vom Stein: „Ihre Ideen sollen mir immer leitend bleiben;" gefolgt von der resignierenden Feststellung, daß „wenig zu wirken" sei, weil es den Extremisten immer wieder nur darum ginge, entweder „ein System der Staatswirtschaft aufzustellen oder das vorhandene als das allein seligmachende zu preisen". Die Abhängigkeit Kunths von Stein in der Frage der neuen Wirtschaftsform ist demnach eindeutig geklärt; ebenso klar ist aber auch die Schwierigkeit zu erkennen, sich mit dieser Ansicht gegen die führenden radikalen Vertreter des ökonomischen Liberalismus durchzusetzen.

Warum sollte sich nicht Kunth veranlaßt gesehen haben, nach dem Sieg der radikalen Partei durch die neuen Gewerbegesetze dem 25 Jahre jüngeren Beuth, den er als pflichtbewußten, begabten und energievollen Beamten kennengelernt hatte, die Grundzüge des Steinschen Gewerbeförderungs-Programm mitzutei-

77 Friedrich und Paul Goldschmidt, *Das Lebens des Staatsrats Kunth*, Berlin 1881, S. 40.

78 Freiherr vom Stein, *Briefe* . . ., Bd. 3, S. 516 f.

79 Kunth plädiert also nicht für die allgemeine Gewerbefreiheit!

80 Über Cockerill siehe I. Mieck, *Preußische Gewerbepolitik* . . ., S. 101 f.

len? Man wird nicht fehlgehen, den Staatsrat Kunth als *den* Träger Steinschen Gedankenguts anzusehen, der im Moment höchster Gefahr für die preußische Wirtschaft in dem jungen Beamten seines Departements die zur Überwindung dieser Krise fähige Persönlichkeit erkannte oder vielleicht nur ahnte und die Brücke schlug zwischen Stein, dem gedanklichen Schöpfer, und Beuth, der der große Vollender des Steinschen Systems als Organisator der preußischen Gewerbeförderung werden sollte.

Beuths einzigartige Befähigung, die zunächst rein rezeptiv aufgenommenen Ideen und Theorien der Gewerbeförderung durch die Anwendung auf die besondere Lage der preußischen Industrie zu verwirklichen, und seine überdurchschnittliche organisatorische Begabung bewahrten ihn davor, rein automatisch die Ideen Steins zu realisieren, ohne sie in ihrem tiefen Gehalt erfaßt zu haben. Der Realist Beuth löste sich immer mehr von dem liberalen Dogmatismus und erkannte die Notwendigkeit einer Reform von innen heraus. Damit zugleich sah er für die politisch und wirtschaftlich noch unselbständige Schicht der Gewerbetreibenden die Unmöglichkeit, aus eigenem Antrieb dahin zu gelangen. Die entscheidenden ersten Schritte mußten von oben, d.h. von den Regierungsbehörden ausgehen und intensiv gefördert werden. Nicht der Gewerbestand, sondern die Verwaltung trug durch die jahrelange protektionistische Politik die Verantwortung für den Verfall jeden privaten Unternehmungsgeistes, ohne den die Wirtschaft in dem jetzt heraufbeschworenen Existenzkampf nicht bestehen konnte. Mit unvergleichlicher Präzision formulierte Beuth einmal seinen Grundsatz, auf dem das gesamte Programm einer erfolgreichen Gewerbeförderung aufbauen mußte:[81]

„Ein Staat, der wie der preußische seinen Fabrikanten nicht durch Einfuhrverbote oder abnorme Eingangsabgaben Prämien bewilligt, die es überflüssig machen, sich viel um sie zu bekümmern, der sie vielmehr dem Wind und Wetter der Konkurrenz aussetzt, hat auch meines Erachtens die Pflicht, sie mit den Mitteln bekannt zu machen, die Konkurrenz siegreich zu bestehen."

Die ganze Problematik der sich daraus notwendig ergebenden staatlichen Gewerbeförderung umriß Beuth in seiner Rede zur Eröffnung der ersten Sitzung des Berliner Gewerbevereins. Nach Hinweisen auf bereits bestehende Gewerbevereine im Ausland erklärte er das gänzliche Fehlen solcher Vereine in Preußen dadurch,[82] „daß der Stand der Manufakturisten und Fabrikanten in

[81] Schreiben Beuths vom 21. Dezember 1839, in: Ehemaliges Preußisches Geheimes Staatsarchiv, heute Deutsches Zentralarchiv, Abtlg. Merseburg, Rep. 120, Akten des Preußischen Ministeriums für Handel und Gewerbe, D I 1, 30.

[82] Die Eröffnungsrede Beuths ist abgedruckt in den *Verhandlungen des Vereins zur Beförderung des Gewerbfleißes in Preußen*, Bd. 1 (1822), S. 15—17.

Preußen lange gewohnt war, von der Fürsorge der Regierung und von ihrer unmittelbaren Einwirkung allein das zu erwarten, was er sich größtenteils selbst hätte sein können und sollen", und fuhr fort: „Wenn auch diese Fürsorge in neueren Zeiten nicht vermindert worden ist, sondern nur eine andere Richtung dahin erhalten hat, Verbesserungen einzuführen und zu verbreiten, so kann doch die aufmerksamste Regierung nicht alles sehen."

Das höchste Motiv der Gewerbepolitik Beuths war die Erweckung der verkümmerten Privat-Initiative durch die Mittel, die der staatlichen Gewerbeförderung zur Verfügung standen. Dabei ließ es sich nicht immer vermeiden, daß man auf Methoden zurückgriff, deren merkantilistischer Charakter außer Zweifel stand. Jetzt aber dienten diese merkantilistischen Maßnahmen nicht mehr dem absolutistischen Zweck der allgemeinen Wirtschaftsexpansion. Durch das von Stein und Beuth in den Mittelpunkt gestellte nationalpädagogische Element erhielten sie einen neuen inneren Gehalt, eine tiefere ethische Legitimierung.

Ein geläuterter Merkantilismus und ein gemäßigter Liberalismus erfuhren durch die organisatorischen Fähigkeiten Beuths ihre Synthese und fanden in seiner Gewerbepolitik ihren Niederschlag.

Die Organe der Gewerbeförderung

Das Charakteristische der preußischen Gewerbeförderung in der Zeit von 1820 bis 1845 ist die klare einheitliche Linie, mit der alle Mittel und Methoden dem einen leitenden Prinzip der Belehrung und Ertüchtigung der Gewerbetreibenden untergeordnet wurden. Auf die noch wenig konsolidierten Verhältnisse der ersten Jahre nach den Napoleonischen Kriegen folgte jetzt eine Zeit, in der die Gewerbepolitik unter der Gesamtleitung Beuths deutliche Vorstellungen von ihren Aufgaben gewann und sich ernsthaft bemühte, die Probleme entsprechend den Forderungen des Beuthschen Programms zur Lösung zu führen.

Ausgangspunkt der gesamten staatlich gelenkten Gewerbeförderung war die Schlüsselstellung Beuths. Zunächst nur Chef der Abteilung für Handel und Gewerbe im Ministerium, wurde er 1819 zum Direktor der reorganisierten Technischen Deputation für Gewerbe ernannt. Um Kontakt mit den Gewerbetreibenden zu gewinnen, stiftete Beuth 1821 den Verein zur Beförderung des Gewerbfleißes, in dem er selbst den Vorsitz übernahm. Im gleichen Jahr eröffnete er eine Fachschule für angehende Werkmeister und Fabrikanten, das spätere Gewerbe-Institut. Auch hier hatte sich Beuth die Stellung eines Direktors selbst vorbehalten. Schließlich brachte das Jahr 1829 die Bestellung Beuths zum Direktor der 1799 gegründeten Bau-Akademie. Alle wichtigen Positionen waren damit in der Hand Beuths vereinigt und die Voraussetzungen für eine einheitlich ausgerichtete Gewerbepolitik erfüllt.

Ein eindrucksvolles Bild der konkreten Praxis der Gewerbeförderung ergibt sich aus der Situation in der Hauptstadt Berlin, der einzigen Industriestadt von Bedeutung im Osten der Monarchie. Hier standen Beuth alle administrativ oder pädagogisch wirkenden gewerbefördernden Institutionen zur Verfügung. Um sie erfolgreich einsetzen zu können, bedurfte es der Überlegung, welche praktischen Aufgaben die Gewerbeförderung erwarteten. War man sich über diese Ziele klar geworden und hatte man die Hemmnisse, die auftreten konnten, erkannt, ergaben sich die Mittel der Gewerbeförderung aus der Konzeption Beuths fast von selbst.

Die Ministerial-Instanz

Zunächst ist eine kurze Darstellung der Entwicklung nötig, welche die Regierungs-Instanz für das Gewerbewesen in der ersten Hälfte des 19. Jahrhunderts genommen hat. Bei der Umgestaltung der obersten Staatsbehörden am 16. Dezember 1808 wurde im Innenministerium eine besondere „Sektion für Gewerbepolizei" eingerichtet.[83] Ihre Zuständigkeit erstreckte sich auf die Gewerbepolizei „im allgemeinen Sinne des Wortes, sowohl in Beziehung auf Produktion als Fabrikation und Handel". Leiter des neuen Gewerbe-Departements wurde der Geh. Finanzrat v. Schön,[84] bis der Innenminister Graf Dohna 1809 selbst den Posten übernahm. Zu dessen Nachfolger ernannte Hardenberg 1810 den Geh. Staatsrat von Schuckmann. Von diesem ging die Sektion am 24. April 1812 an den Geh. Staatsrat Sack. Am 3. Juni 1814 kam es zu einer Kompetenz-Regulierung zwischen Finanz- und Innenministerium.[85] Die Handels- und Gewerbe-Angelegenheiten wurden unter dem Direktor Kunth dem Finanzminister von Bülow unterstellt, während die „eigentlich polizeilichen" Angelegenheiten von Handel und Gewerbe an den Innenminister

[83] *Gesetz-Sammlung . . . 1806–1810,* S. 364.

[84] Die folgenden Angaben sind zusammengestellt nach: 1) *Gesetz-Sammlung; 2) Deutsches Zentralarchiv Merseburg,* Rep. 120 A I 1, 23; Vol. 1—6; 3) Rose, *Kurze zusammenfassende Geschichte des preußischen Handelsministeriums,* handschriftlich im Repertorium Rep. 120 BB I-IV, S. I bis VIII; 4) Hans Heinrich Borchard, *50 Jahre Preußisches Ministerium für Handel und Gewerbe,* Berlin 1929, S. 13—18; 5) Herbert Buck, *Zur Geschichte der Produktivkräfte und Produktionsverhältnisse in Preußen 1810–1933. Spezialinventar des Bestandes Preußisches Ministerium für Handel und Gewerbe,* Bd. 2 (= Schriftenreihe des Deutschen Zentralarchivs 2), Berlin [Ost] 1960, S. 12—18; 6) F. Facius, *Wirtschaft und Staat . . .,* S. 46 ff.

[85] O. Hintze, *Das preußische Staatsministerium . . .,* S. 608.

von Schuckmann überwiesen wurden. Nach dem Ausscheiden Kunths am 7. Februar 1816 übernahm der Oberregierungsrat Maaßen die Leitung der Sektion.

Im Juli 1816 zweigte man von der „Abteilung für Handel, Gewerbe und Bauwesen", wie das Departement seit 1814 genannt wurde, das Bauwesen unter Oberbaurat Eytelwein ab. Als von Bülow wegen der Differenzen über das neue Zoll- und Steuergesetz die Leitung des Finanzministeriums an Klewitz abgab, übertrug man Bülow am 3. November 1817 ein eigenes „Ministerium für Handel, Gewerbe und Bauwesen". Die Abteilungen für Handel und Gewerbe (Maaßen) und für Bauwesen (Eytelwein) kamen geschlossen an das neue Ministerium.

Am 3. Juni 1818 wurde Maaßen von dem Geh. Finanzrat Beuth abgelöst, der von jetzt an die Geschicke des Gewerbe-Departements für 27 Jahre, bis 1845, leiten sollte. Schon nach wenigen Jahren, am 27. Juni 1825, gab von Bülow das Handelsministerium wieder ab. Es verlor seine selbständige Stellung und ging als Sektion an das Ministerium des Innern und der Polizei. Weil jedoch die Führung der Geschäfte des ehemaligen Handelsministeriums beim Innenministerium bald einen zu großen Umfang annahm, übertrug eine Kabinettsordre vom 16. Januar 1828 ihre Leitung an Beuth, der damit „Vorstehender Rat der Abteilung für Handel und Gewerbe" mit einem Jahresgehalt von 3500 Rtlr. wurde.[86]

Im Jahre 1830 kam es wiederum zur Bildung eines eigenen Ministeriums. Alle wirtschaftlichen Belange wurden im „Ministerium des Innern für Handel und Gewerbeangelegenheiten" zusammengefaßt und dem bisherigen Innenminister von Schuckmann unterstellt. Sämtliche Verwaltungsgegenstände anderer Art blieben beim „Ministerium des Innern und der Polizei" unter von Brenn. Beuth wurde unter von Schuckmann im Dezember 1830 zum Wirklichen Geheimen Oberregierungsrat ernannt.[87]

Dem Handelsministerium entzog dann eine K.O. vom 28. April 1834 die Handels-, Fabrik- und Bausachen, die — immer noch unter der Direktion von Beuth — ans Finanzministerium gelangten. Die beim Handelsministerium verbleibenden gewerbepolizeilichen Geschäfte übernahm v. Brenn. Von Januar 1835 bis April 1837 existierte unter dem Seehandlungs-Präsidenten Rother eine eigene Verwaltung für Handels-, Fabriken- und Bau-Angelegenheiten, die selbständig neben den Ministerien stehen sollte.[88] Da sich aber diese Organisation nicht bewährte, unterstellte man am 4. April 1837 dieses Ressort wieder dem

[86] Deutsches Zentralarchiv Merseburg, Rep. 120 A I 3, 2.

[87] *Ebda.*

[88] O. Hintze, *Das preußische Staatsministerium . . .*, S. 609.

Finanzminister, wohin jetzt auch die bisher von von Brenn bearbeiteten gewerbepolizeilichen Geschäfte gingen, so daß das zweite preußische Handelsministerium am 13. Dezember 1837 aufgelöst wurde. Die Gründe dieses wiederholten Schwankens bedürften einer eingehenden Untersuchung, die im Rahmen dieser Arbeit nicht durchzuführen ist.

Die gesamte Handels- und Gewerbeverwaltung gehörte in den folgenden Jahren zum Bereich des Finanzministeriums unter den Ministern Alvensleben, Bodelschwingh und Flottwell. Nach dem Ausscheiden Beuths im Jahre 1845 wurde von Pommer-Esche ihr Direktor. 1848 kam es dann zur Bildung des dritten preußischen Handelsministeriums. Damit war endlich eine Lösung gefunden, die nicht nur vorübergehender Natur war.

Dem Gewerbe-Departement bzw. dem jeweils übergeordneten Ministerium stand für die Zwecke der Gewerbeförderung ein „Fonds für gewerbliche Zwecke", auch „Fabriken-Verbesserungs-Fonds" genannt, in Höhe von 65 000 Rtlr. jährlich zur Verfügung.[89] Diese Mittel wurden verwendet „zur Beförderung gewerblicher Anlagen durch richtigere Einrichtungen und besseres Werkzeug", zur Edition von Mitteilungen und Büchern, für die Technische Deputation und deren Einrichtungen, für das Gewerbe-Institut und für die Provinzial-Gewerbeschulen. Eine K.O. vom 24. Dezember 1828 erhöhte die Summe für die nächsten fünf Jahre auf 100 000 Rtlr. Dieser Betrag erwies sich als ausreichend und den Anforderungen entsprechend und wurde seit 1833 auch weiterhin beibehalten.

Die Technische Deputation für Gewerbe

Dem Gewerbe-Departement war durch Absatz 8, Ziffer 1 des Publikandums vom 16. Dezember 1808 die zu errichtende „technische Gewerbe- und Handelsdeputation" untergeordnet worden.[90] Diese sollten sich zusammensetzen aus einigen Staatsbeamten, Gelehrten, Künstlern, Landwirten, Fabrikanten und Kaufleuten, „welche die erforderliche wissenschaftliche oder praktische Bildung haben". Ihr Zweck sollte sein, „das Wissenschaftliche der ganzen Gewerbekunde in ihren Fortschritten zu verfolgen."

Über die Ausführung dieses Plans gab als erster Kunth sein Votum ab,[91] das

[89] Deutsches Zentralarchiv Merseburg, Rep. 120 A VII 2, 14; Vol. 2.

[90] *Gesetz-Sammlung . . ., 1806–1810,* S. 365. Auch bei Freiherr vom Stein, *Briefe . . .,* Bd. 2, Teil 2, S. 1001 ff.

[91] Deutsches Zentralarchiv Merseburg, Rep. 120 A II 1, 1; Vol. 1. Diese Akten benutzte auch Conrad Matschoß, *Geschichte der Kgl. Technischen Deputation für Gewerbe,* in: *Beiträge zur Geschichte der Technik und Industrie,* Bd. 3 (1911), S. 239—275.

u.a. für besoldete Mitglieder eintrat, gleichzeitig aber auch die Notwendigkeit betonte, durch Mitwirkung der Regierung „eine Privatgesellschaft zur Ermunterung der technischen Gewerbe zu stiften". Der Staatsrat Hoffmann verlangte dagegen eine jährliche Berufung ehrenamtlich tätiger Fachleute, um so laufend eine Auswahl „der rüstigsten, tätigsten und wahrhaftigsten Männer" treffen zu können. Nach weiteren Gutachten Kunths und Hoffmanns und endlosen Verhandlungen genehmigte Hardenberg am 7. Oktober 1811 die Organisation der Technischen Deputation in etwa dem Sinne, den Kunth bereits in seinem ersten Votum vertreten hatte.

Die permanenten, fest besoldeten Mitglieder der Deputation waren: der Geh. Oberfinanzrat Eichmann, der bekannte Chemie-Professor, Obermedizinalrat und Geheime Rat Hermbstaedt, Professor Wolff, die Fabrikenkommissare Weber und May, der Berliner Kaufmann Liebermann Schlesinger und der Architekt Frank. Eichmann bekam als Vorsitzender 500, die übrigen Mitglieder je 200 Rtlr. Gehalt mit Ausnahme von Hermbstaedt, „der bereits in anderen Verhältnissen eine ansehnliche Besoldung bezieht" und ehrenamtlich mitarbeitete. Für Korrespondenz und Journale standen der Deputation für 1811/12 nur 200, für die folgenden Jahre je 600 Rtlr. zur Verfügung.[92]

Der Departements-Chef Sack formulierte im Juni 1812 die Aufgabe der Kgl. Technischen Gewerbe- und Handelsdeputation wie folgt:[93] „Die . . . Deputation ist dazu bestimmt, die Gewerbekunde des In- und Auslandes zu bearbeiten und praktisch nutzbar zu machen. Deshalb liest sie die darauf Bezug habenden Journale und Schriften und beobachtet dasjenige, was auf dem großen Felde der Gewerbsamkeit im allgemeinen und bei uns vorgeht." Die Deputation wurde beauftragt, dem Gewerbe-Departement monatlich Bericht über ihre Tätigkeit zu erstatten.

Wirklich entfaltete die Technische Deputation in der ersten Zeit ihres Bestehens eine große Rührigkeit. Kunth zeigte sich mit ihrer Arbeit recht zufrieden, wenigstens „bis die Zeitumstände gestatten, ihre Organisation und Wirksamkeit zu erweitern". Die monatlich eingehenden Berichte wurden jedoch, nachdem der anfängliche Elan bald nachgelassen hatte, immer eintöniger, was man teilweise durch die gespannte politische Lage entschuldigte, die das Ausbleiben der ausländischen Zeitschriften zur Folge habe. Von Juli 1812 bis zum Mai 1814 sind die Berichte regelmäßig eingegangen.[94] Seitdem wurde es üblich, längere

[92] Deutsches Zentralarchiv Merseburg, Rep. 120 A VII 2, 7.

[93] Deutsches Zentralarchiv Merseburg, Rep. 120 A IV 2, 1. Danach auch das Folgende.

[94] Alle diese Berichte befinden sich in: Deutsches Zentralarchiv Merseburg, Rep. 120 A IV 2, 1; es fehlen nur die für September 1813 und März 1814. Über den Inhalt dieser Berichte vgl. das Buch des Autors: *Preußische Gewerbepolitik* . . ., S. 62 ff.

Zeiträume in einem Bericht zusammenzufassen, allerdings ohne daß man dadurch den Inhalt interessanter gestaltete. Die Arbeit der Deputation verlor sich mehr und mehr in Routine.

Seit Ende 1815 taucht in den Marginalien zu den eingegangenen Berichten eine neue Schrift auf von kleinen, eigenartig geschriebenen, etwas zittrig anmutenden und oft schwer lesbaren Buchstaben: Beuth machte seine Bemerkungen zu den spärlichen Berichten und der lahmenden Arbeitsweise der Deputation. Seine harte Kritik faßte er in einem Votum vom 26. Juni 1817 zusammen[95] „Man wollte den Gewerben durch besoldete Techniker helfen, die wenig kosten sollten, und so entstand es, daß man faule Handwerker, bankerotte Fabrikunternehmer als Vorbild und Ratgeber etc. aufstellte." Wirklich hatte es sich gezeigt, daß man bei der Wahl der Deputations-Mitglieder keine glückliche Hand gehabt hatte. Eichmann war häufig krank und bat deshalb im Februar 1818 um Dispensation. Hermbstaedt wurde sein Vertreter. Von Professor Wolff hörte man nur etwas, wenn er Urlaubsgesuche an den Minister richtete. Er und Liebermann Schlesinger wurden bei der endlich durchgeführten Reorganisation der Deputation von ihren Pflichten entbunden. Als neues Mitglied kam der Fabrikenkommissar Wuttig hinzu.

Beuth legte seine Vorschläge für eine gründliche Umbildung der Behörde in einem Regulativ vom 24. Januar 1818 nieder. Eine K.O. vom 4. März 1819 mußte den noch nicht 40jährigen und energiegeladenen Chef des Gewerbe-Departements darauf hinweisen, „daß die Gewerbe-Deputation nur beratende und belehrende Behörde sei, niemals aber an der Verwaltung teilnehmen soll". Mit seiner Ernennung zum Direktor der Deputation am 21. Juli 1819 erhielt Beuth jedoch freie Hand für seine weitreichenden Pläne, und Hermbstaedt schrieb an von Bülow:[96] „ . . . und freue mich ungemein, daß die Deputation in der Person des Herrn . . . Beuth nunmehr wieder einen wirklichen Direktor erhalten hat." Damit hatte Beuth die zweite seiner fünf Schlüsselpositionen im preußischen Gewerbeleben erlangt.

Die „Königliche Technische Deputation für Handel und Gewerbe", wie sie nun hieß, zählte als ihr vornehmstes Mitglied den Geh. Oberbaurat Schinkel, der auf Betreiben Beuths ernannt worden war. Die übrigen waren die schon bekannten Hermbstaedt, Weber, May und Frank; dazu kamen der Fabriken-Kommissions-Rat Severin, der Direktor der Eichungskommission und Technische Konsulent Oberbergrat Schaffrinsky und der Oberbaurat und Maschinenbaumeister Crelle.

[95] Deutsches Zentralarchiv Merseburg, Rep. 120 A II 1, 1; Vol. 2.

[96] *Ebda.:* Brief Hermbstaedts vom Juli 1819.

Der Etat der Technischen Deputation für Gewerbe[97] betrug in den ersten Jahren ihres Bestehens 3 500 Rtlr., 1828 erhöhte man diese Summe auf 4 000 Rtlr., die aber schon im folgenden Jahr um 253 Rtlr. überzogen wurden. Als auch die daraufhin seit 1830 bewilligten 4 500 Rtlr. nicht ausreichten, gestand man der Deputation 1838 zum Ausgleich ihres Saldo eine einmalige Summe von 5 000 Rtlr. zu.

Der Verein zur Beförderung des Gewerbfleißes

In dem großen Programm der Gewerbeförderung, an dem Beuth arbeitete, stand an entscheidender Stelle die Ermunterung privater Kreise zur aktiven Mitarbeit auf diesem so unendlich wichtigen Gebiet. Die geeignetsten Leute dafür waren natürlich die Beamten des Handelsministeriums. Sie waren mit der Materie vertraut, kannten alle Möglichkeiten einer erfolgreichen Gewerbeförderung und wußten sich in Übereinstimmung mit den Zielen der Regierung. Um mit den führenden Fabrikanten Berlins in persönliche Fühlung zu kommen, pflegte Beuth an den Sonntagnachmittagen in seinem Heim Zusammenkünfte zu arrangieren, die dem Austausch von Erfahrungen und Gedanken dienen sollten. In diesem Kreis wurde der Plan zur Gründung eines Gewerbevereins gefaßt. Beuth arbeitete die Statuten aus und legte den Entwurf dem Minister von Bülow vor.[98] Neben Beuth unterzeichneten die Vorlage der Leiter einer Lackierfabrik Dr. Wagenmann, der Kattundruckerei-Besitzer Dannenberger, der Seidenfabrikant Gropius, der Maschinenbauer und Unternehmer der bedeutenden Berliner Maschinenspinnerei Wilhelm Tappert, der Mechaniker Pistor und Feilner, der Besitzer der größten keramischen Fabrik Berlins und enge Freund Schinkels. Nach der Genehmigung des Antrages fand am 15. Januar 1821 die Gründungsversammlung statt; 140 Berliner und fünf auswärtige Mitglieder wohnten ihr bei.

Die Statuten umrissen Ziele und Aufgaben des „Vereins zur Beförderung des Gewerbfleißes in Preußen".[99] Sein Zweck ging dahin, „die Entwicklung und den Aufschwung der Gewerbe im Preußischen Staate möglichst zu befördern ... Kenntnisnahme von dem Zustand der Gewerbsamkeit im In- und Auslande, Prüfungen von Entdeckungen und Erfindungen, Unterricht, Aufmunterung durch Belohnung bedeutender Erfindungen, Konkurrenz durch das Aussetzen

[97] Deutsches Zentralarchiv Merseburg, Rep. 120 A II 1, 6.

[98] Hierüber orientiert ausführlich C. Matschoß, *Preußens Gewerbeförderung* ..., S. 33 bis 37.

[99] Die Statuten sind gedruckt in den *Verhandlungen* ..., Bd. 1 (1822), S. 3—7.

von Prämien sind die Mittel, derer sich die Gesellschaft bedient, ihren Zweck zu erreichen." Der Mitgliedsbeitrag wurde auf 10, für Auswärtige auf 6 Rtlr. pro Jahr festgesetzt, erst 1838 bestimmte man einen einheitlichen Satz von 6 Rtlr.[100] Aus den ersten Wahlen gingen als Vereinsvorsitzender Beuth, als seine Vertreter Kunth und Ferber hervor. Den fünf gebildeten Verwaltungsabteilungen standen folgende Mitglieder ehrenamtlich vor: Falkmann (Rechnungswesen), Hermbstaedt (Chemie und Physik), Schinkel (Baukunst), Grüson (Mathematik und Mechanik) und Lütcke (Manufakturen und Handel). Nur für „Rechnungen und Schreiberei" wurde eine besoldete Person, der Buchhalter Lebrun, gewählt.

Die aufmerksamste Regierung könne, so führte Beuth in seiner Eröffnungsrede aus,[101] nicht alle bestehenden Mängel und Mißstände erkennen. Die Aufgabe des neuen Vereins sei es daher, mit der Verwaltung Hand in Hand zu arbeiten und gleichsam eine Zwischeninstanz zu bilden, die eine Brücke schlage von den hohen Behörden zu den wirtschaftlich tätigen Volksschichten: „Ein Verein von Männern, belebt von dem Sinn für's öffentliche Beste, belebt von dem Stolz, gegen keine Nation zurückzustehen, ein Verein, der seine Ideen austauscht, sich über gegenseitige Interessen aufklärt, wird . . . einen so weit verbreiteten Einfluß auf die vaterländische Gewerbsamkeit ausüben, als auf keinem anderen Wege zu erreichen ist." Das erste Namensverzeichnis führt 194 Berliner und 173 auswärtige Mitglieder auf. Die Zahl stieg laufend an und erreichte ihren Höchststand 1839 mit 976 Angehörigen. In den Jahren 1834 bis 1845 hatte der Verein regelmäßig mehr als 870 Mitglieder.[102] Neben den meisten der bekannten Berliner und auswärtigen Fabrikanten traten auch der Staatsminister von Bülow, Oberpräsident Vincke, die Gebrüder Humboldt, Großkanzler Beyme, Feldmarschall Gneisenau und der Freiherr vom Stein dem Gewerbeverein bei.[103]

Seit 1822 machte der Verein die bei seiner Arbeit erzielten Ergebnisse durch die jährliche Herausgabe der „Verhandlungen des Vereins zur Beförderung des Gewerbfleißes in Preußen"[104] der Öffentlichkeit bekannt. Die mitunter in beträchtlichem Umfang erscheinenden Jahrgänge waren mit sehr guten Kupferstichen und Zeichnungen ausgestattet. Sie enthielten Aufsätze von Fachleuten aus den verschiedensten technisch-wissenschaftlichen Bereichen, Reiseberichte,

[100] *Verhandlungen* . . ., Bd. 17 (1838), S. 145.

[101] Vgl. Anm. 83.

[102] Eine Zusammenstellung der Mitgliederzahlen in den *Verhandlungen* . . ., Bd. 58 (1879), S. 187.

[103] Die namentlichen Mitglieder-Verzeichnisse befinden sich jeweils am Anfang der einzelnen Jahrgänge der *Verhandlungen* . . .

[104] *Verhandlungen* . . ., Bde 1—99 (1822—1921).

Maschinenbeschreibungen.[105] Bekanntmachungen neuer Erfindungen und Entdeckungen, Bücherauszüge und eine Art Zeitschriftenschau, sowie die Preisaufgaben des Vereins und die Liste der erteilten Patente. Die Herausgabe dieser Verhandlungen kann man wohl mit Recht „die bedeutsamste Tätigkeit" des Vereins[106] nennen. Heute bilden die Bände eine wertvolle Quelle für die Erforschung der technologischen und gewerblichen Entwicklung; sie enthalten auch zahlreiche, besonders für die Berliner Verhältnisse interessante Hinweise.

Die Tatsache, daß die Leiter des Vereins gleichzeitig die zuständige Ministerialinstanz vertraten und daß im ersten Jahr von 367 Mitgliedern nicht weniger als 110 von Beruf Beamte waren, beweist deutlich die Position des Vereins: Nicht als rein private Gründung, sondern nur als integrierender Bestandteil des Beuthschen Gewerbeförderungs-Programms muß er angesprochen werden.

Daß sich der preußische Gewerbeverein auch im Ausland bald einen guten Namen erworben hatte, zeigt eine Äußerung des Sekretärs des Gewerbevereins zu Paris[107] vom Mai 1828:[108] „Der Verein . . ., der sich in Berlin gebildet hat, verfolgt seine rühmlichen Arbeiten, fährt fort, sie bekannt zu machen, sie uns mitzuteilen und uns durch seine Mitteilungen, sowie durch sein Beispiel zu belehren."

Das gewerbliche Schulwesen

Der letzte Zweck aller Gewerbeförderungen war für Beuth der erzieherische. So konnte und durfte sich die preußische Regierung bei ihrer Gewerbeförderung nicht darauf beschränken, die Gewerbetreibenden allein auf die technischen Mittel zu der notwendig gewordenen Umwandlung des ganzen Arbeitsprozesses hinzuweisen. Sie mußte vielmehr ebenso darauf bedacht sein, die vorhandenen geistigen Kräfte durch systematische Schulung für dieses neue Gebiet nutzbar zu machen. Das Bildungsniveau einer breiten Schicht des wirtschaftenden Volkes war zu Beginn des 19. Jahrhunderts erschreckend. Noch 1820 bestanden in Berlin Baumwollfabriken mit einem Jahresumsatz von 50 000—100 000 Rtlr. „unter Verlegern, die mit Mühe ihren Namen schreiben, ihre einfachen Bücher nicht abschließen können".[109] In den Regierungskreisen

[105] Beuth selbst war mit 65 Aufsätzen beteiligt (C. Matschoß, *Preußens Gewerbeförderung . . .*, S. 59).

[106] U.P. Ritter, *Die Rolle des Staates . . .*, S. 64.

[107] Es handelte sich um die „Société d'encouragement pour l'industrie nationale".

[108] *Zeitblatt für Gewerbetreibende*, Bd. 2 (1829), S. 177.

[109] Gallenkamp, *Die Friedrichs-Werdersche Gewerbeschule in Berlin. Festschrift zur Feier des 50jährigen Bestehens*, Berlin 1874, S. 29: Gutachten Kunths vom 12.8.1820.

herrschte kein Zweifel über die Dringlichkeit, eine Schule zu schaffen, die sowohl einen angemessenen Bildungsgrad vermittelte, ohne dabei gymnasiales Niveau zu erreichen, als auch ihre Zöglinge mit einem Wissen ausstattete, das ihnen im Berufsleben als Handwerkern, Kaufleuten oder Fabrikanten zugute kommen konnte. Über die Art dieser zu begründenden Lehranstalt gab es jedoch zwei verschiedene Ansichten — die beiden geistigen Führer dieser Bewegungen waren Beuth und Kunth. Diese Differenz zwischen den sonst eng zusammen arbeitenden Beamten hatte dennoch ein Gutes, weil — zum Besten der Öffentlichkeit — jeder seinen Plan in die Wirklichkeit umsetzen konnte.

Das Gewerbe-Institut: Beuth sah den gelehrten Unterricht an den vier Berliner Gymnasien für den Gewerbestand als „zu kostbar und zeitraubend" an:[110] „Es fehlt an einer gründlichen Schule der nötigen Vorkenntnisse, es fehlt mithin bei dem auf akademische Weise geleiteten Unterricht für die Gewerbetreibenden[111] die Basis desselben." Beuth entwarf daher den Plan einer technischen Schule, der von Bülow bald genehmigt wurde, so daß der Unterricht am 1. November 1821 aufgenommen werden konnte.[112]

Dreizehn Schüler hatten sich eingefunden; die Mitglieder der Technischen Deputation übernahmen die Lehrämter. Das Aufnahmealter betrug 12—16 Jahre. Voraussetzungen waren eine gute Handschrift und das Beherrschen der vier Grundrechenarten. Die Schule bestand nur aus zwei Klassen: „Wer mehr lernen will, tut es auf der Universität. Dieses Mehr schließe ich von der technischen Schule aus, weil ich es mehr für eine Zierde als von wesentlichem Einfluß auf das Gedeihen der Gewerbe und auf ihre Blüte halte." In der unteren Klasse „wird der angehende Fabrikant und Handwerker nicht nur eine allgemeine Bildung und eine Einsicht in Dinge erhalten, welche zu wissen jedem Handwerker Not tut, sondern er wird auch gerade so viel Vorkenntnisse erwerben, als zum gewöhnlichen Betrieb eines technischen Gewerbes nötig sind."[113] Im Vordergrund des Unterrichts standen die mathematischen Wissenschaften, Chemie und Zeichnen. Den Abschluß des Schuljahres bildeten Preisaufgaben,

[110] C. Matschoß, *Preußens Gewerbeförderung . . .*, S. 38 f.

[111] Das bezieht sich auf die noch unter dem Freiherrn vom Stein eingerichteten chemischen und physikalischen Vorlesungen für Gewerbetreibende. Neben Hermbstaedt hielt auch May solche Vorlesungen für den Weberstand (Deutsches Zentralarchiv Merseburg, Rep. 120 D II 1, 1).

[112] Über die Gründung vgl. bes. Hans-Joachim Straube, *Die Gewerbeförderung Preußens in der ersten Hälfte des 19. Jahrhunderts mit besonderer Berücksichtigung der Regierungsmaßnahmen*, Diss. T.H., Berlin 1933, S. 11—20.

[113] F.W. Nottebohm, *Chronik der Königlichen Gewerbe-Akademie zu Berlin. Festschrift zur Feier des 50jährigen Bestehens der Anstalt*, Berlin 1871, S. 3 ff.

Ausstellungen von Schülerarbeiten und Auszeichnung der besten Zöglinge. Beuth behielt sich das Recht vor, „ohne persönliche Rücksichtnahme die Fähigsten auszusuchen und jeden nachlässigen oder faulen Schüler kurz und gut zu entfernen". In einem von ihm entworfenen Reglement von 1829 heißt es:[114] „Diese Anstalt ist nur für sehr fähige, fleißige, ordentliche und moralische Menschen bestimmt; andere werden daraus entfernt. Ihr anzugehören soll eine Auszeichnung sein. Wahrer Gewerbfleiß ist nicht ohne Tugend denkbar. Das Gewerbe-Institut kennt keine andere Strafe als die Entfernung aus der Anstalt."[115] 1826 richtete man eine weitere Klasse, die Suprema, ein. Seit 1827 trug die Anstalt den Namen „Königliches Gewerbe-Institut".

Die Einrichtungen der Technischen Deputation und des Gewerbevereins standen den Zöglingen des im selben Hause untergebrachten Gewerbe-Instituts natürlich zur Verfügung. Besonders die Modellwerkstatt und die Laboratorien waren unentbehrlich für den praktischen Unterricht. Durch Rauchs Bemühungen entstand 1830 eine eigene Bronzeguß-Werkstatt des Instituts.[116] Die Schülerzahl nahm beständig zu,[117] 1843 betrug sie 113, von diesen erhielten 70 ein staatliches und neun ein privates Stipendium.[118]

Daß diese Gründung einem wirklichen Mangel abgeholfen hatte, zeigt eine Äußerung Beuths aus dem Jahre 1833:[119] „Das Gewerbe-Institut kann bis heute die stetige Nachfrage nach tüchtigen Werkführern nicht befriedigen, und keiner verläßt die Anstalt ohne eine vertragsmäßig steigende Einnahme, welche der eines Baumeisters im Staatsdienst gleichkommt." Daß Beuth den Absolventen seines Institutes gelegentlich auch eine Starthilfe gewährte, beweist der Fall des späteren Leiters der Maschinenbau-Anstalt Moabit, Theodor Vonpier, dem vom Staat zwei Drehbänke und zwei Schneidemaschinen „zu seinem Fortkommen" übereignet wurden, deren Wert über 2500 Rtlr. betrug.[120] Als Borsig 1839 leihweise um die im Gewerbe-Institut befindliche Drehbank bat, weil er trotz aller Bemühungen die vielen Aufträge kaum noch fristgerecht erledigen könne,

[114] H.-J. Straube, *Die Gewerbeförderung* . . ., S. 22.

[115] Manchmal mußte die Hälfte der Schüler am Ende des ersten Jahres die Anstalt wieder verlassen (William Otto Henderson, *The State and the Industrial Revolution in Prussia 1740–1870*, Liverpool 1958, S. 108).

[116] Hermann Schmitz, *Berliner Eisenkunstguß*, München 1917, S. 40.

[117] Oskar Simon, *Die Fachbildung des preußischen Gewerbe- und Handelsstandes im 18. und 19. Jahrhundert*, Berlin 1902, S. 727, nennt folgende Schülerzahlen: 1821: 13, 1827: 52, 1840: 103, 1850: 242.

[118] F.W. Nottebohm, *Chronik* . . ., S. 80.

[119] Zitiert bei C. Matschoß, *Preußens Gewerbeförderung* . . ., S. 149.

[120] Ehemaliges Preußisches Geheimes Staatsarchiv, heute Geheimes Staatsarchiv der Stiftung Preußischer Kulturbesitz, Berlin-Dahlem, Rep. 109, Akten des Königlichen Preußischen Seehandlungs-Institutes, D 9, 2 (344).

war Beuth sofort einverstanden. Borsig durfte die Drehbank schließlich sogar behalten.[121]

Unter den Nachfolgern Beuths wuchs das Gewerbe-Institut bald über seinen ursprünglichen Rahmen hinaus. Eine K.O. vom 14. April 1866 bestätigte durch die Anerkennung der Schule als „Gewerbe-Akademie", daß sie sich zu einer international bedeutenden Hochschule entwickelt hatte. 1879 wurde die Gewerbe-Akademie mit der 1799 gegründeten Bau-Akademie zur Technischen Hochschule Berlin zusammengelegt.[122]

Die Gewerbe-Schule: Für die zweite Gruppe der Schulreformer ging Beuths Gewerbe-Institut am Zentralproblem der Ausbildung der Gewerbetreibenden vorüber, indem dort nur einer geringen Anzahl überdurchschnittlicher Schüler ein ausgesprochenes Fachschulwissen vermittelt würde. Schon 1806 hatte Professor Fischer vom Gymnasium zum Grauen Kloster eine Teilung in Sprach- und Realgymnasium verlangt, um so auch für die wissenschaftliche Bildung derer zu sorgen, „für welche die alte Literatur kein dringendes Bedürfnis ist".[123] 1815 wurde ein solches Projekt vom Berliner Magistrat aufgegriffen; besonders der Bürgermeister von Bärensprung zeigte sich sehr interessiert.

Als Vorbild für die vorgesehene „höhere Bürgerschule" bot sich eine neue Schule in Magdeburg an, deren Gründung auf den spiritus rector der Bemühungen um Gewerbeschulen und Realgymnasien zurückging, den Staatsrat Kunth. „Es ist nicht die Absicht", so formulierte Kunth sein Programm,[124] „einem einzelnen Gewerbe spezialen Unterricht geben zu lassen, welches allerdings die Sache der Spezialbehörden ist, sondern bloß, den allgemeinen Unterricht zu erweitern." Auf eine Unterstützung von seiten des Handelsministeriums konnte er dabei nicht rechnen, da man dort unter dem Einfluß Beuths den Fachschulgedanken propagierte.

Endlich kam es nach mancherlei Schwierigkeiten und „nicht ohne despotische Eigenmächtigkeit" Bärensprungs[125] im Oktober 1824 zur Gründung der „Berlinischen Gewerbeschule", die für junge Leute gedacht war, „deren Vorkenntnisse und Verhältnisse es gestatteten, sich für die zukünftige Betreibung von Gewerben eine wissenschaftliche und also eine höhere Vorbereitung zu

[121] *Deutscher Maschinenbau 1837–1937 im Spiegel des Werkes Borsig,* hrsg. von der Rheinmetall-Borsig A.G., Berlin 1937, S. 17.

[122] Über die weitere Entwicklung des Gewerbe-Instituts vgl. Joseph Becker, *Von der Bauakademie zur Technischen Universität – 150 Jahre technischen Unterrichtswesens in Berlin,* Berlin 1949.

[123] Gallenkamp, *Die Friedrichs-Werdersche Gewerbeschule . . .,* S. 19.

[124] F. u. P. Goldschmidt, *Das Leben . . .,* S. 362.

[125] H.v. Treitschke, *Deutsche Geschichte . . .,* Bd. 3, S. 467.

verschaffen, als zum gewöhnlichen mechanischen Betrieb desselben erforderlich ist".[126] Aufnahmebedingung war die Tertiareife eines Gymnasiums. Direktor der Schule wurde der bekannte Karl Friedrich von Klöden, der sich vom mittellosen Handwerksgesellen zum vorzüglichen Lehrer und Gelehrten emporgearbeitet hatte und seit 1817 Leiter des Schullehrer-Seminars in Potsdam gewesen war.[127] Außer Klöden wurde ein zweiter ordentlicher Lehrer angestellt, dazu einige Hilfskräfte gegen Honorar. Bereits Ostern 1825 war die Maximalfrequenz von 45 Schülern pro Klasse erreicht. Die Zahl der Zöglinge belief sich seit 1828 auf etwa zweihundert. Die erst in der Kurstraße bestehende Schule wurde 1826 nach der Niederwallstraße verlegt. Einer ihrer bekanntesten Schüler, Theodor Fontane, trat am 1. Oktober 1833 in die Anstalt ein.[128]

Die „Berlinische Gewerbeschule" war in ihrer Art etwas ganz Neues, viele prophezeiten ihr den baldigen Untergang. Eine Schule ohne alte Sprachen, dafür mit den Hauptfächern Naturkunde, Mathematik und neueren Sprachen galt als sehr gewagt. Dennoch forderte das Beispiel zur Nachahmung auf, und Klödens Schule wurde das Muster aller späteren preußischen Oberrealschulen.

Die Geschichte der „Berlinischen Gewerbeschule" zeigt, daß diese Anstalt mit ihrer Aufgabe einer nur allgemein höheren Bildung der Gewerbetreibenden außerhalb des großen Rahmens der staatlich gelenkten Gewerbeförderung stand. Je länger desto mehr zählte man sie zu den übrigen allgemeinpädagogischen Institutionen Berlins.

Dagegen erwies sich das von Beuth geschaffene Gewerbe-Institut als eine einzigartige Gründung, mit der Beuth seiner Zeit weit vorauseilte und die doch in seinem Gewerbeförderungs-Schema ihren festen Platz besaß. Das Gewerbe-Institut ist die erste technische Fachschule in Preußen gewesen und hat vielen späteren als Vorbild gedient. Von allen Organen der Gewerbeförderung, die unter seiner Regie geschaffen worden waren, lag Beuth das Gewerbe-Institut am meisten am Herzen; hier konnte er in persönlichem Kontakt mit den Zöglingen am besten für sein großes, erzieherisches Ideal der Förderung der Gewerbe wirken. Gegen die Absolventen des Institutes (der bekannteste ist August Borsig) zeigte sich Beuth sehr großzügig und vermittelte ihnen häufig Stellen im In- und Ausland.[129] Dankbar war Beuth auch gegen die an seiner Schule tätigen Lehrer. Der akademische Künstler und Former Müller erhielt am 31. Dezember 1830 „als ein Anerkenntnis Ihrer nützlichen Tätigkeit als Lehrer im hiesigen

[126] Gallenkamp, *Die Friedrichs-Werdersche Gewerbeschule . . .*, S. 32—34.

[127] Richard Béringuier, *Karl-Friedrich von Klöden*, in: *Vermischte Schriften*, hrsg. vom Verein für die Geschichte Berlins, Bd. 1 (1888), S. 121 ff.

[128] Vgl. die *Mitteilungen des Vereins für die Geschichte Berlins*, Bd. 36 (1919), Beilage: *Theodor Fontane zur Feier seines hundertsten Geburtstages*, S. 2.

[129] H.-J. Straube, *Die Gewerbeförderung . . .*, S. 26.

Gewerbe-Institut" zu seiner beabsichtigten Niederlassung 300 Rtlr. als Geschenk.[130]

Mit dem Gewerbe-Institut hatte Beuth sein System der staatlich gelenkten Gewerbeförderung abgerundet. Die Geschlossenheit dieses so umfangreichen Komplexes, die durch die zentrale Position Beuths gewährleistet war, fand rein äußerlich ihren Ausdruck darin, daß die Technische Deputation, der Gewerbeverein und das Gewerbe-Institut im gleichen Gebäude in der Klosterstraße 36 untergebracht waren, das an seiner Stirnseite die Inschrift „Friedrich Wilhelm III. dem Gewerbfleiße" trug. Dieses Haus war im März 1821 für die erste Gewerbe-Ausstellung vom Ministerium für 32 000 Rtlr. erworben[131] und danach für die genannten Einrichtungen zur Verfügung gestellt worden. So konzentrierten sich drei der vier Gewerbeförderungs-Organe an einem Ort; nur das Ministerium selbst befand sich in der Behrenstraße. Die Dienstwohnung Beuths lag ebenfalls im Gewerbehause in der Klosterstraße, das damit praktisch zum Ausgangspunkt aller preußischen Gewerbepolitik dieser Zeit wurde.

[130] Deutsches Zentralarchiv Merseburg, Rep. 120 D XII 2, 15.
[131] Deutsches Zentralarchiv Merseburg, Rep. 120 A II 1, 2; Vol. 1.

XXXIV

Preußische Gewerbeförderung in frühindustrieller Zeit*

ULRICH PETER RITTER

I

Die Herstellung der Freizügigkeit und die Schaffung von städtischen Arbeitsmärkten

Alle in Preußen ergriffenen Maßnahmen zur Verbesserung der Qualifizierung des Produktionsfaktors Arbeit auf dem Gebiete des Erziehungswesens wären in ihrer Wirksamkeit erheblich eingeschränkt worden, wenn sie nicht durch die Herstellung der Freizügigkeit der Arbeitskräfte ergänzt worden wären, die dadurch unabhängig von ständischen und zünftlerischen Bindungen eine ihrer Ausbildung und den Erfordernissen der wirtschaftlichen Entwicklung entsprechende Beschäftigung suchen konnten. Die Mobilität ist somit eine wichtige Ergänzung der bildungs- und ausbildungsmäßigen Qualifizierung der Arbeitskräfte.

Für die Versorgung der so geschaffenen städtischen Arbeitsmärkte mit ungelernten Arbeitskräften war die durch die Bauernbefreiung ermöglichte Abwanderung der landwirtschaftlichen Bevölkerung ebenso wie die Förderung der Landflucht von großer Bedeutung. Auf diese Weise stand den neu entstehenden Industriebetrieben ein genügend großes Reservoir an Arbeitern zur Verfügung.

[. . .]

* Entnommen aus: Ulrich Peter Ritter, *Die Rolle des Staates in den Frühstadien der Industrialisierung. Die preußische Industrieförderung in der ersten Hälfte des 19. Jahrhunderts* (= Volkswirtschaftliche Schriften, Heft 60), Berlin 1961, S. 38—48, S. 92—137, S. 156—164; der Beitrag wurde gekürzt.

Die Bauernbefreiung

Den preußischen Reformen der sozialrechtlichen Verfassung auf dem Lande, die man seit dem Erscheinen der Arbeit von G.F. Knapp unter dem Namen „Bauernbefreiung" zusammenfaßt, lagen jene liberalen Vorstellungen zugrunde, denen zufolge in rechtlicher Hinsicht eine Gleichstellung aller Staatsbürger erreicht werden sollte. Sie unterschieden sich in dieser Begründung von den Reformversuchen im achtzehnten Jahrhundert, als Friedrich II. bereits einen gewissen „Bauernschutz" durchgesetzt und auch in anderer Hinsicht das Los der Bauern, der wichtigsten Steuerquelle des Staates, zu heben versucht hatte. Seine weitergehenden Absichten zur Abänderung der Agrarverfassung scheiterten jedoch am Widerstand des Landadels und der mit ihm verbündeten Bürokratie,[1] so daß er die Verbesserung des bäuerlichen Besitzrechts nur auf den staatlichen Domänen erreichen konnte.

Für die Industrialisierung waren vor allem zwei Erscheinungen bedeutsam, von denen die erste direkt in den gesetzlichen Grundlagen der Reformen verankert war, die zweite aber als eine Folge ihrer Anwendung und ihrer später unter reaktionärem Einfluß erfolgten Modifizierung anzusehen ist.

Die Aufhebung der Erbuntertänigkeit

Zu Beginn des neunzehnten Jahrhunderts befand sich der überwiegende Teil der Bauern in sozialer, rechtlicher und wirtschaftlicher Abhängigkeit von einem Herrn.[2] Die Erbuntertänigkeit umfaßte die Gebundenheit an die Scholle — entwichene Untertanen wurden zurückgefordert —, die Erlaubnis des Herrn zur Heirat und zur Erlernung eines bürgerlichen Gewerbes und den Gesindezwangdienst, wodurch die Kinder des „Untertanen" verpflichtet wurden, der Herrschaft auf Verlangen als Gesinde zu dienen. Da die Untertänigkeit sich vererbte, konnten die Kinder auch zur Übernahme einer Bauernstelle herangezogen werden.[3]

Mit dem Stein'schen Edikt vom 9. Oktober 1807 wurde die Erbuntertänigkeit für die Bauern mit besserem Besitzrecht sofort, für diejenigen mit schlech-

[1] Lujo Brentano, *Warum herrscht in Altbayern bäuerlicher Grundbesitz?*, in: Ders., *Gesammelte Aufsätze*, Bd. 1, Stuttgart 1899, S. 255.

[2] Wilhelm Engels, *Ablösungen und Gemeinheitsteilungen in der Rheinprovinz*, Bonn 1957, S. 19.

[3] Georg Friedrich Knapp, *Die Bauernbefreiung und der Ursprung der Landarbeiter in den älteren Teilen Preußens*, Bd. 1, Leipzig 1887, S. 23 ff.

terem Besitzrecht am 11. November 1810 aufgehoben.[4] Ohne die Erlaubnis des Grundherrn und ohne die Zahlung eines Ablösungsgeldes konnte sie nun frei Ort und Art ihrer Erwerbstätigkeit selbst wählen. So wurde es den neu entstehenden Industriebetrieben überhaupt erst ermöglicht, Arbeitskräfte aus der Landwirtschaft abzuziehen.

Die Förderung der Landflucht

Die Verschaffung des Eigentums am Boden für die Bauern und die Ermöglichung seiner Veräußerung durch die preußische Reformgesetzgebung leitete die Wandlung der agrarischen Besitzverhältnisse ein. Adliger und bäuerlicher Grundbesitz wurden nicht mehr streng voneinander geschieden und sollten nicht mehr als solche erhalten bleiben, wie es der friderizianische Bauernschutz bezweckt hatte. Auch Bürger und Bauern durften jetzt Rittergüter kaufen, wie umgekehrt auch Adlige und Bürger Bauernland kaufen durften.[5]

Stein hatte keineswegs die Absicht gehabt, den Gutsbesitzern die freie Verfügung über das Bauernland einzuräumen. Entschieden trat er für eine Staatsaufsicht ein, die verhindern sollte, daß Bauernland eingezogen würde.[6] Damit hatte er jedoch den Adel gegen sich, der zum Beispiel in Ostpreußen die Meinung vertrat: „Wir lassen uns die Aufhebung der Erbuntertänigkeit gefallen, wenn der Staat dafür den Bauernschutz aufgibt. Den Bauern geben wir die Freiheit, wenn der Staat uns das Land gönnt. Der Bauer gehe, wohin er will; sein Land läßt er da, und dies Land wollen wir."[7]

Die Stein'schen Grundsätze wurden in dem Edikt von 1807 nicht ausführlich behandelt; es wurde dort lediglich auf genauere, von der Kriegs- und Domänenkammer zu erarbeitende Grundsätze verwiesen.[8] Später setzte sich der Adel durch, und die weiteren Regelungen liefen praktisch auf eine Begünstigung der Gutsherrn und damit die Einziehung von Bauernland hinaus.

Dadurch und durch die Bestimmung der sogenannten „Deklaration" von 1816, daß der Laßbauer mit erblichem Nutzungsrecht ein Drittel und der nicht erbliche Lassit wie auch der Pachtbauer die Hälfte ihres Landes an die Gutsbesitzer abzutreten hatten, gingen den Bauern in Ostdeutschland fast eine Million Hektar Land verloren.[9] Durch freihändigen Erwerb von Land durch die Guts-

[4] Friedrich Lütge, *Deutsche Sozial- und Wirtschaftsgeschichte*, 2. Aufl., Berlin 1960, S. 385.
[5] *Ebda.*
[6] G.F. Knapp, *Die Bauernbefreiung* . . ., Bd. 1, S. 129.
[7] *Ebda.*
[8] *A.a.O.*, S. 136.
[9] F. Lütge, *Deutsche Sozial- und Wirtschaftsgeschichte* . . ., S. 391.

herren wurden dort einundzwanzig- bis vierundzwanzigtausend Bauernstellen aufgehoben und durch das Einziehen erledigter Höfe weitere fünfundzwanzig- bis dreißigtausend.[10] Hinzu kam, daß sich viele der Bauern dem Zwang zum selbständigen Wirtschaften noch nicht gewachsen zeigten und durch starke Verschuldung in Not gerieten, so daß sie ihr gerade erhaltenes Eigentum wieder veräußern mußten. So kann man wohl sagen, daß die Bauernbefreiung zumindest in den östlichen Teilen der Monarchie nur wenige freie Bauern, aber viele „freie" Arbeiter schaffte.[11]

Für die Bauern, welche so ihr Land verloren hatten, gab es drei Möglichkeiten: Sie konnten sich als Landarbeiter verdingen, sie konnten auswandern oder aber ihren Erwerb in den städtischen Industriebetrieben suchen, wo sie meist als ungelernte Arbeiter Verwendung fanden. Da der Bedarf an Landarbeitern durch die mit der Vergrößerung der Betriebe verbundene Rationalisierung und die Bevorzugung der Einstellung von östlichen Saisonarbeitern durch die Großbetriebe immer geringer wurde, verstärkte sich die Abwanderung in die Stadt.

Der Druck, dem sich die Bauern ausgesetzt sahen, war in den einzelnen Teilen der Monarchie verschieden stark. So hatten die französische wie auch die preußische Reformgesetzgebung in den Westprovinzen lediglich die Anerkennung eines längst erzwungenen Zustandes gebracht und keineswegs eine wirtschaftliche und soziale Umwälzung hervorgerufen.[12] Wo es in den mittleren und östlichen Provinzen bereits ein starkes, freies Bauerntum gab, war die Abwanderung ebenfalls geringer.

Ingesamt wird man jedoch sagen können, daß die preußische Reformgesetzgebung letztlich auf eine Förderung der Landflucht hinauslief und damit die Versorgung der Industrie mit ländlichen Arbeitskräften begünstigte. Das war vor allem in der ersten Zeit besonders wichtig, als die Städte auf Grund der schlechten hygienischen Verhältnisse noch ein Geburtendefizit oder nur einen geringen Geburtenüberschuß aufwiesen.

Die Aufhebung des Zunftwesens und die Herstellung der Freizügigkeit in den Städten

Was den Umfang des betroffenen Bevölkerungskreises anbelangt, war die Herstellung der Freizügigkeit in den Städten in Preußen von weitaus geringerer

[10] *Ebda.*

[11] Hans Kätzel, *Die gesellschaftlichen Strukturveränderungen im Zeitalter des Industrialismus*, Phil. Diss., Erlangen 1949, S. 44.

[12] W. Engels, *Ablösungen und Gemeinheitsteilungen . . .*, S. 21.

Bedeutung als diejenige auf dem Lande. Preußen war zu Beginn der hier betrachteten Epoche ein vorwiegend agrarisches Land. Achtzig Prozent der Bevölkerung waren 1804 in der Landwirtschaft im weiteren Sinne, d.h. unter Einschluß von Gärtnerei, Fischerei und Forstwesen, beschäftigt.[13] Es gab nur wenige größere Städte. Berlin hatte noch nicht zweihunderttausend Einwohner, und Breslau, die zweitgrößte Stadt der Monarchie, wenig mehr als sechzigtausend.[14]

In den ersten Perioden der großen Zeit der Städte, die in Deutschland vom ausgehenden Mittelalter bis zum Dreißigjährigen Krieg dauerte, hatte in diesen ein fortschrittlicher Geist geherrscht. Sie waren auf den Zustrom der Menschen vom Lande angewiesen und suchten dafür die rechtlichen Voraussetzungen durchzusetzen (Stadtluft macht frei). Damals war innerhalb der Städte eine gewisse soziale Mobilität vorhanden. Der Tüchtige konnte sich durchsetzen und in das gehobene Bürgertum aufsteigen. Noch sahen die Zünfte ihre wichtigste Aufgabe nicht in der Konservierung des bestehenden Zustandes. Ihre gewerbepolizeilichen Maßnahmen dienten vorwiegend der Garantierung der Qualitätsarbeit und der Regelung der guten, „zünftigen" Ausbildung.

Allmählich setzte jedoch die Stagnation und damit der Abstieg der wirtschaftlichen und politischen Bedeutung der Städte ein. Die Zünfte verstärkten nun ihre Versuche, die gewerbliche Produktion auf dem Lande zu unterdrücken oder ganz zu verbieten. Innerhalb des Handwerks wendete man seine Aufmerksamkeit der Erhaltung des Bestehenden zu. Die eingesessenen Meister suchten, eine Monopolstellung zu erlangen. Das Meisterstück, einst Nachweis zur Befähigung der selbständigen Ausübung eines Handwerks, verlor an Bedeutung. Meister konnte man nur noch werden, wenn man die Witwe oder die Tochter eines Meisters heiratete. Mit kleinbürgerlicher Hartnäckigkeit und Engherzigkeit verhinderte man die Aufnahme neuer Männer in die Zunft,[15] deren Mitgliedschaft für die Ausübung des betreffenden Handwerks erforderlich war. Die Lehrzeit wurde vielfach verlängert, und selbst mit einem Zeitraum von bis zu sieben Jahren wollte man sich nicht zufrieden geben. Die Meister durften nur Lehrlinge und Gesellen ihrer Zunft beschäftigen, die Gesellen nur bei Meistern desjenigen Handwerks arbeiten, in welchem sie ihre Lossprechung erhalten hatten. Die Auffrischung durch neue Menschen sollte um jeden Preis verhindert und die soziale Mobilität eingeschränkt werden.

Durch das Edikt vom 11. Oktober 1807, das die Bauernbefreiung einleitete, wurde auch in den Städten die alte Ordnung beseitigt. Jedem Bauern und

[13] August Sartorius von Waltershausen, *Deutsche Wirtschaftsgeschichte 1815 bis 1914*, 2. Aufl., Jena 1923, S. 7.

[14] *Ebda.*

[15] F. Lütge, *Deutsche Sozial- und Wirtschaftsgeschichte . . .*, S. 393.

Edelmann wurde das Recht zugesprochen, nach eigenem Willen jedes bürgerliche Gewerbe zu ergreifen.[16] Der Zunftzwang, der zunächst nur für einige Gewerbe aufgehoben worden war, wurde 1811 allgemein abgeschafft und der Unterschied zwischen ländlichem und städtischem Gewerbe beseitigt.[17]

Somit wurde die Macht eines entarteten Zunftwesens mit Ausnahme der von Sachsen abgetretenen Gebiete wenigstens für den östlichen Teil der preußischen Monarchie aufgehoben. In den Westprovinzen war dies mit Ausnahme Westfalens, wo das Zunftwesen ebenso wie in den von Sachsen abgetretenen Gebieten in gemilderter Form bis in die Mitte des Jahrhunderts bestehen blieb, bereits unter dem Einfluß Napoleons geschehen.

Damit war die Freizügigkeit der Arbeitskräfte auch für den gewerblichen Sektor der Wirtschaft hergestellt worden. Theoretisch gab es jetzt einen Arbeitsmarkt, auf welchem die neuen Industriebetriebe auch ihren Bedarf an Facharbeitern decken konnten.

Kritik und Würdigung dieser Maßnahmen im Hinblick auf die Industrialisierung

Die durch die Aufhebung der Erbuntertänigkeit ermöglichte und durch die Förderung der Landflucht beschleunigte Abwanderung der ländlichen Bevölkerung in die Städte war für die Industrialisierung Preußens von großer Bedeutung. Sicher hat Lütge recht, wenn er darauf hinweist, daß man nicht die gesamte Binnenwanderung und Zusammenballung der Menschen in den Städten auf die Bauernbefreiung zurückführen darf, weil die Zahl der Bauern und Bauernkinder, die dadurch den „Boden unter den Füßen verloren“, keineswegs so groß gewesen sei.[18] Wenn er aber meint, daß die Bevölkerungsvermehrung auf dem Lande auch dann zu einer Abwanderung der Bevölkerung geführt haben würde, „wenn die Bauernbefreiung nicht oder in anderen, für die Bauern günstigeren Formen gekommen wäre“,[19] so irrt er. Zu Recht weist Conze in seiner Untersuchung der Wirkungen der liberalen Agrarreform in Mitteleuropa darauf hin, daß sie nur dort segensreich wirken konnte, wo sie verantwortlich staats- und sozialpolitisch gelenkt wurde oder „wo andere moderne Entwick-

[16] *A.a.O.*, S. 331.

[17] Josef Kulischer, *Allgemeine Wirtschaftsgeschichte des Mittelalters und der Neuzeit*, Bd. 2, München 1926, S. 446.

[18] Friedrich Lütge, *Über die Auswirkungen der Bauernbefreiung in Deutschland*, in: *Jahrbücher für Nationalökonomie und Statistik*, Bd. 157 (1943), S. 402.

[19] *Ebda.*

lungen der Wirtschaft und Gesellschaft[20] sich mit ihnen in gesundem Ausgleich verbanden".[21]

Wo der Überschuß der landwirtschaftlichen Bevölkerung nicht von der Industrie aufgenommen wird, kann er gar nicht, wie Lütge es meint, in die Städte abwandern, da dort keine Möglichkeit für die Beschäftigung der zugewanderten Menschen besteht. Sie bleiben vielmehr auf dem Lande. Dort führt die Überbevölkerung zu einem Sinken der Produktivität. Es entsteht die sogenannte „versteckte Arbeitslosigkeit".

[...]

Daß ohne den Zerfall feudal-ständischer Bindungen, der besitzlose Arbeitssuchende auf den Markt wirft, die moderne Fabrik nicht denkbar ist,[22] wird heute kaum bestritten. Andererseits erscheint die Förderung der Landflucht im Lichte der heutigen Bemühungen um eine ausgeglichene Wirtschaftsstruktur und die Industrialisierung ländlicher Räume problematisch. Man möchte sogar die wirtschaftlich unterentwickelten Länder darin beraten, wie sie „die Fehler vergangener Zeiten" in der Entwicklung der alten Industrieländer vermeiden können. Man wird jedoch nicht bezweifeln können, daß die sogenannte Großindustrie auf ein so großes Reservoir von Arbeitskräften angewiesen ist, wie es nur in den von ihr geschaffenen Bevölkerungszusammenballungen zu finden ist, und daß die Industrialisierung ländlicher Räume durch Mittel- und Kleinbetriebe damals weit schwieriger und weniger rentabel war als heute, weil der elektrische und der Benzinmotor noch nicht erfunden und Kohle und Wasser die einzigen Energieträger waren. Daß die Großstädte lawinenartig wuchsen, ist darauf zurückzuführen, daß sie für die Konsumgüterindustrie große Märkte darstellten und die Absatzorientiertheit dieser Betriebe um so größer sein mußte, je weniger das Transportwesen entwickelt war.

Die erzwungene Landflucht wird auch dadurch im Hinblick auf die Entwicklung der Industrie gerechtfertigt, daß die Menschen nur durch drückende wirtschaftliche Not bewegt werden konnten, in den Fabriken zu arbeiten, da die Beschäftigung in ihnen eine gesellschaftliche Diskriminierung nach sich zog.[23] Wegen der geringen Lebenshaltung konnte die Fabrik, obwohl sie sichere

[20] Gemeint ist die Industrialisierung, welche zusätzliche Beschäftigungsmöglichkeiten schuf, wodurch die überschüssige Bevölkerung einer produktiven Tätigkeit zugeführt werden konnte.

[21] Werner Conze, *Die Wirkungen der liberalen Agrarreformen auf die Volksordnung in Mitteleuropa im 19. Jahrhundert*, in: *Vierteljahrschrift für Sozial- und Wirtschaftsgeschichte*, Bd. 38 (1949), S. 42.

[22] A.R.L. Gurland, *Wirtschaft und Gesellschaft im Übergang zum Zeitalter der Industrie*, in: Golo Mann (Hrsg.), *Propyläen-Weltgeschichte*, Bd. 8: *Das neunzehnte Jahrhundert*, Berlin 1960, S. 299.

[23] H. Kätzel, *Die gesellschaftlichen Strukturveränderungen* . . .,S. 61.

Verdienstmöglichkeiten bot, die Menschen nicht anlocken.[24] „Die Unternehmer, die ganz im Banne Adam Smiths standen, machten jetzt die erstaunliche Entdeckung, daß der gefeierte Denker sich geirrt hatte, wenn er den Erwerbssinn einen Urtrieb des Menschen nannte und darauf seine Lehre von der wirtschaftlichen Freiheit gegründet hatte."[25] Die Deutschen konnten nur schwer zur Beschäftigung in der Fabrik herangezogen werden. An anhaltende, einförmige Arbeit waren sie nicht gewöhnt, und auch durch höhere Löhne waren sie nicht zu bestimmen, umzulernen und sich anzustrengen.[26]

Die wirtschaftliche Not war also ein Mittel, die Menschen zur Fabrikarbeit zu zwingen, so hart dies auch klingen mag. Auf dem Lande war der Aufbau einer Industrie deshalb sehr schwer. König, der in Süddeutschland eine Fabrik zur Herstellung der von ihm erfundenen Schnellpresse gegründet hatte, schreibt zu diesem Problem: „Unsere Provinz ist schön und reich und keineswegs übervölkert. Während in England nur die Reichen unabhängig sind, sind es hier auch die Arbeiter, die Ihnen trocken sagen, daß zwei Tage Arbeit ihnen genügen, um die ganze Woche leben zu können. Die Leute betrachten die Fabrikarbeit als Nebenbeschäftigung. Zur Ernte und Weinlese mußte der Betrieb still stehen; der Fabriklohn war Nebenverdienst, er diente entweder zur Abtragung von Hypotheken oder wanderte in das Schankhaus."[27]

Damit wird hier die Frage der „incentives", des Anreizes zur industriellen Beschäftigung, angeschnitten. Auch durch höhere Löhne waren die Menschen nicht zu größeren Anstrengungen zu bewegen [. . .].

Wenn man nun meint, durch die Hebung des Konsums, die Erhöhung der Löhne und durch eine darauf abzielende Steuerpolitik (Verminderung der indirekten Steuern, progressive Einkommensteuer) sowie eine besondere Förderung der Konsumgüterindustrien hätte man dazu beitragen können, alte Gewohnheiten zu überwinden, so ist darauf zweierlei zu erwidern:

1. Eine Ausweitung des Konsums der unteren Schichten wäre überwiegend nur der Landwirtschaft und der Textilindustrie zugute gekommen und vielleicht auch dem Gaststättengewerbe. Das Angebot der Konsumgüterindustrien war noch nicht so vielgestaltig wie heute. [. . .] Zudem existierte damals noch nicht diese moderne Betrachtungsweise. Man sah im Lohn nur einen Kostenfaktor, während die Einkommensseite nicht gesehen wurde. Diese Vorstellungen bestimmten das wirtschaftspolitische Denken ja bis zur Krise der dreißiger

[24] *Ebda.*

[25] Franz Schnabel, *Deutsche Geschichte im 19. Jahrhundert,* Bd. 3, 2. Aufl., Freiburg 1950, S. 287.

[26] *Ebda.*

[27] *A.a.O.,* S. 288.

Jahre des zwanzigsten Jahrhunderts, so daß die damalige Einstellung der Unternehmer und der Verwaltung verständlich ist.

2. Die niedrigen Löhne waren nicht nur für die Konkurrenzfähigkeit der preußischen Industrie von Bedeutung, sondern auch für die Kapitalbildung. Das durch die napoleonischen Kriege stark verschuldete Preußen konnte nicht auf ausländische Kredite zählen, und in den ersten Jahrzehnten des neunzehnten Jahrhunderts gab es auch noch keine nennenswerte private Kapitaleinfuhr. So mußte das Kapital zum Aufbau der Industrie wie auch zum Ausbau der Infrastruktur ganz im eigenen Lande aufgebracht werden. Dies war nur durch den erzwungenen Konsumverzicht der Arbeiter möglich. Hätte man die Löhne erhöht, so wäre dies wahrscheinlich ganz zu Lasten der Sparquote gegangen. Die Unternehmer, welche ihre Gewinne nur zu einem geringen Teil konsumierten, waren meist sehr enthaltsam und stellten das erforderliche Kapital zur Verfügung.

Vielfach macht man der durch die Regierung begünstigten Landflucht den Vorwurf, daß sie dazu beigetragen habe, das Elend in den Städten zu vergrößern. Die zugewanderten Landbewohner drückten auf das Lohnniveau, da sie bereit waren, zu geringeren Löhnen zu arbeiten. Da sie sich als ungelernte Arbeiter verdingten, und es der Industrie durch Arbeitszerlegung und Arbeitsverschiebung möglich war, einen höheren Prozentsatz ungelernter und angelernter Arbeiter zu beschäftigen, konnten sie teilweise die aus dem Handwerk kommenden gelernten Arbeiter ersetzten.[28] Sie stellten somit die „industrielle Reservearmee“, die sich, um mit Marx zu sprechen, ständig ergänzte und ein Steigen der Löhne verhinderte. Solange das Angebot an Arbeitskräften die Nachfrage überstieg — und das war bis in die zweite Hälfte des Jahrhunderts der Fall —, stellten sie ein ernstes Problem dar. Kinder- und Frauenarbeit trugen ebenfalls dazu bei, das Arbeitsangebot unverhältnismäßig zu erhöhen.

Ohne die damaligen Zustände beschönigen zu wollen, muß jedoch darauf hingewiesen werden, daß man seinerzeit die Beschäftigung von Frauen und Kindern nicht als unmoralisch ansah, da diese auch in der Landwirtschaft mitgearbeitet hatten. Die Andersartigkeit der Situation in den Fabriken hatte man noch nicht erkannt, und erst allmählich wurde man sich über die schweren gesundheitlichen und sozialen Auswirkungen einer zu langen Arbeitszeit, insbesondere für die Frauen, und der Beschäftigung von Kindern klar. Erst dann konnte eine verantwortliche, soziale Gesetzgebung, die in unseren Augen allerdings sehr spät kam, die Arbeitszeit allmählich verkürzen und die Kinderarbeit zunächst einschränken und dann ganz beseitigen, wobei allerdings immer berücksichtigt werden mußte, daß der Konsum nicht übermäßig ausgeweitet

[28] H. Kätzel, *Die gesellschaftlichen Strukturveränderungen . . .*, S. 45 f.

werden durfte, um die Sparquote nicht zu sehr zu beeinträchtigen. Die Freizeit beeinträchtigt das Produktionsvolumen der Volkswirtschaft dann, wenn durch die Verkürzung der Arbeitszeit nicht gleichzeitig eine Steigerung der Produktivität erreicht wird.

So kann man der preußischen Politik in diesem Zusammenhang eigentlich nur zwei schwerwiegende Vorwürfe machen:

1. daß sie eine volkswirtschaftlich tragbare und sozialhygienisch wie sozialpolitisch unbedingt erforderliche Gesetzgebung erst sehr spät einführte und
2. daß sie das räumliche Ungleichgewicht der Bevölkerung nicht zu verhindern suchte.

Wenn auch die Urbanisierung eines großen Teils der Bevölkerung aus genannten Gründen zu diesem Zeitpunkt notwendig war, hätte man doch versuchen können, einen Teil des Bevölkerungsüberschusses der Ostgebiete dortselbst durch die Ansiedlung von Industriebetrieben seßhaft zu machen. Statt dessen mußten diese während des ganzen neunzehnten Jahrhunderts den überwiegenden Teil ihres Bevölkerungsüberschusses abgeben.[29] So blieb der Osten ein rein agrarisches, fast kolonial anmutendes Anhängsel des industrialisierten Westens.

Die Bemühungen des Freiherrn von Schön und seiner Nachfolger um die Ansiedlung von Industriebetrieben waren nicht ausreichend.[30] Gewisse Ansätze einer Raumordnung lassen sich lediglich in Niederschlesien nachweisen. In Ostpreußen diktierten die Interessen der Großgrundbesitzer.

Zu dem Vorwurf von Hans Kätzel,[31] durch die Förderung der Landflucht hätte die Regierung dazu beigetragen, das Elend der aus dem Handwerk kommenden Arbeitskräfte zu vergrößern, weil diese nunmehr durch die vom Lande kommenden, billigeren ungelernten Arbeitskräfte verdrängt wurden, ist zu sagen, daß der Facharbeitermangel gerade für die Frühstadien der preußischen Industrialisierung charakteristisch ist. Wenn auch der Prozentsatz der ungelernten Arbeitskräfte in einem Industriebetrieb relativ hoch war, so hätte doch wohl der überwiegende Teil der Handwerker in der sich stark ausweitenden industriellen Produktion unterkommen können.

Durch die Beseitigung des Zunftzwanges war hierfür die Voraussetzung geschaffen worden, denn vorher hatten die strengen Zunftvorschriften ein

[29] Noch 1885—1890 verlor das östliche Preußen 75,04% seines Bevölkerungsüberschusses an andere Gebiete, das westliche Preußen und Mitteldeutschland dagegen nur 13,15%. Vgl. Werner Sombart, *Die Deutsche Volkswirtschaft im 19. Jahrhundert,* 6. Aufl., Berlin 1923, S. 405.

[30] Es soll nicht verkannt werden, daß dies durch das Fehlen von Bodenschätzen erschwert wurde.

[31] Vgl. H. Kätzel, *Die gesellschaftlichen Strukturveränderungen . . .,* S. 44.

Abwandern der Gesellen praktisch verhindert. Der Abbau der alten Sozialordnung ging jedoch nicht ohne Widerstände vonstatten. Die Lehrlinge und Gesellen, welche bei nicht der Zunft angehörenden Meistern z.B. in der Industrie ausgebildet worden waren, fanden bei den Meistern der „alten Garde" keine Arbeit, so daß nichtzünftige Meister kaum Arbeitskräfte finden konnten.[32] Auch waren die Arbeitskräfte des Handwerks zunächst nicht bereit, in der Industrie zu arbeiten. Viele Gesellen ließen sich als selbständige Handwerker nieder, so daß die Klein- und Alleinmeister stark zunahmen, und eine Überbesetzung der einzelnen Handwerkszweige die Folge war.[33] Standesehre und Selbständigkeitsstreben ließen es den Handwerkern keineswegs erstrebenswert erscheinen, sich in der Industrie als gelernte Arbeiter zu verdingen. Sie waren selbst dann verzweifelt bemüht, ihre Selbständigkeit aufrechtzuerhalten, wenn dieser die wirtschaftliche Grundlage bereits entzogen war.

Es bedarf noch genauerer Untersuchungen, wieviele Arbeitskräfte aus dem Handwerk tatsächlich in den Fabriken Arbeit suchen mußten. Faktisch scheint sich die wirtschaftliche Not des Handwerks nicht in größerem Umfange in einer für die Industrie wünschenswerten Abwanderung in die Fabriken, sondern in einer weiteren „freiwilligen" Senkung des Lebensstandards der Handwerker niedergeschlagen zu haben, so daß die Aufhebung des Zunftzwangs das Angebot an gelernten Arbeitskräften zunächst nur potentiell erhöht hat. Die Herstellung der Freizügigkeit im gewerblichen Sektor der Wirtschaft war somit vor allem für den richtigen Einsatz der neu in den Schulen und Industriebetrieben selbst ausgebildeten Arbeitskräfte von Bedeutung. [. . .]

II

Kritische Würdigung der preußischen Wirtschafts- und Sozialpolitik im Hinblick auf die Dynamisierung der Wirtschaft

Einführung und Förderung des Wettbewerbs

Die Einführung der Gewerbefreiheit wurde in Preußen von Seiten der Handwerksmeister sowie des konservativen Teils von Bürgertum und Adel, deren

[32] J. Kulischer, *Allgemeine Wirtschaftsgeschichte . . .*, Bd. 2, S. 446 f.

[33] 1831 konnten zum Beispiel von den Tischlermeistern Berlins fast sechzig Prozent keine Gewerbesteuer zahlen; siehe F. Lütge, *Deutsche Sozial- und Wirtschaftsgeschichte . . .*, S. 396.

Wortführer der Freiherr vom Stein, Adam Müller und von der Marwitz waren, heftig kritisiert, während die Gesellen und die Vertreter der Industrie diese Maßnahme begrüßten.

Die Kritik mag insofern berechtigt gewesen sein, als man damals den Übergang zur völligen Gewerbefreiheit zu abrupt vornahm und nicht versuchte, die guten Gedanken des Zunftwesens zu retten. Die generelle Zulassung der Zünfte als freie Verbände genügte dazu nicht. So waren die späteren Einschränkungen der Gewerbefreiheit, insbesondere die Wiedereinführung des Befähigungsnachweises durch die Gewerbeordnungen von 1845 und 1849 wohl geeignet, eine den Besonderheiten des Handwerks gerechter werdende Situation zu schaffen, wenn sie auch nicht den ungeteilten Beifall der Handwerker fanden, welche nicht nur die Rückkehr zum alten Zunftwesen, sondern auch die Unterdrückung der neu entstehenden Industrie durch harte Sonderbesteuerung gefordert hatten.[34] Sie sahen nicht ein, daß „die alte Rolle des Handwerks als des gewerblichen Produzenten schlechthin notwendig ausgespielt“ war.[35] Daß das Handwerk seinen Niedergang allein auf die Einführung der Gewerbefreiheit zurückführte, hat seine strukturelle Anpassung an die durch die Industrie geschaffene neue Situation verhindert.

Für die Entwicklung der Industrie war die Einführung der Gewerbefreiheit von entscheidender Bedeutung. Die Abschaffung der korporativen, auf die Erhaltung des bestehenden Zustands abgestimmten Wirtschaftsverfassung machte den Weg für einen von individuellem Erwerbsstreben getragenen Aufschwung der Wirtschaft frei. Innerhalb der alten Zunftordnung mit ihren den technischen Fortschritt und die Betriebsausdehnung hemmenden Vorschriften konnte sich eine Industrie weder aus dem Handwerk selbst noch neben demselben entwickeln. Diese aber war nicht nur auf die Verwendung neuer Produktionsmethoden, sondern auch auf den Absatz der nunmehr in größeren Mengen erzeugten Güter angewiesen und konnte sich deshalb mit den kartellartigen Produktionsbeschränkungen der Zünfte nicht abfinden.

Nicht Herkunft und Zunftzugehörigkeit bestimmten nach der Einführung der Gewerbefreiheit die wirtschaftliche Stellung der Gewerbetreibenden, sondern allein die individuelle Tüchtigkeit des einzelnen, der auf dem Markt beim Absatz seiner Güter seine Leistungen unter Beweis stellen mußte. Damit war der Weg zur Verbesserung der alten und der Anwendung neuer Produktionsmethoden zur Herstellung neuer Güter, zur Ausdehnung der Betriebe und einer Wandlung der Arbeitsteilung freigemacht worden, so daß sich nunmehr der Entwicklung der Industrie keine rechtlichen Hindernisse entgegenstellten.

[34] F. Lütge, *a.a.O.*, *ebda*

[35] *A.a.O.*, S. 398.

Die später erfolgenden Einschränkungen der Gewerbefreiheit konnten die Entwicklung der Industrie, welche nunmehr auf eigenen Füßen stand, nicht behindern. Sie beschränkten sich in ihren Auswirkungen im wesentlichen auf das Handwerk.

Gewiß enttäuschten die unmittelbaren Auswirkungen der Gewerbefreiheit alle diejenigen, die mit einer sofortigen Belebung des Gewerbes, mit einem raschen Aufschwung der von allen Fesseln befreiten Industrie gerechnet hatten. Es konnten dadurch lediglich die Hindernisse rechtlicher Art beseitigt werden, welche der Industrialisierung entgegenstanden. Es zeigt sich aber, daß noch eine Anzahl weiterer Maßnahmen erforderlich waren, um die Idee des Wettbewerbs zu verbreiten und die Einführung des technischen Fortschritts und damit die Dynamisierung der Wirtschaft zu erreichen.

Gewiß stand der Erfolg der ersten Gewerbeausstellungen in keinem Verhältnis zu den Hoffnungen und dem Aufwand ihrer Veranstalter. Mit den Gewerbeausstellungen in Frankreich konnten sie sich nicht messen. Eine in den zwanziger Jahren in Paris veranstaltete Gewerbeausstellung wurde von tausendachthundertzehn Fabrikanten mit zwanzigtausend Gegenständen beschickt.[36]

Andererseits waren die Gewerbeausstellungen in England zunächst auch nicht sehr beliebt. Auch dort zeigte sich noch die gleiche Angst vor dem Wettbewerb und der „Preisgabe der Produkte an die Konurrenz", wie in Preußen. So berichtet noch 1828 der Sohn eines Berliner Unternehmers, Moritz Geiß, sehr enttäuscht von der Londoner Ausstellung der „Nationalerzeugnisse des Kunst- und Gewerbefleißes", auf der weniger als dreihundert Gegenstände gezeigt wurden.[37] Auch in Baden und Württemberg konnten die ersten Gewerbeausstellungen nicht als ein Erfolg bezeichnet werden.[38]

In den Frühstadien der industriellen Entwicklung mußten noch viele Vorurteile überwunden werden, so daß mit einer spontanen Teilnahme noch nicht zu rechnen war. Es fragt sich deshalb, ob sich Beuth nicht zu früh entmutigen ließ. Wahrscheinlich hätte er seine Ideen konsequent weiterverfolgen und die Gewerbeausstellungen zu einer festen Institution und einem wichtigen

[36] Ilja Mieck, *Merkantilismus und Liberalismus in der preußischen Gewerbepolitik von 1815–1845 unter besonderer Berücksichtigung Berlins,* Phil. Diss., Berlin 1957, S. 109 [jetzt unter dem Titel: *Preußische Gewerbepolitik in Berlin 1806–1844. Staatshilfe und Privatinitiative zwischen Merkantilismus und Liberalismus.* Mit einer Einführung von Wolfram Fischer und Otto Büsch (= Veröffentlichungen der Historischen Kommission zu Berlin . . ., Bd. 20), Berlin 1965. D. Hrsg.].

[37] *A.a.O.,* S. 112.

[38] Wolfram Fischer, *Der Staat und die Anfänge der Industrialisierung in Baden,* Berlin 1961, S. 182.

Bestandteil der Industrieförderung ausbauen sollen. Mit staatlicher Unterstützung wäre die Beteiligung sicher allmählich zu heben gewesen. Damit aber hätte ein Beitrag zur Überwindung der alten Vorurteile, zur Durchsetzung der Idee des Wettbewerbs und zur Anregung der Konkurrenzfreudigkeit der Unternehmer geleistet werden können.

Wie schon die Ausstellung von 1844 bewies, war der den Gewerbeausstellungen zugrunde liegende Gedanke durchaus fruchtbar. Die weiteren nationalen und internationalen Industrieausstellungen im neunzehnten und zwanzigsten Jahrhundert legen dafür ein ebenso beredtes Zeugnis ab, wie die Fortentwicklungen des Ausstellungswesens zu den Mustermessen, welche im Gegensatz zu den Messen der vorhergehenden Jahrhunderte nicht mehr dem direkten Warenumschlag dienten, sondern der übersichtlichen Zusammenfassung des Angebots und der Hereinnahme von Aufträgen auf Grund der ausgestellten Gegenstände.

Ermunterung des Erfindungsgeistes

Man darf aus der häufigen Verlängerung der Preisaufgaben nicht den Schluß ziehen, daß ihnen nur geringes Interesse entgegengebracht wurde. Sie waren vielmehr oft so schwierig und die Anforderungen so hoch, daß der kurze Zeitraum zu ihrer Lösung nicht ausreichte. Tatsächlich scheinen sie den gewünschten Erfolg gebracht zu haben. Die mit der Verleihung der Denkmünze verbundene öffentliche Ehrung und die Veröffentlichung der Lösung und der entsprechenden Gutachten in den „Verhandlungen" scheinen in Verbindung mit den im Verhältnis zum erforderlichen Aufwand an Geld und Zeit relativ gering anmutenden geldlichen Zuwendungen einen genügend großen Anreiz geboten zu haben, um eine ziemlich große Zahl von Einsendungen, zumindest in den ersten Jahrzehnten, zu garantieren. Später allerdings ging das Interesse auch auf Seiten des Vereins etwas zurück.

Schwieriger ist es, die wirtschaftliche Bedeutung der Preisaufgaben und ihrer Lösungen zu ermessen. Die Aufgaben waren oft zu speziell und in ihrer Themenstellung nicht immer der technischen Entwicklung genügend voraus, als daß von ihnen gewaltige neue Impulse hätten ausgehen können. Immerhin dürften sie doch einige Anregungen gegeben haben, z.B. bei der Herstellung von Rübenzucker, und dem Nachdenken über die angeschnittenen Probleme in größeren Kreisen förderlich gewesen sein. Die Verwirklichung des Wettkampfes der besten Ideen und konstruktiven Lösungen in einer Zeit, die vielfach noch merkantilistischen Vorstellungen huldigte, war eine gute Vorbereitung für die von der Konkurrenz beherrschte spätere Epoche, in welcher die industrielle Verwertung neuer Ideen eine große Rolle spielte.

Zur Patentgesetzgebung meint Fischer: „Für die technische Seite des Industriewachstums bedeutet die Patentgesetzgebung mindestens ebensoviel wie die Gewerbeordnung für die wirtschaftliche Seite. Ihr Stand ist geradezu ein Gradmesser für den Stand der industriellen Technik des Landes."[39] Hier erhebt sich die Frage, ob die Bedeutung der Patentgesetzgebung in den Frühstadien der industriellen Entwicklung nicht überschätzt worden ist. Gerade weil sie in Deutschland von den Vertretern der Freihandelsschule zu einer Prinzipienfrage gemacht wurde, nahm sie in der wirtschaftspolitischen Diskussion eine so hervorragende Stellung ein. Das aber hatte zur Folge, daß alle späteren Untersuchungen der Gewerbeförderung sich ausgiebig mit diesem Problem befaßten, wodurch das Bild vielleicht etwas verzerrt wurde.

Wenn die Handhabung der Patentverordnung tatsächlich so „liberal" war, wie Mieck es behauptet, erscheint es allerdings merkwürdig, daß man damals in Preußen an der Regelung der Patentverordnung solchen Anstoß nahm. Man muß sich hier fragen, welchen Sinn ein Patentgesetz überhaupt hat, wenn der daraus entspringende rechtliche Schutz nur so zögernd oder überhaupt nicht gewährt wurde. Wieso stellt die Gewährung des Patentschutzes eine „Belohnung und Ermunterung des Kunstfleißes" dar, wenn kein direkter wirtschaftlicher Vorteil zu erwarten war? Sollte allein die mit der Patenterteilung verbundene „Ehrung und Würdigung" genügen? Die Darstellung Miecks erweckt vielleicht zu sehr den Eindruck, als sei tatsächlich der rechtliche Schutz gleich Null gewesen. Dazu steht aber im Widerspruch, daß sich bereits, wie Mieck selbst erwähnt, 1844 in Berlin ein Patentanwalt niederließ, der sich ausschließlich mit Patentstreitigkeiten beschäftigte.[40] Auch nahm die Zahl der Patente später rasch zu. 1860—1870 waren es bereits achthunderteinundvierzig, also durchschnittlich mehr als sechsundsiebzig im Jahr.[41] Wie man daraus wohl schließen darf, muß die Beantragung eines Patents für den Antragsteller lohnend gewesen sein.

Beuth, dessen „patentfeindliche" Haltung Mieck anführt, hat sich für einen kräftigen, wenn auch auf wenige, besondere Fälle beschränkten Patentschutz ausgesprochen, weil dieser den „Gewerbefleiß nicht nur am wenigsten beschränken, sondern auch am meisten fördern würde, so wie sich der Patentierte dabei am besten befindet".[42] Durch die Apposition „wenn man Patente überhaupt

[39] *A.a.O.*, S. 68.

[40] I. Mieck, *Merkantilismus und Liberalismus . . .*, S. 67.

[41] Berechnet nach den *Verhandlungen des Vereins zur Beförderung des Gewerbfleißes in Preußen*, Bde 39—49, Berlin 1860—1870.

[42] Peter Christian Wilhelm Beuth, *Über die Ertheilung der Patente im Königreich Preußen*, in: *Verhandlungen des Vereins . . .*, Bd. 1, Berlin 1822, S. 111.

noch nützlich erachtet"[43] bringt er allerdings zum Ausdruck, daß er selbst die Patente nicht unbedingt für erforderlich hält. Er wendet sich jedoch nicht gegen das Publikandum von 1815, das er in der zitierten Form durchgeführt sehen möchte.

In diesem selbst war in Artikel 10 ein solcher Rechtsschutz zugesichert worden. Danach sollte bei der Verletzung eines Patents nach einer erstmaligen Verwarnung bei einer Wiederholung der Beklagte „durch Konfiskation der vorgefundenen Werkzeuge, Materialien und Fabrikate" bestraft werden. Diese sollten dem Inhaber des Patents, der im Wege des Zivilprozesses weitere Schadensersatzansprüche geltend machen konnte, „zur weiteren Benutzung übergeben werden".[44] Die Haltung des Ministeriums in den von Mieck zitierten Fällen kommt also einer Rechtsverweigerung gleich. Um sich über die Anwendung der Patentverordnung ein endgültiges Urteil erlauben zu können, müßten erst die gesamten Patentstreitigkeiten bis 1877 genau untersucht werden.

Zu Recht weist Mieck auf die zunächst bescheidene Zahl der Patente hin: 1815—1821 waren es nur einundsechzig, dann zehn bis vierzig im Jahr und erst 1839 wurde die Zahl vierzig überschritten.[45] Es ist jedoch nicht ganz richtig, wenn er den alleinigen Grund hierfür in der strengen Handhabung der Vorprüfung sieht und dabei die in diesen Jahren wesentlich höheren Zahlen in England anführt. Auch in Baden wurden bis 1825 nur fünfzehn Patente gewährt, und bis zur Jahrhundertmitte stieg diese Zahl auf wenig über sechzig, während sie von 1850 bis 1872 auf siebenhundertsiebenundachtzig stieg.[46] In der gleichen Zeit stieg sie in Preußen auf über siebzig im Jahr und erreichte damit die jährliche Quote in England.[47]

Es wäre falsch, den Grund hierfür lediglich in einer lässigeren Handhabung der Vorprüfung in den späteren Perioden zu sehen. Es liegen keine Beweise vor, die eine solche Annahme rechtfertigen würden. Der Grund hierfür scheint vielmehr der zu sein, daß Erfindungen nicht aus dem Nichts entstehen. Sie werden vielmehr meist im Laufe des Industrialisierungsprozesses selbst im eigenen Lande auf der Grundlage einer ausreichenden technischen Schulung und einer wachsenden Vertrautheit mit den Möglichkeiten und Erfordernissen von Technik und Produktion gemacht.

Die Bedeutung des Patentschutzes in den späteren Perioden soll hier keineswegs verkleinert werden, denn dadurch wird es dem Erfinder oder der Unter-

[43] *Ebda.*

[44] Publikandum vom 14. Oktober 1815 über die Ertheilung von Patenten, in: *Verhandlungen des Vereins . . .*, Bd. 1, S. 113.

[45] I. Mieck, *Merkantilismus und Liberalismus . . .*, S. 69.

[46] W. Fischer, *Der Staat . . .*, S. 69.

[47] Über Patente in England vgl. *Verhandlungen des Vereins . . .*, Bd. 45, Berlin 1866, S. 169.

nehmung, welche seine Experimente finanziert, erst möglich, die mit zunehmender technischer Entwicklung steigenden Kosten später wieder hereinzubekommen. In den hier vor allem interessierenden Frühstadien der Industrialisierung scheinen jedoch die Patente mit Ausnahme der Einführungspatente nicht von allzu großer Bedeutung für die Ankurbelung des technischen Fortschritt gewesen zu sein.

Beschaffung von Informationen über die technische Entwicklung in anderen Ländern, technische Schriften und technisches Vereinswesen

Zu den Auslandsreisen, die vom Staate angeregt und finanziert wurden, ist zu sagen, daß die Ansatzpunkte dieser Maßnahmen zweifellos richtig waren. Ihr Erfolg soll auch keineswegs verleugnet werden. Von den Sachverständigen, die auf diese Weise das Auslands bereist hatten, gingen fruchtbare Anregungen aus, die sowohl bei der praktischen Anwendung ausländischer Maschinen wie auch bei der Gestaltung der staatlichen Industrieförderung von Bedeutung waren. [. . .]

Gleichwohl hätte der preußische Staat jedoch auf diesem Gebiet eine noch größere Aktivität entfalten und planmäßiger vorgehen sollen.

Bei der Gewährung von Auslandsstipendien an preußische Studenten wäre eine größere Aktivität besonders deshalb so wichtig gewesen, weil der rege Austausch der europäischen Studenten, wie er im Mittelalter und noch bis ins achtzehnte Jahrhundert gang und gäbe war, mit der stärkeren nationalen Ausrichtung der Universitäten fast ganz zum Erliegen gekommen war und infolgedessen auch bei den neuen technischen Bildungsanstalten nicht funktionierte. Eine umfangreichere Tätigkeit des Staates auf diesem Gebiet wäre dringend erforderlich gewesen, da es ja an privater Initiative und Unternehmungslust noch fehlte und nur wenige Preußen auf eigene Faust ins Ausland fuhren, wie zum Beispiel Krupp und Harkort es getan hatten.

Die Berichte junger deutscher Techniker, welche eine Zeit lang im Ausland praktisch tätig gewesen waren, beweisen, wieviel es damals für sie dort zu lernen gab und wie gut sie ihre Zeit zu nutzen verstanden.[48]

Die Bedeutung, die der vom preußischen Staat zur Ableistung einer Praktikantenzeit nach England geschickte Egells nach seiner Rückkehr für die preußische Industrie erlangte, wäre allein schon eine ausreichende Rechtsfertigung für eine stärkere Aktivität des Staates auf diesem Gebiet gewesen. Gewiß wurde

[48] Vgl. hierzu auch das erste Kapitel des Buches von Max Eyth, *Hinter Pflug und Schraubstock. Skizzen aus dem Tagebuch eines Ingenieurs,* Stuttgart 1913, S. 11—50.

auch später noch vom Gewerbeinstitut und der Seehandlung eine Reihe von Technikern ins Ausland, insbesondere nach England geschickt. Ein planmäßiger Ausbau eines vom Staate unterstützten Programms zur Ermöglichung von ausländischen Studien- und Praktikantenaufenthalten junger preußischer Techniker hätte jedoch zur Industrialisierung einen großen Beitrag leisten können. Die Kosten eines solchen Programms wären im Vergleich zu dem daraus der Industrie entstehenden Gewinn gering gewesen.

Auf dem Gebiete des technischen Informationswesens und bei der Herausgabe von technisch-wissenschaftlicher Literatur leisteten die Technische Deputation und der Gewerbeverein Pionierarbeit. Die technische Literatur, welche es damals in Preußen gab, war nicht nur in der Quantität unzureichend, sondern auch in der Qualität völlig unzuverlässig, da, wie Beuth feststellte, einer vom anderen abschrieb und der irregeführt wurde, der sich nach den hier gegebenen Vorschriften richtete.[49]

Die technische Literatur, die Bücher und Zeitschriften und die allenthalben vorhandenen technischen Bibliotheken sind aus dem heutigen Leben nicht mehr fortzudenken. Man bewundert den Mut und die Tatkraft Beuths, womit er damals praktisch aus dem Nichts die notwendigsten exakten Grundlagen für den technischen Gedankenaustausch schuf.[50] Getragen von der Überzeugung, daß der technische Fortschritt zur Hebung des Lebensstandards und der Kultur unumgänglich sei, scheute man weder Mühe noch Kosten. Allen Widerständen, welche ihnen aus anderen Teilen der Verwaltung, aus Teilen des Unternehmertums und der Aristokratie entgegengesetzt wurden, zum Trotz setzten sich Beuth und seine vom gleichen Fortschrittsglauben beseelten Mitarbeiter in der Technischen Deputation, in den Ministerien und im Gewerbeverein mit ihren Forderungen und Maßnahmen durch.

Eine staatliche Initiative auf dem Gebiet des Informationswesens war notwendig, weil derartige Veröffentlichungen wegen des geringen Interesses, welches ihnen entgegengebracht wurde, noch nicht rentabel sein konnten, und es ist Beuths Verdienst, daß die erforderlichen Staatsgelder für diese Veröffentlichungen beschafft wurden. Die ersten Veröffentlichungen der Technischen Deputation mußten noch verschenkt werden, um überhaupt erst das Interesse der Fabrikanten zu wecken. Erst als dies gelungen war, als der Kreis der an der Technik Interessierten durch die genannten Maßnahmen einen größeren

[49] Conrad Mattschoss, *Preußens Gewerbeförderung und ihre großen Männer. Dargestellt im Rahmen des Vereins zur Beförderung des Gewerbfleißes in Preußen 1821–1921,* Berlin 1921, S. 32.

[50] Hans Joachim Straube, *Peter Christian Wilhelm Beuth* (= Deutsches Museum, Abhandlungen und Berichte, Bd. 2, Heft 5), Berlin 1930, S. 148.

Umfang angenommen hatte, konnte das Interesse privater Verleger an der selbständigen Herausgabe technischer Werke und der Anschaffung der hierfür erforderlichen Maschinen geweckt werden.

Die vom Gewerbeverein herausgegebenen „Verhandlungen" stellten den Beginn des technischen Zeitschriftenwesens in Preußen dar und haben zur Verbreitung des öffentlichen Interesses an der Entwicklung der Technik in erheblichem Maße beigetragen. Ihrer Ausstattung wurde liebevolle Mühe gewidmet. Beim fünfundzwanzigjährigen Jubiläum des Vereins konnte man mit Stolz darauf hinweisen, daß die ersten vierundzwanzig Jahrgänge dieser Zeitschrift „neben mehrfachen, außerordentlichen Beigaben mit sechshundert Kupferplatten und Lithographien und etwa zweihundert Holzschnitten" versehen worden waren.[51] Die Fülle der technischen Zeitschriften, die in ihrem Gefolge im Laufe des neunzehnten Jahrhunderts entstanden sind, legen ein Zeugnis von der Richtigkeit des eingeschlagenen Weges ab.

Unterstützung und Tätigung von Pionierinvestitionen

Auf dem Gebiet der Maschineneinfuhr erscheint allerdings heute die staatliche Tätigkeit merkwürdig: Der Staat, der doch der Inbegriff der Legalität sein sollte, unterstützte die Übertretung von Gesetzen. Gerechtfertigt wird sein Handeln jedoch dadurch, daß damals ein Staat, welcher sich die Industrialisierung als Ziel gesetzt hatte, durch eine die wirtschaftlichen Gegebenheiten mißverstehende, von merkantilistischen Vorurteilen beherrschte Politik der Industrieländer gezwungen wurde, zu illegalen Mitteln zu greifen. Die Situation war damals eine völlig andere als heute, da der Maschinenexport in jene Länder, welche im Begriffe stehen, eine eigene Industrie aufzubauen, einen erheblichen Teil des Gesamtexports ausmacht, und da durch langfristige Staatskredite und Bürgschaften sowie durch die Bereitwilligkeit der Investitionsgüterindustrien, Ingenieure und Facharbeiter zu entsenden und Ausländer auszubilden, die wirtschaftlich-technisch rückständigen Länder in ihren Bemühungen um die Industrialisierung unterstützt werden.

Damals waren die Unternehmer der technisch fortgeschritteneren Länder zu solchen Maßnahmen nicht bereit. Vielfach versuchten sie, ihre Produktionsmethoden um jeden Preis geheim zu halten und waren an einem Export der von ihnen hergestellten Maschinen nicht interessiert. Die Regierungen befürchte-

[51] *Jubelfeier des Vereins zur Beförderung des Gewerbefleißes*, in: *Verhandlungen des Vereins* . . ., Bd. 25, Berlin 1846, S. 29.

ten von dem Export der Maschinen und der Auswanderung von Facharbeitern und Ingenieuren eine Beeinträchtigung ihrer wirtschaftlichen Macht.

Zwischen 1750 und 1795 wurden in England verschiedene Gesetze erlassen, die den Export vieler Maschinen, Modelle und Zeichnungen sowie die Auswanderung von Technikern und Facharbeitern verboten und Übertretungen mit schweren Strafen bedrohten,[52] so daß sich z.B. William Cockerill nicht mehr in seine Heimat wagte. Erst 1843 wurde in England, das mit seiner Verbotsgesetzgebung bis dahin nicht allein gestanden hatte, der Export von Maschinen generell freigegeben, nachdem man vorher schon ein Lizenzverfahren eingeführt hatte.[53]

Die Besorgung von Zeichnungen und die Unterstützung der Maschineneinfuhr war nicht allein wegen der genannten Beschränkungen durch die Industrieländer so wichtig, sondern auch deshalb, weil es auf Seiten des inländischen Unternehmertums zunächst noch an Mut und Interesse fehlte, selbständig den technischen Fortschritt einzuführen. Deshalb genügte auch die Aufstellung dieser ausländischen Maschinen in den staatlichen Sammlungen und die Übersendung von Zeichnungen und Betriebsanweisungen an die Fabrikanten nicht. Diese Maßnahmen mußten vielmehr durch Maschinenschenkungen ergänzt werden.

Ihre Wirkungen und das ihnen entgegengebrachte Interesse beurteilte Beuth sehr positiv: „Anmeldungen hierzu[54] erfolgten sehr bald, da die Auszeichnung, welche meinen Fabrikanten durch die Maschinenbewilligung widerfährt, in dem Amtsblatt des betreffenden Regierungsbezirks zur öffentlichen Kenntnisnahme gebracht wird. Da nun Kopien der Maschinen durch die ersten Bestellungen des Staates in einer unserer Maschinenbau-Werkstätten gut und billig zu haben sind, verbreiten sich diese sehr schnell, wozu kommt, daß der Betrieb, der als Auszeichnung Mustermaschinen bewilligt bekommen hat, dadurch gesichert wird, daß der Staat sie auf seine Kosten durch sachverständige Leute in Gang setzen läßt.“[55]

Natürlich fehlte es auf Seiten der Fabrikanten auch nicht an Kritik. Die gelieferten Maschinen scheinen nicht immer die Kinderkrankheiten überwunden gehabt zu haben. Manchmal erwiesen sie sich sogar als unbrauchbar. So erhielt z.B. Queva 1827 eine Dampfmaschine von 1,5 Pferdestärken, die bislang unbenutzt in der Werkstatt der Technischen Deputation gestanden hatte

[52] William Otto Henderson, *Britain and Industrial Europe 1750–1870. Studies in British Influence on the Industrial Revolution in Western Europe*, Liverpool 1954, S. 139.

[53] *A.a.O.*, S. 140 f.

[54] Gemeint sind die Besichtigungen.

[55] Zitiert bei I. Mieck, *Merkantilismus und Liberalismus . . .*, S. 60.

Nach ihrer Aufstellung entwickelte sie jedoch nur ein Drittel der angegebenen Kraft und konnte von drei Männern bequem festgehalten werden.[56] Oft waren die mit Maschinen bedachten Fabrikanten unzufrieden. Es fehlte an geeigneten Arbeitskräften, die mit den Maschinen umzugehen verstanden, und wenn etwas nicht klappte, so wurde es immer der Maschine zugeschrieben. Auch empfand man die mit diesen Geschenken verbundenen Besuche als lästig und als den eigenen Interessen zuwiderlaufend. „Es waren nicht alle so begeistert von dem Gedanken, wie Harkort, sich, vom privatwirtschaftlichen Standpunkt aus gesehen, gefährliche Wettbewerber großzuziehen."[57]

Im ganzen wird man aber anerkennen müssen, daß auf diesem Wege wichtige Impulse zur Einführung des technischen Fortschritts gegeben worden sind, wenn auch die eingesetzten Mittel nicht ausreichend waren, um in einem wirtschaftlich so rückständigen und dem technischen Fortschritt so feindlich gesinnten Gebiet, wie es Niederschlesien damals war, die Wirtschaft wieder in Gang zu bringen. Dort blieben die Maschinenspinnereien isoliert und die Spindelzahl wuchs nur langsam.[58]

Der Gedanke, die Breitenwirkung der auf diese Weise mit staatlicher Hilfe getätigten Pionierinvestitionen dadurch zu erhöhen, daß man mit den Maschinenschenkungen die Auflage verband, andere Unternehmer zu Besichtigungen zuzulassen und von den gemachten Erfahrungen profitieren zu lassen, stieß zwar bei den Beschenkten auf Ablehnung, war aber dazu geeignet, der rascheren Verbreitung der Maschinen zu dienen.

Es ist heute noch nicht möglich, ein endgültiges Urteil über die Subventionspolitik des preußischen Staates[59] und der Seehandlung abzugeben. Die vorliegenden Untersuchungen sind dazu noch zu kasuistisch. Das gleiche muß auch über die bisherige Behandlung der Maschinenschenkungen und der Zollerleichterungen gesagt werden. Auf Grund der vorliegenden Untersuchungen waren die Erfolge bescheiden. Einerseits waren die zur Verfügung gestellten Mittel

[56] *A.a.O.*, S. 104.

[57] C. Mattschoss, *Preußens Gewerbeförderung . . .*, S. 52.

[58] Georg Keil, *Das niederschlesische Industriegebiet, seine Entwicklung und seine Notlage* (= Zur Wirtschaftsgeographie des deutschen Ostens, Bd. 8), Berlin 1935, S. 36.

[59] Daß die hierfür bereitgestellten Mittel keinen sehr großen Umfang hatten, geht daraus hervor, daß dem Gewerbedepartement, beziehungsweise dem übergeordneten Handelsministerium, jährlich nur fünfundsechzigtausend Taler „zur Beförderung der gewerblichen Anlagen durch richtigere Einrichtung und besseres Werkzeug", zur Edition von Mitteilungen und Büchern, für die Technische Deputation und deren Einrichtungen, für das Gewerbeinstitut und die Provinzialgewerbeschulen zur Verfügung standen. 1828 wurde dieser Betrag für die nächsten fünf Jahre auf hunderttausend Taler erhöht, und auch nach 1833 wurde er in dieser Höhe für ausreichend gehalten. Vgl. I. Mieck, *Merkantilismus und Liberalismus . . .*, S. 25.

vielfach zu gering und ihr Einsatz zu punktuell, wie in Niederschlesien, andererseits blieb es immer problematisch, ob ein mit staatlicher Hilfe gegründeter Betrieb die in ihn gesetzten Hoffnungen erfüllen konnte. Die sorgfältige Auswahl der zu Unterstützenden konnte dies nicht immer gewährleisten. Eine der wenigen Ausnahmen war die 1850 von dem Uhrmacher Gustav Becker in Freiburg in Schlesien mit staatlicher Hilfe gegründete und zunächst nur mühsam gehaltene Uhrenfabrik, die später einen großen Aufschwung nahm und der Grundstein für die später so bedeutsame schlesische Uhrenindustrie war. 1873 wird bereits von fünf Uhrenfabrikanten in Freiburg berichtet.[60] Eine bessere Wirkung scheinen die staatlichen Zuschüsse gehabt zu haben, wenn sie nicht zur Neugründung von Betrieben verwendet wurden, sondern bereits bestehenden Betrieben zur Modernisierung und zur Anschaffung von Maschinen gewährt wurden.

Ohne hier die ganze Problematik des Schutz- oder Erziehungszolls aufzurollen, die ohnehin erst akut wurde, als in Preußen die Voraussetzungen für die Entstehung einer namhaften, eigenen Maschinenproduktion vorhanden waren, soll hier zu den Zollerleichterungen nur kritisch bemerkt werden, daß es nicht einzusehen ist, warum von der preußischen Regierung nicht zunächst ein genereller Zollerlaß auf sämtliche aus dem Ausland eingeführten Maschinen gewährt wurde. Der Einfuhrzoll und die mit der Beantragung einer Zollerleichterung verbundenen, umständlichen Schriftwechsel haben zu einer Abschreckung des Maschinenimports geführt, der durch die Gewährung von Zollerleichterungen nicht ausgeglichen wurde. Ein Zollschutz zur Anregung des einheimischen Maschinenbaus war in keinem Fall sinnvoll, weil dafür in Preußen damals noch die Voraussetzungen fehlten und mit Ausnahme der Gebrüder Cockerill auf Grund der ausländischen Gesetzgebung auch keine landesfremden Betriebe zur Niederlassung verlockt werden konnten. Es ist allerdings fraglich, ob die Zollbefreiung der Maschinenimporte eine sehr große Wirkung gehabt hätte, weil wegen der Exportverbote der Industrieländer zunächst doch nur eine geringe Zahl von Maschinen auf legalem Wege importiert werden konnte.

Bei der Gewährung von Einführungspatenten entsteht grundsätzlich der gleiche Konflikt einander widersprechender Ziele wie bei den Erfindungspatenten: Während man einerseits eine möglichst rasche Verbreitung der technischen Neuerungen erstrebt, möchte man andererseits einen besonderen Anreiz zu ihrer Anwendung geben. Die Erteilung eines Patents verhindert aber für die Dauer des Patentschutzes die allgemeine Verbreitung des geschützten Gegenstandes oder Verfahrens.

[60] G. Keil, *Das niederschlesische Industriegebiet . . .*, S. 77.

Selbst wenn für viele der dem Patentschutz unterliegenden Verfahren und Gegenstände tatsächlich eine rentable Verwertung ohne den Patentschutz möglich gewesen wäre, wenn die Unternehmung bei ihrer erstmaligen Verwendung einen solchen Vorsprung vor den nachkommenden Betrieben gehabt hätte, daß ihnen „der Verkehr eine ausreichende Entlohnung gebracht hätte", wie es die Gegner der preußischen Patentordnung behaupteten, so ist eine solche theoretische Unterstellung doch nicht stichhaltig. Bei der Entscheidung über die Zweckmäßigkeit von Patenten kommt es ganz pragmatisch allein auf die Überzeugung derjenigen an, die diese Pionierinvestitionen vornehmen sollen. Sind sie der Auffassung, daß der Patentschutz eine *conditio sine qua non* für die Durchführung der Pionierinvestition ist, so erscheint dadurch die Gewährung dieses Schutzes durch den Staat als gerechtfertigt. Der Staat muß dann darauf achten, daß die Dauer dieses Schutzes zwar einerseits lang genug ist, um den Anreiz zur Verwertung des zu schützenden Gegenstandes oder Verfahrens zu erhalten, und andererseits nicht zu lange währt, damit die Ausbreitung des technischen Fortschritts nicht übermäßig gehemmt wird. Diese Erwägungen scheinen in Preußen meist zu dem richtigen Kompromiß geführt zu haben.

Somit darf man wohl das Einführungspatent als ein wichtiges Mittel zur Förderung von Pionierinvestitionen in einem technisch rückständigen Land bezeichnen, das allein auf Grund prinzipieller Überlegungen nicht abgelehnt werden kann.

Der Erfolg der auf staatliche Anregung hin erfolgten Fabrikgründungen der Gebrüder Cockerill in Preußen zeigt die Bedeutung privater, ausländischer Pionierinvestitionen. Der „beispielgebende Effekt" dieser Fabriken schlug sich darin nieder, daß in Preußen seit dem Ende der zwanziger Jahre eine Reihe von Konkurrenzbetrieben zu den Cokerillschen Fabriken entstanden. Die Fabrik der Cockerills in Berlin verlor damals ihre Vormachtstellung. Als sie 1831 abbrannte, hatte sie ihren Zweck in jeder Hinsicht erfüllt und wurde aufgegeben.[61]

Andere Betriebe konnten in der ersten Hälfte des neunzehnten Jahrhunderts auf Grund der Verbotsgesetzgebung der fortgeschritteneren Länder nicht zur Niederlassung in Preußen bewogen werden. Erst nach 1850 lassen sich wieder eine Reihe ausländischer Betriebsgründungen in Preußen nachweisen. [. . .]

Wenn man heute den Staatsbetrieben vorwirft, daß sie unwirtschaftlich arbeiten, weil ihre Leiter kein Interesse an der Einführung neuer Verfahren, der Herstellung neuer Güter und der Verbesserung und Verbilligung der hergestellten Produkte hätten, so kann dazu hier nur gesagt werden, daß das für die Leitung der Staatsbetriebe in Preußen damals nicht zutraf. Meist ließ sich

[61] I. Mieck, *Merkantilismus und Liberalismus . . .*, S. 81.

zunächst eine ausgesprochene Überlegenheit der Staatsbetriebe feststellen, wie es zum Beispiel die Entwicklung des fiskalischen Kohlenbergbaus im Saargebiet zeigt. Zwischen 1819 und 1825 stiegt dort die Förderung um mehr als vierzig Prozent, während gleichzeitig die Förderung der privaten Gruben sank.[62]

Das wurde auch durch die vorbildlichen Leistungen der staatlichen Hüttenwerke in Oberschlesien bewiesen, deren Pionierinvestitionen die privaten Hüttenwerke ihrerseits zur Nachahmung anregten. [. . .]

Es ist nur zu bedauern, daß die Staatsbetriebe in der ersten Hälfte des neunzehnten Jahrhunderts „nicht mehr modern" waren. Die meisten, von Adam Smith beeinflußten preußischen Beamten dürften ihrem Kollegen Weber zugestimmt haben, als er schrieb: „In einen eigentlichen gewerblichen Wettlauf mit der Industrie der Bürger sich einzulassen, entspricht dem Wesen des Staates ebensowenig, wie es seiner Würde ansteht."[63]

Wie die bis weit ins neunzehnte Jahrhundert hinein erfolgreiche Tätigkeit der Staatsbetriebe in Oberschlesien gezeigt hat, konnte aber von diesen ein wertvoller Beitrag zur Industrialisierung geleistet werden. Wahrscheinlich hätte in anderen Teilen des Landes und in anderen Zweigen der Industrie durch die Neugründung von Staatsbetrieben eine Beschleunigung der Industrialisierung erreicht werden können. Wenn der Staat im neunzehnten Jahrhundert auch nicht mehr selbst Industriebetriebe gründete, so tat er dies doch indirekt durch die Seehandlung. Diese hatte schon vorher den Charakter eines staatlichen Instituts gehabt, weil die privaten „Aktionäre" kein Stimmrecht besaßen. Die Gesellschaftsform der Seehandlung, welche daher nur formalen Charakter gehabt hatte, wurde durch das Edikt vom 28. Oktober 1810 beseitigt: Sowohl die Akten wie auch die Obligationen wurden in Staatsschuldscheine verwandelt. Lediglich die Firmenbezeichnung „Generaldirektorium der Seehandlungssozietät" blieb erhalten.[64]

Rothers Stellung als Leiter dieses Instituts war so unabhängig, daß er seine Politik bis in die Mitte des neunzehnten Jahrhunderts gegen den Widerstand eines großen Teils der Beamtenschaft und der Gewerbetreibenden durchsetzen konnte. Der König unterstützte ihn darin bis 1845. Dann aber konnte auch er sich den Argumenten der an Zahl und Einfluß gewachsenen anderen Seite nicht mehr verschließen und verbot der Seehandlung durch die Kabinettsorder vom 14. Februar 1845 generell, weitere gewerbliche Unternehmungen zu errichten.

[62] Nach den Angaben von Wilhelm Treue, *Wirtschaftszustände und Wirtschaftspolitik in Preußen 1815 bis 1825*, Stuttgart 1937, S. 231.

[63] Zitiert bei I. Mieck, *Merkantilismus und Liberalismus . . .*, S. 117.

[64] Wilhelm Lexis, Artikel *Seehandlungsgesellschaft*, in: Johannes Conrad u.a. (Hrsg.), *Handwörterbuch der Staatswissenschaften*, Bd. 7, 3., erw. Aufl., Jena 1911, S. 407.

Nur für außergewöhnliche Fälle „und aus überwiegenden Gründen für die allgemeine Landeswohlfahrt" behielt er sich die Gestattung von Ausnahmen vor.[65]

Obgleich nunmehr keine neuen Fabriken gegründet wurden, wuchs das von der Seehandlung in Grundbesitz, in die Reederei, in das überseeische Warengeschäft, in die Fabriken und in das Leihamt investierte Kapital von 2,8 Millionen 1840 auf 5,76 Millionen 1843, 9,6 Millionen 1847 und 10,25 Millionen Taler 1848.[66]

Insoweit diese Vermehrung sich auf die Fabriken bezog, war sie auf die Notwendigkeit zurückzuführen, begonnene Anlagen fertigzustellen und die bereits vollendeten teilweise zu erneuern und mit Betriebsvorschüssen zu versehen, wobei die durch die Seehandlung gedeckten Verluste dem Wert der jeweiligen Unternehmung zugeschrieben wurden.[67]

Ebenso wie Beuth und seine Mitarbeiter war Rother überzeugt, daß die Zukunft bei den mit Maschinen ausgestatteten Großbetrieben lag. Als er bei seinen Versuchen, den Absatz der preußischen Produkte im Ausland zu fördern, feststellen mußte, daß diese nicht konkurrenzfähig waren, versuchte er zunächst durch die Übersendung von Mustern ausländischer Produkte die preußischen Fabrikanten zu Verbesserungen anzuregen. Da das nicht genügte, nahm er selbst Fabrikgründungen vor, wobei er es vermied, mit der Privatindustrie ins Gehege zu kommen: Seine Betriebe errichtete er nur dort, wo von privater Seite keine derartigen Fabriken bestanden. Auch suchte er neue Industrien in Preußen heimisch zu machen, was zum Beispiel der Zweck des Burgtaler Betriebes war. Er beabsichtigte also mit anderen Worten, mit Hilfe von Pionierinvestitionen die Industrialisierung Preußens zu fördern.

Der auch schon in den dreißiger Jahren immer wieder erhobene Vorwurf, die Betriebe der Seehandlung seien ebenso wie die königlichen Betriebe *a priori* privaten Betrieben unterlegen, weil sie in ihrer Geschäftsführung unbeweglicher seien und die treibende Kraft des Profitstrebens fehle, wurde durch den Erfolg vieler Betriebe der Seehandlung widerlegt. Bei der Übernahme einiger Privatbetriebe zeigte sich sogar eindeutig die Überlegenheit der Geschäftsführung der Seehandlung, denn nachdem diese die Verwaltung übernommen hatte, blühten diese Betriebe auf. Das ist nicht einfach darauf zurückzuführen, daß die Seehandlung über große finanzielle Reserven verfügte, welche sie nunmehr einset-

[65] Christian von Rother, *Die Verhältnisse des Königlichen Seehandlungs-Instituts und dessen Geschäftsführung und industrielle Unternehmungen*, Berlin 1845, S. 3.

[66] Hans Hellwig, *Jubiläumsschrift – Die Preußische Staatsbank. Seehandlung 1772–1922*, Berlin 1922, S. 84.

[67] *Ebda.*

zen konnte. Bei der chemischen Fabrik in Oranienburg ebenso wie bei der Baumwollfabrik in Eifersdorf hatte sich gezeigt, daß der Bestand dieser Unternehmungen durch die Gewährung von Krediten allein nicht gesichert werden konnte. Erst die Verwaltung durch Vertreter der Seehandlung rettete sie vor der Liquidation.[68] [. . .]

Rother erklärte: „Von jeher habe ich übrigens diese Unternehmungen für das Seehandlungsinstitut nur als transitorische betrachtet, und zum öfteren erklärt, daß ich bereit sei, dieselben nach ihrer vollständigen Entwicklung gegen Ersatz der Kosten an vermögende Privatleute und selbst an Aktiengesellschaften abzutreten."[69] Tatsächlich sind aber solche Verkäufe zu seiner Zeit nicht erfolgt. Allerdings muß man sagen, daß 1844 erst wenige Betriebe ihren Zweck erfüllt hatten. Bei der chemischen Fabrik in Oranienburg mit ihrer Schwefelsäurefabrikation und dem Zinkwalzwerk in Thiergarten war dies jedoch der Fall. Trotz des Entstehens privater Konkurrenzbetriebe dachte die Seehandlung hier aber nicht daran, sich zurückzuziehen.

Als Bloch, der Nachfolger Rothers, ab 1848 in sehr kurzem Zeitraum den überwiegenden Teil der Seehandlungsbetriebe abstieß, mußte die Seehandlung meist empfindliche Verluste hinnehmen. Beim Verkauf der Betriebe in Wüste-Giersdorf, Breslau, Patschkey, Moabit, Dirschau, Suchau, Erdmannsdorf und Burgtal verlor die Seehandlung insgesamt mehr als eine Million Taler.[70] Lediglich bei der chemischen Fabrik „wurde der Verlust durch angesammelte Betriebsgewinne gedeckt".[71] Dabei ist allerdings zu berücksichtigen, daß der Verkauf unter denkbar ungünstigen Umständen erfolgte. „Neun Jahre später hätte die Mehrzahl sicherlich floriert und vielleicht einen doppelten Buchwert repräsentiert."[72]

Von den verkauften Unternehmungen gelangten einige sehr rasch zu großer Blüte, so zum Beispiel die Maschinenbauanstalt in Moabit und die Wollweberei zu Wüste-Giersdorf.

Die Erfahrungen, die mit den unter Blochs Nachfolgern veräußerten Anlagen gemacht wurden, waren ähnlich: Sie gediehen später, noch unter der Verwal-

[68] Rothers stolze Feststellung, er habe bewiesen, daß die alte Redensart, „ein Staatsbeamter könne industrielle Unternehmungen nicht so wie der Privatmann mit Erfolg leiten", eine unwahre ist, findet hierin ihre Rechtfertigung. Vgl. C. von Rother, *Die Verhältnisse des Königlichen Seehandlungs-Instituts . . .*, S. 55.

[69] C. von Rother, *Die Verhältnisse des Königlichen Seehandlungs-Instituts . . .*, S. 2.

[70] Nach Heinrich Poschinger, *Bankwesen und Bankpolitik in Preußen*, Bd. 2, Berlin 1879, S. 67, Anm. 4, und S. 68, Anm. 1—9.

[71] *A.a.O.*, S. 68, Anm. 3.

[72] *A.a.O.*, S. 61.

tung der Seehandlung, besser als in den oben erwähnten kritischen Jahren und brachten dann verhältnismäßig günstige Verkaufspreise.[73] [. . .]

Ganz sicher war aber ein Bankinstitut, wie die Seehandlung, nicht in der Lage, auf die Dauer eine Subventionierung durchzuführen, denn obgleich es sich hier um eine staatliche Anstalt handelte, mußte sie doch die privatwirtschaftlichen Forderungen der Rentabilität und Liquidität beachten. Zwar gelang es ihr, eine Zeitlang die Verluste ihrer gewerblichen Unternehmungen, der Reederei, der Binnenschiffahrt und des Wollhandels aus den Gewinnen des lukrativen Anleihegeschäftes zu decken und gleichzeitig eine ausreichende Verzinsung der bei ihr angelegten Gelder zu erwirtschaften, aber schließlich zeigte sich doch, daß dadurch und durch ihren ausgedehnten Grundbesitz eine zu starke Immobilisierung ihres Kapitals stattgefunden hatte,[74] so daß sie 1848 in eine Krise geriet, aus der sie nur durch einen Kredit der Regierung gerettet werden konnte.[75]

Deshalb mußten diese Anlagen unter Rothers Nachfolgern abgestoßen werden, obgleich die Industriebetriebe und darunter inbesondere diejenigen, welche nach raumordnerischen Gesichtspunkten gegründet worden waren, ihren Zweck meist noch nicht erfüllt hatten. [. . .]

Preußen verfügte damals nur in Rother über einen Beamten, der diese Aufgabe erkannte, und dieser wiederum besaß nur in der Seehandlung ein Instrument, seine Gedanken durchzusetzen.

Eine Würdigung der Tätigkeit Rothers darf jedoch nicht nur im Negativen steckenbleiben. Ihm gebührt das Verdienst, die Aufgabe des Staates, durch die Gründung von Industriebetrieben die Industrialisierung zu fördern, erkannt und einige Versuche in dieser Richtung unternommen zu haben. Auch war er zu seiner Zeit und bis ins zwanzigste Jahrhundert hinein einer der wenigen Beamten, welche raumordnerische Probleme sahen und daraus die notwendigen Schlüsse zogen. Damit war er seiner Zeit weit voraus.

Zur Bedeutung der staatlichen Maßnahmen in Niederschlesien sagt Keil: „Diese Maßnahmen der Regierung und einzelner von ihr unterstützter Unternehmer hatten zwar, gemessen an dem Umfang der Not, zunächst nur einen geringen Erfolg; sie konnten nur Ansätze, Vorformen neuer Beschäftigungszweige schaffen und veränderten das Bild des gewerblichen Lebens nur wenig; aber als der große Umschwung der fünfziger und sechziger Jahre mit der Nutzbarmachung technischer Fortschritte und der Wirkung der Verkehrsumwälzung auch im Gebirge einsetzte, sind in vielen Fällen doch schon die Aus-

[73] H. Hellwig, *Jubiläumsschrift* . . ., S. 95.

[74] Pierre Benaerts, *Les origines de la grande industrie allemande,* Paris 1933, S. 269.

[75] William Otto Henderson, *The State and the Industrial Revolution in Prussia 1740–1870,* Liverpool 1958, S. 139.

gangsstellungen vorbereitet, auf die sich die Industrialisierung stützen konnte."[76]

Zusammenfassend läßt sich sagen, daß gerade in den Frühstadien der Industrialisierung der staatlichen Gründung von Industriebetrieben eine wichtige Rolle zufallen kann. In Preußen wird dies durch die Erfolge der königlichen und der Betriebe der Seehandlung bestätigt. Wenn private Interessenten vorhanden sind, ist eine staatliche Beteiligung reinen Staatsbetrieben vorzuziehen, da sich hier die Verbindung mit den privaten Interessen als vorteilhaft erweist und eine größere Beweglichkeit der Unternehmensführung erreicht wird. Gleichzeitig läßt sich der Übergang des Betriebes in sachkundige private Hände vorbereiten. Dabei ist allerdings darauf zu achten, daß die privaten Interessen sich nicht in der Form durchsetzen, daß der Wert der Beteiligung in Frage gestellt wird, wie es bei der Patent-Papier-Fabrik der Fall war. Es mußte hier darauf verzichtet werden, die Belebung der wirtschaftlichen Entwicklung aufzuzeigen, welche über den Komplementaritätseffekt der durch den Staat und die Seehandlung selbst oder mit ihrer Hilfe getätigten Pionierinvestitionen ausgelöst wurde, weil es dazu an Unterlagen fehlt. Aber bereits der „beispielgebende Effekt" dieser Pionierinvestitionen war so groß, daß die Industrialisierung dadurch bedeutsame Impulse erhielt.

Zusammenfassung

Vergleicht man die Maßnahmen des preußischen Staates zur Ankurbelung der Industrialisierung und versucht, ihre wirtschaftliche Bedeutung zu erfassen, so muß man zugeben, daß man sich damals zu Recht nicht mit der Herstellung einer Wettbewerbswirtschaft und der Förderung des Wettbewerbs zufrieden gab.

Hier scheinen nun die Preisaufgaben und die Patentgesetzgebung zwar wohlgemeinte Versuche gewesen zu sein, dem technischen Fortschritt zu dienen, ohne daß ihre Tragweite jedoch besonders groß war.

Auch die Wirkungen der finanziellen Unterstützungen waren nicht sehr groß. Insoweit sie ähnlich wie die Maschinenschenkungen an besonders tüchtige und erfahrene Fabrikanten gegeben wurden, hatten sie zwar in einigen Fällen gute Erfolge, aber in Zahl und Umfang hielten sie sich in engen Grenzen. Die Zollbefreiungen waren ebenfalls nicht von sehr großer Wichtigkeit und eine zollfreie Einfuhr sämtlicher Maschinen wäre der preußischen Industrie in den Frühstadien ihrer Entwicklung angemessener gewesen.

[76] G. Keil, *Das niederschlesische Industriegebiet . . .*, S. 38.

Die größten Erfolge wurden mit dem vom Staat ins Leben gerufenen Informationswesen, der Beschaffung von Zeichnungen und Maschinen, den Maschinenschenkungen sowie den Auslandsreisen und der damit verbundenen Weitergabe der Informationen erzielt. Auch die königlichen Betriebe und die Betriebe der Seehandlung haben einen Beitrag zur Industrialisierung geleistet, wenn es auch wünschenswert gewesen wäre, daß sie in größerem Umfang gegründet worden wären und daß der Staat direkt die Betriebe gegründet und die Seehandlung von dieser Aufgabe entlastet hätte.

III

Die Förderung der Kapitalbildung, der Kapitalsammlung und des Kapitalverkehrs

Die Bedeutung der Kapitalbildung für die Industrialisierung und die Kapitalversorgung Preußens nach den Befreiungskriegen

Die Industrialisierung ist mit dem verstärkten Einsatz von Kapital verbunden. Das Einschlagen von „Produktionsumwegen" macht es erforderlich, daß ein Teil der Produktionsfaktoren nicht mehr unmittelbar zur Erzeugung von Konsumgütern verwendet wird, sondern zur Herstellung jener Maschinen, welche in späteren Perioden zur Erhöhung der Konsumgüterproduktion konsumiert werden. Ein Teil des Volkseinkommens muß 'gespart', das heißt für die Erzeugung von industriell eingesetztem Sachkapital und die Verbesserung der Infrastruktur bereitgestellt werden.

Die Bedeutung der Kapitalbildung im Inland ist umso größer, je weniger mit einem Kapitalimport aus dem Ausland gerechnet werden kann. Wenn Sombart behauptet, die hundert Millionen Franken, welche Preußen nach 1815 von Frankreich als Kriegsentschädigung bekommen habe, hätten „für das damalige Wirtschaftsleben fast dasselbe bedeutet wie die Milliarden 1871",[77] so läßt sich dafür an keiner Stelle ein Beweis finden.

Tatsächlich war die Zeit nach 1815 durch einen allgemeinen Kapitalmangel gekennzeichnet. Die preußische Staatsschuld betrug am 17. Januar 1820 mehr als hundertachtzig Millionen Taler, wovon rund sechsunddreißig Millionen

[77] W. Sombart, *Die Deutsche Volkswirtschaft . . .*, S. 76.

Taler auswärtige Schulden waren.[78] Damit hatte sie sich gegenüber dem 1. Januar 1813 um mehr als fünfundachtzig Millionen Taler vermehrt.[79] Für die Tilgung der Staatsschuld sollten jährlich zweieinhalb Millionen und für ihre Verzinsung zunächst etwas mehr als siebeneinhalb Millionen Taler bereitgestellt werden.[80]

Bei einem Budget von insgesamt rund achtundvierzig Millionen Talern[81] wurde der Staatshaushalt somit zu fast einem Viertel für die Verzinsung und Tilgung der Staatsschuld in Anspruch genommen und befand sich damit in einem recht ungünstigen Zustand. Eine Erhöhung der Staatseinnahmen aber war zu diesem Zeitpunkt wegen der ungünstigen Wirtschaftslage und der politischen Hindernisse (Widerstand des Adels gegen Aufhebung der Steuerprivilegien) nur schwer möglich.

Im privaten Sektor war der Kapitalmangel ebenfalls erheblich. Hier zeigte sich vor allem der Mangel an risikofreudigem Kapital. Die Anlage in Industriebetrieben galt als zu gewagt. Die Kapitalgeber bevorzugten Landwirtschaft, Handel und Staatsanleihen. „Jedenfalls klagte man damals, daß für den Mexikanischen Bergverein und die Rheinisch-Westfälische Kompanie[82] auch im Rheinland und in Westfalen sehr viel leichter Geld zu erhalten war als für die Entwicklung des einheimischen Bergbau und Hüttenwesens."[83] „Der Kapitalmangel als Folge der schweren Kriegsjahre lastete drückend auf dem gesamten Gewerbeleben",[84] schrieb Mieck über die Situation in Berlin. „Private Kapitalisten existierten nur noch wenige in der Stadt; diese waren nicht geneigt, ihr Geld in gewerblichen Unternehmungen anzulegen, sondern kauften lieber Staatspapiere, um mit diesen 'das luftige Geschäft der Spekulation' zu betreiben."[85]

Noch 1844 bedauerte Rother, daß sich in Preußen der industrielle Unternehmungsgeist von allen Kapitalisten verlassen sähe, die es vorzögen, „ihr Geld zu geringeren Zinsen, aber sicher und leichter nutzbar auf Grundbesitz und in öffentlichen Papieren anzulegen."[86] [. . .]

[78] Johann Friedrich Benzenberg, *Über Preußens Geldhaushalt und neues Steuersystem,* Leipzig 1820, S. 412 f.

[79] *A.a.O.*, S. 428.

[80] *A.a.O.*, S. 415 f.

[81] *A.a.O.*, S. 59.

[82] Diese war eine Aktiengesellschaft zur Förderung des Außenhandels.

[83] C. Mattschoss, *Preußens Gewerbeförderung . . .* , S. 69.

[84] I. Mieck, *Merkantilismus und Liberalismus . . .*, S. 39.

[85] *A.a.O.*, S. 39 f.

[86] C. von Rother, *Die Verhältnisse des Königlichen Seehandlungs-Instituts . . .*, S. 40.

Die Steuerpolitik Preußens und ihre Bedeutung für die Kapitalbildung

Mit einem Anteil von mehr als fünfzig Prozent am gesamten Steueraufkommen waren die indirekten Steuern und die ihnen in ihrer Wirkung ähnlichen Zölle 1821 die wichtigste Einnahmequelle des preußischen Staates.

TABELLE

Prozentualer Anteil der verschiedenen Steuerarten am gesamten Steueraufkommen des preußischen Staates[87]

	um 1821	um 1838	um 1842	1867
1. Innere Verbrauchssteuern	*32,4*	*30,3*	*27,2*	*33,2*
2. Zölle	*20,0*	*23,7*	*26,0*	*15,0*
A. Indirekte Steuern zusammen	52,4	54,0	53,2	48,2
B. Klassensteuer	15,2	14,3	13,6	13,2
C. Grund- und Gebäudesteuern	22,4	20,3	19,2	18,0
D. Gewerbesteuer	3,8	4,6	4,8	5,4
E. Andere Steuern	6,4	6,8	9,2	15,2
	100,0	100,0	100,0	100,0

Die überwiegende Besteuerung des Verbrauchs stellte aber eine Begünstigung des Sparens dar, da für die gesparten Beträge keine Steuer zu entrichten war. So kann man in der Tatsache, daß der Verbrauch den größten Teil der Steuerlast trug, eine Förderung der Kapitalbildung durch die preußische Finanzpolitik sehen, wenn auch diese Wirkung für den Fiskus von nicht ausschlaggebender Bedeutung war.

Die große Beliebtheit der Verbrauchssteuern bei der Finanzverwaltung beruhte vielmehr darauf, daß sie leicht zu erheben waren und ihre Zahlung nicht vermieden werden konnte.

Die Grund- und Gebäudesteuern waren mit einem Anteil von mehr als zwanzig Prozent am gesamten Steueraufkommen im Jahre 1821 die zweitwichtigste Steuerquelle. Die Grundsteuer sollte den fünften Teil des Reinertrages eines Grundstücks nicht übersteigen.[88] Bei dieser Steuer wurde das Prinzip der Gleichmäßigkeit am längsten mißachtet. Die Steuerfreiheit der privilegierten Stände und Güter, die ungeachtet der Kabinettsorder vom 27. Oktober 1810 in Brandenburg, Preußen und Pommern noch weiterhin bestehen blieb, hatte eine sehr ungleichmäßige Belastung des Grundbesitzes zur Folge.[89] Benzenberg

[87] Adolph Wagner, *Finanzwissenschaft,* Teil 3: *Spezielle Steuerlehre,* 2. Aufl., Berlin 1890, S. 54.

[88] Rolf Grabower, *Preußens Steuern vor und nach den Befreiungskriegen,* Berlin 1932, S. 48.

[89] J.F. Benzenberg, *Über Preußens Geldhaushalt . . .,* S. 151.

schätzt, daß das Grundsteueraufkommen sich bei der Durchsetzung der Gleichmäßigkeit von rund zehn auf rund sechzehn Millionen Taler erhöht haben würde.[90] Die Grundsteuerbefreiungen wurden jedoch erst 1861 endgültig beseitigt.[91]

Diejenigen Grundbesitzer, die von den Steuern nicht betroffen wurden, hatten ein relativ höheres verfügbares Einkommen. Insoweit dieser Mehrbetrag nicht konsumiert, sondern gespart wurde, erhöhte sich die Kapitalbildung, was jedoch für die Industrialisierung ohne Bedeutung blieb, da die gesparten Beträge nicht der Industrie zur Verfügung gestellt wurden.

Es muß noch untersucht werden, ob und in welchem Umfang der Fiskus damals Industriebetriebe durch den Erlaß der Grundsteuer zu unterstützen suchte. Eine solche Maßnahme hätte unter allen Umständen einen gewissen Erfolg haben können, zumal die Grund- und Gebäudesteuern nunmehr auch in den Städten erhoben wurden.

Von geringerer Bedeutung als die genannten Steuern war die Klassensteuer. Sie war um 1821 mit etwas mehr als fünfzehn Prozent im gesamten Steueraufkommen beteiligt.

Die Klassensteuer sollte die Mitte zwischen einer „ohne genaues Eindringen in die Vermögensverhältnisse der Pflichtigen nicht ausführbaren und daher immer gehässigen Einkommenssteuer und einer die Gesamtmasse aller Einwohner ohne Unterschied gleich treffenden Kopfsteuer sein".[92]

Zu diesem Zweck wurde die Bevölkerung in zunächst vier Klassen aufgeteilt, wobei der gesamte Vermögensstand und die Gesamtverhältnisse der Pflichtigen berücksichtigt werden sollten, ohne daß besondere Untersuchungen über die Herkunft des Vermögens und Einkommens erforderlich sein sollten.[93] Man wollte sich bei der Zurechnung zu einer bestimmten Klasse also an gewissen „leicht erkennbaren" Merkmalen orientieren, was sich als sehr problematisch erwies, weil einerseits die Klasseneinteilung zu grob und die Unterschiede zwischen der zweiten und der dritten Klasse nicht immer deutlich waren, und andererseits der Einstufung der Pflichtigen durch die einzelnen Finanzverwaltungen ein zu großer Spielraum belassen wurde.

Die steuerliche Belastung durch die Klassensteuer war nicht sehr hoch. Sie lag in der ersten Klasse 1821 zwischen achtundvierzig und einhundertvierundvierzig Talern, in der zweiten zwischen zwölf und vierundzwanzig Talern, in der dritten zwischen acht und vier Talern und in der vierten zwischen zwei und drei

[90] *A.a.O.*, S. 149 ff.

[91] A. Wagner, *Finanzwissenschaft . . .*, S. 30.

[92] § 3 der Kabinettsorder vom 16. September 1820, zitiert bei R. Grabower, *Preußens Steuern . . .*, S. 519.

[93] *Ebda.*

Talern jährlich.[94] Heute erscheint uns diese Belastung im wahrsten Sinne des Wortes als märchenhaft niedrig.

Mit der Klassensteuer sollte in Preußen zum ersten Mal das Prinzip der Leistungsfähigkeit bei der Steuererhebung eingeführt werden. Dieses wurde sowohl durch die unterschiedliche Belastung der einzelnen Klassen als auch durch die unterschiedliche Behandlung von verheirateten und unverheirateten Steuerpflichtigen versucht. Es war vorgesehen, daß die erste und zweite Klasse vierzehn, die dritte dreiundsiebzig und die vierte dreizehn Prozent der gesamten Einnahmen aus der Klassensteuer aufbringen sollten.[95] Tatsächlich brachte jedoch die vierte Klasse, welche die Arbeiter und Tagelöhner umfaßte, den größten Betrag auf.[96]

Eine differenzierte Behandlung von reinvestierten und konsumierten Gewinnen, wie sie zur Förderung der Kapitalbildung und der industriellen Investitionen wünschenswert gewesen wäre, kannte die preußische Klassensteuer nicht. Durch die Geringfügigkeit der Belastung der Einkommen wurde jedoch die Kapitalbildung nicht nennenswert beeinträchtigt.

Der Anteil der Gewerbesteuer am gesamten Steueraufkommen war mit rund vier Prozent im Jahre 1821 sehr gering, wenn er auch später langsam aber stetig stieg.

Das Gewerbesteuergesetz von 1820 legte sich nicht durch eine Definition des Gewerbebegriffes fest, sondern beschränkte sich auf eine Aufzählung der Gewerbesteuerpflichtigen. Nach § 2 dieses Gesetzes waren gewerbesteuerpflichtig „der Handel, die Gastwirtschaft, das Verfertigen von Waren auf den Kauf, der Betrieb von Mühlenwerken, das Gewerbe der Schiffer, der Fracht- und Lohnfuhrleute, der Pferdeverleiher und diejenigen Gewerbe, die von umherziehenden Personen betrieben werden".[97]

Davon interessiert hier nur die Heranziehung zur Steuerzahlung von denjenigen, welche „das Verfertigen von Waren auf den Kauf" betrieben haben. Gemeint waren damit Handwerk und Industrie.

Auch bei der Gewerbesteuer versuchte man die Leistungsfähigkeit der Pflichtigen zu berücksichtigen. Zu diesem Zweck wurden vier Leistungsgruppen „nach Maßgabe der Wohlhabenheit und Gewerbsamkeit" eingerichtet.[98] Die erste dieser Gruppen umfaßte die Großstädte Berlin, Breslau, Königsberg, Danzig, Köln, Magdeburg, Stettin, Aachen, Elberfeld und Barmen, die zweite

[94] *A.a.O.*, S. 522, Anm. 1.
[95] *A.a.O.*, S. 526.
[96] *Ebda.*
[97] Zitiert *a.a.O.*, S. 555.
[98] *A.a.O.*, S. 559.

die übrigen Städte mit mehr als sechstausend Zivileinwohnern, die dritte die Städte mit tausendfünfhundert bis sechstausend Zivileinwohnern und die vierte „die übrigen Städte und das platte Land".[99]

Durch das System der Mittelsätze sollte sich das Gesetz den „persönlichen Verhältnissen der einzelnen Steuerpflichtigen möglichst genau anschließen".[100]

Dieser Mittelsatz war ein Durchschnittsbetrag für eine Gewerbeart innerhalb einer bestimmten Leistungsgruppe. Gewerbetreibende mit einem niedrigen Geschäftsvolumen hatten weniger zu zahlen; der dadurch entstehende Ausfall mußte von den größeren Gewerbebetrieben entrichtet werden.[101] Durch die Berücksichtigung gewisser objektiver Bemessungsgrundlagen wurden die „armen Weber und die geringen Handwerker, welche mühselig den täglichen Bedarf erarbeiteten",[102] von der Gewerbesteuer befreit. „Alle diese dürftigen Gewerbetreibenden sind frei in Folge des Grundsatzes, daß bei der Weberei erst mehr als zwei Stühle, bei den übrigen Handwerkern aber nur das Halten offener Läden und Magazine oder mehr als eines Gesellen neben dem Lehrling steuerbar werden. Erst bei den Wohlhabenderen tritt also der Steuerfall ein, und diese können ohne Zweifel zum Theil sehr ansehnliche Abgaben tragen."[103]

Die Gewerbesteuer sollte die sehr unvollkommene Klassensteuer bei der Besteuerung der Erträge der „Gewerbebetriebe" ergänzen. Sie diente der Erhöhung der Staatseinnahmen durch die Erschließung einer weiteren Einnahmequelle. Insoweit durch sie Handwerk und Industrie betroffen wurden, war sie der Kapitalbildung abträglich, wenn die steuerliche Belastung nicht über die Preise abgewälzt werden konnte und sich dann als indirekte Steuer auswirkte, weil sie die Unternehmergewinne und damit die zur Selbstfinanzierung zur Verfügung stehenden Mittel schmälerte.

*

Die Finanzierung der dem Staat bei der Industrialisierung zufallenden Investitionen kann durch Steuern und Anleihen geschehen, während im privaten Sektor die Ansammlung des Kapitals einmal durch die Unternehmungen selbst, hier ist insbesondere an die Aktiengesellschaften zu denken, und zum anderen durch die Banken, welche kleinere Beträge sammeln und in der Form von

[99] *A.a.O.*, S. 560 f.

[100] Johann Gottfried Hoffmann, *Die Befugnis zum Gewerbebetriebe*, Berlin 1841, zitiert bei R. Grabower, *Preußens Steuern . . .*, S. 559.

[101] *Ebda.*

[102] Carl Dieterici, *Zur Geschichte der Steuer-Reform in Preußen von 1810 bis 1820*, Berlin 1875, S. 354.

[103] *Ebda.*

Beteiligungen und Krediten an die Industrie weitergeben können, erfolgen kann. Daneben sind die Banken und die Börsen, welche für den Staat (Anleihen) und die Aktiengesellschaften die Kapitalsammlung betreiben, die Träger des Kapitalverkehrs; ihre Funktion können sie aber erst dann voll ausführen, wenn die eine Mobilität des Kapitals verhindernden rechtlichen Bestimmungen beseitigt sind.

Die staatliche Steuer- und Anleihepolitik

Zur Verbesserung der Infrastruktur und zu der gerade in den Frühstadien der Industrialisierung so wichtigen Unterstützung der Industrie bedarf der Staat erhebliche Mittel. Diese kann er sich durch Steuern oder durch Anleihen beschaffen. Werden die Anleihen im Ausland begeben, so wird dadurch ausländisches Kapital der Industrialisierung nutzbar gemacht. Die Rückzahlung dieser Anleihen kann dann im Wege der Exportsteigerung bei einem im Laufe des Industrialisierungsprozesses steigenden Sozialprodukt erfolgen. Werden die Anleihen auf dem inländischen Kapitalmarkt aufgelegt, so kann dadurch die Notwendigkeit zum Zwangssparen über die Steuern vermieden und können Sparbeträge der Industrialisierung nutzbar gemacht werden, welche ihr sonst nicht zugute gekommen wären.

Rother, seit 1818 auch Direktor des neu eingerichteten Schatzministeriums,[104] war zwar bestrebt, in möglichst großem Umfang ausländisches Kapital ins Land zu ziehen, um zu verhindern, daß der staatliche Finanzbedarf Handel und Gewerbe Kapital entzieht,[105] und begab deshalb mit Unterstützung des Hauses Rothschild im Jahre 1818 in England eine fünfprozentige Anleihe von fünf Millionen Pfund mit einer Laufzeit von achtundzwanzig Jahren und im Jahre 1822 eine weitere fünfprozentige Anleihe von dreieinhalb Millionen Pfund,[106] aber gleichzeitig wurden dieser in etwa entsprechenden Beträge wieder in ausländischen Anleihen angelegt. "Rother schaffte das Geld durch sein Staatsanleihegeschäft mit Rothschild ins Land herein, und in zwei Strömen floß es nach Osten und Süden wieder ab."[107] An den Börsen wurden österreichische, holländische, russische, polnische, norwegische, ungarische, italienische, spanische und mexikanische Anleihen gehandelt und fanden guten Absatz.[108]

[104] W. O. Henderson, *The State . . .*, S. 121.

[105] Kurt Bösselmann, *Die Entwicklung des deutschen Aktienwesens im 19. Jahrhundert*, Berlin 1939, S. 44.

[106] W. O. Henderson, *The State . . .*, S. 124 f.

[107] Bernhard Brockhage, *Die Entwicklung des preußisch-deutschen Kapitalexports*, Leipzig 1910, S. 199.

[108] K. Bösselmann, *Die Entwicklung des deutschen Aktienwesens . . .*, S. 45.

Diese hätten sich zweifellos nicht so gut verkaufen lassen, wenn nicht die preußischen Staatsanleihen Seltenheitswert gehabt hätten.[109] Das ist darauf zurückzuführen, daß keine Staatsanleihen mehr im Inland aufgelegt wurden und die preußische Regierung die Rückzahlung der Staatsschuld mit großem Eifer betrieb. Die Staatsschuld schrumpfte von zweihundertdreiunddreißig Millionen Taler im Jahre 1822 auf hundertachtundfünfzig Millionen Taler 1848 zusammen.[110]

Die Verdienste des Staatsministers Rother und des Finanzministers Motz, welche durch eine gesunde und sparsame Finanzpolitik das preußische Finanzwesen wieder sanierten, nachdem Preußen 1818 kurz vor dem Staatsbankrott gestanden hatte,[111] sollen nicht verkannt werden,[112] aber ihre Anleihepolitik erwies sich als falsch. Auf dem preußischen Kapitalmarkt gab es einen Überfluß an Kapital, welches die Anlage von Staatsanleihen suchte, während es an Kapital für die Industrie fehlte. Rothers Bemühungen, Handel und Gewerbe durch die Heranziehung ausländischen Kapitals zu schonen, indem er den Fiskus von der Notwendigkeit zu entheben suchte, höhere Steuern zu erheben, hatten keinen Erfolg, weil er nicht gleichzeitig den inländischen Kapitalmarkt so weit wie möglich in Anspruch nahm. Hier konnte er der Industrie kein Kapital entziehen, weil die Kapitalgeber ihr Geld wohl in Staatsanleihen, nicht aber in Industriewerten anlegen wollten.

Erst 1843 erkannte Rother die Fehler seiner Politik. In einem Memorandum für Friedrich Wilhelm IV. schätzte er, daß die Staatsschuld sich 1852 nur noch auf hundert Millionen Taler belaufen würde, und forderte, daß man sie dann nicht weiter vermindern solle, weil es Bürger gäbe, die ihr Geld in Staatsanleihen investieren wollten. Diese würden sich ausländischen Anleihen zuwenden, wenn sie keine preußischen Anleihen kaufen könnten.[113]

Die Aktiengesellschaften

[. . .] Die erste Aktiengesellschaft war in Preußen bereits 1647 durch den Großen Kurfürst als Konkurrenzunternehmen zur Niederländisch-Ostindischen Kompagnie gegründet worden.[114] 1682 gründete er die „Handelskom-

[109] *Ebda.*

[110] Eugen Schmalenbach, *Die Aktiengesellschaft,* 7. Aufl., Köln 1950, S. 44.

[111] W. O. Henderson, *The State . . .*, S. 124.

[112] Ihr Erfolg fand seinen Niederschlag in den Kursen der vierprozentigen Staatsanleihen, welche von sechsundzwanzig Prozent 1813 auf neunzig Prozent 1825 stiegen; vgl. K. Bösselmann, *Die Entwicklung des deutschen Aktienwesens . . .*, S. 43, Anm. 1.

[113] W. O. Henderson, *The State . . .*, S. 126.

[114] Victor Ring, Artikel *Aktienrecht,* in: Johannes Conrad u.a. (Hrsg.), *Handwörterbuch der Staatswissenschaften,* Bd. 1, Jena 1909, S. 256.

pagnie auf den Küsten von Guinea". Im achtzehnten Jahrhundert entstanden eine Anzahl weiterer Aktiengesellschaften, darunter die Asiatische Kompagnie (1750), welche „wohl die erste wirklich betriebene Aktiengesellschaft des heutigen Deutschland war",[115] die Berliner Assekuranz-Gesellschaft (1765), die Levantinische Handels-Gesellschaft (1765), die Tabak-Handlungs-Kompagnie (1765), die Emdener Heringsfang-Gesellschaft (1769), die Getreide-Kompagnie auf der Oder (1770) und die Seehandlungs-Gesellschaft (1772).[116] Die 1793 gegründete Berliner Zuckersiederei[117] war der erste Industriebetrieb des damaligen Preußens, der in der Form der Aktiengesellschaft gegründet worden war. Bis zu Verabschiedung des Aktiengesetzes von 1843 wurden nach dem Verzeichnis von Bösselmann[118] nur noch zehn weitere Industriebetriebe in der Form von Aktiengesellschaften gegründet, von denen zwei der Metallindustrie, drei der Papier- und Textilindustrie und fünf der Nahrungsmittelindustrie angehörten.

Diese älteren preußischen Aktiengesellschaften beruhten auf dem Oktroisystem. Ihre Bildung war nicht durch das gemeine Recht freigegeben, sondern erforderte ein landesherrliches Spezialprivileg.[119] Das staatliche Oktroi regelte ihre öffentlichen Befugnisse und Pflichten, während die Statuten grundsätzlich nicht der Staatsgenehmigung unterlagen.[120]

„Der weiterdrängende Verkehr, namentlich die Verbreitung der Eisenbahnen, zwang den preußischen Staat auf der Grundlage des Code de Commerce in dem Gesetz vom 3.11.1838, das Recht der Eisenbahngesellschaften, sodann in dem Gesetz vom 9.11.1843, das Recht aller Aktiengesellschaften zu regeln."[121]

Das Gesetz von 1843 war das erste moderne Aktiengesetz Europas. Es bedeutete gegenüber dem französischen Code de Commerce einen erheblichen Fortschritt. Es beruhte auf der Konzessionspflicht und der limitierten Kreditgarantie der Aktionäre.[122] Als Fortschritt gegenüber dem Code de Commerce ist zu erwähnen, daß die Grundsätze des Gesellschaftsvertrages aufgestellt wurden und eine Festsetzung der Höhe des Grundkapitals und des Wertes der Aktien getroffen werden mußte. Die Verkleinerung des statutenmäßigen Aktienkapitals durch Rückzahlungen an die Aktionäre und die Zusicherung von festen Zinsen (außer Bauzinsen) wurde verboten. Die Bedingungen für die

[115] *Ebda.*
[116] K. Bösselmann, *Die Entwicklung des deutschen Aktienwesens . . .*, S. 59.
[117] *Ebda.*
[118] *A.a.O.*, S. 189 ff.
[119] V. Ring, Artikel *Aktienrecht . . .*, S. 256.
[120] *Ebda.*
[121] *Ebda.*
[122] K. Bösselmann, *Die Entwicklung des deutschen Aktienwesens . . .*, S. 70.

Ausgabe von Inhaberaktien wurden festgelegt, und in der Satzung wurden Angaben über die Grundsätze der Publizität, der Bilanzierung und der Ausbildung der Rechte der Gesellschafter gefordert.[123]

Die Bedeutung dieses Gesetzes läßt sich an der raschen Zunahme der Gründung von Aktiengesellschaften nach dem Eintreten seiner Wirksamkeit erkennen. Allein in den sieben Jahren von 1843 bis 1850 entstanden in Preußen fünfundvierzig Aktiengesellschaften, darunter zwölf im Bereich der Industrie, in welchem von 1800 bis 1845 nur zehn Aktiengesellschaften gegründet worden waren.[124]

Die Beseitigung rechtlicher Hindernisse der Mobilität des Kapitals

Mit der Bindung des Berufs an die soziale Herkunft war in der ständischen Gesellschaft eine weitgehende Immobilisierung des Kapitals verbunden. Insbesondere war dadurch der Kapitalfluß zwischen dem agrarischen und dem gewerblichen Sektor der Wirtschaft praktisch unterbunden.

Wie bereits erwähnt, wurden durch das Edikt vom 9. Oktober 1807 die rechtlichen Beschränkungen beseitigt, welche vorher verhindert hatten, daß Kaufleute und Gewerbetreibende ihr Kapital in die Landwirtschaft investierten und umgekehrt Bauern und Landadel sich gewerblich engagierten.

Das aber hätte dazu führen können, daß durch die Landwirtschaft ein Teil des für die Industrialisierung erforderlichen Kapitals aufgebracht würde. In größerem Umfang ist dies jedoch nicht geschehen. Investitionen der Grundbesitzer in Industriebetriebe fanden nur in sehr bescheidenem Umfang statt, wenn man von einigen Veredelungsbetrieben landwirtschaftlicher Produkte absieht. Es fehlte an Erfahrungen mit der industriellen Produktion, und diese Unkenntnis führte zu einem allerdings nicht immer unberechtigten Mißtrauen der ländlichen Bevölkerung gegenüber der Industrie. Lediglich in Schlesien war es dem preußischen Staat bereits im achtzehnten Jahrhundert gelungen, durch Pionierinvestitionen in den Bereichen des Berg- und Hüttenwesens die Grundbesitzer zu nicht-landwirtschaftlicher Betätigung wenigstens innerhalb ihrer eigenen Besitzungen anzuregen.

Im großen und ganzen förderte das Edikt von 1807 lediglich den Erwerb von Grundbesitz durch die Bürger, während der Adel es vorzog, sein Kapital zur Erweiterung des Grundbesitzes und zur Verbesserung der Anbaumethoden zu

[123] *A.a.O.*, S. 71.

[124] Nach dem Verzeichnis der preußischen Aktiengesellschaften von 1800 bis 1850, *a.a.O.*, S. 189 ff. An anderer Stelle (*a.a.O.*, S. 63, Anm. 3) gibt Bösselmann die Zahl der zwischen 1843 und 1850 gegründeten Aktiengesellschaften mit sechsundfünfzig an.

verwenden. Insoweit die Bauern durch die mit der Bauernbefreiung verbundenen Lasten nicht finanziell zu stark in Anspruch genommen waren, folgten sie dem Beispiel des Adels.

Der Kapitalfluß in die Landwirtschaft aus den Bereichen von Industrie und Handel, der durchaus nicht immer der optimalen Verwendung des Kapitals entsprach, erklärt sich daraus, daß mit dem landwirtschaftlichen Grundbesitz in den Augen der damaligen Zeit ein Prestigegewinn verbunden war.

Wirtschaftlich waren diese Investitionen nicht gerechtfertigt, denn das dritte Jahrzehnt des neunzehnten Jahrhunderts war durch den Preisverfall landwirtschaftlicher Produkte gekennzeichnet. 1825 erreichten die Getreidepreise einen Tiefstand, von dem sie sich nur sehr langsam wieder erholten.[125] Erst seit 1830 besserte sich die Lage, als die Nachfrage auf Grund des Bevölkerungswachstums zu steigen begann.[126]

Die Börsen und Banken

Bereits im Mittelalter waren die Börsen zur Abwicklung des Wechselgeschäfts in Italien entstanden. Im sechzehnten Jahrhundert wurde auch in Deutschland (Augsburg, Nürnberg, Hamburg und Köln) im Anschluß an die Antwerpener Börse (1531) eine Reihe ähnlicher Gründungen vorgenommen.[127] Zu Beginn des neunzehnten Jahrhunderts verfügte Preußen über mehrere Börsen, von denen sich die bedeutendste in Berlin befand. Diese hätten als Markt für die Aktien von Industriebetrieben und damit als Vermittler langfristigen Kapitals dienen können. Tatsächlich wurden sie dazu jedoch kaum in Anspruch genommen. Bis in die zweite Hälfte des neunzehnten Jahrhunderts bildete der Verkauf in- und ausländischer Staatsanleihen ihr wichtigstes Geschäft. Lediglich die Eisenbahnaktien wurden in größerer Zahl gehandelt. An der Berliner Börse bildeten die Eisenbahnpapiere 1870 die Hälfte aller Wertpapiere (hundertsiebenundsiebzig von dreihundertneunundfünfzig), dagegen wurden nur neun verschiedene Aktien und Obligationen von Industriegesellschaften notiert.[128]

Somit war der institutionelle Rahmen für die Deckung des langfristigen Kapitalbedarfs der Industrie an den Börsen in Preußen bereits vorhanden, und es erübrigte sich hier ein förderndes Eingreifen des Staates. Daß die Börsen dazu

[125] Wilhelm Abel, *Agrarkrisen und Agrarkonjunktur in Mitteleuropa vom 13. bis zum 19. Jahrhundert*, Berlin 1935, S. 133.

[126] *A.a.O.*, S. 150 ff.

[127] F. Lütge, *Deutsche Sozial- und Wirtschaftsgeschichte* . . ., S. 260.

[128] J. Kulischer, *Allgemeine Wirtschaftsgeschichte* . . ., S. 523.

nur in so geringem Umfang in Anspruch genommen wurden, lag nicht nur an der Abneigung der Kapitalgeber gegenüber der Industrie, sondern auch an der staatlichen Politik, welche es durch die Verweigerung des Oktroi für Aktiengesellschaften im gewerblichen Sektor verhinderte, daß die Industrie in größerem Umfang von der Finanzierung über die Börse Gebrauch machte.

Weitaus ungünstiger waren die institutionellen Voraussetzungen auf dem Banksektor. Für die Industrie können die Banken als Vermittler kurz- und langfristiger Kredite und als Helfer bei der Gründung von Industriegesellschaften durch direkte Beteiligungen, durch den vorübergehenden Erwerb und kommissarischen Verkauf von Aktien sowie durch die Vermittlung anderer Kapitalgeber, welche bei der Förderung durch eine Bank höheres Vertrauen zu einer neuen Gesellschaft haben, von großer Bedeutung sein. Während also die letztgenannten Hilfen für die Gründung von Industriebetrieben wichtig sind, ermöglicht oder erleichtert die Bank deren Betrieb durch die Vermittlung von kurz- und mittelfristigen Krediten, wodurch sie den Bedarf der Industriebetriebe an Eigenkapital, welches sonst auch Stoß- und Saisongeschäfte decken muß, vermindert, indem sie die zeitliche Spanne zwischen Kauf und Verarbeitung der Produkte einerseits und ihrem Verkauf andererseits zu überbrücken hilft und indem sie das Unternehmen bei vorübergehenden anderen Liquiditätsschwierigkeiten anderer (z.B. konjunktureller) Art vor dem Konkurs bewahrt.

Bis 1848 gab es in Preußen keine Bank, welche diese Aufgaben erfüllen konnte oder wollte. Wie die großen Finanziers in Frankfurt (Bethmann, Rothschild) und Hamburg (Parish) sahen auch die preußischen Bankiers die besten Geschäftsaussichten auf dem Sektor der Staatsanleihen. In Berlin gab es nur wenige Betriebe, die von Banken gegründet worden waren. Dazu gehörten die Zuckersiedereien von Herz, Beer und den Gebrüdern Berendt und eine Blausäurefabrik, also Unternehmungen, welche technischen Laien die Massenfabrikation auf Grund eines relativ einfachen, technischen Verfahrens ermöglichten.[129] Sonst standen die Berliner Bankhäuser jener Zeit „den Bedürfnissen der Wirtschaft teilnahmslos gegenüber".[130]

Erst durch die Möglichkeiten des Eisenbahngeschäfts konnten die großen Bankiers wie Bleichröder und Mendelsohn & Co. in Berlin nach 1850 für das Aktienwesen interessiert werden.[131] Das Eigenkapital der Privatbankiers war auch zu klein und das Depositengeschäft zu unbedeutend, als daß diese Banken die großen Aufgaben der neuen Zeit erfüllen konnten. In Ermangelung von Statistiken über das Eigenkapital der Banken kann hierüber stellvertretend die

[129] I. Mieck, *Merkantilismus und Liberalismus . . .*, S. 40.

[130] *Ebda.*

[131] A. Sartorius von Waltershausen, *Deutsche Wirtschaftsgeschichte . . .*, S. 190.

Beschäftigungsstatistik Auskunft geben. Noch Ende der fünfziger Jahre gab es in Berlin nur zweihundertvierundvierzig Personen, die sich mit Geld- und Kredithandel befaßten, 1846 waren es in Preußen insgesamt tausendeinhundert Personen (1907 im Deutschen Reich mehr als siebenundsechzigtausend), die sich auf vierhundertzweiundvierzig „Handlungen" verteilten, wobei also vierhundertzweiundvierzig Prinzipalen nur sechshundertachtundfünfzig Gehilfen aller Art gegenüber standen.[132]

Deutschland und insbesondere Preußen war im Gegensatz zu England »un pays de petites fortunes«, in welchem es keine großen Kapitalisten gab.[133] Zur Ansammlung größerer Kapitalien bei den Banken mußten diese die Form von Aktiengesellschaften erhalten. Das aber suchten die preußischen Beamten, insbesondere Rother und von der Heydt zu verhindern. Nur eine Ausnahme wurde gestattet: Als das angesehene Kölner Bankhaus A. Schaaffhausen im März 1848 in Liquiditätsschwierigkeiten geriet und seine Zahlungen einstellen mußte, gestattete die Regierung die Umwandlung der Gläubigerforderungen in Aktien, und im August wurde dem Schaaffhausen'schen Bankverein die Konzession erteilt.[134] Weil weitere Konzessionen in Preußen nicht zu erlangen waren, gründete sein Direktor Mevissen zusammen mit Oppenheim 1853 die Darmstädter Bank für Handel und Industrie.[135]

Einen Ausweg für Preußen zeigte David Hansemann, welcher seit 1849 versucht hatte, in Berlin eine Effekten-Bank einzurichten. Als die preußische Regierung, insbesondere von der Heydt, sein Projekt zu hintertreiben suchte, nahm er von seiner Absicht, die Bank als Aktiengesellschaft zu gründen, Abstand und gründete 1851 die Berliner Disconto-Gesellschaft in der Form einer Kommanditgesellschaft, welche später in eine Kommanditgesellschaft auf Aktien umgewandelt wurde. Diese Gesellschaftsform hatte den Vorteil, daß sie nicht dem Konzessionszwang unterlag.[136] In dieser Form entstanden dann in den folgenden Jahren eine Reihe weiterer Banken, die ebenso wie die genannten Institute den Bedürfnissen der gewerblichen Wirtschaft entgegenkamen.

Wenn das Bedürfnis der Industrie nach geeigneten Bankinstituten so groß war, der Staat aber die Gründung privater Effekten-Banken, welche allein den Anforderungen der Zeit gerecht werden konnten, verhinderte, so hätte er wenigstens selbst Gründungen dieser Art vornehmen müssen. Das aber war nicht der Fall. Die einzige staatliche Bank, welche sich auch dem Industriekredit

[132] W. Sombart, *Die Deutsche Volkswirtschaft . . .*, S. 178.

[133] P. Benaerts, *Les origines . . .*, S. 258.

[134] Ludwig Metzler, *Studien zur Geschichte des deutschen Effekten-Bankwesens*, Leipzig 1911, S. 111.

[135] *A.a.O.*, S. 114 ff.

[136] *A.a.O.*, S. 117 ff.

widmete, war die Königliche Seehandlung. Diese aber befaßte sich neben dem Anleihegeschäft, der Reederei und dem Handel vornehmlich mit der Unterstützung und Durchführung von Pionierinvestitionen und konnte im übrigen den Bedürfnissen der Industrie nicht nachkommen.

Kritik und Würdigung. Eine Zusammenfassung

Adolph Wagner sagte zur preußischen Steuerpolitik in der ersten Hälfte des neunzehnten Jahrhunderts: „Als der steuerlich bedeutendste Mangel möchte neben der Verschiebung der Grundsteuerregulierung die absolut wie relativ viel zu niedrige direkte Besteuerung der Wohlhabenden und reicheren Klassen, auf dem Lande, wo dieser Mangel durch die Grundsteuerfreiheit noch gesteigert wurde, und in den Städten, daher auch des mobilen, industriellen, merkantilen Kapitals und Einkommens bis zur Einführung der klassifizierten Einkommenssteuer von 1851 und zur Grundsteuerreform von 1861 zu bezeichnen sein. Mit der wünschenswerten 'Schonung des Kapitals' in dem armen, vom Kriege sich langsam erholenden Lande wird man diesen Mangel nicht beschönigen, jedenfalls nicht rechtfertigen können.“[137]

Im Hinblick auf die Notwendigkeiten der Industrialisierung bedarf dieses Urteil einiger Ergänzungen und Differenzierungen. Grundsätzlich war hierfür eine Förderung der Kapitalbildung erforderlich. Insoweit dies durch die besondere Betonung der indirekten Steuern und das Fehlen der Progression bei der Klassensteuer geschah, muß die preußische Steuerpolitik in dieser Hinsicht positiv beurteilt werden. Dieses Ergebnis wird jedoch durch die Verfassung des Kapitalmarktes und das Verhalten der Kapitalgeber wieder in Frage gestellt. Letztere waren zunächst nicht bereit, ihr Geld in industrielle Unternehmungen zu investieren. Auch fehlte es noch an geeigneten Institutionen, welche die Sammlung der Kapitalien und ihre Weiterleitung an die Industrie übernehmen konnten. Zwar profitierten auch diejenigen, welche ihr Kapital in die Industrie investierten, von der besonderen Schonung der höheren Einkommen, aber die einer solchen Steuerpolitik entgegenstehenden sozialpolitischen Bedenken können in dieser Situation nicht ausreichend durch den Hinweis auf die Notwendigkeit der Kapitalbildung für die Industrialisierung abgewiesen werden.

Besonders bedenklich erscheinen unter diesem Aspekt die Privilegien bei der Grundsteuer, weil die dort gesparten Beträge der Industrialisierung nicht zugute kamen. Eine Steuerbefreiung reinvestierter Gewinne aus Industriebetrieben und deren Befreiung von der Gewerbesteuer wären zu diesem Zeitpunkt eher am Platze gewesen. Der dadurch entstehende Einnahmeausfall hätte durch

[137] A. Wagner, *Finanzwissenschaft* . . ., S. 16.

eine stärkere Besteuerung der übrigen Einkommensarten ausgeglichen werden können.

Zusammenfassend kann man sagen, daß die preußische Steuerpolitik die für die Industrialisierung erforderliche Kapitalbildung mit Ausnahme der Gewerbesteuer, durch die gerade die ertragreichen Betriebe belastet wurden, zwar nicht behinderte, aber die Kapitalbildung in diesem Wirtschaftszweig auch nicht vor anderen Sektoren der Wirtschaft förderte. Der Gedanke, daß man auch die Steuerpolitik zur Industrieförderung einsetzen könnte, war der damaligen Zeit noch fremd. Auch waren das Steuerbouquet und die einzelnen Steuern selbst noch nicht so ausgebildet, wie es die oben empfohlene Politik erfordert hätte.

Interessant ist lediglich die geringe Belastung der Industrie in den kleineren Städten und auf dem Lande durch die Gewerbesteuer, welche unter dem Aspekt der Raumordnung zu begrüßen ist.[138] Dadurch wurde die Industrie in denjenigen Gebieten, welche eine stärkere Dezentralisierung von Bevölkerung und Gewerbe aufwiesen, wie es zum Beispiel in Schlesien der Fall war, oder wo sich neue Wachstumszentren bildeten, wie im Ruhrgebiet, mit geringeren Abgaben belastet, als in den Ballungsräumen. Maßgebend hierfür waren allerdings nicht raumordnerische Gesichtspunkte, sondern die Annahme, daß ihre Heranziehung zur Steuerzahlung bei einer Besteuerung nach der Leistungsfähigkeit nur in vergleichsweise geringerem Maße zu vertreten sei.

Jedoch scheint der Unterschied nicht so erheblich oder die Bedeutung steuerlicher Gesichtspunkte für die Standortwahl der Industrie nicht so entscheidend gewesen zu sein, daß dadurch die Standortverteilung merklich beeinflußt wurde.

*

Die Bedeutung, welche den Aktiengesellschaften bei der Gründung von Industriebetrieben zukommen kann, hatte man in Preußen zunächst noch nicht erkannt. Dem Manager stand man mißtrauisch gegenüber, selbst wenn sein Interesse an der Entwicklung des Betriebes durch die Gewährung einer Tantième gesichert wurde. Ein ungenannter Reisender schrieb 1825 über die Aktiengesellschaften in den Neu-Englandstaaten: „Dies machte zwar eine Gesellschaftsadministration und einen bezahlten Fabrikdirigenten mit allen ihren bekannten Übeln nothwendig und stand allerdings weit hinter einer

[138] „Es ist zu beachten, daß die Gewerbesteuer eigentlich nur in den wirtschaftlich bedeutenderen Städten eine merkliche Belastung des Gewerbebetriebes bilden sollte, in den anderen und auf dem Lande mehr nur als mäßiger Zuschlag zur Classensteuer fungirte“ (*a.a.O.*, S. 20).

ausgebildeten Privatindustrie zurück; die letztere existierte indes noch nicht *und wird erst auf den Ruinen dieser großen Aktienanstalten sich fruchtreicher etablieren,* nachdem von diesen die ersten Erfahrungen bezahlt und ein Geschlecht von Manufakturisten erzogen worden ist."[139]

Während der Verfasser den Erfolg der Aktiengesellschaften bei der Industrialisierung in Neu-England nicht bestreitet, hält er diese Entwicklung doch für ungesund, weil „die Interessenten solcher Aktienunternehmungen in der Regel nur eine sehr oberflächliche Kenntnis von der Fabrikation, von der Mechanik gar keine haben",[140] und er meint, daß diese Aktiengesellschaften dem Untergang geweiht sind.

Das Oktroisystem war der Gründung von Aktiengesellschaften abträglich, weil es äußerst langwierig und schwerfällig war. Da es keine allgemeinen Grundsätze hinsichtlich der rechtlichen Ausgestaltung der Aktiengesellschaften gab, welche individuell sehr unterschiedliche Satzungen besaßen, fehlte es an jener Rechtssicherheit, welche dazu beiträgt, das Mißtrauen der Kapitalgeber zu beseitigen und die Aktie zu einem beliebten Anlageobjekt zu machen.

Nur in Ausnahmefällen wurden industrielle Gesellschaften in der Form der Aktiengesellschaft zugelassen, wie Rother in einem Votum am 4. April 1837 feststellte.[141] In Berlin waren nur der Patentpapierfabrik (1819) und der erfolglosen „Englischen Kattunfabrik" Abekings (1820) diese Gemeinnützigkeit zugesprochen worden, und erst zwanzig Jahre später (1838) wurde wieder ein solcher „gemeinnütziger" Industriebetrieb, die Wassermühlen Aktiengesellschaft, gegründet.[142]

Dem preußischen Staat muß also der Vorwurf gemacht werden, daß er bis 1843 die Aktiengesellschaften als Mittel der Industrieförderung vernachlässigt hat. Natürlich kann man heute nicht mehr mit Gewißheit sagen, ob es zur Gründung einer größeren Zahl von Industriebetrieben gekommen wäre, wenn das Aktiengesetz früher verabschiedet worden wäre. Der Versuch hätte sich aber möglicherweise gelohnt. [. . .]

[139] Einige Bemerkungen über die Fabrikation in den Vereinigten Staaten, insbesondere in Neu-England, ohne Angabe des Verfassers, in: *Verhandlungen des Vereins . . .*, Bd. 5, Berlin 1826, S. 219.

[140] *Ebda.*

[141] „Demgemäß sind auf den Betrieb eines Gewerbe- oder Handelsgeschäfts berechnete gesellschaftliche Vereinigungen nur in besonderen Fällen, wo das Unternehmen wegen eines allgemeinen staatswirtschaftlichen Interesses auf Anerkennung der Gemeinnützigkeit Anspruch machen konnte, die Rechte einer Korporation beigelegt worden, während im allgemeinen deren Bewilligung den bloßen Gewerbe- und Handels-Betriebs-Gesellschaften versagt worden ist" (so Christian Rother, zitiert bei I. Mieck, *Merkantilismus und Liberalismus . . .*, S. 43).

[142] *A.a.O.*, S. 42.

Um Mißbräuchen vorzubeugen, war ein System der staatlichen Konzessionierung der generellen Zulassung vorzuziehen, wie die Entwicklung in Preußen weiter gezeigt hat. Während hier zwischen 1790 und 1870 etwa dreihundert Aktiengesellschaften entstanden waren, wurden nach der Aufgabe der Konzessionspflicht durch das sehr übereilt entstandene Aktiengesetz vom 11. Juni 1870 bis Ende des Jahres 1872 siebenhundertachtzig Aktiengesellschaften „gegründet".[143] Da es sich dabei fast ausschließlich um groß angelegte Betrügereien handelte, war nach dem notwendigen Zusammenbruch das Vertrauen in diese Unternehmungsform erschüttert.

Die Einnahmepolitik des preußischen Staates ist durch ein völliges Mißverständnis der gesamtwirtschaftlichen Zusammenhänge gekennzeichnet. Hier sollen nun die Fehler bei der Kapitalsammlung durch die Staatsschuldenpolitik aufgezeigt werden.

Man erkannte nicht, daß eine innere Schuld keine Belastung des Staates darstellt, daß die Aufnahme von Anleihen im Inland lediglich eine Alternative zur Besteuerung ist, weil dadurch die Größe des Sozialprodukts einer Periode nicht berührt wird und der Staat durch die Steuern und Anleihen lediglich die Verfügungsmacht über einen Teil des Sozialprodukts erhält.[144]

Bis zu dem erwähnten Memorandum Rothers aus dem Jahre 1843 hat der preußische Staat versucht, die Staatsschuld konsequent abzutragen. Eine solche Politik wäre nicht so fatal gewesen, wenn die Empfänger der Rückzahlungen bereit gewesen wären, ihr Kapital der Industrie zur Verfügung zu stellen. Das aber war nicht der Fall. Zwar wurde der Konsum auf Grund der staatlichen Zahlungen wahrscheinlich nicht nennenswert erhöht, aber das Kapital wurde nun zum Ankauf ausländischer Anleihen verwendet. Dadurch aber wurden Rothers Versuche, den preußischen Handels- und Gewerbestand durch die Aufnahme von Auslandsanleihen zu schonen, vereitelt. Tatsächlich läßt sich durch Aufnahme ausländischer Kredite eine zeitliche Verschiebung bestimmter Sonderbelastungen des Staates, wie sie gerade in den Frühstadien der Industrialisierung mit dem Auf- und Ausbau von Erziehungs- und Verkehrswesen, etc. verbunden sind, erreichen. Hier hätte man unter Umständen Auslandsanleihen Steuererhöhungen vorziehen sollen. Stattdessen erhöhte man in Preußen die Steuern und führte sogar neue ein, um die Staatsschuld zurückzuzahlen. Die Aufnahme von Anleihen im Inland hätte wohl bereits die notwendige Steige-

[143] Otto Glagau, *Der Börsen- und Gründungsschwindel in Berlin*, Leipzig 1876, S. 23.

[144] Vgl. dazu die Arbeiten von Abba Ptachya Lerner, insbesondere *Functional Finance and the Federal Debt* (1943), in: Committee of the American Economic Association (Hrsg.), *Readings in Fiscal Policy*, London 1955, S. 468—478, und ders., *The Economics of Control*, New York 1947, S. 302 ff.

rung der Einnahmen bringen und die Steuerpolitik entlasten können. Zumindest hätte aber verhindert werden können, daß das unter Kapitalarmut leidende Preußen noch Kapital ins Ausland exportierte. Die Verbote des Handels mit ausländischen Anleihen in den dreißiger und vierziger Jahren hatten verhältnismäßig wenig Erfolg.[145] [. . .]

Die Erscheinung, daß bürgerliches Kapital seine Anlage in landwirtschaftlichem Grundbesitz sucht, weil man dadurch sein Prestige heben möchte, wie es schon die in den Adelsstand erhobenen Frühkapitalisten im sechzehnten Jahrhundert getan hatten, läßt sich nicht nur in Preußen, sondern auch in anderen europäischen Ländern in den Frühstadien der Industrialisierung feststellen. Eine ähnliche Tendenz kann man auch heute noch in vielen wirtschaftlich unterentwickelten Ländern erkennen. Das läßt sich aber nur dadurch vermeiden, daß man das Prestige der Industriellen zu heben sucht. Bis zu einem gewissen Grade läßt sich das durch das Verleihen von Titeln und Orden erreichen. Während man in Preußen bei der Verleihung von Titeln (Kommerzienrat, etc.) und Orden relativ großzügig war, machte man von der Möglichkeit der Erhebung von Industriellen in den Adelsstand erst in der zweiten Hälfte des neunzehnten Jahrhundert Gebrauch. Einen größeren Umfang haben diese Erhebungen in den Adelsstand jedoch nie erreicht.

Das Fehlen eines Kapitalflusses von der Landwirtschaft in die Industrie ist nicht nur auf das Mißtrauen und die fehlende Sachkenntnis von Landadel und Bauern zurückzuführen, sondern vor allem auf die Art der Durchführung der Bauernbefreiung, besonders in den preußischen Gebieten östlich der Elbe, weil dadurch praktisch die Kapitalkraft der Bauern beschnitten und das Interesse des Adels noch mehr auf die Landwirtschaft gelenkt wurde.

Japan schlug bei der Ablösung der Feudallasten in dieser Hinsicht einen wesentlich günstigeren Weg ein. 1873 wurden diese durch eine direkte staatliche Steuer ersetzt. Die Samurai und Daimyo wurden durch die jährliche Zahlung des halben Wertes ihrer früheren Einnahmen befriedigt. 1876 wurden diese anerkannten Ansprüche kapitalisiert und mit Obligationen bezahlt.[146] "In Japan, the feudal lord ceased to be a territorial magnate drawing his income from the peasant and became instead, by virtue of the commutation of his pension, a financial magnate investing his freshley capitalized wealth in banks, stocks, industries, or landed estates, and so joined the small financial oligarchy."[147]

[145] „Dem offiziellen Börsenverkehr wurden zwar schließlich alle Zeitgeschäfte mit ausländischen Papieren untersagt, aber außerhalb der Börse hat der Handel weiterhin geblüht" (K. Bösselmann, *Die Entwicklung des deutschen Aktienwesens* . . ., S. 46).

[146] N.S. Buchanan/H.S. Ellis, *Approaches* . . ., S. 183.

Während in Preußen die Ablösung der Feudallasten zu einer Schwächung und Verminderung der nunmehr selbständigen Bauern führte und durch die Aufgabe des Bauernschutzes die Investitionen der ehemaligen Grundherren zum Zwecke des Landerwerbs begünstigt wurden, führte sie in Japan zum Engagement der alten Feudalherren in Handel und Industrie, was im Hinblick auf die Industrialisierung auch in Preußen wünschenswert gewesen wäre.

Das Fehlen eines kapitalkräftigen und auf die Bedürfnisse der Industrie eingestellten Bankwesens in der ersten Hälfte des neunzehnten Jahrhunderts erschwerte die Industrialisierung Preußens erheblich und verminderte die Wirkung der Industrieförderung, weil es sowohl zur Gründung wie auch zum Betrieb der Fabriken an Kapital fehlte.

Die Seehandlung konnte diese Lücke nicht schließen, weil sie nur einen geringen Teil der langfristigen Finanzierungswünsche der Industrie befriedigen konnte und sich nicht bei der Emission von Aktien beteiligte. Auch stellte sie keine kurzfristigen Betriebskredite zur Verfügung. Durch ihren umfangreichen Grundbesitz, die Reederei, den Handel und ihre Aufgaben als Staatsbank konnte sie sich der Industrie nicht im erforderlichen Maße widmen.

Es wäre wünschenswert gewesen, daß sie entweder einen Teil dieser Aufgaben an andere Banken und Behörden des Staates abgetreten hätte oder ein ganz auf die Bedürfnisse von Handel und Industrie abgestelltes Bankinstitut gegründet worden wäre.

Ein gutes Beispiel für das segensreiche Wirken einer derartigen staatlichen Bank ist die „Société générale pour favoriser l'industrie nationale" gewesen, welche 1822 in Brüssel gegründet worden war. Da von den angebotenen dreißigtausend Aktien zunächst nur sechstausendfünfhundert untergebracht werden konnten, übernahm der König den Rest und das Geschäft begann.[148] Bereits nach einem Jahr standen die Aktien über Pari. „Die Capitalien strömten nunmehr in Masse der neuen Bank zu, und diese machte Vorschüsse auf gewerbliche Unternehmungen, deren Ausführung dadurch sehr erleichtert wurde."[149] Allein von 1833 bis 1838 hat die Société nationale „über dreißig Etablissements mit einem Capitalbetrag von mehr als hundert Millionen Franken . . . ins Leben gerufen".[150] Daneben erscheint die Zahl der durch die Seehandlung oder mit ihrer Hilfe gegründeten Betriebe in der Tat als sehr bescheiden.

[147] E. Herbert Norman, *Japan's Emergence as a Modern State. Political and Economic Problems of the Meiji Period,* New York 1940, S. 94.

[148] Ferdinand von Steinbeis, *Die Elemente der Gewerbeförderung nachgewiesen an den Grundlagen der belgischen Industrie,* Stuttgart 1853, S. 11.

[149] *Ebda.*

[150] *A.a.O.*, S. 20.

Eine staatliche Initiative auf diesem Gebiet wäre in der ersten Hälfte des neunzehnten Jahrhunderts unbedingt erforderlich gewesen, weil es noch keine privaten Industriebanken in Preußen gab, welche die Aufgaben erfüllen konnten. Als das Interesse an der Gründung derartiger Banken in den vierziger Jahren wuchs, hätte man die Privatinitiative unterstützen sollen, anstatt sie zu hemmen. Das Mißtrauen der preußischen Beamten gegenüber den privaten Effektenbanken mag insofern berechtigt gewesen sein, als diese das Recht der Notenausgabe für sich in Anspruch nahmen. Es ist verständlich, daß man das dem Staat vorbehalten wollte. Soweit aber auf Seiten der Bürger die Bereitwilligkeit zur Gründung von Industriebanken vorhanden war, welche nicht mit dem Recht der Notenausgabe ausgestattet waren, hätte man ihre Bemühungen in jeder Form unterstützen müssen. [. . .]

IV

Staat und Unternehmer in der ersten Hälfte des neunzehnten Jahrhunderts

Die staatliche Industrieförderung in Preußen läßt sich nicht verstehen, ohne daß man einen Blick auf das preußische Unternehmertum wirft.

Preußen verfügte bereits zu Beginn des neunzehnten Jahrhunderts über eine ausgedehnte Textilindustrie in Schlesien, Berlin und in den 1815 neu hinzukommenden Westprovinzen. Auch in anderen Gewerbezweigen gab es bereits einige größere Betriebe, die über den Rahmen eines im wesentlichen für den lokalen Markt produzierenden, handwerklich organisierten Unternehmens hinausgingen.

Es war jedoch keineswegs so, daß ihre Leiter nach der Aufhebung der Kontinentalsperre und der Beendigung der Napoleonischen Kriege aus eigener Initiative versucht hätten, den technischen Fortschritt einzuführen. Soweit sie aus dem Handwerk kamen, waren sie vielmehr noch zünftlerischen Gedanken verhaftet, und auch die dem Kaufmannsstande entstammenden Unternehmer zogen die erprobten Verfahren vor und waren nicht bereit, etwas zu wagen.

Wie in Schlesien, so versuchten sie sich auch in den Westprovinzen der englischen Konkurrenz nur dadurch zu erwehren, daß sie die Löhne drückten und so die Kosten zu senken suchten, ohne zu bedenken, daß dadurch die eigenen Absatzchancen im Inland verschlechtert wurden und daß die englischen Produkte nicht nur wegen ihrer Billigkeit, sondern vor allem auch wegen ihrer Qualität vorgezogen wurden. Gleichzeitig wollten sie es möglichst vermeiden, sich der englischen Konkurrenz überhaupt stellen zu müssen, und forderten deshalb Prohibitivzölle, die das Eindringen englischer Waren völlig verhindern sollten.

Nicht zu Unrecht stöhnte Harkort über die „unüberwindliche deutsche Schlafmützigkeit“[151] und tat Goethe gegenüber Eckermann den viel zitierten Ausspruch „Könnte man nur den Deutschen nach dem Vorbild der Engländer weniger Philosophie und mehr Tatkraft, weniger Theorie und mehr Praxis beibringen, so würde uns schon ein gutes Stück Erlösung zuteil werden“.[152]

Gewiß mag der Mangel an Kapital in einer stagnierenden Wirtschaft, die nach Beendigung der Napoleonischen Kriege nur einen sehr kurzen Aufschwung erlebt hatte, als es einen gewissen Nachholbedarf zu befriedigen galt, auch fortschrittlicher gesinnten Unternehmern hinderlich gewesen sein. Vielleicht war auch der Übergang der bisher geschützten Wirtschaft zum Freihandel zu rasch vorgenommen worden, so daß die englische Konkurrenz die preußischen Gewerbe erdrücken mußte. Auch sollen die Schwierigkeiten nicht verkleinert werden, die sich aus dem Mangel an geeigneten Arbeitskräften und aus der Schwierigkeit der Beschaffung von Maschinen aus dem Auslande ergaben. Ja selbst jene Bedenken, die sich gegen die Einführung von Maschinen aus Angst vor einer Verminderung der Arbeitplätze ergaben, können im Rahmen ihrer Zeit verstanden werden, und gewisse ethische Bedenken, wie sie selbst bedeutende und gegenüber der Technik aufgeschlossene Industrielle, wie Hansemann und Mevissen, äußerten, die von dem schrankenlosen Walten der Technik eine neue Zeit der „Barbarei“, eine unpersönliche Massenkultur befürchteten, mögen bis zu einem gewissen Grade gerechtfertigt erscheinen.[153]

Es bleibt jedoch die Tatsache bestehen, daß das preußische Unternehmertum jener ersten Jahrzehnte des neunzehnten Jahrhunderts, durch die merkantilistische Schutzpolitik und ihre allgegenwärtige Unterstützung, Lenkung und Leitung dem Wettbewerb und der Entfaltung eigener Initiativen entwöhnt, bis auf wenige rühmliche Ausnahmen den neuen Produktionsmethoden passiv, meist sogar ablehnend gegenüberstand und der staatlichen Industrieförderung oft Widerwillen und Mißtrauen entgegenbrachte. Es fehlten ihnen gerade jene Eigenschaften des Unternehmers, die seine Größe ausmachen: der Unternehmungsgeist, der Wille zur Änderung des Bestehenden und zur Vergrößerung des Absatzes.

Schon Friedrich II. hatte sich wiederholt darüber beklagt, daß er alle Neuerungen fast mit Gewalt einem widerstrebenden Untertanenphlegma gegenüber

[151] F. Schnabel, *Deutsche Geschichte . . .*, Bd. 3, S. 436.
[152] *A.a.O.*, S. 286.
[153] *A.a.O.*, S. 437.

durchsetzen mußte,[154] und auch Kunth beklagte sich noch 1824 über die Trägheit der Unternehmer.[155] Ganz anders war also die Lage Preußens als diejenige Englands, aber auch Frankreichs, Belgiens und der Schweiz, wo sich ein fortschrittsfreudiges, tatkräftiges Unternehmertum der neuen Produktionsmethoden bemächtigte und sie zu seinem Vorteil zu nutzen verstand.

Diesem vielfach rückständigen, konservativ gesinnten Unternehmertum Preußens stand ein Staat gegenüber, der in seiner Spitze zwar nicht mehr einen dem technischen Fortschritt so zugetanen Monarchen besaß, wie es Friedrich II. gewesen war, aber über einflußreiche Beamte verfügte, die, von der Notwendigkeit der Industrialisierung überzeugt, diese mit allen Mitteln zu fördern suchten.

Sie waren im Grunde liberal und wollten das Bürgertum und die Wirtschaft von den die Eigeninitiative hemmenden bürokratischen Fesseln befreien, so daß in dieser Zeit „eine nicht oft zu beobachtende Erscheinung eingetreten ist: Neben der reaktionären Staatspolitik bei weithin liberaler Bevölkerung läuft eine liberale Wirtschaftspolitik des Staates bei wirtschaftlich reaktionärer Einstellung des davon betroffenen Bevölkerungsteils“.[156]

Die liberalen Maßnahmen der preußischen Regierung können im einzelnen kritisiert werden, wie Treue es in seiner vielfach zitierten Arbeit vor allem für die von der Idee des Freihandels geprägte Zollpolitik getan hat, die damals nicht funktionieren konnte, weil Preußen damit allein stand und die Hoffnung der Regierung auf ihre Nachahmung durch andere Länder sich nicht erfüllte.

Zwar hatten viele preußische Beamte ihren Adam Smith in Königsberg oder Göttingen eifrig studiert[157] und führten auch jene wichtigen liberalen Reformen durch, welche den Weg für das Entstehen der Industrie freimachten. Entscheidend ist, daß sie sich damit allein nicht begnügten. Sie kamen sehr bald zu der Überzeugung, daß seine Idee von der Nichteinmischung des Staates in die Entwicklung der Gewerbe in Preußen keineswegs den raschesten Weg zum Aufschwung der Industrie bringen würde, und entwickelten daher eine eigenständige Politik staatlicher Industrieförderung.

[154] Hans Joachim Straube, *Die Gewerbeförderung Preußens in der ersten Hälfte des 19. Jahrhunderts mit besonderer Berücksichtigung der Regierungsmaßnahmen zur Förderung der Industrie durch Erziehung und Fortbildung,* Diss. T.H., Berlin 1933, S. 58.

[155] Gottlieb Johann Kunth, *Über Nutzen oder Schaden der Maschinen, insbesondere in Fabriken,* in: *Verhandlungen des Vereins . . .*, Bd. 3, Berlin 1824, S. 72.

[156] W. Treue, *Wirtschaftszustände . . .*, S. 5.

[157] *A.a.O.*, S. 122 ff.

V

Der Charakter der preußischen Industrieförderung

Nachdem man in Preußen eingesehen hatte, daß es nicht allein genügte, die rechtlichen Voraussetzungen für die Entfaltung der Eigeninitiative zu schaffen, um einen raschen wirtschaftlichen Aufschwung herbeizuführen, ging der Staat bewußt zur Förderung der Industrie über. Man kann die wichtigsten seiner Maßnahmen in drei Gruppen aufteilen.

Die Schaffung weiterer Voraussetzungen für die Einführung des technischen Fortschritts

Hierzu ist zunächst die Verbesserung des allgemeinen Erziehungswesens und die Schaffung des technischen Erziehungswesens zu zählen. Dadurch wurde der Fortschritt der Wissenschaften und die Versorgung der Industrie mit qualifizierten Kräften, insbesondere mit Technikern und Wissenschaftlern sichergestellt. Diese waren nicht nur in der Lage, die neuen wissenschaftlichen und technischen Verfahren und Maschinen, welche sich bereits im Ausland bewährt hatten, zu übernehmen, sondern konnten diese auch weiterentwickeln und schließlich selbständig der Industrialisierung durch eigene Erfindungen und Konstruktionen wichtige Impulse geben, so daß die preußische Industrie in dem letzten Viertel des neunzehnten Jahrhunderts ihre ausländischen Vorbilder nicht nur erreichte, sondern in einigen Gebieten bereits überholen konnte.

Weiterhin förderte die preußische Regierung den technischen Fortschritt und damit auch die Industrialisierung durch die Verschaffung von Informationen über die Entwicklung von Technik und Industrie im Ausland. Die Ausnutzung ihrer ausländischen Vertretungen und die Verwendung besonderer Agenten zur Beschaffung von Informationen und Maschinen auch auf illegalem Wege sowie die Bereitstellung von Geldern für Auslandsreisen waren damals so wichtig, weil die Industrieländer sich hermetisch abzuschließen suchten.

Durch ihre Pionierleistungen auf dem Gebiete des technischen Informationswesens trug sie zur Verbreitung des Interesses an der technischen Entwicklung bei und ermöglichte eine einwandfreie Übermittlung technischen Wissens und technischer Erfahrungen.

Die Hilfestellung bei der Markterweiterung der Industrie

Der preußische Staat erkannte die Notwendigkeit der Markterweiterung für das Entstehen von Industriebetrieben. Durch die Beseitigung der Handelshemmnisse im Verkehr der einzelnen Provinzen untereinander und mit dem

Ausland trug er dazu durch die Beseitigung der Binnenzölle und der Ein- und Ausfuhrverbote, durch den Abschluß von Handelsverträgen, die Schaffung des Zollvereins, die liberale Zollpolitik und vor allem durch den Ausbau des Verkehrswesens bei, den er teils selbst übernahm, teils durch die Unterstützung privater Unternehmungen förderte.

Die Förderung von Pionierinvestitionen und die Einrichtung von „Musterbetrieben"

Beuth und Rother waren wie ihre Freunde und Mitarbeiter von der Notwendigkeit und der segensreichen Wirkung mit Maschinen ausgerüsteter Betriebe überzeugt. Da sie jedoch auf Seiten der Unternehmer zunächst auf wenig Gegenliebe stießen, suchten sie fortschrittlichere Unternehmer in jeder Weise zu unterstützen, und Rother scheute auch nicht davor zurück, selbst durch die Seehandlung unternehmerisch tätig zu werden, wo es noch an privatem Unternehmungsgeist fehlte. Der leitende Gesichtspunkt war bei diesen Maßnahmen immer die Absicht, durch Beispiele die privaten Unternehmer zur Nachahmung anzuregen. Der Gedanke des „Musterbetriebes", der sich aller modernen Hilfsmittel der Produktion bedient, fand sowohl in der mit den Maschinenschenkungen verbundenen Auflage, Betriebsfremden Besichtigung zu gestatten, wie auch in der Politik der Betriebe des Königs und der Seehandlung seinen Niederschlag.

Während die Gewährung von Erfindungspatenten zur Durchführung von Pionierinvestitionen in der preußischen Industrie zunächst noch nicht anspornen konnte, stellten die Einführungspatente ein weiteres Mittel zur Förderung der Pionierinvestitionen dar, das bei einer Begrenzung des zeitlichen Schutzes auf ein möglichst geringes Maß ebenfalls zur Förderung der Industrialisierung beitrug.

Die Frage, ob die preußische Politik in der ersten Hälfte des neunzehnten Jahrhunderts als liberal oder als merkantilistisch zu bezeichnen ist, läßt sich nicht eindeutig beantworten.

Liberal war zweifellos die Zollpolitik, was für Preußen teilweise sehr nachteilig war, weil es bis fast zur Jahrhundertmitte das einzige Land war, das eine solche Politik verfolgte, während sich die übrigen europäischen Länder durch hohe Schutzzollmauern vor der ausländischen Konkurrenz schützten. Zwar hatte das den Vorteil, das die inländische Industrie fast vom Zeitpunkt ihres Entstehens an dem „rauhen Wind der Konkurrenz" ausgesetzt war und es hier nicht zu Fehlentscheidungen kommen konnte, aber die uneingeschränkte Einfuhr ausländischer Waren nach der Aufhebung der Kontinentalsperre und die zunächst geringfügige Belastung ausländischer Fertigprodukte durch das Zollgesetz von 1818 haben nicht nur die bereits vorhandenen Industriebetriebe in Bedrängnis geführt, sondern auch das Entstehen neuer Industrien erschwert, während die preußische Industrie nicht in den Genuß der Vorteile des Freihandels kam und sich ihr Absatz bis zur Gründung des Zollvereins fast ausschließlich auf das Gebiet der Monarchie beschränkte.

Liberal waren auch die Reformen der Sozial- und Wirtschaftsverfassung. Dennoch kann man die preußische Politik nicht im Sinne jener von den Physiokraten und Adam Smith geprägten Vorstellungen als liberal bezeichnen, denn diese schlossen die Tätigkeit des Staates auf wirtschaftlichem Gebiete aus.

Andererseits unterschied sie sich nicht nur durch ihre Reformgesetzgebung und die Außenhandelspolitik von der Politik des Merkantilismus. Zwar umfaßte auch diese schon einige jener Mittel, welche noch in der ersten Hälfte des neunzehnten Jahrhunderts verwendet wurden, wie zum Beispiel die Kreditgewährung, die Subventionierung und die Gründung von Staatsbetrieben. Auch hatte schon Friedrich der Große die Bedeutung der Konkurrenz erkannt.[158] Im allgemeinen wird man jedoch sagen können, daß die merkantilistische Politik trotz aller guten Intentionen die Privatindustrie hemmte, weil sie die Wirtschaft zu sehr am Gängelband hielt.

Gewiß standen manche preußische Beamte, wie zum Beispiel Rother, den Fähigkeiten der privaten Unternehmer skeptisch gegenüber und huldigten noch merkantilistischen Vorstellungen. Sie bildeten jedoch unter den einflußreichen Politikern jener Zeit eine Ausnahme. Der überwiegende Teil der großen, preußischen Beamten war grundsätzlich von den Vorzügen des wirtschaftlichen Liberalismus überzeugt und befürwortete lediglich ein *vorübergehendes* Eingreifen des Staates. Endgültiges Ziel war die Herstellung einer freien Verkehrswirtschaft, in der sich das Eigentum an den Produktionsmitteln in den Händen der Bürger befinden sollte. Künstliches Hochpäppeln und Erhalten von Gewerbebetrieben durch die Erteilung von Privilegien und Monopolen, wie es zur Zeit des Merkantilismus die Regel gewesen war, kannte eine solche Politik mit Ausnahme der relativ kurzfristigen Patente nicht. [...]

[158] „Der Monopolist wendet keinen rechten Fleiß und Betriebsamkeit auf die Sache, weil er niemand neben sich hat, der gute Waren macht. Hat er aber einen neben sich, so obligiert ihn das, mehr Fleiß anzuwenden und bessere Arbeit zu machen ..." (so zitiert bei C. Mattschoss, *Preußens Gewerbeförderung* ..., S. 15).

VI

Der „Take-off" der preußischen Industrie und das weitere Schicksal der Industrieförderung

Zwischen 1846 und 1860 nahm die preußische Industrie nach einer kurzen Krise Ende der vierziger Jahre einen großen Aufschwung. Leider fehlt es für diese Zeit an Produktionsstatistiken. Die in der Tabelle angeführten Zahlen vermitteln jedoch einen gewissen Eindruck von seinem Umfang:[159]

TABELLE

Der Aufschwung der preußischen Industrie 1846 und 1861

	1846	1861
Eisen- und Stahlindustrie (Anzahl der Beschäftigten ohne handwerkliche Betriebe)	23 689	44 171
Maschinen-, Wagen- und Schiffbau (wie oben)	11 133	34 025
Mechanische Webstühle	4 603	15 258
Maschinenspinnereien		
Anzahl der Feinspindeln	1 257 345	2 252 103
Dampfmaschinen (Zahl)	1 139	6 669
Pferdekräfte	21 715	137 377
Patente	40	110

Es dürfte wohl berechtigt sein, wenn man diese Zeit als die Periode des „Take-off" der preußischen Industrie bezeichnet.[160] Entscheidend für die weitere Entwicklung der Industrieförderung sind jedoch nicht diese Zahlen selber, sondern die Entwicklung von Privatinitiative und Unternehmungsgeist, welche darin ihren Niederschlag finden. Zwar kann man nicht behaupten, daß die Begeisterung für den technischen Fortschritt und die Einsicht in die Notwendigkeit seiner Anwendung nunmehr allgemein gewesen sei, wie die Forderungen der Schiffer und Handwerker 1848 in Frankfurt zeigen, aber der Kreis der fortschrittlich gesinnten Unternehmer wuchs zunächst im Westen und Berlin, dann auch in Schlesien so stark an, daß sich die Industrialisierung fortan fast „automatisch" vollzog.

[159] Königlich Statistisches Bureau, *Jahrbuch für die amtliche Statistik des preußischen Staates*, 1. Jg., Berlin 1863, S. 439 f., S. 453, S. 449 f., S. 461 f., und *Verhandlungen des Vereins ...*, Bd. 26, Berlin 1847, S. 72 ff., und Bd. 41, Berlin 1862, S. 73 ff.

[160] Vgl. Ulrich Peter Ritter, *Die Rolle des Staates in den Frühstadien der Industrialisierung ...*, S. 12.

Die Unternehmer sahen nunmehr davon ab, vom Staate eine Erhöhung der Einfuhrzölle für Industrieerzeugnisse zu verlangen, welche die inländische Industrie von der Notwendigkeit befreit hätte, selber den technischen Fortschritt einzuführen. Statt dessen waren sie bereit, mit den in- und ausländischen Betrieben in Konkurrenz zu treten und sich deren Produktionsvorteile, welche auf der Verwendung von Maschinen und neuen Produktionsverfahren beruhten, zu eigen zu machen.

Das Unternehmertum wurde selbständig und wandte sich gegen staatliche Eingriffe. Es übte mit der Unterstützung liberaler Politiker einen solchen Druck auf den Staat aus, daß dieser sich sogar veranlaßt sah, der Seehandlung die Errichtung weiterer Industriebetriebe zu untersagen.

An die Stelle der staatlichen Unterstützung trat jetzt die Selbsthilfe der Unternehmer. Allein privater Initiative verdankten die vielen technischen und wirtschaftlichen Vereine und Verbände, die nunmehr entstanden, ihre Entstehung. Auch die Handelskammern erlebten einen großen Aufschwung. Während sie in den westlichen Provinzen zum Teil schon in der Zeit der französischen Besatzung gegründet worden waren und dort ebenso wie die 1830 in Elberfeld und Barmen und die 1831 in Düsseldorf gegründeten Kammern die Bemühungen der Industrie um eine wirksame Schutzzollpolitik unterstützt hatten, wurden sie nun zu Institutionen, welche den technischen Fortschritt innerhalb ihres Gebietes zu fördern suchten.

Der preußische Staat, der noch 1827 die Anregung des westfälischen Landtags, in jedem Regierungsbezirk eine Handelskammer einzurichten, abgelehnt hatte,[161] erkannte in den vierziger Jahren ihre Nützlichkeit. Seine Bemühungen um die Gründung neuer Kammern stießen jedoch zunächst bei Handel und Industrie noch auf wenig Gegenliebe. Erst nach Erlaß der königlichen Verordnung vom 11. Februar 1848, welche bestimmte, daß „für jeden Ort oder Bezirk, wo wegen des bestehenden Handels und gewerblichen Verkehrs ein Bedürfnis entstehen sollte, eine solche nach Einholung der landesherrlichen Genehmigung errichtet werden sollte",[162] wurden zahlreiche neue Kammern gegründet.

Jetzt sahen die Unternehmer ein, daß es sich dabei nicht nur um eine im staatlichen Interesse eingerichtete Institution handelte, durch welche dem Staat die Erhebung der Gewerbesteuer erleichtert werden sollte, sondern daß sie selber über diese Kammern einen Einfluß auf die Politik gewinnen konnten, insbesondere insoweit diese den Bau und die Tarifpolitik der Eisenbahnen, die

[161] Ludwig Beutin, *Geschichte der südwestfälischen Industrie- und Handelskammer zu Hagen und ihrer Wirtschaftslandschaft,* Hagen 1956, S. 49.

[162] Hermann Freymark, *Die Handelskammer Breslau 1849–1924. Festschrift der Industrie- und Handelskammer Breslau,* Breslau 1924, S. 7 ff.

Binnenschiffahrt, den Chausseebau, die Zollgesetze, das gewerbliche Schulwesen und die Gewerbeordnung betraf.

Dort, wo der Staat die Errichtung der für die weitere Entwicklung der Industrie erforderlichen Einrichtungen verhinderte, wie es bei den Banken der Fall war, umging man die gesetzlichen Bestimmungen. Von den Banken, welche, dem Beispiel der Berliner Disconto-Gesellschaft folgend, als Kommanditgesellschaften auf Aktien gegründet worden waren, konnten sich nur zwei, die preußische Handelsgesellschaft und die Magdeburger Handels-Compagnie, nicht halten.[163]

Ebenso wie im Rheinland und in Westfalen vollzog sich auch in anderen Teilen der preußischen Monarchie in den fünfziger Jahren die endgültige Hinwendung des gewerblichen Lebens zum industriellen Kapitalismus und „die volle Ausbreitung und Entfaltung des kapitalistischen Geistes im Unternehmertum".[164]

Eine allgemeine, staatliche Industrieförderung war jetzt nicht mehr erforderlich. Zur Einführung von technischem Fortschritt und zur Gründung neuer Industriebetriebe benötigte man nicht mehr den Staat. Damit waren viele der staatlichen Maßnahmen überflüssig geworden. An die Stelle der Industrieförderung hätte jetzt eine Strukturpolitik treten müssen, welche nur noch in den industriell zurückgebliebenen Gebieten eine Förderung der Industrie betrieben hätte. Mit Ausnahme von Eisenbahnbauten zur Erschließung dieser Regionen kam es jedoch zunächst noch nicht zu einer solchen gesamtwirtschaftlich wünschenswerten Politik. Sie wurde durch die Abneigung sowohl der Unternehmer als auch der Beamten gegen eine „staatliche Bevormundung" der Industrie verhindert.

Während in dieser Zeit ein Teil der staatlichen Industrieförderung abgebaut wurde, verblieben andere Aufgaben, die für die Weiterentwicklung der Industrie erforderlich waren, beim Staat, dem man seine Zuständigkeit auf diesen Gebieten nicht mehr streitig machte. Dazu gehörten das allgemeine und das technische Erziehungs- sowie das Verkehrswesen. Beim Bau und Betrieb der Eisenbahnen beschränkte sich der Staat dabei nicht auf die Einrichtung solcher Strecken, für die sich private Unternehmen nicht interessierten, und die Übernahme unrentabler Gesellschaften in eigene Regie. Seit den fünziger Jahren begann er vielmehr unter von der Heydt und dann unter Bismarck mit der Verstaatlichung privater Linien.[165]

*

[163] L. Metzler, *Studien zur Geschichte . . .*, S. 126.

[164] Friedrich Zunkel, *Entwicklungstendenzen des rheinischen Unternehmertums*, Phil. Diss., Berlin 1955, S. 187.

[165] W.O. Henderson, *The State . . .*, S. 169 ff. Otto Schwarz/Georg Strutz, *Staatshaushalt*

Ohne die Verwendung bisher unbekannter Quellen konnte an dieser Stelle durch das Aufzeigen der volkswirtschaftlichen Bedeutung der Maßnahmen des preußischen Staates zur Förderung der Industrie gezeigt werden, daß dieser an der Vorbereitung des „take-off" einen maßgeblichen Anteil hatte. Damit wurde ein Beitrag zur Korrektur jenes verfälschten Geschichtsbildes geleistet, das als wesentliche staatliche Maßnahme nur die Durchführung der liberalen Reformen ansieht, während die Einführung von technischem Fortschritt und die Errichtung von Industriebetrieben allein aus der nunmehr von allen Fesseln befreiten Initiative der Bürger abgeleitet wird. Gleichzeitig wurde auf eine Vielzahl von Lücken in der bisherigen historischen Forschung hingewiesen, welche noch geschlossen werden müssen, bevor die Entwicklung der preußischen Industrialisierung in der ersten Hälfte des neunzehnten Jahrhunderts als endgültig geklärt betrachtet werden kann.

und die Finanzen Preußens, Bd. 1, Teil 7, Berlin 1901, S. 581 ff. Walter Lotz, *Verkehrsentwicklung in Deutschland seit 1800,* 4. Aufl., Leipzig 1920, S. 32 ff.

XXXV

Prussia and the Founding of the German Zollverein*

WILLIAM O. HENDERSON

I

The Negotiations between Prussia and the Bavaria-Württemberg Customs Union, 1828–1833[1]

It has been seen that the attempts of the South German States to set up a customs union failed largely owing to differences of interests between, on the one hand, the two large States — Bavaria and Württemberg — and, on the other, the smaller states on the Rhine. When negotiations on this question were revived shortly after the accession of King Ludwig I of Bavaria, it was

* Entnommen aus: William Otto Henderson, *The Zollverein,* London 1939, 3. Aufl., London 1968, S. 88—102.

[1] The negotiations between Prussia, Bavaria and Württemberg are described by W. Weber, *Der deutsche Zollverein,* Leipzig 1869, pp. 73—84, 92—130; Heinrich von Treitschke, *Deutsche Geschichte im neunzehnten Jahrhundert,* vol. 3 (= Staatengeschichte der neuesten Zeit, vol. 26), Leipzig 1927, pp. 665—668; vol. 4 (= Staatengeschichte der neuesten Zeit, Bd. 27), Leipzig 1927, pp. 364—371; Hermann von Petersdorff, *Friedrich von Motz,* vol. 2, Berlin 1913, pp. 189—217; and Michael Doeberl, *Bayern und die wirtschaftliche Einigung Deutschlands* (= Abhandlungen der Königlich Bayerischen Akademie der Wissenschaften, Philosophisch-philologische und historische Klasse, vol. 29, 2), München 1915, pp. 30—60. A selection of documents on the negotiations is printed by Wilfried von Eisenhart Rothe/ Anton Ritthaler, *Vorgeschichte und Begründung des deutschen Zollvereins, 1815–1834,* vol. 3, Berlin 1934, pp. 421—730, and by M. Doeberl, *Bayern und die wirtschaftliche Einigung...,* pp. 60—115.

found possible to secure a customs union between Bavaria and Württemberg. Any hopes that Ludwig I may have had that this union would form the nucleus of a wider union were disappointed by the formation of customs unions in North and Central Germany in the same year (1828). Territorial disputes barred the way to an understanding with Baden. Their common distrust of the Middle German Commercial Union helped to bring Prussia, Bavaria and Württemberg together.

The first overtures were made by Bavaria and Württemberg through Baron Johann Friedrich von Cotta, the well-known publisher and founder of the influential Augsburg *Allgemeine Zeitung.*[2] He paid three visits to Berlin in the winter of 1828/29 and his discussions with Motz laid the foundations of union between Prussia and the South German States.[3]

It was thought that the best method of paving the way to a customs union was by means of a commercial treaty. Official negotiations began on March 26, 1829, and a commercial treaty was signed on May 27, 1829, between the Prussia-Hesse-Darmstadt and the Bavaria-Württemberg customs unions. It provided that after January 1, 1830, certain articles produced at home might be sent duty free from one union to another, and on other articles — such as textile goods and articles made from leather — duties were to be reduced by 25 per cent. Efforts were to be made to bring the customs system of the two unions into as close harmony as possible. Annual conferences were to be held "for the support and expansion of this treaty". The Bavarian Palatinate was not included in the treaty.[4]

The nature of this commercial treaty was clearly described in a circular note of the Prussian Foreign Minister which was sent to Prussian embassies (August 18, 1829): "It is not a customs union such as that formerly made between Bavaria and Württemberg and later between Prussia and Hesse-Darmstadt. It is charac-

[2] Seymour, the English ambassador at Berlin, wrote to Aberdeen on September 29, 1829, that this newspaper had "the most extensive circulation and influence of any published within the Confederacy" (see W. von Eisenhart Rothe/A. Ritthaler, *Vorgeschichte und Begründung*, vol. 3, p. 578).

[3] A selection of von Cotta's correspondence on these discussions is printed *a.a.O.*, vol. 3, pp. 421—438, 448—456, 460 f., and by M. Doeberl, *Bayern und die wirtschaftliche Einigung* ..., pp. 73—84. For von Cotta see Albert Eberhard Friedrich Schäffle, *Zum hundertjährigen Andenken an Johann Friedrich Freiherrn von Cotta*, Stuttgart 1888.

[4] The treaty is printed by W. von Eisenhart Rothe/A. Ritthaler, *Vorgeschichte und Begründung* ..., vol. 3, pp. 501—507; M. Doeberl, *Bayern und die wirtschaftliche Einigung* ..., p. 105. Treitschke points out that "in all respects the treaty had a provisional character; it established the narrowest form of commercial union, all that was possible so long as the lands of the allies were not geographically contiguous" (H. von Treitschke, *Deutsche Geschichte* ..., vol. 3, p. 668).

terised not so much by the establishment of a common tariff legislation as by close co-operation in administering and collecting customs duties, which depends — it is true — upon uniformity of tariffs. It is a commercial treaty but of a far more comprehensive nature than any other of its kind. Such agreements are usually confined to certain definite products of native growth or manufacture, to which preference is given in the mutual trade between the contracting states. But this treaty establishes complete freedom of trade in all products of native growth and manufacture between the contracting states: there are only a few exceptions and even of these, some are only temporary. The states which have signed the treaty have agreed, first, to secure uniformity in customs administration, secondly, to treat in the same way as their own produce that imported from the territory of another party to the agreement, and thirdly, to place each other's subjects on the same footing as their own as regards the carrying on of business and also to make all communications and other facilities for trade and commerce reciprocally available and to make the use of them as cheap as possible. An attempt has been made to remove, as far as trade and commerce are concerned, the frontiers dividing the various States from each other. In so far as this object has not been completely attained by the present treaty, efforts will be made to approach ever more closely to it at the annual conferences which it has been agreed to hold."[5]

Two months after this treaty had been signed Motz concluded his agreements with Gotha and Meiningen for the construction of roads on which goods could pass between North and South Germany without paying transit dues. His negotiations with Holland for facilitating commerce on the Rhine were practically completed when he died in June, 1830.

A year before his death Motz submitted to the King of Prussia a memorandum which may be regarded as his political testament (June, 1829).[6] It discussed the importance of the commercial treaty with Bavaria and Württemberg and advocated its ratification. Motz began by observing that the Germanic Confederation had made no serious attempt to facilitate commerce in Germany. He blamed Austria for refusing to modify her prohibitive commercial system and criticised other German states, which had non-

[5] Quoted by W. von Eisenhart Rothe/A. Ritthaler, *Vorgeschichte und Begründung...*, vol. 2, p. 555, and by M. Doeberl, *Bayern und die wirtschaftliche Einigung ...*, p. 49.

[6] Reprinted by W. von Eisenhart Rothe/A. Ritthaler, *Vorgeschichte und Begründung...*, vol. 3, pp. 525—541. See H. von Treitschke, *Deutsche Geschichte ...*, vol. 3, p. 670; H. von Petersdorff, *Friedrich von Motz ...*, vol. 2, pp. 261—265; Franz Schnabel, *Deutsche Geschichte im 19. Jahrhundert*, vol. 2, Freiburg 1933, pp. 301, 402. The first draft of the memorandum was by Geheimrat Menz but Motz was responsible both for the leading ideas and for the detailed corrections.

German territories, for favouring the economic development of the latter at the expense of the possessions within the Confederation. He deplored the tariff wars which had checked German commerce in the 'twenties. The hope that the founding of customs unions in North and South Germany early in 1829 would lead to the economic unification of Germany had been frustrated by the establishment of the Middle Union. Motz considered that the only way to secure economic prosperity in Germany was to extend the Prussian customs system to Bavaria und Württemberg and to any other States that might be willing to negotiate. This would foster internal commerce and increase the customs revenue. Equally important would be the political and military advantages of a customs union between North and South Germany. Austria would be isolated. The support of the South German armies might turn the scale in a war against France for the defence of the Rhine.

Negotiations between the customs unions of North and South Germany were opened in December, 1831, but came to an end in May, 1832, without any result being achieved. In January, 1833, von Mieg, the Bavarian Minister of Finance, arrived in Berlin and negotiations were reopened. The treaty between Prussia, the Hesses, Bavaria and Württemberg was signed on March 22, 1833.[7] The chief provisions were similar to those contained in the treaties which Prussia had made previously with the two Hesses. There were, however, some differences. Although the customs revenues were to be divided according to population, Prussia received a lump sum of 100,000 thalers a year in return for handing over to the Zollverein exchequer the shipping dues she levied on the Oder and Vistula. Some States adopted (partly or entirely) the Prussian system of internal taxation when they entered the Prussian customs system but Bavaria and Württemberg did not do so. Consequently, where an excise was levied — on tobacco or wine for example — by one member of the Zollverein a countervailing duty *(Ausgleichsabgabe)* might be charged on such a product imported from another State in the Zollverein. Some local monopolies were maintained.

Further, Bavaria and Württemberg secured the right to negotiate commercial treaties but Prussia alone could negotiate with Russia with regard to commerce with Russian Poland. "The competence to conclude commercial treaties, a treasure grasped by Bavaria with such passionate zeal, proved in practice a

[7] The treaty is printed in German and in English translation in *Parliamentary Papers 1838 XLV*. Translations also appear in John Mac Gregor, *Commercial Statistics*, vol. 1, London 1843, pp. 491—505, and (abridged) in John Ramsey McCulloch, *A Dictionary Practical, Theoretical and Historial of Commerce and Commercial Navigation*, vol. 2, London 1847, pp. 1022—1024.

harmless toy . . ."[8] The southern States seldom made use of this concession and Prussia undertook all important negotiations with foreign countries on behalf of the Union. Zollverein affairs were to be regulated by annual General Congresses at which unanimity was necessary before anything could be done. Actually only fifteen were held between 1834 and 1863.

There was some delay before Bavaria and Württemberg ratified the treaty. Ludwig I criticised his plenipotentiary for agreeing to the immediate provisional introduction of the Prussian customs system into Bavaria. Von Mieg resigned. In July, 1833, Eichhorn went to Munich and agreed to the withdrawal of the clause to which Bavaria had taken exception. The King thereupon ratified the treaty. There was a bitter struggle in the Württemberg Landtag before that body passed a resolution agreeing to the treaty. It may be observed that on October 9, 1834, Bavaria and Württemberg signed a secret "reinsurance treaty" by which they agreed to revive their own customs union in the event of the dissolution of the Zollverein.[9] Meantime, Saxony and the Thuringian States had joined Prussia and the Zollverein treaties came into force on January 1, 1834.

There was thus established in Germany a customs union of eighteen States with an area of 162,870 square miles,[10] and a population of nearly 23 1/2 millions. Thirty years after its foundation Gustav Fischer declared that "the elder generation can still remember how joyfully the opening hour of the year 1834 was welcomed by the trading world. Long trains of waggons stood on the high roads, which till then had been cut up by tax barriers. At the stroke of midnight every turnpike was thrown open, and amid cheers the waggons hastened over the boundaries, which they could thenceforward cross in perfect freedom. Everyone felt that a great object had been attained."[11]

Germans had every reason to rejoice at the successful completion of the arduous negotiations for the construction of a customs union. The Zollverein

[8] H. von Treitschke, *Deutsche Geschichte . . .*, vol. 4, Leipzig 1927, p. 368. For the negotiations of the South German States with Switzerland see Franz Ruckert, *Die Handelsbeziehungen zwischen Deutschland und der Schweiz, mit besonderer Berücksichtigung der Gestaltung der handelspolitischen Verhältnisse seit dem Beginn des 19. Jahrhunderts* (= Wirtschafts- und Verwaltungsstudien mit besonderer Berücksichtigung Bayerns, vol. 74), Leipzig 1926, pp. 87—90.

[9] M. Doeberl, *Bayern und die wirtschaftliche Einigung . . .*, pp. 58, 112—115.

[10] William Harbutt Dawson, *Protection in Germany: A History of German Fiscal Policy during the Nineteenth Century*, London 1904, gives the area of the Zollverein as "7,719 square miles" (p. 19). These are *German* square miles.

[11] Gustav Fischer, *Über das Wesen und Bedingungen eines Zollvereins*, in: *Jahrbücher für Nationalökonomie und Statistik*, vol. 2 (1864), p. 375.

of 1834, however, was incomplete in several respects. In the north the Tax Union, the three Hanse Towns, the two Mecklenburgs, Schleswig, Holstein, and Lauenburg were outside the new union and the Zollverein therefore did not touch the North Sea coast and was cut off from the mouths of some of the chief German rivers and from the principal German seaports. In south-west Germany Nassau, Baden and Frankfurt-am-Main retained their economic independence for a brief period. In the south, the Habsburg Empire remained aloof. The prohibitive tariff system of this Empire and the customs frontier between Austria and Hungary prevented the Habsburgs from co-operating effectively in economic matters with German States. Moreover, within the Zollverein itself complete freedom of trade had not yet been attained owing to differences of internal excise. Monopolies — such as those on salt and playing-cards in Prussia — and countervailing duties continued to hamper commerce in Germany.[12]

II

Reception of the Zollverein abroad[13]

The Zollverein was founded after fifteen years of bitter economic strife that followed the issue of Prussia's tariff of May 1818. The notion that it was set up as the result of the rise of a German national consciousness and was a touching example of brotherly co-operation on the part of the various states will not bear examination for a moment. Benaerts points out that „the formation of the German customs union was characterised by the very opposite of the 'national movement' which legendary history and inaccurate writings subsequently ascribed to it".[14] The States concerned fought for their own narrow interests and many of them joined the Zollverein only when economic depression and empty exchequers made further resistance to Prussia impossible.

[12] The following brief surveys of the founding of the Zollverein deserve notice: Henri Richelot, *L'Association Douanière Allemande*, Paris 1845, part 1, cap. 2, pp. 44—71; Emile Worms, *L'Allemagne Économique, ou Histoire du Zollverein Allemand*, Paris 1874, cap. 1, pp. 1—56; Eugen Franz, *Ein Weg zum Reich. Die Entstehung des deutschen Zollvereins*, in: *Vierteljahrschrift für Sozial- und Wirtschaftsgeschichte*, vol. 27 (1934), pp. 105—136; Otto von Zwiedineck-Südenhorst, *Zur Entstehungsgeschichte des deutschen Zollvereins*, in: *Jahrbücher für Nationalökonomie und Statistik*, vol. 142 (1935), pp. 25—34; and Erwin Hölzle, *Der deutsche Zollverein. Nationalpolitisches aus seiner Vorgeschichte*, in: *Württembergische Jahrbücher für Statistik und Landeskunde*, 1932/33 (published 1935), pp. 131—145.

[13] Pierre Benaerts, *Les origines de la grande industrie allemande*, Paris 1933, pp. 63—93.

[14] *Op. cit.*, p. 67.

The opposition of Germany's neighbours to the formation of the Zollverein was undoubtedly a factor which delayed union but its importance should not be exaggerated. Some German historians — such as Treitschke — have shown a tendency to stress this factor unduly and to accuse foreigners of conspiring to check the attainment of German unity. Actually the "intervention" of other States was only one element in a very complicated situation.

Austria was alarmed at the establishment of the Zollverein. Metternich's attitude was indicated in a private memorandum to the Austrian Emperor on June 24, 1833. It may be regarded as his reply to Motz's striking memorandum of June, 1829. Treitschke considered that a comparison of the two shows "why the Vienna court was bound to lose its leadership of Germany".[15]

Metternich complained that "the appearance of the Prussian Zollverein is most disadvantageous and threatening to the Germanic Confederation as such and to Austria in particular". "In the great Confederation there is arising a smaller subsidiary union, *a status in statu* in the full sense of the term, which will only too soon accustom itself to achieve its ends by its own machinery in the first place and will only pay attention to the objects and the machinery of the Confederation in so far as they are compatibile with the former."[16] The Habsburg Empire would be injured from the economic point of view by the expansion of industries in the new customs union and by the fact that the Zollverein would control communications between Austria and Northern Europe. Austria would be injured politically by the new pressure that Prussia would be able to exercise upon those members of the Confederation who were also members of the Zollverein. Metternich feared the possible development of a Zollverein *bloc* at the Federal Diet which would vote solidly for Prussia. The only remedy that Metternich could suggest was that the Government departments concerned should be asked to report on what modifications of the Austrian customs system would be necessary to enable Austria to secure the carrying out of Article 19 of the Federal Act!

Although Metternich recognised the danger of the Zollverein to Austria's position in the Confederation, he did not face boldly the alternatives before Austria in this matter. He should have recognised that the time was past for using the machinery of the Confederation. The only effective policy for Austria was either to try to break up the Zollverein (by using to the full her influence

[15] H. von Treitschke, *Deutsche Geschichte . . .*, vol. 4, p. 384. On the other hand, Heinrich Ritter von Şrbik thinks highly of the memorandum and feels that Treitschke's opinion is "open to serious criticism" (Heinrich Ritter von Srbik, *Metternich. Der Staatsmann und der Mensch*, vol. 2, München 1925, p. 770); see also *op. cit.*, vol. 1, München 1925, pp. 524—539.

[16] Richard Metternich-Winneburg (ed.), *Aus Metternichs nachgelassenen Papieren*, vol. 5: *Friedensära 1816–1848*, part 3, Wien 1882, pp. 507, 509.

over some of its members) or else to undertake a radical reform of her own customs system so as to be able to make a serious attempt to force her way into the Zollverein. By either of these means she could have disputed Prussia's leadership in German economic affairs. Metternich did neither. He thought that it would be unwise to work openly against the Zollverein since he needed Prussia's political support at this time. He felt that it was equally out of the question to modify the tariff of the Habsburg Empire sufficiently to make it possible to open negotiations for adhesion to the Zollverein. He saw that to do this he would have to overcome serious opposition both from the Austrian industrialists (who favoured high protective duties) and the Magyars (who had their own customs system). So Metternich maintained, on the whole, an attitude of neutrality regarding the Zollverein. On the other hand, Austria's representatives at German courts — often acting on their own initiative — tended to act in a hostile manner towards Prussia in economic matters.[17]

Britain, too, was hostile to the construction of the Zollverein — but for different reasons.[18] While Austria feared that Prussia's political prestige would increase now that she was head of the Zollverein, Britain feared that her own exports of manufactured articles and colonial goods to central Europe would decline. British interests had unquestionably been injured by commercial developments in Germany since 1815. A striking example of this was given by Cartwright in a dispatch to the Duke of Wellington on December 1, 1834. He wrote: "Before 1819 British cotton manufactured goods were only subjected to a very trifling duty on their introduction into Bavaria. By the tariff of 1819 that duty was fixed at twenty florins (Gulden) the Bavarian hundredweight. In 1825 it was increased to fifty florins. In 1828, when Bavaria united with Württemberg, the duty was still further increased to sixty florins, which was considered very high; and now, under the regulations of the Prussian Union, it stands at nearly ninety-five florins. Therefore that which in 1819 only paid a duty of twenty florins is now subjected to a duty of ninety-five florins, a most rapid and immense augmentation, to the detriment of British trade; and if these high duties are persisted in, it is feared that the demand for British goods must decrease every year."[19]

[17] See Albert Branchart, *Österreich und die Anfänge des preußisch-deutschen Zollvereins*, Koblenz 1930.

[18] For an English point of view of Prussian commercial policy on the eve of the founding of the Zollverein see articles in *The Times* on January 7, 10 (leading article), and 19, 1833: German translations of these articles and comments upon them appear in: Ein Preuße (Anonym), *Reden und Gegenreden in Sachen Preußischer und Englischer Handelspolitik. Aus Englischen Blättern übersetzt und zur Begründung unparteiischen Urteils zusammengestellt*, Berlin 1833.

[19] *Foreign Office Papers* in the *Public Record Office*, 30/53, no. 135.

The attitude of the Committee of the Privy Council for Trade to the construction of the Zollverein may be seen from the alarm that was felt in the spring of 1833 when the English Consul-General at Hamburg reported a rumour that Hanover intended to enter the Prussian customs systems. In a letter of May 25 Thomas Lack wrote to Sir George Shee that "their Lordships observe with regret that perseverance of the Prussian Government and the success which has attended its endeavours to establish and to extend a system, the manifest object of which is that of combining commercial monopoly with political aggrandisement". He referred to the Zollverein as "an alliance conceived in a spirit of hostility to British industry and British commerce." He observed that "the Lords of this Committee entertain the hope that a combination founded upon false principles, and under which the natural advantages of every other party must be sacrified to the selfish views of Prussia cannot long be effectively sustained. Their Lordships will further bear in mind, in any reduction of duties which they may possibly have to propose, in regard to imports from the shores of the Baltic, the war which they conceive to have been declared by Prussia upon British commerce and will be strongly inclined to favour the productions of countries actuated by a more liberal and friendly spirit."[20] Lord Palmerston wrote to Baron Ompteda, the Hanoverian minister in London, on the subject on June 7, 1833,[21] and was informed that Hanover had no intention of joining the Zollverein.

It has been seen that Lord Palmerston had in September, 1832, instructed British ministers at the chief German courts to support Hanover's attempt to secure the carrying out of Article 19 of the Federal Act. He had signed a commercial treaty with Frankfurt-am-Main in May, 1832, by which the contracting parties agreed not to give any preference to a third state. Further, he viewed with undisguised satisfaction the founding of a Tax Union between Hanover, Oldenburg and Brunswick with low duties. A few years later he admitted that while the British Government had "never looked with a favourable eye upon the Prussian commercial league . . . there seems some reason to hope that the effect of this commercial union may not prove so injurious to the trade of this country as had been imagined; and at all events, the political consequences which may possibly result from the League, are by no means such as to give rise to uneasiness and apprehension".[22] But the development of

[20] *Ibid.*, 34/23 (May 25, 1833); W. von Eisenhart Rothe/A. Ritthaler, *Vorgeschichte und Begründung* . . ., vol. 3, p. 719.

[21] *Foreign Office Papers* . . ., 34/23 (June 7, 1833).

[22] Palmerston to Sir Edward Cromwell Disbrowe, September 24, 1841, *Foreign Office Papers* . . ., 37/227 (printed by N.W. Posthumus, *Documenten* . . ., vol. 5, pp. 75 f.).

manufactures in the Zollverein in the 'thirties alarmed English exporters. In 1841, for example, Richard Tottie wrote to Lord Aberdeen: "It may be unnecessary to inform your Lordship of the extent and perfection that has for some years been progressing in the manufactures of Germany, and that the competition with ours, both in quality and price, has become so formidable, as to have greatly reduced the demand and estimation for British fabrics in the great markets of Europe. Several descriptions of them are almost wholly supplanted, and the sale of all is fearfully reduced. For many years after the Peace, our exports were almost entirely composed of finished goods — now the great bulk consists of cotton twist and worsted yarn."[23]

The attitude of the Netherlands to the growing Zollverein resembled that of England. Both countries supplied Germany with manufactured articles and colonial goods in return for agricultural produce such as corn from the Baltic ports. Both countries felt that the Zollverein would foster the expansion of German industry, commerce and shipping at their expense. Both countries had a certain political influence in Germany — Britain through the personal union with Hanover, the Netherlands through the personal union with Luxemburg and their family connections with the ruling house of Nassau. When it was in their power to do so the Dutch did not hesitate to hamper Prussia's commercial policy. Their obstinate attitude on the question of free navigation on the Rhine has already been discussed. In the early 'thirties the Belgian revolt kept the Dutch fully occupied and they were unable to offer serious opposition to the establishment of the Zollverein.

France disliked the Zollverein both for political and economic reasons.[24] She had no wish to see a powerful Prussia rising on her eastern frontier and she viewed with concern the prospect of a decline of German consumption of her wines and silks. France had retained some political influence in certain courts of South and Central Germany from the days of the Confederation of the Rhine and she tried to use it to prevent some of the German States from adhering to the Prussian customs system. But her own high tariff of July, 1822, alienated

[23] Richard Tottie to Lord Aberdeen (Hull, October 14, 1841) in: *Foreign Office Papers...*, 33/91.

[24] When Count de Rumigny, the French chargé d'affaires at Munich, heard in the spring of 1829 that a treaty was about to be signed between the Prussia-Hesse-Darmstadt and the Bavaria-Württemberg customs unions he wrote in alarm that his convention was "one of the most important events after the religious Reformation" for "Prussia is about to include in a vast system, formed by this alliance of North and South, all the States lying between them and this Power will exercise over its associates a preponderance which will surpass anything of this kind that hitherto existed and anything that it is possible to imagine" (quoted by P. Benaerts, *Les origines . . .*, p. 15).

possible allies in Germany. When the South German States saw that their exports — for example of cattle — to France were about to be restricted they promptly retaliated by raising their duties on French imports. France had skilful agents in Germany — such as Engelhardt, the French Consul at Mainz — but she failed to keep the South German States out of the Zollverein. She signed a commercial treaty with Nassau (1833) by which she hoped to prevent that State from joining Prussia. Nassau, however, broke her agreement in 1835 and adhered to the Zollverein. In July, 1836, France signed a commercial treaty with Mecklenburg with the object of increasing the sale of her wines there. Doubtless she expected that some would be smuggled from Mecklenburg into Prussia.[25]

The founding of the Zollverein was an example to states such as the Habsburg Empire and Switzerland where commerce was still hampered by internal customs frontiers. Italy lacked both national and economic unity. Duties were levied not merely at the frontiers of separate States but at town gates. There were, for example, eight customs houses on the road between Milan and Florence. Italians envied the progress that was being made in Germany in the direction of abolishing internal tariffs. It has been observed that the *Annali universali di statistica* "hailed as an event of good omen for Italy the treaty providing for the completion of the Zollverein in 1834; and the journalists of Lombardy, and of the whole peninsula, proceeded to exploit it to the limit as an instrument of propaganda ideally suited to their purposes. It was a working model of what they wanted, consecrated by immediate success . . .".[26]

Friends and foes both watched with interest the consolidation and expansion of the Zollverein in the years that followed its foundation.[27] When it became

[25] *Op. cit.*, pp. 78—88.

[26] K. R. Greenwood, *Economics and Liberalism in the Risorgimento*, 1934, S. 233.

[27] The attempts of foreigners to interfere in the affairs of Zollverein Congresses should not be exaggerated. In this connection the following letter from the British Foreign Office to H.F. Howard (chargé d'affaires at Berlin), June 9, 1846, is of interest: "I have to inform you that Mr. Ward, Her Majesty's Consul-General in Saxony, will visit Berlin during the meeting of the deputies of the States of the Zollverein for the purpose of watching their proceedings in so far as they may have reference to the interests of British commerce. Mr. Ward is directed to take especial care not to assume any official position himself or to countenance any supposition on the part of others that Her Majesty's Government, in sending an agent to the place of meeting, are desirous to obtain any influence over discussions with which they may be supposed to have no direct concern; the sole object of his journey to Berlin being to report on questions affecting British interests which have been his peculiar study . . ." (*Foreign Office Papers . . .*, 64/262). Even so, von Canitz was "both astonished and annoyed" when Mr. Ward appeared in Berlin (Sir George Hamilton to Lord Aberdeen, June 8, 1846, *Foreign Office Papers . . .*, 64/264).

clear that little less than a revolution in Germany would be necessary to shake the new customs union the attitude of those who had once opposed its formation changed. They showed both a certain readiness to conclude commercial treaties with the Zollverein and tried to influence decisions at its Congresses by lobbying the delegates.

XXXVI

Das wirtschafts- und sozialpolitische Ordnungsbild der preußischen Bergrechtsreform 1851—1865*

WOLFRAM FISCHER

Der Umbau des Staats-, Gesellschafts- und Wirtschaftsgefüges ist ein großes Thema der Geschichte des 19. Jahrhunderts. In Preußen hatte die Reformzeit dazu die wesentlichen Grundsteine gelegt. Ihr Impuls wirkte fort, auch als die Kraft zu neuen grundsätzlichen Reformen längst erlahmt zu sein schien. In den vierziger bis sechziger Jahren kamen noch einige wichtige Kodifikationen zustande: auf dem Gebiet des Wirtschaftsrechts vor allem das Aktiengesetz, die Allgemeine Gewerbeordnung, die deutsche Wechselordnung, die Konkursordnung, das Allgemeine deutsche Handelsgesetzbuch und die Gewerbeordnung für den Norddeutschen Bund.

Innerhalb dieser Arbeiten nimmt die Reform des preußischen Bergrechts 1851 bis 1865 eine besondere Stellung ein. Mit ihr gelang noch in der zweiten Hälfte des Jahrhunderts ein neuer Anlauf zur Grundsatzdebatte und ein weitläufiges und abschließendes Reformwerk. Sie verwirklichte ein doppeltes Ziel: die Rechtseinheit für den Bergbau des ganzen Staatsgebietes und die Unterstellung des Bergbaus unter die Prinzipien der Allgemeinen Gewerbeordnung. konkret: die Ablösung der bis dahin in den rechtsrheinischen Gebieten geltenden staatlichen Direktion der privaten Bergwerke durch die Selbstverwaltung der Unternehmer. Die Reform des Bergrechts ist somit als ein Nachtrag zu der Reform des Gewerberechts während der ersten Hälfte des 19. Jahrhunderts anzusehen.

* Zuerst erschienen in: *Zeitschrift für Bergrecht*, Bd. 102 (1961), S. 181—189, hier entnommen aus: Wolfram Fischer, *Wirtschaft und Gesellschaft im Zeitalter der Industrialisierung. Aufsätze - Studien - Vorträge* (= Kritische Studien zur Geschichtswissenschaft, Bd. 1), Göttingen 1972, S. 139—147, S. 496 f.

Es könnte nun die Frage gestellt werden, warum das Bergrecht so spät, mit einer Verzögerung von einem halben Jahrhundert, der Idee des wirtschaftlichen Liberalismus folgte. Dazu müßten die Vorarbeiten zur Reform, die seit 1826 im Gange waren, untersucht werden. Das ist hier nicht unsere Absicht. Unsere Absicht zielt vielmehr darauf hin, diese Reform nach ihrem Bild von der wirtschaftlichen und sozialen Ordnung im Bergbau zu befragen und dadurch ihren Ort im allgemeinen Prozeß des Umbaus der Wirtschafts- und Sozialverfassung im 19. Jahrhundert zu bezeichnen. Jede gewerberechtliche Kodifikation muß ja eine Vorstellung haben, wie die von ihr berührten Wirtschaftszweige organisiert sein sollen, wie sie in ihrem wirtschaftlichen Ablauf funktionieren, in welchem Verhältnis sie zur übrigen Wirtschaft, der Gesellschaft und dem Staat stehen, wie sich bei ihnen die Beziehungen der Sozialpartner gestalten sollen. Diese Vorstellungen für die preußische Bergrechtsreform herauszuarbeiten, ist das Ziel dieses Vortrags.[1] Anhand einiger charakteristischer Gegenstände der Reform soll der Rede von dem „liberalen" Berggesetz ein konkreter Inhalt gegeben, die Art und der Grad der unternehmerischen Freiheit, die es gewährte, festgestellt, und die Gründe der von ihm gewählten positiven Bestimmungen erläutert werden. Der Begriff des „Bergwerkseigentums" soll zunächst in die grundsätzliche Haltung der Reformer einführen, dann wird anhand der Bestimmungen über den Betriebszwang und den Betriebsplan das Verhältnis des Bergbaus zum Staat kurz zu umreißen, vor allem der Umfang des „staatswirtschaftlichen Interesses" zu zeigen sein und schließlich werden mit der Kontraktfreiheit, der Arbeitsordnung und der Knappschaftsversicherung drei zentrale sozialpolitische Fragen der Bergreform behandelt werden.

Die *Quellen* der Untersuchung bilden in erster Linie die Gesetze selbst mit ihren Motiven und Kommentaren sowie die dazugehörigen Entwürfe und Debatten in den gesetzgebenden Körperschaften und der Öffentlichkeit. Die öffentliche Debatte der Reform war außerordentlich breit und tiefschürfend. Als Forum dienten ihr die bergbaulichen Periodika, voran die Zeitschrift für Bergrecht, die 1860 von dem Bonner Oberbergrat Brassert, dem Verfasser des Allgemeinen Berggesetz-Entwurfes, gegründet worden war. Die Diskussion innerhalb der preußischen Bergbehörden konnte nicht verfolgt werden, weil die Akten zur Bergrechtsreform im Deutschen Zentralarchiv in Merseburg bisher nicht zugänglich waren. Doch kommt ihr Ergebnis in den Motiven zu den Gesetzen und in erläuternden Publikationen der Verfasser klar zum Ausdruck.

Insgesamt ergingen in Preußen zwischen 1851 und 1863 vierzehn bergrechtli-

[1] Probevortrag im Rahmen meines Habilitationsverfahrens an der Philosophischen Fakultät der Universität Heidelberg 1960.

che Gesetzesnovellen, die dann durch das Allgemeine Berggesetz für die Preußischen Staaten vom 24. Juni 1865 abgelöst wurden. Vier dieser Novellen sind von besonderer Bedeutung: das Miteigentümergesetz von 1851, das Knappschaftsgesetz von 1854, das Freizügigkeitsgesetz von 1860 und das Gesetz über die Kompetenz der Oberbergämter von 1861.[2]

Die *bisherige Literatur* ist vorwiegend juristisch orientiert. Sie konzentriert sich auf Fragen wie die Ablösung des Bergregals durch die Berghoheit, die Rechtsnatur des Bergwerkseigentums oder die Einführung der Gewerkschaft neuen Rechts.[3] Die Bedeutung der Reform für die Wirtschafts- und Sozialgeschichte des 19. Jahrhunderts ist noch kaum erkannt worden. In den zusammenfassenden Darstellungen kommt sie entweder überhaupt nicht vor (so bei Sombart und Lütge) oder wird nur am Rande erwähnt (so bei Sartorius von Waltershausen und Bechtel). Speziellere Darstellungen des Bergbaus begnügen sich meist mit der Formel von der Ablösung des Direktionsprinzips durch das Inspektionsprinzip, und neuere sozialgeschichtliche Arbeiten neigen aus retrospektiver Sicht zu einer pauschalen Verurteilung ihrer liberalen Tendenzen, ohne diese jedoch näher zu kennzeichnen.[4] Nur Eberhard Gothein weist schon 1923 darauf hin, daß wir es bei diesem liberalen Reformwerk im Gegensatz zu den bloß negativen Bestimmungen des Gewerbesteuergesetzes von 1810 mit einer „positiven Regelung" der Freiheit zu tun haben.[5]

[2] Die Gesetze sind abgedruckt in der *Gesetz-Sammlung für die Königlichen Preußischen Staaten*, Berlin 1851, S. 265—271; 1854, S. 139—142; 1860, S. 201—206; 1861, S. 425—428; die *Zeitschrift für das Berg-, Hütten- und Salinenwesen in dem preußischen Staate (ZBHS)* druckte sie zusammen mit den Durchführungsverordnungen des preußischen Handelsministers wieder ab in Bd. 1 (1854), S. 24 ff.; Bd. 2 (1855), S. 117 ff.; Bd. 8 (1860), S. 217 ff.; Bd. 9 (1861), S. 222 ff.; die *Zeitschrift für Bergrecht (ZfB)* brachte die beiden letzten Gesetze mit Auszügen aus den Debatten des Abgeordneten- und Herrenhauses und mit ihren Motiven in Bd. 1 (1860), S. 1 ff., und Bd. 2 (1861), S. 285 ff.

[3] Außer den verschiedenen Ausgaben und Kommentaren des ABG siehe z.B. Rudolf Müller-Erzbach, *Das Bergrecht Preußens und des weiteren Deutschlands*, 2 Bde , Stuttgart 1916—1917; Wilhelm Schlüter, *Preußisches Bergrecht. Der Aufbau und die Aufgaben der preußischen Bergbehörden unter besondere Berücksichtigung des Ruhrbergbaus mit einem Überblick über die Geschichte des Bergrechts*, Essen 1958; Wilhelm Westhoff/Wilhelm Schlüter, *Geschichte des deutschen Bergrechts*, in: *Zeitschrift für Bergrecht*, Bd. 50 (1909), S. 27—95.

[4] Als Beispiele seien genannt: Max Jürgen Koch, *Die Bergarbeiterbewegung im Ruhrgebiet zur Zeit Wilhelms II. (1889-1914)* (= Beiträge zur Geschichte des Parlamentarismus und der politischen Parteien, Bd. 5), Düsseldorf 1954, besonders S. 11 ff., und Hans Georg Kirchoff, *Die staatliche Sozialpolitik im Ruhrbergbau 1871-1914* (= Wissenschaftliche Abhandlungen der Arbeitsgemeinschaft für Forschung des Landes Nordrhein-Westfalen, Bd. 4), Köln-Opladen 1968, besonders S. 9 ff.

[5] Eberhard Gothein, *Bergbau und Hüttenwesen*, in: Salomon Paul Altmann (Hrsg.), *Grundriß der Sozialökonomik*, Abt. 6, 2. Aufl., Tübingen 1923, S. 334 f.

Hier gilt es, mit einer wirtschafts- und sozialgeschichtlichen Analyse anzusetzen. Es gehört ja zu den Klischees vom Liberalismus des 19. Jahrhunderts, besonders in seiner manchesterlichen Form, daß er auf jede positive Regelung des Wirtschaftslebens verzichten und den Staat in eine „Nachtwächterrolle" habe zurückdrängen wollen. Auf die Reform des preußischen Bergrechts trifft eine solche Kennzeichnung nicht zu. Es sollte schon zu denken geben, wenn Heinrich von Achenbach, der als Mitherausgeber der Zeitschrift für Bergrecht zu den aktiven Gestaltern der Reformgesetze gehört hat, bei einer Besprechung des französischen Bergrechts vor dem Laissez-faire warnte. Denn Achenbach war immerhin *derjenige* preußische Handelsminister, der seinen Dienst quittierte, als Bismarck seine berühmte wirtschaftspolitische Wendung zum Schutzzoll vollzog. An seiner liberalen Grundhaltung kann also kein Zweifel bestehen, und Heinz Gollwitzer bezeichnet ihn sogar als „Anhänger des Manchestertums".[6] Das französische Berggesetz von 1810 kritisiert Achenbach jedoch, *gerade weil es* aus Scheu vor einem Eingriff in den Wirtschaftsablauf die Bergwerkstreibenden und Grundbesitzer einem schädlichen Interessenkonflikt überlasse. „Das Gehenlassen, wie's Gott gefällt, ist aber stets nachteilig", heißt es da. „Die französische Gesetzgebung und ihre Nachbildungen in anderen Ländern können demnach für uns nicht mustergültig sein."[7]

Der Vergleich mit dem napoleonischen Berggesetz von 1810 gibt uns einen guten Ansatzpunkt, um die spezifischen Ordnungsvorstellungen der preußischen Bergrechtsreformer herauszuarbeiten. Das französische Recht war ein liberales Vorbild *par excellence.* Besonders deutlich wird das an seinem Begriff des *Bergwerkseigentums.* Das Privateigentum gehört ja zu den zentralen Werten liberaler Gedankenwelt. Napoleon selbst hatte in den Debatten um das Gesetz den Eigentumsbegriff des Code Civil zur Geltung gebracht. „Große Interessen zwingen, dem Bergwerk das Siegel des Eigentums aufzudrücken", hatte er bei den Beratungen im Jahr 1809 geäußert. „Sind ... die Bergwerke Gegenstand des Eigentums, so sind sie auch unverletzlich. Das Geheimnis liegt also hier darin, die Bergwerke zum Gegenstand eines wirklichen Eigentums zu machen und sie dadurch rechtlich wie faktisch gewissermaßen zu heiligen."[8]

Im preußischen Berggesetz von 1865 findet sich nichts, was diesen Vorstellungen von der Heiligkeit und Unverletzlichkeit des Eigentums enstpräche.

[6] Heinz Gollwitzer, Artikel: *Heinrich Karl Julius von Achenbach,* in: Historische Kommission bei der Bayerischen Akademie der Wissenschaften (Hrsg.), *Neue Deutsche Biographie,* Bd. 1, Berlin 1953, S. 32.

[7] Heinrich von Achenbach, *Die gegenseitigen Rechtsverhältnisse des Grundeigentums und der Industrie,* in: *Zeitschrift für Bergrecht,* Bd. 4 (1863), S. 328.

[8] Nach der Übersetzung Heinrich von Achenbachs, *Das französische Bergrecht,* in: *Zeitschrift für Bergrecht,* Bd. 2 (1861), S. 238.

Um keinen Zweifel zu lassen, daß es sich bei dem Bergbaurecht *gerade nicht* um ein unverbindliches Privateigentum handle, hatte Brassert in seinem Entwurf den Begriff des Bergwerkseigentums konsequent durch den der Bergbau*berechtigung* ersetzt. Das Bergbaurecht sollte danach eine vom Staat in öffentlichem Interesse an Privatpersonen verliehene Gewerbe*befugnis* sein.

Der durchgehende Ersatz des Begriffs „Bergwerkseigentum" durch den der „Bergbauberechtigung" hat sich zwar bei den Beratungen des Gesetzentwurfs nicht durchgesetzt, weil der Mehrzahl der Beurteiler eine bloße Gewerbeberechtigung mit dem unbezweifelbaren Eigentum an den Bergwerksgebäuden nicht vereinbar erschien, aber der Begriff „Bergwerkseigentum", wie er in der endgültigen Fassung des Gesetzes gebraucht wird, besitzt nichts von dem sittlichen Pathos, den er im französischen Recht hat. Er ist ein nüchterner Zweckbegriff.[9]

Die Verfügung über das Bergwerkseigentum war in den älteren deutschen Bergordnungen und dem Allgemeinen Landrecht grundätzlich durch den *Betriebszwang* eingeschränkt, von dem der Landesherr höchstens Ausnahmen gestatten konnte. Das französische Berggesetz von 1810 hatte ihn praktisch abgeschafft. Das Allgemeine Berggesetz schlug hier einen mittleren Weg ein. Es forderte den Betriebszwang nur noch aus „überwiegenden Gründen des öffentlichen Interesses". Damit will es dem Staat eine Einwirkungsmöglichkeit belassen, aber verhindern, daß die Behörden die Unternehmer ohne Not zur unwirtschaftlichen Ausbeute eines Bergwerks anhalten können.

Die Frage, ob Betriebszwang ausgeübt werden solle, hing eng zusammen mit der Frage, inwieweit der Staat berechtigt sei, das *staatswirtschaftliche Interesse* gegenüber dem Bergwerksbesitzer zur Geltung zu bringen. In den Bergordnungen des 18. Jahrhunderts waren Recht und Pflicht des Staates hierzu in ausführlichen Einzelbestimmungen festgelegt.

Auch Brasserts Entwurf zum Allgemeinen Berggesetz kannte noch die Pflicht der Bergbehörde, das „staatswirtschaftliche Interesse" zu wahren. Erst in der endgültigen Fassung fiel der Begriff fort. Nach Ansicht fast aller Beurteiler genügte die polizeiliche Aufsicht, um Raubbau zu verhindern, ein weitergehendes volkswirtschaftliches Interesse liege nicht vor. Das Allgemeine Berggesetz wies daher dem Staat neben der Sicherung der Schürf- und Mutungsfreiheit und neben der Rechtsprechung nur noch polizeiliche Aufgaben zu: Er hatte die Sicherheit der Baue, des Lebens und der Gesundheit der Arbeiter zu überwa-

[9] Die Auffassung Brasserts wirkte sich in der Rechtsprechung auch dadurch aus, daß Brassert in seinem Kommentar zum Berggesetz von 1888, der lange als der maßgebliche galt, den Begriff des Bergwerkseigentums durchweg im Sinne der von ihm intendierten Bergbauberechtigung interpretierte.

chen und den Schutz der Oberfläche im Interesse der persönlichen Sicherheit und des öffentlichen Verkehrs zu gewährleisten. Als letzter Rest älterer staatswirtschaftlicher Aufgaben blieb ihm der „Schutz gegen gemeinschädliche Einwirkungen des Bergbaus" (§ 196).

Es ist bezeichnend für den Geist der Reform, daß sie diesen Rückzug des Staates aus den Leistungspflichten als eine *Besinnung auf seine „natürlichen Interessen"* verstand. Hier zeigt sich deutlich ihr liberaler Ursprung. Denn nach der naturrechtlichen Auffassung des Liberalismus gab es ja ewige „natürliche" Gesetze, die das richtige Verhältnis von Staat und Individuum ein für alle mal bestimmten.

Freilich war die Frage, wo die „natürlichen Interessen" des Staates nun *konkret* an ihre Grenzen stoßen, keineswegs eindeutig zu beantworten. Die Antwort der preußischen Bergreformer zeigt, daß sie dabei viel stärker in historischen Traditionen verwurzelt blieben, als es einer strengen liberalen Theorie entsprochen hätte. Brassert, ein Schüler Savignys und Dahlmanns, neigte dazu, die Grenzen der Staatseinwirkung weiter zu ziehen als die englische, französische oder auch österreichische Berggesetzgebung. Das wird besonders an den Vorschriften über den *Betriebsplan* deutlich. Nach den älteren Bergordnungen setzte ihn die Bergbehörde selbst fest. Das Miteigentümergesetz von 1851 hatte seine Aufstellung der Gewerkenversammlung überlassen, die Ausführung aber von der vorherigen Genehmigung des Bergamtes abhängig gemacht. Das Allgemeine Berggesetz milderte diese Vorschrift zwar, nahm vor allem der Behörde das Recht, den Plan ohne Anhören der Bergwerksbesitzer zu ändern. Doch blieb ihr das Recht, ihn nach eigenem Ermessen festzusetzen, wenn eine Verständigung mit dem Bergwerksbesitzer nicht zu erzielen war.

Eine solche Präventivmaßnahme war dem westeuropäischen Bergrecht durchaus fremd. In England mußte sich bis 1860 die Berginspektion sogar im Falle drohender Gefahr darauf beschränken, die Arbeiter zu warnen, die dann die Grube ohne Einhaltung der Kündigungsfrist verlassen durften. Erst seit 1860 hatte sie die Möglichkeit, ihren Anordnungen mit Hilfe von Geldstrafen Nachdruck zu verleihen. Auch Österreich kannte Präventivmaßnahmen nicht. Doch begrüßte gerade ein österreichischer Kritiker sie als zweckmäßigen Kompromiß, weil eine gütliche Einigung die scheinbar bevormundende Form gemischter Direktion und Inspektion zu einer liberaleren Handhabung mache, als es die volle Freiheit mit daneben stehender repressiv ausgerüsteter Inspektion wäre.[10]

[10] Otto Freiherr von Hingenau, *Beiträge zur Reform des preußischen Bergrechts*, in: *Zeitschrift für Bergrecht*, Bd. 4 (1863), S. 429 f.

Dieser Kompromiß zwischen den Prinzipien des älteren deutschen Rechts und dem liberalen Recht des Westens ist der entscheidende Wesenszug der preußischen Reform, nicht nur der Bergrechtsreform allein, sondern auch schon der großen Stein-Hardenbergschen Reformen zu Beginn des Jahrhunderts und auch noch der sozialpolitischen Bestrebungen des Kaiserreichs. Für das Bergrecht zeigt sich das besonders deutlich an den *arbeitsrechtlichen* Bestimmungen. Sie verwirklichten den liberalen Grundsatz der *Vertragsfreiheit* zwischen den Sozialpartnern, schlossen aber die Sorge für das Wohl der Bergarbeiter nicht aus. Ihr Ziel war, auch hier, wie der Berichterstatter des Herrenhauses wörtlich ausführte, „das natürliche Verhältnis zwischen Arbeitgebern und Arbeitnehmern, welches sich im Lauf der Jahrhunderte verwischt hatte", wiederherzustellen.[11]

Nach den Bergordnungen waren die Bergarbeiter den Bergämtern direkt unterstellt. Das Bergamt hatte sie einzustellen und zu kündigen, an- und abzulegen, wie es in der Bergmannssprache heißt; es hatte ihre Arbeitszeit und ihren Arbeitslohn festzusetzen. Das Freizügigkeitsgesetz von 1860 stellte dies nun in die freie Übereinkunft der Sozialpartner.

Diese Bestimmungen haben den Schöpfern des Gesetzes herbe Kritik eingetragen. Bald nach seinem Erlaß wandten sich Gruppen von Bergleuten an die Bergbehörden und das Abgeordnetenhaus, weil sich die Arbeitsbedingungen verschlechtert hätten. Später, als die sozialen Spannungen im Bergbau wuchsen und in den Streiks von 1889 und 1905 sich entluden, gab man dem Gesetz oft die Schuld, daß das alte patriarchalische Verhältnis sich gelöst habe, der soziale Status des Bergmanns gesunken sei und er sich nicht mehr als ein besonderer Stand, sondern als Arbeiter unter Arbeitern fühle.[12]

In der Tat war die *Gleichstellung mit den Industriearbeitern* ein wesentliches Motiv dieses Gesetzes. Aber nicht etwa, weil es die Bergleute zu Proletariern machen wollte, sondern weil der bisherige Zustand unhaltbar geworden war. Um die Mitte des 19. Jahrhunderts waren die Bergleute in dem wichtigsten Bergbaubezirk, dem westfälischen, in drei Klassen geteilt. Der Bergmann ersten Grades, ein Vollmitglied der Knappschaft, war mit einer hohen sozialen Sicher-

[11] *Berg-Gesetzgebung vom 21. Mai 1860,* in: *Zeitschrift für Bergrecht,* Bd. 1 (1860), S. 383 (Berichterstatter Abgeordneter von Beughem).

[12] Besonders heftig trug diese Meinung Otto Hué, *Die Bergarbeiter. Historische Darstellung der Bergarbeiter-Verhältnisse von den ältesten bis in die neueste Zeit,* Bd. 2, Stuttgart 1913, unter dem programmatischen Titel „Die Proletarisierung der Bergarbeiter" vor. Neuerdings sind einige Quellenzeugnisse dafür zusammengestellt bei Gerhard Adelmann (Hrsg.), *Quellensammlung zur Geschichte der sozialen Betriebsverfassung. Ruhrindustrie unter besonderer Berücksichtigung des Industrie- und Handelskammerbezirks Essen,* Bd. 1 (= Publikationen der Gesellschaft für rheinische Geschichtskunde, Bd. 54), Bonn 1960.

heit versehen, aber mit einer ebenso rigorosen wirtschaftlichen Unfreiheit. Er besaß keine Freizügigkeit. Die Bergbehörde bestimmte Zahl, Lohn und Arbeitsplatz der Knappschaftsmitglieder nach den Bedürfnissen einer mittleren Betriebsperiode. Gegen Arbeitslosigkeit war er praktisch geschützt, weil er bei Einstellungen und Entlassungen ein Vorzugsrecht vor den anderen beiden Arbeiterkategorien hatte.

Darunter standen die Bergleute 2. Grades. Sie mußten ein Jahr beim Bergbau tätig gewesen sein und waren Anwärter auf die Vollmitgliedschaft in der Knappschaft. Ihre Beiträge und Versicherungsleistungen waren geringer als die der Bergleute ersten Grades. Aber auch sie unterstanden der Direktion des Bergamts.

Daneben gab es nun die Gruppe der freien Bergarbeiter, über deren Anstellung seit 1851 der Bergwerksbesitzer selbst verfügen konnte. Sie sollten eigentlich nur den Stoßbedarf decken oder Hilfsarbeiten verrichten. In einer Zeit stürmisch wachsenden Bedarfs war ihre Zahl und Bedeutung jedoch beträchtlich gestiegen. Die groteske Situation war eingetreten, daß sie doppelt soviel verdienten wie die Knappschaftsmitglieder. Junge Bergleute weigerten sich daher häufig, in die Knappschaft einzutreten. Hier wollten nun das Knappschaftsgesetz von 1854, das dann fast unverändert Teil des Allgemeinen Berggesetzes geworden ist, und das Freizügigkeitsgesetz von 1860 Abhilfe schaffen. Den eigentlichen Bergleuten sollten nicht mehr verwehrt sein, ihre Arbeitskraft und ihr Berufskönnen angemessen zu verwerten, die bisherigen Hilfsarbeiter sollten dagegen ebenso in den Genuß der sozialen Sicherung der Knappschaft kommen. Die Bestimmungen der Gesetze waren also durchaus zugunsten der Bergleute gedacht. Daß sie Gefahren in sich bargen, trat für die preußischen Bergreformer hinter dem größeren Grundsatz der bürgerlichen Selbstbestimmung, den sie im Auge hatten, zurück.

Man könnte versucht sein zu sagen, daß um die damalige Zeit die Kenntnis dieser Gefahren noch kaum verbreitet gewesen sei, da sie erst aus den Erfahrungen der Industriewirtschaft abgeleitet werden konnte. Doch hat es schon zur Entstehungszeit des Gesetzes an kritischen Stimmen nicht gefehlt. Interessanterweise kam die gewichtigste von einem der Autoren des Österreichischen Berggesetzes von 1854, das in seinen betriebswirtschaftlichen Bestimmungen sehr viel liberaler war als das preußische. Der Wiener Oberbergrat und Professor der Rechte Freiherr von Hingenau sah in dem freien Arbeitsvertrag eine Fiktion. Eine vom Arbeitgeber allein erlassene Arbeitsordnung als allgemeine Vertragsofferte für die Arbeitnehmer aufzufassen, wie es das Allgemeine Berggesetz tat, schien ihm gar zu formal gedacht. Weil in der Arbeitsordnung die privatrechtlichen Vertragsbedingungen von den Disziplinarvorschriften schwer zu trennen sind, diese aber gerade im Bergbau besonders streng sein müssen, schien ihm hier eine Mitwirkung der Behörde gerechtfertigter als bei der Wirtschaftsführung oder dem technischen Betrieb.[13]

Auch bei den Beratungen im Landtag haben die arbeitsrechtlichen Teile sowohl des Freizügigkeitsgesetzes wie des Allgemeinen Berggesetzes Kontroversen hervorgerufen. Besonders heftig wurden die *disziplinarischen Bestimmungen* diskutiert. Der Entwurf zum Freizügigkeitsgesetz sah die strafrechtliche Verfolgung von „grobem Ungehorsam" und „beharrlicher Widerspenstigkeit" vor. Einzelne Abgeordnete erkannten darin einen Widerspruch zu dem Kontraktverhältnis, das nur Konventionalstrafen zulasse. Die Formulierungen, so argumentierten sie, stammten aus der Gesindeordnung, die ein Herrschafts- und Untertanenverhältnis begründe, und hätten in einer kontraktlichen Arbeitsordnung, die zwischen Partnern geschlossen werde, keinen Platz. Mit einer knappen Mehrheit strich daher das Abgeordnetenhaus den Paragraphen.

Im Herrenhaus wiederholte sich die Diskussion mit den gleichen Argumenten, aber dem umgekehrten Mehrheitsverhältnis. Es stellte daher den Paragraphen wieder her, und das Abgeordnetenhaus trat ihm nachträglich bei, um seinetwegen nicht das ganze Gesetz zu Fall zu bringen.

Es ist aufschlußreich, daß die Berggesetze, die sonst mit außergewöhnlicher Leichtigkeit den gesetzgeberischen Weg durchliefen, gerade in ihren sozialpolitischen Teilen die Gemüter erregten. Daß der bergbauliche Unternehmer in seinen wirtschaftlichen Entscheidungen möglichst freie Hand haben solle, daß nur die Gefährlichkeit des Bergbaus hier besondere Sicherheitsvorkehrungen nötig mache, war unumstritten. Ob aber damit auch ein entsprechendes Verfügungsrecht über die Arbeiter zu verbinden sei, blieb fraglich. Die Reformer gingen auch hier einen mittleren Weg. Bei grundsätzlicher Anerkennung des Prinzips vom freien Arbeitsvertrag scheuten sie sich nicht, wo es ihnen erforderlich schien, einschränkende Maßnahmen zu beschließen. Ganz selbstverständlich enthielten z.B. sowohl das Gesetz von 1860 wie das Allgemeine Berggesetz ein strenges und ausführliches Truckverbot.

Der eigentliche sozialpolitische Wert der Bergrechtsreform liegt jedoch nicht in solchen Beschränkungen. Er liegt auch hier, um nochmals Eberhard Gotheins Formulierung aufzunehmen, in der *positiven Bestimmung* der Freiheit, die sich sozialpolitisch als Schutz bei Krankheit, Unfall und Tod, soziologisch als Beibehaltung eines Mindestmaßes an Korporation äußerte. Indem das Knappschaftsgesetz von 1854 nicht nur an die Jahrhunderte alte deutsche Bergmannstradition anknüpfte, sondern sie für den ganzen Bereich des preußischen Staates zur Geltung brachte, hat es das erste Beispiel eines großen Sozialversicherungs-

[13] O. Frhr. v. Hingenau, *Beiträge . . .*, in: *Zeitschrift für Bergrecht*, Bd. 4 (1863), S. 432 ff.

gesetzes gegeben, an das Bismarcks Sozialpolitik zwanzig Jahre später ohne weiteres anknüpfen konnte.[14] Das *Prinzip der Zwangsversicherung* unter Beteiligung des Arbeitsgebers wurde dabei nur von ganz wenigen Abgeordneten in Frage gestellt. An sich hätte es nicht fern gelegen, aus den Knappschaften freiwillige Versicherungsvereine nach englischem, französischem oder belgischem Vorbild zu machen. Nachdem die Knappschaft das soziale Gefüge der älteren Korporation großenteils verloren hatte, wäre es nur ein kleiner Schritt bis dahin gewesen. Daß dies nicht geschah, ist gewiß eine der folgenreichsten Bestimmungen der Bergrechtsreform.

Man sollte dieses Verdienst nicht zu gering einschätzen, nicht nur als Vorbild der späteren Reichsversicherungsordnung, sondern auch in seiner sofortigen Wirkung. Immerhin hatte es bis dahin Reviere mit sehr ungenügendem oder gar keinem Knappschaftswesen gegeben, im Ruhrgebiet z. B. das Kirchspiel Mühlheim und die Herrschaft Broich, in deren Bereich mehrere tausend Bergleute arbeiteten, oder den ganzen Geltungsbereich des französischen Bergrechts, in dem Knappschaften überhaupt nur auf freiwilliger Basis möglich gewesen waren.

Noch wichtiger als das Prinzip der Zwangsversicherung scheint mir aber zu sein, daß die Reformer auch für das Knappschaftswesen das *Prinzip der Selbstverwaltung* verwirklichten, das ihre ganze Reform durchzieht. Bisher hatte auch hier die Verantwortung im wesentlichen bei der Bergverwaltung gelegen. Nun wurden die Knappschaften zu juristischen Personen, deren Vorstand von den Arbeitgebern und den Vertrauensmännern der Arbeitnehmer gemeinsam zu wählen war.

In diesem Prinzip der Selbstverantwortung des mündigen Bürgers liegt das entscheidende Verdienst der Reform. Damit nimmt sie die Tradition der preußischen Reformzeit auf und trägt ihren Teil bei zur Ausbildung jener spezifisch preußischen Verbindung von bewahrter monarchisch-staatlicher Autorität und wachsender sozialer und wirtschaftlicher Selbstbestimmung des Bürgers.

Versuchen wir nun zum Schluß die Bedeutung der preußischen Bergrechtsreform für die Gestaltung der Wirtschafts- und Sozialordnung des 19. und 20. Jahrhunderts in Kürze zu umreißen. Daß sie in der Bergrechtsgeschichte im engeren Sinn einen überragenden Platz einnimmt, steht außer Zweifel. Alle Betrachter haben das Allgemeine Berggesetz von der Zeit seiner Entstehung bis heute als ein Gesetzgebungswerk ersten Ranges, als eines der besten preußischen Gesetze überhaupt, angesehen, das in systematischer Geschlossenheit

[14] Vgl. Walter Vogel, *Bismarcks Arbeitsversicherung. Ihre Entstehung im Kräftespiel der Zeit*, Braunschweig 1951, S. 21.

und mit „wunderbar klarer Sprache" den ganzen Bergbau wie selten ein Gesetz umfasse. Es ist daher zum Vorbild vieler in- und ausländischer Berggesetze geworden. Alle Versuche der letzten hundert Jahre, zu einem gemeinsamen deutschen Bergrecht zu kommen, setzen bei ihm ein, und noch heute gilt es in seinen wesentlichen Teilen für die einstmals preußischen Gebiete der Bundesrepublik.[15]

Wo es im Laufe der Zeit reformbedürftig wurde, zeigte es die typischen Schwächen liberaler Wirtschaftsverfassung, vor allem ihre Unterschätzung der wirtschaftlichen und sozialen Macht. So hatte es, wie alle Gewerbeordnungen des 19. Jahrhunderts, keine Vorsorge gegen Entartung des Wettbewerbs getroffen. Kartell- und konzernrechtliche Bestimmungen fehlten ihm ganz. Als daher um die Jahrhundertwende die Gefahr betand, daß wenige große Gesellschaften die restlichen, unverteilten Felder des Ruhrgebiets beherrschten, hob der preußische Staat 1907 die Mutungsfreiheit auf. Die zweite große Änderung des Gesetzes vor 1914 betraf die Vertragsfreiheit der Sozialpartner. 1892 schrieb eine Novelle zum Gesetz den Erlaß von Arbeitsordnungen, die bis dahin freiwillig waren, zwingend vor; 1905, im Anschluß an den großen Streik, verpflichtete das Gesetz den Bergbau zur Bildung von Arbeiterausschüssen, die vor Erlaß der Arbeitsordnungen zu hören waren und gab den aus der Belegschaft zu wählenden Sicherheitsmännern das Recht, die Gruben zu befahren.

Der Höhepunkt unternehmerischer Handlungsfreiheit war also mit dem Allgemeinen Berggesetz schon erreicht. Seitdem herrschte bis 1945 wieder die Tendenz, die Staatstätigkeit zu verstärken.

Damit aber bekommt, wie mir scheint, die preußische Bergrechtsreform innerhalb der Wirtschafts- und Sozialgeschichte des 19. Jahrhunderts ihre spezifische Stellung. Keine andere Gewerbeordnung, auch die des Norddeutschen Bundes von 1869 nicht, hat nämlich so wie das preußische Allgemeine Berggesetz vermocht, ein freiheitliches Prinzip der Wirtschaftsgestaltung mit verantwortungsbewußten sozialpolitischen Handlungsvorschriften zu verbinden. So kann es als Beweis dafür gelten, daß die liberale Epoche nicht notwendigerweise zu einer Atomisierung der Gesellschaft und zur Schaffung eines ungebundenen Proletariats führen mußte, daß der Vorwurf, den man der frühen Industriegesellschaft macht, sie habe zwar wirtschaftliche Kräfte freigesetzt, damit aber auch die soziale Ordnung zerstört und das Recht des Stärkeren

[15] Vgl. A. Loerbrok, *Nachruf auf Hermann Brassert,* in: *Zeitschrift für Bergrecht,* Bd. 42 (1901), S. I—XVIII, wieder abgedruckt in: *Zeitschrift für Bergrecht,* Bd. 100 (1959), S. 7—20. Vgl. auch die Kurzbiographie Brasserts durch Wilhelm Pieper, Artikel: *Hermann Friedrich Wilhelm Brassert,* in: Historische Kommission bei der Bayerischen Akademie der Wissenschaften (Hrsg.), *Neue Deutsche Biographie,* Bd. 2, Berlin 1955, S. 537, und Gerhard Boldt, *Das Recht des Bergmanns,* 3. Aufl., Tübingen 1960, S. 9 f.

proklamiert, in dieser Schärfe nicht zutrifft, daß es vielmehr auch im 19. Jahrhundert möglich war, die durch Bevölkerungsdruck, soziale Emanzipation und wirtschaftliches Wachstum entstandenen gesellschaftlichen Zerrungen zu einer neuen Ordnung hinzuführen, ohne dabei entweder ein unproduktives Zurückdämmen sich entfaltender Kräfte oder in ein resignierendes Laissez-faire zu verfallen.

XXXVII

Preußische Wirtschafts- und Technikgeschichte im 19. Jahrhundert*

WILHELM TREUE

I

Preußens Wirtschaft nach den Reformen

Zu den erstaunlichsten Erscheinungen in der preußisch-deutschen Geschichte gehört die Stabilität der Gesellschaft. Das gilt für die Zeit der Weimarer Republik nach der Abschaffung der Monarchie und ihrer gesellschaftlichen Hierarchie; es gilt in gewisser Weise auch für die Zeit des Dritten Reiches nach den radikalen Maßnahmen von 1933/35.

Es gilt auch für Preußen in der Zeit nach den Reformen. Nun haben, das muß immer wieder betont werden, die Reformen sich über rund ein halbes Jahrhundert — von ihren gedanklichen Ansätzen bis zu den letzten Auswirkungen wohl sogar über 70—80 Jahre — hingezogen. Auf jeden Fall haben die Initiatoren der ersten Reformen deren Auswirkungen kaum noch erlebt, hat die zweite und dritte Generation der Reformer die Motive der ersten nicht für verbindlich gehalten, haben die Leser von Lists und Liebigs Werken Adam Smith meist nur vom Hören-Sagen gekannt — auf keinen Fall aber als wirtschaftspolitischen

* Dieser Beitrag wurde von seinem Verfasser aus Anlaß eines Vortrags auf der Tagung über „Das Preußenbild in der Geschichte" in Berlin 1978 verfaßt und erstmals für den Druck in der vorliegenden Anthologie übergeben. Er stellt die Fortsetzung seiner Darstellung über *Wirtschaft und Technik in Preußen bis zu den Reformen*, in: *Jahrbuch für die Geschichte Mittel- und Ostdeutschlands*, Bd. 29 (1980), S. 30—67, dar; siehe aber auch den Vorabdruck des vorliegenden Textes in: Wilhelm Treue, *Das industrielle Preußen*, in: Otto Büsch (Hrsg.), *Das Preußenbild in der Geschichte* (= Veröffentlichungen der Historischen Kommission zu Berlin, Bd. 50), Berlin 1980/81, S. 183—212.

Modeautor; die Kriegskameraden von Prinz Louis Ferdinand und Goethe haben die Revolution schon von 1830 nicht mehr gestaltet, geschweige denn die von 1848: Veränderungen über Veränderungen in Erfahrungen, Motivierungen, Zielsetzungen und Maßnahmen zu ihrer Erreichung — und doch eine Stabilität der Gesellschaft.

Die Grundlage der Wirtschaft bildete 1848 kaum merklich weniger als 1806 die Landwirtschaft. Gewiß, mit der Eisenbahn entwickelte sich seit etwa 1840 ein industrieller Bedarfs- und Produktionssektor, insbesondere bei Schienen, Waggons und Lokomotiven. Aber er blieb bis in die 50er Jahre mehr spektakulär, als daß er das Bild der Gesamtwirtschaft und ihrer Arbeiterschaft merklich veränderte, zumal der Anteil des Imports an der Bedarfsdeckung in dieser Zeit noch groß war. Die Textilwirtschaft begann, sich zu mechanisieren — aber das tat die Großlandwirtschaft auch: Die Arbeiter bekamen neue Geräte und Maschinen in die Hand; diese selber veränderten sich vor der Jahrhundertmitte noch nicht auffällig.

Die statistischen Unterlagen für eine einigermaßen gesicherte Beurteilung der gesellschaftlichen Entwicklung in der preußischen Landwirtschaft zwischen 1790 und 1848 sind nur schmal.

Die quantitativen Besitzverschiebungen im Rahmen der Reformen sind gering gewesen. Die Zahl der Vollbauernhöfe sank in Preußen 1816 bis 1859 um 1,95%, ihre Gesamtfläche um 2,7%, ihre durchschnittliche Betriebsgröße also unmerklich von 25 ha auf 24,8 ha. Aber die Durchschnittsqualität der Böden verschlechterte sich stärker, da bei der Regulierung überdurchschnittlich viel gutes Land an die Rittergüter überging; es gab also Ertragseinbußen, Mehrarbeit und Mehraufwand in einer Zeit sehr hoher Verschuldung.

Bei der Aufteilung der Gemeinheiten gelangten nur 14% an die Bauern — nicht die besten, nicht die am günstigsten gelegenen Teile, während 85% an die Güter gingen, die mit ihrer Hilfe den Großbetrieb noch rationeller, bei relativ geringer Meliorisierungsleistung noch ertragreicher gestalten konnten.

Quantitativ, optisch also in diesem Bereich keine großen Veränderungen — qualitativ, inhaltlich eine erhebliche, die bedeutend verschärft wurde durch die finanzielle Entwicklung. Außer den Landabtretungen brachten die Bauern in Preußen 225 Millionen Mark an Geldentschädigungen auf. Das entsprach Zinsen und Amortisation in Höhe von jährlich 18,7 Millionen Mark. Die Belastung, die für die Aufhebung von 6,4 Millionen Spanndiensttagen und 23,6 Millionen Handdiensttagen in Kauf genommen werden mußte, bedeutete 10,7%—20,5% des Reinertrags. „Das bedeutete, daß etwa 37%—74% des Verkaufserlöses von vornherein gebunden waren und die erhöhten Abgaben den Mehrerlös restlos abschöpften, der durch die Aufhebung der Dienstleistungen erzielt werden konnte. Da aber zugleich die herrschaftliche Fürsorge in Notzeiten (Zinsnachlaß usw.) wegfiel, standen die Bauern tatsächlich schlechter, vor allem wirtschaftlich ungeschützter als vor der Reform dar. Die Netto-Domäneneinkünfte stiegen um 28%" (G. Franz).

Der Bauer wurde also rechtlich ein freier Mensch, praktisch ein sehr gebundener Schuldner des Staates, der jahrzehntelang ohne Versicherung, ohne Kreditinstitute für seine besonderen Zwecke, d.h. unter ständiger Bedrohung durch den Wucherer und Verlockung durch bodenhungrige Groß- und Kleinstbesitzer an Verbesserung der Wirtschaftsweise, Modernisierung des kleinen Gerätebestandes, an modernes Saatgut und Zuchtvieh nicht denken konnte: Der Gutsbesitzer erhielt viel Kapital, das er gewöhnlich im Betrieb oder zinssicher in Staatspapieren anlegte; der Bauer, dessen Wirtschaft meist unterdurchschnittlich an der Steigerung der Hektarerträge, Schlachtgewichte, Milch- und Wolle-Leistungen, d.h. an Ertrag und Kapitalbildung beteiligt war, brachte unter großen Entbehrungen und Gefahren dieses Kapital auf. Der Staat, der im wesentlichen ein Domänenpächter- und Gutsbesitzerstaat war und blieb, erhielt von beiden erheblich steigende Steuereinnahmen.

Die Zahl der Landarbeiter stieg seit 1815 sehr stark durch Geburtenhäufigkeit, aber auch durch die Aufgabe von Bauernhöfen. Die Zahl der „Gutswirte" — Gutsbesitzer, Gutspächter und Domänenpächter — verdoppelte sich: Bei quantitativ geringem, qualitativ starkem Zuwachs an Böden, guter Kapitalversorgung, Aufgreifen der Verbesserungsmöglichkeiten bei Acker und Weide konnten doppelt soviele Gutsbesitzer- und Gutspächterfamilien standesgemäß leben und auf den verschiedensten Ebenen ihre Standesinteressen wahrnehmen. Die Zahl der Hofbauern, d.h. der Bauerngüter, blieb etwa konstant; ihre wirtschaftliche Belastung und damit auch ihre soziale Unsicherheit waren sehr groß.

Eines der wichtigsten Ergebnisse der Bauernbefreiung war mithin die Vergrößerung und Stärkung der Gutswirtschaft und -gesellschaft, die „Befreiung", auch Schwächung eines zahlenmäßigen Bauernstandes und eine starke Vergrößerung der besitzlosen, also abhängigen, schlecht entlohnten, praktisch entwicklungsunfähigen Landarbeiterschaft. Neben der unbestreitbar wichtigen Befreiung als Grundvoraussetzung für weitere Entwicklungen brachte die „Bauernbefreiung" also auch ein ganzes Bündel von Verhärtungen, Gefahren und Verschlechterungen für die große Mehrheit der Landbewohner, d.h. der Einwohner des preußischen Staates.

So entwickelte sich die wirtschaftliche und gesellschaftliche Grundlage für den preußischen Staat nach 1848, während gleichzeitig die städtische Ministerialbeamtenschaft, die zumeist nicht als Besitzer an der Landwirtschaft interessiert war und zu einem erheblichen Teil nicht aus dem preußischen Gutsbesitzer- und Adelsmilieu stammte, schuf mit dem Deutschen Zollverein die Basis für den Bergbau-, Industrie- und Handelsstaat des letzten Jahrhundertdrittels. Hätte es dieses städtische, studierte, gebildete höhere Beamtentum, das in 60 bis 70 Jahren natürlich reformerische und restaurative Wellen, Zyklen und Generationen durchlebte, nicht gegeben, dann wäre es infolge der Verdoppelung der Gutswirte eher zu einer Refeudalisierung zur Mitte des 19. Jahrhunderts gekommen als zu den Fortschritten, die die Voraussetzung für die industriewirtschaftliche Gesellschaft bildeten.

In Preußens Bergbau sollen 1798 etwa 10 500 Personen, d.h. 0,16% der Bevölkerung beschäftigt gewesen sein — insbesondere in Schlesien, in der Grafschaft Mark und im Mansfeldischen. Um die Mitte des 19. Jahrhunderts waren es in dem um wichtige Territorien vergrößerten Staat etwa 32 000 Personen, d.h. ein Prozent der arbeitenden Bevölkerung — je zur Hälfte bei Kohle und Eisen mit einem großen Vorrang von Kupfer, Blei und Silber beim Bergbau, bei den Hütten mit einem Übergewicht beim Eisen.

Das Schwergewicht der Erfindung, der Nacherfindung und Verbesserung lag in diesem halben Jahrhundert in Schlesien und dort wohl bei den Staatsbetrieben — gegen Ende der Zeit mag es nach Rheinland-Westfalen abgewandert sein, wo sich englische, irische und wallonische Einflüsse geltend machten. Der Kokshochofen wurde allerdings zuerst, und zwar 1795, im Ruhrgebiet verwendet, das Puddelverfahren und die Winderhitzung gleichfalls. Wenn das Schwergewicht so lange Zeit in Schlesien war und blieb, lag das zu einem großen Teil an der wissenschaftlichen Lehre in Freiberg, die mehr tüchtige Fachleute produzierte, als die Berliner Bergakademie in ihrer Frühzeit.

Ab 1820 erreichte man im Ruhrgebiet Schachttiefen von 100 m, zwanzig Jahre später gab es wirkliche Tiefbauschächte — und damit trat das Ruhrgebiet in einen neuen Daseinsabschnitt.

Bedenkt man, daß nach 1815 auch die Fortschritte beim Walzen, beim Maschinenbau, bei der Drahterzeugung und in vielen anderen Bereichen, die an Rhein, Ruhr und Saar gemacht wurden, gewissermaßen für Preußen zählten, dann zeigt sich einmal das Übergewicht dieses Staates in Deutschland seit den zwanziger Jahren — auch in der entsprechenden wissenschaftlichen und publizistischen Produktion — und zum anderen, daß „Preußen" nun von mehreren regionalen Schwerpunkten aus für die anderen deutschen Länder anregend wirkte, Übernahmen aus dem Auslande weiterreichte, Fachleute ausbildete usw.

Beim technischen Bildungswesen ging Preußen — unter dem Einfluß von Anfangserfolgen — mit Humboldts Universität einen anderen Weg als Frankreich, Österreich und einige deutsche Mittelstaaten. Die erste polytechnische Schule in Deutschland nach der Wiener im Jahre 1815 wurde nicht in dem gewerbereichen Preußen, sondern 1825 in Karlsruhe gegründet. Dann folgten

Sachsen, Württemberg, Hannover und Hessen. Preußen dagegen entwickelte in Berlin neben der Bauakademie aus dem 1821 gegründeten Technischen Institut zunächst nur ein Gewerbeinstitut. Als um 1830 eigentlich die Gründung einer polytechnischen Schule von Qualität neben der Bergakademie anstand, berichtete der preußische Kultusminister Altenstein, ein Verehrer Humboldts, dem König 1831, es sei „nicht zu leugnen, daß der Mangel einer solchen Anstalt immer fühlbarer und das Bedürfnis derselben mit jedem Jahre dringender wird"; auch neigte der in diesen Fragen sehr verständige Monarch offenbar zu Altensteins Auffassung. Aber am Ende entschloß man sich doch, die humanistische Zentralidee auch für diese Gebiete wirksam werden zu lassen, Mathematik und Naturwissenschaften an der Universität zu fördern und daneben nach Beuths Rücktritt Bergakademie und Gewerbeinstitut auf ein universitätsnahes Niveau anzuheben. Der Erfolg sprach jahrzehntelang für die Richtigkeit dieser auf sorgfältigen und umfassenden Beobachtungen beruhenden Maßnahme.

Das geringe Gewicht von Bergbau, Hütten und Industrie wird ganz deutlich erst, wenn man es vergleicht: Um 1800 waren in Deutschland von allen Beschäftigten in Handwerk und Industrie 1,8% im sogenannten Großgewerbe, 2,4% in Berg- und Hüttenwesen, 20,7% im Textilgewerbe und 75% im Handwerk tätig — insgesamt 1,6 Millionen Menschen. Bis zur Jahrhundertmitte sank der Anteil des Handwerks auf 68%, blieb der des Textilgewerbes etwa gleich, verdoppelte sich der Anteil von Berg- und Hüttenwesen auf 5,3%, verdreifachte sich beinahe der Anteil des Großgewerbes auf 6,8%. Da gleichzeitig die Gesamtzahl auf 2,9 Millionen Beschäftigte stieg, lag die Dynamik eindeutig beim Großgewerbe: Tatsächlich stieg dort die Zahl der Beschäftigten von 30 000 auf 200 000, wobei außerdem zu bedenken ist, daß gleichzeitig die Arbeitsproduktivität des einzelnen um 50 bis 70% — die Gesamtleistung im Großgewerbe gegenüber 1800 auf das Zehnfache — gestiegen sein dürfte. Die Zahl der im Handwerk Tätigen wuchs nur von 1,2 auf 2 Millionen und die Produktivität im grundsätzlich altmeisterlich-konservativen Handwerk viel weniger als im Großgewerbe.

Diese Zahlen — 1,6 Millionen bzw. 2 Millionen Beschäftigte in Deutschland — dürften relativ auch für Preußen gelten.

Zwar war das Übergewicht der Landwirtschaft über Handwerk und Industrie außerordentlich groß. Aber dem Wachstum der Beschäftigten im Großgewerbe entsprach in etwa die Verdoppelung der Gutsbesitzer in der Landwirtschaft und der zahlenmäßigen Stagnation der Bauern der relative Rückgang der Handwerker: Der Großbetrieb begann — gegen 1860 natürlich erst und nicht schon bald nach 1800 — in den Vordergrund der Wirtschaft zu treten und mit ihm der Landarbeiter und Industriearbeiter in noch viel größeren Sprüngen.

Durch den Gebietszuwachs von 1813/15 stieg die Bevölkerung plötzlich auf über 8 Millionen und erhielt ihr Schwergewicht, die größte Bevölkerungsdichte, in den neuen Westprovinzen. Sie wuchs in den folgenden 50 Jahren in diesen Grenzen auf 14,7 Millionen, und das quantitative Schwergewicht lag ganz in Ostelbien mit bis zu 17% Zuwachs pro Jahr, der Urbanisierungsvorsprung dagegen im Westen. Die zentralen Orte blieben Berlin mit (1800) 172 000 sowie Breslau und Königsberg mit je 60 000, Köln mit 50 000 Einwohnern. Aber bis 1850 wuchs Berlin auf 420 000, folgten Breslau mit 114 000 und Köln mit 100 000, während Königsberg zurückblieb. Insgesamt wurde das preußische Übergewicht in Kleindeutschland sehr viel größer. Innerhalb des Deutschen Bundes überstieg Preußens Bevölkerungsanteil denjenigen Österreichs um 2,7 Millionen, den der größeren Mittelstaaten insgesamt um 2,5 Millionen. Im Jahre 1864 war Preußen mit seinen Außenprovinzen um rund $^3/_4$ Millionen Einwohner stärker als alle deutschen Mittel- und Kleinstaaten zusammen — und dann kamen 1864/66 weitere 4,4 Millionen Menschen hinzu, die auf der „Gegenseite" verlorengingen: als Arbeits- und Steuerkraft, aber auch als innen- und außenpolitisches Potential.

Einwanderung und Binnenwanderung spielten bei dieser Bevölkerungsbewegung in der ersten Jahrhunderthälfte keine bemerkenswerte Rolle; dagegen begann 1846 auf der Grundlage der Landwirtschaftskrise und der Kartoffelfäule plötzlich die große Auswanderungsbewegung, die bereits innerhalb des ersten Jahrzehnts über eine Million Menschen, allein im Jahre 1854 240 000 Menschen aus Deutschland zog — die wenigsten, nur etwa ein Drittel aus dem agrarischen Preußen, wo die Agrarreformen Arbeits- und Lebensmöglichkeiten geschaffen hatten.

Eine so starke Bevölkerungszunahme mit mehr als entsprechender Produktivitäts- und Einkommenssteigerung mußte eine Zunahme des Personen-, Güter- und Geldverkehrs zur Folge haben — unter Ausnutzung der seit den 20er Jahren gebotenen Möglichkeiten des Dampfschiffs, der Dampfeisenbahn und des Telegraphen — am stärksten naturgemäß in Preußen, und zwar in der Regierungs-, Verwaltungs-, Gewerbe-, Militär- und Finanzhauptstadt Berlin sowie im Raum Aachen-Köln-Düsseldorf mit großer Bevölkerungs- und Gewerbedichte und mit den stärksten Auslandsbeziehungen nach Frankreich und Belgien/Holland.

Deutlich zeigt sich, daß westlich der Weser Chaussee- und Eisenbahnbau früher einsetzten und schneller vorankamen als insbesondere östlich von Berlin. Nagler führte 1824 die Schnellpost ein, für die gute Straßen eine Voraussetzung bildeten. Den Zusammenhang von industriellem Fortschritt und Eisenbahn beschrieb als erster Friedrich Harkort für die Linie Minden-Köln. Von Berlin, Düsseldorf, Köln und Aachen gingen die ersten bedeutenden, auch grenzüberschreitenden Eisenbahnlinien aus. Kölner Kaufleute und Bankiers gründeten 1826, Düsseldorf in Gemeinschaft mit Barmen und Elberfeld mit Mainzer

Beteiligung 1836 Dampfschiffahrtsgesellschaften, die schnell neben und vor der Niederländischen Konkurrenz florierten: Die Kölner hatten 1844 bereits 23 Schiffe und 600 000 Passagiere, die Düsseldorfer 1850 zehn Schiffe und 300 000 — beide also rund 1 Million Fahrgäste, was sie veranlaßte, vom geschäftsschädigenden Wettbewerb 1853 unter Anregung durch den Kölner Bankier D. Oppenheim zur kartellähnlichen Betriebsgemeinschaft überzugehen.

Post und Eisenbahn arbeiteten in Preußen auf der Grundlage des Eisenbahngesetzes von 1838 eng zusammen — zum Vorteil der Wirtschaftsentwicklung und der Staatsfinanzen; 1821—1850 erarbeitete die preußische Post 36 Millionen Taler reinen Überschuß für die Staatskasse. Als 1844 das Briefporto gesenkt wurde, sorgte die Zunahme des Verkehrs dafür, daß die Einnahmen kaum sanken.

Preußen war in Mitteleuropa der erste Staat, der sich des Telegraphen über eine längere Zeit bediente: 1833 von Berlin über Köln nach Koblenz; 1848/49 folgten weitere Strecken von Berlin aus, erst danach bayerische und österreichische Anlagen.

Den Bedarf für dieses Verkehrswesen schuf der Handel, in erster Linie der mit Lebensmitteln und anderen Konsumgütern bei schnell wachsender Bevölkerung und ab 1818 immer stärkerem Übergewicht Preußens im Raum des entstehenden Zollvereins.

Diese Entwicklung brauchte Verkehrs- und Anlagekapital in immer größeren Mengen. Von Staats wegen stand an der Spitze auf diesem Gebiet die 1817 reorganisierte, seit 1834 neue Geschäftsbereiche aufgreifende Preußische Seehandlung. 1837 führte ihr Präsident Christian Rother mit Erfolg eine Konzentration des Staatsbank- und Schuldenwesens unter besonderer Berücksichtigung von Handel, Gewerbe und Verkehr durch; 1846 fusionierte er die alte Königliche Bank mit der Seehandlung, die nun an allen wichtigen Plätzen der Monarchie angemessen vertreten war.

Neben und insgesamt vor dem Staatshandelswesen gab es in Preußen bald nach 1815 etwas Neues. Wenn nicht mit Friedrichs II. Tod, dann doch seit dem Ende der Franzosenzeit und seit der Judenemanzipation war die Zeit der jüdischen Hoffaktoren praktisch vorüber. Sie hatten sich sehr stark unter hohem privaten Risiko 1806 für den preußischen Staat eingesetzt, als dessen Regierung nach Memel ausgewichen war. Einige von ihnen verdienten vorzüglich an den folgenden Kriegen und bei der Transferierung der französischen Kriegsentschädigung. Als aber die Staatsfinanzen im weitesten Sinne geordnet und konsolidiert wurden, der Staat wieder eine kreditfähige Macht mit solidem eigenem Bankwesen wurde, wie es übrigens in ganz Westeuropa der Fall war, entwickelten die Hoffaktoren sich zu Kaufmann-Bankiers, schließlich zu Bankiers, die mit Staat und Privaten Geschäfte machten.

Zwar war und blieb bis 1866 Frankfurt der bedeutendste Bankplatz in Deutschland, aber dem Frankfurter Raum bereitete der von Köln und Düsseldorf bis Aachen und Krefeld bald einen starken Wettbewerb. In keiner anderen Region wuchs das Privatbankwesen so schnell, war die Dynamik der Entwicklung so stark wie dort. Im Rheinland gab es 1820 auf 40 000, 1861 auf 23 000 Einwohner der inzwischen stark angewachsenen Bevölkerung eine Privatbank mit Schwerpunkten in Köln und Düsseldorf. In Schlesien, dem zweiten Hauptraum der Industrialisierung, war das Zahlenverhältnis um 25% schlechter, das Geschäft der einzelnen Bank und die Zahl der Angestellten außerdem nur halb so groß. Auch in Westfalen begann das Bankgeschäft sich erst in den 30er Jahren zu entwickeln. Träger dieses rheinischen Bankwesens waren die ehemaligen jüdischen fürstbischöflichen Hoffaktoren Oppenheim, alteingesessene christliche Bürger dieses Raumes, Hugenotten, Reformierte, die beim Handel mit säkularisierten Immobilien, im Kriegsgeschäft und beim Verkauf preußischer Domänen bei minimaler Besteuerung schnell reich geworden waren, somit über große eigene anlagebereite Kapitalien verfügten und außerdem große und viele Depositen an sich zogen. Das Durchschnittskapital der rheinischen Bankiers betrug bei Gründung des Zollvereins 100 000, 1845: 225 000, 1866: 550 000 Taler bei erheblich gewachsener Zahl der Bankiers.

Kreditmangel gab es im Rheinland in der ersten Hälfte des 19. Jahrhunderts nicht. Aber die größeren Bankiers konnten sich ihre Kundschaft wählen und aufbauen, was die kleineren Kunden, die Anfänger, zuweilen in Verlegenheit brachte, so daß sie die Seehandlung um Abhilfe baten. Um die Mitte des Jahrhunderts, als längst von den führenden Bankiers aus in Köln das stärkste deutsche Versicherungswesen aufgebaut worden war, begann man, Spezialbanken, z.B. Hypothekenbanken für Handel und Industrie, zu planen, zumal die Bankiers immer mehr Finanzinitiatoren und -träger von Eisenbahn, Binnenschiffahrt, Bergbau, Hütten- und Walzwesen, Eisen- und Stahlverarbeitung sowie Handel wurden.

Am südöstlichen Rande der großen Monarchie bildete Breslau das Gegenstück zu Köln. Dort gab es das seit 1766 schnell aufblühende christliche Kaufmanns- und Bankhaus der Eichborn & Co, das 1809 von sich sagen konnte, die „schlesischen Märkte" hingen von seiner Tätigkeit ab. Hinter diesem Haus gab es einige andere Kaufmanns-Banken mit großem Geschäftsumfang.

Berlin aber, in dem im 18. Jahrhundert neben den mächtigen Hoffaktoren keine Privatbank hatte gegründet werden können, besaß in Schickler, früher Splitgerber & Daum, Gebr. Benecke, Sal. Moses Levy Erben = Delmar & Co sowie Liepmann Meyer Wulff große, allen Anforderungen gewachsene, auch dem Staat ergebene Bankiers, die nun konsortial jahrelang das ausgefallene Staatsinstitut ersetzten — eine Aufgabe und Leistung, die in keinem anderen deutschen Land und an keinem anderen preußischen Ort Privatbankiers zugemutet wurde. Daß sie sich selber dabei nicht vergaßen, kritisierte 1809 ausgerechnet Hardenberg, der auch nicht Tag und Nacht an den Staat dachte. Hinter diesen Großen gab es eine relativ breite zweite Garnitur — vorwiegend Juden —, insgesamt etwa 50 Bankiers und 70 Wechselhandlungen, weit mehr also als in Köln und Breslau. An die Spitze gerieten nach 1815 Gebr. Schickler vor einem Dutzend bedeutender jüdischer Häuser, zu denen in dieser Zeit Bleichröder und Mendelssohn aufstiegen. Sie waren die Kontrahenten von Hardenberg und Rother, betrieben umfangreiche privatwirtschaftliche Geschäfte, schlossen sich seit 1823/24 gelegentlich zu Konsortien zusammen. 1835 gab es schon 140 Bankiers in Berlin, von denen Rother Schickler und Mendelssohn internationales Niveau zuerkannte. Die Mendelssohns gehörten fortan zur großen Berliner Gesellschaft von Bildung und Besitz, halfen dem Staat und waren Mäzene. David Hansemanns erster Weg führte zu den Mendelssohns und den Bleichröders. 1856 vereinigten sich die Kölner Mevissen und Oppenheim mit den Berliner Mendelssohn, Bleichröder, Warschauer und Schickler zur Gründung der Berliner Handelsgesellschaft. Nicht mehr Mendelssohn, sondern Bleichröder vertrat seit den 30er Jahren die Frankfurter Rothschild in Berlin. Seit dem 4. April 1837 war Bleichröder an fast allen deutschen Rothschild-Anleihen beteiligt und die Kölner Bankiers, die sich mit Rothschild gut standen oder stellen wollten, wandten sich Bleichröder zu — um so mehr, seitdem er 1842 die englischen Devisen für die Englandreise des Königs hatte anschaffen dürfen.

Deutlich schob sich also seit den 30er Jahren Berlin als Bankplatz vor die Provinzhauptstädte, wenngleich diese weiter eine wachsende regionale und internationale Rolle spielten. In der Tat waren Paris, Brüssel, Amsterdam und auch London für das rheinisch-westfälische Unternehmertum einstweilen noch wichtiger als für das Berliner.

Von den Bankiers führte ein unmittelbarer Weg zu den Ereignissen von 1848/50 — und zwar von den rheinischen. Bankiers sind in der Regel politisch und wirtschaftlich Liberale, jüdische Bankiers ganz besonders. Als es 1848 darum ging, Preußens Regierung ein wenig, aber nicht mehr, als für die Machtbehauptung der Konservativen unvermeidbar war, zu liberalisieren, zog man rheinische Bankiers und einige Reformbeamte in die Regierung.

Bereits in das neue Kabinett von 1840 gelangten der Reformersohn Ladenberg und der Vorkämpfer des Zollvereins-Projekts, Eichborn, als Kultusminister, während Nagler Generalpostmeister blieb und das Handelsamt 1844 unter dem liberalen bisherigen Gesandten in Washington Rönne verselbständigt wurde. Rother blieb Präsident der Staatsbank und der Seehandlung im Ministerrang.

Im Ministerium Armin-Boitzenburg vom 19. März 1848 war der Altliberale

Kühne Finanzminister und der Wirtschaftsrechtler Bornmann Justizminister. Im Ministerium Camphausen-Hansemann vom 29. März standen gleich zwei in Aachen geborene rheinische liberale Bankiers, Unternehmer und Wirtschaftspolitiker an der Spitze als Regierungschef und Finanzminister, während Bornemann Justizminister blieb.

Der von diesem Ministerium berufene zweite Landtag zeigte beim Adel einen deutlichen Ruck zum Liberalismus, mindestens zur Bereitschaft, mit ihm zusammenzuarbeiten, ihn als bleibendes Ergebnis der letzten Jahre hinzunehmen. Unter den 402 indirekt gewählten Abgeordneten der Preußischen Nationalversammlung besaß der bürgerliche Grundbesitz einen erheblichen, das Bauerntum mit 68 Stimmen einen noch größeren Anteil, an dem sogar Häusler und Tagelöhner beteiligt waren. 40 Industrielle und Kaufleute, 28 Handwerker und einige kaufmännische Angestellte und Kleinkaufleute zeigten einerseits das Gewicht der gewerblichen Wirtschaft und des Handels, während man andererseits eine Grenze gegenüber Handwerksgesellen und Fabrikarbeitern zog: Von diesen saß keiner im Parlament, wobei offenbleibt, ob einer von ihnen versucht hatte hineinzugelangen. Mit 100 Richtern und 50 Staatsverwaltungsbeamten sowie 28 Kommunalbeamten ähnelte die Nationalversammlung äußerlich einem bundesdeutschen Parlament — aber diese Beamten, die viel Sachverstand in das Parlament brachten, waren durchweg oppositionell eingestellt. Aus der Erfahrung mit ihnen stammte Bismarcks Reserve gegenüber „Kreisrichtern" und „Geheimräten". Und auch Wilhelm II. stolperte ja über solche „Kanalrebellen".

Bemerkenswerterweise war dieses Parlament unter dem Breslauer Baumwollspinnereibesitzer Milde als Präsident das wirtschafts-, bauern-, unternehmer- und bankiersstärkste Parlament. In seinem Zentrum gab es z.B. Männer, die gesellschaftliche Reformen für Kleinbauern und Arbeiter forderten, und den Staatssozialisten Rodbertus, den Genossenschaftler Schulze-Delitzsch, den Prenzlauer Oberbürgermeister Grabow, den Stettiner Stadtsyndikus Gierke, den linksradikalen Staatsanwalt von Kirchmann. Deutlich wich die preußische Gesellschaft und ihre Vertretung in der Öffentlichkeit von der nichtpreußischen ab.

Nach dem Ende der Regierung Camphausen am 20. Juni 1848 wurde Hansemann mit der Neubildung des Kabinetts beauftragt, das am 25. Juni die Arbeit aufnahm — offiziell unter Auerswald mit Hansemann als Finanzminister. Handelsminister wurde Milde, Landwirtschaftsminister Gierke — deutlich ein Kabinett mit Privat- und Kommunalunternehmer-Übergewicht.

Die vom Parlament erzwungene Entlassung des Kabinetts Auerswald-Hansemann leitete die Gegenrevolution ein. Im Beamtenministerium unter dem General Pfuhl war kein Wirtschaftler mehr, die Handels- und Landwirtschaftsressorts blieben überhaupt unbesetzt.

Am 1. November 1848 folgte das Kabinett Brandenburg. Ihm gehörte der Fachmann Rabe als Finanzminister an. Als Handelsminister begann hier der Elberfelder Bankier August von der Heydt seine große Ministerkarriere, die bis 1869 andauerte und von der Wirtschafts- und Bankiersgeschichte wie von der Regierungsgeschichte Preußens her eine der bedeutendsten Leistungen, wenn nicht die bedeutendste Unternehmer-Ministerleistung überhaupt darstellt.

Weder vor 1848 noch nach 1850 haben bürgerlich-dienstadlige Privat-, Staats- und Kommunalunternehmer und Wirtschaftspolitik- und Verwaltungsspezialbeamte innerhalb so kurzer Zeit in Preußen insgesamt eine so große Rolle gespielt, wie in den fünf Kabinetten zwischen dem 19. März 1848 und dem 6. November 1850. Sie repräsentierten gleichsam politisch die Bedeutung der Wirtschaft, insbesondere der rheinisch-westfälischen Bergbau- und Industriewirtschaft, seit der Mitte des 19. Jahrhunderts.

II

Nach der Revolution: Preußen auf dem Wege vom Agrar-Industriestaat zum Industrie-Agrarstaat

Während und unmittelbar nach der Revolution hatte Preußen mit seiner Politik der Wirtschaftshegemonie in Kleindeutschland eine schwere Gefährdung zu überwinden. In Österreich diskutierte man um und seit 1840 in Broschüren, Zeitungen und Zeitschriften die Wiederaufnahme einer Welthandels- und Kolonialpolitik in Erinnerung an Karl V. sowie an mehrere Ansätze zu Beginn und gegen Ende des 18. Jahrhunderts. Schließlich war Österreich noch immer die mitteleuropäische Großmacht zwischen dem nach Asien expandierenden Rußland und dem Algerien-Politik treibenden Frankreich. Auch wenn man den österreichischen Handel mit demjenigen Englands und Frankreichs vergleicht, konnte man in der Zeit mächtig anwachsenden Weltverkehrs mit dem Atlantik als Zentralmeer auf die Frage kommen, ob diese wirtschaftsgeographische Abwanderung aus dem Mittelmeer — aus der Adria, von Triest und Venedig — für alle Zeiten unabänderlich den Lauf der Verkehrsströme bestimmen müsse. Negrelli und andere Ingenieure und Politiker griffen den alten Gedanken an einen Kanal durch die Landenge von Suez mit dem Blick auf die Steigerung des österreichischen Anteils am Weltverkehr und auf Österreichs Rückkehr zu einer weltumspannenden Imperialpolitik auf. Vielerlei kam zusammen: 1842 sandte aus der Initiative des aus Remscheid stammenden geschäftsführenden Direktors des Triestiner, später Österreichischen Lloyd, Karl Ludwig Bruck, die Triester Handelskammer mehrere Kaufleute nach Ostindien, die untersuchen sollten, ob sich nach dem Frieden von Nanking eine Verbesserung der Handelsmöglichkeiten für Österreicher ergeben habe. Gleichzeitig dachte Bruck, der von Lists Deutschland- und Eisenbahnplänen begeistert war, an eine Eisenbahn von Venedig nach Wien und weiter nach Mitteldeutschland, ja, bis zur Nordsee. Und zur gleichen Zeit entwickelte Negrelli aus eigenen Überlegungen sowie aufgrund von Anregungen Alexander von Humboldts den Plan eines Suez-Kanals, den er, von Bruck und Kübeck bestärkt, Metternich vorlegte. Dieser nahm sofort Verhandlungen mit der Pforte in Konstantinopel und dem Vizekönig in Ägypten auf. Im März 1843 verglich er in einem Brief an Kübeck, den Präsidenten der K.K. Allgemeinen Hofkammer, das Interesse der anderen Anliegergroßmacht am Mittelmeer, Frankreichs, und Österreichs an einem solchen Kanal und meinte, Frankreich käme als Transitland für ostindische Waren nicht in Frage. „Österreich hingegen scheint dazu bestimmt zu sein, außer seinem Selbstbedarf einen Teil von Italien und der Schweiz, einen großen Teil von Deutschland und selbst einen Teil von Polen und Rußland mit den Gütern, die der neuen Handelsstraße folgen werden, zu versehen, da das in Errichtung begriffene Eisenbahnsystem des Kaiserstaates der in dieser Richtung gravitierenden Bewegung des indischen Handels naturgemäß die Hand bieten wird." Am 14. März 1843 meinte Metternich, „die Wiedereröffnung der Handelsstraße durch die Meerenge von Suez rückt mit großen Schritten näher". Die Kosten eines Kanalbaues würden „mäßig" sein. Er sah eine „früchtereife Zukunft für Österreich". Österreichs Konsul in London sah Triest und Fiume aufblühen, wie Liverpool, Hamburg und Bremen. 1846 wurde in Paris aus der Initiative Brucks und Kübecks unter Metternichs Protektorat eine „Studiengesellschaft für den Suezkanal" gegründet, die aus einer österreichisch-deutschen oder Wien-Triest-Dresdner, einer englischen und einer französischen Gruppe bestand. Die sächsische Untergruppe nannte sich zeitweise „Mittelpunkt des Unternehmens", und in Wien träumte man davon, daß Österreich demnächst Schutzmacht für die kleinen Kolonialreiche, wie Holland und Portugal, gegenüber den großen Imperien spielen werde.

Das waren große, höchst attraktive Pläne, die von Triest, Wien und Dresden aus verbreitet wurden: die Neubegründung eines Weltreiches — und zugleich Begründung eines mitteleuropäischen Deutsches Reiches. Denn wenngleich die Revolution von 1848 alle Suezpläne zunächst einmal beiseite schob, hatte Bruck doch auch noch einen zweiten großen Plan. Im Oktober 1848 wurde er Handelsminister in Graf Stadions Kabinett, 1849 führte er in Mailand die Friedensverhandlungen, im August 1849 begann er, über eine Zolleinigung mit Parma und Modena zu verhandeln, die eine mittelitalienische Einigung einleiten sollte: Bruck gehörte zu den Anhängern der auch in Preußen geltenden Auffassung, daß der wirtschaftlichen Vormacht die politische folge. Dieser Vorstellung entsprachen auch seine vier Denkschriften vom Oktober und Dezember 1849 und vom Mai und Dezember 1850: Er wollte von Wien aus erst Deutschland wirtschaftlich einigen und politisch beherrschen und dann Mitteleuropa insgesamt in diesen Machtblock einbeziehen, Zolltarife, Steuern und Währungen einander angleichen, regionale Wirtschaftsschwerpunkte in diesem Großraum festlegen, Österreich und dessen Satelliten einerseits und den Deutschen Zollverein andererseits zu einem 70-Millionen-Reich der Wirtschaft und Politik zusammenfassen, dabei Preußen zu einer nützlichen Landregion degradieren und das Ganze als einen gleich starken, daher auch gleichberechtigten Block Großbritannien gegenüberstellen.

Eine großartige, faszinierende, keineswegs so phantastische Idee, wie sie heute erscheinen muß. 1850 gab es nicht die unendlich vielen Unterschiede der Gesetzgebung, des Lebensstandards, der gleichsam angeborenen Rechte des bürgerlichen und bäuerlichen Individuums — auch des proletarischen —, die heute eine solche Vorstellung von vornherein belasten. Noch konnten Staatsmänner über Völker entscheiden — nicht umgekehrt.

In Berlin hatte man solchen Welthandelsplänen nur einen angesichts solcher Dimensionen recht bescheiden und ärmlich erscheinenden Deutschen Zollverein gegenüberzustellen — ohne bemerkenswerte Ost- und Nordseehäfen, ja, praktisch ohne Anteil am Welthandel, an dem übrigens auch Österreich einstweilen kaum beteiligt war. Sichtlich tat man sich in Berlin schwer mit der Konzeption einer für das Deutschland zwischen Salzburg und Hamburg attraktiven Alternative. Nur ganz allmählich entwickelte sich in der preußischen Politik eine zielbewußte Gegenbewegung des kleindeutschen wirtschaftlichen Liberalismus, dessen Exponent im Sinne von Maaßen und Motz der bedeutende Rudolf von Delbrück war. Unter seiner Leitung gelang es bis März 1851, Brucks Plan in eine abschnittweise Wendung vom österreichischen Protektionismus zur liberalen Zollvereinspolitik abzuschwächen zu einem „Entwurf über die Beförderung des Handels und Verkehrs“: Die Bürokratie betrieb Verzögerung und Verbesserung. Und zu Preußens Glück trat Bruck im Mai 1851 zurück — er wurde wieder Lloyd-Direktor. Als er Ende 1852 für die österreichische Regierung in Berlin über einen Zoll- und Handelsvertrag zwischen den beiden Staaten verhandelte, war man dort auf seine gefährlich verführerischen Pläne vorbereitet. Delbrück akzeptierte die praktisch nicht sehr wichtige gegenseitige Meistbegünstigung beider Staaten, erreichte, daß man erst 1860 wieder über weitergehende Möglichkeiten sprechen würde, und war sich obendrein darüber klar, daß die Zeit für Preußen und gegen Bruck wirken würde, der im übrigen unmittelbar nach seiner Rückkehr, wie man wußte, Österreichs Vertreter „weit hinten in der Türkei" werden sollte.

Als er 1855, mitten im Krimkrieg, aus Konstantinopel zurückkehrte und in Wien Finanzminister wurde, war der von Frankreich allein finanzierte Bau des Suez-Kanals fast sichergestellt — von Österreichs Kanal und Weltreich war jedenfalls nicht mehr die Rede, und der Deutsche Zollverein war soeben um den Deutschen Steuerverein mit guten Beziehungen zu England vergrößert worden: Delbrück brauchte das österreichisch beherrschte Mitteleuropa der 70 Millionen nicht mehr zu fürchten, sondern konnte mit Hilfe der wachsenden Erfolge des liberalen Industrialismus auf ein preußisch geführtes, auf Überseephantasien verzichtendes Kleindeutschland zusteuern mit Frankreichs Wirtschaftsstärke als Maßstab und Vorbild. Schon fünf Jahre später sollte die liberale Wirtschaftspolitik in Europa ihren Höhepunkt erreichen — ohne Österreich, ohne Triest und Fiume.

Auf der Mitte des Weges zwischen der großen Niederlage Brucks und Österreichs bei der Auseinandersetzung mit Preußen um die wirtschaftliche Führung in Mitteleuropa 1850 und dem letzten großen wirtschaftspolitischen Erfolg Preußens durch seinen Handelsvertrag mit Frankreich im Jahre 1862 wurde der Verein Deutscher Ingenieure gegründet. Er war das Werk einer Gruppe von jungen Männern, die allesamt im Gewerbeinstitut in Berlin studiert oder gelernt hatten und dem Verein „Hütte" angehörten. Dieser Verein tagte 1856 in Halle. Eine Exkursion führte nach Alexisbad, und dort gründete man am 12. Mai 1856 den Verein Deutscher Ingenieure: einen Berliner preußischen Verein mit preußisch-deutscher Zielsetzung. Zu den Initiatoren gehörten der 1826 in Düsseldorf geborene Sohn eines Düsseldorfer Gymnasialoberlehrers, Franz Grashoff, der über die Gewerbeschule in Hagen und die Realschule in Düsseldorf zum Gewerbeinstitut in Berlin gelangte, wo er Mathematik, Physik und Maschinenbau studierte, dort 1854 Lehrer wurde und nun 1856 — 30jährig — zu den ältesten und wichtigsten der 23 Männer gehörte, die diesen ersten deutschen Ingenieursverein gründeten. Er wurde sofort dessen Direktor und war bis 1867 auch Schriftleiter seiner Zeitschrift. 1863 wurde er Redtenbachers Nachfolger an der Polytechnischen Schule Karlsruhe auf dem Lehrstuhl für theoretischen Maschinenbau.

An zweiter Stelle ist der 1834 in Posen geborene Sohn eines Berliner Großkaufmanns, Heinrich Caro zu nennen, der, ein Jude, 1852 bis 1855 am Gewerbeinstitut und an der Universität Berlin Chemie studierte, 1856 — also 22jährig — Mitbegründer des VDI war und nach einer Karriere im Bereich der Wechselwirkung von Wissenschaft und Technik, die ihn in Vorstand und Aufsichtsrat der BASF führte, 1892 Vorsitzender des VDI, 1898 auch des Vereins Deutscher Chemiker wurde.

Dann ist der 1831 in Neustrelitz als Sohn eines Privatschullehrers geborene Wilhelm (seit 1879 *von*) Kankelwitz zu nennen, der nach dem Besuch der Berliner Bauakademie als Konstrukteur in der sehr angesehenen Maschinenbauanstalt C. Hoppe arbeitete und 1856 als Gründungsmitglied des VDI sofort zu dessen Vorstand gehörte. Zwei Jahre später wurde er Fachlehrer an der Werkmeisterschule, der späteren Höheren Gewerbeschule in Chemnitz, 1888 schließlich Professor am Polytechnikum in Stuttgart.

Und schließlich ist der 1823 in Sulzbach an der Saar väterlicher- und mütterlicherseits im spenerschen Pfarrersmilieu geborene und aufgewachsene Carl Friedrich Euler zu nennen, seit 1845 als Staatsstipendiat auf dem Gewerbeinstitut in Berlin, seit Anfang der 50er Jahre Hüttenmeister bei den Gienanths in der Rheinpfalz. Bereits in seiner Studienzeit und dann als junger Ingenieur hatte er 1846 den „Verein der Zöglinge des Kgl.-Gewerbeinstituts" gegründet, der ein Jahr später den Namen „Hütte" erhielt und sich der Pflege der technischen Wissenschaften und der Geselligkeit ihrer Vertreter widmete; 1856 wurde er der erste Vorsitzende des VDI.

Herkunft und Lebenslauf dieser Männer läßt erkennen, worum es ging: in den ersten Aufschwungphasen der preußischen Ingenieur- und Naturwissenschaften, des Hüttenwesens und Maschinenbaues in der Hauptstadt des gewerblich führenden deutschen Staates einen Verein von Ingenieuren neben die vielen Korporationen althergebrachter Studienfächer und Arbeitsbereiche zu stellen — einen Verein also mit standes- und berufspolitischen Absichten und zugleich, wie die Satzung und die ersten Veröffentlichungen deutlich erkennen ließen, einen Verein mit dem Ziele der nationalen Vertretung deutscher Ingenieurleistung auch nach außen. Sichtlich fühlten diese jungen Männer sich nach Studium, Beruf und Ehrgeiz berechtigt, den Wettbewerb mit französischen, belgischen und englischen Ingenieuren aufzunehmen, während sie zugleich gesellschaftspolitische Ansprüche in der Berliner, preußischen und deutschen Gesellschaft von Bildung und Besitz, Militär und Ministerialbürokratie anmeldeten. In der preußischen Hauptstadt, dem Zentrum des deutschen Industrialismus, wurde der Verein gegründet; dort sowie in Schlesien hatte er zunächst die meisten Mitglieder; dann verlagerte sich deren Masse immer stärker auch nach Rheinland und Westfalen und in andere Gebiete, wurden insbesondere die Gewerbeschulen und polytechnischen Schulen, schließlich die Hochschulen Ansatzpunkte für das Wachstum. Später bildeten sich ähnliche Vereine in anderen technisch-naturwissenschaftlichen Bereichen und Spezialingenieur-Vereine.

Hatte also in der ersten Hälfte des Jahrhunderts der Staat die Maschinenbauer, die Ingenieure im weitesten Sinne gefördert, so stellten diese sich nach dem großen national- und gesellschaftspolitischen Anstoß von 1848 selbstbewußt und anspruchsvoll neben den Staat — die Ärzte waren vorausgegangen, bald folgten die Chemiker, die Physiker an den Hochschulen und in der Industrie.

Das alles entsprach der wirtschaftlichen Realität. 1850 wurde im Zollverein für 10,2 Millionen Taler Steinkohle gefördert, im Anfangsjahr der ersten Weltwirtschaftskrise 1857 für 27,6 Millionen Taler, davon für 18,5 Millionen Taler allein in Preußen. Die zollvereinsländische Eisenhüttenerzeugung stieg 1848 bis 1864 von 28 auf 92 Millionen Taler Wert. Von der Rohstahlerzeugung im Zollverein entfielen 1857 95% auf Preußen. Und außerhalb des Zollvereins gab es in Deutschland nichts, was in diese Größenordnung reichte.

Gewiß spielte sich das alles in ganz Deutschland noch immer auf einer breiten agrarischen Basis ab — aber auch hier führte deutlich Preußen: bei der Schafzucht, der Woll- und Textilproduktion, bei der Viehhaltung im allgemeinen und der Schweinehaltung im besonderem mit stärksten Zuwachsraten bei der Zuckerrüben- und damit auch bei der Rübenzuckerzeugung, bei Roggen und Weizen. Aber wenngleich mit diesem Aufschwung auch die Bodenpreise stiegen, so blieb die Wachstumsrate der Landwirtschaft immer hinter der der Industriewirtschaft zurück: Preußen war auf dem Wege vom Agrar-Industriestaat zum Industrie-Agrarstaat und zugleich im Begriff, die industriewirtschaftliche Konkurrenz mit Frankreich aufzunehmen, den Stand der englischen Industrie nicht mehr als unerreichbar anzusehen: Die Studien- und Spionagereisen nach England spielten eine viel geringere Rolle als vor 50 Jahren. Kamen die deutschen Industriellen von den ersten Weltausstellungen in London und Paris mit dem Bewußtsein unüberwindlicher Rückständigkeit und Unterlegenheit zurück, so stellten der Kasseler, das heißt nun preußische Lokomotivbauer Hentschel und andere deutsche Maschinenbauer, Eisen- und Stahlfabrikanten Ende der 60er Jahre in Paris fest, daß sie manches besser konnten, daß sie nicht mehr Tage um Tage durch die Ausstellungen zu gehen und abzuzeichnen und zu notieren brauchten.

Das gab Selbstgefühl und das Bewußtsein, daß man auch im freien Austausch, wie die preußische Handelspolitik ihn ermöglichte, dem ausländischen Wettbewerb gewachsen war. Die Handelskammern, seit 1858 der preußische, seit 1861 unter seiner Initiative der deutsche Handelstag, dem die österreichischen Kammern auf Wunsch der Regierung sich anschließen mußten, befürworteten in sehr großer Mehrheit die Wirtschaftspolitik der preußischen Regierung und damit den dem Cobden-Vertrag von 1860 entsprechenden preußisch-französischen Handelsvertrag von 1862.

Auch der Großgrundbesitz, der 1856 nur noch zu 57% von 12 339 Rittergütern insgesamt in Adelsbesitz und im bürgerlichen Bereich vielfach im westelbischen Besitz war, unterstützte als Getreideexporteur den Handelsliberalismus, was nicht ausschloß, daß er gesellschaftspolitisch konservativ war und blieb — aber nicht selten in einem weltoffeneren Konservatismus als der süddeutsche und österreichische Großgrundbesitz.

Da das preußische Übergewicht im Zollverein also ständig wuchs, und der Zollverein selber in Deutschland die Wirtschaftsmacht schlechthin war, richtete die Wirtschaft in ganz Deutschland sich mehr und mehr nach Preußen — die sächsische ebenso wie die bayerische, wenn sie über die Landesgrenzen hinaus Bedeutung hatte oder erlangen wollte. Das reichte bis weit hinein in die jungen politischen Parteien.

1866 erreichte Preußen in mancher Hinsicht seinen endgültigen Höhepunkt. Zunächst einmal territorial — weniger durch Hannover als durch den Geldplatz Frankfurt, der große Bedeutung für den gesamten südwestdeutsch-süddeutschen und selbst für den österreichischen Raum hatte, ein altes Renommée insbesondere auf dem Gebiet der Staatsanleihen besaß und nun Preußen Tore öffnen sollte, als die Stadt unter Berliner Kontrolle geriet.

Das war der wirtschaftliche Höhepunkt Preußens. Was danach kam, wurde deutsch: Elsaß und Lothringen wurden Reichslande, die Flotte war eine kaiserliche Kriegsmarine — was nicht verhinderte, daß sie zu einem großen Auftraggeber für die preußische Industrie und den preußischen Kohlenbergbau wurde: Kiel und Wilhelmshaven wurden Nutznießer der maritimen Entwicklung neben Hamburg auch des Kaiser-Wilhelm-Kanals. Die Kolonien waren kaiserliche Schutzgebiete — was nicht ausschloß, daß die Kolonialgesellschaften, wie z.B. die Otavi-Minen- und Eisenbahngesellschaft, in Berlin ansässig waren und in erster Linie der preußische Steuerzahler die ständigen Verluste dieser noch immer wie im 17. und 18. Jahrhundert mehr dem Prestige als einem Bedürfnis der Wirtschaft entsprechenden Imperiums mit Weltpolitik zu tragen hatte. Aber seit 1862, mehr noch seit dem großen Erfolg von 1866 war doch auch abzusehen, daß die Ära des Liberalismus zumindest ihren Höhepunkt erreicht hatte. Bismarck bediente sich des Liberalismus, aber kein Preuße und erst recht kein Nichtpreuße konnte ihn für einen Liberalen halten. Maaßen und Motz hatten die Macht im Wirtschaftsliberalismus erkannt und zu Preußens Vorteil genutzt — Bismarck setzte diesen Trend noch fort, aber dieser entsprach nicht seiner Vorstellung von Macht. Das war schon 1866 zu erkennen, wenngleich es erst ein Jahrzehnt später in der großen wirtschaftspolitischen Wendung manifest wurde.

Der Geldplatz Frankfurt also schien 1866 neben dem militärisch-politischen Sieg der große wirtschaftliche Gewinn zu sein.

Unbestritten war Frankfurt in der ersten Hälfte des 19. Jahrhunderts der bedeutendste Bankplatz in Deutschland gewesen. 1850 hatten an seiner Spitze „Mayer Amschel Rothschild & Söhne“ gestanden. Dem bedeutenden Vater waren fünf geniale Söhne gefolgt. Im Jahre 1855 starben außer dem Frankfurter Amschel auch der Wiener Salomon und der Neapler Carl. Spätestens mit Amschels Tod, wenn nicht schon 1848 war die Glanzzeit des Frankfurter Hauses vorbei, in der Amschel Rothschild der Frankfurter Börse zu einer für den ganzen Kontinent bedeutenden Rolle verholfen hatte. Älter als die Rothschilds war und wurde das christliche Bankhaus der aus Goslar stammenden Bethmann; es verlor seit den 40er Jahren an Volumen. Insgesamt behaupteten die Frankfurter Bankiers bis 1861 ihre Position unter Betonung des Staats- und Handelsgeschäfts, wobei man sich allerdings mehr und mehr auf den süddeutsch-österreichischen Raum beschränkte, was der politischen Einstellung der Bankiers entsprach, die immer stärker und betonter antipreußisch war.

Die Gründung einer Aktienbank nach Pariser Vorbild als ein Symbol der Demokraten hatte in Frankfurt zunächst Mayer Amschel Rothschild verhindern können; ebenso war den Bankiers in Gemeinschaft mit den Handwerkern das Verbot von Industrieansiedlungen gelungen — weil Geruch, Lärm und Staub und Proletariat sie gleichermaßen störten. Nur sehr zögernd schloß man sich dem Zollverein an, da man von ihm die Störung der internationalen Finanzkontakte durch eine Nationalisierung der Wirtschaft befürchtete. Zwischen Bund und Preußen geriet Rothschild ein erstes Mal in die Klemme, als die Bundesflotte 1852 Geld brauchte, die Bundesversammlung Rothschild um entsprechenden Kredit bat, Preußen aber protestierte. Nur weil Rothschild gute Beziehungen zu Rother unterhielt, kam es nicht zu dem von Bismarck empfohlenen Wechsel Preußens von Rothschild zu Bethmann. Auch änderte Bismarck 1853 seine radikale Einstellung, als er es für möglich hielt, daß die Rothschilds für den Titel eines Hofbankiers sich gegen Österreich verwenden lassen konnten. Dankbar beriet Rothschild Bismarck persönlich in bezug auf Wertpapiere. Aber Bismarck vertraute seinen eigenen diplomatischen Informationen mehr und verlor viel Geld.

Seit den 50er Jahren gab es andererseits in Frankfurt Bankiers, die sich nicht in die antipreußische Linie eingliedern ließen. Die erst 1818 nach Frankfurt eingewanderten Erlanger und eine Reihe anderer junger Bankiers begannen, ein Gegengewicht gegen die Gruppe um Rothschild zu bilden. Die Erlanger griffen auch bei der Gründung von Aktienbanken gegen alle Überlieferung nach Weimar, Hessen, Luxemburg und Oldenburg, halfen 1856/57 Schweden, 1859 Portugal, brachten 1862 die erste ägyptische Anleihe auf den Markt und kauften 1864 die Eisenbahn Schleswig-Holsteins aus englischem Besitz, womit sie Preußens Sache förderten und Österreich schadeten.

Ganz anders erging es Rothschild. 1859/60 konnte er noch Preußens Finanzbedarf dazu benutzen, für preußische Staatsanleihen das Auflage- und Verteilermonopol in Süddeutschland zu fordern. Am 26. Juni 1866 ließ der preußische

(Bankier und) Minister v.d. Heydt diesen Monopolvertrag kündigen: Preußen war mit Camphausen, Hansemann und insbesondere v.d. Heydt als Ministern innerhalb weniger Jahre so stark und selbstbewußt, auch so fachkompetent geworden, daß es seine Anleihebegebung in die eigene Regie nahm und die Subkription an ein eigenes Konsortium gab, an dessen Spitze offiziell die Seehandlung, materiell die seit 1859 schnell in den Vordergrund gerückte Disconto-Gesellschaft zu Berlin stand und zu dessen Mitgliedern natürlich die Berliner Handelsgesellschaft, Bleichröder, Mendelssohn, Schickler einerseits, Oppenheim in Köln andererseits gehörten. Vergeblich bemühte Rothschild sich, unter Hinweis auf seine „unwandelbare Dienstbeflissenheit", wenigstens in dieses Konsortium aufgenommen zu werden. Preußen war gleichsam finanzmündig geworden. Berlin aber war jetzt seine Finanzzentrale und wurde wenige Jahre darauf die des Reiches: Bereits am 18. Juli 1871 wurde in Frankfurt eine Kommandite der Preußischen Bank eröffnet, die 1875 Reichsbank wurde. Der preußische Taler, dessen Einführung man in Frankfurt in Verkennung der Unwiderruflichkeit des Sieges des Talers über den Gulden unter großem Aufwand verhindern konnte, wurde 1875 Reichswährung — nicht der vergeblich für ein Jahrzehnt gerettete Gulden.

Der im Jahre 1854 in den erblichen Freiherrenstand erhobene Moritz Simon von Bethmann erkannte 1866 den Inhalt der Vorgänge sofort. Am 6. Juli 1866 schrieb er: „Ich fürchte ..., auch unsere Freie Stadt Frankfurt geht dem Schicksal entgegen, eine preußische Provinzstadt zu werden." Mochte auch Emma Metzler, die seit langem mit Bismarck befreundete Ehefrau des Frankfurter Bankiers Metzler, im Herbst 1866 Bismarck um die Erhaltung der Stadt als „neutrale Macht oder vermittelnder Boden zwischen Nord- und Süddeutschland" bitten und sicher nicht ohne Formulierungshilfe ihres Mannes schließen: „Lassen Sie Frankfurt den Ring des Polykrates sein, bringen Sie das kleine Opfer, um die Vorsehung mit Ihren so unerhörten Erfolgen zu versöhnen" — die praktische Entwicklung war inzwischen unter dem Gewicht der wirtschaftlichen Tatsachen über Bismarcks Einflußmöglichkeiten hinaus fortgeschritten. Preußen und sein Zollverein waren die wirtschaftliche Vormacht nun eindeutig auch für Deuschland südlich des Mains.

Diese Frankfurter Situation wurde schon im März 1867 in der „Berliner Nationalzeitung" unter der Überschrift „Frankfurt und Venedig" dargestellt und als der kleinstaatliche österreichische Geldmarkt ohne Warenhandel, Gewerbe und Industrie bezeichnet. In Berlin wurden 1848 33 Bankaktien notiert, in Frankfurt 12, 1870 in Frankfurt nicht eine einzige Industrieaktie, in Berlin 9, 1880 in Frankfurt 13, in Berlin 330.

Als Bismarck sich 1869 mit dem englischen Gesandten Lord Loftus über die

Bankiers in Süddeutschland unterhielt, verglich er diesen Teil Deutschlands wirtschaftlich mit Kalabrien.

Und Berlins eigene Bankszene um 1866/71? Berlin wurde in diesen wenigen Jahren die Bankhauptstadt Deutschlands, während „Preußen" mehr und mehr in den Hintergrund trat.

Mit der Gründung der Berliner Handelsgesellschaft am 2. Juli 1856 begann für Berlins und Preußens Bank- und Finanzgeschichte ein neues Zeitalter. An diesem Tage vereinigten sich die bedeutendsten Unternehmer-Bankiers des Rheinlands mit den bedeutendsten Berliner Bankiers — Mendelssohn, Bleichröder, Warschauer, Schickler — zur Gründung der ersten Aktienbank nach Schaaffhausen in Köln, die Bank-, Handels- und Industriegeschäfte aller Art im Bereich von Bergbau, Hütten, Chaussee- und Eisenbahnbau machen, Aktiengesellschaften gründen und konsolidieren, Aktien und Obligationen emittieren und dafür ein Kapital von zunächst 15, bald zwanzig Millionen Talern erhalten sollte. Die Frankfurter Bankiers verzichteten in vornehmer Zurückhaltung auf eine Beteiligung an dieser Gründung. Aber schon beschränkte man sich in Berlin nicht mehr auf das preußisch-deutsche Geschäft. Mendelssohn drang seit 1857 schnell immer stärker in das russische Geschäft ein und blieb in diesem führend bis 1917. 1862 war v.d. Heydt, Angehöriger einer angesehenen Elberfelder Bankiersfamilie, zum zweiten Male preußischer Minister. War während seiner ersten Amtszeit das preußische Eisenbahnnetz so angewachsen, daß es im Verhältnis zur Quadratkilometerzahl alle anderen kontinentalen Netze übertraf, so erleichterte er nun die Gründung von Aktiengesellschaften, betrieb den Abschluß liberaler Handelsverträge im Anschluß an den mit Frankreich, setzte das Briefporto herab, vereinfachte Maße, Gewichte und Münzwesen, bereitete das Handelsgesetzbuch vor, modernisierte und vergrößerte die Preußische Staatsbank — ein bedeutender preußischer Staatsmann, ein selbstbewußter rheinischer Privatbankier, ein unabhängiger Politiker, der es sich leisten konnte, Bismarck entgegenzutreten und des Königs Vertrauter zu bleiben. Bismarck nannte ihn den „Goldonkel".

1865 empfahl eine Berlin-Kölner Gruppe die Privatisierung des preußischen Domanialbesitzes im Saarland, um aus dem Erlös einen drohenden Krieg gegen Frankreich finanzieren und im Falle der Niederlage den Privatbesitz retten zu können, während Staatsbesitz als Kriegsbeute verloren gehen würde. Zwar lehnte der König diese Schwenkung von der traditionellen Domänenpolitik zur Angst vor der Niederlage ab, aber wenig später privatisierte die gleiche Bankiersgruppe Preußens Anteil an der Köln-Mindener Bahn, was dem Staat 13 Millionen Taler als Grundstock für den zu erwartenden Krieg einbrachte. 1866 bis 1870 vermittelte Bleichröder als Berliner Vertreter der Rothschilds Nachrichten zwischen Napoleon III. und Bismarck, wofür er 1872 als erster ungetaufter Jude in Preußen geadelt wurde. 1870 wurde in Berlin die Deutsche Bank gegründet, 1873 begann dort die erste Welle der Bankenkonzentration.

Immer mehr trat nun in Preußen die Aktiengesellschaft als Unternehmensform in den Vordergrund — weit stärker als in den anderen deutschen Staaten. Das „Gesetz über Aktien-Gesellschaften" von 1843, das dieser Entwicklung zugrunde lag, vereinheitlichte die Rechtspraxis in der gesamten preußischen Monarchie, nachdem das Aktienwesen im Rheinland auf dem Code de Commerce von 1807 und im übrigen Preußen auf dem Allgemeinen Landrecht von 1794 beruht hatte. Es wurde im Laufe der Beratungen ein liberales Gesetz, und seine Bedeutung bestand darin, daß diese erste in sich geschlossene Aktiengesetzgebung für Industrie- und Dienstleistungsbetriebe außerhalb des Eisenbahn- und Bankbereiches in Preußen und durch die von Preußen entscheidend beeinflußte Regelung im Allgemeinen deutschen Handels-Gesetzbuch in Deutschland einen festen Rahmen für die nun beginnende Industrialisierung schuf. Wie durchdacht dieses Gesetz war, zeigt die Tatsache, daß noch in dem heutigen Aktiengesetz der Bundesrepublik zahlreiche Formulierungen aus dem Jahre 1843 stammen.

Das Gesetz wurde entsprechend der wirtschaftlichen Entwicklung in den folgenden Jahren mehrfach ergänzt: 1845, 1848, 1853 und erneut 1856. Im Jahre darauf kam es dann zum „Entwurf eines Handelsgesetzbuchs für die preußischen Staaten" als Grundlage für die Nürnberger Konferenz, die ein Allgemeines deutsches Handels-Gesetzbuch schaffen sollte. Das Einführungsgesetz zu diesem ADHGB trat mit dem 1. März 1862 in Kraft — ein bedeutendes Werk des preußischen Liberalismus im Bereich des Wirtschaftsrechts. Nach einem weiteren Gesetz über Aktiengesellschaften, deren Geschäftstätigkeit nicht im Betreiben von Handelsgeschäften bestand, gab es schließlich 1870 eine Novelle, die die Konzessionspflicht und jede Art von Staatszwang aufhob. Damit war auf diesem Gebiet die preußische Zeit beendet: Die Aktiennovelle von 1884, ein Ergebnis der Erfahrungen in der Gründerkrisis, bot eine Ordnung für das ganze Deutsche Reich.

III

Preußens Wirtschaft beim Übergang in eine deutsche Wirtschaft 1850–1876

Je weiter die zweite Hälfte des 19. Jahrhunderts fortschritt, um so enger wurde die Verflechtung der preußischen mit der nichtpreußischen Wirtschaft in Deutschland. Gewiß: Preußens industriewirtschaftliches Übergewicht wurde immer größer, da der ganze industriewirtschaftliche Bereich vom Bergbau bis zur Fertigwarenherstellung schneller wuchs als der landwirtschaftliche. Und auch wenn z.B. 1871 die lothringische Minette nicht unmittelbar in Preußens Besitz überging, sondern Lothringen Reichsland wurde: Die großen Unternehmer an Ruhr und Saar schlossen sich praktisch die lothringischen Bergwerke, Hütten- und Walzwerke an und stellten damit eine Art preußische Verbundwirtschaft im Westen über Preußens Grenzen hinaus her. Aber den Markt stellte schließlich doch ganz Deutschland und immer mehr auch der Weltmarkt dar — und weder Preußen allein noch der von ihm geschaffene, geleitete und beherrschte Zollverein.

Über die preußische Landwirtschaft läßt sich zweierlei in gewisser Weise Gegensätzliches sagen. Ihr Anteil an der Gesamtwirtschaft nahm zweifellos zusehends ab. Deutschland mehr als Preußen, aber auch Preußen selber wurden aus einem Agrarraum ein Industrie- und Handelsraum. Auch waren Bergbau und Industrie, Banken und Versicherungen, Eisenbahn und Schiffahrt im Durchschnitt sehr viel gewinnreicher als die Landwirtschaft, die bäuerliche ebenso wie die großgrundbesitzerliche. Der Deutsche Landwirtschaftsrat stellte 1898 anhand der Untersuchungen von 1525 Betrieben, von denen 80% größer als 20 ha waren, fest, daß 30% ihr Gesamtkapital gar nicht oder mit weniger als 1% verzinsten. Zweifellos haben landwirtschaftliche Rentabilitätsangaben zu allen Zeiten Besonderheiten gehabt, die es in keinem anderen Wirtschaftsbereich geben kann — sind Wohnung und Verpflegung der Besitzerfamilie und der Mitarbeiter mit eingerechnet, ist es der Nebenhandel der Besitzersfrau usw. usw.? —, und wahrscheinlich lag der Durchschnitt in Ostelbien etwas höher, besonders bei den Großbetrieben; aber gewiß war die Durchschnittsverzinsung des Kapitals um 1900 in der Landwirtschaft niedriger als bei Bergbau und Industrie, insbesondere bei den jungen Industrien.

Diese jungen Industrien lagen nicht durchweg in Preußen, z.B. nicht der Schwerpunkt der chemischen und der Gummiindustrie. Das Gewicht Schlesiens in der deutschen und auch in der preußischen Wirtschaft war um 1900 zweifellos geringer als um 1850 und davor. Das Zentrum der industriellen Evolution war längst in den Westen gewandert: in den großen Raum an Ruhr, Rhein, Saar und Mosel. Das Mittel- und Oberrheingebiet wurde einbezogen. Hamburg und Bremen, um 1840/50 für Preußens Wirtschaft nicht sehr bedeutend, waren Preußens und Deutschlands Welthäfen. Der Dortmund-Ems-Kanal und das ganze Kanalnetz, das sich an ihn anschloß und um ihn herum bildete, bis hin zu dem über Hannover nach Mittel- und Ostdeutschland zielenden Mittellandkanal, war zwar ein preußischer Verkehrsträger — so wichtig wie die Eisenbahn —, aber wie wollte man um 1900 noch Preußens Verkehr von dem Deutschlands trennen? Waren naturgemäß seit 1825 bei der engeren und weiteren Wirtschaftsgesetzgebung Preußens immer stärker Zollvereinsgesichtspunkte berücksichtigt worden, so traten seit dem Anfang der 60er Jahre an deren Stelle immer stärker Reichsgesichtspunkte; seit 1866 gab sich in dieser Hinsicht der Norddeutsche Bund ganz offen als die Vorform eines Deutschen Reiches. Dieses selber übernahm dann vieles aus der preußischen und der Zollvereinsgesetzgebung — verständlicherweise viel mehr aus diesem Industrie- und Handelsraum als aus den anderen Teilen Deutschlands an. Und seit 1871 trat an vielen Stellen die Reichsgesetzgebung an die Stelle der preußischen: bei der Währung, beim Patentwesen, schließlich beim politisch einschneidenden Wechsel von Adam Smith zu Friedrich List, beim großen Zusammenschluß des einst wirtschaftsliberalen ostelbischen Adels mit dem eigentlich immer wirtschaftsprotektionistischen Eisen- und Stahlkomplex — was nicht ausschloß, daß jener Adel politisch im Durchschnitt immer konservativer gewesen war als die Industrie der Eigentümer und Direktoren. Das alles war nicht mehr spezifisch preußisch, wenngleich überall das Preußische das Übergewicht hatte: bei den Unternehmern wie bei der Provinzial- und Ministerialbürokratie, bei den Handelskammern wie bei den Verbänden. Zweifellos gab es Bereiche, die nur in der preußischen Wirtschaft wirklich Bedeutung hatten. So etwas wie den Ruhrbergbau und sein Wachstum an Beschäftigten, an Gesamt- und Pro-Kopf-Förderung, seine Wertschöpfung gab es eben ausschließlich in Preußen — und somit auch nur dort das Problem der polnischen Arbeiter im Bergbau und entsprechend das der polnischen Schnitter in Ostelbien, das der polnischen Arbeitskräfte in Schlesien. Andererseits gab es Großbanken nur in Berlin, aber die Wellen der Bankenkonzentration auf diese Großbanken hin sind niemals als ein Problem der preußischen Wirtschaft betrachtet worden, sondern immer als ein solches der deutschen Volkswirtschaft. Die größte Steigerung des Produktionswertes außerhalb der Landwirtschaft lag zwischen 1850 und 1913 bei der Gas-, Wasser- und Elektrizitätsversorgung mit annähernd 10% jährlich, gefolgt von Papier, Metall und Chemie mit jährlich mehr als 6%; die Förderung im Ruhrgebiet stieg von 2 Millionen t im Jahre 1850 auf 114 Millionen t im Jahre 1913, in der „preußischen Zeit" bis 1870 „nur" auf 11,6 Millionen t: in den ersten 20 Jahren also eine Versechsfachung und in den folgenden 40 Jahren von dieser Basis aus eine Verzehnfachung. Was ist davon preußisch, was ist deutsch? Und die gleiche Frage erhebt sich, wenn man die Vergrößerung der Zahl der Schächte von 198 auf 259 und anschließend ihre Verringerung auf 173, die Verfünf- und dann die Verdreizehnfachung der Förderung je Zeche beurteilten soll. Zweifellos waren die großen Verbände in Landwirtschaft, Industrie und Bankwesen sehr stark preußisch beeinflußt, aber sie waren eben doch deutsche Verbände; sie suchten den Reichstag zu beeinflussen, viel weniger den preußischen Landtag. Gab es nach 1871 überhaupt eine Lobby von Bergbau, Landwirtschaft usw. im preußischen Parlament, deren Qualität, Energie und Bedeutung mit der im Reichstag verglichen werden könnte?

Anders lagen die Dinge bei den Universitäten und Hochschulen, teils weil auf diesem Gebiet die Politik in den Ländern verblieb, teils aus einem anderen Grunde.

Es wurde erwähnt, daß Preußen nicht wie Baden, Württemberg, Sachsen, Hessen und Hannover polytechnische Schulen nach wienerisch-pariserischem Vorbild gründete, sondern es teils beim Gewerbeinstitut, seit 1866 Gewerbeakademie, und bei Verstärkung von Mathematik und Naturwissenschaften an der Universität Berlin bewenden ließ. Ja, die von Friedrich d. Gr. 1770 gegründete Bergakademie zu Berlin wurde 1810 sogar im Rahmen von Humboldts Universalbildungsvorstellungen mit der Berliner Universität vereinigt, was sich in den 50er Jahren als nachteilig herausstellte, so daß es 1860 wieder zur Trennung kam. Die Vereinigung mit der Technischen Hochschule Charlottenburg im Jahre 1912 entsprach kurioserweise prinzipiell ähnlichen Ganzheitsvorstellungen, wie die mit der Universität ein Jahrhundert zuvor — und war daher ebenso falsch.

An die Stelle der großen Vorbilder Paris und Wien trat 1856 erstaunlicherweise das Vorbild eines kleinen, fast noch gar nicht industrialisierten Staates: Zürich gründete eine Eidgenössische Technische Hochschule mit Universitätscharakter, eigentlich die erste Technische Universität. Wie hier Natur- und Ingenieurswissenschaften wirtschaftlich und gesellschaftlich gleichberechtigt neben die traditionelle Universität gestellt wurden, die ja in der Schweiz nicht Humboldts Reformeinfluß ausgesetzt worden war — das wirkte herausfordernd, erschien bei näherer Beschäftigung mit dem Gesamtkomplex von Schule und Hochschule, Wissenschaft und Praxis in der zweiten Hälfte des 19. Jahrhunderts nachahmenswert. Dem Züricher Beispiel folgten in Deutschland bis zum Ersten Weltkrieg im Deutschen Reich elf Gründungen, davon fünf in Preußen: Aachen 1870, Charlottenburg 1879, Hannover 1880, Danzig 1904 und Breslau 1910. Zählt man die Wiederverselbständigung der Bergakademie Berlin 1912 hinzu, dann kommt man auf sechs von zwölf Gründungen unter Anlehnung an Zürich. Dieser 50%-Anteil entsprach natürlich nicht dem wirtschaftlich-technischen Schwergewicht Preußens, aber so wie im 17. Jahrhundert jedes Territorium seine eigene Universität haben wollte, so noch in der zweiten Hälfte des 19. Jahrhunderts seine eigene Technische Hochschule: München, Braunschweig, Darmstadt, Karlsruhe, Stuttgart, Dresden.

Aber es wird an diesen Zahlen doch auch deutlich, daß es nicht nur kein preußisches Übergewicht, sondern auch keinen spezifisch preußischen Hochschultyp mehr gab. Und als Kaiser Wilhelm II., 1899 beginnend mit Charlottenburg, alle preußischen Technischen Hochschulen mit den preußischen

Universitäten gleichstellte, wollte er damit nicht ein preußisches Übergewicht schaffen, sondern die Technik als solche, die Technik als wirtschaftliche Macht und gesellschaftlichen Faktor anerkennen, auszeichnen und zu verstärkter gesellschaftspolitischer Aktivität anregen.

Noch viel weniger gab es ein besonderes preußisches Element bei der Schaffung eines neuen Hochschultyps: der Handelshochschule. Sie war bemerkenswerterweise durchweg kommunale, ja, Kaufmanns- bzw. Kammerleistung von Leipzig 1898, Köln 1901, Frankfurt 1902, Berlin 1906, Mannheim 1908, München 1910 bis Königsberg 1915. Die „Verwissenschaftlichung" des Tertiären Sektors folgte derjenigen des Sekundären, aber nun ganz und gar ohne Beteiligung oder gar Vorrang des preußischen Staates.

Schließlich ist der preußische Professor von Harnack niemals auf den Gedanken gekommen, eine preußische König-Wilhelm-Gesellschaft zu gründen, obwohl dann zu den ersten Hauptaufgaben Kohle- und Eisenforschung im Interesse preußischer Industrien und Industrieller gehörte, die ihre Spenden geradezu von solchen Arbeiten bzw. Instituten abhängig gemacht hatten.

Ein Mann kann gleichsam als Symbolfigur für diese Entwicklung angesehen werden: der 1817 geborene Sohn des Erziehers (1800—1809) der späteren Könige Friedrich Wilhelm IV. und Wilhelm I., Martin Friedrich Rudolf Delbrück, der nach juristischem Studium in Berlin 1839 in den Staatsdient trat und 1842 — also 25jährig — „Hilfsarbeiter" im Finanzministerium wurde. 1844 ließ er sich zehn Jahre nach der Gründung des Zollvereins in das neugeschaffene Handelsministerium versetzen — wenige Monate vor der preußischen Gewerbeordnung vom 17. Januar 1845, in der die Gewerbefreiheit entsprechend der Befreiungsgesetzgebung seit fast 30 Jahren ihren ersten Höhepunkt erreichte; schon 1848 wurde er Ministerialdirektor und Chef der Handelsabteilung. Damit begann seine für Preußen bedeutungsvolle Karriere, die fast dreißig Jahre dauerte. Delbrück lebte und arbeitete in der Tradition der Reformer und Zollvereinsgründer. Seit 1848 leitete er mit Erfolg die Verhandlungen über die Erneuerung des Zollvereins und wurde dabei der eigentliche Leiter der Zollvereinspolitik. Er war es, der 1851 Hannover und Oldenburg für den Zollverein gewann und 1853 die deutschen Staaten, die Österreich schon für sich gewonnen glaubte, zur Erneuerung des Zollvereins um zwölf Jahre bewog, während Österreich sich nach Brucks Niederlage mit einem Zoll- und Handelsvertrag mit dem Zollverein begnügen mußte. So konnte Preußen trotz der Niederlage von Olmütz seine Hegemonie im wirtschaftlichen Zusammenschluß Kleindeutschlands behaupten.

Auch die freihändlerischen Handelsverträge 1862 mit Frankreich und anschließend mit Belgien, Italien und anderen Staaten, die das System des Cobden-Vertrages gegen die mittelstaatliche Opposition bis 1864/65 ausweiteten, waren sein Werk — ebenso schließlich die unitarische Umwandlung des Zollvereins nach 1866. Delbrück, der 1862 die Übernahme des preußischen Handelsministeriums abgelehnt hatte, konnte sich bei diesen Auseinandersetzungen trotz Bismarcks Verfassungskonflikt auf die liberale Mehrheit des Abgeordnetenhauses verlassen. Er verhinderte sogar gegen Bismarcks Wunsch das formelle Zugeständnis künftiger Zollunionsverhandlungen mit Österreich.

Nach der Gründung des Norddeutschen Bundes wurde Delbrück, der fast zwei Jahrzehnte lang die entscheidende Bedeutung der Wirtschaftspolitik für die Entwicklung Deutschlands im Sinne Preußens demonstriert hatte, am 12. August 1867 Präsident des Bundeskanzleramtes und als solcher automatisch 1871 des Reichskanzleramtes, in dem die innere Verwaltung des kleindeutschen Bundesstaates zusammengefaßt war. Da er seit 1868 auch preußischer Staatsminister ohne Portefeuille war, verfügte er also über alle Möglichkeiten, die deutsche auf die preußische Wirtschafts- und Innenpolitik abzustimmen. Mit dieser Arbeits- und Einflußfülle vertrat er Bismarck fortan sowohl im Bundesrat wie auch im Reichstag und galt als des Kanzlers „Rechte Hand".

Die politische Arbeitsweise und -richtung der süddeutschen Staaten kannte niemand genauer als er, der im Herbst 1870 zuerst in München, dann in Versailles die Unterhandlungen mit ihnen maßgeblich beeinflußt hatte. Er verteidigte daher auch die „Versailler Verträge" im Reichstag. Wegen seiner Verdienste um die Reichsgründung erhielt er dann auch 1873 eine Dotation in Höhe von 200 000 Talern.

Delbrück war also seit 1871, unterstützt durch seinen vertrauten liberalen Mitarbeiter Otto Michaelis, *de facto* Bismarcks Vizekanzler. Ihm fiel neben dem Vorsitz im Bundesrat die Hauptarbeit an der wirtschaftlichen und finanziellen Gesetzgebung zu. Er erreichte 1873 die Aufhebung der Eisenzölle, und er sorgte dafür, daß die einigende Liberalisierungspolitik, die er im Zollverein mit so großem nationalen und internationalen Erfolg betrieben hatte, im Reich fortgesetzt wurde. Nachdem er schon seit dem 1. November 1867 die Freizügigkeit des einzelnen in der wirtschaftlichen Niederlassungsfreiheit, im Recht zum Grunderwerb und im Recht zur gewerblichen Tätigkeit auch wirtschaftsrechtlich gesichert, 1868 für den ganzen Norddeutschen Bund die Einführung des metrischen Maß- und Gewichtssystems erreicht hatte, schuf er die allgemeine Gewerbefreiheit und mit der Gewerbeordnung vom 21. Juni 1869 auch die Koalitionsfreiheit der Arbeiter. Diese Gewerbefreiheit, die Wirtschaftsfreiheit schlechthin, bildete das Kernstück der Wirtschaftsverfassung des Norddeutschen Bundes und von dort aus der ersten Jahre des Bismarckreiches; sie enthielt zugleich die Wettbewerbsfreiheit und den Freihandel — bis 1879 in der Tradition der Stein- und Hardenbergschen, der Maaßen-Motzschen Politik. Mit dem Verlassen des Liberalismus, mit der Wende zum Protektionismus wurde dieses preußische Element aufgegeben. Und zum Wirtschaftsprotektionismus für Eisen, Stahl und Großlandwirtschaft gehörte von Anfang an gedanklich der Sozialprotektionismus für die Unter- und Mittelschichten, den es gleichfalls in Preußen nicht gegeben hatte.

Zur marktwirtschaftlichen Verfassung gehörte schließlich nach dem Zollgesetz von 1818 und dem Zollverein von 1834, seit Delbrücks Einfluß auf den preußisch-französischen Handelsvertrag von 1862 auch dessen Ratifikation für das Gesamtgebiet des Zollvereins 1865, mit der die preußisch geführte deutsche Staatengruppe in das westeuropäische Freihandelssystem eintrat und dieses auf Mitteleuropa ausdehnte. 1867 übernahm der Norddeutsche Bund diese Regelung und baute sie 1868 auf Delbrücks Initiative durch Verträge mit Österreich, Spanien und der Schweiz aus, während gleichzeitig der neue Zollvereinstarif eine große Zahl von Zöllen beseitigte oder ermäßigte — in erster Linie die Eisenzölle 1868 und 1870, die schließlich 1873 mit anderen Zöllen gemeinsam ganz aufgehoben wurden. In Delbrücks radikal freihändlerischer Begründung der Bundesratsvorlagen für den Reichstag hieß es 1873: „Der gewaltige Aufschwung auf allen Gebieten des Gewerbefleißes erfordert und die finanzielle Lage des Reiches gestattet einen weiteren Schritt auf dem Weg der begonnenen Tarifreform." Der Vereinszolltarif vom 7. Juli 1873 bildete den Höhepunkt der deutschen Freihandelsbewegung und auch den von Delbrücks Karriere. Inzwischen war freilich das System der Cobden-Regelung von 1860 im deutsch-französischen Kriege zusammengebrochen, der Weg zum „Neo-Merkantilismus" geöffnet, in dem es eine spezifisch preußische Wirtschaftspolitik so wenig gab, wie eine spezifisch preußische Wirtschaft.

Delbrück vereinheitlichte 1871—1874 das Münzgeld in der Mark sowie den Übergang zur Goldwährung und 1875 die Umbenennung der preußischen Staatsbank zur Reichsbank. Auch hier konnte er an rund 40 Jahre preußischer Vorbereitungen anknüpfen. In Konventionen von 1837/38 und 1857 hatten sich deutsche Staaten unter Preußens Führung bereits über Prinzipien der Münzprägung und der gegenseitigen Anerkennung von Zahlungsmitteln geeinigt. Silberne „Vereinsthalerstücke" wurden bei allen Landesmünzstätten geprägt. Die Vorteile für die Wirtschaft waren so evident, daß diese auf weitere Münz- und Notenbankreformen, auf die Währungseinheit im Raum der Wirtschaftseinheit drängte. Aber erst der Sieg des Talers über den Gulden 1866 entschied die heftige und langwierige politische Auseinandersetzung über die Wahl der Hauptmünze.

Nachdem 1848 und 1851 die amerikanischen und australischen Goldfunde gemacht worden waren, stand auch mehr oder weniger fest, daß man sich in Europa für die Goldwährung entscheiden werde. Nur weil Österreich mit dem Vorschlag, eine Reichsgoldmünze zu schaffen, Preußen zuvorkam, mußte dieses bis 1857 sich aus Gründen der Deutschlandpolitik gegen die wirtschaftliche Vernunft stellen. Im Rahmen dieser Auseinandersetzung diskutierte man sogar noch 1866 bei deutschen Kleinstaaten den Anschluß an die Lateinische Münzunion und damit letztlich nicht nur währungspolitisch an Frankreich, nachdem Österreich 1867 aus dem deutschen Münzverein ausgeschieden war. Selbst der liberale „Kongreß deutscher Volkswirte" und der Handelstag stimmten noch 1868 und 1869 für den Anschluß an das Frankensystem mit der Dezimalordnung, das nach der Weltwährungskonferenz 1867 in Paris zur Goldwährung überschwenkte. Andere wollten der Lateinischen eine „Germanische Münzunion" gegenüberstellen.

Delbrück behielt bei allen diesen nationalen und internationalen politischen, wirtschaftlichen und auch persönlichen Auseinandersetzungen immer die Übersicht und sorgte zunächst einmal dafür, daß Preußen am 3. Juli 1871 den Silberankauf für seine Münzen und damit die Silberprägung einstellte. Im Oktober 1871 folgte die Schaffung einer „Reichsgoldmünze", deren zehnter Teil die Mark mit 100 Pfennigen, die neue Recheneinheit im Reich sein sollte: Unauffällig verschwand mit dem österreichischen Gulden auch der preußische Taler hinter der Gold-Dezimalmünze des Reiches. Das Münzgesetz von 1873 zielte auf die „Reichsgoldwährung" und die Abschaffung der Landeswährungen, die allerdings erst 1909 erreicht wurde.

Ähnlich kompliziert war und ähnlich schnell erreicht wurde die Umwandlung der Preußischen Bank, auf die bereits 1870 fast zwei Drittel der in Deutschland umlaufenden Noten entfielen, gegen die Furcht der Kleinstaaten vor dem „preußischen Zentralismus" in die Reichsbank. Im Juli 1874 legte Delbrück dem Reichstag den Gesetzentwurf des Bundesrates vor. Am 14. März 1875 vollzog der Kaiser das Gesetz, am 18. März trat es durch Veröffentlichung in Kraft.

Am 1. Januar 1876 trat die Reichswährung im ganzen Reichsgebiet in Kraft, nahm die Reichsbank ihre Geschäfte als Nachfolgerin der Preußischen Bank auf, war die Goldwährung praktisch hergestellt.

Fünf Monate später trat Delbrück zurück — nicht weil er glaubte, daß das Werk der Reformer, in deren Tradition er dreißig Jahre mit großem Erfolg gewirkt hatte, vollendet war, sondern weil er in den letzten anderthalb Jahren immer deutlicher feststellen mußte, daß es bereits zerschlagen wurde. Der preußische Beamtenliberalismus in Wirtschaft und Recht — denn das 1874 in Auftrag gegebene Bürgerliche Gesetzbuch vom 18. August 1896 wurde so sehr ein Denkmal der seit 20 Jahren überholten liberalen Bürgerkultur wie 102 Jahre zuvor das Allgemeine Preußische Landrecht ein Denkmal des 1786 beendeten aufgeklärten friderizianischen Absolutismus — fiel Bismarcks Wendung vom Liberalismus zum Protektionismus im allgemeinsten Sinne zum Opfer. Mit

Delbrücks Rücktritt wurde auch sein Reichskanzleramt in mehrere Reichsämter aufgeteilt — ohne ein Wirtschafts- und ein Finanz-Reichsamt, die erst gegen Ende des Bismarckreiches geschaffen wurden.

Als liberaler Kritiker der neuen Politik war Delbrück 1878—1881 ein zum Mißerfolg verurteilter Reichstagsabgeordneter. Erst 20 Jahre nach seinem und sechs Jahre nach Bismarcks Ausscheiden erhielt er am Jubiläums-Reichsgründungstag von 1896 den Schwarzen-Adler-Orden mit dem Adelstitel — die letzte Auszeichnung, die der seit 1807 in manchen taktischen Wandlungen betriebenen, aber prinzipiell liberalen preußischen Wirtschaftspolitik zuteil wurde.

Bibliographische Hinweise

H. Aubin/W. Zorn, *Handbuch der deutschen Wirtschafts- und Sozialgeschichte*, Bd. 2, 1976 (mit umfangreicher Bibliographie); H.W. Graf Finck von Finckenstein, *Die Entwicklung der Landwirtschaft in Preußen und Deutschland 1800–1930*, 1960; H. Gerth, *Bürgerliche Intelligenz um 1800*, 1976; H. Haushofer, *Die deutsche Landwirtschaft im technischen Zeitalter*, 1963 (mit umfangreicher Bibliographie); W.O. Henderson, *The Industrial Revolution on the Continent*, 1961; H. Henning, *Das westdeutsche Bürgertum in der Epoche der Hochindustrialisierung 1860–1914*, 1972; W. Hubatsch, *Die Stein–Hardenbergschen Reformen*, 1977; E.R. Huber, *Deutsche Verfassungsgeschichte seit 1789*, 4 Bde, 1957—75 (mit umfangreicher Bibliographie); R. Koselleck, *Preußen zwischen Reform und Revolution*, 2. Aufl., 1975; W. Treue, *Konzentration und Expansion als Kennzeichen der politischen und wirtschaftlichen Entwicklung Deutschlands im 19. und 20. Jahrhundert*, 1965; W. Treue, *Deutsche Geschichte*, 5. Aufl., 1978 (mit umfangreicher Bibliographie); W. Treue, *Gesellschaft, Wirtschaft und Technik Deutschlands im 19. Jahrhundert*, in: (Gebhardts) *Handbuch der Deutschen Geschichte*, 9. Aufl., Bd. 17 (= dtv. Wissenschaftliche Reihe), 3. Aufl., 1978 (mit umfangreicher Bibliographie); H. Winkel, *Die Ablösungskapitalien aus der Bauernbefreiung in West- und Süddeutschland*, 1968; siehe neuerdings auch: *Wissenschaft und Gesellschaft. Beiträge zur Geschichte der Technischen Universität Berlin 1879–1979. Festschrift zum hundertjährigen Gründungsjubiläum der TU Berlin.* Im Auftrag des Präsidenten der TU Berlin herausgegeben von Reinhard Rürup, 2 Bde, Berlin-Heidelberg-New York 1979.

XXXVIII

Umweltschutz in Preußen zur Zeit der Frühindustrialisierung*

ILJA MIECK

Das gegenwärtig allerorten heftig diskutierte Problem von Umweltverschmutzung und Umweltschutz ist keineswegs so neu, wie es auf den ersten Blick scheint.[1] Schon Strabo berichtet von Maßnahmen zur Eindämmung der durch Rauch und unangenehme Gerüche hervorgerufenen Belästigungen der Öffentlichkeit.[2] Auch im Römischen Reich gab es, wie einige Kapitel des Corpus Iuris bezeugen, solche Bestrebungen.[3] Der in den letzten Jahren zu

* Der folgende Beitrag faßt die Ergebnisse zweier Aufsätze zusammen: (1) Ilja Mieck, *„Aerem corrumpere non licet". Luftverunreinigung und Immissionsschutz in Preußen bis zur Gewerbeordnung 1869,* in: *Technikgeschichte,* Bd. 34 (1967), S. 36—78, und (2) ders., *Umweltschutz in Alt-Berlin. Luftverunreinigung und Lärmbelästigung zur Zeit der frühen Industrialisierung,* in: *Der Bär von Berlin. Jahrbuch des Vereins für die Geschichte Berlins,* Bd. 22 (1973), S. 7—25.

[1] Zur historischen Umweltproblematik vgl. Hans Mottek, *Wirtschaftsgeschichte und Umwelt,* in: *Jahrbuch für Wirtschaftsgeschichte,* Jg. 1974, Teil 2, S. 77—82; Jean-Pierre Goubert, *Environnement et urbanisation: Rapport général,* in: *Sixième Congrès international d'histoire économique, Copenhague 19-23 août 1974,* Kopenhagen 1974, S. 59—69; Wolfgang Zorn, *Ansätze und Erscheinungsformen des Umweltschutzes aus sozial- und wirtschaftshistorischer Sicht,* in: Jürgen Schneider u.a. (Hrsg.), *Wirtschaftskräfte und Wirtschaftswege,* Bd. 4 (= Beiträge zur Wirtschaftsgeschichte, Bd. 7), Stuttgart 1978, S. 707—723. Wolfram Fischer, *Arbeit und Wirtschaft verändern die Welt,* in: *Schwäbische Heimat,* 31. Jg. (1980), S. 29—38.

[2] Strabo, *Geographie,* übersetzt von Karl Kärcher, Bd. 3 (= Griechische Prosaiker in neuen Übersetzungen 80), Stuttgart 1830, S. 282: In Spanien werden die Silberschmelzöfen so gebaut, daß der Rauch „in die Höhe" geleitet wird, da er „schwer und schädlich" sei.

[3] Paul Krüger/Theodor Mommsen (Hrsg.), *Corpus Juris Civilis,* Bd. 1 (Digesten), 18. Aufl., Neudruck: Berlin 1965, z.B. die Kapitel Dig. 8, 5, 8, 5 f.; 43, 8, 2, 20; 43, 23, 1 u.a. In der von Johannes Fehus besorgten Edition des *Corpus Juris* und seiner Kommentatoren, Lyon 1627 (ND: Osnabrück 1965), Bd. 3, S. 656, findet sich als Glosse zu Dig. 43, 8, 2, 29 der Satz,

neuem Leben erweckte Begriff „Immission" war den römischen Juristen durchaus geläufig. Er bedeutete ursprünglich, „eine Sache wohin eindringen lassen, und zwar . . . einen flüssigen, nicht festen Körper wohin leiten, fließen machen",[4] wurde aber bald auch auf gasförmige Stoffe bezogen; so hatte beispielsweise das Verbot der „immissio fumi" einen festen Platz im römischen Rechtsbewußtsein.

Diese Bestimmungen, die infolge der Rezeption später auch in weiten Teilen Europas galten, betrafen nur wenige Immissionsquellen: Für üble Gerüche waren die allgemeinen hygienischen Verhältnisse in den Siedlungszentren verantwortlich, außerdem einige Handwerksbetriebe, die sich vorwiegend mit der Verarbeitung tierischer Produkte beschäftigten. Rauchbelästigungen gab es besonders in der Nähe von Anlagen zur Metallgewinnung.

Ob und inwieweit die von den Juristen als vorbildlich angesehenen römischen Vorschriften über Abwässerbeseitigung und Rauchbekämpfung im spätmittelalterlichen und frühneuzeitlichen Europa realisiert wurden, ist freilich eine andere Frage. Ohne Übertreibung wird man sagen können, daß dies für die allermeisten europäischen Städte nicht zutraf. Sie waren nach der treffenden Formel Gouberts „voll Gestank, Lärm und Geschwätz",[5] und die stadt- und sozialhygienischen Zustände spotteten jeder Beschreibung.

Die Städte Preußens, allen voran die Hauptstadt, bildeten dabei keine Ausnahmen. Von der vielgepriesenen Reinheit der „Berliner Luft" konnte bereits in der ersten Hälfte des 19. Jahrhunderts nur sehr bedingt die Rede sein. Das lag vor allem an der völlig unzulänglichen Abwässer- und Fäkalienbeseitigung sowie an der ebenfalls unzureichenden Abfuhr vom Müll, Unrat und Abfällen.[6]

Zu diesen keineswegs neuen und überall in Europa zu beobachtenden unerfreulichen Begleiterscheinungen städtischen Lebens gesellten sich seit dem späten 18. und dem frühen 19. Jahrhundert andere, bislang fast unbekannte Belästigungen. Sie sind eine direkte Folge der allmählich einsetzenden Industrialisierung. Es handelte sich dabei um den Ausstoß von Rauch, Dampf und Abgasen, um die Erzeugung von Geräuschen, die das bisherige Maß weit übertrafen, und um den Abfluß gewerblicher Abwässer in bisher nicht gekannter Menge.

der für den in Anm. 1 genannten Aufsatz als Titel gewählt wurde: „Aerem corrumpere non licet".

[4] Hermann Gottlieb Heumann/Emil Seckel (Hrsg.), *Handlexikon zu den Quellen des römischen Rechts*, 9. Aufl., Jena 1907, S. 247.

[5] Zitiert von Pierre Chaunu, *Europäische Kultur im Zeitalter des Barock*, München-Zürich 1968, S. 428.

[6] Einige zeitgenössische Stimmen zu diesen stadthygienischen Problemen bei I. Mieck, *Umweltschutz . . .*, in: *Der Bär von Berlin*, Bd. 22 (1973), S. 8 ff.

I

Frühe Vorschriften und Maßnahmen zur Reinhaltung der Luft

Das Allgemeine Landrecht von 1794/96 war an diesen erst allmählich heraufziehenden Problemen vorübergegangen. Es enthielt lediglich die mehr deklamatorische Generalklausel, daß Straßen und Plätze durch gewerbliche Tätigkeiten nicht verengt, verunreinigt oder sonst verunstaltet werden dürften.[7] Nur für besonders feuergefährliche Betriebe wurde bestimmt, daß sie in Siedlungen und überhaupt in der Nähe leicht brennbarer Gebäude nicht geduldet werden sollten.[8] Auch bei der Konzessionierung von Fabriken durch landesherrliches Privileg dürften gewerbe- und sozialhygienische Gesichtspunkte kaum eine Rolle gespielt haben. Ganz auszuschließen sind sie indessen nicht; wir wissen z.B., daß Friedrich der Große den ihm im Oktober 1740 vorgelegten Plan zur Errichtung einer Zuckersiederei mit folgender Randbemerkung versah:[9] „... es muß aber eine precotion gebrauchet werden nehmlich das die Zucker Siederei an einen ohrt geleget wirdt der abgelegen ist auf das der gestank nicht in der Stat hindere . . . “.

Wenige Jahre nach dem Inkrafttreten des Preußischen Landrechts zeigte sich, daß ergänzende gesetzliche Bestimmungen nötig wurden, um gewisse Begleiterscheinungen gewerblich-industrieller Betätigung zu mindern. Das Generaldirektorium instruierte am 5. April 1796 alle zuständigen Behörden:[10] „Gerbereien und mehrere andere Professionen, welche animalische Materialien verarbeiten und daher bei ihrem Betrieb bösartige, der Gesundheit schädliche Ausdünstungen erzeugen“, bedürften einer zusätzlichen gesetzlichen Regelung, da es „den Anwohnenden nicht nur höchst unbequem, sondern auch ihrer Gesundheit äußerst nachteilig ist, . . . wenn dgl. Professionen nicht an fließendem Wasser und an solchen Orten der Stadt, die weniger dicht bebaut und bewohnt sind, betrieben werden“. Künftig durften Gerbereien, Korduanmachereien, Leimkochereien und Darmsaitenfabriken nur noch an fließendem Wasser angelegt werden und in Gebieten, „wo der freie Zug der Luft nicht durch enge Bebauung gehindert ist“.

[7] Christian Friedrich Koch (Hrsg.), *Allgemeines Landrecht für die Preußischen Staaten* (künftig: *ALR*), Berlin 1875, Teil 1, Titel 8, § 78.

[8] *A.a.O.*, Teil II, Titel 20, § 1543.

[9] Wiedergabe in Original-Orthographie, mitgeteilt von Paul Wallich, *Urkunden und Aktenstücke, Manuskripte und Drucke, Zeitungen und Adreßbücher zur Geschichte Brandenburg-Preußens; insbesondere zur Wirtschafts- und Familiengeschichte Berlins;* als Manuskript gedruckt, Leipzig 1938, S. 22.

[10] Carl Ludwig Heinrich Rabe, *Sammlung preußischer Gesetze und Verordnungen,* Bd. 3, Berlin-Halle 1817, S. 318.

Ein zur Ergänzung dieser Verordnung erschienenes Reskript vom 21. Januar 1800[11] griff einen äußerst heiklen Punkt auf. Es handelte sich um „die mögliche Entfernung der mit bösartiger Ausdünstung von animalischen Stoffen verbundenen Gewerbe . . . aus der Mitte der Städte". Gedacht war vor allem an die Leder- und Weißgerberei. Auslösender Faktor waren vermutlich Anfragen der Lokalbehörden, wie in Anbetracht der Bestimmungen von 1796 mit den bereits existierenden Betrieben zu verfahren sei. Es ist wahrscheinlich, daß eifrige Beamte, die zwecks Durchführung der neuen Verordnung alle Gerbereien usw. am Ort überprüften, auf den erbitterten Widerstand der Eigentümer aller nicht an fließendem Wasser oder in dünn besiedelten Gebieten gelegenen Anstalten gestoßen waren.

Der gute Wille des Generaldirektoriums sah sich nun konfrontiert mit den allgemeinen Wirtschaftsprinzipien des Merkantilismus, der das Bestehen und das Fortkommen aller Gewerbezweige im Interesse der Staatswirtschaft nur begrüßen konnte und nach Kräften unterstützte. Im Streit zwischen den Ideen der Volkswirtschaft und dem Gesichtspunkt der Sozialhygiene konnte sich die oberste Behörde eines absolutistischen Staates nolens volens nur auf eine Seite schlagen. Man gab zu, „daß Fälle eintreten können, wo die Lage einer neuen Gerberei auf einer solchen Stelle, die nicht am Abfluß des Wassers liegt, höchstens nur den Nachbarn einen unangenehmen Geruch verursachen, auf die Gesundheit aber keinen nachteiligen Einfluß haben wird, mithin in solchen Fällen durch ein zu strenges allgemeines Verbot die Lederfabrikation ohne Not eingeschränkt werden würde". Indem man damit eine Gesundheitsgefährdung bei manchen Betrieben rundweg verneinte und die Beeinträchtigung des allgemeinen Wohlbefindens im Interesse des höheren Zwecks als zumutbar ansah, nahm man einen großen Teil des 1796 Verkündeten zurück, sah sich nicht mehr im Widerspruch mit der Generallinie der Wirtschaftspolitik und bürdete obendrein den lokalen Instanzen die Entscheidung auf. Damit wurde zwar die ursprüngliche kompromißlose Haltung verlassen, doch ergab sich durch das Abwälzen der Entscheidung auf die unteren Organe der Vorteil, daß infolge der genaueren Kenntnis der örtlichen Situation die Polizei weniger der Gefahr erlag, Entscheidungen am grünen Tisch zu fällen.

Ein illustratives Beispiel bietet der Fall des Kaufmanns F.W. Reinmann, der in Berlin seit einer Reihe von Jahren chemisch-pharmazeutische Produkte herstellte. Als er im September 1810 bat, ihm auf Staatskosten eine Informationsreise zu den in Schlesien gelegenen Betrieben der Schwefel- und Salpeter-

[11] *A.a.O.*, Bd. 6, Berlin 1818, S. 9 f. Danach auch das Folgende. Eine weitere Deklaration vom 21.8.1798 (*a.a.O.*, Bd. 5, Berlin 1817, S. 186 f.) kann hier übergangen werden.

[12] *Deutsches Zentralarchiv Merseburg*, Rep. 120, Akten des Preußischen Ministeriums für Handel und Gewerbe, D XVII, 1, 2.

bereitung zu ermöglichen, nahm die Behörde ihn und seine Werkstatt näher in Augenschein.[12] Es stellte sich heraus, daß Reinmann anläßlich einer früheren Inspektion wenig Fachkenntnisse gezeigt hatte und als Bedingung für die Konzessionserteilung einen sachverständigen Werkmeister engagieren mußte. Da alles in allem das „Resultat der Untersuchung keineswegs günstig" war, der Ruf Reinmanns „nichts weniger als zweifelhaft" erschien und er schließlich eine Werkstatt betrieb, deren Lage „wegen der Gefahr für die Nachbarschaft polizeiwidrig" war, lehnte das Ministerium den Antrag ab.

Damit nicht genug: Man verfolgte nun im Polizeipräsidium die Sache weiter. Ohne daß die vorliegenden Akten über die näheren Umstände Auskunft geben, erhielt Reinmann am 23. August 1812 die polizeiliche Aufforderung, seine Fabrik „wegen des damit verbundenen üblen Geruchs" außerhalb der Stadt aufzuschlagen: In großzügiger Interpretation der Verordnungen von 1796 und 1800 verfügte das Polizeipräsidium unter deutlichem Hinweis auf die gesundheitliche Gefährdung der Nachbarn die Verlegung einer chemischen Fabrik aus Berlin. In dem dünn besiedelten Gebiet zwischen Spandau und Charlottenburg fand Reinmann ein geeignetes Grundstück. Ein Gutachten der Obermedizinalräte Klaproth und v. Koenen bestätigte, daß die zu erwartenden Gerüche für die Nachbarschaft voraussichtlich weder schädlich sein noch sich unangenehm im Schloßgarten bemerkbar machen würden.[13]

Reinmann richtete in den folgenden Jahren zahlreiche Schreiben an das Ministerium. Er bat um finanzielle Unterstützung, stellte mehrere Patentanträge und machte vor allem 1827 von sich reden, als er ein Exklusiv-Privileg für 21 Jahre beantragte, um „aus menschlichen Exkrementen Gaslicht, Tierkohle, brandiges Tieröl und Ammonium" herzustellen.[14] Mit 420 000 Rtlr. Aktienkapital wollte er eine 400 preußische Morgen große Anlage im Heiligenseer Forst errichten, deren vorausberechneter Jahresüberschuß von 675 000 Rtlr. den Aktionären eine Dividende von 53 Prozent einbringen sollte. Das große Projekt, nach Reinmann „der erste kühne, menschlichwürdige Gedanke in der Weltgeschichte", konnte jedoch die sehr viel nüchterneren preußischen Beamten nicht begeistern, und der Antrag verfiel der Ablehnung — die Berliner freuten sich an einer bunten Lithographie Dörbecks, auf der Berliner Mägde den Inhalt der Nachtstuhleimer dem Unternehmen Reinmanns zuführten.[15]

Durch die Entscheidung gegen Reinmann war ein Exempel statuiert worden, das als Maßstab für ähnliche Fälle gelten konnte. Es scheint, daß die Polizei die

[13] Wilhelm Gundlach, *Geschichte der Stadt Charlottenburg*, Berlin 1905, Bd. 2, S. 411.

[14] Schreiben Reinmanns vom 6.11.1827 (vgl. Anm. 12).

[15] Ein Exemplar befindet sich im Märkischen Museum; eine nicht sehr gute Reproduktion in: Hans Ludwig, *Altberliner Typen von Dörbeck*, Berlin 1966, S. 55.

chemischen Fabriken der Hauptstadt in den folgenden Jahren äußerst argwöhnisch betrachtete. Vielleicht ist es darauf zurückzuführen, daß die seit langem in Berlin sehr erfolgreich betriebene Fabrik chemischer Erzeugnisse von C.F. Krüger um 1830 nach Köpenick verlegt wurde.[16]

Aktenkundig und höchst aufschlußreich ist ein von der Polizei 1829 beim Innenministerium erwirktes Verbot der „mit Entwicklung starker Gerüche verbundenen Betriebe" von Berend-Kunheim.[17] Eine Beschwerde der Nachbarn mit nicht weniger als 70 Unterschriften gab an, daß selbst die 2000 Fuß (= fast 630 m) entfernten Bewohner durch die Ausdünstungen beim Knochenbrennen und Teerkochen erheblich belästigt würden: „Der Gestank und Qualm ist häufig so stark, daß er nicht allein die Straßen und unsere Gärten erfüllt und uns aus den letzteren verscheucht . . ., sondern uns auch in unsere Wohnungen verfolgt". Atem- und Schlafbeschwerden seien die allgemein zu konstatierenden Folgen und Ohnmachtsanfälle nicht selten. Der Spinnereibesitzer Tappert, dessen Unternehmen mit über 100 Beschäftigten der chemischen Fabrik gegenüberlag, berichtete von wiederholtem Erbrechen seiner Arbeiter. Daß diese Klagen nicht als übertrieben angesehen werden dürften, bezeugen einige Unterschriften, denen besonderes Gewicht beizumessen ist.[18]

Da es nach Ansicht der Supplikanten um „das gefährdete Interesse eines ganzen Stadtbezirks" ging, beauftragte das Polizeipräsidium zwei Sachverständige mit einer Prüfung.[19] Das daraufhin ausgesprochene Fabrikationsverbot für bestimmte Produkte wurde von dem ministeriellen Hinweis begleitet, daß bei Nichtbeachtung die völlige Schließung der Fabrik erfolgen würde.

Kunheim, inzwischen Alleininhaber, hatte dieses Schreiben nicht abgewartet. Er stellte seinen Produktionsplan um und dezentralisierte, so daß er schließlich seine Erzeugnisse in vier verschiedenen Gebäuden herstellte. Da es aber auch jetzt nicht an Beschwerden der Nachbarn fehlte und überdies eine Konzentration des Betriebes wünschenswert blieb, teilte Kunheim im Juli 1832 dem Polizeipräsidium mit, daß er ein vor dem Halleschen Tor „auf dem sog. Weinberg" gelegenes Grundstück erwerben wolle. Vor dem Kauf erbäte er die Stellungnahme der Behörde, um Gewißheit über die Konzessionserteilung zu bekommen. Stadtphysikus Natorp trat für eine schnelle Prüfung ein, „da uns

[16] Vgl. *Zeitblatt für Gewerbetreibende*, Bd. 5 (1832), S. 215 f.

[17] *Staatsarchiv Potsdam, Provinz Brandenburg*, Rep. 30 C, *Polizeipräsidium Berlin*, Tit. 47, Fach 65, Nr. 15 (1923). Danach das Folgende.

[18] Es unterzeichneten z.B. die Direktoren der Berliner Zuckersiederei-Kompagnie, die Inhaber der ersten Dampfmühle von Schumann & Krauske und Fabrikenkommissions-Rat Frank.

[19] Vgl. dazu Ilja Mieck, *Sigismund Friedrich Hermbstaedt*, in: *Technikgeschichte*, Bd. 32 (1965) S. 363 f.

allen sehr daran liegen muß, diese chemische Fabrik baldmöglichst aus der Stadt zu bringen". Drei Wochen später wurde die Genehmigung erteilt; der Aufstieg Kunheims zum chemischen Großunternehmer begann vor den Toren der Stadt. Bis in die 40er Jahre konnte die Fabrikation nun „ohne Belästigung von Umwohnern" vor sich gehen, und als 1847 die für die sich ausbreitenden Friedhöfe zuständigen Kirchenbehörden Beschwerde führten, stellte ein Gutachten sogar fest, „daß die Existenz der Fabrik der Entstehung aller Moderluft in den Grüften und überirdischen Grabgewölben der Kirchhöfe kräftigst entgegenarbeitet".[20]

Mit der Kunheimschen Fabrik war innerhalb von zwei Jahrzehnten das dritte chemische Unternehmen aus der Stadt Berlin in die nähere Umgebung verlegt worden. Dem weiteren Vordringen der chemischen Industrie in der Stadt hatte das Polizeipräsidium wegen der damit verbundenen Möglichkeit einer Gesundheitsgefährdung infolge Luftverseuchung einen Riegel vorgeschoben.

Diese unnachgiebige Haltung der Behörden ist auch deshalb bemerkenswert, weil seit den Jahren 1810/11 das preußische Gewerbeleben weitgehend liberalisiert worden war.[21] Die Einführung der Gewerbefreiheit beseitigte die monopolistische Kontrolle des Handwerks durch die Zünfte und durchbrach das herkömmliche, starre Schema des durch die einzelnen Gewerke streng eingehaltenen Aufstiegs von der Lehrzeit zur Selbständigkeit. Von nun an konnte jeder Bürger ohne Qualifikationsnachweis, sofern er nur seine Gewerbesteuer im voraus entrichtete, in Handwerk, Handel und sonstigen Professionen sein Glück versuchen. Nur 34 Gewerbe, „bei deren ungeschicktem Betrieb gemeine Gefahr obwaltet" oder für die Unbescholtenheit vorausgesetzt wurde, waren davon ausgenommen.[22]

Über Fabriken sprach das Gesetz nur anläßlich der von der Arbeiterzahl abhängenden Steuerhöhe. Damit blieb unentschieden, ob überhaupt noch Konzessionen bei Fabrikgründungen nötig waren. Auch bei Gelegenheit des Gewerbepolizeigesetzes von 1811,[23] das den Kreis der erlaubnispflichtigen Gewerbe erweiterte, unterblieb eine Stellungnahme. Ebensowenig brachte eine Regie-

[20] L. Spiegel, *Hundert Jahre Kunheim. Ein Rückblick auf Entstehung und Entwicklung der Chemischen Fabriken Kunheim & Co. Aktiengesellschaft,* Berlin o. J. [1925], S. 26.

[21] Vgl. dazu Ilja Mieck, *Preußische Gewerbepolitik in Berlin 1806–44. Staatshilfe und Privatinitiative zwischen Merkantilismus und Liberalismus* (= Veröffentlichungen der Historischen Kommission zu Berlin, Bd. 20, Publikationen zur Geschichte der Industrialisierung, Bd. 1), Berlin 1965, S. 14 ff.

[22] Dazu gehörten Ärzte und Apotheker, Maurer und Zimmerleute, amtliche Dolmetscher und Lotsen, Seiltänzer und Schauspieldirektoren.

[23] *Gesetz-Sammlung für die Königlichen Preußischen Staaten 1811,* S. 263 ff.

[24] *Instruktion zur Geschäftsführung der Regierungen in den Königlichen Preußischen Staaten vom 23.10.1817,* in: *A.a.O., 1817,* S. 250 (§ 3) und S. 265 (§ 21, Nr. 13).

rungsinstruktion von 1817 endgültige Klarheit.[24] Zwar wies der § 3 den Regierungen das Recht auf „Erteilung von Konzessionen" zu, man bemerkte aber, daß sich „bei wichtigen Fabrikanlagen und bei allen Beschränkungen der Handels- und Gewerbefreiheit" das Ministerium die Entscheidung vorbehalte. Als dagegen die Regierung in Liegnitz anfragte, ob die Bestimmungen des Allgemeinen Landrechts über die Pflichtkonzessionierung von Fabriken durch das Gesetz von 1810 aufgehoben seien, kam aus Berlin die Antwort, daß für die Anlage von Fabriken keine besondere Konzession erforderlich sei, sofern nicht bau- oder feuerpolizeiliche Genehmigungen nötig wären.

Hier scheint ein Widerspruch vorzuliegen. Er läßt sich jedoch auflösen, wenn der Begriff der „bau- oder feuerpolizeilichen Genehmigungen" genauer betrachtet wird. Die gesetzliche Grundlage bildeten einige Artikel des Allgemeinen Landrechts, die einen sehr weiten Interpretationsspielraum boten. Ihre Heranziehung konnte sogar für eine Einschränkung der Rauch- und Abgasbelästigung von Bedeutung werden.

So durfte „zum Schaden oder zur Unsicherheit des gemeinen Wesens ... kein Bau . . . vorgenommen werden. Wer also einen neuen Bau in Städten anlegen will, muß davon der Obrigkeit zur Beurteilung Anzeige machen", und vorzüglich war eine behördliche Erlaubnis erforderlich, „wenn, sei es in Städten oder auf dem Lande, eine neue Feuerstelle errichtet . . . werden soll".[25]

Noch 1829 hielt das Ministerium auf Grund der letzten Bestimmung ein besonderes Gesetz über die Anlage von Dampfmaschinen für entbehrlich,[26] und 1841 wurde unter Bezug auf diese Vorschrift die Errichtung einer Gasbereitungsanstalt reglementiert:[27]

„Eine Gasbereitungsanstalt verbreitet nicht nur lästige Gerüche, sondern ist auch feuergefährlich. Die Kgl. Regierung hat deshalb beim Eingehen einer derartigen Bauanmeldung ... eine sorgfältige Aufnahme der Lage und Nachbarschaft . . . zu veranlassen" und an die Genehmigung solche Bedingungen zu knüpfen, durch welche sie „ der Beschädigung oder Belästigung des Publikums vorbeugen zu können glaubt". Das gelte auch für Anlagen, die nur der privaten Nutzung dienen, sofern „dadurch eine Belästigung der Nachbarschaft erwartet werden kann". Zwei Jahre später wurde als Prüfungskriterium für alle Gasanstalten präzisiert, daß „die größere oder geringere Gefahr und die Erheblichkeit der Belästigung der Nachbarschaft durch den üblen Geruch zu beurteilen" sei.[28]

[25] *ALR* Teil 1, Tit. 8, §§ 66, 67, 69.

[26] *Ministerialreskript vom 26. November 1829*, in: Karl Albert von Kamptz (Hrsg.), *Annalen der Preußischen inneren Staatsverwaltung*, Bd. 13 (1829), S. 888.

[27] *Verfügung an die Regierung in Münster vom 25.8.1841*, in: *Ministerialblatt für die gesamte innere Verwaltung in den Kgl. Preußischen Staaten*, Bd. 2 (1841), S. 231.

[28] *Reskript an die Regierung in Aachen vom 30.4.1843*, in: *A.a.O.*, Bd. 4 (1843), S. 172 f.

Einige der landrechtlichen Bestimmungen boten demnach — legte man sie nur weit genug aus — in der Tat eine rechtliche Handhabe zur Beschränkung lästiger Gewerbebetriebe; um so bemerkenswerter ist, daß sich das Berliner Polizeipräsidium erlaubte, auch ohne Bemühung der bau- und feuerpolizeilichen Vorschriften des Allgemeinen Landrechts chemische Fabriken in ihrem Produktionsspielraum erheblich einzuengen oder sie sogar ganz aus der Stadt zu weisen: Grundlage der Entscheidung bildeten eindeutig gesundheitspolizeiliche, gewerbehygienische Prinzipien, wie sie in den Reskripten des Generaldirektoriums von 1796 und 1800 zum Ausdruck gebracht worden waren.

Eine ähnliche Haltung läßt sich für die Regierung in Düsseldorf nachweisen, die z.B. die Genehmigung zur Anlage der Schwefelsäurefabrik von F.W. Curtius im August 1824 erst erteilte, nachdem der zuständige Kreisphysikus eine zustimmende Stellungnahme abgegeben hatte. Für diese Betriebserlaubnis dürfte vor allem der vorgesehene Standort „weit außerhalb der Duisburger Stadtmauern" ausschlaggebend gewesen sein.[29]

An diesen Fall erinnerte sich der Duisburger Bürgermeister, als die mit Curtius verwandten Kaufleute Matthes und Weber 1837 um die Erlaubnis zum Betrieb einer Sodafabrik nachsuchten.[30] Er bat, „da zu dieser Anlage die Genehmigung des Kgl. Medizinal-Collegiums erforderlich sein wird", um die Entsendung eines Regierungsinspektors. Der mit der Rechtslage besser vertraute Landrat fragte jedoch nur an, ob bei der Produktion „der Gesundheit nachteilige Ausdünstungen entstehen" und also die Verordnungen des Generaldirektoriums angezogen werden könnten. Die Unternehmer versicherten, daß bösartige und gesundheitsschädigende Ausdünstungen nicht zu erwarten seien; „nur erzeugen die zu verarbeitenden Materialien mitunter einen unangenehmen Geruch, welcher aber im vorliegenden Falle weniger in Betracht kommt als der pestilentialische Gestank der vor dem Marientor befindlichen Leimsiedereien". Überdies befänden sich keine Wohnhäuser in der Nähe.

Weder diese nicht ungeschickte Argumentation noch ein unterstützendes Gutachten des Mülheimer Kreisphysikus konnte die Bedenken der Regierung gänzlich ausräumen. Als die Genehmigung schließlich am 24. April 1838 erteilt wurde, geschah dies nur unter der Bedingung, daß „die innere Einrichtung der Fabrik genau nach dem dieser Konzession beigehefteten Plan und zugehöriger

[29] Walther Däbritz, *E. Matthes & Weber A.G. Duisburg. Die Entwicklung einer chemischen Fabrik in hundert Jahren 1838–1938,* Duisburg 1938, S. 19.

[30] *Stadtarchiv Duisburg,* Nr. 1395. Für die Überlassung von Fotokopien der betreffenden Akten aus den Archiven in Duisburg und Düsseldorf ist der Verfasser Frau Dr. Barleben von der Fa. Henkel, sowie Herrn Prof. Dr. K.-H. Ludwig, jetzt Bremen, und Herrn Schneider aus der VDI-Geschäftsstelle sehr zu Dank verpflichtet.

Beschreibung erfolgt, damit die Entweichung von salzsauren Dämpfen in dem Grade vermieden werde, daß die wenigen Dämpfe, welche der Verdichtung entgehen möchten, keinen Nachteil für die Nachbarn veranlassen". Die Unternehmer mußten sich verpflichten, „wenn künftig noch bessere Vorkehrungen zur Verhütung des Entweichens nicht absorbierter salzsaurer Dämpfe" entwickelt und erprobt sein würden, diese in ihrer Fabrik anzubringen. Die Erlaubnis blieb im übrigen auf Soda, Salzsäure und Zinnsalz beschränkt; ausdrücklich verboten wurde die Herstellung von Chlorkalk.

Matthes & Weber waren jedoch nicht geneigt, diese Auflage als endgültig zu akzeptieren; versprach doch der Chlorkalk als wichtiger Grundstoff für Bleicherei und Zeugdruckerei infolge der sich rasch steigernden Massenfertigung von Textilien beachtliche Absatzmöglichkeiten. Da außerdem die als Nebenprodukt bei der Sodaherstellung anfallende Salzsäure einen wichtigen Ausgangsstoff für die Chlorkalkgewinnung darstellte, ist es verständlich, daß die Unternehmer bereits 1840 die Aufhebung des Verbots der Chlorkalkproduktion beantragten.[31]

Die Auseinandersetzung dauerte mit Unterbrechungen acht Jahre. Zweimal zogen Matthes & Weber ihren Antrag zurück, mindestens einmal (1846) auch infolge nachbarlicher Einsprüche. Erwähnung verdient ein von der Regierung erbetenes Gutachten, das der Bonner Ordinarius für Chemie und Technologie Karl Gustav Bischof im Dezember 1844 vorlegte.[32] Es bestätigte, daß selbst geringe Mengen des entweichenden Chlorgases äußerst unangenehme Folgen für die Nachbarschaft hätten, die vom Hustenreiz bis zu Kopfschmerzen und leichtem Fieber reichten. Eine Steigerung der Beschwerden würde zweifellos an windstillen, nebligen Tagen auftreten, an denen „die ganze Umgebung in einen solchen erstickenden Nebel eingehüllt bleibt". Außerdem wies Bischof auf die mit Sicherheit zu erwartende Schädigung der Vegetation durch das Chlorgas hin — Gründe genug, die Errichtung der Chlorkalkfabrik „in unmittelbarer Nähe bewohnter Räume bei Duisburg" keineswegs zu empfehlen. Immerhin deutete Bischof einen Ausweg an: „Eine wesentliche Beeinträchtigung für Duisburg und seine Umgebungen" sei nur dann nicht zu befürchten, wenn die Fabrik „an den Ufern des Rheines an irgendeiner passenden Stelle" errichtet würde.

Dieses Gutachten rechtfertigte in aller Deutlichkeit das 1838 ausgesprochene Verbot der Chlorkalkgewinnung unmittelbar vor der Stadt. Den vorgetragenen Argumenten konnten sich auch die Fabrikanten nicht verschließen: sie erwarben 1846/47 ein Grundstück, das zwar nicht am Rhein, aber wenigstens in einem damals noch kaum bewohnten Gebiet westlich der Stadt lag. Dem wiederum

[31] Vgl. W. Däbritz, *E. Matthes & Weber . . .*, S. 47 f.

[32] *Stadtarchiv Duisburg*, Nr. 1403.

gestellten Konzessionsgesuch folgte endlich am 18.1.1848 die Erlaubnis zur Errichtung der Chlorkalkfabrik.

In Übereinstimmung mit den Ansichten der chemischen Wissenschaft hatte die Regierung in Düsseldorf die Anlage dieser Fabrik aus eindeutig gesundheitspolizeilichen Gründen zehn Jahre lang verhindert und die Unternehmer schließlich gezwungen, auf den ursprünglich geplanten Standort zu verzichten. Ähnlich wie das Polizeipräsidium in Berlin trugen die Behörden in Düsseldorf in diesen Fällen keine Bedenken, gesamtwirtschaftliche und steuerpolitische Aspekte als sekundäre Fragen anzusehen.

Die juristische Legitimation solcher Maßnahmen blieb freilich bis in die Mitte der 40er Jahre fragwürdig. Die Auffassung der lokalen Behörden, sowohl die landrechtlichen Bestimmungen als auch die Verordnungen des Generaldirektoriums als großzügig zu interpretierende Rahmenvorschriften zu betrachten, erfährt jedoch eine gewisse Rechtfertigung durch das Zögern der Zentrale in Berlin, eine Neuorientierung der Rechtsnormen an den in raschem Wandel befindlichen technischen und sozialen Grundlagen des Wirtschaftslebens vorzunehmen.

Das Fehlen einer für die gesamte Monarchie einheitlichen Regelung führte dazu, daß die lokalen Instanzen in ihrem Bemühen, gesundheitsschädigende Etablissements in ihrer Tätigkeit möglichst zu beschränken, auf alte Verordnungen und Gesetze angewiesen blieben oder sich auf die von Fall zu Fall erlassenen ministeriellen Anweisungen zu stützen hatten. Als man 1827 begann, ein allgemeines Schutzgesetz auszuarbeiten, gab es über ein Dutzend einschlägiger Bestimmungen, die teils in ganz Preußen, teils nur in einzelnen Landesteilen Geltung besaßen.

Da in den 1815 an Preußen gefallenen Gebieten die gewerbepolizeilichen Bestimmungen von 1810/11 nicht in Anwendung gebracht wurden, sondern dort weiterhin der Status quo der Gewerbeverfassung in Kraft blieb,[33] existierte z.B. in einem Teil der westlichen Provinzen ein Gesetz, das zu den frühesten Zeugnissen einer in Deutschland geltenden gewerbehygienischen Gesetzgebung zählen dürfte und schon aus diesem Grunde besondere Erwähnung verdient. In Frankreich erschien 1810 ein kaiserliches Dekret über die „manufactures et ateliers qui répandent une odeur insalubre ou incommode“. Sein Geltungsbereich umfaßte nicht nur die seit 1801 französischen Gebiete

[33] Vgl. Ludwig von Rönne, *Das Staatsrecht der Preußischen Monarchie*, Bd. 4, 4. Aufl., Leipzig 1884, S. 418.

[34] *Décret impérial relatif aux Manufactures et Ateliers qui répandent une Odeur insalubre ou incommode du 15 Octobre 1810*, in: *Recueil des lois, décrets et avis du conseil d'état publiés dans les départements de l'Ems-Supérieur, des Bouches-du-Weser, et des Bouches-de-l'Elbe*, tom. 4, Paris 1811, p. 452—461. Dem Gesetz ist eine (nicht sehr gute) deutsche Übersetzung

links des Rheines, sondern auch weite Teile Nordwest-Deutschlands, die 1810 annektiert und zu drei Departements umgestaltet worden waren.[34]

Napoleon hatte zur Überprüfung mehrerer „plaintes portées par différents particuliers" einen Bericht des Innenministers und ein Gutachten der „Section de chimie de la classe des sciences physiques et chimiques" des Institut de France angefordert. Aufgrund dieser Unterlagen wurde das Dekret entworfen und am 15. Oktober 1810 verkündet. Es bestimmte, daß vor der Errichtung von Betrieben, die unangenehme oder ungesunde Dünste verbreiten, ab sofort und ausnahmslos die Erlaubnis der Verwaltungsbehörde einzuholen sei (Art. 1). Nach dem Grad der zu erwartenden Belästigung wurden die in Frage kommenden Anlagen in drei Klassen eingeteilt.

Die erste Gruppe umfaßte solche Werkstätten, die nur „éloignés des habitations particulières" angelegt werden durften und in jedem Fall eine Genehmigung des Staatsrats benötigten. Der Antrag mußte beim zuständigen Präfekten eingereicht werden, der ihn durch Anschlag in einem Umkreis von 5 Kilometern bekanntmachen ließ. Einspruchsmöglichkeiten hatten alle „particuliers", aber auch die Gemeinde-Bürgermeister (Art. 3). Eine bestimmte Frist wurde im Gesetz nicht genannt. Die lokalen Behörden waren angewiesen (Art. 9), die örtliche Lage der geplanten Anstalt zu präzisieren und die Entfernung von den Wohnhäusern anzugeben. Falls kein Einspruch erfolgte, konnte nach dem Bericht des Präfekten und dem Vortrag des Innenministers die Betriebserlaubnis erteilt werden. Die dem Gesetz beigefügte Liste reihte nicht weniger als 32 Gewerbezweige in die erste Klasse ein. Neben den Anlagen zur Verarbeitung tierischer Produkte[35] stehen chemische Fabriken[36] sowie Hersteller von Feuerwerk, Kohlenschweler, Gips-, Kalk- und Torfbrenner, Hanfröstereien, Wachstuch-, Papp- und Lackfabriken und Lederlackierer. Daß auch Lumpenverwerter (chiffoniers), Schweineställe und zoologische Gärten (ménageries) dazu gehörten, soll als Hinweis auf die weitreichende Absicht des Gesetzgebers erwähnt werden.

Für die zweite Gruppe genügte die Genehmigung des Präfekten. Hierbei handelte es sich um Werkstätten, deren Isolierung zwar nicht „rigoureusement

beigefügt; die Bezeichnungen der Gewerbebetriebe erfolgen jedoch nur in französischer Sprache. Über die Bedeutung des Dekrets vom 15.10. 1810 für die französische Schutzgesetzgebung vgl. demnächst Ilja Mieck, *Die Anfänge der Umweltschutz-Gesetzgebung in Frankreich*, in: *Francia*, Bd. 9 (1981).

[35] Abdeckereien. Schlacht- und Brühhäuser (échaudoirs), Fett- und Talgschmelzereien (suif brun), Leimkochereien, Kaldaunenverwertung, Saitenfabrikation und Ölproduktion (fabriques d'huile de pied ou de corne de bœuf).

[36] Herstellung von Stärke, Preußisch Blau, Scheidewasser und Schwefelsäure, Mennige, Poudrette, Salmiak, künstl. Soda.

nécessaire" war, die aber nur zu gestatten seien, „après avoir acquis la certitude que les opérations qu'on y pratique sont exécutées de manière à ne pas incommoder les propriétaires du voisinage, ni à leur causer des dommages" (Art. 1, Abs. 3). In diesen Fällen mußte der beim Unterpräfekten vorzulegende Antrag dem Bürgermeister der betreffenden Gemeinde zugeleitet werden, der Erkundigungen „de commodo aut incommodo" einzuholen hatte. Gegen die Entscheidung des Präfekten war eine Einspruchsmöglichkeit gegeben. Diese Gruppe umfaßte 23 Gewerbezweige. Abgesehen von den mit chemischen Prozessen arbeitenden Ateliers[37] und anderen Handwerksbetrieben[38] erscheinen an dieser Stelle nicht nur Metallgießereien und -Affinierungsanstalten (aux fourneaux à manche), sondern auch „pompes-à-feu", d.h. Dampfmaschinen. Es darf als sicher gelten, daß damit zum ersten Male in Deutschland die Dampfmaschine Objekt einer gewerbehygienisch orientierten Schutzgesetzgebung wurde.

Endlich unterwarf das Edikt elf Gewerbezweige, „qui peuvent rester sans inconvénient auprès des habitations", der polizeilichen Genehmigung (Art. 1, Abs. 4). Gestützt auf Gutachten der Bürgermeister entschieden die Unterpräfekten über die Herstellung von Alaun und Kupfersulfat, Metallettern, Tapeten, Knöpfen, Pergament- und Stärkeleim und mußten die Tätigkeit von Metallbronzeuren, Wachs- und Seifenfabriken und Brauereien genehmigen. Auch die Produktion der „cornes transparentes" gehörte dazu.[39]

In keinem Falle sollte das Dekret rückwirkend angewandt werden: „Tous les établissements, qui sont aujourd'hui en activité continueront à être exploités librement" — vorbehaltlich jedoch möglicher Entschädigungsansprüche der Nachbarn, falls diese eine Schädigung oder Beeinträchtigung ihres Eigentums geltend machten (Art. 11). Nur in besonderen Ausnahmefällen, „en cas de graves inconvénients pour la salubrité publique, la culture, ou l'intérêt général" konnten Werkstätten der ersten Gruppe geschlossen werden; hierzu bedurfte es einer Entscheidung des Staatsrats, dem mündliche bzw. schriftliche Stellungnahmen von Ortspolizei, Präfekt und Unternehmer vorgelegen haben mußten (Art. 12).

Dieses französische Edikt bildet eine interessante Ergänzung zu den geschilderten preußischen Bemühungen, eine Belästigung der Nachbarschaft durch Rauch und üble Gerüche weitgehend zu vermeiden. Es handelt sich in etwa um

[37] Gerber jeder Art, Färber, mit unterchloriger Säure (acide muriatique oxygéné) arbeitende Bleicher, Wachstaft- und Bleiweißfabriken, Branntweinbrenner, Talgschmelzer (suif en branches) und Lichtzieher.

[38] Klempner, Seidenspinner, Schrothersteller u.a. Auch hier fehlt nicht das Kuriose: Die Liste nennt noch Kuhställe und Sezieranstalten (salles de dissection).

[39] In einem speziellen Verfahren wurden sehr feine Hornblätter hergestellt, die wegen ihrer Transparenz als Laternen- oder Fensterscheiben benutzt wurden.

die gleichen Betriebe, die von einer polizeilichen oder ministeriellen Genehmigung abhängig waren. Entsprechend der in Frankreich bereits weiter fortgeschrittenen Industrialisierung bezog sich das Dekret auch auf Betriebe, die vor allem durch ihre Rauchentwicklung störend oder gefährlich waren und erübrigte deshalb in seinem Geltungsbereich die oft wenig eleganten Interpretationen allgemeiner Gesetze, mit denen man im restlichen Preußen derartigen Anlagen zu Leibe rückte.

Das Dekret war allerdings keine vollendete legislative Leistung; der Text enthielt einige Unklarheiten und widersprach sich sogar an zwei Stellen.[40] Die drei Verzeichnisse der genehmigungspflichtigen Etablissements begannen jeweils alphabetisch, gaben aber diese Ordnung bald auf.[41]

1815 fiel ein Teil der drei ehemaligen Departements Nordwest-Deutschlands mit den Städten Münster und Minden an Preußen, ebenso die Rheinprovinz. Die dort bestehenden gewerbepolizeilichen Bestimmungen galten weiterhin. Daß das Dekret von 1810 tatsächlich Anwendung fand, ist nachweisbar: So wissen wir, daß sich die Regierung in Aachen 1823 danach richtete. 1829 erinnerte das Ministerium die gleiche Behörde an dieses Gesetz, als man um Richtlinien für die Genehmigung von Dampfmaschinen-Anlagen gebeten hatte.[42] Der wenig später an einem Gesetzentwurf arbeitende Berliner Polizeirat Bretzing erwähnte dagegen die Verordnung nicht, doch wurde sie noch 1843 anläßlich der Errichtung einer Gasanstalt im Aachener Raum zitiert.[43]

Es ergab sich in diesem Falle das Kuriosum, daß in einem nicht unbeträchtlichen Teil Preußens ein Gesetz Napoleons aus dem Jahre 1810 bis 1845 in Kraft blieb, während in Frankreich selbst bereits nach fünf Jahren eine ergänzende Verordnung herauskam (1815), wodurch u.a. die oben geäußerte Kritik an der redaktionellen Fassung eine Bestätigung erfuhr.

Die Aachener Regierung unterbreitete dem Ministerium im Jahre 1823 Vorschläge zur Ergänzung und Modifizierung der in den Rheinprovinzen noch geltenden französischen Bestimmungen über die „einen widrigen Geruch verbreitenden Anlagen" und fügte die in Frankreich 1815 erschienene Verordnung

[40] Vgl. *Décret impérial* . . ., in: *Recueil des lois* . . ., tom. 4, Art. 2, Satz 1 und Anhang, Satz 1; Art. 2, Satz 3 und Art. 8. Vgl. dazu die neue in Anm. 34 genannte Untersuchung.

[41] Das gilt nur für die ersten beiden Gruppen.

[42] Reskript an die Regierung in Aachen vom 26. November 1829, in: K.A. von Kamptz (Hrsg.), *Annalen* . . ., Bd. 13, S. 888.

[43] Ministerialverfügung an die Regierung in Aachen vom 30. April 1843, in: *Ministerialblatt* . . ., Bd. 4 (1843), S. 172 f.

[44] Nach dem Kollegialreskript von drei Ministerien (Medizinalangelegenheiten, Handel und Gewerbe, Inneres und Polizei) an die Regierung in Aachen vom 28. Oktober 1823, in: K.A. von Kamptz (Hrsg.), *Annalen* . . ., Bd. 7 (1823), S. 956 f. Über die Ordonnance Royale vom 15.1.1815 vgl. die in Anm. 34 angekündigte Untersuchung, Kapitel 3.

zur Information bei.[44] Aus verschiedenen Gründen hielt die Verwaltung diese französische Verordnung nicht für preußische Verhältnisse geeignet und bemerkte, daß im übrigen zur Beschränkung solcher Anlagen ein besonderes Gesetz nicht erforderlich sei: „Den Forderungen der Sanitätspolizei wird Genüge geleistet, wenn die Ortspolizei-Behörde, welche dazu ebenso befugt als verpflichtet ist, in bewohnten Gegenden Gewerbe, welche der Gesundheit direkt nachteilige Gerüche verbreiten, nicht duldet, und bei *neuen Anlagen*[45] auch darauf sieht, daß die einen ekelhaften Geruch verbreitenden Gewerbe überhaupt nicht zu nahe an und in dichtbewohnten Quartieren betrieben werden."

Damit ist die Haltung der Ministerialbürokratie deutlich umrissen: Man sah die Notwendigkeit ein, bestimmte Betriebe in ihrer Tätigkeit zu beschränken und von dichtbesiedelten Gebieten möglichst fernzuhalten, war aber nicht zu einer generellen gesetzlichen Regelung bereit. So konnte die Polizei mehr oder weniger ihre eigenen Vorstellungen durchsetzen.

Zur Ergänzung der eben dargestellten ministeriellen Auffassung dient ein Vorgang aus dem Jahre 1829. Die Regierung in Frankfurt a.d.Oder hatte die Anlage einer Ziegelei in der Vorstadt abgelehnt, und der Antragsteller wandte sich an die vorgesetzte Behörde in Berlin, die jedoch die getroffene Entscheidung billigte.[46] Die Errichtung einer Ziegelei in der Stadt sei in doppelter Hinsicht unzulässig: einmal wegen der durch den starken Verbrauch von Brennmaterial erhöhten Feuergefahr, zum zweiten, „wegen des davon unzertrennlichen starken Rauches, welcher die Bewohner der nahegelegenen Häuser belästigt". Gegenüber diesem offenbaren Nachteil für mehrere Nachbarn, nicht zuletzt auch durch eine unvermeidliche Wertminderung ihrer Grundstücke, müsse der erstrebte Gewinn eines Einzelnen zurücktreten,[47] besonders da „ganz in seiner Nähe" bereits zwei Fayencefabriken und eine Glockengießerei arbeiteten, die „da sie einmal angelegt worden sind, von Polizei wegen auch ferner gestattet werden müssen". Es sei aber „durchaus unzulässig, die schon

[45] Hervorhebung im Original.

[46] Ministerialverfügung vom 9. Juni 1829, in: K.A. von Kamptz (Hrsg.), *Annalen...*, Bd. 13, S. 395 f.

[47] Dieses Argument geht auf *ALR*, Teil I, Tit. 8, § 30 zurück: Eine staatliche Einschränkung des Privateigentums ist nur möglich, „wenn der ... Vorteil ... anderer Bürger ... den aus der Einschränkung für den Eigentümer entstehenden Nachteil beträchtlich überwiegt."

[48] Bei den Seifensiedern zeigte sich das Ministerium großzügiger als die Polizei: „Es kann ... nicht behauptet werden, daß Seifensieder, obwohl in ihrer Nachbarschaft zuweilen ein unangenehmer Geruch verbreitet ist, gerade der Gesundheit nachteilig sind. Die erwähnte Unbequemlichkeit findet sich . . . auch bei allen Viehställen, bei Schlächtereien, bei Apotheken-Laboratorien . . . Hier in Berlin befinden sich in den lebhaftesten Straßen Seifensiedereien, ohne daß ein erheblicher Nachteil daraus entsteht". (Verfügung an die

vorhandenen Übelstände durch Gestattung neuer, ähnlicher Anlagen zu vermehren".

Versucht man, aus den uneinheitlichen und unübersichtlichen frühen preußischen Schutzvorschriften eine Zusammenfassung herzustellen, so ergibt sich, daß im Jahre 1826 mindestens folgende Gewerbebetriebe einer Beschränkung ihrer Tätigkeit unterworfen waren:
Abdeckereien (durch die Kurmärkische Regierungsverordnung vom 13. März 1734); große Eisengießereien, große Eisengußwaren-Fabriken, Gasbereitungsanstalten, Kalkbrennereien, Kohlenschwelereien, Pech- und Teerfabriken und Glashütten (nach dem Allgemeinen Landrecht (1794) II, Tit. 20 § 1543); Gerbereien aller Art, Korduanfabriken, Pergamentmachereien, Sämischlederfabriken, Seifensiedereien[48] und Lichtziehereien (nach den Verfügungen des Generaldirektoriums von 1796, 1798 und 1800); Dampfmaschinen-Anlagen (nach dem Allgemeinen Landrecht (1794) I, Tit. 8, § 69); Darmsaiten-Fabriken, Fettschmelzereien, Leimkochereien, Knochenbrennereien, Poudrette- und Uratfabriken (nach dem Reskript vom 28. Oktober 1823); Firniskochereien und Lackfabriken (nach einer Verordnung vom 23. Oktober 1801[49] und einem deklarierenden Reskript vom 25. Februar 1825); Stärkefabriken, Hersteller von Feuerwerkskörpern, chemische Fabriken, Hanfröstereien, Schlachthäuser, Papp- und Tabakfabriken, Branntweinbrenner u.a. (nach dem französischen Dekret vom 15. Oktober 1810, das auch fast alle anderen erwähnten Gewerbebetriebe nennt, aber nur in Teilen der westlichen Provinzen galt).

Die recht eindrucksvolle Liste beweist das Bemühen der Verwaltung, einer Verseuchung der Luft Einhalt zu gebieten. Im Mittelpunkt des Kampfes gegen industrielle Emmissionen standen solche Betriebe, die besonders feuergefährlich waren oder zu den chemischen Gewerben in weitestem Sinne gerechnet werden können, doch spielte auch die Vermeidung übermäßiger Rauchentwicklung schon eine Rolle.

Die gegebene Aufstellung macht aber auch etwas anderes deutlich: Es wurde immer dringender, allgemein geltende Rahmenvorschriften zu erlassen, sollte nicht in den folgenden Jahren durch weitere Sonderregelungen und ad hoc-Entscheidungen eine zunehmende Konfusion auf dem Gebiet der Gewerbebeschränkungen aus gesundheitspolizeilichen Rücksichten heraufbeschworen werden.

Regierung in Posen vom 14. April 1826, in: K.A. von Kamptz (Hrsg.), *Annalen . . .*, Bd. 10 [1826], S. 182).

[49] Die Verordnung von 1801 hatte bestimmt, daß Firniskochen zwar in der Stadt erlaubt sei, jedoch nur dort, „wo der Geruch den Nachbarn nicht lästig wird". (Vgl. *a.a.O.*, Bd. 9 [1825], S. 210.)

II

Gegen „Rauch, Geruch, Getöse": Entstehung und Bedeutung der ersten allgemeinen Immissionsschutzgesetzgebung

Erste Vorbereitungen einer solchen möglichst umfassenden Schutzgesetzgebung begannen 1827.[50] Den Anstoß dazu gab der Antrag des Unternehmers Hensel, ihm die Errichtung einer Eisengußwarenfabrik in der Köpenicker Straße zu gestatten. Als die Polizei ablehnte, wandte sich Hensel an den König, doch eine Kabinettsorder vom 14. Oktober 1827 bestätigte, daß „Fabriken, die so starke Feuerstätten erfordern, innerhalb der Ringmauern der Stadt nicht angelegt werden dürfen". Außerdem würde das geplante Etablissement nicht nur der Kattundruckerei von Dannenberger mit ihren inzwischen etwa 300 Beschäftigten[51] nachteilig werden, sondern auch die Bebauung des Köpenicker Feldes erschweren.[52] Die Argumente waren zweifellos gewichtig, eine rechtliche Handhabe bot aber lediglich der oben erwähnte Artikel des Allgemeinen Landrechts.[53] Friedrich Wilhelm III. beauftragte daher den Innenminister v. Schuckmann mit der Ausarbeitung einer allgemeinen Verordnung „wegen Anlage von Fabriken und des Betriebes von Gewerben, die den Nachbarn belästigen, in bebauten Gegenden".

Zu einer allgemeinen Schutzgesetzgebung kam es indessen noch nicht. Das Polizeipräsidium legte dem Ministerium zwar einen sehr detaillierten Gesetzentwurf vor, doch er zeigte nur zu deutlich, daß absolute Gewerbefreiheit und umfassender Umweltschutz nur schwer miteinander in Einklang zu bringen waren.[54] Die Betonung des einen Faktors ging immer auf Kosten des anderen. Solange die Gewerbefreiheit als staatliches Wirtschaftsprinzip von der Ministerialbürokratie überzeugt vertreten wurde, gab es kaum eine Möglichkeit einer

[50] *Staatsarchiv Potsdam, Provinz Brandenburg,* Rep. 30 C, *Polizeipräsidium Berlin,* Tit. 20, Nr. 152 (535). Danach das Folgende.

[51] Dannenberger betrieb damals die größte und modernste Kattundruckerei Berlins. Um 1834 arbeiteten dort 350 Menschen (Ernst Leopold Freiherr von Zedlitz und Neukirch, *Neuestes Conversations-Handbuch für Berlin und Potsdam,* Bd. 1, Berlin 1834, S. 142).

[52] Ein 1826 für das Köpenicker Feld aufgestellter Bebauungsplan sah u.a. die Errichtung von 1500 bis 1800 Häusern vor. Vgl. Johann Friedrich Bachmann, *Die Luisenstadt,* Berlin 1838, S. 234; Katharina Altmann u.a. (Hrsg.), *Die Luisenstadt. Ein Heimatbuch,* Wien 1927, S. 53 ff.

[53] *ALR,* Teil II, Tit. 20, § 1543.

[54] Über den Inhalt und das Schicksal dieses ersten Entwurfs einer preußischen Schutzgesetzgebung informiert ausführlich I. Mieck, *„Aerem ...",* in: *Technikgeschichte,* Bd. 34 (1967), S. 553—561.

wirksamen landesgesetzlichen Regelung der gewerbehygienischen Verhältnisse. Da andererseits seit den 20er Jahren auch in den obersten preußischen Behörden von einer Revision der Gewerbeverfassung die Rede war, verzichtete man vorläufig auf eine generelle Immissionsschutzgesetzgebung, um die künftige Gewerbeordnung nicht zu präjudizieren.

Lediglich für einen Teilbereich der gewerblich-industriellen Betätigung kam es bereits 1831 zu einer landeseinheitlichen gesetzlichen Regelung. Sie betraf die Aufstellung und den Betrieb von Dampfmaschinen. Diese neuen Antriebsmaschinen spielten in Berlin seit den frühen 20er Jahren eine zunehmende Rolle.[55] 1810 hatte es hier nur eine Dampfmaschine gegeben, 1820 waren es bereits acht, und 1830 zählte man 26. Bis 1840 stieg die Zahl auf 54. Von den 26 Maschinen des Jahres 1830 arbeiteten neun in Textilfabriken, die anderen standen in Druckereien, Maschinenbauanstalten, Mühlenbetrieben, Papierfabriken usw. Eine Maschine, die 1822 beim Bau der Schloßbrücke eingesetzt war, benutzte man später zum Schleifen und Polieren der heute vor der Nationalgalerie aufgestellten Granitschale. Schließlich wurde sie zur Betätigung des Springbrunnens im Lustgarten verwendet. Sie war in einem kleinen Maschinenhaus untergebracht, neben dem, wie bei allen anderen Dampfmaschinenanlagen, ein hoher Schornstein stand.

Wichtiger als die Rauchbelästigung der Öffentlichkeit war der Behörde jedoch die Sicherheitsfrage. Eine Instruktion vom 13. Oktober 1831 stand am Beginn der Dampfkesselgesetzgebung in Preußen.[56] Der Betrieb einer Dampfmaschine bedurfte fortan polizeilicher Genehmigung. Gleichzeitg erließ man sehr genaue Richtlinien, die nicht nur den Ort der Anlage und die Höhe der Schornsteine betrafen, sondern auch technische Einzelheiten wie Manometer, Sicherheitsventile, Kesselwandstärken u.ä. detailliert regelten.

Wie notwendig und naturgemäß noch unvollkommen diese ersten Bestimmungen waren, illustriert eine Beschwerde des Färbers Risch über die Dampfmaschine des Berliner Textilfabrikanten Sehlmacher, deren Betrieb im August 1830 gestattet worden war.[57] Risch klagte, „daß jene Anlage ein solches Getöse verursache und die angrenzenden Gebäude dergestalt erschüttere", daß die Mieter ihre Wohnungen verlassen wollten, da man binnen kurzem „dem Einsturz seiner Gebäude entgegensehen müsse". Glaubwürdiger klingt die Feststellung, daß infolge des Steinkohlenrauches „die auf den Trockenböden und Trockenplätzen ausgehängten gefärbten Waren dem Verderben ausgesetzt wären". In der Tat waren die Erschütterungen, die allerdings von einer von der

[55] Das Folgende nach I. Mieck, *Preußische Gewerbepolitik . . .*, S. 226 ff.

[56] Vgl. I. Mieck, „*Aerem . . .*", in: *Technikgeschichte*. Bd. 34 (1967), S. 61 ff.

[57] *Deutsches Zentralarchiv Merseburg*, Rep. 120 B II 1, 5, Vol. 2: Vorgang 1831/32.

Dampfmaschine betriebenen Walke und einer Rauhmaschine herrührten, sehr beträchtlich, da „sowohl die Gebäude als die Möbel in Bewegung gerieten", wie es im Inspektionsbericht von Langerhans heißt. Von einer Einsturzgefahr könne indessen nicht die Rede sein; da im übrigen bau- und feuerpolizeilich nichts zu beanstanden sei, mußte man die Beschwerde Rischs zurückweisen — mit dem peinlichen Hinweis, daß man auf die speziellen Klagen über die Rauch- und Lärmbelästigung durch eine Dampfmaschine nicht eingehen könne, weil es hierfür keinerlei gesetzliche Grundlagen gebe.

Daß es freilich immer dringender wurde, derartige Bestimmungen zu schaffen, ergab sich zwangsläufig aus der zunehmenden Verwendung von Dampfmaschinen und der sich dadurch steigernden Belästigung des Publikums. Manche Stadtteile waren besonders stark betroffen. So entwickelte sich vor dem Oranienburger Tor (zwar außerhalb des Mauerrings, doch infolge der vorherrschenden Westwinde störend genug) das Zentrum der Berliner Maschinenbauindustrie. Hier lagen, dicht beieinander, die Kgl. Eisengießerei, die erste Fabrik von Borsig und die Unternehmen von Egells, Hoppe, Wöhlert, Pflug und Schwartzkopff. Der Volksmund nannte dieses Gebiet das „Feuerland". Weiter außerhalb, in Moabit, befand sich die Eisengießerei und Maschinenbau-Anstalt der Seehandlung. Mit dem Kauf dieser Anlage begann A. Borsig den Aufbau seines zweiten, sehr viel größeren Etablissements. Ein anderes frühindustrielles Zentrum gab es im Südosten der Stadt. Über die dort auftretenden Belästigungen der Öffentlichkeit durch „Rauch, Geruch, Getöse", wie es der Stadtbaurat Langerhans einmal formulierte,[58] gibt es einige interessante Aktenstücke. Im Jahre 1837 beschwerten sich mehrere Hausbesitzer aus der Holzmarkt- und Alexanderstraße beim Polizeipräsidium,[59] daß sie von dem aus dem Dampfmaschinenschornstein der Zuckersiederei der Gebr. Schickler sich verbreitenden Kohlendampf derartig belästigt würden, „daß die Mieter ihre Häuser zu verlassen drohen". Seitdem die Siederei 1836 eine neue englische Methode eingeführt habe und das Sieden durch Wasserdampf in geschlossenen Gefäßen verrichte, geschehe es, „daß der in Massen entweichende dicke, schwere Steinkohlenrauch sehr häufig bis auf das Straßenpflaster heruntersinkt, andere, der Siederei gegenüberliegende Häuser einhüllt und . . . die Luft verfinstert".

Die Beschwerdeführer begnügten sich nicht mit einer Beschreibung der auftretenden Unannehmlichkeiten, sondern lieferten interessante Argumente: In

[58] *Staatsarchiv Potsdam, Provinz Brandenburg,* Rep. 30 C, *Polizeipräsidium Berlin,* Tit. 20, Nr.152 (535), fol. 19 verso: Gutachten von Langerhans vom 20.8.1828.

[59] *Deutsches Zentralarchiv Merseburg,* Rep. 120 B II 1,5; Vol. 5: Vorgang Juni 1837.

[60] Die Dampfmaschine von Dannenberger, übrigens nur von anderthalb Pferdestärken, wurde mit Koks betrieben.

der näheren Umgebung benutzten nur die Spatziersche Wollspinnerei und die Zuckersiederei Steinkohle zur Feuerung, wobei die Rauchentwicklung besonders stark sei. Dagegen heizten die Dampfmühle von Schumann, die Kattundruckerei von Dannenberger, das Messingwerk von Ravené & Heckmann und die Bergemannsche Fournierschneide-Anstalt ausschließlich mit Torf,[60] und der dabei entstehende Rauch „ist kaum zu bemerken und verteilt sich sehr leicht in der Luft". Man wies auch auf die Patentpapier-Fabrik hin, die seit vielen Jahren einen aus England bezogenen „Feuerungsregulator und Rauchverzehrer mit rotierendem Rost" benutze. Nach der kühnen Forderung, daß die Gesetze auch die Art des Brennmaterials berücksichtigen müßten, machten die Supplikanten noch auf die geringe Schornsteinhöhe der Zuckersiederei von nur 60 Fuß[61] aufmerksam, wogegen Dannenberger, Heckmann und Bergemann Schornsteine von 120—125 Fuß errichtet hätten.

Nach einer Inspektion ihrer Siederei durch den Stadtbaurat Langerhans erklärten sich die Gebr. Schickler bereit, zur Abstellung der Mißstände ihren Schornstein um 15 Fuß zu erhöhen und versuchsweise zur Koksfeuerung überzugehen.

Das Beispiel zeigt, wie schnell die erste Dampfmaschinen-Verordnung infolge des raschen Fortschreitens der Technik überholt war; die vorgeschriebene Schornsteinhöhe von 60 Fuß erwies sich als nicht ausreichend. Um so bemerkenswerter ist es, daß einzelne Unternehmer bereits von sich aus, ohne durch gesetzliche Vorschriften dazu gezwungen zu sein, die Höhe ihrer Schornsteine verdoppelt hatten.

Im Zusammenhang mit der Beschwerde gegen die Zuckersiederei regte das Polizeipräsidium beim Ministerium eine Novellierung der Dampfmaschinen-Verordnung von 1831 an. Dort waren — nach einem Vorschlag Beuths vom April 1835 — die Vorbereitungen dazu schon im Gange. Am 6. Mai 1838 erschienen die neuen Vorschriften,[62] die die bisherigen Bestimmungen erheblich verschärften. Die Höhe der Schornsteine sollte von nun an durch die Menge und die Art des Brennmaterials bestimmt werden — der vernünftige Vorschlag der Beschwerdeführer aus Berlin war im Prinzip akzeptiert worden. Noch mehr hatte der Gesetzgeber aus der Affäre um die Zuckersiederei gelernt:[63] „In allen Fällen, wo die Aufstellung der Dampfkessel ... in bewohnten Orten oder in der Nähe nachbarlicher Grundstücke stattfindet, ist ... der Unternehmer ver-

[61] Das Polizeipräsidium stellte später eine Höhe von 70 Fuß fest; in jedem Fall entsprach das den 1831 erlassenen Vorschriften. Ein preußischer Fuß= 0,314 m.

[62] Regulativ die Anlage und den Gebrauch von Dampfkesseln ... betreffend, vom 6. Mai 1838, in: *Gesetz-Sammlung ..., 1838,* S. 372—389.

[63] *A.a.O.*, S. 375 f., § 8, Abs. 3.

[64] Über 6 Atmosphären Dampfspannung.

pflichtet, dem Fundamente und den Wänden der Schornsteinröhre eine solche Stärke zu geben, daß eine Erhöhung durch Aufmauerung oder durch einen Aufsatz von Eisen . . . ausgeführt werden kann, wenn wegen Unzulänglichkeit der Höhe der Schornsteinröhre für die benachbarten Grundbesitzer Belästigungen durch Rauch, Ruß usw. entstehen." Bei allen größeren Dampfkesseln[64] sollte die Erhöhung so weit gehen, „wie es zur Abwendung von Belästigungen sich als erforderlich ergibt". Durch den Verzicht auf eine exakte Vorschrift über die Mindesthöhe vergrößerte sich die Einspruchsmöglichkeit der Verwaltung ganz erheblich.

Ein anderer Fall aus den 30er Jahren ist deswegen von besonderem Interesse, weil bei ihm nicht nur die Luftverunreinigung, sondern auch das Problem der Lärmentwicklung eine Rolle spielte. Der Kupferschmied Carl Heckmann betrieb am Hausvogteiplatz eine Werkstätte, in der ein einpferdiges Roßwerk „einen Hammer zum Ausdehnen der Kupferplatten in Bewegung" setzte.[65]

Als er in seinem Garten eine zweite Werkstatt einrichten wollte, protestierten „sämtliche Nachbarn" in zwei an die Polizei gerichteten Schreiben. Dort hielt man die Sache für wichtig genug, sie dem Ministerium zu unterbreiten. Heckmann, ein rechtschaffener Bürger, der zur Zeit etwa 30 Gesellen beschäftige und einen ansehnlichen Auslandsabsatz habe, bringe schon jetzt „bei dem geringen Aufwande von Kräften" für seine Nachbarn „eine große Belästigung"; vor allem „durch die starke Dröhnung" bei dem Hämmern der Gesellen und durch den drei Zentner schweren Kupferhammer sei der Lärm „kaum noch erträglich". Die Polizei sah darin einen unhaltbaren Zustand und vermutete, daß der von früh bis spät andauernde Lärm ernste Gesundheitsstörungen hervorrufen könne. Man schlug vor, den Betrieb des Kupferhammers durch ein Roßwerk „mitten in dem bebautesten Teile der Stadt" zu untersagen und die Errichtung der zweiten Werkstatt nur im Hof der Heckmannschen Gebäude zu gestatten, nicht aber in dem seinen Nachbarn zugewandten Garten.

Im Ministerium war man sich einig, daß es keine rechtliche Grundlage gebe, die Errichtung der zweiten Werkstatt im Garten zu verbieten. Über das Hammerwerk urteilte als erster Innenminister von Rochow: Ein „Kupferhammer ist keine Gewerbeanlage, die in Städten geduldet werden könnte"; das „helltönende und weithin schallende Getöse" gehe weit über das den Nachbarn zumutbare Maß an Lärmbelästigung hinaus. Der kritischere Beuth, Direktor im Finanzministerium, meinte dagegen, daß das nur eine halbe Pferdestärke erfordernde Hammerwerk recht unbedeutend und kein eigentlicher Kupferhammer sei; im übrigen erzeuge diese Maschine sicher viel weniger Getöse, als wenn dieselbe Arbeit von zwei Gesellen verrichtet würde. Er empfahl, die Beschwerde

[65] *Deutsches Zentralarchiv Merseburg,* Rep. 120 BB IIa 2, 27; Vol. 1: Vorgang 1835.

der Nachbarn zurückzuweisen, solange das Hammerwerk nur in dem bisherigen Umfange betrieben werde. In diesem Sinne wurde die Polizeibehörde beschieden.

Die Nachbarn Heckmanns gaben aber nicht auf. Um nicht von vornherein wiederum abgewiesen zu werden, beklagten sie sich nunmehr auch über gesundheitsschädliche Ausdünstungen der Kupferschmiede. Der vom Polizeipräsidium daraufhin mit einer Inspektion beauftragte Stadtphysikus Natorp stellte fest, daß beim Verzinnen der kupfernen Gefäße durch die Verwendung von Salmiak und Kolophonium „zwar unangenehme, jedoch der menschlichen Gesundheit nicht nachteilige Dämpfe" verbreitet würden. Dagegen sei jedoch der Lärm „eine kaum zu ertragende Beschwerde", so daß „die Kranken in dieser Gegend selten zum Schlaf" kämen. Dieser Bericht ermutigte die Polizei, noch einmal beim Ministerium vorstellig zu werden. Dort hielt man es für sicherer, Rückendeckung beim König zu suchen. In einem Immediatbericht vom 29. September 1835 rechtfertigte man die bisherige Haltung damit, daß „allein in der größeren Ausdehnung eines . . . bereits an seinem jetzigen Orte erlaubten Gewerbes keine Veranlassung liegen kann, dasselbe aus den bewohnten Gegenden der Stadt zu verweisen". Man könne den begründeten (sic!) Beschwerden nicht abhelfen, ohne Gefahr zu laufen, „das Ermessen der Behörden bei der Prüfung von dgl. Fällen auf die schwankendsten Grundlagen zu verweisen", denn eine Bestimmung auf Abschaffung solcher Gewerbe, deren Betrieb „nur lästig, unbequem und störend" ist, sei prinzipiell nicht zu erreichen.

König Friedrich Wilhelm III. beugte sich den Argumenten seiner Minister: „Dgl. Belästigungen der Nachbarn durch einen geräuschvollen Betrieb sind eine unvermeidliche Folge des Zusammenlebens in der Stadt, denen die Gesetzgebung nicht abhelfen kann, ohne das Eigentum und die Gewerbe auf eine willkürliche Weise zu beschränken und dadurch für die Bewohner der Stadt noch größere Nachteile hervorzubringen."[66] Gestützt auf diese zwar eindeutige, aber nicht unbedingt einleuchtende Argumentation behauptete das Ministerium in der Auseinandersetzung mit den vom Berliner Polizeipräsidium unterstützten Nachbarn Heckmanns das Feld und bestätigte damit einmal mehr, daß die Zeit für einen wirksamen Immissionsschutz noch nicht gekommen war.

Der Vollständigkeit halber sei jedoch angemerkt, daß Heckmann wenige Jahre später die Kupferschmiede aus der Stadt in die Schlesische Straße ver-

[66] *A.a.O.*, Kabinettsorder vom 26. November 1835.

[67] Eugen Hausbrand, *Von der Kupferschmiede zur Großindustrie. Am Lebenswerk von C.J. Heckmann dargestellt*, in: *Beiträge zur Geschichte der Technik und Industrie*, Bd. 13 (1923), S. 62.

legte, wo er bereits 1837 ein Kupfer- und Messingwalzwerk errichtete hatte. Eine Bemerkung seines Biographen Hausbrand deutet an, daß nicht zuletzt der fortgesetzte Ärger mit der Nachbarschaft wegen der Rauch- und Lärmbelästigung Heckmann zu diesem Umzug bewogen habe.[67]

Obwohl seit den 20er Jahren in der Ministerialbürokratie eine Revision der geltenden Gewerbeverfassung diskutiert wurde, kam die neue Allgemeine Gewerbeordnung erst am 17. Januar 1845 heraus. Sie brachte nicht nur eine Einschränkung der seit 1810 geltenden Liberalität des Wirtschaftslebens, sondern enthielt auch die erste, landesrechtlich verbindliche gewerbehygienische Schutzgesetzgebung für ganz Preußen.[68]

Faßt man diese Bestimmungen zusammen, ergibt sich folgendes Bild:

1. Grundsätzlich war fortan die polizeiliche Genehmigung Voraussetzung für die Errichtung solcher Gewerbebetriebe, die „durch die örtliche Lage oder die Beschaffenheit der Betriebsstätte für die Besitzer oder Bewohner der benachbarten Grundstücke oder für das Publikum überhaupt erhebliche Nachteile, Gefahren oder Belästigungen herbeiführen können". Eine beigegebene Liste führt fast 50 derartige genehmigungspflichtige Betriebe auf (§§ 26 und 27).
2. Der Antrag auf Genehmigung war der zuständigen Provinzialregierung einzureichen. Sie veranlaßte nach einer ersten Prüfung die Ortspolizei zur öffentlichen Bekanntmachung der beabsichtigten Betriebsgründung. Binnen vier Wochen war jedermann der Einspruch gestattet. Nach Ablauf der Frist prüfte die Regierung die „Erheblichkeit der auf angebliche Nachteile, Gefahren oder Belästigungen gegründeten Einwendungen", wobei die geltenden „feuer-, bau- und gesundheitspolizeilichen Anordnungen" zu berücksichtigen waren. Sie entschied dann über die Erteilung oder Ablehnung der Betriebserlaubnis oder bestimmte diejenigen Vorkehrungen und Einrichtungen, welche sie zur Abstellung der zu erwartenden Gefahren oder Belästigungen für erforderlich erachtete (§§ 28, 29, 32).
3. Die Liste der genehmigungspflichtigen Betriebe erfuhr im § 40 eine Ergänzung. Im Hinblick auf die örtliche Lage waren besondere Beschränkungen möglich bei der Errichtung und Verlegung solcher Gewerbe, „deren Ausübung mit ungewöhnlichen Geräuschen verbunden ist". Das galt übrigens auch für Tanz- und Fechtschulen, Turn- und Badeanstalten. In diesen Fällen wurden besondere Inspektionen durchgeführt, damit nicht in der Nähe gelegene „Kirchen, Schulen, Krankenhäuser oder andere öffentliche Gebäude" durch den Gewerbebetrieb „eine erhebliche Störung oder Belästigung erleiden" würden. Die Betriebserlaubnis konnte auch hier mit bestimmten Auflagen verknüpft werden.

[68] *Gesetz-Sammlung . . ., 1845*, S. 41 ff.

Eine Analyse des Inhalts der §§ 26 ff. der Allgemeinen Gewerbeordnung führt zu einem bemerkenswerten Ergebnis: Es handelt sich keinesfalls um prinzipiell neue Bestimmungen, sondern vielmehr um eine Zusammenfassung und Präzisierung der zahlreichen bisher geltenden Vorschriften. Von den im § 26 genannten Betrieben waren viele schon längst erheblichen Beschränkungen unterworfen;[69] daß die Behörde bei Genehmigungsanträgen Zeichnungen, Pläne usw. verlangte, ist bereits 1838 nachzuweisen; die Rekursmöglichkeit beim Ministerium war immer rechtens und wurde mit Erfolg wahrgenommen. Und grundsätzlich neu war nicht einmal die Publikation projektierter Gewerbeanlagen: Das auch in Teilen des westlichen Preußens geltende französische Dekret hatte schon 35 Jahre früher die öffentliche Bekanntmachung neuer Werkstätten vorgeschrieben.

Die große Bedeutung der Bestimmungen von 1845 liegt nicht so sehr in den Detailvorschriften, sondern darin, daß nunmehr die gewerbehygienisch relevanten Erlasse, Verfügungen und Deklarationen eines halben Jahrhunderts, in wenigen Sätzen zusammengefaßt und auf das Wesentliche konzentriert, im Rahmen eines Landesgesetzes vereinheitlicht wurden. Damit gab es endlich eine unanfechtbare juristische Basis für die Beschränkungen gewerblicher Tätigkeit aus sozial- und gewerbehygienischen Rücksichten. Die bisher auf Grund der Ministerialreskripte ausgesprochenen Entscheidungen hatten oft genug *praeter legem,* wenn nicht sogar *contra legem* gestanden, denn das Allgemeine Landrecht bestimmte:[70] „In allen Fällen aber können Einschränkungen des Eigentums ... nur durch Gesetze begründet werden." Behördenreskripte haben aber niemals Gesetzesrang, sondern stellen inneradministrative Richtlinien dar, die auf der Interpretation oder sinngemäßen Präzisierung vorhandener Gesetze beruhen.

Unter diesem Aspekt kann die mehrfach nachgewiesene Neigung des Ministeriums, den allzu forschen Verbotsdrang der polizeilichen Instanzen etwas zu dämpfen, nicht zuletzt auch als Ausdruck bestehender Rechtsunsicherheit gedeutet werden, denn es bedurfte in der Tat bisweilen erheblicher Interpretationskünste, die bis 1845 geltenden Schutzbestimmungen aus den wenigen kraft Gesetz vorhandenen Rechtsnormen heraus zu rechtfertigen. Der Erlaß der Allgemeinen Gewerbeordnung machte diesem Zustand ein Ende und führte die preußische Schutzgesetzgebung auf den sicheren Boden der Rechtsstaatlichkeit zurück.

Es wurde erwähnt, daß die meisten Vorschriften der §§ 26 ff. der Gewerbeordnung nur eine gesetzliche Fixierung bisher geübter Verwaltungspraktiken

[69] Siehe z.B. die Liste weiter oben.

[70] *ALR* Teil I, Tit. 8, § 32; auch § 25.

waren. Um so mehr bedarf das 1845 neu eingeführte Genehmigungsverfahren einer Betrachtung. Um eine erfahrungsgemäß zu befürchtende allzu drastische Einschränkung gewerblicher Initiative durch lokale Polizeiorgane zu vermeiden, wurde die Entscheidungsbefugnis den Regierungen übertragen, was zwangsläufig zu einer gewissen Bürokratisierung des Verfahrens führte. Wenn Hilliger beklagt, daß man auf diese Weise der jungen Industrie manche Schwierigkeiten bereitete,[71] übersieht er, daß eben das in der Absicht des Gesetzes lag. Die Unternehmer sollten ausdrücklich auf die Grenzen hingewiesen werden, die der industriellen Tätigkeit auch aus sozialhygienischen Gründen gesetzt waren. Dazu gehörte auch die Respektierung der vorgeschriebenen Formalitäten, besonders der in bester Absicht eingeführten Einspruchsfrist. Sie sollte die Regierungen vor Fehlentscheidungen bewahren und bildete gewissermaßen einen Ersatz für die bisher meist von der Polizei an Ort und Stelle vorgenommenen Inspektionen.

Aus einem Ministerialreskript von 1845 läßt sich rekonstruieren, daß die Errichtung einer neuen Gerberei in einer Stadt der Rheinprovinz durch den fristgemäß eingelegten Widerspruch der Nachbarn verhindert wurde.[72] Die Düsseldorfer Regierung hatte auf Grund des Einspruchs dem Unternehmer bestimmte Auflagen erteilt, die jedoch das Ministerium für „nicht ausreichend" ansah und deshalb die Betriebserlaubnis verweigerte, „um die Nachbarn vor den belästigenden Ausdünstungen und Verstäubungen der Gerberei zu schützen". Man benutzte die Gelegenheit zu der grundsätzlichen Feststellung, „daß die Anlage *neuer*[73] Gerbereien im Innern großer und volkreicher Städte wegen der damit für die Nachbarschaft verbundenen erheblichen Belästigungen in der Regel nicht zu dulden ist".

Dieses Schreiben dokumentiert die seit 1845 veränderte Situation ausgezeichnet: Zum ersten Mal ging die Ministerialbürokratie über die von den lokalen Instanzen vorgeschlagenen Betriebsbeschränkungen hinaus, verweigerte nicht nur die Genehmigung, sondern verbot kurzerhand alle Neuanlagen von Gerbereien in Städten. Man war bereit, eine Entscheidung zu treffen, die man in früheren Jahren gern den polizeilichen Behörden überlassen hatte, was für diese immer das Risiko brachte, bei einer erfolgreichen Beschwerde gegen eine zu schroffe Haltung vom Ministerium desavouiert zu werden. Seit der

[71] B. Hilliger, *Die geschichtliche Entwicklung der Dampfkesselaufsicht in Preußen,* in: *Beiträge zur Geschichte der Technik und Industrie,* Bd. 7 (1917), S. 63.

[72] Reskript an die Regierung in Düsseldorf vom 16. Oktober 1845, in: *Ministerialblatt* ..., Bd. 6 (1845), S. 317.

[73] Hervorhebung im Original.

Gewerbeordnung war sich die Ministerialbürokratie ihrer Sache sicher; die Theorie der Gewerbefreiheit war durch die Vorstellung einer Ordnung des Gewerbelebens ergänzt worden,[74] und die Beschränkungen einer gewerblichen Nutzung des Eigentums fanden ihre juristisch einwandfreie Grundlage in einem in ganz Preußen geltenden Landesgesetz. Der Weg für einen weiteren Ausbau gewerbehygienischer Schutzvorschriften auf Landesebene war frei, und man zögerte nicht, ihn zu beschreiten.

Eine schwache Stelle in den Verordnungen von 1845 lag darin, daß nur für neu zu errichtende Betriebe eine Genehmigungspflicht galt. Es war gefährlich, daß man sich nach der einmal erteilten Erlaubnis von Amts wegen nicht mehr um die Betriebe kümmerte. Zwar bestimmte der § 36 der Gewerbeordnung, daß bei einer „Veränderung in der Lage oder Beschaffenheit der Betriebsstätte" wiederum das behördliche Einverständnis einzuholen sei, aber ein geschickter Unternehmer konnte trotz des Verbots einer heimlichen Änderung[75] seine Fabrik nach und nach unauffällig erweitern, z.B. durch die Aufstellung größerer, leistungsfähigerer Maschinen. Ebenso ist es denkbar, daß ein Fabrikant, dem bestimmte Auflagen gemacht worden waren, diese zwar zunächst erfüllte, sie aber — da keine weitere behördliche Beaufsichtigung stattfand — allmählich vernachlässigte und damit nicht nur eine Gefährdung, sondern auch eine vorher nicht gebilligte Belästigung seiner Nachbarn durch Rauch, üblen Geruch, Lärm oder Wasserverschmutzung herbeiführte.

*

In Preußen gab es seit 1845 eine gesetzliche Basis für den Schutz der Bevölkerung vor den unangenehmen Begleiterscheinungen der Industrialisierung. Entsprechend den Erfahrungen, die man in den folgenden Jahren mit der Allgemeinen Gewerbeordnung sammelte, wurde diese Grundlage den sich aus dem raschen technischen Fortschritt ergebenden Notwendigkeiten angepaßt und ergänzt. 1848, 1856 und 1861 erschienen ergänzende Bestimmungen.[76] Die Gewerbeordnung des Norddeutschen Bundes von 1869 übernahm schließlich — zum Teil in wörtlicher Übereinstimmung — die in Preußen geltenden Vorschriften. Wenig später wurden sie auch für das Deutsche Reich zur verbindlichen Rechtsnorm, und noch heute sind sie teilweise Bestandteil der

[76] Regulativ die Anlage von Dampfkesseln betreffend, vom 6. September 1848, in: *Gesetz-Sammlung . . ., 1848*, S. 321—335.

[74] Vgl. L. v. Rönne, *Das Staatsrecht . . .*, Bd. 4, S. 418 f.

[75] *Allgemeine Gewerbeordnung*, Titel 10, § 180, in: *Gesetz-Sammlung . . ., 1845*, S. 76.

gewerbehygienischen Schutzgesetzgebung der Bundesrepublik.[77] Der grundlegende § 16 Abs. 1 Satz 1 der Gewerbeordnung in der bis 1.1.1978 gültigen Fassung entsprach beispielsweise Wort für Wort dem § 26 Abs. 1 der preußischen Gewerbeordnung von 1845.

[77] Zu dieser Entwicklung vgl. neuerdings die — stärker juristisch orientierte — Übersicht von Fritz Karl, *Deutsches Immissionsschutzrecht seit 1870 bis zum Bundesimmissionsschutzgesetz von 1974*, in: *Technikgeschichte*, Bd. 47 (1980), S. 20—39.

XXXIX

Preußen als Unternehmer in der Weimarer Republik*

HANS-JOACHIM WINKLER

Der preußische Staat besaß in der Weimarer Epoche drei große Unternehmen der Grundstoffindustrie:

die Preußische Bergwerks- und Hütten-AG, Berlin, (Preussag),
die Bergwerks-AG Recklinghausen, Recklinghausen, (Bergag),
die Bergwerksgesellschaft Hibernia, Herne.

Einige Betriebe dieser Staatsunternehmen waren schon rund 200 Jahre in Staatsbesitz. Dabei zeigt ein kurzer Rückblick, daß ihre Rolle in der Hand der jeweiligen preußischen Regierung sehr unterschiedlich war. Diese Rolle spiegelte jeweils das Verhältnis von Staat und Industrie wider. Dieses Verhältnis aber wechselte je nach den politisch-sozialen und wirtschaftlich-technischen Gegebenheiten.

Aus der Initiative des Absolutismus im 18. Jahrhundert stammt der Kern der späteren Preussag mit Steinkohlenzechen und Erzbetrieben in Oberschlesien, den Zechen in Ibbenbüren, den Rüdersdorfer Kalkwerken, den Salinen des späteren Bades Oeynhausen und den Salzwerken Staßfurth. Diese Staatsbetriebe waren Mittel zur Industrialisierung, zur wirtschaftlichen Stärkung des aufstrebenden Preußen. Der Staat übte seine Führungsrolle hoheitlich (Gesetzgebung) und durch eigene wirtschaftliche Betätigung aus.

* Entnommen aus: Hans-Joachim Winkler, *Preußen als Unternehmer 1923–1932. Staatliche Erwerbsunternehmen im Spannungsfeld der Politik am Beispiel der Preussag, Hibernia und Veba* (= Veröffentlichungen der Historischen Kommission zu Berlin, Bd. 17), Berlin 1965, S. 1—19, 142—162, 134—142.

Mit fortschreitender Technik und entsprechend wachsender Industrialisierung im 19. Jahrhundert vermochte die private Wirtschaft aus eigener Kraft die notwendige Basis für den preußischen Staat zu stellen. Im Einklang mit dem liberalen Geist der Zeit verkaufte Preußen 1852 seine letzten Staatszechen an der Ruhr und gewährte durch das Allgemeine Berggesetz vom 24. Juni 1865[1] die Bergbaufreiheit. Die restlichen Staatsbetriebe blieben überwiegend aus fiskalischen Gründen oder zur Versorgung von Bahn und Armee erhalten. Der preußische Staat beschränkte sich auf die Tätigkeit als Ordnungsfaktor der Wirtschaft, trieb aber mit den Staatsbetrieben kaum Politik.

Die technisch-wirtschaftliche Entwicklung führte gegen Ende des 19. Jahrhunderts zu ungeahnter Konzentration wirtschaftlicher Macht in privater Hand. Symptom für den hier zu behandelnden Bereich war die Gründung des Rheinisch-Westfälischen Kohlen-Syndikats 1893. Der Bergarbeiterausstand an der Ruhr 1889 machte aber auch die sozialen und politischen Gefahren dieser Entwicklung deutlich. Schon Bismarck hatte in seiner Funktion als preußischer Handelsminister zur Eindämmung dieser Konzentrationsbewegung im Ruhrgebiet den Erwerb von Zechen durch den Staat erwogen.[2]

Der Erwerb der Schachtanlagen und Felder im Bezirk Recklinghausen von August Thyssen im Jahre 1902,[3] der seit 1904 währende offene Kampf um den Erwerb der 70-Millionen-Mark-Aktien der Hibernia,[4] die Einschränkung der Bergbaufreiheit durch die Lex Gamp vom 5. Juli 1905,[5] der Kauf des Kalibergwerkes Herzynia am 10. Juni 1906 und der Erwerb der umfangreichen Rhein-Schiffahrtsbeteiligungen durch Hibernia bzw. Recklinghausen 1912 sind die Marksteine auf jenem Wege, den Preußen zur Beschränkung der Privatwirtschaftsmacht einschlug.

Auf dem damals für die Energie entscheidenden Gebiet der Kohle stand der preußische Staat schließlich der Privatwirtschaft im Saarrevier (fast 100% der Förderung) als Monopolist, in Oberschlesien (rund 15% Förderanteil) als zur

[1] *Gesetz-Sammlung für die Königlichen Preußischen Staaten, 1865,* S. 705.

[2] Agnes Prym, *Staatswirtschaft und Privatunternehmung in der Geschichte des Ruhrkohlenbergbaus* (= Schriften der Volks- und Betriebswirtschaftlichen Vereinigung im Rheinisch-westfälischen Industriegebiet, Sonderreihe Heft 4), Essen 1950, S. 31.

[3] Gesetz, betr. den Erwerb von Bergwerkseigentum im Oberbergamtsbezirk Dortmund, vom 21. März 1902, in: *Gesetz-Sammlung . . ., 1902,* S. 29.

[4] Ausführliche Geschichte bei Herrmann Lichtenberg, *Hibernia. Ein Beispiel für die Betätigung des Staates im Steinkohlenbergbau* (Wirtschafts- und sozialwissenschaftliche Dissertation), Köln 1948.

[5] Das Gesetz (*Preußische Gesetz-Sammlung . . ., 1905,* S. 265) sah eine zweijährige Mutungssperre für Steinkohle und Kalisalze vor; es wurde abgelöst durch das Gesetz über den Staatsvorbehalt für die Aufsuchung und Gewinnung von Kohle usw. vom 18. Juni 1907 (*a.a.O., 1907,* S. 119).

Mitarbeit bereiter Konkurrent und im Ruhrrevier (rund 11% Förderanteil einschl. der Hibernia-Produktion) als Außenseiter und Unterbieter der Syndikatspreise gegenüber.[6]

Der Krieg 1914 veränderte das Kräfteverhältnis zwischen Grundstoffindustrie und Staat erneut. Die gemeinsamen Interessen überwogen. Preußen erhielt 1917 bis auf 1,5% den Rest der Hibernia-Aktien[7] und trat dafür dem Kohlensyndikat bei, gab also seine Außenseiterrolle an der Ruhr auf. Die Staatsbetriebe spielten nun keine besondere Rolle mehr, weil die gesamte Wirtschaft für die restlichen Kriegsjahre durch die zentrale Planung quasi „gemeinwirtschaftlich" im Moellendorffschen Sinne[8] geworden war.

Zusammenbruch und Parlamentarisierung 1918 schufen im Verhältnis Wirtschaft—Staat sowohl wirtschaftlich als auch politisch eine neue Situation. Der preußische Staat hatte an der Saar und in Oberschlesien rund 63% seiner Steinkohlenförderung und damit viel von seiner Stellung als Produzent eingebüßt. Noch stärker geschwächt war seine Stellung gegenüber der Wirtschaft als Verbraucher, weil Armee und Bahn seinem Bereich entzogen wurden.

Die neue parlamentarische Regierung bestand überwiegend aus Kräften der bisherigen Opposition, vor allem jener Gruppen, die bisher durch das Dreiklassen-Wahlrecht von der politischen Macht ausgeschlossen waren. Ohne Erfahrung in der Machtausübung, gestützt auf eine labile Koalition von weltanschaulich und klassenmäßig unterschiedlich gebundenen Parteien und mit einer teilweise nur widerwillig mitarbeitenden Ministerialbürokratie als Erbe des alten Beamtenstaates stand sie einer straff organisierten und konzentrierten Industrie gegenüber.

Starke Gruppen in der Industrie lehnten aus Sorge vor Machtverlust durch Sozialisierung oder Demokratisierung der Wirtschaft die neuen Kräfte ab. Diese konnten der Industrie nur mühsam Sicherheit garantieren, wie das Reparationsproblem, Inflation, Kapp-Putsch und Ruhreinmarsch beispielhaft zeigten. So stand die Wirtschaft in ihrer Mehrheit im Lager der „bürgerlich-nationalen" Opposition. Die Masse der Arbeitnehmer hatte zwar zum ersten Mal in der preußischen Geschichte in der neuen Regierung auch ihre Repräsentation gefunden, war aber von dem Scheitern der Sozialisierung, dem erbitterten Kampf um das Betriebsrätegesetz und dem Bruch des Arbeitszeitabkommens

[6] Vgl. die Kritik an der uneinheitlichen preußischen Kohlenpolitik durch die Unterkommission der Budget-Kommission des Preußischen Abgeordnetenhauses im Jahre 1911 (*Drucksache des Abgeordnetenhauses*, Nr. 307).

[7] Gesetz, betr. den Erwerb der Aktien der Bergwerksgesellschaft Hibernia durch den Staat, vom 26. Februar 1917 (*Preußische Gesetz-Sammlung . . ., 1907*, S. 21).

[8] Wichard von Moellendorff, *Deutsche Gemeinwirtschaft*, Berlin 1916.

durch die Unternehmer während der Ruhrbesetzung enttäuscht. Es wurde offensichtlich, daß die neuen Kräfte nur die politische, aber nicht die wirtschaftliche Macht erobert hatten.[9] Das bot den Nährboden für die destruktive Opposition der KPD, die in Preußen auch ohne Entscheidungsmöglichkeit die Politik der Regierungskoalition erschwerte.

Daß zwischen den liberalistisch-individualistischen und den sozialistisch-kollektivistischen Vorstellungen von einer gerechten Ordnung in Wirtschaft und Gesellschaft nach bitteren Erfahrungen eine Generation später einmal ein gewisser Consensus über den Sozialstaat[10] herbeigeführt werden könnte, war damals noch nicht abzusehen, weil die Utopien noch nicht durch totalitäre Verwirklichung disqualifiziert waren.

Die preußische Regierungskoalition brauchte viel Kraft, um sich überhaupt an der Macht zu halten. Daß es ihr bis 1932 gelang, in dieser „desintegrierten Gesellschaft"[11] das parlamentarische System durchzuhalten, bleibt ein erstaunliches Phänomen der Weimarer Epoche.

Die realen Machtverhältnisse zwischen Staat und Industrie waren für die verantwortlichen Stellen noch niemals in der preußischen Geschichte so ungünstig gewesen wie in der Periode von 1920 bis 1932. Die für unseren Bereich wichtige Selbstverwaltung der Kohlen- und Kaliwirtschaft unter formaler staatlicher Bindung[12] als Ausweg aus dem Streit um die Sozialisierung konnte kaum eine Veränderung im Kräfteverhältnis bringen; denn das Schwergewicht der Entscheidungen lag bei den Syndikaten der Privatwirtschaft.[13] Immerhin verfügte der preußische Staat trotz der Verluste in diesem Bereich noch über erheblichen industriellen Besitz.

Es soll im folgenden nicht historisch untersucht werden, was aus diesem Besitz geworden ist, sondern es wird gefragt, wie das parlamentarische Preußen seinen Industriebesitz formte, wofür es ihn verwendete und wie er bei den gestellten Aufgaben funktionierte.

[9] Jürgen Brandt, *Die wirtschaftliche Betätigung der öffentlichen Hand* (= Beiträge zur Lehre von den Unternehmungen), Jena 1929, S. 38 u. 44.

[10] Reinhold Niebuhr, *Consensus in einer demokratischen Gesellschaft*, in: *Politische Vierteljahrsschrift*, Bd. 2 (1961), H. 3, S. 216.

[11] Waldemar Besson, *Württemberg und die deutsche Staatskrise 1928–1933. Eine Studie zur Auflösung der Weimarer Republik*, Stuttgart 1959, S. 236.

[12] Kohlenwirtschaftsgesetz vom 23. März 1919 (*Reichsgesetzblatt*, S. 342) und Kaliwirtschaftsgesetz vom 24. April 1919 (*Reichsgesetzblatt*, S. 413).

[13] Vgl. Gert von Eynern, *Das öffentlich gebundene Unternehmen*, in: *Archiv für öffentliche und freigemeinwirtschaftliche Unternehmen*, Bd. 4 (1958), H. 1, S. 39 ff.

I
Der politische Prozeß der Umwandlung der Staatsbetriebe in Staatsunternehmen

Im parlamentarischen System mit seiner Abhängigkeit vom Volk als Souverän kommen politische Grundsatzentscheidungen für eine Änderung des Status quo im allgemeinen erst zustande, wenn ein äußerer Anlaß die Unhaltbarkeit der bisherigen Regelung deutlich macht und über die öffentliche Meinung schließlich bei den Wahlen politisch wirksam zu werden droht.

Im Bereich der preußischen Staatsbetriebe hatte die Unzufriedenheit mit deren Bewirtschaftung schon 1910/11 zu Untersuchungen des Landtages geführt.[14] Er schlug damals vor, für die Betriebe eine Form zu wählen, die ihrer Wirtschaftstätigkeit mehr entsprach. Vor allem die starre Bindung an den Etat und die bürokratischen Beförderungs- und Vergütungsverhältnisse sollten beseitigt werden; aber die starke Ministerialbürokratie der Bergverwaltung unter einer damals kaum vom Parlament abhängigen Regierung verhinderte Konsequenzen dieser Anregung.

Der Umbruch 1918/19 brachte für die Staatsbetriebe vorerst keine Änderungen, da vor allem bei der SPD als der stärksten Partei der neuen Republik und auch des Freistaates Preußen die Frage der allgemeinen Sozialisierung im Vordergrund stand. So blieb auch die fortdauernde Kritik an der Wirtschaftlichkeit der Staatsbetriebe unverändert. Das war für die neue parlamentarische Regierungskoalition in Preußen aus zwei Gründen unangenehm. Einmal lieferte diese Kritik Argumente gegen die erstrebte Sozialisierung, indem sie am Beispiel der bürokratisierten preußischen Staatsbetriebe zu beweisen suchte, daß der Staat grundsätzlich nicht wirtschaften könne. Außerdem drohte die starre Form der Staatsbetriebe zu verhindern, daß wenigstens hier mit einer gerechteren Ordnung in der Wirtschaft ein praktischer Anfang gemacht und damit die Enttäuschung der Arbeitnehmer über das Scheitern der Sozialisierung aufgefangen werden konnte.

Aber auch hier bedurfte es eines äußeren Anlasses, damit sich der Landtag der Frage einer geeigneteren Rechtsform für die Staatsbetriebe zuwandte. Dieser Anlaß war die Beschwerde des Betriebsrates der Staatszechen im Bereich der Bergwerksdirektion Recklinghausen über undemokratisches Verhalten und Korruption bei Beamten der Zechenverwaltungen. Die Verfassunggebende Landesversammlung setzte im Oktober 1920 einen parlamentarischen Untersu-

[14] Ergebnis in *Verhandlungen der Budgetkommission über den Bericht mit der Prüfung der Lage der staatlichen Bergwerke betrauten Unterkommission . . .*, vom 15. Mai 1911 (*Haus der Abgeordneten, Drucksache*, Nr. 307).

chungsausschuß ein.[15] Er rehabilitierte die Verwaltung zwar weitgehend, forderte aber energisch die Umwandlung der Betriebe. Der neue Landtag schloß sich dem an.[16]

Dennoch dauerte es bis zum September 1923, ehe das Preussag-Gesetz verabschiedet werden konnte. Verantwortlich für diese Verzögerung waren nicht nur die politischen Ereignisse (Reparationen, Inflation, Ruhreinmarsch), sondern auch die unterschiedlichen Konzeptionen der an der Umwandlung beteiligten Kräfte.[17]

Die Haltung der Beteiligten aus den Ministerien, den Betrieben und dem Landtag

Es ist die Aufgabe eines parlamentarisch verantwortlichen Ministers, den Willen der Parlamentsmehrheit in Gesetzesform umzuarbeiten, wenn nicht aus der Mitte des Parlaments ein Gesetzentwurf kommt. In Preußen hatte von jeher der Handelsminister die Federführung für die Staatsbetriebe. In dieser entscheidenden Periode amtierte Minister Siering (SPD, 7.11.1921 — 18.2.1925). Er war bei der Ausarbeitung eines Umwandlungsgesetzes auf seine Bergverwaltung angewiesen. Diese zeigte keinerlei Eifer bei dieser Aufgabe. Eine Denkschrift des Oberberghauptmannes Althans aus dem Jahre 1920 bestritt überhaupt die Notwendigkeit einer Umwandlung und befürwortete einen Ausgleichsfonds, wie er schon seit 1901 im Gespräch war. Entsprechend legte das Handelsministerium im Januar 1921 einen Gesetzentwurf über einen Ausgleichsfonds vor.[18]

Der Landtag billigte den Entwurf formal,[19] nahm ihn jedoch nicht als Ersatz für die als notwendig erachtete Umwandlung hin.

Typisch für die damaligen latenten Spannungen zwischen der alten Ministerialbürokratie und den neuen parlamentarischen Ministern[20] war die Tatsache,

[15] *Drucksache des Preußischen Landtages*, Nr. 3229; Ausschußbericht vom 1. Februar 1921 (*Drucksache*, Nr. 4143).

[16] Antrag des Haupt-Ausschusses (*Drucksache* . . ., Nr. 660) angenommen in der 79. Sitzung, 7. Dezember 1921.

[17] Vgl. Max Schulz-Briesen, *Der preußische Staatsbergbau im Wandel der Zeiten*, Bd. 2: *Der preußische Staatsbergbau von der Jahrhundertwende bis zur Gegenwart*, Berlin 1934, S. 106—123. Auf ihn als damaligen Angehörigen der preußischen Bergverwaltung stützt sich die folgende Zusammenfassung, wenn keine andere Quelle angegeben ist.

[18] *Drucksache* . . ., Nr. 1493.

[19] Gesetz über einen Sonderstock zu Ausgleichszwecken und zur Selbstbewirtschaftung bei den Bergwerks-, Hütten- und Salinenbetrieben vom 3. Juli 1922 (*Preußische Gesetz-Sammlung, 1922*, S. 138). Debatte 133. Sitzung, 5. Mai 1922, *Stenographische Berichte der Sitzungen des Preußischen Landtages*, Bd. 7, Sp. 9494 ff.

[20] Vgl. Otto Braun, *Von Weimar zu Hitler*, Hamburg 1949, S. 15 f.

daß Handelsminister Siering (SPD) sich unabhängig von seiner Bergverwaltung eine „Übergangsstelle für die Umgestaltung der Staatsbergwerke ..." schaffen mußte. In ihr arbeiteten mit den Bergräten Röhrig und Sattig sowie Berginspektor a. D. Koska drei Fachleute, die danach Vorstandsmitglieder der späteren Preussag wurden, sich also hier praktisch ihr eigenes Kleid mitschneiderten.

Die Übergangsstelle diskutierte mit den Experten aus der Wirtschaft, dem Landtag und der Reichsverwaltung mehrere Möglichkeiten der Umwandlung:

1. Handelsminister Siering plädierte anfangs für eine Stiftung. Im Aufsichtsrat unter Vorsitz des Handelsministers sollten je ein Drittel Arbeitnehmervertreter, Landtagsabgeordnete und Sachverständige sitzen. Als oberste Instanz sollte ein Landtagsausschuß die Bilanz prüfen sowie Aufsichtsrat und Direktion Entlastung erteilen.[21] Zugunsten einer beschleunigten Umwandlung hat Siering dann auf die noch unerprobte Form der Stiftung verzichtet, obwohl er sie für politisch wirksamer hielt, weil nach seinen Erfahrungen — nicht zuletzt mit der Hibernia — in der AG „das Parlament zu wenig zu sagen habe".[22]

2. SPD und linker Flügel des Zentrums neigten der Form einer zentralisierten, schlagkräftigen AG als Einheitsgesellschaft für die über 30 Staatsbetriebe mit etwa 50 000 Beschäftigten zu.

3. DVP, DNVP und andere privatwirtschaftlich orientierte Kreise waren für eine dezentralisierte GmbH als loses Konzerndach über rechtlich selbständigen, regional oder branchenmäßig gegliederten Einzelgesellschaften, weil vor allem dadurch Überzentralisation und Bürokratismus vermieden würden.

4. Einige wenige Stimmen wünschten ein gemischtwirtschaftliches Unternehmen mit 25%iger Beteiligung von Privatkapital, weil dadurch die gewünschte Wirtschaftlichkeit am besten gewährleistet sei.

Die vierte Möglichkeit wurde offiziell überhaupt nicht diskutiert. Die Übergangsstelle konzipierte in Verhandlungen mit den Experten die dritte der obigen Möglichkeiten als Entwurf zu einem GmbH-Gesetz.

Trotzdem gab die Ministerialbürokratie ihren Widerstand gegen die Umwandlung nicht auf. Der Abg. Osterroth als Sprecher der SPD-Fraktion beschwerte sich im Plenum über „Hintertreppenpolitik", weil leitende Beamte einzelne Abgeordnete von der Nutzlosigkeit der Umwandlung zu überzeugen versucht hätten,[23] und Handelsminister Siering verwahrte sich dagegen, daß etwa ein Parlamentsausschuß schließlich ein „Richteramt" ausüben würde zwi-

[21] Handelsminister Siering vor dem Hauptausschuß, 113. Sitzung, 24. März 1922, Niederschrift, Sp. 17. Vgl. auch H. Lichtenberg, *Hibernia* . . ., S. 138.

[22] So zitiert vom Abgeordneten Fischbeck (Deutsche Demokratische Partei), 136. Sitzung, 16. Mai 1922 (*Stenographische Berichte* . . ., Bd. 7, Sp. 965).

[23] 15. Mai 1922, 135. Sitzung (*a.a.O.*, Sp. 9561).

schen seiner eigenen Meinung und „der vielleicht entgegengesetzten Ansicht der Herren, die in meinem Ministerium sind".[24]

Die Arbeitsweise im Handelsministerium zeigt die Schwierigkeiten, die stets dann entstehen, wenn ein Minister mit einer Verwaltung zusammenarbeiten muß, mit der ihn kein Consensus verbindet und über die er weder als Fachmann noch als starker Politiker Autorität besitzt.

Zwischen dem Handelsministerium als federführendem und dem Finanzministerium als beteiligtem Ressort hatte es schon lange vor dem Kriege immer wieder Spannungen gegeben,[25] die man etwa mit den Spannungen zwischen der technischen und der kaufmännischen Abteilung eines Privatunternehmens vergleichen kann. Finanzminister von Richter (DVP) erschwerte aufgrund seiner Abneigung gegen die Loslösung der Staatsbetriebe vom Etat die Arbeiten für die Umwandlung, indem er Denkschriften in seinem Schreibtisch liegen ließ oder sich weigerte, Gelder für die „Übergangsstelle" beim Handelsminister zu bewilligen.[26]

Schließlich forderte er eine den Verhältnissen der Staatsverwaltung besonders angepaßte Betriebsform. Das mußte weitere Verzögerungen bedeuten, weil die ideale Form nicht vorhanden war — und bis heute noch nicht gefunden ist.

Diese Beispiele zeigen die Möglichkeiten, die dem Finanzminister — auch jenseits seiner besonderen verfassungsrechtlichen Stellung — zur Verfügung stehen, wenn er Initiativen anderer Ressorts verhindern oder verzögern will und diese Ressorts von ihm abhängig sind.

Vor dem Kriege war das Handelsministerium weitgehend allein zuständig gewesen für die lukrativen Staatsbetriebe. Jetzt hatte sich die Situation geändert. Handelsminister Siering bestätigte es in der Umwandlungsdebatte: Die Betriebe trugen sich nicht mehr selbst. Sie brauchten Geld:

„Aus diesem Grunde hatte ich keine Bedenken, den Finanzminister von Anfang an und nachher bei Durchführung des Gesetzes mitwirken zu lassen. Es ist ein gewisses Vorrecht, das der Ressortminister, der Handelsminister, dabei aufgibt."[27]

Bei den Staatsbetrieben als Objekt des Umwandlungsprozesses gab es keine einheitliche Meinungsbildung. Dazu waren die örtlichen Unterschiede zu groß.

[24] *A.a.O.*, Sp. 9558.

[25] Vgl. M. Schulz-Briesen, *Der preußische Staatsbergbau . . .*, S. 105.

[26] Kritisiert vom Abgeordneten Limbertz (Sozialdemokratische Partei Deutschlands) als Haupt-Ausschuß-Berichterstatter, 135. Sitzung, 15. Mai 1922 (*Stenographische Berichte . . .*, Bd. 7, Sp. 9541).

[27] 2. Beratung des GmbH-Gesetzentwurfes, 270. Sitzung, 25. September 1923 (*Stenographische Berichte . . .*, Bd. 14, Sp. 19305).

So waren etwa die oberschlesischen, ostpreußischen und mitteldeutschen Betriebe stets nach Berlin orientiert. Für die verstaatlichte Hibernia und in gewissem Sinne auch für die staatlichen Recklinghausener Betriebe bildete Essen das Zentrum. Die Direktion Recklingshausen sprach sich im August 1921 gegen eine Verschmelzung mit der benachbarten Hibernia aus, weil das neue Gebilde überdimensioniert sei. Ihr Betriebsrat dagegen plädierte für die Verschmelzung.

Nur der Wunsch der Staatsbeamten in den Betrieben nach Sicherung ihrer wohlerworbenen Rechte auch nach der Umwandlung wurde einheitlich vertreten, von keiner Seite bestritten und fand schließlich ausführliche Berücksichtigung. § 7 des Umwandlungsgesetzes sowie §§ 13 und 14 des Vertrages Staat—Preussag sicherten den bisherigen Staatsbeamten alle Rechte. Der § 13 des Vertrages gab zwar der Preussag das Recht zur Ablehnung der Übernahme wegen vorgerückten Lebensalters oder Nichteignung. Allerdings wurde ausdrücklich festgestellt:

„Als Grund für die Ablehnung gilt nicht die politische, militärische, konfessionelle oder gewerkschaftliche Betätigung der Beamten oder deren Zugehörigkeit oder Nichtzugehörigkeit zu einem politischen, konfessionellen oder beruflichen Verein oder einem militärischen Verband."

Irgendeine „Säuberung" oder „Demokratisierung", wie sie den Betriebsräten und manchem Arbeitnehmervertreter im Landtag vorgeschwebt haben mag, war damit ausdrücklich ausgeschlossen. Gleichzeitig war damit den politischen Parteien die Möglichkeit der Ämterpatronage erschwert.[28]

Die Initiative zur Umwandlung der Staatsbetriebe ging vom Landtag aus. Bei den Fraktionen dürften dabei verschiedene Motive wirksam gewesen sein.

Die Staatsbetriebe waren ein bedeutendes Instrument in der Hand der Bürokratie, und zwar einer Bürokratie, die verhältnismäßig unerschüttert die Revolution überstanden hatte und die sich — vielfach noch stärker als bisher in der Monarchie — gegen die Richtlinien und die Kontrolle des neuen Parlaments wehrte. So war vor allem für SPD und Zentrum die Umwandlung Teil des latenten Kampfes mit der alten Verwaltung und Ausdruck der Hoffnung, hier einen Ansatzpunkt für die „Demokratisierung" der Wirtschaft zu finden.

Die privatwirtschaftlich eingestellte Minderheit, vor allem bei der DVP und DNVP, sah in der Verselbständigung der Staatsbetriebe ein Mittel, der von der SPD geführten Regierungskoalition diese Betriebe als Instrument der Politik zu entziehen.

[28] Zum Problem der Patronage vgl. H.-J. Winkler, *Preußen als Unternehmer* . . ., Kap. 5: Die Politisierung der Staatsunternehmen, S. 108—123.

Die Unsicherheit über das Schicksal der Staatsbetriebe beeinträchtigte deren Leistung, etwa durch aufgeschobene Investitionen oder Unklarheiten in der Stellenbesetzung. Schlecht arbeitende Staatsbetriebe wurden aber zuerst dem Parlament als der politisch verantwortlichen Instanz angelastet; sie beeinträchtigten die Wahlchancen.

Andererseits bedeutete die Übernahme einer kapitalistischen Form für die preußischen Staatsbetriebe keine Entscheidung, die sich für die Wahlpropaganda verwenden ließ. Deshalb schien es nicht opportun, das Gesetz erst unmittelbar vor der für Dezember 1924 vorgesehenen Landtagswahl zu verabschieden; denn es konnte weder die Anhänger der Privatwirtschaft noch die der Sozialisierung voll befriedigen.

Die parlamentarische Gesetzgebungsarbeit

Entsprechend dieser gemeinsamen Interessenlage drängte der Landtag nicht nur, sondern arbeitete selbst an der Aufstellung des Gesetzentwurfes mit. Schon bei der Etatdebatte 1922 wurde ein Sonderausschuß zur Begutachtung der Umstellungspläne des Handelsministeriums beschlossen.[29]

Der Landtag wurde also nicht — wie häufig im parlamentarischen System — durch einen Gesetzentwurf von der Verwaltung vor vollendete Tatsachen gestellt, wobei ihm dann nur geringe Einwirkungsmöglichkeiten geblieben wären, weil die Weichen schon bei der Ausarbeitung des Entwurfs unter Beteiligung der Interessenten gestellt worden waren.

Als zweite Folge der Interessengemeinschaft war der Landtag nicht in zwei Gruppen für und wider die Umwandung gespalten. Man war sich einig über das Ziel größerer Wirtschaftlichkeit der Staatsbetriebe und suchte dafür die geeignete Form. An dieser Gemeinsamkeit änderten auch die erwähnten gegensätzlichen Motive nichts.

Der Landtag war „Arbeitsparlament" im Sinne Max Webers,[30] denn er begnügte sich nicht mit der Reaktion auf einen fertigen Entwurf, sondern arbeitete mit. Das Schwergewicht dieser Arbeit lag in den einzelnen Fraktionen bei den Fachleuten, die fast alle als Vertreter von Wirtschaftgruppen und Verbänden notwendigerweise gleichzeitig Interessenten waren.

[29] *Drucksache . . .*, Nr. 2420.

[30] Max Weber, *Parlament und Regierung im neugeordneten Deutschland (Mai 1918)*, in: Ders., *Gesammelte politische Schriften*, 2., erw. Aufl. mit einem Geleitwort von Theodor Heuss, neu hrsg. von Johannes Winkelmann, Tübingen 1958, S. 338.

Bei den Umwandlungsberatungen und auch bei den späteren Debatten um die Staatsunternehmen tauchten stets dieselben Namen auf, etwa der freie Gewerkschafter Osterroth (SPD), der christliche Gewerkschafter Steger (Z), der kommunistische Gewerkschafter Sobottka, der Ruhrbankier Dr. von Waldthausen (DNVP) oder Dr. Pinkerneil (DVP) von der Fachgruppe Bergbau des Reichsverbandes der Deutschen Industrie. Sie arbeiteten später fast alle als Aufsichtsratmitglieder der Staatsunternehmen.[31]

Aufgrund der erwähnten Gemeinsamkeit der Interessenten konnte der Sprecher der SPD-Fraktion, Osterroth, dann auch bei der zweiten Lesung des Gesetzes die sachliche Arbeit der Fachleute folgendermaßen loben:

„Der Ausschuß war nicht ein politisches Tribunal, in dem politische Tagesleidenschaften ihr Echo fanden, sondern er bestand aus einer Auslese von Volkswirtschaftlern, Gesellschaftsrechtlern und Bergbaukennern; es gab keine politischen Erörterungen, sondern nur streng kritische volkswirtschaftliche, gesellschaftsrechtliche, finanzpolitische und technische Auseinandersetzungen, die alle Einzelheiten und alle Meinungsverschiedenheiten restlos klärten.“[32]

Oftmals unausgesprochen standen hinter den scheinbar so rein sachlichen Organisationsfragen[33] politische Probleme, wie die folgenden Beispiele zeigen.

So wurde von den Gesellschaftsrechtlern debattiert, ob der Aufsichtsrat oder die Generalversammlung den Vorstand der Gesellschaft wählen sollte. Dr. von Waldthausen (DNVP) und Dr. Pinkerneil (DVP) als Vertreter der Privatindustrie beantragten die Ernennung durch den Aufsichtsrat, wie es in der Wirtschaft überwiegend gehandhabt würde.[34] Dagegen standen politische Bedenken bei der Linken. Die Verantwortung des vielfältig zusammengesetzten Aufsichtsrates gegenüber dem Parlament wäre viel geringer als die der Generalversammlung, die nur aus dem Handels- und dem Finanzminister als Vertretern des Eigentums bestehen sollte. Als Kompromiß sah § 7 der Satzung schließlich die Ernennung durch die Generalversammlung mit Zustimmung des Aufsichtsrates vor.

Eine andere Frage lautete: Sollte die Regierung frei über das Vermögen verfügen können oder sollte dabei der Landtag eingeschaltet werden? Die Begründung zum Gesetzentwurf[35] hatte nur festgestellt:

[31] Vgl. H.-J. Winkler, *Preußen als Unternehmer* . . ., Übersicht 4: Vertreter des Landtages in den Aufsichtsräten 1925—1932/33, S. 39.

[32] 270. Sitzung, 15. September 1923 (*Stenographische Berichte* . . ., Bd. 14, Sp. 19924 f.).

[33] Über diese unterrichtet vom Rechtsstandpunkt der Geheime Bergrat Sattig (Mitarbeiter bei den Umstellungsarbeiten im Handelsministerium), *Die Preußische Bergwerks- und Hütten-Aktiengesellschaft*, in: *Zeitschrift für Bergrecht*, 65. Jg. (1924), S. 150 ff.

[34] *Drucksache* . . ., Nr. 6878; Debatte vom 18. September 1923, 271. Sitzung (*Stenographische Berichte* . . ., Bd. 14, Sp. 19353 ff.).

„Die Aufgabe des Eigentums an den staatlichen Betrieben erscheint in einer Zeit, die den Gedanken der Gemeinwirtschaft pflegt, völlig ausgeschlossen.“[35]

Der Landtag begnügte sich nicht mit dieser Deklamation oder mit seiner nachträglichen Kontrollmöglichkeit, sondern verankerte im Umwandlungsgesetz die Notwendigkeit seiner Zustimmung zur Veräußerung und Verpfändung von Aktien (§ 2a) oder Teilen des Besitzes (§ 5c). Dadurch hatte der Landtag die Sicherheit, schon vor etwaigen Änderungen befragt zu werden.

Als drittes Beispiel für den politischen Gehalt der Form sei die schon erwähnte Frage einer dezentralisierten GmbH oder zentralen AG angeführt. Der Entwurf des Ministers[36] betonte zwar die Notwendigkeit, „die Macht und die Einheitlichkeit des staatlichen Besitzes zu wahren und sie gegenüber den Syndikaten und den im Wettbewerb stehenden Unternehmungen wirksam zur Geltung zu bringen“.

Andererseits zitierte er, wohl mit Rücksicht auf den damaligen Koalitionspartner DVP,[37] die Meinung der Sachverständigen, daß wegen der Gefahr der Überzentralisierung „der Schwerpunkt der Betriebsleitung . . . nicht in Berlin liegen“ dürfe. So kam der Entwurf zum Kompromiß von zehn selbständigen Gesellschaften, die lose in einer GmbH zusammengefaßt werden sollten.

Den Ausschlag für den überraschenden Meinungsumschwung der noch zögernden Abgeordneten zugunsten einer Einheits-AG gab ein Fachmann, der Schwerindustrielle und Zentrumsvertreter im Staatsrat, Peter Klöckner. Auf seinen Rat hin[38] und gegen die Meinung anderer Industrieller wie Voegler und Thyssen[39] empfahl der Staatsrat die Einheitsgesellschaft als wirtschaftlich zweckmäßigste Form.[40] Der Handelsausschuß des Landtages stimmte dieser Änderung mit 15:11 Stimmen zu.[41] Ein Seitenlicht auf das preußische Zweikammersystem wirft dabei die „Entschuldigung“ des Berichterstatters Osterroth (SPD):

[35] *Drucksache* . . ., Nr. 5393.

[36] Begründung zum GmbH-Gesetz-Entwurf, *Drucksache* . . ., Nr. 5393.

[37] Ablehnung einer zentralen Gesellschaft durch Sprecher der Deutschen Volkspartei und der Deutschnationalen Volkspartei in der 136. Sitzung, 16. Mai 1922 (*Stenographische Berichte* . . ., Bd. 7, Sp. 9630 ff.).

[38] Hinweis auf Klöckners Rolle durch Dr. von Waldthausen (Deutschnationale Volkspartei), 270. Sitzung, 15. September 1923 (*Stenographische Berichte* . . ., Bd. 14, Sp. 19312).

[39] Hinweis Dr. von Waldthausen, *ebda.;* vgl. auch die Sorge der Ruhr vor einer Ausrichtung der neuen Gesellschaft nach dem revierfernen Berlin bei A. Prym, *Staatswirtschaft und Privatunternehmung* . . ., S. 57.

[40] Entschließung des Staatsrates vom 17. Mai 1923 (Anlage V zu *Drucksache* . . ., Nr. 5393).

[41] Abgeordneter Osterroth (Sozialdemokratische Partei Deutschlands), 270. Sitzung, 15. September 1923 (*Stenographische Berichte* . . ., Bd. 14, Sp. 19298).

Der Ausschuß habe den Vorschlag des Staatsrates übernommen „nicht etwa, weil er die Autorität des Nebenparlaments als eine überragende anerkannt hätte, ... sondern weil doch in dem Gutachten auch die Mitarbeit kompetenter Wirtschaftsfachleute steckte“.[42]

Bei Eingeweihten bestand damals die Meinung, daß Klöckners fachlicher Rat auch von eigenen Interessen bestimmt war. Eine zentrale Gesellschaft konnte für seinen Konzern einen lohnenderen Geschäftspartner darstellen als mehrere Einzelgesellschaften, zumal als Generaldirektor der neuen AG der Mitbegründer des Stahlwerkverbandes und ehemalige Hoesch-Direktor Lob im Gespräch war.[43]

Schließlich sei als Beispiel für die politische Bedeutung von Organisationsfragen noch das Problem der Landtagsabgeordneten im Aufsichtsrat angeführt. Der Gesetzentwurf sah keine Abgeordneten im Aufsichtsrat vor, weil die Gesellschaft „nicht weiter in ihren Entscheidungen gebunden werden dürfe, als dies bei allen anderen industriellen Unternehmungen der Fall ist“.[44] Der Entwurf zitierte den Wunsch der Sachverständigen, „daß jeder politische Einfluß auf die Gesellschaft ausgeschlossen sein muß“.

Die Fachleute der Fraktionen hatten an dem Entwurf mitgearbeitet. So ist die Abstinenz wohl ein Symptom für das verhältnismäßig geringe Selbstvertrauen des neuen Landtages und für den Einfluß jener Gruppen, die eine völlige Neutralisierung der Staatsunternehmen wünschten.

In seiner schon erwähnten Stellungnahme zum Gesetzentwurf forderte der Staatsrat nun entgegen der bisher herrschenden Meinung, „daß der Einfluß der Volksvertretung entsprechend der demokratischen Staatsauffassung durch entsprechende Vertretung im Aufsichtsrat gewahrt werden muß“.[45]

Der Landtag machte sich schließlich auch diesen Vorschlag zu eigen und beanspruchte fünf der 16 Sitze des Aufsichtsrates für sich. Dazu sollten Vertreter der Privatwirtschaft und so viele Vertreter der Ministerien kommen, daß letztere die Mehrheit bildeten.[46] Die politische Bedeutung dieser Regelung, die dann für alle Staatsunternehmen übernommen wurde, ist nicht zu übersehen.[47]

Mit diesen vier Beispielen aus dem Bereich der Form- und Organisationsfragen sollte gezeigt werden, wieviel politische Spannung in ihnen steckt. Praktisch rang der Landtag um die Gesellschaftsform mit sachlichen Argumenten,

[42] *A.a.O.*, Sp. 19297.
[43] Hinweis Dr. Pinkerneil im Gespräch.
[44] *Drucksache ...*, Nr. 5393.
[45] Anlage V zu *Drucksache ...*, Nr. 5393.
[46] Haupt-Ausschuß-Antrag, *Drucksache ...*, Nr. 6879.
[47] Vgl. H.-J. Winkler, *Preußen als Unternehmer ...*, S. 89 f.
[48] Vgl. J. Brandt, *Die wirtschaftliche Betätigung ...*, S. 99 f.

aber mit politischen Motiven; denn schließlich diskutierte man nicht eine geeignete Rechtsform für Kapitalbeschaffung und -erhaltung wie bei einem Privatunternehmen, sondern für wirksame Leitung und politische Kontrolle eines Staatsunternehmens.[48]

Landtagsbeschluß und Verwirklichung

Bei den offiziellen Beratungen des Umwandlungsgesetzes fungierte nur die KPD als Opposition. Ihr Sprecher bezeichnete die Umwandlung als Verschleuderung kostbaren Staatsbesitzes und als „kapitalistische Machenschaften".[49]

Bei der zweiten Beratung beantragte die KPD unter anderem, den ganzen Bergbau zu verstaatlichen.[50] Wie sehr sie damit die Arbeitnehmervertreter der übrigen Fraktionen in Verlegenheit brachte, zeigt die Tatsache, daß der Verstaatlichungsantrag trotz seiner Undurchführbarkeit (Koalitionsfrage, Reichsgesetzgebung) nicht einfach als demagogisch abgelehnt, sondern an den Handels- und Gewerbeausschuß überwiesen wurden, um dort unter anderen Anträgen erst mit dem Ende der Legislaturperiode zu verschwinden.

Mit diesem Antrag handelte die KP funktionsgerecht. Ihre Schwäche (31 von 428 Mandaten) räumte ihr keine Chance auf Einfluß im Parlament ein. Alternativvorschläge — neben der Kontrolle die wichtigste Funktion der Opposition — machte sie deshalb ausschließlich im Hinblick auf die Wirkung bei ihren potentiellen Wählern. Dabei konnte sie ungehemmt agitieren, weil sie kaum Chancen hatte, legal an die Regierung zu kommen, sich also nicht den Kopf über die Verwirklichung ihrer Vorschläge zerbrechen mußte.

Die offiziellen Lesungen des Gesetzes bereiteten keine Schwierigkeiten, weil die Fachleute der Fraktionen intern und in Ausschußberatungen alle Zweifelsfragen geklärt hatten. Am 18. September 1923[51] wurde der zur Einheitsgesellschaft abgeänderte Gesetzentwurf für die Umwandlung angenommen und am 9. Oktober verkündet.[52]

Wegen der Ruhrbesetzung war jedoch die sofortige Verwirklichung des beschlossenen Projekts nicht möglich. Hibernia und Recklinghausen waren staatlichem Einfluß entzogen; deshalb faßte die Regierung den außerhalb des Ruhrreviers vertreuten Staatsbesitz zusammen und übertrug seine Verwaltung

[49] 251. Sitzung, 11. Juni 1923 (*Stenographische Berichte* . . ., Bd. 14, Sp. 17891 ff.).

[50] *Drucksache* . . ., Nr. 7157.

[51] 271. Sitzung (*Stenographische Berichte* . . ., Bd. 14, Sp. 19385 ff.).

[52] Gesetz, betr. Übertragung der Verwaltung und Ausbeutung des staatlichen Bergwerksbesitzes an eine Aktiengesellschaft (*Preußische Gesetz-Sammlung, 1923,* S. 467).

[53] Texte in: *Zeitschrift für Bergrecht,* 65. Jg. (1924), S. 101 ff.

und Nutzung durch Vertrag vom 11. Januar 1924 der am 12. Dezember 1923 gegründeten Preußischen Bergwerks- und Hütten-AG, Berlin (Preussag).[53] Mit Rücksicht auf die Reparationsfrage erfolgte die Eigentumsübertragung erst durch Gesetz vom 26. Juli 1926.[54]

Die Staatszechen im Bezirk Recklinghausen, die den eigentlichen Anlaß zur beschleunigten Umwandlung gegeben hatten, wurden durch Notverordnung vom 19. Januar 1924[55] zur Bergwerks-AG Recklinghausen (Bergag) umgewandelt.[56] Diese Gründung ist der erste Fall, in dem der Landtag sich der Eigengesetzlichkeit eines von ihm ins Leben gerufenen Unternehmens beugen mußte; denn entsprechend der Konzeption der Einheitsgesellschaft hätte eigentlich die Preussag Recklinghausen übernehmen müssen. Deren Vorstand erklärte dem Landtag, daß er es trotz der ungünstigen Ertragslage, „wenn es nicht anders gehe, als seine Ehrenpflicht ansehen würde, auch Recklinghausen . . . zu übernehmen", daß er aber eine Betreuung durch die benachbarte Hibernia für sinnvoller halte.[57] Da noch rund 0,6% der Hibernia-Stammaktien in Privathand lagen, schien eine Fusion mit der Bergag aus Steuergründen unvorteilhaft.

Der Landtag beugte sich diesen wirtschaftlichen Argumenten ohne Debatte. Entgegen dem ursprünglichen Konzept seiner Mehrheit gab es nun doch mit der Preussag in Berlin und mit den in Personalunion geführten Hibernia und Bergag im Ruhrrevier zwei Schwerpunkte für die preußischen Staatsunternehmen. Offensichtlich hatte die Bergverwaltung die Ereignisse auszunutzen verstanden, um das ursprüngliche Konzept wiederherzustellen.

[54] *Preußische Gesetz-Sammlung, 1926,* S. 234; Entwurf und Begründung: *Drucksache . . .,* Nr. 2855; Vertrag zwischen Staat und Preussag vom 30. November 1926, abgedruckt in: *Zeitschrift für Bergrecht,* 68. Jg. (1926), S. 59 ff.

[55] *Preußische Gesetz-Sammlung, 1924,* S. 45; Entwurf und Begründung: *Drucksache . . .,* Nr. 7447.

[56] Vertrag vom 29. Dezember 1925, abgedruckt in: *Zeitschrift für Bergrecht,* 67. Jg. (1927), S. 191 ff.

[57] Zitiert von Haupt-Ausschuß-Berichterstatter Osterroth (Sozialdemokratische Partei Deutschlands), 87 Sitzung, 28. Oktober 1925 (*Stenographische Berichte . . .,* Bd. 4, Sp. 5226).

Übersicht 1

Grundkapital und Dividenden der preußischen Staatsunternehmen

Unternehmen	Dividende für:						
	1926	1927	1928	1929	1930	1931	1932
Preussag							
Grundkap. 100 Mio RM	4	5	4				
1929 auf 140 Mio RM							
erhöht;				5			
1930 auf 110 Mio RM							
herabgesetzt					4	4	—
(davon bis Ende 1932							
eingez.: 91 Mio RM							
Bergag							
Grundkap. 57 Mio RM	4	5	—				
1929 auf 76 Mio RM							
erhöht;				6	4	—	4
(davon bis Ende 1932							
eingez.: 59,5 Mio RM							
Hibernia							
Grundkapital 1924:							
8 Mio RM Vorzugsakt.	4 1/2	4 1/2	—	4 1/2	—	—	—
48 Mio RM Stammakt.	5	4	—				
1929 Stammakt. auf							
72 Mio RM erhöht				5	—	—	—
(davon bis Ende 1932							
eingez.: 70 Mio RM)							

Übersicht 2

Produktionsanteil der preußischen Staatsunternehmen 1931/32

1. Steinkohle (1932)

Hindenburg	2 955 850 t	=	19,35 % der Förderung Oberschlesiens
Ibbenbüren	656 520 t		
Barsinghausen	174 999 t	=	89,06 % der Förderung Niedersachsens
Obernkirchen	394 904 t		
Preussag	4 182 273 t	=	4,11 % der Förderung Preußens
		=	3,99 % der Förderung Deutschlands
Bergag	3 299 261 t	=	8,96 % der Förderung des Ruhrgebiets
Hibernia	3 275 079 t	=	6,40 % der Förderung Preußens
Staatsuntern.	10 686 613 t	=	10,51 % der Förderung Preußens
			10,20 % der Förderung Deutschlands

2. Koks

Hindenburg	241 743 t	=	27,85 %	der Erzeugung Oberschlesiens
Oberkirchen	195 072 t	=	100,00 %	der Erzeugung Niedersachsens
	436 815 t	=	2,31 %	der Erzeugung Preußens
		=	2,28 %	der Erzeugung Deutschlands
Bergag	799 926 t	=	7,72 %	der Erzeugung des Ruhrgebiets
Hibernia	386 012 t	=	6,40 %	der Erzeugung Preußens
Staatsunterneh.	1 622 753 t	=	8,77 %	der Erzeugung Preußens
		=	8,48 %	der Erzeugung Deutschlands

3. Briketts

Hindenburg	129 053 t	=	46,76 %	der Erzeugung Oberschlesiens
Ibbenbüren	157 537 t	=	78,61 %	der Erzeugung Niedersachsens
Obernkirchen	61 781 t			
Preussag	348 371 t	=	9,24 %	der Erzeugung Preußens
		=	7,96 %	der Erzeugung Deutschlands
	122 883 t	=	4,35 %	der Erzeugung des Ruhrgebiets
		=	3,27 %	der Erzeugung Preußens
Staatsunterneh.	471 254 t	=	12,50 %	der Erzeugung Preußens
		=	10,77 %	der Erzeugung Deutschlands

4. Metalle (Hüttenproduktion 1931)

a) Blei

Oberharz	10 587 t			
Unterharz	8 618 t			
Preussag	19 205 t	=	18,90 %	der dtsch. Hüttenproduktion von Blei
		=	14,10 %	des deutschen Bleiverbrauchs

Dazu kommen noch die meist nicht in eigenen Hütten verarbeiteten Bleierze der Friedrichsgruppe in Oberschlesien (1931 rd. 7800 t Erze).

b) Zink

Die Preussag hatte keine Rohzinkhütte. Ein Teil des Zinkinhalts der Erze wurde in Oker auf Zinkvitriol (1931 = 5270 t) und Zinkoxyd (1931 = 22 337 t) verarbeitet. Die übrigen Zinkerze wurden verkauft.

c) Kupfer (1931)

Unterharz = 1601 t Elektrolytkupfer
rd. 2,90 % der deutschen Hüttenproduktion
rd. 5,90 % der deutschen Bergwerksproduktion;
dazu kommen noch an Kupfervitriol im Jahre 1931 = 1917 t.

d) Silber (1931)

Oberharz	25 535 kg		
Unterharz	16 255 kg		
	41 790 kg	=	rd. 1/4 der deutschen Silberproduktion

5. Eisenerze (1932)

Dillenburg	8 234 t	=	6,20 % der Förderung des Lahn-Dill-Bezirks
		=	0,90 % der Förderung Preußens

6. Kali, Steinsalz, Siedesalz und Nebenprodukte

Beteiligung der Preussag am Kalisyndikat	12,99 %
Beteiligung der Preussag am Steinsalzsyndikat	10,28 %
Beteiligung der Preussag am Norddeutschen Siedesalzsyndikat	23,12 %
Beteiligung der Preussag am Bromsyndikat	18,20 %
Beteiligung der Preussag am Chlormagnesiumsyndikat	30,82 %

7. Kalk (1932)

Rüdersdorf	140 577 m^3,	etwa 5 % der deutschen Kalkproduktion,
		9 % der preußischen Kalkproduktion

8. Bernstein (1932)

Palmnicken	35 571 kg	Rohbernstein = 100 % der deutschen Produktion

9. Stickstoff (1932)

Hindenburg	855 t	Reinstickstoff
Obernkirchen	554 t	Reinstickstoff
Hibernia	14 948 t	Reinstickstoff
Bergag	16 153 t	Reinstickstoff
zusammen	32 510 t	Reinstickstoff = etwa 7,50 % der dtsch. Produktion

10. Erdöl (1932)

Preussag	33 243 t	=	15,54 % der preußischen Rohölproduktion
		=	14,39 % der deutschen Rohölproduktion

Quelle: F.C. von Hülsen, *Die Bergbaugesellschaft des Preußischen Staates*, in: *Zeitschrift für das Berg-, Hütten- und Salinenwesen*, Bd. 81 (1933), S. B 161.

Übersicht 3

Werke der Preussag (nach dem Stand von 1932)

1. Zweigniederlassungen Steinkohlenbergwerke Hindenburg für die beiden restlichen oberschlesischen Steinkohlengruben und eine Sandtransportbahn.
2. Steinkohlenbergwerke Ibbenbüren.
3. Zweigniederlassung Oberharzer Berg- und Hüttenwerke in Clausthal-Zellerfeld für die Erzbergwerke, Blei-, Silber- und Erzhütten sowie die Eisengießerei im Harz.
4. Erzbergbau in Dillenburg.
5. Bleierzbergwerk Friedrichsgrube in Miechowitz O/S.
6. Eisenhüttenwerk Gleiwitz-Malapane O/S. (1931 verkauft).

7. Zweigniederlassung Salz- und Braunkohlenbergwerke Berlin mit den Kalischächten Staßfurth, Bleicherode und Vienenburg (1930 abgesoffen), den Salinen Schönebeck, Bad Dürrenberg und Artern, dem Solbad Elmen, der Anhaltische Salzwerke GmbH in Leopoldshall, der Sodafabrik Staßfurth GmbH und mehreren kleineren Braunkohlengruben.
8. Zweigniederlassung, Bernsteinwerke in Königsberg i. Pr.
9. Bohrverwaltung in Schönebeck/Elbe.

Gemeinschaftsbesitz mit anderen öffentlichen Körperschaften

1. Steinkohlenbergwerk Barsinghausen am Deister und Deister Schlackenstein GmbH ($^1/_4$ Klosterkammer Hannover).
2. Gesamtbergamt Obernkirchen GmbH ($^1/_3$ Freistaat Schaumburg-Lippe).
3. Unterharzer Berg- und Hüttenwerke GmbH in Oker mit Erzbergwerk Rammelsberg sowie zwei Hüttenwerken ($^3/_7$ Land Braunschweig).
4. Kalkwerke Rüdersdorf ($^1/_6$ Stadt Berlin).

Beteiligungen

1. Wasserwerk Deutsch-Oberschlesien GmbH (51,74%).
2. Verkaufsbüro der Oberschlesischen Staatsgruben GmbH in Hindenburg (100%).
3. Bad Oeynhausen GmbH (100%).
4. Staatliche Bernsteinmanufaktur GmbH in Königsberg (100%).
5. Gewerkschaft Deutsche Erdöl-Raffinerie (Deurag) in Hannover (33%).

Verpachtete Werke

1. Braunkohlenfelder am Habichtswald, im Westerwald und am Hohen Meißner.
2. Salzwerk Stetten in Hohenzollern-Sigmaringen.

Quelle: *Geschäftsberichte der Preussag*

[...]

II

Die Bewährung der Staatsunternehmen in der Praxis

[...]

Die Staatsunternehmen als Fühler im Raum der Privatwirtschaft

„Wenn der Staat (durch Subventionen, d. Verf.) nur Nachtwächter für kranke Betriebe sein soll, dann müssen der Staat und die Öffentlichkeit auch das Recht haben, ja, dann haben sie sogar die sittliche Pflicht, ihre Wirtschaftsunternehmungen zu einer Kontrolluhr hinsichtlich des sozialpolitisch Tragbaren, hinsichtlich der Kontrolle der Selbstkosten und hinsichtlich der Preispolitik umzubauen. Das ist der Sinn der Wirtschaft der öffentlichen Hand, das ist Konsumentenschutz."[58]

So umschrieb der SPD-Abg. Osterroth 1931 im Landtag die politische Aufgabe öffentlicher Erwerbsunternehmen, die am wenigsten umstritten ist,[59] denn hier betreibt der wirtschaftende Staat keine aktive Politik, die für die Privatwirtschaft den Datenkranz verändern könnte, sondern hier beschafft er sich über seine Unternehmen nur Informationen zur Beurteilung der Wirtschaft.

Wie der bei der Hibernia vorliegende Briefwechsel zeigt, hat vor allem das Handelsministerium von seinen Unternehmen immer wieder Meinungen und Analysen zu den jeweils anstehenden Problemen der Wirtschaftspolitik erbeten. So fragte beispielweise 1929 der AR-Vorsitzende seinen Generaldirektor von Velsen wegen des Überganges der Mehrheit der Essener Steinkohlenbergwerke auf die Gelsenkirchener Bergwerks-AG., „ob und was vom fiskalischen und was von allgemeinen wirtschaftlichen Standpunkten aus staatlicherseits etwa zu unternehmen ist".[60]

Da auf vielen Gebieten die Preise und Löhne staatlich geregelt waren, bot es sich an, die Staatsunternehmen als „Modellfirmen"[61] für die Kostenstruktur des jeweiligen Wirtschaftsbereiches zu benutzen. Besonders das Reichswirtschaftsministerium zeigte sich hier interessiert, weil das Reich im Bergbau keine eigenen Unternehmen besaß.

Andererseits hatte das Reich nicht die Macht, von einem preußischen Staatsunternehmen Auskünfte zu erlangen. So schrieb 1929 der AR-Vorsitzende der Hibernia an seinen Generaldirektor, daß er die Bekanntgabe der Selbstkosten und Erlöse für die neuen Lohnverhandlungen dem Beauftragten des Reichswirtschaftsministers „höflich, aber bestimmt abgelehnt" habe.[62]

[58] Abgeordneter Osterroth (Sozialdemokratische Partei Deutschlands), 200. Sitzung, 3. Februar 1931 (*Stenographische Berichte* . . ., Bd. 12, Sp. 17497).

[59] Vgl. Hauptvorstand der Gewerkschaft Öffentliche Dienste, Transport und Verkehr (Hrsg.), *Handbuch der öffentlichen Wirtschaft,* bearbeitet von Karl Osterkamp und Karl Kühne, Bd. 1, Stuttgart 1960, S. 133; Manuel Saitzew, *Die öffentliche Unternehmung der Gegenwart* (3 Vorträge, gehalten im April 1929 in der Vereinigung für rechts- und staatswissenschaftliche Fortbildung in Köln; Ergänzungen und Erläuterungen im Anhang nach dem Stand im Herbst 1930), Tübingen 1930, S. 26, spricht von besserer Information durch engeren Kontakt mit der Wirtschaft.

[60] Brief vom 30. Dezember 1929, *Hibernia-Altregistratur, Akte Schriftwechsel mit dem Oberberghauptmann.*

[61] Karl Kühne, *Verwaltungs- und Wirtschaftsdenken im öffentlichen Sektor,* in: *Archiv für öffentliche freigemeinwirtschaftliche Unternehmen,* Bd. 6 (1962), H. 6, S. 110.

[62] Brief vom 15. April 1929, *Hibernia-Altregistratur, Akte Schriftwechsel mit dem Oberberghauptmann.*

In einem ähnlichen Fall 1931 einigte man sich darauf, dem Reich die Prüfungsberichte der Treuhand über die Hibernia für die zurückliegenden Geschäftsjahre zur Verfügung zu stellen. Damit sollte das Reich seine eigenen Erhebungen in der Privatwirtschaft überprüfen, die es nach dem Beispiel des Schmalenbach-Gutachtens[63] angestellt hatte. Der AR-Vorsitzende der Hibernia schrieb dazu dem Generaldirektor:

„Grundsätzlich scheint es mir nicht sehr erwünscht, daß die Ergebnisse der staatlichen Gesellschaften in den Streit bei Lohnverhandlungen hereingezogen werden." Zur Beruhigung fügte er hinzu, daß die Herren des Reichswirtschaftsministeriums ihm zugesagt hätten, „daß unter keinen Umständen angegeben würde, aus welcher Quelle sie diese Zahlen erhalten hätten, so daß also in der Öffentlichkeit die staatlichen Gesellschaften nicht gegen den Ruhrbergbau ausgespielt werden können".[64]

Als die Hibernia dem Reich ihre verhältnismäßig günstigen Zahlen zur Verfügung gestellt hatte, schrieb das Handelsministerium an den AR-Vorsitzenden:

„Die Frage ist nun, ob es möglich ist, die Ergebnisse mit irgendwelchen Erläuterungen zu versehen, aus denen hervorgeht, daß die Lage in Wirklichkeit anders ist".[65]

Dabei erhebt sich die Frage, ob die Regierung für einen derartigen Einblick nur Anteile an einer Privatgesellschaft oder den Mehrheitsbesitz braucht. 1926 begründete Finanzminister Dr. Höpker-Aschoff die Übernahme von Aktien der Rheinischen Elektrizitätswerke im Nennwert von 12 Millionen RM durch Preußen mit dem Wunsch nach Einblick in „Wirtschaftsweise" und „Geschäftsführung" des Unternehmens. Die DNVP kritisierte, „daß dazu der Erwerb einer weit geringeren Menge von Aktien vollauf ausgereicht hätte".[66]

Die Analyse der Arbeitsweise bei den Staatsunternehmen hat in Parallele zur Verwaltung privater Großunternehmen gezeigt, daß die Willensbildung in einem internen Kreis erfolgt, zu dem kleinere Anteilseigner kaum Zutritt haben würden. Für wirklichen Einblick reicht also im allgemeinen nicht einmal die Sperrminorität, sondern nur die Aktienmehrheit aus.

Von Staatsunternehmen erwartet man dementsprechend ihrem „öffentlichen" Status weitgehende Publizität. Sie sind damit nicht nur Informationsquelle für die Regierung, sondern auch für alle Interessierten. Da Lohnfragen

[63] Eugen Schmalenbach, *Gutachten über die gegenwärtige Lage des rheinisch-westfälischen Steinkohlenbergbaus*, Berlin 1928.

[64] Brief vom 7. April 1931, *Hibernia-Altregistratur, Akte Schriftwechsel mit dem Oberberghauptmann.*

[65] Brief Bergrat Dr. von Dewall (Staatssekretariat) vom 13. Juni 1931, *ebda.*

[66] 123. Sitzung, 2. Februar 1926 (*Stenographische Berichte* . . ., Bd. 6, Sp. 8434 f., und Abgeordneter Hecken [Deutschnationale Volkspartei], *a.a.O.*, Sp. 8446 f.).

stets Machtfragen sind, werden die veröffentlichten Zahlen unweigerlich im politischen Kampf benutzt. Wenn die Staatsunternehmen nicht in Kampfstellung zu ihren privaten Kollegen stehen wollen, müssen sie ihre Zahlen gelegentlich „frisieren".[67]

Dafür gibt es ein Beispiel aus dem Jahre 1929. Im Hinblick auf die günstigen Ergebnisse von Hibernia/Bergag einerseits und die öffentliche Diskussion über „Rationalisierungsgewinne" und Lohnfragen im Ruhrbergbau andererseits gab der AR-Vorsitzende der Hibernia/Bergag dem Generaldirektor wegen der Erstellung des Jahresberichtes zu bedenken:

„Überhaupt werden wir die Jahresberichte angesichts der gepannten Lage zwischen Bergarbeiterorganisationen und Ruhrbergbau noch einmal sorgfältig prüfen müssen."[68]

Diese Überlegungen haben nicht verhindern können, daß „Die Bergbau-Industrie", Bochum, als Organ der Gewerkschaften auf der Titelseite die Ergebnisse der beiden Gesellschaften mit der Schlagzeile versah: „Ein weiterer Beweis für die Rentabilität des Ruhrbergbaus".[69]

Dagegen scheute sich die Regierung weniger vor einer Kampfstellung gegenüber der Privatindustrie. Handelsminister Dr. Schreiber bezeichnete 1928 vor dem Landtag die vom Ruhrbergbau veröffentlichten Zahlen als Zweckpessimismus, die man aber in Ermangelung zutreffenderer Angaben für die Beurteilung der Wirtschaft hätte akzeptieren müssen, „wenn wir nicht in unseren eigenen Staatsbergwerken, die nach Größe und Bedeutung beinahe 10% des Ruhrkohlenbergbaus ausmachen, einen sehr anschaulichen Unterricht darüber bekämen, was augenblicklich im Kohlenbergbau verdient werden kann".[70]

In gleicher Weise hatte schon 1926 das Ministerium im Handelsausschuß zu Klagen des oberschlesischen Bergbaues mit den Ergebnissen der Preussag argumentiert.[71]

[67] So Walter Gerber, *Die öffentliche Unternehmung in privatrechtlicher Form. Ein Beitrag zur sozialökonomischen Lehre von den Formen öffentlicher Unternehmungen unter besonderer Berücksichtigung der Schweiz* (= Zürcher volkswirtschaftliche Forschungen, hrsg. von Manuel Saitzew, Bd. 13), Zürich 1928, S. 113.

[68] Brief vom 15. April 1929, *Hibernia-Altregistratur, Schriftwechsel mit dem Oberberghauptmann;* vgl. die Warnung vor „interessengefärbten" Geschäftsberichten öffentlicher Unternehmen bei Walter Hamm, *Kollektiveigentum. Die Rolle öffentlicher Unternehmungen in der Marktwirtschaft* (= Veröffentlichungen des Forschungsinstituts für Wirtschaftspolitik an der Universität Mainz, hrsg. von Erich Welter, Bd. 9), Heidelberg 1961, S. 245.

[69] *Die Bergbau-Industrie. Organ des Verbandes der Bergbauindustriearbeiter Deutschlands,* Bochum, 42. Jg., Nr. 25, 22. Juni 1929, in: *Hibernia-Altregistratur.*

[70] 20. Sitzung, 15. November 1928 (*Stenographische Berichte . . .*, Bd. 1, Sp. 1247).

[71] Oberberghauptmann Schantz, zitiert vom Abgeordneten Franz (Sozialdemokratische

Vor der Umwandlung der Staatsbetriebe waren gelegentlich noch die Selbstkostenberechnungen vertraulich im Ausschuß besprochen worden.[72] Danach erhielt der Landtag derartige Zahlen höchstens indirekt aus dem Mund der Ministeriumsvertreter im Ausschuß oder vertraulich über seine Abgeordneten in den Aufsichtsräten. Doch die im Verhältnis zur damaligen Praxis der privaten Aktiengesellschaften recht ausführlich gehaltenen Geschäftsberichte[73] genügten als Material für die politische Auseinandersetzung.

Die verschiedenartige Interpretation der Zahlen begann im Landtag schon 1925 beim ersten Geschäftsbericht der Preussag. Im Zusammenhang mit den allgemeinen Klagen des Bergbaus meinte der Bankier Dr. von Waldthausen (DNVP), anstatt einer Dividende hätte die Preussag die eine Million Mark lieber im Unternehmen arbeiten lassen sollen. Dagegen argumentierte der Abg. Steger (Z) als Gewerkschaftsvertreter, die Preussag mache die Lage im Interesse der übrigen Industrie absichtlich schlecht.[74] In fast jeder Debatte gab es nun Vorwürfe gegen die Staatsunternehmen, sie beurteilten die Lage bewußt pessimistisch im Interesse einer Verlängerung der Arbeitszeit, des Lohndrucks oder des Abbaus der sozialen Leistungen.[75]

Stets dienten die Staatsunternehmungen, wie es der Abg. Sobottka (KPD) formulierte, als „Gradmesser für die Rentabilität" der Privatindustrie,[76] wobei die Zahlen naturgemäß weiten Spielraum für Interpretationen zuließen.

Auf der anderen Seite benutzte die Preussag die von der Politik gewünschte Beobachterfunktion im privatwirtschaftlichen Raum auch als Alibi für eigene wirtschaftliche Interessen. So behauptete sie im Geschäftsbericht für 1924, daß sie sich mit 51% an der Danziger Bernsteinverarbeitungsfirma Hugo Barth beteiligt habe, „um einen Einblick in die Verhältnisse der bernsteinverarbeitenden Industrie zu gewinnen". Die folgende Übernahme fast der gesamten Bern-

Partei Deutschlands), 161. Sitzung, 29. April 1926 (*Stenographische Berichte* . . ., Bd. 8, Sp. 11021 f.).

[72] Erklärung des Berichterstatters Otter (Sozialdemokratische Partei Deutschlands), 111. Sitzung, 17. Dezember 1925 (*Stenographische Berichte* . . ., Bd. 5, Sp. 7658).

[73] Vgl. das Lob der ausführlichen und klaren Geschäftsberichte durch den Abgeordneten Dr. von Waldthausen (Deutschnationale Volkspartei), 276. Sitzung, 3. Mai 1927 (*Stenographische Berichte* . . ., Bd. 14, Sp. 19347).

[74] 87. Sitzung, 28. Oktober 1925 (*Stenographische Berichte* . . ., Bd. 4, Sp. 5256).

[75] Vgl. Abgeordneter Schwenk (Kommunistische Partei Deutschlands), 55. Sitzung, 1. März 1929 (*Stenographische Berichte* . . ., Bd. 4, Sp. 4367, und 11. März 1929, *a.a.O.*, Sp. 5512); ähnlich Abgeordneter Krämer (Deutsche Volkspartei), 70. Sitzung, 12. April 1929 (*Stenographische Berichte* . . ., Bd. 4, Sp. 5534); Abgeordneter Sobottka (Kommunistische Partei Deutschlands), 116. Sitzung, 24. Januar 1930 (*Stenographische Berichte* . . ., Bd. 7, Sp. 9841); ders. in der 172. Sitzung, 26. Juni 1930 (*Stenographische Berichte* . . ., Bd. 11, Sp. 14673).

[76] 152. Sitzung, 11. März 1929 (*Stenographische Berichte* . . ., Bd. 4, Sp. 5512).

steinverarbeitung zeigt, daß der Wunsch nach Einblick keineswegs das einzige Motiv war.

Grundsätzlich konnten die Staatsunternehmen als Fühler, Beobachter oder Kontrolleure im privatwirtschaftlichen Raum[77] sehr nützliche Dienste leisten. Die Regierung hatte dadurch bessere Unterlagen zur Lagebeurteilung, als wenn sie nur auf die Aussage interessenmäßig gebundener Fachleute oder auf Statistiken angewiesen gewesen wäre, die einen weiter zurückliegenden Zeitraum widerspiegeln.

Allerdings gab es Schwierigkeiten, weil die wirtschaftlichen Ergebnisse der Staatsunternehmen zwangsläufig im politisch-sozialen Machtkampf um Löhne und Preise verwendet wurden. Die Unternehmen hielten ihre Selbstkostenberechnungen gegenüber dem Landtag geheim. Auch das Reich, das selbst keinen direkten Einblick in den Bergbau hatte, bei dem aber damals das Schwergewicht der Lohn- und Preisverhandlungen lag, wurde nur sehr vorsichtig informiert.

Andererseits waren die Unternehmen zu weitgehender Publizität verpflichtet. So versuchten sie gelegentlich, die Zahlen zu frisieren. Damit wirkten sie in gewissem Sinne als Einflußgruppe der Privatwirtschaft, indem sie gewollt oder ungewollt deren Front im Lohnkampf durch Zahlen unterstützten. So interpretierte jedenfalls der Arbeitnehmerflügel im Landtag ihre Geschäftsberichte, deren Zahlen ja stets eine weitgehende Auslegung zulassen. Auch diese Sachlage zwang die Unternehmensverwaltungen, bei allen Maßnahmen und den Berichten darüber auch öffentliche Belange zu berücksichtigen, also politisch zu denken.

Die Rolle der Staatsunternehmen in Syndikaten und Verbänden

In der Umwandlungsdebatte 1923 stellte der Bericherstatter des Hauptausschusses im Zusammenhang mit der Konzentration in der Wirtschaft fest:

„... hier, in der Aufrichtung des staatlichen Industriekonzerns auf breitester bergbaulicher Grundlage ist die Korrektur für die Entwicklung der Wirtschaft gegeben".[78]

[77] Bergrat a.D. Loebner betont das heute besonders für die Preussag mit ihren vielfältigen Produktionszweigen; Hinweis im Gespräch; ähnlich begrüßte damals Hans Staudinger, *Der Staat als Unternehmer.* Mit einer Einleitung von Staatsminister Dr. Walther Schreiber, Berlin o.J. [1932], S. 54, das Beschaffen von „notwendigen Unterlagen, auf denen die staatliche Wirtschaftspolitik erst fruchtbar aufbauen kann".

[78] Abgeordneter Osterroth (Sozialdemokratische Partei Deutschlands), 270. Sitzung, 15. September 1923 (*Stenographische Berichte...*, Bd. 14, Sp. 19301); ähnlich später Abgeordneter Hecken (Deutschnationale Volkspartei), in der Debatte um staatliche Elektrobeteiligungen: 123. Sitzung, 2. Februar 1926 (*Stenographische Berichte...*, Bd. 6, Sp. 8446 f.).

Diese Aufgabenstellung entspricht der Erwartung, die vielfach im Schrifttum geäußert worden ist. Staatsunternehmen sollen „Marktbeeinflussung" in den Syndikaten treiben,[79] sie sollen der „besonders in Deutschland wuchernden Verbandsmonopolmacht" entgegenwirken,[80] um als „Hecht im Karpfenteich" gegebenenfalls ein „Kartell zu sprengen"[81] im Sinne einer „staatlichen Außenseiterkonkurrenz"[82] zum Wohle des Wettbewerbs und der Verbraucher.

Wenn im folgenden vor allem die Rolle der Staatsunternehmen in den Kohlensyndikaten und im Kalisyndikat als den damals bedeutsamsten Wirtschaftsverbänden betrachtet werden soll, dann ist zu bedenken, daß es sich hier um Zwangssyndikate handelte, und zwar beim Kali seit 1910 und bei der Kohle seit 1919. Der preußische Staat konnte also in diesen Bereichen mit seinen Unternehmen nicht als Außenseiter gegen diese Syndikate arbeiten, was in den Landtagsdebatten keineswegs immer berücksichtigt worden ist. Die maßgeblich vom Reich bestimmte und auf Reichsebene durchgeführte Kohlen- und Kalipolitik bleibt im folgenden außer Betracht.

Als 1905 im Preußischen Abgeordnetenhaus die Übernahme der Hibernia-Aktien debattiert wurde, begrüßte der Abg. Oeser (Freis. Volkspartei) die Tatsache, daß der Staat über die Hibernia nun in das Kohlensyndikat komme:

„Dann muß der Regierungskommissar seine Füße unter den Syndikatstisch stecken ... Und wenn er an den Beratungen mit teilnimmt, so haben wir hier im Hause das Recht, die Regierung darüber zu interpellieren, ihr Verhalten zu kritisieren. So kommen wir auf diesem indirekten Wege selbst in das Kohlensyndikat mit hinein. So haben wir das Recht der parlamentarischen Kontrolle dieses großen und wichtigen Syndikats."[83]

Das seit dem Kriege veränderte Verhältnis zwischen Wirtschaft und Staat wurde 1922 im Landtag bei der Umwandlungsdebatte deutlich. Der DVP-Abg.

[79] Martin Lohmann, *Die Morphologie der Organisationsformen der öffentlichen Unternehmung,* in: *Schriften des Vereins für Sozialpolitik,* Bd. 176, Teil 1, München-Leipzig 1932, S. 133.

[80] Frederik Haussmann, *Public Utilities und gemischtwirtschaftliche Unternehmungen in nationaler und internationaler Sicht,* Bern 1955, S. 47.

[81] Gert von Eynern, *Probleme der Begrenzung wirtschaftlicher Macht,* Homburg v.d.H.-Berlin o.J., S. 11.

[82] Hans Ritschl, *Stellung und Bedeutung der öffentlichen Unternehmung im Wirtschaftssystem des Kapitalismus,* in: *Schriften des Vereins für Sozialpolitik,* Bd. 176, Teil 1, München-Leipzig 1932, S. 75; ähnlich damals Wilhelm Röpke, Artikel *Staatsinterventionismus,* in: Ludwig Elster u.a. (Hrsg.), *Handwörterbuch der Staatswissenschaften,* 4., gänzlich umgearbeitete Aufl., Ergänzungsband, Jena 1929, Sp. 870, oder auch W. Hamm, *Kollektiveigentum...,* S. 23 f. und 205 f., sowie Gerhard Weissner, *Form und Wesen der Einzelwirtschaften. Theorie und Politik ihrer Stile,* Bd. 1, Stuttgart 1947, S. 43.

[83] 122. Sitzung, 21. Januar 1905 (*Stenographische Berichte ...,* Bd. 6, Sp. 8721).

Seidel als einer der privatwirtschaftlichen Sprecher begrüßte die Mitgliedschaft der geplanten Gesellschaft im Syndikat, weil sie so gezwungen würde, „alle durch die allgemeine ökonomische Lage gebotenen wirtschaftlichen Maßnahmen der Privatindustrie mitzumachen".[84] Er sah also im Syndikat ein wirksames Mittel der Gleichschaltung der Staatsunternehmen mit den Privatunternehmen.

Der Sprecher der christlichen Gewerkschaften wünschte dagegen, daß das künftige preußische Staatsunternehmen in den Syndikaten und den entsprechenden Arbeitgeberverbänden „die notwendige Ellenbogenfreiheit unter allen Umständen haben muß; sonst könnte sehr leicht das Staatsministerium mit Beschlüssen, die hier im Landtag gefaßt werden, in direkten Widerspruch kommen".[85]

Handelsminister Siering beruhigte mit der Bemerkung, daß die bestehenden Abmachungen für die Staatszechen besonders kurze Kündigungsfristen vorsähen.[86] In der Schlußdebatte 1923 stellte dann der Ausschuß-Sprecher die eingangs erwähnte These von der „Korrektur" mit Hilfe der Staatsunternehmen auf. Durch die Umwandlung waren die preußischen Staatsbetriebe aber nun den Privatunternehmen rechtlich angeglichen. Ein Austritt aus den Syndikaten war nicht mehr möglich und ist im Landtag nicht mehr diskutiert worden.

Die preußischen Staatsunternehmen hatten auf zweifache Weise in den Syndikaten Gewicht. An der Ruhr betrug der Förderanteil von Hibernia und Bergag zwar nur etwa 9%, aber ihr Generaldirektor Otto von Velsen hatte als eine Art „grauer Eminenz" des Ruhrreviers[87] auf Grund seiner familiären und beruflichen Beziehungen sowie nicht zuletzt durch den Vorsitz im Reichskohlenrat,[88] dem „Parlament" der gemeinwirtschaftlich organisierten deutschen Kohlenwirtschaft, bedeutendes Ansehen. 1924 hatte Handelsminister Siering von Velsens Berufung in die Leitung von Herne/Recklinghausen mit der Notwendigkeit angekündigt, daß „mit starker Hand eingegriffen werden mußte, um die Interessen der Bergwerksdirektion auch dem Zechenverband und dem Syndikat gegenüber zum Ausdruck zu bringen".[89]

[84] 136. Sitzung, 16. Mai 1922 (*Stenographische Berichte* . . ., Bd. 7, Sp. 9633).

[85] Abgeordneter Steger (Zentrum), 135. Sitzung, 15. Mai 1922 (*a.a.O.*, Sp. 9574); ebenso der SPD-Berichterstatter des Haupt-Ausschusses, Limbertz (*a.a.O.*, Sp. 9540).

[86] 136. Sitzung, 16. Mai 1922 (*a.a.O.*, Sp. 9635 ff.).

[87] So Dr. Staudinger im Gespräch.

[88] Über seine Bedeutung vgl. G. von Eynern, *Das öffentlich gebundene Unternehmen* . . ., S. 39 ff.; Gerhard Sigloch, *Die Unternehmen der öffentlichen Hand. Organisationsrecht und Steuerrecht* (= Wirtschaftsrechtliche Abhandlungen, hrsg. von Karl Geiler, H. 5), Mannheim-Berlin-Leipzig 1929, S. 183 f., oder A. Prym, *Staatswirtschaft* . . ., S. 165.

[89] 326. Sitzung, 4. Juli 1924 (*Stenographische Berichte* . . ., Bd. 16, Sp. 23158).

Praktisch war von Velsen der große Vermittler zwischen der Reichsregierung und der Ruhrkohlenwirtschaft.[90] Das besagt aber noch nichts darüber, inwieweit er sich von der preußischen Regierung mit der Hibernia/Bergag als Gegengewicht gegen die Interessen der Privatunternehmen im Rheinisch-Westfälischen Kohlen-Syndikat einsetzen ließ.

Demgegenüber verfügte die Preussag durch ihren größeren Förderanteil[91] (20% der Steinkohlenförderung Oberschlesiens und 90% der von Niedersachsen) über größeres Gewicht in dementsprechenden Syndikaten.

Die Landtagsdebatten und die Akten vermitteln im Zusammenhang mit Syndikatsproblemen nirgendwo den Eindruck, daß die Staatsunternehmen in Kampfstellung gegen private Wirtschaftsmacht gestanden hätten. Breiten Raum nahm dagegen die Frage der Verkaufsquoten ein. Vor allem die Arbeitnehmervertreter im Landtag klagten immer wieder über Benachteiligung der Staatsunternehmen bei den Quotenzuteilungen in den Syndikaten.[92]

Im Juli 1928 ersuchte der Landtag sogar die Regierung,[93] „den Vorstand und Aufsichtsrat der beiden staatlichen Bergwerksaktiengesellschaften Hibernia und Recklinghausen zu beauftragen, beim Kohlensyndikat mit allen Mitteln eine höhere Beteiligungsziffer für die staatlichen Bergwerksaktiengesellschaften durchzusetzen".

Ergänzend verlangte er,[94] die Regierung solle bei der Reichsregierung dafür eintreten, daß bei der fälligen Änderung des Syndikatsvertrages bzw. des Kohlenwirtschaftsgesetzes die Übertragung von Quoten der stillgelegten Zechen verboten werde (Hibernia/Bergag hatten auf Wunsch des Landtages keine Schächte stillgelegt, sondern gleichmäßig auf allen Schächten entlassen) und daß der Eigenverbrauch der Hütten-Zechen auf ihre Syndikatsquote angerechnet werde (Hibernia/Bergag — ursprünglich als Kohlelieferanten für den preußischen Staat [Bahn, Armee usw.] gedacht — hatten keine Hütten angeschlossen). Ein Jahr später sprach sich Handelsminister Dr. Schreiber gegen eine Benachteiligung, aber auch gegen eine Bevorzugung der Staatsunternehmen in den Syndikaten aus.[95] Nach der Erfahrung von Dr. Pinkerneil waren

[90] Hinweis von Dr. Staudinger im Gespräch.

[91] Vgl. in diesem Beitrag oben Übersicht 2.

[92] Z.B. Abgeordneter Osterroth (Sozialdemokratische Partei Deutschlands) als Berichterstatter des Haupt-Ausschusses; siehe 161. Sitzung, 29. April 1926 (*Stenographische Berichte* ..., Bd. 8, Sp. 11010), oder Abgeordneter Sobottka (Kommunistische Partei Deutschlands), 5. Sitzung, 13. Juni 1928 (*a.a.O.*, Bd. 1, Sp. 220).

[93] Antrag des Haupt-Ausschusses (*Drucksache* . . ., Nr. 112, 8. Sitzung, 11. Juli 1928, *Stenographische Berichte* . . ., Bd. 1, Sp. 426 ff.).

[94] *Drucksache* . . ., Nr. 11, *ebda.*

[95] 71. Sitzung, 13. April 1929 (*Stenographische Berichte* . . ., Bd. 4, Sp. 5630 f.).

Wünsche des Landtages auf Besserstellung der Staatsunternehmen im Syndikat platonisch, weil Generaldirektor von Velsen sich nicht zwingen ließ, wenn er keine Erfolgschancen sah.[96]

In der Praxis hat Generaldirektor von Velsen diesen politischen Rückhalt für seine Unternehmen sehr wohl benutzt. Als ihn im Januar 1930 der AR-Vorsitzende bat, im Syndikat die Benachteiligung seiner Unternehmen gegenüber den mit Hütten verbundenen Zechen zu beseitigen, antwortete er:

„Der vorliegende Fragenkomplex ist so schwierig, daß dadurch leicht Mißverständnisse entstehen und unsere Stellung statt gestützt, geschädigt werden könnte. Ich muß sehen, daß ich die zweifellos bestehende Benachteiligung unserer Gesellschaften in bezug auf Quoten und Selbstverbraucherfragen bei den jetzigen Syndikatsverhandlungen nach Möglichkeit beseitige. Sollte ich dabei auf besondere Schwierigkeiten stoßen, so kann ich dann ja immer noch Eure Hülfe in Anspruch nehmen."[97]

Die Taktik im Syndikat geht aus einer notariellen Niederschrift der Sitzung des Kohlensyndikats vom 2. Mai 1930 hervor:[98]

Danach bedauerte von Velsen die Festlegung der Quoten für die Hibernia. „Er werde die Regelung dem Vorsitzenden des Aufsichtsrates vorlegen und behalte sich vor, darauf zurückzukommen."

Wenn aber von Velsen im Syndikat von seinem AR-Vorsitzenden sprach, dann mußte jedem Syndikatsmitglied klar sein, daß damit nicht nur der Oberberghauptmann Flemming, sondern die hinter ihm stehende preußische Regierung und der Landtag gemeint waren.

Tatsächlich hat von Velsen für seine beiden Unternehmen seit dem 1. Oktober 1930 eine Sonderregelung für die Belieferung von Reichs- und preußischen Staatsbetrieben, der Reichsbahn und der anderen preußischen Staatsunternehmen erreichen können. Das wurde von den meisten Syndikatsmitgliedern als „Benachteiligung ihrer Absatzinteressen" empfunden.[99] Zur selben Zeit hatte die Preussag bei der „Oberschlesischen Koks-Verkaufs-Vereinigung" eine ähnliche Regelung erreichen können.[100] Daß die Unternehmen derartige Erfolge,

[96] Hinweis im Gespräch.

[97] Brief vom 10. Januar 1930 als Antwort auf den Brief des Oberberghauptmann Flemming vom 9. Januar 1930, *Hibernia-Altregistratur, Akte Schriftwechsel mit dem Oberberghauptmann.*

[98] Anlage II zur *Denkschrift Vereinigung Hibernia und Bergag 1935, Hibernia-Altregistratur.*

[99] Anlage I zur Denkschrift, *ebda.*

[100] Schreiben der Generaldirektion der Preussag an den AR-Vorsitzenden vom 14. und 22. Oktober 1930, *Hauptarchiv Berlin* (ehemaliges Preußisches Geheimes Staatsarchiv [jetzt:

die sie wohl nicht zuletzt mit Hilfe der hinter ihnen stehenden Regierung und des Landtages errungen hatten, nicht an die große Glocke hängten, ist verständlich. Die Staatsunternehmen hätte diese für sie günstige Regelung wahrscheinlich nicht erreicht, wenn sie als verlängerter Arm einer Regierung im Kampf gegen die Syndikatspolitik gestanden hätten.

Inwieweit die Vertreter der preußischen Staatsunternehmen in den Syndikaten durch stille Arbeit und durch die Macht der hinter ihnen stehenden Verbraucher wie Reichsbahn und Staatsverwaltung als Einflußgruppe gewirkt haben, ist aus den Akten nicht ersichtlich.[101] Da diese Fragen auf Reichsebene geregelt wurden, betreffen sie unser Spannungsfeld weniger.

Gelegentlich sind die Staatsunternehmen sogar von den privatwirtschaftlichen Verbänden als Interessenvertretung bei der Reichsregierung benutzt worden. Gegen unliebsame Maßnahmen der Reichsregierung konnte ein Verband jederzeit das bergbauinteressierte Preußen alarmieren.[102]

Ein Beispiel fand sich in den Akten der Hibernia. Der Benzol-Verband, Bochum, das Syndikat der Kohlenveredler, legte 1932 Generaldirektor von Velsen eine Eingabe an das Reichswirtschaftsministerium wegen der Zölle und Tarife vor und bat ihn, entsprechend auch die preußischen Stellen für die Beeinflussung des Reiches zu bearbeiten.[103]

Andererseits waren sich die Privatunternehmen immer dessen bewußt, daß die Staatsunternehmen zumindest latent Waffen in der Hand der Regierung waren. Ein Beispiel dafür ist die Äußerung des Industriellen Silverberg 1926 bei den Verhandlungen wegen Übernahme von Zechen der Stinnes-Familie durch die Hibernia: „Man wünsche keine Beteiligung des Preußischen Fiskus wegen seiner Abhängigkeit von politischen Instanzen."[104]

Geheimes Staatsarchiv, Stiftung Preußischer Kulturbesitz. D. Hrsg.], Rep. 120, Preußisches Ministerium für Handel und Gewerbe, 316, Nr. 134), (künftig zit. *HAB* [GStA]).

[101] Dr. Staudinger (Brief vom 30. Dezember 1962) meint, daß z.B. von Velsen großen Einfluß auf den Kohlenpreis gehabt hat; keinen Erfolg der preußischen Staatsunternehmen in dieser Richtung sah damals Kurt Neu, *Aufgaben und Organisationsformen der öffentlichen Unternehmungen in der deutschen Industriewirtschaft,* in: *Schriften des Vereins für Sozialpolitik,* Bd. 176, Teil 2, München-Leipzig 1931, S. 228; ähnlich negativ: Hauptvorstand der Gewerkschaft ÖTV (Hrsg.), *Handbuch der öffentlichen Wirtschaft...,* S. 134, und J. Brandt, *Die wirtschaftliche Betätigung...,* S. 53, oder Walter Lotz, *Finanzwissenschaft,* 2., umgearbeitete Aufl., Tübingen 1931, S. 806 f.

[102] Hinweis von Dr. Pinkerneil im Gespräch.

[103] Brief vom 24. Februar 1932, *Hibernia-Altregistratur, Akte Schriftwechsel mit dem Oberberghauptmann.*

[104] Zit. von Oberberghauptmann Flemming bei Besprechung im Handelsministerium am 16. Oktober 1931 wegen Sanierung der Zechen Ewald und König Ludwig, Niederschrift in *Hibernia-Altregistratur, Akte Schriftwechsel mit dem Oberberghauptmann.*

Das Kalisyndikat zeigte damals eine andere Struktur als die Kohlensyndikate. Der Wintershall-Konzern mit rund 41% Quotenanteil war die stärkste Macht. Ihm stand der „Anti-Block" aus den Konzernen Salzdetfurth und Burbach sowie kleineren Unternehmen mit einer Quote von etwa 46% gegenüber. Die Preussag mit einem Quotenanteil von rund 9,5% war das Zünglein an der Waage. Ohne sie konnte keine Gruppe die Mehrheit erlangen.[105]

Die Macht des Züngleins an der Waage war dadurch gemindert, daß nicht abgestimmt wurde. Alle wichtigen Entscheidungen fielen nicht in der Gesellschaftsversammlung oder dem Aufsichtsrat unter Generaldirektor Rosterg (Wintershall), sondern im Präsidium des Syndikats. Hier saßen als entscheidende Männer die Vertreter von Wintershall (Rosterg), Salzdetfurth (Zirkler) und Burbach (Korte). Die Preussag war mit der Kalichemie und den kleineren Produzenten nicht im Präsidium vertreten.[106]

Der Landtagsabgeordnete Steger (Z) als Arbeitnehmervertreter im Reichskalirat hat diese Form der „einsamen Entschlüsse" der großen Kali-Konzerne vor dem Enquête-Ausschuß 1926 beklagt.[107] Direktor Lotz (Preussag) sprach sich vor demselben Ausschuß dennoch für Beibehaltung dieses Zustandes und gegen weitere „Trustbestrebungen" in der Kaliindustrie aus:

„Als ein Unternehmen des preußischen Staates glauben wir, bei einer gewissen Selbständigkeit in der Verwaltung unserer Werke doch das uns übertragene Mandat besser ausfüllen zu können." Damit ergäbe sich die Chance, „daß wir auf diese Weise immerhin auch noch einen gewissen Einfluß auf die Entwicklung der Dinge haben".[108]

Wie wichtig die Preussag ihre Stellung als Zünglein an der Waage nahm, zeigte das „Wettrennen . . . gegen Wintershall"[109] um den Erwerb der staatli-

[105] Bericht des Vorstandes der Preussag für die Aufsichtsratsmitglieder vom 23. September 1929 über den erfolgten Erwerb der Anhaltischen Salzwerke GmbH, S. 12, *HAB* (GStA), Rep. 120/316, Nr. 140; ähnlich Karl Bloch, *Die öffentliche Unternehmung in privatrechtlicher Form. Die Preußische Bergwerks- und Hütten-AG,* in: *Schriften des Vereins für Sozialpolitik,* Bd. 176, Teil 1, München-Leipzig 1932, S. 397f., bestätigt im Gespräch mit Direktor Karl Dill vom Deutschen Kalisyndikat GmbH, Berlin.

[106] Denkschrift der Preussag vom 27. Oktober 1932 zur vertraulichen Kenntnisnahme für den Aufsichtsratsvorsitzenden, *Hibernia-Altregistratur. Akte vertraulicher Schriftwechsel mit der Preussag;* ähnlich Gespräch mit Dr. Hoffmann.

[107] Bericht über die Tätigkeit des Reichskalirates, in: *Enquete-Ausschuß, Ausschuß zur Untersuchung der Erzeugungs- und Absatzbedingungen der deutschen Wirtschaft, Verhandlungen und Berichte des Unterausschusses für Gewerbe, Industrie, Handel und Handwerk,* III. Unterausschuß: *Die deutsche Kaliindustrie,* Bd. 2, Berlin 1929, S. 172 ff.

[108] *A.a.O.,* S. 170 f.

[109] Oberberghauptmann Flemming vor dem Haupt-Ausschuß, 105. Sitzung, 14. Januar 1930 (*Niederschriften . . .,* Sp. 43).

chen Anhaltischen Salzwerke, das die Preussag 1929 gewann.[110] Der Zuwachs stärkte ihre Position im Syndikat.

Das seit Jahren diskutierte Aufgehen der Burbach-AG im Wintershall-Konzern hätte die Preussag zu einer *quantité négligeable* werden lassen. 1932 erwog die Preussag selbst den Erwerb des Burbach-Konzerns mit folgendem Argument:

„Damit können wir auch die Hoffnung haben, uns im Kalisyndikat, über dessen Geschäftsführung wir mit Rücksicht auf unsere kleine Quote bisher recht unzureichend unterrichtet sind, eine einigermaßen befriedigende Einflußmöglichkeit zu schaffen." Das würde nach Meinung der Preussag dem seinerzeitigen Gesichtspunkt der preußischen Regierung bei der Beteiligung an der Kaliförderung entsprechen, — nämlich die „Möglichkeit eines gewissen regulierenden Einflusses auf die Entwicklung der Kaliindustrie".[111]

Für den geringeren Einfluß der Preussag hat nach der Erinnerung von Direktor Dill (Kalisyndikat)[112] auch mitgesprochen, daß in den Verhandlungen nicht eine derartige Club-Atmosphäre herrschte, wie sie etwa unter den Bergassessoren im Kohlenbergbau zu finden war. Das lag nicht nur an der erbitterten Feindschaft zwischen Wintershall und dem „Anti-Block", sondern auch daran, daß die Vertreter der Preussag als ehemalige Bergbeamte mit den Geschäftsleuten der privaten Kaliwirtschaft wenig gemeinsam hatten.

Zwar erhielt die Preussag gelegentlich Aufträge der Regierung für das Syndikat. Im Juli 1926 sollte sie sich z.B. für eine stärkere Berücksichtigung der „Münsterischen Schiffahrts- und Lagerhaus-AG", einer Tochter des Rhein-See-Konzerns der Hibernia/Bergag, bei der Kaliverschiffung einsetzen.[113] Die Preussag war offensichtlich selbst zu schwach, um diesem Wunsche im Syndikat Nachdruck zu verleihen und riet dem Ministerium, den zwischen Preußen und dem Kalisyndikat vereinbarten Bau der Kali-Umschlagstelle im Harburger Hafen ins Spiel zu bringen. Erst dadurch seien Anknüpfungspunkte gegeben, „um das Kalisyndikat den Wünschen . . . geneigter zu machen".[114]

Da die entscheidende Willensbildung für den Kalibereich im Präsidium des Syndikats oder in direkten Verhandlungen mit den Ministerien und den landwirtschaftlichen Interessenten ohne die Preussag stattfand, ist über ihr Einwirken aus unseren Quellen nichts zu ersehen.

[110] Vgl. H.-J. Winkler, *Preußen als Unternehmer . . .*, Zeittafel S. 209—214.

[111] „Darstellung" der Generaldirektion der Preussag für den AR-Vorsitzenden vom 17. Januar 1933, *Hibernia-Altregistratur, Akte Preussag – Vertraulicher Schriftwechsel.*

[112] Hinweis im Gespräch.

[113] Brief des AR-Vorsitzenden Dönhoff an die Generaldirektion vom 7. Juli 1926, *HAB* (GStA), Rep. 120/316, Nr. 140.

[114] Antwort der Generaldirektion vom 17. Juli 1926, *ebda.*

Zusammenfassend läßt sich feststellen: Macht kann bis zu einem gewissen Grade durch das Recht gebändigt oder durch ein Gleichgewicht der Kräfte[115] neutralisiert werden. In der hochgradig konzentrierten Wirtschaft konnten die preußischen Staatsbetriebe bis zur Lösung des „Falles Hibernia" 1917 als Außenseiter neben den Kohlensyndikaten die Entwicklung im Interesse der Regierung zu beeinflussen suchen. Eine politisch und finanziell starke Regierung, die gleichzeitig auf dem Markt einer der größten Nachfrager war, erleichterte diese Aufgabe.

Diese Möglichkeit bestand nun für die preußischen Staatsunternehmen unter dem System der Zwangssyndikate nicht mehr. Sie konnten nur innerhalb der Verbände politische Wünsche durchzusetzen suchen oder Opposition treiben. Für beides ist ebenfalls wirtschaftliche Stärke notwendig, — darüber hinaus aber bei den Generaldirektoren auch der Wille zu dieser schwierigen Aufgabe; denn sie müssen in den Gremien der Verbände diesen Kampf durchstehen.

Als andere Möglichkeit können die Staatsunternehmen im Syndikat mit den privaten Kollegen mehr oder weniger eng zusammenarbeiten. Im Extremen können sie, wie es Eduard Heimann damals unterstellte, „die Verbandspolitik durch dick und dünn mitmachen und sich in ihr noch durch besondere Energie auszeichnen, als ob sie sich vor ihren privatkapitalistischen Kollegen als vollbürtige Unternehmer legitimieren wollten".[116]

Unsere Beispiele haben diese psychologisch einleuchtende Behauptung nicht bestätigt, zumal Männer wie von Velsen oder Röhrig eine derartige „Legitimation" kaum nötig hatten. Wohl zeigte sich eine „verhältnismäßig reibungslose praktische Zusammenarbeit mit der privaten Wirtschaft".[117] Diese Zusammenarbeit war aber wohl unter den damaligen Kräfteverhältnissen unvermeidlich, wenn man einen „erbitterten Kampf zwischen der Privatwirtschaft und dem Staate"[118] vermeiden wollte. Nicht einmal die Tatsache, daß die Preussag das Zünglein an der Waage im Kalisyndikat war, hat die theoretisch daran zu knüpfenden Erwartungen bestätigt. So beschränkte sich im Landtag der Arbeitnehmerflügel, der an den Staatsunternehmen besonders interessiert war,

[115] Vgl. grundsätzlich zu dieser Gleichgewichtsthese aus amerikanischer Sicht: John Kenneth Galbraith, *Der amerikanischen Kapitalismus im Gleichgewicht der Wirtschaftskräfte (American Capitalism,* Boston 1952), Stuttgart-Wien-Zürich 1956.

[116] Eduard Heimann, *Stellung und Bedeutung der öffentlichen Unternehmung im Wirtschaftssystem des Kapitalismus. Grundsätzliche Bemerkungen,* in: *Schriften des Vereins für Sozialpolitik,* Bd. 176, Teil 1, München-Leipzig 1932, S. 23.

[117] So damals aufgrund seiner Enquête-Erfahrung: K. Neu, *Aufgaben und Organisationsformen . . .,* S. 225.

[118] So H. Ritschl, *Stellung und Bedeutung der öffentlichen Unternehmung . . .,* S. 75.

vor allem darauf, „seinen" Unternehmen in den Syndikaten den Rücken zu stärken.

Die Existenz der preußischen Staatsunternehmen in den Syndikaten hat nicht grundsätzlich korrigierend, strukturverändernd gewirkt. Aber allein dadurch, daß sie immer wieder gezwungen waren, auf die Regierung und den Landtag und damit letztlich auf öffentliche Belange Rücksicht zu nehmen, haben sie sicherlich die Syndikate beeinflußt,[119] zumal ja immer hinter den Staatsunternehmen ihr Eigentümer stand, der gleichzeitig über Hoheitsrechte verfügte. Andererseits zeigt das vorhandene Material über die Rolle der Staatsunternehmen in ihrer Sozialpolitik, in ihrer Fühlerfunktion im privatwirtschaftlichen Raum und in den Syndikaten und Verbänden eine gewisse — wohl beinahe naturnotwendige — Identität der Interessen mit der Privatwirtschaft. Das bestätigt Max Webers[120] These, wonach eine Regierung grundsätzlich durch aktive Teilnehmer am Bergbau und seinen Syndikaten manches von ihrer Funktion als Gegengewicht gegen die Privatwirtschaft einbüßt. In agitatorischer Ausschlachtung dieser verhältnismäßig geringen Wirkung der Staatsunternehmen in den Syndikaten hat die KPD 1928 die preußische Regierung als „Lakai des Trustkapitals" bezeichnet.[121]

Beispiele der Konjunktur- und Strukturpolitik

Auf zwei Arten versuchte Preußen die Auswirkungen konjunktureller oder struktureller Krisen zu mildern: Einmal beschränkten die Staatsunternehmen die Entlassungen von Arbeitskräften auf ein Mindestmaß. Außerdem stützten sie ihre verlustbringenden Betriebe solange wie möglich mit den Gewinnen der ertragreicheren Betriebe. Auf Grund der damals herrschenden Meinung über Konjunkturen und der Tatsache, daß Preußen nur ein Land des Reiches war, konnte von der preußischen Regierung kaum eine planmäßige Konjunkturpolitik erwartet werden.

[119] Dr. Staudinger spricht heute sogar von „Druck und Einfluß des öffentlichen Interesses", Brief vom 30. Dezember 1962; „sie wirkten zwar unabhängig, mußten aber immer etwas nach Berlin hören", beschreibt heute Dr. Pinkerneil als damaliger Dezernent in der Fachgruppe Bergbau des Reichsverbandes der Deutschen Industrie diese Stellung (Hinweis im Gespräch). Keinen Unterschied zu Privatunternehmen sah damals Volkmar Muthesius, *Ruhrkohle 1893 bis 1943. Aus der Geschichte des Rheinisch-Westfälischen Kohlen-Syndikats*, Essen 1943, S. 135.

[120] M. Weber, *Wahlrecht* . . ., in: Ders., *Gesammelte politische Schriften* . . ., S. 255 f.

[121] Abgeordneter Schubert, 11. Sitzung, 3. Oktober 1928 (*Stenographische Berichte*. . ., Bd. 1, S. 570).

Übersicht

Das Verhältnis von Umsatzrückgang und Entlassungen

Umsatzrückgang der Preussag im Geschäftsjahr 1932	19,7%
Belegschaftsrückgang der Preussag 1932	8,6%
Belegschaftsrückgang der Bergag 1930—32	31,59%
Belegschaftsrückgang der Hibernia 1930—32	27,89%
Belegschaftsrückgang im Ruhrdurchschnitt	42,62%

Quellen: *Geschäftsberichte der Preussag, Hibernia und Bergag für 1932.*

„Ein Belegschaftsabbau im prozentualen Ausmaß des Umsatzschwundes wäre für eine staatliche Gesellschaft schlechterdings unerträglich gewesen",[122] heißt es im Geschäftsbericht der Preussag für das Jahr 1932.

Diese Feststellung zusammen mit den veröffentlichten Zahlen zeigt, daß Entlassungen bei Staatsunternehmen ein Politikum sind. Unter dem Druck der Wähler hat dann auch der Landtag Beschlüsse gefaßt, um Entlassungen zu verhindern.[123] Da er aber nicht gleichzeitig Wege aufzeigte, wie die Lage der Unternehmen zu bessern sei, wurden diese Beschlüsse nicht voll wirksam; — sie waren nicht zuletzt ein Alibi vor den Wählern. Immerhin zeigt die Übersicht, daß der politische Druck die Staatsunternehmen zu äußerster Zurückhaltung bei wirtschaftlich eigentlich notwendigen Entlassungen zwang. Während jeder Privatmann trotz öffentlicher oder verbandsmäßiger Bindungen eine letzte grundlegende Entscheidung über Veräußerung, Stillegung oder Verpachtung seines Unternehmens treffen kann, findet ein Staatsunternehmen bei einer derartigen Entscheidung stets politische Widerstände.

Die beiden Ruhrunternehmen konnten auf Absatzkrisen durch Stillegung eines unrentablen Schachtes oder durch gleichmäßige Entlassungen auf allen Schächten reagieren. Der Landtag wünschte im allgemeinen mit Rücksicht auf die Kommune, die von einer Schachtanlage lebt, die zweite, sozialere, aber oft unwirtschaftlichere Lösung. AR und Vorstand schlossen sich grundsätzlich dem an.[124] Schon 1926 hatte der Sprecher des Handelsministeriums den Landtag mit der Feststellung beruhigt, daß die Hibernia nicht wie andere Gesell-

[122] Ähnlich: *Geschäftsbericht von 1931,* S. 5.

[123] Z.B. Antrag des Handelsausschusses, *Drucksache . . ,* Nr. 1105, angenommen 26./27. Sitzung, 15. Dezember 1932 (*Stenographische Berichte . . .,* Bd. 2, Sp. 2071), der die Regierung aufforderte, bei der Preussag ausgesprochene Kündigungen „im Rahmen des eben möglichen" zurückzuziehen.

[124] Mitteilung Handelsminister Dr. Schreiber, 5. Sitzung, 13. Juni 1928 (*Stenographische Berichte . . .,* Bd. 1, Sp. 231 f.).

schaften wegen der Absatzstockung eine Kokerei stillegen werde, und zwar „aus naheliegenden Gründen".[125]

1927 erklärte der Abg. Osterroth (SPD) als Berichterstatter, daß von den 32 000 Belegschaftsmitgliedern der Preussag 8 000 in Zuschußbetrieben arbeiteten, und er fügte hinzu:

„Der Staat kann nicht stillegen; der Staat muß von seinen Erträgnissen auch gewisse Summen abzweigen, um die Zuschußwerke sozialpolitisch auf einer Höhe zu halten, deren er sich nicht zu schämen braucht."[126]

Ähnlich lobte Handelsminister Dr. Schreiber im März 1929 die Preussag, weil sie aus „nationalwirtschaftlichen und sozialen Gründen" Betriebe halte, „die vom rein privatwirtschaftlichen Standpunkt aus sicherlich zum Erliegen gekommen wären".[127] So unterhielt die Preussag in Danzig ein verlustbringendes Verkaufsbüro, um deutsche Kohlenfirmen gegen Gdingen zu stützen.[128] Im Landtag wurde nicht gefragt, ob die Zuschußbetriebe etwa grundsätzlich aus Strukturgründen unrentabel waren, ob sie nur unter einer momentanen Konjunkturabschwächung litten oder ob sie wie die Bernsteinwerke in Ostpreußen oder die Eisenbetriebe der Preussag in Oberschlesien nicht zuletzt aus grenzpolitischen Gründen gehalten wurden.[129]

Das sozialpolitische Moment überwog das wirtschaftliche. Typisch dafür war die Haltung des Staatsfinanzrates Brekenfeld vom Vorstand der Veba. Er hatte sich 1931 für Einstellung der unrentablen Bernsteinwerke eingesetzt. Als er aber selbst nach Palmnicken kam und die Situation der Menschen erlebte, nahm er seinen Vorschlag zurück.[130]

Überhaupt waren die Bernsteinwerke der Preussag ein Beispiel planvoller Strukturpolitik. Gegen die erfolgreiche Substitutionskonkurrenz der Kunststoffindustrie gab es die Möglichkeit, die Bernsteinwerke stillzulegen ohne Aussicht auf einen Ersatz für dieses Notstandsgebiet. Die andere Möglichkeit bestand in der Zusammenfassung aller vorhandenen Anlagen zum Zweck der Verbesserung und Verbilligung der Produktion sowie der größeren Werbung. Die Preussag als Monopolist für Rohbernstein wählte im Februar 1926 den

[125] Oberberghauptmann Schantz, 162. Sitzung, 30. April 1926 (*Stenographische Berichte* . . ., Bd. 8, Sp. 11124).

[126] 276. Sitzung, 3. Mai 1927 (*Stenographische Berichte* . . ., Bd. 14, Sp. 19330).

[127] 69. Sitzung, 11. März 1929 (*Stenographische Berichte* . . ., Bd. 4, Sp. 5459 f.).

[128] Hinweis von Dr. Staudinger, Brief vom 30.12.1962.

[129] Vgl. K. Bloch, *Die öffentliche Unternehmung* . . ., S. 495, der z. B. die oberschlesischen Eisenbetriebe der Preussag unter keinen Umständen für lebensfähig hielt; H. Staudinger, *Der Staat als Unternehmer* . . ., S. 97, hielt die Aufrechterhaltung grundsätzlich unrentabler Betriebe aus politisch-sozialen Grünen damals für „wirtschaftlich falsch".

[130] Erinnerung von Bergrat a.D. Loebner, Hinweis im Gespräch.

zweiten Weg. Mit fünf Privatunternehmen gründete sie die „Staatliche Bernstein-Manufaktur GmbH" (Anteil der Preussag: 56%, 1928 auf 72% erhöht). Die bisherigen acht privaten Fabriken wurden zu drei Produktionsstätten unter einer einheitlichen Vertriebsgesellschaft zusammengefaßt.[131]

Entgegen der Sorge um den Ruin mittelständischer Existenzen[132] in der Bernsteinverarbeitung wirkten die bisherigen Inhaber nun teilweise als Direktoren der modernisierten Betriebe und waren zufrieden.[133] Tatsächlich hat die Preussag die Bernsteinmanufaktur — wenn auch unter großen Schwierigkeiten — als Zuschußunternehmen über die Krisenjahre retten können. Staatssekretär Dr. Staudinger bedauerte damals nur, daß die Öffentlichkeit nichts von den 10 Millionen RM wußte, die die Preussag bis 1932 für Ostpreußen zum Ausgleich der Verluste aufgebracht hatte.[134] Dieser Ausgleich zwischen gewinnbringenden und verlustreichen Betrieben innerhalb der Preussag ging gut bis zur Weltwirtschaftskrise, wenn er auch ihre Rentabilität minderte.[135] Nach Schätzungen hat die Preussag in ihre Verlustbetriebe z.B. 1928 rund 4,7 Millionen und 1929 etwa 6,7 Millionen Mark gesteckt.[136]

In der Weltwirtschaftskrise, die ja auch die Einkünfte der guten Betriebe schmälerte, wurde die Lage der Preussag prekär. Die Mahnungen in ihren Geschäftsberichten nach einem Ausgleich der politischen Rücksichten klangen dringlicher, wie die Warnung von 1931 zeigt.[137]

„Auf die Dauer wird es nicht möglich sein, unsere Gesellschaft mit so erheblichen Verlusten für Werke zu belasten, an deren sonst unbedingt erforderlicher Stillegung wir infolge volkswirtschaftlicher und sozialpolitischer Rücksichten gehindert sind."

Da die preußische Regierung schließlich über keine finanziellen Hilfsmöglichkeiten mehr verfügte, stellte im Mai 1932 Staatssekretär Schleusener (Finanzministerium) im Bilanzausschuß des Preussag-AR bei der Beratung über die Notlage des Harzer Erzbergbaus gegen die sozialen Bedenken fest:

„Der Aufsichtsrat habe keine Wirtschaftspolitik zu treiben, sondern

[131] Vgl. die Geschäftsberichte der Preussag seit 1925.

[132] Urantrag der Deutschen Volkspartei zum Etat 1926, *Drucksache* . . ., 2288; ähnlicher Antrag des Handels- und Gewerbeausschusses, *Drucksache* . . ., 3103; Behandlung 161. Sitzung, 29. April 1926 (*Stenographische Berichte* . . ., Bd. 8, Sp. 10998 f.).

[133] Hinweis von Bergrat a.D. Loebner im Gespräch.

[134] H. Staudinger, *Der Staat als Unternehmer* . . ., S. 99.

[135] Darauf weist hin K. Neu, *Aufgaben und Organisationsformen* . . ., S. 221; für diese Praxis des Verlustausgleichs tritt ein M. Saitzew, *Die öffentliche Unternehmung* . . ., S. 25 f.

[136] Hauptvorstand der Gewerkschaft ÖTV (Hrsg.), *Handbuch der öffentlichen Wirtschaft* . . ., S. 136.

[137] *Geschäftsbericht 1931* . . ., S. 5.

Beschlüsse zu fassen, die sich aus der Lage der Gesellschaften notwendigerweise ergäben."[138]

Der Vorstand verlangte die sofortige Abgabe der Stillegungsanzeige, „um zu zeigen, daß es sich nicht um eine leere Drohung handele".[139] Tatsächlich wirkte diese Drohung. Das Reich zahlte für das Jahr 1932 rund 1,5 Millionen Mark Subventionen für den Harzer Erzbergbau.[140]

Diese Beispiele zeigen, wie wirtschaftliche Gegebenheiten die Möglichkeiten der Staatsunternehmen begrenzten. Dazu meinte 1930 der SDP-Abg. und Preussag-Sozialdirektor Osterroth, „man könne aus einer staatlichen Aktiengesellschaft kein Sanatorium für kranke Betriebe machen".[141] Andererseits hat Preußen den innerhalb der wirtschaftlichen Gegebenheiten bestehenden, verhältnismäßig breiten Spielraum mit seinen Unternehmen erfolgreich ausgenutzt.

Gelegentlich ist damals verlangt worden, die Staatsunternehmen sollten notleidende Privatbetriebe, die aus politisch-sozialen Gründen wichtig waren, auffangen.[142] Schon 1924 forderte die KPD die Übernahme der nicht mehr lebensfähigen Privatzechen im südlichen Ruhrgebiet durch die eben gegründete Preussag. Mit dem Argument, daß dann der AR um die nächste Bilanz nicht zu beneiden sei,[143] ging der Landtag über diesen Wunsch hinweg. Das Auffangen der Zechen hätte die Rentabilität der Preussag gefährdet und dem alten Vorurteil von der schlechten Wirtschaftlichkeit der Staatsbetriebe neue Nahrung gegeben.

Unter anderer konjunktureller Lage sollte die Preussag im Jahre 1930 die illiquide Wenzeslaus-Grube der privaten Schlesischen Elektrizitätsgesellschaft AG in Neurode (Niederschlesien) übernehmen. Die Preussag weigerte sich, und das Handelsministerium rechtfertigte diese Haltung auf der Chefbesprechung aller interessierten preußischen Ministerien mit dem Argument, dadurch wür-

[138] Niederschrift der Sitzung des Bilanzausschusses vom 3. Mai 1932, *HAB* [GStA], Rep. 120/316, Nr. 136.

[139] *Ebda.*

[140] Zusammenstellung der Generaldirektion der Preussag für das Preußische Finanzministerium vom 29. August 1934, *HAB* [GStA], Akte Preußisches Finanzministerium (Wirtschaft, Bergverwaltung); *Preussag*, Nr. 134: *Angelegenheiten der Werke, der Zweigniederlassung Hindenburg*, Heft 2 *(1930–32)*, Nr. 1995; vgl. zu den Spannungen zwischen Preußen und Reich in der Subventionsfrage S. 54 und K. Bloch, *Die öffentliche Unternehmung* . . ., S. 405.

[141] *Haupt-Ausschuß*, 142. Sitzung, 15. Mai 1930 (*Niederschriften* . . ., Sp. 33).

[142] Diese Funktion zählt heute zu den Aufgaben öffentlicher Unternehmen: Hans Lauffs, *Unternehmenskonzentration beim Bund*, in: Helmut Arndt (Hrsg.), *Die Konzentration in der Wirtschaft* (= Schriften des Vereins für Sozialpolitik, N.F. Bd. 20, Teil 1), Berlin 1960, S. 524.

[143] So Abgeordneter Dr. Pinkerneil (Deutsche Volkspartei), 340. Sitzung, 1. Oktober 1924 *(Stenographische Berichte* . . ., Bd. 17, Sp. 23845).

den „die Anleiheaussichten der Preussag geschädigt werden."[144] Die Regierung sah keine Möglichkeit, der Preussag einen Ausgleich für die erwarteten Verluste zu gewähren. Das Projekt wurde fallen gelassen.

Es erhebt sich dabei die grundsätzliche Frage, ob die Regierung die vorhandenen Mittel zur Subvention eines notleidenden Privatunternehmens oder zur Stärkung ihres eigenen Unternehmens verwendet, damit dieses das notleidende Unternehmen auffangen kann.[145]

Die KPD brachte 1926 dafür ein Beispiel.[146] Die Privatfirma Stantien & Becker hatte vor dem Kriege von Preußen ein Bernsteinwerk gepachtet und jahrzehntelang große Überschüsse erzielt. Jetzt, in der Zeit der Bernsteinkrise, drängte sie das Werk dem Staat, also der Preussag, gegen eine Ablösungssumme wieder auf. Da aus politischen Gründen eine Stillegung unerwünscht war und die Preussag noch die Möglichkeit des internen Verlustausgleichs hatte, übernahm sie das Werk.

Grundsätzlich ist es vor allem eine politisch-soziale Entscheidung, ob ein notleidender Privatbetrieb durch Subventionen gestützt oder von einem öffentlichen Unternehmen aufgefangen wird. Die Beispiele zeigen, daß Staatsunternehmen eine derartige Aufgabe nur erfüllen können, wenn sie für einen internen Ausgleich der Verluste Gewinnbetriebe besitzen und nicht unter strenger Rentabilitätsforderung stehen, oder wenn die öffentliche Hand ihnen Zuschüsse gewährt.

[. . .]

Die sozialpolitische Bewährung

Die Richtlinien für die preußischen Staatsunternehmen hatten gezeigt, daß Regierung und Landtag erwarteten, die Unternehmen würden durch vorbildliche Sozialpolitik ihren Teil zur Minderung der Klassengegensätze und zur Korrektur von Mißständen in der industriellen Welt beitragen.

Dabei können Staatsunternehmen durch ihre sozialpolitischen Maßnahmen auf die übrige Wirtschaft ausstrahlen, also Schrittmacherdienste leisten, „wegweisend"[147] sein.

[144] Niederschrift einer Chefbesprechung am 19. Dezember 1930 auf Einladung des Ministers für Volkswohlfahrt, *HAB* [GStA], Rep. 120/316, Nr. 134.

[145] Diese Alternative bei M. Saitzew, *Die öffentliche Unternehmung* . . ., S. 25 f.; für den zweiten Weg plädierte damals K. Bloch, *Die öffentliche Unternehmung* . . ., S. 406.

[146] Abgeordneter Stolt (Kommunistische Partei Deutschlands), 196. Sitzung, 5. Juli 1926 (*Stenographische Berichte* . . ., Bd. 9, Sp. 13524).

[147] Das verlangte H. Staudinger, *Der Staat als Unternehmer* . . ., S. 97.

Für diese sozialpolitische Funktion haben sich in Preußen nur wenige Beispiele gefunden. Eines ist das vom Landtag 1927 aus Sicherheitsgründen geforderte Verbot der Revierprämien im Bergbau, eine besondere Art von Akkordsystem unter Tage. Die Privatzechen wandten sich aus Rentabilitätsgründen gegen das Verbot. Handelsminister Dr. Schreiber erklärte 1928 dazu:

„Ich habe deswegen in den staatseigenen Gesellschaften, wo ich ein unmittelbares Recht der Anweisung habe, dafür gesorgt, daß die Revierprämien beseitigt worden sind."

Er berichtete von guten Erfahrungen mit dieser Regelung und sicherte sich gegen etwaige Vorwürfe von rechts wegen dieses Alleingangs mit der Bemerkung, daß auch einige Privatgesellschaften schon vor den Staatsunternehmen mit dem Abbau dieser Prämien begonnen hätten.[148]

Hier wird schon die Problematik eines derartigen Schrittmacherdienstes deutlich. Zusätzliche sozialpolitische Maßnahmen bringen fast stets Kostenerhöhungen. Nach Meinung der Privatwirtschaft arbeiten die Staatsunternehmen hier als „Kampfbetriebe gegen die Privatwirtschaft".[149] Die Kostenerhöhung werde von den Steuerzahlern getragen. Damit wird aber sofort gefragt:

„Darf derselbe Staat, der von den Privatwirtschaften Beiträge für den Staatshaushalt zwangsläufig erhebt, die so erhaltenen Mittel benutzen, um mit seinen Bürgern in freien Wettbewerb zu treten?"[150]

Ein anderes erfolgreiches Beispiel stammt schon aus dem Jahre 1923. Damals wies Handelsminister Siering (SPD) die Staatszechen an, entgegen dem Beschluß des Zechenverbandes an der Ruhr die Arbeitszeit nicht auf 8 $^{1}/_{2}$ Stunden zu erhöhen. Was vorher die Proteste der Gewerkschaften nicht vermocht hatten, das erreichte das Beispiel Preußens als einer der größten Arbeitgeber an der Ruhr. Die Arbeitszeiterhöhung unterblieb.[151]

Noch ein kleinerer Fall gehört zu diesem Komplex. 1925 ersuchte der Landtag die Regierung, den Belegschaften der Staatsunternehmen durch Vorschüsse die Kartoffeleinkellerung zu ermöglichen „und in diesem Sinne auch auf die privaten Bergbau- und Hüttenbetriebe einzuwirken".[152] Diese im Interesse der

[148] 350. Sitzung, 5. März 1928 (*Stenographische Berichte* . . ., Bd. 17, Sp. 24842).

[149] Heinz Schnabel-Kühn, *Die privatwirtschaftliche Betätigung der öffentlichen Hand*, Wirtschaftswiss. Diss., Frankfurt am Main 1929, S. 8.

[150] Wilhelm Andrae, *Bausteine zu einer universalistischen Steuerlehre* (= Deutsche Beiträge zur Wirtschafts- und Gesellschaftslehre, Bd. 3), Jena 1927, S. 9.

[151] Vgl. M. Schulz-Briesen, *Der preußische Staatsbergbau* . . ., S. 132, und Friedrich Stampfer, *Die ersten 14 Jahre der Deutschen Republik*, 2. Aufl., Offenbach 1947, S. 354.

[152] Antrag des Hauptausschusses, *Drucksache* . . ., Nr. 5219; angenommen 87. Sitzung, 28. Oktober 1925 (*Stenographische Berichte* . . ., Bd. 4, Sp. 5220).

Belegschaft und der Landwirtschaft vernünftige Maßnahme gehörte dann zum regelmäßigen sozialpolitischen Programm der Staatsunternehmen.[153]

Weitere Beispiele dieser Art von sozialpolitischem Vorbild haben sich nicht finden lassen. So lehnte der Landtag 1925 einen KPD-Antrag[154] auf Wiedereinführung der Siebenstundenschicht für gesundheitsschädigende Arbeit unter Tage in den Staatsunternehmen als „Agitationsantrag" ab. Der SPD-Sprecher meinte dazu, der Antragsteller wisse genauso gut wie er selbst, „daß es z.B. den Preussag-Werken in Oberschlesien nicht möglich ist, ihre Bergarbeiter nur sieben Stunden arbeiten zu lassen, während die übrigen Bergarbeiter in Oberschlesien noch achteinhalb Stunden arbeiten".[155]

Das gleiche Problem beschäftigte noch einmal im Zusammenhang mit den Zechenstillegungen 1928 den Landtag. Wieder beantragte die KPD zur Arbeitsstreckung die Siebenstundenschicht unter Tage. Schon im Ausschuß hatte der Handelsminister es abgelehnt, die Reichsregelung der Arbeitszeit zu durchbrechen, worauf nun die KPD argumentierte, einer müsse doch anfangen.[156] Die SPD verteidigte ihre Ablehnung damit, daß durch solche rentabilitätsgefährdenden Maßnahmen „die Gefahr heraufbeschworen wird, daß die Staatsbetriebe in Konkurs geraten und der Privatindustrie überantwortet werden müssen. (Sehr wahr! bei der SPD.)"[157]

1932 verweigerte die SPD noch einmal einem KPD-Antrag[158] auf Einführung der Sechseinhalb-Stunden-Schicht zur Arbeitsstreckung die Zustimmung, weil es unmöglich sei, den „Staatsbergbau unter wirtschaftspolitischen und sozialpolitischen Ausnahmezustand zu setzen".[159]

Neben der Frage der Arbeitszeit stand die der Sicherheit unter Tage immer wieder im Brennpunkt der Debatten. Die KPD verlangte 1926 notfalls eine Verminderung der Dividendenausschüttung, wenn dadurch u.a. bessere Sicherheitseinrichtungen geschaffen werden könnten.[160] 1927 errichtete Preußen

[153] Vgl. *Denkschrift Vereinigung Hibernia-Bergag 1935*, S. 22; in: *Hibernia-Altregistratur.*

[154] Urantrag vom 9. Juni 1925, *Drucksache . . .*, Nr. 618.

[155] Abgeordneter Franz (Sozialdemokratische Partei Deutschlands), 87. Sitzung, 28. Oktober 1925 (*Stenographische Berichte . . .*, Bd. 4, Sp. 5324).

[156] Abgeordneter Sobottka (Kommunistische Partei Deutschlands), 8. Sitzung, 11. Juli 1928 (*Stenographische Berichte . . .*, Bd. 1, Sp. 433 f.).

[157] Abgeordneter Jakobs (Sozialdemokratische Partei Deutschlands) (*a.a.O.*, Sp. 445).

[158] *Drucksache . . .*, Nr. 110.

[159] Abgeordneter Osterroth (Sozialdemokratische Partei Deutschlands), 15. Sitzung, 7. Juli 1932 (*Stenographische Berichte . . .*, Bd. 1, Sp. 1242); vgl. die Ablehnung von „Modelltarifen" für öffentliche Unternehmen durch den Hamburger Bürgermeister Max Brauer: *Die heutige Lage der öffentlichen Wirtschaft,* Stuttgart 1951, S. 18.

[160] 123. Sitzung, 2. Februar 1926 (*Stenographische Berichte . . .*, Bd. 6, Sp. 8463 f.).

zusammen mit dem Reichsarbeitsministerium und der Knappschaft auf einer stillgelegten Hibernia-Zeche eine Versuchsgrubengesellschaft.[161]

1930, nach der großen Schlagwetterkatastrophe auf der schlesischen Wenzeslaus-Grube, wünschte der AR-Vorsitzende der Hibernia bei Generaldirektor von Velsen zu erfahren, „ob und gegebenenfalls auf welchen der Dir unterstehenden Gruben in der Richtung (der Sicherheit, d. Verf.) Mustergültiges geschafften ist".[162] Eine Antwort ist nicht überliefert.

Neben der Rentabilitätsfrage und der Reichsgesetzgebung wurde von den Staatsunternehmen und ihren Verteidigern im Landtag als weitere Entschuldigung für mangelnde Schrittmacherdienste angeführt, daß die Unternehmen die Pensionen der ehemaligen Beamten der alten Staatsbetriebe zu tragen hätten. Für die Preussag machte das bis zur Übernahme der Pensionen durch den Staat 1931 jährlich etwa 2 Millionen Mark für 2000 Personen aus. Der Preussag-Geschäftsbericht von 1925 stellte das als eine „Vorbelastung" hin, „wie sie keine andere Industriegesellschaft zu tragen hat".

Die schon erwähnte Solidarität der Staatsunternehmen mit der Privatwirtschaft wurde nicht nur bei den Debatten über mögliche Arbeitszeitverkürzungen deutlich, wenn das Handelsministerium sich auf die Tarifverträge oder die Reichsgesetzregelung berief.[163] Die Akten zeigen diese Tendenz noch stärker. Auf die Kritik des Angestelltenvertreters im AR der Preussag wegen ihrer Lohnpolitik im Frühjahr 1932 antwortete die Generaldirektion dem AR-Vorsitzenden, daß „wir aus dem vom Arbeitgeberverband gezogenen Rahmen in dieser Krisenzeit nicht herausspringen wollten".[164]

Wie vor allem Hibernia und Bergag gegenüber Berlin die Solidarität mit ihren privaten Kollegen in Essen betonten, macht ein Vorfall aus dem Dezember 1930 deutlich. Generaldirektor von Velsen orientierte seinen AR-Vorsitzenden über die nächste Zechenverbandssitzung, die eine 4/5 Mehrheit für die Kündigung der Lohntarife bringen werde:

„Ich werde mich für uns der Stimme enthalten, da ich nicht weiß, wie Du in der Sache stehst. Persönlich halte ich das Vorgehen des Zechenverbandes für richtig."[165]

[161] Vgl. Richard Schlüter, *Die preußische Bergverwaltung einst und jetzt. Zum 75jährigen Bestehen des Preußischen Berggesetzes*, Essen 1940.

[162] Brief vom 26. Juli 1930, *Hibernia-Altregistratur, Akte Schriftwechsel mit dem Oberberghauptmann.*

[163] Z. B. Oberberghauptmann Flemming vor dem *Hauptausschuß*, 142. Sitzung, 15. Mai 1930, *Niederschrift . . .*, Sp. 40: „Im übrigen sei die Regelung der Arbeitszeit Sache der Tarifverträge, an die auch die Aktiengesellschaften, an denen das Kapital des Staates ganz oder zum Teil beteiligt sei, gebunden seien."

[164] Brief vom 1. Mai 1932, *HAB* [GStA], Rep. 120/316, Nr. 134.

Als nach dem Beschluß des Zechenverbandes bei der Regierung in Berlin mit Rücksicht auf die Stimmung im Landtag Überlegungen angestellt wurden, mit den Staatsunternehmen die Lohnsenkung nicht mitzumachen, schrieb von Velsen erneut an seinen AR-Vorsitzenden:[166]

„Ein Eingreifen des Staatsministeriums zur Verhinderung der Verschlechterung der Lohn- und Arbeitsverhältnisse der Bergarbeiter der Staatsgruben kommt m.E. nicht in Frage. Die Wahrung der Belange der Arbeiter dieser Gruben erfolgt in weitgehendster und ausreichendster Weise durch den Vorstand und darüber hinaus durch den Aufsichtsrat und den von diesem im besonderen eingesetzten Ausschuß."

Da die Regierung ihren Unternehmen an der Ruhr in der beginnenden Krise keinen finanziellen Rückhalt garantieren konnte, war ihr Einfluß offensichtlich zu schwach, um sie zum Kampf gegen den Arbeitnehmerverband zu bewegen.[167]

In einem anderen Fall hatte sich 1932 der Landtag beschwert, daß die Mieten in den Werkswohnungen der Hibernia im Verhältnis zu den gesunkenen Löhnen zu hoch seien. Der AR-Vorsitzende schlug daraufhin dem Generaldirektor nicht eine Senkung der Mieten vor, sondern bat ihn, sich beim Zechenverband für eine generelle Senkung durch alle Verbandsmitglieder einzusetzen: „Dann kann uns auch nicht der Vorwurf gemacht werden, daß wir gesondert vorgingen."[168]

Das letzte Beispiel zeigt nicht nur die Solidarität mit der Privatwirtschaft, sondern bestätigt auch Dr. Staudingers These, daß die Staatsunternehmen vor allem innerhalb der Verbände für sozialpolitisches Verständnis gewirkt hätten.[169] Damit wären Vorteile nicht nur den Beschäftigten der Staatsunternehmen, sondern allen Arbeitnehmern des ganzen Wirtschaftszweiges zugute gekommen.

Die Staatsunternehmen als Instrumente internationaler Gewerkschaftssolidarität benutzen zu lassen, wie es die KPD 1926 zur Unterstützung des engli-

[165] Brief vom 30. Dezember 1930, *Hibernia-Altregistratur, Akte Schriftwechsel mit dem Oberberghauptmann.*

[166] Brief vom 17. Januar 1931, *ebda.*

[167] Die besonders bei der Hibernia-Bergag zu beobachtende Solidarität wurde sogar im Landtag anerkannt. Als sie 1928 anstatt einer Dividende 4 Mill. RM an den „Werkerhaltungsfonds" abführte, rechtfertige das Dr. von Waldthausen (Deutschnationale Volkspartei) unwidersprochen damit, daß auch der Harpener Bergbau als „größte private Gesellschaft" keine Dividende zahle: „Darauf habe der Staatsbetrieb sich berufen können" (*Haupt-Ausschuß,* 87. Sitzung, 9. Oktober 1929, *Niederschriften . . .,* Sp. 24).

[168] Briefe vom 17. August 1932, *Hibernia-Altregistratur, Akte Schriftwechsel mit dem Oberberghauptmann.*

[169] Brief vom 30. Dezember 1961.

schen Bergarbeiterstreiks wünschte,[170] hat der Landtag ausdrücklich abgelehnt.[171]

So bleibt festzustellen, daß die preußischen Staatsunternehmen nur selten entsprechend den Wünschen des Arbeitnehmerflügels im Landtag sozialpolitisch als „korrigierender Faktor“[172] gewirkt haben. Unter anderen konjunkturellen Bedingungen war eine derartige Wirkung möglich.[173]

Ein Beispiel boten die staatlichen Bernsteinwerke als bedeutender Wirtschaftsfaktor im agrarischen Ostpreußen bis zum Aufkommen der Kunststoffkonkurrenz etwa 1924. Auf Grund der guten Ertragslage konnte ihr Direktor als „König des Samlandes“ seine Belegschaft von der Wiege bis zum Grabe wohlfahrtsstaatlich betreuen als Vorbild für ganz Ostpreußen.[174]

Eine abschließende Bemerkung soll noch jener sozialen Aktivität gelten, die Großunternehmen gelegentlich in ihrem lokalen Bereich ausüben. Im Landtag wurde 1923 eine Spende von Glocken und Orgeln für oberschlesische Kirchen durch das staatliche Hüttenwerk Malapane besprochen.[175] Wohl nicht zuletzt auf Grund der schlechten Konjunkturlage ist von derartigen außerwirtschaftlichen Aktivitäten der Staatsunternehmen nichts mehr berichtet worden.[176]

Bei der Frage, ob die preußischen Staatsunternehmen wenigstens die erwarteten „mustergültigen Arbeitgeber“[177] waren, ist zu bedenken, daß aus der Natur der Sache heraus im Landtag und in den Akten eher unangenehme Fälle ihren Niederschlag fanden als eine Haltung, die so der Rollenerwartung entsprach, daß sie keiner besonderen Erwähnung bedurfte. Unter diesem Vorbehalt sollten die folgenden Beispiele betrachtet werden.

[170] *Drucksache . . .*, Nr. 3364, verlangte die Einstellung von Überschichten und von Kohleexport bei den Staatszechen entsprechend der Entschließung der vier großen Bergarbeiterverbände vom 5. Mai 1926 in Essen.

[171] Ohne Debatte abgelehnt, 200. Sitzung, 7. Juli 1926 (*Stenographische Berichte . . .*, Bd. 9, Sp. 13874).

[172] Anton Tautscher, *Die öffentliche Wirtschaft*, Berlin 1953, S. 68.

[173] Vgl. 1959 die Unruhe auf dem hessischen Arbeitsmarkt, als das Volkswagenwerk als „Vorreiter“ die 40-Stunden-Woche in seinem Kasseler Werk ankündigte (*Der Volkswirt*, 13. Jg., H. 25, 20. Juni 1959, S. 1220) oder 1963 die Wirkung des 4-Wochen-Urlaubs bei den staatlichen Renault-Werken auf die ganze französische Industrie (*Der Arbeitgeber*, 15. Jg., H. 1/2, 20. Januar 1963, S. 34).

[174] Hinweis von Bergrat a.D. Loebner.

[175] Kritik des Abgeordneten Schubert (Kommunistische Partei Deutschlands), 251. Sitzung, 11. Juni 1923 (*Stenographische Berichte . . .*, Bd. 17, Sp. 17891).

[176] Vgl. heute in Wolfsburg die umfangreiche Tätigkeit des VW-Werkes auf diesem Gebiet, während in der vergleichbaren „Autostadt“ Rüsselsheim die Opel-Werke derartige Initiativen der gewählten Gemeindevertretung überlassen.

[177] M. Saitzew, *Die öffentliche Unternehmung . . .*, S. 27.

Jeder Geschäftsbericht der preußischen Staatsunternehmen betonte im jeweiligen Abschnitt über die Sozialpolitik die zahlreichen sozialen Maßnahmen der Betriebe, — seien es Werkswohnungen, Kindergärten, Koch- und Haushaltsschulen, Büchereien, Konsum-Verkaufsstellen oder Lehrlings- und Anlernwerkstätten. Derartige betriebliche Sozialpolitik war damals für Großunternehmen keineswegs selbstverständlich, weil das ausreichende Kräftereservoir noch nicht zur Konkurrenz auf diesem Gebiet zwang.

Dieser Teil der Sozialpolitik lieferte im allgemeinen keinen Anlaß zur Kritik, wenn man von der Beschwerde über die eben gegründete Preussag im Jahre 1924 absieht, die zur Verbesserung der Rentabilität in Oberschlesien ausgerechnet die Mieten der Werkswohnungen anhob, und zwar über den ortsüblichen Satz hinaus.[178] Was jedoch immer wieder den Ärger des Arbeitnehmerflügels im Landtag erregte, war das Klima zwischen Betriebsleitung und Belegschaften, die engherzige Auslegung von Tarifverträgen, die Nichtachtung der Betriebsräte. So mußte das Zentrum im Landtag nach Entlassungen in Ibbenbüren (Preussag) ohne Einschaltung der Betriebsvertretung ausdrücklich fordern, „daß die Leiter eines staatlichen Bergwerks die Rechte des Betriebsrats, wie sie im Betriebsrätegesetz festgelegt sind, achten".[179]

Auch über die engherzige Auslegung des Betriebsrätegesetzes in Recklinghausen im Gegensatz zu vielen Privatzechen wurde geklagt.[180]

Schon 1924 mußte sich Handelsminister Siering (SPD) vor dem Landtag gegen Vorwürfe des Lohndrucks wehren, weil die Staatszechen einen Schiedsspruch des Reichsarbeitsministers entgegen den Wünschen der Betriebsräte angenommen hatten. Er entschuldigte sich:

„Meine Haltung war von Staatsnotwendigkeiten und den drückenden finanziellen Schwierigkeiten bestimmt."[181]

Im nächsten Jahr fand die Preussag Kritik wegen ihrer selbstherrlichen und nachträglich vom staatlichen Schlichter nicht bestätigten Haltung bei einem Lohnstreik am Rammelsberg/Harz.[182]

1926 gab es bei Hibernia einen langwierigen Streit um die Bezahlung von Sonntagsarbeit der Angestellten. Nach einer Beschwerde der Spitzenorganisa-

[178] Beschwerde des Abgeordneten Franz (Sozialdemokratische Partei Deutschlands), 330. Sitzung, 16. Juli 1925 (*Stenographische Berichte . . .*, Bd. 16, Sp. 23355).

[179] Abgeordneter Harsch (Zentrum), *a.a.*O., Sp. 23356 ff.

[180] *Ebda.*

[181] Bergetatdebatte, 313. Sitzung, 26. Mai 1924 (*Stenographische Berichte . . .*, Bd. 16, Sp. 22080).

[182] Abgeordneter Steger (Zentrum), 87. Sitzung, 28. Oktober 1925 (*Stenographische Berichte . . .*, Bd. 4, Sp. 5628).

tionen der Angestelltenverbände vom 24. November 1926 beim Handelsminister mußte die Generaldirektion sich schließlich mit „mißverständlicher Auffassung der erwähnten Mehrarbeitsabkommen" entschuldigen.[183]

1927 kritisierte das Zentrum ein Abkommen des Preussag-Schachtes Obernkirchen mit einem privaten Bauunternehmer zur Verhinderung der Abwanderung von Arbeitern mit den Worten: „Das ist doch eine Praxis, die wir immer bei den Privatunternehmen verurteilten."[184]

1930 monierte das Zentrum, daß nur „einige" Staatsbetriebe am Heiligen Abend eine vorzeitige Ausfahrt der Schicht gestattet hätten.[185]

Die Hibernia führte seit 1922 einen Rechtsstreit durch zahlreiche arbeitsrechtliche Instanzen um die Frage, ob ihre Zechen einen Gesamtbetriebsrat bilden durften, und, als er gebildet war, ob die Hibernia die für die Geschäftsführung notwendigen Bedürfnisse befriedigen müßte. Der Beschluß des Landesarbeitsgerichtes Dortmund vom 29. Januar 1929 gab zwar der Generaldirektion recht, weil nicht alle Bedingungen des Betriebsrätegesetzes erfüllt waren,[186] immerhin konnte dieser fast siebenjährige Krieg nicht zur Verbesserung des Klimas zwischen Generaldirektion und Belegschaft beitragen. Wahrscheinlich hat sich hier das Fehlen eines Sozialdirektors nach dem Beispiel der Preussag bemerkbar gemacht.

So kam es zu generellen Klagen des Zentrums über die Staatsunternehmen, „die nicht immer das Entgegenkommen gegenüber den Arbeitern (zeigen), das man eigentlich von staatlichen Werken verlangen könnte".[187] Die SPD sprach sogar von „Organisationsfeindlichkeit" bei den Staatsunternehmen genau wie bei den Privatunternehmen.[188] Agitatorisch konnte schließlich die KPD im Zusammenhang mit dem Arbeitskampf der Gruppe Nord-West der Metallindustrie im Frühjahr 1930 behaupten, daß bei derart „reaktionärem" Vorgehen „wiederum wie fast immer die preußischen Bergwerksgesellschaften . . . an der Spitze" stünden.[189]

[183] Brief Generaldirektor von Velsen an AR-Vorsitzenden vom 23. Dezember 1926, *HAB* [GStA], Rep. 120/316, Nr. 137.

[184] Abgeordneter Harsch (Zentrum), 276. Sitzung, 3. Mai 1927 (*Stenographische Berichte* . . ., Bd. 14, Sp. 19362).

[185] Abgeordneter Harsch (Zentrum), Haupt-Ausschuß, 105. Sitzung, 14. Januar 1930 (*Niederschriften* . . ., Sp. 34).

[186] Bericht Generaldirektor von Velsen an AR-Vorsitzenden vom 8. Februar 1929, *HAB* [GStA], Rep. 120/316, Nr. 137; vgl. auch M. Schulz-Briesen, *Der preußische Staatsbergbau* . . ., S. 97.

[187] Abgeordneter Harsch (Zentrum), 70. Sitzung, 12. April 1929 (*Stenographische Berichte* . . ., Bd. 5, Sp. 5589).

[188] Abgeordneter Franz (Sozialdemokratische Partei Deutschlands), 161. Sitzung. 29. April 1926 (*Stenographische Berichte* . . ., Bd. 8, Sp. 11018).

Auf der anderen Seite brachte die KPD im Landtag gelegentlich Beispiele alten Betriebsstils zur Sprache, wenn Arbeiter die Gärten der leitenden Angestellten herrichten, für deren Damen Tennisplätze anlegen oder beispielsweise zum Fasching der Bergassessoren einen Zeppelin bauen mußten.[190] Das Handelsministerium erklärte jedesmal nach Prüfung des Einzelfalles, daß hierfür keine Werksgelder verwendet worden seien.

So kann man als Ergebnis feststellen: Die preußischen Staatsunternehmen haben nur unter besonderen Bedingungen, wie in Ostpreußen, als die von manchen erwarteten sozialpolitischen Schrittmacher wirken können. Im übrigen war zu beobachten, daß sie möglichst mit der privaten Konkurrenz konform gingen.

Beim Betrachten ihres Verhaltens als Arbeitgeber zeigte sich — unter Berücksichtigung der Tatsache, daß sie vom Landtag und der Öffentlichkeit besonders scharf beobachtet und Fehler oft agitatorisch ausgeschlachtet wurden — von Werkswohnungen bis zu Kindergärten eine umfangreiche innerbetriebliche Sozialpolitik, aber auch gelegentliche Nichtachtung der Belegschaftsvertretungen als Reste eines „Herr-im-Haus"-Standpunktes.[191]

Unter den veränderten heutigen Verhältnissen werden sozialpolitische Argumente zugunsten der Existenz öffentlicher Erwerbsunternehmen nur selten angeführt.[192] Damals aber entsprach Hitlers „Lösung" des Klassenkampfes durch das Führerprinzip im Betrieb wohl auch der Einstellung mancher leitender Männer in den Betrieben der Staatsunternehmen. Der Geschäftsbericht der Hibernia und Bergag für 1933 stellte fest:

„Die Staatsumwälzung des Jahres 1933 hat uns von manchen Fesseln befreit, die uns der Parteienstaat angelegt hatte. Da wir es ... für unsere selbstverständliche Pflicht halten, auf sozialpolitischem Gebiet führend voranzugehen, haben wir die gewonnene Freiheit freudig und nachdrücklich ergriffen, um ... dem sittlichen, geistigen und körperlichen Wohl unserer Leute jegliche Förderung zuteil werden zu lassen."

Hier triumphierte also noch einmal jene schon überwunden geglaubte Form der Sozialpolitik als strenge Herrschaft des Hausherrn über seine braven, noch nicht mündigen Kinder.

[189] Abgeordneter Sobottka (Kommunistische Partei Deutschlands), 172. Sitzung, 26. Juni 1930 (*Stenographische Berichte* . . ., Bd. 11, Sp. 14672).

[190] Abgeordneter Abel (Kommunistische Partei Deutschlands), 19. Sitzung, 8. November 1928 (*Stenographische Berichte* . . ., Bd. 1, Sp. 1187 f.) und 71. Sitzung, 13. April 1929 (*Stenographische Berichte* . . ., Bd. 4, Sp. 5672).

[191] Otto Heinrich von der Gablentz, *Industriebürokratie*, in: *Schmollers Jahrbuch für Gesetzgebung, Verwaltung und Volkswirtschaft im Deutschen Reiche*, Bd. 50 (1926), H. 4, S. 569 ff.

[192] Vgl. W. Hamm, *Kollektiveigentum* . . ., S. 31 und 233 ff.

PREUSSEN

Epochen und Probleme seiner Geschichte

Aufsätze aus einer Vortragsreihe 1962/63 der Historischen Gesellschaft zu Berlin unter dem Titel: Preußen als historisches Problem

Herausgegeben von Richard Dietrich

Oktav. VIII, 200 Seiten. 1964. Engl. Broschur DM 19,–
ISBN 3 11 000523 9

Inhalt

Preisänderungen vorbehalten

Walter de Gruyter · Berlin · New York

Die Kampfhandlungen der Brandenburgisch-Preußischen Armee 1626–1807

Ein Quellenhandbuch
Zusammengestellt und erläutert von Günther Gieraths

Groß-Oktav. XX, 633 Seiten. 1964. Ganzleinen DM 200,–
ISBN 3 11 000455 0 (Band 8, Quellenwerke 3)

Johannes Schultze

Forschungen zur brandenburgischen und preußischen Geschichte

Ausgewählte Aufsätze
Mit einem Vorwort von Wilhelm Berges

Groß-Oktav. VIII, 312 Seiten. 1964. Ganzleinen DM 50,–
ISBN 3 11 000457 7 (Band 13)

Ernst Klein

Von der Reform zur Restauration

Finanzpolitik und Reformgesetzgebung des preußischen Staatskanzlers
Karl August von Hardenberg

Groß-Oktav. X, 352 Seiten. 1965. Ganzleinen DM 77,–
ISBN 3 11 000460 7 (Band 16)

Hans-Joachim Winkler

Preußen als Unternehmer 1923–1932

Staatliche Erwerbsunternehmen im Spannungsfeld der Politik
am Beispiel der Preussag, Hibernia und Veba
Mit einem Vorwort von Gert von Eynern und einem Geleitwort
von Georg Kotowski

Groß-Oktav. XVI, 224 Seiten. 1965. Ganzleinen DM 50,–
ISBN 3 11 000461 5 (Band 17)

Preisänderungen vorbehalten

Walter de Gruyter · Berlin · New York

VERÖFFENTLICHUNGEN DER HISTORISCHEN KOMMISSION ZU BERLIN

Hartmut Kaelble

Industrielle Interessenpolitik in der Wilhelminischen Gesellschaft

Centralverband Deutscher Industrieller 1895–1914
Mit einem Vorwort von Gerhard A. Ritter

Groß-Oktav. XVI, 268 Seiten. 1967. Ganzleinen DM 60,–
ISBN 3 11 000468 2 (Band 27)

Guido Kisch

Rechts- und Sozialgeschichte der Juden in Halle 1686–1730

Groß-Oktav. XII, 244 Seiten, 1 Faksimile. 1970. Ganzleinen DM 54,–
ISBN 3 11 006390 5 (Band 32)

Ernst Schraepler

Handwerkerbünde und Arbeitervereine 1830–1853

Die politische Tätigkeit deutscher Sozialisten
von Wilhelm Weitling bis Karl Marx

Groß-Oktav. VIII, 597 Seiten. 1972. Ganzleinen DM 98,–
ISBN 3 11 003912 5 (Band 34, Publikationen zur Geschichte der Arbeiterbewegung 4)

Ingrid Thienel

Städtewachstum im Industrialisierungsprozeß des 19. Jahrhunderts

Das Berliner Beispiel
Mit einem Vorwort von Otto Büsch

Groß-Oktav. XIV, 504 Seiten, 36 Tabellen und 8 kartographische Darstellungen
ISBN 3 11 003417 4 (Band 39, Publikationen zur Geschichte der Industrialisierung 3)

Preisänderungen vorbehalten

Walter de Gruyter · Berlin · New York